2025 공무원 시험대비 【6회차】

박문각 일일 모의고사

-제1회-

국어 · 영어 · 한국사 행정법 · 행정학

이 름 : ______________________

학습관 : ______________________

합격 예측

답안 입력 및 성적 조회는 PC, 모바일에서 모두 가능합니다.

★ PC: pass.pmg.co.kr | ★ 모바일 앱: 박문각 합격관리

일일 모고 국어 제1회

합격까지 박문각
赤功 국어
적중 혜선

01 <보기>의 밑줄 친 부분에 해당하는 예로 적절하지 않은 것은?

> <보기>
> '자기가 먹을 만큼 먹어라.'의 '만큼'과 '나도 철수만큼 잘할 수 있다.'의 '만큼'은 단어의 형태는 같지만 단어가 수행하는 기능은 다르다고 할 수 있다. 즉 앞 문장의 '만큼'은 관형어의 수식을 받는 의존명사이지만, 뒤 문장의 '만큼'은 체언 뒤에 붙은 조사이다. 이처럼 하나의 단어가 두 가지 이상의 품사로 처리되는 것을 품사의 통용이라고 한다.

① 벌써 새벽이 밝아 온다.
　벽지가 밝아 집 안이 환해 보인다.
② 나는 여태 점심도 아니 먹었다.
　아니, 그럴 수가 있니?
③ 벌써 한 세 시간쯤 지났다.
　옛날 한 마을에 효자가 살고 있었다.
④ 잘못을 알았으면 고쳐야 되지 않겠니?
　소금을 잘못 넣어 음식 맛이 짜졌다.

02 밑줄 친 부분의 의미가 ㉠의 '에'와 가장 가까운 것은?

> 우리는 더운 여름날이면 시냇가에서 미역을 감고 젖은 옷을 ㉠ 햇볕에 말리고는 했다.

① 나는 요란한 소리에 집중력을 잃어서 한동안 뒤척였다.
② 매일 화분에 물을 주는 일은 형의 몫이었다.
③ 할머니께서 끓여 주신 죽은 특히 감기에 잘 듣는다.
④ 예전에는 등잔불에 책을 읽는 일이 흔했다고 한다.

03 다음 밑줄 친 표현 중 올바른 것끼리 묶은 것은?

> ㉠ 우울한 날에는 마음껏 슬퍼하세요.
> ㉡ 점심을 먹으러 집에 간다.
> ㉢ 너는 밥을 참 잘 먹구나.
> ㉣ 늘 정직하자. 그러면 후회하지 않을 것이다.
> ㉤ 오랜만에 전화한 친구는 멋쩍게 잘 지내느냐는 말을 건넸다.

① ㉠, ㉡, ㉢
② ㉠, ㉡, ㉤
③ ㉡, ㉢, ㉣
④ ㉢, ㉣, ㉤

04 ㉠~㉣의 고쳐 쓰기 방안으로 적절하지 않은 것은?

> ㉠ 우리는 매일 과제가 왜 이리 많데?
> ㉡ 내가 오직 바라는 일은 네가 떠났으면 좋겠다.
> ㉢ 소중한 여러분의 꿈을 포기하지 말아요.
> ㉣ 영호야, 선생님이 너 보고 교무실로 오라셔.

① 사실에 대한 의문을 나타내는 종결 어미인 '-대'로 고쳐야 한다.
② 주어와 서술어가 호응해야 하므로 '떠나는 것이다.'로 고쳐야 한다.
③ '소중한'이 꾸미는 말에 따라 중의성이 발생하므로 '여러분의 소중한 꿈'으로 문장 성분의 배열을 바꾼다.
④ 주체 높임 선어말 어미 '-시-'를 잘못 사용했으므로 '오시래'로 고쳐야 한다.

05 다음 글에 대한 추론으로 적절하지 않은 것은?

> 서로 다른 언어를 사용하는 화자가 만날 경우, 의사소통을 위해 새로 창조한 언어를 '피진'이라 한다. '피진'은 영어의 '비즈니스'가 어원으로 '피진' 사용자들이 사용하던 모국어와 비교해보면 적은 문법적 규칙과 단어를 그 특징으로 가지고 있다. '피진'을 사용하는 지역에서 정착민이 발생하고 세대가 이어지는 경우, '피진'을 모국어로 하는 언중이 태어나는데 이들은 '피진'의 제한된 언어적 장치에 한계를 느껴 '피진'을 바탕으로 새로운 언어를 만들어 나간다. 이를 '크리올'이라 하며 근대 유럽의 타 대륙 식민지 도시에서 흔히 발견할 수 있다.
>
> 이와 달리 복수 언어 사용 능력을 가진 화자가 자기 의사 표현 활동에서 둘 이상의 언어나 방언을 사용하는 것을 '코드 스위칭'이라 한다. '코드 스위칭'은 '피진'과 달리 언어 사용자의 능숙한 언어 사용 능력을 전제로 하는 것이기 때문에 '피진'과 같은 문법, 단어, 음운상의 제약이 적다. 또 '피진'과 달리 '코드 스위칭'을 사용하지 않는 일반 언중과 의사소통이 가능하며, 특정 지역을 벗어나더라도 마찬가지이다.

① 어원을 고려할 때 '피진' 화자의 거주 지역은 타국과 교류가 활발히 이루어지는 상업 지역일 것이다.
② '크리올'이 '피진'보다 먼저 생성이 되었을 것이다.
③ 해방 직후, 한국어에 일본어를 뒤섞어 사용하던 한국인 화자는 '코드 스위칭' 사용자로 볼 수 있다.
④ '피진'은 모국어보다 문법적인 규칙의 제약이 적다.

06 다음 <보기>를 참고했을 때 반드시 참인 문장은?

<보기>

○○대학교 컴퓨터공학과 학생들을 대상으로 조사한 결과, 데이터구조 수업을 수강한 학생 중 일부는 알고리즘 수업을 수강하였으며, 프로그래밍기초 수업을 듣지 않은 학생은 운영체제를 수강하지 않았다. 학과 규정에 따르면, 프로그래밍기초는 데이터구조 수업의 필수 선수강 과목이며, 알고리즘 수업은 데이터구조에서 C학점 이상을 받은 학생만 수강할 수 있다. 또한 운영체제를 수강한 학생들은 모두 네트워크 기초 수업도 수강한 것으로 나타났다.

① 데이터구조를 수강한 모든 학생은 알고리즘 수업을 수강하였다.
② 프로그래밍기초를 수강한 모든 학생은 데이터구조를 수강하였다.
③ 네트워크 기초를 수강한 모든 학생은 운영체제를 수강하였다.
④ 알고리즘을 수강하지 않은 학생 중 일부는 데이터구조를 수강하였다.

07 밑줄 친 표현이 ㉠의 의미와 가장 유사한 것은?

콩잎도 깻잎도 그녀는 보드라운 때를 놓치지 않고 따서 된장에 ㉠ <u>박아</u> 밑반찬을 만들었다.

① 요소요소에 자기 측근을 <u>박아</u> 두었다.
② 형은 신문에 코를 <u>박고</u> 내 말은 들은 척도 안 했다.
③ 어머니는 장롱에 옷을 <u>박아</u> 두었다.
④ 꺾꽂이한 나무가 화분에 뿌리를 <u>박고</u> 꽃을 피웠다.

08 ㉠ ~ ㉣과 바꿔쓸 수 있는 유사한 표현으로 적절하지 않은 것은?

(가) 신문의 재정적 기반을 ㉠ <u>서게 하기</u> 위해서는 독자층이 확대되어야 한다.
(나) 그는 화가 난 나머지, 주변의 기물을 ㉡ <u>부수며</u> 감정을 통제하지 못했다.
(다) 전문가들은 다른 것에 신경을 쓰지 않고 한 분야에 연구를 ㉢ <u>쏟아부어야</u> 한다.
(라) 김 선수는 한국 대표 선발전에서 당당히 우승해 세계 대회에 ㉣ <u>나섰다</u>.

① ㉠: 확립하기
② ㉡: 파괴하며
③ ㉢: 밀집해야
④ ㉣: 출마했다

09 다음 개요의 수정 및 보완 방안으로 적절하지 않은 것은?

Ⅰ. 고농도 미세 먼지의 실태와 원인…㉠
- 고농도 미세 먼지 발생 빈도의 급증
- 해외 사례를 통해 본 문제의 심각성
Ⅱ. 미세 먼지 관리의 문제점과 개선 방안
1. 미세 먼지 관리의 문제점…㉡
가. 국내 미세 먼지 관리 기준 및 체계의 취약
나. 미세 먼지 예보 및 경보 체제의 취약
다. 미세 먼지로 인한 산성비의 증가…㉢
2. 미세 먼지 관리 체제 개선 방안
가. 국내 오염원의 관리 기준 및 체계 강화
나. 중국 오염원의 유입 방지를 위한 국가 간 협력
다. 미세 먼지 예보 및 경보 체제의 보완과 정비…㉣
Ⅲ. 국민 건강을 위해 미세 먼지 관리 체계의 강화 촉구

① ㉠은 하위 항목의 내용을 고려해 '고농도 미세 먼지 실태의 심각성'으로 수정해야겠어.
② ㉡에는 Ⅱ-2와의 대응 관계를 고려해 '중국의 스모그 유입에 대한 대비책 미비'를 추가해야겠어.
③ ㉢은 글의 전개 과정으로 볼 때 긴밀성이 떨어지므로 삭제해야겠어.
④ ㉣은 글의 흐름을 고려하여 '미세 먼지 예방을 위한 경보 및 예보 체제 도입'으로 수정해야겠어.

10 다음 조건을 모두 참조하여 쓴 글은?

- 문제 상황을 해결했을 때 기대효과를 제시할 것
- 청유형 문장으로 실천을 촉구할 것
- 비유적 표현으로 표현 효과를 높일 것
- 가독성 높은 짧은 문장을 사용할 것

① 조세 정의 실현을 위한 징수 활동이 활발해지면 공평성의 실현으로 국민 만족도가 상승할 것이다. 대쪽 같은 정부의 결단을 기대한다.
② 기업은 손실만 가져오는 생산 공장 해외 이전을 중단하고 국내 노동자의 권리를 보장하는 것이 밝은 미래를 향한 발걸음에 도움이 되지 않겠는가?
③ 청년 계층에 대한 지원을 통해 생활 안정과 결혼 가정, 출산 인구 증가 효과를 얻을 수 있을 것입니다. 이 법안이 통과될 수 있도록 우리 노력합시다.
④ 떨어지는 물방울이 바위를 뚫듯, 여러분의 작은 실천으로 이 하천이 깨끗해질 수 있습니다. 우리 모두 하천 정화 운동에 동참합시다.

합격까지 박문각

일일 모고 영어 제1회

반드시 합격
진가영 영어

01 밑줄 친 부분에 들어갈 말로 가장 적절한 것은?

The university requires an official test score for _____ to their graduate programs before the deadline.

① rejection ② admission
③ failure ④ denial

02 밑줄 친 부분에 들어갈 말로 가장 적절한 것은?

The leader's strong presence acted as an _____, providing stability and direction during times of uncertainty and guiding the team toward success.

① anchor ② obstacle
③ archive ④ barrier

03 밑줄 친 부분에 들어갈 말로 가장 적절한 것은?

Some eyewitnesses tend to _____ details of an event, making their accounts less reliable in official investigations.

① clarify ② gather
③ simplify ④ exaggerate

04 밑줄 친 부분에 들어갈 말로 가장 적절한 것은?

The teacher asked the students to describe the _____ traits of the new student, including his personality and skills.

① dimension ② characteristic
③ disorder ④ confusion

05 밑줄 친 부분에 들어갈 말로 가장 적절한 것은?

His _____ to become a successful entrepreneur drove him to work tirelessly and overcome many obstacles along the way.

① convention ② laziness
③ indifference ④ ambition

06 밑줄 친 부분에 들어갈 말로 가장 적절한 것은?

As soon as the meeting __________, we will start working on the new project to meet the upcoming deadline successfully.

① will end
② ends
③ end
④ ending

07 밑줄 친 부분 중 어법상 옳지 않은 것은?

Sleep ① <u>is divided</u> into different stages, with REM sleep being the phase ② <u>where</u> most dreaming takes place. Studies show that individuals who ③ <u>is woken</u> up during REM sleep can usually recall their dreams in great detail. In contrast, people who wake up during non-REM sleep ④ <u>rarely</u> remember their dreams, with only about 15% being able to do so.

08 밑줄 친 부분에 들어갈 말로 가장 적절한 것은?

A: Excuse me, could you tell me how to get to the nearest subway station?
B: Sure! Just walk straight down this street for about two blocks, then turn left at the traffic light. You'll see the entrance on your right.
A: Got it! ______________________________
B: Yes, there is. You can buy a ticket there or use a transportation card if you have one.
A: Thanks a lot for your help!
B: No problem! Have a great day!

① Where can I buy a ticket?
② Is there a ticket machine at the station?
③ How far is that station?
④ What time does the train depart

[09-10] 다음 글을 읽고 물음에 답하시오.

(A)

Do you have a heart for helping those in need? The Sunshine Community Center is seeking volunteers to support vulnerable families and individuals in our community, including single-parent households, children without guardians, and residents of local orphanages.

Volunteer Details

- Duration: September 1 – December 15 (Weekends only)
- Hours: 9:00 A.M. - 1:00 P.M.
- Location: Sunshine Community Center and affiliated facilities

Responsibilities

- Provide companionship and emotional support to children and individuals in need.
- <u>Assist</u> with daily activities, such as meal preparation and educational support.
- Organize recreational activities and workshops to promote social engagement.

Requirements

- Volunteers must be at least 18 years old.
- A compassionate and patient attitude is essential.
- No prior experience required, but background checks will be conducted.

To apply, visit www.sunshinecenter.org/volunteer by August 20. For inquiries, call 1-800-123-4567 or email volunteer@sunshinecenter.org.

09 (A)에 들어갈 윗글의 제목으로 가장 적절한 것은?

① Attend the Best Community Event of the Year
② Join Our Team for a Fun and Rewarding Experience
③ Find a Job at Sunshine Community Center
④ Be a Light for Vulnerable Families and Individuals

10 밑줄 친 "assist"의 의미와 가장 가까운 것은?

① support
② manage
③ hinder
④ organize

일일 모고 한국사 제1회

합격까지 박문각

가장 빠른 한국사
한국사 박기훈

01 구석기 시대의 생활 모습으로 옳지 않은 것은?
① 이동 생활을 하며 동굴이나 막집에서 거주하였다.
② 뗀석기(주먹도끼, 찍개 등)를 사용하였다.
③ 농사를 짓고 정착 생활을 시작하였다.
④ 사냥과 채집을 주된 생업으로 삼았다.

02 관산성 전투(554년)에 대한 설명으로 옳은 것은?
① 백제와 신라가 힘을 합쳐 고구려를 공격하여 승리한 전투이다.
② 신라가 한강 유역을 차지한 후, 백제 성왕이 이를 되찾기 위해 벌인 전투이다.
③ 이 전투에서 신라 왕이 전사하여 삼국의 세력 균형이 변화하였다.
④ 관산성 전투 이후 백제가 신라와 동맹을 맺고 당과 연합하여 고구려를 압박하였다.

03 다음 사료의 밑줄 친 (가)에 대한 설명으로 옳은 것은?

> 진흥왕이 나라를 다스리는 데 있어서 풍류를 숭상하였으니, 이를 (가)이라고 한다. 그 무리는 충성과 효를 실천하며, 나라를 지킬 인재로 길러졌다

① 신라 왕족과 귀족만이 참여할 수 있는 폐쇄적인 집단이었다.
② 군사 훈련보다는 종교적 수양을 주된 활동으로 삼았다.
③ 삼국 통일 과정에서 많은 인재를 배출하며 신라의 군사력 강화에 기여하였다.
④ 조선 시대에 성리학 교육기관으로 계승되었다.

04 고려 성종의 정책에 대한 설명으로 옳은 것은?
① 개혁 정치 기조 아래 전시과 제도를 처음 실시하였다.
② 불교를 억압하고 성리학을 바탕으로 유교적 사회 질서를 확립하였다.
③ 중앙 집권 강화를 위해 지방에 12목을 설치하고 지방관을 파견하였다.
④ 거란의 1차 침입에 대비하여 천리장성을 축조하였다.

05 다음 설명에 해당하는 문화재로 옳은 것은?

> ○ 고려 시대에 건립된 목조 건축물
> ○ 배흘림기둥과 주심포 양식을 갖춤
> ○ 의상대사가 창건한 사찰의 주요 건물

① 수덕사 대웅전 ② 부석사 무량수전
③ 봉정사 극락전 ④ 법주사 팔상전

06 다음 사건을 발생한 순서대로 바르게 나열한 것은?

> ㉠ 과전법 실시
> ㉡ 위화도 회군
> ㉢ 조선 건국
> ㉣ 정도전의 경복궁 설계 및 한양 천도

① ㉡ → ㉠ → ㉢ → ㉣
② ㉡ → ㉢ → ㉠ → ㉣
③ ㉠ → ㉡ → ㉢ → ㉣
④ ㉢ → ㉡ → ㉠ → ㉣

07 다음 사건을 발생한 순서대로 바르게 나열한 것은?

> ㉠ 정묘호란 발생
> ㉡ 병자호란 발생
> ㉢ 인조반정으로 광해군 폐위
> ㉣ 삼전도의 굴욕

① ㉢ → ㉡ → ㉠ → ㉣
② ㉠ → ㉢ → ㉡ → ㉣
③ ㉢ → ㉠ → ㉡ → ㉣
④ ㉠ → ㉡ → ㉣ → ㉢

08 다음 글에서 언급한 사건에 대한 설명으로 옳은 것은?

> 왕이 즉위한 후 대왕대비(자의대비)의 복제(服制)를 정해야 한다는 논의가 일어났다. 이에 한 당은 '왕의 아버지가 죽었으므로 대왕대비는 3년 상을 입어야 한다'고 주장하였고, 다른 한 당은 '왕의 신분은 신하로서 아버지를 섬긴 것이 아니라, 군왕으로서 아버지를 대우한 것이므로 1년 상이 옳다'고 주장하였다. 그 결과 대왕대비는 1년 상을 입는 것으로 결정되었다.

① 사림이 동인과 서인으로 분열되는 계기가 되었다.
② 서인이 왕권을 강화하기 위해 3년복을 주장하며 승리하였다.
③ 왕위 계승 방식이 문제가 되어 인조반정의 배경이 되었다.
④ 이 사건은 효종 사후에 발생한 예송 논쟁으로, 남인이 3년복을 주장했으나 서인의 주장(1년복)이 받아들여졌다.

09 **안창호에 대한 설명으로 옳은 것은?**

① 신민회를 조직하여 위정척사 계열 의병운동을 전개하였다.

② 대한민국 임시정부에서 초대 국무총리를 역임하였다.

③ 독립운동의 실력 양성을 강조하며 대성학교를 설립하였다.

④ 조선어 학회를 조직하여 국문법을 연구하고 한글 맞춤법을 통일하였다.

10 **다음 6.25 전쟁의 주요 전투 및 사건을 발생한 순서대로 바르게 나열한 것은?**

> ㉠ 인천 상륙 작전
> ㉡ 낙동강 방어선 전투
> ㉢ 서울 수복
> ㉣ 중공군 개입으로 인해 1.4 후퇴

① ㉡ → ㉠ → ㉢ → ㉣

② ㉠ → ㉡ → ㉣ → ㉢

③ ㉡ → ㉢ → ㉠ → ㉣

④ ㉠ → ㉡ → ㉢ → ㉣

일일 모고 행정법 제1회

합격까지 박문각

광야에서 합격까지
행정법 강성빈

01 행정입법에 대한 설명으로 옳지 않은 것은? (다툼이 있는 경우 판례에 의함)

① 구 「도시 및 주거환경정비법」에서 주택재개발사업 시행인가 신청시 토지 등 소유자의 동의요건을 재개발조합의 정관에 포괄적으로 위임하고 있는 것은 헌법 제75조에서 정하고 있는 포괄위임입법금지 원칙에 위배된다.

② 법률이 주민의 권리의무에 관한 사항에 관하여 구체적으로 범위를 정하지 않은 채 조례로 정하도록 포괄적으로 위임한 경우에도 지방자치단체는 법령에 위반되지 않는 범위 내에서 주민의 권리의무에 관한 사항을 조례로 제정할 수 있다.

③ 입법예고기간은 예고할 때 정하되, 특별한 사정이 없으면 40일(자치법규는 20일) 이상으로 한다.

④ 행정청은 대통령령을 입법예고하는 경우 국회 소관 상임위원회에 이를 제출하여야 한다.

02 행정행위의 취소와 철회에 대한 설명으로 옳지 않은 것은? (다툼이 있는 경우 판례에 의함)

① 수익적 처분이 상대방의 허위 기타 부정한 방법으로 인하여 행하여졌다면 상대방은 그 처분이 그와 같은 사유로 인하여 취소될 것임을 예상할 수 있으므로, 이러한 경우까지 상대방의 신뢰를 보호하여야 하는 것은 아니다.

② 수익적 행정처분에 대한 취소권 등의 행사는 기득권의 침해를 정당화할 만한 중대한 공익상의 필요 또는 제3자의 이익보호의 필요가 있는 때에 한하여 허용될 수 있다는 법리는 처분청이 수익적 행정처분을 직권으로 취소·철회하는 경우에 적용되는 법리일 뿐 쟁송취소의 경우에는 적용되지 않는다.

③ 점용료 부과처분에 취소사유에 해당하는 흠이 있는 경우 도로관리청으로서는 당초 처분 자체를 취소하고 흠을 보완하여 새로운 부과처분을 하거나, 흠 있는 부분에 해당하는 점용료를 감액하는 처분을 할 수 있다.

④ 행정행위를 한 처분청이 그 행위의 하자를 이유로 수익적 행정처분을 취소하려는 경우에는 별도의 법적 근거가 있어야 한다.

03 재결취소소송에 대한 설명으로 옳지 않은 것은? (다툼이 있는 경우 판례에 의함)

① 「행정소송법」 제19조에서 말하는 '재결 자체에 고유한 위법'이란 원처분에는 없고 재결에만 있는 재결청의 권한 또는 구성의 위법, 재결의 절차나 형식의 위법, 내용의 위법 등을 뜻한다.

② 징계혐의자에 대한 감봉 1월의 징계처분을 견책으로 변경한 소청결정 중 그를 견책에 처한 조치는 재량권의 남용 또는 일탈로서 위법하다는 사유는 소청결정 자체에 고유한 위법을 주장하는 것이어서 소청결정의 취소사유가 된다.

③ 행정심판청구가 부적법하지 않음에도 각하한 재결은 심판청구인의 실체심리를 받을 권리를 박탈한 것으로서 원처분에 없는 고유한 하자가 있는 경우에 해당하고, 따라서 위 재결은 취소소송의 대상이 된다.

④ 행정처분에 대한 행정심판의 재결에 이유모순의 위법이 있다는 사유는 재결처분 자체에 고유한 하자로서 재결처분의 취소를 구하는 소송에서는 그 위법사유로서 주장할 수 있으나, 원처분의 취소를 구하는 소송에서는 그 취소를 구할 위법사유로서 주장할 수 없다.

04 처분사유의 추가·변경에 대한 설명으로 옳은 것은? (다툼이 있는 경우 판례에 의함)

① 추가 또는 변경된 사유가 당초의 처분시 그 사유를 명기하지 않았을 뿐 처분시에 이미 존재하고 있었고 당사자도 그 사실을 알고 있었다면 당초의 처분사유와 동일성이 인정된다.

② 행정청은 대법원 확정판결이 있기 전까지 당초의 처분사유와 기본적 사실관계가 동일한 범위 내에서 처분사유를 추가 또는 변경할 수 있다.

③ 처분청이 거부처분에 대한 항고소송에서 기존의 처분사유와 기본적 사실관계가 동일하지 않은 사유를 처분사유로 추가·변경한 것에 대하여 처분상대방이 추가·변경된 처분사유의 실체적 당부에 관하여 해당 소송 과정에서 심리·판단하는 것에 명시적으로 동의하는 경우에는, 법원으로서는 그 처분사유가 기존의 처분사유와 기본적 사실관계가 동일한지와 무관하게 예외적으로 이를 허용할 수 있다.

④ 사회적 사실관계의 기본적 동일성이 인정되는 경우라면, 그에 대한 규범적 평가와 처분의 근거 법령의 변경으로, 예를 들어 기속행위가 재량행위로 변경되는 경우와 같이 당초 처분의 내용을 변경할 필요성이 제기되는 경우에도 근거 법령만 추가·변경하는 것이 허용될 수 있다.

05 이의신청에 대한 설명으로 옳은 것은? (다툼이 있는 경우 판례에 의함)

① 납세자의 이의신청에 의한 재조사결정에 따른 행정소송의 제소기간은 이의신청인 등이 재결청으로부터 재조사결정의 통지를 받은 날부터 기산한다.

② 「행정기본법」에 따르면, 행정청은 이의신청을 받으면 그 신청을 받은 날부터 10일 이내에 그 이의신청에 대한 결과를 신청인에게 통지하여야 한다. 다만, 부득이한 사유로 10일 이내에 통지할 수 없는 경우에는 그 기간을 만료일 다음 날부터 기산하여 10일의 범위에서 한 차례 연장할 수 있으며, 연장 사유를 신청인에게 통지하여야 한다.

③ 「행정기본법」에 따르면, 행정청의 처분에 이의가 있는 당사자는 처분을 받은 날부터 30일 이내에 해당 행정청의 감독청에 이의신청을 할 수 있다.

④ 행정심판이 아닌 이의신청의 경우 내부적 시정절차에 불과하기 때문에 기본적 사실관계의 동일성이 인정되지 않는다고 하더라도 처분사유의 추가 · 변경이 가능하다.

06 행정법의 효력에 대한 설명으로 옳지 않은 것은? (다툼이 있는 경우 판례에 의함)

① 대통령령, 총리령 및 부령은 특별한 규정이 없으면 공포한 날부터 20일이 경과함으로써 효력을 발생한다.

② 신법의 효력발생일까지 진행 중인 사건에 대하여 신법을 적용하는 것은 법률의 소급적용에 해당하므로 원칙적으로 허용될 수 없다.

③ 법령의 공포일은 해당 법령을 게재한 관보 또는 신문이 발행된 날로 한다.

④ 조례와 규칙의 공포는 해당 지방자치단체의 공보에 게재하는 방법으로 한다.

07 행정의 실효성 확보수단에 대한 설명으로 옳지 않은 것은? (다툼이 있는 경우 판례에 의함)

① 구「행형법」에 의한 징벌을 받은 뒤에 다시 형사처벌을 하는 것은 일사부재리의 원칙에 반하는 것으로서 허용되지 아니한다.

② 즉시강제는 다른 수단으로는 행정목적을 달성할 수 없는 경우에만 허용되며, 이 경우에도 최소한으로만 실시하여야 한다.

③ 공매에 의하여 재산을 매수한 자는 그 공매처분이 취소된 경우에 그 취소처분의 위법을 주장하여 행정소송을 제기할 법률상 이익이 있다.

④ 행정청은 이행강제금을 부과받은 자가 납부기한까지 이행강제금을 내지 아니하면 국세강제징수의 예 또는 「지방행정제재·부과금의 징수 등에 관한 법률」에 따라 징수한다.

08 정보공개에 대한 설명으로 옳지 않은 것은? (다툼이 있는 경우 판례에 의함)

① 교육공무원의 근무성적평정 결과를 공개하지 아니한다고 규정하고 있는 「교육공무원 승진규정」을 근거로 정보공개청구를 거부하는 것은 위법하다.

② 견책의 징계처분을 받은 자가 소속기관의 장에게 징계위원회에 참여한 징계위원의 성명과 직위에 대한 정보공개청구를 하였으나 해당 정보가 비공개 대상이라는 이유로 거부된 경우, 그 견책처분에 대한 취소소송의 기각판결이 확정되었더라도 정보공개거부처분의 취소를 구할 법률상 이익이 인정된다.

③ 공개를 구하는 정보를 공공기관이 한때 보유 · 관리하였으나 후에 그 정보가 담긴 문서등이 폐기되어 존재하지 않게 된 것이라면 그 정보를 더 이상 보유 · 관리하고 있지 아니하다는 점에 대한 증명책임은 공공기관에게 있다.

④ 「정보공개법」에 따른 정보공개 여부 결정기간은 "일" 단위로 계산하고 첫날을 산입하지 아니한다.

09 국가배상에 대한 설명으로 옳지 않은 것은? (다툼이 있는 경우 판례에 의함)

① 국가나 지방자치단체의 손해배상 책임에 관하여는 「국가배상법」에 규정된 사항 외에는 「민법」에 따른다. 다만, 「민법」 외의 법률에 다른 규정이 있을 때에는 그 규정에 따른다.

② 「국가배상법」 제2조 소정의 '공무원'이라 함은 국가공무원법이나 지방공무원법에 의하여 공무원으로서의 신분을 가진 자에 국한하지 않고, 널리 공무를 위탁받아 실질적으로 공무에 종사하고 있는 일체의 자를 가리키는 것이나, 그 공무의 위탁이 일시적이고 한정적인 사항에 관한 활동인 경우는 제외된다.

③ 공법인이 국가나 지방자치단체의 행정작용을 대신하여 공익사업을 시행하면서 행정절차를 진행하는 과정상 주민들의 절차적 권리를 보장하지 않은 위법이 있는 경우, 절차상 위법의 시정으로도 주민들에게 정신적 고통이 남아있다고 볼 특별한 사정이 있는 경우에는 정신적 손해의 배상을 구하는 것이 가능하다.

④ 유흥주점의 화재로 여종업원들이 사망한 경우, 담당 공무원의 유흥주점의 용도변경, 무허가 영업 및 시설기준에 위배된 개축에 대하여 시정명령 등 「식품위생법」상 취하여야 할 조치를 게을리 한 직무상 의무위반행위와 여종업원들의 사망 사이에는 상당인과관계가 존재하지 아니한다.

10 「토지보상법」상 손실보상에 대한 설명으로 옳지 않은 것은? (다툼이 있는 경우 판례에 의함)

① 손실보상은 토지소유자나 관계인에게 개인별로 하여야 한다. 다만, 개인별로 보상액을 산정할 수 없을 때에는 그러하지 아니하다.

② 사업시행자는 동일한 소유자에게 속하는 일단의 토지의 일부를 취득하거나 사용하는 경우 해당 공익사업의 시행으로 인하여 잔여지의 가격이 증가하거나 그 밖의 이익이 발생한 경우에도 그 이익을 그 취득 또는 사용으로 인한 손실과 상계할 수 없다.

③ 관할 토지수용위원회가 사업시행자에게 잔여지 수용청구의 의사표시를 수령할 권한을 부여하였다고 인정할 만한 사정이 없는 한, 사업시행자에게 한 잔여지 매수청구의 의사표시를 관할 토지수용위원회에 한 잔여지 수용청구의 의사표시로 볼 수는 없다.

④ 행정청이 아닌 사업시행자가 이주대책을 수립 · 실시하는 경우에 이주정착지에 대한 도로 등 통상적인 생활기본시설에 필요한 비용은 지방자치단체가 부담하여야 한다.

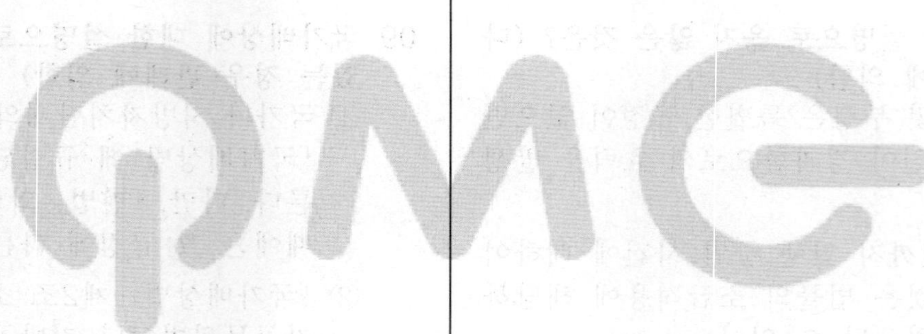

일일 모고 행정학 제1회

합격까지 박문각

빠른 고득점 합격
행정학 이명훈

01 **시장실패 또는 정부실패를 야기하는 원인과 그에 대한 정부의 대응으로 옳은 것은?**
① 공공재 – 정부보조 삭감
② 정보의 비대칭성 – 정부규제
③ 정부개입에 의한 파생적 외부효과 – 공적공급
④ 관료의 사적 목표의 설정 – 공적유도

02 **신공공관리론에 대한 설명으로 옳지 않은 것은?**
① 행정의 전략적 정책역량 강화와 집행부문의 탈정부화 및 탈관료제화를 추구하였다.
② 효율적인 통제를 위해 성과목표와 기준에 의한 사후적 통제를 중시하였다.
③ 고객지향적 행정을 추구함으로써 시민을 능동적 존재로 인식하였다.
④ 행정의 분절화 현상으로 행정의 책임성을 저해할 수 있다는 비판을 받았다.

03 **행정권의 오용이 아닌 것은?**
① 법규중심의 융통성 없는 인사
② 부여된 재량권을 행사하지 않고 적극적 조치를 취하지 않는 무사안일
③ 정보의 선별적 배포를 통한 실책의 은폐
④ 입법의도의 편향된 해석을 통한 행정행위

04 **살라몬(L. M. Salamon)의 정책수단분류에서 직접성의 정도가 낮은 유형에 속하는 것끼리 묶은 것은?**

㉠ 경제규제(economic regulation) ㉡ 보조금(grant) ㉢ 바우처(voucher) ㉣ 공기업(government corporations)

① ㉠, ㉢ ② ㉠, ㉣ ③ ㉡, ㉢ ④ ㉡, ㉣

05 **정책평가의 타당도에 대한 설명으로 옳지 않은 것은?**
① 내적 타당도란 정책과 그 결과 사이에 존재하는 인과관계 추론의 정확도를 말하며, 1차적으로 확보되어야 할 타당도이다.
② 외적 타당도란 측정도구가 동일한 현상을 반복하여 측정할 때 일관성 있는 결론을 얻을 수 있는 정도를 말한다.
③ 통계적 결론의 타당도란 연구설계를 정밀하게 구성하여 평가과정에서 제1종 및 제2종 오류가 발생하지 않는 정도를 말한다.
④ 구성적 타당도란 처리, 결과, 모집단 및 상황들에 대한 이론적 구성요소들이 성공적으로 조작화된 정도를 말한다.

06 **갈등관리에 대한 설명으로 옳은 것은?**
① 개방형 직위제를 통해 국·과장급 직위를 외부인에게 개방하는 것은 갈등을 조장하는 효과가 있다.
② 통합형 협상(integrative negotiation)은 자원이 제한되어 있어 제로섬(zero- sum)방식으로 나눌 수밖에 없다는 것을 기본적인 전제로 한다.
③ 수직적 갈등은 목표의 분업구조, 과업의 상호의존성, 자원의 제한 등이 중요한 원인으로 작용한다.
④ 갈등이 심한 경우 조직은 침체되어 있어서 구성원들이 현실에 안주하고, 변화에 대한 적응이 느리고, 새로운 아이디어 개발이 어려워 조직성과가 낮을 수 있다.

07 **변혁적 리더십에 대한 설명으로 옳지 않은 것은?**
① 구성원 개개인의 개성과 다양성을 존중한다.
② 조직과 개인이 공생적 관계를 형성하고 공동의 목표를 향해 단합하게 한다.
③ 새로운 관념을 촉발시키고 창의적 사고를 유도한다.
④ 예외적 사건이 발생한 경우에 리더가 개입한다.

08 **직업공무원제를 올바르게 수립하기 위한 요건에 대한 설명으로 옳지 않은 것은?**
① 공직에 대한 높은 사회적 평가가 있어야 한다.
② 공무원 인력계획에 대한 장기적인 계획이 수립되고 운용되어야 한다.
③ 젊은 사람보다는 직무경험이 있는 사람이 채용되도록 하여야 한다.
④ 승진·전보·훈련 등을 통한 능력 발전의 기회가 공정하게 주어져야 한다.

09 **예산의 고전적 원칙과 그 예외에 대한 설명으로 옳은 것은?**
① 통일성의 원칙 – 준예산, 기금, 목적세
② 단일성의 원칙 – 특별회계, 추가경정예산, 기금
③ 한정성의 원칙 – 예비비, 계속비, 목적세
④ 사전의결의 원칙 – 준예산, 계속비, 예비비

10 **단체자치에 대한 설명으로 옳은 것만을 모두 고르면?**

㉠ 자치권에 대한 인식은 전래권으로 본다. ㉡ 권한부여 방식은 포괄적 위임주의이다. ㉢ 중앙정부와 지방자치단체의 관계는 기능적 협력관계이다. ㉣ 유럽대륙을 중심으로 발전해 왔다.

① ㉠, ㉡ ② ㉠, ㉢, ㉣
③ ㉡, ㉢, ㉣ ④ ㉠, ㉡, ㉣

2025 공무원 시험대비 【6회차】

박문각 일일 모의고사

—제2회—

국어 · 영어 · 한국사 행정법 · 행정학

이 름 : ____________

학습관 : ____________

합격예측

답안 입력 및 성적 조회는 PC, 모바일에서 모두 가능합니다.

★ PC: pass.pmg.co.kr | ★ 모바일 앱: 박문각 합격관리

일일 모고 국어 제2회

합격까지 박문각

赤功 국어
적중 혜선

01 다음 밑줄 친 단어의 품사가 관형사가 아닌 것은?

① 아내를 기다리며 이렇게 하고많은 나날을 보내고 있다.

② 영호는 자기 일 밖의 다른 일에도 관심이 많다.

③ 영수는 서울에서도 한다하는 집안에서 자랐다.

④ 긴긴 세월을 인내하며 노력해 왔다.

02 밑줄 친 단어의 품사가 나머지 셋과 다른 것은?

① 바람이 가볍게 부는 날씨에 기분 좋았다.

② 지갑에는 돈이 가득히 들어 있었다.

③ 반죽이 되게 묽어 국수 만들기가 힘들다.

④ 영수는 없이 사는 것을 부끄럽게 여기지 않는다.

03 다음의 ㉠~㉣ 중 밑줄 친 말의 쓰임이 바르지 않은 것으로만 묶인 것은?

> ㉠ 그는 자기의 실수가 겸연쩍은지 멋쩍은 웃음을 보였다.
> ㉡ 여러분은 시방 살고 있는 주거지의 내력을 조사해 오세요.
> ㉢ 나는 가방을 엇다가 두었는지 기억이 나지 않는다.
> ㉣ 학생들은 모두 일사분란하게 움직였다.

① ㉠, ㉡

② ㉡, ㉢

③ ㉠, ㉣

④ ㉢, ㉣

04 다음 중 중복된 단어가 나타나지 않는 문장은?

① 회의 참석자들이 다 오지 않았다.

② 우리 학교는 외국의 학교와 자매결연을 맺었어.

③ 수돗물이 거꾸로 역류하는 현상이 일어났다.

④ 돌이켜 회고해 보니 네게 참 고맙더라.

05 다음 글을 읽고 추론한 내용으로 가장 적절한 것은?

> '제2차 국가기간교통망계획안(2021~2040)'의 핵심은 2040년까지 전국 주요 도시를 2시간대로 연결하는 것이다. 기존 철도 노선 고속화, 신규 고속철도 노선 공급 등 철도망의 확대와 함께 국가 간선 도로망 체계를 재정비하고 순환·방사형 고속망을 확대하여 광역권 교통 편의를 제고하는 것을 목표로 한다. 전문가들은 현재 40분대인 전국 평균 출·퇴근 시간이 2040년에는 30분대 초반으로 단축될 것으로 보고 있다.
>
> 고대와 현대, 소도시와 대도시를 통틀어 어느 시대에 어디에 살든, 통근하는 사람이 매일 이동하는 데 쓰는 시간은 거의 1시간으로 일정하다. 교통공학자 자하비가 발견한 이 사실은 '마르체티 상수'라는 이름으로 알려져 있다. 증기기관차의 등장 이후 교통수단이 혁신적으로 발전해 왔음에도 불구하고 통근 시간은 줄어들지 않았다. 이는 교통 수단의 발전이 통근 시간을 줄이는 것이 아니라 통근 거리를 늘려 왔다는 것을 의미한다.
>
> 현대의 일자리들은 대부분 대도시에 집중되어 있으며, 일자리를 찾는 인구의 증가에 따라 도시는 지속적으로 팽창한다. 통근에 쓰이는 시간이 거의 매일 1시간으로 일정하다는 마르체티 상수를 고려하면, 도시의 크기는 대략 30분 이내 거리의 직장까지 사람을 이동시키는 교통체계의 효율성에 따라 정해진다고 할 수 있다.
>
> 한편, 현재 전국 출·퇴근 시간이 40분대라는 것은 우리나라 대도시의 인구 과밀화로 인해 교통체계가 효율적으로 작동하지 못하고 있다는 것을 의미한다. 도시가 지속적으로 성장하는 과정에서 교통정체는 필연적인 성장통일 수밖에 없다. 그 성장통이 극에 달한 만큼, 정부가 발표한 제2차 국가기간교통망계획안이 효과적인 치유책이 되기를 바라는 국민의 기대와 관심은 나날이 커지고 있다.

① 개발도상국에 거주하는 사람들이 선진국에 거주하는 사람들보다 출퇴근에 더 많은 시간을 쓸 것이다.

② 교통 수단의 발달은 도시 통근자의 출퇴근 시간을 혁신적으로 줄이는 데 기여했다.

③ 교통 속도가 증가해도 현대인들의 통근 시간은 크게 줄어들지 않을 것이다.

④ 교통 속도가 증가할수록 도시는 면적을 줄여가면서 인구를 늘리는 방향으로 발전할 것이다

06 다음 <보기>를 참고했을 때 반드시 참인 문장은?

> <보기>
> 모든 새는 날개를 가지고 있다.
> 날개가 있는 동물 중 일부는 하늘을 날 수 있다.
> 하늘을 나는 동물은 모두 둥지를 만든다.
> 펭귄은 날개가 있지만 하늘을 날지 못한다.

① 모든 날개가 있는 동물은 하늘을 난다.

② 하늘을 나는 동물은 모두 날개를 가지고 있다.

③ 펭귄은 둥지를 만든다.

④ 둥지를 만드는 동물은 모두 새이다.

07 **밑줄 친 표현이 ㉠의 의미와 가장 유사한 것은?**

앞으로 고꾸라질 때 돌에 코를 부딪쳐서 코피가 ㉠ <u>터졌다</u>.

① 바짓가랑이가 <u>터져서</u> 수선하러 가야 한다.
② 홍수로 인해 봇물이 <u>터져</u> 마을이 물에 잠겼다.
③ 추위에 손발이 <u>터지다</u>.
④ 메마른 가지에서 희고 흰 목련이 <u>터지기</u> 시작했다.

08 **㉠ ~ ㉣과 바꿔쓸 수 있는 유사한 표현으로 적절하지 않은 것은?**

(가) 그는 어려운 이웃을 돕기 위해 필요한 생필품을 직접 구입하여 ㉠ <u>도와주었다</u>.
(나) 교수님은 논문을 정리해서 학계에 ㉡ <u>알렸다</u>.
(다) 선생님은 학생들의 흥미를 ㉢ <u>불러일으키기</u> 위해 커다란 도표를 펼치셨다.
(라) 신라는 백제와 고구려 유민을 ㉣ <u>끌어들여</u> 당나라 군대를 물리쳤다.

① ㉠: 원조하였다
② ㉡: 공포하였다
③ ㉢: 환기하기
④ ㉣: 포섭하여

09 **<보기>를 사례로 들 수 있는 수학의 특성을 찾으면?**

"수학이란 무엇인가?"라는 질문에 대하여 한 가지로 답하는 것은 힘들다. 하지만 수학의 특성으로서 실용성, 추상성, 형식성, 계통성, 일반화와 특수화 등이 거론된다.

수학에서 다루는 대상은 대부분 추상화하여 얻어진 개념이다. 추상화란 어떤 구체물의 집합에서 이질적인 속성을 제거하고, 동질적인 속성만을 끄집어내는 과정이다. 또한 수학은 형식성이 강한 학문이다. 수학은 서로 약속된 기호를 바탕으로 형식적인 추론 규칙에 의해 전개될 수 있다. 수학적 개념은 어떤 기초적인 내용을 기반으로 하여 그 기반 위에 다른 내용을 더 첨가함으로써 기초적인 내용과 새로운 내용을 일관성 있게 이어 나가면서 이루어진다. 이러한 과정을 거친다는 의미에서 수학은 계통성이 있다고 할 수 있다. 일반화는 하나의 대상에 대한 고찰로부터 그 대상을 포함한 집합에 대한 고찰로 옮겨 가는 것을 말한다. 예를 들면, 삼각형에 대한 고찰로부터 임의의 다각형에 대한 고찰로 나아가거나 예각의 삼각비에 대한 연구로부터 임의의 삼각 함수에 대한 연구로 나아가는 것 등이 일반화이다. 일반화와 반대되는 개념이 특수화이다. 특수화는 주어진 대상의 집합에 대한 고찰로부터 그 집합에 포함되는 더 작은 집합 또는 단 하나의 대상에 대한 고찰로 옮아가는 것이다.

<보기>

벽돌, 상자 등이 지닌 여러 가지 속성들 중에서 이질적인 속성들, 즉 각 물체의 색깔이나 각 물체를 구성하고 있는 물질, 크기 등을 제외하면 직육면체의 개념을 얻게 된다.

① 추상성
② 형식성
③ 계통성
④ 특수화

10 **㉠에 들어갈 말로 가장 적절한 것은?**

조선의 대표적 유학자인 이황과 기대승의 사단칠정 논쟁은 유학에 대한 학문적 토의에서 시작하여 당대 정쟁에까지 영향을 끼친 큰 논쟁이다. 이 논쟁의 당사자인 이황과 기대승의 직접적 만남이 이루어지지 않고 서신으로 논쟁이 이루어졌다는 점에서 한계를 가지고 있으나 두 사람의 논쟁을 통해 유학자들의 견해와 당시 사람들의 인식을 상세히 살펴볼 수 있다는 점에서 그 의의를 가진다. 이 논쟁은 인간 감정의 두 가지 양상인 '사단, 칠정'에 대한 견해차에서 시작한다.

만물의 원리이자 근본인 '이'와 '이'의 구체적 작동양상인 '기'는 유학 사상을 설명하는 근본원리이다. 유학자들은 '사단'은 '이', '칠정'은 '기'에 해당한다고 보았다. 사단칠정론에서 이황은 '이와 기는 분리됨'을 주장해 (㉠)라고 말하여 (㉡)에 비유하였다.

	ㄱ	ㄴ
①	사단과 칠정은 분리	호수 위 달그림자가 흔들려도 달은 흔들리지 않는 것
②	사단과 칠정은 하나	호수 위 물이 흔들려도 달그림자가 흔들리지 않는 것
③	사단과 칠정은 분리	호수 위 물이 흔들려 달그림자가 흔들리는 것
④	사단과 칠정은 하나	호수 위 달그림자가 흔들려도 달은 흔들리지 않는 것

일일 모고 영어 제2회

합격까지 박문각

반드시 합격 진가영 영어

01 밑줄 친 부분에 들어갈 말로 가장 적절한 것은?

The team worked hard to ______ the project before the deadline, ensuring all tasks were finished on time.

① complete
② abandon
③ hesitate
④ ignore

02 밑줄 친 부분에 들어갈 말로 가장 적절한 것은?

The car suddenly broke down on the highway, so we had to call a _____ to come and fix the engine as soon as possible.

① controversy
② mechanic
③ vengeance
④ departure

03 밑줄 친 부분에 들어갈 말로 가장 적절한 것은?

The constant negative comments from his peers began to ______ his self-esteem and confidence, making him doubt his abilities.

① degrade
② verify
③ preserve
④ maintain

04 밑줄 친 부분에 들어갈 말로 가장 적절한 것은?

The lawyer was known for his ______ dedication to justice, never hesitating to defend those who were unfairly accused.

① ardent
② indifferent
③ fragile
④ gradual

05 밑줄 친 부분에 들어갈 말로 가장 적절한 것은?

When he started talking about flying cars in the future, everyone knew it was just _____ and didn't take him seriously at all.

① logic
② nonsense
③ truth
④ fact

06 밑줄 친 부분에 들어갈 말로 가장 적절한 것은?

You cannot be ___________ when handling confidential documents, as even a small mistake might lead to serious consequences.

① too careful
② too carefully enough
③ so careful enough
④ so carefully

07 밑줄 친 부분 중 어법상 옳지 않은 것은?

The survival of humanity has always depended on its ability ① <u>to adjust</u> to changing environments. Over time, humans have developed new skills while ② <u>losing</u> some of the abilities that were once essential for survival. Our ancestors relied on hunting, tracking, and other physical skills, but today, we depend more ③ <u>with technology</u> to navigate the world. As a result, the difference between past and present survival methods continues to widen, ④ <u>raising</u> questions about our long-term adaptability.

08 밑줄 친 부분에 들어갈 말로 가장 적절한 것은?

Tim
Good afternoon, I need some help with filling out this form. Could you assist me?

Jane
Sure, I'd be happy to help.
____

Tim
I'm not sure how to fill out the address section. Do I need to include my postal code?

Jane
Yes, you do. Please make sure to write your complete address, including the postal code, so we can process it correctly.

Tim
Thanks a lot for your help!

Jane
You're welcome! Let me know if you need anything else.

① When do I need to submit this form?
② Can I fill out this form online?
③ What seems to be the problem?
④ Where can I find this form?

09 다음 글의 주제로 가장 적절한 것은?

Warfare in prehistoric times remains an important topic today because it offers key insights into human nature and the future of humanity. By examining how warfare emerged and developed in early tribal societies, we can determine whether humans are inherently aggressive or naturally inclined toward peace. If humanity has always been trapped in a cycle of war, then strengthening military power might seem like a rational choice. However, if humans are fundamentally peace-seeking, then it is more reasonable to believe that conflicts can ultimately be resolved without violence and to work toward an international order based on negotiation and dialogue.

① discovering human nature from primitive warfare
② the role of war in the development of civilization
③ peaceful approaches to resolving disputes
④ differences between modern war and prehistoric war

10 밑줄 친 부분에 들어갈 말로 가장 적절한 것은?

Many people struggle with __________. For instance, a talented artist I know stopped painting after receiving a single negative comment on her work. Despite years of practice and numerous compliments, that one critique made her doubt her abilities. She now avoids exhibitions and rarely picks up a brush. Her reason? "I'm just not good enough." This small criticism has overshadowed her passion and potential, preventing her from pursuing what once brought her joy. Such experiences remind us how easily a single negative moment can overshadow years of positivity.

① a lack of talent
② a single negative comment
③ the pressure of competition
④ the fear of failure

일일 모고 한국사 제2회

합격까지 **박문각**

가장 빠른 한국사
한국사 박기훈

01 삼국 시대 중앙 집권화 과정에서 실시한 개혁 내용으로 옳지 않은 것은?

① 고구려의 5부족 연맹체
② 백제의 관등제 정비
③ 신라의 골품제 정비
④ 신라의 집사부 설치

02 삼국 통일 과정과 관련된 사건을 발생 순서대로 바르게 나열한 것은?

㉠ 백제 멸망 ㉡ 고구려 멸망 ㉢ 매소성 전투 ㉣ 신라의 삼국 통일 완성

① ㉡ → ㉠ → ㉢ → ㉣
② ㉠ → ㉡ → ㉢ → ㉣
③ ㉠ → ㉢ → ㉡ → ㉣
④ ㉢ → ㉠ → ㉡ → ㉣

03 발해의 정치적 특성과 관련하여 옳지 않은 것은?

① 중앙 관제로 3성 6부제를 운영하였다.
② 당의 제도를 받아들여 운영하였으나, 독자적 운영 방식도 있었다.
③ 지방 행정 조직으로 5경 15부 62주를 운영하였다.
④ 수도를 상경으로 이전한 이후 신라도와 연결하여 신라와 가장 활발한 교류를 하였다.

04 고려 시대 권문세족의 성장에 대한 설명으로 옳지 않은 것은?

① 원나라와의 밀접한 관계를 통해 정치적 지위를 확보하였다.
② 도평의사사 등의 기구를 장악하며 국정을 운영하였다.
③ 전민변정도감을 설치하여 농장을 개혁하고 국가 재정을 확보하였다.
④ 음서 제도를 통해 고위 관직을 독점하였다.

05 고려 무신정권기에 발생한 사건 중 가장 이른 시기의 것은?

① 망이 · 망소이의 난
② 김준에 의한 최씨 정권 붕괴
③ 몽골의 1차 침입
④ 삼별초의 항쟁

06 조선 태종과 세종 대의 중앙 집권 강화 정책으로 옳지 않은 것은?

① 6조 직계제를 실시하여 왕권을 강화하였다.
② 사병을 혁파하고 군권을 국왕이 장악하였다.
③ 집현전을 설치하여 학문과 정책 연구를 활성화하였다.
④ 호패법을 실시하여 양인의 호구를 파악하려 하였다.

07 조선 시대 붕당 정치에 대한 설명으로 옳지 않은 것은?

① 선조 대 동인과 서인으로 나뉘었다.
② 광해군 대에 북인 정권이 집권하였다.
③ 숙종 대에 환국이 반복되면서 남인이 장기 집권하였다.
④ 영조는 붕당 간 균형을 유지하는 탕평책을 실시하였다.

08 홍경래의 난(1811~1812년)에 대한 설명으로 옳은 것은?

① 정조 때 서북 지역의 차별 대우에 대한 불만으로 발생하였다.
② 평안도 서북 지방의 몰락 양반과 농민이 주도하였다.
③ 진주 지역에서 탐관오리의 수탈에 반발하여 일어났다.
④ 청군이 개입하여 진압되었다.

09 정조의 개혁 정책에 대한 설명으로 옳지 않은 것은?

① 규장각을 설치하여 개혁을 주도하였다.
② 서얼 출신을 중용하며 신진 세력을 키웠다.
③ 초계문신제를 시행하여 관리 교육을 강화하였다.
④ 육의전을 포함한 시전의 독점권(금난전권)을 폐지하였다.

10 다음과 같은 개혁을 주장한 학자의 활동으로 옳지 않은 것은?

전국의 토지를 1여(閭) 단위로 구획하고, 각 여에서 생산된 곡물을 공동으로 저축하며, 이를 구성원들이 필요할 때 나누어 쓰게 한다. 이 제도는 백성들의 생계를 안정시키고 조세 부담을 공정하게 조정하는 데 그 목적이 있다.

① 정전제(井田制)를 참고하여 토지 제도를 개혁하려 하였다.
② 여전론을 주장하여 공동 경작과 공평한 분배를 강조하였다.
③ 거중기를 발명하여 토목 사업에 기여하였다.
④ 군주가 백성을 다스리는 방법으로 성리학적 명분론을 강화하였다.

일일 모고 행정법 제2회

합격까지 박문각

광야에서 합격까지
행정법 강성빈

01 **행정입법에 대한 설명으로 옳지 않은 것은? (다툼이 있는 경우 판례에 의함)**

① 헌법이 인정하고 있는 위임입법의 형식은 예시적인 것으로 보아야 할 것이고, 그것은 법률이 행정규칙에 위임하더라도 그 행정규칙은 위임된 사항만을 규율할 수 있으므로, 국회입법의 원칙과 상치되지도 않는다.

② 집행명령은 상위법령의 위임 없이도 상위법령에 규정되지 아니한 새로운 내용을 규정할 수 있다.

③ 법률유보의 원칙은 '법률에 의한 규율'만을 요청하는 것이 아니라 '법률에 근거한 규율'을 요청하는 것이기 때문에 기본권의 제한에는 법률의 근거가 필요할 뿐이고 기본권제한의 형식이 반드시 법률의 형식일 필요는 없다.

④ 집행명령은 상위법령이 개정되더라도 개정법령과 성질상 모순·저촉되지 아니하고 개정된 상위법령의 시행에 필요한 사항을 규정하고 있는 이상, 개정법령의 시행을 위한 집행명령이 제정·발효될 때까지는 여전히 그 효력을 유지한다.

02 **행정행위에 대한 설명으로 옳지 않은 것은? (다툼이 있는 경우 판례에 의함)**

① 건축허가권자는 중대한 공익상의 필요가 없음에도 관계 법령에서 정하는 제한사유 이외의 사유를 들어 건축허가 요건을 갖춘 자에 대한 허가를 거부할 수 있다.

② 주류판매업면허는 강학상의 허가로 해석되므로 「주세법」에 열거된 면허제한사유에 해당하지 아니하는 한 면허관청으로서는 임의로 그 면허를 거부할 수 없다.

③ 자동차관리사업자로 구성하는 사업자단체 설립인가는 인가권자가 가지는 지도·감독 권한의 범위 등과 아울러 설립인가에 관하여 구체적인 기준이 정하여져 있지 않은 점 등에 비추어 재량행위로 보아야 한다.

④ 관세법 소정의 보세구역 설영특허는 공기업의 특허로서 그 특허의 부여 여부는 행정청의 자유재량에 속하고, 설영특허에 특허기간이 부가된 경우 그 기간의 갱신 여부도 행정청의 자유재량에 속한다.

03 **행정행위의 하자에 대한 설명으로 옳지 않은 것은? (다툼이 있는 경우 판례에 의함)**

① 「주민등록법」상 최고·공고절차가 생략된 주민등록말소처분은 위법하나 당연무효는 아니다.

② '4대강 살리기 사업' 중 한강 부분에 관한 각 하천공사시행계획 및 각 실시계획승인처분에 보의 설치와 준설 등에 대한 예비타당성조사를 실시하지 아니한 하자는 예산 자체의 하자가 되며 이에 따라 해당 하천 부분에 관한 각 하천공사시행계획 및 각 실시계획승인처분의 하자도 인정된다.

③ 선행처분인 도시·군계획시설결정에 하자가 있더라도 그것이 당연무효가 아닌 한 원칙적으로 후행처분인 실시계획인가에 승계되지 않는다.

④ 선행처분인 공무원직위해제처분과 후행 직권면직처분 사이에는 하자의 승계가 인정되지 않는다.

04 **법률상 이익에 대한 설명으로 옳은 것은? (다툼이 있는 경우 판례에 의함)**

① 서울대학교 불합격처분의 취소를 구하는 소송계속 중 당해연도의 입학시기가 지난 경우에는 불합격처분의 취소를 구할 법률상의 이익이 없다.

② 생태·자연도 1등급으로 지정되었던 지역을 2등급 또는 3등급으로 변경하는 내용의 환경부장관의 결정에 대해 해당 1등급 권역의 인근 주민은 취소소송을 제기할 원고적격이 인정된다.

③ 개발제한구역 안에서의 공장설립을 승인한 처분이 위법하다는 이유로 쟁송취소되었다고 하더라도 그 승인처분에 기초한 공장건축허가처분이 잔존하는 이상, 인근 주민들은 여전히 공장건축허가처분의 취소를 구할 법률상 이익이 있다.

④ 개발제한구역 중 일부 취락을 개발제한구역에서 해제하는 내용의 도시관리계획변경결정에 대하여, 개발제한구역 해제대상에서 누락된 토지의 소유자는 위 결정의 취소를 구할 법률상 이익이 있다.

05 **행정소송의 집행정지에 대한 설명으로 옳지 않은 것은? (다툼이 있는 경우 판례에 의함)**

① 취소소송의 제기는 처분등의 효력이나 그 집행 또는 절차의 속행에 영향을 주지 아니한다.

② 취소소송이 제기된 경우에 처분등이나 그 집행 또는 절차의 속행으로 인하여 생길 회복하기 어려운 손해를 예방하기 위하여 긴급한 필요가 있다고 인정할 때에는 본안이 계속되고 있는 법원은 당사자의 신청 또는 직권에 의하여 처분등의 효력이나 그 집행 또는 절차의 속행의 전부 또는 일부의 정지를 결정할 수 있다.

③ 처분의 효력정지는 처분등의 집행 또는 절차의 속행을 정지함으로써 목적을 달성할 수 있는 경우에도 회복하기 어려운 손해를 예방하기 위하여 긴급한 필요가 있는 경우에는 허용된다.

④ 과징금을 납부하기 위하여 무리하게 외부자금을 차입할 경우 자금사정이 악화되어 회사의 존립자체가 위태롭게 될 정도의 중대한 경영상의 위기를 맞게 될 우려가 있다는 사정은 집행정지 요건인 회복하기 어려운 손해에 해당한다.

06 **공법관계와 사법관계에 대한 설명으로 옳지 않은 것은? (다툼이 있는 경우 판례에 의함)**

① 조세부과처분의 당연무효를 전제로 하여 이미 납부한 세금의 반환을 청구하는 것은 민사상 부당이득반환청구로서 당사자소송이 아니라 민사소송절차에 따른다.

② 국가 등 행정주체가 확정된 조세채권의 소멸시효 중단을 위하여 납세의무자를 상대로 제기한 조세채권 존재확인의 소는 공법상 당사자소송에 해당한다.

③ 「공익사업을 위한 토지 등의 취득 및 보상에 관한 법률」상 환매권의 존부에 관한 확인을 구하는 소송 및 환매금액의 증감을 구하는 소송은 민사소송이다.

④ 납세의무자에 대한 국가의 부가가치세 환급세액 지급의무는 부당이득반환의무에 해당하므로, 그에 대한 지급청구는 민사소송의 절차에 따라야 한다.

07 **사인의 공법행위에 대한 설명으로 옳지 않은 것은? (다툼이 있는 경우 판례에 의함)**

① 사인의 공법상 행위는 명문으로 금지되거나 성질상 불가능한 경우가 아닌 한, 그에 의거한 행정행위가 행하여질 때까지는 자유로이 철회나 보정이 가능하다.

② 주민등록의 신고는 행정청에 도달하기만 하면 신고서의 효력이 발생하는 것이 아니라 행정청이 수리한 경우에 비로소 신고의 효력이 발생한다.

③ 신고납세방식의 조세의 경우 납세의무자의 신고행위가 중대하고 명백한 하자로 인하여 당연무효로 되지 아니하는 한 신고에 따라 납부한 세액이 바로 부당이득에 해당하는 것은 아니다.

④ 수리를 필요로 하는 신고에서 신고서 위조 등의 사유가 있어 신고행위 자체가 효력이 없는데도 불구하고 행정청이 신고를 수리한 경우, 그 수리행위는 단순 위법에 그칠 뿐 당연무효라고 할 수는 없다.

08 **행정대집행에 대한 설명으로 옳지 않은 것은? (다툼이 있는 경우 판례에 의함)**

① 행정대집행을 함에 있어 비상시 또는 위험이 절박한 경우에 당해 행위의 급속한 실시를 요하여 절차를 취할 여유가 없을 때에도 계고 절차와 달리 영장 통지 절차를 생략할 수는 없다.

② 공법인이 대집행권한을 위탁받아 공무인 대집행 실시에 지출한 비용을 「행정대집행법」에 따라 강제징수할 수 있음에도 민사소송절차에 의하여 상환을 청구하는 것은 허용되지 않는다.

③ 계고를 함에 있어서 그 행위의 내용과 범위는 반드시 시정명령서나 대집행계고서에 의하여서만 특정되어야 하는 것은 아니고, 그 처분 전후에 송달된 문서나 기타 사정을 종합하여 이를 특정할 수 있으면 족하다.

④ 대집행에 요한 비용에 대하여서는 행정청은 사무비의 소속에 따라 국세에 다음가는 순위의 선취득권을 가진다.

09 **행정조사에 대한 설명으로 옳은 것은? (다툼이 있는 경우 판례에 의함)**

① 「행정조사기본법」은 행정조사 실시를 위한 일반적인 근거규범으로서 행정기관은 다른 법령 등에서 따로 행정조사를 규정하고 있지 않더라도 「행정조사기본법」을 근거로 행정조사를 실시할 수 있다.

② 「행정조사기본법」에 따르면, 행정조사는 법령등의 위반에 대한 처벌에 중점을 두되 법령등을 준수하도록 유도하여야 한다.

③ 「국세기본법」상 금지되는 재조사에 기하여 과세처분을 하는 것은 과세관청이 그러한 재조사로 얻은 과세자료를 배제하고서도 동일한 과세처분이 가능한 경우라도 위법하다.

④ 납세자 등이 대답하거나 수인할 의무가 없고 납세자의 영업의 자유 등을 침해하거나 세무조사권이 남용될 염려가 없는 조사행위라 하더라도 재조사가 금지되는 세무조사에 해당한다.

10 **정보공개에 대한 설명으로 옳지 않은 것은? (다툼이 있는 경우 판례에 의함)**

① 「초 · 중등교육법」상 사립중학교는 공공기관의 정보공개에 관한 법령상 공공기관에 해당한다.

② 모든 국민은 정보의 공개를 청구할 권리를 가진다.

③ 공개청구의 대상이 되는 정보가 이미 다른 사람에게 공개하여 널리 알려져 있다거나 인터넷이나 관보 등을 통하여 공개하여 인터넷검색이나 도서관에서의 열람 등을 통하여 쉽게 알 수 있다는 사정만으로는 소의 이익이 없다거나 비공개결정이 정당화될 수는 없다.

④ 의사결정과정에 제공된 회의관련자료나 의사결정과정이 기록된 회의록은 의사가 결정되거나 의사가 집행된 경우에는 더 이상 의사결정과정에 있는 사항 그 자체라고는 할 수 없으므로 비공개대상정보에 포함될 수 없다.

일일 모고 행정학 제2회

합격까지 박문각

빠른 고득점 합격
행정학 이명훈

01 파킨슨(Parkinson)의 법칙에 대한 설명으로 옳지 않은 것은?

① 조직의 구조적 특징이 조직의 규모를 결정한다.

② 상승하는 피라미드의 법칙(the law of rising pyramid)이라고도 불린다.

③ 공무원 수는 업무와 무관하게 일정비율로 증가한다.

④ 부하배증의 법칙과 업무배증의 법칙을 핵심내용으로 한다.

02 오스본(D. Osborne)과 개블러(T. Gaebler)의 저서 「정부재창조론」에서 제시된 정부 운영의 원리에 대한 설명으로 옳은 것은?

① 정부의 새로운 역할로 종래의 방향잡기보다는 노젓기를 강조한다.

② 규칙 중심 관리방식에서 사명 지향적 관리방식으로 전환되어야 함을 강조한다.

③ 예방적 정부보다는 치료 중심적 정부로 바뀌어야 함을 강조한다.

④ 주민에게 권한을 부여하기보다는 서비스를 제공하는 방향으로 전환되어야 함을 강조한다.

03 행정의 부패에 대한 설명으로 옳지 않은 것은?

① 부패의 원인을 법규 침해행위에 참여한 공무원 개인의 윤리와 자질에서 찾는 접근을 부패에 대한 도덕적 접근이라고 한다.

② 부패를 어느 하나의 변수에 의해 설명하지 않고 문화적 특성, 구조적 모순, 공무원의 부정적 행태 등 다양한 요인에 의해 복합적으로 설명하는 입장은 부패에 대한 체제론적 접근에 해당한다.

③ 인허가와 관련된 업무를 처리할 때 급행료를 지불하거나 은행의 자금대출시 커미션을 지불하는 것을 당연시 하는 경우가 있는데 이는 일탈형 부패에 해당된다.

④ 공무원이 사적 이익을 취할 목적 없이 공적 이익을 위하여 거짓말 하는 경우에도 엄밀한 의미에서 부패행위에 해당되는데 이를 백색부패라고 한다.

04 로위(Lowi)의 정책유형에 대한 설명으로 옳지 않은 것은?

① 정책의 유형에 따라 정책결정과정이 달라질 수 있다.

② 재분배정책의 예로 누진세, 사회보장책 등이 있다.

③ 기업에게 대기오염 방지시설 설치를 의무화하는 것은 규제정책에 해당한다.

④ 분배정책의 예로 선거구 조정, 정부기관 신설 등이 있다.

05 정책의 효과를 평가하는 방법에 대한 설명으로 옳은 것만을 모두 고르면?

> ㉠ 진실험은 무작위배정을 통해 실험집단과 비교집단의 동질성을 확보하여 하는 실험으로 내적 타당성이 높기 때문에 사회실험 중에서 가장 많이 활용된다.
> ㉡ 준실험은 짝짓기(matching) 방법으로 실험집단과 통제집단을 구성하여 정책영향을 평가하거나, 시계열적인 방법으로 정책영향을 평가한다.
> ㉢ 준실험은 자연과학과 같이 대상자들을 격리하여 실험하기 때문에 호손효과(Hawthorne effect)를 강화시킨다.
> ㉣ 비실험은 단일집단 사전 · 사후연구가 일반적으로 활용되며, 허위변수나 혼란변수 등 외생변수의 개입이 커 내적 타당성이 낮다.

① ㉠, ㉡　　② ㉠, ㉢
③ ㉡, ㉣　　④ ㉢, ㉣

06 목표관리(MBO)에 대한 설명으로 옳은 것은?

① 개별 또는 팀별로 구체적인 목표를 세워놓고 이를 달성할 수 있는지의 여부에 초점이 맞추어져 있으며, 장기적이고 거시적인 관점에서 성취여부를 보여줄 수 있다.

② 구체적인 목표는 대부분 사업 자체로 나타나며, 목표 달성이후에 얻어지는 기대효과를 평가할 수 있다.

③ 조직단위 또는 개인의 활동에 이르기까지 조직의 하부층과 상부층이 다 같이 참여하여 공동으로 목표를 결정하고 그 업적을 측정 · 평가하는 방법으로서 하나의 목표 성취를 위해 조직의 구성요소들이 상호의존적인 입장에서 팀워크를 이루면서 활동한다.

④ 어떤 지방자치단체의 도로교통과에서 외곽순환도로 건설사업을 추진하려고 하는 경우, 목표관리제는 그 도로 건설의 궁극적인 목표인 주민의 교통편의성을 높이는데 관심을 가진다.

07 1883년 미국에서 제정된 펜들턴(Pendleton)법의 내용에 속하는 것만을 모두 고르면?

> ㉠ 공무원의 중립성
> ㉡ 성과급제(Merit Pay System)
> ㉢ 공무원의 교육 · 훈련 의무
> ㉣ 연방중앙인사위원회 설치
> ㉤ 공개경쟁시험 실시

① ㉠, ㉡, ㉢　　② ㉠, ㉡, ㉣
③ ㉠, ㉡, ㉤　　④ ㉠, ㉣, ㉤

08 자본예산제도의 장점과 가장 거리가 먼 것은?

① 국가의 자산상태를 명확하게 파악할 수 있게 한다.

② 자본적 지출에 대한 특별한 사정과 분석을 가능하게 한다.

③ 인플레이션기에 적정한 예산제도로 경제안정에 도움을 준다.

④ 수익자의 부담을 균등화시킬 수 있다.

09 현재 정부가 운영하고 있는 각 예산제도에 대한 설명으로 옳지 않은 것은?

① 예비비란 정부가 예측하지 못한 예산 외의 지출 또는 예산 초과지출에 충당하기 위해 운영하는 예산제도이다.

② 명시이월이란 세출예산 중 경비의 성질상 연도 내에 지출을 끝내지 못할 것이 예측되는 때에 이용하는 제도로, 이월 이후에 반드시 국회의 의결을 얻어야 한다.

③ 계속비란 완성에 수년도를 요하는 공사나 제조 및 연구개발사업을 대상으로 하며, 미리 국회의 의결을 얻은 범위 안에서 수년도에 걸쳐서 비용을 지출할 수 있도록 하는 제도이다.

④ 국고채무부담행위는 사항마다 그 필요한 이유를 명백히 하고, 그 행위를 할 연도 및 상환연도와 채무부담의 금액을 표시해야 한다.

10 우리나라 지방자치단체의 권한에 대한 설명으로 옳지 않은 것은?

① 지방자치단체는 법령이나 상급 지방자치단체의 조례를 위반하여 그 사무를 처리할 수 없다.

② 지방자치단체는 그 사무를 분장하기 위하여 필요한 행정기구와 지방공무원을 둔다.

③ 지방자치단체는 조례와 규칙으로 정하는 바에 따라 지방세를 부과·징수할 수 있다.

④ 지방자치단체는 관할 구역의 자치사무와 법령에 따라 지방자치단체에 속하는 사무를 처리한다.

2025 공무원 시험대비 【6회차】

박문각 일일 모의고사

-제3회-

국어 · 영어 · 한국사
행정법 · 행정학

이 름 : ______________________

학습관 : ______________________

합격
예측

답안 입력 및 성적 조회는 PC, 모바일에서 모두 가능합니다.

★ PC: pass.pmg.co.kr | ★ 모바일 앱: 박문각 합격관리

일일 모고 국어 제3회

합격까지 박문각

赤功 국어 적중 혜선

01 밑줄 친 단어 중 품사가 다른 하나는?

① 설마 이 밤중에 나한테 주례를 서 달라고 찾아온 것은 아니겠지?
② 글쎄, 그 일은 나도 잘 모르겠어.
③ 오월로 접어든 산골짝의 날씨는 이제야 겨우 봄기운이 느껴진다.
④ 그는 자리에서 일어났다. 그리고 책장에서 책을 꺼냈다.

02 ㉠~㉣에 대한 설명으로 옳지 않은 것은?

> ○ 지금 사는 ㉠ 그 집이 싫으면 다른 집을 알아보자.
> ○ 영호가 취직이 되었대. ㉡ 이는 참으로 잘된 일이야.
> ○ 어르신. ㉢ 저리 가시면 안됩니다.
> ○ 재는 우리가 싫어했던 ㉣ 저것이 마음에 든대.

① ㉠: 뒤의 명사를 수식하는 지시 관형사이다.
② ㉡: 지시 대명사로 가까운 것을 가리킬 때 쓴다.
③ ㉢: 화자와 멀리 있는 대상을 가리키는 지시 대명사이다.
④ ㉣: 뒤에 조사가 붙은 사물 대명사이다.

03 다음 중 문맥에 맞는 단어를 옳게 쓴 문장으로 짝지어진 것은?

① 반드시 이 브랜드의 물을 마셔야 하는 이유가 뭐야? 물을 이 열에 맞춰 반듯이 세워 놓도록 해.
② 답지와 마지막 문제의 답을 맞춘 그는 뛸 듯이 기뻐했다. 그의 화살이 과녁을 맞췄을 때 중계 카메라는 그의 얼굴을 잡았다.
③ 그는 부지런하다. 그럼으로 믿을 만한 사람일 것이다. 그는 최선을 다했다. 그럼으로 은혜를 갚으려 했다.
④ 부산 가는 길엔 반드시 휴게소를 거치는 것이 그의 습관이었다. 이번 달엔 경기가 어려워 외상값이 잘 걷치지 않았다.

04 다음 글을 고쳐 쓰는 방법으로 적절하지 않은 것은?

> 어떤 현상에 두 가지 요인이 동시에 작용할 때, 서로 그 효과를 소멸시키는 작용을 '길항작용'이라고 한다. 이는 약물이나 세균, 근육, 신경 등에서 볼 수 있는 ㉠ 현상이지만, 주로 생물학과 의학 분야에서 이용되고 있다. 홍분을 유발하는 아드레날린과 홍분을 가라앉히는 아세틸콜린이 서로 약효를 약화하는 것은 대표적인 길항작용이다. 약물이 길항작용을 일으키는 원인은 동일한 수용체에 작용하는 약물이 서로 경쟁적으로 대항하는 경우, 작용하는 수용체가 달라도 약리학적 작용이 반대되는 경우 등 다양하다. ㉡ 체내에서 약물이 화학 반응을 일으켜 다른 물질이 되는 경우에도 길항작용이 일어날 수 있다. 심장 박동을 촉진하는 교감 신경과 이를 억제하는 부교감 신경의 작용은 신체 내에서 일어나는 길항작용이다. 한쪽이 기능을 촉진하면 다른 쪽은 기능을 ㉢ 억제함으로서 신체는 ㉣ 유지할 수 있다.

① ㉠: 앞 내용과 뒤 내용의 관계를 고려하여 '현상으로'로 고친다.
② ㉡: 글의 흐름상 적절하지 않은 문장이므로 삭제한다.
③ ㉢: 조사를 적절하게 사용하지 않았으므로 '억제함으로써'로 고친다.
④ ㉣: 서술어가 필요로 하는 문장 성분이 부적절하게 생략되었으므로 '항상성을 유지할 수 있다.'로 고친다.

05 다음 중 전제가 참일 때 결론이 반드시 참이 되지 않는 논증을 모두 고르면?

> ㄱ. 모든 과학자들이 수학에 능통한 것은 아니다. 수학에 능통하지 않은 사람이 과학자가 될 수 없다면, 모든 과학자는 수학에 능통해야 한다. 따라서 과학자는 모두 수학에 능통하지 않다.
> ㄴ. 어떤 동물도 언어를 사용할 수 없다. 그러나 앵무새는 인간이 하는 말을 따라 할 수 있다. 따라서 앵무새는 언어를 사용할 줄 안다.
> ㄷ. 독서가 습관화되면 사고력이 향상된다. 만약 사고력이 향상되었다면, 독서가 습관화된 것이다.

① ㄱ, ㄴ
② ㄱ, ㄷ
③ ㄴ, ㄷ
④ ㄱ, ㄴ, ㄷ

06 다음 글의 내용을 참고할 때, ㉠에 대한 추측으로 적절하지 않은 것은?

> 구리판이나 동전 같은 경우에는 구리도선처럼 전류가 흐르는 길이 정해져 있지 않아 전류가 소용돌이 모양으로 흐르는데, 이 전류를 '맴돌이 전류'라고 한다.
>
> 롤러코스터의 브레이크도 맴돌이 전류를 이용한다. 그런데 맴돌이 전류로 뜨거워진 롤러코스터 브레이크 장치의 구리판에 라면을 끓여 먹을 수는 없

을까? 이런 엉뚱한 생각을 실현한 조리 장치가 있다. ㉠ '유도 조리 장치'라고 부르는 이 전열기는 맴돌이 전류를 이용해서 냄비나 프라이팬을 뜨겁게 달군다. 이 장치에는 자기장을 변하게 만드는 코일이 들어 있다. 이 위에 금속으로 만든 냄비를 올려놓으면 냄비 바닥에 맴돌이 전류가 흐르고 냄비 자체의 저항 때문에 열이 발생한다. 따라서 유도 조리 장치 자체에서는 전혀 열이 발생하지 않고 냄비에서 직접 열이 발생하는 것이다. 바로 이 점에서 달구어진 판을 이용하거나 불꽃을 이용해서 냄비를 데우는 다른 조리 장치들과 차별성을 지니는 것이다.

맴돌이 전류는 금속 안에서 제멋대로 흐르는 전류이기 때문에 과학자들은 이것을 전혀 쓸모없는 것으로만 생각해 왔다. 하지만 요즘은 오히려 이것의 특징을 이용해 편리한 도구들을 만들어 사용하고 있는 것이다.

① 전기가 통하지 않는 조리 기구는 사용할 수 없겠군.
② 연기나 불완전 연소된 가스가 배출되는 일이 없겠군.
③ 불을 사용하는 조리 기구들에 비해 열손실이 적겠군.
④ 자기장을 만드는 코일에는 열전도율이 높은 재료를 쓰겠군.

07 밑줄 친 표현이 ㉠의 의미와 가장 유사한 것은?

벽지까지 길이 ㉠ 트여서 가는 데에 하루가 안 걸린다.

① 그의 솔직한 말로 인해 대화의 물꼬가 트였다.
② 나는 말년이나 되어야 운이 트인다고 한다.
③ 한바탕 웃고 나니 속이 다 트이는 것 같다.
④ 이 지역에 진출하면서 현지 업체들과의 거래가 트였다.

08 ㉠ ~ ㉣과 바꿔쓸 수 있는 유사한 표현으로 적절하지 않은 것은?

(가) 우리는 병자의 ㉠ 여윈 얼굴을 마주하자 가슴이 아팠다.
(나) 아버지는 제멋대로 행동하는 동생을 호되게 ㉡ 나무라셨다.
(다) 경찰은 지속적인 단속으로 대부분의 폭력 조직을 ㉢ 무너뜨렸다.
(라) 그 회사는 사업 규모를 ㉣ 넓히기 위해 해외 시장 개척을 진행 중이다.

① ㉠: 초췌한
② ㉡: 질색하셨다
③ ㉢: 와해하였다
④ ㉣: 확장하기

09 다음의 독백을 근거로 추리한 내용 중 잘못된 것은?

'이 세상엔 믿을 만한 것이 없는 것 같아. 사람의 마음은 당연히 믿을 수 없지만, 나이에 따라 변해 가는 사람의 육체는 어느 것이 진정 그 사람의 것일까? 아무리 아름다운 여인도 늙으면 쭈글쭈글한 노파가 되니, 아름다움이라는 것도 결국 헛된 것이 아닌가! 그러니까 내 눈에 비치는 사물 그대로를 믿는다는 것은 어리석은 일이지.

그렇지만 수학에서 공부한 내용들은 정말 확실한 진리가 아닐까? 1+1은 분명히 2가 아닌가? 아니야, 그것도 믿을 수 없어. 혹시 내가 수학을 생각할 때마다 마귀가 내 의식을 점령하여 내가 내린 수학 결론을 바꾸어 놓을지도 몰라.

그렇다면 이 세상에는 확실하게 믿을 수 있는 진리란 존재하지 않는단 말인가? 잠깐, 이러한 의심을 하고 있는 주체는 분명히 내가 아닌가? 그리고 나는 분명히 이 세상에 살아 있고, 그렇다! 나는 의심(생각)한다. 그러므로 나는 존재한다.'

① 인간은 무상(無常)한 존재이다.
② 인간의 존재 가치는 사고(思考)에 있다.
③ 인간의 의식은 언제나 불확실성을 내포하고 있다.
④ 인간의 주체성은 진리에 대한 자각을 통해 확립된다.

10 로크의 입장과 가장 부합하지 않는 진술은?

본유관념이란 경험에서 얻는 것이 아니라 태어나면서부터 가지고 있는 지식 또는 관념으로, 생득관념(生得觀念)이라고도 한다. 데카르트는 인간이 가진 본유관념을 통해 자연의 원리를 알아낼 수 있다고 보았다. 자연의 모든 질서의 궁극적 근거인 신이 올바로 판단할 수 있는 능력을 인간에게 부여했으므로, 인간의 타고난 지식은 항상 옳게 작용한다고 생각했기 때문이다.

그러나 로크는 그의 저서 <인간지성론>에서 본유관념을 '의견'이라고 명시하며 본유관념이 '지식'이 아니라고 비판했다. 로크는 본유 관념론자들이 '본유적 · 실천적 원리'라고 말하는 도덕 규칙이나 정의, 양심과 같은 가치의 정당성을 '보편적 동의'에서 찾는다고 보았다. 그러나 도덕 법칙은 각 시대와 사회에 따라 매우 다르며, 임의의 주장에 대한 보편적 동의가 곧 그 주장의 진리성을 보장할 수는 없다고 비판했다. 또, 도덕 법칙이 행위로 드러나지 않고 단지 마음속에 있다는 것만으로는 실천적 원리의 본유성을 주장할 수 없다고 했다. 그는 인간은 경험을 통해 백지처럼 하얀 마음에 비로소 지식을 새길 수 있다고 보았다. 이렇게 후천적으로 얻는 지식을 '습득관념'이라고 한다.

① 지식은 우리가 경험할 수 있는 범위를 벗어나 얻어질 수 없다.
② 모든 관념은 현실적으로는 없지만, 잠재적으로 마음속에 포함되어 있다.
③ 본유관념을 주장하는 데카르트와 달리 보편적인 동의에 대해 회의적이다.
④ 모든 지식은 이성만으로 성립되지 않으며, 우리의 믿음은 감각적 경험을 통해 축적된 습관의 결과이다.

합격까지 박문각

일일 모고 영어 제3회

반드시 합격 진가영 영어

01 밑줄 친 부분에 들어갈 말로 가장 적절한 것은?

The company's marketing strategy focuses on how to ______ its products to a wider audience through online platforms.

① reduce ② eliminate
③ minimize ④ distribute

02 밑줄 친 부분에 들어갈 말로 가장 적절한 것은?

The manager's ______ attitude toward his employees created a cold and unwelcoming work environment, affecting overall team morale.

① distant ② warm
③ precise ④ famous

03 밑줄 친 부분에 들어갈 말로 가장 적절한 것은?

The magician's incredible tricks managed to ______ the audience, leaving everyone in awe and unable to explain what they had just seen.

① disappoint ② astonish
③ confuse ④ annoy

04 밑줄 친 부분에 들어갈 말로 가장 적절한 것은?

The government plans to ______ more funds into public health to improve the overall quality of life for citizens.

① ignore ② withdraw
③ dismiss ④ invest

05 밑줄 친 부분에 들어갈 말로 가장 적절한 것은?

The official remained ______ about the details of the investigation, refusing to disclose any information to the public or the press.

① secretive ② transparent
③ generous ④ clumsy

06 밑줄 친 부분에 들어갈 말로 가장 적절한 것은?

When it comes to teamwork, trust and cooperation play a crucial role ______ common goals.

① in achieving
② in achieve
③ achieving
④ achieved

07 밑줄 친 부분 중 어법상 옳지 않은 것은?

① <u>Providing</u> proper care for animals ② <u>require</u> consistency and attentiveness. One of the key factors in ensuring their well-being is creating a ③ <u>stable</u> and predictable environment. Animals feel more secure when their daily routines remain the same. For example, feeding them at the same time each day and ④ <u>keeping</u> their resting area unchanged helps reduce stress.

08 밑줄 친 부분에 들어갈 말로 가장 적절한 것은?

A: Hi, I've been waiting for my appointment confirmation, but I haven't received any email. ______________________

B: I'm sorry to hear that. Let me check your appointment status for you. Can you give me your reference number?

A: Sure, it's 789456.

B: Thank you. I see that your appointment was confirmed, but the email may have gone to your spam folder. You might want to check there.

A: I'll do that right away. Thanks for your help!

B: You're welcome! Let me know if you need anything else.

① Can I cancel my reservation?
② Can I change my reservation?
③ Should I check again?
④ When should I make the reservation by?

09 주어진 글 다음에 이어질 글의 순서로 가장 적절한 것은?

The evidence was never clear, but for most Americans, the outcome was so obvious that it did not require verification. This meant that attending college led to obtaining a good job.

(A) However, today, the satisfying relationship between the rate of graduates and the economic capacity to absorb them is no longer certain.

(B) There has never been a time when the belief in the rewards of higher education in America was more clearly demonstrated than in the 1950s and 1960s, when good education and good jobs seemed to be strongly linked.

(C) For 20 years, college graduates flowed out of academia and generally entered the workforce, where they easily found well-paying jobs that promised a bright future.

① (A) – (C) – (B)
② (B) – (A) – (C)
③ (B) – (C) – (A)
④ (C) – (A) – (B)

10 다음 글의 요지로 가장 적절한 것은?

The development of society and the growth of individuals are closely interconnected, with societal progress significantly influencing personal development. Anthropologists often claim that people in primitive societies are less individualistic than those in civilized societies, which holds some truth. Simpler societies demand fewer specialized skills and offer fewer opportunities for individual work compared to more complex and advanced societies. As a result, people in simpler societies tend to be less individualistic. In this sense, individualism is an inevitable product of modern, developed societies and serves as an underlying force in all social activities.

① A few geniuses drive societal progress.
② The spread of individualism is a social ill.
③ Individualism is a product of modern society.
④ Collectivism in the primitive era was inefficient.

일일 모고 한국사 제3회

합격까지 **박문각**

가장 빠른 한국사
한국사 박기훈

01 다음과 같은 토기가 제작되었던 시기의 모습으로 옳은 것은?

① 주먹도끼로 동물을 사냥하는 청년
② 반달돌칼로 곡식을 수확하는 농민
③ 부족장 회의를 소집한 연맹왕국의 왕
④ 군사를 이끌고 평양성을 침공하는 왕

02 아래 (가), (나) 지도와 같은 전개가 이루어진 시기 사이에 있었던 역사적 사실에 대한 설명으로 옳은 것은?

(가)

(나)

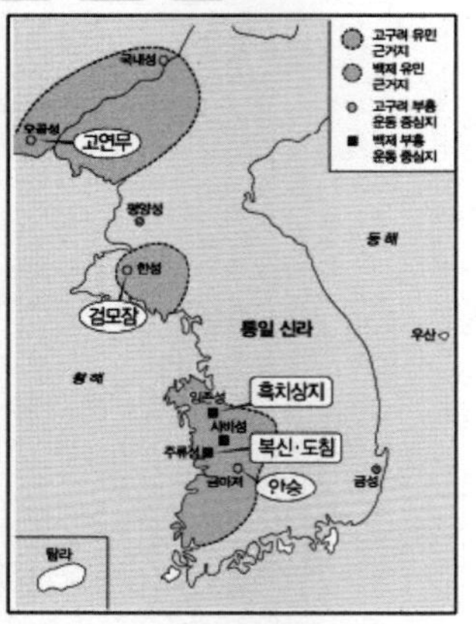

① 고구려가 도읍을 평양으로 천도하였다.
② 매소성에서 신라가 당나라를 격파하였다.
③ 신라가 유학교육기관인 국학을 설치하였다.
④ 고구려가 수나라의 대군을 살수에서 물리쳤다.

03 다음 사료의 밑줄 친 <u>왕</u>의 집권기간에 있었던 일로 옳은 것은?

> 어떤 이가 화왕(모란)에게 말하였다. "두 명(장미와 할미꽃)이 왔는데 어느 쪽을 취하고 어느 쪽을 버리시겠습니까?" 화왕에게 말하였다. "장부의 말도 일리가 있지만 어여쁜 여자는 얻기가 어려운 것이니 이 일을 어떻게 할까?" 장부가 다가서서 말하였다. "저는 대왕이 총명하여 사리를 잘 알 줄 알고 왔더니 지금 보니 그렇지 않군요. 무릇 임금된 사람치고 간사한 자를 가까이하지 않고 정직한 자를 멀리하지 않는 이가 적습니다. 이 때문에 맹가는 불우하게 일생을 마쳤으며, 풍당은 머리가 희도록 하급관직을 면치 못하였습니다. 옛날부터 도리가 이러하였거늘 저인들 어찌 하겠습니까?" 화왕이 대답하였다. "내가 잘못 했노라. 내가 잘못했노라." 이에 <u>왕</u>이 얼굴빛을 바로 하며 말하였다. "그대의 우화는 진실로 깊은 뜻이 담겨 있도다. 기록해 두어 왕자의 경계로 삼게 하기 바란다."라고 하고는 설총를/을 높은 관직에 발탁하였다.

① 김헌창의 난이 일어났다.
② 신라군이 기벌포에서 당군을 격퇴하였다.
③ 장보고가 청해진을 중심으로 활동하였다.
④ 9주 5소경의 지방 행정제도가 완비되었다.

04 다음과 같은 주장을 받아 들여 군대를 창설한 국왕이 추진한 일로 옳은 것은?

> "신이 적의 기세를 보건대 예측하기 어려울 정도로 굳세니, 마땅히 군사를 쉬게 하고 군관을 길러서 후일을 기다려야 할 것입니다. 또 신이 싸움에서 진 것은 적은 기병인데 우리는 보병이라 대적할 수가 없었습니다."

① 과거제도를 처음으로 실시하였다.
② 거란의 침공을 대비하기 위해 천리장성을 축조하였다.
③ 대각국사 의천의 건의를 수용하여 화폐주조를 추진하였다.
④ 반원자주 정책을 추진하여 쌍성총관부를 무력으로 수복하였다.

※ 다음 사료를 읽고 물음에 답하시오.(5~6)

정신없이 앞만 보고 달려온 이재명은 갑자기 인생의 무상함을 느껴 서울을 떠나 자신의 고향 근방의 도시로 낙향하였다. 낙향한 (가)는 조선 유교문화의 중심으로, 퇴계 이황 선생이 제자를 양성한 곳이자 선생의 학문을 기리기 위한 도산서원이 있는 곳이기도 하였다.

05 이재명이 낙향한 도시인 밑줄 친 (가)와 역사적으로 관련이 없는 설명을 하는 사람은?

① 대웅 : 일제강점기에 조선 형평사가 이곳에서 발족하였다.

② 기훈 : 고려의 군대가 후백제의 군대를 이곳에서 대파하였다.

③ 명훈 : 고려의 개성 있는 불교문화를 보여주는 석불이 이곳에 있다.

④ 성빈 : 우리나라의 가장 오래된 건축물인 봉정사 극락전이 이곳에 있다.

06 밑줄 친 (가)를 본관으로 하는 가문의 족보는 우리나라에서 가장 오래된 족보이다. 다음 중 이 족보가 처음 간행된 시기의 사회 구조에 대한 설명으로 옳지 않은 것은?

① 과부의 재혼이 비교적 자유로웠다.

② 처가살이 이루어지는 가족들도 있었다.

③ 기자와 함께 단군을 중시하는 역사의식이 강하였다.

④ 재산 상속에서 적장자를 우대하였다.

07 다음 사건이 일어난 왕의 재위 기간에 대한 설명으로 옳은 것은?

임꺽정은 양주 백정으로, 성품이 교활하고 날래고 용맹스러웠다. 그 무리 수십 명이 함께 다 날래고 빨랐는데, 도적이 되어 민가를 불사르고 소와 말을 빼앗고, 만약 항거하면 몹시 잔혹하게 사람을 죽였다. 경기도와 황해도의 아전과 백성들이 임꺽정 무리와 은밀히 결탁하여, 관에서 잡으려 하면 번번이 먼저 알려주었다.

① 보우가 중용되고 승과가 부활하였다.

② 조광조가 소격서의 폐지를 주장하였다.

③ 왜구의 준동을 대비하기 위해 비변사를 처음으로 설치하였다.

④ 척신정치의 잔재청산과 이조전랑의 임명문제를 놓고 붕당이 형성되었다.

08 ㉠에 들어갈 사실로 옳은 것은?

백산에서 4대강령이 발표되었다.

⇩

㉠

⇩

농민군이 전주성을 점령하였다.

① 안핵사 이용태가 고부에 파견되었다.

② 일본이 경복궁을 점령하고 개혁을 강요하였다.

③ 정읍 황토현에서 농민군이 정부군을 격파하였다.

④ 호남의 남접군과 충청의 북접군이 논산에서 합류하였다.

09 아래 그림과 관련한 의병에 대한 설명으로 옳은 것은?

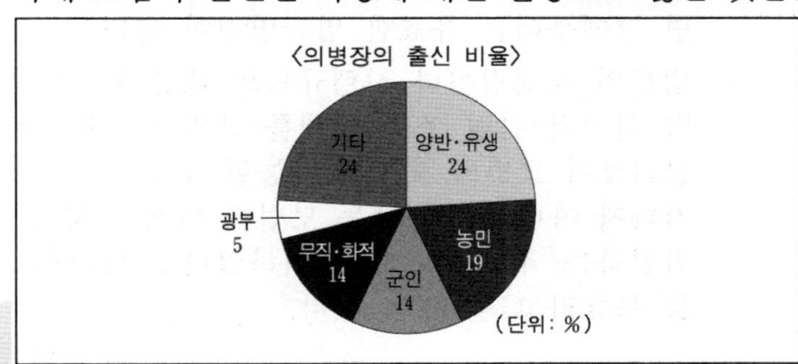

① 단발령에 반발해서 봉기하였다.

② 고종의 권고를 받아들여 해산하였다.

③ 13도창의군을 결성하여 서울진공작전을 감행하였다.

④ 일본군의 도움으로 개화파가 집권한 데 격렬히 반발하였다.

10 다음 취임사와 함께 출범한 정부 시기의 사실로 옳은 것은?

존경하는 국민 여러분! 오늘의 어려움 속에서도 국민 여러분께서는 놀라운 애국심과 저력을 발휘하셨습니다. 우리는 IMF(국제 통화 기금) 시대의 충격 속에서도 여야 간 평화적 정권 교체의 위업을 이룩하였습니다.

국민 여러분은 나라의 위기를 극복하기 위해 '금 모으기'에 나섰고, 이미 20억 달러가 넘는 금을 모아 주셨습니다. 저는 황금보다 더 귀중한 국민 여러분의 애국심을 한없이 자랑스럽게 생각합니다.

① 외환위기를 극복하였다.

② 경제협력개발기구에 가입하였다.

③ 두 차례의 석유파동이 일어났다.

④ 최초의 이산가족 상봉이 이루어졌다.

일일 모고 행정법 제3회

합격까지 박문각

광야에서 합격까지 행정법 강성빈

01 행정입법에 대한 설명으로 옳지 않은 것은? (다툼이 있는 경우 판례에 의함)

① 법규명령에 대한 대법원의 위헌·위법하다는 판단이 있게 되면 그 법규명령은 일반적으로 효력을 상실한다.

② 위임입법에 있어 급부행정 영역에서는 기본권침해 영역보다는 위임의 구체성의 요구가 다소 약화되어도 무방하다.

③ 일반적으로 법률의 위임에 의하여 효력을 갖는 법규명령의 경우, 구법에 위임의 근거가 없어 무효였더라도 사후에 법개정으로 위임의 근거가 부여되면 그때부터는 유효한 법규명령이 된다.

④ 법률의 시행령이나 시행규칙의 내용이 모법의 입법 취지와 관련 조항 전체를 유기적·체계적으로 살펴보아 모법의 해석상 가능한 것을 명시한 것에 지나지 아니하는 때에는 모법에 이에 관하여 직접 위임하는 규정을 두지 아니하였다고 하더라도 이를 무효라고 볼 수는 없다.

02 행정행위의 부관에 대한 설명으로 옳지 않은 것은? (다툼이 있는 경우 판례에 의함)

① 행정청은 처분에 재량이 없는 경우에는 법률에 근거가 있는 경우에 부관을 붙일 수 있다.

② 수익적 행정처분에 있어서는 법령에 특별한 근거규정이 없더라도 특별한 사정이 없는 한 그 부관으로서 부담을 붙일 수 있다.

③ 행정처분과 부관 사이에 실제적 관련성이 있다고 볼 수 없는 경우 공무원이 위와 같은 공법상의 제한을 회피할 목적으로 행정처분의 상대방과 사이에 사법상 계약을 체결하는 형식을 취하였다면 이는 법치행정의 원리에 반하는 것으로서 위법하다.

④ 행정처분에 붙은 부담인 부관이 불가쟁력이 생겼다 하더라도, 당해 부담이 당연무효가 아닌 이상 그 부담의 이행으로서 하게 된 매매 등 사법상 법률행위의 효력을 민사소송으로 다툴 수는 없다.

03 행정행위의 효력에 대한 설명으로 옳은 것은? (다툼이 있는 경우 판례에 의함)

① 행정행위의 불가변력은 당해 행정행위에 대해서만 인정되는 것이 아니고, 동종의 행정행위라면 그 대상을 달리하더라도 인정된다.

② 영업허가취소처분으로 손해를 입은 자가 제기한 국가배상청구소송에서 법원은 영업허가취소처분에 취소사유에 해당하는 하자가 있는 경우에는 영업허가취소처분의 위법을 이유로 배상청구를 인용할 수 있다.

③ 행정처분이 불복기간의 경과로 인하여 확정될 경우 그 처분의 기초가 된 사실관계나 법률적 판단이 확정되고 당사자들이나 법원이 이에 기속되어 모순되는 주장이나 판단을 할 수 없게 된다.

④ 제소기간의 경과 등으로 처분에 불가쟁력이 발생하였다면 행정청은 직권으로 그 처분을 취소할 수 없다.

04 행정소송의 피고적격에 대한 설명으로 옳지 않은 것은? (다툼이 있는 경우 판례에 의함)

① 처분등이 있은 뒤에 그 처분등에 관계되는 권한이 다른 행정청에 승계된 때에는 이를 승계한 행정청을 피고로 한다.

② 당사자소송은 국가·공공단체 그 밖의 권리주체를 피고로 한다.

③ 「행정소송법」상 당사자소송의 피고적격에 관한 규정은 당사자소송의 경우 피고적격이 인정되는 권리주체를 행정주체로 한정한다는 취지이므로, 사인을 피고로 하는 당사자소송을 제기할 수는 없다.

④ 행정처분을 행할 적법한 권한 있는 상급행정청으로부터 내부위임을 받은 데 불과한 하급행정청이 권한 없이 행정처분을 한 경우 실제로 그 처분을 행한 하급행정청을 피고로 하여야 할 것이지 그 처분을 행할 적법한 권한 있는 상급행정청을 피고로 할 것은 아니다.

05 행정소송의 판결에 대한 설명으로 옳지 않은 것은? (다툼이 있는 경우 판례에 의함)

① 법원이 사정판결을 할 때 그 처분등을 취소하는 것이 현저히 공공복리에 적합하지 아니한지 여부는 사실심 변론을 종결할 때를 기준으로 판단한다.

② 재판장은 신속하고 공정한 분쟁 해결과 국민의 권익 구제를 위하여 필요하다고 인정하는 경우에는 소송계속 중인 사건에 대하여 직권으로 소의 취하, 처분등의 취소 또는 변경, 그 밖에 다툼을 적정하게 해결하기 위해 필요한 사항을 서면으로 권고할 수 있다.

③ 행정처분의 무효확인을 구하는 소에는 원고가 그 처분의 취소를 구하지 아니한다고 밝히지 아니한 이상 그 처분이 당연무효가 아니라면 그 취소를 구하는 취지도 포함되어 있는 것으로 보아야 하고, 그와 같은 경우에 취소청구를 인용하려면 먼저 취소를 구하는 항고소송으로서의 제소요건을 구비하여야 한다.

④ 거부처분 취소판결이 확정된 후, 사실심 변론종결 이후에 발생한 새로운 사유를 근거로 다시 거부처분을 하는 것은 기속력에 위반된다.

06 「행정심판법」에 대한 설명으로 옳지 않은 것은? (다툼이 있는 경우 판례에 의함)

① 대통령의 처분 또는 부작위에 대하여는 다른 법률에서 행정심판을 청구할 수 있도록 정한 경우 외에는 행정심판을 청구할 수 없다.

② 행정청이 행정처분을 하면서 상대방에게 불복절차에 관한 고지의무를 이행하지 않았다면 이는 절차적 하자로서 그 행정처분은 위법하게 된다.

③ 행정청이 심판청구 기간을 알리지 아니한 경우에는 당사자가 처분이 있음을 알게 된 날부터 90일이 경과하였더라도 처분이 있었던 날부터 180일이 경과하기 전까지는 행정심판을 청구할 수 있다.

④ 심판청구서를 받은 피청구인은 그 심판청구가 이유 있다고 인정하면 심판청구의 취지에 따라 직권으로 처분을 취소·변경하거나 확인을 하거나 신청에 따른 처분을 할 수 있다.

07 신뢰보호의 원칙에 대한 설명으로 옳은 것은? (다툼이 있는 경우 판례에 의함)

① 헌법재판소의 위헌결정은 행정청이 개인에 대하여 신뢰의 대상이 되는 공적인 견해를 표명한 것이라고 할 수 있으므로 그 결정에 관련한 개인의 행위에 대하여는 신뢰보호의 원칙이 적용된다.

② 개발사업을 시행하기 전에 사건 토지 지상에 예식장 등을 건축하는 것이 관계 법령상 가능한지 여부를 질의하여 민원 부서로부터 '저촉사항 없음'이라고 기재된 민원예비심사 결과를 통보받았다면, 이는 이후의 개발부담금부과처분에 관하여 신뢰보호의 원칙을 적용하기 위한 공적인 견해표명을 한 것에 해당한다.

③ 「지방세법」에서 정한 취득세 등이 면제되는 '기술진흥단체'인지 여부에 관한 질의에 대하여 건설교통부장관과 내무부장관이 비과세 의견으로 회신한 경우 공적인 견해표명에 해당한다.

④ 관할 교육지원청 교육장이 교육환경평가승인신청에 대한 보완요청서에 '휴양 콘도미니엄업이 「교육환경법」 제9조 제27호에 따른 금지행위 및 시설로 규정되어 있지 않다.'라는 의견을 밝힌 것은 교육장이 최종적으로 교육환경평가를 승인해 주겠다는 취지의 공적 견해를 표명한 것이라고 볼 수 있다.

08 행정절차에 대한 설명으로 옳은 것은? (다툼이 있는 경우 판례에 의함)

① 산업기능요원편입취소처분에 대해서는 「행정절차법」이 적용된다.

② 「국가공무원법」상 직위해제처분은 공무원의 인사상 불이익을 주는 처분이므로 「행정절차법」상 사전통지 및 의견청취절차를 거쳐야 한다.

③ 「군인사법」에 따라 당해 직무를 수행할 능력이 없다고 인정하여 장교를 보직해임 하는 경우, 처분의 근거와 이유 제시 등에 관하여 「행정절차법」의 규정이 적용된다.

④ 별정직 공무원인 대통령기록관장에 대한 직권면직 처분에는 처분의 사전통지 및 의견청취 등에 관한 「행정절차법」 규정이 적용되지 않는다.

09 「질서위반행위규제법」에 대한 설명으로 옳지 않은 것은?

① 질서위반행위의 성립과 과태료 처분은 행위시의 법률에 따른다.

② 「질서위반행위규제법」은 대한민국 영역 밖에서 질서위반행위를 한 대한민국의 국민에게 적용한다.

③ 검사는 과태료를 최초 부과한 행정청에 대하여 과태료 재판의 집행을 위탁할 수 있고, 위탁을 받은 행정청은 국세 또는 지방세 체납처분의 예에 따라 집행한다.

④ 행정청은 당사자가 납부기한까지 과태료를 납부하지 아니한 때에는 납부기한을 경과한 날부터 체납된 과태료에 대하여 100분의 5에 상당하는 가산금을 징수한다.

10 「개인정보 보호법」에 대한 설명으로 옳지 않은 것은? (다툼이 있는 경우 판례에 의함)

① 개인정보처리자의 고의 또는 중대한 과실로 인하여 개인정보가 분실·도난·유출·위조·변조 또는 훼손된 경우로서 정보주체에게 손해가 발생한 때에는 법원은 그 손해액의 5배를 넘지 아니하는 범위에서 손해배상액을 정할 수 있다. 다만, 개인정보처리자가 고의 또는 중대한 과실이 없음을 증명한 경우에는 그러하지 아니하다.

② 정보주체가 개인정보처리자의 「개인정보 보호법」 위반행위로 입은 손해에 대해 그 배상을 청구하는 경우, 개인정보처리자는 「개인정보 보호법」을 위반한 행위를 한 사실이 없다는 것을 증명하지 못하면 책임을 면할 수 없다.

③ 개인정보처리자의 「개인정보 보호법」 위반행위로 손해를 입은 정보주체는 개인정보처리자에게 손해배상을 청구할 수 있고, 그 개인정보처리자는 고의 또는 과실이 없음을 입증하지 않으면 책임을 면할 수 없다.

④ 고정형영상정보처리기기운영자는 고정형 영상정보처리기기의 설치 목적과 다른 목적으로 고정형영상정보처리기기를 임의로 조작하거나 다른 곳을 비춰서는 아니 되며, 녹음기능은 사용할 수 없다.

일일 모고 행정학 제3회

01 비정부조직(NGO)에 대한 설명으로 옳지 않은 것은?
① 뉴거버넌스(New Governance)에서는 정부-NGO 간 협력체계를 중시한다.
② NGO는 자율적 통제와 신뢰에 바탕을 둔다.
③ 시장실패와 정부실패는 NGO의 존립 근거가 된다.
④ NGO의 전문성·책임성 부족 현상은 살라몬(Salamon)의 NGO 실패 유형 중 '박애적 불충분성'에 해당한다.

02 공공가치관리론에 대한 설명으로 옳지 않은 것은?
① 신공공관리론이 행정을 도구적 관점에서 파악하였음을 비판하고 등장하였다.
② 공공가치는 다양한 이해관계자들이 숙의의 과정을 통해 결정되는 것으로 보았다.
③ 공공가치를 추구하기 위해서는 큰 정부가 필요하다고 보았다.
④ 공공가치의 창출로 얻어지는 편익이 비용보다 커야 공공개입의 정당성이 확보될 수 있다고 보았다.

03 행정책임의 유형에 대한 설명으로 옳지 않은 것은?
① 파이너(H. Finer)의 고전적 책임론은 법률이나 규칙에 대한 책임, 국민에 대한 책임, 의회에 대한 책임 등이 있다.
② 프리드리히(C. J. Friedrich)의 현대적 책임론은 외부적 힘이 아닌, 관료의 내면적 기준에 의한 책임, 전문기술적·과학적 기준에 따라야 할 기능적 책임과 국민의 요구에 의한 공무원 스스로의 자발적 책임을 강조하였다.
③ 듑닉(Dubnick)과 롬젝(Romzek)의 행정책임의 유형 중 내부지향적이고 통제의 정도가 높은 책임성은 계층제적 책임성이다.
④ 듑닉(Dubnick)과 롬젝(Romzek)은 통제의 정도와 통제의 원천이 기관내부인지 외부인지에 따라 네 가지로 유형화하였고, 외부에서 내부로, 낮은 통제에서 높은 통제로 중점이 변화되어 왔다고 주장하였다.

04 이슈네트워크(issue network)와 비교한 정책공동체(policy com-munity)의 상대적 특성으로 옳지 않은 것은?
① 정책결정을 둘러싼 권력게임은 공동의 이익을 추구하는 정합게임(positive sum game)의 성격을 띤다.
② 참여자들이 기본가치를 공유하며 그들 간의 접촉빈도가 높다.
③ 참여자의 범위가 넓고 경계의 개방성이 높다.
④ 모든 참여자가 교환할 자원을 가지고 참여한다.

05 정책평가 시에 정책수단과 정책목표 간의 인과관계를 검증하기 위한 조건으로 옳지 않은 것은?
① 정책수단이 정책목표의 결과를 가져왔다고 믿어지는 관계를 인과관계라고 한다.
② 정책의 결과는 오직 해당 정책수단에 의해서만 설명되어서는 아니 되며, 제3의 변수가 개입되어야 한다.
③ 정책수단의 변화 정도와 방향에 따라 정책목표의 달성 정도와 방향도 변해야 한다.
④ 시차적으로 정책수단이 정책목표 달성에 앞서 존재해야 한다.

06 다음의 리더십 연구 중 행태론적 리더십이론이 아닌 것은?
① 르윈(Lewin), 리피트(Lippitt), 화이트(White)는 리더십의 유형을 권위형, 민주형, 방임형으로 분류한다.
② 리더십에 대한 미시간대학교(University of Michigan)의 연구에서는 직원중심형과 생산중심형으로 구분한다.
③ 블레이크(Blake)와 무톤(Mouton)은 조직발전에 활용할 목적으로 관리유형도(Managerial Grid)라는 개념적 도구를 사용한다.
④ 허시(Hersey)와 블랑카드(Blanchard)는 인간관계중심적 형태와 임무중심적 행태를 기준으로 리더십 유형을 구분한다.

07 매트릭스구조에 대한 설명으로 옳은 것은?
① 계층제적 구조가 존재하지 않으며, 계선과 참모의 역할 구분도 명확하지 않다.
② 수평적이고 평면적인 조직으로서 유연성과 탄력성을 지닌다.
③ 대사관조직이나 대학교의 특수대학원은 매트릭스구조에 해당한다.
④ 조정이 용이하여 결정이 신속하게 이루어질 수 있다.

08 대표관료제(Representative Bureaucracy)에 대한 설명으로 옳지 않은 것은?
① 킹슬리(D. Kingsley)가 1944년에 처음 사용한 개념이다.
② 임명직 관료집단이 민주적 방법으로 행동하도록 하기 위한 방안으로 도입되었다.
③ 대표관료제는 내부통제를 강화하는 기능을 가지고 있다.
④ 관료들의 객관적 책임을 매우 현실적이라고 주장한다.

09 통합예산(혹은 통합재정)의 특징에 대한 설명으로 옳지 않은 것은?

① 신축성
② 포괄성
③ 대출순계의 명시
④ 예산순계로 작성

10 「지방자치법」에서 규정하고 있는 지방의회의 권한으로 옳지 않은 것은?

① 지방자치단체장에 대한 주민투표실시 청구권
② 지방의회 의장에 대한 불신임 의결권
③ 행정사무감사 및 조사권
④ 외국 지방자치단체와의 교류협력에 관한 사항

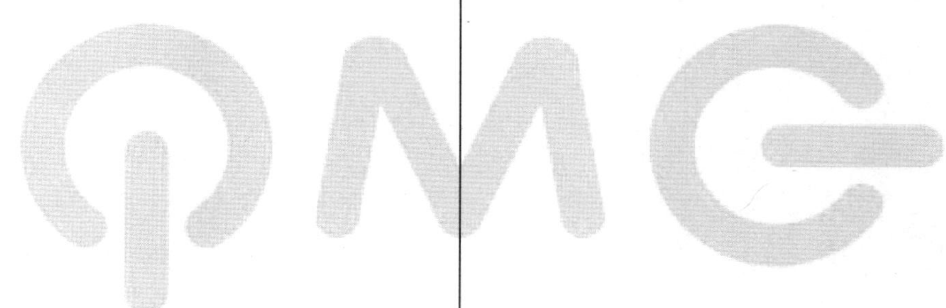

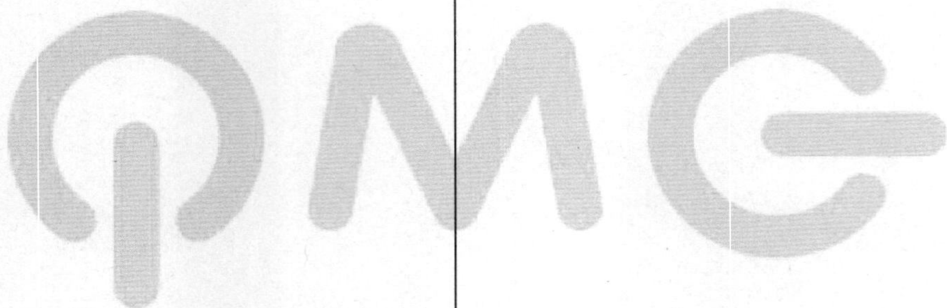

2025 공무원 시험대비 【6회차】

박문각 일일 모의고사

-제4회-

국어 · 영어 · 한국사

행정법 · 행정학

이 름 : ______________________

학습관 : ______________________

합격 예측

답안 입력 및 성적 조회는 PC, 모바일에서 모두 가능합니다.

★ PC: pass.pmg.co.kr | ★ 모바일 앱: 박문각 합격관리

일일 모고 국어 제4회

합격까지 박문각

赤功 국어 적중 혜선

01 밀줄 친 단어가 같은 품사로 묶인 것은?

① 나보기가 역겨워 가실 때에는 말없이 보내 드리겠습니다.

상철이는 찌개를 떠먹어 보았다.

② 이것 말고 다른 노트북을 보여 주세요.

탄소는 수소와 성질이 다른 원소이다.

③ 영수의 그림은 한국적이다.

이 그림은 한국적 정취가 물씬 풍긴다.

④ 그 자두는 크고 빨개서 먹음직스럽다.

아이가 크면서 점점 똑똑해졌다.

02 다음 중 품사가 다른 것은?

① 다른 생각은 하지 말고 공부나 해라.

② 모든 권세를 버리고 절로 들어갔다.

③ 많은 사람이 우리 의견에 동조했다.

④ 여러 나라가 월드컵에 참가했다.

03 밀줄 친 맞춤법이 옳은 것은?

① 동생이 발뒤꿈치를 들고 조용히 이동했다.

② 코로나가 위험하니 휴계실에서는 음식을 먹으면 안 된다.

③ 산이 가팔라서 힘들었지만 우리는 힘차게 발을 내딛었다.

④ 볶음밥은 밥이 눌지 않으면 맛이 없다.

04 다음 문장을 고쳐쓴 것으로 옳지 않은 것은?

(가) 그가 걸음을 걷는 것이 이상하다.
(나) 주어진 여건에서 최대한 힘을 다해야 한다.
(다) 뮤지컬의 대단원(大團圓)의 막을 열었다.
(라) 어머니께서 사과와 한라봉을 두 개씩 주셨다.

① 의미가 명확하지 않은 문장이므로 '그의 걸음의 모양이 이상하다'로 문장을 고쳐야 한다.

② '주어진'과 '여건'의 의미가 중복되므로 '주어진'을 삭제해야 한다.

③ 어휘가 문맥상 잘못 사용되었으므로 '대단원의 막을 내리다'로 고쳐야 한다.

④ 사과 1개에 한라봉 2개인지, 사과와 한라봉 각각 1개인지 명확하지 않으므로 명확하게 수를 밝혀야 한다.

05 다음 <보기>를 참고했을 때 반드시 참인 문장은?

> <보기>
>
> □□대학교 법학과 학생들을 대상으로 조사한 결과, "헌법개론"을 수강한 학생 중 일부는 "민법총칙" 수업을 수강하였으며, "민사소송법" 수업을 수강하지 않은 학생은 "형법" 수업을 수강하지 않았다.
>
> 학과 규정에 따르면, "헌법개론"은 "민법총칙"의 필수 선수강 과목이며, "민법총칙"은 "헌법개론"에서 B학점 이상을 받은 학생만 수강할 수 있다.
>
> 또한 "형법" 수업을 수강한 학생들은 모두 "형사소송법" 수업도 수강한 것으로 나타났다.

① 헌법개론을 수강한 모든 학생은 민법총칙 수업을 수강하였다.

② 헌법개론을 수강하지 않은 학생은 민법총칙을 수강하지 않았다.

③ 민사소송법을 수강하지 않은 학생 중 일부는 헌법개론을 수강하였다.

④ 형사소송법을 수강하지 않은 학생 중 일부는 형법을 수강하였다.

06 다음 전제가 모두 참이라고 할 때 밑줄 친 부분에 들어갈 결론으로 적절한 것은?

> 학생 중 똑똑한 사람이 있다. 무례한 학생은 없다. 따라서 ________________.
>
> (단, '무례하다'의 반대 개념은 '예의가 바르다'로 상정하시오.)

① 똑똑한 사람은 모두 예의 바르다.

② 똑똑한 사람 중 예의 바른 사람이 있다.

③ 어떤 학생은 무례하지 않다.

④ 어떤 학생은 똑똑하지 않다.

07 밑줄 친 표현이 ㉠의 의미와 가장 유사한 것은?

> 논리가 ㉠ 서야 남들을 설득할 수 있다.

① 송아지는 태어나면서부터 뒤뚱거리기는 하지만 네 다리로 선다.

② 갑자기 기계가 선 이유는 정비 불량이었다.

③ 칼날이 시퍼렇게 서 있는 것을 보니 단번에 모든 것을 베어낼 듯했다.

④ 새로운 교통법이 시행된 이후 도로에서 교통질서가 서기 시작했다.

08 ㉠ ~ ㉣과 바꿔쓸 수 있는 유사한 표현으로 적절하지 않은 것은?

(가) ㉠ <u>뾰족한</u> 칼끝에 손을 찔려 피가 흐르기 시작했다.
(나) 환자는 간호사에게 통증을 ㉡ <u>알리면서</u> 진통제를 달라고 애원했다.
(다) 정해진 규정에 따라 모든 회원들에게서 일정 금액의 회비를 ㉢ <u>거두어들였다</u>.
(라) 그는 자신의 정체를 만천하에 ㉣ <u>드러내다</u>.

① ㉠: 신통한
② ㉡: 호소하면서
③ ㉢: 징수했다
④ ㉣: 폭로하다

09 다음 글에 대한 설명으로 적절하지 않은 것은?

책의 내용이 이해가 되든 안 되든 순서대로 읽어 나가는 것이 꼭 좋은 것만은 아니다. 이해가 잘 되지 않는 부분을 만나면 일단 읽기를 중단하고 이미 읽은 내용을 반추(反芻)하여 현재의 부분과 어떠한 연관을 지니는지를 살펴볼 필요가 있다. 그래도 이해가 되지 않는 경우에는 아직 읽지 않은 부분을 포함한 전체적인 구도를 목차 등을 통해서 개략적으로 검토하여 이것이 전체적인 내용과 어떻게 관련된 것인가를 살펴보는 것이 좋다. 그래도 이해가 잘 되지 않는다면 이를 일단 유보하고 그 다음 부분부터 읽기를 계속하는 것이 현명한 일이다. 때로는 처음 읽어서 이해되지 않던 내용들이 두 번 혹은 세 번 읽은 후에 비로소 이해되는 경우가 있는데, 이는 이렇게 거듭 읽는 동안 전체적인 문맥이나 개관을 포착할 수 있기 때문이다.

① 상황에 맞게 독해 전략이 필요함을 나타내고 있다.
② 독해 방법으로, 반복하여 읽기 전략을 포함하고 있다.
③ 글을 읽기 전에 읽기 전략을 세울 것을 강조하고 있다.
④ 글의 내용이 잘 이해되지 않을 때의 읽기 전략을 소개하고 있다.

10 다음 글의 전개 순서로 자연스러운 것은?

18세기의 화가들은 사람이나 자연, 도시의 풍경을 현실에 가깝게 표현하는 데 중점을 두었다. 그러나 19세기에 등장한 사진은 그 어떤 화가보다도 현실과 사물을 더 잘 모방할 수 있었다.

ㄱ. 이에 위기를 맞은 듯했던 회화는 현실의 모방으로부터 멀어짐으로써 새로운 길을 모색하게 되었다.
ㄴ. 그러나 사진을 소유할 수 있는 이상, 그것의 모방인 그림의 가치가 원본인 사진 이상의 가치를 갖기는 힘들 것이었다.
ㄷ. 그 결과, 20세기에는 화가의 상상과 표현의 개성을 중시하는 추상 회화가 등장하였다.
ㄹ. 화가들이 사물에 구속되지 않고 자신의 내면에 따라 사물을 표현할 수 있게 되면서 새로운 회화의 장이 열린 것이다.
ㅁ. 이에 몇몇 인상파 화가들은 모델이나 풍경을 직접 보는 대신 사진을 사용하여 그림을 그리는 등 사진을 실용적으로 이용하기도 했다.

① ㄱ－ㅁ－ㄴ－ㄷ－ㄹ
② ㄱ－ㅁ－ㄴ－ㄹ－ㄷ
③ ㅁ－ㄴ－ㄱ－ㄷ－ㄹ
④ ㅁ－ㄴ－ㄱ－ㄹ－ㄷ

일일 모고 영어 제4회

01 밑줄 친 부분에 들어갈 말로 가장 적절한 것은?

> In order to succeed in the business world, you need to _____ certain skills and knowledge that will help you adapt to changes and challenges effectively.

① lose
② acquire
③ avoid
④ ignore

02 밑줄 친 부분에 들어갈 말로 가장 적절한 것은?

> The conference attracted delegates from many _____ organizations around the world to discuss global issues.

① international
② sensitive
③ awkward
④ peculiar

03 밑줄 친 부분에 들어갈 말로 가장 적절한 것은?

> The report lacked _____, making it difficult for readers to follow the arguments and understand the main points clearly.

① coherence
② inconsistency
③ plight
④ misfit

04 밑줄 친 부분에 들어갈 말로 가장 적절한 것은?

> The government is implementing policies to _____ natural resources and ensure they are available for future generations.

① conserve
② sniff
③ deplete
④ detest

05 밑줄 친 부분에 들어갈 말로 가장 적절한 것은?

> As a public official, it is important to make decisions based on _____ facts and not let personal preferences influence your judgment.

① biased
② irrelevant
③ unprejudiced
④ distracted

06 밑줄 친 부분에 들어갈 말로 가장 적절한 것은?

> Without enough funding, the research team will _____ halt their project until they secure additional financial support from investors.

① have no choice but
② has no choice but to
③ have no choice
④ have no choice but to

07 밑줄 친 부분 중 어법상 옳지 않은 것은?

> ① Take a moment to think about the things you own but never use. Perhaps it's a pair of shoes that seemed like a great purchase at the time but still ② sits in your closet. Maybe it's a kitchen appliance that you thought would make cooking easier but remains untouched on the shelf. Many people buy items ③ impulsively, only ④ to realizing later that they don't need them.

08 밑줄 친 부분에 들어갈 말로 가장 적절한 것은?

Tim: Hi, I need to see a doctor. I'm not feeling well.

Jane: I'm sorry to hear that. ____________________

Tim: I've been having a headache and a sore throat for the past two days.

Jane: I see. Do you have any fever or cough?

Tim: Yes, I've had a mild fever, and I've been coughing a little.

Jane: It sounds like you might have a cold or the flu. I'll schedule you for an appointment with Dr. Lee. When would be a good time for you?

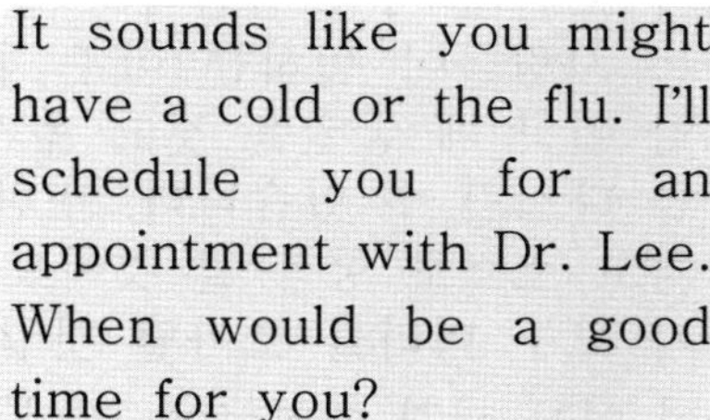

Tim: I'm free this afternoon.

① Should I go to a different hospital?
② What medicines have you taken?
③ Are you on your way to the hospital now?
④ Can you describe your symptoms?

[09-10] 다음 글을 읽고 물음에 답하시오.

(A)

Are you passionate about the outdoors and experienced in working with youth? The Gangwon Youth Camping Festival, held in Goseong, is looking for skilled volunteers to help guide and <u>mentor</u> teenagers during this exciting event!

Volunteer Details

- Duration: October 10 – October 14
- Hours: 8:00 A.M. - 6:00 P.M. (Flexible shifts available)
- Location: Goseong Camping Ground, Gangwon Province

Responsibilities

- Lead outdoor activities such as hiking, canoeing, and campfire programs.
- Provide mentorship and ensure the safety of participants.
- Assist with event setup, coordination, and cleanup.

Requirements

- Volunteers must be at least 21 years old.
- Prior experience in outdoor activities or youth mentoring is preferred.
- A positive attitude and strong communication skills are essential.

To apply, visit www.gangwonyouthcamp.org/volunteer by September 25. For more information, call 1-800-987-6543 or email volunteer@gangwonyouthcamp.org.

09 (A)에 들어갈 윗글의 제목으로 가장 적절한 것은?
① Explore the Beauty of Goseong This Fall
② Join Us as a Volunteer for the Camping Festival
③ Find Your Next Adventure in Gangwon Province
④ Attend the Best Camping Event of the Year

10 밑줄 친 "mentor"의 의미와 가장 가까운 것은?
① observe
② reward
③ guide
④ entertain

일일 모고 한국사 제4회

합격까지 **박문각**

가장 빠른 한국사
한국사 박기훈

01 선사시대 유적지와 그 곳에서 발굴된 유물에 대한 설명으로 옳은 것만을 모두 고르면?

> ㉠ 울산 옥현동 유적, 제주 한경 고산리 유적, 양양 오산리 유적 - 청동기 시대의 덧무늬토기 출토
> ㉡ 상원 검은모루 유적, 연천 전곡리 유적, 공주 석장리 유적 - 구석기 유물 출토
> ㉢ 서울 암사동 유적, 봉산 지탑리 유적, 김해 수가리 유적 - 신석기 시대의 빗살무늬 토기출토

① ㉠, ㉡
② ㉠, ㉢
③ ㉡, ㉢
④ ㉠, ㉡, ㉢

02 다음은 우리나라의 대표적인 청동기 시대 유적이다. 해당 유적에서 출토된 유물을 연결한 것 중 가장 옳지 않은 것은?

① 강화 부근리 유적 - 탁자식 고인돌
② 의주 미송리 유적 - 토기
③ 부여 송국리 유적 - 비파형 동검
④ 사천 늑도 유적 - 오수전

03 다음 표에서 연결이 바르지 않은 것은?

구분			고구려	백제	신라
①	최고 관직		대대로	좌평	상대등
②	행정 조직	수도	5부	5부	6부
③		지방	5부	5방	5주
④	관등제		10여 관등	17관등	16관등

04 통일신라시대 토지제도에 대한 설명으로 옳지 않은 것은?

① 경덕왕 16년 녹읍제도의 부활은 귀족의 권한이 강화되었음을 의미한다.
② 신문왕 7년에 지급된 문무 관료전은 수조권과 노동력징발권이 가능한 토지였다.
③ 성덕왕 21년에 지급된 정전은 일반 백성을 대상으로 하였다.
④ 식읍은 국가에서 왕족이나 공신 등에게 수조지(收租地), 수조호(收租戶)를 지급한 제도이다.

05 다음 제도에 대한 설명으로 옳지 않은 것은?

> 춘추좌씨전이나 예기나 문선을 읽어 그 뜻을 잘 통하고 논어 · 효경에도 밝은 자를 상(上)으로 하고, 곡례 · 논어 · 효경을 읽은 자를 중(中)으로 하고, 곡례 · 효경을 읽은 자를 하(下)로 하되, 만일 5경 · 3사와 제자백가의 서(書)를 능히 겸통하는 자가 있으면 등급을 넘어 등용한다.

① 원성왕 때 처음 시행되었다.
② 진골은 이 제도의 시행을 적극 지지하였다.
③ 학문과 유학을 널리 보급시키는 데 이바지하였다.
④ 골품 제도 때문에 그 기능을 제대로 발휘하지는 못하였다.

06 (가), (나) 주장을 펼친 정치 세력에 대한 설명으로 옳은 것은?

> (가) 제가 보건대 서경 임원역의 땅은 풍수지리를 하는 사람들이 말하는 아주 좋은 땅입니다. 만약 이곳 에 궁궐을 짓고 옮겨 앉으시면 천하를 다스릴 수 있습니다. 또한, 금이 선물을 바치고 스스로 항복 할 것이요, 주변의 36나라가 모두 머리를 조아릴 것입니다.
> (나) 금년 여름 서경 대화궁에 30여 군데나 벼락이 떨어졌습니다. 서경이 만약 좋은 땅이라면 하늘이 이렇게 하였을리 없습니다. 또 서경은 아직 추수 가 끝나지 않았습니다. 지금 거동하시면 농작물을 짓밟을 것입니다. 이는 백성을 사랑하고 물건을 아끼는 뜻과 어긋납니다.
> – 고려사 –

① (가) - 신라 계승 의식이 강하였다.
② (가) - 황제라 칭하고 연호를 사용할 것을 주장하였다.
③ (나) - 묘청, 정지상 등이 주도하였다.
④ (가), (나) - 서경 천도를 강력하게 주장하였다.

07 ㉠과 ㉡에 대한 설명으로 가장 옳은 것은?

> 이조 전랑 임명을 둘러싼 대립으로 두 파의 갈등이 표면화되어 김효원 등 신진 관료는 ㉠, 심의겸을 중심으로 한 기성관료는 ㉡이라 하여 분당(分黨)이 생기게 되었다.

① 붕당(朋黨)은 학파의 대립과도 밀접한 관계가 있는데, ㉠에는 대체로 이이와 성혼 계통이 많다.
② ㉡에는 광해군을 세자로 책봉하기를 건의한 정철에 대한 입장 차이로 남인과 북인의 대립이 생겼다.
③ ㉠은 훈구세력의 비리를 비판하는데 엄격하였다.
④ ㉡은 영남지방을 중심으로 형성되었다.

08 밑줄 친 '이 부대'에 대한 설명으로 옳은 것은?

> 중국 한커우[漢口]에서 이 부대가 조직되었다. 부대는 1개 총대, 3개 분대로 편성되었는데 100여 명의 대원은 대부분 조선민족혁명당원이다. 총대장은 황포 군관 학교 제4기 출신인 진국빈이며, 부대는 대일 선전 공작과 대일 유격전을 수행함을 목적으로 하였다.

① 청산리에서 일본군을 격파하였다.
② 일부 대원이 한국 광복군에 편입되었다.
③ 3부 통합으로 성립된 국민부 산하의 군대였다.
④ 쌍성보, 대전자령 등에서 일본군을 격파하였다.

09 6 · 25 전쟁에 대한 설명으로 옳지 않은 것은?
① 미국의 애치슨 선언은 북의 남침 야욕을 간과했다는 비판을 받았다.
② 이념 갈등으로 안해 민간인에 대한 대량 학살이 자행되었다.
③ 한 · 미 상호방위조약에 의거하여 미군이 참전하였다.
④ 휴전협정 회담은 순조롭게 진행되지 못하였다.

10 다음 신문 기사의 건설 사업에 대한 설명으로 옳지 않은 것은?

> ○○ 공업 지구 건설 사업 착수
>
> 드디어 ○○ 공업 지구 건설 사업이 본격적으로 시작되었다. ○○ 공업 지구는 서울에서 1시간 거리에 위치해 있고, 물류의 중심인 인천 공항도 비슷한 거리에 있다. 금융은 서울에서, 물류는 인천에서, 제조는 ○○에서 처리하는 이상적인 역할 분담이 가능한 것이다. …… 또한 경의선 철도를 이용하면 중국, 러시아, 유럽까지 육로를 통한 물류가 가능하다는 이점도 갖고 있어 남북 당국자들이 큰 관심을 갖고 있다.

① 북한은 이곳을 경제특구로 지정하였다.
② 남한의 자본 투자로 개발이 본격화되었다.
③ 선 건설 후 통일의 원칙에 따라 추진되었다.
④ 6·15 남북 공동 선언에 따라 추진된 사업이다.

일일 모고 행정법 제4회

01 법치행정의 원리에 대한 설명으로 옳지 않은 것은? (다툼이 있는 경우 판례에 의함)

① 행정작용은 법률에 위반되어서는 아니 되며, 국민의 권리를 제한하거나 의무를 부과하는 경우와 그 밖에 국민생활에 중요한 영향을 미치는 경우에는 법률에 근거하여야 한다.

② 헌법에서 채택하고 있는 조세법률주의의 원칙상 과세요건과 징수절차에 관한 사항을 명령·규칙 등 하위법령에 구체적·개별적으로 위임하여 규정할 수 없다.

③ 법률유보의 원칙에서 요구되는 법적 근거는 작용법적 근거를 의미한다.

④ 법률유보의 원칙은 단순히 행정작용이 법률에 근거를 두기만 하면 충분한 것이 아니라, 국가공동체와 그 구성원에게 기본적이고도 중요한 의미를 갖는 영역에 있어서는 행정에 맡길 것이 아니라 국민의 대표자인 입법자 스스로 그 본질적 사항에 대하여 결정하여야 한다는 요구까지 내포한다.

02 행정행위의 요건에 대한 설명으로 옳지 않은 것은? (다툼이 있는 경우 판례에 의함)

① 전자우편은 물론 휴대전화 문자메시지도 전자문서에 해당한다. 다만, 행정청이 「폐기물관리법」에서 정한 폐기물 조치명령을 전자문서로 하고자 할 때에는 「행정절차법」 제24조 제1항에 따라 당사자의 동의가 필요하다.

② 정보통신망을 이용한 송달은 송달받을 자가 동의하는 경우에만 한다.

③ 상대방 있는 행정처분이 상대방에게 고지되지 않았다 하더라도 상대방이 다른 경로를 통해 행정처분의 내용을 알게 된 경우 행정처분의 효력이 발생한다.

④ 처분서를 보통우편의 방법으로 발송한 경우에는 그 우편물이 상당한 기간 내에 도달하였다고 추정할 수 없다.

03 「행정기본법」상 인허가의제에 대한 설명으로 옳은 것은?

① 인허가의제를 받으려면 주된 인허가를 신청할 때 관련 인허가에 필요한 서류를 함께 제출하여야 한다. 다만, 불가피한 사유로 함께 제출할 수 없는 경우에는 관련 인허가 행정청이 별도로 정하는 기한까지 제출할 수 있다.

② 인허가의제의 효과는 관련 인허가의 해당 법률에 규정된 관련 인허가에 한정된다.

③ 인허가의제에 있어서, 주된 행정청과 관련 행정청 간에 협의가 된 사항에 대해서는 협의 성립시점에 관련 인허가를 받은 것으로 의제된다.

④ 관련 인허가에 필요한 심의, 의견청취 등 절차에 관하여는 법률에 인허가의제 시에도 해당 절차를 거친다는 명시적인 규정이 있는 경우에만 이를 거친다.

04 항고소송의 제소기간에 대한 설명으로 옳은 것은? (다툼이 있는 경우 판례에 의함)

① 보충역편입처분취소처분의 효력을 다투는 소에 공익근무요원복무중단처분, 현역병입영대상편입처분 및 현역병입영통지처분의 취소를 구하는 소를 추가적으로 병합한 경우, 각 추가된 소의 제소기간 준수 여부는 최초로 제기된 소인 보충역편입처분취소처분에 대한 소가 제기된 날을 기준으로 판단한다.

② 당사자가 적법한 제소기간 내에 부작위위법확인의 소를 제기한 후 동일한 신청에 대하여 소극적 처분이 있다고 보아 처분취소소송으로 소를 교환적으로 변경한 후 부작위위법확인의 소를 추가적으로 병합한 경우 제소기간을 준수한 것으로 볼 수 있다.

③ 행정심판을 청구하였으나 심판청구기간을 도과하여 각하된 후 제기하는 취소소송은 재결서를 송달받은 날부터 90일 이내에 제기하면 된다.

④ 행정청이 행정심판청구를 할 수 있다고 잘못 알려 행정심판청구를 한 경우에는 재결서 정본을 송달받은 날이 아닌 처분이 있음을 안 날로부터 제소기간이 기산된다.

05 취소소송의 심리에 대한 설명으로 옳지 않은 것은? (다툼이 있는 경우 판례에 의함)

① 근거 법령이 추가되는 경우 처분의 성질이 기속행위에서 재량행위로 변경되는 경우에는 당초 처분사유와 소송 과정에서 추가한 처분사유는 기본적 사실관계의 동일성이 인정되지 않는다.

② 처분변경으로 인한 소의 변경의 신청은 처분의 변경이 있음을 안 날로부터 60일 이내에 하여야 한다.

③ 행정청은 「행정소송법」상의 소송참가를 할 수 있을 뿐만 아니라 「민사소송법」에 의한 보조참가도 할 수 있다.

④ 「행정소송법」 제31조에서 정한 제3자에 의한 재심청구는 제3자가 항고소송의 확정판결이 있음을 안 날로부터 30일 이내, 판결이 확정된 날로부터 1년 이내에 제기하여야 한다.

06 **행정법관계에 대한 설명으로 옳지 않은 것은? (다툼이 있는 경우 판례에 의함)**

① 「의료급여법」에 의하여 인정되는 의료급여수급권은 사회권적 기본권의 일종으로서 헌법을 통하여 직접 인정되는 헌법적 권리에 해당한다.

② 구 「석탄산업법 시행령」상 재해위로금 청구권은 개인의 공권으로서 그 공익적 성격에 비추어 당사자 합의에 의해 이를 미리 포기할 수 없다.

③ 「국가재정법」상 5년의 소멸시효가 적용되는 '금전의 급부를 목적으로 하는 국가의 권리'에는 국가의 사법상 행위에서 발생한 국가에 대한 금전채무도 포함된다.

④ 구「군인사법」 제47조의2가 군인의 복무에 관한 사항에 관한 규율권한을 대통령령에 위임하면서 다소 개괄적으로 위임하였다고 하여 헌법 제75조의 포괄위임금지원칙에 어긋난다고 보기 어렵다.

07 **행정상 즉시강제에 대한 설명으로 옳은 것은? (다툼이 있는 경우 판례에 의함)**

① 즉시강제란 법령 또는 행정처분에 의한 선행의 구체적 의무의 불이행으로 인한 목전의 급박한 장해를 제거할 필요가 있는 경우에 행정기관이 즉시 국민의 신체 또는 재산에 실력을 행사하여 행정상의 필요한 상태를 실현하는 작용을 말한다.

② 행정상 즉시강제가 목전에 급박한 장해를 예방하기 위한 경우에는 예외적으로 법률의 근거가 없이도 발동될 수 있다는 것이 일반적인 견해이다.

③ 구「음반 · 비디오물 및 게임물에 관한 법률」상 등급분류를 받지 아니한 게임물을 발견한 경우 관계행정청이 관계공무원으로 하여금 이를 수거 · 폐기하게 할 수 있도록 한 규정은 헌법상 영장주의와 피해 최소성의 요건을 위배하는 과도한 입법으로 헌법에 위반된다.

④ 행정상 즉시강제는 직접강제와는 달리 행정상 강제집행에 해당하지 않는다.

08 **행정벌에 대한 설명으로 옳지 않은 것은? (다툼이 있는 경우 판례에 의함)**

① 구「주택건설촉진법」의 규정을 위반하여 주택을 공급한 자에게 과태료를 부과하는 경우 주택을 공급한 자와 제3자 간에 체결한 주택공급계약의 사법적 효력까지 부인되는 것으로 보아야 한다.

② 「관세법」상 통고처분을 할 것인지의 여부는 관세청장 또는 세관장의 재량에 맡겨져 있고, 따라서 관세청장 또는 세관장이 관세범에 대하여 통고처분을 하지 아니한 채 고발하였다는 것만으로는 그 고발 및 이에 기한 공소의 제기가 부적법하게 되는 것은 아니다.

③ 지방국세청장 또는 세무서장이 「조세범 처벌절차법」에 따라 통고처분을 거치지 아니하고 즉시 고발하였다면 이로써 조세범칙사건에 대한 조사 및 처분 절차는 종료되고 형사사건 절차로 이행되어 지방국세청장 또는 세무서장으로서는 동일한 조세범칙행위에 대하여 더 이상 통고처분을 할 권한이 없다.

④ 특별한 사정이 없는 이상 경찰서장은 범칙행위에 대한 형사소추를 위하여 이미 한 통고처분을 임의로 취소할 수 없다.

09 **영조물책임에 대한 설명으로 옳지 않은 것은? (다툼이 있는 경우 판례에 의함)**

① 「국가배상법」 제5조 소정의 공공의 영조물이란 공유나 사유임을 불문하고 행정주체에 의하여 특정 공공의 목적에 공여된 유체물 또는 물적 설비를 의미한다.

② 「국가배상법」 제5조 소정의 공공의 영조물이란 국가 또는 지방자치단체에 의하여 특정 공공의 목적에 공여된 유체물 내지 물적 설비를 말하며, 국가 또는 지방자치단체가 소유권, 임차권 그 밖의 권한에 기하여 관리하고 있는 경우뿐만 아니라 사실상의 관리를 하고 있는 경우도 포함된다.

③ 차량이 통행하는 도로에서 유입되는 소음 때문에 인근 주택의 거주자에게 사회통념상 일반적으로 수인할 정도를 넘어서는 침해가 있는지 여부는 「환경정책기본법」 등에서 설정하고 있는 환경기준보다 「주택법」 등에서 제시하는 주택건설기준을 우선적으로 고려하여 판단하여야 한다.

④ 영조물이 안전성을 갖추었는지 여부는 영조물의 설치자 또는 관리자가 그 영조물의 위험성에 비례하여 사회통념상 일반적으로 요구되는 정도의 방호조치의무를 다하였는지를 기준으로 판단하여야 하고, 아울러 그 설치자 또는 관리자의 재정적 · 인적 · 물적 제약 등도 고려하여야 한다.

10 **행정상 손실보상에 대한 설명으로 옳지 않은 것은? (다툼이 있는 경우 판례에 의함)**

① 국립공원구역지정 후 토지를 종래의 목적으로도 사용할 수 없거나 토지를 사적으로 사용할 수 있는 방법이 없이 공원구역 내 일부 토지소유자에 대하여 가혹한 부담을 부과하면서 아무런 보상규정을 두지 않은 경우에는 비례의 원칙에 위반되어 당해 토지소유자의 재산권을 과도하게 침해하는 것이라고 할 수 있다.

② 공용수용은 공공필요에 부합하여야 하나 그렇다고 하여 수용 등의 주체를 국가 등의 공적 기관에 한정할 것은 아니고 민간기업도 수용의 주체가 될 수 있다.

③ 영업을 하기 위해 투자한 비용이나 그 영업을 통해 얻을 것으로 기대되는 이익에 대한 손실은 영업손실보상의 대상이 된다고 할 수 없다.

④ 구「하천법」에 의한 하천수 사용권은 「공익사업을 위한 토지 등의 취득 및 보상에 관한 법률」이 손실보상의 대상으로 규정하고 있는 '물의 사용에 관한 권리'에 해당하지 않는다.

일일 모고 행정학 제4회

01 **정부실패에 대한 정부의 대응방식으로 옳지 않은 것은?**
① 사적 목표의 설정에 대한 방안에는 민영화가 있다.
② X−비효율에 대한 방안에는 민영화, 정부 보조 삭감, 규제 완화 등이 있다.
③ 파생적 외부효과에 대한 방안으로 정부 보조 삭감, 규제 완화 등이 있다.
④ 권력의 편재에 대한 방안으로 정부 보조 삭감, 규제 완화 등이 있다.

02 **무어(Moore)의 공공가치창출론에 대한 설명으로 옳지 않은 것은?**
① 공공분야의 관리자들은 공공자산을 활용하여 시민을 위한 공공가치를 창출해야 한다고 주장하였다.
② 공적 가치의 형성, 정당성과 지원의 확보, 운영 역량의 형성으로 구성된 전략적 삼각형 모형(strategic triangle model)을 제시하였다.
③ 공적가치의 형성이란 해당 조직이 궁극적으로 구현해야 할 소명을 공공가치의 관점에서 정의하는 것을 말한다.
④ 공적가치의 형성이 정당성과 지원의 확보나 운영 역량의 형성보다는 상위의 위치에 있다고 보았다.

03 **행정통제의 유형과 사례를 연결한 것으로 옳지 않은 것은?**
① 외부 · 공식적 통제 − 국회의 국정감사
② 내부 · 비공식적 통제 − 국무조정실의 직무감찰
③ 외부 · 비공식적 통제 − 시민단체의 정보공개 요구 및 비판
④ 내부 · 공식적 통제 − 감사원의 정기 감사

04 **정책네트워크에 대한 설명으로 옳지 않은 것은?**
① 정책공동체모형은 구성원 간 권력이 불균등하게 분포된다고 보고 있으나, 이슈네트워크는 권력이 균등하게 분포된다고 주장한다.
② '철의 삼각(iron triangle)'이라고 불리는 하위정부모형은 소수의 엘리트들이 특정 정책결정을 지배하고 있음을 강조한다.
③ 이슈네트워크는 개방적이어서 참여자의 접근가능성이 높다.
④ 정책공동체모형은 정책영역별로 전문지식과 정보를 제공하는 전문가 집단의 역할을 강조한다.

05 **정책평가의 유형에 대한 설명으로 옳지 않은 것은?**
① 총괄평가는 정책의 최종적인 성과를 확인하기 위해 주로 내부자에 의해 수행되며, 정책의 지속 · 중단 · 확대 등에 대한 정책적 판단에 활용된다.
② 형성평가는 정책에 대한 환류를 위해 주로 내부자 또는 외부자의 자문에 의해 수행되며, 그 결과는 정책집행에 환류된다.
③ 메타평가는 이미 수행된 평가의 효과성을 사정하는 것으로 기존의 평가에 참여하지 않았던 상급자나 외부의 동료 전문가 집단 등에 의해 수행된다.
④ 평가성 사정은 평가의 소망성과 가능성을 검토하는 것으로 평가자가 평가결과의 이용자가 누구인지를 확인하는 것이 중요하다.

06 **동기이론에 대한 설명으로 옳지 않은 것은?**
① 매슬로우(A. H. Maslow)는 인간의 욕구가 순차적으로 발로되며, 미충족된 욕구가 동기유발요인으로 작용한다고 보았다.
② 허즈버그(F. Herzberg)는 불만족을 야기시키는 위생요인이 충족되더라도 동기가 유발되지 않는다고 하였다.
③ 맥그리거(D. McGregor)는 매슬로우의 욕구단계론을 바탕으로 인간관을 구분하고, 그에 따른 관리전략을 제시하였다.
④ 브룸(V. Vroom)은 인간행동의 방향과 강도는 행위과정에 대한 공정성의 지각에 의해 결정된다고 보았다.

07 **공무원인사제도에 대한 설명으로 옳은 것만을 모두 고르면?**

> ㉠ 엽관주의와 실적주의는 제도의 취지나 목적이 서로 다르기 때문에 상호 조화될 수 없어서 양 제도의 혼합 운용이 어렵다.
> ㉡ 엽관주의는 공무원의 충성심을 확보하기는 용이하나, 행정의 안정성과 지속성을 확보하기 어렵다.
> ㉢ 직업공무원제도는 일반적으로 폐쇄형 임용체계를 채택하고 있으며, 공무원의 연대감을 높여준다.
> ㉣ 직업공무원제도는 대체로 실적주의를 전제로 하며, 전문가주의를 지향하고 있다.
> ㉤ 대표관료제는 정부정책 집행의 효율성, 공정성 및 책임성을 높여준다.

① ㉠, ㉡　　② ㉠, ㉤
③ ㉡, ㉢　　④ ㉢, ㉣

08 계획예산제도(PPBS)의 특성에 해당하는 것은?

① 예산이 조직의 일선기관들에 의하여 분산되어 편성되기 쉽다.

② 투입중심의 예산편성으로 인해 목표가 불명확하다.

③ 장기적인 안목을 중시하며 비용편익분석 등 계량적인 분석기법의 사용을 강조한다.

④ 정책결정단위가 정책결정패키지를 작성함에 있어 신축성을 가지며, 체제적 접근을 선호한다.

09 예산의 이월(移越)제도에 대한 설명으로 옳지 않은 것은?

① 명시이월은 세출예산 중 연도 내에 지출을 필하지 못할 것으로 예상되는 경비를 미리 국회의 승인을 얻어서 다음 회계연도에 사용하는 것을 말한다.

② 사고이월은 연도 내의 지출을 필할 것으로 예상되었으나 부득이한 사유에 의하여 지출을 필하지 못한 경비나, 연도 내에 지출원인행위를 하지 못한 부대경비를 다음 회계연도에 사용하는 것으로 다음 회계연도에 재이월이 가능하다.

③ 사고이월은 사전의결의 원칙에 예외가 된다.

④ 명시이월과 사고이월은 모두 예산한정성의 원칙이나 회계연도독립의 원칙에 예외가 된다.

10 지방자치단체장의 권한에 대한 설명으로 옳지 않은 것은?

① 지방자치단체장은 고유사무와 단체 및 기관위임사무도 처리하기 때문에 지방자치단체의 사무보다 더 광범위한 사무를 관장하고 있다.

② 지방자치단체장은 지방의회와 달리 개괄주의에 의하지 않고 열거주의에 의하기 때문에 그 권한이 광범위하다.

③ 지방자치단체장은 소속 직원을 지휘 · 감독하고 법령과 조례 · 규칙으로 정하는 바에 의하여 그 임면 · 교육훈련 · 복무 · 징계 등에 관한 권한을 갖는다.

④ 지방자치단체장은 지방의회에 조례안 · 예산안을 제출하며, 기타 지방의회의 의결사항에 관하여 의안을 제안하는 발의권을 가진다.

2025 공무원 시험대비 【6회차】

박문각 일일 모의고사

-제5회-

국어 · 영어 · 한국사

행정법 · 행정학

이 름 : ______________________

학습관 : ______________________

합격
예측

답안 입력 및 성적 조회는 PC, 모바일에서 모두 가능합니다.

★ PC: pass.pmg.co.kr | ★ 모바일 앱: 박문각 합격관리

일일 모고 국어 제5회

합격까지 박문각
赤功 국어
적중 혜선

01 밀줄 친 단어의 품사가 다른 하나는?
① 우리가 찾던 것이 바로 이것이구나.
② 아프리카에서 갖은 고생을 다 겪었다.
③ 딸이 방글방글 웃는다.
④ 김포로 갔다. 그리고 비행기를 탔다.

02 밑줄 친 부분 중에서 품사가 다른 하나는?
① 발이 저리다. 아니, 아프다.
② 그곳은 비교적 교통이 편하다.
③ 얼굴도 볼 겸 다음주 만나자.
④ 보다 나은 미래를 위해 노력해라.

03 다음 표기가 적절하지 않은 것은?
① 예전에 선뵈였던 제품보다 질이 더 떨어진 것 같아.
② 사로잡은 적장을 놔주는 것이 과연 현명한 선택일까?
③ 마치 무엇에 씐 것처럼 그의 머릿속이 말끔해졌다.
④ 그는 과도한 업무에 치였던 나머지 사표를 내던졌다.

04 ㉠~㉣을 고쳐 쓴 것으로 적절하지 않은 것은?

> 직업을 정할 때는 우선 자신이 무엇을 잘하고 무엇을 하고 ㉠ 싶은지 고려하라는 조언은 오랜 시간 동안 통념으로 ㉡ 굳혀져 왔다. ㉢ 그래서 대부분의 일은 실제로 해보지 않고는 그 분야가 적성에 맞는지, 흥미를 느낄 수 있는지 알기 어렵다. 우리는 부업으로 시작한 일이 오히려 적성에 맞아 진로를 바꾸거나 임시로 하게 된 일을 천직으로 삼은 사례를 주변에서 흔히 볼 수 있다.
>
> 직업 선택은 신중하게 생각해야 할 문제지만, 막연하게 생각만 하다가는 천직을 눈앞에 두고도 알아보지 못해 기회를 놓칠 수도 있다. 그러므로 나의 적성과 흥미에 완벽하게 들어맞는 직업을 찾을 때까지 기다리는 것보다는, 다양한 일을 시도해 보며 현실적인 요소들을 ㉣ 고려하여 찾는 것이 보다 합리적일 수 있다.

① ㉠: '지'는 의존명사가 아니므로 '싶은지'로 고친다.
② ㉡: 이중피동이 사용되었으므로 '굳어져'로 고친다.
③ ㉢: 문맥을 고려하여 '하지만'으로 고친다.
④ ㉣: 필요한 문장성분이 생략되었으므로 '고려하여 직업을 찾는 것'으로 고친다.

05 다음 <보기>를 참고하였을 때 반드시 참인 문장은?

> <보기>
>
> ○○대학교 경제학과 학생을 대상으로 수강 내역을 조사한 결과, 경제원론Ⅰ을 수강한 학생 중 일부는 미시경제학을 수강하였고, 경제사 수강자는 반드시 계량경제학도 수강한 것으로 나타났다. ○○대학교 경제학과 수강 규정상 통계학개론은 경제원론Ⅰ의 필수 선수강 과목이고, 거시경제학은 미시경제학에서 B학점 이상을 받아야 수강할 수 있다.

① 통계학개론을 수강한 모든 학생은 미시경제학을 수강하였다.
② 통계학개론을 수강한 몇 명의 학생은 미시경제학을 수강하였다.
③ 경제사를 수강한 모든 학생은 거시경제학을 수강하였다.
④ 미시경제학을 수강하지 않은 학생 중 몇 명은 통계학개론을 수강하였다.

06 다음 중 <보기1>과 <보기2>에 대한 판단으로 옳은 것은?

> <보기1>
>
> 규칙적인 운동을 하면 건강해진다.
> 건강한 사람은 피곤하지 않다.
> 운동을 하지 않으면 규칙적인 생활을 하지 않는다.
> 규칙적인 생활을 하지 않으면 건강해질 수 없다.
> 따라서 규칙적인 생활을 하지 않는 사람은 피곤하다.

> <보기2>
>
> 비가 오면 땅이 젖는다.
> 바람이 강하면 비가 올 수도 있다.
> 오늘 땅이 젖지 않았다.
> 따라서 오늘은 바람이 강하지 않았다.

① <보기1>과 <보기2> 모두 논리적으로 타당하다.
② <보기1>과 <보기2> 모두 논리적으로 타당하지 않다.
③ <보기1>의 경우 논리적으로 타당하지만, <보기2>의 경우 논리적으로 타당하지 않다.
④ <보기1>의 경우 논리적으로 타당하지 않지만, <보기2>의 경우 논리적으로 타당하다.

07 **밑줄 친 표현이 ㉠의 의미와 가장 유사한 것은?**

블랙박스를 봐야 사고의 원인을 ㉠ 밝힐 수 있다.

① 그렇게 노름을 밝히던 사람이 집까지 날리더니 새 사람이 되었다.
② 신경을 밝혀 어둠 속을 살피다.
③ 무슨 수를 써서라도 이번 일은 꼭 진실을 밝히고야 말겠다.
④ 경찰에게 이름과 신분을 밝히다.

08 **㉠ ~ ㉣과 바꿔쓸 수 있는 유사한 표현으로 적절하지 않은 것은?**

(가) 정부는 부정 축재자를 ㉠ 벌주기 위해 전방위적인 단속을 강화했다.
(나) 그의 부당한 발언에 대하여 항의 전화가 ㉡ 몰렸다.
(다) 그 사람은 성격이 괴팍해 사람들과 잘 ㉢ 어울리지 못한다.
(라) 경찰은 유명 외제 의류의 상표를 위조해 시중에 팔아 온 유통 조직을 ㉣ 들추어냈다.

① ㉠: 징벌하기
② ㉡: 당도했다
③ ㉢: 화합하지
④ ㉣: 적발했다

09 **다음은 운동화 선택에 대해 쓴 초고이다. '달리기를 하기에 좋은 운동화를 선택하는 방법'이라는 제목의 글로 고쳐 쓰기 위한 방안으로 적절하지 않은 것은?**

신발은 달리기를 할 때에 갖추어야 할 가장 중요한 장비이기 때문에 잘 선택해야 한다. 우선, 신발에는 다양한 종류들이 있다. 육상 트랙 경기용 운동화는 경량으로 스파이크가 달려 있다. 그렇지만 노면에 닿는 신발 바닥 부분은 1~2cm 정도의 쿠션이 있으면서 단단한 재질로 되어 있다. 대부분 운동화의 밑창은 서로 다른 여러 재질의 층으로 구성되어 있다. 신발의 가장 바깥 부분인 갑피는 다양한 방식으로 만들어지는데 어떤 것은 가죽으로, 어떤 것은 가죽을 보강한 나일론으로, 그리고 값이 싼 것은 비닐로 되어 있다. 가장 좋은 재료 구성은 가죽을 뒤꿈치 부분에 덧씌운 나일론 제품이다. 육상 트랙 경기용 운동화의 가장 특징적인 점은 발뒤꿈치 부분을 높였다는 것과 스트라이프 무늬이다. 요즘엔 테니스화에도 그러한 줄무늬를 넣는다.

① 예상 독자가 궁금해 할 내용을 중심으로 글을 수정해야겠다.
② 운동화를 선택하기 위해서는 신발의 재질에 대한 설명이 좀 더 필요하므로 이 부분을 상세하게 소개하는 내용을 추가해야겠다.
③ 주제문이 명확하지 않기 때문에 달리기를 하기에 좋은 운동화가 갖추어야 할 조건을 중심으로 글 전체를 재구성해야겠다.
④ 마지막 문장은 통일성을 저해하므로 이 부분을 삭제하고 달리기를 하기에 좋은 운동화의 조건을 정리해 주는 문장을 넣어 글을 끝맺어야겠다.

10 **다음 글의 제목으로 가장 적절한 것은?**

근대 유럽 르네상스 시기, 유럽인들은 중국풍 예술에 관심을 가졌다. 르네상스 시기 끝 무렵에 유행하던 고전주의는 뚜렷한 형식미와 조화를 그 특징으로 하는데 중국풍 예술의 이국적 향취는 서양 예술의 형식미와 반하는 비장미를 풍겼으며 이는 유럽인들의 심미안을 강렬히 자극했다. 이렇게 중국문화의 영향을 받은 예술품이나 건축을 '시누아즈리'라 불렀는데 이를 수입하는데 거액이 필요했기에 시누아즈리는 상류층의 전유물로 남았다. 저렴한 가격으로 유럽 예술계를 강타하고 서민층에게까지 깊이 퍼진 일본풍 예술, '자포니즘'과 비교되는 부분이다. 청나라에도 서양풍 예술을 소수의 황제가 즐기긴 했으나 이는 개인의 기호 차원에서 소비됐을 뿐, 하나의 흐름으로 발전하지 못했다.

이후 19세기에 고딕풍 예술이 다시 한번 유행하며 시누아즈리의 영향력은 줄어드는데 이는 특히 건축에서 두드러졌다. 왕정 타도와 혁명 열풍에 휩싸여 있던 유럽인들은 이전의 사치스러운 건축양식보다는 경제적 건축양식을 택한 것이다.

① 거지부터 왕까지, 근대 유럽을 매혹한 동양풍 예술
② 형식을 벗어난 이국적 양식의 유행과 쇠퇴
③ 경제적 건축양식의 대유행, 고딕풍 건축
④ 서양과 대비되는 동양의 폐쇄주의

합격까지 박문각

일일 모고 영어 제5회

반드시 합격 진가영 영어

01 밑줄 친 부분에 들어갈 말로 가장 적절한 것은?

He was known as a ______, always bragging about his achievements and exaggerating his success to everyone around him.

① listener
② helper
③ critic
④ boaster

02 밑줄 친 부분에 들어갈 말로 가장 적절한 것은?

In difficult circumstances, it is essential to make ______ decisions, taking into account all possible outcomes to avoid unnecessary risks.

① careful
② impulsive
③ random
④ careless

03 밑줄 친 부분에 들어갈 말로 가장 적절한 것은?

The manager gave a ______ look when he heard the suggestion, clearly showing his disapproval of the idea.

① respectful
② scornful
③ amused
④ generous

04 밑줄 친 부분에 들어갈 말로 가장 적절한 것은?

The company's failure to adapt to changing market conditions eventually led to its ______, leaving investors with substantial losses.

① triumph
② progress
③ bankruptcy
④ rookie

05 밑줄 친 부분에 들어갈 말로 가장 적절한 것은?

The club offers an ______ membership that is only available to a select group of individuals who meet specific criteria.

① public
② general
③ exclusive
④ shared

06 밑줄 친 부분에 들어갈 말로 가장 적절한 것은?

The professor, ______ I discussed my thesis, gave me insightful feedback to improve my research.

① whom
② who
③ with which
④ with whom

07 밑줄 친 부분 중 어법상 옳지 않은 것은?

Early this morning, I walked out the door and immediately ① felt a chill in the air. The ground was damp, and puddles had formed along the sidewalk. Looking at the sky, I noticed dark clouds still lingering, suggesting that it ② had rained overnight. Leaves on the trees sparkled with tiny droplets, and the fresh scent of rain ③ filled the air. It reminded me how nature can transform quietly while we ④ will sleeping, leaving behind subtle clues of its changes.

08 밑줄 친 부분에 들어갈 말로 가장 적절한 것은?

A: Good morning! I've noticed there's an issue with my billing statement. Can you help me sort it out?
B: Of course! Could you please provide me with your account number and describe the issue you're facing?
A: Sure, my account number is 123456, and I believe ____________
B: I see. Let me check the details for you. Yes, it looks like there was an error in our system. We will correct the charge and issue a refund.
A: Thank you so much! I appreciate your help.
B: You're welcome! The refund should appear in your account within a few business days.

① I've been charged twice for the same service
② I forgot my account number
③ I have confirmed that there is no error in the bill
④ I think I made a mistake

09 밑줄 친 부분에 들어갈 말로 가장 적절한 것은?

I often hear the phrase, "________________________," and there are even books on that topic. While I somewhat agree, I believe this saying does not apply to the functioning of a business. I remember a time when my assistant, Tina, was preparing for a meeting. When I asked if everything was ready and in place, she replied that everything was prepared except for a few "minor details." I smiled and told her that if the minor details weren't ready, then nothing was truly prepared. An incomplete small detail can lead to a major disaster. The key to success lies in paying attention to the small things.

① Don't push on pull doors
② Don't sweat the small stuff
③ Don't knock it until you try it
④ Don't judge a book by its cover

10 주어진 문장이 들어갈 위치로 가장 적절한 것은?

However, recent scientific findings have shown that fruits also have a positive impact on the brain.

Both fresh and dried fruits have long been recognized as important natural foods for humanity throughout history. Rich in minerals, vitamins, and enzymes, fruit is not only excellent food but also serves as medicine for treating diseases. (①) It is easily digestible, does not make you feel overly full, and does not cause discomfort, making it a suitable healthy snack. (②) Additionally, its easy digestion allows it to quickly provide energy to the body. (③) In the past, it was believed that only fish like salmon, rich in omega-3 fatty acids, were beneficial for brain health. (④) The natural sugars found in fruit stimulate memory and help people remember information more easily.

일일 모고 한국사 제5회

합격까지 박문각

가장 빠른 한국사
한국사 박기훈

01 다음 글에서 밑줄 친 '신석기 혁명'에 대한 설명으로 옳지 않은 것은?

> 신석기 시대의 문화는 농경과 목축의 시작, 간석기와 토기의 사용, 정착 생활과 촌락 공동체의 형성 등을 특징으로 한다. 구석기 시대 사람들이 식량 채집 생활을 한 것과는 달리, 신석기 시대 사람들은 농경과 목축을 시작하여 식량을 생산하는 경제 활동을 전개함으로써 인류의 생활양식은 크게 변하였다. 이를 <u>신석기 혁명</u>이라고도 한다.

① 생산경제의 기반을 형성하였다.
② 보다 효율적인 노동을 가능하게 하였다.
③ 지배와 피지배의 사회관계를 소멸시켰다.
④ 인류의 생존 능력을 배가시켰다.

02 밑줄 친 ㉠, ㉡에 대한 설명으로 옳은 것을 <보기>에서 모두 고른 것은?

> 흉년으로 굶주린 사람들이 서로 잡아먹을 지경이었으므로 <u>㉠왕</u>이 창고를 열어 구제하였다. … 또 소속 관리에게 명하여 <u>㉡봄 3월부터 기을 7월까지 관청의 곡식을 내어 백성의 식구가 많고 적음에 따라 차등 있게 곡식을 빌려 주었다가 겨울 10월에 갚게 하는 규정</u>을 만들었다. 모든 백성이 크게 기뻐하였다.
>
> – 삼국사기 –

<보 기>
㉠ ㉠은 소수림왕이다.
㉡ ㉠은 부자 상속의 왕위 계승을 확립하였다.
㉢ ㉡은 진대법이다.
㉣ ㉡은 귀족의 경제력을 강화하기 위해 실시되었다

① ㉠, ㉡ ② ㉠, ㉣
③ ㉡, ㉢ ④ ㉢, ㉣

03 다음 상황이 전개되던 왕조의 사회 모습으로 옳지 않은 것은?

> 한 여자를 데려갈 때마다 수백 집을 뒤지는데 오직 사신이 하자는 대로 할 뿐이요, 아무도 감히 그 영을 어기지 못합니다. 왜냐하면 황제의 지시라고 하기 때문입니다. 이런 것이 1년에 한두 번이나 혹은 2년 만에 한 번 있는데, 그 수가 많을 때는 40~50명에 이릅니다. 그 선발에 뽑히게 되면 그 부모나 일가친척들이 서로 모여 통곡하여 밤낮으로 그 곡소리가 끊이지 않습니다.
>
> – 고려사 –

① 근친혼이나 동성혼이 빈번하였다.
② 호족에 태어난 순서대로 기재되었다.
③ 아들이 없어도 양자를 들이지 않았다.
④ 여성에게 재혼을 금지하고 수절을 강요하였다.

04 『삼국사기』와 『삼국유사』에 대한 설명으로 옳은 것은?

① 『삼국유사』는 1215년에 삼국시대 이래의 고승의 전기를 모아 편찬한 것이다.
② 『삼국유사』는 충렬왕 때 일연이 저술한 역사서로 고대 시대의 민간 설화 등을 수록하고 있다.
③ 『삼국사기』는 현존하는 우리나라 최고(最古)의 정사류(正史類)로서, 『구삼국사』를 참조하여 편년체로 편찬하였다.
④ 『삼국사기』는 고려 건국 초에 표방하였던 신라 계승 의식보다는 고구려 계승 의식을 더 많이 반영한 것이다.

05 다음 정책을 추진한 인물에 대한 설명으로 옳은 것은?

> ○ 소격서 폐지
> ○ 위훈삭제
> ○ 방납의 폐단 시정

① 소학과 여씨향약을 전국에 보급하려 하였다.
② 갑자사화를 주도하여 훈구세력을 몰아내었다.
③ 백운동서원을 설립하여 유교윤리를 보급하였다.
④ 관리들에게 '신언패(愼言牌)'를 차고 다니게 하였다.

06 다음 상소문을 올린 인물의 활동으로 옳은 것은?

> 저들의 욕심은 물화를 교역하는 데 있습니다. …(중략)… 저들이 비록 왜인이라고는 하지만 본질적으로는 서양 오랑캐와 다를 것이 없습니다. 강화가 이루어지면 사악한 서적과 천주교가 다시 들어와 나쁜 기운이 온 나라를 덮게 될 것입니다.

① 왜양일체론을 바탕으로 개항에 반대하였으며, 을사의병을 일으킨 후 대마도에서 순국하였다.
② 왕궁, 일본 공사관, 민씨 일족을 습격하고 대원군을 옹립하고자 하였다.
③ 「조선책략」의 내용을 비난하고 이것을 가져온 김홍집의 처벌을 요구하였다.
④ 「화서아언」에서 프랑스와의 통상을 반대하고 서양 세력과 끝까지 항전해야 한다고 주장하였다.

07 **다음의 행동 강령을 실천했던 민족 운동 세력이 요구한 사항에 해당하지 않는 것은?**

> 첫째, 사람을 함부로 죽이지 말고 가축을 잡아먹지 말라.
> 둘째, 효를 다하여 백성을 구하고 백성을 편안케 하라.
> 셋째, 왜놈을 몰아내고 나라의 경제를 바로 잡는다.
> 넷째, 군사를 몰아 서울로 쳐들어가 권귀들을 모두 없앤다.

① 무명 잡세는 모두 폐지할 것
② 청상과부의 재혼을 허락할 것
③ 불량한 유림과 양반들을 징벌할 것
④ 관리 채용은 지벌을 타파하고 인재를 등용할 것

08 **다음 내용의 국가 체제를 제정한 정권의 개혁 방향과 가장 거리가 먼 것은?**

> 제1조 대한국은 세계 만국에 공인되어 온 바 자주 독립한 제국이니라.
> 제3조 대한국 대황제께서는 무한하온 군권을 지니나니 공법에 이른바 자립정체이니라.
> 제5조 대한국 대황제께서는 국내 육해군을 통솔하고 편제를 정하며 계엄과 해엄을 명하니라.

① 문명개화론
② 동도서기(東道西器)
③ 구본신참(舊本新參)
④ 식산흥업(殖産興業)

09 **다음 (㉠) 단체에 대한 설명으로 옳지 않은 것은?**

> 무릇 우리 대한인은 내외를 막론하고 통일 연합으로써 그 진로를 정하고 독립 자유로써 그 목적을 세움이니, 이것이 (㉠)이/가 원하는 바이며, (㉠)이/가 품어 생각하는 소이이니, 간단히 말하면 오직 신정신을 불러 깨우쳐서 신단체를 조직한 후에 신국을 건설할 뿐이다.

① 일제의 토지 침탈을 막기 위하여 농광회사를 설립하였다.
② 교과서와 서적 출판보급을 위해 태극서관을 설립하였다.
③ 민족자본육성을 위해 평양에 자기회사를 운영하였다.
④ 정주에 오산학교 등을 세워 민족교육을 실시하였다.

10 **밑줄 친 '나'에 대한 설명으로 옳은 것을 <보기>에서 모두 고른 것은?**

> 미 군정 아래에서 육성된 그들은 경찰을 시켜 선거를 독점하도록 배치하고 인민의 자유를 유린하고 있다. …… <u>나</u>는 통일된 조국을 건설하려다 38선을 베고 쓰러질지언정, 일신의 구차한 안일을 위하여 단독정부를 세우는 데는 협력하지 않겠다.

> ㉠ 신탁 통치에 반대하였다.
> ㉡ 5·10 총선거에 출마하였다.
> ㉢ 김규식과 남북 협상에 나섰다.
> ㉣ 좌우합작위원회에 가담하였다.

① ㉠, ㉡
② ㉠, ㉢
③ ㉡, ㉢
④ ㉢, ㉣

일일 모고 행정법 제5회

01 **행정행위에 대한 설명으로 옳지 않은 것은? (다툼이 있는 경우 판례에 의함)**

① 건축물대장 소관청의 용도변경신청 거부행위는 국민의 권리관계에 영향을 미치는 것으로서 항고소송의 대상이 되는 행정처분에 해당한다.

② 인가처분에 하자가 없다면 기본행위에 하자가 있다 하더라도 따로 그 기본행위의 하자를 다투는 것은 별론으로 하고 기본행위의 무효를 내세워 바로 그에 대한 행정청의 인가처분의 취소 또는 무효확인을 소구할 법률상의 이익이 없다.

③ 영업양도행위가 무효임에도 행정청이 영업자지위승계신고를 수리한 경우, 양도자는 민사쟁송으로 양도·양수행위의 무효를 구할 수 있을 뿐, 막바로 허가관청을 상대로 하여 행정소송으로 신고수리처분의 무효확인을 구할 법률상 이익은 없다.

④ 상대방에게 권리, 능력, 법적 지위, 포괄적 법률관계를 설정하는 특허는 형성적 행정행위이며 원칙적으로 재량행위이다.

02 **행정계획에 대한 설명으로 옳지 않은 것은? (다툼이 있는 경우 판례에 의함)**

① 행정주체가 행정계획을 입안·결정함에 있어서 행정계획에 관련되는 자들의 이익을 공익과 사익 사이에서는 물론이고 공익 상호 간과 사익 상호 간에도 정당하게 비교교량하여야 한다.

② 행정주체가 구체적인 행정계획을 입안·결정할 때 가지는 형성의 자유의 한계에 관한 법리는 주민의 입안 제안 또는 변경신청을 받아들여 도시관리계획결정을 하거나 도시계획시설을 변경할 것인지를 결정할 때에도 동일하게 적용된다.

③ 문화재보호구역 내의 토지소유자가 문화재보호구역의 지정해제를 신청하는 경우에는 그 신청인에게 법규상 또는 조리상 행정계획 변경을 신청할 권리가 인정되지 않는다.

④ 장래 일정한 기간 내에 관계 법령이 규정하는 시설 등을 갖추어 일정한 행정처분을 구하는 신청을 할 수 있는 법률상 지위에 있는 자의 국토이용계획변경신청을 거부하는 것이 실질적으로 당해 행정처분 자체를 거부하는 결과가 되는 경우에는 예외적으로 그 신청인에게 국토이용계획변경을 신청할 권리가 인정된다.

03 **공법상 계약에 대한 설명으로 옳은 것은? (다툼이 있는 경우 판례에 의함)**

① 지방자치단체를 당사자로 하는 계약에 관하여는 그 계약의 성질이 사법상 계약인지 공법상 계약인지와 상관없이 원칙적으로 「지방자치단체를 당사자로 하는 계약에 관한 법률」의 규율이 적용된다고 보아야 한다.

② 「행정기본법」에 따르면 신속히 처리할 필요가 있거나 사안이 경미한 경우에는 말 또는 서면으로 공법상 계약을 체결할 수 있다.

③ 공법상 계약을 체결하기 위해서는 법률유보의 원칙에 따라 법률의 근거가 필요하다.

④ 공법상 계약이 법령 위반 등의 내용상 하자가 있는 경우에도 그 하자가 중대명백한 것이 아니면 취소할 수 있는 하자에 불과하고 이에 대한 다툼은 당사자소송에 의하여야 한다.

04 **취소소송의 소송요건에 대한 설명으로 옳지 않은 것은? (다툼이 있는 경우 판례에 의함)**

① 취소소송은 법령의 규정에 의하여 당해 처분에 대한 행정심판을 제기할 수 있는 경우에도 원칙적으로 이를 거치지 아니하고 제기할 수 있다.

② 「도로교통법」에 따른 처분에 대해서는 행정심판의 재결을 거치지 아니하면 취소소송을 제기할 수 없다.

③ 「행정소송법」상 필요적 전치주의가 적용되는 경우라도 동종사건에 관하여 이미 행정심판의 기각재결이 있는 경우에는 행정심판을 제기함이 없이 취소소송을 제기할 수 있다.

④ 하천구역의 무단 점용을 이유로 부당이득금 부과처분과 그 부당이득금 미납으로 인한 가산금 징수처분을 받은 사람이 가산금 징수처분에 대하여 행정청이 안내한 전심절차를 밟지 않았다면 부당이득금 부과처분에 대하여 전심절차를 거쳤다 하더라도 가산금 징수처분에 대하여는 부당이득금 부과처분과 함께 행정소송으로 다툴 수 없다.

05 **취소소송의 판결에 대한 설명으로 옳은 것은? (다툼이 있는 경우 판례에 의함)**

① 처분을 할 것인지 여부와 처분의 정도에 관하여 재량이 인정되는 과징금 납부명령에 대하여 그 명령이 재량권을 일탈하였을 경우, 법원은 재량권의 범위 내에서 어느 정도가 적정한 것인지에 관하여 판단할 수 있고 그 일부를 취소할 수 있다.

② 전소의 판결이 확정된 경우 후소의 소송물이 전소의 소송물과 동일하지 않더라도 전소의 소송물에 관한 판단이 후소의 선결문제가 되는 경우에 후소에서 전소 판결의 판단과 다른 주장을 하는 것은 기판력에 반한다.

③ 처분을 취소하는 확정판결은 제3자에 대하여도 효력이 있으므로, 행정처분을 취소하는 확정판결이 있으면 그 취소판결 자체의 효력에 의해 그 행정처분을 기초로 하여 새로 형성된 제3자의 권리는 당연히 그 행정처분 전의 상태로 환원된다.

④ 과세처분의 취소소송에서 청구가 기각된 확정판결의 기판력은 그 과세처분의 무효확인을 구하는 소송에는 미치지 아니한다.

06 행정법의 일반원칙에 대한 설명으로 옳지 않은 것은? (다툼이 있는 경우 판례에 의함)

① 행정청은 권한 행사의 기회가 있음에도 불구하고 장기간 권한을 행사하지 아니하여 국민이 그 권한이 행사되지 아니할 것으로 믿을 만한 정당한 사유가 있는 경우에는 그 권한을 행사해서는 아니 되지만, 공익 또는 제3자의 이익을 현저히 해칠 우려가 있는 경우는 예외이다.

② 헌법상 평등원칙은 본질적으로 같은 것을 자의적으로 다르게 취급함을 금지하는 것으로서, 일체의 차별적 대우를 부정하는 절대적 평등을 뜻하는 것이 아니라 입법을 하고 법을 적용할 때에 합리적인 근거가 없는 차별을 하여서는 아니 된다는 상대적 평등을 뜻한다.

③ 행정청이 지구단위계획을 수립하면서 그 권장용도를 판매 · 위락 · 숙박시설로 결정하여 고시하였다 하더라도 당해 지구 내에서 공익과 무관하게 언제든지 숙박시설에 대한 건축허가가 가능하다는 취지의 공적 견해를 표명한 것으로 볼 수 없다.

④ 조례안이 지방의회의 조사를 위하여 출석요구를 받은 증인이 5급 이상 공무원인지 여부, 기관(법인)의 대표나 임원인지 여부 등 증인의 사회적 신분에 따라 미리부터 과태료의 액수에 차등을 두고 있는 것은 평등의 원칙에 위반되지 않는다.

07 신고에 대한 설명으로 옳지 않은 것은? (다툼이 있는 경우 판례에 의함)

① 「건축법」상의 착공신고는 자기완결적 신고에 해당하나, 행정청의 착공신고 반려행위는 항고소송의 대상인 처분에 해당한다.

② 「수산업법」상 신고어업을 하려면 법령이 정한 바에 따라 관할 행정청에 신고하여야 하고, 행정청의 수리가 있을 때에 비로소 법적 효과가 발생하게 된다.

③ 「체육시설의 설치·이용에 관한 법률」상 당구장업은 적법한 요건을 갖춘 신고를 접수한 행정청의 수리행위가 있어야 신고로서의 효력이 발생한다.

④ 수리란 신고를 유효한 것으로 판단하고 법령에 의하여 처리할 의사로 이를 수령하는 수동적 행위이므로 수리행위에 신고필증 교부 등 행위가 꼭 필요한 것은 아니다.

08 행정절차에 대한 설명으로 옳은 것은? (다툼이 있는 경우 판례에 의함)

① 도시계획시설인 추모공원 건립을 위해 지방자치단체, 비영리법인, 일반 기업 등이 공동발족한 추모공원건립추진협의회에서 후보지 주민들의 의견을 청취하기 위하여 추진협의회 명의로 개최한 공청회의 경우 「행정절차법」에서 정한 절차를 준수하여야 하는 것은 아니다.

② 수익적 행정행위의 신청에 대한 거부처분은 직접 당사자의 권익을 제한하는 처분에 해당하므로, 그 거부처분은 「행정절차법」상 처분의 사전통지대상이 된다.

③ 행정청이 당사자와 사이에 도시계획사업의 시행과 관련한 협약을 체결하면서 관련 법령상 요구되는 청문절차를 배제하는 조항을 두었다면, 이는 청문을 실시하지 않아도 되는 예외적인 경우에 해당한다.

④ 청문 주재자는 당사자등의 전부 또는 일부가 정당한 사유 없이 청문기일에 출석하지 아니한 경우라도 이들에게 다시 의견진술 및 증거제출의 기회를 주지 아니하고는 청문을 마칠 수 없다.

09 정보공개에 대한 설명으로 옳지 않은 것은? (다툼이 있는 경우 판례에 의함)

① 국민의 알 권리의 내용에는 일반 국민 누구나 국가에 대하여 보유 · 관리하고 있는 정보의 공개를 청구할 수 있는 이른바 일반적인 정보공개청구권이 포함된다.

② 청구인이 정보공개거부처분의 취소를 구하는 소송에서 공공기관이 청구정보를 증거 등으로 법원에 제출하여 법원을 통하여 그 사본을 청구인에게 교부 또는 송달되게 하여 결과적으로 청구인에게 정보를 공개하는 셈이 되었다고 하더라도, 당해 정보의 비공개결정의 취소를 구할 소의 이익은 소멸되지 않는다.

③ 정보공개가 신청된 정보를 공공기관이 보유 · 관리하고 있지 아니한 경우에는 특별한 사정이 없는 한 정보공개거부처분의 취소를 구할 법률상의 이익이 없다.

④ 공공기관이 보유 · 관리하고 있는 개인정보의 공개에 관하여는 「개인정보 보호법」이 구 「정보공개법」 제9조 제1항 제6호에 우선하여 적용된다.

10 국가배상에 대한 설명으로 옳지 않은 것은? (다툼이 있는 경우 판례에 의함)

① 군인이 교육훈련으로 공상을 입은 경우라도 「군인연금법」 또는 「국가유공자예우등에관한법률」에 의하여 재해보상금 · 유족연금 · 상이연금 등 별도의 보상을 받을 수 없는 경우에는 「국가배상법」 제2조제1항 단서의 적용 대상에서 제외하여야 한다.

② 「국가배상법」 제2조제1항 단서에서 정한 '다른 법령의 규정'에 따른 보상금청구권이 모두 시효로 소멸된 경우라면 「국가배상법」 제2조제1항 단서 규정이 적용되지 아니한다.

③ 훈련으로 공상을 입은 군인이 「국가배상법」에 따라 손해배상금을 지급받은 다음 「보훈보상대상자 지원에 관한 법률」이 정한 보훈급여금의 지급을 청구하는 경우, 국가는 「국가배상법」 제2조제1항 단서에 따라 그 지급을 거부할 수 없다.

④ 군 복무 중 사망한 군인 등의 유족이 「국가배상법」에 따른 손해배상금을 지급받은 경우 그 손해배상금 상당 금액에 대해서는 「군인연금법」에서 정한 사망보상금을 지급받을 수 없다.

일일 모고 행정학 제5회

합격까지 박문각

빠른 고득점 합격
행정학 이명훈

01 정부실패의 원인으로 옳지 않은 것은?

① 권력으로 인한 분배적 불공정성
② 정부조직의 내부성
③ 파생적 외부효과
④ 점증적 정책결정의 불확실성

02 피터스(G. Peters)가 제시한 대안적 모형의 조직구조가 잘못 연결된 것은?

① 신축모형 - 가상조직
② 저통제모형 - 준자치적 조직
③ 참여모형 - 평면조직
④ 시장모형 - 분권화된 조직

03 옴부즈만(Ombudsman) 제도에 대한 설명으로 옳지 않은 것은?

① 옴부즈만 제도는 융통성과 비공식성이 높은 제도이다.
② 옴부즈만 제도는 법적이라기보다 사회적 · 정치적 성격이 강한 제도이다.
③ 옴부즈만 제도에서 옴부즈만은 입법부 및 행정부로부터 정치적으로 독립되어 있다.
④ 옴부즈만 제도는 일반적으로 국민의 불평제기 이전에도 적극적으로 조사를 할 수 있는 권한이 부여됨에 따라 문제의 근본적 원인에 대해서도 대책을 강구할 수 있다.

04 정책의제설정모형에 대한 설명 중 동원모형에 해당되는 것은?

① 정부지도자들이 대중들의 지지를 확보하기 위하여 공공관계 캠페인(public relations campaign)을 벌인다.
② 정책확장이 정책과 관련된 주제에 대하여 특별한 지식이나 관심을 가진 집단들에 한정하여 이루어진다.
③ 허쉬만은 동원모형을 '강요된 정책문제(pressed policy)'라고 하였다.
④ 의도적이고 일방적으로 국민을 무시하는 정부에서 나타날 수 있는 모형이다.

05 사바띠에(Sabatier)가 제시한 정책지지연합모형에 대한 설명으로 옳지 않은 것은?

① 정책집행과정을 지속적이고 점진적인 정책변동과정으로 인식하였다.
② 정책변동에 가장 유효한 분석단위를 정책하위시스템으로 보았다.
③ 정책하위시스템에 영향을 미치는 요소를 상향적 접근방법으로 도출하였다.
④ 지지연합 간의 상호작용, 정책지향적 학습 등을 정책변동의 원인으로 인식하였다.

06 다음은 토머스(Thomas)가 제시한 대인적 갈등관리 방안과 관련되는 내용이다. 각각의 내용을 바르게 나열한 것은?

> ㉠ 상대방의 이익을 희생하여 자신의 이익을 추구하는 경우이다.
> ㉡ 자신의 이익이나 상대방의 이익 모두에 무관심한 경우이다.
> ㉢ 자신과 상대방 이익의 중간 정도를 만족시키려는 경우이다.
> ㉣ 자신의 이익을 희생하여 상대방의 이익을 만족시키려는 경우이다.

	㉠	㉡	㉢	㉣
①	강제	회피	타협	포기
②	경쟁	회피	타협	순응
③	위협	순응	타협	양보
④	경쟁	회피	순응	양보

07 거시조직이론에 대한 설명으로 옳지 않은 것은?

① 자원의존이론은 조직의 대외적 전략으로 합병, 적응적 흡수 등을 제시한다.
② 구조적 상황이론에서는 조직 설계의 최선의 방법은 조직이 관계해야 하는 환경의 특성에 달려 있다고 주장한다.
③ 조직군 생태학 이론은 환경에 능동적으로 대처하는 조직들의 공동적인 노력을 강조한다.
④ 전략적 선택이론은 조직의 구조를 설계하는 데 의사결정자의 역할을 강조한다.

08 **개방형 인사관리에 대한 설명으로 옳지 않은 것은?**
① 민간부문과의 인사교류로 적극적 인사행정이 가능하다.
② 개방형은 승진기회의 제약으로, 직무의 폐지는 대개 퇴직으로 이어진다.
③ 정치적 리더십의 요구에 따른 고위층의 조직장악력의 약화를 초래한다.
④ 공직의 침체, 무사안일주의 등 관료제의 병리를 억제한다.

09 **우리나라 세계잉여금에 대한 설명으로 옳지 않은 것은?**
① 지방교부세 및 지방교육재정교부금의 정산에 사용할 수 있다.
② 추가경정예산안의 편성에 사용할 수 있다.
③ 사용하거나 출연한 금액을 공제한 잔액은 다음 연도의 세입에 이입하여야 한다.
④ 사용 또는 출연은 국회의 사전동의를 받아야 한다.

10 **우리나라의 지방자치제도에 대한 설명으로 옳지 않은 것은?**
① 지방의회는 행정사무감사권뿐만 아니라 조사권을 통해서도 지방자치단체를 감시하고 통제할 수 있다.
② 우리나라는 의회의 지방자치단체장에 대한 불신임권이 인정되고 있다.
③ 주민투표는 투표권자 1/4 이상의 투표와 유효투표수 과반수의 찬성으로 의결된다.
④ 우리나라는 주민투표를 거쳐 단체장의 선임방법을 포함한 자치단체의 기관구성 형태를 달리할 수 있다.

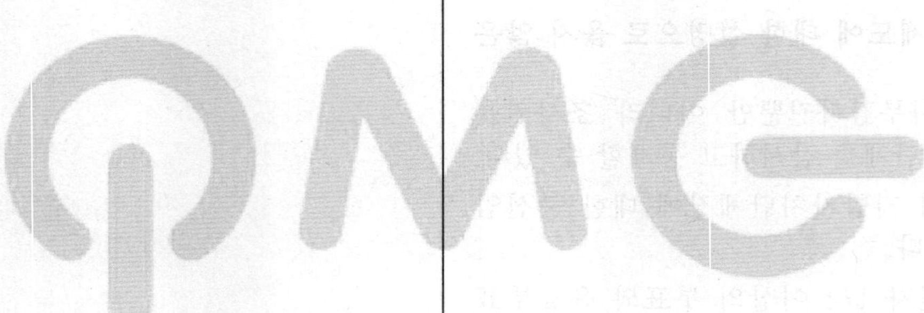

2025 공무원 시험대비 【6회차】

박문각 일일 모의고사

-제6회-

국어 · 영어 · 한국사

행정법 · 행정학

이　름 : ____________________

학습관 : ____________________

합격
예측

답안 입력 및 성적 조회는 PC, 모바일에서 모두 가능합니다.

★ PC: pass.pmg.co.kr | ★ 모바일 앱: 박문각 합격관리

일일 모고 국어 제6회

합격까지 박문각

赤功 국어 적중 혜선

01 다음 글을 참고할 때, '품사의 통용'의 사례에 해당하지 않는 것은?

단어들 가운데에는 한 단어가 둘 이상의 품사적 기능을 함께 가지고 있는 것이 있다. 이러한 단어들은 동일한 형태로 쓰여도 문장 속에서 다른 기능을 하는데, 이를 품사의 통용(通用)이라고 한다.

① ㉠그는 모든 원인을 자기의 <u>잘못</u>으로 돌렸다.
 ㉡소년은 길을 <u>잘못</u> 들어서 한참 헤맸다.
② ㉠기다렸다가 모두 <u>같이</u> 갑시다.
 ㉡그는 얼음장<u>같이</u> 차가운 방바닥에 누웠다.
③ ㉠소녀의 눈은 수정과 같이 <u>맑았다</u>.
 ㉡그 아이는 티 없이 <u>맑게</u> 자랐다.
④ ㉠글씨를 <u>크게</u> 적어서 뒤에서도 잘 보인다.
 ㉡날씨가 건조하면 나무가 <u>크지</u> 못한다.

02 다음 중 국어의 문장 성분에 관한 설명이 옳은 것끼리 묶인 것은?

㉠ 문장에서 주어는 생략될 수 있지만 목적어는 생략될 수 없다.
㉡ '물이 얼음으로 되었다.'의 문장 성분은 주어, 부사어, 서술어이다.
㉢ 체언에 호격 조사가 결합된 형태는 독립어에 해당된다.
㉣ 부사어는 관형어나 다른 부사어를 수식하기도 한다.
㉤ 주어, 서술어, 목적어, 부사어는 주성분에 속한다.
㉥ 주어는 성격에 따라 필요로 하는 문장 성분의 숫자가 다르다.

① ㉠, ㉡, ㉢　　② ㉡, ㉢, ㉣
③ ㉢, ㉣, ㉤　　④ ㉣, ㉤, ㉥

03 다음 어법이 자연스러운 것은?

① 부장님의 따님은 집에 계시나요?
② 고객님, 그 청소기는 품절이십니다.
③ 선생님은 심하게 다툰 우리를 화해시켰다.
④ 영호는 담겨진 음식을 보고 감동하였다.

04 다음 <보기>의 명제를 읽고, 타당한 추론을 고른 것은?

<보기>
(가) 모든 문제집은 유익하다.
(나) 어떤 문제집은 유익하다.
(다) 모든 문제집은 유익하지 않다.
(라) 어떤 문제집은 유익하지 않다.

①(가)가 참일 때 (라)가 참일 수 있다.
② (나)와 (라)는 동시에 참일 수 없다.
③(가)와 (다)는 동시에 참일 수 있다.
④(가)와 (다)는 동시에 거짓일 수 있다.

05 다음 <보기>를 참고했을 때 반드시 참인 문장은?

<보기>
모든 고양이는 포유류이다.
포유류 중 일부는 육지에서만 살아간다.
육지에서만 살아가는 동물은 물속에서 살지 못한다.
고양이 중 일부는 검은색 털을 가지고 있다.

① 검은색 털을 가진 모든 고양이는 물속에서 살지 못한다.
② 육지에서만 살아가는 모든 동물은 고양이다.
③ 포유류인 모든 동물이 육지에서만 살아간다.
④ 검은색 털을 가진 고양이 중 일부는 육지에서만 살아간다.

06 ㉠을 비유적으로 표현한 것으로 적절한 것은?

> 연역 논증은 진리 보존적이다. 전제가 참이라면 결론은 언제나 참이 된다. 그러나 귀납의 원리는 100% 참을 보장하지는 못한다. 이점을 설명하기 위해 러셀은 한 마리 닭을 예로 들었다. 이 닭은 매일 아침 눈을 뜨면서 어제 먹이가 주어졌듯이, 오늘도 그럴 것이라고 예측한다. 그러나 어느 날 아침 그 닭은 깨어나자마자 농부에 의해 속절없이 머리가 잘리는 것으로 생을 마감했다. 그 닭은 수많은 관찰에 기초한 귀납 논증을 사용하고 있었다. 그토록 깊이 귀납을 신뢰한다는 점에서 우리는 이 닭과 같은 어리석음을 범하고 있는 것은 아닐까? 이것이 데이비드 흄이 지적한 이른바 ㉠'귀납의 문제'이라 불리는 것이다.

① 같은 강물에 두 번 발을 담그지 못한다.
② 오늘은 오늘의 해가, 내일은 내일의 해가 뜨기 마련이다.
③ 오늘 해가 떴다고 해서 내일 해가 뜨란 법은 없다.
④ 해는 사라지는 것이 아니라 다만 보이지 않을 뿐이다.

07 밑줄 친 표현이 ㉠의 의미와 가장 유사한 것은?

> 심사 위원들은 이번에 응시한 수험생들에 대해 대체로 높은 평가를 ㉠ 내렸다.

① 게시판에서 욕설이 들어 있는 글을 내렸다.
② 형사는 그 남자의 친구가 물건을 훔쳤을 것이라고 단정을 내렸다.
③ 선반 위에서 상자를 내려 어깨에 걸치고 천천히 밖으로 나갔다.
④ 비행기는 기계 고장으로 활주로도 없는 언덕에 내려야만 했다.

08 ㉠ ~ ㉣과 바꿔쓸 수 있는 유사한 표현으로 적절하지 않은 것은?

> (가) 여러 기업의 주식을 분산 투자하여 ㉠ 가지고 있다.
> (나) 유리병을 함부로 ㉡ 버려서는 안 된다.
> (다) 전 장병은 전투복을 ㉢ 입도록 지시되었다.
> (라) 경찰은 건물 안에서 농성하고 있는 사람들을 외부와 ㉣ 막기 위해 모든 출입구를 봉쇄했다.

① ㉠: 소유하고
② ㉡: 폐기해서는
③ ㉢: 착상하도록
④ ㉣: 차단하기

09 다음 글의 내용으로 미루어 볼 때, 앞부분에 들어가기에 가장 알맞은 것은?

> 그러므로 우리는 한국 문화의 고유성이나 독창성만을 고집할 필요가 없다. 인간의 문화라는 것이 가장 보편적인 인간의 삶의 모습으로 나타나고 있음을 생각한다면, 오히려 한국 민족의 역사적인 삶이 어떤 것인가를 먼저 알아야 할 것이다. 우리 한국 민족은 언제나 자기 민족의 삶에 알맞게 외래문화를 수용하여 발전시켜 왔으며, 그 가운데에서 한국적인 것을 꽃피웠던 것이다.

① 조선 후기의 실학은 중국에서 들어온 고증학을 조선의 실정에 맞추어 새롭게 체계화시킨 탁월한 현실 철학이었다.
② 훈민정음은 가장 과학적인 글로서 세종대왕의 창조 정신이 발휘되어 탄생된, 세계에서 그 유래를 찾아보기 어려운 뛰어난 글이다.
③ 원효의 민중 불교는 기존의 타락한 귀족 중심의 불교를 개혁하여 새롭게 창조적으로 계승 발전시킨 것으로 중국에도 그 영향을 미쳤다.
④ 성리학의 대가인 율곡과 퇴계의 철학 사상은 우리 민족의 고유한 세계관과 우주관을 바탕으로 형성된 독보적인 학문 체계를 이루고 있다.

10 다음 '가설 설정 단계'에 따라 문장을 배열한 것은?

> 1. 현상 관측: 과학자는 현상을 관찰하고 편견 없는 태도로 자신이 관찰한 현상을 서술한다.
> 2. 가설 설정: 과학자는 자신이 탐구한 현상을 설명하기 위한 가설을 설정한다.
> 3. 결과 예측: 가설의 결과를 예측한다. 예측 결과는 실험 결과와 비교하여 가설 검증에 활용한다.
> 4. 실험 및 검증: 실험을 거쳐 가설에 대한 결과 예측과 일치한다면 가설은 타당성을 얻는다.

> ㄱ. 이를 바탕으로 그들은 DNA가 이중 나선 구조일 것이라 추정했다.
> ㄴ. 킹스 칼리지의 연구자의 실험결과, DNA의 X-선 회절 무늬에서 특정 패턴을 발견했다.
> ㄷ. 캠브리지 대학의 연구자들은 DNA의 구성 방식에 대한 관측을 실시하였다.
> ㄹ. 그들은 DNA가 이중 나선 구조라면 X-선 회절 무늬가 특정 패턴을 가질 것이라 생각했다.

① ㄷ - ㄱ - ㄹ - ㄴ
② ㄹ - ㄷ - ㄴ - ㄱ
③ ㄷ - ㄴ - ㄱ - ㄹ
④ ㄴ - ㄷ - ㄹ - ㄷ

일일 모고 영어 제6회

01 밑줄 친 부분에 들어갈 말로 가장 적절한 것은?

> She felt ______ about starting her new job, unsure of what to expect from her new colleagues and the work environment.

① confident
② apprehensive
③ public
④ celebrated

02 밑줄 친 부분에 들어갈 말로 가장 적절한 것은?

> He was excited to visit the ______ and see the latest exhibits on ancient civilizations.

① toilet
② grocery
③ hospital
④ museum

03 밑줄 친 부분에 들어갈 말로 가장 적절한 것은?

> His ______ passion for supporting charitable causes has earned him recognition and respect from both his peers and the local community.

① genuine
② fake
③ superficial
④ uncertain

04 밑줄 친 부분에 들어갈 말로 가장 적절한 것은?

> His ______ behavior during the meeting made it clear that he was unwilling to stand up for his beliefs.

① courageous
② gutless
③ confident
④ assertive

05 밑줄 친 부분에 들어갈 말로 가장 적절한 것은?

> The manager asked to ______ the team's performance in the upcoming quarterly review meeting.

① equate
② suspect
③ hover
④ evaluate

06 밑줄 친 부분에 들어갈 말로 가장 적절한 것은?

> The stray cat ____________ by a speeding car, but fortunately, it survived with only minor injuries.

① was run
② run over
③ was run over
④ ran

07 밑줄 친 부분 중 어법상 옳지 않은 것은?

> I couldn't ① <u>shake</u> the regret that weighed heavily on my mind. ② <u>Sitting</u> alone in the dark, I replayed the moment over and over, wondering how I had let things go so wrong. I had ignored the advice of those ③ <u>whose</u> cared about me, thinking I knew better. But now, faced with the consequences of my impulsive decision, I realized how foolish I had been. If only I could turn back time, I would ④ <u>do</u> things differently.

08 밑줄 친 부분에 들어갈 말로 가장 적절한 것은?

Tim: Hi, how are you doing today?

Jane: I'm doing great, thanks for asking! How about you?

Tim: I'm good too. I decided to take a walk in the park today. It's such a nice day!

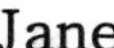

Jane: Yes, it's perfect for being outdoors. ____________

Tim: Yes, I try to come every weekend to enjoy the fresh air and relax.

Jane: That sounds wonderful. I like to come here to jog in the mornings. It helps me stay fit.

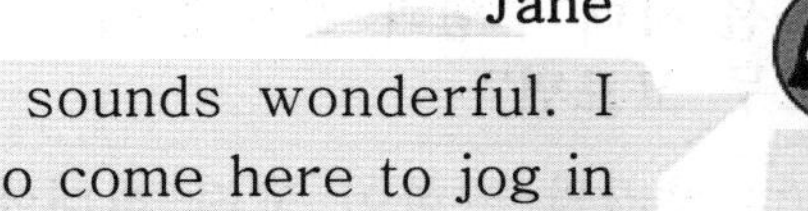

① What time does this park open?
② Do you come here often?
③ What facilities does this park have?
④ Do you not like walking?

[09-10] 다음 글을 읽고 물음에 답하시오.

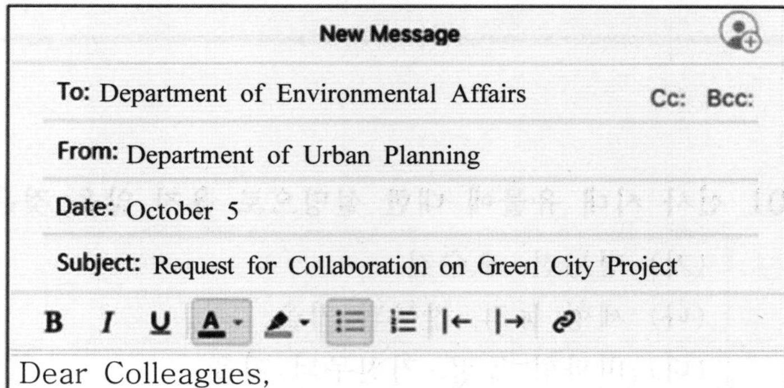

New Message

To: Department of Environmental Affairs Cc: Bcc:

From: Department of Urban Planning

Date: October 5

Subject: Request for Collaboration on Green City Project

Dear Colleagues,

As part of our ongoing efforts to create a sustainable urban environment, the Department of Urban Planning is launching the "Green City Project." This initiative aims to increase green spaces, improve air quality, and promote eco-friendly infrastructure across the city.

To ensure the success of this project, we kindly request the <u>collaboration</u> of the Department of Environmental Affairs. Specifically, we would appreciate your expertise in the following areas:

1. Providing data on current air quality and pollution levels.
2. Recommending tree species and green technologies suitable for urban areas.
3. Assisting in the development of public awareness campaigns on environmental conservation.

We believe that your department's involvement will greatly enhance the effectiveness of this project. Please let us know your availability for a meeting next week to discuss further details.

Thank you for your cooperation, and we look forward to working together on this important initiative.

Sincerely,
John Kim

Send

09 윗글의 목적으로 가장 적절한 것은?

① To Request for Collaboration on Green City Project
② To Invitatie to Environmental Awareness Seminar
③ To Update on Urban Planning Policies
④ To Feedback on Air Quality Improvement

10 밑줄 친 "collaboration"의 의미와 가장 가까운 것은?

① criticism
② competition
③ conflict
④ cooperation

일일 모고 한국사 제6회

01 선사 시대 유물에 대한 설명으로 옳지 않은 것은?

(가) 명도전, 오수전
(나) 세형 동검, 잔무늬 거울
(다) 비파형 동검, 거친무늬 거울
(라) 미송리식 토기, 민무늬 토기

① (가) – 중국과의 교류가 있었음을 입증하고 있다.
② (나) – 한반도의 청동기 문화는 독자적 발전을 이룩하였다.
③ (다) – 만주와 한반도에서 출토되고 있는 청동기 제품이다.
④ (라) – 신석기 시대에 제작된 토기들이다.

02 다음과 같은 유물이 만들어진 시대의 사회상을 바르게 서술한 것은?

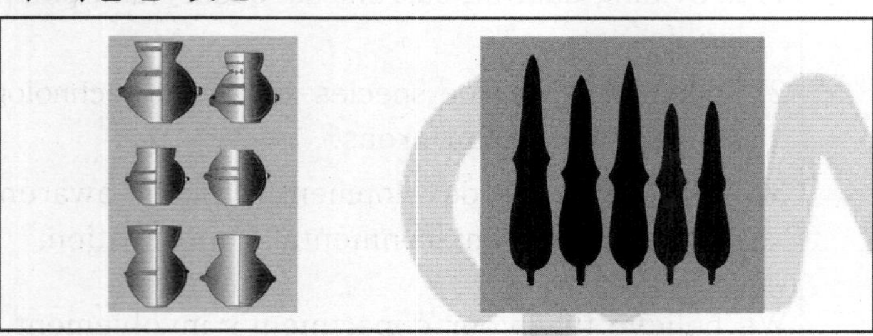

① 철제 농기구가 처음 사용되었다.
② 벼농사가 시작되었으며 계급이 발생하였다.
③ 뗀석기를 가지고 사냥과 채집을 하여 식생활을 하였다.
④ 간석기는 자취를 감추었으며 주로 철기를 사용하였다.

03 다음에 제시된 역사적 사건들을 시간 순서대로 바르게 나열한 것은?

㉠ 백제가 고구려를 침략하여 고국원왕을 살해하였다.
㉡ 이차돈이 순교하였다.
㉢ 광개토 대왕이 신라에 침입한 왜와 가야의 군대를 물리쳤다.
㉣ 백제의 왕이 신라 귀족의 딸과 결혼하여 신라와 동맹을 체결하였다.
㉤ 고구려에서 태학이 설립되었다.

① ㉠-㉤-㉢-㉣-㉡
② ㉠-㉤-㉣-㉢-㉡
③ ㉤-㉠-㉢-㉡-㉣
④ ㉤-㉠-㉡-㉢-㉣

04 삼국시대 농업에 대한 설명으로 옳지 않은 것은?

① 철제 농기구가 보급되어 생산력이 증가하였다.
② 시비법이 발달하여 휴경지가 줄어들었다.
③ 농민은 자기 소유의 땅을 경작하거나 귀족의 땅을 소작하였다.
④ 농민의 토지는 대체로 척박한 토지가 많았다.

05 고려 무신정변 이후의 사회상과 관계가 먼 것은?

① 무인 간의 권력 쟁탈로 하극상의 풍조가 만연되었다.
② 무신의 토지점유로 토지제도가 붕괴되었다.
③ 문벌귀족세력의 제거로 왕권이 안정되었다.
④ 귀족사회가 붕괴되고 실력주의사회로 전환되었다.

06 조선 시대 수령과 향리에 대한 설명으로 옳은 것만을 모두 고르면?

㉠ 향리의 권한이 고려 시대에 비해 강해졌다.
㉡ 수령은 행정권, 사법권, 군사권을 행사하였다.
㉢ 향리는 6방에 소속되어 행정 실무를 담당하였다.
㉣ 수령은 중앙 집권화를 위해 향촌 자치를 인정하지 않았다.

① ㉠, ㉡
② ㉠, ㉢
③ ㉡, ㉢
④ ㉢, ㉣

07 조선후기 상업 발달에 대한 설명으로 가장 옳지 않은 것은?

① 포구가 새로운 상업 중심지로 되었고, 포구에서의 상거래는 장시보다 규모가 컸다.
② 객주나 여각은 주로 포구에서 상품의 매매를 중개하고, 부수적으로 운송, 보관, 숙박, 금융 등의 영업도 하였다.
③ 청(淸)과의 무역이 활발해지면서, 국경 지대를 중심으로 공적으로 허용된 무역인 개시와 사적인 무역인 후시가 이루어졌다.
④ 국제 무역에서 사적인 무역이 허용되면서 상인이 무역 활동에 적극적으로 참여하였는데, 특히 만상은 대일본 무역을 주도하면서 재화를 많이 축적하였다.

08 일제하에 일어났던 농민 · 노동 운동에 대한 설명으로 옳지 않은 것은?

① 1920년대 소작 쟁의는 주로 소작인 조합을 중심으로 전개되었다.

② 1920년대 농민 운동 중에서 대표적인 것은 신안군 암태도의 소작쟁의 이다.

③ 1930년대 농민 · 노동 운동은 사회주의의 영향으로 과격화 되어갔다.

④ 1930년대 노동 운동 중에서 가장 규모가 큰 투쟁은 원산 총파업이었다.

09 괄호 속에 들어갈 역사적 사건이 아닌 것은?

모스크바 3상회의(1945.12.28) ⇒ (   ) ⇒ 5 · 10 총선거(1948.5.10)

① 미군정 실시

② 남북한 총선거 유엔 상정

③ 반탁운동 시작

④ 제주도 4 · 3 사건

10 다음의 비문에 관한 설명으로 옳지 않은 것은?

오라총관 목극등은 국경을 조사하라는 교지를 받들어 이 곳에 이르러 살펴보고 서쪽은 압록강으로 하고 동쪽은 토문강으로 경계를 정해 강이 갈라지는 고개 위에 비석을 세워 기록하노라.

① 조선과 청의 대표는 현지 답사를 하고 비를 세웠다.

② 토문강의 위치는 간도 귀속 문제와도 관련이 되었다.

③ 국경 지역 조선인의 산삼 채취나 사냥이 비 건립의 한 배경 이었다.

④ 조선 철종대 세워진 비석의 비문 내용이다.

일일 모고 행정법 제6회

합격까지 박문각

광야에서 합격까지 행정법 강성빈

01 행정입법에 대한 설명으로 옳은 것은? (다툼이 있는 경우 판례에 의함)

① 「특정다목적댐법」에서 댐 건설로 손실을 입으면 국가가 보상해야 하고 그 절차와 방법은 대통령령으로 제정토록 명시되어 있음에도 미제정된 경우, 이에 대해서는 「행정소송법」상 부작위위법확인소송을 통해 다툴 수 있다.

② 행정관청 내부의 사무처리규정에 불과한 전결규정에 위반하여 원래의 전결권자 아닌 보조기관 등이 처분권자인 행정관청의 이름으로 행정처분을 하였다고 하더라도 그 처분이 권한 없는 자에 의하여 행하여진 무효의 처분이라고는 할 수 없다.

③ 행정권의 행정입법 등 법집행의무는 헌법적 의무라고 보아야 할 것이므로, 하위 행정입법의 제정 없이 상위 법령의 규정만으로 집행이 이루어질 수 있는 경우라도 하위 행정입법을 하여야 할 헌법적 작위의무는 인정된다.

④ 「국토의 계획 및 이용에 관한 법률」 및 같은 법 시행령이 정한 이행강제금의 부과기준은 단지 상한을 정한 것에 불과한 것이므로 행정청에 이와 다른 이행강제금액을 결정할 재량권이 있다.

02 행정행위의 효력에 대한 설명으로 옳지 않은 것은? (다툼이 있는 경우 판례에 의함)

① 구「도시계획법」상 원상회복 등의 조치명령을 받고도 이를 따르지 않은 자에 대해 형사처벌을 하기 위해서는 적법한 조치명령이 전제되어야 하며, 이 때 형사법원은 그 적법여부를 심사할 수 있다.

② 물품세 과세대상이 아닌 것을 세무공무원이 직무상 과실로 과세대상으로 오인하여 과세처분을 행함으로 인하여 손해가 발생된 경우에는, 동 과세처분이 취소되지 아니하였다 하더라도, 국가는 이로 인한 손해를 배상할 책임이 있다.

③ 처분은 무효가 아닌 한 권한이 있는 기관이 취소 또는 철회하거나 기간의 경과 등으로 소멸되기 전까지는 유효한 것으로 통용된다.

④ 어업권면허에 선행하는 우선순위결정은 행정청이 우선권자로 결정된 자의 신청이 있으면 어업권면허처분을 하겠다는 것을 약속하는 행위로서 그 우선순위결정에 공정력과 불가쟁력이 인정된다.

03 행정작용의 내용에 대한 설명으로 옳지 않은 것은? (다툼이 있는 경우 판례에 의함)

① 구「원자력법」상 원자로 및 관계 시설의 부지사전승인처분이 있은 후 건설허가처분이 내려진 경우, 부지사전승인처분의 취소를 구하는 소는 소의 이익이 없게 된다.

② 공정거래위원회가 자진 신고자에 대하여 먼저 과징금 부과처분을 한 후 자진신고를 이유로 과징금 감면처분을 한 경우, 후행 과징금 감면처분은 선행 과징금 부과처분의 일부취소에 불과하므로 처분상대방은 여전히 선행 과징금 부과처분을 다툴 법률상 이익이 있다.

③ 행정청은 처분에 재량이 있는 경우를 제외하고는 법률로 정하는 바에 따라 완전히 자동화된 시스템(인공지능 기술을 적용한 시스템을 포함한다)으로 처분을 할 수 있다.

④ 교육인적자원부장관의 대학총장들에 대한 학칙시정요구는 법령에 따른 것으로 행정지도의 일종이지만, 단순한 행정지도로서의 한계를 넘어 헌법소원의 대상이 되는 공권력의 행사라고 볼 수 있다.

04 취소소송의 관할법원에 대한 설명으로 옳지 않은 것은? (다툼이 있는 경우 판례에 의함)

① 민사소송인 소가 서울행정법원에 제기되었는데도 피고가 제1심법원에서 관할위반이라고 항변하지 않고 본안에서 변론을 한 경우에는 제1심법원에 변론관할이 생긴다.

② 당사자소송으로 서울행정법원에 제기할 것을 민사소송으로 지방법원에 제기하여 판결이 내려진 경우, 그 판결은 관할위반에 해당한다.

③ 원고가 고의 또는 중대한 과실 없이 당사자소송으로 제기하여야 할 것을 항고소송으로 잘못 제기한 경우에, 당사자소송으로서의 소송요건을 결하고 있음이 명백하여 당사자소송으로 제기되었더라도 어차피 부적법하게 되는 경우가 아닌 이상, 법원으로서는 원고가 당사자소송으로 소변경을 하도록 하여 심리 · 판단하여야 한다.

④ 원고가 고의 또는 중대한 과실 없이 행정소송으로 제기하여야 할 사건을 민사소송으로 잘못 제기한 경우, 행정소송에 대한 관할을 가지고 있지 아니한 수소법원은 당해 소송이 행정소송으로서의 제소기간을 도과한 것이 명백하더라도 관할법원에 이송하여야 한다.

05 당사자소송에 대한 설명으로 옳은 것은? (다툼이 있는 경우 판례에 의함)

① 「행정소송법」은 공법상 당사자소송을 민사소송으로 변경할 수 있는지에 관하여 명문의 규정을 두고 있지는 않으나, 공법상 당사자소송도 청구의 기초가 바뀌지 아니하는 한도 안에서 민사소송으로 소 변경이 가능하다.

② 관련청구소송의 이송 및 병합에 관한 「행정소송법」 제10조의 규정은 항고소송 이외에 당사자소송에는 준용되지 않는다.

③ 공법상 당사자소송에서 재산권의 청구를 인용하는 판결을 하는 경우에는 「민사소송법」에 따른 가집행선고를 할 수 없다.

④ 당사자소송은 공법상 법률관계에 관한 소송이므로 이를 본안으로 하는 가처분에 대하여는 「민사집행법」상 가처분에 관한 규정이 준용되지 않는다.

06 행정심판에 대한 설명으로 옳은 것은? (다툼이 있는 경우 판례에 의함)

① 감사원의 처분에 대한 행정심판의 청구에 대해서는 국민권익위원회에 두는 중앙행정심판위원회에서 심리 · 재결한다.

② 중앙행정심판위원회의 위원장은 그 행정심판위원회가 소속된 행정청이 된다.

③ 위원회는 취소심판의 청구가 이유가 있다고 인정하면 처분을 취소 또는 다른 처분으로 변경하거나 처분을 다른 처분으로 변경할 것을 피청구인에게 명한다.

④ 영업허가취소처분이 청문절차를 거치지 않았다 하여 행정심판에서 취소되었더라도 그 허가취소처분 이후 취소재결시까지 영업했던 행위는 무허가영업에 해당한다.

07 행정법의 법원과 효력에 대한 설명으로 옳지 않은 것은? (다툼이 있는 경우 판례에 의함)

① 새로운 법령등은 법령등에 특별한 규정이 있는 경우를 제외하고는 그 법령등의 효력 발생 전에 완성되거나 종결된 사실관계 또는 법률관계에 대해서는 적용되지 아니한다.

② 진정소급입법은 허용되지 않는 것이 원칙이지만 국민이 소급입법을 예상할 수 있었거나 신뢰보호의 요청에 우선하는 심히 중대한 공익상의 사유가 소급입법을 정당화하는 경우에는 허용된다.

③ 어떠한 법률조항에 대하여 헌법재판소가 헌법불합치결정을 하여 그 법률조항을 합헌적으로 개정 또는 폐지하는 임무를 입법자의 형성 재량에 맡긴 이상, 그 개선입법의 소급적용 여부와 소급적용의 범위는 원칙적으로 입법자의 재량에 달린 것이다.

④ 법령등을 위반한 행위의 성립과 이에 대한 제재처분은 법령등에 특별한 규정이 있는 경우를 제외하고는 원칙적으로 제재처분 당시의 법령등에 따른다.

08 행정의 실효성 확보수단에 대한 설명으로 옳지 않은 것은? (다툼이 있는 경우 판례에 의함)

① 상당한 의무이행기간을 부여하지 아니한 대집행계고처분이 있었다면, 설령 행정청이 대집행영장으로써 대집행의 시기를 늦추었더라도 그 대집행계고처분은 적법절차에 위배한 것으로 위법한 처분이 된다.

② 계고서라는 명칭의 1장의 문서로서 건축물의 철거명령과 동시에 그 소정기한 내에 자진철거를 하지 아니할 때에는 대집행할 뜻을 미리 계고한 경우, 「건축법」에 의한 철거명령과 「행정대집행법」에 의한 계고처분은 각 그 요건이 충족되었다고 볼 수 있다.

③ 「공정거래법」상 기업결합 제한위반행위자에 대한 이행강제금이 부과되기 전에 시정조치를 이행하거나 부작위 의무를 명하는 시정조치 불이행을 중단한 경우, 과거의 시정조치 불이행기간에 대하여 이행강제금을 부과할 수 없다.

④ 사용자가 이행하여야 할 행정법상 의무의 내용을 초과하는 것을 '불이행 내용'으로 기재한 이행강제금 부과 예고서에 의하여 이행강제금 부과 예고를 한 다음 이를 이행하지 않았다는 이유로 이행강제금을 부과하였다면, 초과한 정도가 근소하다는 등의 특별한 사정이 없는 한 이행강제금 부과 예고는 위법하며, 이에 터 잡은 이행강제금 부과처분 역시 위법하다.

09 국가배상에 대한 설명으로 옳은 것은? (다툼이 있는 경우 판례에 의함)

① 공무원들의 공무원증 발급 업무를 하는 공무원이 다른 공무원의 공무원증을 위조하는 행위는 「국가배상법」상의 직무집행에 해당하지 않는다.

② 공무원의 행위가 실질적으로 공무집행행위가 아니라는 사정을 피해자가 알았던 경우 「국가배상법」상의 직무행위에 해당하지 않는다.

③ 헌법재판소 재판관의 위법한 직무집행의 결과 잘못된 각하결정을 함으로써 청구인으로 하여금 본안판단을 받을 기회를 상실하게 한 경우, 만약 본안판단을 하였더라도 어차피 청구가 기각되었을 것이라는 사정이 있다면 국가배상책임이 인정되지 아니한다.

④ 공무원이 직무를 수행하면서 그 근거가 되는 법령의 규정에 따라 구체적으로 의무를 부여받았어도 그것이 국민의 이익과 관계없이 순전히 행정기관 내부의 질서를 유지하기 위한 것이라면 그 의무에 위반하여 국민에게 손해를 가하여도 국가 등은 배상책임을 부담하지 않는다.

10 「토지보상법」상 손실보상에 대한 설명으로 옳지 않은 것은? (다툼이 있는 경우 판례에 의함)

① 토지수용위원회의 수용재결이 있은 후에 토지소유자 등과 사업시행자가 다시 협의하여 토지 등의 취득이나 사용 및 그에 대한 보상에 관하여 임의로 계약을 체결하는 것은 허용되지 않는다.

② 손실보상금에 관한 당사자 간의 합의가 성립하면, 그 합의내용이 토지보상법에서 정하는 손실보상 기준에 맞지 않는다고 하더라도 합의가 적법하게 취소되는 등의 특별한 사정이 없는 한 추가로 토지보상법상 기준에 따른 손실보상금 청구를 할 수 없다.

③ 공익사업으로 인해 농업손실을 입은 자가 사업시행자에게서 「공익사업을 위한 토지 등의 취득 및 보상에 관한 법률」에 따른 보상을 받으려면 재결절차를 거쳐야 하고, 이를 거치지 않고 곧바로 민사소송으로 보상금을 청구하는 것은 허용되지 않는다.

④ 중앙토지수용위원회의 재결에 이의가 있는 자는 중앙토지수용위원회에 이의를 신청할 수 있다.

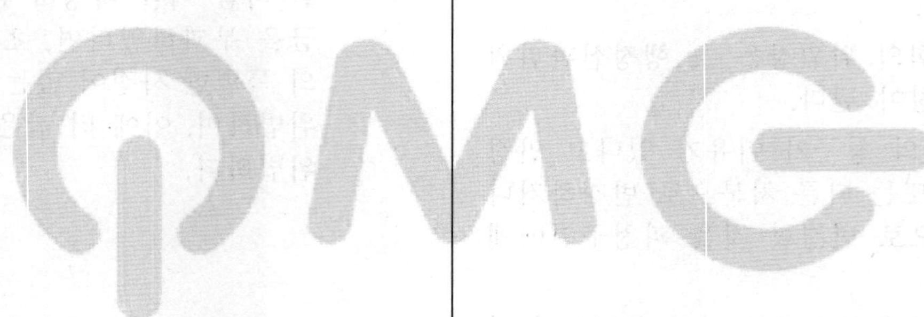

일일 모고 행정학 제6회

합격까지 **박문각**

빠른 고득점 합격
행정학 이명훈

01 **정부와 시장의 상호 대체적 역할분담 관계를 설명하는 시장실패와 정부실패 이론에 대한 설명으로 옳지 않은 것은?**

① 시장은 완전경쟁 조건이 충족될 경우 가격이라는 보이지 않는 손에 의한 조정을 통해 효율적인 자원배분을 달성할 수 있다.

② 완전경쟁시장은 그 전제조건의 비현실성과 불완전성으로 인해 실패할 수 있는데 이러한 시장실패의 요인으로는 공공재의 존재, 외부효과의 발생, 정보의 비대칭성 등이 제시되고 있다.

③ 정부는 시장실패를 교정하기 위해 계층제적 관리방법을 통해 자원의 흐름을 통제하게 되는데, 정부의 능력은 인적·물적·제도적 제한으로 실패할 수도 있고, 이러한 정부실패의 요인으로는 내부성의 존재, 편익향유와 비용부담의 분리, 예측하지 못한 파생적 외부효과 등이 제시되고 있다.

④ 정부실패가 발생할 경우 이를 교정하기 위한 정부의 대응방식은 공적 공급, 보조금 등 금전적 수단을 통해 유인구조를 바꾸는 공적 유도, 그리고 법적 권위에 기초한 정부규제 등이 있다.

02 **신공공관리론이 추구한 행정개혁방안으로 옳은 것은?**

① 정책기능과 집행기능을 통합한 책임행정체제 확립을 지향하였다.

② 대규모 통일적 행정조직을 탈피하여 공공조직을 산출물 단위로 분화시키고자 하였다.

③ 공익을 법률로 표현된 의사로 보며, 성과에 의한 사후적 통제를 강조하였다.

④ 행정부패나 부조를 방지하기 위해 내부통제를 강화하고자 하였다.

03 **우리나라 옴부즈만 제도인 국민권익위원회에 대한 설명으로 옳은 것은?**

① 외부통제수단으로 정부로부터 독립적이다.

② 헌법상 기관이 아닌 법률상 기관이다.

③ 위원회의 결정은 법적구속력 또는 강제집행력을 가진다.

④ 국회, 법원, 헌법재판소, 선거관리위원회, 감사원, 지방의회에 관한 사항도 업무에 해당된다.

04 **정책의제 설정모형에 대한 설명으로 옳은 것은?**

① 동형화 모형은 강압·모방·규범 등을 통해 정부간 정책전이가 일어나면서 정책의제설정에 영향을 끼친다고 주장한다.

② 체제의제는 정책담당자가 공식적으로 논의하기로 결정한 정책문제를 의미한다.

③ 외부주도형 정책의제설정은 주로 정부 내 최고 통치자나 고위정책결정자가 주도적으로 정부의제를 만드는 것을 의미한다.

④ 정부의 힘이 강하고 민간부분의 힘이 취약한 권위적인 계층주의 사회에서는 외부주도형 정책의제 설정이 나타나기 쉽다.

05 **프레스만과 윌다브스키(Pressman & Wildavsky)의 공동행위의 복잡성이론이 제시한 정책실패요인이 아닌 것은?**

① 정책집행과정에서 소수의 참여자

② 집행관료의 빈번한 교체

③ 타당한 인과모형의 결여

④ 부적절한 집행기관

06 **네트워크 구조(network structure)에 대한 설명으로 옳지 않은 것은?**

① 네트워크구조는 유기적 조직 유형의 하나라고 할 수 있다.

② 정보통신기술의 확산으로 채택된 새로운 조직구조 접근법이라고 할 수 있다.

③ 네트워크구조에서는 조직의 정체성이 약해 응집성 있는 조직문화를 가지기 어렵다.

④ 네트워크구조는 수평적·공개적 의사전달을 강조하기 때문에 수직적 통합과는 거리가 있다.

07 **근무성적 평정 방법과 그 단점에 대한 설명으로 옳지 않은 것은?**

① 행태관찰척도법은 도표식평정척도법이 갖는 등급과 등급 간의 모호한 구분과 연쇄효과의 오류가 나타날 수 있다.

② 중요사건기록법은 평정자인 감독자와 피평정자인 부하가 해당 사건에 대해 서로 토론하는 과정에서 피평정자의 태도와 직무수행을 개선하기 어렵고, 이례적인 행동을 지나치게 강조하게 될 위험이 있다.

③ 강제배분법은 평정자가 미리 정해진 비율에 따라 평정대상자를 각 등급에 분포시키고, 그 다음에 역으로 등급에 해당하는 점수를 부여하는 역산식 평정을 할 가능성이 높다.

④ 체크리스트평정법은 평정요소에 관한 평정 항목을 만들기가 힘들 뿐만 아니라, 질문 항목이 많을 경우 평정자가 혼란을 갖게 된다.

08 전통적 예산 원칙에 대한 설명으로 옳지 않은 것은?

① 예산 단일의 원칙은 특정한 세입과 특정한 세출을 직접 연계시켜서는 안 된다는 원칙이다.

② 예산 공개의 원칙은 예산 운영의 전반적인 내용이 국민에게 공개되어야 한다는 원칙이다.

③ 예산 사전 의결의 원칙은 예산이 집행되기 전에 입법부의 의결을 거쳐야 한다는 원칙이다.

④ 예산 완전성의 원칙은 모든 세입과 세출이 예산에 계상되어야 한다는 원칙이다.

09 여러 예산제도의 장·단점에 대한 설명으로 옳지 않은 것은?

① 영기준예산제도는 점증주의적 예산편성의 폐단을 시정하고자 개발되었다.

② 계획예산제도는 목표·계획·사업의 연계성을 높일 수 있으나 과도한 정보를 필요로 한다는 단점이 있다.

③ 성과주의예산제도는 산출을 확인할 수 있는 장점이 있지만 업무단위 선정 및 단위원가 계산이 어렵다.

④ 품목별예산제도는 지출항목을 엄격히 분류하므로 사업성과와 정부생산성을 정확하게 평가할 수 있다.

10 지방재정과 중앙재정을 비교 설명한 것으로 가장 옳은 것은?

① 지방재정은 자원배분 기능, 소득 재분배 기능, 경제안정화 기능 등 포괄적인 기능을 수행하는 반면, 중앙재정은 주로 자원배분 기능을 중심적으로 수행한다.

② 재원조달방식에 있어 중앙정부는 지방정부에 비해 조세 이외의 보다 다양한 세입원에 의존하고 있다.

③ 지방정부의 재정운용은 중앙정부에 비해 주민의 선호에 더욱 민감하게 작용한다.

④ 중앙재정은 지방재정과 비교할 때 공평성보다는 자원배분의 효율성을 상대적으로 더 중시한다.

2025 공무원 시험대비 【6회차】

박문각 일일 모의고사

-제7회-

국어 · 영어 · 한국사

행정법 · 행정학

이 름 : ______________________

학습관 : ______________________

합격
예측

답안 입력 및 성적 조회는 PC, 모바일에서 모두 가능합니다.

★ PC: pass.pmg.co.kr | ★ 모바일 앱: 박문각 합격관리

일일 모고 국어 제7회

합격까지 박문각

赤功 국어
적중 혜선

01 다음 문장 중 밑줄 친 서술어의 자릿수가 다른 것은?

① 군대에 가는 영수는 친구들에게 책을 주었다.

② 어제 만났던 영식이는 이제 회사원이 아니다.

③ 삶에 관심이 많은 학생들이 공원에서 책을 읽는다.

④ 배가 많이 고팠던 영호는 피자를 맛있게 먹었다.

02 밑줄 친 부분의 문장 성분이 다른 하나는?

① 8월에 예쁜 단풍을 보러 가자.

② 바로 옆집에 연예인이 산다.

③ 그 신발이 세탁 후 아주 새 신발이 되었더라.

④ 지금도 나는 할아버지의 말씀이 기억난다.

03 밑줄 친 단어가 바르게 사용된 것은?

① 전쟁 중에 동네 사람들 모두가 피란을 갔었다.

② 눈이 올런지 날씨가 제법 추워지기 시작했다.

③ 그가 나에게 몸을 부딪히며 시비를 걸어왔다.

④ 나는 다섯 살에 한글을 깨우쳤다.

04 다음 글을 고쳐 쓰기 위한 방안으로 적절하지 않은 것은?

> 디아스포라는 외국에 있는 '코리아타운'과 같은 이주민 집단 거주 지역을 ㉠ 지시한다. 문화적 정체성이 확연하게 다른 외국으로 이주한 사람들은 자신들의 경제적 이익과 문화적 정체성을 확보하기 위해 디아스포라를 형성한다. ㉡ 그래서 디아스포라는 단지 자신들의 경제적 이익과 문화적 정체성만을 지키는 곳은 아니다. 왜냐하면 디아스포라는 타 민족 타 인종들의 문화와 서로 교류하고 융합하는 곳이기 때문이다. 예를 들어 미국과 같은 다인종 사회에서 소수 인종들의 디아스포라는 단지 독립적으로 존재하는 곳이 아니라 미국의 문화와 ㉢ 자연스럽게 융합이다. 곧 미국 내의 디아스포라는 다양한 문화가 만나고 합쳐지는 곳이다. ㉣ 더군다나 지금 세계 각국은 자국의 고유한 문화적 전통을 강화하는 방향으로 힘을 모으는 상황이다. 문화는 융합을 통해 형성되는 것이라고 볼 때 디아스포라는 새로운 문화가 생겨나고 자라나는 바탕으로서의 역할도 하는 셈이다.

① ㉠은 문장의 의미에 적절한 서술어인 '지칭한다'로 고친다.

② ㉡은 이어지는 문장과의 의미 연결을 고려하여 '그런데'로 바꾼다.

③ ㉢은 주어와 호응관계를 고려하여 '자연스러운 융합이어야 한다.'로 고친다.

④ ㉣은 글의 전체 흐름을 해치므로 삭제한다.

05 다음 중 전제가 참일 때 결론이 반드시 참이 되지 않는 논증을 모두 고르면?

> ㄱ. 모든 사람들이 정직하다면 사회에 범죄는 존재하지 않을 것이다. 그러나 범죄가 존재하므로, 모든 사람이 정직하지 않다.
>
> ㄴ. 불이 났다면 연기가 나야 한다. 그런데 연기가 난다면 불이 난 것이 확실하다고 할 수 없다. 그러므로 불이 난 것이 아니더라도 연기가 날 수 있다.
>
> ㄷ. 과일은 모두 씨를 가지고 있다. 사과는 과일이다. 따라서 사과는 씨를 가지고 있다.

① ㄱ

② ㄴ

③ ㄷ

④ ㄱ, ㄴ, ㄷ

06 (가) ~ (다)를 전제로 할 때, 빈칸에 들어갈 결론으로 적절한 것은?

> (가) 모든 오토바이는 교통수단이다.
>
> (나) 손잡이가 있다고 해서 반드시 교통수단은 아니다.
>
> (다) 오토바이이면서 손잡이가 있는 것이 존재한다.
>
> 따라서 ______________________.

① 오토바이이면서 교통수단이 아닌 것이 존재한다.

② 손잡이가 있는 것은 모두 교통수단이다.

③ 손잡이가 있는 것은 모두 오토바이가 아니다.

④ 손잡이가 있으면서 오토바이가 아닌 것이 존재한다.

07 밑줄 친 표현이 ㉠의 의미와 가장 유사한 것은?

> 그 한 사람만 ㉠ 놓고 보면 인물이나 성격이나 나무랄 데 없는 훌륭한 청년이다.

① 동문회에서 학교 이전 문제를 놓고 의견이 분분했다.

② 건강이 좋지 않아 일을 놓고 있다.

③ 무사하다는 편지가 왔다고 하기에 겨우 마음을 놓았다.

④ 두 집안 사이에 중매쟁이를 놓아 혼사를 주선했다.

08 ㉠ ~ ㉣과 바꿔쓸 수 있는 유사한 표현으로 적절하지 않은 것은?

(가) 양측의 의견을 조율하여 단체 협약을 ㉠ 맺게 되었다.
(나) 도로에 의해 그 지역이 ㉡ 쪼개져 동물들의 이동이 차단되었다.
(다) 자신의 감정을 아무런 여과 없이 밖으로 ㉢ 나타내는 것은 바람직하지 않다.
(라) 인류의 역사에 길이 남을 중요한 변화를 만들어 내어 역사를 ㉣ 이룩한 인물로 기억될 것이다.

① ㉠: 측정하게
② ㉡: 분할되어
③ ㉢: 표출하는
④ ㉣: 창조한

09 다음 밑줄 친 ㉠이 적용된 사례로 가장 적절한 것은?

에틸렌은 사과, 배, 토마토 등 과일의 성숙을 유도한다. 과일의 성장이 일정한 단계에 이르면 에틸렌이 합성되어 과일을 성숙하게 하고, 성숙한 과일은 에틸렌을 더 많이 만들어 낸다. 이처럼 ㉠ 어떤 원인에 의해 나타난 결과가 다시 그 원인에 작용해 그 결과를 촉진하는 것을 '양성 되먹임'이라 한다.

① 마라톤 선수가 근력이 떨어져 체력 강화 훈련을 하였더니 근력이 다시 좋아져서 기록이 향상되었다.
② 헌혈로 많은 사람들의 생명을 구했고, 헌혈 받은 사람들이 헌혈을 하여 더 많은 사람들의 생명을 구하게 되었다.
③ 정부가 청년 실업자에게 창업 자금을 지원하여 일자리를 창출하였더니 청년 실업률이 떨어졌다.
④ 냉방기의 설정 온도보다 실내 온도가 더 높아지면 냉방기가 작동하여 실내 온도를 낮추게 된다.

10 ㉠에 해당하는 사례로 들기에 적절하지 않은 것은?

사람들이 언어를 통해 의미를 이해할 때, 문법적 규칙만 고려하면 의미 전달에 문제가 없다고 생각하지만 '철수가 물을 죽였다'와 같은 말을 이해하기 쉽지 않다. 문법적으로는 문제가 없지만 물의 핵심 의미 자질을 분석하면 [+액체][+무생물]로 볼 수 있는데, '죽이다'라는 서술어는 [+생물]의 의미 자질을 가진 대상의 목숨을 빼는 것을 의미하기 때문이다. 이와 같이 ㉠ 단어가 가진 핵심 의미 자질이 다른 단어와 어울리지 않는 현상을 '선택 제약'이라고 부른다. 문장을 구성할 때, 문법적 장치뿐만 아니라 단어의 의미 역시 고려해야 함을 알 수 있다.

① 두려움은 잊고 까맣게 빛나는 랜턴을 들고 산길을 올랐다.
② 그들 부부는 풍랑이 몰아치는 고요한 바닷가를 산책했다.
③ 국이 싱거워서 하얀 염화나트륨을 반 숟갈이나 넣어야 했다.
④ 신입 사원 맞이 송별회는 XX호텔에서 진행하기로 하였다.

일일 모고 영어 제7회

합격까지 박문각

반드시 합격 진가영 영어

01 밑줄 친 부분에 들어갈 말로 가장 적절한 것은?

The company faced an ______ challenge when it tried to expand into international markets, requiring significant resources and careful planning.

① slight
② minor
③ enormous
④ manageable

02 밑줄 친 부분에 들어갈 말로 가장 적절한 것은?

The politician gave an ______ speech that inspired many people to take action and support his cause.

① eloquent
② hesitant
③ disjointed
④ monotonous

03 밑줄 친 부분에 들어갈 말로 가장 적절한 것은?

The manager decided to ______ the team's work schedule to ensure all deadlines were met.

① adjust
② overcome
③ stimulate
④ neglect

04 밑줄 친 부분에 들어갈 말로 가장 적절한 것은?

The team was able to complete the project on time because they had an ______ amount of resources and support from their colleagues.

① insufficient
② adequate
③ ethnic
④ limited

05 밑줄 친 부분에 들어갈 말로 가장 적절한 것은?

The sugar will ______ completely in hot water, making the drink sweet and smooth.

① freeze
② solidify
③ dissolve
④ evaporate

06 밑줄 친 부분에 들어갈 말로 가장 적절한 것은?

If the negotiations fail, the company will have no choice ______ legal action to protect its rights and financial interests in the dispute.

① but seek
② too seek
③ seeking
④ but to seek

07 밑줄 친 부분 중 어법상 옳지 않은 것은?

Adorable things, much like beauty, ① have a special way of capturing our attention. Most people find ② it hard to ignore a fluffy kitten or a puppy with big, round eyes. Certain features, such as small noses, soft fur, and ③ oversized eyes, tend ④ triggering a strong emotional response in humans.

08 밑줄 친 부분에 들어갈 말로 가장 적절한 것은?

A: Good morning, how can I help you today?
B: Good morning, I'd like to report a lost wallet.
A: I'm sorry to hear that. Can you tell me when and where you lost it?
B: I think I lost it yesterday afternoon, near the shopping mall. I was at the coffee shop, and I must have left it there.
A: ________________________
B: Yes, it had my ID, credit cards, and some cash. I'm most worried about the ID.
A: I understand. We'll make a report and check the lost-and-found department. You'll need to fill out a form with your personal details.

① Where is the lost and found located?
② When did you renew your ID?
③ Do you remember anything that was inside the wallet?
④ What color was this wallet?

09 다음 글의 요지로 가장 적절한 것은?

Sometimes, we let ourselves become overly upset about things that, upon closer examination, aren't really that significant. We focus on minor issues and exaggerate their importance. For instance, if a stranger cuts in front of us, we could simply let it go and move on with our day. However, instead, we convince ourselves that our anger is justified. Many of us even go as far as telling others about it, further fueling our frustration. But instead of reacting this way, try to understand the other person. Perhaps they are in a hurry, and being in such a rush might be stressful for them. By adopting this perspective, we can maintain our own happiness and avoid taking other people's actions too personally.

① The busier you are, the less you should rush.
② Have compassion for the poor.
③ Don't worry too much about trivial matters.
④ Don't get too involved in other people's problems.

10 밑줄 친 부분에 들어갈 말로 가장 적절한 것은?

Neuroscientists at Northwestern University analyzed 50 people aged 23 to 78. The participants lay in an MRI machine and were asked to look at two printed word lists displayed in front of them. They were instructed to identify pairs of words that were similar in meaning or spelling. Older participants performed just as well on the test as younger ones, but MRI scans showed that the areas of the brain responsible for language recognition and comprehension were much less active in older adults. However, the researchers found that older participants were more active in the brain regions responsible for caution. Darren Glitman, who led the study, concluded that older brains are ________________________.

① more effectively but in the same way
② more effectively and by different means
③ just as effectively and in the same way
④ just as effectively but by different means

일일 모고 한국사 제7회

합격까지 박문각

가장 빠른 한국사
한국사 박기훈

01 다음 중 반달돌칼을 사용했던 시기의 사람들에 대한 설명으로 옳은 것은?

① 세형동검, 거푸집, 잔무늬 거울등의 독자적 청동유물이 만들어졌다.
② 옷이나 그물 등을 만드는 원시수공업이 처음으로 행해졌다.
③ 움집의 중앙에 화덕이 있었다.
④ 계급이 발생하고 선민사상이 생겨났다.

02 다음은 초기 국가의 특징을 나타낸 것이다. 그 특징으로 옳은 것은?

① 부여에는 왕 아래에 상가, 고추가 등의 대가들이 있었다.
② 고구려는 특산물로 단궁, 과하마 등이 있었고 폐쇄적인 독립사회를 이루고 있었다.
③ 옥저의 사람들은 초가지붕의 반움집이나 귀틀집에서 거주하였다.
④ 삼한에는 천군이 주관하는 소도가 있었다.

03 다음 자료에 나타난 사건에 대한 설명으로 옳은 것은?

> 영락 9년 백제가 서약을 어기고 왜와 화통하므로, 왕은 평양으로 순수해 내려갔다. 신라가 사신을 보내 왕에게 말하기를, '왜인이 국경에 가득 차 성을 부수었으니, 노객은 백성된 자로서 왕에게 귀의하여 분부를 청한다.'고 하였다. … 영락 10년 보병과 기병 5만을 보내 신라를 구원하게 하였다.

① 고구려가 남한강 상류까지 진출하였다.
② 백제는 사비로 천도하고 국호를 남부여로 바꾸어 중흥을 도모하였다.
③ 경주 호우총에서 출토된 그릇을 통해 고구려군이 신라를 원조한 사실을 알 수 있다.
④ 신라는 율령을 반포하고, 불교를 공인하였다.

04 다음은 통일 신라 시대의 연표이다. (가)~(마) 시기의 상황에 대한 설명으로 옳은 것은?

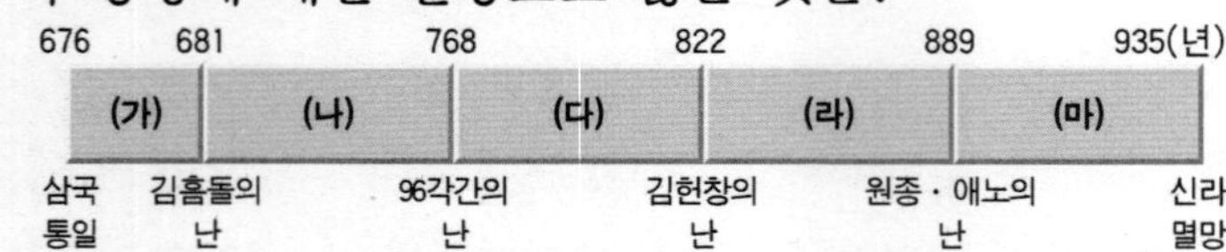

① (가) – 인재 양성을 위해 독서삼품과를 시행하였다.
② (나) – 녹읍을 폐지하였다가 귀족들의 반발로 복구하였다.
③ (다) – 장보고가 청해진을 개설하고 왕위 계승전에 참여하였다.
④ (라), (마) – 내물왕계 진골 귀족들에 의해 왕위가 계승되기 시작하였다.

05 왕오천축국전에 대한 설명으로 옳은 것만을 모두 고르면?

> ㉠ 혜초가 집필하였다.
> ㉡ 현재 우리나라 국립 중앙 박물관에 소장되어 있다.
> ㉢ 바닷길과 비단길을 통해 인도와 서역을 여행한 내용이 실려 있다.
> ㉣ 인도의 유식 불교가 신라에 수용되는 과정을 알 수 있다.

① ㉠, ㉡
② ㉠, ㉢
③ ㉡, ㉢
④ ㉢, ㉣

06 민정문서에 대한 설명으로 옳은 것은?

① 통일신라시대 중원경지역의 사해점촌을 비롯한 4개 촌락의 기록이다.
② 중앙에서 파견한 지방관이 매년 조사하고 3년마다 작성하였다.
③ 연수유답을 통해 정전이 있었음을 가늠할 수 있다.
④ 인구는 연령에 따라 9등급, 호구는 사람의 많고 적음에 따라 6등급으로 나뉘었다.

07 다음 고려의 대외 관련 역사적 사건들을 일어난 순서대로 바르게 나열한 것은?

> ㉠ 김취려 장군이 강동성에서 몽골군과 함께 거란을 섬멸하였다.
> ㉡ 서희가 강동6주를 확보하였다.
> ㉢ 이성계는 황산싸움에서 아지발도를 사살하였다.
> ㉣ 김윤후가 처인성에서 적장 살리타를 사살하였다.
> ㉤ 여진과의 1차 접전에서 패하고 별무반을 편성하였다.

① ㉡ – ㉤ – ㉣ – ㉢ – ㉠
② ㉡ – ㉤ – ㉠ – ㉣ – ㉢
③ ㉤ – ㉡ – ㉠ – ㉢ – ㉣
④ ㉤ – ㉡ – ㉣ – ㉠ – ㉢

08 **다음 (가)와 (나)에 해당하는 토지에 대한 설명으로 옳지 않은 것은?**

> (가) 고려시대에는 5품 이상의 관료가 받을 수 있는 토지가 있었다.
> (나) 6품 이하 하급 관료의 자제로서 관직에 오르지 못한 사람에게 지급한 토지도 있었다.

① (가)는 음서와 함께 문벌 귀족의 지위를 유지할 수 있는 기반이 되었다.

② (나)는 관인 신분을 유지해 나갈 수 있는 기반이되었다.

③ (가)와 (나)는 매매, 상속, 기증, 임대 등이 가능한 토지이다.

④ (가)는 경정전시과부터 지급되기 시작하였다.

09 **다음 여러 역사서에 대한 설명으로 옳지 않은 것은?**

① 고구려의 『신집』, 백제의 『서기』, 신라의 『국사』등 삼국 시대부터 각국은 자신들의 역사서를 편찬하였다.

② 고려에서는 건국 초기부터 역사를 기록하는 관리가 있어 실록을 편찬하였으나, 거란의 침략으로 불타 현존하지 않는다.

③ 『삼국유사』는 기전체의 역사서로 고구려 계승의식을 엿볼 수 있다.

④ 조선왕조실록은 사초와 시정기 등을 기본 사료로 하여 국왕 사망 이후에 실록청에서 편찬한 편년체의 역사서이다.

10 **조선초기의 경제적 상황과 가장 관계가 없는 것은?**

① 농업 생산력을 높이기 위하여 <농사직설>, <금양잡록> 등 농서를 간행, 보급하였다.

② 국가는 경시서를 두어 시전을 감독하고 불법적 상행위를 통제하였다.

③ 상평통보가 유통되었으나 전황이 발생하였다.

④ 정부는 저화, 조선통보 등의 화폐를 만들어 유통시키려 하였으나 유통이 부진하여 곡식과 삼베 무명으로 화폐를 대신하였다.

일일 모고 행정법 제7회

합격까지 박문각

광야에서 합격까지
행정법 강성빈

01 **기속행위와 재량행위에 대한 설명으로 옳지 않은 것은? (다툼이 있는 경우 판례에 의함)**

① 구 「주택건설촉진법」 제33조에 의한 주택건설사업계획의 승인은 상대방에게 권리나 이익을 부여하는 효과를 수반하는 이른바 수익적 행정처분으로서 법령에 행정처분의 요건에 관하여 일의적으로 규정되어 있지 아니한 이상 행정청의 재량행위에 속한다.

② 재량행위에 대한 법원의 심사는 재량권의 일탈 또는 남용 및 재량권의 한계 내에서의 행정청의 판단, 즉 합목적성 내지 공익성의 판단 등을 대상으로 한다.

③ 육아휴직 중인 여성 교육공무원이 출산휴가 요건을 갖추어 복직신청을 하는 경우는 물론 그 이전에 미리 출산을 이유로 복직신청을 하는 경우에도 임용권자는 출산휴가 개시 시점에 휴직사유가 없어졌다고 보아 복직명령과 동시에 출산휴가를 허가하여야 한다.

④ 기속행위의 경우 법원이 사실인정과 관련 법규의 해석 · 적용을 통하여 일정한 결론을 도출한 후 그 결론에 비추어 행정청이 한 판단의 적법 여부를 독자의 입장에서 판정한다.

02 **행정행위의 부관에 대한 설명으로 옳지 않은 것은? (다툼이 있는 경우 판례에 의함)**

① 도로점용허가의 점용기간은 행정행위의 본질적인 요소에 해당한다고 볼 것이어서 부관인 점용기간을 정함에 있어서 위법사유가 있다면 이로써 도로점용허가처분 전부가 위법하게 된다.

② 부담이 처분 당시 법령을 기준으로 적법하다면 처분 후 부담의 전제가 된 주된 행정처분의 근거 법령이 개정됨으로써 행정청이 더 이상 부관을 붙일 수 없게 되었다 하더라도 곧바로 위법하게 되거나 그 효력이 소멸하게 되는 것은 아니다.

③ 행정처분에 부담인 부관을 붙인 경우 부관의 무효화에 의하여 본체인 행정처분 자체의 효력에도 영향이 있게 될 수 있으며, 그 처분을 받은 사람이 부담의 이행으로 사법상 매매 등의 법률행위를 한 경우 그 법률행위 자체는 당연무효이다.

④ 기부채납받은 행정재산에 대한 사용 · 수익허가에서 공유재산의 관리청이 정한 사용수익허가의 기간은 그 허가의 효력을 제한하기 위한 행정행위의 부관으로서 이러한 사용 · 수익허가의 기간에 대해서는 독립하여 행정소송을 제기할 수 없다.

03 **행정행위의 취소와 철회에 대한 설명으로 옳은 것은? (다툼이 있는 경우 판례에 의함)**

① 「국민연금법」상 연금 지급결정을 취소하는 처분과 그 처분에 기초하여 잘못 지급된 급여액에 해당하는 금액을 환수하는 처분이 적법한지를 판단하는 경우 비교 · 교량할 각 사정이 상이하다고는 할 수 없으므로, 연금 지급결정을 취소하는 처분이 적법하다면 환수처분도 적법하다고 판단하여야 한다.

② 과세관청은 과세처분의 취소를 다시 취소함으로써 이미 효력을 상실한 과세처분을 소생시킬 수 있다.

③ 지방병무청장이 재신체검사 등을 거쳐 보충역편입처분을 제2국민역편입처분으로 변경한 경우, 그 후 새로운 병역처분의 성립에 하자가 있었음을 이유로 하여 이를 취소하게 되면 종전의 병역처분의 효력이 되살아난다.

④ 행정청은 당사자의 신뢰를 보호할 가치가 있는 등 정당한 사유가 있는 경우에는 위법 또는 부당한 처분의 전부나 일부를 장래를 향하여 취소할 수 있다.

04 **취소소송의 소송요건에 대한 설명으로 옳지 않은 것은? (다툼이 있는 경우 판례에 의함)**

① 재단법인 한국연구재단이 대학교 총장에게 연구개발비의 부당집행을 이유로 두뇌한국(BK)21 사업 협약을 해지하면서 연구팀장인 교수에 대한 대학 자체 징계를 요구한 경우, 그 징계요구는 항고소송의 대상인 행정처분에 해당하지 않는다.

② 대리권을 수여받은 행정기관이 대리관계를 명시적으로 밝히지 않고 자신의 명의로 처분을 하였다면, 비록 처분명의자가 피대리 행정청 산하의 행정기관으로서 실제로 피대리 행정청으로부터 대리권한을 수여받아 피대리 행정청을 대리한다는 의사로 행정처분을 하였고 처분명의자는 물론 그 상대방도 그 행정처분이 피대리 행정청을 대리하여 한 것임을 알고서 이를 받아들였다 하더라도 그 처분의 취소소송에서의 피고는 처분명의자인 대리 행정기관이 되어야 한다.

③ 공익근무요원 소집해제신청을 거부한 후에 원고가 계속하여 공익근무요원으로 복무함에 따라 복무기간 만료를 이유로 소집해제처분을 한 경우, 원고는 거부처분의 취소를 구할 소의 이익이 없다.

④ 저작권 등록처분에 대한 무효확인소송에서 피고적격은 저작권 등록업무의 처분청인 저작권심의조정위원회가 가진다.

05 **행정소송에 대한 설명으로 옳지 않은 것은? (다툼이 있는 경우 판례에 의함)**

① 법원은 부작위위법확인소송 계속 중 행정청이 당사자의 신청에 대하여 상당한 기간이 지난 후 처분등을 함에 따라 소를 각하하는 경우에는 소송비용의 전부 또는 일부를 피고가 부담하게 할 수 있다.

② 원고가 피고를 잘못 지정한 때에는 법원은 원고의 신청에 의하여 결정으로써 피고의 경정을 허가할 수 있고, 이 경우 피고경정은 사실심 변론을 종결할 때까지 할 수 있다.

③ 부작위위법확인소송의 경우 사실심의 구두변론종결시점의 법적·사실적 상황을 근거로 행정청의 부작위의 위법성을 판단하여야 한다.

④ 행정청이 거부처분의 무효확인판결에 따른 재처분의무를 이행하지 않는 경우에는 법원은 간접강제결정을 할 수 있다.

06 **공법관계와 사법관계에 대한 설명으로 옳지 않은 것은? (다툼이 있는 경우 판례에 의함)**

① 국가나 지방자치단체에 근무하는 청원경찰은 「국가공무원법」이나 「지방공무원법」상의 공무원은 아니지만, 그 근무관계를 사법상의 고용계약관계로 보기는 어려우므로 그에 대한 징계처분의 시정을 구하는 소는 행정소송의 대상이지 민사소송의 대상이 아니다.

② 농지개량조합과 그 직원과의 관계는 사법상의 근로계약관계가 아닌 공법상의 특별권력관계이고, 그 조합의 직원에 대한 징계처분의 취소를 구하는 소송은 행정소송사항에 속한다.

③ 구「예산회계법」에 따른 입찰보증금의 국고귀속조치는 국가가 공법상의 재산권의 주체로서 행위하는 것으로 그 행위는 공법행위에 속한다.

④ 공익사업을 위한 토지 등의 취득 및 보상에 관한 법령에 의한 협의취득은 사법상의 법률행위이다.

07 **신고에 대한 설명으로 옳지 않은 것은? (다툼이 있는 경우 판례에 의함)**

① 법령등으로 정하는 바에 따라 행정청에 일정한 사항을 통지하여야 하는 신고로서 법률에 신고의 수리가 필요하다고 명시되어 있는 경우(행정기관의 내부 업무 처리 절차로서 수리를 규정한 경우를 포함한다)에는 행정청이 수리하여야 효력이 발생한다.

② 정보통신매체를 이용하여 학습비를 받고 불특정 다수인에게 원격평생교육을 실시하기 위해 구 「평생교육법」 제22조 등에서 정한 형식적 요건을 모두 갖추어 신고한 경우, 행정청은 실체적 사유를 들어 신고 수리를 거부할 수 없다.

③ 「식품위생법」에 따른 식품접객업의 영업신고의 요건을 갖춘 자라고 하더라도, 그 영업신고를 한 당해 건축물이 「건축법」 소정의 허가를 받지 아니한 무허가 건물이라면 적법한 신고를 할 수 없다.

④ 시장 등의 주민등록전입신고 수리 여부에 대한 심사는 「주민등록법」의 입법 목적의 범위 내에서 제한적으로 이루어져야 하는바, 전입신고자가 30일 이상 생활의 근거로서 거주할 목적으로 거주지를 옮기는지 여부가 심사 대상으로 되어야 한다.

08 **행정대집행에 대한 설명으로 옳지 않은 것은? (다툼이 있는 경우 판례에 의함)**

① 권원 없이 국유재산에 설치한 시설물에 대하여 관리청이 행정대집행을 통해 철거를 하지 않는 경우 그 국유재산에 대하여 사용청구권을 가진 자는 국가를 대위하여 민사소송으로 그 시설물의 철거를 구할 수 있다.

② 관계 법령에서 금지규정 및 그 위반에 대한 벌칙규정은 두고 있으나 금지규정 위반행위에 대한 시정명령의 권한에 대해서는 규정하고 있지 않은 경우에 그 금지규정 및 벌칙규정은 당연히 금지규정 위반행위로 인해 발생한 유형적 결과를 시정하게 하는 것도 예정하고 있다고 할 것이어서 금지규정 위반으로 인한 결과의 시정을 명하는 권한도 인정하고 있는 것으로 해석된다.

③ 무허가증축부분으로 인하여 건물의 미관이 나아지고 증축부분을 철거하는 데 비용이 많이 소요된다고 하더라도 건물철거대집행계고처분을 할 요건에 해당된다.

④ 건물철거명령 및 철거대집행계고를 한 후에 이에 불응하자 다시 제2차, 제3차의 계고를 하였다면 철거의무는 처음에 한 건물철거명령 및 철거대집행계고로 이미 발생하였고 그 이후에 한 제2차, 제3차의 계고는 새로운 철거의무를 부과한 것이 아니라 대집행 기한을 연기하는 통지에 불과하다.

09 **과징금에 대한 설명으로 옳지 않은 것은? (다툼이 있는 경우 판례에 의함)**

① 과징금은 한꺼번에 납부하는 것을 원칙으로 한다. 다만, 행정청은 과징금을 부과받은 자가 과징금을 한꺼번에 내면 자금 사정에 현저한 어려움이 예상되는 경우에는 그 납부기한을 연기하거나 분할 납부하게 할 수 있으며, 이 경우 필요하다고 인정하면 담보를 제공하게 할 수 있다.

② 과징금의 근거가 되는 법률에는 과징금에 관한 부과·징수 주체, 부과 사유, 상한액, 가산금을 징수하려는 경우 그 사항, 과징금 또는 가산금 체납 시 강제징수를 하려는 경우 그 사항을 명확하게 규정하여야 한다.

③ 부과관청이 추후에 부과금 산정 기준이 되는 새로운 자료가 나올 경우 과징금액이 변경될 수도 있다고 유보하며 과징금을 부과했다면, 새로운 자료가 나온 것을 이유로 새로이 부과처분을 할 수 있다.

④ 과징금부과처분은 반드시 현실적인 행위자가 아니라도 법령상 책임자로 규정된 자에게 부과되고 원칙적으로 위반자의 고의·과실을 요하지 아니하나, 위반자의 의무 해태를 탓할 수 없는 정당한 사유가 있는 등의 특별한 사정이 있는 경우에는 이를 부과할 수 없다.

10 **행정절차에 대한 설명으로 옳지 않은 것은? (다툼이 있는 경우 판례에 의함)**

① 행정청은 청문이 시작되는 날부터 10일 전까지 청문 주재자에게 청문과 관련한 필요한 자료를 미리 통지하여야 한다.

② 행정청은 공청회를 개최하려는 경우에는 공청회 개최 14일 전까지 「행정절차법」에서 정한 사항을 당사자등에게 통지하고 관보, 공보, 인터넷 홈페이지 또는 일간신문 등에 공고하는 등의 방법으로 널리 알려야 한다.

③ 법제처장은 입법예고를 하지 아니한 법령안의 심사 요청을 받은 경우에 입법예고를 하는 것이 적당하다고 판단할 때에는 해당 행정청에 입법예고를 권고하거나 직접 예고할 수 있다.

④ 청문 과정에서 당사자등이 의견서를 제출한 경우에는 그 내용을 출석하여 진술한 것으로 본다.

일일 모고 행정학 제7회

합격까지 박문각

빠른 고득점 합격
행정학 이명훈

01 보통 정부에 의한 시장개입의 정당성은 해당 재화를 시장에 맡겨 놓았을 때 나타나는 부작용, 즉 시장실패에 있다. 시장실패가 발생하는 경우로 옳지 않은 것은?

① 비배제성과 비경합성의 특성을 갖는 공공재의 생산
② 계약에 의한 민간위탁
③ 불완전한 정보가 제공되는 식품의 유통
④ 외부효과가 발생하는 산업

02 피터스(G. Peters)의 정부모형에 대한 설명으로 옳지 않은 것은?

① 유연정부모형은 오류의 제도화를 방지하기 위해 가상조직 및 임시직 공무원의 활용을 중시한다.
② 참여모형은 계층제를 비판하면서 총체적 품질관리(TQM), 목표에 의한 관리(MBO), 팀제 등의 민주적 관리방식을 선호한다.
③ 탈규제모형은 내부규제를 철폐하고 준자치적 조직을 활용하여 기업가적 정부를 구축하고자 한다.
④ 시장모형은 관료제의 독점성을 비판하고, 내부시장화 및 시장적 유인을 통해 경제적 효율성을 증진하고자 한다.

03 「국가공무원법」에서 규정하고 있는 공무원의 의무에 해당하지 않는 것은?

① 공무원은 재직 중은 물론 퇴직 후에도 직무상 알게 된 비밀을 엄수하여야 한다.
② 공무원은 건강하고 쾌적한 환경을 보전하기 위하여 노력하여야 한다.
③ 공무원은 공무 외에 영리를 목적으로 하는 업무에 종사하지 못하며 소속 기관장의 허가 없이 다른 직무를 겸할 수 없다.
④ 공무원은 국민 전체의 봉사자로서 친절하고 공정하게 직무를 수행하여야 한다.

04 엘리트이론에 상대되는 정책이론모형으로서의 다원주의이론의 특성에 해당하는 것만을 모두 고르면?

㉠ 권력은 대중의 요구에 민감하게 반응한다. ㉡ 권력은 다수에게 분산되어 있다. ㉢ 이익집단들 간에는 영향력의 차이는 있지만 전체적으로 균형을 유지하고 있다. ㉣ 정부는 정책과정에서 주도적인 역할을 수행한다.

① ㉠
② ㉠, ㉡
③ ㉠, ㉡, ㉢
④ ㉠, ㉡, ㉢, ㉣

05 정책집행의 접근방법에 대한 설명으로 옳지 않은 것은?

① 하향적 접근은 정책과 집행의 완전한 인과관계를 성공적 집행의 조건으로 본다.
② 상향적 접근은 정책결정자에게 바람직한 정책집행을 위한 규범적 처방을 제시한다.
③ 하향적 접근은 집행과정에서 나타나는 다양한 요인들을 연역적으로 도출하고자 한다.
④ 상향적 접근은 행위자 중심의 연구로 정책집행을 반대하는 입장이나 전략 파악이 용이하다.

06 행정조직구조에서 계선조직과 참모조직에 대한 설명으로 옳지 않은 것은?

① 계선조직은 계층적 구조를 갖는 수직적 조직이며, 참모조직은 횡적지원을 하는 수평적 조직이다.
② 계선조직은 높은 전문성을 확보하여 업무수행의 능률성을 촉진할 수 있다.
③ 참모조직은 최고관리자의 통솔범위를 확대해준다.
④ 계선과 막료의 갈등을 해결하기 위해서는 공동의 교육훈련, 인사교류 등이 필요하다.

07 동기이론 중 성격이 서로 다른 것끼리 연결된 것은?

① 브룸(Vroom)의 기대이론 – 아담스(Adams)의 형평성이론
② 매슬로우(Maslow)의 욕구계층이론 – 맥그리거(McGregor)의 X · Y이론
③ 핵크만(Hackman)과 올드햄(Oldham)의 직무특성이론 – 스키너(Skinner)의 학습이론
④ 로크(Locke)의 목표설정이론 – 허즈버그(Herzberg)의 동기 · 위생요인이론

08 우리나라의 현행 인사행정제도에 대한 설명으로 옳지 않은 것은?

① 「국가공무원법」에 의거한 징계의 종류에는 파면 · 해임 · 강등 · 정직 · 감봉 · 견책이 있다.
② 고위공무원단에는 「정부조직법」상 중앙행정기관의 실장 · 국장 등 보조기관뿐 아니라 이에 상당하는 보좌기관도 포함된다.
③ 「정당법」에 의한 정당의 당원은 소청심사위원회의 위원이 될 수 없다.
④ 공무원이 조합 업무에 전임하려면 고용노동부장관의 허가를 받아야 한다.

09 예산의 원칙과 그 예외의 연결이 옳지 않은 것은?
① 목적 외 사용금지의 원칙 – 이용 · 전용
② 완전성의 원칙 – 전대차관
③ 명확성의 원칙 – 수입대체경비
④ 한계성의 원칙 – 예비비

10 지방채의 발행에 대한 설명으로 옳지 않은 것은?
① 지방자치단체의 장은 지방채를 발행하는 경우 재정 상황 및 채무규모 등을 고려하여 대통령령으로 정하는 지방채 발행 한도액의 범위에서 지방의회의 의결을 얻어야 한다.
② 지방자치단체의 장은 지방채의 차환을 위해서는 지방채를 발행할 수 없다.
③ 지방채 발행 한도액 범위더라도 외채를 발행하는 경우에는 지방의회의 의결을 거치기 전에 행정안전부장관의 승인을 받아야 한다.
④ 지방채의 발행, 원금의 상환, 이자의 지급, 증권에 관한 사무절차 및 사무 취급기관은 대통령령으로 정한다.

2025 공무원 시험대비 【6회차】

박문각 일일 모의고사

-제8회-

국어 · 영어 · 한국사

행정법 · 행정학

이 름 : ______________________

학습관 : ______________________

합격
예측

답안 입력 및 성적 조회는 PC, 모바일에서 모두 가능합니다.

★ PC: pass.pmg.co.kr | ★ 모바일 앱: 박문각 합격관리

일일 모고 국어 제8회

합격까지 **박문각**

赤功 국어 적중 혜선

01 <보기>의 문장에서 밑줄 친 부분은 종결어미이다. <보기>를 바탕으로 종결어미에 대해 탐구한 결과로 옳지 않은 것은?

> <보기>
> ○ 얘기를 듣습니까? / 얘기를 듣소?
> ○ 의자에 앉아라. / 빨리 밥을 먹어라.
> ○ 날씨가 덥다./날씨가 덥지. / 날씨가 덥네.
> ○ 비가 그치겠다. / 비가 그치겠니? / 비가 그치겠구나!
> ○ 철수가 똑똑하다고 생각한다. / 누가 가느냐가 문제다.

① 문장의 시제를 표시하는군.

② 뒤에 조사가 연결될 수도 있군.

③ 진술, 의문, 감탄 따위를 나타내는군.

④ 음운 환경에 따라 모양이 달라지기도 하는군.

02 다음의 설명을 고려할 때, 제시된 예 중에서 문장의 유형이 나머지 셋과 다른 것은?

> 문장은 주어와 서술어가 한 번 나타나는 홑문장과 두 번 이상 나타나는 겹문장으로 구분된다. 겹문장에는 홑문장들이 이어지는 이어진 문장과 홑문장이 다른 문장 속의 한 문장 성분이 되는 안은 문장의 두 유형이 있다.

① 나는 그 책을 읽고 싶다.

② 그는 작은 가방을 샀다.

③ 나는 마을버스가 떠났음을 알았다.

④ 개구리는 앞발이 짧다.

03 다음 글을 고치기 위한 의견으로 적절하지 않은 것은?

> 대체 에너지는 화석 연료와 원자력을 대체할 수 있는 에너지자원으로, 일반적으로 고갈되지 않는 재생 에너지를 말한다. 예를 들면 태양광, 지열, 조력, 풍력 등이 대표적이다. 현재 개발 중인 것으로는 고속 증식로와 핵융합 에너지가 있다.
>
> 이들 대체 에너지는 깨끗하고 고갈될 염려가 없다는 큰 장점을 가지고 있다. ㉠그리고 에너지의 효율성과 경제성이 너무 낮아, ㉡현대 문명사회와 같은 많은 양의 에너지를 소비하는 곳에서는 실용성이 적다는 점이 한계로 지적되고 있다. ㉢또한 무공해이긴 하나 대용량의 에너지원으로는 부적합하다. 이러한 한계를 해결하고, 깨끗하고 안전하게 ㉣사용할 수 있는 대체 에너지 개발이 필요하다. 이런 의미에서 대체 에너지의 개발 촉진을 위한 여러 방안을 찾아보려고 한다.

① ㉠: 앞 문장의 내용과 반대가 되므로 '그러나'로 바꿔야겠어.

② ㉡: 문장이 자연스럽지 않으므로 '많은 에너지를 소비하는 현대 문명사회에서는'으로 고쳐야겠어.

③ ㉢: 앞 문장과 유사한 내용을 담고 있으므로 삭제해야겠어.

④ ㉣: 문맥과 어울리지 않으므로 '응용'으로 대체해야겠어.

04 <공공언어 바로 쓰기 원칙>에 따라 <공문서>의 ㉠~㉣을 수정한 것으로 적절하지 않은 것은?

> <공공언어 바로 쓰기 원칙>
> ○ 올바른 국어 표기를 위한 어문 규범을 준수할 것.
> ○ 어법에 맞고 자연스러운 문장으로 작성할 것.

> <공문서>
> 수신자 수신자 참조
> (경유)
> 제목 공공기관 지방 이전 계획의 차질 없는 이행 협조 요청
> ---------------------------------
> 1. ○○○○부 ○○○○과-○○○○호(20○○. 3. 2.) 관련 문서입니다.
> 2. ○○○○부는 「국가균형발전 특별법」 제18조에 따라 수립된 「공공기관 지방 이전 계획」 및 「공공기관 지방 이전에 따른 혁신 도시 건설 및 지원에 관한 특별법」에 따라 ㉠ 157개 수도권 소재 공공기관의 지방 이전을 추진하고 있으며, 「지역발전정책 추진 전략 보고 회의」 등을 통해 여러 차례 공공기관의 지방 이전에 대한 확고한 추진 의지를 밝힌 바 있습니다.
> 3. ㉡ 그리고 최근 혁신 도시 건설 사업의 지연 및 중단 우려 등이 제기되고 있습니다 다만, 「혁신도시 관계 시도 부지사 회의」에서 확인된 바와 같이 ○○○○부는 혁신도시 건설 및 공공기관 지방 이전 사업을 최초 계획대로 추진한다는 점을 다시 한 번 명확히 밝힙니다.
> 4. 이와 관련하여, 해당 실국에서는 이전 ㉢ 목표년도까지 지방 이전이 차질 없이 추진 될 수 있도록 지방 이전 대상 산하 공공기관이 부지 매입비, 건축 설계비, 청사 신축비 등 지방 이전과 관련한 내년도 예산을 확보토록 조치하여 주시기 바라며, 이전 기관에 대한 지도 · 감독을 철저히 하는 등 후속 조치를 적극적으로 해 주시기 바랍니다.
> 5. 아울러, 동 건은 공공기관 예산 조기 집행과 직결된 사항이므로 신속히 검토하여 우리 부가 상반기 중에 조기 집행 ㉣ 계획을 달성할 수 있도록 협조하여 주시기 바랍니다. 끝.

① ㉠ 수도권에 있는 157개 공공기관을 지방으로 이전하는 일을 추진하고 있으며

② ㉡ 그리고,

③ ㉢ 목표 연도

④ ㉣ 계획을 이행할 수 있도록

05 (가), (나)를 전제로 할 때, 빈칸에 들어갈 결론으로 적절한 것은?

> (가) 힙합을 자주 듣는 어떤 사람은 감수성이 풍부하다.
> (나) 감수성이 풍부한 모든 사람은 예술적이다.
> 따라서 [　　　　　　　　]

① 힙합을 자주 듣지 않는 어떤 사람도 감수성이 풍부하지 않다.
② 감수성이 풍부하지 않은 어떤 사람도 예술적이지 않다.
③ 예술적인 모든 사람은 힙합을 자주 듣는다.
④ 예술적인 어떤 사람은 힙합을 자주 듣는다.

06 다음과 같이 전제와 결론이 주어질 때, 결론이 반드시 참이 되도록 하는 '전제 2'로 적절한 것은?

> 전제 1: 그림을 그리는 사람은 모두 이성적이다.
> 전제 2: ________________.
> 결론: 어떤 이성적인 사람은 아침에 늦게 일어난다.

① 아침에 늦게 일어나지 않는 사람은 모두 그림을 그린다.
② 아침에 늦게 일어나지 않는 어떤 사람은 그림을 그린다.
③ 아침에 늦게 일어나는 어떤 사람은 그림을 그리지 않는다.
④ 아침에 늦게 일어나는 사람은 모두 그림을 그린다.

07 밑줄 친 표현이 ㉠의 의미와 가장 유사한 것은?

> 그 한마디가 부모님께 무심했던 내 마음을 ㉠ 찔렀다.

① 그는 도적의 가슴 한복판에 긴 창을 찌르고 다시 그대로 서 있었다.
② 추워서 주머니에 손을 찌르고 몸을 움츠렸다.
③ 정곡을 찔린 그는 냅다 줄행랑을 쳤다.
④ 그의 범행 사실을 형사에게 찌른 사람은 그의 동료였다.

08 ㉠ ~ ㉣과 바꿔쓸 수 있는 유사한 표현으로 적절하지 않은 것은?

> (가) 아이의 부모는 유괴범에게 거액의 몸값을 ㉠ 치르고 유괴된 아이를 찾았다.
> (나) 야근까지 하면서 결국 보고서 작성을 ㉡ 끝마칠 수 있었다.
> (다) 이 문제가 시간을 ㉢ 끈다고 해결될 것으로는 보이지 않는다.
> (라) 해군은 이번에 새로 만든 배의 이름을 '이순신'이라고 ㉣ 붙였다.

① ㉠: 선불하고　② ㉡: 완료할
③ ㉢: 지연한다고　④ ㉣: 명명하였다

09 국어 순화에 대해 다음과 같은 입장을 가진 글쓴이의 견해를 반박하기 위한 근거로 가장 적절한 것은?

> 이미 한자어로 이루어진 공고한 학문 체계를 구축하고 있는 현실을 무시할 수는 없다. 한자어를 외국의 것이라고 배척하는 것은 우리 민족이 수천 년 동안 쌓아 온 문화유산을 하루아침에 버리자는 것이나 다름없는 어리석은 일이다. 우리는 우리 국어의 과거와 현재를 꿰뚫어 보는 혜안을 가지고 너그러운 마음으로 앞길을 바라보는 슬기를 길러야 할 것이다.

① 언어는 언중들의 합의에 의해서 바꿀 수 있는 규범이다.
② 영어도 일상어에서는 고유 단어들이, 학술 용어에서는 라틴 어계의 단어들이 사용되는 이중 구조를 가지고 있다.
③ '언어는 존재의 집'이라는 말처럼 서구의 언어나 한자어의 틀 속에서는 우리 사상이 깃들 수 없다.
④ 동북아 시대에 발맞추어 나가기 위해서는 동아시아 문화를 해석하는 키워드인 한자를 잘 알아야 한다.

10 다음 글에서 추론한 내용으로 적절하지 않은 것은?

> 중세 이탈리아 메디치 가문과 유럽의 각 왕실이 혈연으로 연결되면서 이탈리아 음식 문화는 유럽 각지로 퍼져나갔고 이를 발전시킨 것이 프랑스 요리이다.
> 초기 프랑스 요리는 비싼 버터를 듬뿍 끼얹은 육류 요리가 주류였다. 요리의 장식적 측면보다 값비싼 재료를 사용한 요리로 부를 과시하는 것을 중시해 황금 가격에 맞먹는다는 향신료를 자르지도 않은 고기 위에 산처럼 뿌려 테이블에 올렸다. 이를 오트 퀴진이라 하는데 시대가 흐르면서 건강에 좋지 않고 사치스러우며 향신료의 과도한 사용으로 맛이 무겁다는 비판을 받았다. 이후 나폴레옹 시대 단품 요리를 전문으로 내는 '비스트로'가 생겨났는데 이는 러시아군이 파리를 침공하여 음식을 주문하고 러시아어로 '빨리'를 의미하는 '브이스뜨라'를 외친 것에 기원을 둔다.
> 1960년대 오트 퀴진을 비판하는 누벨퀴진이라는 새로운 양식의 요리가 등장해 유행했다. 이들은 향신료와 버터를 줄이고 외적인 면에서도 '눈으로 먹는 요리'라 불리며 오트 퀴진과 차별화된 모습을 보여주었다.

① 누벨퀴진은 오트 퀴진과 달리 맛이 무겁다는 평가를 받지 않을 것이다.
② 오트 퀴진은 미적 아름다움을 중시하는 사치스러운 요리이다.
③ 러시아군 침공 이전 프랑스에서는 '비스트로'를 찾아볼 수 없었다.
④ 프랑스 음식은 이탈리아와 러시아의 영향을 받으며 발전하였다.

합격까지 박문각

일일 모고 영어 제8회

반드시 합격
진가영 영어

01 밑줄 친 부분에 들어갈 말로 가장 적절한 것은?

> The company decided to _____ its headquarters to a larger office space to accommodate its growing staff.

① assess
② oppose
③ delay
④ relocate

02 밑줄 친 부분에 들어갈 말로 가장 적절한 것은?

> The company is looking for a candidate who can contribute _____ to the success of the project.

① substantially
② occasionally
③ strangely
④ negatively

03 밑줄 친 부분에 들어갈 말로 가장 적절한 것은?

> The authoritarian regime continued to _____ its people by limiting free speech, censoring the media, and punishing those who spoke out against the government.

① substantiate
② oppress
③ emulate
④ encourage

04 밑줄 친 부분에 들어갈 말로 가장 적절한 것은?

> The _____ entrepreneur decided to invest in a risky new technology, believing it would revolutionize the industry.

① helpless
② venturesome
③ timid
④ suspicious

05 밑줄 친 부분에 들어갈 말로 가장 적절한 것은?

> The student's _____ from school was the result of repeated violations of the school's strict code of conduct.

① expulsion
② suggestion
③ promotion
④ approval

06 밑줄 친 부분에 들어갈 말로 가장 적절한 것은?

> If the negotiations _______, the company will have no choice but to seek legal action to protect its rights and financial interests in the dispute.

① will fail
② fail
③ failing
④ to fail

07 밑줄 친 부분 중 어법상 옳지 않은 것은?

> Since ① <u>childhood</u>, I have always loved learning new things. I find great joy in ② <u>reading</u> books on a variety of topics, from philosophy to modern science. Beyond books, I am also ③ <u>fascinate</u> by art and music. Exploring different artistic styles and understanding their historical significance helps me ④ <u>appreciate</u> the creativity of past and present generations.

08 밑줄 친 부분에 들어갈 말로 가장 적절한 것은?

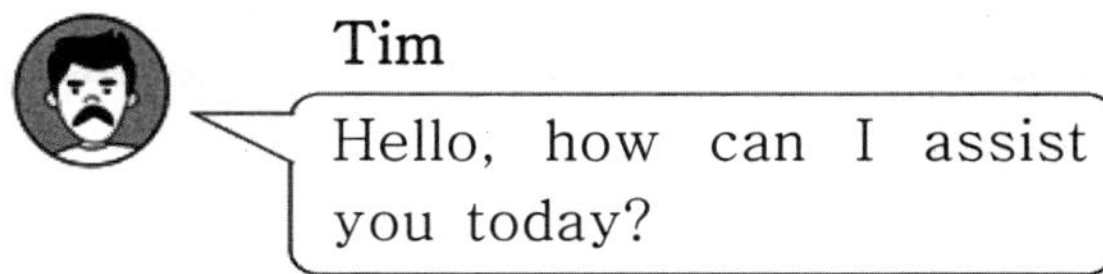

Tim: Hello, how can I assist you today?

Jane: Hi, I'd like to file a police report for a theft.

Tim: I'm sorry to hear that. ____________________

Jane: My bicycle was stolen yesterday evening. I left it locked outside the grocery store, but when I came back, it was gone.

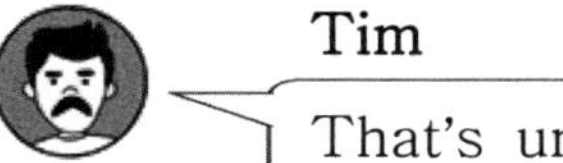

Tim: That's unfortunate.

① What type of bicycle do you need?
② Where did you leave the bicycle?
③ How many people witnessed the incident?
④ Could you tell me what was stolen and when?

09 주어진 문장이 들어갈 위치로 가장 적절한 것은?

> If someone has a predominance of fast-twitch fibers, their chances of becoming a world-class marathon runner are low.

> Muscle fibers can be classified into two types. First, slow-twitch fibers contract slowly but can sustain effort for a long time, while fast-twitch fibers contract quickly but are quickly exhausted. (①) Slow-twitch fibers are essential for successful marathon running. (②) However, they could excel as a sprinter. (③) Marathon runners need a high proportion of slow-twitch fibers in their muscles. (④) While these characteristics are largely genetic, there is some evidence that training can slightly alter the ratio of these fibers. Research indicates that marathon runners should avoid any sprint training under 100 meters.

10 다음 글의 주제로 가장 적절한 것은?

> The concept of "lower animals" is a modern idea based on the gradual recognition of fundamental differences between humans and other living beings. However, in primitive times, humans did not view animals as inferior creatures. Instead, they believed animals possessed special abilities and followed their own laws. In some cases, animals were even thought to be more intelligent than humans. The helpful animals, talking birds, and clever reptiles in our fairy tales are remnants of a time when animals were considered equals to humans or even messengers of unseen gods. Thus, many of the superstitions we hold today about birds and animals are not rooted in their inferiority but in the belief that they possess wisdom, unique skills, or mystical powers.

① less intelligent animals in fairy tales
② difference between man and animals
③ gap in recognition regarding animals
④ ways our ancestors managed animals

일일 모고 한국사 제8회

합격까지 박문각

가장 빠른 한국사
한국사 박기훈

01 고려와 조선의 군사 제도에 대한 설명으로 옳지 않은 것은?

① 고려 중앙군은 2군 6위로 직업 군인이며, 군인전을 지급받고 그 역은 자손에게 세습되었다.

② 고려 때 양계에는 주진군이 배치되어 국경 수비를 전담했으며, 평시에는 농사를 짓는 둔전병이었다.

③ 조선 중앙군 5위는 농민 번상군인 정군과 시험을 통해 선발한 특수병, 공신이나 종친의 자제로 구성된 갑사가 있었다.

④ 임진왜란 후에 지방군이 속오군 체제로 되면서 농민이나 노비가 군공을 세워 신분 상승하는 경우가 많아졌다.

02 다음 글에서 밑줄 친 '왕'이 시행한 정책으로 옳지 않은 것은?

> 왕은 행차 때면 길에 나온 백성들을 불러 직접 의견을 들었다. 또한 척신 세력을 제거하여 정치의 기강을 바로 잡았고 당색을 가리지 않고 어진 이들을 모아 학문을 장려하였다. 침전에는 '탕탕평평실(탕탕평평실)'이라는 편액을 달았으며, "하나의 달빛이 땅위의 모든 강물에 비치니 강물은 세상 사람들이요 달은 태극이며 그 태극은 바로 나다"라고 하였다.

① 서원을 대폭 정리하고 이조 전랑이 후임자를 스스로 천거하는 관행을 없앴다.

② 왕이 스승의 입장에서 문신을 재교육시켰다.

③ 노론 세력을 견제하기 위해 문체반정의 조치를 취하였다.

④ 화성을 세워 정치적 · 군사적 기능을 부여하였고 청으로부터 <고금도서집성>을 수입하였다.

03 세도정치기 상황에 대한 설명으로 옳지 않은 것은?

① 홍경래의 난은 서북민에 대한 지역적 차별 때문에 발생하였다.

② 홍경래의 난을 수습하기 위해 정부는 안핵사를 파견하고 삼정이정청을 설치했으나 큰 효과를 거두지 못하였다.

③ 비기, 도참, 미륵신앙과 더불어 정감록이 유행하였다.

④ 세도정치의 폐해와 삼정의 문란은 극에 달하였다.

04 다음 저서에 대한 설명으로 옳지 않은 것은?

가. 『산림경제』	나. 『색경』
다. 『과농소초』	라. 『농가집성』

① 가: 홍만선의 저술로 농업, 임업, 축산업, 식품가공 등을 망라하였다.

② 나: 박세당의 저술로 과수, 축산, 기후 등에 중점을 두었다.

③ 다: 정약용의 저술로 농업기술과 농업정책에 관하여 논하였다.

④ 라: 신속의 저술로 이앙법을 언급하였다.

05 다음 사건에 대한 설명으로 옳은 것은?

> 평양부에 와서 정박한 이양선(異樣船)에서 더욱 미쳐 날뛰면서 포를 쏘고 총을 쏘아대어 우리 쪽 사람들을 살해하였습니다. 그들을 제압하고 이기는 방책으로는 화공 전술보다 더 좋은 것이 없으므로 일제히 불을 질러서 그 불길이 저들의 배에 번지게 하였습니다.

① 천주교 박해가 원인이었다.

② 정부가 척화비를 건립하는 직접적 계기가 되었다.

③ 로저스 제독이 이끄는 함대가 강화 해협을 침략하는 구실이 되었다.

④ 프랑스를 끌어들여 러시아를 견제하려는 과정에서 일어났다.

06 1880년대 초반 정부의 개화 정책에 대한 설명으로 옳지 않은 것은?

① 영선사는 1881년 김윤식을 대표로 하여 톈진에 파견되었지만, 임오군란으로 조기 귀국하였고, 이후 기기창을 설치하였다.

② 미국과 수교에 대한 논의를 위해 민영익을 중심으로 조사시찰단이 파견되었다.

③ 별기군은 상류층 자제로 구성되었고 일본인 교관이 훈련을 시켰다.

④ 조사시찰단은 비밀리에 일본에 파견되어 조선의 개화정책을 뒷받침하였다.

07 **간도와 관련된 역사적 사실들에 대한 설명으로 옳지 않은 것은?**

① 조선과 청은 1712년 “서쪽으로는 압록강, 동쪽으로는 토문강을 국경으로 한다.”는 백두산 정계비를 세웠다. 대한제국 정부는 토문강을 지금의 두만강으로 인식하였다.

② 일제는 청과 남만주의 철도 부설권을 얻는 대가로 간도협약을 체결하여 간도를 청의 영토로 인정하였다.

③ 통감부 설치 후 일제는 1907년 간도에 파출소를 두어 간도를 관리하려하였다.

④ 이곳에서 서전서숙과 명동학교가 만들어져 민족교육을 담당하였다.

08 **다음 자료에 해당하는 독립군 부대에 대한 설명으로 옳은 것은?**

> 얼음이 풀린 소자강은 수심이 깊었다. 게다가 얼음덩어리가 뗏목 처럼 흘러내렸다. 하지만 이 강을 건너지 못하면 영릉가로 쳐들어갈 수 없었다. 밤 12시 정각까지 영릉가에 들어가 공격을 알리는 신호탄을 울려야만 했다. 양세봉 사령관은 전사들에게 소자강을 건너라고 명령하고 나서 자기부터 먼저 강물에 뛰어들었다.

① 중국 공산당 팔로군과 함께 항일 투쟁을 전개하였다.

② 조선 의용대의 일부가 합류하면서 군사력이 증강되었다.

③ 남만주에서 중국군과 힘을 합쳐 항일 전쟁을 벌였다.

④ 중국 관내에서 결성된 최초의 한인 무장 부대였다.

09 **일제 강점기 식민사관에 저항했던 역사가에 대한 설명으로 옳은 것만을 모두 고르면?**

> ㉠ 신채호는 고대사 연구에 치중하며 조선상고사와 조선사연구초 등을 저술하였다.
> ㉡ 백남운은 식민 사학의 정체성 이론을 반박했고 민족주의 사학자들의 정신 사관도 비판하였다.
> ㉢ 정인보는 우리 민족정신을 혼으로 파악하고 혼이 담겨 있는 민족사의 중요성을 강조하였다.
> ㉣ 이병도는 민족의 통합과 단결을 강조하는 신민족주의 역사학을 주창하였다.

① ㉠, ㉡

② ㉠, ㉢

③ ㉡, ㉢

④ ㉢, ㉣

10 **다음 내용을 발생한 시기 순으로 바르게 나열한 것은?**

> ㉠ 금강산 관광 개시
> ㉡ 남북 경의선 철도 복원 기공식
> ㉢ 제 2차 남북 정상회담
> ㉣ 남북 이산가족 최초 상봉
> ㉤ 남북 적십자 회담 개최

① ㉤ - ㉣ - ㉠ - ㉡ - ㉢

② ㉣ - ㉤ - ㉡ - ㉢ - ㉠

③ ㉣ - ㉤ - ㉢ - ㉠ - ㉡

④ ㉤ - ㉣ - ㉢ - ㉡ - ㉠

일일 모고 행정법 제8회

합격까지 박문각

광야에서 합격까지
행정법 강성빈

01 **행정입법에 대한 설명으로 옳지 않은 것은? (다툼이 있는 경우 판례에 의함)**

① 행정처분이 법규성이 없는 내부지침 등의 규정에 위배된다고 하더라도 그 이유만으로 처분이 위법하게 되는 것은 아니며, 내부지침 등에서 정한 요건에 부합한다고 하여 반드시 그 처분이 적법한 것이라고 할 수도 없다.

② 고시가 상위법령과 결합하여 대외적 구속력을 갖고 국민의 기본권을 침해하는 법규명령으로 기능하는 경우에는 헌법소원의 대상이 된다.

③ 집행명령은 상위법령의 집행을 위해 필요한 사항을 규정한 것으로 법규명령에 해당하지만 법률의 수권 없이 제정할 수 있다.

④ 행정소송에 대한 대법원판결에 의하여 대통령령이 법률에 위반된다는 것이 확정된 경우에는 대법원은 지체 없이 그 사유를 법제처장에게 통보하여야 한다.

02 **행정행위의 하자에 대한 설명으로 옳지 않은 것은? (다툼이 있는 경우 판례에 의함)**

① 과세처분 이후 과세의 근거가 되었던 법률규정에 대하여 위헌결정이 내려진 경우, 그 조세채권의 집행을 위해 새로운 체납처분에 착수하거나 이를 속행하는 것은 당연무효로 볼 수 없다.

② 행정청이 어느 법률관계나 사실관계에 대하여 어느 법률의 규정을 적용하여 행정처분을 한 경우에, 그 법률관계나 사실관계에 대하여는 그 법률의 규정을 적용할 수 없다는 법리가 명백히 밝혀져 해석에 다툼의 여지가 없음에도 행정청이 그 규정을 적용하여 처분을 한 때에는 하자가 중대하고 명백하다.

③ 환경영향평가를 거쳐야 하는 대상사업에 대하여 환경영향평가를 거치지 아니하였음에도 불구하고 승인 등 처분이 행해진 경우, 그 행정처분은 당연무효이다.

④ 환경영향평가절차를 거쳤다면, 환경영향평가의 내용이 다소 부실하다 하더라도, 그 부실의 정도가 환경영향평가를 하지 아니한 것과 다를 바 없는 정도의 것이 아니라면 당연히 당해 승인 등 처분이 위법하게 되는 것은 아니다.

03 **행정작용의 내용에 대한 설명으로 옳은 것은? (다툼이 있는 경우 판례에 의함)**

① 행정지도가 강제성을 띠지 않은 비권력적 작용으로서 행정지도의 한계를 일탈하지 아니하였다면, 그로 인하여 상대방에게 손해가 발생하였다 하더라도 행정기관은 손해배상책임이 없다.

② 구「수도권대기환경특별법」상 대기오염물질 총량관리사업장 설치허가는 기속행위이다.

③ 건축허가시 건축허가서에 건축주로 기재된 자는 당연히 그 건물의 소유권을 취득하며, 건축 중인 건물의 소유자와 건축허가의 건축주는 일치하여야 한다.

④ 광주광역시문화예술회관장의 단원 위촉은 광주광역시문화예술회관장이 행정청으로서 공권력을 행사하여 행하는 행정처분에 해당한다.

04 **취소소송의 심리에 대한 설명으로 옳지 않은 것은? (다툼이 있는 경우 판례에 의함)**

① 필요적 행정심판전치주의가 적용되는 경우 그 요건을 구비하였는지 여부는 법원의 직권조사사항이다.

② 결혼이민[F-6 (다)목] 체류자격을 신청한 외국인에 대하여 행정청이 그 요건을 충족하지 못하였다는 이유로 거부처분을 하는 경우 '그 요건을 갖추지 못하였다는 판단', 즉 '혼인파탄의 주된 귀책사유가 국민인 배우자에게 있지 않다는 판단' 자체가 처분사유가 되는바, 결혼이민[F-6 (다)목] 체류자격 거부처분 취소소송에서 그 처분사유에 관한 증명책임은 피고 행정청에 있다.

③ 징계사유인 성희롱 관련 형사재판에서 성희롱 행위가 있었다는 점을 합리적 의심을 배제할 정도로 확신하기 어렵다는 이유로 공소사실에 관하여 무죄가 선고되었다면 행정소송에서도 징계사유의 존재를 부정해야만 한다.

④ 법원은 필요하다고 인정할 때에는 직권으로 증거조사를 할 수 있고, 당사자가 주장하지 아니한 사실에 대하여도 판단할 수 있다.

05 **취소소송의 판결에 대한 설명으로 옳은 것은? (다툼이 있는 경우 판례에 의함)**

① 취소청구가 사정판결에 의하여 기각된 경우에는 소송비용은 원고의 부담으로 한다.

② 과징금을 부과하면서 여러 개의 처분사유에 터잡아 하나의 과징금 부과처분을 하였고 그 처분사유들 중 일부에 위법이 있으나 그 부분이 과징금 부과처분에 영향을 미치지 아니하였다면 그 부과처분을 위법하다고 할 수 없다.

③ 행정청이 여러 개의 위반행위에 대하여 하나의 제재처분을 한 이상, 위반행위별로 제재처분의 내용을 구분하는 것이 가능하고 여러 개의 위반행위 중 일부의 위반행위에 대한 제재처분 부분만이 위법하다 하더라도, 법원은 제재처분 전부를 취소하여야 하고 위법성이 인정되는 부분만을 취소하여서는 아니 된다.

④ 취소 확정판결의 기속력은 판결의 주문 및 전제가 되는 처분등의 구체적 위법사유에 관한 판단에도 미치므로, 종전 처분이 판결에 의하여 취소되었다면 종전 처분의 처분사유와 기본적 사실관계에서 동일하지 않은 다른 사유를 들어서 새로이 동일한 내용을 처분하는 것 또한 확정판결의 기속력에 저촉된다.

06 **「행정심판법」에 대한 설명으로 옳지 않은 것은?**

① 법인이 아닌 사단 또는 재단으로서 대표자나 관리인이 정하여져 있는 경우에는 그 사단이나 재단의 이름으로 심판청구를 할 수 있다.

② 여러 명의 청구인이 공동으로 심판청구를 할 때에는 청구인들 중에서 3명 이하의 선정대표자를 선정할 수 있다.

③ 행정심판에 있어서 사건의 심리 · 의결에 관한 사무에 관여하는 직원에게는 「행정심판법」 제10조의 위원의 제척 · 기피 · 회피가 적용되지 않는다.

④ 참가인은 행정심판 절차에서 당사자가 할 수 있는 심판절차상의 행위를 할 수 있다.

07 **행정법의 일반원칙에 대한 설명으로 옳지 않은 것은? (다툼이 있는 경우 판례에 의함)**

① 재량권 행사의 준칙인 행정규칙이 그 정한 바에 따라 되풀이 시행되어 행정관행이 이루어지게 되면 평등의 원칙이나 신뢰보호의 원칙에 따라 행정기관은 그 상대방에 대한 관계에서 그 규칙에 따라야 할 자기구속을 받게 된다.

② 국가가 임용결격사유가 있는 자에 대하여 결격사유가 있는 것을 알지 못하고 공무원으로 임용하였다가 나중에 결격사유가 있음을 발견하고 그 임용행위를 취소하는 경우 신뢰의 원칙이 적용된다.

③ 관할관청이 위법한 직업능력개발훈련과정 인정제한처분을 하여 사업주로 하여금 제때 훈련과정 인정신청을 할 수 없도록 하였음에도, 인정제한처분에 대한 취소판결 확정 후 사업주가 인정제한 기간 내에 실제로 실시하였던 훈련에 관하여 비용지원신청을 한 경우에, 사전에 훈련과정 인정을 받지 않았다는 이유만을 들어 훈련비용 지원을 거부하는 것은 신의성실의 원칙에 반하여 허용될 수 없다.

④ 지방자치단체장이 사업자에게 주택사업계획승인을 하면서 그 주택사업과는 아무런 관련이 없는 토지를 기부채납하도록 하는 부관은 부당결부금지의 원칙에 위반되어 위법하지만 당연무효라고 볼 수 없다.

08 **행정조사에 대한 설명으로 옳지 않은 것은? (다툼이 있는 경우 판례에 의함)**

① 세무조사에 중대한 위법사유가 있는 경우 이러한 세무조사에 의하여 수집된 과세자료를 기초로 한 과세처분 역시 위법하다.

② 과세관청의 질문조사권이 행해지는 세무조사결정은 납세의무자의 권리 · 의무에 직접 영향을 미치는 공권력의 행사에 따른 행정작용으로서 항고소송의 대상이 된다.

③ 「행정조사기본법」에 따르면 조사대상자의 자발적인 협조에 따라 실시하는 행정조사에 대하여 조사대상자가 조사에 응할 것인지에 대한 응답을 하지 아니하는 경우에는 법령등에 특별한 규정이 없는 한 그 조사를 거부한 것으로 본다.

④ 「행정조사기본법」 제4조(행정조사의 기본원칙)는 조세에 관한 사항에 대하여는 적용하지 아니한다.

09 **정보공개에 대한 설명으로 옳지 않은 것은? (다툼이 있는 경우 판례에 의함)**

① 정보공개거부처분의 취소를 구하는 행정소송에서 정보공개청구인이 정보공개거부처분을 받은 것 외에 추가로 법률상 이익이 있어야 하는 것도 아니며, 정보공개청구의 대상이 되는 정보가 이미 공개되어 있다는 사정만으로 소의 이익이 없는 것도 아니다.

② 「공공기관의 정보공개에 관한 법률」에 따라 중앙행정기관은 전자적 형태로 보유·관리하는 정보 중 공개대상으로 분류된 정보를 국민의 정보공개청구가 없더라도 정보통신망을 활용한 정보공개시스템 등을 통하여 공개하여야 한다.

③ 공개청구된 정보가 수사의견서인 경우 수사의 방법 및 절차 등이 공개되더라도 수사기관의 직무수행을 현저히 곤란하게 하지 않는 때에는 비공개대상정보에 해당하지 않는다.

④ 「공공기관의 정보공개에 관한 법률」 제9조제1항 제4호의 '진행 중인 재판에 관련된 정보'에 해당한다는 사유로 정보공개를 거부하기 위해서는 그 정보가 진행 중인 재판의 소송기록 그 자체에 포함된 내용이어야 한다.

10 **행정상 손실보상에 대한 설명으로 옳은 것은? (다툼이 있는 경우 판례에 의함)**

① 이주대책은 이른바 생활보상에 해당하는 것으로서 헌법 제23조 제3항이 규정하는 손실보상의 한 형태로 보아야 하므로, 법률이 사업시행자에게 이주대책의 수립·실시의무를 부과하였다면 이로부터 사업시행자가 수립한 이주대책상의 택지분양권 등의 구체적 권리가 이주자에게 직접 발생한다.

② 토지수용으로 인한 손실보상액은 당해 공공사업의 시행을 직접 목적으로 하는 계획의 승인·고시로 인한 가격변동을 고려함이 없이 수용재결 당시의 가격을 기준으로 하여 정하여야 한다.

③ 공공사업 시행으로 사업시행지 밖에서 발생한 간접손실은 손실 발생을 쉽게 예견할 수 있고 손실 범위도 구체적으로 특정할 수 있더라도, 사업시행자와 협의가 이루어지지 않고 그 보상에 관한 명문의 근거 법령이 없는 경우에는 보상의 대상이 아니다.

④ 헌법 제23조 제3항에서 정한 '정당한 보상'이란 피수용재산의 객관적인 재산가치를 완전하게 보상하여야 한다는 완전보상을 뜻하는 것이므로, 해당 공익사업의 시행으로 인한 개발이익도 완전보상의 범위에 포함된다.

일일 모고 행정학 제8회

합격까지 박문각

빠른 고득점 합격
행정학 이명훈

01 '공유재의 비극(The Tragedy of the Commons)'에 대한 설명으로 옳지 않은 것은?

① 공유재는 소비의 경합성과 비배제성을 갖는 재화이다.

② 공유재의 비극은 비용의 집중과 편익의 분산관계로 인해 발생한다.

③ 사적 이익의 극대화가 공공이익의 손실을 가져올 수 있다.

④ 공유재의 보존을 위한 정부규제의 필요성 및 근거로 작용한다.

02 탈신공공관리론에 대한 설명으로 옳지 않은 것은?

① 신공공관리론의 한계를 보완하고 통치역량을 강화하고자 하는 개혁의 흐름이다.

② 조직개편의 기본방향으로 탈관료제를 지향한다.

③ 조직관리의 기본철학은 자율성과 책임성을 증대하는 것이다.

④ 구조적 통합을 통한 분절화의 축소 및 총체적 정부의 구성을 강조한다.

03 행정윤리 및 행정통제 제도에 대한 설명으로 옳지 않은 것은?

① 행정절차법－국민의 권익을 제한하는 처분을 할 경우에는 당사자에게 사전 통지해야 한다.

② 내부고발자 보호제도－조직의 불법행위를 외부에 알린 조직구성원을 보호하는 제도이다.

③ 옴부즈만(ombudsman)－행정이 잘못된 경우 해당 공무원에게 설명을 요구하고 필요한 사항을 조사하여 그 결과를 민원인에게 알려 준다.

④ 백지신탁－4급 이상 공무원은 이해의 충돌을 막기 위해 보유한 부동산을 수탁기관에 신탁해야 한다.

04 정책결정의 장(또는 정책하위시스템)에 대한 이론과 주장하는 내용을 짝지은 것으로 옳지 않은 것은?

① 다원주의－정부는 조정자 역할에 머물거나 게임의 법칙을 진행하는 심판자 역할을 할 것으로 기대한다.

② 조합주의－정부는 이익집단 간 이익의 중재에 머물지 않고 국가이익이나 사회의 공공선을 달성하기 위한 주도적인 역할을 할 것으로 기대한다.

③ 엘리트주의－엘리트들은 사회의 다원화된 이익을 대변하는 것이 아니라 자신들의 이익을 추구한다.

④ 철의 삼각－입법부, 사법부 그리고 행정부 3자가 강철과 같은 장기적이고 안정적이며 우호적인 삼각관계의 역할을 형성하면서 정책결정을 지배하는 것으로 본다.

05 현행 「정부업무평가기본법」에 대한 설명으로 옳지 않은 것만을 모두 고르면?

> ㉠ 중앙행정기관의 장은 정부업무평가기본계획을 수립하고 최소한 3년마다 타당성을 검토하여 수정 · 보완하여야 한다.
>
> ㉡ 특정평가란 국정통합관리를 위하여 2이상의 중앙행정기관 관련 시책, 주요 현안 시책, 혁신관리 및 대통령령이 정하는 대상 부분에 대하여 국무총리가 실시하는 평가를 말한다.
>
> ㉢ 국무총리는 중앙행정기관의 자체평가결과를 확인 · 점검 후 평가의 객관성 · 신뢰성에 문제가 있어 다시 평가할 필요가 있다고 판단되는 때에는 정부업무평가위원회의 심의 · 의결을 거쳐 재평가를 실시할 수 있다.
>
> ㉣ 국무총리는 지방자치단체에 대한 합동평가를 효율적으로 추진하기 위하여 국무총리 소속하에 지방자치단체합동평가위원회를 설치 · 운영할 수 있다.
>
> ㉤ 중앙행정기관의 장은 자체평가위원회를 구성 · 운영하여야 하며 이 경우 평가의 공정성과 객관성을 확보하기 위하여 자체평가위원의 1/2 이상을 민간위원으로 하여야 한다.

① ㉠, ㉡, ㉣

② ㉢, ㉣, ㉤

③ ㉠, ㉢, ㉤

④ ㉠, ㉣, ㉤

06 톰슨(Thompson)의 기술 모형에 대한 설명으로 옳지 않은 것은?

① 조직이 사용하는 기술을 길게 연결된 기술(long-linked technology), 중개적 기술(mediating technology), 집약형 기술(intensive technology)로 구분하여 설명하였다.

② 집약적 기술(intensive technology)을 사용하는 부서의 의존관계는 교호적 상호작용이다.

③ 길게 연결된 기술(long-linked technology)을 사용하는 경우 표준화가 가능하고, 순차적 의존관계를 지니게 된다.

④ 중개적 기술(mediating technology)은 다양한 기술의 복합체로서 종합병원과 같은 곳에서 사용한다.

07 공무원법상 직위해제에 대한 설명으로 옳지 않은 것은?

① 직위해제처분을 받는다고 하더라도 공무원으로서의 신분은 보존된다.

② 직위해제는 형사사건으로 기소된 자에게만 할 수 있다.

③ 직위해제의 사유가 소멸하면 임용권자는 지체없이 직위를 부여해야 한다.

④ 직위해제는 징계처분보다 절차가 간편해 현실적으로 징계처분의 한 수단으로 남용되기도 한다.

08 「국가공무원법」에 의할 때, 중앙인사관장기관이 아닌 것은?

① 국회사무총장

② 법원행정처장

③ 감사원사무총장

④ 인사혁신처장

09 예산절차상의 특징에 따른 예산의 유형에 대한 설명으로 옳은 것은?

① 본예산은 정기국회의 심의를 거쳐 확정된 최초의 예산으로 당초예산이라고도 한다.

② 수정예산은 예산이 국회를 통과한 이후 예산집행과정에서 다시 제출되는 예산이다.

③ 추가경정예산은 예산안이 제출된 이후 국회의결 이전에 기존안의 일부를 수정해 제출한 예산이다.

④ 잠정예산은 회계연도개시 전에 예산이 의결되지 못하는 경우를 대비해 의회가 미리 1개월분 예산만 의결해 정부로 하여금 집행할 수 있도록 하는 예산이다.

10 지방자치단체의 지방재정자립도를 제고시키는 방안으로 옳은 것은?

① 국고보조금의 교부방법을 포괄보조금방식으로 한다.

② 지방교부세의 법정교부율을 대폭 상향조정한다.

③ 사용료 · 수수료 등의 요율을 인상하는 등 수익자 부담 원칙을 강화한다.

④ 조세체계를 개편하여 내국세의 비중을 높인다.

2025 공무원 시험대비 【6회차】

박문각 일일 모의고사

-제9회-

국어 · 영어 · 한국사
행정법 · 행정학

이 름 : ____________________

학습관 : ____________________

합격
예측

답안 입력 및 성적 조회는 PC, 모바일에서 모두 가능합니다.

★ PC: pass.pmg.co.kr | ★ 모바일 앱: 박문각 합격관리

일일 모고 국어 제9회

합격까지 박문각

赤功 국어 적중 혜선

01 대등하게 이어진 문장인 것은?

① 사공이 많으면 배가 숲으로 간다.

② 까치 날자 사과 떨어진다.

③ 낮말은 고양이가 듣고 밤말은 강아지가 듣는다.

④ 오는 말이 고와야 가는 말이 곱다.

02 다음 중 밑줄 친 어구에 포함된 어미의 문법적 혹은 의미적 기능이 다른 것은?

① 영수는 <u>큰데</u> 옥순이는 작다.

② 산이 <u>높고</u> 물이 맑다.

③ 티브이를 <u>틀고</u> 뉴스를 보았다.

④ 영호가 학교에 <u>가고</u> 현숙이가 집에 왔다.

03 밑줄 친 것 중 어법에 맞게 수정하지 않은 것은?

① 그는 고개를 뒤로 제끼고 졸고 있었다. (제끼고 → 제치고)

② 와 정말 희안한 일이 다 있구나. (희안한 → 희한한)

③ 영화 의상은 배우의 이미지와 뗄레야 뗄 수 없는 부분이다.(뗄레야 → 떼려야)

④ 동지는 24절기 가운데 스무두째 절기이다. (스무두째 → 스물두째)

04 <공공언어 바로 쓰기 원칙>에 따라 <공문서>의 ㉠~㉣을 수정한 것으로 적절하지 않은 것은?

<공공언어 바로 쓰기 원칙>

○ 올바른 국어 표기를 위한 어문 규범을 준수할 것.

○ 어법에 맞고 자연스러운 문장으로 작성할 것.

<공문서>

수신자 수신자 참조

(경유)

제목 위탁 교육 운영 계약 체결 의뢰

㉠ <u>우리∨부</u> 직원들의 정보화 및 사무자동화(OA) 능력 향상을 통해 업무 효율화에 기여하고자 '20○○ 하반기 부내 정보화 교육'을 추진할 ㉡ <u>계획인바</u>, 이 교육의 위탁 운영을 위한 계약 체결을 ㉢ <u>아래∨밝힌바와∨같이</u> 의뢰하오니 조치하여 주시기 바랍니다.

– 아래 –

1. 교육 운영 개요
   가. 교육 내용: 한글, 엑셀, 파워포인트
      1) 각 기초반 및 활용반 등 5개 반 운영(150명 예정)
   나. 교육 대상: 본부 및 소속 기관 직원
   다. 교육 일정: 20○○. 11.~12. 중(과정별 2일 14시간)
   라. 위탁 교육 기관: (주)○○○○○(수의계약)
      1) 관련 근거: ㉣ <u>국가를당사자로하는계약에관한법률</u> 시행령 제26조 1항 5호
2. 행정 사항
   가. 소요 예산: 금9,000,000(금구백만원), (산출명세서 별도 첨부)

① ㉠ 우리부

② ㉡ 계획입니다. 이에

③ ㉢ 아래∨밝힌∨바와∨같이

④ ㉣「국가를 당사자로 하는 계약에 관한 법률」

05 다음에 대한 추론으로 적절하지 않은 것은?

AI는 눈부시게 발전하고 있으며, 이로 인해 많은 직업들이 대체되어 사라질 수 있다. 수많은 카페와 식당 등은 이미 무인화가 진행되고 있으며, 기존 노동자의 역할은 완벽하게 기계가 대체하고 있다. 이와 같은 기술 진보에 의해 실업이 발생할 수 있으며, 이러한 실업의 양상은 마찰적 기술 실업과 구조적 기술 실업으로 설명된다.

마찰적 기술 실업이란 이직할 일자리가 있는 상황에도 어떠한 방해 요인 때문에 노동자들이 실업 상태에 놓여 있는 경우를 말한다. AI의 진보는 단순 업무의 대체를 이루면서 실업을 야기했으나, AI 관리와 관련된 새로운 업종의 창출을 낳았다. 그러나 대체된 단순 업무 노동자들은 인공 지능 발달로 창출된 일자리에 이직하기가 어렵다. 이는 새로운 업무에 대해 숙련도가 부족하기 때문이다.

구조적 기술 실업이란 어떤 일자리의 개수가 그 일자리를 원하는 노동자의 수보다 적은 상황을 의미한다. 인공지능의 발달이 단순 업무의 대체를 이루어낸 상황에서 단순 업무를 희망하는 노동자들이 더 이상 그 업무에 고용될 수 없다.

① 마찰적 기술 실업이 발생한 상황에서, 실업자들은 새로운 업무에 대한 수행 능력 부족으로 실업 상태에 놓여 있다고 판단할 수 있다.

② 구조적 기술 실업이 발생한 상황에서, 실업자들은 노동을 할 수 있는 일자리가 부재하여 실업 상태에 놓여 있다고 판단할 수 있다.

③ 마찰적 기술 실업과 구조적 기술 실업이 동시에 발생한다면, 실업자들은 이직할 일자리에 대한 만족도와 관련된 문제로 실업상태에 놓일 것이다.

④ 마찰적 기술 실업과 구조적 기술 실업이 동시에 발생하여 사회의 전체적인 실업률이 증가할 수 있을 것이다.

06 다음과 같이 전제와 결론이 주어질 때, 결론이 반드시 참이 되도록 하는 '전제 2'로 적절한 것은?

> 전제 1: 프로그래밍을 잘 하는 사람은 모두 이성적이다.
> 전제 2: ______________________.
> 결론: 어떤 이성적인 사람은 미술을 좋아한다.

① 미술을 좋아하는 어떤 사람은 프로그래밍을 잘 한다.
② 미술을 좋아하지 않는 사람은 모두 프로그래밍을 잘 하지 않는다.
③ 미술을 좋아하는 어떤 사람은 프로그래밍을 잘 하지 않는다.
④ 미술을 좋아하지 않는 어떤 사람은 프로그래밍을 잘 하지 않는다.

07 밑줄 친 표현이 ㉠의 의미와 가장 유사한 것은?

> 법에서까지 우리를 이렇게 ㉠ <u>누르기만</u> 하면 살길이 막막해진다.

① 그는 화를 <u>누르지</u> 못하고 버럭 소리를 질렀다.
② 우리나라 축구팀이 일본 팀을 <u>누르고</u> 우승했다.
③ 그는 이번 기회에 친구 집에 눌러 지내기로 결정하였다.
④ 윗사람이라고 아랫사람을 힘으로 <u>눌러서는</u> 함께 일을 하기가 어렵다.

08 ㉠ ~ ㉣과 바꿔쓸 수 있는 유사한 표현으로 적절하지 않은 것은?

> (가) 이번에 노사가 단체 협약을 ㉠ <u>맺으면서</u> 근로 환경 개선에 합의했다.
> (나) 경기가 ㉡ <u>끝나고</u> 나면 극심한 피로가 밀려온다.
> (다) 지금 아버지는 잠시 ㉢ <u>나가고</u> 안 계십니다.
> (라) 우선 우리끼리 만나서 ㉣ <u>이야기한</u> 후에 상대편을 만날 것이다.

① ㉠: 협상하면서　　② ㉡: 종료하고
③ ㉢: 출타하고　　④ ㉣: 면담한

09 다음 중 (가)~(다)에 대한 설명으로 올바른 것은?

> (가) '본 대로, 느낀 대로, 있는 그대로'라는 말은 어느 컬러텔레비전 광고의 선전 용어이지만, 공해에 찌들린 산업 사회에 사는 전 인류에게, 특히 가치 체계의 혼돈으로 제정신을 못 차리고 있는 우리 한국인에게 가장 적절한 경고요, 교훈이라고 믿는다.
> (나) 우리 시대의 최대의 문제가 무엇인가? '허위'라는 것이다. 영국의 철인(哲人) 토마스 칼라일은 '사람은 나면서부터 허위에 대하여는 원수'라고 하였지만, 오늘날처럼 개인과 개인, 집단과 집단, 나라와 나라가 허위로 얼룩진 이런 시대가 일찍이 있었던가?
> (다) 오늘 우리들 한국인의 최대의 원수가 '거짓말'이라는 사실은 의심의 여지가 없다. 그래서 우리가 사람 구실을 못하는 것이다. 그 책임은 사회의 지도자라는 사람들이 먼저 져야 할 것이다.

① (가)는 중심 문단으로, 주제가 직접 드러나 있다.
② (나)는 보충 문단으로, (가)의 내용을 구체화하고 있다.
③ (나)는 연결 문단으로, 앞 문단에서 빠진 내용을 부연 설명했다.
④ (다)는 발전 문단으로, 앞 문단의 내용을 심화시켜 주고 있다.

10 다음 글에 대한 설명으로 부합하는 것은?

> 1900년대 초, 서양의 근대적 건축양식과 전통 건축양식의 간 접점이 없어 전통 건축물을 포기해야 했던 동양과 달리 서양 건축물은 전통 건축물의 리모델링을 통해 이전 건축물을 활용할 수 있었다. 이런 상황에서 르 코르뷔지에가 주장한 파리 도시 계획 건축안 '부아쟁 계획'은 사람들에게 문화재 파괴 행위로 인식될 만큼 큰 반감을 사 격렬한 저항에 부딪혔다.
>
> 20세기 초 파리의 거리는 혼잡과 불결함의 총합체로서, 인간의 발전이 오히려 인간의 퇴보를 불러왔다 칭할 정도로 난장판이었다. 르 코르뷔지에는 파리의 도시 기능 회복을 목표로 기존 건축물을 모두 철거하고, 도시 지표면의 5%에 해당하는 면적에는 고층 아파트, 나머지 공간은 녹지로 채우는 것을 제안했다. 지표면에는 사람들만 통행하고 자동차는 지하로만 통행하게 만들어 교통흐름을 원활하게 해 도시 기능성을 극대화하고, 이를 위해 지상 건축물 역시 일정한 면적 안에 통일된 형태로 건축할 것을 주장했다. 현재 우리는 수도권에 지어진 신도시 모습을 통해 그의 건축철학을 쉽게 찾아볼 수 있다.

① 르 코르뷔지에의 건축은 기능적 효율성에 집중하여 사람들이 건축에 부여한 문화적 가치를 고려하지 못했다.
② '부아쟁 계획'은 도시 대부분 면적을 아파트로 채워 도시의 기능성을 극대화했다.
③ 전통 건축물과 근대 건축물의 접점이 없던 서양권 사람들은 '부아쟁 계획'을 전통의 단절로 인식했다.
④ 르 코르뷔지에는 녹지 건설과 정형화된 도시 계획을 통해 도시의 심미성을 극대화하려 했다.

일일 모고 영어 제9회

01 밑줄 친 부분에 들어갈 말로 가장 적절한 것은?

The damage caused by the natural disaster was so severe that it was deemed ____, leaving the community with no hope of recovery.

① reversible
② avoidable
③ irreversible
④ temporary

02 밑줄 친 부분에 들어갈 말로 가장 적절한 것은?

The scientist successfully managed to ____ the rare plant species in the laboratory, creating an exact replica of the original.

① destroy
② modify
③ discover
④ clone

03 밑줄 친 부분에 들어갈 말로 가장 적절한 것은?

The firefighter had to ____ with the heavy debris to rescue the trapped victims after the building collapse.

① ignore
② abandon
③ grapple
④ release

04 밑줄 친 부분에 들어갈 말로 가장 적절한 것은?

The company is set to ____ its latest smartphone model at the upcoming technology expo next month.

① conceal
② unveil
③ domesticate
④ camouflage

05 밑줄 친 부분에 들어갈 말로 가장 적절한 것은?

The ____ appetite of the young athlete made him consume three full meals in just a few hours, impressing everyone around him.

① reluctant
② voracious
③ modest
④ slow

06 밑줄 친 부분에 들어갈 말로 가장 적절한 것은?

I had ________ arrived at the airport than I received a message informing me that my flight had been canceled unexpectedly.

① hardly
② scarcely
③ no sooner
④ not until

07 밑줄 친 부분 중 어법상 옳지 않은 것은?

① Walking home late at night, I heard footsteps ② echoing behind me. My heart pounded as I turned my head ③ slight, only to see a hooded figure keeping pace with me. Just as I quickened my steps, a rough hand grabbed my shoulder, ④ stopping me in my tracks.

08 밑줄 친 부분에 들어갈 말로 가장 적절한 것은?

A: Good afternoon! How can I help you today?
B: Hi, I'm interested in learning more about fire safety at home. Do you have any tips?
A: Absolutely! The most important thing is to have smoke detectors installed in every room and to test them regularly.
B: That sounds like a good idea. ___________
A: You should place fire extinguishers in the kitchen and near any area where fires are more likely to start. Make sure everyone in your household knows how to use them.
B: Got it.

① Where should I place my fire extinguisher?
② Is it okay to use water instead of a fire extinguisher?
③ When should I buy a fire extinguisher?
④ How often should a fire extinguisher be replaced?

[09－10] 다음 글을 읽고 물음에 답하시오.

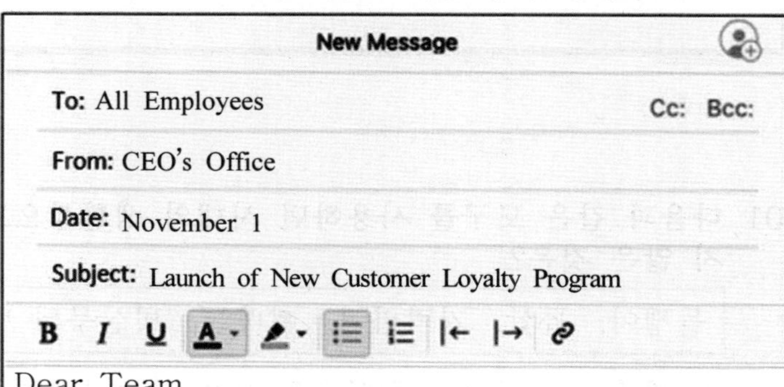

New Message

To: All Employees　　Cc: Bcc:

From: CEO's Office

Date: November 1

Subject: Launch of New Customer Loyalty Program

Dear Team,

We are excited to announce the launch of our new Customer Loyalty Program, starting November 15. This program is designed to reward our loyal customers and enhance their overall experience with our brand.

Key Features of the Program:

1. Points System: Customers earn points for every purchase, which can be <u>redeemed</u> for discounts or exclusive products.
2. Tiered Benefits: Customers will be grouped into tiers (Silver, Gold, Platinum) based on their spending, with each tier offering unique perks.
3. Personalized Offers: Tailored promotions and early access to sales for members.

To ensure the success of this program, we need the full support of every department. Specifically:

- Sales Team: Promote the program to customers and explain its benefits.
- Marketing Team: Develop campaigns to raise awareness and attract new members.
- IT Team: Ensure the system is running smoothly and address any technical issues.

A detailed guide and training materials will be provided next week. Let' s work together to make this program a success!

Thank you for your dedication and hard work.

Best regards,
Sarah Lee

09 윗글의 목적으로 가장 적절한 것은?
① 회사의 재정 상태를 직원들에게 보고하려고
② 고객들에게 새로운 할인 혜택을 알리려고
③ 직원들에게 새로운 프로그램을 소개하고 협력을 요청하려고
④ 새로운 제품 출시 계획을 공유하려고

10 밑줄 친 "redeemed"의 의미와 가장 가까운 것은?
① canceled
② exchanged
③ ignored
④ wasted

일일 모고 한국사 제9회

합격까지 박문각

가장 빠른 한국사
한국사 박기훈

01 다음과 같은 도구를 사용하던 시대의 생활상으로 옳지 않은 것은?

돌괭이, 돌삽, 가락바퀴, 뼈바늘, 빗살무늬 토기

① 씨족을 중심으로 족외혼을 통한 부족사회를 형성하였다.
② 샤머니즘, 애니미즘 등의 원시적 종교가 등장하였다.
③ 고인돌에 시신을 안장하였다.
④ 빗살무늬 토기 이전에 이른민무늬 토기, 덧무늬 토기등을 사용하였다.

02 초기 국가인 (가), (나)에 대한 설명으로 옳지 않은 것은?

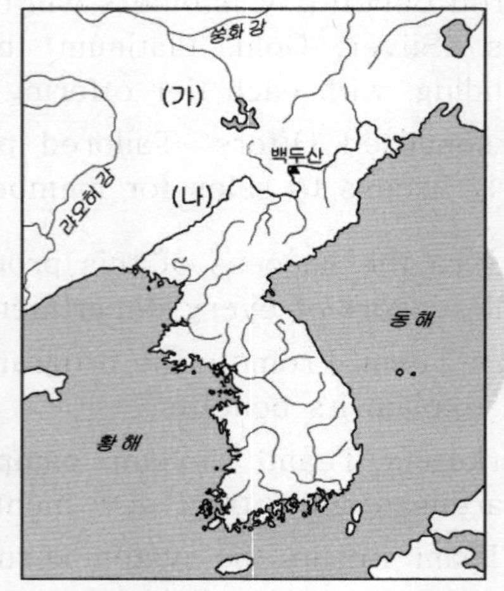

① (가) – 백제의 건국 세력은 이 나라 계통임을 자처하였다.
② (가) – 남의 물건을 훔쳤을 때 12배로 배상하고 민며느리의 혼인제도가 성행하였다.
③ (나) – 백제의 건국 과정은 이 나라와 관련이 깊다.
④ (나) – 이미 1세기 초에 왕호를 사용하였다.

03 제시문에 대한 설명으로 옳지 않은 것은?

> (가) 중국 길림성 통구에 위치한 이 비석에는 "신라가 사신을 보내 왕에게 말하기를, '왜인이 그 국경에 가득 차 성을 부수었으니, 노객은 백성 된 자로서 왕에게 귀의하여 분부를 청한다.'라고 하였다. …… 10년 경자에 보병과 기병 5만을 보내, 신라를 구원하게 하였다."라는 내용이 기록되어 있다.
>
> (나) 남한강 유역의 중원(현재 충주)에 위치한 이 비석에는 "신라왕이 신하와 함께 고구려 대사자 다우환노를 만나, 중원에 주둔하고 있던 고구려 사자 금노로 하여금 신라 국내의 여러 사람을 내지로 옮기게 하였다."라는 내용이 기록되어 있다.
>
> * 노객 : 신라왕이 자신을 낮추어 부른 말

① (가) 비석의 왕 시기에 독자적이자 최초의 연호를 사용하였다.
② (나) 비석을 건립한 왕 시기에 고구려는 대동강유역을 처음으로 차지하였다.
③ (가) 비석의 왕 시기에 가야는 김해 지방을 중심으로 연맹이 형성되어 있었다.
④ (나) 비석이 건립된 시기에 신라와 백제는 고구려를 견제하기 위해 동맹을 맺었다.

04 다음 글을 올린 인물에 대한 설명으로 옳지 않은 것은?

> 적신 이의민은 성품이 사납고 잔인하여 윗사람을 업신여기고 아랫사람을 능멸하였고, 임금 자리를 흔들기를 꾀하여 화의 불길이 커져 백성이 살 수 없으므로 신 등이 이거에 소탕하였습니다. 원컨대 폐하께서는 새로운 정치를 도모하시어 태조의 바른 법을 좇아 행하여 중흥하소서.

① 몽골 침략으로 소실된 초조대장경을 대신하여 재조대장경을 조판하였다.
② 진강후라는 벼슬을 받고, 흥녕부를 설치하였다.
③ 사회 개혁책으로 봉사 10조를 제시하였다.
④ 신종, 희종, 강종 및 고종의 4왕을 옹립하였다.

05 다음 자료와 관련된 전쟁에 대한 설명으로 옳은 것은?

> 중국의 대병력과 도원수 휘하의 아군 병력이 가세하여 평양성을 포위하고 칠성 · 보통 · 함구 등 세 성문 밖에 진을 쳤다. 잠시 후에 대포를 쏘면서 공격을 시작하여 칠성문을 깨뜨리고 들어갔다. 이 기세를 몰아 보통문과 함구문도 부수고 들어가 적을 완전히 제압하였다.

① 매소성과 기벌포에서 격전이 벌어졌다.
② 국왕이 의주로 피신하였다.
③ 정봉수, 이립 등의 의병장이 활동하였다.
④ 군신 관계를 맺는 조건으로 강화가 이루어졌다.

06 다음 자료에 해당하는 향촌 사회 조직에 대한 설명으로 옳지 않은 것은?

> 만약 약원이 상을 당하면 초상 때에는 사화가 약정에게 고하여 마포 3필을 보내고, 동약은 쌀 5되, 빈 가마니 3장씩을 내어 장례를 돕는다. 또 치전 때에는 사화가 보관하던 면포 5필, 쌀 10말을 부장을 갖추어 함께 보낸다. 장사를 지낼 때에는 각각 건장한 종 1명을 보내되 사흘치 식량을 싸 가지고 가서 일하게 한다.

① 공동 노동의 작업 공동체였다.
② 삼강 오륜을 중심으로 한 유교 윤리를 가미하여 규약을 제정하였다.
③ 지방 농민을 교화하는 역할을 하였다.
④ 16세기 후반에 널리 보급되기 시작하였다.

07 조선 후기 실학에 대한 설명으로 옳은 것만을 모두 고르면?

> ㉠ 유형원은 한 가정의 생활을 유지하는 데 필요한 규모의 토지를 영업전으로 정한 다음, 영업전은 법으로 매매를 금지하고, 나머지 토지만 매매를 허용하자는 균전론을 주장하였다.
> ㉡ 유수원은 『우서』를 저술하여 상공업의 진흥과 기술의 혁신을 강조하고, 사농공상의 직업 평등과 전문화를 주장하였다.
> ㉢ 홍대용은 무한우주론을 주장하며 중국 중심의 세계관을 비판하였다.
> ㉣ 이익은 관리, 선비, 종민 등 신분에 따라 차등 있게 토지를 재분배하자는 한전론을 주장하고, 나라를 좀먹는 여섯 가지의 폐단을 지적하기도 하였다.
> ㉤ 정약용은 지방 행정의 개혁에 대하여 쓴 『경세유표』 등을 비롯하여 500여 권의 저술을 남겼다.
> ㉥ 박지원은 상공업 진흥을 강조하며 용전론을 주장하였고, 양반제도의 비생산성을 비판하며 『양반전』, 『호질』, 『허생전』 등의 한글 소설을 저술하였다.
> ㉦ 이수광은 『지봉유설』을 저술하여 문화 인식의 폭을 확대하였고, 한백겸은 『동국지리지』를 저술하여 고구려의 발상지가 만주 지방임을 입증하였다.

① ㉠, ㉡, ㉢
② ㉡, ㉢, ㉦
③ ㉡, ㉣, ㉤
④ ㉡, ㉤, ㉥

08 다음은 조선 후기 안정복이 집필한 역사서의 일부이다. 이 책에 대한 설명으로 옳은 것은?

> 삼국사에서 신라를 으뜸으로 한 것은 신라가 가장 먼저 건국했고, 뒤에 고구려와 백제를 통합하였으며, 또 고려는 신라를 계승하였으므로 편찬한 것이 모두 신라의 남은 문적(文籍)을 근거로 했기 때문이다. … (중략) … 고구려의 강대하고 현저함은 백제에 비할 바가 아니며, 신라가 차지한 땅은 남쪽의 일부에 불과할 뿐이다. 그러므로 김씨는 신라사에 쓰여진 고구려 땅을 근거로 했을 뿐이다.

① 우리 역사의 독자적 정통론을 세워 이를 체계화하였으나 성리학을 완전히 탈피하진 못하였다.
② 중국 및 일본의 자료를 망라한 기전체 사서로 민족사 인식의 폭을 넓혔다.
③ 고구려사를 중시하여 고대사 연구의 시야를 만주까지 확대하였다.
④ 발해사 연구를 심화하고 한반도 중심의 협소한 사관을 극복하였다.

09 (가), (나) 제도에 대한 설명으로 옳지 않은 것은?

> (가) 「춘추좌씨전」과 「예기」, 「문선」을 읽어서 그 뜻에 능통하고, 겸하여 「논어」와 「효경」을 읽은 자를 상품으로 하고, 「곡례」와 「논어」, 「효경」을 읽은 자를 중품으로 하고, 「곡례」와 「효경」을 읽은 자를 하품으로 하였다.
> (나) 제술과와 명경과는 합격하면 문관이 될 수 있어 흔히 양대업이라 하였다. 제술과는 시·부·송·시무책이 주요 시험 과목이었으며 명경과는 「상서」·「주역」·「모시」·「춘추」·「예기」가 시험 과목이었다.

① (가) – 국학생을 대상으로 시행되었다.
② (가) – 후주 출신 쌍기의 건의로 시작되었다.
③ (나) – 제술과가 명경과보다 중시되었다.
④ (나) – 지방 향리들이 중앙 관직으로 진출하는 통로가 되었다.

10 황해도 지역에서 있었던 역사적 사실로 옳은 것만을 모두 고르면?

> ㉠ 통일신라 – 5소경 중 중원경이 설치되었다.
> ㉡ 고려 후기 – 탐라총관부가 설치되었다.
> ㉢ 조선 전기 – 임꺽정이 도적으로 활동하였다.
> ㉣ 조선 후기 – 대동법이 실시되었다.

① ㉠, ㉡
② ㉠, ㉢
③ ㉡, ㉢
④ ㉢, ㉣

합격까지 **박문각**

일일 모고 행정법 제9회

광야에서 합격까지
행정법 강성빈

01 행정행위에 대한 설명으로 옳은 것은? (다툼이 있는 경우 판례에 의함)

① 기한의 도래로 실효한 종전의 허가에 대한 기간연장신청은 새로운 허가를 내용으로 하는 행정처분을 구하는 것이 아니라, 종전의 허가처분을 전제로 하여 단순히 그 유효기간을 연장하여 주는 행정처분을 구하는 것으로 보아야 한다.

② 공무원에 대한 당연퇴직의 인사발령은 공무원의 신분을 상실시키는 새로운 형성적 행위이므로 행정소송의 대상이 되는 행정처분이다.

③ 전국공무원노동조합 시지부 사무국장이 지방공무원 복무조례개정안에 대한 의견을 표명하기 위하여 전국공무원노동조합 간부들과 함께 시장의 사택을 방문하였고, 이에 징계권자가 시장 개인의 명예와 시청의 위신을 실추시키고 「지방공무원법」에서 정한 집단행위 금지의무를 위반하였다는 등의 이유로 사무국장을 파면처분한 것은 재량권의 일탈·남용에 해당되지 않는다.

④ 행정청이 개인택시운송사업의 면허를 발급함에 있어 '개인택시운송사업면허 사무처리지침'에 따라 택시 운전경력자를 일정 부분 우대하는 처분을 한 경우, 택시 이외의 운전경력자에게 반사적인 불이익이 초래되는 결과가 되므로 그러한 내용의 지침에 따른 처분은 재량권을 일탈·남용한 처분에 해당된다.

02 행정행위의 하자에 대한 설명으로 옳지 않은 것은? (다툼이 있는 경우 판례에 의함)

① 행정청이 사전에 교통영향평가를 거치지 아니한 채 '건축허가 전까지 교통영향평가 심의필증을 교부받을 것'을 부관으로 붙여서 한 '실시계획변경 승인 및 공사시행변경 인가 처분'은 그 하자가 중대하고 객관적으로 명백하여 당연무효이다.

② 재건축주택조합설립인가처분 당시 동의율을 충족하지 못한 하자는 후에 추가동의서가 제출되었다는 사정만으로 치유될 수 없다.

③ 행정청이 「식품위생법」상의 청문절차를 이행함에 있어 청문서 도달기간을 다소 어겼지만 영업자가 이의하지 아니한 채 청문일에 출석하여 의견을 진술하고 변명하는 등 방어의 기회를 충분히 가졌다면 청문서 도달기간을 준수하지 아니한 하자는 치유되었다고 본다.

④ 계고처분의 후속절차인 대집행에 위법이 있다고 하더라도 그와 같은 후속절차에 위법성이 있다는 점을 들어 선행절차인 계고처분이 부적법하다는 사유로 삼을 수는 없다.

03 재개발·재건축에 대한 설명으로 옳지 않은 것은? (다툼이 있는 경우 판례에 의함)

① 행정청이 구 「도시정비법」에 근거하여 행하는 사업시행계획 변경인가처분 중 '사업시행자를 조합 단독에서 조합과 주택공사등 공동으로 변경하는 결정 부분' 또는 '사업시행자를 조합과 주택공사등 공동에서 조합 단독으로 변경하는 결정 부분'은 설권적 처분의 성격을 가진다.

② 토지 등 소유자들이 도시환경정비사업을 위한 조합을 따로 설립하지 아니하고 직접 그 사업을 시행하고자 하는 경우, 사업시행계획인가처분은 일종의 설권적 처분의 성격을 가지므로 토지 등 소유자들이 작성한 사업시행계획은 독립된 행정처분이 아니다.

③ 구「도시 및 주거환경정비법」상 조합설립추진위원회 구성승인처분은 조합의 설립을 위한 주체인 추진위원회의 구성행위를 보충하여 그 효력을 부여하는 처분이다.

④ 주택재개발정비사업조합이 수립한 사업시행계획에 하자가 있음에도 불구하고 관할 행정청이 해당 사업시행계획에 대한 인가처분을 하였다면, 그 인가처분에는 고유한 하자가 없더라도 사업시행계획의 무효를 주장하면서 곧바로 그에 대한 인가처분의 무효확인이나 취소를 구하여야 한다.

04 취소소송의 대상이 되는 처분등에 대한 설명으로 옳은 것은? (다툼이 있는 경우 판례에 의함)

① 「국가균형발전 특별법」에 따른 혁신도시 최종입지 선정행위는 항고소송의 대상이 되는 행정처분이다.

② 도지사가 도에서 설치·운영하는 지방의료원을 폐업하겠다는 결정을 발표하고 그에 따라 폐업을 위한 일련의 조치를 한 경우, 폐업결정은 행정처분에 해당하지 아니한다.

③ 교통안전공단이 구「교통안전공단법」에 의거하여 교통안전 분담금 납부의무자에게 한 분담금납부통지는 행정처분이 아니다.

④ 구 「산업집적활성화 및 공장설립에 관한 법률」에 따른 산업단지 입주계약의 해지통보는 행정청인 관리권자로부터 관리업무를 위탁받은 한국산업단지공단이 우월적 지위에서 그 상대방에게 일정한 법률상 효과를 발생하게 하는 것으로서 항고소송의 대상이 되는 행정처분에 해당한다.

05 당사자소송에 대한 설명으로 옳은 것은? (다툼이 있는 경우 판례에 의함)

① 당사자소송이 부적법하여 각하되는 경우 그에 병합된 관련청구소송 역시 부적법 각하되어야 하는 것은 아니다.

② 당사자소송은 다른 법률에 특별한 규정이 없는 한 그 처분등을 행한 행정청을 피고로 한다.

③ 「석탄산업법」과 관련하여 피재근로자는 석탄산업합리화사업단이 한 재해위로금 지급거부의 의사표시에 불복이 있는 경우 공법상의 당사자소송을 제기하여야 한다.

④ 소송형태는 당사자소송의 형식을 취하지만 실질적으로는 처분 등의 효력을 다투는 항고소송의 성질을 가지는 소송은 현행법상 인정되지 아니한다.

06 통치행위에 대한 설명으로 옳지 않은 것은? (다툼이 있는 경우 판례에 의함)

① 남북정상회담의 개최와 그 개최과정에서 재정경제부장관에게 신고하지 아니하거나 통일부장관의 협력사업 승인을 얻지 아니한 채 북한 측에 사업권의 대가 명목으로 송금한 행위는 사법심사의 대상이 될 수 없다.

② 서훈취소가 대통령이 국가원수로서 행하는 행위라고 하더라도 법원이 사법심사를 자제하여야 할 고도의 정치성을 띤 행위라고 볼 수는 없다.

③ 국민의 기본권 제한과 직접 관련된 공권력의 행사는 고도의 정치적 고려가 필요한 행위라도 헌법과 법률에 따라 결정되고 집행되어야 하므로 개성공단 전면중단 조치는 헌법소원심판의 대상이 될 수 있다.

④ 외국에의 국군의 파견결정은 그것이 헌법과 법률이 정한 절차를 지켜 이루어진 것이라면 대통령과 국회의 판단은 존중되어야 하고 사법적 기준만으로 심판하는 것은 자제되어야 한다.

07 행정법관계에 대한 설명으로 옳지 않은 것은? (다툼이 있는 경우 판례에 의함)

① 행정에 관한 기간의 계산에 관하여는 「행정기본법」 또는 다른 법령등에 특별한 규정이 있는 경우를 제외하고는 「민법」을 준용한다.

② 구「산림법」에 의해 형질변경허가를 받지 아니하고 산림을 형질변경한 자가 사망한 경우, 해당 토지의 소유권을 승계한 상속인은 그 복구의무를 부담하지 않으므로, 행정청은 그 상속인에 대하여 복구명령을 할 수 없다.

③ 사무처리의 긴급성으로 인하여 해양경찰의 직접적인 지휘를 받아 보조로 방제작업을 한 경우, 사인은 그 사무를 처리하며 지출한 필요비 내지 유익비의 상환을 국가에 대하여 민사소송으로 청구할 수 있다.

④ 구「지방재정법」에 의한 변상금부과처분이 당연무효인 경우, 이 변상금부과처분에 의하여 납부자가 납부한 오납금은 지방자치단체가 법률상 원인 없이 취득한 부당이득에 해당한다.

08 행정의 실효성 확보수단에 대한 설명으로 옳지 않은 것은? (다툼이 있는 경우 판례에 의함)

① 세법상 가산세는 과세권 행사 및 조세채권 실현을 용이하게 하기 위하여 납세자가 정당한 이유 없이 법에 규정된 신고, 납세 등의 의무를 위반한 경우에 개별세법에 따라 부과하는 행정상 제재로서, 납세자의 고의 · 과실은 고려되지 아니하고 법령의 부지 · 착오 등은 그 의무위반을 탓할 수 없는 정당한 사유에 해당하지 아니한다.

② 국가가 그의 사무의 일부를 지방자치단체의 장에게 위임하여 처리하게 하는 기관위임사무의 경우 지방자치단체는 양벌규정에 의한 처벌대상이 되는 법인에 해당한다.

③ 과세관청의 체납자 등에 대한 공매통지는 국가의 강제력에 의하여 진행되는 공매절차에서 체납자 등의 권리 내지 재산상 이익을 보호하기 위하여 법률로 규정한 절차적 요건에 해당하지만, 그 통지를 하지 아니한 채 공매처분을 하였다 하여도 그 공매처분이 당연무효로 되는 것은 아니다.

④ 「건축법」상 이행강제금은 일정한 기한까지 의무를 이행하지 않을 때에는 일정한 금전적 부담을 과할 뜻을 미리 계고함으로써 의무자에게 심리적 압박을 주어 장래에 그 의무를 이행하게 하려는 행정상 간접적인 강제집행 수단의 하나로서 반복적으로 부과되더라도 헌법상 이중처벌금지의 원칙이 적용될 여지가 없다.

09 행정절차에 대한 설명으로 옳지 않은 것은? (다툼이 있는 경우 판례에 의함)

① 행정청이 처분기준 사전공표 의무를 위반하여 미리 공표하지 아니한 기준을 적용하여 처분을 하였다고 하더라도, 그러한 사정만으로 곧바로 해당 처분에 취소사유에 이를 정도의 흠이 존재한다고 볼 수는 없다.

② 교육부장관이 어떤 후보자를 총장 임용에 부적격하다고 판단하여 배제하고 다른 후보자를 임용제청하는 경우라면 그러한 임용제청행위 자체로서 「행정절차법」상 이유제시의무를 다한 것이다.

③ 처리기간에 관한 규정은 훈시규정에 불과할 뿐 강행규정이라고 볼 수 없으므로, 행정청이 처리기간이 지나 처분을 하였더라도 이를 처분을 취소할 절차상 하자로 볼 수 없다.

④ 행정청이 행정처분을 하면서 논리적으로 당연히 수반되어야 하는 의사표시를 명시적으로 하지 않았다고 하더라도, 그것이 행정청의 추단적 의사에도 부합하고 상대방도 이를 알 수 있는 경우에는 행정처분에 위와 같은 의사표시가 묵시적으로 포함되어 있다고 볼 수 있다.

10 국가배상에 대한 설명으로 옳지 않은 것은? (다툼이 있는 경우 판례에 의함)

① 헌법재판소 재판관의 위법한 직무집행의 결과 잘못된 각하결정을 함으로써 청구인으로 하여금 본안판단을 받을 기회를 상실하게 한 이상, 설령 본안판단을 하였더라도 어차피 청구가 기각되었을 것이라는 사정이 있다고 하더라도 청구인의 합리적인 기대를 침해한 것이고, 그 침해로 인한 정신상의 고통에 대하여는 위자료를 지급할 의무가 있다.

② 공법인이 국가로부터 위탁받은 공행정사무를 집행하는 과정에서 공법인의 임직원이나 피용인이 고의 또는 과실로 법령을 위반하여 타인에게 손해를 입힌 경우, 공법인의 임직원이나 피용인은 고의 또는 중과실이 있는 경우에만 배상책임을 부담하고 경과실이 있는 경우에는 배상책임을 면한다.

③ 음주운전으로 적발된 주취운전자가 도로 밖으로 차량을 이동하겠다며 단속경찰관으로부터 보관중이던 차량열쇠를 반환받아 몰래 차량을 운전하여 가던 중 사고를 일으킨 경우, 국가배상책임이 인정된다.

④ 하천의 제방이 계획홍수위를 넘고 있더라도, 하천이 그 후 새로운 하천시설을 설치할 때 '하천시설기준'으로 정한 여유고(餘裕高)를 확보하지 못하고 있다면 그 사정만으로 안정성이 결여된 하자가 있다고 보아야 한다.

일일 모고 행정학 제9회

합격까지 박문각

빠른 고득점 합격
행정학 이명훈

01 행정국가에 대한 설명으로 옳지 않은 것은?

① 행정국가는 삼권분립을 전제로 하는 국가구성 원리이다.

② 행정의 팽창은 정부실패의 가능성을 증가시킨다.

③ 대공황, 세계대전 등 다양한 위기 상황의 존재는 행정국가로의 발전을 자극하였다.

④ '최대한의 정부가 최선의 정부'임을 강조한 하이에크(Hayek)의 사상에 기반하고 있다.

02 덴하트(Denhardt)의 신공공서비스론에 대한 설명으로 옳은 것은?

① 민간 및 비영리기구를 활용하여 정책목표를 달성할 기제와 유인체제를 창출하고자 한다.

② 예산지출 위주가 아닌 수입 확보 위주의 정부 운영방식을 활성화하고자 한다.

③ 기대되는 조직구조는 조직 내 주요 통제권이 유보된 분권화된 조직이다.

④ 관료에게 폭넓은 재량권보다는 재량이 필요하지만 제약과 책임이 수반되어야 한다고 본다.

03 경제적 규제와 사회적 규제에 대한 설명으로 옳지 않은 것은?

① 사회적 규제는 시장유인적인 방법이 명령지시적인 방법보다 비효과적이다.

② 경제적 규제는 동일 산업에 속한 기업 간의 자유로운 경쟁을 제한하는 속성을 지닌다.

③ 윌슨의 규제정치모형 중 고객정치상황은 경제적 규제와, 기업가정치상황은 사회적 규제와 주로 연관된다.

④ 독과점 및 불공정거래 규제는 정부가 시장경쟁을 대치하는 경우로서 경제적 규제완화의 우선적인 초점이 되고 있다.

04 우리나라는 1997년 IMF 경제위기 이후 노사문제를 해결하기 위하여 노사정위원회를 구성하였다. 이러한 노사정위원회는 어떤 정책조정방식이론을 따른 것인가?

① 엘리트론

② 다원주의론

③ 조합주의론

④ 계급이론

05 정책결정 모형에 대한 설명으로 옳지 않은 것만을 모두 고르면?

> ㉠ 사이버네틱스모형은 완전한 합리성을 전제로 하며, 표준운영절차(SOP)를 통한 불확실성의 통제를 강조한다.
>
> ㉡ 점증모형은 정책대안이 불확실할 때 불확실성을 적극적으로 대처할 수 있다.
>
> ㉢ 회사모형에서는 하위부서들의 목표 간에 괴리가 있을 때 상위부서의 목표가 그 괴리를 조정할 수 있다고 본다.
>
> ㉣ 쓰레기통 모형은 계층제적 위계질서가 명확한 상황에 적합한 의사결정모형이다.
>
> ㉤ 혼합탐사모형은 세부적 결정단계에서 대안의 범위는 제한적으로 고려하고, 대안의 결과는 포괄적으로 검토한다.

① ㉠, ㉡, ㉢　　② ㉠, ㉡, ㉣

③ ㉡, ㉢, ㉣　　④ ㉠, ㉢, ㉣

06 조직기술을 과제다양성과 분석가능성의 정도에 따라 범주화할 때 이에 대한 설명으로 옳지 않은 것은?

① 일상기술은 과제다양성이 낮고 분석가능성이 높아 표준화 가능성이 크다.

② 비일상기술은 과업의 다양성이 높고 성공적인 방법을 발견하는 탐색절차가 복잡하여 통제 · 규격화된 조직구조가 필요하다.

③ 장인기술은 발생하는 문제가 일상적이지 않아 분권화된 의사결정구조가 필요하다.

④ 공학기술은 과제다양성이 높지만 분석가능성도 높아 일반적 탐색과정에 의하여 문제가 해결될 수 있다.

07 해크먼(J. Hackman)과 올드햄(G. Oldham)의 직무특성 모델에 대한 설명으로 옳지 않은 것은?

① 직무중요성이란 개인이 자신의 직무에 대해 개인적으로 느끼는 책임감의 정도를 의미한다.

② 이 모델은 직무수행자의 동기유발에 영향을 미칠 수 있는 핵심 직무특성으로 기술다양성, 직무정체성, 직무중요성, 자율성, 환류 등 다섯 가지를 제시한다.

③ 이 모델에 의하면 성장욕구 수준이 낮은 직무수행자의 경우 단순하고 정형화된 직무를 제공하는 것이 바람직하다.

④ 이 모델이 제시하는 잠재적 동기지수(Motivating potential score : MPS)공식은 자율성과 환류의 중요성을 가장 강조한다.

08 공무원 근무성적평정제도에 대한 설명으로 옳은 것만을 모두 고르면?

> ㉠ 근무성적평정의 목적 중에는 공무원의 능력발전, 시험의 타당성 측정 등이 있다.
> ㉡ 우리나라는 평정상의 오차나 편파적 평정을 시정하기 위하여 이중평정제를 실시한다.
> ㉢ 근무성적평정의 기준이 일정하지 않은 경우에 발생하는 오류를 시간적 오류라고 한다.
> ㉣ 근무성적평정은 5급 이상 공무원의 평정과 6급 이하 공무원의 평정으로 구분된다.

① ㉠, ㉡
② ㉠, ㉢
③ ㉡, ㉣
④ ㉢, ㉣

09 성과주의 예산제도가 성공적으로 도입 · 운영되기 위해 중시되어야 하는 것은?
① 행정부제출예산제도
② 합법성 위주의 예산심의
③ 회계검사 기관의 기능 강화
④ 사업원가의 도출

10 지방자치단체의 사무에 대한 설명으로 옳지 않은 것은?
① 기관위임사무의 경비부담은 장려적 보조금으로 하는 것이 원칙이다.
② 단체위임사무의 국가 감독은 기관위임사무에 비해 제한된 범위 내에서 이루어진다.
③ 자치사무에 대한 국가 감독은 합법성 위주의 감독이다.
④ 단체위임사무에 따른 배상책임은 국가와 지방자치단체의 공동책임이다.

2025 공무원 시험대비 【6회차】

박문각 일일 모의고사

−제10회−

국어 · 영어 · 한국사

행정법 · 행정학

이 름 : ______________________

학습관 : ______________________

합격예측

답안 입력 및 성적 조회는 PC, 모바일에서 모두 가능합니다.

★ PC: pass.pmg.co.kr | ★ 모바일 앱: 박문각 합격관리

일일 모고 국어 제10회

합격까지 박문각

赤功 국어 적중 혜선

01 <보기>의 ㉠~㉣에 대해 탐구한 것으로 적절하지 않은 것은?

<보기>

㉠ 그 식물은 어제 놀이터에서 아이들에게 짓밟혔다.
㉡ 회장님께서 넥타이가 멋있으시다.
㉢ 영호는 영자가 밥을 먹자는 제안을 받아들였다.
㉣ 그녀는 영수가 변호사임에 놀랐다.

① ㉠에서 안은문장의 주어와 안긴문장의 주어는 다르다.
② ㉡은 주어와 서술어의 관계가 한 번 나타나므로 홑문장이다.
③ ㉢에는 안긴문장의 목적어는 안은문장의 목적어와 다르므로 생략되지 않았다.
④ ㉣에서 부사절을 안은 문장이 있으므로 안긴문장은 부사어에 해당된다.

02 다음 밑줄 친 '-고'의 용법이 나머지와 다른 하나는?

① 마음을 씻고 나서 그래도 몸담고 있는 세상 돌아가는 일도 대강은 알아둬야 할 것 같아 라디오 뉴스를 듣는다.
② 매해 보는 거지만 10월의 단풍은 매번 처음 보는 것처럼 새롭고 눈부시다.
③ 열 손가락을 하늘 향해 높이 쳐들고 도심의 번화가를 활보하는 유쾌하고 엽기적인 젊은이를 상상해 본다.
④ 한결같이 몽실몽실 부드럽고 귀여운, 꼭 아기 궁둥이 같은 게 오월의 나무들이다.

03 다음 <보기>의 문장을 고친 것으로 적절하지 않은 것은?

<보기>

(가) 기다리던 드라마가 드디어 대단원의 막을 열었다.
(나) 현숙이는 따뜻한 분위기를 형성된 상태에서 이야기를 진행하였다.
(다) 자신이 원하는 취미나 좋은 영화나 뮤지컬 등은 빼놓지 않고 관람하는 것이 이른바 MZ 세대의 일반적인 생활 양식이다.
(라) 정부와 국민 간에 지속적인 협상을 시도하고 있으나, 불필요한 공방으로 인하여 기약 없이 지연되고 있다.

① (가): 문맥상 적절하지 않은 단어가 쓰였으므로 '대단원의'를 삭제해야 한다.
② (나): 목적어 '분위기를'과 서술어 '형성되다'는 호응하지 않으므로 '분위기를'을 '분위기가'로 바꿔야 한다.
③ (다): 문장 성분 호응의 오류로, '자신이 원하는 취미를 즐기고'로 고쳐야 한다.
④ (라): 두 문장이 잘못 연결되고 있으므로 '-으나'가 아니라 동시성을 의미하는 '-으면서'로 바꿔야 한다.

04 <공공언어 바로 쓰기 원칙>에 따라 <공문서>의 ㉠~㉣을 수정한 것으로 적절하지 않은 것은?

<공공언어 바로 쓰기 원칙>

○ 올바른 국어 표기를 위한 어문 규범을 준수할 것.
○ 어법에 맞고 자연스러운 문장으로 작성할 것.

<공문서>

수신자　수신자 참조
(경유)
제목　정기 대관 신청 승인 및 계약 ㉠ 안내 알림

1. 우리 박물관에서는 지역민들에게 현대미술에 대한 ㉡ 다양한 지식과 정보를 제공하기 위하여 '박물관에서 만나는 현대미술'을 주제로 박물관 대학을 운영하고 있습니다.
2. 귀하께서 우리 극장에 요청하신 20○○년도 정기 대관 신청을 승인하오니, ㉢ 붙임의 승인 조건을 숙지하신 후, 동 문서 접수 후 5일 이내에 우리 극장과 대관 계약을 체결하여 주시기 바랍니다.
   가. 계약 시 준비물
      1) 사업자등록증 사본(개인은 주민등록증 사본)
      2) 단체 직인 또는 대표자 인
      3) 법인 명의 또는 신청자 명의 통장 사본
      4) 공연 세부 일정 등(무대장치 및 연습 시간, 공연 시간 등
3. ㉣ 위 호와 관련, 20○○년 공공 도서관 개관 시간 연장 문화 프로그램 계획 보고서를 붙임과 같이 제출합니다.

붙임 문화 프로그램 계획 보고서 1부.　끝.

① ㉠ 안내
② ㉡ 다양한 지식과 정보 제공을 위하여
③ ㉢ 붙임의 승인 조건을 숙지하고 문서를 접수하신 뒤
④ ㉣ 위 호와 관련하여, 20○○년 공공 도서관의 개관 시간 연장에 따른 문화 프로그램 계획 보고서

05 **다음 진술이 모두 참일 때, 반드시 참인 것은?**

○ 김치를 좋아하는 사람은 참치도 좋아한다.
○ 참치를 좋아하지 않는 사람은 초밥을 좋아한다.
○ 한우를 좋아하지 않는 사람은 참치도 좋아하지 않는다.

① 초밥을 좋아하지 않는 사람은 김치를 좋아한다.
② 한우를 좋아하지 않는 사람은 김치도 좋아하지 않는다.
③ 한우를 좋아하지 않는 사람은 초밥도 좋아하지 않는다.
④ 참치를 좋아하는 사람은 초밥을 좋아하지 않는다.

06 **A, B, C, D 네 명의 학생은 수시 지원에서 각각 갑, 을, 병, 정 4개의 대학에 모두 합격하였다. 네 명의 학생은 모두 다른 대학에 진학한다고 할 때, 다음 조건을 통해 B가 진학할 대학을 올바르게 찾은 것은?**

○ A는 갑 또는 을에 진학한다.
○ B와 D는 갑에 진학하지 않는다.
○ C와 D는 병 또는 정에 진학한다.

① 갑 ②을 ③ 병 ④ 정

07 **밑줄 친 표현이 ㉠의 의미와 가장 유사한 것은?**

그는 그 사고로 얼굴에 흉터가 ㉠ <u>생겼다</u>.

① 빨래를 잘못해서 옷에 얼룩이 <u>생겼다</u>.
② 우리의 계획에 지장이 <u>생기다</u>.
③ 그녀는 아주 이국적으로 <u>생겼다</u>.
④이러다가는 우리 모두 다 죽게 <u>생겼다</u>.

08 **㉠ ~ ㉣과 바꿔쓸 수 있는 유사한 표현으로 적절하지 않은 것은?**

(가) 기행문은 여행한 과정을 통하여 보고 듣고 느낀 바를 ㉠ <u>적은</u> 글이다.
(나) 그녀는 명상을 통해 마음의 평정을 ㉡ <u>찾았다</u>.
(다) 상부의 지시를 ㉢ <u>어기는</u> 사람은 처벌을 받을 것이다.
(라) 묻는 말에 ㉣ <u>바르게</u> 대답해 주세요.

① ㉠: 서술한 ② ㉡: 갈구했다
③ ㉢: 위반하는 ④ ㉣: 솔직하게

09 **다음 글의 논리적 흐름을 고려할 때 ㉠~㉣을 순서대로 배열한 것은?**

㉠ 그 결과 효율적으로 자원을 활용하는 경제 시스템이 만들어질 수 있으며, 이는 환경과 경제의 균형을 유지하는 데 중요한 역할을 한다.
㉡ 순환 경제는 자원의 활용을 극대화하고 폐기물을 최소화하여 지속 가능한 발전을 추구하는 새로운 경제 모델로 주목받고 있다.
㉢ 예를 들어 제품의 재활용과 재사용을 촉진하는 정책은 자원 낭비를 줄이고 환경에 미치는 영향을 완화할 수 있다.
㉣ 따라서 자원을 한 번 쓰고 버리는 선형 경제의 한계를 극복하기 위해 순환 경제로의 전환이 필요하다는 인식이 확산되고 있다.

① ㉡ – ㉣ – ㉢ – ㉠
② ㉣ – ㉡ – ㉢ – ㉠
③ ㉡ – ㉢ – ㉣ – ㉠
④ ㉣ – ㉢ – ㉡ – ㉠

10 **다음 글을 참고할 때 빈칸에 들어갈 말로 적절한 것은?**

구개음화는 ㄷ,ㅌ이 ㅣ, ㅣ계 이중모음 앞에서 ㅈ, ㅊ으로 바뀌는 현상이다. 중세국어에서는 '텬디, 펴디'와 같이 구개음화를 적용하지 않은 형태를 사용하였다. 하지만 근대국어 시기 매우 강력한 구개음화 현상이 발생한다. 한 형태소 안에서 일어나는 구개음화와 형태소와 형태소 경계에서 일어나는 구개음화가 모두 일어난 것이다. 중세국어에서 '텬디, 펴디'의 형태로 나타나던 단어들은 근대국어 시기 구개음화를 거친 '쳔지, 펴지'의 형태로 나타났다.

이후 한 형태소 안에서 일어나는 구개음화가 끝나고 형태소와 형태소 결합에서 나타나는 구개음화만이 살아남아 근대국어 시기 '마듸'의 형태였던 현대국어의 '마디'는 구개음화를 적용하지 않고 발음하고, '같이[가치]'와 같이 형태소와 형태소의 결합에서 일어나는 말만 구개음화를 적용한다. '잔디, 펴디'가 이 형태 그대로 각각 중세, 근대, 현대국어 시기에 쓰인다고 가정해보자.
( )

① 구개음화를 겪을 어휘 수가 근대>중세>현대 순으로 배열됨을 알 수 있다.
② 구개음화를 겪을 어휘 수가 근대>현대>중세 순으로 배열됨을 알 수 있다.
③ 구개음화를 겪을 어휘 수가 중세=현대>근대 순으로 배열됨을 알 수 있다.
④ 구개음화를 겪을 어휘 수가 근대>중세=현대 순으로 배열됨을 알 수 있다.

일일 모고 영어 제10회

합격까지 박문각

반드시 합격 진가영 영어

01 밑줄 친 부분에 들어갈 말로 가장 적절한 것은?

The new hotel was designed to _____ the growing number of tourists, with spacious rooms and modern amenities.

① enhance
② ratify
③ accommodate
④ limit

02 밑줄 친 부분에 들어갈 말로 가장 적절한 것은?

The police officer asked for the driver's _____ before allowing them to proceed, ensuring that the vehicle was registered correctly.

① recognition
② identification
③ alteration
④ direction

03 밑줄 친 부분에 들어갈 말로 가장 적절한 것은?

The _____ design of the new smartphone impressed tech enthusiasts, as it combined functionality with aesthetic appeal.

① clumsy
② ordinary
③ rigid
④ ingenious

04 밑줄 친 부분에 들어갈 말로 가장 적절한 것은?

The new policy was considered _____, as it failed to address the main issues and had little impact on the community.

① diurnal
② loquacious
③ ineffective
④ beneficial

05 밑줄 친 부분에 들어갈 말로 가장 적절한 것은?

The team was filled with _____ after successfully launching the new product, seeing their hard work come to fruition.

① frustration
② plot
③ gratification
④ divorce

06 밑줄 친 부분에 들어갈 말로 가장 적절한 것은?

She was _____________ the elderly woman carry her heavy groceries up the stairs despite being in a hurry.

① enough kind
② kind enough to helping
③ kindness enough
④ kind enough to help

07 밑줄 친 부분 중 어법상 옳지 않은 것은?

Children require our patience and guidance as they navigate their developing emotions and ① <u>learning</u> to interact with others. From the moment they are ② <u>old enough</u> to play with friends at the park, at home, or in preschool, they begin to face various social challenges. It is important ③ <u>to teach</u> them what is right and what is not, helping them ④ <u>build</u> a strong moral foundation.

08 밑줄 친 부분에 들어갈 말로 가장 적절한 것은?

Tim: Excuse me, I lost my phone somewhere around here. __________

Jane: Let me check our lost and found. Can you describe your phone?

Tim: It's an iPhone, black with a cracked screen. The case is blue and has a small sticker on the back.

Jane: I don't see any phone like that at the moment, but you can leave your contact information with me. If it turns up, we'll give you a call.

Tim: Thank you.

① Why did you lose your phone?

② Has any cell phone been reported as lost?

③ Is anyone else looking for a phone?

④ What apps do you have installed on your phone?

09 주어진 글 다음에 이어질 글의 순서로 가장 적절한 것은?

In the United States, there is a significant gap between the rich and the poor. The country consists of 50 states and possesses abundant resources and wealth.

(A) I do not know exactly why this situation exists. One reason may be that the United States is so large that it is challenging to manage everyone living within it.

(B) Additionally, many wealthy individuals do not feel the need or desire to contribute some of their money to help the poor in the country.

(C) Therefore, it seems that taking care of all Americans should be relatively easy. However, thousands of Americans still lack homes, money, and even food to eat each day.

① (A) − (C) − (B)

② (B) − (A) − (C)

③ (B) − (C) − (A)

④ (C) − (A) − (B)

10 다음 글의 요지로 가장 적절한 것은?

Psychologist Harris Cooper reviewed nearly 30 years of research and found that, regardless of race or gender, children tend to forget about a month's worth of learning over summer break. This loss is especially significant in arithmetic and spelling. When compared to children who engage in learning activities during the summer, those who do not often find themselves at a disadvantage when school resumes. However, parents do not need to act as math teachers to prevent this. Instead, they should focus on keeping their children mentally engaged and finding various activities that the whole family can enjoy together. The key is for parents to plan ahead. Exploring summer programs offered by universities, museums, or libraries can also be a great way to keep children motivated and learning.

① To improve learning ability, one should focus on arithmetic and language learning.

② Various activities should be conducted to keep the brain active even during vacations.

③ Family−based activities help develop effective learning attitudes.

④ During adolescence, gaining diverse social experiences is important.

일일 모고 한국사 제10회

합격까지 박문각

가장 빠른 한국사
한국사 박기훈

01 조선 후기의 경제 상황으로 옳지 않은 것은?

① 정부는 저화를 만들어 유통하였다.
② 보부상이 장시를 돌며 물건을 팔았다.
③ 강경포, 원산포 등의 포구가 상업의 중심지로 번성하였다.
④ 독점적 상업 자본가인 도고가 출현하였다.

02 (가)에 들어갈 정치 기구에 대한 설명으로 옳은 것은?

> (가)을/를 설치하고 2군 6위의 상장군, 대장군이 모두 여기에 모여 회의하게 되었다. 의종, 명종 이래로 (가)의 권한이 더욱 커졌다. …… 고려가 끝날 때까지 폐지되지 않았다.

① 군사 기밀과 왕명 출납을 담당하였다.
② 무신집권기 최고 회의 기구 역할을 하였다.
③ 고려 말 도평의사사로 명칭이 바뀌었다.
④ 6부의 하나로 군사 관련 업무를 담당하였다.

03 유네스코(UNESCO)에 등재된 세계 기록 유산으로 옳지 않은 것은?

① 승정원 일기
② 새마을 운동 기록물
③ KBS 특별생방송 '이산가족을 찾습니다' 기록물
④ 월인천강지곡

04 다음 사료와 관련 있는 사신들에 대한 설명으로 옳은 것은?

> 동래부 암행어사 이헌영은 뜯어 보아라. 일인의 조정의론 · 국세형편 · 풍속인물 · 교빙통상 등의 대략을 다시 한 번 염탐하는 것이 좋겠다. 그러니 그대는 반드시 이 점을 염두에 두고 일본 배를 빌려타고 그 나라로 건너가 해관이 관장하는 사무를 비롯한 그 밖의 크고 작은 일들을 조용하게 보고하라.

① 김기수 일행이 일본의 학교, 조선소 등 근대 문물을 시찰하였다.
② 김홍집은 조선책략을 가져와 미국과의 수교에 영향을 주었다.
③ 박정양이 중심이 되어 일본의 발전상을 보고 돌아와 개화정책의 추진을 뒷받침하였다.
④ 박영효가 고안한 태극기를 국기로 제정하고 이를 전국에 공포하였다.

05 밑줄 그은 '전군'에 대한 설명으로 옳은 것은?

> 이때에 사기를 고무하여 서울 진공의 영(令)을 발하니, 그 목적은 서울로 들어가 통감부를 쳐부수고 성하(城下)의 맹(盟)을 이루어 저들의 소위 신협약 등을 파기하여 대대적 활동을 기도(企圖)함이라. …… <u>전군</u>(全軍)에 명령을 내려 일제히 진군할 것을 재촉하여 동대문 밖에 나아가 다다를 때 ……
>
> – 대한매일신보 –

① 선혜청과 일본 공사관을 공격하였다.
② 고종의 권고를 받아 대부분 해산하였다.
③ 국제법상 교전단체로 인정할 것을 요구하였다.
④ 신돌석 같은 평민 의병장이 나왔다.

06 근대 언론 기관에 대한 설명으로 옳은 것은?

① 한성순보 – 최초의 상업광고가 실렸다.
② 독립신문 – 신문지법에 의해 탄압을 받았다.
③ 황성신문 – 국한문 혼용체를 사용하고 부녀자와 서민을 대상으로 하였다.
④ 대한매일신보 – 황무지 개간권 반대 운동과 국채보상운동에 앞장섰다.

07 (가) 단체에 대한 설명으로 옳은 것은?

> (가) 창립 취지문
>
> 인류 사회는 많은 불합리를 생산하는 동시에, 그 해결을 우리에게 요구해 마지않는다. 여성 문제는 그중의 하나이다. …… 우리는 운동 상 실천으로부터 배운 것이 있으니, 우리가 실지로 우리 자체를 위하여, 우리 사회를 위하여 분투하려면 우리 조선 자매 전체의 역량을 공고히 단결하여 운동을 전반적으로 전개하지 아니하면 아니 된다. 일어나라! 오너라! 단결하자! 분투하자! 조선의 자매들아! 미래는 우리의 것이다.

① 6.10 만세 운동을 후원하였다.
② 신간회와 연계하여 여성의 권익을 옹호하였다.
③ 조선 여자 교육회의 결성에 영향을 주었다.
④ 통감부의 방해와 탄압을 받아 해산하였다.

08 (가)~(라) 사건을 일어난 순서대로 바르게 나열한 것은?

> (가) 동지대 부대는 독립군을 토벌하기 위해 용정과 대굴구 지역 등으로 진군해 왔다. 독립군은 병력의 열세를 거려하여 피전책을 택하였다. 제2 제대 독립군은 적을 기습하기에 적당한 지형인 백운평 바로 위쪽 골짜기 길목에 잠복하여 6일간 치열한 전투를 펼쳤다.
>
> (나) '불령선인 취체 방법에 관한조선 총독부와 봉천성 간의 협정'이 미쓰야와 우진 간에 체결되었다.
>
> (다) 일제의 만주 침략으로 인한 불리한 상황을 극복하기 위하여 다음과 같이 합의가 이루어졌다.
> ○ 중동 철로를 경계로 하여 서부 전선은 중국 구국군이 맡고, 동부 전선은 한국군(한국독립군)이 담당한다.
> ○ 양 군의 전시 후방 교련은 한국군의 장교가 부담하고, 한국군의 보급품 일체 자료는 중국군이 공급한다.
>
> (라) 분산되어 있던 독립군 부대들이 단일한 조직 아래 대일 항전을 전개하려고 조직한 대한 독립군단은 이르쿠츠크파 고려 공산당과 상하이파 고려 공산당 간의 대립으로 분열되었다. 이러한 분열 속에서 독립군들은 무장 해제를 요구하는 적색군의 공격으로 큰 피해를 입었다.

① (가) - (나) - (다) - (라)
② (가) - (라) - (나) - (다)
③ (라) - (가) - (나) - (다)
④ (라) - (나) - (다) - (가)

09 다음은 대한민국 임시 정부의 헌법 조항이다. 이 헌법 체제에서의 임시정부 활동으로 옳지 않은 것은?

> 제23조 임시정부는 국무위원회 주석 및 국무위원으로 조직하며, 국무위원의 수는 6인 이상 10인 이내로 한다.
>
> 제27조 국무위원회 주석의 권한은 다음과 같다.
> 1. 국무위원회를 소집한다.
> 2. 국무위원회 회의 시에 주석이 된다.

① 삼균주의를 바탕으로 건국강령을 제정하였다.
② 일본에 대한 선전포고문을 발표하였다.
③ 김구를 중심으로 한국 국민당을 창당하였다.
④ 김원봉의 조선의용대가 한국광복군에 편입되었다.

10 다음 상황이 있었던 시기의 사실로 옳은 것은?

> 시민 환영 대회에 참석한 윤보선 대통령은 "올해 일어난 3.15 마산 학생 궐기로 물러간 독재가 다시는 이 땅에 발을 들여 놓지 못하게 국민들은 경계해야 합니다. 이러한 대비책으로 혁명 완수를 위해 새 정신 새 마음으로 자손들을 위한 복지 사회 건설에 힘써야 합니다. …… 국민 각자는 단결하여 외국으로부터의 원조 없이도 살 수 있는 국가로 부흥시켜야 합니다." 라고 하였다.

① 국가 보위 비상 대책 위원회가 구성되었다.
② 중국과 국교가 수립되었다.
③ 경제 제일주의를 표방하며 제 3차 경제개발 5개년 계획을 추진하였다.
④ 국회가 민의원, 참의원의 양원으로 운영되었다.

일일 모고 행정법 제10회

합격까지 박문각

광야에서 합격까지
행정법 강성빈

01 인허가받은 영업의 양도에 대한 설명으로 옳지 않은 것은? (다툼이 있는 경우 판례에 의함)

① 영업양도에 따른 지위승계신고를 수리하는 허가관청의 행위는 영업허가자의 변경이라는 법률효과를 발생시키는 행위로서 항고소송의 대상이 행정처분에 해당한다.

② 사실상 영업이 양도 · 양수되었지만 아직 승계신고 및 그 수리처분이 있기 이전에는 행정제재처분의 사유가 있는지 여부 및 그 사유가 있다고 하여 행하는 행정제재처분은 양수인을 기준으로 판단하여야 한다.

③ 어떠한 공중위생영업에 대하여 그 영업을 정지할 위법사유가 있다면, 관할 행정청은 그 영업이 양도·양수되었다 하더라도 그 업소의 양수인에 대하여 영업정지처분을 할 수 있다.

④ 법령상 채석허가를 받은 자의 명의변경제도를 두고 있는 경우, 명의변경신고를 할 수 있는 양수인은 관할 행정청이 양도인의 허가를 취소하는 처분에 대해 취소를 구할 법률상 이익이 인정된다.

02 행정행위의 부관에 대한 설명으로 옳은 것은? (다툼이 있는 경우 판례에 의함)

① 부관의 사후변경은 종전의 부관을 변경하지 아니하면 해당 처분의 목적을 달성할 수 없는 경우가 아니라면 인정되지 않는다.

② 처분과 실제적 관련성이 없어 부관으로 붙일 수 없는 부담이라도 사법상 계약의 형식으로 처분의 상대방에게 부과할 수 있다.

③ 부담의 이행으로서 하게 된 사법상 매매 등의 법률행위는 부담을 붙인 행정처분과는 별개의 법률행위이므로, 그 부담의 불가쟁력의 문제와는 별도로 법률행위가 사회질서 위반이나 강행규정에 위반되는지 여부 등을 따져보아 그 법률행위의 유효 여부를 판단하여야 한다.

④ 허가에 붙은 기한이 그 허가된 사업의 성질상 부당하게 짧아서 이 기한이 허가 자체의 존속기간이 아니라 허가조건의 존속기간으로 해석되는 경우에는 허가 여부의 재량권을 가진 행정청은 허가조건의 개정만을 고려할 수 있고, 그 후 당초의 기한이 상당 기간 연장되어 그 기한이 부당하게 짧은 경우에 해당하지 않게 된 때라도 더 이상의 기간연장을 불허가할 수는 없다.

03 행정상 사실행위에 대한 설명으로 옳지 않은 것은? (다툼이 있는 경우 판례에 의함)

① 위법한 행정지도에 따라 행한 사인의 행위는 위법성이 조각된다.

② 행정청이 위법 건축물에 대한 단전 및 전화통화 단절조치를 요청한 것은 항고소송의 대상이 되는 행정처분이라고 볼 수 없다.

③ 교도소장이 영치품인 티셔츠 사용을 재소자에게 불허한 행위는 항고소송의 대상이 되는 행정처분에 해당한다.

④ 행정기관은 행정지도의 상대방이 행정지도에 따르지 아니하였다는 것을 이유로 불이익한 조치를 하여서는 아니 된다.

04 법률상 이익에 대한 설명으로 옳지 않은 것은? (다툼이 있는 경우 판례에 의함)

① 인 · 허가 등의 수익적 행정처분을 신청한 수인이 서로 경쟁관계에 있어서 일방에 대한 허가 등의 처분이 타방에 대한 불허가 등으로 귀결될 수밖에 없는 때에는 허가 등의 처분을 받지 못한 자는 비록 경원자에 대하여 이루어진 허가 등 처분의 상대방이 아니라 하더라도 당해 처분의 취소를 구할 법률상 이익이 있다.

② 기존의 고속형 시외버스운송사업자는 경업관계에 있는 직행형 시외버스운송사업자에 대한 사업계획변경인가처분의 취소를 구할 법률상 이익이 있다.

③ 건축허가취소처분을 받은 건축물 소유자는 그 건축물이 완공된 후에도 여전히 취소처분의 취소를 구할 법률상 이익을 가진다.

④ 배출시설에 대한 설치허가가 취소된 후 그 배출시설이 철거되어 다시 가동할 수 없는 상태라도 그 취소처분이 위법하다는 판결을 받아 손해배상청구소송에서 이를 원용할 수 있다면 배출시설의 소유자는 당해 처분의 취소를 구할 법률상 이익이 있다.

05 무효확인소송에 대한 설명으로 옳지 않은 것은? (다툼이 있는 경우 판례에 의함)

① 불가쟁력이 발생한 행정처분에 대하여 그 행정처분의 근거가 된 법률이 위헌이라는 이유로 무효확인청구의 소가 제기된 경우에는 다른 특별한 사정이 없는 한 법원으로서는 그 법률이 위헌인지 여부에 대하여는 판단할 필요 없이 위 무효확인청구를 기각하여야 한다.

② 무효인 처분에 대해 무효선언을 구하는 취소소송을 제기하는 경우에는 제소기간의 제한이 있다.

③ 행정처분의 당연무효를 주장하여 그 무효확인을 구하는 행정소송에 있어서는 원고에게 그 행정처분이 무효인 사유를 주장 · 입증할 책임이 있다.

④ 무효인 과세처분에 의하여 세금을 납부한 자는 납부한 금액을 반환받기 위하여 부당이득반환청구소송을 제기하지 않고 곧바로 과세처분 무효확인소송을 제기할 수는 없다.

06 행정법의 법원과 효력에 대한 설명으로 옳지 않은 것은? (다툼이 있는 경우 판례에 의함)

① 부진정소급입법은 원칙적으로 허용되지만 소급효를 요구하는 공익상의 사유와 신뢰보호의 요청 사이의 형량과정에서 신뢰보호의 관점이 입법자의 형성권에 제한을 가하게 된다.

② 개정 법령이 기존의 사실 또는 법률관계를 적용대상으로 하면서 국민의 재산권과 관련하여 종전보다 불리한 법률효과를 규정하고 있는 경우, 그러한 사실 또는 법률관계가 개정 법률이 시행되기 이전에 이미 완성 또는 종결된 것이 아니라면 소급입법 금지원칙에 위반된다.

③ 진정소급입법은 헌법적으로 허용되지 않는 것이 원칙이지만, 일반적으로 국민이 소급입법을 예상할 수 있는 등 소급입법을 정당화할 수 있는 경우에는 예외적으로 진정소급입법이 허용된다.

④ 법령등을 위반한 행위 후 법령등의 변경에 의하여 그 행위가 법령등을 위반한 행위에 해당하지 아니하거나 제재처분 기준이 가벼워진 경우로서 해당 법령등에 특별한 규정이 없는 경우에는 변경된 법령등을 적용한다.

07 행정벌에 대한 설명으로 옳은 것은? (다툼이 있는 경우 판례에 의함)

①「질서위반행위규제법」상 법원의 과태료 재판이 확정된 후에는 법률이 변경되어 그 행위가 질서위반행위에 해당하지 아니하게 된 경우라 하더라도 과태료의 집행을 면제하지 못한다.

②「도로교통법」에 따른 경찰서장의 통고처분은 행정소송의 대상이 되는 행정처분이다.

③ 경찰서장은 원칙적으로 범칙행위에 대한 형사소추를 위하여 이미 한 통고처분을 임의로 취소할 수 있다.

④ 지방국세청장 또는 세무서장이「조세범 처벌절차법」에 따라 통고처분을 거치지 아니하고 즉시 고발하였다면 이로써 조세범칙사건에 대한 조사 및 처분 절차는 종료되고 형사사건 절차로 이행되어 지방국세청장 또는 세무서장으로서는 동일한 조세범칙행위에 대하여 더 이상 통고처분을 할 권한이 없다.

08 제재처분에 대한 설명으로 옳은 것은? (다툼이 있는 경우 판례에 의함)

① 일정한 법규위반 사실이 행정처분의 전제사실이자 형사법규의 위반사실이 되는 경우, 형사판결이 확정되기 전에 그 위반사실을 이유로 제재처분을 하였다면 절차적 위반에 해당한다.

② 행정법규 위반에 대하여 가하는 제재조치는 반드시 현실적인 행위자가 아니라도 법령상 책임자로 규정된 자에게 부과되고, 특별한 사정이 없는 한 위반자에게 고의나 과실이 없으면 부과할 수 없다.

③「행정기본법」에 따르면, 행정청은 법령등의 위반행위가 종료된 날부터 5년이 지나면 해당 위반행위에 대하여 제재처분을 할 수 없으나, 행정심판의 재결이나 법원의 판결에 따라 제재처분이 취소·철회된 경우에는 재결이나 판결이 확정된 날부터 1년(합의제행정기관은 2년)이 지나기 전까지는 그 취지에 따른 새로운 제재처분을 할 수 있다.

④ 효력기간이 정해져 있는 제재적 행정처분의 효력이 발생한 후에 별도의 처분으로 효력기간의 시기와 종기를 다시 정했다면, 당초의 제재처분은 실효되고 새로운 처분이 있는 것으로 본다.

09「개인정보 보호법」에 대한 설명으로 옳지 않은 것은?

① 정보주체는 개인정보처리자가「개인정보 보호법」을 위반한 행위로 손해를 입으면 개인정보처리자에게 손해배상을 청구할 수 있고, 이 경우 그 개인정보처리자는 고의 또는 과실이 없음을 입증하지 아니하면 책임을 면할 수 없다.

② 정보주체는「행정기본법」제20조에 따른 행정청의 자동적 처분이 자신의 권리 또는 의무에 중대한 영향을 미치는 경우에는 해당 개인정보처리자에 대하여 해당 결정을 거부할 수 있는 권리를 가진다.

③「개인정보 보호법」상의 개인정보란 살아있는 개인에 관한 정보로서 사자(死者)에 관한 정보는 해당되지 않는다.

④ 개인정보처리자는 정보주체가 필요한 최소한의 정보 외의 개인정보 수집에 동의하지 아니한다는 이유로 정보주체에게 재화 또는 서비스의 제공을 거부하여서는 아니 된다.

10 행정상 손실보상에 대한 설명으로 옳지 않은 것은? (다툼이 있는 경우 판례에 의함)

①「공익사업을 위한 토지 등의 취득 및 보상에 관한 법률」에 따라 사업인정고시가 된 후 토지의 사용으로 인하여 토지의 형질이 변경되는 경우에 토지소유자는 관할 토지수용위원회에 그 토지의 매수를 청구할 수 있다.

② 도시계획시설의 지정으로 말미암아 당해 토지의 이용가능성이 배제되거나 또는 토지소유자가 토지를 종래 허용된 용도대로도 사용할 수 없기 때문에 이로 인하여 현저한 재산적 손실이 발생하는 경우에는, 원칙적으로 국가나 지방자치단체는 이에 대한 보상을 해야 한다.

③ 헌법재판소는 생업의 근거를 상실하게 된 자에 대하여 일정 규모의 상업용지 또는 상가분양권 등을 공급하는 생활대책이 헌법 제23조 제3항이 규정하는 정당한 보상에 포함되지 않는 것으로 보았다.

④ 공공필요에 의한 재산권의 수용·사용 또는 제한 및 그에 대한 보상은 법률로써 하되, 정당한 보상을 지급하여야 한다.

일일 모고 행정학 제10회

합격까지 박문각

빠른 고득점 합격
행정학 이명훈

01 **행정과 경영에 대한 설명으로 옳지 않은 것은?**
① 신공공관리론적 행정개혁으로 인해 행정과 경영 간의 차이점이 더욱 뚜렷해지고 있다.
② 경영이 행정에 비해 신축성이 더 높다.
③ 행정과 경영은 모두 관료제의 순기능적 측면과 역기능적 측면을 내포하고 있다.
④ 행정에는 경영에서처럼 이윤이라는 명확한 단일의 척도가 없어 비능률성이 커지기 쉽다.

02 **신공공관리론에 대한 설명으로 옳은 것만을 모두 고르면?**

㉠ 주인－대리인이론, 거래비용이론, 공공선택론 등을 이론적 기반으로 한다. ㉡ 정부가 리더십을 발휘하여 직접적인 서비스 제공자 역할을 수행해야 한다고 본다. ㉢ 효율적인 감시와 통제를 위하여 성과목표와 기준을 제시하고 이의 달성을 강조한다. ㉣ 정책기능과 집행기능을 통합한 책임행정체제 확립을 강조한다.

① ㉠, ㉡　② ㉠, ㉢
③ ㉡, ㉢　④ ㉡, ㉣

03 **윌슨(wilson)의 규제정치 모형 중 기업가적 정치에 대한 설명으로 옳은 것만을 모두 고르면?**

㉠ 비용이 소수의 동질적 집단에 집중된다. ㉡ 환경오염규제, 자동차 안전규제, 위해물품 규제 등이 좋은 예이다. ㉢ 규제의 수혜자들이 잘 조직화 되어 있다. ㉣ 편익을 기대할 수 있는 측은 강력한 집단행동을 보인다.

① ㉠, ㉡
② ㉠, ㉣
③ ㉡, ㉢
④ ㉢, ㉣

04 **정책목표의 소망성을 평가하는 기준의 하나로서, 추구하는 목표가 그 사회의 이념이나 가치를 가장 잘 반영하고 있는지를 평가하는 것으로 옳은 것은?**
① 적합성
② 적정성
③ 효과성
④ 형평성

05 **정책결정모형에 대한 설명으로 옳은 것만을 모두 고르면?**

㉠ 점증모형은 현 사회의 구체적 결함을 경감하는데 정책의 우선순위를 두며, 불확실성에 대응하기 용이한 의사결정방식이다. ㉡ 합리모형은 집권적 조직구조와 융합가능성이 크므로 정책결정자의 신념이나 가치가 지나치게 반영된다. ㉢ 회사모형에서는 하위부서들의 목표 간에 괴리가 있을 때 상위부서의 목표가 그 괴리를 조정할 수 있다고 본다. ㉣ 만족모형이 제시한 행정인은 문제를 간소화하여 자신과 관련된다고 느끼는 일부분만을 관심의 대상으로 삼는다.

① ㉠, ㉡　② ㉠, ㉢　③ ㉡, ㉣　④ ㉠, ㉣

06 **계층제에 대한 설명으로 옳지 않은 것은?**
① 계층의 수가 많을수록 통솔범위가 넓어진다.
② 통솔범위의 한계로 인하여 계층제가 발생한다.
③ 갈등과 분쟁을 조정하는 내부통제수단이 된다.
④ 분권화된 저층구조일수록 조정의 필요성이 높아진다.

07 **근무성적평정의 방법에 대한 설명으로 옳지 않은 것은?**
① 도표식 평정척도법은 평가자의 직관과 선험을 바탕으로 하여 평가요소가 결정되기 때문에 작성이 빠르고 쉬우며, 경제적이라는 강점이 있다.
② 다면평정법은 여러 사람을 평정자로 활용하여 평가에 참여하는 소수인의 주관과 편견, 그리고 이들 간의 개인편차를 줄임으로써 객관성과 공정성을 높일 수 있는 제도이다.
③ 목표관리제 평정법은 평정에 대한 개인 간 비교를 가능하게 하는 강점을 가지나, 평정자와 피평정자의 참여를 바탕으로 평정하기에 제도의 개발과 운영에 비용과 시간이 많이 들 수 있다.
④ 중요사건기록법은 피평정자 간 상대적 비교가 곤란하고, 피평정자의 주관적 의견제시로 인해 평정의 신뢰성 확보가 어려울 수 있다.

08 **직무평가에 대한 설명으로 옳지 않은 것은?**
① 직무의 상대적 가치를 결정하는 것이다.
② 직무평가의 결과는 보수와 직결되는 것이 보통이다.
③ 비계량적 직무평가 방법으로 서열법, 분류법, 요소비교법 등이 있다.
④ 등급의 지나친 세분화는 공무원을 채용하고 활용함에 있어서 경직성을 높일 수 있다.

09 우리나라의 재정사업 성과관리에 대한 설명으로 옳지 않은 것은?

① 재정사업 성과관리제도는 국가재정운용계획, 총액배분자율편성(top-down)제도, 디지털예산회계시스템 구축과 함께 재정개혁 과제의 하나로 연계 · 추진되었다.

② 정부는 성과중심의 재정운용을 위해 성과목표관리 및 성과평가를 내용으로 하는 재정사업 성과관리제도를 시행한다.

③ 각 중앙관서의 장은 예산요구서를 제출할 때에 다음 연도 예산의 성과계획서 및 전년도 예산의 성과보고서를 기획재정부장관에게 함께 제출하여야 한다.

④ 기획재정부장관은 매년 예산 또는 기금이 투입되는 모든 재정사업을 사업별 체크리스트를 활용하여 성과평가한다.

10 우리나라의 지방공무원 인사제도에 대한 설명으로 옳지 않은 것은?

① 자치구가 아닌 구의 구청장은 일반직 지방공무원으로 보하되, 시장이 임명한다.

② 지방의회의원은 당해 지방자치단체 인사위원회 위원이 될 수 없다.

③ 지방의회에 두는 사무직원의 정수는 조례로 정한다.

④ 지방의회의 사무직원은 지방자치단체의 장이 임명한다.

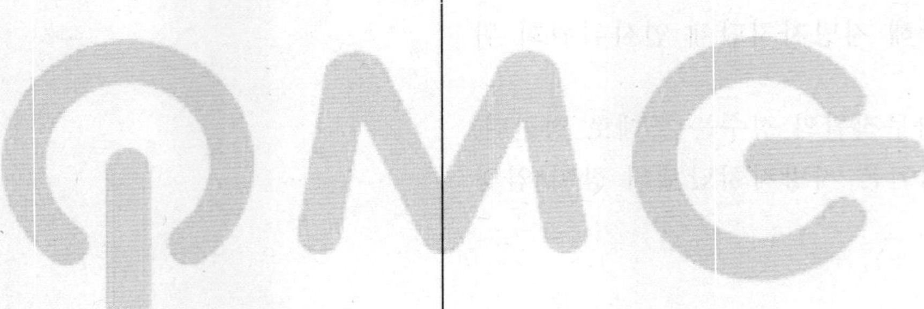

2025 공무원 시험대비 【6회차】

박문각 일일 모의고사

-제11회-

국어 · 영어 · 한국사

행정법 · 행정학

이 름 : ______________________

학습관 : ______________________

합격 예측

답안 입력 및 성적 조회는 PC, 모바일에서 모두 가능합니다.

★ PC: pass.pmg.co.kr | ★ 모바일 앱: 박문각 합격관리

일일 모고 국어 제11회

합격까지 박문각

赤功 국어 적중 혜선

01 다음 중 문장의 구성이 다른 것은?

① 재물을 보기를 돌같이 하라.

② 잎이 떨어지는 겨울이 되었다.

③ 운동을 열심히 하는데도 건강이 안 좋다.

④ 누나가 시험에 합격했음을 알렸다.

02 ㄱ, ㄴ에 대한 설명으로 옳지 않은 것은?

<보기>

ㄱ. 우리 부모님께서는 내가 시험에 합격하기를 원하신다.

ㄴ. 우리는 이곳이 교통사고 발생의 빈도가 잦음을 전혀 몰랐다.

① ㄱ과 ㄴ 모두 명사절이 안겨 있다.

② ㄱ과 달리 ㄴ에는 안긴문장 속에 관형어가 있다.

③ ㄱ과 ㄴ 모두 안긴문장 속에 목적어가 있다.

④ ㄴ과 달리 ㄱ에는 안긴문장 속에 부사어가 있다.

03 어법에 맞는 문장은?

① 국가 경쟁력을 높이는 요소 중 하나는 과학적 창의력이다.

② 교육부는 새 교과서를 편찬함에 있어서 전인교육의 충실화에 두었다.

③ 인간은 자연을 지배하기도 하고 복종하기도 한다.

④ 남극의 빙하는 수십 년 내에 없어질 것으로 예측되어졌다.

04 다음 중 어법에 가장 적절한 것은?

① 그는 내키지 않는 일은 반드시 하지 않는다.

② 이제는 바야흐로 AI의 시대이다.

③ 영호는 옥순이에게 가방을 주었는데, 그 보답으로 영호에게 책을 선물하였다.

④ 글을 잘 쓰려면 신문과 뉴스를 열심히 시청해야 한다.

05 다음에 대한 추론으로 적절하지 않은 것은?

피타고라스는 세상의 만물이 수로 이루어졌다고 생각했던 그리스의 수학자였다. 이러한 그의 생각은 음악에 대해서도 예외는 아니었다. 그는 음정을 수적 비율로 분석하고자 했으며, 예술로서의 음악과는 관계가 없는 수학 · 과학으로서의 음악연구에 기초를 놓았다.

그의 음정 연구에 관해서 하나의 일화가 전해진다. 피타고라스가 어느 날 대장간 앞을 지나가다가 장정들이 망치로 무쇠를 두들기는 소리를 들었다. 이 망치질이 피타고라스에게는 경이로운 수적 질서로 느껴졌다. 그리고 그곳에서 그는 조화로운 음률을 느꼈다고 전해진다. 여기에서 그는 망치의 무게 비율이 정확히 2:1인 망치를 함께 두드리면 높이만 다를 뿐 동일한 소리가 난다는 것을 깨달았다.

영감을 받은 피타고라스는 현의 길이를 바꾸어가며 음정을 수학적으로 분석했다. 이에 어떤 현의 길이를 1로 두었을 때 그 현의 절반에 해당하는 길이의 현을 튕기면 음의 높이만 낮은 동일한 소리가 난다는 것을 확인할 수 있었다. 또한 그는 두 현의 길이의 비가 '2:1, 3:5, 7:4'와 같은 정수비를 이룰 때 조화로운 음을 이룬다는 것을 밝혀냈다. 그의 연구는 수학과는 전혀 관련 없어 보이는 음악이 수적 질서를 따르고 있다는 사실을 증명했으며, 순정률의 기초를 닦는 업적을 이루었다.

① 피타고라스 일화에서 무쇠를 두들기는 장정들은 피타고라스 연구에서 음의 높이만 낮은 동일한 소리에 대응할 것이다.

② 두 현의 길이가 3:4일 때, 각각의 현에서 나는 두 음은 조화로운 음일 것이다.

③ 피타고라스 일화에서 망치의 무게 비율은 피타고라스의 연구에서 현의 길이 비율에 대응할 것이다.

④ 만약 피타고라스가 대장간에서 조화롭지 못한 음을 들었다면, 음을 이루는 두 개의 망치 무게 비율은 정수 비율이 아닐 것이다.

06 다음과 같이 전제와 결론이 주어질 때, 결론이 반드시 참이 되도록 하는 '전제 2'로 적절한 것은?

전제 1: 모든 치타는 날카로운 이빨을 가지고 있다.

전제 2: ______________________________.

결론: 어떤 날카로운 이빨을 가진 것은 나무를 타는 것을 좋아한다.

① 나무를 타는 것을 좋아하는 것은 모두 치타다.

② 나무를 타지 않는 어떤 것은 치타가 아니다.

③ 나무를 타는 것을 좋아하는 어떤 것은 치타가 아니다.

④ 나무를 타지 않는 것은 모두 치타가 아니다.

07 **밑줄 친 표현이 ㉠의 의미와 가장 유사한 것은?**

> 공포영화를 보다가 갑자기 튀어나오는 장면에 ㉠ 질려서 소리를 질렀다.

① 오랫동안 국수만 먹었더니 밀가루 음식에 질렸다.
② 그 낡은 차를 사는 데 자그마치 9백만 원이나 질렸다.
③ 동생의 얼굴은 불량배의 위협에 새파랗게 질려 있었다.
④ 모두 그 남자에게 질려서 그의 목소리만 들어도 경기가 날 지경이었다.

08 **㉠ ~ ㉣과 바꿔쓸 수 있는 유사한 표현으로 적절하지 않은 것은?**

> (가) 어깨끈이 너무 얇아 짐의 무게를 ㉠ 버티기엔 부족해 보였다.
> (나) 예전에는 세금을 돈 대신 현물로 ㉡ 내기도 하였다.
> (다) 학교마다 우수한 학생을 ㉢ 뽑기 위해 노력한다.
> (라) 필요한 사항을 뒷면의 배서란에 ㉣ 적어 놓고 기명 · 날인하십시오.

① ㉠: 지탱하기엔
② ㉡: 선납하기도
③ ㉢: 모집하기
④ ㉣: 기입하고

09 **[A]에서 구할 수 있는 ㉠의 답으로 가장 적절한 것은?**

> 규범은 인간의 행위와 관련해서 '… 해야 한다(명령), … 하지 마라(금지), … 해도 좋다(허용)' 등의 내용을 담고 있다. 그래서 우리는 흔히 규범의 대표격인 법을 '국가의 강제력에 의해서 뒷받침되는 규범'으로 인식한다. 이러한 관점은 강제력을 법규범을 구성하는 핵심적 요소로 보는 것이다. 이와 같은 관점을 '명령주의적 관점'이라고 하는데, 19세기 영국의 법학자 존 오스틴의 입장이 대표적이다. 그에 따르면 '법은 국가의 명령으로서 조직화된 강제력에 의해서 뒷받침되는 규범'이다. 그런데 이 관점으로만 법을 바라보면 '㉠법과 전국적으로 조직화된 범죄 집단의 명령의 차이점은 무엇일까?' 라는 질문에 대해 적절한 답을 제시하지 못하게 된다. 그 답의 단초는 실천이성의 요소에서 찾을 수 있다.
>
> [A] [실천이성이란 '행위를 지시하는 규범들이 타당한 근거가 무엇인가'를 따지는 인간의 정신적 활동이다. 규범의 근거를 끊임없이 묻다 보면, 더 이상 물을 수 없는 최종적인 근거가 되는 규범 또는 원리에 도달할 수 있다. 실천이성을 강조하는 사람들 사이에서는 "나와 남을 동등한 인간으로서 존중하라!"라는 규범적인 요청이 규범의 최종 근거로서 받아들여지고 있다. 이 요청은 현대의 대부분의 국가들의 헌법에서 '동등한 인간 존엄성의 원리'로 집약되어 있다. 이 원리는 '행복 추구의 자유', '절차적인 공평성' 등과 함께 자유민주주의 체제에서 이상적으로 실현하고자 하는 핵심적 규범이다.]

① 범죄 집단의 명령과 달리 법은 구성원 간의 배분 및 협력의 관계를 규율하기 위해 발달한 체계이다.
② 범죄 집단의 명령과 달리 법은 집행될 때 모든 절차에 걸쳐서 구성원 누구에게나 공평하게 적용된다.
③ 범죄 집단의 명령과 달리 법은 본바탕이 모든 사람을 동등한 존엄성을 가진 존재로 존중하는 정신이다.
④ 범죄 집단의 명령과 달리 법의 가치는 명령, 금지, 허용 등의 내용을 얼마나 잘 담고 있느냐에 따라 결정된다.

10 **다음 글의 전개 순서로 가장 자연스러운 것은?**

> ㄱ. 이러한 경향은 특히 의료 분야에서 두드러지는데, 침술이나 동종 요법과 같은 대체 의학 요법이 열등하고 부정확한 것으로 치부되는 것이 대표적이다.
> ㄴ. 서양의 과학 연구에서 오감으로 지각할 수 없고 반복적으로 측정하거나 정량화할 수 없는 것들은 무시되어 왔다.
> ㄷ. 하지만 많은 대체 의학 요법이 실제로 유의미한 생리학적 또는 임상학적 반응을 유발한다.
> ㄹ. 이에 따르면 인과 관계를 과학적으로 설명할 수 없는 비서양의 과학적 패러다임은 열등한 것이며, 미신과 우연으로 일축된다.
> ㅁ. 그러나 현대 서양 의학계에서는 그러한 결과가 관찰되더라도 기존 이론을 수정하기보다 그 결과를 부정하려 애쓸 뿐이다.

① ㄴ-ㄱ-ㄷ-ㅁ-ㄹ
② ㄴ-ㄹ-ㄱ-ㄷ-ㅁ
③ ㄷ-ㅁ-ㄱ-ㄴ-ㄹ
④ ㄷ-ㅁ-ㄹ-ㄱ-ㄴ

일일 모고 영어 제11회

합격까지 박문각

반드시 합격 진가영 영어

01 밑줄 친 부분에 들어갈 말로 가장 적절한 것은?

Her natural ____ and friendly personality made her very popular among her colleagues, who enjoyed working with her.

① charm ② bitterness
③ irritation ④ anger

02 밑줄 친 부분에 들어갈 말로 가장 적절한 것은?

The manager's ____ approach to problem-solving inspired the team to think creatively and find innovative solutions.

① meticulous ② electronic
③ innovative ④ hasty

03 밑줄 친 부분에 들어갈 말로 가장 적절한 것은?

The professor's ____ lecture captivated the students, making complex theories easy to understand.

① monotonous ② engaging
③ tedious ④ dull

04 밑줄 친 부분에 들어갈 말로 가장 적절한 것은?

The contract stated the terms of payment in an ____ manner, leaving no room for misunderstanding.

① ambiguous ② implicit
③ explicit ④ vague

05 밑줄 친 부분에 들어갈 말로 가장 적절한 것은?

The senator's decision to ____ from the committee was influenced by personal reasons, leading to a search for his replacement.

① resign ② retain
③ promote ④ appoint

06 밑줄 친 부분에 들어갈 말로 가장 적절한 것은?

Several outdated documents __________ to make space for new files in the office storage room.

① has been discarded
② have been discarded
③ have discarded
④ has discarded

07 밑줄 친 부분 중 어법상 옳지 않은 것은?

Liam ① <u>was laying</u> on the couch when he heard a strange noise outside the window. He ② <u>quickly</u> got up and looked out, but he couldn't see anything in the dark. Curious, he decided ③ <u>stepping</u> outside to check, only to find his little brother ④ <u>hiding</u> behind the bushes. "What are you doing here so late?" Liam asked, surprised.

08 밑줄 친 부분에 들어갈 말로 가장 적절한 것은?

A: Good morning! Can I help you with your check-in today?
B: Hi, yes, I'm flying to New York. This is my first time traveling internationally.
A: That's exciting! Do you have your passport and ticket ready?
B: Yes, here they are. Do I need to show anything else?
A: Just your boarding pass. And if you're carrying any liquids, make sure they are in containers of 100 milliliters or less and packed in a clear plastic bag.
B: Got it! ____________
A: It's best to arrive at least 30 minutes before your flight.

① What time does the flight depart?
② How long before my flight should I arrive at the gate?
③ When did you get your passport issued?
④ When did the flight depart?

[09-10] 다음 글을 읽고 물음에 답하시오.

(A)

Are you looking for a way to enhance your professional skills and advance your career?

The Global Leadership Institute is proud to introduce a series of Executive Development Workshops designed to <u>empower</u> professionals with the tools and knowledge needed to excel in today's competitive business environment. These workshops are tailored to help participants build leadership capabilities, improve decision-making, and foster innovation.

Workshop Details:

- Strategic Leadership: Learn how to lead teams effectively and drive organizational success.
- Data-Driven Decision Making: Master the art of using data to make informed business decisions.
- Innovation and Creativity: Explore techniques to foster a culture of innovation within your organization.

Schedule:

- Strategic Leadership: Mondays, 6:00 P.M.-8:00 P.M.
- Data-Driven Decision Making: Wednesdays, 6:00 P.M.-8:00 P.M.
- Innovation and Creativity: Fridays, 6:00 P.M.-8:00 P.M.

All workshops will be held at the Global Leadership Institute, located at 456 Business Avenue. The cost is $200 per workshop or $500 for access to all three.

To register, visit www.gliworkshops.com or call (555) 987-6543 for more information.

09 (A)에 들어갈 윗글의 제목으로 가장 적절한 것은?
① Affordable Professional Training Programs
② Join the Global Leadership Institute Today
③ A Guide to Career Advancement for Beginners
④ Unlock Your Potential with Development Workshops

10 밑줄 친 "empower"의 의미와 가장 가까운 것은?
① enable
② restrict
③ discourage
④ complicate

일일 모고 한국사 제11회

합격까지 박문각
가장 빠른 한국사
한국사 박기훈

01 **다음 글의 입장에 따른 역사연구방법으로 옳지 않은 것은?**

> ○ 랑케의 주장을 따르는 역사연구이다.
> ○ 역사가는 자신을 죽이고 과거에 있었던 사실 그대로를 밝혀야 한다는 입장이다.
> ○ 독어의 Geschichte는 '어떤 일이 일어났다'라는 말에서 나온 명사이다.

① 고려를 중세사회로 보는 근거를 찾기 위해 통일신라시대와 고려시대를 비교하였다.
② 고대 무역항인 당항성에 가서 토성의 길이를 측정하였다.
③ 고려시대 관료 중에서 과거 합격자와 문음으로 등용된 사람의 명단을 정리하였다.
④ 돌무지무덤인 서울 석촌동 고분과 만주의 장군총을 비교하였다.

02 **청동기의 형태가 (가)에서 (나)로 바뀔 당시의 사회 변화에 대한 설명으로 옳은 것은?**

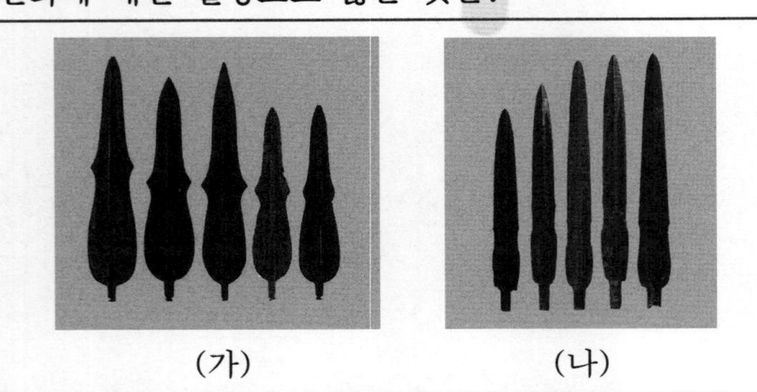

(가) (나)

① 농경 생활이 시작되면서 정착 생활이 가능하게 되었다.
② 선민 사상을 지닌 군장이 출현하여 주변 부족을 정복하였다.
③ 철제농기구의 사용으로 농업이 발달하여 경제기반이 확대되었다.
④ 농업의 발달로 사유 재산이 축적되면서 빈부의 격차가 발생하기 시작하였다.

03 **다음 보기에서 제시한 풍속을 가진 국가에 대한 설명으로 가장 옳지 않은 것은?**

> 형벌은 엄격하고 각박하여 사람을 죽인 자는 사형에 처하고, 그 가족은 적몰(籍沒)하여 노비로 삼았다. 도둑질을 하면 (도둑질한 물건의) 12배를 배상하게 하였다. 남녀 간에 음란한 짓을 하거나 부인이 투기하면 모두 죽였다. 투기하는 것을 더욱 미워하여 죽이고 나서 그 시체를 나라의 남산에 버려서 썩게 하였다. 친정집에서 (그 부인의 시체를) 가져가려면 소와 말을 바쳐야 하였다.
>
> –『삼국지』 위지 동이전 –

① 다른 부족의 생활권을 침범하지 못하게 하였다.
② 사람을 죽여서 순장을 하는데, 많을 때는 백여 명이나 되었다.
③ 중대한 범죄자가 있으면 제가 회의를 통해 사형에 처하고, 그 가족을 노비로 삼았다.
④ 제사장인 천군은 신성 지역인 소도에서 농경과 종교에 대한 의례를 주관하였다.

04 **삼국시대 연표에서 ㉮시기에 있었던 사실은?**

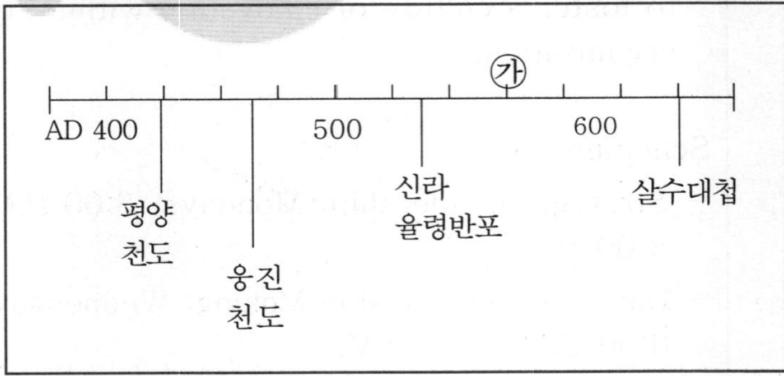

① 나 · 제 동맹의 성립
② 백제의 평양성 공격
③ 위나라 관구검의 침입
④ 북한산 순수비의 건립

05 **다음 통일신라와 발해의 경제 및 대외 교류에 대한 설명으로 옳은 것만을 모두 고르면?**

> ㉠ 발해 – 해로와 육로를 통해 당과 교류하였다.
> ㉡ 발해 – 세금 수취를 위해 민정 문서를 작성하였다.
> ㉢ 통일신라 – 모피, 말 등이 주요 수출품이었다.
> ㉣ 통일신라 – 산둥 반도에 신라방, 신라촌 등이 생겨났다.

① ㉠, ㉡ ② ㉠, ㉣
③ ㉡, ㉢ ④ ㉢, ㉣

06 고려 불교에 대한 설명으로 옳은 것은?

> ㉠ 왕건은 승려의 수를 제한하기 위하여 승과(僧科)를 실시하였다.
> ㉡ 의천은 국청사(國淸寺)를 중심으로 해동천태종을 창시하였다.
> ㉢ 지눌은 수선사(修禪社)를 중심으로 불교 개혁 운동을 주도하였다.
> ㉣ 요세(了世)는 백련사(白蓮社)를 조직하여 선종을 전파하였다.

① ㉠, ㉡
② ㉡, ㉢
③ ㉡, ㉣
④ ㉢, ㉣

07 조선전기의 군사제도에 대한 설명으로 옳은 것은?

> ㉠ 지방군은 육군과 수군으로 나뉘어져 있었다.
> ㉡ 중앙군인 5위가 궁궐의 수비와 수도의 방비를 담당하였다.
> ㉢ 잡색군은 유사시 조직되는 예비군으로 농민과 노비들로만 구성되었다.
> ㉣ 양반은 원칙적으로 군역을 지지 않았다.

① ㉠, ㉡
② ㉠, ㉢
③ ㉡, ㉢
④ ㉡, ㉣

08 다음은 일제의 침탈이 노골화되던 시기에 구국 운동을 전개한 사회단체에 대한 설명이다. 단체명을 바르게 나열한 것은?

> ㉠ 일본의 황무지 개간권 요구를 저지하기 위한 반일 규탄 시위를 전개하여 이에 성공하였다. 이후 협동회로 발전 하였으나, 일제의 탄압으로 해산되고 말았다.
> ㉡ 유신한 국민이 통일 연합하여 유신한 자유 문명국을 성립하자는 취지로 설립되었다.
> ㉢ 국권 회복을 목표로 교육과 식산 활동을 전개한 단체로 윤효정, 장지연 등이 주도하였다.

	㉠	㉡	㉢
①	보안회	신민회	대한 자강회
②	헌정 연구회	대한 자강회	대한 협회
③	보안회	헌정 연구회	신민회
④	대한 자강회	신민회	대한 협회

09 다음 사실들을 시기 순으로 바르게 나열한 것은?

> ㉠ 김좌진을 중심으로 한 신민부가 조직되었다.
> ㉡ 민족협동전선론에 따라 신간회가 조직되었다.
> ㉢ 노동 조건의 개선을 요구한 원산 노동자 총파업이 일어났다.
> ㉣ 관동대지진이 발생하여 많은 조선인 학살이 자행되었다.

① ㉠ → ㉡ → ㉣ → ㉣
② ㉠ → ㉣ → ㉢ → ㉡
③ ㉣ → ㉠ → ㉡ → ㉢
④ ㉣ → ㉢ → ㉠ → ㉡

10 밑줄 친 식민사학의 정체성론을 세계사적 이론으로 강하게 반박한 사학자의 활동은?

> 정체성론은 여러 정치적 사회적 변화를 겪으면서도 능동적으로 발전하지 못하였으며, 개항 당시 조선사회가 10세기 말 고대 일본의 수준과 비슷하다는 주장이다. 특히 근대 사회로 이행하는데 필수적인 봉건 사회가 형성되지 못하여 사회 · 경제적으로 낙후한 상태를 벗어나지 못하고 있다는 것이다. 이러한 주장은 우리나라의 근대화를 위해서는 일본의 역할이 필요하다는 침략 미화론으로 이어졌다.

① 한국사가 세계사의 보편적 발전법칙에 입각하여 발전하였음을 강조하였다.
② 조선학 운동의 일환으로 정약용의 문집을 모아 '여유당전서'를 편찬하였다.
③ 고대사 연구에 초점을 맞추었으며 민족주에 입각한 정신사관을 주장하였다.
④ 민족의 고유한 문화 전통과 정신을 강조하여 민족독립의 정신적 기반을 마련하였다.

일일 모고 행정법 제11회

01 **행정행위의 기간에 대한 설명으로 옳지 않은 것은? (다툼이 있는 경우 판례에 의함)**

① 사도개설허가에서 정해진 공사기간은 사도개설허가 자체의 존속기간을 정한 것이라 볼 수 있으므로 공사기간 내에 사도로 준공검사를 받지 못하였다면 사도개설허가는 당연히 실효된다.

② 기부채납 받은 행정재산에 대한 사용·수익허가에서 공유재산의 관리청이 정한 사용·수익허가의 기간은 그 허가의 효력을 제한하기 위한 행정행위의 부관으로서 독립하여 행정소송의 대상으로 삼을 수 없다.

③ 도로점용허가의 점용기간은 행정행위의 본질적인 요소에 해당한다고 볼 것이어서 부관인 점용기간을 정함에 있어서 위법사유가 있다면 이로써 도로점용허가처분 전부가 위법하게 된다.

④ 허가에 붙은 기한이 그 허가된 사업의 성질상 부당하게 짧은 경우에는 이를 그 허가 자체의 존속기간이 아니라 그 허가조건의 존속기간으로 보아 그 기한이 도래함으로써 그 조건의 개정을 고려한다는 뜻으로 해석할 수 있다.

02 **행정행위의 하자에 대한 설명으로 옳지 않은 것은? (다툼이 있는 경우 판례에 의함)**

① 적법한 건축물에 대한 철거명령은 그 하자가 중대하고 명백하여 당연무효이므로 그 후행행위인 건축물철거 대집행계고처분 역시 당연무효이다.

② 임용 당시 법령상 공무원임용 결격사유가 있었더라도 임용권자의 과실에 의하여 임용결격자임을 밝혀내지 못한 경우라면 그 임용행위가 당연무효가 된다고 할 수는 없다.

③ 구 「학교보건법」상 학교환경위생정화구역에서의 금지행위 및 시설의 해제 여부에 관한 행정처분을 하면서 학교환경위생정화위원회의 심의를 누락한 흠은 행정처분을 위법하게 하는 취소사유가 된다.

④ 「공인중개사법」 위반으로 업무정지처분을 받고 그 업무정지기간 중 중개업무를 하였다는 이유로 중개사무소개설등록취소처분을 받은 경우, 양 처분은 그 내용과 효과를 달리하는 독립된 행정처분으로서 서로 결합하여 1개의 법률효과를 완성하는 때에 해당한다고 볼 수 없다.

03 **행정상 계약에 대한 설명으로 옳지 않은 것은? (다툼이 있는 경우 판례에 의함)**

① 「국가를 당사자로 하는 계약에 관한 법률」에 따라 국가가 당사자가 되는 이른바 공공계약은 사경제 주체로서 상대방과 대등한 위치에서 체결하는 사법상 계약에 해당한다.

② 「공익사업을 위한 토지 등의 취득 및 보상에 관한 법률」상 협의취득은 공공사업에 필요한 토지 등을 그 소유자와의 협의에 의하여 취득하는 것으로서 공공기관이 사경제주체로서 행하는 사법상 매매 내지 사법상 계약의 실질을 가진다.

③ 「지방공무원법」상 지방전문직공무원 채용계약에서 정한 채용기간이 만료한 경우에는 채용계약의 갱신이나 기간연장 여부는 기본적으로 지방자치단체장의 재량이다.

④ 지방자치단체의 관할구역 내에 있는 각급 학교에서 학교회계직원으로 근무하는 것을 내용으로 하는 근로계약은 공법상 계약에 해당한다.

04 **취소소송의 대상이 되는 처분등에 대한 설명으로 옳은 것은? (다툼이 있는 경우 판례에 의함)**

① 검찰총장이 사무검사 및 사건평정을 기초로 「대검찰청 자체감사규정」에 근거하여 검사에 대하여 하는 '경고조치'는 항고소송의 대상이 되는 처분에 해당한다.

② 국가인권위원회의 진정에 대한 각하 및 기각결정은 항고소송의 대상이 되는 행정처분에 해당하지 않는다.

③ 「공유재산 및 물품 관리법」에 근거하여 공모제안을 받아 이루어지는 민간투자사업 우선협상대상자 선정행위는 강학상 확약에 해당하고 항고소송의 대상이 되는 행정처분에 해당하지 않는다.

④ 사인 간의 법률관계의 존부를 공적으로 증명하는 법무법인의 공증행위는 항고소송의 대상이 되는 처분이다.

05 **행정소송에 대한 설명으로 옳지 않은 것은? (다툼이 있는 경우 판례에 의함)**

① 감사원의 변상판정처분에 대하여서는 행정소송을 제기할 수 없고, 재결에 해당하는 재심의 판정에 대하여서만 감사원을 피고로 하여 행정소송을 제기할 수 있다.

② 처분서가 처분상대방의 주소지에 송달되는 등 사회통념상 처분이 있음을 처분상대방이 알 수 있는 상태에 놓인 때에는 반증이 없는 한 처분상대방이 처분이 있음을 알았다고 추정할 수 있다.

③ 집행정지결정을 한 후 본안소송이 취하되어 소송이 계속하지 아니한 것으로 되더라도 법원의 취소결정이 없는 한 집행정지결정의 효력이 당연히 소멸되는 것은 아니다.

④ 법원이 어느 하나의 사유에 의한 과징금부과처분에 대하여 그 사유와 기본적 사실관계의 동일성이 인정되지 아니하는 다른 처분사유가 존재한다는 이유로 적법하다고 판단하는 것은 특별한 사정이 없는 한 직권심사주의의 한계를 넘는 것으로서 허용될 수 없다.

06 **사인의 공법행위에 대한 설명으로 옳지 않은 것은? (다툼이 있는 경우 판례에 의함)**

① 「행정절차법」 제17조 제5항은 행정청으로 하여금 신청에 대하여 거부처분을 하기 전에 반드시 신청인에게 신청의 내용이나 처분의 실체적 발급요건에 관한 사항까지 보완할 기회를 부여하여야 할 의무를 정한 것은 아니다.

② 정신과의원을 개설하려는 자가 법령에 규정되어 있는 요건을 갖추어 개설신고를 한 때에, 행정청은 원칙적으로 이를 수리하여 신고필증을 교부하여야 하고, 법령에서 정한 요건 이외의 사유를 들어 의원급 의료기관 개설신고의 수리를 거부할 수는 없다.

③ 신청에 있어서 보완의 대상이 되는 흠은 보완이 가능한 경우이어야 함은 물론이고, 그 내용 또한 형식적·절차적인 요건이어야 하므로, 실질적인 요건에 관한 흠이 있는 경우라면 그것이 민원인의 단순한 착오나 일시적인 사정 등에 기한 경우라도 보완의 대상이 되지 아니한다.

④ 행정청은 신청인의 편의를 위하여 다른 행정청에 신청을 접수하게 할 수 있다. 이 경우 행정청은 다른 행정청에 접수할 수 있는 신청의 종류를 미리 정하여 공시하여야 한다.

07 **「질서위반행위규제법」에 대한 설명으로 옳은 것은?**

① 신분에 의하여 성립하는 질서위반행위에 신분이 없는 자가 가담한 때에는 신분이 없는 자에 대하여는 질서위반행위가 성립하지 않는다.

② 신분에 의하여 과태료를 감경 또는 가중하거나 과태료를 부과하지 아니하는 때에는 그 신분의 효과는 신분이 없는 자에게도 미친다.

③ 행정청에 의해 부과된 과태료는 질서위반행위가 종료된 날(다수인이 질서위반행위에 가담한 경우에는 최종행위가 종료된 날을 말한다)부터 5년간 징수하지 아니하거나 집행하지 아니하면 시효로 인하여 소멸한다.

④ 법원이 심문 없이 과태료 재판을 하고자 하는 때에는 당사자와 검사는 특별한 사정이 없는 한 약식재판의 고지를 받은 날부터 7일 이내에 이의신청을 할 수 있다.

08 **행정절차에 대한 설명으로 옳은 것은? (다툼이 있는 경우 판례에 의함)**

① 구「공중위생법」상 유기장업허가취소처분을 함에 있어서 두 차례에 걸쳐 발송한 청문통지서가 모두 반송되어 온 경우, 처분의 상대방이 청문일시에 불출석하였다는 이유로 청문을 거치지 않고 한 침해적 행정처분은 적법하다.

② 행정청이 처분절차를 준수하였는지는 취소소송의 본안에서 고려할 요소이지, 소송요건 심사단계에서 고려할 요소가 아니다.

③ 「공무원연금법」상 퇴직연금 지급정지 사유기간 중 수급자에게 지급된 퇴직연금의 환수결정은 당사자에게 의무를 과하는 처분으로, 퇴직연금의 환수결정에 앞서 당사자에게 의견진술의 기회를 주지 아니하면 「행정절차법」에 반한다.

④ 묘지공원과 화장장의 후보지를 선정하는 과정에서 추모공원건립추진협의회가 후보지 주민들의 의견을 청취하기 위하여 그 명의로 개최한 공청회는 「행정절차법」에서 정한 절차를 준수하여야 한다.

09 **정보공개에 대한 설명으로 옳지 않은 것은? (다툼이 있는 경우 판례에 의함)**

① 정보의 공개 및 우송 등에 드는 비용은 실비의 범위에서 청구인이 부담한다.

② 공공기관은 공개 청구된 공개대상정보의 전부 또는 일부가 제3자와 관련이 있다고 인정할 때에는 그 사실을 제3자에게 지체 없이 통지하여야 하며, 공개 청구된 사실을 통지받은 제3자는 그 통지를 받은 날부터 10일 이내에 해당 공공기관에 대하여 자신과 관련된 정보를 공개하지 아니할 것을 요청할 수 있다.

③ 구「학교폭력예방 및 대책에 관한 법률」에 따른 학교폭력대책자치위원회의 회의록은 「공공기관의 정보공개에 관한 법률」 소정의 '공개될 경우 업무의 공정한 수행에 현저한 지장을 초래한다고 인정할 만한 상당한 이유가 있는 정보'에 해당한다.

④ 사면대상자들의 사면실시건의서와 그와 관련된 국무회의 안건자료는 공개대상이 되는 정보이다.

10 **국가배상에 대한 설명으로 옳지 않은 것은? (다툼이 있는 경우 판례에 의함)**

① 영조물의 설치·관리상의 하자로 인한 손해의 원인에 대하여 책임을 질 사람이 따로 있는 경우에는 국가·지방자치단체는 그 사람에게 구상할 수 있다.

② 영조물의 설치·관리자와 비용부담자가 다른 경우 피해자에게 손해를 배상한 자는 내부관계에서 그 손해를 배상할 책임이 있는 자에게 구상할 수 있다.

③ 피해자에게 손해를 직접 배상한 경과실이 있는 공무원은 특별한 사정이 없는 한 국가에 대하여 국가의 피해자에 대한 손해배상책임의 범위 내에서 공무원이 변제한 금액에 관하여 구상권을 취득한다.

④ 국가가 가해 공무원에 대하여 구상권을 행사하는 경우 국가가 배상한 배상액 전액에 대하여 구상권을 행사하여야 한다.

일일 모고 행정학 제11회

합격까지 박문각

빠른 고득점 합격 행정학 이명훈

01 정치 · 행정 이원론에 대한 설명으로 옳지 않은 것은?
① 행정은 전통적인 당파정치에서 분리되어 전문적 · 과학적 관리 중심이어야 한다.
② 특히 미국에서는 1880년대의 공무원제도 개혁의 중심이론으로 작용했다.
③ 이원론의 대표학자인 윌슨(W. Wilson)은 당시 미국의 진보주의와 유럽식 중앙집권국가의 관리이론에 영향을 받았다.
④ 행정은 원리에 충실하면서 국가의사를 과학적 원칙과 원리에 따라서 결정하여야 한다.

02 현상학적 행정연구에 대한 설명으로 옳지 않은 것은?
① 자연현상과 사회현상을 명확하게 구별하고 서로 다른 연구방법이 필요하다고 보았다.
② 인간을 주어진 환경에 대해 객관적으로 받아들이는 능동적 존재로 보았다.
③ 조직을 인간의 의도적인 행위에 의해 구성되는 가치함축적인 행위의 집합물로 보았다.
④ 사회구성원들 간의 상호작용을 통한 주관적 경험으로서의 현상을 강조하였다.

03 정부규제에 대한 설명으로 옳지 않은 것은?
① 윌슨(J. Q. Wilson)의 규제정치상황 중 고객정치상황은 규제형성이 용이하고 강력한 집행이 이루어지기 쉽다.
② 사회적 규제인 환경규제와 관련하여 시장유인적 규제방식이 명령지시적 규제방식보다 효과적이지만 정치적 수용성은 낮은 것으로 알려져 있다.
③ 독과점 규제는 시장경쟁을 촉진하기 위한 규제로 경쟁을 통해 기업의 행위를 규제한다는 점에서 가격규제나 진입규제 등의 경제적 규제와 차이를 보인다.
④ 네거티브 규제방식이 포지티브 규제방식보다 피규제자의 자율성이 높다.

04 정책분석활동의 핵심은 정책대안의 결과에 대한 예측이다. 주관적 미래예측기법인 것은?
① 회귀분석
② 교차영향분석
③ 경로분석
④ 시계열분석

05 「정부업무평가기본법」에 의한 정부업무 평가제도에 대한 설명으로 옳은 것만을 모두 고르면?

> ㉠ 특정평가란 국정통합관리를 위하여 2이상의 중앙행정기관 관련 시책, 주요 현안 시책, 혁신관리 및 대통령령이 정하는 대상 부분에 대하여 국무총리가 실시하는 평가를 말한다.
> ㉡ 행정안전부장관은 지방자치단체에 대한 합동평가를 효율적으로 추진하기 위해 행정안전부장관 소속하에 지방자치단체합동평가위원회를 설치 · 운영할 수 있다.
> ㉢ 지방자치단체합동평가위원회는 위원의 3분의 2 이상은 민간전문가로 구성하여야 하며, 위원장은 행정안전부장관이 한다.
> ㉣ 공공기관에 대한 평가는 공공기관의 특수성 · 전문성을 고려하고 평가의 객관성 및 공정성을 확보하기 위하여 공공기관의 장 소속 하에 자체평가위원회를 구성하여 평가하여야 한다.

① ㉠, ㉡
② ㉢, ㉣
③ ㉠, ㉢
④ ㉠, ㉣

06 집권화와 분권화의 형성요인에 관한 비교 설명으로 옳지 않은 것은?
① 조직의 규모가 커질수록 조직의 문제가 복잡해져 분권화의 필요성이 높아진다.
② 교통 · 통신의 발달로 상호 유기적인 연계가 강화되면서 분권화가 이루어진다.
③ 하위조직단위 간 횡적조정이 어려워 이를 조정해야 하는 경우 집권화의 필요성이 높아진다.
④ 역사가 짧은 신설 조직은 선례가 없기 때문에 설립자의 지시에 의존하게 되어 집권화의 경향을 가진다.

07 목표관리제(MBO)의 효용과 한계에 대한 설명으로 옳지 않은 것은?
① 상사와 부하의 공동참여에 의한 목표설정을 통하여 목표에 대한 인식을 공유할 수 있으며 부하의 참여의식을 제고할 수 있다.
② 목표의 상대적 가치평가와 목표달성도의 계량화가 곤란하여 주관적 평가의 위험이 있으므로 공공부문에 대한 적용이 어렵다.
③ 수평적 의사소통 체계보다 수직적 의사소통 체계를 개선하는데 더욱 유리하다.
④ 단기적 목표보다 장기적 목표에 대한 조직 구성원들의 관심을 유도하는데 도움을 준다.

08 A과장이 B공무원의 근무성적 평정을 수행함에 있어서 B는 명문대학 출신이기 때문에 당연히 업무처리능력이 우수할 것이라는 선입견을 가지고 근무성적평정 시 높은 점수를 주었다면, A과장이 범한 오류에 가장 가까운 것은?

① 상동적 오차(stereotyping)

② 총계적 오차(total error)

③ 유사오차

④ 이기적 착오(self-serving bias)

09 예산안 편성과정에 대한 설명으로 옳지 않은 것은?

① 각 중앙관서의 장은 매년 1월 31일까지 당해 회계연도부터 5회계연도 이상의 기간 동안의 계속사업에 대한 중기사업계획서를 국무회의에 보고해야 한다.

② 기획재정부장관은 국무회의의 심의를 거쳐 대통령의 승인을 얻은 다음 연도의 예산안편성지침을 3월 31일까지 각 중앙관서의 장에게 통보해야 한다.

③ 기획재정부장관은 각 중앙관서의 장에게 통보한 예산안편성지침을 국회예산결산특별위원회에 보고해야 한다.

④ 정부는 대통령의 승인을 얻은 예산안을 회계연도 개시 120일 전까지 국회에 제출해야 한다.

10 지방자치단체의 계층구조 중 중층제의 장점으로 옳지 않은 것은?

① 국가와 기초자치단체 간의 원활한 관계 유지 가능

② 업무수행의 신속성 확보

③ 공공기능의 분업적 수행 가능

④ 광역자치단체가 기초자치단체 기능 보완

2025 공무원 시험대비 【6회차】

박문각 일일 모의고사

-제12회-

국어 · 영어 · 한국사

행정법 · 행정학

이 름 : ______________________

학습관 : ______________________

합격
예측

답안 입력 및 성적 조회는 PC, 모바일에서 모두 가능합니다.

★ PC: pass.pmg.co.kr | ★ 모바일 앱: 박문각 합격관리

일일 모고 국어 제12회

합격까지 박문각

赤功 국어
적중 혜선

01 다음 중 표준 언어 예절로 적절한 문장은?

① (교수님께 학생이) 그동안 수고하셨습니다.

② 어머니, 할머니께 주말에 뵈러 가겠다고 말씀드렸어요.

③ 자네 선친께서는 요즘 건강하신가?

④ (청첩장에서) 귀하를 이번 행사에 꼭 모시고자 하오니 많이 참석해 주시기 바랍니다.

02 주체 높임이 실현되지 않은 문장은?

① 할아버지는 노인정에 가셨다.

② 선생님을 모시러 교무실에 갔다.

③ 원래 어머니의 청력은 좋으셨다.

④ 고향에 계신 어머니를 그리워했다.

03 가장 자연스러운 문장은?

① 우리의 문제는 구체적인 계획 없이 지나치게 낙관적이다.

② 우리는 훌륭한 문화유산을 후손에게 물려주어야 할 책임이 있다.

③ 그들은 실적 평가 거부와 월급 인상을 요구하였다.

④ 부모님의 이사 결정에는 집값 하락에 대한 우려가 컸다.

04 다음 글의 고쳐 쓰기 계획으로 적절하지 않은 것은?

> 농업 사회였던 과거에는 홍수나 가뭄 같은 자연재해를 ㉠ <u>익숙하면서도 위험한 재해로 생각되어졌다</u>. ㉡ <u>그러므로</u> 최근의 조사에 의하면, 사람들은 황사, 폭염과 같은 재해를 더 위험한 재해로 인식하고 있다. ㉢ <u>인간이 지구의 대기와 바다에 미친 영향으로 자연재해의 빈도와 강도가 높아졌다는 견해도 있다</u>. ㉣ <u>이는 오늘날에는 산업 사회와 관련된 자연재해에 더 민감하게 반응하고 있음을 알 수 있다</u>.

① ㉠: 이중 피동 표현이 불필요하게 쓰였으므로 '생각되었다'로 고친다.

② ㉡: 접속 표현의 사용이 적절하지 않으므로 '그러나'로 고친다.

③ ㉢: 글의 흐름상 적절하지 않은 문장이므로 삭제한다.

④ ㉣: 주어와 서술어가 호응하지 않으므로 '알 수 있다'를 '보여준다'로 고친다.

05 다음 글을 통해 추론할 수 없는 것은?

> 현대의 부모는 자녀에 가문의 대를 잇거나 명예를 드높이는 목표를 부여하지 않는다. 자녀는 어떤 성취로부터가 아니라 그 존재 자체와 양육 행위로부터 부모에게 정서적인 충족감을 주는 존재가 되었다. 이에 부모는 대개 한두 명의 자녀를 두며, 자녀와 깊은 정서적 유대감을 형성할 수 있는 경험에 가치를 부여한다.
>
> 이러한 변화의 가장 큰 요인으로 지목되는 것은 여성이 직장에 나가는 것이 일반화되었다는 것이다. 부모 모두 직장 생활을 하게 되었다는 것은 더 많은 사람이 육아와 직업상의 성취 사이에서 갈등을 겪게 되었다는 것을 의미한다. 그러나 이는 더 많은 사람이 직장 생활을 통해 자아를 성취할 수 있게 되었다는 것을 의미하기도 한다. 직장에서 일하는 현대의 여성은 전근대의 여성들에 비해 자녀와 더 적은 시간을 보내고 싶어 한다. 이는 경제력이 가장 중시되었던 전근대 남성과는 달리, 현대 남성들에게는 육아 참여의 중요성이 점점 더 커지고 있다는 것을 의미한다. 온전히 육아에 시간을 썼던 여성들이 직장에서 시간을 보내게 되면서, 현대의 부모에게는 일과 육아의 균형을 조정하는 것이 요구된다.

① 현대의 부모는 한정된 시간 내에서 자녀와 밀도 높은 정서적 유대감을 쌓을 수 있는 경험에 높은 가치를 부여하게 되었다.

② 현대의 남성은 육아와 직업상의 성취 사이에서 점점 더 큰 갈등을 겪고 있다.

③ 현대의 자녀 한 명은 과거의 자녀 한 명보다 부모에게 더 큰 만족감을 주고 있다.

④ 현대의 여성은 자녀의 성취를 통해서가 아니라 직장을 통해서 스스로 자아 실현을 할 수 있는 존재가 되었다.

06 다음 명제가 모두 참일 때, 항상 참인 것은?

> ○ 호랑이를 좋아하는 사람은 망아지도 좋아한다.
> ○ 호랑이를 좋아하지 않는 사람은 새를 좋아한다.
> ○ 망아지를 좋아하는 사람은 하마를 좋아하지 않는다.

① 새를 좋아하는 사람은 호랑이를 좋아하지 않는다.

② 하마를 좋아하는 사람은 호랑이를 좋아하지 않는다.

③ 망아지를 좋아하지 않는 사람은 하마를 좋아한다.

④ 망아지를 좋아하지 않는 사람은 새를 좋아하지 않는다.

07 **밑줄 친 표현이 ㉠의 의미와 가장 유사한 것은?**

어머니는 자식 손을 꼭 ㉠ 잡으셨다.

① 나는 개구리를 잡아다가 닭에게 먹였다.
② 그는 개를 잡아 개장국을 끓였다.
③ 친구 둘은 멱살을 잡고 싸웠다.
④그는 카메라로 아기의 웃는 모습을 잘 잡았다.

08 **㉠ ~ ㉣과 바꿔쓸 수 있는 유사한 표현으로 적절하지 않은 것은?**

(가) 그는 인쇄소를 경영하는 한편 신문도 ㉠ 펴냈다.
(나) ㉡ 물러날 시기를 바로 아는 것은 현명한 일이다.
(다) 그는 그동안 끼친 피해를 그녀에게 ㉢ 갚기 위해서 노력했다.
(라) 허가 없이 외국 농산물을 국내에 ㉣ 들여오는 것은 금지되어 있다.

① ㉠: 발행했다
② ㉡: 은퇴할
③ ㉢: 보상하기
④ ㉣: 반출하는

09 **㉠을 설명할 수 있는 예로 가장 적절한 것은?**

관점은 '보는 각도'나 '보는 위치'를 의미한다. 관점은 대상의 인식에서 매우 중요한 역할을 수행한다. 동일한 대상도 관점에 따라 다르게 보이기 때문이다. 역사의 인식에서도 관점은 매우 중요하다. 역사에서 관점은 일차적으로는 거리나 각도의 문제라 할 수 있다. 이것은 우리가 대상을 멀리서 보거나 가까이서 볼 때, 혹은 우리가 대상의 다른 면은 보지 못하고 바로 그 한 면만을 보게 될 때 동일한 대상을 다르게 보게 된다는 것이다. 이것을 특별히 일컬어 ㉠조망적 관점이라 할 수 있다.

조망적 관점은 인식의 객관주의와 양립 가능하다. 우리가 사물을 아무리 다양한 관점에서 바라보고 그 결과 서로 다른 판단을 내린다 하더라도 그것은 자의적 견해의 투사나 허구가 아니라 여전히 어떤 국면에서 본 사물의 모습일 것이기 때문이다. 또 우리가 사물을 멀리서 볼 때와 가까이서 볼 때 모습이나 크기가 다르다 할지라도 관점의 조정을 통해 사물의 객관적 인식에 도달할 수 있기 때문이다. 예컨대 북극성은 태양보다 작아 보이지만, 우리는 북극성이 태양보다 훨씬 먼 거리에 있기 때문에 작게 보일 뿐 실제로는 태양보다 몇 십 배나 크다는 사실을 잘 알고 있다. 멀리 있는 물체는 가까이 있는 물체보다 작아 보인다는 일반적인 사실을 알고 있기 때문에 우리는 사물을 볼 때 이점을 감안해서 볼 수 있고, 이런 시각의 교정을 통해 객관적 인식을 확보할 수 있다.

이를 위해서는 자신이 취한 관점에 대해서 반성과 비판을 가할 수 있어야 한다. 이성이란 바로 이런 자기비판의 능력을 가리키는 말이다. 이와 아울러 인식의 객관성이라는 문제는 인식의 완전성이라든가 인식의 전체성이라는 문제와 다르다는 것을 이해할 필요가 있다. 왜냐하면 부분적 진리는 탐구의 종국에 가서야 도달하게 될 절대적 진리는 아니지만 객관적 진리일 수 있기 때문이다.

① 시각적인 착각 현상에 의해 실제와 다르게 사물을 볼 수 있다.
② 밤에 손전등으로 사물을 비추면 손전등의 위치와 각도에 따라 보이는 모습이 다르다.
③ 개인의 심리 상태에 따라 동일한 사물이 다르게 인식될 때가 있다.
④ 무대 위의 어떤 배우에 스포트라이트를 비추면 그 배우의 모습이 강조된다.

10 **㉠~㉤을 올바른 순서에 따라 배열한 것은?**

우주선이 빠른 속도로 먼 거리를 이동하기 위해 행성가까이 이동하여 행성의 공전 속도를 이용하는 것을 '스윙바이'라 하는데 그 과정은 다음과 같다.

ㄱ. 빨라진 우주선이 우주 공간으로 날아갈 에너지를 충분히 얻었다면 우주선은 방향을 틀어 우주 공간으로 날아간다.
ㄴ. 우주 공간에는 마찰력이 거의 존재하지 않기에 우주선은 행성에서 얻은 운동 에너지를 바탕으로 우주 공간을 빠르게 이동할 수 있다.
ㄷ. 이 과정에서 행성의 중력도 우주선 속도를 증가시킨다.
ㄹ. 우주선이 스윙바이 대상인 행성에 접근할 때, 공전 방향과 우주선 방향이 달라 큰 폭의 속도 변화는 일어나지 않는다.
ㅁ. 우주선과 행성의 공전 방향이 같아지는 순간 행성의 운동 에너지를 우주선이 이용할 수 있어 큰 폭으로 우주선의 속도가 증가한다.

① ㄴ - ㄹ - ㄷ - ㅁ - ㄱ
② ㄹ - ㄷ - ㅁ - ㄱ - ㄴ
③ ㄴ - ㄱ - ㄹ - ㅁ - ㄷ
④ ㄹ - ㅁ - ㄷ - ㄱ - ㄴ

일일 모고 영어 제12회

합격까지 박문각

반드시 합격 진가영 영어

01 밀줄 친 부분에 들어갈 말로 가장 적절한 것은?

The garden was filled with vibrant colors as various flowers began to _____ in the spring sunshine.

① wither
② bloom
③ conceive
④ fade

02 밑줄 친 부분에 들어갈 말로 가장 적절한 것은?

The sudden increase in community volunteerism was a welcome change, moving many from __________ to active engagement.

① apathy
② empathy
③ sympathy
④ symphony

03 밑줄 친 부분에 들어갈 말로 가장 적절한 것은?

The manager decided to _____ the outdated files from the system to improve its efficiency.

① entitle
② aggregate
③ remove
④ distill

04 밑줄 친 부분에 들어갈 말로 가장 적절한 것은?

The children played near the _____, splashing in the cool water during the hot summer afternoon.

① crew
② chorus
③ cliff
④ creek

05 밑줄 친 부분에 들어갈 말로 가장 적절한 것은?

To reduce the _____ of accidents, the company implemented strict safety protocols in all its factories.

① hazard
② garage
③ fountain
④ asset

06 밑줄 친 부분에 들어갈 말로 가장 적절한 것은?

The families of the __________ sailors are desperately waiting for news, hoping they will be found safe after their ship sank during the storm.

① missed
② to miss
③ miss
④ missing

07 밑줄 친 부분 중 어법상 옳지 않은 것은?

If properly stored, broccoli will ① <u>stay</u> fresh for up to four days. The best way to store fresh bunches is to refrigerate them in an open plastic bag in the vegetable compartment, ② <u>whose</u> will give them the right balance of humidity and air, and ③ <u>help</u> preserve the vitamin C content. Don't wash the broccoli before storing it since moisture on its surface ④ <u>encourages</u> the growth of mold.

08 밑줄 친 부분에 들어갈 말로 가장 적절한 것은?

Tim

Excuse me, where can I find the baggage claim area?

Jane

It's just down this hallway to the right. Follow the signs for "Baggage Claim."

Tim

Thank you! Do I need to show my ticket to collect my luggage?

Jane

No, just your baggage claim ticket. When your luggage arrives, a screen will show the number of the carousel.

Tim

Got it. ________________

Jane

It depends, but usually about 15-20 minutes after your flight lands.

① Where do I check in my luggage?
② What items can I put in my luggage?
③ How long does it usually take for the bags to arrive?
④ What should I do if my luggage doesn't come out?

09 밑줄 친 부분에 들어갈 말로 가장 적절한 것은?

Habits and impulses are closely related. In fact, many people suffering from addictive behaviors, such as overeating, drug abuse, or alcohol addiction, claim they cannot derive pleasure from their habits. They argue that it is merely relentless desire that fuels their ongoing addictive behaviors. Generally, one of the hardest challenges people face when trying to change bad behaviors is ________. These impulses can dominate thought processes and disrupt daily activities, making the early stages of trying to change bad habits particularly difficult. Many people abandon their efforts to change because they feel that their quality of life is so severely affected by these impulses that they cannot function fully without their habits.

① expecting urges to appear timely
② reminding you of your good habit
③ forming a good habit in the beginning
④ dealing with occasional relentless impulses

10 다음 글의 주제로 가장 적절한 것은?

Today, in our efforts to solve the problems we face, we naturally rely on what we do best. One of our strengths is science and technology. We seek better methods of birth control to limit population growth and aim to develop new crops and more effective cultivation methods to prevent famine. Improved hygiene and medicine are expected to suppress diseases, while new ways to reduce or manage waste are hoped to decrease environmental pollution. However, despite these efforts, the situation continues to worsen, and it is disheartening to realize that science itself can have adverse effects. The advancements in hygiene and medicine have exacerbated population issues, war has become more terrifying with the advent of nuclear weapons, and the pursuit of happiness has, ironically, become a source of pollution.

① how to control a population explosion
② the limitation of science and technology
③ effective ways of preventing world famine
④ happiness based on science and technology

합격까지 **박문각**

일일 모고 한국사 제12회

가장 빠른 한국사
한국사 박기훈

01 신석기 시대와 관련 있는 생활 모습으로 옳은 것은?

① 홈자귀, 바퀴날 도끼등을 사용하여 농사를 지었다.
② 황해도 봉산 지탑리에서 탄화된 볍씨(쌀)가 발견되었다.
③ 주로 구릉 지대에 거주하면서 기장, 조, 수수, 벼 등을 재배하였다.
④ 여러 유적에서 가락바퀴가 발견되었다.

02 우리나라 초기 국가와 관련된 역사적 사실로 옳은 것만을 모두 고르면?

> ㉠ 고조선은 기원전 3세기경 부왕, 준왕 같은 강력한 왕이 등장하여 왕위를 세습하였다.
> ㉡ 부여는 남의 물건을 훔쳤을 때 물건값의 12배를 배상하게 하였다.
> ㉢ 고구려는 10월에 추수감사제인 동맹이라는 제천행사를 성대하게 거행하였다.
> ㉣ 옥저는 고구려에 공납을 바쳤으며 결국 고구려에 편입되었다.
> ㉤ 동예는 다른 부족의 경계를 침범할 경우 가축이나 노비로 변상해야 하는 풍습이 있었다.
> ㉥ 삼한에는 천군이 관장하는 소도가 있었는데, 죄인이 이곳으로 도망을 하여도 잡아가지 못하였다.

① ㉠, ㉡, ㉢
② ㉠, ㉡, ㉢, ㉣
③ ㉠, ㉡, ㉢, ㉣, ㉤
④ ㉠, ㉡, ㉢, ㉣, ㉤, ㉥

03 고대 국가에 대한 설명으로 옳지 않은 것은?

① 고구려는 태조왕과 고국천왕 때 중앙집권의 기초를 닦았다.
② 신라는 왕이라는 칭호를 사용하면서 김씨에 의한 왕위 계승권을 확립하였다.
③ 백제는 한강 유역으로 세력을 확장하려던 한의 군현을 막아내면서 성장하였다.
④ 가야는 풍부한 철의 생산과 낙랑과 규슈를 연결하는 중계무역이 발달하였다.

04 다음의 밑줄 친 '그'가 남긴 업적으로 옳은 것은?

> '그'는 계율을 어겨 아들을 낳은 후 속인의 옷으로 갈아입고 스스로 소성거사라 불렀다. …(중략)… 방방곡곡을 돌아다니며 노래와 춤을 통해 부처의 가르침을 전하였다. 이로 말미암아 가난하고 무지몽매한 사람들까지도 부처의 이름을 알게 되었고 나무아미타불을 외게 되었으니, '그'의 교화가 자못 크다. –『삼국유사』–

① 아미타 신앙을 전도하며 불교 대중화의 길을 열었다.
② 세속 5계를 지어 화랑도의 행동 규범을 제시하였다.
③ 황룡사 9층탑의 창건을 건의하여 호국 불교의 전통을 세웠다.
④ 화엄사상을 바탕으로 교단을 형성하여 제자를 양성하였다.

05 다음 고대 문화에 대한 설명으로 옳지 않은 것은?

① 중국 남조의 영향을 받은 송산리 고분의 벽돌무덤 중 하나에는 사신도 같은 벽화가 그려져 있다.
② 발해의 정효공주묘는 당의 영향을 받은 벽돌무덤이으로 용두산 고분군에서 발견되었다.
③ 통일 이후 신라는 불교의 영향으로 화장이 유행하였다.
④ 고구려의 고분 벽화는 초기에는 도교를 상징하는 그림이 많았으나, 후기로 갈수록 무덤 주인의 생활을 표현한 그림이 많아졌다.

06 (가)에 들어갈 나라의 사회 모습으로 옳지 않은 것은?

> 왕자 대봉예가 장계를 올려, ___(가)___이(가) 신라 위에 거(居)하기를 허락할 것을 청하였던 바, 그에 대한 칙지를 엎드려 보니,,, ___(가)___은(는) 원래 신의 나라와는 모래와 자갈처럼, 구름과 진흙처럼 차이가 심하거늘 …… 망령되이 의론을 펼침이 애초부터 두려워하여 꺼려함이 없었습니다. –「동문선」–

① 지배층은 왕족인 대씨와 귀족인 고씨 등의 고구려계 유민들이 대부분이었다.
② 지식인은 당에 유학하여 빈공과에 합격하기도 하였다.
③ 하층 촌락민은 고구려나 말갈 사회의 전통적인 생활 모습을 오랫동안 유지하였다.
④ 이 나라의 지도부는 고구려의 제도와 문화만을 수용하였다.

07 다음 내용을 주장한 인물과 그 정책에 대한 설명으로 옳은 것은?

> 중국의 제도는 준수하지 않을 수 없습니다. 그러나 천하의 습속은 각기 그 지역의 특성을 따르는 것이므로 모두 바꾸기 어려울 것 같습니다. 그 중 예악 · 시서의 가르침과 군신 · 부자의 도리는 마땅히 중국을 모범으로 삼아서 비루한 습속을 고치도록 하고, 그 나머지 거마와 의복 제도는 토착적인 풍속에 따를 수 있게 하여 사치와 검약을 적절히 할 것이고, 굳이 중국과 같이 할 필요는 없습니다.
>
> -『고려사절요』-

① 연등회와 팔관회 등 불교 행사를 중시하였다.

② 해방된 양민 일부를 노비로 환원하여 신분질서의 확립을 주장하였다.

③ 관등의 높고 낮음에 따라 전지와 시지를 지급할 것을 주장하였다.

④ 국왕을 황제로 칭하고 독자적인 연호 사용을 주장하였다.

08 다음과 같은 현상이 발생했던 시대의 사실로 옳은 것은?

> 재상 직에서 물러난 최충이 후진을 모아 교육에 힘을 쏟자, 학도들이 거리를 메우게 되었다. 이들을 9재(齋)로 나누니, 이를 시중 최공도라고 했다. 관리의 자제로서 과거에 합격하려는 자는 반드시 이 도(徒)에서 공부하였다. …(중략)… 배우는 것은 9경(經)과 3사(史)였다. -『고려사』-

① 태학과 경당에서 한학 및 유교경전을 교육하였다.

② 유교 경전의 이해를 3등급으로 나누어 평가하였다.

③ 중앙의 문신들에게 매월 시 3편과 부 1편을 지어 바치게 하였다.

④ 율학, 서학, 산학 등을 해당 관청에서 교육하였다

09 아래에서 설명하는 시기의 특징으로 옳지 않은 것은?

> ○ 전국을 5도와 양계, 경기로 크게 나누었다.
> ○ 도에는 안찰사, 계에는 병마사가 파견되었다.

① 문벌귀족은 중서문하성과 중추원의 요직을 장악하여 정국을 주도하였다.

② 조세나 공물의 징수와 노역 징발 등 실제적인 행정 사무는 향리가 담당하였다.

③ 조세는 토지의 비옥한 정도에 따라 3등급으로 나누어 부과하였다.

④ 민전은 매매, 상속, 기증, 임대 등이 가능한 사유지로서, 노비는 소유할 수 없었다.

10 다음 서적을 편찬한 왕의 업적으로 가장 옳은 것은?

> 중국과 우리나라의 서적에서 효자, 충신, 열녀를 각각 110명씩 찾아내 앞에는 그림을 뒤에는 사실을 기록하였으며, 모두 시를 붙였습니다.

① 사간원을 설치하여 대신을 견제하였다.

② 의정부에서 정책을 심의한 다음 합의된 사항을 왕에게 올리도록 하였다.

③ 『경국대전』이 완성되어 조선의 기본 통치 규범이 완성되었다.

④ 소리의 높낮이를 표현하는 정간보와 <악학궤범>을 편찬하였다.

일일 모고 행정법 제12회

합격까지 박문각

광야에서 합격까지
행정법 강성빈

01 행정입법에 대한 설명으로 옳지 않은 것은? (다툼이 있는 경우 판례에 의함)

① 법령의 위임을 받아 중앙행정기관의 장이 정한 훈령·예규 및 고시 등 행정규칙은 「행정기본법」상의 '법령'에 해당한다.

② 형벌법규에 대하여도 특히 긴급한 필요가 있거나 미리 법률로서 자세히 정할 수 없는 부득이한 사정이 있는 경우에 한하여 수권법률이 구성요건의 점에서는 처벌대상인 행위가 어떠한 것일거라고 이를 예측할 수 있을 정도로 구체적으로 정하고, 형벌의 점에서는 형벌의 종류 및 그 상한과 폭을 명확히 규정하는 것을 조건으로 위임입법이 허용된다.

③ 법률이 주민의 권리의무에 관한 사항에 관하여 구체적으로 범위를 정하지 않은 채 조례로 정하도록 포괄적으로 위임한 경우에도 지방자치단체는 법령에 위반되지 않는 범위 내에서 주민의 권리의무에 관한 사항을 조례로 제정할 수 있다.

④ 행정관청은 행정법의 일반 법리에 따라 법률에 명시적 근거 규정이 없더라도 결격사유가 있는 노동조합에 대하여 설립신고의 수리를 사후적으로 취소·철회할 수 있으므로, 법외노조 통보에 관하여 규정한 「노동조합법」 시행령 제9조 제2항은 모법인 「노동조합법」의 구체적 위임이 없더라도 적법·유효하다.

02 행정행위에 대한 설명으로 옳지 않은 것은? (다툼이 있는 경우 판례에 의함)

① 당사자의 신청에 따른 처분은 법령등에 특별한 규정이 있거나 처분 당시의 법령등을 적용하기 곤란한 특별한 사정이 있는 경우를 제외하고는 처분 당시의 법령등에 따른다.

② 재외동포에 대한 사증발급은 행정청의 재량행위에 속하는 것으로서, 재외동포가 사증발급을 신청한 경우에 「출입국관리법」 시행령 [별표 1의2]에서 정한 재외동포체류자격의 요건을 갖추었다고 해서 무조건 사증을 발급해야 하는 것은 아니다.

③ 건축허가는 대물적 허가에 해당하므로, 허가의 효과는 허가대상 건축물에 대한 권리변동에 수반하여 이전되고 별도의 승인처분에 의하여 이전되는 것은 아니다.

④ 불법증차를 실행한 운송사업의 양수인에 대하여는 양수인의 지위승계 전에 불법증차에 관하여 발생한 유가보조금 부정수급액에 대해서까지 양수인을 상대로 반환명령을 할 수 있다.

03 행정행위의 효력에 대한 설명으로 옳은 것은? (다툼이 있는 경우 판례에 의함)

① 연령미달 결격자가 다른 사람 이름으로 교부받은 운전면허는 당연무효이므로 그 연령미달 결격자의 운전행위는 무면허운전에 해당한다.

② 물품을 수입하고자 하는 자가 일단 세관장에게 수입신고를 하여 그 면허를 받고 물품을 통관한 경우에는, 세관장의 수입면허가 중대하고도 명백한 하자가 있는 행정행위이어서 당연무효가 아니더라도 「관세법」 제181조 소정의 무면허수입죄가 성립한다.

③ 행정처분이 불복기간의 경과로 인하여 확정될 경우 그 처분의 기초가 된 사실관계나 법률적 판단이 확정되고 당사자들이나 법원이 이에 기속되어 모순되는 주장이나 판단을 할 수 없게 된다.

④ 구「소방시설 설치·유지 및 안전관리에 관한 법률」 제9조에 의한 소방시설 등의 설치 또는 유지·관리에 대한 명령이 행정처분으로서 하자가 있어 무효인 경우에는 명령에 따른 의무위반이 생기지 아니하므로, 명령 위반을 이유로 행정형벌을 부과할 수 없다.

04 취소소송의 제소기간에 대한 설명으로 옳은 것은? (다툼이 있는 경우 판례에 의함)

① 제소기간의 적용에 있어 '처분이 있음을 안 날'이란 처분의 존재를 현실적으로 안 날을 의미하는 것이 아니라 처분의 위법 여부를 인식한 날을 말한다.

② 특정인에 대한 행정처분을 주소불명 등의 이유로 송달할 수 없어 관보·공보·게시판·일간신문 등에 공고한 경우에는, 공고가 효력을 발생하는 날에 상대방이 그 행정처분이 있음을 알았다고 볼 수는 없고, 상대방이 당해 처분이 있었다는 사실을 현실적으로 안 날에 그 처분이 있음을 알았다고 보아야 한다.

③ '처분이 있음을 안 날'은 처분이 있었다는 사실을 현실적으로 안 날을 의미하므로, 처분서를 송달받기 전 정보공개청구를 통하여 처분을 하는 내용의 일체의 서류를 교부받았다면 그 서류를 교부받은 날부터 제소기간이 기산된다.

④ 처분시에 행정청으로부터 행정심판 제기기간에 관하여 법정 심판청구기간보다 긴 기간으로 잘못 통지받은 경우에 보호할 신뢰 이익은 그 통지받은 기간 내에 행정소송을 제기한 경우에까지 확대된다.

05 행정심판에 대한 설명으로 옳지 않은 것은? (다툼이 있는 경우 판례에 의함)

① 조세부과처분이 국세청장에 대한 불복심사청구에 의하여 그 불복사유가 이유있다고 인정되어 취소되었음에도 처분청이 동일한 사실에 관하여 부과처분을 되풀이 한 것이라면 설령 그 부과처분이 감사원의 시정요구에 의한 것이라 하더라도 위법하다.

② 재결에 의하여 취소되거나 무효 또는 부존재로 확인되는 처분이 당사자의 신청을 거부하는 것을 내용으로 하는 경우에는 그 처분을 한 행정청은 재결의 취지에 따라 다시 이전의 신청에 대한 처분을 하여야 한다.

③ 당사자의 신청을 받아들이지 않은 거부처분이 재결에서 취소된 경우에 행정청은 종전 거부처분 또는 재결 후에 발생한 새로운 사유를 내세워 다시 거부처분을 할 수 있다.

④ 재결 자체의 고유한 하자가 있는 경우, 처분행정청은 위원회가 한 처분을 취소하는 재결에 불복하여 행정소송을 제기할 수 있다.

06 공법관계와 사법관계에 대한 설명으로 옳지 않은 것은? (다툼이 있는 경우 판례에 의함)

① 「공익사업을 위한 토지 등의 취득 및 보상에 관한 법률」상 환매권의 존부에 관한 확인을 구하는 소송 및 환매금액의 증감을 구하는 소송은 행정소송이다.

② 재단법인 한국연구재단이 대학교 총장에게 연구개발비의 부당집행을 이유로 과학기술기본법령에 따라 '두뇌한국(BK)21 사업' 협약의 해지를 통보한 것은 항고소송의 대상이 되는 행정처분에 해당한다.

③ 행정청은 면허 발급 이후에도 운송사업자의 동의하에 여객자동차운송사업의 질서 확립을 위하여 운송사업자가 준수할 의무를 정하고 이를 위반할 경우 감차명령을 할 수 있다는 내용의 면허조건을 붙일 수 있고, 운송사업자가 조건을 위반하였다면 여객자동차법에 따라 감차명령을 할 수 있으며, 감차명령은 항고소송의 대상이 된다.

④ 폐기물처리업의 허가를 받은 사인이 시(市)에서 발생하는 재활용품의 수집 · 운반 업무를 대행할 것을 시장으로부터 위탁받고 이에 관해 체결한 계약은 사법상 계약에 해당한다.

07 행정의 실효성 확보수단에 대한 설명으로 옳지 않은 것은? (다툼이 있는 경우 판례에 의함)

① 병무청장이 「병역법」에 따라 병역의무 기피자의 인적사항 등을 인터넷 홈페이지에 게시하는 등의 방법으로 공개한 경우 병무청장의 공개결정은 항고소송의 대상이 되는 행정처분이다.

② 「병역법」에 따라 관할 지방병무청장이 1차로 병역의무기피자 인적사항 공개 대상자 결정을 하고 그에 따라 병무청장이 같은 내용으로 최종적 공개결정을 하였다면, 해당 공개 대상자는 관할 지방병무청장의 공개 대상자 결정을 다툴 소의 이익이 없다.

③ 효력기간이 정해져 있는 제재적 행정처분의 효력이 발생한 이후에는 행정청은 상대방에 대한 별도의 처분으로써 효력기간의 시기와 종기를 다시 정할 수 없다.

④ 「독점규제 및 공정거래에 관한 법률」상의 시정명령은 과거의 위반행위는 물론 가까운 장래에 반복될 우려가 있는 위반행위에 대해서도 할 수 있다.

08 「행정절차법」상 청문에 대한 설명으로 옳지 않은 것은?

① 행정청은 다수 국민의 이해가 상충되는 처분을 하려는 경우에는 청문 주재자를 2명 이상으로 선정할 수 있고, 이 경우 선정된 청문 주재자 중 1명이 청문 주재자를 대표한다.

② 당사자등은 청문조서의 내용을 열람·확인할 수 있으나, 이의가 있더라도 그 정정을 요구할 수는 없다.

③ 청문 주재자는 직권으로 또는 당사자의 신청에 따라 필요한 조사를 할 수 있으며, 당사자등이 주장하지 아니한 사실에 대하여도 조사할 수 있다.

④ 청문은 당사자가 공개를 신청하거나 청문 주재자가 필요하다고 인정하는 경우 공개할 수 있다. 다만, 공익 또는 제3자의 정당한 이익을 현저히 해칠 우려가 있는 경우에는 공개하여서는 아니 된다.

09 국가배상에 대한 설명으로 옳지 않은 것은? (다툼이 있는 경우 판례에 의함)

① 통장이 전입신고서에 확인인을 찍는 행위는 공무를 위탁받아 실질적으로 공무를 수행하는 것이라고 보아야 하므로, 통장은 그 업무범위 내에서는 「국가배상법」 제2조 소정의 공무원에 해당한다.

② 학교관리자에게 고등학교 학생이 교사의 단속을 피해 담배를 피우기 위하여 3층 건물 화장실 밖의 난간을 지나다가 실족할 경우까지 대비하여 화장실 창문에 난간으로의 출입을 막는 출입금지장치를 설치할 의무가 있다고 볼 수는 없다.

③ 「국가배상법」에 따른 손해배상의 소송은 배상심의회에 배상신청을 하지 아니하면 제기할 수 없다.

④ 외국인이 피해자인 경우 해당 국가와 상호보증이 있을 때에만 「국가배상법」이 적용된다.

10 행정상 손실보상에 대한 설명으로 옳지 않은 것은? (다툼이 있는 경우 판례에 의함)

① 지장물인 건물은 적법한 건축허가를 받아 건축된 건물만이 손실보상의 대상이 된다.

② 헌법은 보상청구권의 근거뿐만 아니라 보상의 기준과 방법에 관해서도 법률에 유보하고 있다.

③ 토지의 문화적 · 학술적 가치는 특별한 사정이 없는 한 손실보상의 대상이 되지 않는다.

④ 사업인정은 공익사업의 시행자에게 그 후 일정한 절차를 거칠 것을 조건으로 일정한 내용의 수용권을 설정하여 주는 형성행위이다.

일일 모고 행정학 제12회

합격까지 박문각

빠른 고득점 합격
행정학 이명훈

01 행정의 3대 변수가 바르게 연결된 것은?
① 인간－구조－기능
② 구조－재정－기능
③ 인간－환경－구조
④ 환경－수단－재정

02 포스트모더니티 행정이론에 대한 설명으로 옳은 것만을 모두 고르면?

ㄱ 진리의 기준은 '맥락의존적'이라고 보고, 인간의 이성을 통해서만 진리의 기준을 이해할 수 있다고 주장한다.
ㄴ 보편주의와 근본주의적 지식에 입각하여 거시이론, 거시정치, 거대한 설화 등을 통하여 행정현상을 설명하고자 한다.
ㄷ 합리성 및 과학성에 기초한 모더니즘을 비판하고 상상, 해체, 타자성, 탈영역화 등의 개념을 제시한다.
ㄹ '타자성'의 개념을 통해 나 아닌 다른 사람을 인식적 타인(epistemic other)이 아닌 도덕적 타인(moral other)으로 인정하고 개방적 태도를 가져야 한다는 점을 강조한다.

① ㄱ, ㄴ ② ㄱ, ㄹ
③ ㄴ, ㄷ ④ ㄷ, ㄹ

03 국민권익위원회에 대한 설명으로 옳지 않은 것은?
① 국민권익위원회는 행정체제 내의 독립통제기관으로 옴부즈만의 일종이라고 할 수 있다.
② 국민권익위원회는 대통령 소속이며, 위원장은 국무총리가 제청하고 대통령이 임명한다.
③ 국민권익위원회에 중앙행정심판위원회를 두도록 하고, 국민권익위원회의 부위원장 중 1명이 중앙행정심판위원회의 위원장이 된다.
④ 국민권익위원회는 부패행위에 대해 검찰에 고발할 수 있고, 이에 검찰이 공소제기를 하지 않을 경우 고등법원에 재정신청을 할 수 있다.

04 정책 델파이에 대한 설명으로 옳지 않은 것은?
① 일반적인 델파이와 달리 개인의 이해관계나 가치판단이 개입될 수 있다.
② 정책문제 해결을 위한 정책대안을 개발하고 그 결과를 예측하기 위해 만들어진 방법이다.
③ 대립되는 정책대안이나 결과가 표면화되더라도 모든 단계에서 익명성이 보장되어야 한다.
④ 정책문제의 성격이나 원인, 결과 등에 대해 전문성과 통찰력을 지닌 사람들이 참여한다.

05 개인적 의사결정모형에 대한 설명으로 옳은 것은?
① 점증모형은 인간의 제한된 합리성과 다원주의의 정치적 정당성을 정교하게 결합시켰다.
② 합리모형은 인간의 제한된 분석 능력을 보완할 수 있는 기능을 제시하고 있다.
③ 혼합주사모형에서 점증적 결정이란 나무보다는 숲을 개괄적으로 파악하는 유형의 결정을 말한다.
④ 만족모형은 제한된 합리성을 전제로 하며, 집단적 의사결정에 적용하기 용이하다.

06 조직목표 변동의 한 유형으로 조직이 추구하고자 하는 원래의 목표가 다른 목표로 뒤바뀌어 조직의 목표가 왜곡되는 현상을 일컫는 용어는?
① 목표의 대치 ② 목표의 다원화
③ 목표의 승계 ④ 목표의 심화

07 다음 괄호에 들어갈 내용을 바르게 나열한 것은?

(ㄱ)은 시험이 측정하려고 하는 바를 실제로 측정할 수 있는 정도를 말하며, (ㄴ)은 시험시기나 도구, 형식, 순서 등에 따라 점수가 영향을 받지 않는 정도를 말하며 시기 등을 다르게 하여도 일정한 점수를 나타내면 (ㄴ)이 높다고 할 수 있다. (ㄷ)은 어려운 문제와 쉬운 문제의 배합의 적정성을 말하며, (ㄹ)은 어느 누가 채점을 하여도 동일한 결과를 나타내는 것을 말한다.

	ㄱ	ㄴ	ㄷ	ㄹ
①	타당도	신뢰도	난이도	객관성
②	타당도	실용도	난이도	객관성
③	정확도	신뢰도	난이도	객관성
④	객관도	신뢰도	난이도	정확도

08 고위공무원단제에 대한 설명으로 옳지 않은 것은?
① 각 부처 장관은 실·국장급 직위에 당해 부처 소속 공무원이 아닌 전체 고위공무원단 중에서 적임자를 임용제청할 수 있다.
② 근무성적평정에서 최하위 등급의 평정을 총 1년 이상 받은 때에는 적격심사를 요구받으며, 해당자는 직위해제 후 심사를 거쳐 직권면직도 할 수 있다.
③ 계급구분 없이 직위의 직무등급을 기준으로 인사관리 한다.
④ 개방형직위제를 통한 민간과의 경쟁(20%), 공모직위를 통한 다른 부처 공무원과의 경쟁(30%), 부처 자율인사(50%)로써 충원된다.

09 **우리나라의 국고채무부담행위에 대한 설명으로 옳지 않은 것은?**

① 예산총칙, 세입세출예산, 계속비 및 명시이월비와 함께 예산의 한 부분을 구성한다.

② 예산으로써 국회의 의결을 사전에 얻어야 한다.

③ 필요한 이유를 명백히 하고 채무부담의 금액을 표시하여야 한다.

④ 법률에 따른 것과 세출예산금액 또는 계속비의 총액의 범위 이내로 한정한다.

10 **「지방자치법」상 조례와 규칙에 대한 설명으로 옳지 않은 것은?**

① 지방자치단체가 조례로 주민의 권리 제한 또는 의무 부과에 관한 사항이나 벌칙을 정할 때에는 법률의 위임이 있어야 한다.

② 지방자치단체의 장은 법령이나 조례가 위임한 범위에서 그 권한에 속하는 사무에 관하여 규칙을 제정할 수 있다.

③ 시 · 군 및 자치구의 조례나 규칙은 시 · 도의 조례나 규칙을 위반하여서는 아니 된다.

④ 지방자치단체는 법령의 범위 안에서 자치사무, 단체위임사무, 기관위임사무에 관하여 조례를 제정할 수 있다.

2025 공무원 시험대비 【6회차】

박문각 일일 모의고사

-제13회-

국어 · 영어 · 한국사

행정법 · 행정학

이 름 : ______________________

학습관 : ______________________

합격
예측

답안 입력 및 성적 조회는 PC, 모바일에서 모두 가능합니다.

★ PC: pass.pmg.co.kr | ★ 모바일 앱: 박문각 합격관리

일일 모고 국어 제13회

합격까지 박문각

赤功 국어 적중 혜선

01 올바른 높임 표현으로 옳은 것은?

① (TV에서 사회자가 개그맨을 소개하며) "○○○ 씨를 모시겠습니다."라고 한다.

② 저희나라가 이번에 월드컵 4강에 진출한 것은 국민 여러분들 덕분입니다.

③ (점원이 고객에게) 고객님, 치마 입으러 가실게요.

④ 제가 강사님께 드릴 말씀은 지금까지 수업해 주셔서 감사하다는 것입니다.

02 높임법의 쓰임이 옳은 것은?

① 옥순아, 교수님께서 빨리 오시래.

② 모르는 것이 있으면 언제든 저에게 여쭤보세요.

③ 교수님께서는 그 곡이 당신의 애창곡이라고 말씀하셨다.

④ 상무님의 신년 인사가 계시겠습니다.

03 <보기>의 ㉠~㉣을 고치기 위한 의견으로 적절하지 않은 것은?

> 대도시의 교통수단 중 운송이라는 기능의 잣대로 재면 지하철을 따라갈 만한 것이 없다. 바로 이 뛰어난 ㉠운송 기능을 위해 지하철은 세계 대도시의 핵심 교통수단이 되었다. 그러나 관점을 달리 해서 보면 그 철저한 기능성이 문제가 된다. 지하철을 타면 우리는 운송된다는 느낌이 든다. 사실 도시 생활에서 지하철을 타느냐 마느냐 하는 것은 이제 선택의 문제를 넘어섰다. ㉡밤에 지나가는 기차의 불 켜진 창을 보면 기차의 낭만이 느껴진다. 어쩔 수 없이 지하철을 타지만, 우리의 눈에 보이는 것은 앞사람의 피곤한 얼굴뿐이다. ㉢이렇게 지하철 안에서는 ㉣무관심하게 신문을 들여다보거나 눈을 감고 졸면서 이 좁고 긴 지하 공간을 벗어날 시간만을 가늠하게 된다.

① ㉠은 문장 내의 연결 관계가 어색하므로 '운송 기능 때문에'로 고쳐야겠다.

② ㉡은 글의 자연스러운 흐름을 해치므로 삭제해야겠다.

③ ㉢은 앞뒤 문장을 자연스럽게 연결하지 못하므로 '그러다 보니'로 바꿔야겠다.

④ ㉣은 문맥에 어울리지 않으므로 '무책임하게'로 바꿔야겠다.

04 (가)~(라)의 고쳐 쓰기 방안으로 적절하지 않은 것은?

> (가) 우리는 규칙을 지키기도 하고 제약을 받기도 하며 살아가고 있다.
>
> (나) 공부도 운동도 잘하는 그의 형은 우리 동네에서 이름난 명사이다.
>
> (다) 겸손은 예로부터 우리의 자랑스런 미덕이라는 것을 잊지 마십시오.
>
> (라) 여기 있는 물건들은 할인이 적용되어 전부 합쳐서 100만 원 되시겠습니다.

① (가): '제약을 받기도'에 필요한 문장 성분이 빠져 있으므로 '규칙에 의해 제약을 받기도'로 고쳐 쓴다.

② (나): '명사'는 어떤 일을 할 수 있는 학식이나 능력을 갖춘 사람을 의미하는 '재원'으로 고쳐 쓴다.

③ (다): '자랑스런'은 '자랑스럽다'의 활용형을 잘못 쓴 것이므로 '자랑스러운'으로 고쳐 쓴다.

④ (라): '100만 원 되시겠습니다'는 높이지 않아야 할 대상을 부적절하게 높인 표현이므로 '100만 원입니다'로 고쳐 쓴다.

05 다음에 대한 추론으로 적절하지 않은 것은?

> 레비나스에게 있어 데카르트, 칸트, 헤겔 등이 주창했던 주체 중심의 철학은 타인에 대한 억압, 폭력 행위의 정당화 등의 부정적인 결과를 낳았다. 이로써 인류는 2차 세계 대전, 유대인 학살과 같은 폭력적인 경험과 마주하게 되었다. 그리고 그러한 경험은 그동안의 주체 중심 철학을 반성하게 되는 사유로 기능했다. 이에 레비나스는 '타자 중심의 철학'을 제안했다.
>
> 레비나스는 주체 중심의 철학을 비판하면서 전통적인 철학에서의 주체는 모든 것들을 자기와 동일한 것으로 끊임없이 환원하고자 하는 이기적 존재로 보았다. 하지만 그는 타자의 존재를 제시했는데, 여기에서 '타자'란 주체의 틀 안에 들어올 수 없으며 주체가 마음대로 할 수 없는 존재이다. 레비나스는 이러한 타자의 성질을 '타자성'이라고 칭했다.
>
> 한편 레비나스는 타자성을 바탕으로 주체성을 새로이 정립했다. 인간이 진정한 삶을 향해 나아가는 '초월'을 위해서는 주체 자신만으로는 한계가 있다는 것이다. 이에 레비나스는 타자에 대한 무조건적인 수용으로 그러한 한계를 극복할 수 있다고 말한다. 이는 본질적 이기심에 갇힌 주체가 타자의 출현, 그것에 대한 수용을 통해 '초월'을 이룰 수 있음을 의미한다.

① 세계 2차 전쟁과 유대인 학살 등은 주체 중심 철학을 통해 정당화되었을 수 있겠군.

② 레비나스는 주체의 본질이 이기심에 있다고 생각

하여 주체가 모든 것을 자기와 동일한 것으로 환원하고자 한다고 생각했겠군.

③ 레비나스는 타자의 존재를 수용하되, 무조건적인 수용은 경계하여 주체와 타자 간의 균형을 유지했겠군.

④ 타자를 수용할 수 있는 주체는 진정한 삶을 향해 나아갈 수 있겠군.

06 다음 글의 모든 문장이 참일 때, '결론'을 이끌어내기 위해 추가해야 할 '전제 3'으로 적절한 것은?

> 전제 1: 모든 화가는 좋은 소재를 선호한다.
> 전제 2: 높은 음정을 선호하는 모든 사람은 느린 리듬을 선호하지 않는다.
> 전제 3: ______________________.
> 결론: 좋은 소재를 선호하는 어떤 사람은 느린 리듬을 선호하지 않는다.

① 높은 음정을 선호하지 않는 모든 사람은 화가가 아니다.

② 느린 리듬을 선호하는 어떤 사람은 화가가 아니다.

③ 모든 화가는 느린 리듬을 선호한다.

④ 높은 음정을 선호하는 어떤 사람은 좋은 소재를 선호한다.

07 밑줄 친 표현이 ㉠의 의미와 가장 유사한 것은?

> 태풍의 세력이 우리나라에까지 ㉠ 뻗어 있다.

① 칡덩굴의 뿌리가 산기슭으로 뻗다.

② 이슬람교도들은 세력을 서유럽에까지 뻗기 시작했다.

③ 고속 도로가 거미줄같이 사방으로 뻗어 있다.

④ 아이는 엄마에게 팔을 뻗어 엄마를 잡으려 했다.

08 ㉠ ~ ㉣과 바꿔쓸 수 있는 유사한 표현으로 적절하지 않은 것은?

> (가) 그는 경찰에 가출한 딸의 지명 수배를 ㉠ 부탁했다.
> (나) 피해자에게 손해를 ㉡ 물어 주고 용서를 빌었다.
> (다) 이번 아르바이트는 운전면허증을 ㉢ 가진 사람을 찾는다며 공고가 올라왔다.
> (라) 중요한 사안인 만큼 모든 자료를 ㉣ 조심스럽게 검토해야 한다.

① ㉠: 의뢰했다　② ㉡: 보답하고

③ ㉢: 소유한　④ ㉣: 신중하게

09 다음 글의 논리적 흐름을 고려할 때 ㉠~㉥을 순서대로 배열한 것은?

> ㉠ 이와 같은 도시화의 진행은 경제 발전과 더불어 많은 사람들에게 더 나은 생활 환경을 제공했지만, 동시에 심각한 환경 문제를 야기했다.
> ㉡ 이 문제를 해결하기 위해 많은 도시들은 녹색 도시라는 개념을 도입하여 지속 가능한 발전을 도모하고 있다.
> ㉢ 예를 들어 일부 도시는 대중교통 시스템을 친환경적으로 전환하거나, 도시 숲과 같은 녹지 공간을 확대하여 주민의 삶의 질을 향상시키고 있다.
> ㉣ 도시화는 인류 역사상 가장 중요한 사회적 변화 중 하나로, 많은 사람들의 생활 방식을 크게 바꾸었다.
> ㉤ 그러나 도시화 과정에서 발생한 대기 오염, 물 부족, 폐기물 증가와 같은 문제는 현대 사회가 직면한 가장 큰 도전 과제 중 하나로 남아 있다.
> ㉥ 따라서 녹색 도시를 구현하기 위해 정부, 시민, 기업 간 협력이 필수적이며, 이를 통해 환경과 경제의 조화를 이룰 수 있는 새로운 모델이 제시될 수 있다.

① ㉣ - ㉠ - ㉤ - ㉡ - ㉢ - ㉥

② ㉣ - ㉤ - ㉠ - ㉡ - ㉢ - ㉥

③ ㉠ - ㉣ - ㉤ - ㉢ - ㉡ - ㉥

④ ㉣ - ㉠ - ㉡ - ㉤ - ㉢ - ㉥

10 다음 글에 대한 이해로 적절하지 않은 것은?

> 세계와 자아의 대결은 서사 장르에서 이야기의 중심축으로 작용한다. 자연에 대한 숭배와 신비주의적 태도가 강하게 남아있던 고대의 '세계'는 인간과 완벽한 합일이 가능한 대상으로 여겨졌다. 이야기 속에서 자아의 뜻에 따라 세계와의 갈등은 봉합되고, 자아는 완벽한 승리를 거둔다. 이후 시간이 흘러 자연이 숭배의 대상이 아니며, 객관적 대상으로 존재함을 깨달은 사람들은 이를 이야기에 반영하였다. 이런 이야기들은 자아가 세계와의 대결에서 패배하는 양상을 보인다.
>
> 세월이 지나며 이야기는 세계와 자아의 대결을 총체적으로 보여주는 역할을 잃어버리고 단순 흥밋거리로만 취급되기 시작했다. 그 전의 이야기가 가지던 성격을 모두 잃어버린 이야기는 흥미를 끌기 위한 재담으로 채워졌으며, 세계와 자아의 갈등은 자아의 일방적 승리로 끝난다. 세계와 자아의 합일이 없는 자아의 승리는 고대와 달리 높은 수준의 정서적 고양감을 불러일으키지는 못했으나 단순 흥밋거리로는 충분한 가치를 지니고 있어 이야기에 대한 사람들의 관심은 꾸준히 유지되었다.

① 자아가 세계에 패배하는 이야기는 자연을 객관적 대상으로 인식하는 이들이 향유 하였다.

② 세계에 대한 자아의 승리로 끝나는 이야기는 모두 자아와 세계의 합일에 대한 소망이 반영돼 있다.

③ 세계와 자아의 합일이 가능하다고 여겼던 시대의 이야기는 사람들에게 높은 수준의 정서적 고양감을 불러일으켰다.

④ 시간에 따라 이야기에 대한 사람들의 인식은 바뀌었으나 사람들이 이야기를 계속 향유 하는 모습을 확인할 수 있다.

일일 모고 영어 제13회

합격까지 박문각

반드시 합격 진가영 영어

01 밑줄 친 부분에 들어갈 말로 가장 적절한 것은?

> The suspect was arrested for _____ after attacking a police officer during the protest.

① merit
② assault
③ contract
④ salary

02 밑줄 친 부분에 들어갈 말로 가장 적절한 것은?

> The manager decided to _____ the outdated software to improve the system's overall performance.

① upgrade
② analyze
③ eliminate
④ install

03 밑줄 친 부분에 들어갈 말로 가장 적절한 것은?

> The police officer tried to _____ the suspect through the crowded streets after the robbery.

① apprehend
② investigate
③ detain
④ chase

04 밑줄 친 부분에 들어갈 말로 가장 적절한 것은?

> The manager explained that the situation was too _____ to resolve without further investigation.

① complete
② complex
③ significant
④ urgent

05 밑줄 친 부분에 들어갈 말로 가장 적절한 것은?

> The committee made a _____ decision after thorough discussions, considering all the possible outcomes and consequences of their actions.

① random
② empty
③ faint
④ deliberate

06 밑줄 친 부분에 들어갈 말로 가장 적절한 것은?

> I ______________ harder for the exam since the questions were much more difficult than I had expected.

① should not have studied
② must have studied
③ should have studied
④ may have studied

07 밑줄 친 부분 중 어법상 옳지 않은 것은?

> It is widely believed ① that English is the most influential language in global communication. ② That may have been the case in the past, but other languages are becoming more dominant in certain fields. The percentage of non-English content online has been increasing. One key reason is that the number of Internet users ③ whose native language is not English ④ have been growing rapidly.

08 밑줄 친 부분에 들어갈 말로 가장 적절한 것은?

A: Excuse me, I need to renew my passport. Can you help me with the process?

B: Of course! First, you'll need to fill out a renewal form. Then, please bring your old passport, a passport-sized photo, and the renewal fee.

A: ______________________________

B: It usually takes about 3 to 4 weeks, but you can pay extra for expedited processing.

A: Great! I'll fill out the form and bring the required documents.

① When should I renew my passport?
② How long is the validity period of a new passport?
③ How long will it take to get my new passport?
④ What kind of photo do I need to prepare to get a passport?

09 주어진 글 다음에 이어질 글의 순서로 가장 적절한 것은?

Some airplane crashes are believed to be caused by a dangerous phenomenon known as "wind shear."

(A) The pilot will reduce speed and lower the nose to regain balance. However, if the aircraft moves deeper into the circular downdraft pattern, the wind can shift rapidly downward, posing a risk of crash if the plane is close to the ground during landing.

(B) When the downdraft hits the ground, it spreads out and forms a circular pattern. If an aircraft attempting to land enters this circular pattern, it can suddenly experience an upward lift.

(C) This phenomenon typically occurs when strong, rapid downdrafts create turbulence during storms, but it can also happen in clear skies when moisture evaporates from high altitudes.

① (B) − (A) − (C)
② (B) − (C) − (A)
③ (C) − (A) − (B)
④ (C) − (B) − (A)

10 밑줄 친 부분에 들어갈 말로 가장 적절한 것은?

Offering light beverages like coffee or juice during negotiations can often be a good strategy ____________________. According to some experiments investigating human unconscious behavior, the position of the cup people leave after drinking can be a significant indicator of whether they are confident or open to what you are saying. Those who feel hesitant, uncertain, or have negative thoughts about what they are hearing tend to place their cups on the opposite side of their body, creating a barrier of about an arm's length. In contrast, when individuals are open to what they are hearing, they place the cup closer to themselves, showing a more accepting and open attitude.

① to reveal that your offer is quite attractive
② persuading your counterpart into doing what you said
③ breaking the silence that you and your partner will face
④ to gauge how your counterpart is responding to your proposal

일일 모고 한국사 제13회

합격까지 박문각

가장 빠른 한국사
한국사 박기훈

01 조선 후기 대외관계에 관한 설명으로 옳지 않은 것은?

① 정묘호란과 병자호란에서 패배 후 청에 대한 문화적 열등감으로 북벌을 추진하였다.

② 조선과 청은 백두산정계비를 세우고 국경을 확정하였다.

③ 임진왜란이 끝난 뒤 일본의 도쿠가와 막부(에도막부)의 요청을 받아들여 국교를 재개하였다.

④ 일본에 통신사를 19세기 초반까지 여러 차례 비정기적으로 보냈다.

02 다음 자료에 제시된 사건이 일어난 시기의 국왕 재위기의 사실로 옳은 것은?

> 정유년 이후부터 조정 신하들 사이에는 대윤·소윤의 설이 있었는데 군소배들이 부회하여 말이 많았다. 이기 등은 윤원형 형제와 은밀히 결탁하였다. 인종이 승하한 뒤에 윤원형이 기회를 얻었음을 기뻐하여 비밀리에 보복할 생각을 품고 위험한 말을 꾸며 다른 사람들을 두렵게 하니 소문이 위에까지 들리고 자전(왕의 어머니)은 밀지를 윤원형에게 내렸다. 이에 이기 등이 변을 고하여 큰 화를 만들어냈다.

① 김종직을 비롯한 영남 사림이 피해를 입었다.

② 소격서와 승과가 폐지되고 향약이 실시되었다.

③ 방납의 폐단이 성행하고 임꺽정의 난이 발생하였다.

④ 훈구파에 대한 척결 문제로 사림이 동인과 서인으로 분화되었다.

03 다음 문제를 해결하기 위해 실시된 수취체제의 개편 내용으로 가장 옳은 것은?

> 나라의 100여 년에 걸친 폐단 중 가장 심한 것이 양역(良役)의 폐단이다. …… 백성의 곤궁은 날로 심해지고 폐해는 갈수록 더해지니, 한 집안의 조손(祖孫)이 군적에 한꺼번에 기록되어 있거나 혹은 3-4명의 형제가 한꺼번에 군포를 납부해야 한다. 더불어 이웃이 견책을 당하고 친척이 징수를 당하며 황구(黃口)는 젖 밑에서 군정으로 편성되고, 백골(白骨)은 지하에서 징수를 당하며, 한 사람이 도망하면 열 집이 보존되지 못하니 비록 좋은 재상과 현명한 수령이라도 어찌할 바를 알지 못한다.

① 감소된 재정을 보충하기 위해 지주에게 결작으로 토지 1결당 미곡 2두를 납부하도록 하였다.

② 양인 장정에게 부과하던 징세 방식을 호 단위로 부과하는 방식으로 변경하였다.

③ 경기도를 시작으로 황해도에 실시되면서 전국적으로 실시되었다.

④ 풍흉에 관계없이 토지 1결당 4두로 고정하였다.

04 다음 자료의 각 (가), (나), (다)에 대한 설명으로 옳지 않은 것은?

> 요즘 큰일이건 작은 일이건 모두 (가)에서 처리합니다. 원래의 최고기구였던 (나)는 이름만 남았고, 정책을 집행하는 기구인 (다)는 할 일을 모두 빼앗기고 말았습니다. 이름은 변상 방비를 담당하는 것이라고 하면서 과거시험에 대한 판정이나 왕비나 세자빈 간택까지지고 모두 여기에서 합니다.
>
> -『효종실록』-

① (가)는 을묘왜변을 계기로 설치되었다.

② (가)의 기능이 강화되면서 왕권이 약화되었다.

③ (나)는 흥선대원군이 삼군부와 함께 부활시켰다.

④ (다)는 태종과 세조때 기능이 강화되었다.

05 조선시대에 편찬된 조선왕조실록에 대한 설명으로 가장 옳은 것은?

① 일반 관료와는 달리 국왕은 사초를 자유롭게 열람할 수 있었으며 국가 정책을 추진하는 데 참고하도록 하였다.

② 실록의 대부분은 현존하지 않는다.

③ 세종 이래 사고가 정비되어 춘추관을 비롯해 충주사고, 성주사고, 전주사고 등 4대 사고가 운영되었다.

④ 효종 때 임진왜란 때 하나만 남은 실록을 다섯 군데로 복간하여 보관하였다.

06 다음은 최익현의 상소문이다. (가)~(라)를 시기 순으로 바르게 나열한 것은?

> (가) 서원이 철폐된다면 학문이 영원히 철폐되리라는 탄식이 없을 수 있겠습니까? …… 종친에 속하는 사람들은 단지 녹봉을 후하게 주어 나라의 정사에는 간섭하지 못하도록 하소서.
>
> (나) 왕후께서 흉한 일을 만나시고, …… 심지어 단발하는 화까지 있어 온 나라의 풍속을 바꾸려고 합니다. 신은 민생이 흙탕 속에 빠지는 것을 보고 있을 수 없습니다.
>
> (다) 저들이 비록 왜인이라고 하나 실은 서양 도적입니다. 강화가 이루어지면 사악한 서적과 천주의 초상화가 수입되어 유포될 것입니다.
>
> (라) 박제순 등 다섯 역적이 강토와 인민을 쪼지 한 장을 적국에 넘겨주었습니다. …… 저들이 말하는 이른바 통감이라는 자에게 장차 경복궁을 내준다고 하니, 통탄스럽습니다.

① (가)-(나)-(라)-(다)

② (가)-(다)-(나)-(라)

③ (나)-(가)-(다)-(라)

④ (라)-(가)-(나)-(다)

07 **자료와 관련하여 수립된 정부 시기에 있었던 사실로 옳지 않은 것은?**

> 오직 내가 덕이 없다보니 어려운 시기를 만났으나, 하늘이 도와 위기를 모면하고 안정되었으며, 독립의 터전을 세우고 자주의 권리를 행사하게 되었다. 여러 신하들과 백성들, 군사들과 장사치들이 한결같은 소리로 수십 차례나 글을 올려 반드시 황제의 칭호를 올리라고 일제히 제의하였다. 내가 끝내 사양할 수 없어서, 올해 9월 17일 백악산 남쪽에서 하늘과 땅에 제사를 지내고, 황제의 자리에 올랐다. …

① 소학교와 사범학교를 최초로 설립하였다.
② 토지조사(양전)를 추진하였다.
③ 시위대와 진위대의 군사 수를 증강하였다.
④ 경운궁을 정궁으로 삼고, 한성은행 · 대한천일은행 등 민족계 은행을 지원하였다.

08 **1920년대 독립운동의 순서를 바르게 나열한 것은?**

> ㉠ 홍범도의 대한독립군이 이끄는 연합부대가 봉오동에서 일본군을 격파하였다.
> ㉡ 독립군들의 무장해제를 요구하는 소련 적색군으로부터 공격을 받아 독립군이 큰 피해를 입었다.
> ㉢ 독립군 연합 부대가 청산리 일대 백운평, 어랑촌, 천수평 등지에서 일본군을 격파하였다.
> ㉣ 만주에서 참의부, 정의부, 신민부 3부가 설립되었다.
> ㉤ 국민대표회의가 개최되었으나, 창조파와 개조파의 대립으로 결렬되었다.

① ㉠-㉡-㉢-㉤-㉣
② ㉢-㉠-㉡-㉣-㉤
③ ㉠-㉢-㉡-㉤-㉣
④ ㉠-㉡-㉤-㉣-㉢

09 **다음은 일제강점기의 교육정책들이다. (가)~(다)를 실시된 순서대로 바르게 나열한 것은?**

> (가) 조선어를 수의과목으로 하여 사실상 폐지하였다.
> (나) 보통학교의 수업연한을 연장하였으나 초등 · 실업 교육에 치중하였다.
> (다) 서당규칙을 통해 개량서당을 탄압하고 보통학교 수업연한을 4년으로 정하였다.

① (가) - (나) - (다)
② (가) - (다) - (나)
③ (나) - (다) - (가)
④ (다) - (나) - (가)

10 **다음의 자료에 대한 설명으로 옳지 않은 것은?**

> 1. 조선의 민주독립을 보장한 모스크바 3국 외상회의 결정에 의하여 남북을 좌 · 우 합작으로 민주주의 임시정부를 수립할 것.
> 2. 미국-소련 공동위원회 속개를 요청하는 공동성명을 발표할 것.
> 3. 토지개혁에 있어 몰수, 유조건 몰수, 체감 매상 등으로 토지를 농민에게 무상으로 분여하여 시가지의 기지와 대건물을 적정처리하며 주요산업을 국유화하여 사회 노동법령과 정치적 자유를 기본으로 지방자치제의 확립을 속히 실시하며, 통화 및 민생 문제 등을 급속히 처리하여 민주주의 건국 과업완수에 매진할 것.… (이하 생략)
>
> -좌 · 우 합작 7원칙-

① 제1차 미 · 소 공동위원회의 휴회와 이승만의 단정론이 이러한 움직임의 배경이 되었다.
② 중도 좌파인 여운형과 중도 우파인 김규식이 주도하였다.
③ 미군정이 지원을 철회하고, 여운형이 암살되면서 실패하였다.
④ 이승만은 신탁통치는 수용하였으나, 토지개혁에 대한 관점 차이로 이러한 주장에 대하여 반대하였다.

일일 모고 행정법 제13회

01 **법치행정의 원리에 대한 설명으로 옳지 않은 것은? (다툼이 있는 경우 판례에 의함)**

① 자격이나 신분 등을 취득 또는 부여할 수 없거나 인가, 허가, 지정, 승인, 영업등록, 신고 수리 등을 필요로 하는 영업 또는 사업 등을 할 수 없는 사유는 법률로 정하여야 한다.

② 국가공무원인 교원의 보수에 관한 구체적인 내용(보수 체계, 보수 내용, 지급 방법 등)은 반드시 법률의 형식으로만 정해야 하는 '기본적인 사항'에 해당하므로, 이를 행정부의 하위법령에 위임하는 것은 의회유보의 원칙에 위배되어 허용되지 아니한다.

③ 수신료 징수업무를 한국방송공사가 직접 수행할 것인지 제3자에게 위탁할 것인지, 위탁한다면 누구에게 위탁하도록 할 것인지, 위탁받은 자가 자신의 고유업무와 결합하여 징수업무를 할 수 있는지는 징수업무 처리의 효율성 등을 감안하여 결정할 수 있는 사항으로서 국민의 기본권제한에 관한 본질적인 사항이 아니다.

④ 지방의회의원에 대하여 유급보좌인력을 두는 것은 지방의회의원의 신분·지위 및 그 처우에 관한 현행 법령상의 제도에 중대한 변경을 초래하는 것으로서, 이는 개별 지방의회의 조례로써 규정할 사항이 아니라 국회의 법률로써 규정하여야 할 입법사항에 해당한다.

02 **행정행위의 요건에 대한 설명으로 옳지 않은 것은? (다툼이 있는 경우 판례에 의함)**

① 납세고지서의 교부송달 및 우편송달에 있어서 반드시 납세의무자 또는 그와 일정한 관계에 있는 사람의 현실적인 수령행위를 전제로 하고 있다고 보아야 하며, 납세자가 과세처분의 내용을 이미 알고 있는 경우에도 납세고지서의 송달이 불필요하다고 할 수 없다.

② 법무부장관이 재외동포 갑에 대한 입국금지결정을 하고 그 정보를 내부 전산망인 출입국관리정보시스템에 입력하여 관리한 경우, 위 입국금지결정은 항고소송의 대상이 될 수 있는 처분에 해당한다.

③ 상대방 있는 행정처분이 상대방에게 고지되지 아니한 경우에는 특별한 규정이 없는 한 상대방이 다른 경로를 통해 행정처분의 내용을 알게 되었다고 하더라도 행정처분의 효력이 발생한다고 볼 수 없다.

④ 교부에 의한 송달은 수령확인서를 받고 문서를 교부함으로써 하며, 송달하는 장소에서 송달받을 자를 만나지 못한 경우에는 그 사무원 피용자 또는 동거인으로서 사리를 분별할 지능이 있는 사람에게 문서를 교부할 수 있다.

03 **행정계획에 대한 설명으로 옳지 않은 것은? (다툼이 있는 경우 판례에 의함)**

① 도시기본계획은 도시의 장기적 개발방향과 미래상을 제시하는 도시계획 입안의 지침이 되는 장기적·종합적인 개발계획으로서 직접적인 구속력은 없는 것이므로, 도시계획시설결정 대상면적이 도시기본계획에서 예정했던 것보다 증가하였다 하여 그것이 도시기본계획의 범위를 벗어나 위법한 것은 아니다.

② 「하수도법」상 하수도정비기본계획은 행정처분에 해당하지 않는다.

③ 구「국토이용관리법」상 국토이용계획이 확정된 후 일정한 사정의 변동이 있다면 지역주민에게 일반적으로 계획의 변경 또는 폐지를 청구할 권리가 있다.

④ 도시계획의 결정·변경 등에 관한 권한을 가진 행정청은 이미 도시계획이 결정·고시된 지역에 대하여도 다른 내용의 도시계획을 결정·고시할 수 있고, 이때에 후행 도시계획에 선행 도시계획과 서로 양립할 수 없는 내용이 포함되어 있다면, 특별한 사정이 없는 한 선행 도시계획은 후행 도시계획과 같은 내용으로 변경된다.

04 **항고소송의 집행정지에 대한 설명으로 옳은 것은? (다툼이 있는 경우 판례에 의함)**

① 의대정원 증원배정 처분의 근거가 된 고등교육법령 및 「대학설립·운영 규정」(대통령령)은 의과대학의 학생정원 증원의 한계를 규정함으로써 의과대학에 재학 중인 학생들이 적절하게 교육받을 권리를 개별적·직접적·구체적으로 보호하고 있다고 볼 수 있다.

② 「민사집행법」에 따른 가처분은 항고소송에서도 인정된다.

③ 취소소송이 제기된 경우에 거부처분으로 인하여 생길 회복하기 어려운 손해를 예방하기 위하여 긴급한 필요가 있다고 인정할 때에는 본안이 계속되고 있는 법원은 당사자의 신청 또는 직권에 의하여 거부처분의 효력 전부 또는 일부의 정지를 결정할 수 있다.

④ 항고소송을 제기한 원고가 본안소송에서 패소확정판결을 받은 경우에는 집행정지결정의 효력이 소급적으로 소멸한다.

05 **취소소송의 판결에 대한 설명으로 옳은 것은? (다툼이 있는 경우 판례에 의함)**

① 변론주의 원칙에 따라 당사자의 명백한 주장이 없는 이상 법원이 직권으로 사정판결을 할 수는 없다.

② 취소소송의 피고는 처분청이므로 행정청을 피고로 하는 취소소송에 있어서의 기판력은 당해 처분이 귀속하는 국가 또는 공공단체에는 미치지 않는다.

③ 특별한 사정이 없는 한 간접강제결정에서 정한 의무이행기한이 경과한 후에라도 확정판결의 취지에 따른 재처분의 이행이 있으면 처분 상대방이 더 이상 배상금을 추심하는 것은 허용되지 않는다.

④ 행정청이 판결 확정 이후 상대방에 대해 재처분을 하였다면 그 처분이 기속력에 위반되는 경우라도 간접강제의 대상은 되지 않는다.

06 **신뢰보호의 원칙에 대한 설명으로 옳지 않은 것은? (다툼이 있는 경우 판례에 의함)**

① 행정청은 공익 또는 제3자의 이익을 현저히 해칠 우려가 있는 경우를 제외하고는 행정에 대한 국민의 정당하고 합리적인 신뢰를 보호하여야 한다.

② 행정청의 공적 견해표명이 있었는지 여부를 판단하는 데 있어 반드시 행정조직상의 형식적인 권한분장에 구애될 것은 아니고 담당자의 조직상의 지위와 임무, 당해 언동을 하게 된 구체적인 경위 및 그에 대한 상대방의 신뢰가능성에 비추어 실질에 의하여 판단하여야 한다.

③ 도시계획구역 내 생산녹지로 답(畓)인 토지에 대하여 종교회관 건립을 이용목적으로 하는 토지거래계약의 허가를 받으면서 담당공무원이 관련법규상 허용된다고 하여 이를 신뢰하고 건축준비를 하였으나 그 후 토지형질변경허가신청을 불허가한 것은 신뢰보호의 원칙에 위반된다.

④ 일반적으로 행정청이 폐기물처리업 사업계획에 대한 적정통보를 한 경우 이는 토지에 대한 형질변경신청을 허가하는 취지의 공적 견해표명을 한 것으로 볼 수 있다.

07 **이행강제금에 대한 설명으로 옳은 것은? (다툼이 있는 경우 판례에 의함)**

① 「건축법」상 시정명령을 받은 의무자가 이행강제금이 부과되기 전에 그 의무를 이행하였더라도 그 시정명령에서 정한 기간을 지나서 이행한 경우라면 행정청은 이행강제금을 부과할 수 있다.

② 「건축법」상 행정청은 의무자가 행정상 의무를 이행할 때까지 이행강제금을 반복하여 부과할 수 있으나, 의무자가 의무를 이행하면 새로운 이행강제금의 부과를 즉시 중지하여야 하고 이미 부과한 이행강제금은 징수하지 아니한다.

③ 「건축법」상 시정명령을 받은 의무자가 그 시정명령의 취지에 부합하는 의무를 이행하기 위한 정당한 방법으로 행정청에 신청 또는 신고를 하였으나 행정청이 위법하게 이를 거부 또는 반려함으로써 결국 그 처분이 취소되기에 이르렀더라도, 이행강제금 제도의 취지에 비추어 볼 때 그 시정명령의 불이행을 이유로 이행강제금을 부과할 수 있다.

④ 「건축법」상 이행강제금을 부과받은 사람이 이행강제금사건의 제1심결정 후 항고심결정이 있기 전에 사망한 경우, 항고심결정은 당연무효이고, 이미 사망한 사람의 이름으로 제기된 재항고는 보정할 수 없는 흠결이 있는 것으로서 부적법하다.

08 **행정의 실효성 확보수단에 대한 설명으로 옳지 않은 것은? (다툼이 있는 경우 판례에 의함)**

① 행정형벌에 있어 행정상의 단속을 주안으로 하는 법규라 하더라도 명문규정이 있거나 해석상 과실범도 벌할 뜻이 명확한 경우를 제외하고는 「형법」의 원칙에 따라 고의가 있어야 벌할 수 있다.

② 독촉절차 없이 압류처분을 하였다면 그러한 압류처분은 중대명백한 하자가 있는 것이 되어 당연무효로 된다.

③ 종업원의 범죄성립이나 처벌이 영업주 처벌의 전제조건이 되는 것은 아니다.

④ 영업정지에 갈음하여 부과되는 이른바 변형된 과징금의 부과 여부는 통상 행정청의 재량행위이다.

09 **정보공개에 대한 설명으로 옳지 않은 것은? (다툼이 있는 경우 판례에 의함)**

① 공공기관이 정보공개를 거부하는 경우에는 어느 부분이 어떠한 법익 또는 기본권과 충돌되어 비공개사유에 해당하는지를 주장·증명하여야 하고, 그에 이르지 아니한 채 개괄적인 사유만을 들어 공개를 거부하는 것은 허용되지 아니한다.

② 공개청구의 대상이 되는 정보가 이미 다른 사람에게 공개하여 널리 알려져 있다거나 인터넷이나 관보 등을 통하여 공개하여 인터넷검색이나 도서관에서의 열람 등을 통하여 쉽게 알 수 있다는 사정만으로는 소의 이익이 없다거나 비공개결정이 정당화될 수는 없다.

③ 국내에 일정한 주소를 두고 있지 않은 외국인이 학술대회 발표를 위해 1주일간 체류하는 경우에도 정보공개청구권자가 될 수 있다.

④ 「공공기관의 정보공개에 관한 법률」은 모든 국민을 정보공개청구권자로 규정하고 있는데, 이에는 자연인은 물론 법인, 권리능력 없는 사단·재단, 지방자치단체 등이 포함된다.

10 행정상 손실보상에 대한 설명으로 옳지 않은 것은? (다툼이 있는 경우 판례에 의함)

① 「공익사업을 위한 토지 등의 취득 및 보상에 관한 법률」에 의한 토지소유자의 잔여지 수용청구를 받아들이지 않은 토지수용위원회의 재결을 다투는 소송은 항고소송에 해당한다.

② 이주대책의 실시여부는 입법자의 입법정책적 재량의 영역에 속하므로, 세입자를 이주대책대상자에서 제외하는 것은 세입자의 평등권과 재산권을 침해하지 않는다.

③ 영업을 하기 위해 투자한 비용이나 그 영업을 통해 얻을 것으로 기대되는 이익에 대한 손실은 영업손실보상의 대상이 된다고 할 수 없다.

④ 토지에 대한 보상액은 가격시점에서의 현실적인 이용상황과 일반적인 이용방법에 의한 객관적 상황을 고려하여 산정하되, 일시적인 이용상황과 토지소유자나 관계인이 갖는 주관적 가치 및 특별한 용도에 사용할 것을 전제로 한 경우 등은 고려하지 아니한다.

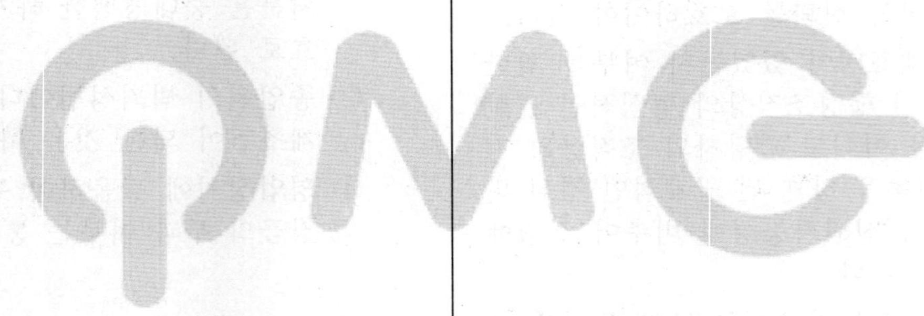

일일 모고 행정학 제13회

01 다음 중 연결이 가장 옳은 것은?

① 신행정론 – 정치행정일원론 – 사회적 형평성 강조
② 발전행정론 – 정치행정이원론 – 정책 효율성 강조
③ 신공공관리론 – 정치행정일원론 – 공공가치 강조
④ 행정행태론 – 정치행정이원론 – 정책 효과성 강조

02 공익을 보는 관점으로 옳지 않은 것은?

① 실체설에 의하면 사회나 국가는 개인과 구별되는 스스로의 인격을 가지는 것으로 본다.
② 과정설에 의하면 공익을 사익간의 협상과 조정을 통한 집단과정의 결과로 본다.
③ 실체설에 의하면 공익결정은 다수에 의해 민주적으로 이루어지는 것으로 본다.
④ 과정설에 의하면 협상과 조정과정에서 약자가 희생되는 결과를 초래할 수 있다.

03 관료부패를 방지하기 위한 대책으로 가장 옳지 않은 것은?

① 행정정보공개제도를 활성화하고 행정절차를 보다 명확화 · 간소화한다.
② 뜨거운 난로의 법칙을 적용하여 비리에 대해서는 즉시 상응하는 제재를 가한다.
③ 정책과정에서 시민참여를 확대하고 관료의 보수와 연금을 적정화한다.
④ 정부의 사회적 규제를 강화하여 사회통제 수준을 높인다.

04 살라몬(L. M. Salamon)의 정책수단유형에 대한 설명으로 옳지 않은 것은?

① 공공정보는 정부가 민간에게 공적정보를 제공하는 직접 수단이다.
② 보조금은 정부가 직접 서비스를 지급하기 어려울 경우 서비스 생산자에게 지원금을 지원하는 직접 수단이다.
③ 공기업은 정부의 소유 또는 통제하에 재화와 서비스를 제공하는 직접 수단이다.
④ 경제적 규제는 가격, 산출, 기업의 진입 · 퇴출 등 민간의 경제활동을 통제하는 직접 수단이다.

05 합리적 의사결정에 대한 설명으로 옳지 않은 것은?

① 합리적 의사결정을 위해서는 매몰비용을 고려해야 한다.
② 합리적 의사결정을 위해서는 행정조직 간 의사소통이 원활해야 한다.
③ 표준운영절차(SOP)는 합리적 의사결정을 제약할 수 있다.
④ 의사결정자의 선입견은 합리적 의사결정을 제약할 수 있다.

06 블라우(P. Blau)와 스코트(W. Scott)의 조직유형 중 다음의 조직유형은?

> ○ 국민일반을 수혜자로 하는 조직이며 국민에 의한 외재적 통제가 가능하도록 민주적 장치를 발전시키는 것이 가장 중요한 문제이다.
> ○ 치안서비스를 제공하는 경찰조직이 이에 속한다.

① 봉사 조직 ② 호혜적 단체
③ 공익 조직 ④ 강요적 조직

07 허즈버그(F. Herzberg)가 주장한 만족요인 · 동기요인으로만 구성된 것은?

① 보수, 대인관계, 작업조건
② 성취감, 책임감, 직무내용
③ 성취감, 대인관계, 작업조건
④ 성취감, 직무내용, 대인관계

08 직업공무원제도에 대한 설명으로 옳은 것은?

① 직위분류제에 입각한 공직분류 구조가 필수적이다.
② 폐쇄형 임용제도와 밀접한 관련성을 가진다.
③ 전문가적 행정인 양성에 유리하다.
④ 완전한 기회균등을 보장한다.

09 예산의 기능에 대한 설명 중 그 성격이 가장 다른 것은?

① 예산은 시장경제를 통해 생산되지 않는 재화나 용역을 공급하기 위하여 자원을 할당한다.
② 예산은 다양한 이해관계의 조정과 타협으로 결정된다.
③ 예산은 개발도상국의 경제성장을 위한 자본을 형성한다.
④ 예산은 시장경제에서 결정된 분배상태가 바람직하지 못할 때 이를 시정한다.

10 주민들이 지역 간에 자유롭게 이동할 수 있기 때문에 지방공공재에 대한 주민들의 선호가 나타나며, 지방공공재 공급의 적정 규모가 결정된다고 주장한 것과 거리가 먼 것은?

① 발에 의한 투표

② 사무엘슨의 적정 공공재 공급이론

③ 티부 가설

④ 공공선택론적 접근

2025 공무원 시험대비 【6회차】

박문각 일일 모의고사

-제14회-

국어 · 영어 · 한국사

행정법 · 행정학

이 름 : ______________________

학습관 : ______________________

합격
예측

답안 입력 및 성적 조회는 PC, 모바일에서 모두 가능합니다.

★ PC: pass.pmg.co.kr | ★ 모바일 앱: 박문각 합격관리

일일 모고 국어 제14회

합격까지 박문각

赤功 국어 적중 혜선

01 **다음 글의 괄호 안에 들어갈 문장으로 적절한 것은?**

국어의 높임법에는 말하는 이가 듣는 이에 대하여 높이거나 낮추어 말하는 상대 높임법, 서술어의 주체를 높이는 주체 높임법, 서술어의 객체를 높이는 객체 높임법 등이 있다. 이러한 높임 표현은 한 문장에서 복합적으로 실현되기도 하는데. (　　)의 경우 대화의 상대, 서술어의 주체, 서술어의 객체를 모두 높인 표현이다.

① 어머니께서 할머니께 성함을 여쭤보신 후 댁에 들어가셨다.
② 제가 선생님을 뵙고 오면 될까요?
③ 아버지께서 선생님께 이 편지를 드리라고 하셨습니다.
④ 시청자께서는 이 드라마를 꼭 시청해 주시기 바랍니다.

02 **<보기>의 조건을 모두 만족시키는 문장은?**

<보기>
○ 관형사가 들어 있을 것 ○ 필수적 부사어가 들어 있을 것 ○ 객체를 높이는 서술어가 들어 있을 것

① 그는 할아버지와 함께했던 옛 추억을 떠올렸다.
② 동생은 어제 산 새 신발을 할아버지께 드렸다.
③ 할아버지께서는 손자가 무슨 말을 해도 좋다고 하셨다.
④ 어머니께서 할머니를 모시고 백화점에 다녀오셨다.

03 **<공공언어 바로 쓰기 원칙>에 따라 <공문서>의 ㉠~㉣을 수정한 것으로 적절하지 않은 것은?**

<공공언어 바로 쓰기 원칙>
○ 올바른 국어 표기를 위한 어문 규범을 준수할 것. ○ 어법에 맞고 자연스러운 문장으로 작성할 것.

<공문서>

수신자　수신자 참조
(경유)
제목 우리 부 서식 정비를 위한 행정규칙 일괄 개정 통보 및 소속 기관 내규 서식 자체 정비 요청

---

1. ○○-○○○호(20○○. ○. ○.)와 관련한 ㉠ 문서입니다.
2. 개인 정보를 적극적으로 보호하고, 대국민 불편·부담을 ㉡ 해소하며, 서식 간 통일성 및 일관성 확보를 위해 우리 부 행정규칙을 다음과 같이 일괄 개정하고 이를 알려 드리오니, 업무에 참고하시기 바랍니다.
3. 아울러, 기업 도시 개발 사업의 원활한 추진을 위해 운영 중인「전국 기업도시 협의회」㉢ 실무자 워크숍을 붙임과 같이 개최하기에 초청하오니 참석 가능 여부를 오는 ○. ○.까지 통보하여 주시면 감사하겠습니다.
4. 또한, 각 소속 기관에서는 내부 규정상 서식 일체를 자체적으로 정비하여 20○○. ○. ○.까지 규제개혁법무담당관실로 정비 결과를 통보하여 주시기 바랍니다.
   ※ ㉣ 서식이 있는 내규 일체 개정 완료 후, 개정 전문 송부 요망.

① ㉠: 문서∨입니다
② ㉡: 없애며
③ ㉢: 워크숍을 붙임과 같이 개최하오니
④ ㉣: 서식이 있는 내규 모두를 개정하고 나서 개정 전문을 보내 주시기 바랍니다.

04 **문장의 호응이 어색한 것은?**

① 나는 절대로 네 말에 동의할 수 없어.
② 오직 모든 것을 하늘에 맡길 뿐입니다.
③ 모름지기 교통신호를 지키는 일은 중요합니다.
④ 그다지 재물은 중요하지 않습니다.

05 **다음 전제가 모두 참이라고 할 때, 반드시 참인 결론은 무엇인가?**

○ 어떤 동물은 고릴라이다. ○ 모든 고릴라는 먹는다.

① 어떤 동물은 먹지 않는다.
② 모든 먹는 것은 동물이다.
③ 어떤 동물은 먹는다.
④ 모든 동물은 먹는다.

06 **다음 중 <보기1>과 <보기2>에 대한 판단으로 옳은 것은?**

<보기1>

모든 과학자는 호기심이 많다.
호기심이 많은 사람은 새로운 것을 배우고자 한다.

새로운 것을 배우고자 하는 사람은 독서를 좋아한다.
따라서 모든 과학자는 독서를 좋아한다.

<보기2>
어떤 사람이 행복하면 그는 스트레스를 받지 않는다.
스트레스를 받는 사람은 규칙적인 운동을 하지 않는다.
철수는 행복하지 않다.
따라서 철수는 스트레스를 받고 있다.

① <보기1>과 <보기2> 모두 논리적으로 타당하다.
② <보기1>과 <보기2> 모두 논리적으로 타당하지 않다.
③ <보기1>의 경우 논리적으로 타당하지만, <보기2>의 경우 논리적으로 타당하지 않다.
④ <보기1>의 경우 논리적으로 타당하지 않지만, <보기2>의 경우 논리적으로 타당하다.

07 밑줄 친 표현이 ㉠의 의미와 가장 유사한 것은?

아버지의 갑작스러운 죽음은 우리 집안을 온통 ㉠ 흔들어 놓았다.

① 관중의 함성이 경기장을 흔들었다.
② 정계를 마음대로 흔드는 권력자가 등장했다.
③ 학계를 흔들어 놓을 논문이 발표됐다.
④그의 유혹이 내 결심을 여지없이 흔들어 놓았다.

08 ㉠ ~ ㉣과 바꿔쓸 수 있는 유사한 표현으로 적절하지 않은 것은?

(가) 국산품의 성능을 외제와 ㉠ 견주다.
(나) 그는 학교에 몸담은 동안 교육의 어려움을 뼈저리게 ㉡ 겪었다.
(다) 검찰은 주요 피의자의 자백을 바탕으로 수사를 ㉢ 끝마치기로 했다.
(라) 그는 아무런 말도 없이 사흘 동안이나 학교를 ㉣ 나가지 않았다.

① ㉠: 비교하다
② ㉡: 체험했다
③ ㉢: 결정짓기로
④ ㉣: 결석했다

09 빈칸 ㉠에 들어갈 내용으로 가장 적절한 것은?

현대 사회는 공평함과 정의를 추구하는 경향이 강해지고 있다. 노력의 결과를 상사의 몫으로 돌리는 일이 비일비재하던 과거의 직장 문화와는 달리, 오늘날에는 아무리 신입이라도 자신의 성과는 인정받아야 한다. 질이 좋고 가격 경쟁력을 갖추었더라도 '갑질'로 물의를 일으키는 기업의 제품은 불매 운동의 대상이 된다. 이처럼 공정함에 대한 요구가 높아지는 것은, 이전까지 우리 사회가 불평등함을 참아왔다는 것을 방증한다.

한편, 공정함을 요구하는 것은 (㉠) 주장도 있다. 19세기의 프랑스 정치학자 토크빌은 신분제 사회에서는 서로의 처지를 비교하지 않았기 때문에 차별에 대한 고민이 없었으나, 신분제 철폐 후 아주 작은 차이들에 대해서도 예민하게 반응하게 되었다고 보았다. 그는 "평등이 크게 증가하면 할수록 그에 대한 소망은 더욱더 충족될 줄 모른다."라는 말로 신자유적인 평등사회의 병리를 진단했다.

① 우리 사회의 불평등이 낮아졌기 때문이라는
② 우리 사회의 평등함을 비약적으로 높인다는
③ 민주주의의 후퇴를 의미한다는
④ 무한 경쟁의 해결책이 될 수 있다는

10 다음 글의 내용과 부합하지 않는 것은?

서양 문화의 기원인 그리스는 산과 바다로 이루어져 있어 어업, 목축, 무역 등이 발달한 대신 대규모 농경은 불가능했다. 타인과의 협력 없이도 개개인의 경제적 자립이 가능한 환경에서 그들은 개인을 사회적 맥락과 관계없는 독립적 존재로 바라보았다. 이는 서양 개인주의 사고의 시발점이 되는데, 넓은 평야가 펼쳐져 있어 노동 집약적 대규모 농경이 일찍부터 발달했던 동양과 비교해보면 확실히 그 차이를 알 수 있다. 노동 집약적 농경은 집단의 출현을 불러왔고 집단의 세력은 개인의 안전과 평안을 보장했다. 개인의 존재를 내세우기보다 개인과 사회의 조화를 우선시하는 집단주의는 이러한 환경에서 출현하였다.

이런 이유로 동양에서는 집단 내의 대립이 나타났을 때, 상대방의 의견을 청취하고 서로의 결점을 보완하여 새로운 결론을 도출하는 방식, 즉 중용(中庸)을 중시하였다. 이에 비해 분석적 사고로 상대의 주장을 논파하고 자신의 주장이 옳음을 내세우는 논쟁(論爭)은 서양인의 대립 해소 방식이라 볼 수 있다. 분석적 사고에 능한 서양인과 전체 맥락 파악에 능한 동양인의 사고는 사회적 대립에 대처하는 방식의 차이에 따라 발생한 것이다.

① 동서양의 사고방식 차이는 서로 다른 두 지역의 자연환경에 영향을 받은 것으로 볼 수 있다.
② 동양은 집단의 존속을 위해 논쟁이 일어났을 때 서로 다른 의견을 절충하는 방식을 사용했다.
③ 서양의 자연환경이 대규모 농업이 가능한 상태였다면 서양인들도 분석적 사고보다 전체 맥락 파악 능력이 발달했을 것이다.
④ 서양인들의 분석적 사고는 집단이 개인의 생존을 위협하는 상황에서 개인의 생존을 보장하기 위해 발달한 능력이다.

일일 모고 영어 제14회

합격까지 박문각

반드시 합격 진가영 영어

01 밑줄 친 부분에 들어갈 말로 가장 적절한 것은?

The manager decided to ____ company policies by implementing stricter regulations to improve workplace efficiency and maintain a professional environment.

① reinforce
② diminish
③ overlook
④ oppose

02 밑줄 친 부분에 들어갈 말로 가장 적절한 것은?

The government is working to ____ the economic crisis by introducing new policies aimed at stabilizing the market and supporting small businesses.

① exacerbate
② divert
③ remedy
④ detect

03 밑줄 친 부분에 들어갈 말로 가장 적절한 것은?

The researcher had to ____ the chemical compounds carefully to ensure accurate results in the laboratory experiment.

① separate
② distort
③ contaminate
④ enroll

04 밑줄 친 부분에 들어갈 말로 가장 적절한 것은?

The judge decided to ____ the criminal to ten years in prison after reviewing all the evidence and witness testimonies.

① acquit
② pardon
③ sentence
④ interrogate

05 밑줄 친 부분에 들어갈 말로 가장 적절한 것은?

The strong wall was built to ____ the city from enemy attacks, ensuring the safety of its inhabitants.

① shield
② expose
③ abandon
④ weaken

06 밑줄 친 부분에 들어갈 말로 가장 적절한 것은?

It is ________ about the past because what's done cannot be changed, and it's better to focus on the future.

① no use complaining
② use complain
③ no use to complain
④ used complain

07 밑줄 친 부분 중 어법상 옳지 않은 것은?

After studying for his final exams all night, David ① walked the classroom looking completely ② drained. His head drooped, and he rubbed his temples as if he bore an unbearable burden. He looked exhausted as if he ③ hadn't eaten or slept for days. His friends exchanged concerned looks, ④ wondering if he was feeling okay.

08 밑줄 친 부분에 들어갈 말로 가장 적절한 것은?

Tim

Excuse me, could I get a blanket? It's a bit chilly in here.

Jane

Of course, I'll bring one to you right away.

Tim

Thank you! Also, do you have any headphones for the in-flight entertainment?

Jane

Yes, we do. I'll give you a pair as well. Just a moment.

Tim

Great, thanks! __________

Jane

We're about two hours away from landing.

① When is the in-flight meal served?
② Who is the captain of this flight?
③ How long until we land?
④ How do I use the in-flight entertainment system?

[09-10] 다음 글을 읽고 물음에 답하시오.

White House Public Tour Announcement

The White House is pleased to announce its public tour schedule for the upcoming season. Tours are available from 7:30 a.m. to 11:30 a.m., Tuesday through Saturday, excluding federal holidays. All tours are free of charge, but tickets must be requested in advance through your Member of Congress.

Tour Details:

- Timing: Tours begin promptly at 7:30 a.m. and end by 11:30 a.m.
- Accessibility: The White House is <u>accessible</u> to visitors with disabilities. Please notify your Member of Congress of any special needs when requesting tickets.
- Prohibited Items: Large bags, backpacks, food, and beverages are not allowed. Cameras and small purses are permitted.

Important Notes:

- All visitors aged 18 and older must present a valid government-issued photo ID.
- Tours are subject to cancellation due to official events or security concerns.
- For more information, visit www.whitehouse.gov/tours or call (202) 456-7041.

09 위 안내문의 내용과 일치하지 않는 것은?
① White House tours are available on Sundays.
② Visitors with disabilities are also allowed to enter.
③ Large bags and backpacks are not allowed during the tour.
④ Tours may be canceled due to official events or security concerns.

10 밑줄 친 "accessible"의 의미와 가장 가까운 것은?
① restricted
② available
③ prohibited
④ complicated

일일 모고 한국사 제14회

합격까지 박문각

가장 빠른 한국사
한국사 박기훈

01 (가), (나) 유물이 사용되던 시기에 대한 설명으로 옳지 않은 것은?

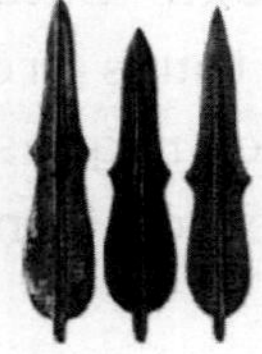 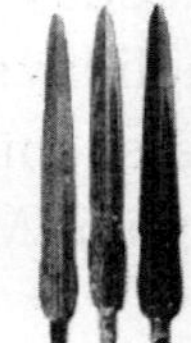

(가) (나)

① (가) : 사유재산 제도가 확립되었고 빈부의 차가 보이기 시작하였다.
② (가) : 정복활동이 활기를 띠어 중앙집권적 영역국가로 성장하였다.
③ (나) : 명도전 등의 춘추전국 시대 화폐가 발견되었다.
④ (나) : 철기의 사용과 함께 한반도에 독자적 청동기 문화가 발달했음을 보여준다.

02 다음 사료와 관련된 국가에 대한 설명으로 옳은 것은?

> 옷은 흰색을 숭상하며, 흰 베로 만든 큰 소매로 달린 도포와 바지를 입고 가죽신을 신는다.
> –삼국지, 위지 동이전–

① 수렵 사회의 전통을 보여주는 영고라는 제천행사가 12월에 열렸다.
② 신부 집의 노동력 손실을 줄이기 위해 신랑이 봉사해주는 혼인풍습인 서옥제가 있었다.
③ 공동체적인 전통을 보여 주는 두레 조직을 통하여 여러 가지 공동 작업을 수행하였다.
④ 연맹왕국으로 성장 하지 못한 나라에 대한 설명이다.

03 다음 사료와 관련된 국왕의 정책으로 옳은 것은?

> ○○왕 37년 봄에 처음으로 원화(源花)를 두었다. (중략)...준정이 남모를 자기 집으로 유인하여 억지로 술을 권하여 취하게 되자 끌고 가 강물에 던져서 죽였다. 준정이 사형에 처해지자 무리들은 화목을 잃고 흩어졌다. 그 후에 다시 미모의 남자를 택하여 곱게 꾸며 화랑(花郞)이라 이름하니, 무리들이 구름처럼 몰려들었다.

① 거칠부의 건의로 역사서인「서기」를 편찬하였다.
② 불교 교단을 정비하여 사상적 통합을 도모하였다.
③ 울진봉평신라비를 건립하였고 율령을 반포하였다.
④ 수도 경주의 방리(方里) 명칭을 정해 6촌을 6부의 행정구역으로 개편하였다.

04 삼국의 고분에 대한 설명으로 옳지 않은 것은?

① 백제의 서울 석촌동 고분을 통해 백제 건국 세력이 고구려와 관련이 있음을 알 수 있다.
② 고구려의 고분에는 널방의 사면 벽과 천장에 벽화가 그려져 당시의 사상과 풍속을 알 수 있다.
③ 신라의 천마총은 돌무지덧널무덤으로 천마도가 발견되었다.
④ 백제의 무령왕릉은 널위에 덧널과 냇돌이 있어 도굴이 어려운 구조이다.

05 아래 고사와 관련되는 국왕 시기의 사실로 옳은 것은?

> 이 피리를 불면 가뭄에 비가 오고, 홍수에는 비가 그치고, 파도가 가라앉고, 바람이 그치며, 병이 낫고, 적병이 물러갔다고 한다. 이에 세상의 근심거리를 없애고 평안하게 하는 피리라고 해서 '만파식적'이라 불렀다.

① 달구벌(대구)로 천도하려고 하였으나 좌절되었다.
② 시중의 기능을 강화하고 갈문왕 제도를 폐지하였다.
③ 국립대학인 국학을 설립하고 공자와 12제자의 화상을 국학에 안치하였다.
④ 당의 요청으로 발해 공격을 시도하였다.

06 발해와 일본 사이에 오간 외교문서 내용이다. (가), (나) 국왕 대의 사실로 옳은 것은?

> (가) 무예는 외람되이 열국을 주관하고 제번을 거느려 고구려의 옛 땅을 회복하고 부여의 습속을 잇게 되었다.
> (나) 일본 천황이 고려국왕에게 보낸다. … 지금 보내온 국서를 보니 천손(天孫)이라는 참람된 칭호를 쓰고 있다. … 또 함부로 구생(장인과 사위 관계)을 칭하니 이는 예의에 크게 어긋나는 것이다.

① (가) : 국호를 발해로 바꾸고 신라로부터 대아찬의 관등을 받았다.
② (가) : 연호를 인안이라 하고 동북방의 여러 세력을 복속해 북만주 일대를 장악였다.
③ (나) : 수도를 동경 용원부에서 상경 용천부로 옮겨 체제를 정비하였다.
④ (나) : 5경 15부 62주의 통치조직을 완비하였다.

07 **다음과 같은 형벌 제도를 시행하였던 시기의 사실로 옳은 것은?**

한 부서의 장관으로 재직하면서 자신이 관할하는 재물을 훔치거나 뇌물을 받고 법을 어긴 관리는 지급한 토지를 거두고 도(徒), 장(杖)을 따지지 말고 귀향형에 처한다.

① 지방 세력을 견제하기 위하여 상수리 제도를 실시하였다.
② 중앙군으로 10위를 두어 왕궁과 수도를 경비하였다.
③ 행정적 성격의 5도와 군사적 성격의 양계로 나뉘어 이원적 지방제도가 확립되었다.
④ 4군과 6진을 설치하여 북방 영토를 개척하였다.

08 **고려시대 경제 활동에 대한 설명으로 옳은 것만을 모두 고르면?**

㉠ 녹비법과 퇴비법을 활용한 분전법(시비법)이 실시되어 휴경지가 감소되었다. ㉡ 삼한통보, 해동통보 등 화폐 유통이 전국적으로 활발하였다. ㉢ 밭농사에서 2년 3작(윤작법)이 일반화되었다. ㉣ 공물을 토지 결수에 따라 쌀 등으로 납부하였다. ㉤ 후기에는 선대제 수공업과 공장제 수공업이 발달하였다. ㉥ 국가차원에서 공무역과 사무역을 장려하여 의주의 만상이 성장하였다.

① ㉠　　② ㉠, ㉡
③ ㉠, ㉡, ㉢, ㉣　　④ ㉠, ㉡, ㉤, ㉥

09 **고려시대 역사서에 대한 설명으로 옳지 않은 것은?**
① 삼국사기에서는 거서간, 차차웅, 이사금 등 신라 고유의 왕호를 소개하였다.
② 무신 집권기에 각훈은 교종의 입장에서 삼국시대 승려 33명의 전기를 정리하였다.
③ 이승휴는 제왕운기에서 단군조선을 우리 역사의 출발점으로 보았다.
④ 이규보는 동명왕편에서 '요동에 별천지가 있으니 중국 왕조와 뚜렷이 구분된다'라고 하였으며, 단군부터 고려까지의 역사를 운문으로 표현하였다.

10 **다음은 한글과 관련된 서적들이다. 편찬된 순서대로 바르게 나열한 것은?**

㉠ 「훈민정음」	㉡ 「고려사」
㉢ 「이륜행실도」	㉣ 「월인석보」
㉤ 「목민심서」	㉥ 「훈민정음운해」

① ㉠-㉡-㉣-㉤-㉥-㉢
② ㉠-㉣-㉡-㉢-㉤-㉥
③ ㉠-㉡-㉣-㉢-㉥-㉤
④ ㉠-㉥-㉡-㉢-㉣-㉤

일일 모고 행정법 제14회

합격까지 박문각

광야에서 합격까지
행정법 강성빈

01 행정행위에 대한 설명으로 옳지 않은 것은? (다툼이 있는 경우 판례에 의함)

① 재단법인의 임원취임을 인가 또는 거부할 것인지 여부는 주무관청의 권한에 속하는 사항이라고 할 것이고, 재단법인의 임원취임승인 신청에 대하여 주무관청이 이에 기속되어 이를 당연히 승인(인가)하여야 하는 것은 아니다.

② 자동차관리사업자로 구성하는 사업자단체 설립인가는 인가권자가 가지는 지도·감독 권한의 범위 등과 아울러 설립인가에 관하여 구체적인 기준이 정하여져 있지 않은 점 등에 비추어 재량행위로 보아야 한다.

③ 공익법인의 기본재산 처분에 대한 허가의 법률적 성질은 형성적 행정행위로서의 인가에 해당하므로, 그 허가에 조건으로서의 부관의 부과는 허용되지 아니한다.

④ 요양기관이 속임수나 그 밖의 부당한 방법으로 보험자에게 요양급여비용을 부담하게 한 때에 구「국민건강보험법」 제85조 제1항 제1호에 의해 받게 되는 요양기관 업무정지처분은 의료인 개인의 자격에 대한 제재가 아니라 요양기관의 업무 자체에 대한 것으로서 대물적 처분의 성격을 갖는다.

02 행정행위의 효력과 선결문제에 대한 설명으로 옳지 않은 것은? (다툼이 있는 경우 판례에 의함)

① 계고처분이 위법한 경우 행정대집행이 완료되면 그 처분의 취소를 구할 소의 이익은 없다 하더라도, 미리 그 행정처분의 취소판결이 있어야만 그 행정처분의 위법임을 이유로 한 손해배상 청구를 할 수 있는 것은 아니다.

② 민사소송에 있어서 어느 행정처분의 당연무효 여부가 선결문제로 되는 때에는 당해 소송의 수소법원은 이를 판단하여 그 행정처분의 무효확인판결을 할 수 있다.

③ 과세처분의 하자가 단지 취소할 수 있는 정도에 불과할 때에는 과세관청이 이를 스스로 취소하거나 항고쟁송절차에 의하여 취소되지 않는 한, 그로 인한 조세의 납부가 부당이득이 된다고 할 수 없다.

④ 구「도시계획법」상 원상회복 등의 조치명령을 받고도 이를 따르지 않은 자에 대해 형사처벌을 하기 위해서는 적법한 조치명령이 전제되어야 하며, 이때 형사법원은 그 적법여부를 심사할 수 있다.

03 취소소송의 대상이 되는 처분에 대한 설명으로 옳은 것은? (다툼이 있는 경우 판례에 의함)

① 신청기간을 제한하는 특별한 규정이 있는 경우 재신청이 신청기간을 도과하였는지는 소송요건 심사단계에서 고려할 요소이다.

② 세무서장의 법인세 과세표준결정행위는 항고소송의 대상인 처분에 해당한다.

③ 구「약관의 규제에 관한 법률」에 따른 공정거래위원회의 표준약관 사용권장행위는 항고소송의 대상이 되는 행정처분에 해당하지 않는다.

④ 공정거래위원회가「하도급거래 공정화에 관한 법률」 제26조(관계 행정기관의 장의 협조)에 따라 관계 행정기관의 장에게 한 원사업자 또는 수급사업자에 대한 입찰참가자격의 제한을 요청한 결정은 항고소송의 대상이 되는 처분에 해당한다.

04 행정소송에 대한 설명으로 옳은 것은? (다툼이 있는 경우 판례에 의함)

① 거부처분의 처분성을 인정하기 위한 전제 요건이 되는 신청권은 신청인이 그 신청에 따른 단순한 응답을 받을 권리를 넘어서 신청의 인용이라는 만족적 결과를 얻을 권리를 의미한다.

② 교육·학예에 관한 조례가 집행행위의 개입 없이도 그 자체로서 직접 국민의 구체적인 권리·의무나 법적 이익에 영향을 미치는 등의 법률상 효과를 발생하는 경우 그 조례는 항고소송의 대상이 되는 행정처분에 해당하고, 그 처분에 대한 무효확인소송의 피고는 지방자치단체의 장이 된다.

③ 처분청이 처분 당시 적시한 구체적 사실을 변경하지 아니하는 범위 내에서 단지 처분의 근거 법령만을 추가·변경하는 경우에도 법원은 처분청이 처분 당시 적시한 구체적 사실에 대하여 처분 후 추가·변경한 법령을 적용하여 처분의 적법 여부를 판단할 수는 없다.

④ 처분청이 거부처분에 대한 항고소송에서 기존의 처분사유와 기본적 사실관계가 동일하지 않은 사유를 처분사유로 추가·변경한 것에 대하여 처분상대방이 추가·변경된 처분사유의 실체적 당부에 관하여 해당 소송 과정에서 심리·판단하는 것에 명시적으로 동의하는 경우에는, 법원으로서는 그 처분사유가 기존의 처분사유와 기본적 사실관계가 동일한지와 무관하게 예외적으로 이를 허용할 수 있다.

05 **행정심판에 대한 설명으로 옳지 않은 것은? (다툼이 있는 경우 판례에 의함)**

① 심판청구서를 접수한 피청구인 행정청은 10일 이내에 심판청구서와 답변서를 위원회에 보내야 하나, 심판청구가 그 내용이 특정되지 아니하는 등 명백히 부적법하다고 판단되는 경우에는 답변서를 위원회에 보내지 아니할 수 있다.

② 위원회는 심판청구의 대상이 되는 처분 또는 부작위 외의 사항에 대하여는 재결하지 못한다.

③ 행정심판위원회는 처분 또는 부작위가 위법·부당하다고 상당히 의심되는 경우로서 처분 또는 부작위 때문에 당사자가 받을 우려가 있는 중대한 불이익이나 당사자에게 생길 급박한 위험을 막기 위하여 임시지위를 정하여야 할 필요가 있는 경우에는 집행정지로 목적을 달성할 수 있더라도 직권으로 또는 당사자의 신청에 의하여 임시처분을 결정할 수 있다.

④ 행정심판의 심리는 구술심리나 서면심리로 한다. 다만, 당사자가 구술심리를 신청한 경우에는 서면심리만으로 결정할 수 있다고 인정되는 경우 외에는 구술심리를 하여야 한다.

06 **행정법의 법원과 효력에 대한 설명으로 옳지 않은 것은? (다툼이 있는 경우 판례에 의함)**

① 사인(私人)은 반덤핑부과처분이 세계무역기구(WTO) 협정위반이라는 이유로 직접 국내 법원에 회원국 정부를 상대로 그 처분의 취소를 구하는 소를 제기할 수 있다.

② 면허세의 근거법령이 제정되어 폐지될 때까지의 4년 동안 과세관청이 면허세를 부과할 수 있음을 알면서도 수출확대라는 공익상 필요에서 한 건도 부과한 일이 없었다면 비과세의 관행이 이루어졌다고 보아도 무방하다.

③ 법령등의 시행일을 정하거나 계산할 때에는 법령등을 공포한 날부터 일정 기간이 경과한 날부터 시행하는 경우 법령등을 공포한 날을 첫날에 산입하지 아니한다.

④ 학교급식을 위해 국내 우수농산물을 사용하는 자에게 식재료나 구입비의 일부를 지원하는 것 등을 내용으로 하는 지방자치단체의 조례안이 '1994년 관세 및 무역에 관한 일반협정'을 위반하여 위법한 이상, 그 조례안은 효력이 없다.

07 **행정조사에 대한 설명으로 옳지 않은 것은? (다툼이 있는 경우 판례에 의함)**

① 우편물 통관검사절차에서 이루어지는 우편물 개봉 등의 검사는 행정조사의 성격을 가지는 것으로서 수사기관의 강제처분이라고 할 수 없으므로, 압수·수색영장 없이 검사가 진행되었다 하더라도 특별한 사정이 없는 한 위법하다고 볼 수 없다.

② 「행정조사기본법」에 따르면, 조사대상자는 법령등에서 규정하고 있는 경우에 한하여 조사대상 선정기준에 대한 열람을 행정기관의 장에게 신청할 수 있다.

③ 「행정조사기본법」에 따르면, 조사대상자는 조사원에게 공정한 행정조사를 기대하기 어려운 사정이 있다고 판단되는 경우에는 행정기관의 장에게 당해 조사원의 교체를 신청할 수 있다.

④ 세무조사결정은 납세의무자의 권리·의무에 직접 영향을 미치는 공권력의 행사에 따른 행정작용으로서 항고소송의 대상이 된다.

08 **행정의 실효성 확보수단에 대한 설명으로 옳지 않은 것은? (다툼이 있는 경우 판례에 의함)**

① 공유 일반재산의 대부료 지급은 사법상 법률관계이므로 행정상 강제집행절차가 인정되더라도 따로 민사소송으로 대부료의 지급을 구하는 것이 허용된다.

② 관계 법령상 행정대집행의 절차가 인정되어 행정청이 행정대집행의 방법으로 건물의 철거 등 대체적 작위의무의 이행을 실현할 수 있는 경우에는 따로 민사소송의 방법으로 그 의무의 이행을 구할 수 없다.

③ 하나의 행위가 2 이상의 질서위반행위에 해당하는 경우에는 각 질서위반행위에 대하여 정한 과태료 중 가장 중한 과태료를 부과한다.

④ 과태료 사건은 다른 법령에 특별한 규정이 있는 경우를 제외하고는 당사자의 주소지의 지방법원 또는 그 지원의 관할로 한다.

09 **행정절차에 대한 설명으로 옳지 않은 것은? (다툼이 있는 경우 판례에 의함)**

① 법령등에서 요구된 자격이 없거나 없어지게 되면 반드시 일정한 처분을 하여야 하는 경우에 그 자격이 없거나 없어지게 된 사실이 법원의 재판에 의하여 객관적으로 증명된 경우에는 사전통지를 생략할 수 있다.

② 불이익처분의 직접 상대방인 당사자 또는 행정청이 참여하게 한 이해관계인이 아닌 제3자에 대하여는 사전통지 및 의견제출에 관한 「행정절차법」 제21조, 제22조가 적용되지 않는다.

③ 상대방의 귀책사유로 야기된 처분의 하자를 이유로 수익적 행정행위를 취소하는 경우에는 특별한 규정이 없는 한 「행정절차법」상 사전통지의 대상이 되지 않는다.

④ 당사자가 근거규정 등을 명시하여 신청하는 인·허가 등을 거부하는 처분을 함에 있어 당사자가 그 근거를 알 수 있을 정도로 상당한 이유를 제시한 경우에는 당해 처분의 근거 및 이유를 구체적 조항 및 내용까지 명시하지 않았더라도 그로 말미암아 그 처분이 위법한 것이 된다고 할 수 없다.

10 국가배상에 대한 설명으로 옳지 않은 것은? (다툼이 있는 경우 판례에 의함)

① 군 복무 중 사망한 사람의 유족이 국가배상을 받은 경우, 관할 행정청 등은 「군인연금법」상 사망보상금에서 소극적 손해배상금 상당액을 공제할 수 있을 뿐, 이를 넘어 정신적 손해배상금까지 공제할 수는 없다.

② 훈련으로 공상을 입은 군인이 「국가배상법」에 따라 손해배상금을 지급받은 다음 「보훈보상대상자 지원에 관한 법률」이 정한 보훈급여금의 지급을 청구하는 경우, 국가는 「국가배상법」 제2조제1항 단서에 따라 그 지급을 거부할 수 있다.

③ 민간인과 직무집행 중인 군인의 공동불법행위로 인하여 직무집행 중인 다른 군인이 피해를 입은 경우에 있어서 민간인이 피해 군인에게 자신의 과실비율에 따라 내부적으로 부담할 부분을 초과하여 피해금액 전부를 배상한 경우, 대법원 판례에 따르면 민간인은 국가에 대해 가해 군인의 과실비율에 대한 구상권을 행사할 수 없다.

④ 생명 · 신체의 침해로 인한 국가배상을 받을 권리는 양도하거나 압류하지 못한다.

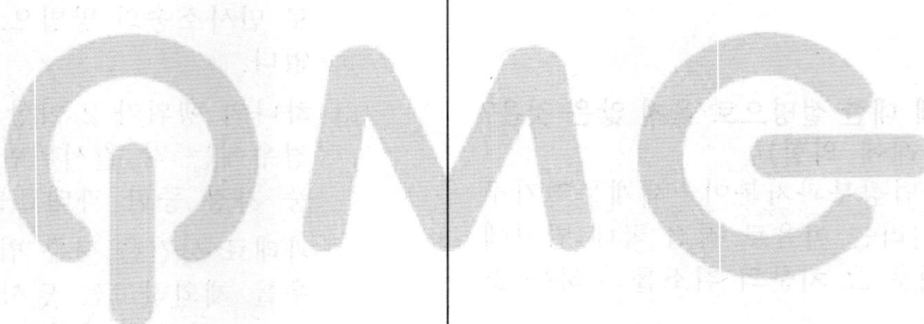

일일 모고 행정학 제14회

합격까지 박문각

빠른 고득점 합격
행정학 이명훈

01 **행정이론에 대한 설명으로 옳지 않은 것은?**
① 과학적 관리론은 19세기 말부터 20세기 초 경제 상황의 산물로 절약과 능률을 행정의 가장 중요한 가치로 삼는다.
② 행태주의는 객관성을 유지하기 위해 연구에서 가치와 사실을 명백히 구분하고, 가치중립성을 지킨다.
③ 체제이론은 체제의 부분적인 특성이나 구체적인 행태 측면에 관심을 갖는 미시적 접근방법을 사용한다.
④ 신행정론은 규범성, 문제지향성, 처방성을 강조한다.

02 **가외성(Redundancy)에 대한 설명으로 옳지 않은 것은?**
① 정책결정의 불확실성에 대한 대처방안
② 대통령의 거부권, 삼권분립, 연방제도
③ 체제의 창조성에 기여
④ 사회적 자본과의 조화

03 **행정에 대한 정치적 통제와 관료제의 자율성에 대한 설명으로 옳지 않은 것은?**
① 직업공무원이 선출직 공무원에게 책임을 지도록 조직화된 이유는 정부의 대응성을 제고하기 위함이다.
② 행정에 대한 정치적 통제의 강화는 행정의 안정성과 능률성을 제고할 수 있다.
③ 사회문제가 복잡해짐에 따라 직업공무원들의 재량이 확대된다.
④ 행정정보의 공개는 행정책임을 확보하기 용이하고 통제비용을 감소시킨다.

04 **오늘날 정책결정 과정에서 정책네트워크(policy network)의 역할이 중대되고 있다. 정책네트워크의 유형으로 가장 거리가 먼 것은?**
① 하위정부(subgovernment)
② 정책공동체(policy community)
③ 이음매 없는 조직(seamless organization)
④ 정책문제망(issue network)

05 **의사결정의 만족모형의 특징에 대한 설명으로 옳지 않은 것은?**
① 제한된 합리성에 입각한 의사결정모형
② 모든 대안을 탐색하기 보다는 몇 개의 대안을 무작위로 추출하여 순차적으로 대안을 탐색
③ 모든 대안과 모든 결과를 탐색하여 최선의 대안을 선택
④ 마치와 사이먼에 의해 주장된 사회 심리적 · 인지적 접근

06 **관료제의 병리현상인 동조과잉(overconformity)의 원인과 가장 밀접하게 관련된 것은?**
① 정실이나 자의에 의한 일처리
② 규칙이나 절차의 엄수에 대한 강조
③ 목표의 다원화
④ 실적과 경쟁의 강조

07 **공무원 인사제도에 있어서 실적제 원리의 적용이 가져올 수 있는 문제점으로 옳지 않은 것은?**
① 객관적 · 과학적 측정방법을 강조하나 실제로 공직 후보자의 능력을 정확하게 측정하는 데는 한계가 있다.
② 실적제는 일부 계층 또는 집단에 대하여 불리한 제도로 작용하여 형평성을 저해할 우려가 있다.
③ 외부로부터 적극적으로 우수한 공무원을 채용하므로 내부공무원의 직업안정성 유지에 상대적으로 불리한 제도이다.
④ 중앙인사기능의 강화와 엄격한 기준의 적용으로 실질적 행정수요에 부응하는 인사가 이루어지기 어렵다.

08 **중하위직 공무원의 잦은 보직변경을 방지하고 전문성을 제고하기 위하여 도입한 제도는?**
① 직무성과계약제도
② 고위공무원단
③ 전직과 전보제도
④ 경력개발제도(CDP)

09 **미국의 행정학자인 스미스(Harold D. Smith)가 제시한 예산원칙으로 옳은 것만을 모두 고르면?**

㉠ 보고의 원칙	㉡ 통일의 원칙
㉢ 책임의 원칙	㉣ 공개의 원칙
㉤ 계획의 원칙	㉥ 단일의 원칙

① ㉠, ㉡, ㉢
② ㉠, ㉢, ㉤
③ ㉡, ㉢, ㉤
④ ㉢, ㉤, ㉥

10 우리나라 지방자치단체의 자치권에 대한 설명으로 옳지 않은 것은?

① 「헌법」과 「지방자치법」은 법령의 범위 안에서 자치에 관한 조례를 제정할 수 있다고 규정하고 있다.

② 지방자치단체는 행정기구의 설치에 대해 법령의 범위 안에서 당해 지방자치단체의 조례로써 정할 수 있다.

③ 조세법률주의에 따라 지방세의 세목과 세율에 대해서는 법률로써 정해야 하며, 조례에 의한 세목의 설치를 허용하지 않는다.

④ 자치권을 구성하는 핵심적인 사항은 자치입법권, 자치조직권, 자치재정권 등이라 할 수 있다.

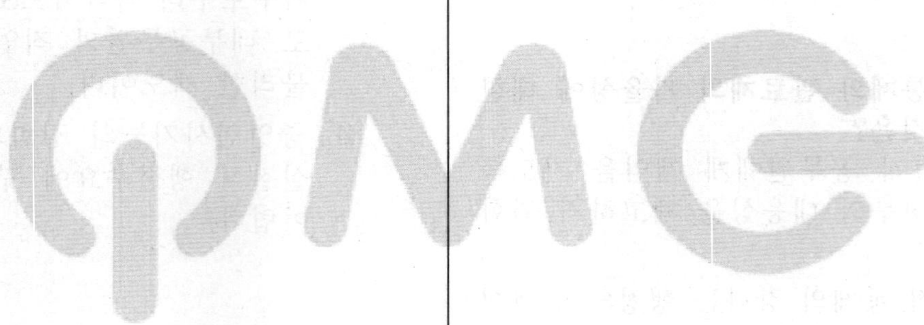

2025 공무원 시험대비 【6회차】

박문각 일일 모의고사

-제15회-

국어 · 영어 · 한국사

행정법 · 행정학

이 름 : ____________________

학습관 : ____________________

합격
예측

답안 입력 및 성적 조회는 PC, 모바일에서 모두 가능합니다.

★ PC: pass.pmg.co.kr | ★ 모바일 앱: 박문각 합격관리

일일 모고 국어 제15회

합격까지 박문각

赤功 국어
적중 혜선

01 밑줄 친 단어의 쓰임이 옳은 것은?

① 날이 개인 날에 교수님을 뵈러 갔다.
② 영수는 담배를 피었다.
③ 할머니가 주신 돼지고기를 재어 먹었다.
④ 어제 어떤 사람이 트럭에 치는 사고가 있었다.

02 다음 중 객체 높임법을 확인할 수 없는 것은?

① 할아버지께서는 잠귀가 매우 밝으신 편입니다.
② 어머니께 이 선물을 전해 드리고 오너라.
③ 이번 토요일에는 할아버지를 꼭 뵙고 오도록 해라.
④ 아버지를 모시고 시장에 좀 다녀오도록 해요.

03 <보기>의 내용을 근거로 하여 잘못된 문장을 수정한 예로 적절하지 않은 것은?

<보기>
서술어의 자릿수는 문법적으로 정확하지 않은 문장을 수정하는 데 고려해야 할 중요한 기준이다. 서술어가 요구하는 문장 성분이 빠져 있으면 문법적으로 정확하지 않은 문장이 되므로 그 성분을 보충하여야 한다.

① 검사들은 도피 중인 피의자로 간주하고 문초하기 시작했다.
→ 검사들은 그를 도피 중인 피의자로 간주하고 문초하기 시작했다.
② 내가 오직 바라는 일은 네가 잘됐으면 좋겠다.
→ 내가 오직 바라는 일은 네가 잘됐으면 하는 것이다.
③ 영호는 손을 넣고 걷다가 눈길에 미끄러졌다.
→ 영호는 호주머니에 손을 넣고 걷다가 눈길에 미끄러졌다.
④ 인간은 날씨에 복종하기도 하고 지배하기도 하면서 살아간다.
→ 인간은 날씨에 복종하기도 하고 날씨를 지배하기도 하면서 살아간다.

04 다음 <보기>를 참고할 때 문장의 표현이 가장 올바른 것은?

<보기>
우리는 언어생활에서 문법요소를 잘못 사용한 경우가 많다. 높임법에서 높이지 않을 대상을 높이는 경우, 시제 표현에서 시간을 나타내는 형태소를 잘못 쓴 경우, 피동 표현에서 이중 피동형태를 사용한 경우, 사동 표현에서 불필요하게 사동 표현을 쓴 경우가 대표적이다.

① 저는 그 말씀에 그처럼 생각되어지지 않습니다.
② 똑똑한 사람이 있으면 나에게 소개시켜 줄래.
③ 그 사람이 말도 없이 벌써 갔는 모양이다.
④ 교수님께서 너 오라고 하시는구나.

05 다음 <보기>의 명제를 읽고, 타당하지 않은 추론을 고른 것은?

(가) 모든 고양이는 검다.
(나) 어떤 고양이는 검다.
(다) 모든 고양이는 희다.
(라) 어떤 고양이는 희다.

① 만약 (라)가 참이라면 (가)는 거짓이다.
② 만약 (가)가 거짓이라면 (라)는 반드시 참이어야 한다.
③ (나)와 (라)가 동시에 참일 수 있다.
④ (가)와 (다)가 동시에 참이 되는 것은 불가능하다.

06 다음 <보기>를 참고했을 때 반드시 참인 문장은?

<보기>
○○대학교 경영학과 학생들을 대상으로 조사한 결과, 마케팅 원론 수업을 수강한 학생 중 일부는 경영 전략 수업을 수강하였으며, 재무관리 수업을 듣지 않은 학생은 투자론을 수강하지 않았다.

학과 규정에 따르면, 마케팅 원론은 경영 전략 수업의 필수 선수강 과목이며, 경영 전략 수업은 마케팅 원론에서 B학점 이상을 받은 학생만 수강할 수 있다.

또한 투자론을 수강한 학생들은 모두 재무관리 수업도 수강한 것으로 나타났다.

① 마케팅 원론을 수강한 모든 학생은 경영 전략 수업을 수강하였다.
② 재무관리를 수강한 모든 학생은 투자론을 수강하였다.
③ 투자론을 수강한 모든 학생은 재무관리를 수강하였다.
④ 경영 전략을 수강하지 않은 학생 중 일부는 마케팅 원론을 수강하였다.

07 **밑줄 친 표현이 ㉠의 의미와 가장 유사한 것은?**

> 그는 사람들 앞에서 자신의 체면을 ㉠ 지키느라 바빴다.

① 군인들은 목숨을 다해 조국을 지켰다.
② 병사 하나가 적군의 보급 통로를 지키고 있다.
③ 운전자는 안전을 위해 항상 교통 법규를 지켜야 한다.
④ 남의 비밀을 지키는 것은 너무 어렵다.

08 **㉠ ~ ㉣과 바꿔쓸 수 있는 유사한 표현으로 적절하지 않은 것은?**

> (가) 연초에 비해 물가가 크게 ㉠ 달라졌다.
> (나) 경기가 어려워지자 은행은 가계 대출을 ㉡ 묶기 시작했다.
> (다) 부장님은 서류의 잘못된 부분을 ㉢ 지웠다.
> (라) 그는 산에서 묘목 몇 그루를 자기 집 정원으로 ㉣ 옮겨심기하였다.

① ㉠: 변동했다
② ㉡: 결박하기
③ ㉢: 삭제했다
④ ㉣: 이식하였다.

[9~10] 다음 글을 읽고 물음에 답하시오,

> 글자에 어떤 느낌과 표정을 ⓐ 불어넣어 소기의 효과를 얻고자 하는 디자인 작업을 타이포그래피라고 한다. 좋은 타이포그래피는 가독성이라는 기능에 충실하면서도, 고정되고 경직된 형태에서 오는 지루함을 벗어나 시각적인 쾌감과 아름다움을 불러일으키도록 해야 한다. 예컨대 아무리 시각적으로 아름다운 형태일지라도 책의 본문에 사용될 경우 피로감을 ⓑ 주고 읽는 데 장애 요인으로 작용하는 서체가 있을 것이다. 반면에 호흡이 짧은 홍보 문구나 블로그의 제목, 강조 사항 등은 마음껏 창의적인 글꼴을 개발하여 사용해도 무방하다.
>
> 한글 타이포그래피는 이런 조건을 두루 갖추기에 최상의 조건을 갖추고 있다. 근래 들어 타이포그래피에 대한 관심이 급증하면서 한글의 조형성과 예술성을 재조명하고자 하는 시도가 빈번해졌다. 한글은 원래 모양과 관계가 없는 소리 문자지만 초성, 중성, 종성이 결합하는 데서 일정한 형태, 즉 조형성을 띤다. 'ㅊ'이나 'ㅎ' 같은 몇 개를 제외하고 자모를 하나하나 ⓒ 살펴보면 별다른 아름다움을 찾아보기 어렵지만, 이것을 모아쓰게 되면 구조적인 아름다움을 획득한다는 것이다. 물론 서양의 알파벳도 자소가 몇 개씩 모여 무리를 지으면 일정한 조형미를 지니게 된다. 하지만 한글은 알파벳보다도 더 다양하고 표정이 풍부한 글꼴 개발이 가능하다. 왜냐하면 자소의 조합과 공간 배치를 어떻게 하느냐에 따라 글자의 모양과 분위기가 사뭇 다르게 느껴지기 때문이다.
>
> 디지털 시대가 되면서 한글은 납 활자 시대의 천편일률적인 방형성(方形性)에서 벗어나 초성과 중성, 종성을 자유롭게 배치하는 것이 가능해지고 각 자소가 독립성을 획득할 수 있게 되었다. 한글이 언어학적으로도 뛰어난 문자지만 시각적 요소를 풍부히 ⓓ 지니고 있다는 사실과 우리의 문자 자체가 타이포그래피에 유리한 조건을 이미 갖추고 있다는 것은 큰 축복이 아닐 수 없다.

09 **윗글을 바탕으로 <보기>의 이유를 추론한 것으로 가장 적절한 것은?**

> <보기>
>
> 전 세계에서 문자를 매개로 한 서예가 발달한 나라는 한자를 공통 문어로 사용하는 중국과 우리나라, 일본 정도가 유일하다고 한다. 이것은 서예의 도구인 붓과 종이의 개발이 중국에서 이루어진 것과 관계가 깊지만, 상형 문자인 한자의 특성과 더 깊이 관련된다. 사물을 본떠 만든 한자는 글자 하나하나가 독특한 형상성을 지니고 있기 때문이다. 그렇다면 표음 문자인 한글은 어떻게 서예가 가능한 것일까?

① 한글에는 조형성이 뛰어난 자모가 많기 때문에
② 한글의 자모가 독립적이고 자유롭게 배치할 수 있기 때문에
③ 한글이 초성, 중성, 종성을 조합하는 모아쓰기를 하기 때문에
④ 한글의 자모 자체에 표의 문자의 속성이 내포되어 있기 때문에

10 **ⓐ~ⓓ를 바꾸어 쓴 말로 적절하지 않은 것은?**

① ⓐ: 이입하여
② ⓑ: 유발하고
③ ⓒ: 규명하면
④ ⓓ: 내장하고

일일 모고 영어 제15회

01 밑줄 친 부분에 들어갈 말로 가장 적절한 것은?

The manager decided to _____ the responsibility of handling client complaints to the customer service team to improve efficiency.

① delegate
② refuse
③ defy
④ dominate

02 밑줄 친 부분에 들어갈 말로 가장 적절한 것은?

The company decided to _____ the goods by air to meet the urgent delivery deadline and ensure quick arrival.

① transport
② discard
③ swing
④ trap

03 밑줄 친 부분에 들어갈 말로 가장 적절한 것은?

The loud sound from the construction site seemed to _____ the security alarm, causing the building's evacuation.

① calm
② silence
③ trigger
④ suspend

04 밑줄 친 부분에 들어갈 말로 가장 적절한 것은?

The company requires all employees to wear a _____ to maintain a professional appearance and create a sense of equality in the workplace.

① uniform
② custom
③ twist
④ voucher

05 밑줄 친 부분에 들어갈 말로 가장 적절한 것은?

The professor was known for his _____ lectures, which inspired students to develop a deeper interest in the subject.

① uninterested
② tedious
③ careless
④ passionate

06 밑줄 친 부분에 들어갈 말로 가장 적절한 것은?

If they _______________ properly for the presentation, they would have impressed the clients and secured the business deal.

① had prepared
② prepared
③ preparing
④ have prepared

07 밑줄 친 부분 중 어법상 옳지 않은 것은?

After conducting multiple interviews, the admissions committee finally shortlisted two candidates for the scholarship. They ① <u>are appeared</u> promising at first, but after reviewing their academic records, the committee noticed inconsistencies in their achievements. Consequently, they reached an ② <u>unfortunate</u> decision: neither of the two candidates ③ <u>was</u> qualified for the scholarship. The committee decided to reopen the application process and looked forward to ④ <u>selecting</u> someone who truly met their criteria.

08 밑줄 친 부분에 들어갈 말로 가장 적절한 것은?

A: Can I feed the animals here?
B: Some animals can be fed, but only in designated areas. You should check the signs for which animals are allowed to be fed.
A: ______________________________
B: Yes, please use the provided food. Do not bring your own, and always follow the staff's instructions.
A: Got it! I'll make sure to follow the rules.

① What kind of food do the animals like?
② What time can I feed the animals?
③ Are there any additional rules that I should follow?
④ How many animals are there in this zoo?

09 주어진 글 다음에 이어질 글의 순서로 가장 적절한 것은?

Scientists were studying the effects of a high-cholesterol diet on heart disease. To measure this effect, they fed genetically similar rabbits the same high-cholesterol diet. Surprisingly, half of the rabbits developed heart disease, while the other half remained healthy.

(A) Eventually, they discovered that the assistant caring for the rabbits would take them out of their cages to cuddle them while changing the bedding and food. However, she was too short to reach the rabbits on the top shelf, so those rabbits were not handled and received only food.
(B) After two weeks, all the rabbits on the top shelf had developed heart disease, while those on the bottom shelf remained healthy. The environment and diet were the same; the only variable was the love expressed through the cuddling.
(C) This result was perplexing, so they decided to continue the research with a new group of rabbits. After two weeks, they obtained the same results again. Although there was something wrong with the study design, they couldn't identify the unexplained variable.

① (B) − (A) − (C)
② (B) − (C) − (A)
③ (C) − (A) − (B)
④ (C) − (B) − (A)

10 다음 글의 요지로 가장 적절한 것은?

If you don't drink enough water, you may gain weight. Do you know why? Your kidneys are responsible for filtering toxins from your blood. However, if your body lacks sufficient water, your kidneys cannot perform this task properly. In such cases, the kidneys pass some of this work to the liver. When we are working on a project and someone throws their half-finished work onto a pile of tasks, what happens? Our project gets neglected. The same is true for the liver. Its main function is to metabolize fats, but now it has to handle additional filtering tasks that would normally be performed by the kidneys. As a result, the liver's efficiency decreases, and much of the fat that should have been burned remains in your body.

① Drinking plenty of water improves kidney function.
② The kidneys and liver are closely related in their functions.
③ Water in the body directly acts on fat and breaks it down.
④ Lack of water lowers the liver's fat metabolism rate, leading to fat accumulation.

일일 모고 한국사 제15회

합격까지 박문각

가장 빠른 한국사
한국사 박기훈

01 다음 인물에 대한 설명으로 옳은 것은?

> 우주 만물의 근원이 되는 이는 절대적으로 선한 것이고, 만물을 구성하는 기는 선과 악이 함께 섞여 있는 것이다. 따라서 순선한 이는 존귀하고 선악이 함께 내재한 기는 비천한 것이다. 그러나 선과 악이 함께 섞여 있는 기는 이의 순선에 수렴할 수 있다.

① 경과 의를 근본으로 하는 실천적 성리학풍을 강조하였다.

② 근본을 중시하였으며 제자인 강항이 일본에 건너가 성리학을 전하였다

③ 기발이승일도설을 주장하여 이의 운동성을 인정하지 않았다.

④ 주기론의 입장에서 관념적 도덕세계를 중요하는 동시에 경험적 현실세계를 존중하였다.

02 밑줄 친 '이들'에 대한 설명으로 가장 옳은 것은?

> 경국대전에 이들의 악행을 처벌하는 조목이 있습니다. 수령이 탐욕스러우면 이들도 덩달아 백성을 침해합니다. 만일 부정을 저지른 자가 있으면 변방으로 이주시켜 해를 없애야 합니다.

① 사신을 수행하면서 무역에 관여하여 이득을 남기기도 하였다.

② 문과 응시에 법적인 제한은 없었으나, 실제로는 제약이 있었다.

③ 국가로부터 공가를 미리 받아 공납품을 조달하는 임무를 띠고 있었다.

④ 관청의 하급실무를 담당하였다.

03 ㉠~㉣에 대한 설명으로 옳지 않은 것은?

> 조선 후기에는 도고라는 독점적 도매상인의 활동이 활발해졌다. 이들은 ㉠시전상인과 난전이라는 서울의 사상, 그리고 ㉡공인 가운데서 출현하였으며, 지방의 상업 도시에서도 나타났다. 시전상인들은 ㉢난전을 금압할 수 있는 특권을 부여받아 부를 축적하였으며, 이를 바탕으로 조선 후기에는 수공업자를 지배하면서 큰 자본을 가지고 사상들과 경쟁하였다. 국가의 금압에도 불구하고 ㉣사상들은 종루, 이현, 칠패 등에서 상업 행위를 계속함으로써 번창해 나갔다.

① ㉠ – 이들은 대한제국시기 상권수호를 위해 황국협회를 조직하였다.

② ㉡ – 대동법 실시로 출현한 특권 상인으로 물품을 직접 제조하여 납부하기도 했다.

③ ㉢ – 이를 빙자하여 물가를 마음대로 조절하는 폐단이 있었다.

④ ㉣ – 훈련도감의 군인들은 생계를 유지하기 위해 봉급으로 받은 면포를 팔거나 수공업 제품을 만들어 시장에 내다 팔았다.

04 다음 조치를 내린 왕이 시행한 정책으로 옳은 것은?

> 좌의정 채제공이 왕께 아뢰기를, "… 평시서로 하여금 30년 이내에 신설된 시전을 모두 혁파하게 하십시오. 그리고 형조와 한성부에 분부하여 육의전 이외에는 '금난전권'을 행사하지 못하게 할 뿐 아니라 도리어 처벌하십시오. 그러면 상인들은 자유롭게 매매하는 이익이 있을 것이고 백성들은 생활이 궁색하지 않을 것입니다."하였다. 왕이 여러 신하들에게 물으니, 모두 옳다고 하여 그를 따랐다.

① 신문고를 부활시키고 궁 밖에 자주 나가 민의를 청취하였다.

② 장용영을 설치하여 병권을 장악하려 하였다.

③ 대전회통을 편찬하여 통치 규범을 정리하였다.

④ 청계천을 준설하여 홍수의 피해를 막고자 하였다.

05 조선의 사회와 경제에 대한 설명으로 옳지 않은 것은?

① 형법은 중국법인 대명률과 우리의 법인 경국대전을 따르도록 하였다.

② 16세기 이후 지주 전호제 사회가 형성되면서 많은 농민들이 소작인으로 전락하여 병작반수제로 신음하였다.

③ 전국 각지에서 징수한 조세와 공물은 조창을 거쳐 경창으로 운송되었는데, 주로 육로로 운송되었다.

④ 지방관은 상피제를 적용하여 자기 출신지에 임명하지 않았다.

06 다음 사건들의 순서를 바르게 나열한 것은?

> ㉠ 이만손이 영남만인소를 올려 조선책략을 비판하였다.
> ㉡ 일본 군대의 일본 공사관 주둔이 허용되었다.
> ㉢ 최초의 근대식 병원인 광혜원이 설립되었다.
> ㉣ 프랑스와 조약을 맺고 천주교 포교권을 인정하였다.
> ㉤ 함경도 관찰사 조병식이 방곡령을 선포하였다.

① ㉠-㉡-㉢-㉣-㉤ ② ㉠-㉡-㉣-㉢-㉤
③ ㉠-㉡-㉢-㉤-㉣ ④ ㉡-㉠-㉢-㉣-㉤

07 다음 빗금 친 시기에 조선이 외국과 체결한 조약에 대한 설명으로 옳은 것은?

운요호 사건　임오군란　갑신정변　동학농민운동

① 톈진조약 – 일본은 청국과 동등하게 조선에 대한 파병권을 얻었다.
② 조청상민수륙무역장정 – 조선이 청의 속방임을 명문화하였다.
③ 한성조약 – 일본 공사관의 신축비 부담을 약속하였다.
④ 시모노세키조약 – 조선에 대한 청의 종주권이 부인되었다.

08 밑줄 친 '이 정책'이 추진되던 시기 일제정책과 민족운동의 특징으로 옳은 것은?

> 이 정책은 체제 안정책의 일환이었으며, 빈농을 중심으로 한 농민 일반을 체제에 순응시키는 것을 목표로 한 것이었다. 이 정책의 시행 배경으로 이해되고 있는 농촌 내 활성화는 거꾸로 말하면 일제와 민족운동 세력 간의 '농민획득 경쟁'으로도 표현할 수 있는 성질의 것이었다. …… 이 정책으로 조선소작조정령(소작인에게 조정신청권 부여), 자작농지창설유지법(자작농 육성방안), 조선농지령(지주들의 소작농 수탈 완화) 등 소작인 보호 입법이 마련되기도 하였다.

① 토지조사사업을 실시하여 근대적인 토지 소유권 관계를 설정하고자 하였다.
② 사회주의계와 비타협적 민족주의계의 연대로 신간회가 창립되었다.
③ 농민・노동자 운동이 반제국주의적 항일 민족 운동의 성격을 띠었고 특히 농민들은 지주제 폐지를 요구하였다.
④ 일제는 조선어학회 사건을 조작하여 우리 국문학자들을 투옥시키고 고문하였다.

09 해방 이후 정치상황에 대한 설명으로 옳지 않은 것은?
① 해방직후 여운형은 건국준비위원회를 조직하고 미군 진주 직전 조선민주주의인민공화국을 선포하였다.
② 미군정은 해방 이후에도 일제강점기의 관료, 경찰들을 그대로 유임시키고자 하였다.
③ 이승만은 좌・우 합작운동에 가담하지 않는 한편 단독 정부론을 계속 주장하였다.
④ 미국이 한반도 문제를 신탁통치로 결정하려 하자, 김규식과 김구 등은 남북협상운동을 전개하였다.

10 다음은 통일을 위한 노력과 관련한 내용들이다. 이를 발생한 순서대로 바르게 나열한 것은?

> ㉠ 최초의 이산가족 상봉이 이루어졌다.
> ㉡ 통일은 자주적, 평화적, 민족적 대단결의 원칙으로 도모하여야 한다.
> ㉢ 통일을 위한 남측의 연합제 안과 북측의 낮은 단계의 연방제 안이 서로 공통성이 있다고 인정하고, 이 방향에서 통일을 지향해 나가기로 한다.
> ㉣ 나라와 나라 사이의 관계가 아닌 통일을 지향하는 과정에서 잠정적으로 형성되는 특수관계라는 것을 인정하고 평화통일을 성취하기 위한 공동의 노력을 경주할 것을 다짐하면서 다음과 같이 합의하였다.

① ㉠ – ㉡ – ㉣ – ㉢
② ㉠ – ㉣ – ㉡ – ㉢
③ ㉡ – ㉠ – ㉢ – ㉣
④ ㉡ – ㉠ – ㉣ – ㉢

일일 모고 행정법 제15회

합격까지 박문각

광야에서 합격까지
행정법 강성빈

01 **행정입법에 대한 설명으로 옳지 않은 것은? (다툼이 있는 경우 판례에 의함)**

① 법률의 시행령이나 시행규칙의 내용이 모법의 입법 취지와 관련 조항 전체를 유기적·체계적으로 살펴보아 모법의 해석상 가능한 것을 명시한 것에 지나지 아니하는 때에는 모법에 이에 관하여 직접 위임하는 규정을 두지 아니하였다고 하더라도 이를 무효라고 볼 수는 없다.

② 법령의 위임관계는 반드시 하위법령의 개별조항에서 위임의 근거가 되는 상위법령의 해당 조항을 구체적으로 명시하고 있어야만 하는 것은 아니다.

③ 어느 시행령의 규정이 모법에 저촉되는지가 명백하지 않은 경우에는 모법과 시행령의 다른 규정들과 그 입법 취지, 연혁 등을 종합적으로 살펴 모법에 합치된다는 해석도 가능한 경우라면 그 규정을 모법위반으로 무효라고 선언해서는 안 된다.

④ 법률조항의 위임에 따라 대통령령으로 규정한 내용이 헌법에 위반되는 경우에는 그로 인하여 모법인 해당 수권 법률조항도 위헌이 된다.

02 **행정행위의 하자에 대한 설명으로 옳지 않은 것은? (다툼이 있는 경우 판례에 의함)**

① 위헌으로 결정된 법률 또는 법률의 조항은 그 결정이 있는 날부터 효력을 상실한다.

② 위헌인 법률에 근거한 행정처분이 당연무효인지의 여부는 위헌결정의 소급효와는 별개의 문제로서 취소소송의 제기기간을 경과하여 확정력이 발생한 행정처분에는 위헌결정의 소급효가 미치지 않는다.

③ 어떤 행정처분이 실효의 법리를 위반하여 위법한 것이라면 이는 행정처분의 당연무효사유에 해당한다.

④ 징계처분이 중대하고 명백한 흠 때문에 당연무효의 것이라면 징계처분을 받은 자가 이를 용인하였다 하여 그 흠이 치료되는 것은 아니다.

03 **행정작용의 내용에 대한 설명으로 옳지 않은 것은? (다툼이 있는 경우 판례에 의함)**

① 공정거래위원회가 부당한 공동행위를 한 사업자들 중 자진신고자에 대하여 구 독점규제 및 공정거래에 관한 법령에 따라 과징금 부과처분(선행처분)을 한 뒤, 다시 자진신고자에 대한 사건을 분리하여 자진신고를 이유로 과징금 감면처분(후행처분)을 한 경우, 선행처분의 취소를 구하는 소는 부적법하다.

② 구「폐기물관리법」 관계 법령상의 폐기물처리업허가를 받기 위한 사업계획에 대한 부적정통보는 허가신청 자체를 제한하는 등 개인의 권리 내지 법률상의 이익을 개별적이고 구체적으로 규제하고 있어 행정처분에 해당한다.

③ 성희롱 행위를 이유로 한 국가인권위원회의 인사조치권고에 대하여 성희롱 행위자로 결정된 자는 항고소송을 통해 다툴 수 있다.

④ 자동차운수사업 양도·양수인가신청에 대하여 행정청이 내인가를 한 후, 본인가신청이 있음에도 내인가를 취소한 경우에 내인가 취소행위를 본인가 신청의 거부로 볼 것은 아니다.

04 **취소소송의 원고적격에 대한 설명으로 옳은 것은? (다툼이 있는 경우 판례에 의함)**

① 절대보존지역 변경처분에 대해 지역주민회와 주민들이 항고소송을 제기한 경우에는 절대보전지역 유지로 지역주민회와 주민들이 가지는 주거 및 생활환경상 이익은 지역의 경관 등이 보호됨으로써 누리는 법률상 이익이다.

② 약제를 제조·공급하는 제약회사는 보건복지부 고시인 「약제급여·비급여 목록 및 급여 상한금액표」 중 약제의 상한금액 인하 부분에 대하여 그 취소를 구할 원고적격이 없다.

③ 「도시 및 주거환경정비법」상 조합설립추진위원회의 구성에 동의하지 아니한 정비구역 내의 토지 등 소유자도 조합설립추진위원회 설립승인처분의 취소를 구할 원고적격이 있다.

④ 교육부장관이 甲 대학교를 설치·운영하는 乙 학교법인의 이사를 선임한 처분에 대하여 甲 대학교 교수협의회와 전국대학노동조합 甲 대학교지부는 그 취소를 구할 법률상 이익이 있다.

05 **행정소송에 대한 설명으로 옳지 않은 것은? (다툼이 있는 경우 판례에 의함)**

① 소청심사결정의 취소를 구하는 소송에서 소청심사단계에서 이미 주장된 사유만을 행정소송에서 판단대상으로 삼을 것은 아니고 소청심사결정 후에 생긴 사유를 포함하여 소청심사단계에서 주장하지 않은 사유도 행정소송에서 주장하는 것이 가능하다.

② 전심절차를 밟지 아니한 채 과세처분 취소소송을 제기하였더라도 소송계속 중 심사청구 또는 심판청구를 하여 기각결정을 받았다면 사실심 변론종결일 당시에는 위와 같은 전치요건흠결의 하자는 치유되었다고 볼 수 있다.

③ 파면처분 취소소송의 사실심 변론종결 전에 금고 이상의 형을 선고받아 당연퇴직된 경우에도 해당 공무원은 파면처분의 취소를 구할 이익이 있다.

④ 행정소송에서 행정처분의 위법 여부는 행정처분이 행하여졌을 때의 법령과 사실 상태를 기준으로 하여 판단하여야 하고, 처분 후 법령의 개폐나 사실 상태의 변동에 의하여 영향을 받지는 않는다.

06 **행정법의 일반원칙에 대한 설명으로 옳은 것은? (다툼이 있는 경우 판례에 의함)**

① 단순히 착오로 어떠한 처분을 계속한 경우는 행정관행이 성립한 경우에 해당되지 않는다 할 것이고, 따라서 처분청이 추후 오류를 발견하여 합리적인 방법으로 변경하는 것은 신뢰보호원칙에 위배되지 않는다.

② 재량권 행사의 준칙인 행정규칙의 공표되면 그 자체로 상대방은 보호가치 있는 신뢰를 갖게 되었다고 볼 수 있다.

③ 동일한 사항을 다르게 취급하는 것은 합리적 이유가 없는 차별이므로, 같은 정도의 비위를 저지른 자들은 비록 개전의 정이 있는지 여부에 차이가 있다고 하더라도 징계 종류의 선택과 양정에 있어 동일하게 취급받아야 한다.

④ 제1종 보통면허로 운전할 수 있는 차량을 음주운전한 경우에도 그 운전자가 보유한 제1종 대형면허까지 취소할 수 있는 것은 아니다.

07 **사인의 공법행위에 대한 설명으로 옳지 않은 것은? (다툼이 있는 경우 판례에 의함)**

① 신청인이 신청에 앞서 행정청의 허가업무 담당자에게 한 신청서의 내용에 대한 검토요청은 다른 특별한 사정이 없는 한 명시적이고 확정적인 신청의 의사표시로 보기 어렵다.

② 납세의무자가 취득세를 신고·납부한 경우, 신고에 하자가 있다면 그 신고는 당연무효이므로 취득세의 신고에 하자가 있다는 사실만으로도 이미 납부하여 국가가 보유하고 있는 취득세액은 부당이득에 해당한다.

③ 다른 법령등에 특별한 규정이 있는 경우와 행정청이 미리 다른 방법을 정하여 공시한 경우가 아닌 한, 행정청에 처분을 구하는 신청은 문서로 하여야 한다.

④ 유료노인복지주택의 설치신고를 받은 행정관청은 그 유료노인복지주택의 시설 및 운용기준이 법령에 부합하는지와 설치신고 당시 부적격자들이 입소하고 있는지 여부를 심사할 수 있다.

08 **행정상 강제에 대한 설명으로 옳은 것은? (다툼이 있는 경우 판례에 의함)**

① 구「토지수용법」상 피수용자가 기업자에 대하여 부담하는 수용대상 토지의 인도의무에는 명도도 포함되고, 이러한 명도의무는 특별한 사정이 없는 한 「행정대집행법」상 대집행의 대상이 된다.

② 구 「토지수용법」에 따라 피수용자가 기업자에 대하여 부담하는 수용대상 토지의 인도의무 등이 비록 공법상의 법률관계라고 하더라도, 그 권리를 피보전권리로 하는 명도단행가처분은 그 권리에 끼칠 현저한 손해를 피하거나 급박한 위험을 방지하기 위하여 허용될 수 있다.

③ 직접강제는 행정대집행이나 이행강제금 부과의 방법으로 행정상 의무 이행을 확보할 수 있는 경우에도 실시할 수 있다.

④ 행정상 즉시강제가 목전에 급박한 장해를 예방하기 위한 경우에는 예외적으로 법률의 근거가 없이도 발동될 수 있다.

09 **국가배상에 대한 설명으로 옳지 않은 것은? (다툼이 있는 경우 판례에 의함)**

① 형벌에 관한 법령이 헌법재판소의 위헌결정으로 소급하여 효력을 상실한 경우, 위헌 선언 전 그 법령에 기초하여 수사가 개시되어 공소가 제기되고 유죄판결이 선고되었더라도, 그러한 사정만으로 국가의 손해배상책임이 발생한다고 볼 수 없다.

② 공무원의 가해행위에 대해 형사상 무죄판결이 있었던 이상 그 가해행위를 이유로 한 국가배상책임은 인정될 수 없다.

③ 공무원의 부작위로 인한 국가배상책임을 인정할 것인지 여부가 문제되는 경우에 관련 공무원에 대하여 작위의무를 명하는 형식적 법률의 규정이 없는 경우에도 국가배상책임이 인정될 수 있다.

④ 「자동차손해배상 보장법」은 배상책임의 성립요건에 관하여 「국가배상법」에 우선하여 적용된다.

10 **「토지보상법」상 손실보상에 대한 설명으로 옳지 않은 것은? (다툼이 있는 경우 판례에 의함)**

① 사업시행자는 동일한 사업지역에 보상시기를 달리하는 동일인 소유의 토지등이 여러 개 있는 경우 토지소유자나 관계인이 요구할 때에는 한꺼번에 보상금을 지급하도록 하여야 한다.

② 수용재결에 불복하여 취소소송을 제기하는 때에는 이의신청을 거친 경우에도 수용재결을 한 중앙토지수용위원회 또는 지방토지수용위원회를 피고로 하여 수용재결의 취소를 구하여야 하지만, 이의신청에 대한 재결 자체에 고유한 위법이 있는 경우에는 그 이의재결을 한 중앙토지수용위원회를 피고로 하여 이의재결의 취소를 구할 수 있다.

③ 사업시행자는 동일한 소유자에게 속하는 일단의 토지의 일부를 취득하거나 사용하는 경우 해당 공익사업의 시행으로 인하여 잔여지의 가격이 증가하거나 그 밖의 이익이 발생한 경우에는 그 이익을 그 취득 또는 사용으로 인한 손실과 상계할 수 있다.

④ 토지소유자가 손실보상금의 액수를 다투고자 하는 경우 토지수용위원회가 아니라 사업시행자를 상대로 보상금의 증액을 구하는 소송을 제기해야 한다.

일일 모고 행정학 제15회

합격까지 박문각

빠른 고득점 합격
행정학 이명훈

01 신공공관리론에 대한 설명으로 옳은 것은?

① 과정보다는 결과에 초점을 맞추고 있으며 조직 내 관계보다 조직 간 관계를 주로 다루고 있다.

② 행정가가 책임져야 하는 것은 행정 업무 수행에서 효율성이 아니라 모든 사람에게 더 나은 생활을 보장하는 것이다.

③ 정부의 정체성을 무시하고 정부와 기업을 동일시 함으로써 기업경영 원리와 기법을 그대로 정부에 이식하려 한다는 비판이 있다.

④ 정부 주도의 공공서비스 전달 또는 공공문제 해결을 넘어 협력적 네트워크 구축 및 관리라는 대안을 제시한다.

02 행정의 대외적 민주성을 확보하기 위한 것과 가장 거리가 먼 것은?

① 행정인의 행정윤리 확립

② 책임행정의 확보

③ 부당한 침해에 대한 제도적 구제장치

④ 파레토 최적

03 행정 책임성에 대한 설명으로 옳지 않은 것은?

① 베버의 관료제 이론에서는 계층적 책임성이 강조된다.

② 외부지향적이고 통제의 강도가 높은 행정책임성은 정치적 책임성이다.

③ 자율적 책임성은 대응성 개념에 기초한 행정책임론이다.

④ 프리드리히(Friedrich)는 내부통제 장치들을 통해 행정책임을 확보해야 한다고 주장하였다.

04 정책네트워크론에 대한 설명으로 옳지 않은 것은?

① 정책네트워크에는 참여자들의 상호작용을 규정하는 공식적인 규칙이 존재하지 않는다.

② 사회학에서 많이 사용되고 있는 사회 연결망의 분석방법을 응용한다.

③ 정책네트워크의 참여자는 정부뿐만 아니라 민간부분까지 포함된다.

④ 행위자들 간의 연계는 의사소통과 전문지식, 신뢰, 그리고 여타 자원을 교환하는 통로로 작용된다.

05 정책결정모형에 대한 설명으로 옳지 않은 것은?

① 합리모형은 모든 대안을 탐색하고 모든 결과를 예측하게 함으로써 많은 분석비용과 시간을 낭비하게 한다는 비판을 받고 있다.

② 점증모형은 사회가 불안정할 때는 적용이 곤란하며, 혁신을 저해할 우려가 있다.

③ 최적모형은 합리적 분석뿐만 아니라 정책결정자의 직관적 판단도 중요한 요소로 간주한다.

④ 엘리슨(G. T. Allison) 중 관료정치모형(Model Ⅲ)은 조직을 느슨하게 연결된 하위조직들의 연합체로 인식한다.

06 조직상황 요인과 조직구조 간의 관계에 대한 설명으로 옳지 않은 것은?

① 조직이 방어적 전략을 추구할수록 공식화와 분권화 정도가 모두 높은 조직구조가 적합하다.

② 비일상적 기술일수록 공식화는 낮아지고, 분권화는 높아진다.

③ 조직규모가 감소하면 공식화와 분권화가 모두 낮아진다.

④ 규모가 증가할수록, 비일상적 기술일수록 조직의 복잡성은 높아지고, 집권성은 낮아진다.

07 허쉬(P. Hersey)와 블랜차드(K. Blanchard)에 의할 때 부하들의 성숙수준이 가장 높은 경우에 필요한 리더십은?

① 위임형　　② 설득형

③ 참여형　　④ 지시형

08 대표관료제에 대한 설명으로 옳은 것은?

① 행정의 효율성과 효과성 증진을 목표로 하는 제도이다.

② 관료들이 출신집단의 이익과 무관하게 전체적 이익에 봉사할 것이라는 가정에 기반하고 있다.

③ 엄정한 능력에 따른 채용을 통해 관료를 선발한다.

④ 우리나라의 '양성평등채용목표제'는 대표관료제를 반영한 인사제도라 할 수 있다.

09 예산에 대한 설명으로 옳지 않은 것은?

① 준예산은 국회의 의결이 불필요하지만 지출항목이 한정적이다.

② 영국과 미국은 예산심의제도상 잠정예산을 사용하고 있다.

③ 한국은 회계연도 개시 30일 전까지 의결이 되지 않을 경우 준예산을 사용한다.

④ 사용기간에 제한이 있는 것은 가예산이다.

10 「지방자치법」상 지방자치단체에 대한 설명으로 옳지 않은 것은?

① 지방자치단체는 상급 지방자치단체의 조례를 위반하여 그 사무를 처리할 수 없다.

② 지방자치단체의 종류는 특별시, 광역시, 특별자치시, 도, 특별자치도, 시, 군, 구이다.

③ 자치구의 자치권의 범위는 법령으로 정하는 바에 따라 시·군과 다르게 할 수 없다.

④ 특별지방자치단체의 설치·운영에 관하여 필요한 사항을 규정하고 있다.

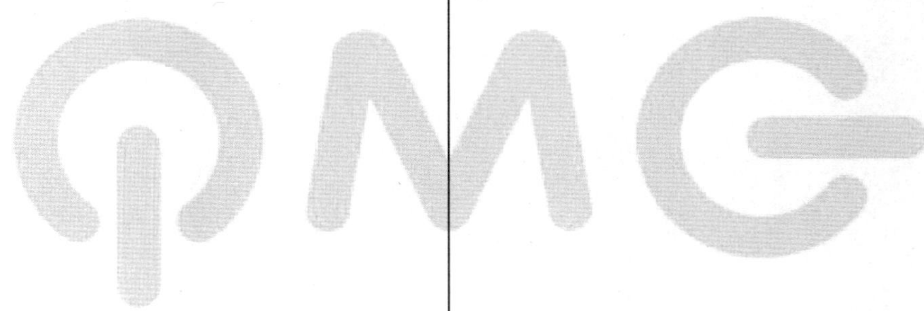

2025 공무원 시험대비 【6회차】

박문각 일일 모의고사

-제16회-

국어 · 영어 · 한국사
행정법 · 행정학

이 름 : ____________________

학습관 : ____________________

합격
예측

답안 입력 및 성적 조회는 PC, 모바일에서 모두 가능합니다.

★ PC: pass.pmg.co.kr | ★ 모바일 앱: 박문각 합격관리

합격까지 박문각

일일 모고 국어 제16회

합격까지 박문각

赤功 국어 적중 혜선

01 다음 글의 괄호 안에 들어갈 문장으로 적절한 것은?

> 국어의 높임법에는 말하는 이가 듣는 이에 대하여 높이거나 낮추어 말하는 상대 높임법, 서술어의 주체를 높이는 주체 높임법, 서술어의 객체를 높이는 객체 높임법 등이 있다. 이러한 높임 표현은 한 문장에서 복합적으로 실현되기도 하는데, (　　　)의 경우 대화의 상대, 서술어의 주체, 서술어의 객체를 모두 높인 표현이다.

① 제가 선생님께 그렇게 말씀을 드리면 될까요?
② 아버지께서 할머니를 모시고 댁에 들어가셨다.
③ 국민 여러분께서는 잠시만 제 이야기에 귀를 기울여 주시기 바랍니다.
④ 어머니께서 아주머니께 이 반찬을 드리라고 하셨습니다.

02 밑줄 친 사동 표현이 바르게 사용된 문장은?

① 군 당국은 김 대위를 소령으로 <u>승진시켰다</u>.
② 그는 버스를 최대한 식당에 가깝게 <u>주차시켰다</u>.
③ 위원회는 이 회장을 <u>해임시킬</u> 수밖에 없었다.
④ 법원은 판결까지의 기간을 <u>단축시킬</u> 것으로 알려졌다.

03 ㉠~㉣의 고쳐쓰기 방안으로 적절한 것은?

> ㉠ 오늘은 비와 바람이 몹시 세차게 분다.
> ㉡ 알려진 것과 달리 그는 사람들에게 매우 친절했다.
> ㉢ 각 가정에서 쓰레기를 분리해서 수거(收去)해주십사오.
> ㉣ 아버지가 "오늘은 빨리 자라"고 말씀하셨다.

① 부사어와 서술어의 호응이 이루어지지 않았기 때문에 '비가 많이 내리고, 바람이 세차게 분다'로 수정한다.
② '알-+-리-+-어지다'의 결합으로 이중피동이 나타나기 때문에 '사람들이 알고 있는 것과 달리'로 수정한다.
③ '분리'는 문맥상 맞지 않으므로 '구별'로 수정한다.
④ 인용격 조사 '고'를 사용한 간접 인용문이므로 큰따옴표를 삭제하여야 한다.

04 어법상 가장 자연스러운 것은?

① 실력 있는 강사진이 학생 여러분을 직접 교육시켜 드립니다.
② 내가 주장하고 싶은 점은 연예인을 맹목적으로 추종하는 것은 바람직하지 않다는 점을 강조하고 싶다.
③ 성과란 것을 무조건 양적인 면만으로 따진다는 것도 문제가 없지는 않다.
④ 이 냉장고를 사용하다가 궁금한 점이나 작동이 잘 안 될 때는 바로 연락을 주시기 바랍니다.

05 다음 글의 내용을 보고 추론한 것으로 옳은 것은?

> 많은 사람들이 연말에 새로운 계획을 세운다. 운동이나 공부, 혹은 금연을 다짐하는 이도 있다. 이 중 금연을 다짐했던 이들이 새해가 밝으면 '담배를 끊는 스트레스가 담배를 태우는 것보다 더 건강에 해롭다'며 다시 흡연을 하는 경우가 있다.
>
> 이들의 모습은 페스팅거의 인지부조화 이론으로 설명할 수 있다. 인간은 자신의 신념과 행동 사이의 모순된 관계가 형성될 때 심리적 불편함을 감지하고, 자신의 인지를 왜곡하여 이를 해소하려 한다는 것이다.
>
> 페스팅거의 연구와 관계없이 사람들은 본능적으로 인간의 이러한 심리적 경향을 알고 활용하는 것으로 보인다. 한 예로 한국 전쟁 시기, 미군을 사로잡은 공산 진영 군인들은 포로를 전향시키려 공산주의를 찬양하는 말을 외칠 때만 담배를 제공했다. 이들은 포로들이 작은 보상에 신념을 부정한 수치심을 견디지 못할 것이고, 자신의 행동을 합리화하기 위해 공산 진영의 사상을 수용하리라 예측했다. 그 결과, 공산 진영은 과반수 이상의 포로들을 포섭할 수 있었다.

① '담배를 끊는 스트레스'를 '흡연의 해악'보다 크게 느끼는 이들은 자신의 인지를 왜곡하여 금연에 성공하는 모습을 보인다.
② 공산 진영 군인들은 페스팅거의 인지 부조화 이론을 적극적으로 받아들여 수많은 병사들을 포섭하였다.
③ 많은 수의 포로들은 부정한 수치심을 극복하기 위해 공산 진영에 투항하였다.
④ 공산 진영 군인들은 포로의 사상과 행동 사이의 모순을 유도함으로써 포로의 심리적 불편함을 불러일으켰다.

06 (가), (나)를 전제로 할 때, 빈칸에 들어갈 결론으로 적절한 것은?

> (가) 운동을 열심히 하는 어떤 수강생은 성적이 우수하다.
> (나) 성적이 우수한 모든 수강생은 시험을 잘 본다.
> 따라서 [　　　　　　]

① 시험을 잘 보는 어떤 수강생은 운동을 열심히 한다.
② 시험을 잘 보는 모든 수강생은 운동을 열심히 한다.
③ 운동을 열심히 하지 않는 어떤 수강생도 성적이 우수하지 않다.
④ 성적이 우수하지 않는 어떤 수강생도 시험을 잘 보지 않는다.

07 밑줄 친 표현이 ㉠의 의미와 가장 유사한 것은?

> 짜증을 내는 아이는 ㉠ 좋은 말로 달래야 한다.

① 길 양쪽으로 모양 좋게 버드나무가 늘어서 있다.
② 사람을 대하는 그의 태도는 좋다.
③ 현재 그녀는 건강이 매우 좋다.
④내 친구는 넉살이 좋아서 부끄러움을 잘 안 탄다.

08 ㉠ ~ ㉣과 바꿔쓸 수 있는 유사한 표현으로 적절하지 않은 것은?

> (가) 그는 복역 중인 친구를 ㉠ 만나러 교도소에 갔다.
> (나) ㉡ 쓴 물건은 제자리에 꽂아 주세요.
> (다) 군수 물자를 전쟁터로 ㉠ 옮기다.
> (라) 사업을 그만두고 싶을 때마다 초심을 ㉣ 생각해 냈다.

① ㉠: 면회하러
② ㉡: 이용한
③ ㉢: 수송하다
④ ㉣: 회개했다

09 다음 글을 이해한 내용으로 가장 적절한 것은?

> 보험은 같은 위험을 보유한 다수인이 위험 공동체를 형성하여 보험료를 납부하고 보험 사고가 발생하면 보험금을 지급받는 제도이다. 보험 상품을 구입한 사람은 장래의 우연한 사고로 인한 경제적 손실에 대비할 수 있다. 보험금 지급은 사고 발생이라는 우연적 조건에 따라 결정되는데, 이처럼 보험은 조건의 실현 여부에 따라 받을 수 있는 재화나 서비스가 달라지는 조건부 상품이다.
>
> 법에 규정되어 있는 고지 의무는 이러한 수단이 법적으로 구현된 제도이다. 보험 계약은 보험 가입자의 청약과 보험사의 승낙으로 성립된다. 보험 가입자는 반드시 계약을 체결하기 전에 '중요한 사항'을 알려야 하고, 이를 사실과 다르게 진술해서는 안 된다. 여기서 '중요한 사항'은 보험사가 보험 가입자의 청약에 대한 승낙을 결정하거나 차등적인 보험료를 책정하는 근거가 된다. 따라서 고지 의무는 결과적으로 다수의 사람들이 자신의 위험 정도에 상응하는 보험료보다 더 높은 보험료를 납부해야 하거나, 이를 이유로 아예 보험에 가입할 동기를 상실하게 되는 것을 방지한다.

① 보험사가 청약을 하고 보험 가입자가 승낙해야 보험 계약이 해지된다.
② 고지 의무는 보험사가 보험 가입자의 위험 정도에 따라 차등적인 보험료를 책정하는 것과 관련이 없다.
③ 보험 사고 발생 여부와 관계없이 같은 보험료를 납부한 사람들은 동일한 보험금을 지급받는다.
④ 보험에 가입하고자 하는 사람이 알린 중요한 사항을 근거로 보험사는 보험 가입을 거절할 수 있다.

10 <보기 2>의 ㉠~㉣ 중 <보기 1>에서 말하는 상상력이 발휘된 과정으로 적절한 것은?

> <보기 1>
>
> 지도는 이미지의 표현이라고 할 수 있다. 지도에 대한 고찰이 우리에게 일러 주는 가장 중요한 것은 우리들이 살아가고 경험하는 세계의 표면을 기호로 구성해 낸 지도에 인간의 상상력이 개입되어 있다는 점이다. 우리는 현실에서 우리들이 속해 있는 '국가'나 '대륙'의 모습을 실제로 볼 수 없다. 그러나 지도는 직접 확인할 수 없는 실체에 '상'으로서의 사실성을 부여하고 공간으로서의 이미지나 개념을 부여한다. 이처럼 지도는 일일이 눈으로 볼 수 없는 세계 전역의 공간적인 형상을 눈으로 볼 수 있도록 기호화한 결과물로서, 그 자체에 이미 인간의 상상력이 개재해 있는 것이다.

> <보기2>
>
> A업체는 내비게이션을 만들기 위해 전국의 도로와 지형, 건물을 조사하였다. 조사는 200개 지역으로 나뉘어서 진행되었다. 조사의 원칙은 ㉠ 모든 지형을 직접 보고 사진으로 남기는 것이었다. 그렇게 모아진 기록물들은 컴퓨터 그래픽으로 변환되어 ㉡ 전체적인 지형으로 조합되었다. 그래픽팀에서는 도로 위의 ㉢ 다양한 정보들을 기호로 나타내고, 음성팀에서는 운전자가 들었을 때 가장 편안한 음성을 찾기 위해 다양한 음역의 목소리를 수집하고 비교하였다. 영상팀은 운전자가 영상 안내를 쉽게 이해할 수 있도록 ㉣ 화면 속의 지형과 지물이 실제의 것과 비슷하게 보일 수 있는 방안을 찾고 있다.

① ㉠　② ㉡　③ ㉢　④ ㉣

일일 모고 영어 제16회

01 밑줄 친 부분에 들어갈 말로 가장 적절한 것은?

> The staff felt _____ by the large number of applications they had to process in a short period.

① satisfied
② relaxed
③ relieved
④ overwhelmed

02 밑줄 친 부분에 들어갈 말로 가장 적절한 것은?

> The patient was instructed to _____ the medicine with a full glass of water to ensure it was properly absorbed.

① thrill
② swallow
③ torture
④ crush

03 밑줄 친 부분에 들어갈 말로 가장 적절한 것은?

> The company is investing in new technology to harness the _____ of renewable energy sources and reduce its carbon footprint.

① capacity
② value
③ potential
④ drawback

04 밑줄 친 부분에 들어갈 말로 가장 적절한 것은?

> The _____ goal of the new policy is to improve public health by reducing air pollution and promoting clean energy.

① principal
② secondary
③ incidental
④ minor

05 밑줄 친 부분에 들어갈 말로 가장 적절한 것은?

> The employee considered it a _____ to work with such a talented and dedicated team, as it provided valuable learning opportunities.

① privilege
② obstacle
③ disadvantage
④ setback

06 밑줄 친 부분에 들어갈 말로 가장 적절한 것은?

> He traveled thousands of miles to meet his childhood friend, __________ that his friend had moved to another country years ago.

① in order to find out
② so as to find out
③ to find out
④ only to find out

07 밑줄 친 부분 중 어법상 옳지 않은 것은?

> Writing a daily journal can be a great habit. It helps to organize thoughts and ① reflect on past experiences. Some people ② enjoy writing about their day, while others prefer to note down future goals. Keeping a journal regularly ③ requires discipline, but it can improve both writing skills and self-awareness. Even a few sentences each day ④ is enough to make a difference over time.

08 밑줄 친 부분에 들어갈 말로 가장 적절한 것은?

Tim

Excuse me, could you please help me? I think I'm on the wrong train.

Jane

Sure! ___________

Tim

I'm supposed to go to Springfield, but I'm not sure if this train is going there.

Jane

You're in the right train. Just make sure you get off at the next stop, and transfer to the Springfield train.

Tim

Thank you so much for your help!

Jane

No problem. Have a safe trip!

① Where did you buy your train ticket?

② Which city does this train go to?

③ Would you like a refund?

④ Where are you headed?

[09-10] 다음 글을 읽고 물음에 답하시오.

Climate Change and Public Health

The impact of climate change on public health has become a critical concern for governments and health organizations worldwide. Rising global temperatures, extreme weather events, and changing ecosystems are contributing to the spread of infectious diseases, food and water insecurity, and respiratory illnesses.

Food, Water, and Respiratory Health

Climate change is contributing to the spread of infectious diseases by creating favorable conditions for disease-carrying vectors like mosquitoes, expanding diseases such as malaria, dengue fever, and Zika virus. It also reduces agricultural productivity, causing food shortages and malnutrition, while rising sea levels and extreme weather contaminate freshwater, leading to more waterborne diseases. Additionally, higher temperatures and longer wildfire seasons degrade air quality, worsening respiratory conditions like asthma and COPD, especially among vulnerable populations.

Addressing Climate-Related Health Risks

To combat these issues, governments and organizations implement early warning systems, public health campaigns, and infrastructure improvements. Collaborative efforts are crucial to <u>mitigating</u> climate change's health impacts and protecting at-risk communities.

09 다음 글의 요지로 가장 적절한 것은?

① Climate change is primarily an environmental issue with minimal impact on public health.

② Governments are focusing on economic growth rather than addressing climate-related health risks.

③ Climate change poses significant threats to public health, requiring urgent action.

④ Public health organizations are solely responsible for combating climate change.

10 밑줄 친 "mitigating"의 의미와 가장 가까운 것은?

① worsening

② alleviating

③ ignoring

④ complicating

일일 모고 한국사 제16회

합격까지 박문각
가장 빠른 한국사
한국사 박기훈

01 선사시대의 발전 과정을 서술한 것이다. 순서대로 바르게 나열한 것은?

> ㉠ 명도전, 반량전, 오수전 등의 화폐로 중국과 활발하게 교류하였다.
> ㉡ 애니미즘, 샤머니즘, 토테미즘 등의 원시 신앙이 발생하였다.
> ㉢ 반달 돌칼, 홈자귀 등을 사용하여 농경을 발전시켰다.
> ㉣ 슴베찌르개를 사용하고, 석회암이나 동물의 뼈 또는 뿔 등을 이용하여 조각품을 만들었다.

① ㉡-㉣-㉠-㉢ ② ㉢-㉣-㉡-㉠
③ ㉣-㉡-㉢-㉠ ④ ㉣-㉢-㉡-㉠

02 다음은 신라의 어떤 비석의 내용이다. 이 비석이 건립된 왕 대에 있었던 일로 옳은 것은?

> 짐은 하늘의 은혜를 입고 …… 사방으로 영토를 개척하여 널리 백성과 토지를 획득하니, 이에 무자년 8월 관경(管境)을 순수(巡狩)하여 민심을 살펴 위로하고, 물건을 내려주고자 한다.

① 율령이 반포되었음을 증명하는 울진봉평비가 만들어졌다.
② 고구려가 한강 전 지역을 포함하여 죽령 일대로부터 남양만을 연결하는 선까지 장악하였다.
③ 한화정책을 추진하였고, 이사부를 파견하여 우산국을 정벌하였다.
④ 황룡사를 건립하고 고구려 승려 혜량의 도움을 받아 불교의 교단을 정비하였다.

03 가야에 대한 설명으로 옳지 않은 것은?
① 금관가야는 철을 가지고 낙랑과 왜를 연결하는 중계 무역이 발달하였다.
② 가야의 토기가 일본의 스에키 토기에 영향을 주었다.
③ 대가야는 6세기에 신라와 결혼동맹을 맺었으나, 신라의 법흥왕에게 멸망당하였다.
④ 금관가야는 3세기에 중계무역으로 번영하였다.

04 통일 신라 말기에 대한 설명으로 옳지 않은 것은?
① 녹읍 부활에 대한 귀족들의 반발로 관료전이 다시 부활되었다.
② 자기 근거지에 성을 쌓고 군대를 보유하여 스스로 성주 혹은 장군이라고 칭하는 세력이 등장하였다.
③ 도선에 의해 풍수지리설이 수용되어 지방을 중심으로 국토를 재편성할 것을 주장하였다.
④ 골품제로 정치적 진출에 제한을 받던 6두품은 사회를 비판하면서 새로운 정치 이념을 제시하였다.

05 통일신라시대 승려들에 대한 설명으로 옳지 않은 것은?
① 진표는 현장으로부터 유식학을 배웠다.
② 의상은 '일즉다 다즉일'이라는 논리를 통해 모든 우주만물이 대립적인 존재가 아니라 서로 조화하고 포용하는 관계를 이루고 있다고 주장하였다.
③ 원효는 무애사상을 전파하고 정토종을 통해 불교 대중화에 기여하였다.
④ 혜초는 인도와 중앙아시아 여러 나라를 다녀와서 기행문을 남겼다.

06 다음은 고려 시대에 편찬된 두 역사책의 신라 시기 구분을 비교한 것이다. 옳지 않은 것은?

『삼국유사』 (A: 지증왕과 법흥왕 사이)

(가)	(나)	하고(下古)
혁거세 ~ 지증왕	법흥왕 ~ 진덕여왕	무열왕 ~ 경순왕

『삼국사기』 (B: 혜공왕과 선덕왕 사이)

상대(上代)	(다)	(라)
혁거세 ~ 진덕여왕	무열왕 ~ 혜공왕	선덕왕 ~ 경순왕

① (가) 시기에는 거서간, 차차웅, 이사금, 마립간 등의 왕호가 사용되었다.
② (나) 시기에는 불교를 통해 왕실의 권위를 높이고자 하였다.
③ (다) 시기에는 상대등의 권한이 강화되었고 6두품이 국왕의 정치적 조언자로 활약하였다.
④ (라) 시기에는 내물왕계 진골 귀족 사이에 치열한 왕위 쟁탈전이 전개되었다.

07 고려의 지방제도에 대한 설명으로 옳지 않은 것은?
① 안찰사는 행정적 성격의 5도에 파견되어 임기 6개월의 중앙 관직으로 도내의 지방을 순찰하였다.
② 성종 때 설치되었던 12목은 현종 때 지방제도가 정비되면서 행정적 성격의 4도호부와 군사적 성격의 8목으로 정비되었다.
③ 속현의 실질적 지배자는 향리여서 이들이 조세와 징수를 담당하였고 예종 때는 감무가 세금을 걷기도 하였다.
④ 전국의 모든 군현에 지방관을 보내지는 못하였다.

08 **다음 대외관계의 순서를 바르게 나열한 것은?**

> ㉠ 금이 군신 관계를 요구하자 집권층은 이를 수용하였다.
> ㉡ 남쪽에서 왜구가, 북쪽에서는 홍건적이 침입하였다.
> ㉢ 명의 철령위 설치 요구에 반발하여 요동 정벌을 시도하였으나 이성계가 위화도 회군을 단행하였다.
> ㉣ 처인성 전투에서 김윤후가 살리타를 사살하였다.
> ㉤ 거란과의 외교담판으로 고려가 고구려를 계승한 국가임을 인정받았다.

① ㉤-㉢-㉠-㉣-㉡
② ㉢-㉠-㉣-㉡-㉤
③ ㉤-㉠-㉣-㉡-㉢
④ ㉤-㉢-㉠-㉡-㉣

09 **고려 시대 후기의 역사서에 대한 설명으로 옳지 않은 것은?**

① <동명왕편>은 김부식이 창작한 영웅 서사시이다.
② <제왕운기>는 발해를 고구려의 계승자로 보고 우리 역사로 부각시켰다.
③ 각훈의 <해동고승전>은 삼국시대 승려의 33명의 전기로 왕명에 의해 편찬되었다.
④ <사략>은 이제현이 성리학적 사관에 입각해 저술하였다.

10 **다음에서 설명하는 있는 정치 세력에 의해 추진되었던 정책이 아닌 것은?**

> ○ 삼사의 언관직에 주로 포진하여 자신들의 의견을 공론이라 표방하면서 요순시대와 같은 이상사회의 구현과 도학정치의 실현을 내세웠다.
> ○ 연산군의 학정을 통해 무엇보다도 군주의 마음을 바르게 하는 것이 급선무임을 깨달아 군주의 수신과 지치주의(至治主義)를 강조하였다.

① 경연을 강화하고 삼사의 기능을 강화하자!
② 붕당의 근간이 되었던 이조전랑의 후임자 추천제를 혁파하자!
③ 소학과 주자가례 장려하자!
④ 단군에 대한 초제를 주관하는 소격서를 폐지하자!

일일 모고 행정법 제16회

합격까지 박문각

광야에서 합격까지
행정법 강성빈

01 행정행위에 대한 설명으로 옳지 않은 것은? (다툼이 있는 경우 판례에 의함)

① 건설업면허증 및 건설업면허수첩의 재교부는 건설업의 면허를 받았다고 하는 특정사실에 대하여 형식적으로 그것을 증명하고 공적인 증거력을 부여하는 행정행위이다.

② 지적공부 소관청의 지목변경신청 반려행위는 국민의 권리관계에 영향을 미친다고 볼 수 없어서 행정처분에 해당하지 않는다.

③ 소관청이 토지대장상의 소유자명의변경신청을 거부한 행위는 항고소송의 대상이 되는 행정처분에 해당하지 않는다.

④ 국민건강보험공단이 행한 '직장가입자 자격상실 및 자격변동 안내' 통보는 가입자 자격의 변동 여부 및 시기를 확인하는 의미에서 한 사실상 통지행위에 불과할 뿐, 항고소송의 대상이 되는 행정처분에 해당하지 않는다.

02 행정행위의 취소와 철회에 대한 설명으로 옳은 것은? (다툼이 있는 경우 판례에 의함)

① 당사자가 부정한 방법으로 수익적 처분을 받은 경우에도 행정청이 그 처분을 취소하려면 취소로 인하여 당사자가 입게 될 불이익을 취소로 달성되는 공익과 비교·형량하여야 한다.

② 행정청이 의료법인의 이사에 대한 이사취임승인취소처분(제1처분)을 직권으로 취소(제2처분)한 경우, 제1처분과 제2처분 사이에 법원에 의하여 선임결정된 임시이사들의 지위는 법원의 해임결정이 없더라도 당연히 소멸된다.

③ 처분에 대하여 행정심판이나 행정소송이 제기되어 쟁송이 진행되고 있는 도중에는 행정청은 스스로 대상 처분을 취소할 수 없다.

④ 수익적 행정처분에 대한 취소권 등의 행사는 기득권의 침해를 정당화할 만한 중대한 공익상의 필요 또는 제3자의 이익보호의 필요가 있는 때에 한하여 허용될 수 있다는 법리는, 처분청이 수익적 행정처분을 직권으로 취소·철회하는 경우뿐만 아니라 쟁송취소의 경우에도 마찬가지로 적용된다.

03 인허가의제에 대한 설명으로 옳지 않은 것은? (다툼이 있는 경우 판례에 의함)

① 인허가의제의 경우 관련 인허가 행정청은 관련 인허가의 처분기준을 주된 인허가 행정청에 제출하여야 하고, 주된 인허가 행정청은 제출받은 관련 인허가의 처분기준을 통합하여 공표하여야 한다.

② 인·허가의제는 의제되는 행위에 대하여 본래적으로 권한을 갖는 행정기관의 권한행사를 보충하는 것이므로 법령의 근거가 없는 경우에도 인정된다.

③ 관련 인허가 의제 제도는 사업시행자의 이익을 위하여 만들어진 것이므로, 사업시행자가 반드시 관련 인허가 의제 처리를 신청할 의무가 있는 것은 아니다.

④ 건축주의 건축계획이 「건축법」상 건축허가기준을 충족하더라도 국토계획법상 개발행위 허가기준을 충족하지 못한 경우 건축행정청은 「건축법」상 건축허가를 발급하면서 국토계획법상 개발행위허가가 의제되지 않은 것으로 처리하여서는 안 되고, 「건축법」상 건축허가의 발급을 거부하여야 한다.

04 취소소송의 대상이 되는 처분에 대한 설명으로 옳은 것은? (다툼이 있는 경우 판례에 의함)

① 「교육공무원법」상 승진후보자 명부에 의한 승진심사 방식으로 행해지는 승진임용에서 승진후보자 명부에 포함되어 있던 후보자를 승진임용인사발령에서 제외하는 행위는 항고소송의 대상인 처분에 해당하지 않는다.

② 시험승진후보자명부에서의 등재자 성명 삭제행위는 항고소송의 대상인 처분에 해당한다.

③ 과세관청이 사업자등록을 관리하는 과정에서 위장사업자의 사업자명의를 직권으로 실사업자의 명의로 정정하는 행위는 사업자로서의 지위에 변동을 가져오는 것이므로 항고소송의 대상이 되는 행정처분으로 볼 수 있다.

④ 총포·화약안전기술협회가 자신의 공행정활동에 필요한 재원을 마련하기 위하여 회비납부의무자에 대하여 한 '회비납부통지'는 납부의무자의 구체적인 부담금액을 산정·고지하는 '부담금 부과처분'으로서 항고소송의 대상이 된다.

05 행정소송에 대한 설명으로 옳지 않은 것은? (다툼이 있는 경우 판례에 의함)

① 행정청으로 하여금 일정한 행정처분을 하도록 명하는 이행판결을 구하는 소송이나 법원으로 하여금 행정청이 일정한 행정처분을 행한 것과 같은 효과가 있는 행정처분을 직접 행하도록 하는 형성판결을 구하는 소송은 허용되지 아니한다.

② 행정소송에 관하여 「행정소송법」에 특별한 규정이 없는 사항에 대하여는 「법원조직법」과 「민사소송법」 및 「민사집행법」의 규정을 준용한다.

③ 어떠한 처분에 법령상 근거가 있는지, 「행정절차법」에서 정한 처분절차를 준수하였는지는 본안에서 당해 처분이 적법한가를 판단하는 단계에서 고려할 요소이지, 소송요건 심사단계에서 고려할 요소가 아니다.

④ 취소소송의 직권심리주의를 규정하고 있는 「행정소송법」 제26조의 규정을 고려할 때, 행정소송에 있어서 법원은 원고의 청구범위를 초월하여 그 이상의 청구를 인용할 수 있다.

06 **공법관계와 사법관계에 대한 설명으로 옳지 않은 것은? (다툼이 있는 경우 판례에 의함)**

① 국립의료원 부설 주차장에 관한 위탁관리용역운영계약은 공법상 계약에 해당한다.

② 행정재산의 사용·수익 허가에 따른 사용료를 미납한 경우에 부과된 가산금의 징수를 다투는 소송은 행정소송에 해당한다.

③ 서울특별시지하철공사의 임원과 직원의 근무관계의 성질은 사법관계에 속하므로, 위 지하철공사의 사장이 그 이사회의 결의를 거쳐 제정된 인사규정에 의거하여 소속직원에 대한 징계처분을 한 경우 이에 대한 불복절차는 민사소송에 의하여야 한다.

④ 「국유림의 경영 및 관리에 관한 법률」에 따른 임산물매각계약은 사법상 계약에 해당한다.

07 **신뢰보호의 원칙에 대한 설명으로 옳지 않은 것은? (다툼이 있는 경우 판례에 의함)**

① 재건축조합에서 일단 내부 규범이 정립되면 조합원들은 특별한 사정이 없는 한 그것이 존속하리라는 신뢰를 가지게 되므로, 내부 규범을 변경할 경우 내부 규범 변경을 통해 달성하려는 이익이 종전 내부 규범의 존속을 신뢰한 조합원들의 이익보다 우월해야 한다.

② 행정청이 공적인 견해에 반하는 행정처분을 함으로써 달성하려는 공익이 행정청의 공적 견해표명을 신뢰한 개인이 그 행정처분으로 인하여 입게 되는 이익의 침해를 정당화할 수 있을 정도로 강한 경우에는 그 행정처분은 위법하지 않다.

③ 행정청은 권한 행사의 기회가 있음에도 불구하고 장기간 권한을 행사하지 아니하여 국민이 그 권한이 행사되지 아니할 것으로 믿을 만한 정당한 사유가 있는 경우에는, 공익 또는 제3자의 이익을 현저히 해칠 우려가 있는 경우를 제외하고는, 그 권한을 행사해서는 아니 된다.

④ 처분청이 착오로 행정서사업 허가처분을 한 후 20년이 다 되어서야 취소사유를 알고 행정서사업 허가를 취소한 경우, 그 허가취소처분은 실권의 법리에 저촉되는 것으로 보아야 한다.

08 **행정대집행에 대한 설명으로 옳지 않은 것은? (다툼이 있는 경우 판례에 의함)**

① 퇴거의무의 불이행은 행정대집행의 대상이 되지 않는다.

② 관계 법령에 위반하여 장례식장 영업을 하고 있는 자의 장례식장 사용중지의무는 대집행의 대상이 아니다.

③ 점유자의 퇴거를 명하는 별도의 집행권원이 없는 이상 행정청이 건물철거 대집행 과정에서 부수적으로 철거의무자인 건물의 점유자들에 대해 퇴거조치를 하는 것은 허용되지 않는다.

④ 「행정대집행법」상 건물철거 대집행은 다른 방법으로는 이행의 확보가 어렵고 불이행을 방치함이 심히 공익을 해하는 것으로 인정될 때에 한하여 허용되고, 이러한 요건의 주장·입증책임은 처분 행정청에 있다.

09 **과태료에 대한 설명으로 옳지 않은 것은? (다툼이 있는 경우 판례에 의함)**

① 고의 또는 과실이 없는 질서위반행위는 과태료를 부과하지 아니한다.

② 어떤 행정법규 위반행위에 대해 과태료를 과할 것인지 행정형벌을 과할 것인지는 기본적으로 입법재량에 속한다.

③ 행정질서벌인 과태료는 죄형법정주의의 규율 대상이 된다.

④ 자신의 행위가 위법하지 아니한 것으로 오인하고 행한 질서위반행위는 그 오인에 정당한 이유가 있는 때에 한하여 과태료를 부과하지 아니한다.

10 **정보공개에 대한 설명으로 옳지 않은 것은? (다툼이 있는 경우 판례에 의함)**

① 정보공개를 청구한 목적이 손해배상소송에 제출할 증거자료를 획득하기 위한 것이었고 그 소송이 이미 종결되었다면, 그러한 정보공개청구는 허용되지 아니한다.

② 군검사가 공소제기된 사건과 관련하여 보관하고 있는 서류 또는 물건에 관하여는 피고인이나 변호인의 「공공기관의 정보공개에 관한 법률」에 의한 정보공개청구가 허용되지 아니한다.

③ 「공공기관의 정보공개에 관한 법률」상 공개청구의 대상이 되는 정보란 공공기관이 직무상 작성 또는 취득하여 현재 보유·관리하고 있는 문서에 한정되는 것이기는 하나, 그 문서가 반드시 원본일 필요는 없다.

④ 지방자치단체는 그 소관 사무에 관하여 법령의 범위에서 정보공개에 관한 조례를 정할 수 있다.

일일 모고 행정학 제16회

합격까지 박문각

빠른 고득점 합격
행정학 이명훈

01 '기업가 정신'과 '기업경영 원리'를 행정에 도입함으로써 정부의 효율성과 효과성을 높여나갈 수 있음을 강조한 오스본(D. Osborne)와 게블러(T. Gaebler)의 '정부재창조 원리'에 대한 설명으로 옳지 않은 것은?

① 촉진적 정부: 노젓기보다 방향 잡아주기
② 지역사회가 주도하는 정부: 권한 부여보다 서비스 제공
③ 경쟁적 정부: 서비스 제공에 경쟁 도입
④ 고객지향적 정부: 관료제가 아닌 고객 요구의 충족

02 기계적 효율성과 사회적 효율성에 대한 개념으로 옳지 않은 것은?

① 기계적 효율성은 정치 · 행정 이원론의 시대에 경영학의 과학적 관리론이 행정학에 도입되면서 중요시된 효율관이다.
② 사회적 효율성은 사회목적 실현과 다원적인 이익들 간의 통합 · 조정을 내용으로 한다.
③ 기계적 효율성은 디목(Dimock)이 강조한 개념이다.
④ 사회적 효율성은 민주성의 개념으로 이해되기도 한다.

03 옴부즈만 제도(Ombudsman)에 대한 설명으로 옳지 않은 것은?

① 행정부가 입법부의 통제로부터 자율권을 갖기 위한 수단이다.
② 정의롭지 못하거나 잘못된 행정에 대해 관련 공무원의 설명을 요구한다.
③ 옴부즈만은 법적으로 확립되고, 기능적으로 자율적이다.
④ 제도의 기본 성격은 청원이나 진정과 비슷하다.

04 정책의제설정에 대한 설명으로 옳지 않은 것은?

① 정책의제설정은 다양한 사회문제 중 특정한 문제가 정부의 정책에 의해 해결되기 위해 하나의 의제로 채택되는 과정이다.
② 정책의제는 어떤 사회문제가 사회적으로 이슈화되어 정부의 정책적 고려의 대상이 되어야 할 단계에 이른 문제를 의미한다.
③ 공중의제는 일반공중이 실제로 정책대응을 위한 구체적인 논의의 대상으로 표명하고 있는 사회문제를 말한다.
④ 정책의제설정은 외부주도형, 동원형, 내부접근형 등의 유형이 있다.

05 딜레마 이론에 대한 설명으로 옳은 것은?

① 시차를 두고 변화하는 사회현상을 발생시키는 주체들의 속성이나 행태의 연구가 행정이론 연구의 핵심이 된다고 주장하고, 이를 행정현상 연구에 적용하였다.
② 전략적 합리성을 중시하고, 공유된 가치 창출을 위한 시민과 지역공동체 집단들 사이의 이익을 협상하고 중재하는 정부 역할을 강조하는 행정이론이다.
③ 정부신뢰를 강조하고, 정부신뢰가 정부와 시민의 협력을 증진시키며 정부의 효과성을 높이는 가장 중요한 요인이 된다고 주장하는 행정이론이다.
④ 상황의 특성, 대안의 성격, 결과가치의 비교평가, 행위자의 특성 등 상황이 야기되는 현실적 조건하에서 대안의 선택 방법을 규명하는 것을 통해 행정이론 발전에 기여하였다.

06 조직과 환경에 관한 여러 이론에 대한 설명으로 옳지 않은 것은?

① 상황적응이론(구조적상황이론)은 개체군 생태학이론보다 미시적이지 않다.
② 전략적 선택이론은 조직군생태학이론보다 자율적인 이론이다.
③ 자원의존이론은 조직군생태학이론보다 자율적인 이론이다.
④ 거래비용경제학은 미시적인 기법을 활용하는 거시조직이론이다.

07 다음 내용은 직무평가 방법을 설명한 것이다. ( )에 들어갈 단어를 바르게 나열한 것은?

> 직무평가 방법에는 사전에 작성된 등급기준표에 의하여 직무의 책임과 곤란도 등을 파악하는 방법으로서 정부부문에서 많이 사용하나 등급 정의 작업이 곤란한 (㉠), 가장 늦게 고안된 직무평가 방법으로서 평가요소의 비중결정과 단계구분에 따른 점수부여의 임의성을 극복하고자 개발된 (㉡), 직위의 직무구성요소를 정의하고 요소별로 평가한 점수를 총합하는 방식으로 고도의 기술과 많은 시간 · 노력이 요구되는 (㉢) 등이 있다.

① ㉠ 서열법, ㉡ 요소비교법, ㉢ 점수법
② ㉠ 서열법, ㉡ 점수법, ㉢ 요소비교법
③ ㉠ 분류법, ㉡ 요소비교법, ㉢ 점수법
④ ㉠ 분류법, ㉡ 점수법, ㉢ 요소비교법

08 평정자인 A팀장은 피평정자인 B팀원이 성실하다는 것을 이유로 창의적이고 청렴하다고 평정하였다. A팀장이 범한 오류에 가장 가까운 것은?

① 연쇄효과(halo effect)

② 근접효과(recency effect)

③ 관대화 경향(tendency)

④ 선입견과 편견(prejudicy)

09 예산의 분류 중 기능별 분류의 장점으로 가장 옳지 않은 것은?

① 기관별 예산흐름의 파악 용이

② 정부기능 변화 추세분석에 용이

③ 행정부 사업계획수립 용이

④ 국민의 예산이해 편의

10 지방자치단체의 기관구성에 대한 설명으로 옳지 않은 것은?

① 기관통합형은 의원내각제와 비교적 유사하다.

② 기관통합형에서는 의회와 집행기관 간 견제와 균형을 통하여 민주성을 확보할 수 있다.

③ 기관통합형에서는 임기동안 지방자치행정에 대한 효율성과 책임성을 확보할 수 있다.

④ 기관대립형에서는 집행부와 의회의 마찰로 인한 비효율성이 발생할 수도 있다.

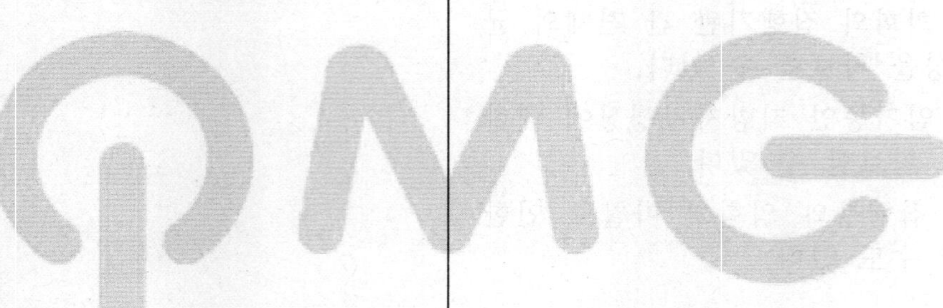

2025 공무원 시험대비 【6회차】

박문각 일일 모의고사

-제17회-

국어 · 영어 · 한국사

행정법 · 행정학

이 름 : ______________________

학습관 : ______________________

합격 예측

답안 입력 및 성적 조회는 PC, 모바일에서 모두 가능합니다.

★ PC: pass.pmg.co.kr | ★ 모바일 앱: 박문각 합격관리

일일 모고 국어 제17회

합격까지 박문각
赤功 국어
적중 혜선

01 **다음 중 <보기>에 대한 이해로 적절하지 않은 것은?**

<보기>

주동문: ㉠ 아이가 김을 먹었다.
↓
사동문: ㉡ 어머니가 아이에게 김을 먹게 하였다

주동문: ㉢ 운동장이 넓다.
↓
사동문: ㉣ 인부들이 운동장을 넓혔다.

① ㉡, ㉣을 보니, 주동문의 주어는 사동문에서 다른 문장 성분으로 나타날 수 있군.
② ㉡, ㉣을 보니, 사동문에는 두 가지 유형이 있군.
③ <보기>를 보니, 주동문을 사동문으로 바꾸면 서술어의 자릿수가 변화할 수 있군.
④ <보기>를 보니, 동사만 사동화될 수 있군.

02 **밑줄 친 부분의 사례로 적절한 것은?**

한국어의 피동 표현 중 '-어/아지다'에 의한 피동이 있다. 이것은 연결어미 '-어/아'에 보조 동사 '지다'가 결합된 통사적 구성으로 통사적 피동이라 부르기도 한다. 그런데 '-어/아지다'가 피동의 의미보다는 '-게 되다'와 비슷한 의미를 가져 어떠어떠한 상태로 된다는 과정화의 의미가 더 강할 때가 있다.

① 박혜선 교수 교재가 잘 <u>읽혀진다</u>.
② 방에 콜라가 <u>쏟아졌다</u>.
③ 이 펜은 글씨가 잘 <u>써진다</u>.
④ 그 가게에 잘 가지지 <u>않아요</u>.

03 **다음 문장 중 가장 자연스러운 것은?**

① 새롭게 구워진 팥빵이 나에 의해서 골라졌다.
② 강당에 새로 입학한 신입생이 가득 찼다.
③ 여러분이 이 문제에 관심을 갖고 토론의 계기가 되었으면 합니다.
④ 영호네 집에서는 아직도 돼지를 먹이고 있다.

04 **다음 중 문장의 표현이 가장 적절한 것은?**

① 15분 정도 있다가 너에게 다시 전화할게.
② 나는 그녀와 영수를 만났다.
③ 영호는 저녁을 먹는 것도 잃어버리고 공부에만 몰두했다.
④ 상철이는 웃으면서 찾아오는 학생들을 친절히 안내했다.

05 **다음 글의 모든 문장이 참일 때, 밑줄 친 결론을 이끌어내기 위해 추가해야 할 것은?**

모든 변호사들은 친절하다. 따라서 <u>친절한 어떤 사람은 변호를 잘한다</u>.

① 변호사 중 어떤 사람은 변호를 잘한다.
② 변호를 잘하지 않는 어떤 사람은 변호사가 아니다.
③ 변호사들은 모두 변호를 잘하지 않는다.
④ 변호를 잘하지 않는 어떤 사람은 친절하지 않다.

06 **(가) ~ (다)를 전제로 할 때, 빈칸에 들어갈 결론으로 적절한 것은?**

(가) 여행에 관심이 있는 어떤 사람은 운동에도 관심이 있다.
(나) 런닝에 관심이 없는 모든 사람은 여행에도 관심이 없다.
(다) 런닝에 관심이 있는 모든 사람은 수영에 관심이 없다.
따라서 ( )

① 운동에 관심이 있는 어떤 사람은 수영에 관심이 없다.
② 수영에 관심이 있는 어떤 사람은 여행에 관심이 있다.
③ 여행에 관심이 있고 운동에 관심이 없는 사람이 존재한다.
④ 수영에 관심이 없는 모든 사람은 런닝에 관심이 있다.

07 **밑줄 친 표현이 ㉠의 의미와 가장 유사한 것은?**

바람이 불자 그는 코트 깃을 ㉠ <u>올렸다</u>.

① 속력을 <u>올려</u> 빠르게 달렸다.
② 이름을 방명록에 <u>올리다</u>.
③ 손을 <u>올려</u> 의사 표시를 하다.
④ 내달에 결혼식을 <u>올리려면</u> 무척 바쁘겠다.

08 ㉠ ~ ㉣과 바꿔쓸 수 있는 유사한 표현으로 적절하지 않은 것은?

(가) 교육부는 학원 허용에 대한 법률안을 정기 국회에 ㉠ 내어놓았다.
(나) 그는 어제 현금 자동 지급기에서 현금을 ㉡ 찾았다.
(다) 정부는 경제 위기를 이유로 국방비를 ㉢ 줄이기로 결정했다.
(라) 해외로 도피해 이름을 바꾸고 과거를 ㉣ 탈바꿈하려는 경우가 많다.

① ㉠: 상정했다
② ㉡: 색출하였다
③ ㉢: 감축하기로
④ ㉣: 세탁하려는

[9~10] 다음 글을 읽고 물음에 답하시오,

책은 사람이 스스로 노력해서 만나야만 하는 매체이다. 그러므로 책을 읽을 때 우리는 때때로 잠이 오거나, 고통스럽다. 그것은 한 자 한 자 읽어 나가면서, 어려우면 쉬기도 하고, 의심이 나면 의문을 품기도 하는 등 책을 읽는 시간을 온전히 자기 스스로가 통제해야 하기 때문이다. 그러나 오히려 그 어려움이야말로 ㉠ 책 읽기의 가장 큰 매력이고 다른 어떤 것에도 비할 수 없는 쾌락의 원천이다. 스스로의 힘과 의지로 한 권의 책을 휘어잡았을 때 느끼는 희열은 참으로 깊고도 크다. 그 순간 독자는 그 책뿐만 아니라 스스로의 주인이 되었음을 느낀다.

우리가 인류의 역사를 돌이켜 보면 어떤 위정자가 독재자였고, 누가 민주적인 통치자였는지 한칼에 정의를 내리기 어렵다. 우리 역사의 경우에도 광해군에 대한 평가가 엇갈리고 있지 않은가. 그러나 가장 손쉬운 독재자 판별법이 있다. 책을 불태운 자가 바로 독재자다. 네로, 진시황, 아돌프 히틀러와 같이 책을 불태운 사람들을 독재자라고 부르는 데 아무도 이의를 제기하는 사람은 없을 것이다.

㉡ 책을 불사르는 자가 빼앗고 없애려는 것은 무엇인가? 인간의 상상력, 꿈, 그리고 스스로 생각하는 힘이다. 또한 '남과 다른 생각'이며, 남의 말이나 남의 생각에 기대지 않고 '스스로 생각하려는 의지'이다. 그렇다. 책을 읽는 일은 스스로 생각하고, 스스로 행동하는 일이며, 우리가 우리 삶의 주인공임을 우리 스스로 깨닫는 일이다. 그것은 때로 귀찮고 힘든 일일 수도 있다. 왜냐하면, 스스로의 머리로 생각하고 스스로의 가슴으로 받아들여야 하기 때문이다. 그러나 오히려, 그러므로, 더욱, 인간으로 태어난 지고의 기쁨을 맛볼 수 있는 일이다.

09 윗글에서 글쓴이가 제시한 ㉠으로 가장 적절한 것은?
① 세계적으로 유명한 사람들이 책을 읽기를 권장하고 있다.
② 책을 읽는 시간을 자신의 힘과 의지로 통제하여 자기의 것으로 만들 수 있다.
③ 한 권의 책을 다 읽으면 스스로 그 책의 주인공이 될 수 있다.
④ 책을 읽음으로써 인류가 쌓아 놓은 정신적 문화유산을 습득할 수 있다.

10 ㉡에 대한 답으로 적절한 것은?
① 책을 통해서 사람들의 생각을 이끌고자 했기 때문이다.
② 책이 잘못된 지식을 전달했기 때문이다.
③ 사람들이 스스로 생각하는 의지를 없애기 위해서이다.
④ 책을 불사르는 행동을 통해 자신의 권력을 보여주었기 때문이다.

일일 모고 영어 제17회

합격까지 박문각

반드시 합격 진가영 영어

01 밑줄 친 부분에 들어갈 말로 가장 적절한 것은?

> The constant pressure at work began to _____ the employee's health, leading to increased stress and exhaustion.

① improve
② refresh
③ benefit
④ strain

02 밑줄 친 부분에 들어갈 말로 가장 적절한 것은?

> The teacher noticed that the students were feeling _____ before the final exam, as they were anxious about their performance.

① material
② composed
③ enthusiastic
④ tense

03 밑줄 친 부분에 들어갈 말로 가장 적절한 것은?

> The proposal was approved because the _____ of the committee members voted in favor of the new policy.

① fraction
② minority
③ majority
④ exception

04 밑줄 친 부분에 들어갈 말로 가장 적절한 것은?

> The government decided to _____ additional office buildings to provide better working environments for public officials.

① lease
② confiscate
③ demolish
④ evacuate

05 밑줄 친 부분에 들어갈 말로 가장 적절한 것은?

> Many people enjoy reading classic _____ because it offers valuable insights into human nature and history.

① guidelines
② literature
③ equations
④ schedules

06 밑줄 친 부분에 들어갈 말로 가장 적절한 것은?

> It was very sensible __________ to bring an umbrella, as the weather forecast had predicted sudden heavy rain in the afternoon.

① of her
② out of her
③ for her
④ her

07 밑줄 친 부분 중 어법상 옳지 않은 것은?

> Dr. Lee is what people call a human ① <u>encyclopedia</u>. He possesses vast knowledge and can ② <u>remembers</u> even the smallest details about a wide range of topics. ③ <u>Whether</u> it's ancient history, advanced mathematics, or classic literature, he always has the perfect explanation ready. His students admire him for his wisdom and ability ④ <u>to make</u> complex ideas understandable.

08 밑줄 친 부분에 들어갈 말로 가장 적절한 것은?

A: Excuse me, I need to renew my driver's license. Could you guide me on how to do that?
B: Sure! You can fill out the renewal form at the service counter, and then take it to the payment desk.
A: ______________________
B: Yes, you'll need to bring your current driver's license, a recent photo, and proof of address.
A: Thank you for the information! I'll make sure to bring everything.

① Do I need to bring any documents with me?
② How much is the driver's license renewal fee?
③ When is the driver's license test?
④ What punishment will I receive if I don't renew my license?

09 밑줄 친 부분에 들어갈 말로 가장 적절한 것은?

Many of us are affected throughout our lives by ______________. I know someone who has an excellent baritone voice but refuses to use it. He does not want to sing in the church choir and has also declined offers from a local quartet. Why? Because he was one of the lead singers in his high school class operetta, and during a solo, his voice trembled slightly. Although the audience barely noticed, he did. He was so disappointed that he decided never to sing again. His excuse when feeling pressured by others is, "I just don't want to sing." He has allowed a minor mistake from his past to destroy what could have been a rich and fulfilling experience. These cunning little seeds that take root in our minds do not disappear unless we wash them away with positive memories.

① a small past achievement
② our lost opportunities
③ minor negative experiences
④ our unfulfilled potential

10 주어진 글 다음에 이어질 글의 순서로 가장 적절한 것은?

How do you prefer to learn? Some people find it easier to understand by looking at pictures rather than listening.

(A) Some people want to look at a map, some prefer to listen to directions, and others might find reading instructions more comfortable. It depends on what type of person you are.
(B) Others feel that understanding through listening is easier for them. However, some people prefer to read in written form. Think about your own preferred learning method.
(C) Now imagine you need to leave your house and go to a place you've never been before. What would be the easiest way to get there?

① (A) – (C) – (B)
② (B) – (A) – (C)
③ (B) – (C) – (A)
④ (C) – (A) – (B)

일일 모고 한국사 제17회

합격까지 박문각

가장 빠른 한국사
한국사 박기훈

01 조선 전기 군역과 요역제도에 대한 내용이다. 옳지 않은 것은?

① 세조 때 보법의 시행으로 군역대상자는 대거 감소하였다.
② 양반, 서리, 향리 등은 관청에서 일하기 때문에 군역에 복무하지 않았다.
③ 요역은 성종 때 경작하는 토지 8결을 기준으로 한 사람씩 동원하였다.
④ 군역의 요역화로 인해 대립제가 성행하였다.

02 경국대전에 기록된 (가)~(다) 기구에 대한 설명으로 옳은 것은?

> (가) 시정을 논평하고, 모든 관원을 감찰하며, 풍속을 바로잡고, 원통하고 억울한 일을 밝히며, 외람된 행위와 허위의 언동을 금지하는 등의 일을 관장한다.
> (나) 임금에게 간언하고 정사의 잘못을 논박하는 직무를 관장한다.
> (다) 궁내의 경적을 관리하고 문서를 처리하며 왕의 자문에 대비하는 임무를 관장한다.

① (가) – 백성들이 억울한 일을 고발하는 제도인 신문고를 주관하였다.
② (나) – 태조가 독립시켜 대신을 견제하게 하였다.
③ (다) – 옥당으로 일컬어졌으며 왕권 강화와 유지를 위한 핵심 기구였다.
④ (가), (나) – 5품 이하의 관리를 처음 임명 시에 신분, 경력 등을 심의·승인하는 역할을 담당하였다.

03 다음 자료에 나타난 '이 시기'의 경제 모습으로 볼 수 없는 것은?

> 이 시기에 우정규는 경제야언에서 부상대고(富商大賈)들이 제각기 재물을 분담하고 고용 노동자들을 모집하여 은점(銀店)을 경영할 것을 제의하였다.

① 남부지방으로 이앙법이 확대되어 벼와 보리의 이모작이 가능하였다.
② 장인은 장인세만 부담하면 납포장으로서 자유롭게 생산할 수 있었다.
③ 자본력을 가진 상인 중에서 수공업에 투자하여 부를 축적하는 경우도 있었다.
④ 청과의 무역에서 은의 수요가 증가하여 은광 개발이 활발하였다.

04 조선 후기 붕당정치 전개에 대한 설명으로 옳은 것만을 모두 고르면?

> ㉠ 공론이 중시되면서 언론 기관인 3사의 기능이 중시되었다.
> ㉡ 동인이 분열된 후 처음에는 남인이 정국을 주도하였으나, 임진왜란이 끝난 뒤 북인이 집권하여 광해군 때까지 정국을 주도하였다.
> ㉢ 광해군이 집권하면서 북인은 서인과 남인 등을 배제한 채 정권을 독점하였다.
> ㉣ 인조반정 이후 현종 때까지는 서인이 우세한 가운데 남인과 연합하여 공존하는 구도가 유지된 채 붕당 정치가 전개되었다.
> ㉤ 예송논쟁에서 기해예송은 서인의 1년설이, 갑인예송에서는 남인의 1년설이 승리를 거두었다.
> ㉥ 숙종 때 일어난 여러 차례의 환국의 결과 특정 붕당 정권을 독점하는 일당 전제화의 추세가 대두되었다.

① ㉠, ㉡, ㉢
② ㉠, ㉡, ㉢, ㉣
③ ㉠, ㉡, ㉢, ㉣, ㉤
④ ㉠, ㉡, ㉢, ㉣, ㉤, ㉥

05 다음 자료에서 밑줄 친 '조약'에 대한 설명으로 옳지 않은 것은?

> 미국 상민(商民)의 활동에 지장을 주지 않는 한, 조선과 중국 사이의 관계에 관여하지 않을 것이다. 미국은 귀 군주가 내치, 외교와 통상을 자주(自主)하고 있음을 잘 알고 있다. 국회는 조선과 수호하는데 동의하였으며, 본인도 이를 비준하였다. 조선이 자주국이 아니라면 미국은 <u>조약</u>을 체결하지 않았을 것이다.
> –미국 아서 대통령이 고종에게 보낸 회답 국서–

① 『조선책략』의 영향을 받아 청의 알선으로 체결되었다.
② 수교를 맺기 전에 사전 답사 차 민영익을 보빙사로 삼아서 파견하였다.
③ 조선이 관세를 부과할 수 있는 권한이 최초로 명시되었다.
④ 서양과 맺은 최초의 조약으로 최혜국대우와 치외법권이 명시된 불평등 조약이다.

06 자료와 같은 대일 선전포고를 한 군대와 관련 없는 것은?

> 1. 한국 전체 인민은 이미 반침략 전선에 참가하여 한 개의 전투 단위로서 추축국에 대하여 전쟁을 선포한다.
> 2. 1910년의 합방 조약과 일체의 불평등 조약의 무효를 거듭 선포하며, 아울러 반침략 국가의 한국에서의 합리적 기득권익을 존중한다.
> 3. 왜구를 한국과 중국 및 태평양에서 완전히 몰아내기 위하여 최후의 승리를 거둘 때까지 파로써 싸운다.

① 영군군과 인도와 미얀마에서 전쟁을 수행하였다.
② 1942년 김원봉의 조선의용대 병력의 일부가 편입됨으로써 전력이 보강되었다.
③ 팔로군과과 화북 지방에서 공동 작전을 전개하여 호가장 전투에서 승리하였다.
④ 1945년 국내 진공 작전을 계획하였으나 일본의 패망으로 기회가 무산되었다.

07 다음 선언을 투쟁 노선으로 하였던 단체에 대한 설명으로 옳은 것만을 모두 고르면?

> 강도 일본이 우리의 국호를 없이 하며, 우리의 정권을 빼앗으며, 우리의 생존적 필요 조건을 다 박탈하였다. …… 이상의 사실에 의하여 우리는 일본 강도 정치, 곧 다른 민족의 통치가 우리 조선 민족 생존의 적임을 선언하는 동시에 우리는 혁명 수단으로 우리 생존의 적인 강도 일본을 살상하는 것이 곧 우리의 정당한 수단임을 선언하노라. -신채호-

> ㉠ 독립 운동 단체의 통합을 위해 민족 혁명당 결성에 앞장섰다.
> ㉡ 민중의 직접적인 폭력혁명을 추진하였다.
> ㉢ 의거 활동에서 무장 투쟁 노선으로 전환하였고 이 단체가 중심이 된 조선민족혁명당은 국민당 정부의 지원을 받고 조선의용대를 창설하였다.
> ㉣ 상해 홍커우 공원 의거 활동으로 인해 한국광복군 창설의 계기를 마련하였다.

① ㉠, ㉡
② ㉠, ㉡, ㉢
③ ㉡, ㉢
④ ㉠, ㉢, ㉣

08 다음 자료의 역사가에 대한 설명으로 옳지 않은 것은?

> 조선이 4300여 년의 역사를 가진 군자의 나라로서 일본에 문화를 파급시켰으며, 일본의 음식, 의복, 궁실과 종교, 학술이 모두 한국에서 간 것으로 일본이 일찍이 스승의 나라로 섬겼으나 현재는 종으로 삼았다. -『한국통사』 서문-

① 최남선 등과 조선광문회를 조직하고 우리 고전을 총정리하였다.
② 성리학에 기반한 대동사회를 추구하였다.
③ 국가의 구성 요소를 국혼과 국백으로 나누어 역사를 민족 정신인 국혼의 전개 과정으로 파악하였다.
④ 『한국독립운동지혈사』를 저술하여 일제의 불법적인 침략을 규탄하였다.

09 1950년 남한에서 실시된 농지개혁에 대한 설명으로 옳지 않은 것은?

① 3정보의 토지를 기준으로 유상매입과 유상분배의 원칙이 적용되었다.
② 지주의 토지, 가옥, 임야 등도 분배의 대상이 되었다.
③ 토지를 분배받은 농민은 수확량의 30%씩, 총 5년간 분할 납부하였다.
④ 자영농은 증가했으나, 지주의 산업자본가 전환은 큰 성과를 거두지는 못하였다.

10 박정희 정부 시기의 통일 정책으로 옳은 것만을 모두 고르면?

> ㉠ 최초로 서울과 평양에서 남북한 이산가족 고향 방문이 이루어졌다.
> ㉡ 호혜 평등의 원칙하에 모든 국가에 대한 문호 개방을 내용으로 하는 6.23선언을 발표하였다
> ㉢ 서울과 평양이 동시에 자주 · 평화 · 민족 대단결의 3대 원칙을 천명하였다.
> ㉣ 남북 조절위원회가 설치되었고 남북 회담을 통한 직통 전화 가설에 합의하였다.
> ㉤ 한반도의 비핵화에 관한 공동 선언이 채택되었다.

① ㉠, ㉡, ㉢
② ㉡, ㉢, ㉣
③ ㉡, ㉢, ㉣, ㉤
④ ㉠, ㉡, ㉢, ㉣

일일 모고 행정법 제17회

합격까지 박문각

광야에서 합격까지 행정법 강성빈

01 행정입법에 대한 설명으로 옳은 것은? (다툼이 있는 경우 판례에 의함)

① 상위법령에서 세부사항 등을 시행규칙으로 정하도록 위임하였으나 이를 고시 등 행정규칙으로 정하였더라도 이는 대외적 구속력을 가지는 법규명령으로서 효력이 인정된다.

② 구「식품위생법」 시행규칙 제53조가 정한 [별표 15]의 행정처분기준은 구「식품위생법」 제58조에 따른 영업허가의 취소 등에 관한 행정처분의 기준을 정한 것으로 대외적 구속력이 있다.

③ 구「여객자동차 운수사업법」 제11조 제4항의 위임에 따라 시외버스운송사업의 사업계획변경에 관한 절차, 인가기준 등을 구체적으로 규정한 구「여객자동차 운수사업법 시행규칙」 제31조 제2항 제1호 등은 대외적 구속력이 있는 법규명령이다.

④ 행정적 편의를 도모하기 위해 법령의 위임을 받아 제정된 절차적 규정은 법령보충규칙으로서 법규명령의 성질을 갖는다.

02 행정행위의 부관에 대한 설명으로 옳지 않은 것은? (다툼이 있는 경우 판례에 의함)

① 고시에서 정하여진 허가기준에 따라 보존음료수 제조업의 허가에 부가된 조건은 행정행위에 부관을 부가할 수 있는 한계에 관한 일반적인 원칙이 적용되지 아니한다.

② 행정청이 임시이사를 선임하면서 임기를 '후임 정식이사가 선임될 때까지'로 기재한 것은 근거 법률의 해석상 당연히 도출되는 사항을 주의적 · 확인적으로 기재한 이른바 '법정부관'일 뿐, 행정청의 의사에 따라 붙이는 본래 의미의 행정처분 부관이라고 볼 수 없다.

③ 행정처분에 부담인 부관을 붙인 경우 그 부담이 무효라 하더라도 그로 인하여 본체인 행정처분 자체의 효력에 영향이 있다고 볼 수는 없다.

④ 기속행위에 대해서는 법령상 특별한 근거가 없는 한 부관을 붙일 수 없고, 가사 부관을 붙였다고 하더라도 이는 무효이다.

03 공법상 계약에 대한 설명으로 옳지 않은 것은? (다툼이 있는 경우 판례에 의함)

① 계약직공무원 채용계약해지의 의사표시는 일반공무원에 대한 징계처분과는 다르지만, 상대방의 방어권 보장을 위해 「행정절차법」의 처분절차에 의하여 근거와 이유를 제시하여야 한다.

② 공중보건의사 채용계약 해지의 의사표시에 대하여는 공법상의 당사자소송으로 그 의사표시의 무효확인을 청구할 수 있다.

③ 행정청이 자신과 상대방 사이의 법률관계를 일방적인 의사표시로 종료시켰다고 하더라도 곧바로 그 의사표시가 행정청으로서 공권력을 행사하여 행하는 행정처분이라고 단정할 수는 없다.

④ 행정청은 법령등을 위반하지 아니하는 범위에서 행정목적을 달성하기 위하여 필요한 경우에는 공법상 법률관계에 관한 계약을 체결할 수 있고, 이 경우 계약의 목적 및 내용을 명확하게 적은 계약서를 작성하여야 한다.

04 취소소송의 소송요건에 대한 설명으로 옳지 않은 것은? (다툼이 있는 경우 판례에 의함)

① 원고가 「행정소송법」상 항고소송으로 제기해야 할 사건을 민사소송으로 잘못 제기한 경우에 수소법원이 그 항고소송에 대한 관할을 가지고 있지 아니하여 관할법원에 이송하는 결정을 하였고, 그 이송결정이 확정된 후 원고가 항고소송으로 소 변경을 하였다면, 그 항고소송에 대한 제소기간의 준수 여부는 원칙적으로 처음에 소를 제기한 때를 기준으로 판단하여야 한다.

② 행정사건의 심리절차는 행정소송의 특수성을 감안하여 「행정소송법」이 정하고 있는 특칙이 적용될 수 있는 점을 제외하면 심리절차 면에서 민사소송절차와 큰 차이가 없으므로, 특별한 사정이 없는 한 민사사건을 행정소송 절차로 진행한 것 자체가 위법하다고 볼 수 없다.

③ 원고가 피고를 잘못 지정하였다면 법원으로서는 당연히 석명권을 행사하여 원고로 하여금 피고를 경정하게 하여 소송을 진행케 하였어야 할 것임에도 불구하고 이러한 조치를 취하지 아니한 채 피고의 지정이 잘못되었다는 이유로 소를 각하한 것은 위법하다.

④ 「행정소송법」상 필요적 전치주의가 적용되는 경우에도, 처분의 집행 또는 절차의 속행으로 생길 중대한 손해를 예방하여야 할 긴급한 필요가 있는 때에는 행정심판을 제기함이 없이 취소소송을 제기할 수 있다.

05 **취소소송의 판결에 대한 설명으로 옳지 않은 것은? (다툼이 있는 경우 판례에 의함)**

① 처분등을 취소하는 확정판결은 제3자에 대하여도 효력이 있다.

② 새로운 처분의 처분사유가 종전 처분의 처분사유와 기본적 사실관계에서 동일하지 않은 다른 사유에 해당하더라도, 처분사유가 종전 처분 당시 이미 존재하고 있었고 당사자가 이를 알고 있었다면 이를 내세워 새로이 처분을 하는 것은 확정판결의 기속력에 저촉된다.

③ 취소판결 자체의 효력으로써 그 행정처분을 기초로 하여 새로 형성된 제3자의 권리까지 당연히 그 행정처분 전의 상태로 환원되는 것이라고는 할 수는 없다.

④ 조세부과처분을 취소하는 행정판결이 확정된 경우 부과처분의 효력은 처분 시에 소급하여 효력을 잃게 되므로 확정된 행정판결은 조세포탈에 대한 무죄를 인정할 명백한 증거에 해당한다.

06 **행정법관계의 기간에 대한 설명으로 옳은 것은?**

① 법령등의 시행일을 정하거나 계산할 때에는 법령등을 공포한 날부터 일정 기간이 경과한 날부터 시행하는 경우 법령등을 공포한 날을 첫날에 산입한다.

② 법령등을 공포한 날부터 일정 기간이 경과한 날부터 시행하는 경우 그 기간의 말일이 토요일 또는 공휴일인 때에는 그 다음날로 기간이 만료한다.

③ 법령등 또는 처분에서 국민의 권익을 제한하거나 의무를 부과하는 경우 권익이 제한되거나 의무가 지속되는 기간을 계산할 때에 기간을 일, 주, 월 또는 연으로 정한 경우에는, 국민에게 불리한 경우가 아닌 한, 기간의 첫날을 산입하지 아니한다.

④ 법령등 또는 처분에서 국민의 권익을 제한하거나 의무를 부과하는 경우 권익이 제한되거나 의무가 지속되는 기간을 계산할 때에 기간을 일, 주, 월 또는 연으로 정한 경우에는, 국민에게 불리한 경우가 아닌 한, 기간의 말일이 토요일 또는 공휴일인 경우에도 기간은 그 날로 만료한다.

07 **「질서위반행위규제법」에 대한 설명으로 옳은 것은? (다툼이 있는 경우 판례에 의함)**

① 당사자와 검사는 과태료 재판에 대하여 즉시항고를 할 수 있고, 이 경우 항고는 집행정지의 효력이 있다.

② 행정청이 질서위반행위에 대하여 과태료를 부과하고자 하는 때에는 미리 당사자에게 대통령령으로 정하는 사항을 통지하고, 7일 이상의 기간을 정하여 의견을 제출할 기회를 주어야 한다.

③ 행정청의 과태료 부과에 불복하는 당사자는 그 통지를 받은 날부터 30일 이내에 해당 행정청에 서면으로 이의제기를 할 수 있다.

④ 법원이 하는 과태료재판에는 원칙적으로 행정소송에서와 같은 신뢰보호의 원칙이 적용된다.

08 **행정절차에 대한 설명으로 옳지 않은 것은? (다툼이 있는 경우 판례에 의함)**

① 교육부장관이 부적격사유가 없는 후보자들 사이에서 어떤 후보자를 상대적으로 더욱 적합하다고 판단하여 국립대학교의 총장으로 임용제청을 하였다면, 그러한 임용제청행위 자체로서 이유제시의무를 다한 것이다.

② 행정청은 침익적 행정처분의 경우에만 이유를 제시하여야 하고 수익적 행정처분의 경우에는 이유제시를 하지 않아도 무방하다.

③ 행정청이 신분 · 자격을 박탈하는 처분을 하는 경우에는 청문을 한다.

④ 처분기준을 공표하는 것이 해당 처분의 성질상 현저히 곤란하거나 공공의 안전 또는 복리를 현저히 해치는 것으로 인정될 만한 상당한 이유가 있는 경우에는 처분기준을 공표하지 아니할 수 있다.

09 **정보공개에 대한 설명으로 옳지 않은 것은? (다툼이 있는 경우 판례에 의함)**

① 모든 국민은 정보의 공개를 청구할 권리를 가진다.

② 사립학교에 대하여 「교육관련기관의 정보공개에 관한 특례법」이 적용되는 경우에도 「공공기관의 정보공개에 관한 법률」을 적용할 수 없는 것은 아니다.

③ '2015. 12. 28. 일본군위안부 피해자 합의와 관련하여 한일 외교장관 공동 발표문의 문안을 도출하기 위하여 진행한 협의 협상에서 일본군과 관헌에 의한 위안부 강제연행의 존부 및 사실인정 문제에 대해 협의한 협상 관련 외교부장관 생산 문서'는 국민의 알 권리를 위해 공개대상 정보가 된다.

④ 학교환경위생구역 내 금지행위 해제결정에 관한 학교환경위생정화위원회의 회의록에 기재된 발언내용에 대한 해당 발언자의 인적사항 부분에 관한 정보는 비공개대상에 해당한다.

10 국가배상에 대한 설명으로 옳지 않은 것은? (다툼이 있는 경우 판례에 의함)

① 국가의 철도운행사업과 관련하여 발생한 사고로 인한 손해배상청구의 경우 그 사고에 공무원이 간여하였다고 하더라도 「국가배상법」이 아니라 「민법」이 적용되어야 하지만, 철도시설물의 설치 또는 관리의 하자로 인한 손해배상청구의 경우에는 「국가배상법」이 적용된다.

② 영조물이 그 용도에 따라 갖추어야 할 안전성을 갖추지 못한 상태에는 영조물이 공공의 목적에 이용됨에 있어 그 이용 상태 및 정도가 일정한 한도를 초과하여 제3자에게 사회통념상 수인할 것이 기대되는 한도를 넘는 피해를 입히는 경우까지 포함된다.

③ 영조물이 안전성을 갖추었는지 여부는 영조물의 설치자 또는 관리자가 그 영조물의 위험성에 비례하여 사회통념상 일반적으로 요구되는 정도의 방호조치의무를 다하였는지를 기준으로 판단하여야 하고, 그 설치자 또는 관리자의 재정적 · 인적 · 물적 제약 등은 고려하지 않는다.

④ 가변차로에 설치된 두 개의 신호등에서 서로 모순되는 신호가 들어오는 오작동이 발생하였고 그 고장이 현재의 기술 수준상 부득이한 것이라고 가정하더라도 그와 같은 사정만으로 손해발생의 예견가능성이나 회피가능성이 없어 영조물의 하자를 인정할 수 없는 경우라고 단정할 수 없다.

일일 모고 행정학 제17회

합격까지 박문각

빠른 고득점 합격
행정학 이명훈

01 정부실패 및 행정개혁에 대한 설명으로 옳지 않은 것은?

① 내부성 문제는 정부실패를 초래할 수 있다.

② 경쟁적 환경을 조성하여 정부실패 문제를 완화할 수 있다.

③ 뉴거버넌스적 접근은 공공부문과 민간부문 간 협력을 중시한다.

④ 신공공관리적 개혁은 경제적 효율성과 민주주의 책임성을 제고한다.

02 사회자본에 대한 설명으로 옳지 않은 것은?

① 네트워크에 참여하는 당사자들이 공동으로 소유하는 자산이다.

② 한 행위자만이 배타적으로 소유권을 행사할 수 없다.

③ 동시적이고 등가적인 교환관계를 특징으로 한다.

④ 사회적 관계에서 거래비용을 감소시켜 준다.

03 행정개혁의 추진전략과 관련하여 성공가능성이 높은 전략끼리 잘 짝지어진 것은?

① 명령적 · 하향적 개혁, 전방위적 · 급진적 개혁, 외부주도형 개혁

② 명령적 · 하향적 개혁, 부분적 · 점진적 개혁, 내부주도형 개혁

③ 참여적 · 상향적 개혁, 전방위적 · 급진적 개혁, 내부주도형 개혁

④ 참여적 · 상향적 개혁, 부분적 · 점진적 개혁, 내부주도형 개혁

04 정책의제설정에 대한 설명으로 옳지 않은 것은?

① 체제의제란 개인이나 민간 차원에서 쉽사리 해결될 수 없어서 정부가 이를 해결해야 한다고 많은 사람들이 생각하는 정책적 해결 필요성이 있는 의제를 의미한다.

② 동원형은 정부의 힘이 강하고 민간부문의 힘이 취약한 후진국에서 많이 나타나며, 의도적이고 일방적으로 국민을 무시하는 정부에서 나타날 수 있는 유형이다.

③ 외부주도형은 정책담당자가 아닌 외부 사람들의 주도에 의해 정책문제의 정부 귀속화가 이루어지는 유형이다.

④ 내부접근형은 정책담당자들에 의해 자발적으로 정책의제화가 진행되는 유형이다.

05 나카무라(Nakamura)와 스몰우드(Smallwood)는 정책결정자와 정책집행자 간의 관계에 착안하여 정책집행을 다섯 가지로 유형화하였다. 다음의 내용들 중에서 '지시적 위임형'의 특징에 해당하는 것은?

① 정책결정자가 정책을 결정하지만 독단적으로 채택하는 것이 아니라, 정책목표와 정책수단에 대해서 정책결정자와 정책집행자 간에 타협과 흥정을 한다.

② 정책결정자는 추상적인 정책목표를 설정하며, 이러한 정책목표를 구체화하고 정책수단을 채택하도록 광범위한 재량권을 정책집행자에게 위임한다.

③ 정책결정자가 정책목표를 구체적으로 설정하지만, 정책집행자도 정책목표 달성에 필요한 행정적 권한을 보유한다. 따라서 정책집행자도 상당한 재량을 행사할 수 있다.

④ 정책결정과 정책집행은 엄격하게 분리되며, 정책집행자는 정책결정자가 결정한 정책내용을 충실하게 집행한다.

06 다음과 같이 정의되는 조직 변화의 개입 기법은?

고객 중심주의, 구성원에 대한 권한 부여, 예방적 통제, 지속적 개선 등을 통해 고객의 만족과 성과 향상을 모색하는 총체적 생산성 향상 전략이다.

① 총체적 품질관리(TQM)

② 조직발전(OD)

③ 업무과정재설계(BPR)

④ 목표에 의한 관리(MBO)

07 변혁적 리더십에 대한 설명으로 옳지 않은 것은?

① 카리스마적 리더십은 공공부문의 리더가 난관을 극복하고 현상에 대한 각성을 확고하게 표명함으로써 부하에게 자긍심과 신념을 심어 주는 것을 의미한다.

② 영감적 리더십은 공공부문의 리더가 부하로 하여금 형식적 관례와 사고를 다시 생각하게 함으로써 새로운 관념을 촉발시키는 것을 의미한다.

③ 개별적 배려는 리더가 부하에게 특별한 관심을 보이고 각 부하의 특정한 요구를 이해해 줌으로써 부하에 대해 개인적으로 존중한다는 것을 전달하는 것을 의미한다.

④ 변혁적 리더십은 인간의 행태나 상황뿐 아니라 리더의 개인적 속성도 다시 재생시키고 있으므로 신속성론에 해당한다.

08 고위공무원단에 대한 설명으로 옳은 것은?

① 미국의 카터 정부가 최초로 도입하였으며, 우리나라는 노무현 정부에서 도입하였다.

② 고위공무원단은 직업공무원제도와 다른 제도로서 정년이 보장되지 않는다.

③ 현재 시행하고 있는 고위공무원단제도는 일반직 공무원만을 대상으로 하고 있다.

④ 고위공무원단에 속하는 모든 일반직 공무원의 신규채용 임용권은 각 부처의 장관이 가진다.

09 'X달러를 B사업 대신 A사업에 배분하는 근거가 무엇이냐?'는 키(V. O. Key)의 문제제기에 루이스(V. B. Lewis)가 제시한 대안적 예산제도로 옳지 않은 것은?

① 기회비용에 입각한 상대적 가치

② 상이한 목표 간 비교평가를 위한 증분분석

③ 집단 간 게임규칙에 의한 상호 관계

④ 공동 목표에 대한 상대적 효과성

10 우리나라 지방자치단체장의 권한으로 옳지 않은 것은?

① 지방의회의 의결이 월권이거나 법령에 위반되는 경우 재의요구권

② 총선거 후 최초로 집결되는 지방의회 임시회 소집권

③ 지방의회의 의결사항 중 주민의 생명과 재산보호를 위하여 긴급하게 필요한 사항으로서 지방의회를 소집할 시간적 여유가 없거나 지방의회에서 의결이 지체되어 의결되지 아니할 때의 선결처분권

④ 지방채 발행권

2025 공무원 시험대비 【6회차】

박문각 일일 모의고사

—제18회—

국어 · 영어 · 한국사

행정법 · 행정학

이 름 : ______________________

학습관 : ______________________

합격
예측

답안 입력 및 성적 조회는 PC, 모바일에서 모두 가능합니다.

★ PC: pass.pmg.co.kr | ★ 모바일 앱: 박문각 합격관리

일일 모고 국어 제18회

합격까지 박문각

赤功 국어
적중 혜선

01 주어진 단어의 자음 두 개를 다음의 <조건>에 따라 순서대로 나타낼 때, 모두 옳은 것은?

<조건>
하나의 음운이 가진 조음 위치의 특성을 +라고 하고, 가지고 있지 않은 특성을 −로 규정한다. 예컨대 'ㅋ'은 [−치조음, −양순음, −경구개음, +연구개음, −후음]으로 나타낼 수 있다.

① 세로:[+치조음], [−후음]
② 기도: [−경구개음], [+양순음]
③ 마차: [−양순음], [−치조음]
④ 화려: [−후음], [+연구개음]

02 현대 국어의 '치조음'에 대한 설명으로 옳지 않은 것을 모두 고른 것은?

㉠ 치조음은 혀끝이 윗잇몸에 닿아서 나는 소리이다.
㉡ 'ㄷ, ㄸ, ㅌ, ㅅ, ㅆ' 등은 치조음에 해당한다.
㉢ 'ㄹ'은 유음이지만 치조음은 아니다.
㉣ 치조음은 파찰음과 마찰음, 비음이 골고루 발달되어 있다.

① ㉠, ㉡
② ㉡, ㉢
③ ㉠, ㉣
④ ㉢, ㉣

03 <공공언어 바로 쓰기 원칙>에 따라 <공문서>의 ㉠~㉣을 수정한 것으로 적절하지 않은 것은?

<공공언어 바로 쓰기 원칙>
○ 올바른 국어 표기를 위한 어문 규범을 준수할 것.
○ 어법에 맞고 자연스러운 문장으로 작성할 것.

<공문서>
수신자 수신자 참조
(경유)
제목 비영리 종교 법인 관련 주무관청의 검사 · 감독에 관한 질의
----
1. 비영리 종교 법인 사무와 관련하여 질의하오니 민원 사항임을 고려하여 검토 후 회 신하여 주시기 바랍니다.
가. 질의 내용
1) 위의 모 종교 재단법인과 이해관계가 있는 모 종교 총회로부터 모종교 재단법인이 기본재산 처분 계약 시 재단 발전 기금으로 받은 매매 대금에 관해 세금 탈세 및 유용 사실이 있는지 민원이 ㉠ 접수되어, 민법 ㉡ 제37조 및 ○○부 및 ○○○청 소관 비영리 법인의 설립 및 감독에 관한 규칙 제8조에 규정된 주무관청의 법인 사무의 검사 · 감독의 범위는 ㉢ 어느선 까지이며, 검사 · 감독의 결과와 관련하여 규정법을 위반했을 때 제재할 수 있는지? 제재할 수 있다면 ㉣ 관련 적용법 조항은?

① ㉠: 접수되었음. 이와 관련하여
② ㉡: 제37조, ○○부와 ○○○청 소관 비영리 법인의 설립 그리고 감독에 관한 규칙
③ ㉢: 어느∨선∨까지이며
④ ㉣: 관련 적용법 조항은 무엇인지?

04 어법에 맞는 문장은?
① 일이 얽히고설켜서 풀기가 어렵다.
② 한번 손댄 음식은 웬간해서는 남기지 말고 드세요.
③ 공사가 언제부터 시작되고 언제 개통될지 알 수 없다.
④ 불필요한 기능은 빠지고 필요한 기능만 살렸다.

05 다음 전제가 모두 참이라고 할 때, 반드시 참인 결론은 무엇인가?

○ 어떤 새는 부리가 있다.
○ 모든 새는 동물이다.

① 어떤 새는 부리가 없다.
② 모든 동물은 부리를 가지고 있다.
③ 모든 부리가 있는 것은 새이다.
④ 어떤 동물은 부리가 있다.

06 **다음 글의 밑줄 친 결론을 이끌어내기 위해 추가해야 할 것은?**

> 브라질 여행을 다녀온 어떤 사람은 태국 여행도 다녀왔다. 홍콩 여행을 다녀온 모든 사람은 브라질 여행도 다녀왔으며, 브라질 여행을 다녀오지 않은 모든 사람은 홍콩 여행도 다녀오지 않았다. 따라서 홍콩 여행을 다녀온 모든 사람은 영국 여행을 다녀오지 않았다.

① 브라질 여행을 다녀온 모든 사람은 영국 여행을 다녀오지 않았다.
② 태국 여행을 다녀온 어떤 사람은 영국 여행을 다녀왔다.
③ 영국 여행을 다녀온 어떤 사람은 브라질 여행을 다녀왔다.
④ 홍콩 여행을 다녀온 모든 사람은 영국 여행을 다녀왔다.

07 **밑줄 친 표현이 ㉠의 의미와 가장 유사한 것은?**

> 정신을 ㉠ 가다듬고 다시 한번 해 봐.

① 흐트러진 상태를 정비하고 대열을 가다듬었다.
② 그는 목을 가다듬고 힘차게 노래를 불렀다.
③ 어른께 인사드리기 전에 옷매무새를 가다듬었다.
④ 설레는 마음을 가다듬고 약속 장소에 나갔다.

08 **㉠ ~ ㉣과 바꿔쓸 수 있는 유사한 표현으로 적절하지 않은 것은?**

> (가) 주민들은 홍수 피해를 막기 위해 강가에 ㉠ 단단한 제방을 쌓았다.
> (나) 그들은 실용적인 지식을 ㉡ 일깨워 생활에 도움을 주었다.
> (다) 우리는 다시 합쳐야 한다는 점에서는 그들과 의견이 ㉢ 같았다.
> (라) 많이 팔리는 것이 좋은 책이라는 등식이 ㉣ 이루어진다고는 보지 않는다.

① ㉠: 확고한
② ㉡: 계발하여
③ ㉢: 일치했다
④ ㉣: 성립한다고는

09 **<보기>의 내용을 서두로 하여 글을 쓰려고 한다. 바로 이어서 쓸 내용으로 적절하지 않은 것은?**

> <보기>
> 인터넷에는 유용한 정보도 있지만, 부정확하거나 검증되지 않은 정보도 많다. 그런데 대다수의 학생들이 인터넷 정보 검색을 통해서 손쉽게 얻은 정보를 이용하여 보고서를 작성하고 있다.

① 정보의 상업적인 이용을 경계해야 한다.
② 정보 습득의 다양한 방법을 안내해야 한다.
③ 보고서 작성의 바른 태도를 교육해야 한다.
④ 정보의 가치를 스스로 판단할 수 있어야 한다.

10 **다음 글의 내용을 요약한 것으로 가장 적절한 것은?**

> 자유 민주주의 사회의 이상은 개인들이 각각 윤리 규범을 자율적으로 지킴으로써 타인의 권익과 자유를 침범하지 않는 도덕적 수준에 도달하는 일이다. 그러나 모든 사람들이 그와 같은 도덕적 수준에 도달한다는 것은 기대하기 어려우므로, 필요할 경우에는 공권력을 발동하여 방종한 사람의 반사회적 행위를 방지해야 한다. 그 공권력에 의한 질서 유지의 장치가 바로 법제에 해당한다.
>
> 그러나 비록 법치 국가의 외형을 갖추었다 하더라도 법규의 내용이 불공정하거나 법을 지키지 않는 사람이 많을 경우에는, 개인들이 안심하고 삶을 설계하고 실천함에 어려움을 겪는다. 따라서 공정한 입법과 일반적 준수는 자유 민주주의 국가의 성패를 좌우하는 중요한 조건의 하나이다. 법규가 공정하지 못하고 일부 계층에게만 유리하도록 제정된다면 그 법은 일반적으로 지켜지기 어려울 것이며, 비록 법의 제정은 공정하다 하더라도 그 법을 어기는 특권층이 있거나 일반 국민의 의식 수준이 낮을 경우에는 그것을 위반하는 사례가 빈번하게 일어날 것이다.

① 자유 민주주의 사회의 이상은 개인들이 타인의 권익과 자유를 존중하는 것인데, 때로는 공권력과 법이 필요하나, 외형만으로는 안 되므로 공정한 입법과 법의 준수가 요구된다.
② 자유 민주주의 사회는 반사회적 행위를 방지할 공권력을 발동하기 위하여 법제가 필요하나, 개인들이 안심하고 살기 위해서는 입법의 공정성 확보와 일반적인 법의 준수가 요구된다.
③ 자유 민주주의 사회에는 반사회적 행위를 방지하기 위한 공권력과 그에 의한 법제가 있으나, 자유 민주주의가 성공하기 위해서는 공정한 입법과 함께 법의 일반적 준수가 필수적이다.
④ 자유 민주주의 사회에서는 윤리 규범을 자율적으로 지키는 것이 이상인데, 모든 이에게 기대할 수는 없어서 공권력이나 법제가 필요하나, 법규 내용이 공정하지 않거나 사람들이 법을 지키지 않으면 안심할 수 없다.

일일 모고 영어 제18회

합격까지 박문각

반드시 합격 진가영 영어

01 밑줄 친 부분에 들어갈 말로 가장 적절한 것은?

> The city built a _____ in the central square to honor the contributions of its founding leaders.

① blueprint
② manuscript
③ monument
④ certificate

02 밑줄 친 부분에 들어갈 말로 가장 적절한 것은?

> The sudden explosion caused people in the mall to _____ and rush toward the exits.

① panic
② inquire
③ negotiate
④ inspect

03 밑줄 친 부분에 들어갈 말로 가장 적절한 것은?

> The teacher emphasized the importance of _____ in solving complex problems and coming up with new ideas.

① creativity
② privacy
③ availability
④ reliability

04 밑줄 친 부분에 들어갈 말로 가장 적절한 것은?

> Government agencies are responsible for managing public _____, including parks, roads, and government buildings.

① property
② service
③ budget
④ staff

05 밑줄 친 부분에 들어갈 말로 가장 적절한 것은?

> The hotel staff gave us a warm _____ when we arrived, offering to help with our luggage and providing us with the room key.

① reception
② invitation
③ greeting
④ departure

06 밑줄 친 부분에 들어갈 말로 가장 적절한 것은?

> The air conditioner _________ before summer arrives, or it won't function properly during the hottest days of the year.

① repairing
② needs repairing
③ to repairing
④ need repaired

07 밑줄 친 부분 중 어법상 옳지 않은 것은?

> The local library announced plans to upgrade ① its facilities, including a new digital resource center and additional seating areas. ② While these improvements were meant to provide a better environment for visitors, the ongoing renovations caused unexpected disruptions. The loud sounds of machinery and construction work made it difficult for people ③ to read and focus. Many visitors complained ④ what they could not enjoy the peaceful atmosphere they once had.

08 밑줄 친 부분에 들어갈 말로 가장 적절한 것은?

Tim: Excuse me, does this bus go to the city center?

Jane: Yes, it does. It will take you directly there.

Tim: ____________________

Jane: It's about 5 stops from here. You'll hear the announcement when we approach the city center.

Tim: Great, thank you for your help!

Jane: You're welcome. Have a nice day!

① How much is the bus fare?
② How do I get off the bus?
③ How many stops until we get there?
④ Where is the last stop of this bus?

[09-10] 다음 글을 읽고 물음에 답하시오.

(A)

The Green Valley Forest is facing a serious threat from illegal logging activities. These activities are not only destroying the natural habitat of numerous species but also contributing to climate change by reducing the forest's capacity to absorb carbon dioxide.

A group of environmental activists is organizing a community meeting to discuss strategies to combat this issue. They believe that raising awareness and involving the local community are crucial steps in protecting the forest.

The meeting will include presentations from experts, a discussion on the impact of illegal logging, and a workshop on how residents can contribute to forest conservation efforts.

Sponsored by Green Valley Environmental Protection Agency

- Location: Green Valley Community Center (in case of rain: Green Valley High School Auditorium)
- Date: Saturday, August 10, 2025
- Time: 3:00 p.m.

For more information about the meeting, please visit our website at www.greenvalleyepa.org or contact our office at (555) 123-4567.

09 (A)에 들어갈 윗글의 제목으로 가장 적절한 것은?

① Green Valley Forest: A Haven for Wildlife
② Illegal Logging Threatens Green Valley Forest
③ The Role of Forests in Climate Change
④ Community Efforts in Forest Conservation

10 위 안내문의 내용과 일치하지 않는 것은?

① 불법 벌목 활동이 그린 밸리 숲에 심각한 위협을 주고 있다.
② 숲 보호를 위한 지역 사회의 참여가 중요하다.
③ 우천 시에는 그린 밸리 고등학교 체육관에서 회의가 열린다.
④ 웹사이트 방문이나 전화로 회의에 관해 질문할 수 있다.

일일 모고 한국사 제18회

합격까지 박문각

가장 빠른 한국사
한국사 박기훈

01 선사 시대에 대한 설명으로 옳지 않은 것은?

① 봉산 지탑리와 평양의 남경 유적에서는 탄화된 좁쌀이 발견되어 신석기 시대에 농경이 시작되었음을 증명한다.

② 신석기인들은 빗살무늬토기 이전에 민무늬토기 등을 사용하였다.

③ 구석기 시대의 인간은 대부분 자연 동굴이나 바위 그늘을 집터로 이용하였다.

④ 신석기 시대에 애니미즘, 샤머니즘, 토테미즘, 영혼 숭배 같은 신앙이 나타났다.

02 다음에서 설명하고 있는 나라의 풍속에 해당하는 것은?

> 변방에 치우쳐 선진 문화의 수용이 늦었으며, 일찍부터 고구려의 압박으로 크게 성장하지 못하였다. 왕이 없고 읍군, 삼로라는 군장이 통치하였다.

① 철이 많이 생산되어 낙랑 · 왜 등에 수출하였다.

② 골장제(가족공동무덤)라는 장례 풍속이 있었다.

③ 목지국의 지배자가 주도 세력이 되었다.

④ 연맹국가 단계에서 고구려에게 복속 되었다.

03 다음 지도에서 표시된 A, B 두 나라에 대한 설명으로 옳은 것은?

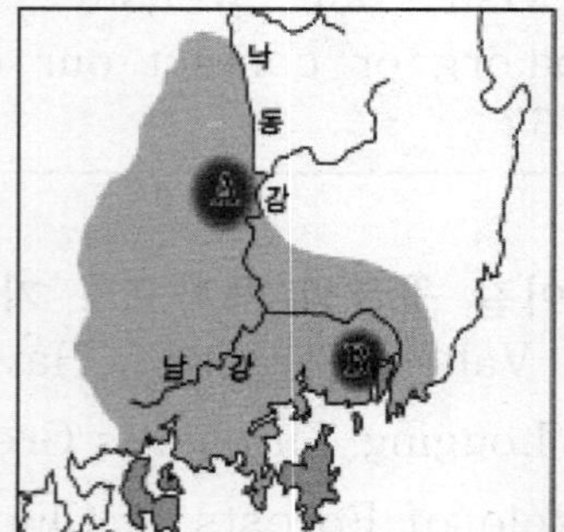

① 고구려군의 공격을 받은 후 연맹의 중심이 B에서 A로 바뀌었다.

② A를 중심으로 한 연맹 왕국은 중앙 집권 국가로 발전하였다.

③ B는 6세기 초 국제적 고립에서 벗어나려고 신라와 결혼 동맹을 맺었다.

④ A는 법흥왕 때 신라에 복속되었다.

04 다음 금석문을 통해 알 수 있는 사실로 옳은 것은?

> 5월에 고구려대왕이 상왕공과 함께 동쪽 오랑캐 신라 매금을 만나 영원토록 우호를 맺기 위해 이곳에 왔으나, 신라 매금이 오지 않아 실행하지 못하였다. 이에 고구려 대왕은 태자 공과 전부 대사자 다우환노에게 명하여 이곳에 머물러 신라 매금을 만나게 하였다.

① 광개토대왕이 새로 개척된 영토를 순수하고 민심을 수렴하였다.

② 울진 봉평 지역 복속민의 토지나 제물에 대한 권리를 공인해주었다.

③ 원주민과 복속민을 수묘인으로 편성하여 왕릉을 수호하게 하였다.

④ 고구려가 스스로를 천하의 중심에 놓고 신라를 종속된 나라로 인식하였다.

05 고대 고분에 대한 설명으로 옳지 않은 것은?

① 서울 석촌동 고분은 고구려와 백제의 건국 주도 세력이 같은 계통임을 입증하고 있다.

② 강서대묘에서 발견된 사신도는 중국에서 도교가 수용되었음을 알려준다.

③ 무령왕릉은 백제가 중국의 남조와 교류했음을 증명하는 벽돌무덤으로 벽화가 그려져 있지 않다.

④ 정혜공주묘는 당의 영향을 받은 벽돌무덤으로 육정산 고분군에서 발견되었다.

06 고려시대 대외관계와 관련한 두 사료 사이의 역사적 사건으로 옳지 않은 것은?

> (가) "너희 나라는 신라 땅에서 일어났다. 고구려는 우리의 소유인데 너희 나라가 이를 침식하고 있다. 또 우리와 국경을 맞대고 있음에도 바다를 건너 송을 섬기고 있다. 이 때문에 대국(거란)이 와서 치는 것이다. 지금 땅을 떼어 바치고 사신을 보낸다면 아무 일이 없을 것이다."
>
> ↓
>
> (나) '옛날의 금은 소국으로 거란과 우리를 섬겼다. 하지만, 지금은 갑자기 강성해져서 거란과 송을 멸망시키고 정치적 기반을 굳건히 함과 동시에 군사력을 강화하였다. . 작은 나라가 큰 나라를 섬기는 것은 선왕의 법도이다. 마땅히 먼저 사신을 보내어 예를 닦는 것이 옳다.' 인종이 건의를 받아 들였다.

① 거란의 침략을 물리치기 위해 초조대장경을 제작하였다.

② 주전도감을 설치하고 활구 등의 화폐를 발행하였다.

③ 고려는 서경의 분사제도를 폐지하였다.

④ 압록강 어귀에서 도련포까지 천리장성을 축조하였다.

07 **고려시대 경제상황에 대한 설명으로 옳지 않은 것은?**

① 농민은 조상 대대로 물려받은 토지를 경작하며 생계를 유지하였다.

② 고려 전기의 수공업 중심을 이룬 것은 선대제수공업과 사원수공업이었다.

③ 화폐는 주로 다점이나 주점 등에서만 사용되었으며, 일반적인 거래는 여전히 곡식이나 삼베를 사용하였다.

④ 밭농사에서는 2년 3작의 윤작법이 점차 보급되었다.

08 **고려시대 관학진흥책에 대한 설명으로 옳은 것은?**

① 숙종은 국자감에 서적포를 설치하였다.

② 예종은 경사 6학을 정비하면서 유학 교육을 더욱 강화하였다.

③ 인종 때 7재라는 전문 강좌를 설치하였다.

④ 충렬왕은 섬학전의 부실을 보충하기 위해 양현고를 설치하였다.

09 **다음 내용을 담고 있는 조약을 체결한 국왕의 업적으로 옳은 것은?**

○ 부산포, 제포, 염포를 개방한다. ○ 해마다 쌀과 콩 200석을 하사한다. ○ 세견선은 매년 50척으로 제한한다.

① 사간원을 독립시켜 대신들을 견제하도록 하였다.

② 도평의사사를 폐지하여 왕권을 강화하였다.

③ 북방을 개척하여 오늘날과 같은 국경선을 확립하였다.

④ 주자소를 설치하여 계미자를 주조하였다.

10 **밑줄 친 '그'가 왕이 되어서 시행한 정책으로 옳은 것은?**

<u>그</u>는 왕권을 안정시키기 위해 권세 있는 신하였던 김종서, 황보인 등을 처단하고, 6조를 직접 장악하여 의정부 재상 중심의 정책 운영을 국왕 중심 체제로 바꾸었다.

① 16세 이상의 모든 남자는 호패를 작용하도록 하였다.

② 수신전과 휼양전을 폐지하고 현직관리에게만 토지를 지급하였다.

③ 기본 법전인 『경국대전』의 편찬을 완료하여 반포하였다.

④ 삼포를 개항하고 계해약조를 체결하였다.

일일 모고 행정법 제18회

합격까지 박문각

광야에서 합격까지 행정법 강성빈

01 행정행위에 대한 설명으로 옳지 않은 것은? (다툼이 있는 경우 판례에 의함)

① 강학상 허가는 근거법상의 금지를 해제하는 효과만 있을 뿐, 타법에 의한 금지까지 해제하는 효과가 있는 것은 아니다.

② 한의사 면허는 강학상 특허에 해당하고, 한약조제시험을 통하여 약사에게 한약조제권을 인정함으로써 한의사들의 영업상 이익이 감소되었다면 이러한 이익은 「약사법」이나 「의료법」 등의 법률에 의하여 보호되는 법률상 이익이라 볼 수 있다.

③ 행정청의 의사표시를 요소로 하는 법률행위적 행정행위 중에서 명령적 행위에는 하명, 면제, 허가가 속한다.

④ 당선인결정, 장애등급결정, 행정심판의 재결은 모두 준법률행위적 행정행위인 확인적 행정행위에 속한다.

02 강학상 확약에 대한 설명으로 옳은 것은? (다툼이 있는 경우 판례에 의함)

① 「행정절차법」상 법령등에서 당사자가 신청할 수 있는 처분을 규정하고 있는 경우 행정청은 당사자의 신청에 따라 장래에 어떤 처분을 하거나 하지 아니할 것을 내용으로 하는 확약을 할 수 있으며, 문서 또는 말에 의한 확약도 가능하다.

② 행정청이 당사자의 신청에 따라 장래에 어떤 처분을 하거나 하지 아니할 것을 내용으로 하는 의사표시인 확약을 했다면, 그 확약이 위법한 경우라도 행정청은 이에 기속된다.

③ 재량행위에 대해 상대방에게 확약을 하려면 확약에 대한 법적 근거가 있어야 한다.

④ 행정청이 상대방에게 확약을 한 후에 사실적 · 법률적 상태가 변경되었다면 확약은 행정청의 별다른 의사표시가 없더라도 실효된다.

03 행정작용의 내용에 대한 설명으로 옳지 않은 것은? (다툼이 있는 경우 판례에 의함)

① 구「민원사무 처리에 관한 법률」에서 정한 사전심사결과(건축허가 불가) 통보는 항고소송의 대상이 되는 행정처분에 해당한다.

② 「행정절차법」은 행정계획의 수립 · 확정절차에 관한 법적 근거를 두고 있지 않다.

③ 「행정기본법」은 재량행위에 대해서 자동적 처분을 허용하지 않고 있다.

④ 행정지도가 강제성을 띠지 않은 비권력적 작용으로서 행정지도의 한계를 일탈하지 아니하였다면, 그로 인하여 상대방에게 손해가 발생하였다 하더라도 행정기관은 손해배상책임이 없다.

04 취소소송의 대상이 되는 행정처분에 대한 설명으로 옳은 것은? (다툼이 있는 경우 판례에 의함)

① 어떠한 처분이 상대방에게 권리의 설정 또는 의무의 부담을 명하거나 기타 법적인 효과를 발생하게 하는 등으로 그 상대방의 권리의무에 직접 영향을 미치는 행위라도 그 처분의 근거가 행정규칙에 규정되어 있다면, 이 경우에 그 처분은 항고소송의 대상이 되는 행정처분에 해당하지 않는다.

② 행정청의 행위가 '처분'에 해당하는지가 불분명한 경우 상대방의 예측가능성보다는 행정청의 공익판단의 여지를 중요하게 고려하여 규범적으로 판단하여야 한다.

③ 상대방의 권리를 제한하는 행위라 하더라도 행정청 또는 그 소속기관이나 권한을 위임받은 공공단체 등의 행위가 아닌 한 이를 행정처분이라고 할 수 없다.

④ 한국마사회의 기수에 대한 징계처분은 항고소송의 대상이 되는 행정처분에 해당한다.

05 당사자소송에 대한 설명으로 옳지 않은 것은? (다툼이 있는 경우 판례에 의함)

① 당사자소송에 관하여 법령에 제소기간이 정하여져 있는 때에는 그 기간은 불변기간으로 한다.

② 취소소송을 제기한 당사자가 당해 처분 등에 관계되는 사무가 귀속되는 국가 또는 공공단체에 대한 당사자소송을 관련 청구로서 병합한 경우, 당초의 청구가 부적법하다는 이유로 병합된 청구까지 각하할 것이 아니라 병합청구 당시 유효한 소변경청구가 있었던 것으로 받아들여 이를 허가해야 한다.

③ 공무원연금법령상 급여청구권은 법령상 요건이 충족되면 성립하는 권리이므로 급여의 신청에 대하여 공무원연금공단이 이를 거부한 경우 그 거부결정을 다투는 소송은 당사자소송에 해당한다.

④ 구 「광주민주화운동 관련자 보상 등에 관한 법률」에 따른 보상금지급청구소송은 당사자소송에 해당한다.

06 통치행위에 대한 설명으로 옳지 않은 것은? (다툼이 있는 경우 판례에 의함)

① 기본권 보장의 최후 보루인 법원으로서는 긴급조치 제1호에 규정된 형벌법규에 대하여 사법심사권을 행사할 수 있다.

② 통치행위의 개념을 인정한다고 하더라도 과도한 사법심사의 자제가 기본권을 보장하고 법치주의의 이념을 구현하여야 할 법원의 책무를 태만히 하거나 포기하는 것이 되지 않도록 그 인정을 지극히 신중하게 하여야 하며, 그 판단은 오로지 사법부만에 의하여 이루어져야 한다.

③ 남북정상회담의 개최는 고도의 정치적 성격을 지니고 있는 행위라 할 것이지만 법원에 의한 사법심사의 대상이 된다.

④ 비상계엄의 선포와 그 확대행위가 국헌문란의 목적을 달성하기 위하여 행하여진 경우에는 법원은 그 자체가 범죄행위에 해당하는지의 여부에 관하여 심사할 수 있다.

07 이행강제금에 대한 설명으로 옳은 것은? (다툼이 있는 경우 판례에 의함)

① 이행강제금은 일정한 기한까지 의무를 이행하지 않을 때에는 일정한 금전적 부담을 과할 뜻을 미리 계고함으로써 의무자에게 심리적 압박을 주어 장래에 그 의무를 이행하게 하려는 행정상 간접적인 강제집행 수단이다.

② 형사처벌과 이행강제금을 병과하는 것은 이중처벌금지의 원칙에 위반되어 허용되지 않는다.

③ 대체적 작위의무의 위반에 대하여는 이행강제금을 부과할 수 없다.

④ 사망한 건축주에 대하여 「건축법」상 이행강제금이 부과된 경우 그 이행강제금 납부의무는 상속인에게 승계된다.

08 「개인정보 보호법」에 대한 설명으로 옳지 않은 것은? (다툼이 있는 경우 판례에 의함)

① 수탁자는 위탁받은 개인정보의 처리 업무를 제3자에게 다시 위탁하려는 경우에는 위탁자의 동의를 받아야 한다.

② 개인정보처리자는 보유기간의 경과, 개인정보의 처리 목적 달성, 가명정보의 처리 기간 경과 등 그 개인정보가 불필요하게 되었을 때에는 지체 없이 그 개인정보를 파기하여야 한다. 다만, 다른 법령에 따라 보존하여야 하는 경우에는 그러하지 아니하다.

③ 업무를 목적으로 이동형 영상정보처리기기를 운영하려는 자는 촬영 사실을 명확히 표시하여 정보주체가 촬영 사실을 알 수 있도록 하였음에도 불구하고 촬영 거부 의사를 밝히지 아니한 경우에는, 정보주체의 권리를 부당하게 침해할 우려 등이 없는 한, 공개된 장소에서 이동형 영상정보처리기기로 정보주체를 촬영할 수 있다.

④ 고정형 영상정보처리기기운영자는 고정형 영상정보처리기기의 설치 목적과 다른 목적으로 고정형 영상정보처리기기를 임의로 조작하거나 다른 곳을 비춰서는 아니 되나, 필요한 경우 설치 목적의 범위 내에서 녹음기능을 사용할 수 있다.

09 국가배상에 대한 설명으로 옳지 않은 것은? (다툼이 있는 경우 판례에 의함)

① 공익근무요원은 「국가배상법」 제2조제1항 단서규정에 의하여 손해배상청구가 제한되지 않는다.

② 외국인이 피해자인 경우에는 해당 국가와 상호보증이 있을 때에만 「국가배상법」이 적용되며, 상호보증은 해당 국가와 조약이 체결되어 있어야 한다.

③ 공무원에 대한 전보인사가 인사권을 다소 부적절하게 행사한 것으로 볼 여지가 있다 하더라도 그러한 사유만으로 그 전보인사가 당연히 불법행위를 구성한다고 볼 수는 없다.

④ 국가배상책임에서의 법령위반은, 인권존중 · 권력남용금지 · 신의성실 · 공서양속 등의 위반도 포함해 널리 그 행위가 객관적인 정당성을 결여하고 있음을 의미한다.

10 행정상 손실보상에 대한 설명으로 옳지 않은 것은? (다툼이 있는 경우 판례에 의함)

① 「도시계획법」 제21조에 규정된 개발제한구역제도 그 자체는 원칙적으로 합헌적인 규정인데, 다만 개발제한구역의 지정으로 말미암아 일부 토지소유자에게 사회적 제약의 범위를 넘는 가혹한 부담이 발생하는 예외적인 경우에 대하여 보상규정을 두지 않은 것에 위헌성이 있다.

② 일반 공중의 이용에 제공되는 공공용물을 허가나 특허 없이 일반사용하고 있던 자가 당해 공공용물에 관한 적법한 개발행위로 인하여 종전에 비하여 그 일반사용이 제한을 받게 되었다면 그로 인한 불이익은 특별한 사정이 없는 한 손실보상의 대상이 된다.

③ 토지수용위원회는 「공익사업을 위한 토지 등의 취득 및 보상에 관한 법률」에 의한 사업인정 후 그 사업이 공익성을 결한다고 판단할 경우에 수용재결을 하지 않을 수 있다.

④ 사업인정고시는 수용재결절차로 나아가 강제적인 방식으로 토지소유자나 관계인의 권리를 취득 · 보상하기 위한 절차적 요건에 지나지 않고 영업손실보상의 요건이 아니다.

일일 모고 행정학 제18회

합격까지 박문각
빠른 고득점 합격
행정학 이명훈

01 뉴거버넌스(new governance)에 대한 설명으로 옳지 않은 것은?
① 조정자로서 관료의 역할상을 강조한다.
② 분석단위로 조직 내(intra-organization) 연구를 강조한다.
③ 경쟁적 작동원리보다는 협력적 작동원리를 중시한다.
④ 공공문제 해결의 기제로써 네트워크의 활용을 중시한다.

02 공공재의 특성과 관련이 없는 것은?
① 무임승차자의 문제
② 비배제성과 비경합성
③ 소비자 선호 파악의 제한
④ 축적성과 유형성

03 행정윤리에 대한 설명으로 옳지 않은 것은?
① 행정윤리란 관료가 행정이 추구하는 공공목적을 달성하기 위해 준수해야 할 행동규범을 말한다.
② 의무론적 윤리관은 부도덕한 동기실현의 사전제어를 위한 도덕적 원칙의 준수를 강조한다.
③ 주식백지신탁제도 등 이해충돌회피제도는 행정윤리에 대한 의무론적 시각을 반영한 것이다.
④ 공무원의 부정부패 척결 등 부정적 행위를 통제하려는 측면은 행정윤리의 적극적 측면이다.

04 정책의제 설정에 대한 설명으로 옳지 않은 것은?
① 일반적으로 정책의제는 정치성, 주관성, 동태성 등의 성격을 가진다.
② 정책대안이 아무리 훌륭하더라도 정책문제를 잘못 인지하고 채택하여 정책문제가 여전히 해결되지 않은 상태로 남아 있는 현상을 2종오류라 한다.
③ 킹던(Kingdon)의 정책의 창 모형은 정책문제의 흐름, 정책대안의 흐름, 정치의 흐름이 어떤 계기로 서로 결합함으로써 새로운 정책의제로 형성되는 것을 말한다.
④ 콥(R. W. Cobb)과 엘더(C. D. Elder)의 이론에 의하면 정책의제 설정과정은 사회문제-사회적이슈-체제의제-제도의제의 순서로 정책의제로 선택됨을 설명하고 있다.

05 쓰레기통모형의 기본적인 전제와 가장 관련이 없는 것은?
① 갈등의 준해결 : 정책결정과정에서 집단 간에 요구가 모두 수용되지 않고 타협하는 수준에서 대안을 찾는다.
② 문제있는 선호 : 정책결정에 참여하는 자들 간에 무엇을 선택하는 것이 바람직한지에 대해서 합의가 없다.
③ 불명확한 기술 : 목표와 수단 사이에 존재하는 인과관계가 명확하지 않아 조직은 시행착오를 거침으로써 이를 파악한다.
④ 수시적 참여자 : 동일한 개인이 시간이 변함에 따라 어떤 경우에는 결정에 참여했다가 어떤 경우에는 참여하지 않는다.

06 갈등관리에 대한 설명으로 옳지 않은 것은?
① 갈등관리란 갈등을 해소하거나 완화하는 것뿐만 아니라 상황에 따라서는 갈등을 용인하고 나아가 조성할 수도 있다는 의미이기도 하다.
② 갈등관리에서의 갈등은 표면적으로 드러나는 것만을 말하는 것이 아니라 당사자들이 느끼는 잠재적 갈등상태까지를 포함한다.
③ 갈등의 유형 중에서 생산적 갈등이란 조직의 팀워크와 단결을 희생하고 조직의 생산성을 중요시하는 유형이다.
④ 갈등의 긍정적인 측면을 고려하는 입장에서는 적정 수준의 갈등은 조직성과에 도움을 줄 수 있다고 주장한다.

07 공무원 채용과정에서 사용하는 시험의 효용성을 높이는 요건에 대한 설명으로 옳지 않은 것은?
① 시험의 '타당도'란 시험이 측정하려고 하는 바를 실제로 측정할 수 있는 정도를 말하는 것으로 동시적 타당성 검증과 예측적 타당성 검증은 '구성타당성'을 검증하는 수단이다.
② '내용타당성'은 직무수행에 필요한 능력요소를 제대로 측정할 수 있는 정도를 말하며 내용타당성을 확보하려면 직무분석이 무엇보다도 필수적이다.
③ 시험의 '신뢰도'란 시험이 측정도구로서 가지는 일관성·일치성을 말하는 것으로 재시험법, 복수양식법, 이분법 등은 '신뢰성'을 검증하는 수단이다.
④ 신뢰도가 높아야 타당도가 높아지지만, 신뢰도가 높다고 하여 항상 타당한 시험이 되는 것은 아니다.

08 **예산과정에서 점증주의 모형에 대한 설명으로 옳지 않은 것은?**

① 점증주의는 결정자의 인식능력의 한계를 전제로 한다.

② 총체주의와 달리 결정과 관련된 모든 요소를 검토할 수 없다고 본다.

③ 비용편익분석, 선형계획법 등 계량적 모형을 이용하여 예산을 배정하는 것이 사업목표를 효과적으로 달성할 수 있다.

④ 결정 상황을 제약하는 비용, 시간 등의 요소를 감안하여 결정의 복잡한 문제를 단순화시키자는 것이다.

09 **시민에 의한 예산 참여에 대한 설명으로 옳지 않은 것은?**

① 시민에 의한 예산 참여는 재정민주주의 발전 과정상 예산감시에서 시작해 직접 예산을 편성하는 참여예산제도로 발전하였다.

② 우리나라의 주민참여예산제도는 모든 지방정부가 의무적으로 시행하여야 한다.

③ 납세자 소송제도는 민중소송 및 공익소송의 일종이며, 우리나라에서도 중앙정부를 대상으로 한 국민소송제를 도입 · 시행중이다.

④ 주민참여예산제를 최초로 실시한 도시는 브라질의 포르투 알레그레(Porto Alegre)시이며, 예산을 편성할 때 공공투자 예산안을 시민들의 직접 참여를 통해 결정한다.

10 **단체위임사무에 대한 설명으로 옳지 않은 것은?**

① 지방의회의 관여가 이루어진다.

② 지방적 이해와 국가적 이해를 동시에 가지는 사무이다.

③ 법에 근거하지 않고 국가보조로 지원되는 사무이다.

④ 예방적 감독은 원칙적으로 배제된다.

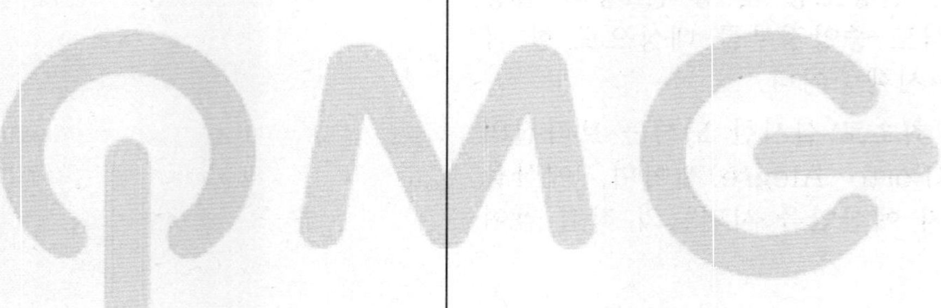

2025 공무원 시험대비 【6회차】

박문각 일일 모의고사

-제19회-

국어 · 영어 · 한국사

행정법 · 행정학

이 름 : ____________________

학습관 : ____________________

합격
예측

답안 입력 및 성적 조회는 PC, 모바일에서 모두 가능합니다.

★ PC: pass.pmg.co.kr | ★ 모바일 앱: 박문각 합격관리

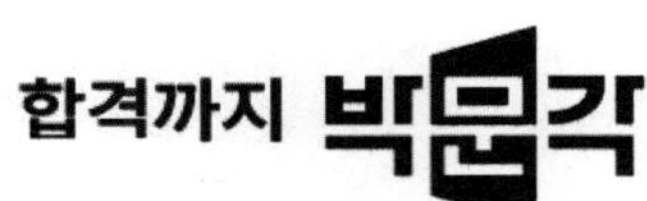

일일 모고 국어 제19회

합격까지 박문각

赤功 국어 적중 예선

01 다음에 대한 설명으로 적절한 것은?

㉠ 알약[알략]	㉡ 각막염[강망념]
㉢ 놓치다[녿치다]	㉣ 흙하고[흐카고]

① ㉠: 두 가지 유형의 음운 변동이 나타난다.
② ㉡: 인접한 음의 영향을 받아 조음 위치가 같아지는 동화 현상이 나타난다.
③ ㉢: 음운 변동 전의 음운 개수와 음운 변동 후의 음운 개수가 서로 다르다.
④ ㉣: 음운 변동 전보다 음운 변동 후의 음운 개수가 1개 준다.

02 다음 중 ㉠~㉣에 대한 설명으로 적절하지 않은 것은?

㉠ 맑+네 ⇨ [망네]	㉡ 낫+일 ⇨ [난닐]
㉢ 꽃+말 ⇨ [꼰말]	㉣ 긁+고 ⇨ [글꼬]

① ㉠, ㉢:'입+니 ⇨ [임니]'에서처럼 인접하는 자음과 조음 방법이 같아진 음운 변동이 있다.
② ㉡: '물+약 ⇨ [물략]'에서처럼 자음이 교체된 음운 변동이 있다.
③ ㉡, ㉢: '팥+죽 ⇨ [팓쭉]'에서처럼 음절 끝에 올 수 있는 자음이 제한되어 있기 때문에 일어난 음운 변동이 있다.
④ ㉣: '잃+지 ⇨ [일치]'에서처럼 자음이 축약된 음운 변동이 있다.

03 다음 중 문장의 표현이 가장 적절한 것은?
① 교수님, 제 말씀부터 좀 들어 봐 주시면 좋겠습니다.
② 그러지 말고, 잘생긴 사람 있으면 소개시켜 줘.
③ 팀장님, 팀장님께 훈장이 추서됐으니 수여식에 참석하시래요.
④ 정성이 이 정도라면 여간한 성의라고밖에 할 수 없네요.

04 어법에 맞는 것은?
① 우리나라 축구팀은 불안한 수비와 문전 처리가 미숙하여 브라질 축구팀에 패배하였다.
② 방송 장비를 휴대한 트럭이 현장에 대기하면서 실시간으로 상황을 중계합니다.
③ 날씨가 내일부터 누그러져 주말에는 예년 기온을 되찾을 것으로 예상됩니다.
④ 내가 유학을 떠날 때, 친구가 소개시켜 준 학교는 유명한 학교가 아니었다.

05 다음 글의 모든 문장이 참일 때, 밑줄 친 결론을 이끌어내기 위해 추가해야 할 것은?

> 홍차를 좋아하는 모든 사람은 녹차를 좋아한다. 따라서 <u>녹차를 좋아하는 어떤 사람은 빵을 좋아한다</u>.

① 빵을 좋아하지 않는 어떤 사람은 홍차를 좋아하지 않는다.
② 빵을 좋아하는 어떤 사람은 홍차를 좋아하지 않는다.
③ 홍차를 좋아하는 어떤 사람은 빵을 좋아한다.
④ 홍차를 좋아하는 모든 사람은 빵을 좋아하지 않는다.

06 다음 진술이 모두 참일 때, 반드시 참인 것은?

> ○ A가 소풍을 가면 B는 소풍을 가지 않는다.
> ○ C가 소풍을 가지 않으면 D도 소풍을 가지 않는다.
> ○ C 또는 D가 소풍을 가면 B도 소풍을 간다.

① A가 소풍을 가면 B, C, D 모두 소풍을 가지 않는다.
② B가 소풍을 가면 A도 소풍을 간다.
③ C가 소풍을 가면 A도 소풍을 간다.
④ B가 소풍을 가지 않을 때 C는 소풍을 갈 수도 있다.

07 밑줄 친 표현이 ㉠의 의미와 가장 유사한 것은?

> 사자가 먹이를 ㉠ <u>물어다</u> 새끼에게 먹였다.

① 호랑이가 사슴을 <u>물어</u> 죽였다.
② 피곤했는지 아기가 젖병을 <u>물다</u> 말고 고개를 떨궜다.
③ 모기가 옷을 뚫고 팔을 마구 <u>물어</u> 대었다.
④그는 돈 많은 사장 딸을 <u>물었다</u>.

08 ㉠ ~ ㉣과 바꿔쓸 수 있는 유사한 표현으로 적절하지 않은 것은?

> (가) 가족들은 환자의 가검물을 ㉠ <u>거두어</u> 정밀 조사를 의뢰하였다.
> (나) 위원장직에서 김 의원을 ㉡ <u>그만두게 했다</u>.
> (다) 그것은 정당한 요구이므로 즉시 ㉢ <u>받아들여야</u> 한다.
> (라) 국제 대회에서 우승한 기쁨을 팬들과 ㉣ <u>나누고</u> 싶습니다.

① ㉠: 수거해
② ㉡: 해임했다
③ ㉢: 수긍하여야
④ ㉣: 공유하고

09 ㉠과 ㉡에 대한 설명으로 적절한 것은?

미술 작품 전시 방법 중 하나인 설치 미술은 해당 공간과 밀접한 관련이 있는 미술품을 해당 위치에 전시하여 그 공간이 지닌 고유의 의미와 특성을 드러내는 것으로, '설치'란 공간 전체를 조형화하는 특수한 방법을 이르는 것이다. 설치 미술이 전시 방법의 주된 흐름으로 떠오르고 있는 것은, 설치 미술에 내포된 여러 가지 의미와 관련된다. 설치 미술에서는 미술 작품이 특정 장소에 귀속되는 장소 특수성과, 특정 시간에 귀속되는 시간 특수성을 지닌다. 또한 완성된 작품을 미술관 내부에만 전시하는 것이 아니라 전시 공간 자체가 작품이 된다. 그리하여 관람자의 움직임이나 조작, 그로 인한 감상과 같은 신체적, 심리적 참여를 유도하고 그러한 관람자의 경험이 작품의 의미를 이루는 주요 요소로 수용된다.

이 경향을 추구하는 예술가들은 실제의 공간과 시간 속에 미술 작품이 오브제처럼 놓이도록 하여 주위 환경 속에서 관람자가 작품을 만나도록 함으로써 작품의 현존성을 강화하고자 하였다. 플래빈의 ㉠ '기념비'는 베트남 전쟁 때 군인들이 매복 중 집단 생매장된 사건에서 영감을 얻어 붉은색 형광등을 전시실의 통로 불빛처럼 배치하여 관람자들이 걸어가며 형광등과 그 빛을 감상하도록 한 작품이다. 이 작품은 형광등에서 뿜어져 나오는 빛을 통해 전쟁의 참혹함을 시각적으로 일깨워 주었다. 이와 비슷한 시기에 발전한 개념 미술은 작품의 물리적 측면보다 그 배후에 있는 의미나 개념을 작품의 중심으로 삼는 미술을 의미하는데, 이를 추구하는 예술가 중 일부가 개념을 시각화하기 위해 설치 미술의 방법을 사용했다. 예를 들어 요셉 보이스의 ㉡ '지방 의자'는 전시실에 낡은 의자를 놓고, 그 위에 놓인 삼각형의 지방 덩어리가 녹아 형태가 변하는 것을 통해 냉기에서 온기로, 규칙에서 불규칙으로, 억압된 상태에서 자유롭고 에너지 넘치는 상태로 나아가고자 하는 것을 표현하였다.

① ㉠은 평면을 길처럼 걷도록 제시한 작품이고 ㉡은 입체를 공간에 제시한 작품이다.
② ㉠은 ㉡과 달리 작품이 특정 시간에 특정 장소에 귀속된다는 특징을 지닌다.
③ ㉠과 ㉡은 모두 새로운 시각 환경을 제시하여 삶과 예술을 이해하도록 한다.
④ ㉡은 ㉠과 달리 실제 생활 공간에 미술 작품이 놓이도록 구현한 작품이다.

10 '지역 축제의 문제점과 발전 방안'에 관한 글을 쓰기 위해 개요를 작성하였다. 개요를 수정한 내용으로 적절하지 않은 것은?

주제: 지역 축제의 문제점과 발전 방안
Ⅰ. 지역 축제의 방향 － ㉠
　1. 지역 축제에 대한 관광객의 외면
　2. 지역 축제에 대한 지역 주민의 무관심
Ⅱ. 지역 축제의 문제점
　1. 지역마다 유사한 내용의 축제 － ㉡
　2. 관광객을 위한 편의 시설 낙후
　3. 행사 전문 인력의 부족
　4. 인근 지자체 협조 유도 － ㉢
　5. 지역 축제 시기 집중에 따른 참가 인원의 감소
Ⅲ. 지역 축제 발전을 위한 방안
　1. 지역적 특성을 보여줄 수 있는 프로그램 개발
　2. 관광객을 위한 제반 편의 시설 개선
　3. 원활한 축제 진행을 위한 자원봉사자 모집 － ㉣
　4. 지자체 간 협의를 통한 축제 시기의 분산
Ⅳ. 결론: 내실 있는 지역 축제로의 변모 노력 촉구

① ㉠은 하위 항목을 포괄하지 못하므로 '지역 축제의 실태'로 바꾼다.
② ㉡은 'Ⅲ-1'을 고려하여, '관광객 유치를 위한 과다 홍보'로 바꾼다.
③ ㉢은 상위 항목과 어울리지 않으므로 삭제한다.
④ ㉣은 'Ⅱ-3'과 연계하여 '지역 축제에 필요한 전문 인력 양성'으로 고친다.

일일 모고 영어 제19회

합격까지 박문각

반드시 합격 진가영 영어

01 밑줄 친 부분에 들어갈 말로 가장 적절한 것은?

After the argument, she decided not to seek _____ but instead chose to move on and forgive her friend.

① revenge
② support
③ sympathy
④ recognition

02 밑줄 친 부분에 들어갈 말로 가장 적절한 것은?

After the long workout, she felt a _____ of relief as she rested, knowing she had completed her routine.

① sector
② regret
③ territory
④ sensation

03 밑줄 친 부분에 들어갈 말로 가장 적절한 것은?

She quickly grabbed the _____ to clean up the spilled crumbs from the kitchen floor before anyone noticed.

① vacuum
② troop
③ union
④ tribe

04 밑줄 친 부분에 들어갈 말로 가장 적절한 것은?

The company is preparing for a smooth _____ to a new management team, ensuring minimal disruption to daily operations.

① weapon
② abstract
③ arrest
④ transition

05 밑줄 친 부분에 들어갈 말로 가장 적절한 것은?

Maintaining a healthy work-life _____ is essential for reducing stress and improving overall well-being in today's fast-paced world.

① blow
② border
③ bother
④ balance

06 밑줄 친 부분에 들어갈 말로 가장 적절한 것은?

_____ your mind, please let me know as soon as possible so we can adjust our plans accordingly.

① You should change
② You change should
③ Should chance you
④ Should you change

07 밑줄 친 부분 중 어법상 옳지 않은 것은?

It is essential to recognize the difference ① <u>between</u> having the right to do something and ② <u>having</u> the actual means to accomplish it. A policy might be introduced permitting everyone to travel to space. However, even if such permission exists, it does not enhance their real opportunities, as most people lack the financial and ③ <u>physical</u> capability to do so. True freedom is not only about what is legally possible ④ <u>also</u> about what is practically achievable.

08 밑줄 친 부분에 들어갈 말로 가장 적절한 것은?

A: Hi, I have a question about the meeting tomorrow. Do I need to prepare anything in advance?
B: Yes, please bring the sales report for the last quarter. We'll be discussing the performance and setting new goals for the next quarter.
A: Got it. ______________________
B: That would be great! We'd love to hear your ideas.
A: Thanks for the heads-up. I'll have everything ready.

① Where will the meeting be held?
② Should I also prepare some suggestions for improvement?
③ Who are the participants in the meeting?
④ What materials will be used in the meeting?

09 다음 글의 주제로 가장 적절한 것은?

In a recent study, participants with strong political views were asked to complete a questionnaire about their political beliefs. Later, they were fitted with physiological measurement devices and shown three threatening images among a set of 33 pictures (for example, a large spider on the face of a terrified person). The researchers found that those who showed low physical responses to the threatening images were more likely to support foreign aid, open immigration policies, and gun control. In contrast, those who exhibited higher physiological responses to the same images tended to favor defense spending, the death penalty, and patriotism. The researchers concluded that political views are related to physiological characteristics that reflect how individuals experience and process surrounding threats.

① the importance of democratic political institutions for achieving political equality
② effects of question wording and format on political attitude consistency
③ characteristics of political beliefs and attitudes in younger generations
④ the correlation between political attitudes and reactiveness to stimuli

10 밑줄 친 부분에 들어갈 말로 가장 적절한 것은?

Many teenagers today can acquire almost anything material more easily than any previous generation. However, can these privileged teens, who are accustomed to having everything they want, establish social connections with those who are less fortunate? It is not easy for these children, who enjoy such privileges, to empathize with those who are less fortunate. Yet, teenagers who ______________________ can develop compassion for people who have been hurt by life. For instance, teens who sign up for and participate in the Habitat for Humanity movement will gain a better understanding of the difficulties faced by low-income families. Similarly, children volunteering as companions in nursing homes will become aware of the loneliness and isolation many elderly people experience.

① possess a large fortune
② pursue their own interests
③ have good communication skills
④ participate in volunteer work

일일 모고 한국사 제19회

합격까지 박문각
가장 빠른 한국사
한국사 박기훈

01 조선시대 교육제도에 대한 설명으로 옳은 것만을 모두 고르면?

> ㉠ 성균관에서는 기술 교육을 실시하지 않았다.
> ㉡ 향교는 군현의 인구비율로 정원이 정해졌으며 양인 이상이면 원칙적으로 입학이 가능하였다.
> ㉢ 서원은 지방에 설치된 국립 중등 교육 기관으로 전국의 모든 군현에 설치되었다.
> ㉣ 서당과 서원은 계통적으로 연결된 관립 교육 기관이었다.
> ㉤ 향교에는 중앙에서 교관인 교수 혹은 훈도를 파견하였다.

① ㉠, ㉡
② ㉠, ㉡, ㉢
③ ㉠, ㉡, ㉤
④ ㉠, ㉡, ㉣, ㉤

02 조선 시대 붕당 정치의 흐름에 대한 설명으로 옳지 않은 것은?

① 이조 전랑직 문제로 인한 갈등으로 사림이 동인과 서인으로 분열하였다.
② 정여립의 모반 사건을 계기로 동인이 남인과 북인으로 분화되었다.
③ 광해군과 북인 정권은 서인과 남인을 배제하고 권력을 독점하였다.
④ 예송논쟁에서 나타난 예론의 차이는 신권을 강화하려는 남인과 왕권을 강화하려는 서인 사이의 정치적 입장과 연결되었다.

03 조선 영조 대의 사실로 옳은 것만을 모두 고르면?

> ㉠ 중용적 인물을 등용하는 완론탕평을 시행하였으며 탕평파를 육성하였다.
> ㉡ 가혹한 형벌을 폐지하고 사형수에 대한 삼심제를 시행하였다.
> ㉢ 군역의 부담을 완화하는 균역법을 시행하였다.
> ㉣ 동국문헌비고 등의 편찬 사업이 활발하게 추진되었다.
> ㉤ 노비종모법을 시행하여 양인의 수를 늘리고자 하였다.

① ㉠, ㉡
② ㉠, ㉡, ㉢
③ ㉠, ㉡, ㉢, ㉣
④ ㉠, ㉡, ㉢, ㉣, ㉤

04 다음 밑줄 친 '이들'에 대한 설명으로 옳지 않은 것은?

> <u>이들</u>은 본시 모두 사대부였는데 또는 의료직에 들어가고 또는 통역에 들어가 그 역할을 7~8대나 10여 대로 전하니 사람들이 서울 중촌(中村)의 오래된 집안이라고 불렀다. 문장과 대대로 쌓아 내려오는 미덕은 비록 사대부에 비길 수 없으나 유명한 재상, 지체 높고 번창한 집안 외에 이들 보다 나은 자는 없다. 비록 나라의 법전에 금지한 바 없으나 자연히 명예롭고 좋은 관직으로의 진출은 막히거나 걸려 수백 년 원한이 쌓여 펴지 못한 한이 있고 이를 호소할 기약조차 없으니 이는 무슨 죄악이며 무슨 업보인가?
>
> -『상원과방』-

① 좁은 의미로 기술관을 의미하였지만 조선 후기에는 점차 하나의 신분으로 고정되었다.
② 조선 후기에는 시사를 조직하여 문예활동을 하였다.
③ 정조 때 유득공, 이덕무, 박제가 등이 규장각 검서관으로 등용되었다.
④ 철종 때 대규모 통청 운동을 통해 전문직으로서의 역할을 부각시켰다.

05 경신환국 때 숙청된 인물로, 다음과 같은 주장을 한 사람에 대한 설명으로 옳은 것은?

> '천하의 많은 이치를 어찌하여 주자만 알고 나는 모른단 말인가? 주자가 다시 태어난다면 내 학설을 인정하지 않겠지만, 공자나 맹자가 다시 태어난다면 내 학설이 승리하게 될 것이다.'

① 일반민을 도덕 실천의 주체로 상정하였다.
② 유교 경전을 독자적으로 해석하여 '사문난적'으로 몰렸다.
③ 양명학과 노장사상의 영향을 받아 『사변록』을 저술하여 주자와 송시열을 비판하였다.
④ 『전습록변』을 저술하여 양명학을 비판하였다.

06 **다음 사건의 결과로 옳은 것만을 모두 고르면?**

> 훈련도감 출신 군인들이 당연히 받아야할 곡식을 섬으로 완전히 채우지 않았다고 하면서 말하기를 "13개월 동안 주지 않은 급료 중에 겨우 한달치를 나누어 주는 것이 이런 것인가" 라고 하며 선혜청 위에 돌을 던져 낭청이 피신하는 일까지 발생하였습니다.

> ㉠ 제물포조약에서 일본은 공사관을 안전을 핑계로 조선에 군대를 주둔시켰다.
> ㉡ 청은 묄렌도르프를 고문으로 파견하여 조선의 내정을 간섭하였다.
> ㉢ 텐진조약으로 청과 일본 군대의 공동철수, 공동파병권이 약속되었다.
> ㉣ 조선은 부산, 원산, 인천을 일본에 개항하였다.

① ㉠, ㉡
② ㉠, ㉢
③ ㉡, ㉢
④ ㉠, ㉣

07 **다음은 개항 이후 일본의 경제침탈에 대항한 우리 민족의 경제적 구국운동이다. 순서대로 바르게 나열한 것은?**

> ㉠ 함경도와 황해도에서 방곡령을 선포하였다.
> ㉡ 서울 시전상인들은 황국 중앙 총상회를 조직하였다.
> ㉢ 일본의 황무지 개간권 요구를 철회하게 하였다.
> ㉣ 일본에서 빌려온 차관을 갚자는 운동이 전개되었다.

① ㉠-㉡-㉢-㉣
② ㉠-㉢-㉣-㉡
③ ㉡-㉠-㉢-㉣
④ ㉣-㉢-㉠-㉡

08 **다음 임시정부의 활동을 순서대로 바르게 나열한 것은?**

> ㉠ 조소앙의 삼균주의를 바탕으로 대한민국 건국강령을 제정하였다.
> ㉡ 영국군과 인도, 미얀마에서 연합작전을 수행하였다.
> ㉢ 김구와 이동녕은 한국국민당을 조직하였다.
> ㉣ 상해에서 민족지도자들의 모여 국민대표회의를 개최하였다.

① ㉣-㉢-㉡-㉠
② ㉣-㉢-㉠-㉡
③ ㉢-㉣-㉠-㉡
④ ㉢-㉣-㉡-㉠

09 **다음 자료에 대한 설명으로 옳지 않은 것은?**

> (가) 헌병경찰 및 헌병보조원을 배치하여 언론, 집회, 출판, 결사의 자유를 박탈하고, 민족지도자를 체포하는 등 무단정치를 실시하였다.
> (나) 민족 신문의 발행을 허용하고 교육의 기회를 확대한다고 하였으나 소수의 친일분자를 키워 민족을 이간시키려 하였다.
> (다) 내선일체, 일선동조론, 황국신민화의 구호 아래 우리말과 우리 역사 교육을 금지시켰고, 성명마저 일본식으로 고치도록 강요하였다.

① (가) 시기에 관리와 교원은 제복에 칼을 차고 다녔고, 일본 경찰은 즉결처분권을 가지고 있었다.
② (나) 시기에는 수업 연한을 연장하고 조선어 교육을 필수로 하였다.
③ (다) 시기에는 김원봉이 옌안의 조선의용군을 이끌고 한국광복군에 합류하였다.
④ (다) 시기에는 연해주의 한인들이 중앙아시아로 강제 이주하였다.

10 **다음 각 시기의 사건으로 옳은 것은?**

1945		1946.3		1948
해방	(ㄱ)	1차 미소공동위원회	(ㄴ)	5 · 10 총선거

① (ㄱ) 시기에는 여운형과 안재홍이 조선건국동맹을 조직하였다.
② (ㄱ) 시기에는 우익은 줄곧 3상지지(찬탁) 운동을 전개하였다.
③ (ㄴ) 시기에는 김구와 이승만 등은 북한에 남북지도자회의를 제안하였다.
④ (ㄴ) 시기에는 유엔 소총회에서 남한만의 총선이 결의되었다.

일일 모고 행정법 제19회

합격까지 박문각

광야에서 합격까지
행정법 강성빈

01 **행정입법에 대한 설명으로 옳지 않은 것은? (다툼이 있는 경우 판례에 의함)**

① 법률의 시행령이 형사처벌에 관한 사항을 규정하면서 법률의 명시적인 위임 범위를 벗어나 처벌의 대상을 확장하는 것은 위임입법의 한계를 벗어난 것으로 그 시행령은 무효이다.

② 대통령령 · 총리령 · 부령을 제정하는 경우에는 국무회의의 심의를 거쳐야 한다.

③ 일반적으로 시행령이 헌법이나 법률에 위반된다는 사정은 대법원의 판결이 선고되지 아니한 상태에서는 객관적으로 명백한 것이라 할 수 없으므로, 이러한 시행령에 근거한 행정처분의 하자는 취소사유에 해당할 뿐 무효사유가 되지 아니한다.

④ 지방자치단체는 법령에 위반되지 않는 범위 내에서 자치사무에 관하여, 주민의 권리를 제한하거나 의무를 부과하는 사항 또는 벌칙이 아닌 한, 법률의 위임 없이 조례를 제정할 수 있다.

02 **행정행위의 취소와 철회에 대한 설명으로 옳지 않은 것은? (다툼이 있는 경우 판례에 의함)**

① 권한없는 행정기관이 한 당연무효인 행정처분을 취소할 수 있는 권한은 당해 행정처분을 한 처분청에게 속하고, 당해 행정처분을 할 수 있는 적법한 권한을 가지는 행정청에게 그 취소권이 귀속되는 것이 아니다.

② 수익적 행정처분을 직권취소할 때에는 이를 취소하여야 할 중대한 공익상 필요와 취소로 인하여 처분상대방이 입게 될 기득권과 법적 안정성에 대한 침해 정도 등 불이익을 비교 · 교량한 후 공익상 필요가 처분상대방이 입을 불이익을 정당화할 만큼 강한 경우에 한하여 취소할 수 있다.

③ 수익적 행정처분에 하자가 있다고 하더라도 이를 취소하여야 할 필요성에 관한 증명책임은 행정처분의 상대방이 아니라 처분청에 있다.

④ 수익적 행정처분을 직권으로 취소하는 경우, 행정청이 종전 처분과 양립할 수 없는 처분을 함으로써 묵시적으로 종전의 수익적 행정처분을 취소할 수는 없다.

03 **인허가의제에 대한 설명으로 옳지 않은 것은? (다툼이 있는 경우 판례에 의함)**

① 「행정기본법」에 따르면, 관련 인허가 행정청은 주된 인허가 행정청으로부터 관련 인허가에 관하여 협의를 요청받으면 그 요청을 받은 날부터 20일 이내에 의견을 제출하여야 하고, 그 기간 내에 협의 여부에 관하여 의견을 제출하지 않으면 협의를 거부한 것으로 본다.

② 주택건설사업계획 승인권자가 구「주택법」에 따라 도시 · 군관리계획 결정권자와 협의를 거쳐 관계 주택건설사업계획을 승인하면 도시 · 군관리계획 결정이 이루어진 것으로 의제되고, 이러한 협의 절차와 별도로 「국토의 계획 및 이용에 관한 법률」 등에서 정한 도시 · 군관리계획 입안을 위한 주민 의견청취 절차를 거칠 필요는 없다.

③ 「건축법」에서 관련 인 · 허가 의제 제도를 둔 취지는 인 · 허가 의제사항 관련 법률에 따른 각각의 인 · 허가 요건에 관한 일체의 심사를 배제하려는 것이 아니다.

④ 인 · 허가 의제에 관계기관의 장과 협의가 요구되는 경우, 주된 인 · 허가를 하기 전에 의제되는 모든 인 · 허가 사항에 관하여 관계기관의 장과 사전 협의를 거쳐야 하는 것은 아니다.

04 **취소소송의 대상이 되는 행정처분에 대한 설명으로 옳은 것은? (다툼이 있는 경우 판례에 의함)**

① 의료기관의 명칭표시판에 진료과목을 함께 표시하는 경우 진료과목의 글자 크기를 제한하고 있는 구 「의료법」 시행규칙 제31조는 그 자체로서 국민의 구체적인 권리의무나 법률관계에 직접적인 변동을 초래하므로 항고소송의 대상이 되는 행정처분이라 할 수 있다.

② 공정거래위원회의 고발조치 및 고발의결은 항고소송의 대상이 되는 행정처분에 해당한다.

③ 건축계획심의신청에 대한 반려처분은 항고소송의 대상이 되는 행정처분에 해당한다.

④ 검사의 불기소결정은 공권력의 행사에 포함되므로, 검사의 자의적인 수사에 의하여 불기소결정이 이루어진 경우 그 불기소결정은 처분에 해당한다.

05 **행정심판에 대한 설명으로 옳지 않은 것은? (다툼이 있는 경우 판례에 의함)**

① 당사자의 신청을 거부하거나 부작위로 방치한 처분의 이행을 명하는 재결이 있으면 행정청은 지체없이 이전의 신청에 대하여 재결의 취지에 따라 처분을 하여야 한다.

② 행정심판위원회의 기각재결이 있은 후에는 행정청은 원처분을 직권으로 취소할 수 없다.

③ 행정심판위원회는 처분이행명령재결이 있음에도 피청구인이 처분을 하지 않은 경우 당사자의 신청에 의해 기간을 정하여 서면으로 시정을 명하고 그 기간 안에 이행하지 않으면 원칙적으로 직접 처분을 할 수 있다.

④ 위원회는 사정의 변경이 있는 경우에는 당사자의 신청에 의하여 간접강제결정의 내용을 변경할 수 있다.

06 사인의 공법행위에 대한 설명으로 옳은 것은? (다툼이 있는 경우 판례에 의함)

① 「민법」상 비진의 의사표시의 무효에 관한 규정은 그 성질상 공무원이 한 사직의 의사표시와 같은 사인의 공법행위에 적용되지 않는다.

② 공무원에 의해 제출된 사직원은 그에 터잡은 의원면직처분이 있을 때까지 철회될 수 있고, 일단 면직처분이 있고 난 이후에도 원칙적으로 취소 및 철회될 수 있다.

③ 신고는 사인이 행하는 공법행위로 행정기관의 행위가 아니므로 「행정절차법」에는 신고에 관한 규정을 두고 있지 않다.

④ 식품접객업 영업신고에 대해서는 「식품위생법」이 「건축법」에 우선 적용되므로, 영업신고가 「식품위생법」상의 신고요건을 갖춘 경우라면 그 영업신고를 한 해당 건축물이 「건축법」상 무허가건축물이라도 적법한 신고에 해당된다.

07 행정의 실효성 확보수단에 대한 설명으로 옳지 않은 것은? (다툼이 있는 경우 판례에 의함)

① 직접강제는 「행정기본법」상 행정상 강제에 해당한다.

② 외국인의 출입국에 관한 사항에 관하여는 「행정기본법」상 행정상 강제에 관한 규정을 적용하지 아니한다.

③ 「관세법」상 통고처분을 할 것인지의 여부는 관세청장 또는 세관장의 재량에 맡겨져 있고, 따라서 관세청장 또는 세관장이 관세범에 대하여 통고처분을 하지 아니한 채 고발하였다는 것만으로는 그 고발 및 이에 기한 공소의 제기가 부적법하게 되는 것은 아니다.

④ 구「음반 · 비디오물 및 게임물에 관한 법률」상 등급분류를 받지 아니한 게임물을 발견한 경우 관계행정청이 관계공무원으로 하여금 이를 수거 · 폐기하게 할 수 있도록 한 규정은 헌법상 영장주의와 피해 최소성의 요건을 위배하는 과도한 입법으로 헌법에 위반된다.

08 행정절차에 대한 설명으로 옳지 않은 것은? (다툼이 있는 경우 판례에 의함)

① 군인사법령에 의하여 진급예정자명단에 포함된 자에 대하여 의견제출의 기회를 부여하지 아니하고 진급선발취소처분을 한 것은 절차상 하자가 있어 위법하다.

② 「군인사법」에 따라 당해 직무를 수행할 능력이 없다고 인정하여 장교를 보직해임 하는 경우, 처분의 근거와 이유 제시 등에 관하여 「행정절차법」의 규정이 적용되지 아니한다.

③ 산업기능요원편입취소처분에 대해서는 「행정절차법」이 적용된다.

④ 귀화에 대해서는 처분의 이유제시 등을 규정한 「행정절차법」이 적용된다.

09 정보공개에 대한 설명으로 옳지 않은 것은? (다툼이 있는 경우 판례에 의함)

① 정보의 부분 공개가 허용되는 경우란 당해 정보에서 비공개대상정보에 관련된 기술 등을 제외 혹은 삭제하고 나머지 정보만 공개하는 것이 가능하고 나머지 부분의 정보만으로도 공개의 가치가 있는 경우를 의미한다.

② 공개청구 된 사실을 통지받은 제3자가 당해 공공기관에 그 정보를 공개하지 아니할 것을 요청하였다는 사유만으로 정보공개법상 정보의 비공개사유에 해당한다고 볼 수 없다.

③ 견책의 징계처분을 받은 자가 소속기관의 장에게 징계위원회에 참여한 징계위원의 성명과 직위에 대한 정보공개청구를 하였으나 해당 정보가 비공개 대상이라는 이유로 거부된 경우, 그 견책처분에 대한 취소소송의 기각판결이 확정되었다면 정보공개거부처분의 취소를 구할 법률상 이익은 인정되지 않는다.

④ 공공기관의 비공개결정에 불복하는 정보공개청구인은 정보공개법 제18조에 따른 이의신청 절차를 거치지 아니하고 행정심판을 청구할 수 있다.

10 행정상 손실보상에 대한 설명으로 옳지 않은 것은? (다툼이 있는 경우 판례에 의함)

① 공익사업의 시행자가 토지소유자와 관계인에게 보상액을 지급하지 않고 승낙도 받지 않은 채 공사에 착수함으로써 토지소유자와 관계인이 손해를 입은 경우, 토지소유자와 관계인에 대하여 불법행위가 성립할 수 있고, 사업시행자는 그로 인한 손해를 배상할 책임을 진다.

② 손실보상금에 관한 당사자 간의 합의가 성립하면, 그 합의내용이 토지보상법에서 정하는 손실보상 기준에 맞지 않는다고 하더라도 합의가 적법하게 취소되는 등의 특별한 사정이 없는 한 추가로 토지보상법상 기준에 따른 손실보상금 청구를 할 수 없다.

③ 어떤 보상항목이 공익사업을 위한 토지 등의 취득 및 보상에 관한 법령상 손실보상대상에 해당함에도 관할 토지수용위원회가 사실을 오인하거나 법리를 오해함으로써 손실보상대상에 해당하지 않는다고 잘못된 내용의 재결을 한 경우에는, 피보상자는 관할 토지수용위원회를 상대로 재결취소소송을 제기하여야 한다.

④ 토지소유자 등이 손실보상대상에 해당한다고 주장하며 보상을 요구하는데도 사업시행자가 손실보상대상에 해당하지 아니한다며 보상대상에서 이를 제외한 채 협의를 하지 않아 결국 협의가 성립하지 않은 경우, 토지소유자 등에게는 재결신청청구권이 인정된다.

일일 모고 행정학 제19회

합격까지 박문각

빠른 고득점 합격
행정학 이명훈

01 덴하르트(J. Denhardt & R. Denhardt)가 제시한 신공공서비스론에 대한 설명으로 옳지 않은 것은?
① 덴하트(J. Denhardt & R. Denhardt)는 기업가적 신관리주의가 평등성 · 공정성 · 대표성 · 참여 등의 가치를 약화시킨다고 설명하고 있다.
② 신공공서비스론의 이론적 · 학문적 뿌리는 시민행정학, 인간중심 조직이론, 신행정학, 포스트모던 행정학 등이라고 할 수 있다.
③ 신공공서비스론에서는 시장메커니즘보다 공동체 가치를 중시하는 공공책임성의 강화를 중요하게 여긴다.
④ 신공공서비스론은 규범적 가치에 관한 이론 제시뿐만 아니라, 이러한 가치들을 구현하는 데 필요한 구체적 처방을 제시하고 있다는 점에서 의미가 있다.

02 공공서비스에 대한 설명으로 옳지 않은 것은?
① 공공재는 비배제성과 비경합성의 특징을 지녀서 무임승차의 문제를 안고 있다.
② 긍정적 외부효과를 지닌 재화의 경우 개인의 이기심으로 인하여 시장에서 과다생산된다.
③ 국방과 안보는 무임승차가 가능한 대표적 정부서비스이다.
④ 공공재는 생산과 동시에 소비가 발생한다는 점에서 비축적성을 띤다.

03 「공직자윤리법」에 규정된 내용이 아닌 것은?
① 재산등록 및 공개 의무
② 영예 등의 제한
③ 외국정부로부터의 선물신고
④ 직무관련성 있는 주식의 매각 또는 신탁

04 무의사결정(non-decision making)에 대한 설명으로 옳지 않은 것은?
① 문제상황이 조성되었더라도 그것이 문제화되는 것을 차단하는 행동이다.
② 무의사결정을 위해 지배적인 가치, 신념 등을 내세우는 방법이 사용된다.
③ 엘리트 이론의 관점을 반영하는 것이다.
④ 가치의 재배분을 추구하는 사람들에게 유리하게 작용한다.

05 정책집행의 접근법에 대한 설명으로 옳은 것은?
① 하향식 접근법은 실제 행위자 중심의 연구로서 미시적 접근이며, 집행현장에서 발생하는 구체적인 현상들의 고찰로부터 시작하므로 귀납적 접근이다.
② 상향식 접근법은 규범적 처방을 정책결정자에게 제시하는 데 그 목적이 있다.
③ 상향식 접근법은 정치행정이원론과 합리모형을 배경으로 하고 있으며, 엘모어(Elmore)의 전향적 접근과 맥을 같이 한다.
④ 하향식 접근법은 정책목표를 달성하는데 영향을 주는 집행요인들을 밝히는 것에 초점을 둔다.

06 공공기관의 유형에 대한 설명으로 옳지 않은 것은?
① 공기업은 전통적으로 주식회사형 공기업, 정부부처형 공기업, 공사형 공기업으로 구분하고 있다.
② 「공공기관의 운영에 관한 법률」에 따르면 자체수입액이 총수입액의 50% 이상인 기관을 시장형 공기업으로 지정한다.
③ 「공공기관의 운영에 관한 법률」에 따르면 준정부기관은 기금관리형과 위탁집행형으로 구분하며, 공기업이 아닌 공공기관 중에서 지정한다.
④ 「공공기관의 운영에 관한 법률」에 따르면 기획재정부장관은 매년 공공기관을 공기업, 준정부기관, 기타 공공기관으로 구분하여 지정, 고시하도록 되어있다.

07 행정PR(Public Relation)에 대한 설명으로 옳지 않은 것은?
① 행정의 민주성 증진을 목표로 하며 공개행정 및 주민참여를 구현하기 위한 필수요소이다.
② 행정에 대한 국민의 호의적 반응을 얻기 위해 일방적으로 활동을 홍보하는 것이다.
③ 행정PR은 국민의 의견을 사전에 반영하여 행정의 민주성 제고에 기여할 수 있다.
④ 행정PR의 내용은 사회적 책임이나 공익과 일치되어야 한다.

08 「개방형 직위 및 공모 직위의 운영 등에 관한 규정」 상 개방형 직위의 운영에 대한 설명으로 옳지 않은 것은?

① 소속 장관은 개방형 직위 중 특히 공직 외부의 경험과 전문성을 적극 활용할 필요가 있는 직위를 공직 외부에서만 적격자를 선발하는 개방형 직위로 지정할 수 있다.

② 개방형 직위는 소속 장관별로 고위공무원단 직위 총수의 30%의 범위에서와 과장급 직위 총수의 30%의 범위에서 지정한다.

③ 개방형 직위의 임용기간은 다른 법령에 특별한 규정이 있는 경우를 제외하고는 5년의 범위에서 소속 장관이 정하되, 최소한 2년 이상으로 하여야 한다.

④ 개방형 직위 선발시험 사무를 수행하기 위하여 인사혁신처장 소속으로 개방형 직위 중앙선발시험위원회를 둔다.

09 성과주의 예산제도에 대한 설명으로 옳지 않은 것은?

① 성과주의 예산은 운영관리를 위한 지침으로서 효과적이지 않다.

② 제2차 세계대전 이후 미국의 제1차 후버위원회에서 권고한 제도 중의 하나이다.

③ 성과주의 예산에서 재원들은 거리 청소, 노면 보수 등과 같은 활동 단위를 중심으로 배분된다.

④ 1990년대 이후 미국 클린턴 행정부에서 목표관리, 총체적 품질관리 등과 같은 혁신적인 방안이 추진되면서 부활된 제도이다.

10 지방의회와 지방자치단체장의 권한 중 상호 견제와 균형을 위한 수단으로 옳지 않은 것은?

① 행정사무감사권

② 재의요구권

③ 선결처분권

④ 대집행권

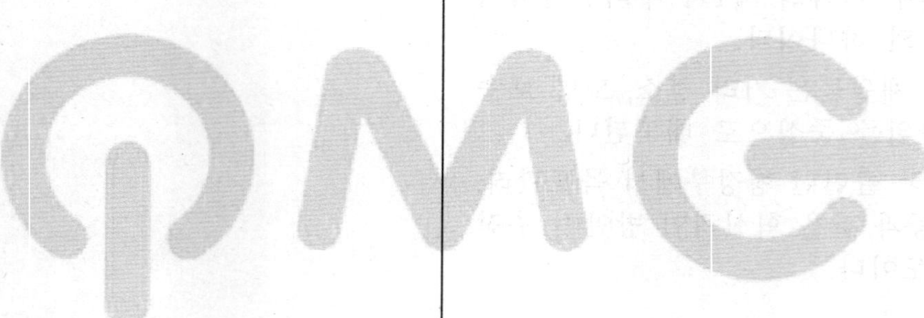

2025 공무원 시험대비 【6회차】

박문각 일일 모의고사

-제20회-

국어 · 영어 · 한국사

행정법 · 행정학

이　름 : ____________________

학습관 : ____________________

합격
예측

답안 입력 및 성적 조회는 PC, 모바일에서 모두 가능합니다.

★ PC: pass.pmg.co.kr | ★ 모바일 앱: 박문각 합격관리

일일 모고 국어 제20회

합격까지 박문각

赤功 국어 적중 혜선

01 ㉠의 예로 가장 적절한 것은?

> 한국어에서 유성 자음은 'ㄴ', 'ㄹ', 'ㅁ', 'ㅇ' 같은 소리뿐이며, 무성 자음이 유성음(이들 네 자음과 모음) 사이에서 유성 자음으로 소리나기도 한다. 이를테면 '고고학'의 첫 음절과 둘째 음절은 음소 수준에서 둘 다 'ㄱ'으로 시작하지만, 음성 수준에선 각각 [k]와 [g]로 실현된다. 그래서 '고고학'은 [ko：gohak]으로 발음된다. 두 번째 음절의 무성 평자음 'ㄱ'이 그것을 둘러싼 두 모음(첫 음절의 'ㅗ'와 둘째 음절의 'ㅗ')의 영향을 받아 유성음으로 변하는 것이다. 한국어 화자들은 어려서부터 이런 규칙을 깊이 내면화하고 있어서 그걸 깨닫지도 못한 채 실현하지만, 제 모국어에 이런 규칙이 없는 외국인들에게는 쉬운 일이 아니다.
>
> ㉠ 무성 평자음이 두 유성음 사이에서 유성 자음으로 변한다는 규칙은 한국어 음운 규칙 가운데 비교적 간단한 것이다. 한국어는 이보다 훨씬 복잡한 음운 규칙들을 수도 없이 지니고 있다.

① 신라 → [실라]　② 낳은 → [나은]
③ 종로 → [종노]　④ 밥물 → [밤물]

02 국어의 음운 현상에는 대치, 탈락, 첨가, 축약, 도치가 있다. 다음 중 대치 탈락 현상이 일어나는 단어는?

① 끓더라
② 싫어도
③ 배꼽(<빗복)
④ 뒷일

03 제시된 문장과 같은 유형의 잘못된 표현을 하고 있는 문장은?

> 그는 자연에서 남은 여생을 즐기기로 했다.

① 여당 후보자에 대한 근거 없는 낭설이 떠돌고 있다.
② 그는 시장에서 사과와 배 두 개를 샀다.
③ 내가 성공한 것은 모두 어머니 탓이다.
④ 1인 가구에 대한 인식의 변화와 관심이 높아지고 있다.

04 '반려동물 유기 문제와 해결 방안'을 주제로 할 때, 내용의 수정 및 자료 제시 방안으로 적절하지 않은 것은?

> Ⅰ. 반려동물 유기 문제
> 　1. ㉠ 반려동물 양육 가구와 유기동물 증가 현황
> 　2. ㉡ 유기동물 보호 센터의 보조금 부정 수급
> Ⅱ. 반려동물 유기 문제의 해결 방안
> 　1. 국가 차원
> 　　가. 반려동물 등록 제도의 정비
> 　　나. 반려동물 보험 제도 마련
> 　　다. ㉢ 유기동물 관리 예산의 증가
> 　2. 개인 차원
> 　　가. 반려동물 입양 시 사전 교육 이수
> 　　나. 생명 존중 정신의 함양
> Ⅲ. ㉣ 반려동물 양육에 대한 올바른 이해

① ㉠에서 반려동물 양육 가구의 수와 유기동물의 수가 비례하여 증가하고 있음을 그래프를 활용하여 제시한다.
② ㉡은 글의 흐름과 관련이 없는 내용이므로 삭제한다.
③ ㉢은 상위 항목과의 연관성을 고려하여 'Ⅱ. 2'로 위치를 옮긴다.
④ ㉣은 논지의 흐름을 고려하여 '반려동물 유기 문제를 해결하기 위한 국가와 개인의 공동 노력 강조'로 수정한다.

05 다음 진술이 모두 참일 때, 반드시 참인 것은?

> ○ 불어를 잘하지 못하는 사람은 국사도 잘하지 못한다.
> ○ 수학을 잘하는 사람은 불어를 잘하고 과학도 잘한다.
> ○ 국어를 잘하지 못하는 사람은 수학도 잘하지 못한다.
> ○ 국어를 잘하는 사람은 국사도 잘한다.

① 불어와 과학을 둘 다 잘하는 사람은 반드시 국어도 잘한다.
② 수학을 잘하는 사람은 4과목을 잘한다.
③ 수학을 잘하는 사람은 국사를 잘하지 못한다.
④ 불어를 잘하지 못하는 사람은 국어도 잘한다.

06 다음 글의 모든 문장이 참일 때, 밑줄 친 결론을 이끌어내기 위해 추가해야 할 것은?

> 귀엽지 않은 강아지는 존재하지 않는다. 어떤 동물은 귀엽다. 따라서 어떤 동물은 강아지다.

① 어떤 강아지는 귀엽다.
② 어떤 동물은 귀엽지 않다.
③ 어떤 귀여운 것은 동물이다.
④ 귀여운 모든 것은 강아지다.

07 밑줄 친 표현이 ㉠의 의미와 가장 유사한 것은?

> 그가 아직도 살아 있다는 소문이 온 동네에 ㉠ 돌았다.

① 그 지역에서는 괴질이 돌기 시작했다.
② 몸속에서 약기운이 도는지 조금 어지럽다.
③ 그의 두 눈에는 감격의 눈물이 핑 돌았다.
④그의 표정에서는 희색이 돌기 시작했다.

08 ㉠ ~ ㉣과 바꿔쓸 수 있는 유사한 표현으로 적절하지 않은 것은?

> (가) 그 집은 오래전에 지어서 ㉠ 고칠 곳이 많다.
> (나) 할아버지는 할머니와 ㉡ 함께하여 식장에 가셨다.
> (다) 이 소설에서 흰옷은 죽음을 ㉢ 알린다.
> (라) 언론은 정부의 부실한 대응을 ㉣ 날카롭게 공격했다.

① ㉠: 개선할
② ㉡: 동반하여
③ ㉢: 암시한다
④ ㉣: 신랄하게

09 다음 글을 바탕으로 할 때, 책을 읽는 이유로 가장 적절한 것은?

> 책을 읽는 일은 얼핏 외로운 일처럼 보인다. 책 읽는 시간은 오직 혼자서 오롯이 자신과 대면해야 하는 시간이기 때문이다. 그러나 책을 읽을 때 우리는 혼자가 아니다. 책 읽는 사람은 별처럼 수많은 시간을 뛰어넘어 인류가 축적한 자산을 이어받고 있기에 책 읽는 사람은 외롭지 않다. 그는 지금 수많은 사람과 인류의 정신문화를 공유하고 있으므로 지금 그대가 책을 읽는 이 시간에도 지구 어딘가의 구석방에서 누군가 책을 읽기 위해 천천히 일어서서 램프를 켜고 있다. 책 읽는 그대는 지금 그들과 연결되어 있다.
>
> 사람은 살아 있으므로 집을 짓는다. 그러나 언젠가 죽을 것을 알기 때문에 책을 쓴다. 사람은 군거성(群居性)이 있으므로 모여서 산다. 그러나 자신의 고독을 알고 있기 때문에 책을 읽는다. 책 읽기는 다른 어떤 것도 대신할 수 없는 친구이다. 책을 대신할 친구는 없다.
>
> 책을 읽는 일은 축구를 하거나, 영화를 보거나, 인터넷을 하는 일과는 전혀 다른 종류의 기쁨과 가치를 인간에게 선물한다.

① 책을 읽는 일이 어려운 일이기 때문이다.
② 인간은 언젠가 죽을 것을 알고 있기 때문이다.
③ 책을 통해서 다른 사람들과 연결되기 때문이다.
④ 책을 읽고 나면 기쁨과 희열을 느낄 수 있기 때문이다.

10 밑줄 친 부분의 예에 해당하지 않는 것은?

> 전문가들이 말하는 좋은 글쓰기의 요건을 살펴보면, 한결같이 "자기 목소리로 자기 이야기를 하라." 라는 메시지를 담고 있다. 이 점에서 글쓰기는 '나'의 정체성을 확립하고 '나'의 삶을 스스로 개척하는 일과 직결된다. 실제로 글을 쓰다 보면 누구나 자기의 삶과 정체성의 문제에 관해 고민하게 된다. 글을 쓰는 일은 그래서 자주, "나는 누구인가"라는 삶의 근원적인 문제를 끌어안고 싸우는 일이 된다.
>
> 타인과 세상을 향해 마음을 열고 서로 소통하기를 바라는 마음은 글쓰기의 중요한 기원이자 본질이다. 아이러니하게도 소통이 어렵거나 불가능한 상황에서 글쓰기의 열망은 더욱 강렬해진다. 무인도에 고립되었거나 감옥에 갇힌 사람이 매일 일기를 쓰고, 다른 사람에게 말하기 힘든 끔찍한 일을 겪었거나 역사의 비밀을 알고 있는 사람이 수기(手記)를 남기며, 억울한 일을 당한 사람이 세상을 향해 호소문을 쓰는 것 등이 그 예이다. 글쓰기가 '나'와 타인, 나와 세상을 연결하는 통로가 되는 예는 수없이 많다. 글쓰기는 세상 사람들이 더 잘 소통할 수 있게 해 주고, 글을 쓰는 사람 자신의 상처를 치유해 주는 역할을 한다.

① 독일군을 피해 숨어 살던 안네는 자신의 삶을 일기로 남겼다.
② 호치민은 자신의 감옥 생활을 기록으로 남겨 옥중일기를 작성했다.
③ 조위는 귀양살이의 억울함과 임금을 향한 충성심에 관련된 글을 썼다.
④ 이순신은 자신이 전쟁 중에 겪었던 일들을 상세하게 기록해 난중일기로 남겼다.

일일 모고 영어 제20회

합격까지 박문각

반드시 합격 진가영 영어

01 밑줄 친 부분에 들어갈 말로 가장 적절한 것은?

The doctor diagnosed him with an _____ illness that required immediate medical attention to prevent serious complications.

① aesthetic
② mild
③ acute
④ stable

02 밑줄 친 부분에 들어갈 말로 가장 적절한 것은?

The new policy aims to ensure _____ disruption to employees' daily tasks while improving overall productivity in the workplace.

① excessive
② minimal
③ substantial
④ unpredictable

03 밑줄 친 부분에 들어갈 말로 가장 적절한 것은?

The weather was so _____ yesterday that we had to cancel our outdoor plans and stay inside all day.

① moderate
② comfortable
③ aware
④ awful

04 밑줄 친 부분에 들어갈 말로 가장 적절한 것은?

People who are lactose intolerant should avoid consuming _____ products like milk and cheese to prevent digestive discomfort.

① dairy
② organic
③ frozen
④ processed

05 밑줄 친 부분에 들어갈 말로 가장 적절한 것은?

Due to the power outage, the ____ building was plunged into darkness, and all the employees inside had to stop working and leave early.

① entire
② partial
③ limited
④ divided

06 밑줄 친 부분에 들어갈 말로 가장 적절한 것은?

Her explanation was much more detailed than _______, which helped everyone understand the concept more clearly.

① mine
② my
③ I
④ me

07 밑줄 친 부분 중 어법상 옳지 않은 것은?

She read about a networking group ① <u>that</u> helped young entrepreneurs connect and grow, ② <u>so that</u> she decided to attend one of their events. When she arrived, she was welcomed by the members and introduced to several business owners. The group consisted ③ <u>of</u> professionals from different industries ④ <u>who</u> shared their experiences and advice.

08 밑줄 친 부분에 들어갈 말로 가장 적절한 것은?

Tim: Excuse me, where can I buy tickets for the zoo?

Jane: The ticket booth is located near the entrance, just to your right.

Tim: Great! ______________

Jane: Yes, children under 12 get a 50% discount on tickets.

Tim: Awesome! Thank you for the information.

① What time does the zoo open?
② How much is the ticket?
③ Is there a discount for children?
④ Is there an age restriction for entering the zoo?

09 주어진 문장이 들어갈 위치로 가장 적절한 것은?

However, in reality, dead organisms are not classified as inanimate. Inanimate objects lack life and, more importantly, have never possessed life.

Defining what a living organism is may seem easy, but accurately doing so from a scientific perspective is quite challenging. What we can say is that living organisms share certain common characteristics, and these traits provide the power that results in the phenomenon known as life. (①) In contrast, common objects like pieces of glass or chunks of metal are considered inanimate because they lack life. (②) Dead plants or animals might also seem to fit into the category of inanimate objects. (③) On the other hand, dead organisms once had life, even if they no longer do. (④) Thus, from a biologist's perspective, there are three categories of material: living organisms, dead organisms, and inanimate objects.

10 다음 글의 요지로 가장 적절한 것은?

You should distribute your resume to as many people as possible. However, do not confuse the quantity of resumes with the quality of your actions. Yes, the more actively you distribute your resumes, the better your chances. But do not hold onto false hopes related to the "lottery syndrome." Those suffering from this syndrome believe that the number of resumes they send out will significantly increase their chances of success. However, even if you buy a million lottery tickets, your chances of winning remain low. Instead, you should focus on maximizing the probability of finding a job that suits you by setting clear goals and wisely selecting the positions you want to target.

① Instead of relying on a single stroke of luck, put in consistent effort.
② Carefully review the content before sending out your resume.
③ Tailor your resume to match the ideal candidate each company is looking for.
④ Set clear goals and find a job that suits you.

일일 모고 한국사 제20회

합격까지 박문각

가장 빠른 한국사
한국사 박기훈

01 우리나라 구석기 시대의 유적지로서 한반도에 주먹도끼 문화가 없었다는 학설을 처음으로 뒤엎게 된 유물이 출토된 곳은?

① 연천 전곡리
② 청원 두루봉 동굴
③ 웅기 굴포리
④ 제주 빌레못 동굴

02 다음과 같은 집자리를 남긴 사람들의 생활 모습으로 옳은 것은?

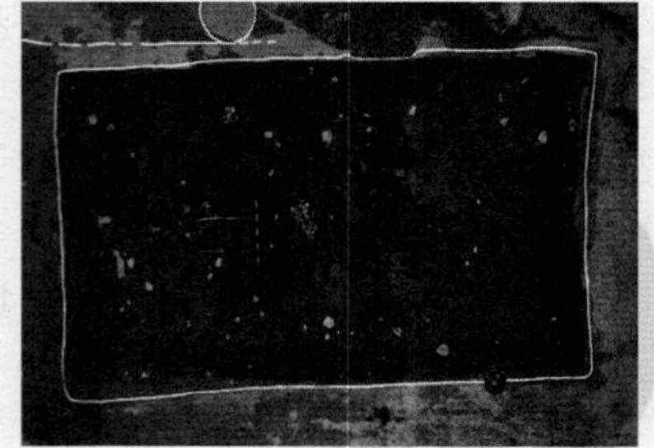

① 무리를 이루어 이동생활을 했다.
② 마을에 목책과 환호를 설치하였다.
③ 이른 민무늬토기 등을 제작하였다.
④ 원시적인 농경이 시작되었으나, 벼농사는 아직 하지 않았다.

03 아래의 글과 연관된 지역에서 있었던 일이 아닌 것은?

> 한반도에서 가장 비옥한 토양을 지니고 있으며, 후기 고조선 문명의 중심지였다.

① 물산장려운동의 시작
② 안창호의 대성학교 건립
③ 고구려 유리왕의 도읍 천도
④ 백제의 공격으로 고국원왕의 전사

04 다음 사료의 밑줄 친 '여자'의 재위기간에 있었던 일이 아닌 것은?

> "내가 변방의 군대를 조금 일으켜 거란과 말갈을 거느리고 요동으로 곧장 쳐들어가면 그대 나라는 저절로 풀려 1년 정도의 포위는 느슨해질 것이다. 그러나 이후 이어지는 군대가 없음을 알면 도리어 침략을 멋대로 하여 네 나라가 함께 소란해질 것이니, 그대 나라도 편치 못할 것이다. 이것이 첫번째 계책이다. 나는 또한 너에게 수천 개의 붉은 옷과 붉은 깃발을 줄 수 있는데, 두 나라 군사가 이르렀을 때 그것을 세워 진열해 놓으면 그들이 보고서 우리 군사로 여겨 반드시 모두 도망갈 것이다. 이것이 두번째 계책이다.
>
> 백제국은 바다의 험난함을 믿고 병기를 수리하지 않고 남녀가 어지럽게 섞여 서로 즐기며 연회만 베푸니, 내가 수십 수백 척의 배에 군사를 싣고 소리 없이 바다를 건너 곧바로 그 땅을 습격하려고 한다. 그런데 그대 나라는 <u>여자</u>를 임금으로 삼고 있으므로 이웃 나라의 업신여김을 받게 되고, 임금의 도리를 잃어 도둑을 불러들이게 되어 해마다 편안할 때가 없다. 내가 왕족 중의 한 사람을 보내 그대 나라의 왕으로 삼되, 자신이 혼자서는 왕노릇을 할 수 없으니 마땅히 군사를 보내 호위케 하고, 그대 나라가 안정되기를 기다려 그대들 스스로 지키는 일을 맡기려 한다. 이것이 세번째 계책이다. 그대는 잘 생각해 보라. 장차 어느 것을 따르겠는가?"

① 황룡사의 창건
② 첨성대의 건립
③ 분황사 모전탑의 건립
④ 의자왕의 대야성 공격

05 **다음 글을 서술한 사람의 행적으로 옳은 것은?**

> 다른 종족을 끌어 들여 같은 종족을 멸망시키는 것은 도적을 불러들여 형제를 죽이는 것과 다를 바 없는 것이다. 이는 삼척 동자라도 알 수 있는 바이거늘. 슬프다! 우리나라 역사가여! 이를 아는 자가 매우 적구나 … 태종대왕 김춘추에 이르러 이 일을 위하여 마음과 힘을 다하고 수완을 다하여 마침내 이 일을 이룬 뒤에는 득의양양하였다. 반만큼이라도 혈기를 가진 자라면 이를 욕하고 꾸짖는 게 옳으며 배척하는 것이 옳거늘, 오늘날 그 본말을 따지지 않고 다만 '우리나라 통일의 실마리를 연 임금이다.' 라고 한다. 그가 우리나라 뿐 아니라 중국도 통일하고 일본도 통일하며 기타 동서 여러 나라들을 빠짐없이 통일하였더라도 그 공으로 그 죄를 덮지 못하는데 하물며 삼국 통일한 공으로 그 죄를 덮을 수 있으리오.

① 사회경제사학을 연구하였다.
② 국민대표회의에서 창조파의 입장이었다.
③ 역사의 보편성과 법칙성을 강조하였다.
④ 실증사학 단체인 진단학회를 설립하였다.

06 **다음과 같은 벽화를 제작한 국가에 대한 설명으로 옳은 것은?**

무용총 접객도

무용총 무용도

① 중앙교육기관으로 태학을 설치하였다.
② 나당동맹을 결성하여 삼국을 통일하였다.
③ 마한의 잔여세력을 정복하고 왜와 통교하였다.
④ 흑수말갈을 정복하고 해동성국의 전성기를 누렸다.

07 **다음과 같은 관점에서 이루어진 정책으로 옳은 것은?**

> 역경에서 말하기를 성인이 인심을 감동시키니 천하가 태평하다고 하였고, 논어에서 말하기를 특별히 할일 없이 꾸밈없이 다스리는 자는 순임금이라 했으니, 장차 무엇을 할 것인가? 몸을 공손히 해 남쪽을 향해 바르게 앉아 있었을 따름이다. 성인이 소위 하늘과 사람을 감동시키는 것은 순일한 덕이 있기 때문이며, 사심이 없기 때문이다. 만약 성왕께서 마음을 바로하고 겸손하시며 항상 경외함에 있어 신하를 예로써 대접한다면, 즉 누군들 심력을 다하여 나아가 꾀를 아뢰고, 물러나면 바르게 보필할 것을 생각하지 않겠습니까? 이것은 소위 예로써 신하를 부리며, 신하는 임금을 충성으로 섬긴다는 것입니다.

① 탕평책 ② 대한국국제
③ 6조 직계제 ④ 의정부서사제

※ 다음 자료를 읽고 물음에 답하시오.(8~9)

> 고종 12년 <u>(가)</u>가 사저에 정방을 두고 백관의 전주(銓注)를 다루었는데, 문사를 뽑아 이에 속하게 하고 이름을 필자적(몽고어로 문사)이라 하였다. 이전 제도에는 이부는 문전을 관장하고 병부는 무선(武選)을 관장하여 그 연월의 차례를 정하고 노일을 구분하고 공과를 기록하였다.....

08 **밑줄 친 (가)가 집권하던 시기의 일로 옳지 않은 것은?**
① 강화도 천도
② 대장경 완성
③ 이연년의 난
④ 삼별초 설치

09 **위 사료의 시기에 있었던 문화적 동향으로 가장 옳은 것은?**
① 추사체가 창안되었다.
② 백자가 활발히 제작되었다.
③ 상감청자가 쇠퇴하고 순청자가 유행하였다.
④ 문인들이 가전체문학, 패관문학과 같은 여러 저술을 남겼다.

10 **고려의 수취체제와 토지제도에 대한 설명으로 옳지 않은 것은?**
① 토지를 3등급으로 구분하여 수취하였다.
② 전세는 수확량의 대체로 1/10이었다.
③ 민전에서 수취하는 지대(소작료)는 수확량의 1/2이었다.
④ 경기 지방에 한정하여 관리들에게 전시과를 지급하였다.

일일 모고 행정법 제20회

광야에서 합격까지
행정법 강성빈

01 행정행위에 대한 설명으로 옳지 않은 것은? (다툼이 있는 경우 판례에 의함)

① 건축허가는 대물적 성질을 갖는 것이어서 행정청으로서는 허가를 할 때에 건축주 또는 토지 소유자가 누구인지 등 인적 요소에 관하여는 형식적 심사만 한다.

② 「국토의 계획 및 이용에 관한 법률」에 의해 지정된 도시지역 안에서 토지의 형질변경행위를 수반하는 건축허가는 재량행위에 속한다.

③ 사전에 공표한 갱신기준을 심사대상기간이 이미 경과하였거나 상당부분 경과한 시점에서 처분상대방의 갱신여부를 좌우할 정도로 중대하게 변경하는 것은 특별한 사정이 없는 한 허용되지 않는다.

④ 건축허가 신청 후 건축허가기준에 관한 관계 법령 및 조례의 규정이 신청인에게 불리하게 개정된 경우, 당사자의 신뢰를 보호하기 위해 처분 시가 아닌 신청 시 법령에서 정한 기준에 의하여 건축허가 여부를 결정하는 것이 원칙이다.

02 행정행위의 효력에 대한 설명으로 옳지 않은 것은? (다툼이 있는 경우 판례에 의함)

① 자동차 운전면허 취소처분을 받은 사람이 자동차를 운전하였으나 운전면허 취소처분의 원인이 된 교통사고 등에 대하여 무죄판결이 확정되었다 하더라도 그 취소처분이 취소되지 않은 이상 「도로교통법」에 규정된 무면허운전의 죄로 처벌할 수 있다.

② 물품을 수입하고자 하는 자가 일단 세관장에게 수입신고를 하여 그 면허를 받고 물품을 통관한 경우에는, 세관장의 수입면허가 중대하고도 명백한 하자가 있는 행정행위이어서 당연무효가 아닌 한 「관세법」 제181조 소정의 무면허수입죄가 성립될 수 없다.

③ 제소기간의 경과 등으로 처분에 불가쟁력이 발생하였다 하여도 행정청은 실권의 법리에 해당하지 않는다면 직권으로 처분을 취소할 수 있다.

④ 「행정기본법」에 따르면, 당사자는 처분에 대하여 법원의 확정판결이 있는 경우에는 처분의 근거가 된 사실관계 또는 법률관계가 추후에 당사자에게 유리하게 바뀐 경우에도 해당 처분을 한 행정청이 처분을 취소·철회하거나 변경하여 줄 것을 신청할 수는 없다.

03 행정행위의 하자에 대한 설명으로 옳지 않은 것은? (다툼이 있는 경우 판례에 의함)

① 법 위반행위 자체가 존재하지 않아 위반행위에 대한 시정조치에 대하여 취소판결이 확정된 경우에 위반 횟수 가중을 위한 횟수 산정에서 제외하더라도, 그 사유가 과징금 부과처분에 영향을 미치지 아니하여 처분의 정당성이 인정되는 경우에는 그 처분을 위법하다고 할 수 없다.

② 행정처분에 있어 수개의 처분사유 중 일부가 적법하지 않다고 하더라도 다른 처분사유로써 그 처분의 정당성이 인정되는 경우에는 그 처분을 위법하다고 할 수 없다.

③ 행정청이 사전에 교통영향평가를 거치지 아니한 채 '건축허가 전까지 교통영향평가 심의필증을 교부받을 것'을 부관으로 붙여서 한 '실시계획변경 승인 및 공사시행변경 인가 처분'은 그 하자가 중대하고 객관적으로 명백하여 당연무효이다.

④ 행정청이 청문을 거쳐야 하는 처분을 하면서 청문절차를 거치지 않는 경우에는 그 처분은 위법하지만 당연무효인 것은 아니다.

04 취소소송의 원고적격에 대한 설명으로 옳은 것은? (다툼이 있는 경우 판례에 의함)

① 환경영향평가 대상지역 밖에 거주하는 주민은 헌법상의 환경권 또는 「환경정책기본법」에 근거하여 공유수면매립면허처분과 농지개량사업 시행인가 처분의 무효확인을 구할 원고적격이 있다.

② 재단법인인 수녀원은 소속된 수녀 등이 쾌적한 환경에서 생활할 수 있는 환경상 이익을 침해받는다면 매립목적을 택지조성에서 조선시설용지로 변경하는 내용의 공유수면매립목적 변경 승인처분의 무효확인을 구할 원고적격이 있다.

③ 개발제한구역 중 일부 취락을 개발제한구역에서 해제하는 내용의 도시관리계획변경결정에 대하여 개발제한구역 해제대상에서 누락된 토지의 소유자가 위 결정의 취소를 구하는 경우 항고소송의 원고적격이 인정된다.

④ 임대주택의 임차인들은 분양계약을 체결하기 전 또는 체결한 이후라도 항고소송을 통하여 분양전환승인의 효력을 다툴 원고적격이 있다.

05 **취소소송의 제소기간에 대한 설명으로 옳은 것은? (다툼이 있는 경우 판례에 의함)**

① 행정심판을 청구하였으나 심판청구기간을 도과하여 각하된 후 제기하는 취소소송은 재결서를 송달받은 날부터 90일 이내에 제기하면 된다.

② 처분의 불가쟁력이 발생하였고 그 이후에 행정청이 당해 처분에 대해 행정심판청구를 할 수 있다고 잘못 알렸다면, 그 처분의 취소소송의 제소기간은 행정심판의 재결서를 받은 날부터 기산한다.

③ 처분 당시에는 취소소송의 제기가 법제상 허용되지 않아 소송을 제기할 수 없다가 위헌결정으로 인하여 비로소 취소소송을 제기할 수 있게 된 경우 객관적으로는 위헌결정이 있은 날, 주관적으로는 위헌결정이 있음을 안 날을 제소기간의 기산점으로 삼아야 한다.

④ 당사자가 적법한 제소기간 내에 부작위위법확인의 소를 제기한 후 동일한 신청에 대하여 소극적 처분이 있다고 보아 처분취소소송으로 소를 교환적으로 변경한 후 부작위위법확인의 소를 추가적으로 병합한 경우, 그 병합된 소는 제소기간을 준수한 것으로 볼 수 없다.

06 **행정법관계에 대한 설명으로 옳지 않은 것은? (다툼이 있는 경우 판례에 의함)**

① 우리나라의 수도가 서울이라는 점에 대한 관습헌법을 폐지하기 위해서는 헌법이 정한 절차에 따른 헌법개정이 이루어져야 한다.

② 법령상 검사임용 신청 및 그 처리의 제도에 관한 명문 규정이 없다고 하여도 조리상 임용권자는 임용신청자들에게 전형의 결과인 임용 여부의 응답을 해줄 의무가 있다고 할 것이며, 응답할 것인지 여부조차도 임용권자의 편의재량사항이라고는 할 수 없다.

③ 현행법상 행정목적을 위하여 제공된 행정재산에 대해서는 공용폐지가 되지 않는 한 「민법」상 취득시효규정이 적용되지 않는다.

④ 조세에 관한 소멸시효가 완성된 후에 부과된 조세부과처분은 위법한 처분이지만 당연무효라고 볼 수는 없다.

07 **제재처분에 대한 설명으로 옳지 않은 것은? (다툼이 있는 경우 판례에 의함)**

① 「행정기본법」에 따르면, 당사자가 인허가나 신고의 위법성을 경과실로 알지 못한 경우에는 「행정기본법」상 제재처분의 제척기간인 5년이 지나도 제재처분을 할 수 있다.

② 구 「화물자동차 운수사업법」 시행령에서 정한 '위반행위의 횟수에 따른 가중처분기준'이 적용되기 위해 선행 위반행위에 대한 선행 제재처분이 반드시 구 시행령 [별표 1] 제재처분기준 제2호에 명시된 처분내용대로 이루어진 경우이어야 할 필요는 없다.

③ 행정법규 위반에 대하여 가하는 제재조치는 반드시 현실적인 행위자가 아니라도 법령상 책임자로 규정된 자에게 부과된다.

④ 행정법규 위반에 대하여 가하는 제재조치는 특별한 사정이 없는 한 위반자에게 고의나 과실이 없더라도 부과할 수 있다.

08 **과징금에 대한 설명으로 옳지 않은 것은? (다툼이 있는 경우 판례에 의함)**

① 구「독점규제 및 공정거래에 관한 법률」 소정의 부당지원행위에 대한 과징금은 부당지원행위의 억지라는 행정목적을 실현하기 위한 행정상 제재금으로서의 성격에 부당이득환수적 요소도 부가되어 있으므로 국가형벌권 행사로서의 처벌에 해당하지 아니한다.

② 행정청은 법이 규정한 범위 내에서 부과처분 당시까지 확인한 사실을 기초로 과징금부과처분을 하여야 하나, 추후에 부과금 산정기준이 되는 새로운 자료가 나온 경우 부과관청은 새로운 부과처분을 하여야 한다.

③ 「부동산 실권리자명의 등기에 관한 법률」 제5조에 의하여 부과된 과징금 채무는 대체적 급부가 가능한 의무이므로 그 과징금을 부과받은 자가 사망한 경우 그 상속인에게 포괄승계된다.

④ 관할 행정청이 여객자동차운송사업자의 여러 가지 위반행위를 인지하였다면 전부에 대하여 일괄하여 최고한도 내에서 하나의 과징금 부과처분을 하는 것이 원칙이고, 인지한 위반행위 중 일부에 대해서만 우선 과징금 부과처분을 하고 나머지에 대해서는 차후에 별도의 과징금 부과처분을 하는 것은 다른 특별한 사정이 없는 한 허용되지 않는다.

09 **정보공개에 대한 설명으로 옳지 않은 것은? (다툼이 있는 경우 판례에 의함)**

① 문제은행 출제방식을 채택하고 있는 치과의사 국가시험의 문제지와 정답지는 비공개정보에 해당한다.

② 독립유공자서훈 공적심사위원회의 심의·의결 과정 및 그 내용을 기재한 회의록은 독립유공자 등록에 관한 신청당사자의 알 권리 보장과 공정한 업무수행을 위해서 공개되어야 한다.

③ 불기소처분기록 중 피의자신문조서 등에 기재된 피의자 등의 인적사항 이외의 진술내용이 개인의 사생활의 비밀 또는 자유를 침해할 우려가 인정된다면 비공개대상에 해당한다.

④ 사면대상자들의 사면실시건의서와 그와 관련된 국무회의 안건자료는 공개대상이 되는 정보이다.

10 국가배상에 대한 설명으로 옳지 않은 것은? (다툼이 있는 경우 판례에 의함)

① 「자동차손해배상 보장법」은 배상책임의 성립요건에 관하여 「국가배상법」에 우선하여 적용된다.

② 공무원이 고의 또는 과실로 그에게 부과된 직무상 의무를 위반하여 국민에게 손해를 가하였다면 그 직무상 의무의 내용이 행정기관 내부의 질서를 규율하기 위한 것이라 하더라도 국가배상책임이 성립한다.

③ 국민이 법령에 정하여진 수질기준에 미달한 상수원수로 생산된 수돗물을 마심으로써 건강상의 위해 발생에 대한 염려 등에 따른 정신적 고통을 받았다고 하더라도, 이러한 사정만으로는 국가 또는 지방자치단체가 국민에게 손해배상책임을 부담하지 아니한다.

④ 예산부족 등 설치 · 관리자의 재정사정은 배상책임 판단에 있어 참작사유는 될 수 있으나 안전성을 결정지을 절대적 요건은 아니다.

일일 모고 행정학 제20회

합격까지 박문각

빠른 고득점 합격
행정학 이명훈

01 대리인이론에 대한 설명으로 옳지 않은 것은?

① 당사자들의 이기적인 결정이 위임자의 효율성 제고에 지향되도록 유인을 제공하는 방안을 연구한다.

② 정보의 비대칭성을 완화하는 방법으로는 주민참여, 정보공개제도, 공청회, 내부고발자 보호 등이 있다.

③ 대리손실은 주인에 대한 정보부족으로 발생하며, 이에는 도덕적 해이와 역선택 현상이 있다.

④ 비경제적 요인에 대한 고려를 소홀히 한다는 비판을 받는다.

02 전자정부 구현에 따른 기대효용으로 거리가 먼 것은?

① 정보의 공개와 상호작용을 통한 행정의 신뢰성 확보

② 정보의 집중화를 통한 신속하고 집권적인 정책결정

③ 정보통신 기술을 활용한 업무 효율성 제고

④ 정부 정보에 대한 시민의 접근성 강화

03 우리나라 윤리규범에 대한 설명으로 옳은 것은?

① 공공기관의 사무처리가 법령위반 또는 부패행위로 인해 공익을 해하는 경우 일정 수 이상의 국민의 연서로 국민권익위원회에 감사를 청구할 수 있다.

② 공직자 등은 직무와 관련하여 대가성 여부를 불문하고 동일인으로부터 1회에 100만원 또는 매 회계연도에 300만원을 초과하는 금품등을 받거나 요구 또는 약속해서는 아니 된다.

③ 공개적으로 공직자등에게 특정한 행위를 요구하는 행위는 부정청탁에 해당한다.

④ 부패혐의에 대하여 국민권익위원회가 검찰에 고발한 경우 위원회가 검사로부터 불기소처분을 통보받았을 경우 위원회는 고등법원에 재정신청할 수 있다.

04 정책과정에 대한 설명으로 옳지 않은 것은?

① 콥(R. W. Cobb)은 주도집단에 따라 정책의제설정 유형을 외부주도형, 동원형, 내부접근형으로 분류하였다.

② 바흐라흐(P. Bachrach)와 바라츠(M. Baratz)는 다알(R. Dahl)의 다원론을 지지하면서 정치권력의 두 개의 얼굴 중 하나인 무의사결정을 주장하였다.

③ 킹던(J. Kingdon)은 어떤 중요한 시점에서 문제, 정책, 정치 등 세 가지 흐름(streams)의 결합에 의하여 정책의제가 설정된다고 주장하였다.

④ 다알(R. Dahl)은 다원론(pluralism) 관점에서 미국은 민주주의 국가이기 때문에 특정한 어느 개인이나 집단도 주도권을 행사하기 어렵다고 주장하였다.

05 립스키(M. Lipsky)의 일선관료제 이론에 대한 설명으로 옳지 않은 것은?

① 일선관료(street-level bureaucrats)는 시민들과 직접 대면하면서 정책을 집행하는 사람들이다.

② 일선관료들은 일반적으로 과중한 업무 부담을 가진다.

③ 일선관료들은 모호하고 대립적인 기대들이 존재하는 업무환경때문에 정책목표를 달성할 수 없는 경우가 많다.

④ 일선관료들의 재량권이 부족하여 업무가 지연된다.

06 학습조직의 특성에 대한 설명으로 옳지 않은 것은?

① 기본단위는 통합 기능팀이며 구성원의 권한 강화를 강조한다.

② 부서간 경계를 최소화해야 한다는 조직문화가 중요하다.

③ 조직 내 구성원 각자의 개인적 학습을 강조한다.

④ 신축성을 제고할 수 있는 네트워크조직과 가상조직을 활용한다.

07 계급제와 직위분류제에 대한 설명으로 옳은 것은?

① 직위분류제는 행정의 전문화 향상에 기여하고 조직의 횡적인 의사소통을 원활히 한다.

② 계급제는 인적자원 활용의 수평적 융통성이 높고 부서 간·부처 간 교류와 협조에 용이하다.

③ 계급제는 사회적 출신배경에 관계없이 담당 직무의 수행능력과 지식·기술을 중시한다.

④ 직위분류제는 환경변화에 대한 탄력성이 높고 교육훈련 내용으로 일반지식과 교양을 강조한다.

08 영기준예산제도의 특징에 대한 설명으로 옳지 않은 것은?

① 사업수행방법에 있어서 영기준예산제도는 사업목표의 수준을 달리하여 예산을 융통성 있게 편성할 수 있다.

② 점증예산제도가 전년도 예산수준을 기준으로 하는 것과 달리 영기준예산제도는 영수준에서 새로이 예산을 결정한다.

③ 예산운영방법의 개발에 있어서 소극적인 점증적 예산제도와는 달리 영기준예산제도는 적극적이다.

④ 비용·편익 내지 비용·효과분석의 대상에 있어서 신규사업은 물론 계속사업도 대상으로 하는 점증적 예산제도와는 달리 영기준 예산제도는 신규 사업만을 대상으로 한다.

09 우리나라 예산의 구성 순서를 바르게 나열한 것은?
① 예산총칙 – 세입세출예산 – 계속비 – 명시이월비 – 국고채무부담행위
② 세입세출예산 – 명시이월비 – 국고채무부담행위 – 계속비 – 예산총칙
③ 세입세출예산 – 국고채무부담행위 – 예산총칙 – 명시이월비 – 계속비
④ 예산총칙 – 국고채무부담행위 – 계속비 – 명시이월비 – 세입세출예산

10 「지방자치법」상 사무배분기준에 의한 시 · 도의 사무에 해당하지 않는 것은?
① 시 · 도 단위로 동일한 기준에 따라 처리되어야 할 성질의 사무
② 시 · 군 및 자치구가 독자적으로 처리하기에 적당한 사무
③ 국가와 시 · 군 및 자치구 사이의 연락 · 조정 등의 사무
④ 지역적 특성을 살리면서 시 · 도 단위로 통일성을 유지할 필요가 있는 사무

2025 공무원 시험대비 【6회차】

박문각 일일 모의고사

-제21회-

국어 · 영어 · 한국사

행정법 · 행정학

이 름 : ____________________

학습관 : ____________________

합격
예측

답안 입력 및 성적 조회는 PC, 모바일에서 모두 가능합니다.

★ PC: pass.pmg.co.kr | ★ 모바일 앱: 박문각 합격관리

일일 모고 국어 제21회

합격까지 박문각

赤功 국어 적중 혜선

01 **다음 단어를 표준 발음법에 맞게 발음할 때 일어나는 음운 변동에 대한 설명으로 옳은 것은?**

① '저녁연기'는 첨가 및 교체가 일어나며 음운의 개수가 두 개 늘어난다.

② '흙하고'는 탈락 및 축약이 일어나며 음운의 개수가 두 개 줄어든다.

③ '부엌문'은 교체가 한 번 일어나며 음운의 개수는 변하지 않는다.

④ '묽고'는 교체 및 축약이 일어나며 음운의 개수가 한 개 줄어든다.

02 **국어의 음운 현상에는 대치, 탈락, 첨가, 축약, 도치가 있다. 다음 중 대치 현상이 일어나지 않는 단어는?**

① 있지

② 굳이

③ 무릎

④ 잡히다

03 **밑줄 친 말의 쓰임이 바르지 않은 것은?**

① 김치찌개가 입맛을 돋운다.

② 그와 나는 전부터 알음이 있는 사이이다.

③ 설레이는 마음을 가다듬고 약속 장소에 나갔다.

④ 약속 날짜를 너무 바투 잡았다.

04 **다음 중 고친 문장이 적절하지 않은 것은?**

① 영수는 창작 활동과 전시회를 열었다.
→ 영수는 창작 활동을 하고 전시회를 열었다.

② 상철이는 수재로 불려졌다.
→ 상철이는 수재로 불렸다.

③ 정수는 마음씨 좋은 할머니의 손자이다.
→ 정수는 마음씨가 좋은 할머니의 손자이다.

④ 나는 오늘 아침 꽃에게 물을 주었다.
→ 나는 오늘 아침 꽃에 물을 주었다.

05 **다음 진술이 모두 참일 때, 반드시 참인 것은?**

> ○ B가 특강에 참여하면 A도 특강에 참여한다.
> ○ C가 특강에 참여하면 D도 특강에 참여한다.
> ○ D가 특강에 참여하면 B는 특강에 참여하지 않는다.

① A가 특강에 참여하면 D는 특강에 참여하지 않는다.

② B가 특강에 참여하지 않으면 C는 특강에 참여한다.

③ B가 특강에 참여하면 C는 특강에 참여하지 않는다.

④ C가 특강에 참여하지 않으면 D는 특강에 참여하지 않는다.

06 **㉠~㉤이 모두 참일 때, <보기> 중 옳은 것만을 있는 대로 고른 것은?**

> ㉠ 모든 소주는 해롭다.
> ㉡ 알코올이라고 해서 반드시 소주인 것은 아니다.
> ㉢ 해롭지 않고 알코올인 것이 존재한다.
> ㉣ 어떤 소주는 알코올이다.
> ㉤ 알코올이 아니면서 해로운 존재가 있다.

> <보기>
> 가. 해로우면서 알코올인 것이 존재한다.
> 나. 해로운 것은 모두 알코올이다.
> 다. 소주가 아닌 알코올이 존재한다.

① 가

② 가, 나

③ 가, 다

④ 가, 나, 다

07 **밑줄 친 표현이 ㉠의 의미와 가장 유사한 것은?**

> 길을 잃어서 어디로 가야 할지 ㉠ 모르고 한참을 헤맸다.

① 내 남편은 일밖에 모르는 사람이다.

② 과연 우리가 가게 될는지 모르겠다.

③ 나는 너의 말뜻을 모르겠다.

④ 바라던 대학에 붙어서 얼마나 기쁜지 모른다.

08 **㉠ ~ ㉣과 바꿔쓸 수 있는 유사한 표현으로 적절하지 않은 것은?**

> (가) 적재적소에 알맞은 선수를 ㉡ 쓴 것이 승리의 밑거름이 되었다.
> (나) 신이 나서 하는 일은 ㉡ 그르치지 않는다는 것이 그의 지론이다.
> (다) 수출 실적을 ㉢ 부풀리다 적발된 업체들은 엄격한 제재를 받게 되었다.
> (라) 자식들은 밤새도록 아픈 어머니를 ㉣ 돌봤다.

① ㉠: 고용한

② ㉡: 실패하지

③ ㉢: 과장하다

④ ㉣: 간병했다

09 다음 중 ㉠~㉤에 들어갈 내용으로 가장 적절한 것은?

> 지난 수십 년간 인류가 자연을 이용하는 과정에서 지구는 기후 변화, 생물 다양성 감소, 자원 고갈 등의 심각한 문제에 직면해 왔다. 특히 산업화 이후 (㉠)은/는 지구 생태계의 균형을 크게 위협하며, 자연적 복구 속도를 훨씬 초과하는 영향을 미치고 있다.
>
> 이에 따라 국제 사회는 여러 협정을 통해 지속 가능한 발전 목표를 제시하였으나, 이러한 노력은 여전히(㉡)의 한계를 보이고 있다. 각국의 경제적 이익 추구와 환경 보전 간의 갈등이 주요 원인으로 작용하며, 특히 개발도상국은(㉢)(이)라는 딜레마에 놓여 있다.
>
> 이러한 상황 속에서 순환 경제는 지속 가능한 발전을 실현하기 위한 핵심적 대안으로 주목받고 있다. 이를 통해 자원 사용을 최소화하고, 재활용 및 재사용을 촉진함으로써 환경에 미치는 영향을 줄일 수 있다.
>
> 그러나 이러한 대안을 성공적으로 실행하기 위해서는 전 세계적인 협력과 (㉣)이/가 필수적이다. 기술 혁신과 정책적 지원, 그리고 시민의 참여가 뒷받침되지 않는다면, 이러한 노력은 단지 선언적 의미에 그칠 가능성이 크다.
>
> 따라서 학자들은 현대 사회의 환경 문제를 해결하기 위해서는 단순한 기술적 해결책뿐 아니라 (㉤)에 대한 근본적인 인식 전환이 필요하다고 강조한다.

	㉠	㉡	㉢	㉣	㉤
①	인류의 활동	국제 협력	경제 성장과 환경 보전	제도적 개선	가치관
②	무분별한 개발	자원 고갈	산업화와 빈곤 해결	기술 투자	책임 의식
③	화석 연료 사용	기술적 대응	인프라 확충과 비용 절감	공동체 협력	소비 패턴
④	자본주의 경제	기후 협정	선진국과 개발도상국의 갈등	공정한 분배	윤리적 책임

10 다음 글이 지닌 효용성으로 가장 적절한 것은?

> 우리는 스팸 메일을 통해 개인의 사생활을 침해당하고 있으나, 그 법적 처벌 규정은 상당히 미비하다. 이용자가 수신 거부 메일을 보낸 후에 다시 보내지는 스팸 메일만이 규제 대상인데, 수신 거부 메일을 적극적으로 보내는 경우 오히려 휴면(休眠) 주소가 아니라는 것이 판명되어 더 심한 마케팅의 타겟이 될 수도 있다. 차단 소프트웨어 설치나 쿠키 삭제 등도 제한적으로만 효과가 있을 뿐이다. 게다가 회원에 가입해야만 정보를 이용하거나 혜택을 받을 수 있는 사이트들이 많기 때문에, 개인 정보 유출과 도용을 우려하면서도 자발적으로 정보를 제공하지 않을 수 없게 된다.

① 독자들에게 인터넷 남용의 심각성을 깨닫게 한다.
② 독자들에게 스팸 메일의 장 · 단점을 이해시켜 준다.
③ 독자들에게 개인의 사생활을 보호할 수 있는 요령을 알려 준다.
④ 독자들에게 인터넷 사용에 따른 각종 폐해에 대해 경각심을 일깨워 준다.

일일 모고 영어 제21회

합격까지 박문각

반드시 합격 진가영 영어

01 밑줄 친 부분에 들어갈 말로 가장 적절한 것은?

Many animal species have become _____ due to habitat destruction and climate change, making conservation efforts more important than ever.

① familiar
② diverse
③ extinct
④ eager

02 밑줄 친 부분에 들어갈 말로 가장 적절한 것은?

He felt very _____ to find his lost wallet with all the cash and cards still inside after searching for hours.

① fortunate
② unlucky
③ fierce
④ hopeless

03 밑줄 친 부분에 들어갈 말로 가장 적절한 것은?

The sudden increase in demand for public services could cause the system to _____, resulting in delays and inefficiencies.

① expand
② explode
③ exhibit
④ explore

04 밑줄 친 부분에 들어갈 말로 가장 적절한 것은?

The company advised employees not to _____ on past mistakes, but to focus on finding solutions to current challenges.

① donate
② succeed
③ employ
④ dwell

05 밑줄 친 부분에 들어갈 말로 가장 적절한 것은?

The children were reminded to _____ their helmets tightly before riding their bikes for extra protection.

① remove
② loosen
③ fasten
④ secure

06 밑줄 친 부분에 들어갈 말로 가장 적절한 것은?

_______________ late to meetings, as she always values punctuality and preparation.

① Seldom she arrives
② Seldom does she arrive
③ Seldom arrive she
④ Seldom has she arrive

07 밑줄 친 부분 중 어법상 옳지 않은 것은?

The museum ① <u>recent</u> opened a new exhibition ② <u>featuring</u> ancient artifacts, attracting many excited visitors. Some artifacts dating back thousands of years were found in remote areas and had never been displayed before. ③ <u>Since</u> photography was not allowed inside the exhibition, people took notes instead. The event was so ④ <u>popular</u> that the museum decided to extend it for another month.

08 밑줄 친 부분에 들어갈 말로 가장 적절한 것은?

A: Hello, I'd like to open a new savings account. Could you assist me with the process?

B: Sure! I just need a few details from you, such as your full name, address, and identification.

A: Here's my ID and my proof of address. ______________________

B: Yes, the minimum deposit for a savings account is $100. Would you like to deposit that amount now?

A: Yes, I'll deposit $100. Thank you for your help!

① What is the interest rate for the savings account?
② Do I need to make an initial deposit?
③ How long does it take to open an account?
④ Can I open a savings account online?

[09-10] 다음 글을 읽고 물음에 답하시오.

(A)

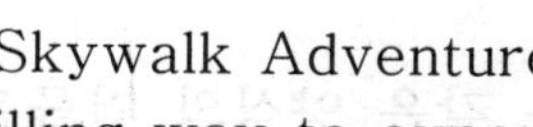

The Skywalk Adventure, initially designed as a thrilling way to experience forest canopies, has grown into a leading eco-tourism attraction due to advancements in suspension bridge technology. This program now provides visitors with a unique opportunity to explore forest ecosystems from a bird's-eye view.

Spend an entire day in the forest and join our exclusive skywalk tour across the treetops. Witness how our team preserves the forest habitat, and enjoy the breathtaking scenery from an entirely new perspective.

■ **Cost**

- Adult (16+): $90
- Child (4-15): $75
- Preferential treatment for senior citizens (including two companions): 30% off

■ **Important Notes**

- Children aged 0-3 are not permitted on the skywalk.
- The skywalk tour starts every hour from 9:00 a.m. to 5:00 p.m.
- Please arrive at least 30 minutes before the scheduled start time.

For more details, visit our website or call (555) 987-6543.

09 (A)에 들어갈 윗글의 제목으로 가장 적절한 것은?
① The Role of Forests in Eco-Tourism
② The Evolution of Suspension Bridge Technology
③ Skywalk Adventure: A Thrilling Forest Experience
④ Community Efforts in Forest Conservation

10 위 안내문의 내용과 일치하지 않는 것은?
① The program has been enhanced by technological advancements.
② Visitors can observe forest ecosystems from a unique perspective.
③ It does not offer any type of discount.
④ The skywalk experience has an age restriction.

일일 모고 한국사 제21회

합격까지 **박문각**

가장 빠른 한국사
한국사 박기훈

01 아래 그림의 건축물과 같은 양식의 건물은?

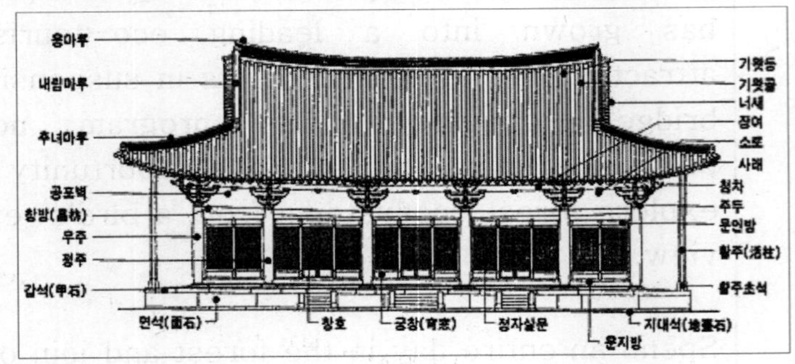

① 법주사 팔상전
② 금산사 미륵전
③ 성불사 응진전
④ 부석사 무량수전

02 다음과 같은 주장을 했던 인물의 행적으로 옳지 않은 것은?

> 1. 以小逆大 一不可(소로써 대를 거역하는 것이다.)
> 2. 夏月發兵 二不可(여름에 군대를 동원하는 것이다.)
> 3. 擧國遠征 倭乘其虛 三不可
>   (온나라 군대를 동원하여 원정하러 가면 왜구가 그 틈을 노릴 것이다.)
> 4. 時方署雨 弩弓解膠 大軍疾疫 四不可
>   (여름철이라서 비가 자주 내리므로 활이 눅고 군사들은 질병을 앓을 것이다.)

① 요동공략
② 진포대첩
③ 위화도회군
④ 권문세족 이인임 처단

03 조선 후기의 개성상인에 대한 설명으로 옳은 것은?

① 의주에 본거지를 두고 청과의 후시 무역을 주도하였다.
② 조선 전기에 인삼을 다루는 종삼회사를 운영하여 청과 무역하였다.
③ 국내 상업에 비해 무역업에는 종사하지 않았다.
④ 사개송도치부법이라는 독자적인 복식 부기법을 활용하였다.

04 밑줄 친 변화가 일어나게 된 원인으로 옳은 것은?

> 오늘을 대한민국이 유엔의 후원하에 탄생한 지 43년 만에 유엔의 정회원국으로 새출발하는 날이기에 한국민 모두에게 매우 뜻 깊은 날이다. 대한민국은 동서 화해를 바탕으로 새롭게 형성되고 있는 국제 질서하에 유엔의 역할이 증대되고 있는 오늘날 정회원국으로서 응분의 역할을 다해야 할 것이다. 더욱 뜻 깊은 것은 <u>조선 민주주의 인민 공화국이 우리와 함께 유엔에 가입하게 된 것</u>이다. 이제 남북한 관계에 있어서 새로운 장을 여는 중요한 계기를 마련하게 되었다. '세계 평화의 날'이기도 한 오늘, 남북한은 한반도의 평화 통일을 달성하겠다는 굳은 결의를 새롭게 해야 할 것이다.
>
> –1991.9.18. 한국 외무부 장관의 유엔 가입 수락 연설–

① 북한의 핵개발
② 김일성의 사망
③ 미국과 소련의 냉전 종식
④ 김대중 대통령의 햇볕정책

05 연표에서 (가)~(다)에 들어갈 통일 정책을 순서대로 바르게 나열한 것은?

	(가)		(나)		(다)	
		노태우		김영삼		김대중

	(가)	(나)	(다)
①	북한 경수로 건설 시작	남북기본합의서의 체결	금강산 관광 시작
②	북한 경수로 건설 시작	금강산 관광 시작	남북기본합의서의 체결
③	남북기본합의서의 체결	북한 경수로 건설 시작	금강산 관광 시작
④	남북기본합의서의 체결	금강산 관광 시작	북한 경수로 건설 시작

06 **다음은 국외 이주 동포의 수난을 알려 주는 글이다. 밑줄 친 '이 지역'에서의 민족 운동을 설명하기 위한 연구 활동으로 옳은 것은?**

> <u>이 지역</u>에서 살던 우리들은 5,6일 간 먹을 식량만 가지고 떠나도록 허용 되었다. 나호트카로 끌려가 4일간 머물다가 화물 열차에 실렸다. 그것이 1937년 10월 초 어느 날이었다. 식량 배급은 거의 없고, 의복과 이불도 받지 못하여 추위에 떨었다. 외출도 금지되었다. 소독도 하지 않아 이가 바글바글 하였는데, 기차가 멈추면 여자들은 차창을 열고 머리칼을 터는게 이가 먼지처럼 떨어졌다. 이동 중에도 남자들은 잡혀 가 숙청되었다. 40일 만에 도착한 곳은 집 한 채 없는 허허 벌판이었다.
>
> -국학 자료원,「한인의 항일 투쟁과 수난사」-

① 대한 광복군 정부의 결성 배경과 활동을 알아본다.
② 여운형이 중심이 된 신한청년당의 활동을 알아본다.
③ 조선 의용대의 핵심 인물인 김원봉의 행적을 조사한다.
④ 한국 독립군과 조선 혁명군의 항일 전투 일지를 정리한다.

07 **다음은 일제 강점기 노동 쟁의의 발생 횟수를 보여주는 그래프이다. (가) 시기의 노동 쟁의와 관련된 내용이 아닌 것은?**

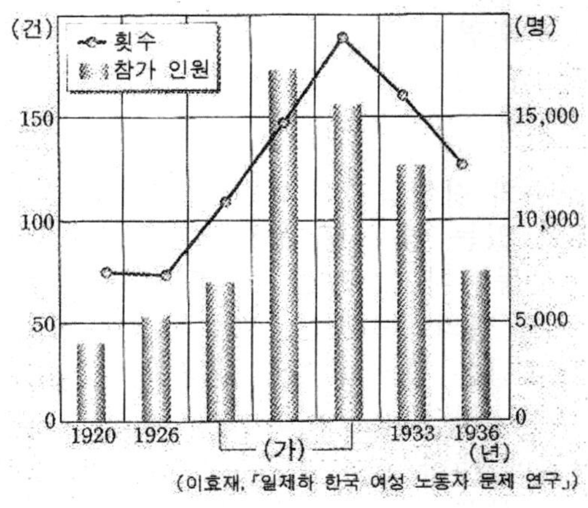

(이효재,「일제하 한국 여성 노동자 문제 연구」)

① 원산 노동자 총파업
② 신간회의 적극적 지원
③ 사회주의 계열의 주도
④ 암태도 소작쟁의와의 연대 투쟁

08 **다음 (가)와 (나) 사이에 전개되었던 민족 운동에 대한 설명으로 옳은 것은?**

> (가) 오늘 우리들의 이 거사는 정의, 인도, 생존, 번영을 위하는 겨레의 요구이니, 오직 자유의 정신을 발휘할 것이요, 결코 배타적 감정으로 치닫지 말라. / 마지막 한 사람에 이르기까지, 마지막 한 순간에 다다를 때까지, 민족의 정당한 의사를 시원스럽게 발표하라. / 모든 행동은 가장 질서를 존중하여, 우리들의 주장과 태도를 어디까지나 떳떳하고 정당하게 하라.
>
> (나) 검거된 학생들을 탈환하자! / 만행을 저지른 광주 중학(일본인 학교)을 즉각 폐쇄하라! / 집회, 결사, 언론의 자유를 획득하자! / 학원 내에 경찰의 출입을 반대한다! / 조선인 본위의 교육제도를 확립하자! / 용감히 싸우는 학생 대중 만세!

① 신민회를 중심으로 문화적, 경제적 실력 양성 운동이 전개되었다.
② 일제의 신사 참배 강요에 대한 거부 운동이 전국으로 확산되었다.
③ 순종의 인산일을 기점으로 서울 중심가에서 학생 의거가 일어났다.
④ 동아일보와 학생들을 중심으로 농촌계몽운동인 브나로드가 일어났다.

09 **다음 사건을 계기로 일어난 사실로 옳은 것만을 <보기>에서 모두 고르면?**

> 1907년 이준, 이상설, 이위종 등이 고종의 밀서를 가지고 헤이그 만국 평화 회의에 출석하여 일제와 체결한 조약의 부당성을 세계 각국에 호소하고자 하였다. 그러나 일본, 영국 등의 방해로 회의 참석을 거부당하였다.

> <보 기>
>
> ㉠ 고종 황제가 강제로 퇴위 당하였다.
> ㉡ 시위대와 진위대의 군인을 해산하였다.
> ㉢ 일제의 강요에 의해 을사조약이 체결되었다.
> ㉣ 최익현, 민종식, 신돌석 등이 의병 운동을 일으켰다.

① ㉠, ㉡　② ㉠, ㉢
③ ㉠, ㉣　④ ㉡, ㉣

10 **다음 내용을 암송하던 시기에 있었던 사실로 옳은 것은?**

> 1. 우리는 황국 신민이다. 충성으로써 군국에 보답하자.
> 2. 우리 황국 신민은 신애협력하고 단결을 굳게 한다.
> 3. 우리 황국 신민은 인고단련의 힘을 길러 황도를 선양한다.

① 이광수가 무정을 출간하였다.
② 헌병 경찰 통치가 시행되었다.
③ 산미증식계획이 다시금 시작되었다.
④ 우리 민족과 일본인의 거주지를 구분하고, 학교도 구분하였다.

일일 모고 행정법 제21회

01 **법치행정의 원리에 대한 설명으로 옳지 않은 것은? (다툼이 있는 경우 판례에 의함)**

① 텔레비전방송수신료금액의 결정은 납부의무자의 범위와는 달리 수신료에 관한 본질적인 중요한 사항이 아니므로 국회가 스스로 결정할 필요는 없다.

② 「토지초과이득세법」상의 기준시가는 국민의 납세의무의 성부 및 범위와 직접적인 관계를 가지고 있는 중요한 사항이므로 그 기준시가를 전적으로 대통령령에 맡겨 두고 있는 것은 헌법상의 조세법률주의 혹은 위임입법의 범위를 구체적으로 정하도록 한 헌법 제75조의 취지에 위반된다.

③ 전기요금의 결정에 관한 내용을 반드시 입법자가 스스로 규율해야 하는 부분이라고 보기는 어렵다.

④ 법외노조 통보는 적법하게 설립된 노동조합의 법적 지위를 박탈하는 중대한 침익적 처분으로서 원칙적으로 국민의 대표자인 입법자가 스스로 형식적 법률로써 규정하여야 할 사항이고, 행정입법으로 이를 규정하기 위하여는 반드시 법률의 명시적이고 구체적인 위임이 있어야 한다.

02 **행정행위의 부관에 대한 설명으로 옳지 않은 것은? (다툼이 있는 경우 판례에 의함)**

① 부담부 행정처분에 있어서 처분의 상대방이 부담상 의무를 이행하지 아니한 경우에 처분행정청으로서는 이를 들어 당해 처분을 철회할 수 있다.

② 위법한 부담 이외의 부관으로 인해 권리를 침해받은 자는 부관부 행정행위 전체를 취소청구하든지, 아니면 행정청에 부관이 없는 처분으로의 변경을 청구한 다음 그것이 거부된 경우에 거부처분 취소소송을 제기하여야 한다.

③ 행정청이 처분을 하면서 부제소특약의 부관을 부가하는 것은 원칙적으로 허용된다.

④ 건축행정청은 신청인의 건축계획상 하나의 대지로 삼으려고 하는 '하나 이상의 필지의 일부'가 관계 법령상 토지분할이 가능한 경우인지를 심사하여 토지분할이 관계 법령상 제한에 해당되어 명백히 불가능하다고 판단되는 경우에는 토지분할 조건부 건축허가를 거부하여야 한다.

03 **행정행위의 하자에 대한 설명으로 옳은 것은? (다툼이 있는 경우 판례에 의함)**

① 과세관청이 과세예고 통지 후 과세전적부심사 청구나 그에 대한 결정이 있기 전에 과세처분을 한 경우, 특별한 사정이 없는 한 그 과세처분은 절차상 하자가 중대 · 명백하여 당연무효이다.

② 무권한의 행위는 원칙적으로 무효라고 할 것이므로, 5급 이상의 국가정보원 직원에 대해 임면권자인 대통령이 아닌 국가정보원장이 행한 의원면직 처분은 당연무효에 해당한다.

③ 적법한 권한 위임 없이 세관출장소장에 의하여 행하여진 관세부과처분은 주체의 하자가 존재하는 것으로서 당연무효이다.

④ 「택지개발촉진법」상 택지개발예정지구를 지정함에 있어 거쳐야 하는 관계중앙행정기관의 장과의 협의를 거치지 않은 택지개발예정지구 지정처분은 당연무효이다.

04 **취소소송의 피고적격에 대한 설명으로 옳지 않은 것은? (다툼이 있는 경우 판례에 의함)**

① 취소소송은 다른 법률에 특별한 규정이 없는 한 그 처분등을 행한 행정청을 피고로 한다.

② 상급행정청의 지시에 의해 하급행정청이 자신의 명의로 처분을 하였다면, 당해 처분에 대한 취소소송에서는 지시를 내린 상급행정청이 피고가 된다.

③ 헌법재판소장이 한 처분에 대한 행정소송의 피고는 헌법재판소 사무처장으로 한다.

④ 건국훈장 독립장이 수여된 망인에 대한 서훈취소를 국무회의에서 의결하고 대통령이 결재함으로써 서훈취소가 결정된 후에 국가보훈처장이 망인의 유족에게 독립유공자 서훈취소결정 통보를 하였다면 서훈취소처분 취소소송에서의 피고적격은 대통령에게 있다.

05 **행정소송의 집행정지에 대한 설명으로 옳지 않은 것은? (다툼이 있는 경우 판례에 의함)**

① '처분등이나 그 집행 또는 절차의 속행으로 인한 손해발생의 우려' 등 적극적 요건에 관한 주장·소명 책임은 원칙적으로 신청인 측에 있고, 이 요건을 결여하였다는 이유로 효력정지 신청을 기각한 결정에 대하여는 행정처분 자체의 적법 여부를 가지고 불복사유로 삼을 수 있다.

② 처분의 효력정지는 처분 등의 집행 또는 절차의 속행을 정지함으로써 목적을 달성할 수 있는 경우에는 허용되지 아니한다.

③ 처분의 취소가능성이 없음에도 처분의 효력이나 집행의 정지를 인정한다는 것은 집행정지제도의 취지에 반하므로 집행정지사건 자체에 의하여도 신청인의 본안청구가 이유 없음이 명백하지 않아야 한다는 것도 집행정지의 요건이다.

④ 집행정지의 요건인 '회복하기 어려운 손해'란 금전보상이 불가능한 경우뿐만 아니라 금전보상으로는 사회관념상 행정처분을 받은 당사자가 참고 견딜 수 없거나 또는 참고 견디기가 현저히 곤란한 경우의 유형 · 무형의 손해를 말한다.

06 **행정소송의 판결에 대한 설명으로 옳은 것은? (다툼이 있는 경우 판례에 의함)**

① 법원이 사정판결을 함에 있어서, 원고는 처분을 한 행정청을 상대로 손해배상, 제해시설의 설치 그 밖에 적당한 구제방법의 청구를 당해 취소소송이 계속된 법원에 병합하여 제기할 수 있다.

② 사정판결의 요건인 처분의 위법성은 변론 종결시를 기준으로 판단하고, 공공복리를 위한 사정판결의 필요성은 처분시를 기준으로 판단하여야 한다.

③ 공사중지명령의 상대방이 제기한 공사중지명령 취소소송에서 기각판결이 확정된 경우 특별한 사정변경이 없더라도 그 후 상대방이 제기한 공사중지명령해제신청 거부처분 취소소송에서는 그 공사중지명령의 적법성을 다시 다툴 수 있다.

④ 전소의 판결이 확정된 경우 후소의 소송물이 전소의 소송물과 동일하지 않더라도 전소의 소송물에 관한 판단이 후소의 선결문제가 되는 경우에 후소에서 전소 판결의 판단과 다른 주장을 하는 것은 기판력에 반한다.

07 **행정상 강제집행에 대한 설명으로 옳지 않은 것은? (다툼이 있는 경우 판례에 의함)**

① 「공익사업을 위한 토지 등의 취득 및 보상에 관한 법률」상의 협의취득시에 매매대상 건물에 대한 철거의무를 부담하겠다는 취지의 약정을 건물소유자가 하였다고 하더라도, 그 철거의무는 대집행의 대상이 되지 않는다.

② 공유수면에 설치한 건물을 철거하여 공유수면을 원상회복하여야 할 의무는 대체적 작위의무에 해당하므로 행정대집행의 대상이 된다.

③ 장기간 시정명령을 이행하지 아니하였더라도, 그 기간 중에는 시정명령의 이행 기회가 제공되지 아니하였다가 뒤늦게 시정명령의 이행 기회가 제공된 경우라면, 시정명령의 이행 기회 제공을 전제로 한 1회분의 이행강제금만을 부과할 수 있고, 시정명령의 이행 기회가 제공되지 아니한 과거의 기간에 대한 이행강제금까지 한꺼번에 부과할 수는 없으며 이를 위반하여 이루어진 이행강제금 부과처분은 위법하나 당연무효는 아니다.

④ 한국자산관리공사가 인터넷을 통하여 재공매하기로 한 결정 자체는 항고소송의 대상이 되는 행정처분에 해당하지 않는다.

08 **행정절차에 대한 설명으로 옳지 않은 것은? (다툼이 있는 경우 판례에 의함)**

① 「행정절차법」상 문서주의 원칙에도 불구하고, 행정청의 처분서의 문언만으로는 행정청이 어떤 처분을 하였는지 불분명하다는 등 특별한 사정이 있는 때에는 처분 경위나 처분 이후의 상대방의 태도 등 다른 사정을 고려하여 처분서의 문언과 달리 그 처분의 내용을 해석할 수도 있다.

② 특별한 사정이 없는 한 신청에 대한 거부처분이라고 하더라도 직접 당사자의 권익을 제한하는 것은 아니다.

③ 공무원 인사 관계 법령에 의한 처분에 관한 사항 전부에 대하여 「행정절차법」의 적용이 배제되는 것이 아니라 성질상 행정절차를 거치기 곤란하거나 불필요하다고 인정되는 처분이나 행정절차에 준하는 절차를 거치도록 하고 있는 처분의 경우에만 「행정절차법」의 적용이 배제된다.

④ 공정거래위원회의 시정조치 및 과징금납부명령에 「행정절차법」 소정의 의견청취절차 생략사유가 존재하면 공정거래위원회는 「행정절차법」을 적용하여 의견청취절차를 생략할 수 있다.

09 **국가배상에 대한 설명으로 옳지 않은 것은? (다툼이 있는 경우 판례에 의함)**

① 국가나 지방자치단체가 행정절차를 진행하는 과정에서 주민들의 의견제출 등 절차적 권리를 보장하지 않은 위법이 있다고 하더라도 그 후 이를 시정하여 절차를 다시 진행한 경우, 특별한 사정이 없는 한 절차적 권리 침해로 인한 정신적 고통에 대한 배상은 인정되지 않는다.

② 배상청구권의 시효와 관련하여 '가해자를 안다는 것'은 피해자나 그 법정대리인이 가해 공무원의 불법행위가 그 직무를 집행함에 있어서 행해진 것이라는 사실까지 인식함을 요구하지 않는다.

③ 국가배상청구권은 피해자나 법정대리인이 손해 및 가해자를 안 날로부터 3년간, 불법행위가 있은 날로부터 5년간 이를 행사하지 않으면 시효로 인하여 소멸된다.

④ 인감증명사무를 처리하는 공무원은 인감증명이 타인과의 권리 · 의무에 관계되는 일에 사용되는 것을 예상하여 그 발급된 인감증명으로 인한 부정행위의 발생을 방지할 직무상의 의무가 있다.

10 **행정상 손실보상에 대한 설명으로 옳지 않은 것은? (다툼이 있는 경우 판례에 의함)**

① 「토지보상법」상 보상액을 산정할 경우에 해당 공익사업으로 인하여 토지등의 가격이 변동되었을 때에는 이를 고려하지 아니한다.

② 공법상의 제한을 받는 토지의 수용보상액을 산정함에 있어 그 공법상의 제한이 당해 공공사업의 시행을 직접 목적으로 하여 가하여진 경우에는 그러한 제한을 받는 상태 그대로 평가하여야 한다.

③ 토지수용으로 인한 손실보상액은 당해 공공사업의 시행을 직접 목적으로 하는 계획의 승인 · 고시로 인한 가격변동을 고려함이 없이 수용재결 당시의 가격을 기준으로 하여 정하여야 한다.

④ 헌법 제23조 제3항에서 정한 '정당한 보상'이란 피수용재산의 객관적인 재산가치를 완전하게 보상하여야 한다는 완전보상을 뜻하는 것이고, 개발이익은 그 성질상 완전보상의 범위에 포함되는 피수용자의 손실이라고는 볼 수 없다.

일일 모고 행정학 제21회

합격까지 박문각

빠른 고득점 합격 행정학 이명훈

01 역사적 신제도주의에 대한 설명으로 옳지 않은 것은?

① 제도는 독립변수인 동시에 종속변수로서 개념화된다.

② 인과관계를 설명할 때 복잡 다양한 요인의 결합을 중시하며, 변수 간의 인과관계는 항상 맥락 속에서 형성됨을 강조한다.

③ 제도의 지속성을 강조하는 동시에 기존제도에 의해 발생하게 되는 의도하지 않았던 결과와 제도의 비효율성을 강조한다.

④ 제도적 동형화, 사회적 정당성, 배태성, 적절성의 논리 등을 통해 제도의 형성과 재생산을 설명한다.

02 사이먼(H. A. Simon)의 절차적 합리성(procedural rationality)에 대한 설명으로 옳은 것은?

① 절차적 합리성은 행위자의 목표와 행위선택의 우선순위가 분명한 것을 말한다.

② 절차적 합리성은 객관적 합리성이라고도 하는데 주어진 여건 속에서 가능한 최선의 대안을 선택하는 합리성을 말한다.

③ 절차적 합리성은 행동대안을 선택하기 위하여 사용된 절차가 인간의 인지능력과 여러 가지 한계에 비추어 보았을 때 얼마만큼 효과적이었는가의 정도를 의미한다.

④ 절차적 합리성은 결정이 생성되는 과정보다 선택의 결과에 더 관심을 갖는다.

03 윌슨(J. Q. Wilson)의 규제정치상황과 그 예가 잘 연결되지 않은 것은?

① 대중정치상황 - 음란물 규제

② 이익집단정치상황 - 의약갈등

③ 기업가정치상황 - 자동차안전규제

④ 고객정치상황 - 독과점 규제

04 경제적 비용편익분석(benefit cost analysis)에 대한 설명으로 옳지 않은 것은?

① 비용과 편익을 가치의 공통단위인 화폐로 측정한다.

② 미래가치를 현재가치로 환산할 때 할인율이 활용된다.

③ 편익비용비(B/C ratio)로 여러 분야의 프로그램들을 비교할 수 있다.

④ 형평성과 대응성을 정확하게 대변할 수 있는 수치를 제공한다.

05 킹던(J. W. Kingdon)의 '정책의 창이론(Policy Window Theory)'에서 서로 결합하여 새로운 정책의제로 형성되는 독립된 흐름이 아닌 것은?

① 정보의 흐름(information stream)

② 정치의 흐름(political stream)

③ 정책의 흐름(policy stream)

④ 문제의 흐름(problem stream)

06 조직구조의 유형 중 기능구조(functional structure)와 사업구조(divisional structure)에 대한 설명으로 옳지 않은 것은?

① 사업구조는 사업부서 내의 조정은 용이하지만 사업부서 간 조정이 곤란할 수 있다.

② 기능구조는 의사결정의 상위 집중화로 최고관리층의 업무부담이 증가될 수 있다.

③ 사업구조는 유사 업무를 수행하는 조직 구성원 간에 분업을 통해 전문기술을 발전시킬 수 있다.

④ 사업구조는 성과책임의 소재가 분명해 성과관리 체제에 유리하다.

07 동기부여이론에 대한 설명으로 옳지 않은 것은?

① 머슬로(Maslow)는 개인의 욕구는 학습되는 것이므로 개인마다 그 욕구의 계층에 차이가 많이 난다고 주장했다.

② 앨더퍼(Alderfer)의 ERG이론은 머슬로(Maslow)와는 달리 순차적인 욕구발로 뿐만 아니라 욕구좌절로 인한 욕구발로의 후진적·하향적 퇴행을 제시하고 있다.

③ 허츠버그(Herzberg)의 욕구충족요인 이원론에 대해 직무요소와 동기 및 성과 간의 관계가 충분히 분석되어 있지 않다는 비판이 있다.

④ 로크(Locke)의 목표설정이론은 인간의 행동이 의식적인 목표와 성취의도에 의해 결정된다고 가정한다.

08 직무평가의 방법 중에서 다음의 장점을 가진 방법은?

> ○ 체계적이고 과학적인 방법에 의하여 작성된 직무평가기준표를 사용하기 때문에 평가결과의 타당성과 신뢰성이 인정된다.
>
> ○ 한정된 평가요소만을 사용하는 것이 아니라, 분류대상 직위의 직무에 공통적이며 중요한 특징을 평가요소로 사용하기 때문에 관계인들이 평가결과를 쉽게 수용한다.

① 서열법　　② 점수법

③ 분류법　　④ 요소비교법

09 **예산제도에 대한 설명으로 옳은 것은?**

① 품목별 예산, 성과주의 예산, 계획예산 모두 합리모형에 해당한다.

② 목표관리 예산은 구성원의 참여에 의해 예산을 편성하며 단기목표를 강조한다.

③ 계획예산은 산출 중심적이며 관리 지향적인 예산이다.

④ 영기준 예산은 전년도 예산을 기준으로 계속사업 · 신규사업을 모두 분석한다.

10 **지방자치의 긍정적인 측면이 아닌 것은?**

① 지방정부간 경쟁 촉진

② 정책의 실험 용이

③ 지역 간 형평성 강화

④ 지역별 개성이나 특성에 맞는 발전 추구

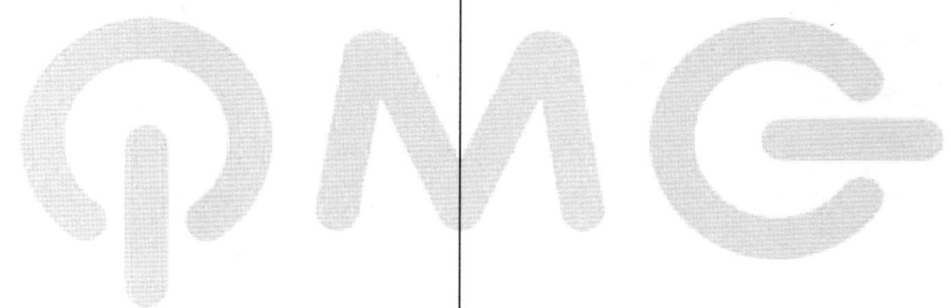

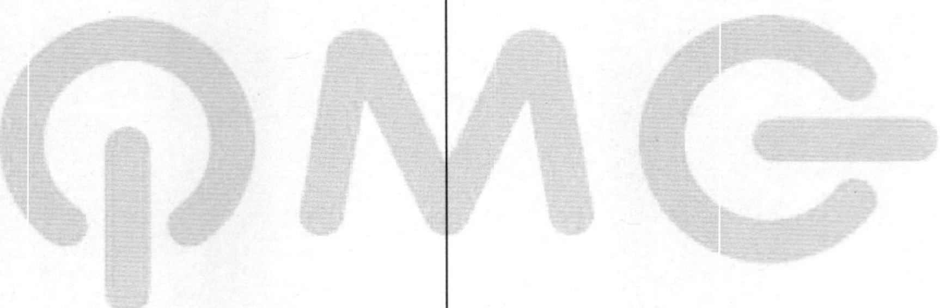

2025 공무원 시험대비 【6회차】

박문각 일일 모의고사

-제22회-

국어 · 영어 · 한국사

행정법 · 행정학

이 름 : ____________________

학습관 : ____________________

합격 예측

답안 입력 및 성적 조회는 PC, 모바일에서 모두 가능합니다.

★ PC: pass.pmg.co.kr | ★ 모바일 앱: 박문각 합격관리

일일 모고 국어 제22회

합격까지 박문각

赤功 국어 적중 혜선

01 다음 제시된 어휘의 음운 변동을 분석한 것으로 적절하지 않은 것은?

㉠ 흙일 ⇨ [흥닐] ㉡ 닳는 ⇨ [달른] ㉢ 발야구 ⇨ [발랴구]

① ㉠~㉢은 각각 2회 이상의 음운 변동이 일어났다.
② ㉠~㉢에 공통적으로 일어난 음운 변동은 첨가이다.
③ 음운 변동의 결과 음운의 개수에 변화가 없는 것은 ㉠이다.
④ ㉡과 ㉢에서 일어난 음운 변동의 횟수는 같다.

02 '음운의 축약'으로 볼 수 없는 것은?
① 두+었다 → 뒀다
② 되+어 → 돼
③ 쓰+이어 → 씌어
④ 가+아서 → 가서

03 밑줄 친 것 중 어법에 맞게 수정하지 않은 것은?
① <u>동틀 녘</u>이 되자 별빛들이 점차 스러졌다. (동틀 녘 → 동틀 녈)
② <u>윗층</u>으로 올라가는 계단은 더 어둡고 삭막했다. (윗층 → 위층)
③ <u>숫쥐</u>들이 들판을 떼를 지어 달리고 있었다. (숫쥐 → 수쥐)
④ 내일은 형의 <u>스무두째</u> 생일이다. (스무두째 → 스물두째)

04 문장 성분의 호응이 가장 자연스러운 것은?
① 대화명을 규정에 맞게 변경하지 않는 사람은 관리자가 카페 이용을 제한해야 한다.
② 그 일이 벌어졌을 때 아마 마음속으로라도 박수를 보내는 사람은 얼마나 되었을까.
③ 올림픽에서 보여 준 에너지를 바탕으로 국민 대통합과 국가 경쟁력을 제고해야 한다.
④ 행복의 조건으로서 물질적 기반 이외에 자질의 연마, 인격, 원만한 인간관계 등이 필요하다는 것이다.

05 다음 진술이 모두 참일 때 반드시 참인 것은?

○ 국어에서 90점 이상을 받는 것은 시험에 합격하기 위한 충분조건이다. ○ 사건 현장에 나타나는 것은 경찰이기 위한 필요조건이다.

① 사건 현장에 나타난 사람은 경찰이다.
② 시험에 합격한 사람은 국어에서 90점 이상을 받았다.
③ 사건 현장에 나타나지 않으면 경찰이 아니다.
④ 국어에서 80점을 받고 시험에 합격한 사람은 없다.

06 다음 <보기>를 참고했을 때 반드시 참인 문장은?

<보기> ○○대학교 컴퓨터공학과 학생들을 대상으로 조사한 결과, 데이터구조 수업을 수강한 학생 중 일부는 알고리즘 수업을 수강하였으며, 프로그래밍기초 수업을 듣지 않은 학생은 운영체제를 수강하지 않았다. 학과 규정에 따르면, 프로그래밍기초는 데이터구조 수업의 필수 선수강 과목이며, 알고리즘 수업은 데이터구조에서 C학점 이상을 받은 학생만 수강할 수 있다. 또한 운영체제를 수강한 학생들은 모두 네트워크 기초 수업도 수강한 것으로 나타났다.

① 데이터구조를 수강한 모든 학생은 알고리즘 수업을 수강하였다.
② 프로그래밍기초를 수강한 모든 학생은 데이터구조를 수강하였다.
③ 네트워크 기초를 수강한 모든 학생은 운영체제를 수강하였다.
④ 알고리즘을 수강하지 않은 학생 중 일부는 데이터구조를 수강하였다.

07 밑줄 친 표현이 ㉠의 의미와 가장 유사한 것은?

강한 볼을 던지려면 어깨도 강해야 하지만 허리를 잘 ㉠ <u>써야</u> 한다.

① 회사에서는 그 자리에 경험자를 <u>쓰기로</u> 했다.
② 그는 아들을 낳은 턱을 <u>쓰느라</u> 모두에게 저녁을 샀다.
③ 소송을 하느라고 변호사에게 돈을 <u>썼다</u>.
④ 그는 교통사고로 한쪽 다리를 <u>쓰지</u> 못한다.

08 ㉠ ~ ㉣과 바꿔쓸 수 있는 유사한 표현으로 적절하지 않은 것은?

(가) 물 한 방울이라도 ㉠ 아껴야 한다.
(나) 자격 조건을 ㉡ 갖추지 못한 경우에는 응시 자체가 제한될 수 있다.
(다) 국제 협약에 따라 포로를 제삼국에 ㉢ 넘겨주는 절차가 진행되었다.
(라) 우리나라는 중동에서 석유를 ㉣ 사들이다.

① ㉠: 절약해야
② ㉡: 구비하지
③ ㉢: 인솔해야
④ ㉣: 수입하다

09 다음 강연에서 발표자가 사용한 표현 전략으로 적절한 것은?

놀이공원에서 롤러코스터 타 보셨지요? 올라갔다가 내려갔다가 뒤집어졌다가 그러잖아요? 보통 3분에서 4분 정도 타고, 타고 나서 재미있는 사람은 또 타겠다고 해도 많이 타 봐야 한 10분 정도 타는데, 저는 20년째 롤러코스터를 타고 있습니다. 굉장하죠? 죽는 줄 알았어요. 20년 동안 롤러코스터 탄 이야기를 간단하게 할게요. 그런데 참 재미있는 것은 롤러코스터는 조금 내려오면, 다시 말해 내려가는 것을 너무 무서워하면 그 탄력이 약해서 조금밖에 못 올라가요. 쭉 내려오면 그 탄력으로 얼마든지 올라갈 수 있어요.

① 자신의 인생을 롤러코스터에 비유하며 말하고 있다.
② 재미있는 일화를 통해 청중들의 관심을 유도하고 있다.
③ 청중들이 알지 못하고 있는 것을 제시하고 이것에 대해 이야기할 것임을 제시하고 있다.
④ 청중들에게 필요한 것이 무엇인지 이야기하고 자신이 앞으로 그 내용을 전달할 것임을 제시하고 있다.

10 다음 글에서 글쓰기의 의의로 제시한 것이 아닌 것은?

전문가들이 말하는 좋은 글쓰기의 요건을 살펴보면, 한결같이 “자기 목소리로 자기 이야기를 하라.”라는 메시지를 담고 있다. 이 점에서 글쓰기는 ‘나’의 정체성을 확립하고 ‘나’의 삶을 스스로 개척하는 일과 직결된다. 실제로 글을 쓰다 보면 누구나 자기의 삶과 정체성의 문제에 관해 고민하게 된다. 글을 쓰는 일은 그래서 자주, ‘나는 누구인가’라는 삶의 근원적인 문제를 끌어안고 싸우는 일이 된다.

나는 누구인가? 나는 내가 원하는 삶을 살고 있는가? 앞으로 나는 어떻게 살아갈 것인가? 나는 다른 사람들에게 어떤 존재인가? 나에게 일어난 일들의 이유와 의미는 무엇인가? 이런 것들이 글을 쓰는 사람의 내면에서 자연스럽게 싹트는 질문들이다. 글을 쓰면서 우리는 이러한 질문에 대답하고, 또 새로운 질문을 던지게 된다. 끊임없는 자문자답의 과정을 통해 글쓰기는 ‘나’의 정체성을 찾는 가치 있는 탐험이 되며, ‘진정한 나’로 성장하는 의미 있는 여행이 된다.

타인과 세상을 향해 마음을 열고 서로 소통하기를 바라는 마음은 글쓰기의 중요한 기원이자 본질이다. 아이러니하게도 소통이 어렵거나 불가능한 상황에서 글쓰기의 열망은 더욱 강렬해진다. 무인도에 고립되었거나 감옥에 갇힌 사람이 매일 일기를 쓰고, 다른 사람에게 말하기 힘든 끔찍한 일을 겪었거나 역사의 비밀을 알고 있는 사람이 수기(手記)를 남기며, 억울한 일을 당한 사람이 세상을 향해 호소문을 쓰는 것 등이 그 예이다. 글쓰기가 ‘나’와 타인, 나와 세상을 연결하는 통로가 되는 예는 수없이 많다. 글쓰기는 세상 사람들이 더 잘 소통할 수 있게 해 주고, 글을 쓰는 사람 자신의 상처를 치유해 주는 역할을 한다.

① 글쓰기를 통해 나의 정체성을 찾을 수 있다.
② 글쓰기를 통해 ‘진정한 나’로 성장할 수 있다.
③ 인간의 생존을 위협하는 존재로부터 벗어날 수 있다.
④ 글쓰기가 나와 세상을 연결하는 통로가 될 수 있다.

일일 모고 영어 제22회

01 밑줄 친 부분에 들어갈 말로 가장 적절한 것은?

The new software is designed to _____ communication between different departments, making it easier to share information.

① confine
② imprison
③ condemn
④ facilitate

02 밑줄 친 부분에 들어갈 말로 가장 적절한 것은?

The new policy will _____ severe penalties on those who violate the environmental regulations, ensuring stricter enforcement.

① inflict
② relieve
③ mitigate
④ forgive

03 밑줄 친 부분에 들어갈 말로 가장 적절한 것은?

The hospital will _____ the patient once the doctors confirm that he is fully recovered and able to go home.

① discharge
② hire
③ deplete
④ assign

04 밑줄 친 부분에 들어갈 말로 가장 적절한 것은?

The new software is designed to accurately _____ between genuine and fraudulent transactions, improving security.

① combine
② eliminate
③ discriminate
④ monitor

05 밑줄 친 부분에 들어갈 말로 가장 적절한 것은?

The company faced legal consequences after a _____ of contract, resulting in a lawsuit from their business partner.

① breach
② conclusion
③ agreement
④ negotiation

06 밑줄 친 부분에 들어갈 말로 가장 적절한 것은?

The service at this restaurant is much _____ of the one across the street, as they offer a wider variety of dishes, faster service, and a more welcoming atmosphere.

① better than those
② better than that
③ better to that
④ better to those

07 밑줄 친 부분 중 어법상 옳지 않은 것은?

Most competitive sports involve the use of a ball. The specifications of the ball, ① <u>including</u> its size, weight, and material, ② <u>is</u> strictly regulated to ensure fairness in the game. Different sports require different types of balls, each designed to suit the nature of the game. For example, a soccer ball must be ③ <u>light enough</u> to be kicked ④ <u>easily</u> but also strong enough to withstand powerful shots.

08 밑줄 친 부분에 들어갈 말로 가장 적절한 것은?

Tim: Excuse me, is the conference room available for use this afternoon?

Jane: Yes, it is. The room is reserved from 3 PM to 5 PM.

Tim: Perfect! I'd like to prepare in advance; would it be possible to use it from 2 PM?

Jane: I'm sorry, but the room is booked by another team at that time. __________

Tim: Yes, that time is fine. Thank you!

① How many people can the meeting room accommodate?
② How do I cancel a meeting room reservation?
③ Can we eat food in the meeting room?
④ Would 2:30 PM work for you?

09 주어진 문장이 들어갈 위치로 가장 적절한 것은?

However, I am concerned that equally important values may be at risk of being lost in the whirlwind of competition.

We live in a world dominated by profit motives today. This suggests that science and technology education is crucial for a nation's future success. (①) I do not oppose excellent science and technology education, nor do I suggest that a nation should stop striving to improve it. (②) Skills related to the humanities and the arts are also essential for the well-being of developed nations and the creation of a desirable global culture. (③) These skills include the ability to think critically, transcend local loyalties, and approach international issues as a "global citizen." (④) Perhaps most importantly, it includes the ability to empathize with the struggles of others.

10 다음 글의 목적으로 가장 적절한 것은?

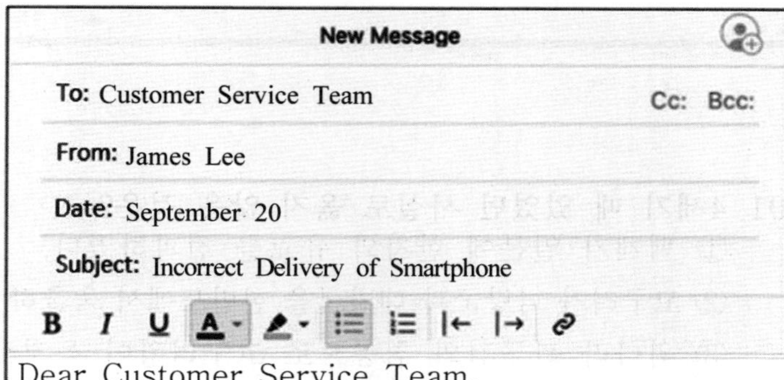

New Message

To: Customer Service Team Cc: Bcc:

From: James Lee

Date: September 20

Subject: Incorrect Delivery of Smartphone

Dear Customer Service Team,

I recently placed an order for a new smartphone (Model: XYZ Pro) through your online store on September 15. However, upon receiving the package today, I discovered that the wrong model (Model: XYZ Lite) was delivered.

This is highly inconvenient as I specifically ordered the XYZ Pro for its advanced features. I would appreciate it if you could either send the correct model as soon as possible or issue a full refund for the order. I have attached the order confirmation and photos of the delivered product for your reference.

Please resolve this issue promptly, as I need the correct device for work purposes.

Thank you for your immediate attention to this matter.

Sincerely,
James Lee ect Delivery of Smartphone

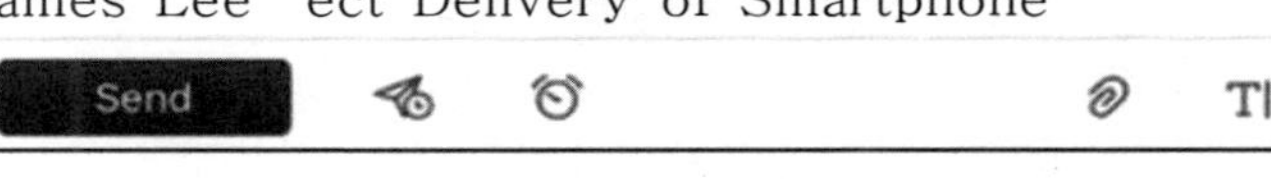

① 제품의 품질을 칭찬하고 감사의 인사를 전하려고
② 잘못 배송된 제품에 대한 불만을 표현하고 해결을 요청하려고
③ 새로운 제품의 기능을 문의하려고
④ 배송 속도에 대한 불만을 제기하려고

합격까지 **박문각**

일일 모고 한국사 제22회

가장 빠른 한국사
한국사 박기훈

01 4세기 때 있었던 사실로 옳지 않은 것은?

① 백제가 일본에 한자와 유교를 전파하였다.
② 고구려가 낙랑군과 대방군을 한반도에서 축출하였다.
③ 위나라 관구검의 침공으로 고구려왕이 옥저로 피신하였다.
④ 신라에서 김 씨 세력이 마립간을 칭하며 권력을 강화하였다.

02 다음 그릇이 지니는 역사적 의미로 옳은 것은?

① 신라가 한강유역을 장악하였다.
② 신라가 고구려의 정치적 영향을 받으면서 성장하였다.
③ 신라의 무덤 양식이 굴식돌방무덤으로 바뀌게 되었다.
④ 백제가 신라의 대야성을 공격하여 김춘추의 딸과 사위가 죽었다.

03 (가)~(라)에 들어갈 말로 옳은 것은?

> 1. 문왕은 당과 친선을 맺고 당의 (가) 를 수용하였다.
> 2. 신문왕은 지방 제도를 정비하여 (나) 를 완비하였다.
> 3. 경덕왕은 왕권강화를 위해 대규모의 사찰인 (다) 를 건설하였다.
> 4. 왕건은 (라) 의 풍수지리 사상을 신봉하여 훈요 10조에 이의 계승을 당부하였다.

① (가) – 5경 15부 62주
② (나) – 9주 5소경
③ (다) – 황룡사
④ (라) – 지눌

04 다음과 같은 일을 추진한 왕에 대한 설명으로 옳은 것은?

> ○ 유교정치를 구현하였다.
> ○ 호족들에게 호장, 부호장 등의 직책을 주고 향리제도를 실시하였다.

① 광군을 설치하였다.
② 노비안검법을 실시하였다.
③ 12목에 지방관을 파견하였다.
④ 별무반을 편성하여 동북 9성을 확보하였다.

05 다음 글과 관련된 지역에서 있었던 역사적 사실로 옳은 것은?

> 금강 유역에 위치한 도시로 무령왕릉이 발굴된 도시이다. 백제 멸망이후 당나라가 이곳에 잠시 도독부를 설치하기도 하였다.

① 김헌창의 난이 이곳에서 일어났다.
② 후백제의 견훤이 이곳에 도읍을 정하였다.
③ 주심포 양식의 부석사 무량수전이 건설되었다.
④ 조만식이 물산장려운동을 처음 일으킨 지역이다.

06 아래 글은 어느 배우의 연기 경력에 대한 것이다. (가), (나)가 추진한 일로 옳은 것은?

> 김영철은 특유의 카리스마적 매력으로 여러 군주를 연기하였다. 드라마 '대왕세종'에서는 냉혹한 군주 태종을 연기하였고, '공주의 남자'에서는 감정적 통치자였던 세조를 탁월하게 연기하였다. 무엇보다도 '태조 왕건'에서 그가 연기한 (가) 의 광기어린 모습은 지금도 여전히 회자되고 있다. 미륵을 자처하며 공포정치를 행했던 (가) 은/는 배우 최수종이 맡았던 개성 출신의 호족이자, 고려를 건국한 (나) 와/과 여러 면에서 대비되었다.

① (가) – 과거제도를 실시하였다.
② (가) – 도읍을 완산주로 천도하였다.
③ (나) – 친 신라 정책을 실시하여 민심과 정통성을 획득하였다.
④ (나) – 적극적인 북진정책을 실시하여 강동 6주를 확보하였다.

07 **다음과 같은 건의를 한 사람이 추진한 일로 옳은 것은?**

> 1. 왕은 구기지설을 믿고 새로 된 궁궐에 들지 않고 있는데, 길일을 택하여 들어갈 것.
> 2. 근래 관제에 어긋나게 많은 관직을 제수하여 녹봉이 부족하게 되었으니 원래 제도에 따라 관리 수를 줄일 것.
> 3. 근래 버슬아치들이 공사전을 빼앗아 토지를 겸병함으로써 국가의 수입이 줄고 군사가 결하게 되었으니, 토지 대장에 따라 원주인에게 돌려줄 것.
> 4. 공사조부를 거두는데 향리의 횡포와 권세가의 거듭되는 징수로 백성의 생활이 곤란하니, 유능한 수령을 파견하여 금지케 할 것.
> 5. 근래, 양계와 5도에 파견된 제도사가 왕실에게 바치는 공진을 구실로 주구를 일삼고 사비로 돌리기도 하니, 이제부터는 제도사로 하여금 공진을 금하게 할 것
> 6. 지금 승려 한 두 사람이 궁중에 부상 출입하고 또 왕이 내신으로 하여금 불사를 관장하여 곡식으로 민간에게 고리대를 함으로써 그 폐가 적지 않으니, 승려의 왕궁 출입과 곡식 대여를 금할 것.
> 7. 근래 여러 고을의 관리로서 재물을 탐내는 자가 많으니, 양계 병마사와 5도 안찰사에게 명하여 그들의 능력을 가려 유능한 자는 발탁하고 그렇지 못한 자는 장벌할 것.
> 8. 요사이 조정의 신하들의 저택과 복식의 사치가 심하니, 검소한 생활을 할 것.
> 9. 근래 여러 신하들이 산천의 순역을 가리지 않고 마구 원당을 세워 지맥을 손상하여 재변이 자주 일어나니 음양관으로 검토케하여 비보사찰 이외에는 헐게 할 것.
> 10. 언론을 맡은 대성 관리는 요사이 그 임무를 다하지 못하니 사람을 골라 임명할 것

① 삼별초를 창설하였다.
② 교정도감을 설치하였다.
③ 쌍성총관부를 수복하였다.
④ 진성여왕에게 시무 10조를 건의하였다.

08 **다음 사진과 같은 과학 기술의 발전을 이룩한 왕에 대한 설명으로 옳은 것은?**

① <고려사절요>를 편찬하였다.
② <향약집성방>을 편찬하였다.
③ <대전통편>을 완성하였다.
④ <동국문헌비고>를 편찬하였다.

09 **(가)~(라)에 들어갈 내용으로 옳지 않은 것은?**

	학통	예송	환국	천주교
남인	(가)	(나)	(다)	(라)

① (가) – 이황 학파
② (나) – 군주권의 강조
③ (다) – 기사환국으로 축출
④ (라) – 경기 남인 일부가 수용

10 **다음 중 정상적인 행보를 보이지 않는 인물은?**

명훈	소과에 합격하여 성균관에 입학하였다.
기훈	문과 시험에 장원으로 급제하여 백패를 지급받았다.
욱진	향리의 자제로 태어나 역과에 응시하여 합격하였다.
재준	관직에서 물러나 서원에서 후학을 양성하였다.

① 대웅
② 기훈
③ 세현
④ 재준

일일 모고 행정법 제22회

합격까지 박문각

광야에서 합격까지
행정법 강성빈

01 행정입법에 대한 설명으로 옳지 않은 것은? (다툼이 있는 경우 판례에 의함)

① 항정신병 치료제의 요양급여 인정기준에 관한 보건복지부 고시가 다른 집행행위의 매개 없이 그 자체로서 직접 국민의 구체적인 권리의무와 법률관계를 규율하는 성격을 가질 때에는 항고소송의 대상이 되는 행정처분에 해당한다.

② 한국수력원자력 주식회사가 조달하는 기자재, 용역 및 정비공사, 기기수리의 공급자에 대한 관리업무 절차를 규정함을 목적으로 제정·운용하고 있는 '공급자관리지침' 중 등록취소 및 그에 따른 일정 기간의 거래제한조치에 관한 규정들은 상위 법령의 구체적 위임 없이 정한 것이어서 대외적 구속력이 없는 행정규칙이다.

③ 「국가를 당사자로 하는 계약에 관한 법률」에 따라 체결된 계약은 사법상 계약이나, 동법 및 동법 시행령상의 입찰절차나 낙찰자 결정기준에 관한 규정을 단순히 국가의 내부규정에 불과한 것이라고 할 수는 없다.

④ 한국철도시설공단(현 국가철도공단)이 공사낙찰적격심사 감점처분의 근거로 내세운 규정은 공사낙찰적격심사세부기준이고, 이러한 규정은 공공기관이 사인과의 계약관계를 공정하고 합리적·효율적으로 처리할 수 있도록 관계 공무원이 지켜야 할 계약사무처리에 관한 필요한 사항을 규정한 것으로서 공공기관의 내부규정에 불과하여 대외적 구속력이 없다.

02 행정행위에 대한 설명으로 옳지 않은 것은? (다툼이 있는 경우 판례에 의함)

① 난민 인정에 관한 신청을 받은 행정청은 법령이 정한 난민 요건에 해당하는지를 심사하여 난민 인정을 거부할 수 있음은 물론, 법령이 정한 난민 요건과 무관한 다른 사유를 이유로도 난민 인정을 거부할 수 있다.

② 귀화신청인이 구 「국적법」 제5조 각호에서 정한 귀화요건을 갖추지 못한 경우 법무부장관은 귀화 허부에 관한 재량권을 행사할 여지없이 귀화불허처분을 하여야 한다.

③ 구 「학교용지 확보 등에 관한 특례법」에 따른 학교용지부담금 부과는 재량행위이다.

④ 「건설기술 진흥법」 제53조 제1항에서 규정한 벌점부과처분은 부과 여부에 관한 한 행정청의 재량이 인정되지 않는 기속행위이다.

03 행정행위의 요건과 효력에 대한 설명으로 옳지 않은 것은? (다툼이 있는 경우 판례에 의함)

① 행정의사가 외부에 표시되어 행정청이 자유롭게 취소·철회할 수 없는 구속을 받게 되는 시점에 처분이 성립하고, 그 성립 여부는 행정청이 행정의사를 공식적인 방법으로 외부에 표시하였는지를 기준으로 판단해야 한다.

② 상대방 있는 행정처분이 상대방에게 고지되지 아니한 경우에는 특별한 규정이 없는 한 상대방이 다른 경로를 통해 행정처분의 내용을 알게 되었다고 하더라도 행정처분의 효력이 발생한다고 볼 수 없다.

③ 구 「도시계획법」 제78조 제1항에 정한 처분이나 조치명령을 받은 자가 이에 위반한 경우 이로 인하여 같은 법 제92조에 정한 처벌을 하기 위하여는 그 처분이나 조치명령이 적법한 것이라야 하고, 그 처분이 당연무효가 아니라 하더라도 그것이 위법한 처분으로 인정되는 한 같은 법 제92조 위반죄가 성립될 수 없다.

④ 처분은 무효가 아닌 한 권한이 있는 기관이 취소 또는 철회하거나 기간의 경과 등으로 소멸되기 전까지는 적법한 것으로 통용된다.

04 취소소송의 소송요건에 대한 설명으로 옳은 것은? (다툼이 있는 경우 판례에 의함)

① 국유의 일반재산에 대한 대부신청을 거부하는 행위는 취소소송의 대상이 되는 행정처분에 해당한다.

② 임차인대표회의는 당해 주택에 거주하는 임차인과 달리 행정청의 분양전환승인처분이 승인의 요건을 갖추지 못하였음을 주장하여 그 취소소송을 제기할 원고적격이 없다.

③ 건국훈장 독립장이 수여된 망인에 대한 서훈취소를 국무회의에서 의결하고 대통령이 결재함으로써 서훈취소가 결정된 후에 국가보훈처장이 망인의 유족에게 독립유공자 서훈취소결정 통보를 하였다면 서훈취소처분취소소송에서의 피고적격은 국가보훈처장에게 있다.

④ 처분시에 행정청으로부터 행정심판 제기기간에 관하여 법정 심판청구기간보다 긴 기간으로 잘못 통지받은 경우에 보호할 신뢰 이익은 그 통지받은 기간 내에 행정소송을 제기한 경우에까지 확대되지 않는다.

05 행정소송에 대한 설명으로 옳은 것은? (다툼이 있는 경우 판례에 의함)

① 행정처분의 당연무효를 주장하여 그 무효확인을 구하는 행정소송에 있어서는 피고 행정청이 그 행정처분에 중대 · 명백한 하자가 없음을 주장 · 입증할 책임이 있다.

② 부당해고 구제신청에 관한 중앙노동위원회의 결정에 대하여 취소소송을 제기하는 경우, 법원은 중앙노동위원회의 결정 후에 생긴 사유를 들어 그 결정의 적법 여부를 판단할 수 있다.

③ 「민사집행법」에 따른 가처분은 항고소송에서도 인정된다.

④ 본안소송에서의 처분의 취소가능성이 없음에도 불구하고 처분의 효력정지나 집행정지를 인정한다는 것은 제도의 취지에 반하므로 집행정지사건 자체에 의하여도 신청인의 본안청구가 이유 없음이 명백할 때에는 행정처분의 효력정지나 집행정지를 명할 수 없다.

06 「행정심판법」에 대한 설명으로 옳지 않은 것은?

① 청구인이 경제적 능력으로 인해 대리인을 선임할 수 없는 경우에는 행정심판위원회에 국선대리인을 선임하여 줄 것을 신청할 수 있다.

② 「행정심판법」에 따른 서류의 송달에 관하여는 「행정소송법」 중 송달에 관한 규정을 준용한다.

③ 청구인이 피청구인을 잘못 지정한 경우에는 위원회는 직권으로 또는 당사자의 신청에 의하여 결정으로써 피청구인을 경정할 수 있다.

④ 시 · 도의 관할구역에 있는 둘 이상의 시 · 군 · 자치구 등이 공동으로 설립한 행정청의 처분에 대하여는 시 · 도지사 소속으로 두는 행정심판위원회에서 심리 · 재결한다.

07 행정법의 일반원칙에 대한 설명으로 옳지 않은 것은? (다툼이 있는 경우 판례에 의함)

① 국립대학교 법학전문대학원에 입학원서를 제출한 제칠일안식일예수재림교 신자 갑이 종교적 신념을 지키기 위해 면접 일정을 토요일 오후 마지막 순번으로 변경해 달라는 취지의 이의신청서를 제출했으나, 총장이 이를 거부하고 면접평가에 응시하지 않은 갑에게 불합격 통지를 한 것은 헌법상 평등원칙을 위반한 것으로 위법하므로, 그 불합격처분은 취소되어야 한다.

② 행정청이 외국인인 상대방에게 공신력이 있는 주민등록번호와 이에 따른 주민등록증을 부여한 행위는 그 상대방에게 대한민국 국적을 취득하였다는 공적인 견해를 표명한 것이라고 보아야 한다.

③ 과세관청이 납세의무자에게 부가가치세 면세사업자용 사업자등록증을 교부하거나 고유번호를 부여하였다면 그가 영위하는 사업에 관하여 부가가치세를 과세하지 않겠다는 언동이나 공적 견해를 표명한 것으로 볼 수 있다.

④ 교통사고가 일어난 지 1년 10개월이 지난 뒤 그 교통사고를 일으킨 택시에 대하여 운송사업면허를 취소한 경우, 택시운송사업자로서는 「자동차운수사업법」의 내용을 잘 알고 있어 교통사고를 낸 택시에 대하여 운송사업면허가 취소될 가능성을 예상할 수 있었으므로 별다른 행정조치가 없을 것으로 자신이 믿고 있었다 하여도 신뢰의 이익을 주장할 수는 없다.

08 행정의 실효성 확보수단에 대한 설명으로 옳은 것은? (다툼이 있는 경우 판례에 의함)

① 작위의무 위반행위에 대하여 대체적 작위의무로 전환하는 규정이 없는 경우, 부작위의무 위반결과의 시정을 명하는 원상복구명령은 무효이고, 원상복구명령의 실효성 확보를 위한 대집행의 계고처분 역시 무효이다.

② 독촉절차 없이 압류처분을 하였다면 이는 압류처분을 무효로 되게 하는 중대하고도 명백한 하자가 된다.

③ 「건축법」상 시정명령을 받은 의무자가 이행강제금이 부과되기 전에 그 의무를 이행하였더라도 그 시정명령에서 정한 기간을 지나서 이행한 경우라면 행정청은 이행강제금을 부과할 수 있다.

④ 형사처벌과 이행강제금은 병과될 수 없다.

09 「질서위반행위규제법」상 과태료에 대한 설명으로 옳지 않은 것은? (다툼이 있는 경우 판례에 의함)

① 질서위반행위 후 법률이 변경되어 그 행위가 질서위반행위에 해당하지 아니하게 되거나 과태료가 변경되기 전의 법률보다 가볍게 된 때에는 법률에 특별한 규정이 없는 한 변경된 법률을 적용한다.

② 과태료는 행정상의 질서유지를 위한 행정질서벌에 해당할 뿐 형벌이라고 할 수 없어 죄형법정주의의 규율대상에 해당하지 아니한다.

③ 과태료부과처분은 반드시 현실적인 행위자가 아니라도 법령상 책임자로 규정된 자에게 부과되고 원칙적으로 위반자의 고의 · 과실을 요하지 아니하나, 위반자의 의무 해태를 탓할 수 없는 정당한 사유가 있는 등의 특별한 사정이 있는 경우에는 이를 부과할 수 없다.

④ 행정청은 당사자가 납부기한까지 과태료를 납부하지 아니한 때에는 납부기한을 경과한 날부터 체납된 과태료에 대하여 100분의 3에 상당하는 가산금을 징수한다.

10 정보공개에 대한 설명으로 옳지 않은 것은? (다툼이 있는 경우 판례에 의함)

① 「공공기관의 정보공개에 관한 법률」상 공개청구의 대상이 되는 정보란 공공기관이 직무상 작성 또는 취득하여 현재 보유·관리하고 있는 문서에 한정되는 것이기는 하나, 그 문서가 반드시 원본일 필요는 없다.

② 정보공개 거부처분을 다투는 항고소송에서, 해당 정보를 대통령지정기록물로 지정하고 보호기간을 정한 행위의 적법성을 심사하기 위해 「정보공개법」 제20조 제2항에 따라 비공개 열람·심사가 이루어지는 경우, 행정청은 "보호기간이 정해진 대통령지정기록물의 경우 그 보호기간 동안 다른 법률에 따른 자료제출의 요구 대상에 포함되지 아니한다." 라고 규정한 「대통령기록물법」 제17조 제4항을 근거로 그 자료제출을 거부할 수 있다.

③ 「공공기관의 정보공개에 관한 법률」에 따라 중앙행정기관은 전자적 형태로 보유·관리하는 정보 중 공개대상으로 분류된 정보를 국민의 정보공개 청구가 없더라도 정보통신망을 활용한 정보공개시스템 등을 통하여 공개하여야 한다.

④ 청구인이 정보공개와 관련한 공공기관의 결정에 대하여 불복이 있는 경우 「공공기관의 정보공개에 관한 법률」에 따른 이의신청 절차를 거치지 아니하고 행정심판을 청구할 수 있다.

일일 모고 행정학 제22회

합격까지 박문각

빠른 고득점 합격
행정학 이명훈

01 **행정학의 주요 이론에 대한 설명으로 옳지 않은 것은?**

① 신공공관리론(New Public Management)은 전통적 관료제에 의한 정부운영방식의 한계를 극복하고 효율성을 확보하기 위해 민간기업의 운영방식을 공공부문에 접목하고자 한다.

② 피터스(B. G. Peters)는 전통적 형태의 정부모형에 대한 대안으로서 시장적 정부모형, 참여적 정부모형, 신축적 정부모형 및 탈내부규제 정부모형 등을 제시하였다.

③ 포스트모더니즘(Post-Modernism)은 이성, 합리성 및 과학 등에 기초한 모더니즘(Modernism)을 비판하면서 상상, 해체, 영역파괴, 타자성 등의 개념을 중심으로 한 거시이론, 거시정치 등을 통하여 행정현상을 설명하고자 한다.

④ 신공공서비스론(New Public Service)에서는 행정가가 업무수행의 효율성을 제고시키기보다는 모든 사람에게 더 나은 생활을 보장하여야 한다고 주장한다.

02 **공익(Public Interest)을 보는 관점에 대한 설명으로 옳지 않은 것은?**

① 실체설은 공익을 사익을 초월한 실체적 · 규범적 · 도덕적 개념으로 파악한다.

② 과정설은 공익이 사익 간의 타협과 조정의 과정에서 도출된다고 본다.

③ 실체설은 개개인의 이익은 공동체의 공동선에 종속되며, 공익과 사익 간의 갈등은 있을 수 없다고 한다.

④ 과정설은 공익을 도출하는 과정에서 정부의 독자적 · 적극적 역할을 강조한다.

03 **행정개혁의 접근방법 중 구조적 접근방법이 아닌 것은?**

① 기능중복의 제거

② 의사소통체제의 개선

③ 책임의 재규정

④ 리엔지리어링(BPR)

04 **제3종 오류에 대한 설명으로 옳지 않은 것은?**

① 제3종 오류를 줄이기 위한 방법으로 경계분석, 복수관점분석 등이 사용된다.

② 정책문제를 잘못 인지한 것과 관련된다.

③ 제3종 오류는 가치중립적인 판단을 통해서는 해결이 불가능하다.

④ 주로 대안 선정 및 제시의 단계에서 나타난다.

05 **정책결정 모형 가운데 점증주의 모형에 대한 설명으로 옳지 않은 것은?**

① 정책결정과정이 소수 몇몇 집단에 의해 주도될 가능성이 있다.

② 사회가 불안정할 때는 적용이 곤란하다.

③ 기존 정책이 잘못된 것이면 악순환이 초래된다.

④ 환경 변화에 대한 적응력은 강하나 혁신이 저해될 가능성이 있다.

06 **거시조직이론에 대한 설명으로 옳지 않은 것은?**

① 자원의존이론은 자원을 획득하고 유지할 수 있는 능력을 조직 생존의 핵심요인으로 파악한다.

② 거래비용이론은 거래비용이 높아지면 기업 내 위계조직 설립이 줄어든다고 설명한다.

③ 조직경제학은 결정론적 이론에 해당한다.

④ 조직군 생태학이론에 의하면 조직변화는 시계열적인 종단적 분석에 의해서만 검증이 가능하다고 전제한다.

07 **인사행정의 3요소로 옳은 것은?**

① 유능한 인재채용, 능력발전, 사기앙양

② 신분보장, 유능한 인재채용, 능력발전

③ 정치적 중립, 능력발전, 사기앙양

④ 유능한 인재채용, 사기앙양, 법정주의

08 **지출통제 예산제도에 대한 설명으로 옳지 않은 것은?**

① 결과지향적 예산제도이다.

② 예산의 구체적인 항목별 지출에 대해 통제하는 예산제도이다.

③ 예산결정과정을 단순화시켜 의사결정 비용이 감소한다.

④ 회계과목을 단순화하여 사업별 예산의 총액만 통제한다.

09 **「국가재정법」상 예산편성시 정부가 세출예산요구액을 감액하는 경우 해당 기관의 장의 의견을 구하여야 하는 기관이 아닌 것은?**

① 감사원 ② 중앙선거관리위원회

③ 국회 ④ 공정거래위원회

10 **우리나라의 지방재정조정제도에서 재원의 배분주체가 다른 하나는?**

① 보통교부세 ② 소방안전교부세

③ 특별교부세 ④ 조정교부금

2025 공무원 시험대비 【6회차】

박문각 일일 모의고사

-제1회-

[정답 및 해설]

이 름 : ______________________

학습관 : ______________________

합격
예측

답안 입력 및 성적 조회는 PC, 모바일에서 모두 가능합니다.

★ PC: pass.pmg.co.kr | ★ 모바일 앱: 박문각 합격관리

일일 모고 국어 제1회

정답 및 해설

합격까지 박문각

赤功 국어
적중 혜선

01. ③ 벌써 한 세 시간쯤 지났다.'에서 '한'은 관형사로 수량을 나타내는 말 앞에 쓰여 '대략'의 뜻을 나타내는 것이고, '옛날 한 마을에 효자가 살고 있었다.'에서 '한'은 '어떤'의 뜻을 나타내는 관형사이다.
① '벌써 새벽이 밝아 온다.'의 '밝다'는 '밤이 지나고 환해지며 새날이 오다.'라는 의미의 동사이고, '벽지가 밝아 집 안이 환해 보인다.'에서 '밝다'는 '빛깔의 느낌이 환하고 산뜻하다.'라는 의미의 형용사이다.
② '나는 여태 점심도 아니 먹었다.'의 '아니'는 부정이나 반대 의 뜻을 나타내는 부사이고, '아니, 그럴 수가 있니?'의 '아니'는 놀라거나 감탄스러울 때, 또는 의아스러울 때 하는 말로 감탄사이다.
④ '잘못을 알았으면 고쳐야 되지 않겠니?'의 '잘못'은 '옳지 못하게 한 일'을 의미하는 명사이고, '소금을 잘못 넣어 음식 맛이 짜졌다.'의 '잘못'은 '적당하지 아니하게'의 의미로 뒤에 오는 '넣다'를 수식하는 부사이다.

02. ④ ㉠의 '에'는 「8」 앞말이 수단, 방법 따위가 되는 부사어임을 나타내는 격 조사'이다. '햇볕'이 방법이 되어 옷을 말리고 있는 것처럼, '등잔불'이 방법이 되어 책을 읽는 것이다.
① 「4」 앞말이 원인의 부사어임을 나타내는 격 조사
② 「6」 앞말이 어떤 움직임이나 작용이 미치는 대상의 부사어임을 나타내는 격 조사
③ 「7」 앞말이 목표나 목적의 대상이 되는 부사어임을 나타내는 격 조사

03. ② 동사와 형용사를 구별하고, 그 특성에 맞게 사용할 수 있는가를 묻는 문제이다. 동사와 형용사는 둘 다 용언에 속하지만, 여러 가지 면에서 차이가 있다. '슬퍼하다'는 동사이므로 명령형 표현으로 쓸 수 있고(㉠), '-으러'는 가거나 오거나 하는 동작의 목적을 나타내는 연결 어미이다(㉡). 또한 동사와 '있다, 없다'의 어간에는 물음을 나타내는 어미 '-느냐'가 결합하고, '이다'와 형용사인 경우에는 '-냐'가 결합한다(㉤). 따라서 정답은 ②이다.
㉢ 동사 어간에는 감탄형 어미 '-는구나'가 결합한다. '이다'의 어간과 형용사 어간에는 감탄형 어미 '-구나'가 결합한다.
㉣ 형용사는 명령형과 청유형 표현으로 사용할 수 없으므로 '정직하자'와 같이 쓸 수 없다.

04. ④ 이미 ㉣은 옳은 문장이므로 고쳐서는 안 된다.
: 오는 것은 '영호'이므로 높이면 안 되고('오라고') 그러라고 하신 것은 선생님이므로 높여야 한다.('하셔') '오라고 하셔'의 준말은 '오라셔'이다,
① -대: 어떤 사실을 주어진 것으로 치고 그 사실에 대한 의문을 나타내는 종결 어미. 놀라거나 못마땅하게 여기는 뜻이 섞여 있다.
② 주어 '일은'과 서술어 '좋겠다'가 호응하지 않는다. 따라서 서술어를 '잘됐으면 하는 것이다.'로 고친 것이다.
③ 수식에 따라 '소중한 여러분', '소중한 꿈'의 중의적 의미로 해석할 수 있으므로 수정하는 것이 옳다.

05. ② 피진을 바탕으로 새로운 언어로 만들어 진 것이 크리올이므로 이 선택지는 옳지 않다. '피진'이 '크리올'보다 먼저 생성이 되었을 것이다.
① '피진'은 서로 다른 언어를 사용하는 화자가 만날 경우에 나타나므로 '타국과 교류가 활발히 이루어지는' 곳일 것임을 추론할 수 있다. 또한 '피진'의 어원이 영어의 '비즈니스'에서 나왔다고 했으므로 '상업지역'일 것이라는 설명은 적절하다.
③ 국어에 일본어를 섞어 쓰는 화자는 복수 언어 사용 능력을 가졌다고 보는 '코드 스위칭'이라고 볼 수 있다.
④ "피진' 사용자들이 사용하던 모국어와 비교해보면 적은 문법적 규칙과 단어를 그 특징으로 가지고 있다.'를 통해 알 수 있다.

06. ④ 데이터구조를 수강한 학생 중 일부는 알고리즘 수업을 수강했다는 내용이 <보기>에서 주어졌으므로, 데이터구조를 수강했지만 알고리즘을 수강하지 않은 학생이 존재할 수 있다. 따라서 ④는 반드시 참이다.
① 데이터구조를 수강한 모든 학생이 알고리즘 수업을 수강하지는 않았다. 알고리즘은 데이터구조에서 C학점 이상을 받아야만 수강할 수 있기 때문에, C학점 미만인 학생은 데이터구조를 들었더라도 알고리즘을 수강하지 못한다.
② 데이터구조 수업은 프로그래밍기초의 필수 선수강 과목이지만, 프로그래밍기초를 수강한 모든 학생이 반드시 데이터구조를 수강한 것은 아니다.
③ 네트워크 기초를 수강한 학생들이 모두 운영체제를 수강한 것은 아니다. 반대로 운영체제를 수강한 학생들이 네트워크 기초를 모두 수강한 것으로 주어졌으므로, 이 방향의 논리는 성립하지 않는다.

07. ③ ㉠의 '박다'는 '1 「3」 속이나 가운데에 들여 넣다.'를 의미한다. 이와 가장 유사한 의미의 '박다'는 ③이다.
① 1 「6」 자기 쪽 사람을 은밀히 넣어 두다.
② 1 「8」 머리나 얼굴 따위를 깊이 숙이거나 눌러서 대다.
④ 1 「10」 식물이 뿌리를 내리다.

08. ③ '쏟아붓다'는 '애정, 열정, 노력, 물자 따위를 아낌없이 많이 보내거나 바치다.'를 의미한다. 따라서 '빈틈없이 빽빽하게 모이다.'를 의미하는 '밀집(密 빽빽할 밀 集 모을 집)하다'는 ㉢과 바꿔 쓸 수 있는 유사한 표현으로 적절하지 않다. '한 가지 일에 모든 힘을 쏟아붓다.'를 의미하는 '집중(集 모을 집 中 가운데 중)하다'로 바꿔 쓸 수 있다.
① ㉠ '서다'는 '질서나 체계, 규율 따위가 올바르게 있게 되거나 짜이다.'를 의미한다. 따라서 '체계나 견해, 조직 따위를 굳게 서게 하다.'를 의미하는 '확립(確 굳을 확 立 설 립(입))하다'로 바꿔 쓸 수 있다.
② ㉡ '부수다'는 '만들어진 물건을 두드리거나 깨뜨려 못 쓰게 만들다.'를 의미한다. 따라서 '때려 부수거나 깨뜨려 헐어 버리다.'를 의미하는 '파괴(破 깨뜨릴 파 壞 무너질 괴)하다'로 바꿔 쓸 수 있다.
④ ㉣ '나서다'는 '어떠한 일을 적극적으로 또는 직업적으로 시작하다.'를 의미한다. 따라서 '어떤 일에 나서다.'를 의미하는 '출마(出 날 출 馬 말 마)하다'로 바꿔 쓸 수 있다.

09. ④ 개요의 내용을 고려할 때 ㉣은 'Ⅱ-1-나'에 대응되는 개선 방안이어야 한다. 그런데 'Ⅱ-1-나'에서 미세 먼지 예보 및 경보 체제가 취약하다는 것은 이러한 체제가 이미 도입되어 있다는 것을 의미한다. '취약'의 의미는 '약하다'는 것이지 '없다'의 의미는 아니므로 ㉣을 ④의 방안에 따라 수정하는 것은 적절하지 않다.

① ‘Ⅰ’의 하위 항목 중‘해외 사례를 통해 본 문제의 심각성’을 고려하면 ‘고농도 미세 먼지 실태의 심각성’으로 수정하는 것이 더 적절한 방안이다.
② ‘Ⅱ-2-나’의 대책과 대응 관계를 이루는 문제점을 제시했으므로 적절한 방안이다.
③ 미세 먼지 관리의 문제점이 아니라 미세 먼지로 인해 발생하는 부수적인 현상이므로 글 전체의 흐름에 맞지 않아 ‘Ⅱ-1’의 다른 항목 과 긴밀성이 떨어지며, ‘Ⅱ-2’와의 대응 관계가 적합하지 않으므로 삭제하는 것이 적절한 방안이다.

10. ④ ‘떨어지는~뚫 듯’에서 비유적 표현, ‘여러분의~있습니다’에서 기대효과, ‘참여합시다’에서 청유형 문장이 사용되고 있다. 또 3문장으로 이루어진 간결한 문장도 활용되고 있다.
① 청유형 문장이 사용된 부분을 찾을 수 없다.
② 문장의 길이가 길고 청유형 문장이 사용되지 않았다.
③ 비유적 표현을 찾을 수 없다.

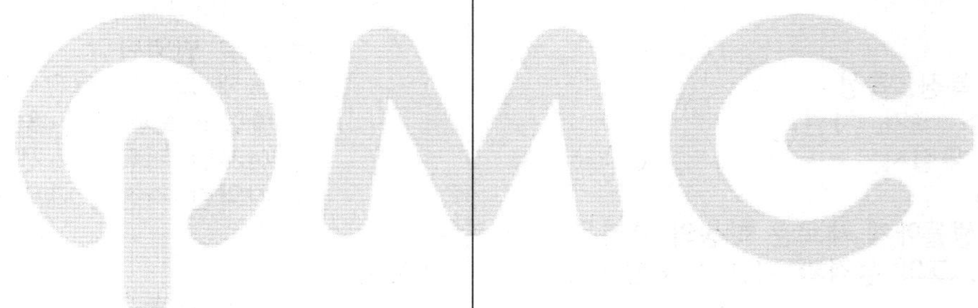

일일 모고 영어 제1회
정답 및 해설

합격까지 박문각

반드시 합격 진가영 영어

01. ② ★ admission 입학
● rejection 거절, 불합격
● failure 실패
● denial 거부, 부인
[해석] 대학교는 마감일 전에 대학원 프로그램에 대한 입학을 위해 공식 시험 성적을 요구한다.

02. ① ★ anchor 닻, 앵커
● obstacle 장애물, 방해물
● archive 기록 보관소, 기록
● barrier 장벽, 장애
[해석] 리더의 강한 존재감은 닻처럼 작용하여 불확실한 시기에 안정성과 방향을 제공하며 팀을 성공으로 이끌었다.

03. ④ ★ exaggerate 과장하다, 부풀리다
● clarify 명확하게 하다, 분명히 하다
● gather 모으다, 수집하다
● simplify 단순화하다, 쉽게 만들다
[해석] 일부 목격자들은 사건의 세부 사항을 과장하는 경향이 있어, 공식적인 조사에서 그들의 진술이 덜 신뢰할 수 있게 된다.

04. ② ★ characteristic 특징, 특성
● dimension 치수, 크기, 차원
● disorder 장애, 무질서
● confusion 혼란
[해석] 선생님은 학생들에게 새로운 학생의 특징을 설명하라고 요청했으며, 그의 성격과 기술을 포함했다.

05. ④ ★ ambition 야망, 열망
● convention 관습, 관례, 대회
● laziness 게으름, 나태
● indifference 무관심, 냉담
[해석] 성공적인 기업가가 되려는 그의 야망은 그를 지칠 줄 모르고 일하게 만들었고, 많은 장애물을 극복하게 했다.

06. ② [해설]
시간과 조건 부사절에서는 미래시제를 현재시제로 대신하고 주어가 3인칭 단수인 경우에는 단수 동사와 수 일치하므로 밑줄 친 부분에 가장 적절한 것은 ②이다.
[해석]
회의가 끝나자마자 우리는 다가오는 마감일을 맞추기 위해 새로운 프로젝트 작업을 시작할 것이다.

07. ③ [해설]
주격 관계대명사 뒤에 동사는 선행사와 수 일치 한다. 선행사(individuals)가 복수 형태이므로 복수 동사로 써야 한다. 따라서 밑줄 친 부분인 is woken을 are woken으로 고쳐야 한다.
[해석]
수면은 여러 단계로 나뉘며, 그중 렘 수면이 대부분의 꿈이 이루어지는 단계이다. 연구에 따르면, 렘 수면 중에 깨운 사람들은 보통 자신의 꿈을 자세히 기억할 수 있다. 반면, 비렘 수면 중에 깨는 사람들은 꿈을 거의 기억하지 못하며, 오직 약 15%만이 꿈을 기억할 수 있다.

08. ② [해석]
A: 실례합니다, 가장 가까운 지하철역으로 가는 길을 알려주실 수 있나요?
B: 물론이죠! 이 길을 따라 두 블록 정도 곧장 가신 후 신호등에서 왼쪽으로 도세요. 그러면 오른쪽에 입구가 보일 거예요.
A: 알겠습니다! 역에 자동 발권기가 있나요?
B: 네, 있어요. 거기서 표를 살 수도 있고, 교통카드가 있으면 사용할 수도 있어요.
A: 도와주셔서 정말 감사합니다!
B: 별말씀을요! 좋은 하루 보내세요!
① 어디서 표를 사야 하나요?
② 역에 자동 발권기가 있나요?
③ 그 역은 얼마나 멀어요?
④ 기차는 몇 시에 출발하나요?

09. ④ [해설]
이 글은 지역사회에서 소외된 결손가정, 고아원, 그리고 보호자가 없는 장애인들을 지원하기 위한 자원봉사자를 모집하는 내용을 담고 있다. "취약한 가정과 개인을 위한 빛이 되어주세요"라는 제목은 봉사활동의 목적과 의미를 가장 잘 반영한다.
① 올해 최고의 커뮤니티 행사에 참여하세요
② 즐겁고 보람 있는 경험을 위해 우리 팀에 합류하세요
③ 선샤인 커뮤니티 센터에서 일자리를 찾아보세요
④ 취약한 가정과 개인을 위한 빛이 되어주세요

10. ① [해설]
"assist"는 '돕다' 또는 '지원하다'는 의미로, 자원봉사자들이 일상 활동을 도와주는 역할을 설명한다. 가장 가까운 의미는 'support (지원하다)'이다.
② manage 관리하다
③ hinder 방해하다
④ organize 조직하다
[해석]

취약한 가정과 개인을 위한 빛이 되어 주세요

어려운 상황에 처한 사람들을 돕는 데 마음이 있는가요? 썬샤인 커뮤니티 센터는 우리 지역 사회의 취약한 가정과 개인들을 지원할 자원봉사자를 모집하고 있습니다. 지원 대상에는 한 부모 가정, 보호자가 없는 어린이, 지역 고아원의 거주자들이 포함됩니다.

자원봉사 세부 사항
- 기간: 9월 1일 - 12월 15일 (주말에만)
- 시간: 오전 9시 - 오후 1시
- 장소: 썬샤인 커뮤니티 센터 및 관련 시설

책임
- 도움이 필요한 어린이와 개인들에게 동료애와 정서적 지원을 제공합니다.
- 식사 준비 및 교육 지원과 같은 일상 활동을 돕습니다.
- 사회적 참여를 촉진하는 레크리에이션 활동과 워크숍을 조직합니다.

자격 요건
- 자원봉사자는 최소 18세 이상이어야 합니다.
- 따뜻하고 인내심 있는 태도가 필수입니다.
- 이전 경험은 필요하지 않지만, 배경 조사가 이루어질 예정입니다.

지원하려면 8월 20일까지 www.sunshinecenter.org/volunteer에서 신청하십시오. 문의사항은 1-800-123-4567로 전화하거나 volunteer@sunshinecenter.org로 이메일을 보내주세요.

[어휘]
- ☐ vulnerability 취약성
- ☐ companionship 동행, 친구 관계
- ☐ engagement 참여, 개입
- ☐ compassion 동정심

일일 모고 한국사 제1회

정답 및 해설

합격까지 박문각

가장 빠른 한국사
한국사 박기훈

01. ③ 구석기 시대는 이동 생활을 하며, 채집과 사냥을 통해 생계를 유지했다.
농경과 정착 생활은 신석기 시대에 들어서야 시작되었다.

02. ② 관산성 전투(554년)는 백제 성왕이 신라에게 빼앗긴 한강 유역을 되찾기 위해 신라를 공격한 전투이다. 신라 진흥왕이 이를 맞아 싸워 백제 군을 물리쳤으며, 백제 성왕이 전사하는 결과를 초래하였다. 이후 백제-신라 동맹이 완전히 붕괴되었고, 신라는 한강 유역을 확실하게 차지하게 되었다.

03. ③ 화랑도(花郞徒)는 신라의 귀족 청년 조직으로, 군사 훈련과 도덕 교육을 통해 나라를 이끌 인재를 양성하는 역할을 하였다. 김유신, 관창, 원효, 강수 등 신라의 중요한 인물들이 화랑도를 거쳤으며, 삼국 통일 과정에서 핵심적인 역할을 수행하였다. 화랑도에는 평민들도 참여하였다.

04. ③ 고려 성종(981~997년)은 최승로의 시무 28조를 받아들여 유교 정치 이념을 강화하였다.
③ 12목에 지방관(목사) 파견 → 지방 행정 체제 정비 및 중앙 집권 강화
① 전시과(토지제도) → 경종 때 처음 실시됨
② 성리학은 원간섭기에 전래되었다.
④ 천리장성 축조 → 거란의 침입 이후, 고려 현종~덕종 시기(11세기)

05. ② 부석사 무량수전은 고려 시대(우왕 집권기)의 대표적인 목조 건축물로, 배흘림기둥과 주심포 양식이 특징이다. 부석사(浮石寺)는 신라 문무왕 때 의상대사가 창건한 화엄종 사찰이며, 본당인 무량수전은 현재까지 보존된 중요한 유적이다.

06. ① ㉡ 위화도 회군(1388년): 이성계가 요동 정벌 출정을 거부하고 군대를 돌려 권력을 장악
㉠ 과전법 실시(1391년): 신진 사대부의 경제 기반 마련, 조선 건국 준비
㉢ 조선 건국(1392년): 이성계가 조선을 세우고 한양 천도를 준비
㉣ 한양 천도(1394년), 경복궁 건설(1395년): 정도전이 수도 건설 주도

07. ③ ㉢ 인조반정(1623년) → 서인이 중심이 되어 광해군을 폐위하고 인조 즉위
㉠ 정묘호란(1627년) → 후금(청 이전 국가)의 침입, 형제 관계 체결
㉡ 병자호란(1636년) → 청(후금이 국호 변경)의 재침, 남한산성에서 항전
㉣ 삼전도의 굴욕(1637년) → 인조가 청 태종에게 항복, 군신 관계 체결

08. ④ 예송 논쟁(禮訟, 1659년, 1674년)은 효종과 현종의 사망 이후 자의대비(인조의 계비)의 복상 기간 문제를 두고 벌어진 논쟁이다.
1차 예송(1659년, 효종 사후) → 서인: 1년복 / 남인: 3년복 주장 → 서인의 1년복 채택
2차 예송(1674년, 현종 사후) → 서인: 9개월복 / 남인: 1년복 주장 → 남인의 1년복 채택
이 논쟁은 단순한 예법 문제가 아니라, 왕권과 신권의 관계 및 정치적 주도권이 걸린 갈등이었다.

09. ③ 안창호(1878~1938년)는 실력 양성론에 기반한 무장투쟁 준비론을 강조하며 교육과 계몽운동에 힘쓴 독립운동가였다.
① 신민회는 위정척사 계열이 아니라 독립운동 기반 조성을 목표로 공화정을 추진한 비밀 결사 단체였다.
② 임시정부의 초대 국무총리는 이동휘였다.
④ 조선어 학회는 1930년대에 국내에서 만들어진 조직으로 안창호와 직접적인 연관은 없다.

10. ① 6.25 전쟁 주요 전개 과정
1. 북한군의 기습 남침(1950.6.25.) → 서울 함락
2. 낙동강 방어선 전투(1950.8~9월) → 국군과 UN군의 최후 방어선 구축
3. 인천 상륙 작전(1950.9.15.) → 맥아더 장군 지휘, 전세 역전
4. 서울 수복(1950.9.28.) → 국군 · UN군이 서울 탈환
5. 중국군 개입(1950.10~12월) → 압록강까지 북진 후 중공군 개입
6. 1.4 후퇴(1951.1.4.) → 중공군 공세로 서울 재상실
7. 전선 고착화 & 휴전 협정(1953.7.27.)

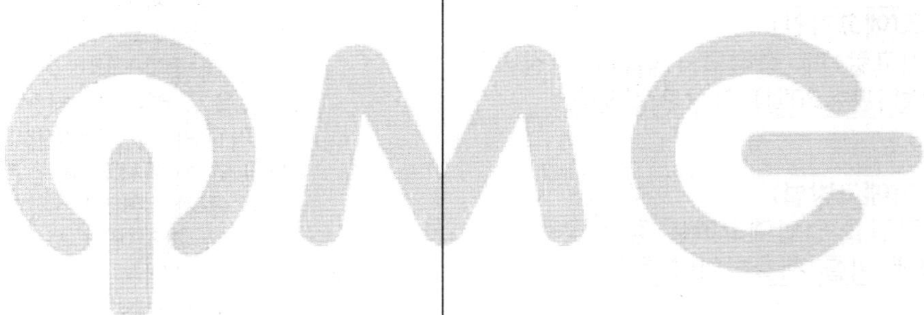

일일 모고 행정법 제1회
정답 및 해설

합격까지 박문각

광야에서 합격까지
행정법 강성빈

01. ① ① 도시 및 주거환경정비법상 사업시행자에게 사업시행계획의 작성권이 있고 행정청은 단지 이에 대한 인가권만을 가지고 있으므로 사업시행자인 조합의 사업시행계획 작성은 자치법적 요소를 가지고 있는 사항이라 할 것이고, 이와 같이 사업시행계획의 작성이 자치법적 요소를 가지고 있는 이상, 조합의 사업시행인가 신청시의 토지 등 소유자의 동의요건 역시 자치법적 사항이라 할 것이며, 따라서 개정된 도시 및 주거환경정비법 제28조 제4항 본문이 사업시행인가 신청시의 동의요건을 조합의 정관에 포괄적으로 위임하고 있다고 하더라도 헌법 제75조가 정하는 포괄위임입법금지의 원칙이 적용되지 아니하므로 이에 위배된다고 할 수 없다. 대법원 2007. 10. 12. 선고 2006두14476 판결

② 법률이 주민의 권리의무에 관한 사항에 관하여 구체적으로 범위를 정하지 않은 채 조례로 정하도록 포괄적으로 위임한 경우에도 지방자치단체는 법령에 위반되지 않는 범위 내에서 주민의 권리의무에 관한 사항을 조례로 제정할 수 있다. 대법원 2017. 12. 5. 선고 2016추5162 판결

③ 행정절차법 제43조

행정절차법 제43조(예고기간)
입법예고기간은 예고할 때 정하되, 특별한 사정이 없으면 40일(자치법규는 20일) 이상으로 한다.

④ 행정절차법 제42조

행정절차법 제42조(예고방법)
② 행정청은 대통령령을 입법예고하는 경우 국회 소관 상임위원회에 이를 제출하여야 한다.

02. ④ ④ 행정처분을 한 처분청은 그 처분의 성립에 하자가 있는 경우 이를 취소할 별도의 법적 근거가 없다고 하더라도 직권으로 이를 취소할 수 있다. 대법원 2002. 5. 28. 선고 2001두9653 판결

① 수익적 처분이 상대방의 허위 기타 부정한 방법으로 인하여 행하여졌다면 상대방은 그 처분이 그와 같은 사유로 인하여 취소될 것임을 예상할 수 없었다고 할 수 없으므로, 이러한 경우에까지 상대방의 신뢰를 보호하여야 하는 것은 아니라고 할 것이다. 대법원 1995. 1. 20. 선고 94누6529 판결

② 수익적 행정처분에 대한 취소권 등의 행사는 기득권의 침해를 정당화할 만한 중대한 공익상의 필요 또는 제3자의 이익보호의 필요가 있는 때에 한하여 허용될 수 있다는 법리는, 처분청이 수익적 행정처분을 직권으로 취소·철회하는 경우에 적용되는 법리일 뿐 쟁송취소의 경우에는 적용되지 않는다. 대법원 2019. 10. 17. 선고 2018두104 판결

③ 점용료 부과처분에 취소사유에 해당하는 흠이 있는 경우 도로관리청으로서는 당초 처분 자체를 취소하고 흠을 보완하여 새로운 부과처분을 하거나, 흠 있는 부분에 해당하는 점용료를 감액하는 처분을 할 수 있다. 대법원 2019. 1. 17. 선고 2016두56721 판결

03. ② ② 징계혐의자에 대한 감봉 1월의 징계처분을 견책으로 변경한 소청결정 중 그를 견책에 처한 조치는 재량권의 남용 또는 일탈로서 위법하다는 사유는 소청결정 자체에 고유한 위법을 주장하는 것으로 볼 수 없어 소청결정의 취소사유가 될 수 없다. 대법원 1993. 8. 24. 선고 93누5673 판결

① 행정소송법 제19조에서 말하는 '재결 자체에 고유한 위법'이란 원처분에는 없고 재결에만 있는 재결청의 권한 또는 구성의 위법, 재결의 절차나 형식의 위법, 내용의 위법 등을 뜻하고, 그 중 내용의 위법에는 위법·부당하게 인용재결을 한 경우가 해당한다. 대법원 1997. 9. 12. 선고 96누14661 판결

③ 행정심판청구가 부적법하지 않음에도 각하한 재결은 심판청구인의 실체심리를 받을 권리를 박탈한 것으로서 원처분에 없는 고유한 하자가 있는 경우에 해당하고, 따라서 위 재결은 취소소송의 대상이 된다. 대법원 2001. 7. 27. 선고 99두2970 판결

④ 행정처분에 대한 행정심판의 재결에 이유모순의 위법이 있다는 사유는 재결처분 자체에 고유한 하자로서 재결처분의 취소를 구하는 소송에서는 그 위법사유로서 주장할 수 있으나, 원처분의 취소를 구하는 소송에서는 그 취소를 구할 위법사유로서 주장할 수 없다. 대법원 1996. 2. 13. 선고 95누8027 판결

04. ③ ③ 처분청이 기본적 사실관계의 동일성이 인정되지 않는 별개의 사실을 들어 처분사유로 주장하는 것이 허용되지 않는다고 해석하는 이유는 행정처분의 상대방의 방어권을 보장함으로써 실질적 법치주의를 구현하고 행정처분의 상대방에 대한 신뢰를 보호하고자 하는 데에 취지가 있음을 고려하면, 처분청이 거부처분에 대한 항고소송에서 기존의 처분사유와 기본적 사실관계가 동일하지 않은 사유를 처분사유로 추가·변경한 것에 대하여 처분상대방이 추가·변경된 처분사유의 실체적 당부에 관하여 해당 소송 과정에서 심리·판단하는 것에 명시적으로 동의하는 경우에는, 법원으로서는 그 처분사유가 기존의 처분사유와 기본적 사실관계가 동일한지와 무관하게 예외적으로 이를 허용할 수 있다. 대법원 2024. 11. 28. 선고 2023두61349 판결

① 추가 또는 변경된 사유가 당초의 처분시 그 사유를 명기하지 않았을 뿐 처분시에 이미 존재하고 있었고 당사자도 그 사실을 알고 있었다 하여 당초의 처분사유와 동일성이 있는 것이라 할 수 없다. 대법원 2003. 12. 11. 선고 2001두8827 판결

② 행정소송규칙 제9조

행정소송규칙 제9조(처분사유의 추가·변경)
행정청은 사실심 변론을 종결할 때까지 당초의 처분사유와 기본적 사실관계가 동일한 범위 내에서 처분사유를 추가 또는 변경할 수 있다.

④ 사회적 사실관계의 기본적 동일성이 인정되는 경우라고 하더라도 그에 대한 규범적 평가와 처분의 근거 법령의 변경으로, 예를 들어 기속행위가 재량행위로 변경되는 경우와 같이, 당초 처분의 내용을 변경할 필요성이 제기되는 경우에는 해당 처분을 취소한 후 처분청으로 하여금 다시 처분절차를 거쳐 새로운 처분을 하도록 하여야 할 것이지 당초 처분의 내용을 그대로 유지한 채 근거 법령만 추가·변경하는 것은 허용될 수 없다. 대법원 2024. 11. 28. 선고 2023두61349 판결

05. ④ ④ 처분청이 스스로 당해 처분의 적법성과 합목적성을 확보하고자 행하는 자신의 내부 시정절차에서는 당초 처분의 근거로 삼은 사유와 기본적 사실관계의 동일성이 인정되지 않는 사유라고 하더라도 이를 처분의 적법성과 합목적성을 뒷받침하는 처분사유로 추가·변경할 수 있다고 보는 것이 타당하다. 대법원 2012. 9. 13. 선고 2012두3859 판결

① 재조사결정은 처분청의 후속 처분에 의하여 그 내용이 보완됨으로써 이의신청 등에 대한 결정으로서의 효력이 발생한다고 할 것이므로, 재조사결정에 따른 심사청구기간이나 심판청구기간 또는 행정소송의 제소기간은 이의신청인 등이 후속 처분의 통지를 받은 날부터 기산된다고 봄이 상당하다. 대법원 2010. 6. 25. 선고 2007두12514 판결
② 행정기본법 제36조

행정기본법 제36조(처분에 대한 이의신청)
② 행정청은 제1항에 따른 이의신청을 받으면 그 신청을 받은 날부터 14일 이내에 그 이의신청에 대한 결과를 신청인에게 통지하여야 한다. 다만, 부득이한 사유로 14일 이내에 통지할 수 없는 경우에는 그 기간을 만료일 다음 날부터 기산하여 10일의 범위에서 한 차례 연장할 수 있으며, 연장 사유를 신청인에게 통지하여야 한다.

③ 행정기본법 제36조

행정기본법 제36조(처분에 대한 이의신청)
① 행정청의 처분(「행정심판법」 제3조에 따라 같은 법에 따른 행정심판의 대상이 되는 처분을 말한다. 이하 이 조에서 같다)에 이의가 있는 당사자는 처분을 받은 날부터 30일 이내에 해당 행정청에 이의신청을 할 수 있다.

06. ② ② 신법의 효력발생일 당시 종결되거나 완성되지 아니한 채 진행 중인 사건에 대하여 신법을 적용하는 것은 이른바 '부진정 소급적용'에 해당하므로, 진정 소급적용의 경우와 달리 원칙적으로 허용된다.
① 법령공포법 제13조

법령공포법 제13조(시행일)
대통령령, 총리령 및 부령은 특별한 규정이 없으면 공포한 날부터 20일이 경과함으로써 효력을 발생한다.

③ 법령공포법 제12조

법령공포법 제12조(공포일 · 공고일)
제11조의 법령 등의 공포일 또는 공고일은 해당 법령 등을 게재한 관보 또는 신문이 발행된 날로 한다.

④ 지방자치법 제33조

지방자치법 제33조(조례와 규칙의 공포 방법 등)
① 조례와 규칙의 공포는 해당 지방자치단체의 공보에 게재하는 방법으로 한다. 다만, 제32조 제6항 후단에 따라 지방의회의 의장이 조례를 공포하는 경우에는 공보나 일간신문에 게재하거나 게시판에 게시한다.

07. ① ① 피고인이 행형법에 의한 징벌을 받아 그 집행을 종료하였다고 하더라도 행형법상의 징벌은 수형자의 교도소내의 준수사항위반에 대하여 과하는 행정상의 질서벌의 일종으로서 형법 법령에 위반한 행위에 대한 형사책임과는 그 목적, 성격을 달리하는 것이므로 징벌을 받은 뒤에 형사처벌을 한다고 하여 일사부재리의 원칙에 반하는 것은 아니다. 대법원 2000. 10. 27. 선고 2000도3874 판결
② 행정기본법 제33조

행정기본법 제33조(즉시강제)
① 즉시강제는 다른 수단으로는 행정목적을 달성할 수 없는 경우에만 허용되며, 이 경우에도 최소한으로만 실시하여야 한다.

③ 과세관청이 체납처분으로서 행하는 공매는 우월한 공권력의 행사로서 행정소송의 대상이 되는 공법상의 행정처분이며 공매에 의하여 재산을 매수한 자는 그 공매처분이 취소된 경우에 그 취소처분의 위법을 주장하여 행정소송을 제기할 법률상 이익이 있다. 대법원 1984. 9. 25. 선고 84누201 판결
④ 행정기본법 제31조

행정기본법 제31조(이행강제금의 부과)
⑥ 행정청은 이행강제금을 부과받은 자가 납부기한까지 이행강제금을 내지 아니하면 국세강제징수의 예 또는 「지방행정제재 · 부과금의 징수 등에 관한 법률」에 따라 징수한다.

08. ④ ④ 정보공개법 제29조

정보공개법 제29조(기간의 계산)
② 제1항에도 불구하고 다음 각 호의 기간은 "일" 단위로 계산하고 첫날을 산입하되, 공휴일과 토요일은 산입하지 아니한다.
1. 제11조제1항 및 제2항에 따른 정보공개 여부 결정기간

① 교육공무원승진규정 제26조에서 근무성적평정의 결과를 공개하지 아니한다고 규정하고 있다고 하더라도 위 교육공무원승진규정은 법률이 위임한 명령에 해당하지 아니하므로 위 규정을 근거로 정보공개청구를 거부하는 것은 잘못이다. 대법원 2006. 10. 26. 선고 2006두11910 판결
② 견책의 징계처분을 받은 갑이 사단장에게 징계위원회에 참여한 징계위원의 성명과 직위에 대한 정보공개청구를 하였으나 위 정보가 공공기관의 정보공개에 관한 법률 제9조 제1항 제1호, 제2호, 제5호, 제6호에 해당한다는 이유로 공개를 거부한 사안에서, 비록 징계처분 취소사건에서 갑의 청구를 기각하는 판결이 확정되었더라도 이러한 사정만으로 위 처분의 취소를 구할 이익이 없어지지 않고, 사단장이 갑의 정보공개청구를 거부한 이상 갑으로서는 여전히 정보공개거부처분의 취소를 구할 법률상 이익이 있으므로, 이와 달리 본 원심판결에 법리오해의 잘못이 있다고 한 사례. 대법원 2022. 5. 26. 선고 2022두33439 판결
③ 정보공개제도는 공공기관이 보유 · 관리하는 정보를 그 상태대로 공개하는 제도로서 공개를 구하는 정보를 공공기관이 보유 · 관리하고 있을 상당한 개연성이 있다는 점에 대하여 원칙적으로 공개청구자에게 증명책임이 있다고 할 것이지만, 공개를 구하는 정보를 공공기관이 한 때 보유 · 관리하였으나 후에 그 정보가 담긴 문서 등이 폐기되어 존재하지 않게 된 것이라면 그 정보를 더 이상 보유 · 관리하고 있지 아니하다는 점에 대한 증명책임은 공공기관에게 있다. 대법원 2004. 12. 9. 선고 2003두12707 판결

09. ② ② 국가배상법 제2조 소정의 '공무원'이라 함은 국가공무원법이나 지방공무원법에 의하여 공무원으로서의 신분을 가진 자에 국한하지 않고, 널리 공무를 위탁받아 실질적으로 공무에 종사하고 있는 일체의 자를 가리키는 것으로서, 공무의 위탁이 일시적이고 한정적인 사항에 관한 활동을 위한 것이어도 달리 볼 것은 아니다. 대법원 2001. 1. 5. 선고 98다39060 판결
① 국가배상법 제8조

국가배상법 제8조(다른 법률과의 관계)
국가나 지방자치단체의 손해배상 책임에 관하여는 이 법에 규정된 사항 외에는 「민법」에 따른다. 다만, 「민법」 외의 법률에 다른 규정이 있을 때에는 그 규정에 따른다.

③ 공법인이 국가나 지방자치단체의 행정작용을 대신하여 공익사업을 시행하면서 행정절차를 진행하는 과정에서 주민들의 절차적 권리를 보장하지 않은 위법이 있더라도 곧바로 정신적 손해를 배상할 책임이 인정되는 것

은 아니지만, 절차상 위법의 시정으로도 주민들에게 정신적 고통이 남아 있다고 볼 특별한 사정이 있는 경우에는 정신적 손해의 배상을 구하는 것이 가능하다. 대법원 2021. 8. 12. 선고 2015다208320 판결

④ (유흥주점에 감금된 채 윤락을 강요받으며 생활하던 여종업원들이 유흥주점에 화재가 났을 때 미처 피신하지 못하고 유독가스에 질식해 사망한 사안에서) 지방자치단체의 담당 공무원이 위 유흥주점의 용도변경, 무허가 영업 및 시설기준에 위배된 개축에 대하여 시정명령 등 식품위생법상 취하여야 할 조치를 게을리 한 직무상 의무위반행위와 위 종업원들의 사망 사이에 상당인과관계가 존재하지 않는다. 대법원 2008. 4. 10. 선고 2005다48994 판결

10. ④ ④ 토지보상법 제78조

> **토지보상법 제78조(이주대책의 수립 등)**
> ④ 이주대책의 내용에는 이주정착지(이주대책의 실시로 건설하는 주택단지를 포함한다)에 대한 도로, 급수시설, 배수시설, 그 밖의 공공시설 등 통상적인 수준의 생활기본시설이 포함되어야 하며, 이에 필요한 비용은 사업시행자가 부담한다. 다만, 행정청이 아닌 사업시행자가 이주대책을 수립·실시하는 경우에 지방자치단체는 비용의 일부를 보조할 수 있다.

① 토지보상법 제64조

> **토지보상법 제64조(개인별 보상)**
> 손실보상은 토지소유자나 관계인에게 개인별로 하여야 한다. 다만, 개인별로 보상액을 산정할 수 없을 때에는 그러하지 아니하다.

② 토지보상법 제66조

> **토지보상법 제66조(사업시행 이익과의 상계금지)**
> 사업시행자는 동일한 소유자에게 속하는 일단의 토지의 일부를 취득하거나 사용하는 경우 해당 공익사업의 시행으로 인하여 잔여지의 가격이 증가하거나 그 밖의 이익이 발생한 경우에도 그 이익을 그 취득 또는 사용으로 인한 손실과 상계할 수 없다.

③ 잔여지 수용청구의 의사표시는 관할 토지수용위원회에 하여야 하는 것으로서, 관할 토지수용위원회가 사업시행자에게 잔여지 수용청구의 의사표시를 수령할 권한을 부여하였다고 인정할 만한 사정이 없는 한, 사업시행자에게 한 잔여지 매수청구의 의사표시를 관할 토지수용위원회에 한 잔여지 수용청구의 의사표시로 볼 수는 없다. 대법원 2010. 8. 19. 선고 2008두822 판결

일일 모고 행정학 제1회

정답 및 해설

합격까지 **박문각**

빠른 고득점 합격
행정학 이명훈

01. ② 정보의 비대칭성은 시장실패의 유형으로 이에 대한 대응방안은 정부규제와 공적유도이다.
① 공공재는 시장실패의 유형으로 이에 대한 대응방안은 공적공급이다.
③ 정부개입에 의한 파생적 외부효과는 정부실패의 유형으로 이에 대한 대응방안은 규제완화와 보조금 삭감이다.
④ 관료의 사적 목표의 설정은 정부실패의 유형으로 이에 대한 대응방안은 민영화이다.

02. ③ 신공공관리론은 고객지향적 행정을 추구함으로써 시민을 생산자에 대한 선택권한만을 지닌 수동적 존재로 인식하였다.

03. ① 행정권의 오용이란 공무원의 비윤리적 일탈행위를 의미하며, 광의의 관료부패를 말한다. 법규중심의 행정(인사)은 경직성을 초래하는 부정적 측면이 있지만, 공정한 인사를 촉진하므로 공무원의 비윤리적 일탈행위(행정권의 오용)라 할 수 없다.
<<핵심체크>> 행정권의 오용

의의		공무원의 비윤리적 일탈행위(광의의 관료부패)
유형	부정행위	공무원의 고속도로 통행료 착복, 영수증 허위작성, 공금횡령 등의 행위
	비윤리적 행위	공무원이 금전수수 없이 친구 또는 특정집단에게 이득을 주는 행위
	법규의 경시	공무원이 자신의 행위를 정당화하기 방향으로 법규를 해석하는 경우
	입법의도의 편향된 해석	공무원이 합법적 테두리 안에서 특정 이익을 옹호하는 경우
	불공정한 인사	공무원이 업무수행능력과 무관한 이유로 해임이나 징계를 받는 경우
	무능력과 무소신	공무원이 맡은 업무를 적절히 수행할 전문지식이나 능력이 부족한 경우
	실책의 은폐	공무원이 정보의 선별적 배포나 비공개를 통해 실책을 은폐하는 경우
	무사안일과 직무유기	공무원이 사후책임이 두려워하여 아무런 조치도 취하지 않는 경우
오용이 아닌 것		• 법규의 엄격한 적용(법규중심의 융통성 없는 인사 등) • 재량권의 행사 등

04. ③ 살라몬(Salamon)은 정책수단의 분류 기준으로 직접성, 강제성, 자동성, 가시성 등을 제시하였다. 직접성은 행정활동을 정부가 직접 하는지 아니면 제3자 또는 민관이 공동으로 하는지에 대한 기준으로 경제규제(㉠)와 공기업(㉣)은 직접성의 정도가 높고, 보조금(㉡)과 바우처(㉢)는 직접성의 정도가 낮다.
<<핵심정리>> 직접성에 따른 정책수단 분류

간접수단	사회적 규제, 대출보증, 보험, 계약, 보조금, 조세지출, 바우처, 손해책임법, 사용료·과징금
직접수단	경제적 규제, 직접대출, 공기업, 정부소비, 정보제공

05. ② 외적 타당도란 조사연구의 결론을 다른 모집단, 상황 및 시점에 어느 정도까지 일반화시킬 수 있는지의 정도를 말한다. 반면, 측정도구가 동일한 현상을 반복하여 측정할 때 일관성 있는 결론을 얻을 수 있는 정도는 신뢰도이다.
<<핵심체크>> 정책평가의 타당도와 신뢰도

평가의 타당성	내적 타당성	• 정책효과(결과변수)가 다른 경쟁적인 요인(제3의 변수)들보다는 해당 정책(원인변수)에 기인한 것이라고 판단할 수 있는 정도(경쟁적 가설 배제의 정도) • 집행된 정책(원인변수)과 발생한 효과(결과변수) 간에 존재하는 인과관계 추론의 정확도 • 1차적으로 확보되어야 할 가장 중요한 타당도
	외적 타당성	• 어떤 특정한 상황에서 내적 타당성을 확보한 정책평가가 다른 상황에서도 적용될 수 있는 정도 • 특정한 상황에서 얻은 실험결과를 다른 상황에까지 일반화할 수 있는 정도
	구성적 타당성	• 처리·결과·모집단 및 상황들에 대한 이론적 구성요소들이 성공적으로 조작화된 정도 • 이론적 구성요소들을 측정하고자 구성된 척도가 측정대상을 실질적으로 측정해 내는 정도
	통계적 결론의 타당성	• 정책의 결과를 측정하기 위해 충분히 정밀하고 강력하게 연구설계가 이루어진 정도 • 제1종 오류, 제2종 오류가 발생하지 않는 정도
평가의 신뢰성	의의	정책결과의 측정을 위한 도구가 동일한 현상을 시기를 달리하여 반복하여 측정할 때 일관성 있는 결론을 얻을 수 있는 정도
	측정	정책의 대상집단과 내용 등은 동질성을 유지하면서 평가시기를 달리하여 각 시기별 정책결과 측정값의 상관관계 분석

06. ① 개방형 직위제 등을 통한 외부인의 영입은 갈등조성전략 중 하나이다.
② 분배적 협상은 자원이 제한되어 있어 제로섬(zero-sum)방식으로 나눌 수밖에 없다는 것을 기본적인 전제로 한다.
③ 목표의 분업구조, 과업의 상호의존성, 자원의 제한 등은 수평적 갈등의 원인으로 작용한다.
④ 갈등이 심한 경우가 아닌 갈등이 너무 낮은 경우 조직은 침체되어 있어서 구성원들이 현실에 안주하고, 변화에 대한 적응이 느리고, 새로운 아이디어 개발이 어려워 조직성과가 낮을 수 있다.

07. ④ 변혁적 리더십은 카리스마, 영감, 지적 자극, 개별적 배려를 특징으로 한다. 구성원 개개인의 개성과 다양성을 존중하는 것은 개별적 배려와 관련되며, 조직과 개인이 공생적 관계를 형성하고 공동의 목표를 향해 단합하게 하는 것은 카리스마와 관련되고, 새로운 관념을 촉발시키고 창의적 사고를 유도하는 것은 지적 자극과 관련된다. 반면, 구성원들의 실수나 규칙 위반을 확인하여 통제하는 예외에 의한 관리는 거래적 리더십과 관련된다.
<<핵심체크>> 변혁적 리더십의 구성요소

카리스마적 리더십 (이상적 영향력)	• 구성원들에게 미래에 대한 비전과 사명감을 제시하고 이것을 효과적으로 전달하는 리더의 행동이나 능력 • 난관을 극복하고 현상에 대한 각성을 표명함으로써 구성원에게 자긍심과 신념을 심어주며, 리더와 구성원의 강력한 감정의 결속을 통해 구성원들이 강한 충성과 존경을 가지고 리더의 비전을 수행케 하는 리더십
영감적 리더십	• 구성원들이 비전을 실현하는데 헌신하도록 동기유발시키는 리더의 행동이나 능력(카리스마와 유사) • 구성원들을 격려함으로써 구성원들로 하여금 도전적 목표와 임무, 미래에 대한 비전을 열정적으로 받아들이고 계속 추구하도록하는 리더십
지적 자극 (촉매적 리더십)	• 구성원들에게 기존의 형식적 관례와 사고에 대해 의문을 제기하고 다시 생각하게 함으로써 새로운 관념을 촉발시키고 창의적 사고를 유도하는 리더의 행동이나 능력 • 리더 자신, 구성원, 조직의 신념과 가치를 새롭게 바꾸려고 노력하는 리더십
개별적 고려	• 구성원들의 개인적 욕구에 세심한 관심을 보이고 후원적인 업무환경을 조성하려는 리더의 행동이나 능력 • 부하에게 특별한 관심을 보이고 각 부하들의 특정한 요구를 이해해 줌으로써 부하들에 대해 개인적으로 존중한다는 것을 전달하는 리더십 • 구성원 개개인의 욕구와 능력의 차이를 인정하고 이들이 성장할 수 있도록 멘토로서의 역할을 수행하며, 권한위임(권한부여)을 활용하는 리더십

08. ③ 직업공무원제는 공직을 유능하고 인품 있는 젊은 남녀에게 개방하고 전생애토록 근무하게 하는 제도로 직무경험이 있는 사람보다는 유능한 젊은 사람이 채용되도록 하여야 한다.

09. ② 단일성의 원칙이란 예산은 하나의 장부에 전부 기록되어야 한다는 원칙으로 특별회계, 추가경정예산, 기금 등이 그 예외에 해당한다.

① 통일성의 원칙은 예산은 특정세입을 특정세출에 연계하면 안 된다는 원칙으로 기금과 목적세는 그 예외에 해당하나, 준예산은 그 예외에 해당하지 아니한다.

③ 한정성의 원칙은 예산은 국회가 의결해 준 목적범위 내, 규모범위 내, 시간범위 내에서 사용되어야 한다는 원칙으로 예비비와 계속비는 그 예외에 해당하나, 목적세는 그 예외에 해당하지 아니한다.

④ 사전의결의 원칙은 예산은 행정부가 집행하기 이전에 입법부에 의해 먼저 심의 · 의결되어야 한다는 원칙으로 준예산과 예비비는 그 예외에 해당하나, 계속비는 그 예외에 해당하지 아니한다.

10. ④ ㉠, ㉡, ㉣는 옳고, ㉢는 옳지 않다. 단체자치는 대륙법계에서 발달한 지방자치로(㉣), 자치권을 전래권으로 인식하며(㉠), 권한부여 방식은 포괄적 위임주의에 입각해 있다(㉡).

㉢ 중앙정부와 지방자치단체의 관계를 단체자치는 권력적 감독관계로 인식하며, 주민자치는 기능적 협력관계로 인식한다.

2025 공무원 시험대비 【6회차】

박문각 일일 모의고사

-제2회-

[정답 및 해설]

이 름 : ____________________

학습관 : ____________________

합격
예측

답안 입력 및 성적 조회는 PC, 모바일에서 모두 가능합니다.

★ PC: pass.pmg.co.kr | ★ 모바일 앱: 박문각 합격관리

일일 모고 국어 제2회
정답 및 해설

합격까지 박문각

赤功 국어
적중 혜선

01. ① '하고많은'은 관형사가 아니라 '많고 많다'의 뜻을 지닌 형용사 '하고많다'에 관형사형 어미 '-은'이 붙은 활용형이다. 어미는 품사에 영향을 주지 않으므로, 그대로 형용사이다.
② '다른'은 '딴'의 뜻을 지닌 관형사로, 뒤에 오는 명사 '일'을 꾸며 준다.
③ '한다하는'은 '수준이나 실력 따위가 상당하다고 자처하거나 그렇게 인정받는'의 뜻을 지닌 관형사로, 뒤에 오는 명사 '집안'을 꾸며 준다.
④ '긴긴'은 '길고 긴'의 뜻을 지닌 관형사로, 뒤에 오는 명사 '세월'을 꾸며 준다.

02. ① 나머지는 부사이다. 하지만 '가볍게'는 '가볍다'가 활용한 것으로 형용사이다. 부사는 불변어인 것에 반해 형용사는 가변어인 것이다. 나머지는 부사화 접미사가 붙어서 만들어진 부사이다. 용언 어간 '가볍-'에 부사형 전성어미 '-게'가 붙어 활용한 것이다.
② 가득히:어근 '가득'에 부사화 접미사 '히'가 결합되어 아예 '부사'가 된 것이다.
③ 되게:'아주 몹시 ≒되우, 된통'을 의미하는 부사이다. '되다'가 활용된 것이 아님에 유의하여야 한다.
④ 없이:어근 '없-'에 부사화 접미사 '이'가 결합되어 아예 '부사'가 된 것이다.

03. ④ ④ 'ⓒ, ⓔ'은 잘못된 표현이다.
ⓒ 엇다가(×) → 얻다가(○): '어디에다가'가 줄어든 말은 '얻다가'이다.
ⓔ 일사분란(×) → 일사불란(○): '한 오리 실도 엉키지 아니함'이라는 뜻으로, 질서가 정연하여 조금도 흐트러지지 아니함을 이르는 말은 '일사불란(一絲不亂)'이다.
㉠ '멋쩍다'는 '하는 짓이나 모양이 격에 어울리지 않다.'는 뜻의 형용사이고, ⓛ'시방(時方)'은 '지금'이라는 뜻을 가진 명사 또는 부사이다. 이 문장에서는 부사로 쓰였다.

04. ① '회의 참석자들이 다 오지 않았다.'는 '부정'의 내용이 모호한 문장으로, '회의 참석자들이 모두 오지 않았다.' 또는 '회의 참석자들이 다는 오지 않았다'로 고치면 의미를 명확히 할 수 있다. 그러나 이 문장에 의미가 중복되는 단어는 사용되지 않았다.
② '자매결연'은 자매 관계를 맺는 일을 의미하므로, '맺었어'와 의미가 중복된다.
③ '역류'는 '거꾸로 흐름'을 의미하므로, '거꾸로'와 의미가 중복된다.
④ '회고'는 '과거를 돌이켜 생각함'을 의미하므로, '돌이켜'와 의미가 중복된다.

05. ③ 교통수단이 혁신적으로 발전해도 사람들은 통근 시간을 줄이는 것이 아니라 통근 거리를 늘려 왔기 때문에 통근 시간은 줄어들지 않았다고 했다. 따라서 교통 속도가 증가한다면 현대인들은 더 먼 곳으로 직장을 구할 수 있게 될 뿐, 통근 시간은 크게 줄어들지 않을 것이라고 추론할 수 있다.
① 마르체티 상수에 의하면 어느 시대에 어디에 살든 통근하는 사람이 매일 이동하는 데 쓰는 시간은 거의 1시간으로 일정하다고 했으므로 개발도상국에 거주하는 사람들이 선진국에 거주하는 사람들보다 출퇴근에 더 많은 시간을 쓸 것이라는 추론은 적절하지 않다.
② 2문단에서 교통수단이 혁신적으로 발전해 왔음에도 불구하고 통근 시간은 줄어들지 않았다고 했다.
④ 교통 속도가 증가할수록 도시 거주자들이 같은 거리를 이동하는 시간은 줄어들므로 도시 거주자들의 생활권은 넓어질 것이다. 이는 도시의 면적이 확대되는 결과를 낳을 것이다.

06. ② <보기>에 따르면, "모든 새는 날개를 가지고 있으며, 날개가 있는 동물 중 일부는 하늘을 날 수 있다."는 조건이 주어져 있다. 또한 하늘을 나는 동물은 "날개가 있어야만 하늘을 날 수 있다."는 논리적 조건이 성립한다. 따라서 이 문장은 반드시 참이다.
① <보기>에서 "날개가 있는 동물 중 일부는 하늘을 날 수 있다."고 명시되어 있다. 따라서 날개가 있는 모든 동물이 하늘을 난다는 결론은 성립하지 않는다.
③ <보기>에서 "하늘을 나는 동물은 모두 둥지를 만든다."고 제시되었지만, 펭귄은 하늘을 날지 못한다. 그리고 펭귄이 둥지를 만든다는 정보는 주어지지 않았으므로, 반드시 참이라고 할 수 없다.
④ <보기>에 따르면, 하늘을 나는 동물은 모두 둥지를 만들지만, 둥지를 만드는 동물에 새 외의 다른 동물이 포함될 가능성을 배제할 수 없다. 따라서 이 문장은 반드시 참이 아니다.

07. ② ㉠의 '터지다'는 '1「5」코피, 봇물 따위가 갑자기 쏟아지다.'를 의미한다. 이와 가장 유사한 의미의 '터지다'는 ②이다.
① 1「3」혼솔이나 꿰맨 자리가 뜯어져 갈라지다.
③ 1「2」거죽이나 겉이 벌어져 갈라지다.
④ 1「7」꽃망울이 벌어지기 시작하다.

08. ② '알리다'는 '다른 사람에게 어떤 것을 소개하여 알게 하다.'를 의미한다. 따라서 '일반 대중에게 널리 알리다.'를 의미하는 '공포(公 공평할 공 布 베 포)하다'는 ⓛ과 바꿔 쓸 수 있는 유사한 표현으로 적절하지 않다. '일에 관한 내용이나 결과를 말이나 글로 알리다.'를 의미하는 '보고(報 갚을 보 告 고할 고)하다'로 바꿔 쓸 수 있다.
① ㉠ '도와주다'는 '남을 위하여 애써 주다.'를 의미한다. 따라서 '물품이나 돈 따위로 도와주다.'를 의미하는 '원조(援 도울 원 助 도울 조)하다'로 바꿔 쓸 수 있다.
③ ⓒ '불러일으키다'는 '어떤 마음, 행동, 상태를 일어나게 하다.'를 의미한다. 따라서 '주의나 여론, 생각 따위를 불러일으키다.'를 의미하는 '환기(喚 부를 환 起 일어날 기)하다'로 바꿔 쓸 수 있다.
④ ⓔ '끌어들이다'는 '남을 권하거나 꾀어서 자기편이 되게 하다.'를 의미한다. 따라서 '상대편을 자기편으로 감싸 끌어들이다.'를 의미하는 '포섭(包 쌀 포 攝 다스릴 섭)하다'로 바꿔 쓸 수 있다.

09. ① <보기>는 벽돌, 상자 등의 개별적인 사물의 속성 중에서 색깔이나 물질, 크기와 같은 이질적인 속성을 제외하고 직육면체라는 동질성을 끄집어내고 있다. 그러므로 이는 추상성에 해당한다고 할 수 있다.
② 형식성은 약속된 기호를 바탕으로 형식적인 추론 규칙에 의해 전개되는 속성을 말하므로 적절하지 않다.
③ 계통성은 기초적인 내용과 새로운 내용을 일관성 있게 이어나가면서 이루어지는 속성을 말하므로 적절하지

않다.
④ 특수화는 주어진 대상의 집합에 대한 고찰로부터 그 집합에 포함되는 더 작은 집합 또는 단 하나의 대상에 대한 고찰로 옮아가는 것을 말하므로 적절하지 않다.

10. ① 사단칠정론에서 '사단'은 '이', '칠정'은 '기'에 해당한다고 했고, 이황은 '이'와 '기'가 분리됨을 주장한다고 했다. 따라서 이황은 '사단칠정'이 분리된다고 봤을 것이다. 또 이를 뒷받침하는 비유는 두 대상이 따로 떨어져 움직임을 나타내는 예시가 적절하기 때문에 1번이 가장 적절하다.
②, ④ 사단과 칠정이 하나라고 했기 때문에 적절하지 못하다.
③ 물이 흔들려 달 그림자가 흔들리는 것은 두 대상 간 연관 / 동일 관계를 의미한다. 따라서 사단칠정이 분리되었다는 주장의 근거로 쓸 수 없다.

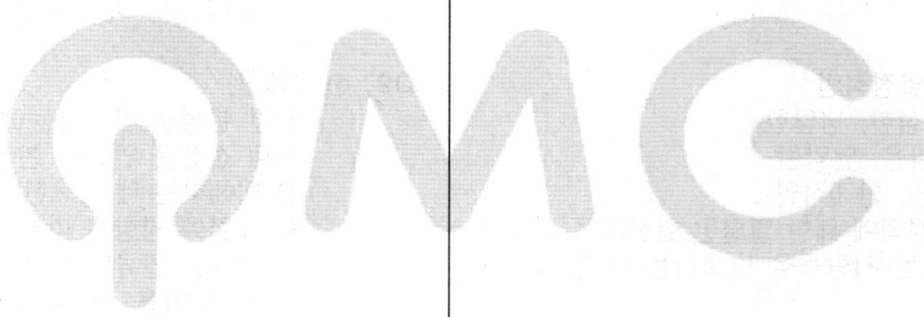

일일 모고 영어 제2회
정답 및 해설

합격까지 박문각

반드시 합격 진가영 영어

01. ① ★ complete 완료하다, 완성하다
● abandon 버리다, 포기하다
● hesitate 망설이다, 주저하다
● ignore 무시하다, 간과하다
[해석] 팀은 모든 작업이 제때 완료되도록 마감 기한 전에 프로젝트를 완수하기 위해 열심히 노력했다.

02. ② ★ mechanic 정비사
● controversy 논란, 논쟁
● vengeance 보복, 앙갚음
● departure 출발, 떠남
[해석] 차가 고속도로에서 갑자기 고장 나서 우리는 가능한 빨리 엔진을 고치기 위해 정비사를 불러야 했다.

03. ① ★ degrade 저하시하다, 품위나 상태를 떨어뜨리다
● verify 확인하다, 증명하다
● preserve 보존하다, 유지하다
● maintain 유지하다, 지속하다
[해석] 동료들의 끊임없는 부정적인 댓글은 그의 자존감과 자신감을 저하시켰으며, 그의 능력에 대해 의문을 가지게 만들었다.

04. ① ★ ardent 열렬한, 열정적인
● indifferent 무관심한, 냉담한
● fragile 깨지기 쉬운, 연약한
● gradual 점진적인, 단계적인
[해석] 그 변호사는 정의에 대한 열렬한 헌신으로 유명했으며, 부당하게 기소된 사람들을 변호하는 데 망설이지 않았다.

05. ② ★ nonsense 터무니없는 이야기
● logic 논리
● truth 진실
● fact 사실
[해석] 그가 미래에 대한 비행 자동차 이야기를 시작했을 때, 모두 그것이 터무니없음이라는 걸 알고 전혀 진지하게 받아들이지 않았다.

06. ① [해설]
'아무리 ~해도 지나치지 않다'라는 뜻은 'cannot ~ too 형용사 또는 부사'로 쓴다. 또한 be 동사는 주격 보어로 부사가 아닌 형용사를 취한다. 따라서 밑줄 친 부분에 가장 적절한 것은 ①이다.
[해석]
기밀 문서를 다룰 때는 아무리 조심해도 지나치지 않다. 작은 실수도 심각한 결과를 초래할 수 있기 때문이다.

07. ③ [해설]
'~에 의지하다'의 뜻으로 쓰일 때는 depend는 전치사로 on과 같이 쓰인다. 따라서 밑줄 친 부부분인 with technology를 on technology로 고쳐야 한다.
[해석]
인류의 생존은 항상 변화하는 환경에 적응하는 능력에 달려 있었다. 시간이 흐르면서, 인간은 새로운 기술을 개발하는 동시에 한때 생존에 필수적이었던 몇몇 능력을 잃어왔다. 우리의 조상들은 사냥, 추적, 그리고 다른 신체적 기술에 의존했지만, 오늘날 우리는 세상을 탐색하는 데 있어 기술에 더 많이 의존하고 있다. 그 결과, 과거와 현재의 생존 방식 사이의 차이는 계속해서 커지고 있으며, 이는 우리의 장기적인 적응 능력에 대한 의문을 제기하고 있다.

08. ③ [해석]
Tim: 좋은 오후입니다. 이 양식을 작성하는데 도움이 필요합니다. 도와주실 수 있나요?
Jane: 물론입니다, 기꺼이 도와드리겠습니다. 무엇이 문제인가요?
Tim: 주소란을 어떻게 작성해야 할지 잘 모르겠어요. 우편번호를 포함해야 하나요?
Jane: 네, 포함해야 합니다. 우편번호를 포함한 전체 주소를 정확히 작성해 주세요. 그래야 제대로 처리할 수 있습니다.
Tim: 도와주셔서 감사합니다!
Jane: 천만에요! 다른 도움이 필요하시면 말씀해 주세요.
① 이 양식을 언제 제출해야 하나요?
② 이 양식은 온라인으로 작성할 수 있나요?
③ 무엇이 문제인가요?
④ 어디에서 이 양식을 찾을 수 있나요?

09. ① [해설]
인간 본성을 탐구하는 선사시대 전쟁에 대한 글로, 선사시대 전쟁은 인간이 본질적으로 공격적인지 평화적인지를 이해하는 데 중요한 통찰을 제공하며, 이는 미래의 갈등 해결에 영향을 미침을 설명하고 있다. 선사시대 전쟁의 연구는 인류의 본성이 호전적인지 평화적인지를 밝히는 데 도움을 줄 것이라는 것이 글의 요지이므로 가장 적절한 주제는 ①이다.
[해석]
선사시대의 전쟁은 현대에도 중요한 연구 주제다, 왜냐하면 전쟁이 인류의 본성과 미래를 이해하는 데 중요한 단서를 제공할 수 있기 때문이다. 원시 부족 사회에서 전쟁이 어떻게 발생하고 자리 잡았는지를 분석하면, 인간이 본래 공격적인 존재인지 아니면 평화를 추구하는 존재인지 알 수 있다. 만약 인류가 끊임없이 전쟁을 겪어온 존재라면, 이를 바꾸기 어렵다고 보고 군사력을 강화하는 것이 합리적일 것이다. 반면, 인간이 근본적으로 평화를 지향한다면, 분쟁을 비폭력적으로 해결할 수 있다고 믿고, 협상과 대화를 중시하는 국제 질서를 구축하는 것이 더욱 타당하다.
① 발견된 인간 본성의 원시 전쟁에서의 모습
② 문명 발전에 있어 전쟁의 역할
③ 분쟁 해결을 위한 평화적 접근법
④ 현대 전쟁과 선사시대 전쟁의 차이점
[어휘]
□ warfare 전쟁
□ prehistoric 선사 시대의
□ inherently 본질적으로
□ conflict 갈등

10. ② [해설]
본문은 단 한 번의 부정적인 평가가 어떻게 개인의 열정과 잠재력을 가로막을 수 있는지를 설명하고 있다. 화가의 사례를 통해, 사소한 비판이 큰 영향을 미칠 수 있음을 보여준다. 따라서 밑줄 친 부분에 들어갈 말로 가장

적절한 것은 ②이다.

[해석]

많은 사람들이 단 한 번의 부정적인 평가로 인해 고민한다. 예를 들어, 내가 아는 한 재능 있는 화가는 자신의 작품에 대한 부정적인 평가를 한 번 받은 후 그림 그리기를 멈췄다. 수년간의 연습과 수많은 칭찬에도 불구하고, 그 한 번의 비판이 그녀의 능력을 의심하게 만들었다. 그녀는 이제 전시회를 피하고, 붓을 드는 일도 거의 없다. 그 이유는? "나는 그저 잘하지 못해." 이 작은 비판이 그녀의 열정과 잠재력을 가려버렸고, 한때 그녀에게 기쁨을 주었던 것을 추구하지 못하게 만들었다. 이러한 경험은 단 한 번의 부정적인 순간이 수년간의 긍정적인 경험을 쉽게 압도할 수 있음을 상기시킨다.

① 재능의 부족
② 단 한 번의 부정적인 평가
③ 경쟁의 압박
④ 실패에 대한 두려움

[어휘]

□ critique 비평
□ doubt 의심
□ passion 열정
□ potential 잠재력

일일 모고 한국사 제2회
정답 및 해설

합격까지 **박문각**

가장 빠른 한국사
한국사 박기훈

01. ① 삼국 시대 각 국가는 중앙 집권화를 위해 다양한 제도를 도입하였다.
고구려의 제가 회의는 귀족 연합 정치의 성격을 강하게 띠어 왕권을 제약하는 요소였으며, 중앙 집권 강화 정책과 거리가 있다.
백제의 관등제 정비, 신라의 골품제 정비(신분제 강화를 통한 정치 체계 확립), 집사부 설치(왕권 강화 기구)는 모두 중앙 집권 강화를 위한 개혁이었다.
① 연맹왕국 시기의 모습이다.

02. ② 660년: 신라와 당이 연합하여 백제를 먼저 멸망시킴.
668년: 나당 연합군이 평양성을 공격하여 고구려를 멸망시킴.
670년 이후: 당이 한반도 지배를 노리자 신라가 맞서 나당 전쟁을 벌임(매소성 전투, 기벌포 전투).
676년: 신라가 당군을 한반도에서 축출하여 삼국 통일을 완성함.

03. ④ 발해는 당나라의 3성 6부제를 받아들였으나, 운영 방식에서 독자성을 보였다(예: 정당성 중심의 운영).
5경 15부 62주로 지방 행정 조직을 정비하여 중앙 집권을 강화하였다.
수도를 상경으로 옮긴 이후 신라와의 교류는 다소 줄어들고, 오히려 당과의 교류가 가장 중요해졌다.

04. ③ 권문세족은 원나라와 결탁하여 고려의 정치 · 경제를 장악한 세력으로, 음서제(과거 시험 없이 관직을 세습하는 제도)를 통해 관직을 독점하였다. 권문세족은 도평의사사(도당)를 장악하여 권력을 행사하였다.
③ 전민변정도감은 공민왕 대에 권문세족의 불법 농장과 노비를 정리하기 위한 개혁 기구였다.

05. ① 망이 · 망소이의 난(1176년) : 공주 명학소에서 농민들이 무신정권의 억압에 반발하여 봉기.
몽골의 1차 침입(1231년) : 최우 집권기에 고려가 강화도로 천도.
김준의 정권 장악(1258년) : 최씨 정권을 붕괴시킨 인물. 이후 무신정권이 점차 약화됨.
삼별초 항쟁(1270년~1273년) : 무신정권 붕괴 후 삼별초가 대몽 항쟁을 벌임.

06. 4 태종 : 6조 직계제, 사병 혁파, 호패법 실시
세종 : 집현전 설시

07. ③ 숙종 대에는 환국(경신 · 기사 · 갑술환국)이 반복되면서 붕당 정치가 극심해졌으나, 남인이 장기 집권한 것은 아니다. 남인은 기사환국으로 집권하였으나, 갑술환국으로 완전히 몰락하였다.

08. ② 홍경래의 난은 서북 지방(평안도) 차별과 농민 · 몰락 양반의 경제적 불만이 결합되어 발생하였다. 홍경래의 난은 순조 때 일어났다.
③ 철종 때 일어난 임술농민봉기에 대한 설명이다.
④ 임오군란(1882년), 갑신정변(1884년)에 대한 설명이다.

09. ④ 정조가 시전의 독점권을 폐지(신해통공)한 것은 사실이나, 조선 초부터 시전으로 있었던 육의전의 독점권은 그대로 유지하게 하였다.

10. ④ 사료에서 제시된 개혁안은 '여전론(閭田論)'으로, 정약용이 제안한 토지 개혁 방안이다.
① (정전제 참고): 여전론은 중국의 정전제와 유사한 성격을 가진다.
② (공동 경작, 공평한 분배) : 여전론의 핵심 개념이다.
③ (거중기 발명) : 수원 화성 건설에 활용되었으며, 정약용의 과학 기술 업적이다.
④ (성리학적 명분론 강조) : 정약용은 실학 사상가로, 성리학의 명분론보다 실용적 개혁을 중시했다. 정약용은 실용적 입장에서 서양의 사회계약설과 비슷한 민본주의를 강조하였다.

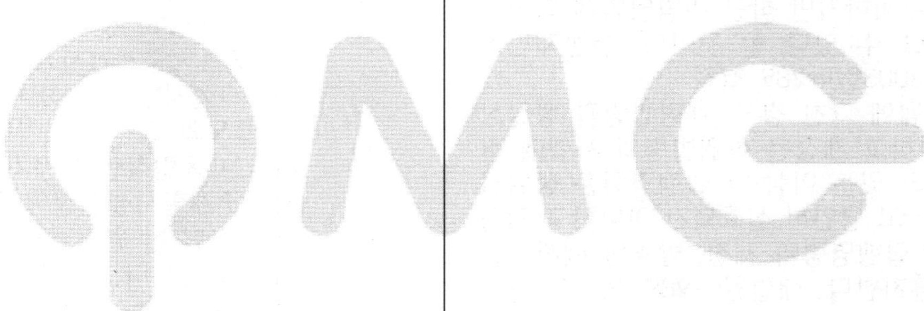

일일 모고 행정법 제2회

정답 및 해설

합격까지 박문각

광야에서 합격까지
행정법 강성빈

01. ② ② 행정관청이 일반적 직권에 의하여 제정하는 집행명령은 상위법령이 규정한 범위 내에서 이를 현실적으로 집행하는 데 필요한 세부적인 사항만을 규정할 수 있을 뿐, 상위법령의 위임이 없는 한 상위법령이 규정한 개인의 권리 · 의무에 관한 내용을 변경 · 보충하거나 상위법령에 규정되지 아니한 새로운 내용을 규정할 수는 없다. 대법원 2012. 7. 5. 선고 2010다72076 판결
① 국회입법에 의한 수권이 입법기관이 아닌 행정기관에게 법률 등으로 구체적인 범위를 정하여 위임한 사항에 관하여는 당해 행정기관에게 법정립의 권한을 갖게 되고, 입법자가 규율의 형식도 선택할 수 있다 할 것이므로, 헌법이 인정하고 있는 위임입법의 형식은 예시적인 것으로 보아야 할 것이고, 그것은 법률이 행정규칙에 위임하더라도 그 행정규칙은 위임된 사항만을 규율할 수 있으므로, 국회입법의 원칙과 상치되지도 않는다. 헌법재판소 2006. 12. 28. 선고 2005헌바59 전원재판부
③ 법률유보의 원칙은 '법률에 의한' 규율만을 뜻하는 것이 아니라 '법률에 근거한' 규율을 요청하는 것이므로 기본권 제한의 형식이 반드시 법률의 형식일 필요는 없고 법률에 근거를 두면서 헌법 제75조가 요구하는 위임의 구체성과 명확성을 구비하기만 하면 위임입법에 의하여도 기본권 제한을 할 수 있다 할 것이다. 헌법재판소 2005. 2. 24. 선고 2003헌마289 결정
④ 상위법령이 개정됨에 그친 경우, 개정법령과 성질상 모순, 저촉되지 아니하고 개정된 상위법령의 시행에 필요한 사항을 규정하고 있는 이상 그 집행명령은 상위법령의 개정에도 불구하고 당연히 실효되지 아니하고 개정법령의 시행을 위한 집행명령이 제정, 발효될 때까지는 여전히 그 효력을 유지한다. 대법원 1989. 9. 12. 선고 88누6962 판결

02. ① ① 건축허가권자는 건축허가신청이 건축법 등 관계 법규에서 정하는 어떠한 제한에 배치되지 않는 이상 당연히 같은 법조에서 정하는 건축허가를 하여야 하고, 중대한 공익상의 필요가 없음에도 불구하고, 요건을 갖춘 자에 대한 허가를 관계 법령에서 정하는 제한사유 이외의 사유를 들어 거부할 수는 없다. 대법원 2006. 11. 9. 선고 2006두1227 판결
② 주류판매업 면허는 설권적 행위가 아니라 주류판매의 질서유지, 주세 보전의 행정목적 등을 달성하기 위하여 개인의 자연적 자유에 속하는 영업행위를 일반적으로 제한하였다가 특정한 경우에 이를 회복하도록 그 제한을 해제하는 강학상의 허가로 해석되므로 주세법 제10조 제1호 내지 제11호에 열거된 면허제한사유에 해당하지 아니하는 한 면허관청으로서는 임의로 그 면허를 거부할 수 없다. 대법원 1995. 11. 10. 선고 95누5714 판결
③ 인가권자인 국토해양부장관 또는 시 · 도지사는 조합 등의 설립인가 신청에 대하여 자동차관리사업의 건전한 발전과 질서 확립이라는 사업자단체 설립의 공익적 목적에 부합하는지 등을 함께 검토하여 설립인가 여부를 결정할 재량을 가진다. 대법원 2015. 5. 29. 선고 2013두635 판결
④ 관세법 제78조 소정의 보세구역의 설영특허는 보세구역의 설치, 경영에 관한 권리를 설정하는 이른바 공기업의 특허로서 그 특허의 부여여부는 행정청의 자유재량에 속하며, 특허기간이 만료된 때에 특허는 당연히 실효되는 것이어서 특허기간의 갱신은 실질적으로 권리의 설정과 같으므로 그 갱신여부도 특허관청의 자유재량에 속한다. 대법원 1989. 5. 9. 선고 88누4188 판결

03. ② ② 구 국가재정법에 규정된 예비타당성조사는 각 처분과 형식상 전혀 별개의 행정계획인 예산의 편성을 위한 절차일 뿐 각 처분에 앞서 거쳐야 하거나 근거 법규 자체에서 규정한 절차가 아니므로, 예비타당성조사를 실시하지 아니한 하자는 원칙적으로 예산 자체의 하자일 뿐, 그로써 곧바로 각 처분의 하자가 된다고 할 수 없어, 예산이 각 처분 등으로써 이루어지는 '4대강 살리기 사업' 중 한강 부분을 위한 재정 지출을 내용으로 하고 있고 예산의 편성에 절차상 하자가 있다는 사정만으로 각 처분에 취소사유에 이를 정도의 하자가 존재한다고 보기 어렵다고 한 사례. 대법원 2015. 12. 10. 선고 2011두32515 판결
① 재외국민이 관할행정청에게 여행증명서의 무효확인서를 제출, 주민등록신고를 하여 주민등록이 되었는데, 관할행정청이 주민등록신고시 거주용여권의 무효확인서를 첨부하지 아니하고 여행용여권의 무효확인서를 첨부하는 위법이 있었다고 하여 주민등록을 말소하는 처분을 한 경우 이 처분이 주민등록법 제17조의2에 규정한 최고, 공고의 절차를 거치지 아니하였다 하더라도 그러한 하자는 중대하고 명백한 것이라고 할 수 없어 처분의 당연무효사유에 해당하는 것이라고는 할 수 없다. 대법원 1994. 8. 26. 선고 94누3223 판결
③ 도시 · 군계획시설결정과 실시계획인가는 도시 · 군계획시설사업을 위하여 이루어지는 단계적 행정절차에서 별도의 요건과 절차에 따라 별개의 법률효과를 발생시키는 독립적인 행정처분이다. 그러므로 선행처분인 도시 · 군계획시설결정에 하자가 있더라도 그것이 당연무효가 아닌 한 원칙적으로 후행처분인 실시계획인가에 승계되지 않는다. 대법원 2017. 7. 18. 선고 2016두49938 판결
④ 구 경찰공무원법 제50조 제1항에 의한 직위해제처분과 같은 제3항에 의한 면직처분은 후자가 전자의 처분을 전제로 한 것이기는 하나 각각 단계적으로 별개의 법률효과를 발생하는 행정처분이어서 선행 직위해제처분의 위법사유가 면직처분에는 승계되지 아니한다 할 것이므로 선행된 직위해제 처분의 위법사유를 들어 면직처분의 효력을 다툴 수는 없다. 대법원 1984. 9. 11. 선고 84누191 판결

04. ③ ③ 개발제한구역 안에서의 공장설립을 승인한 처분이 위법하다는 이유로 쟁송취소되었다고 하더라도 그 승인처분에 기초한 공장건축허가처분이 잔존하는 이상, 공장설립승인처분이 취소되었다는 사정만으로 인근 주민들의 환경상 이익이 침해되는 상태나 침해될 위험이 종료되었다거나 이를 시정할 수 있는 단계가 지나버렸다고 단정할 수는 없고, 인근 주민들은 여전히 공장건축허가처분의 취소를 구할 법률상 이익이 있다. 대법원 2018. 7. 12. 선고 2015두3485 판결
① 원고들이 불합격처분의 취소를 구하는 이 사건 소송계속 중 당해연도의 입학시기가 지났더라도 당해년도의 합격자로 인정되면 다음연도의 입학시기에 입학할 수도 있다고 할 것이고, 피고의 위법한 처분이 있게 됨에 따라 당연히 합격하였어야 할 원고들이 불합격처리되고 불합격되었어야 할 자들이 합격한 결과가 되었다면 원고들은 입학정원에 들어가는 자들이라고 하지 않을 수 없다고 할 것이므로 원고들로서는 피고의 불합격처분의 적법 여부를 다툴만한 법률상의 이익이 있다. 대법원 1990. 8. 28. 선고 89누8255 판결

② 생태·자연도는 토지이용 및 개발계획의 수립이나 시행에 활용하여 자연환경을 체계적으로 보전·관리하기 위한 것일 뿐, 1등급 권역의 인근 주민들이 가지는 생활상 이익을 직접적이고 구체적으로 보호하기 위한 것이 아님이 명백하고, 1등급 권역의 인근 주민들이 가지는 이익은 환경보호라는 공공의 이익이 달성됨에 따라 반사적으로 얻게 되는 이익에 불과하므로, 인근 주민에 불과한 자는 생태·자연도 등급권역을 1등급에서 일부는 2등급으로, 일부는 3등급으로 변경한 결정의 무효 확인을 구할 원고적격이 없다. 대법원 2014. 2. 21. 선고 2011두29052 판결
④ 개발제한구역 중 일부 취락을 개발제한구역에서 해제하는 내용의 도시관리계획변경결정에 대하여, 개발제한구역 해제대상에서 누락된 토지의 소유자는 위 결정의 취소를 구할 법률상 이익이 없다. 대법원 2008. 7. 10. 선고 2007두10242 판결

05. ③ ③ 행정소송법 제23조

행정소송법 제23조(집행정지)
② (중략) 다만, 처분의 효력정지는 처분등의 집행 또는 절차의 속행을 정지함으로써 목적을 달성할 수 있는 경우에는 허용되지 아니한다.

① 행정소송법 제23조

행정소송법 제23조(집행정지)
① 취소소송의 제기는 처분등의 효력이나 그 집행 또는 절차의 속행에 영향을 주지 아니한다.

② 행정소송법 제23조

행정소송법 제23조(집행정지)
② 취소소송이 제기된 경우에 처분등이나 그 집행 또는 절차의 속행으로 인하여 생길 회복하기 어려운 손해를 예방하기 위하여 긴급한 필요가 있다고 인정할 때에는 본안이 계속되고 있는 법원은 당사자의 신청 또는 직권에 의하여 처분등의 효력이나 그 집행 또는 절차의 속행의 전부 또는 일부의 정지를 결정할 수 있다.

④ 사업여건의 악화 및 막대한 부채비율로 인하여 외부자금의 신규차입이 사실상 중단된 상황에서 285억 원 규모의 과징금을 납부하기 위하여 무리하게 외부자금을 신규차입하게 되면 주거래은행과의 재무구조개선약정을 지키지 못하게 되어 사업자가 중대한 경영상의 위기를 맞게 될 것으로 보이는 경우, 그 과징금납부명령의 처분으로 인한 손해는 효력정지 내지 집행정지의 적극적 요건인 '회복하기 어려운 손해'에 해당한다. 대법원 2001. 10. 10.자 2001무29 결정

06. ④ ④ 납세의무자에 대한 국가의 부가가치세 환급세액 지급의무에 대응하는 국가에 대한 납세의무자의 부가가치세 환급세액 지급청구는 민사소송이 아니라 행정소송법 제3조 제2호에 규정된 당사자소송의 절차에 따라야 한다. 대법원 2013. 3. 21. 선고 2011다95564 전원합의체 판결
① 조세부과처분이 당연무효임을 전제로 하여 이미 납부한 세금의 반환을 청구하는 것은 민사상의 부당이득반환청구로서 민사소송절차에 따라야 한다. 대법원 1995. 4. 28. 선고 94다55019 판결
② 국가 등 과세주체가 당해 확정된 조세채권의 소멸시효 중단을 위하여 납세의무자를 상대로 제기한 조세채권 존재확인의 소는 공법상 당사자소송에 해당한다. 대법원 2020. 3. 2. 선고 2017두41771 판결
③ 구 공익사업을 위한 토지 등의 취득 및 보상에 관한 법률 제91조에 규정된 환매권의 존부에 관한 확인을 구하는 소송 및 같은 조 제4항에 따라 환매금액의 증감을 구하는 소송은 민사소송에 해당한다. 대법원 2013. 2. 28. 선고 2010두22368 판결

07. ④ ④ 장기요양기관의 폐업신고와 노인의료복지시설의 폐지신고는, 행정청이 관계 법령이 규정한 요건에 맞는지를 심사한 후 수리하는 이른바 '수리를 필요로 하는 신고'에 해당한다. 그러나 행정청이 그 신고를 수리하였다고 하더라도, 신고서 위조 등의 사유가 있어 신고행위 자체가 효력이 없다면, 그 수리행위는 유효한 대상이 없는 것으로서, 수리행위 자체에 중대·명백한 하자가 있는지를 따질 것도 없이 당연히 무효이다. 대법원 2018. 6. 12. 선고 2018두33593 판결
① 사인의 공법상 행위는 명문으로 금지되거나 성질상 불가능한 경우가 아닌 한 그에 따른 행정행위가 행하여질 때까지 자유로이 철회하거나 보정할 수 있다. 대법원 2014. 7. 10. 선고 2013두7025 판결
② 주민등록은 단순히 주민의 거주관계를 파악하고 인구의 동태를 명확히 하는 것 외에도 주민등록에 따라 공법관계상의 여러 가지 법률상 효과가 나타나게 되는 것으로서, 주민등록의 신고는 행정청에 도달하기만 하면 신고로서의 효력이 발생하는 것이 아니라 행정청이 수리한 경우에 비로소 신고의 효력이 발생한다. 대법원 2009. 1. 30. 선고 2006다17850 판결
③ 신고납부방식의 조세는 원칙적으로 납세의무자가 스스로 과세표준과 세액을 정하여 신고하는 행위에 의하여 납세의무가 구체적으로 확정되고, 그 납부행위는 신고에 의하여 확정된 구체적 납세의무의 이행으로 하는 것이며, 국가나 지방자치단체는 그와 같이 확정된 조세채권에 기하여 납부된 세액을 보유한다. 납세의무자의 신고행위가 중대하고 명백한 하자로 인하여 당연무효로 되지 아니하는 한 그것이 바로 부당이득에 해당한다고 할 수 없다. 대법원 2018. 11. 9. 선고 2015다221026 판결

08. ① ① 행정대집행법 제3조

행정대집행법 제3조(대집행의 절차)
③ 비상시 또는 위험이 절박한 경우에 있어서 당해 행위의 급속한 실시를 요하여 전2항에 규정한 수속(주: 계고 및 대집행영장 통지)을 취할 여유가 없을 때에는 그 수속을 거치지 아니하고 대집행을 할 수 있다.

② 공법인인 대한주택공사가 법령에 의하여 대집행권한을 위탁받아 공무인 대집행을 실시하기 위하여 지출한 비용을 행정대집행법 절차에 따라 징수할 수 있음에도 민사소송절차에 의하여 그 비용의 상환을 청구한 경우, 그 청구는 소의 이익이 없어 부적법하다. 대법원 2011. 9. 8. 선고 2010다48240 판결
③ 대집행의 계고를 함에 있어서 의무자가 이행하여야 할 행위와 그 의무불이행시 대집행할 행위의 내용 및 범위는 반드시 대집행계고서에 의하여서만 특정되어야 하는 것은 아니고 그 처분 전후에 송달된 문서나 기타 사정을 종합하여 이를 특정할 수 있으면 족하다. 대법원 1992. 3. 10. 선고 91누4140 판결
④ 행정대집행법 제6조

행정대집행법 제6조(비용징수)
② 대집행에 요한 비용에 대하여서는 행정청은 사무비의 소속에 따라 국세에 다음가는 순위의 선취득권을 가진다.

09. ③ ③ 구 국세기본법 제81조의4 제1항, 제2항 규정의 문언과 체계, 재조사를 엄격하게 제한하는 입법 취지, 그 위반의 효과 등을 종합하여 보면, 구 국세기본법 제81조의4 제2항에 따라 금지되는 재조사에 기하여 과세처분을 하는 것은 단순히 당초 과세처분의 오류를 경정하는 경우에 불과하다는 등의 특별한 사정이 없는 한 그 자체로 위

법하고, 이는 과세관청이 그러한 재조사로 얻은 과세자료를 과세처분의 근거로 삼지 않았다거나 이를 배제하고서도 동일한 과세처분이 가능한 경우라고 하여 달리 볼 것은 아니다. 대법원 2017. 12. 13. 선고 2016두55421 판결

① 행정조사기본법 제5조

행정조사기본법 제5조(행정조사의 근거)
행정기관은 법령등에서 행정조사를 규정하고 있는 경우에 한하여 행정조사를 실시할 수 있다. 다만, 조사대상자의 자발적인 협조를 얻어 실시하는 행정조사의 경우에는 그러하지 아니하다.

② 행정조사기본법 제4조(행정조사의 기본원칙) ④ 행정조사는 법령등의 위반에 대한 처벌보다는 법령등을 준수하도록 유도하는 데 중점을 두어야 한다.

④ 납세자 등이 대답하거나 수인할 의무가 없고 납세자의 영업의 자유 등을 침해하거나 세무조사권이 남용될 염려가 없는 조사행위까지 재조사가 금지되는 '세무조사'에 해당한다고 볼 것은 아니다. 대법원 2017. 3. 16. 선고 2014두8360 판결

10. ④ ④ 정보공개법 제9조 제1항 제5호에서의 '감사 · 감독 · 검사 · 시험 · 규제 · 입찰계약 · 기술개발 · 인사관리 · 의사결정과정 또는 내부검토과정에 있는 사항'은 비공개대상정보를 예시적으로 열거한 것이라고 할 것이므로 의사결정과정에 제공된 회의관련 자료나 의사결정과정이 기록된 회의록 등은 의사가 결정되거나 의사가 집행된 경우에는 더 이상 의사결정과정에 있는 사항 그 자체라고는 할 수 없으나, 의사결정과정에 있는 사항에 준하는 사항으로서 비공개대상정보에 포함될 수 있다. 대법원 2003. 8. 22. 선고 2002두12946 판결

① 정보공개법 시행령 제2조

정보공개법 시행령 제2조(공공기관의 범위)
「공공기관의 정보공개에 관한 법률」 제2조 제3호 마목에서 "대통령령으로 정하는 기관"이란 다음 각 호의 기관 또는 단체를 말한다. 1. 「유아교육법」, 「초 · 중등교육법」, 「고등교육법」에 따른 각급 학교 또는 그 밖의 다른 법률에 따라 설치된 학교(주: 국 · 공립학교와 사립학교 모두 정보공개법상 공공기관에 해당함)

② 정보공개법 제5조

정보공개법 제5조(정보공개 청구권자)
① 모든 국민은 정보의 공개를 청구할 권리를 가진다.

③ 공개청구의 대상이 되는 정보가 이미 다른 사람에게 공개하여 널리 알려져 있다거나 인터넷이나 관보 등을 통하여 공개하여 인터넷검색이나 도서관에서의 열람 등을 통하여 쉽게 알 수 있다는 사정만으로는 소의 이익이 없다거나 비공개결정이 정당화될 수는 없다. 대법원 2008. 11. 27. 선고 2005두15694 판결

일일 모고 행정학 제2회
정답 및 해설

합격까지 박문각

빠른 고득점 합격
행정학 이명훈

01. ① 파킨슨 법칙은 공무원의 수는 본질적인 업무량의 증가와 관계없이 증가한다는 법칙이다. 파킨슨 법칙은 조직의 구조적 특징에 대한 논의와 상관이 없다.

<<핵심체크>> 파킨슨(Parkinson)의 법칙

구분	내용
의의	• 공무원의 수는 본질적인 업무량 증가와 관계없이 증가한다는 법칙 • 파킨슨은 사회심리학적 측면에서 공무원 수의 증가현상을 실증적으로 분석(매년 평균 5.75%의 비율로 증가)
내용	제1공리(부하배증의 법칙)와 제2공리(업무배증의 법칙)의 상호작용
한계	• 위기상황 시 공무원 수 증가 현상 설명 곤란 • 감축관리로 인한 공무원 수 축소 현상 설명 곤란

02. ② 오스본(D. Osborne)과 개블러(T. Gaebler)의 기업가적 정부의 10대 운영 원리에 따르면 정부는 규칙 중심 관리방식에서 사명 지향적 관리방식으로 전환되어야 한다(사명[임무]지향적 정부).

① 기업가적 정부는 정부의 새로운 역할로 종래의 노젓기보다는 방향잡기를 강조한다(촉매적 정부).

③ 기업가적 정부는 치료 중심적 정부보다는 예방적 정부로 바뀌어야 함을 강조한다(예방적 정부).

④ 기업가적 정부는 주민에게 서비스를 제공하기 보다는 권한을 부여하는 방향으로 전환되어야 함을 강조한다(지역사회가 주도하는 정부).

03. ③ 인허가와 관련된 업무를 처리할 때 급행료를 지불하거나 은행의 자금대출시 커미션을 지불하는 것을 당연시 하는 경우를 제도화된 부패(체제화된 부패, 구조화된 부패)라고 한다. 제도화된 부패란 잘못된 관행이 일종의 제도처럼 고착화되어 공무원이든 일반국민이든 이러한 관행을 부패로 인식조차 하지 못하는 부패를 말한다.

04. ④ 헌정수행에 필요한 운영규칙에 관한 정책인 구성정책의 예로 선거구 조정, 정부기관 신설 등이 있다.

05. ③ ㉡, ㉣은 옳고, ㉠, ㉢은 옳지 않다. 준실험은 짝짓기(matching) 방법으로 실험집단과 통제집단을 구성하여 정책영향을 평가하거나(축조에 의한 통제), 시계열적인 방법으로 정책영향(재귀적 통제)을 평가한다(㉡). 비실험은 비교집단을 구성하지 않고 단일집단 사전 · 사후연구가 일반적으로 활용되며, 허위변수나 혼란변수 등 외생변수의 개입이 커 내적 타당성이 낮다(㉣).

㉠ 진실험은 무작위배정을 통해 실험집단과 비교집단의 동질성을 확보하여 하는 실험으로 내적 타당성이 높다. 그러나 엄격한 조건으로 인하여 실현가능성이 낮기 때문에 현실에서 활용되기 곤란하다.

㉢ 준실험이 아닌 진실험은 자연과학과 같이 대상자들을 격리하여 인위적 환경을 조성한 다음 실험하기 때문에 호손효과(Hawthorne effect)를 강화시킨다.

06. ③ 목표관리(MBO)는 조직단위 또는 개인의 활동에 이르기까지 조직의 하부층과 상부층이 다 같이 참여하여 공동으로 목표를 결정하고 그 업적을 측정 · 평가하는 방법으로 참여지향적 관리방식이다. 또한 목표관리(MBO)는 하나의 목표 성취를 위해 조직의 구성요소들이 상호의존적인 입장에서 팀워크를 이루면서 활동하는 통합적 관리방식이다.

① 목표관리(MBO)는 개별 또는 팀별로 구체적인 목표를 세워놓고 이를 달성할 수 있는지의 여부에 초점이 맞추어져 있으며, 단기적이고 미시적인 관점에서 가시적인 성취여부를 보여줄 수 있다.

② 목표관리(MBO)는 단기목표를 중시하고 이의 달성을 평가(산출중심의 평가)하므로 목표달성 이후에 얻어지는 기대효과를 평가하기 어렵다.

④ 목표관리(MBO)는 외곽순환도로 건설사업의 경우 산출인 도로 건설량에 관심을 가질 뿐 궁극적인 목표(결과)인 주민의 교통편의성에 관심을 가지지 않는다.

07. ④ 펜들턴(Pendleton)법의 주요 내용은 ① 공개경쟁시험의 채택(㉤), ② 독립적 · 초당적 연방중앙인사위원회(CSC)의 설치(㉣), ③ 시험에 합격한 공무원에 대한 시보임용기간제의 채택, ④ 공무원의 정치헌금 및 정치활동의 금지(㉠), ⑤ 시험제도가 실제적 성격을 가지면서 전문과목 위주의 시험과목 편성, ⑥ 정부와 민간부문 간 폭넓은 인사교류인정, ⑦ 제대군인에 대한 특혜인정 등이다. 공무원의 교육훈련의무, 성과급제(Merit Pay System) 등은 펜들턴(Pendleton)법과 관련이 없다.

08. ③ 자본예산은 경기불황기에 경제안정에 도움을 주지만, 인플레이션기에는 오히려 경제 불안정을 야기할 위험성이 있다.

<<핵심체크>> 자본예산

구분	내용
의의	정부예산을 경상지출과 자본지출로 구분하고, 경상지출은 경상수입(조세수입)으로 충당하여 수지균형을 이루도록 하지만, 자본지출은 적자재정과 공채발행으로 충당하여 불균형예산을 편성하는 복식예산
전제	자본적 지출에 충당하기 위한 공채발행은 정부재정의 건전성 요구에 위배되지 않는다는 점을 전제로 함(경기순환기를 중심으로 장기적 균형 중시)
연역	• 스웨덴(효시) : 국가적 차원에서 불경기나 실업을 타개할 목적으로 시행 • 미국 : 시 정부의 공공사업에 대한 투자재원 확보를 목적으로 시행 • 개발도상국가 : 경제성장을 위한 투자재원확보를 목적으로 시행
장점	① 투자분석(자본지출 분석)및 장기적 재정계획 수립 용이, ② 정부 순자산상태의 변동파악 가능, ③ 세대 간 · 지역 간 부담의 불공평 완화(수익자부담주의 확립), ④ 경제 불황 극복수단(유효수요 증대를 통한 경기회복), ⑤ 일관성 있는 조세정책 구현 , ⑥ 국가의 경제안정화를 위한 경제정책 도구(재정정책) 등
단점	① 자본지출 대상 결정의 곤란성, ② 경상경비의 적자은폐 수단, ③ 인플레이션의 가속화, ④ 과중한 사업 또는 자본축적에 치중함으로써 자원배분의 불합리성 야기, ⑤ 적자재정의 정당화와 선심성 사업의 남발, ⑥ 미래세대에게 과다한 운영비 부담, ⑦ 물가상승을 가져와 경제안정 저해 가능성 등

09. ② 명시이월비는 세출예산 중 연도 내에 지출을 필하지 못할 것이 예측될 경우 미리 국회의 승인을 얻어 다음 연도

에 이월하여 사용할 수 있는 경비이다.

<<핵심체크>> 예산의 이월

구분		내용
의의		해당 회계연도 예산의 일정액을 다음 연도에 넘겨서 사용하는 것
종류	명시이월	세출예산 중 경비의 성질상 연도 내에 지출을 끝내지 못할 것이 예측될 때에는 그 취지를 세입세출예산에 명시하여 미리 국회의 승인을 얻어 다음 연도로 넘겨 사용하는 것
	사고이월	연도 내에 지출원인행위를 하고 불가피한 사유로 인하여 연도 내에 지출하지 못한 경비와 지출원인행위를 하지 아니한 그 부대경비를 다음연도로 이월하여 사용할 수 있게 하는 것
재이월		명시이월은 1차에 한하여 사고이월이 가능하지만, 사고이월의 재이월은 허용되지 않음
특징		추가경정예산 · 계속비 · 예비비도 이월가능하나, 이월된 금액은 다른 용도로 사용할 수 없음
원칙		명시이월은 한정성의 원칙의 예외, 사고이월은 한정성의 원칙과 사전의결의 원칙의 예외

10. ③ 「헌법」에 규정된 조세법률주의에 따라 지방자치단체는 법률로 정하는 바에 의해 지방세를 부과 · 징수할 수 있다.

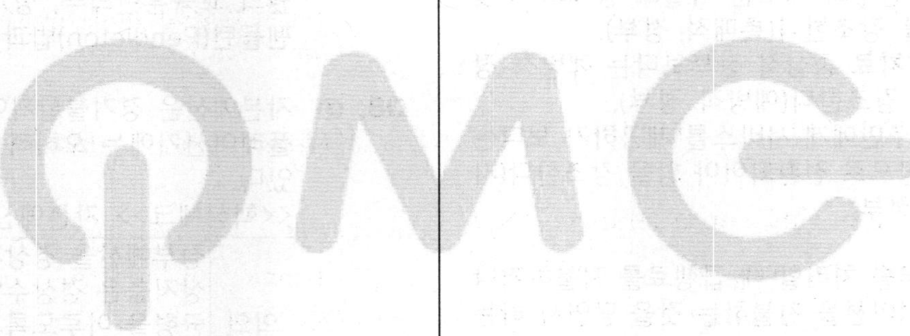

2025 공무원 시험대비 【6회차】

박문각 일일 모의고사

-제3회-

[정답 및 해설]

이 름 : ____________________

학습관 : ____________________

합격
예측

답안 입력 및 성적 조회는 PC, 모바일에서 모두 가능합니다.

★ PC: pass.pmg.co.kr | ★ 모바일 앱: 박문각 합격관리

일일 모고 국어 제3회
정답 및 해설

합격까지 박문각

赤功 국어
적중 혜선

01. ② 나머지는 부사이다. 하지만 '글쎄'는 감탄사에 해당한다.
① '설마'는 문장 전체를 꾸미는 부사이다.
③ '이제야'는 뒤의 용언 '느껴진다'를 수식하므로 부사이다.
④ '그리고'는 두 문장을 이어주는 문장 접속 부사이다.

02. ③ '저리'는 뒤의 용언 '가시면'을 꾸미는 지시 부사이다. '이리, 그리'도 마찬가지로 지시 부사이다.
① 뒤의 명사 '집'을 수식하는 지시 관형사라고 볼 수 있다.
② 뒤에 조사가 붙었으므로 지시 대명사라고 볼 수 있다.
④ '이것, 저것, 그것'은 사물 대명사이다.

03. ① '반드시'는 '꼭, 틀림없이'를 뜻하고 '반듯이'는 '비뚤어지거나 기울거나 굽지 않고 바르게'를 뜻하므로 ①번의 각 문장에서 두 단어는 알맞게 쓰인 것으로 볼 수 있다.
② '맞추다'는 '둘 이상의 일정한 대상들을 나란히 놓고 비교하여 살피다'란 뜻이 있다. 그러므로 자신의 답을 답지와 견주어보는, 비교하는 행위는 '맞추다'로 쓸 수 있다. 하지만 '문제에 대한 답을 틀리지 않게 하다, 표적에 맞게 하다, 침이나 매 따위를 맞게 하다' 등을 뜻할 때에는 '맞히다'를 써야 한다. 그러므로 첫 번째 문장은 고치지 않아도 괜찮지만 두 번째 문장은 "그의 화살이 과녁을 맞혔을 때 중계 카메라는 그의 얼굴을 잡았다"로 고쳐야 한다.
③ '그러하기 때문에'는 '그러므로'라고 써야 한다. 따라서 첫 번째 문장은 "그는 부지런하다. 그러므로 믿을 만한 사람일 것이다"로 고쳐야 한다. '그럼으로'는 '그렇게 하는 것으로써'를 뜻하므로 두 번째 문장은 올바르게 쓰였다.
④ '거치다'는 '오가는 도중에 어디를 지나거나 들르다'를 뜻하므로 옳다, '여러 사람에게서 돈이나 물건 따위를 받아들이다'를 뜻하는 '거두다'의 준말인 '걷다'의 피동사는 '걷히다'로 써야 한다. 그러므로 두 번째 문장은 "이번 달엔 경기가 어려워 외상값이 잘 걷히지 않았다"로 고쳐야 한다.

04. ② 길항작용이란 두 가지 요인이 동시에 작용해서 서로 그 효과를 소멸시키는 작용이라고 하였다. 주어진 글에서는 아드레날린과 아세틸콜린이 서로 약화하는 예를 들고 있으며, 이와 같은 약물 길항작용의 원인들을 제시하고 있다. ㉡ 또한 약물이 길항작용을 일으키는 원인 중 하나이므로, 글의 흐름상 적절한 문장이다. 따라서 이를 삭제한다는 것은 적절하지 않다.
① 길항작용은 '약물이나 세균, 근육, 신경 등에서 볼 수 있'다고 하였으므로, '주로 생물학과 의학 분야에서 이용'되는 것이 자연스럽다. 따라서 서술격조사 '이다'에 역접의 어미인 '-지만'으로 연결하는 것은 적절하지 않다.
③ 방법이나 수단에는 부사격 조사 '-로써'를 사용한다. 부사격 조사 '-로서'는 자격이나 신분, 지위를 나타낼 때 사용한다.
④ '유지하다'라는 서술어는 목적어를 필요로 하므로, 생략된 목적어를 넣어야 한다.

05. ③ ㄴ.
전제 해석: "어떤 동물도 언어를 사용할 수 없다."는 보편적 부정 명제다. 그러나 앵무새의 말을 따라 하는 능력은 언어 사용으로 간주할 수 없으므로 결론이 잘못 도출되었다.
타당성: 전제가 참이어도 결론이 참이 되지 않는다.
결론: 논증이 타당하지 않다.
ㄷ.
전제 해석: 독서 습관과 사고력 향상의 관계를 "역으로 성립"한다고 주장하지만, 역은 논리적으로 반드시 참이 되지 않는다. 사고력이 향상되었더라도 독서 외의 다른 요인으로 인해 가능했을 수 있다.
타당성: 전제가 참이라도 결론이 반드시 참이 되는 것은 아니다.
결론: 논증이 타당하지 않다.
ㄱ.
전제 해석: 모든 과학자가 수학에 능통하지 않다는 명제는 논리적으로 맞다. 수학에 능통하지 않은 사람은 과학자가 될 수 없다는 조건이 충족되면, 모든 과학자가 수학에 능통해야 한다는 결론이 타당하다.
타당성: 전제가 참이라면 결론도 참이 된다.
결론: 논증이 타당하다.

06. ④ '유도 조리 장치'는 코일에 발생한 열이 냄비를 가열하는 것이 아니라 냄비 자체에 맴돌이 전류가 생기면 이 전류에 의한 저항 때문에 냄비 자체가 열을 내는 구조로 되어 있다. 그러므로 코일은 열전도율이 높아야 할 필요가 전혀 없다.
① 냄비 자체의 저항을 이용해서 열이 발생하므로 전기가 통하지 않는 재료로 된 조리 기구는 저항도 생기지 않으므로 사용할 수 없을 것이다.
② 가스 등을 태워서 생긴 불꽃으로 냄비를 데우는 방식이 아니므로 연기나 불완전 연소된 가스를 배출하는 일이 없을 것이라는 추측이 가능하다.
③ 냄비 자체에서 직접 열이 발생하므로 불을 이용하는 조리 기구들에 비해 열손실도 적을 것이라는 추측이 가능하다.

07. ① ㉠의 '트이다'는 '「1」 막혀 있던 것이 치워지고 통하게 되다. '트다'의 피동사.'를 의미한다. 이와 가장 유사한 의미의 '트이다'는 ①이다.
② 「4」 막혀 있던 운 따위가 열려 좋은 상태가 되다.
③ 「5」 마음이나 가슴이 답답한 상태에서 벗어나게 되다.
④ 「3」 서로 거래하는 관계가 맺어지다.

08. ② '나무라다'는 '상대방의 잘못이나 부족한 점을 꼬집어 말하다.'를 의미한다. 따라서 '몹시 싫어하거나 꺼리다.'를 의미하는 '질색(窒 막힐 질 塞 막힐 색)하다'는 ㉣과 바꿔 쓸 수 있는 유사한 표현으로 적절하지 않다. '꾸짖어 나무라다.'를 의미하는 '질책(叱 꾸짖을 질 責 꾸짖을 책)하다'로 바꿔 쓸 수 있다.
① ㉠ '여위다'는 '몸의 살이 빠져 파리하게 되다.'를 의미한다. 따라서 '병, 근심, 고생 따위로 얼굴이나 몸이 여위고 파리하다.'를 의미하는 '초췌(憔 파리할 초 悴 파리할 췌)하다'로 바꿔 쓸 수 있다.
③ ㉢ '무너뜨리다'는 '세력 따위를 없애거나 약하게 하다.'를 의미한다. 따라서 '조직이나 계획 따위가 산산이 무너지고 흩어지다. 또는 조직이나 계획 따위를 산산이 무너뜨리거나 흩어지게 하다.'를 의미하는 '와해(瓦 기와 와 解 풀 해)하다'로 바꿔 쓸 수 있다.
④ ㉣ '넓히다'는 '면이나 바닥 따위의 면적을 크게 하다'를 의미한다. 따라서 '범위, 규모, 세력 따위를 늘려서 넓히다.'를 의미하는 '확장(擴 넓힐 확 張 베풀 장)하다'로 바꿔 쓸 수 있다.

09. ④ 인간의 주체성이 진리에 대한 자각을 통해 확립된다는 것은 위의 독백 내용과 관계가 없다. 3문단은 의심(사고)하는 주체로서의 자기를 발견하게 된 내용이다.
①은 처음 문단을 근거로, ②는 마지막 두 문장 '나는 의심(생각)한다. 그러므로 나는 존재한다'에서 추리가 가능하다. 그리고 ③은 둘째 문단의 '수학을 생각할 ~ 놓을지도 몰라'에서 추리할 수 있다.

10. ② 로크는 '도덕 법칙이 행위로 드러나지 않고 단지 마음속에 있다는 것만으로는 실천적 원리의 본유성을 주장할 수 없다'며 본유관념을 부정했다. 따라서 관념이 '잠재적으로 마음속에 포함되어 있다'는 의견은 로크의 입장에 부합하지 않는다.
① 로크는 '인간은 경험을 통해 백지처럼 하얀 마음에 비로소 지식을 새길 수 있다고 보았다.' 즉, 경험하지 않으면 아무 것도 새길 수 없으므로, 지식은 우리가 경험할 수 있는 범위를 벗어나 얻어질 수 없다는 데 동의할 것이다.
③ 데카르트는 신이 준 본유관념을 강조하며, 도덕 규칙이나 정의, 양심 등의 가치의 정당성을 '보편적 동의'에서 찾는다. 하지만, 로크는 보편적 동의가 사회에 따라 달라질 수 있다고 하면서 보편적 동의가 진리를 보장하지 않는다면서 보편적 동의에 회의적인 태도를 보인다.
④ 지식이 '감각으로 수용' 또는 '감각적 경험을 통해 축적'되어 얻어진다는 것은 지식의 후천성을 의미하므로 로크의 주장에 부합하는 의견이다.

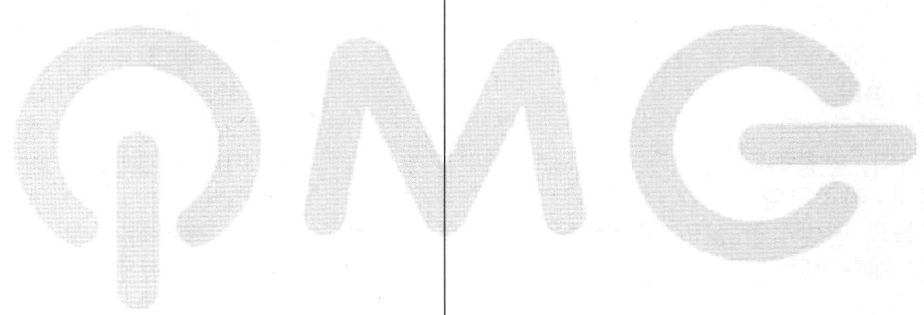

일일 모고 영어 제3회
정답 및 해설

합격까지 박문각

반드시 합격
진가영 영어

01. ④ ★ distribute 배급하다, 나누다
● reduce 줄이다, 감소시키다
● eliminate 제거하다, 없애다
● minimize 최소화하다, 줄이다
[해석] 회사의 마케팅 전략은 온라인 플랫폼을 통해 자사의 제품을 더 넓은 소비자에게 배급하는 방법에 집중한다.

02. ① ★ distant 냉담한, 거리를 두는
● warm 따뜻한, 다정한 (반의어)
● precise 정확한, 정밀한
● famous 유명한, 잘 알려진
[해석] 그 관리자의 냉담한 태도는 차갑고 불친절한 근무 환경을 조성하여 전체 팀 사기에 영향을 미쳤다.

03. ② ★ astonish 놀라게 하다
● disappoint 실망시키다
● confuse 혼란스럽게 하다
● annoy 짜증나게 하다
[해석] 마술사의 놀라운 마술은 관객들을 놀라게 하여 모두가 감탄하며 자신들이 방금 본 것을 설명할 수 없게 만들었다.

04. ④ ★ invest 투자하다, 쏟다
● ignore 무시하다, 간과하다
● withdraw 철수하다, 인출하다
● dismiss 해고하다, 기각하다
[해석] 정부는 시민들의 전반적인 삶의 질 향상을 위해 공공 건강에 투자할 계획이다.

05. ① ★ secretive 비밀스러운, 말이 없는
● transparent 투명한, 솔직한 (반의어)
● generous 관대한, 너그러운
● clumsy 서투른, 어색한
[해석] 그 공무원은 조사에 대한 세부 사항을 숨기려는 태도를 유지하며, 대중이나 언론에 어떠한 정보도 공개하지 않았다.

06. ① [해설]
'~에서 중요한 역할을 하다'라는 표현은 'play a crucial role in'으로 쓰고 이때 in은 전치사 이므로 동사가 아닌 동명사 목적어를 취한다. 따라서 밑줄 친 부분에 가장 적절한 것은 ①이다.
[해석]
팀워크에 있어서 신뢰와 협력이 공동 목표를 달성하는 데 중요한 역할을 한다.

07. ② [해설]
동명사구는 단수 동사와 수 일치 한다. 따라서 밑줄 친 부분인 require를 requires로 고쳐야 한다.
[해석]
동물들에게 적절한 보살핌을 제공하려면 일관성과 세심한 주의가 필요하다. 그들의 건강을 보장하는 중요한 요소 중 하나는 안정적이고 예측 가능한 환경을 조성하는 것이다. 동물들은 일상이 일정하게 유지될 때 더 안전함을 느낀다. 예를 들어, 매일 같은 시간에 먹이를 주고 휴식 공간을 바꾸지 않는 것은 스트레스를 줄이는 데 도움이 된다.

08. ③ [해석]
A: 안녕하세요, 예약 확인 이메일을 기다리고 있었는데 아직 받지 못했어요. 다시 확인해봐야 할까요?
B: 그럴 수 있겠네요. 예약 상태를 확인해 드릴게요. 참조 번호를 알려주실 수 있나요?
A: 네, 번호는 789456입니다.
B: 감사합니다. 예약이 확인되었네요. 이메일이 스팸 폴더로 간 것 같아요. 그쪽을 확인해보세요.
A: 바로 확인해보겠습니다. 도와주셔서 감사합니다!
B: 천만에요! 다른 도움이 필요하시면 말씀해 주세요.
① 예약을 취소할 수 있나요?
② 제 예약을 변경할 수 있나요?
③ 다시 확인해봐야 할까요?
④ 예약은 언제까지 해야 하나요?

09. ③ [해설]
고등 교육과 직업의 관계 변화에 대한 글로, 과거에는 대학 교육과 좋은 직업 간의 확실한 연결이 있었으나, 현재는 졸업생의 수와 경제적 여건 간의 관계가 불확실해졌음을 설명하고 있다.
고등교육인 좋은 직업을 얻을 수 있었음을 언급한 제시문 다음에 그 구체적인 예를 보여주는 (B)로 이어져야 하며, '최근 20년 동안'의 상황에 대한 (C)로 이어지고, 마지막으로 '현재의 불확실성'에 대한 (A)로 이어져야 한다. 따라서 정답은 ③ '(B)-(C)-(A)'이다.
[해석]
증거는 명확하지 않았지만, 대부분의 미국인들에게는 결과가 너무 분명해서 검증할 필요가 없었다. 즉, 대학에 진학한 후 좋은 직업을 얻는다는 것이었다.
(B) 고등 교육의 보상에 대한 미국의 믿음이 1950년대와 1960년대보다 더 확실하게 드러난 시기는 없었으며, 그 당시에는 좋은 교육과 좋은 직업이 매우 강하게 연결되어 있는 것처럼 보였다.
(C) 20년 동안 대학 졸업생들은 학업을 마치고 주로 직업 세계로 진입했으며, 그곳에서 그들은 유망한 미래를 보장하는 좋은 직업을 쉽게 찾을 수 있었다.
(A) 그러나 오늘날 졸업생들의 배출 속도와 그들을 받아들일 경제적 여건 간의 만족스러운 관계는 더 이상 확실하지 않다.
[어휘]
☐ evidence 증거
☐ verification 검증
☐ capacity 수용력

10. ③ [해설]
개인주의와 사회 발전의 관계에 대한 글로, 사회 발전은 개인 성장에 큰 영향을 미치며, 단순한 사회에서는 개인주의가 덜 나타나고, 이는 현대 사회에서 개인주의가 필연적으로 나타나는 이유임을 설명하고 있다. 사회의 발전이 개인의 발전에 영향을 미치는데, 개인주의는 다양한 개인적인 기술이나 작업을 요구하는 복잡한 사회의 산물이라고 마지막 문장에서 강조하고 있다. 따라서 글의 요지로 가장 적절한 것은 ③이다.
[해석]
사회의 발전과 개인의 발전은 서로 영향을 주고받으며, 특히 사회의 발전이 개인의 성장에 큰 영향을 미친다. 인류학자들은 원시 사회의 사람들이 문명화된 사회의 사람

들보다 개인주의적 성향이 약하다고 말하는데, 이는 어느 정도 사실이다. 단순한 사회에서는 복잡한 사회보다 개인적인 기술이나 다양한 작업이 덜 요구되며, 이러한 기회를 얻을 가능성도 낮다. 따라서 단순한 사회에서 살아가는 사람들은 상대적으로 덜 개인적일 수밖에 없다. 이런 의미에서 개인주의는 현대 발전된 사회가 필연적으로 만들어낸 결과이며, 모든 사회 활동의 기반이 되고 있다.

① 소수의 천재가 사회를 발전시킨다.
② 개인주의의 확산은 사회적 병폐이다.
③ 개인주의는 현대 사회의 산물이다.
④ 원시시대의 집단주의는 비효율적이다.

[어휘]

□ interconnected 상호 연결된
□ individualistic 개인주의적인
□ specialized 전문화된
□ inevitable 불가피한

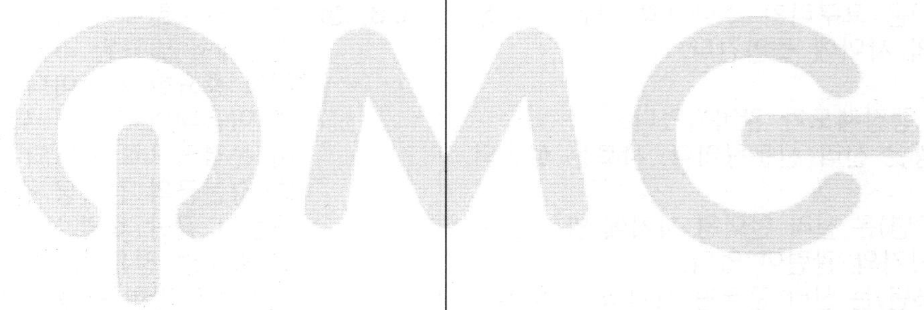

일일 모고 한국사 제3회
정답 및 해설

합격까지 **박문각**

가장 빠른 한국사
한국사 박기훈

01. ② 반달돌칼로 곡식을 수확하는 농민
문제에서 언급된 '토기'는 또는 청동기 시대의 유물이다.
① 주먹도끼는 구석기 시대의 대표적인 도구이므로 해당 시기와 맞지 않는다.
② 반달돌칼은 청동기 시대의 대표적인 농기구로, 곡식을 수확하는 데 사용되었으므로 정답이다.
③ 연맹왕국 체제는 철기 시대로 넘어가는 시기의 정치 구조이며,
④ 평양성 공격은 고구려 시대의 역사적 사건이므로 이 시기와 맞지 않는다.

02. ④ 고구려가 수나라의 대군을 살수에서 물리쳤다.
(가)는 진흥왕 때의 영토 확장, (나)의 지도는 삼국 통일 과정 중 고구려, 백제 부흥운동과 관련된 것이다.
① 고구려의 평양 천도(427년)는 장수왕 시기의 일이므로 맞지 않다.
② 매소성 전투(675년)는 신라가 당나라의 군대를 격퇴하고 삼국 통일을 이뤄가는 과정에서 벌어진 중요한 전투이므로 (나) 지도 이후의 일이다.
③ 신라의 국학 설치(682년)는 신문왕 시기의 일이며,
④ 살수대첩(612년)은 고구려가 수나라의 침입을 막은 전투로 해당 시기의 사이에 들어간다.

03. ④ 9주 5소경의 지방 행정제도가 완비되었다.
사료에서 언급된 왕은 신라 신문왕이다. 사료는 설총의 화왕계이다.
① 김헌창의 난(822년)은 신라 헌덕왕 시기에 발생한 사건이므로 신문왕 시기와 관련이 없다.
② 기벌포 전투(676년)는 신라 문무왕 시기의 전투이다.
③ 장보고가 활약한 시기는 9세기 초반(흥덕왕 시기)으로 신문왕 시기와 맞지 않는다.
④ 신문왕은 중앙집권 체제를 강화하기 위해 9주 5소경 제도를 정비하였으므로 정답이다.

04. ③ 대각국사 의천의 건의를 수용하여 화폐주조를 추진하였다.
문제에서 제시된 내용은 숙종 때 별무반 설치와 관련이 있다.
① 과거제도는 고려 광종(958년) 때 처음 도입되었으며,
② 천리장성은 거란의 침입을 막기 위해 고려 현종~덕종 시기에 축조되었다.
③ 의천의 화폐 주조 건의는 고려 숙종(12세기) 때 이루어진 일이다.
④ 쌍성총관부 수복은 고려 공민왕(1356년) 시기의 사건이다.

05. ① 대웅 : 일제강점기에 조선 형평사가 이곳에서 발족하였다.
사료에서 (가)는 안동을 의미한다.
① 조선 형평사(1923년)는 백정 차별 철폐 운동을 위해 진주에서 결성되었으므로 안동과 관련이 없다.
② 고려 태조 왕건이 후백제와 싸운 고창(안동) 전투(930년) 는 안동에서 벌어진 역사적 사건이다.
③ 안동에는 이천동 석불이라는 고려의 지방문화를 발보여주는 불상이 있다.
④ 안동 봉정사 극락전은 우리나라에서 가장 오래된 목조건축물 중 하나로, 안동과 관련이 있다.

06. ④ 재산 상속에서 적장자를 우대하였다.
우리나라에서 가장 오래된 족보는 안동 권씨 성화보(1476년, 조선 성종 시기) 이다.
① 조선 초기에는 과부의 재혼이 상대적으로 자유로웠으며,
② 처가살이 하는 경우도 많았다.
③ 조선 시대에는 단군과 기자를 함께 중시하는 역사관이 있었다.
④ 조선 중기 이후 재산 상속이 장자 중심(균분 상속이 아닌 차등 상속) 으로 변화하였으므로 정답이다.

07. ① 보우가 중용되고 승과가 부활하였다.
사료 속 임꺽정의 활동은 조선 명종(16세기 중반) 시기에 해당한다.
① 보우의 중용과 승과 부활은 명종 때의 일이다.
② 조광조의 소격서 폐지 주장은 조선 중종 시기의 일이다.
③ 비변사는 1510년 삼포왜란 이후 명종의 아버지인 중종 시기에 처음 설치되었다.
④ 척신정치 청산과 붕당 형성은 선조 시기에 본격화되었다.

08. ③ 정읍 황토현에서 농민군이 정부군을 격파하였다.
백산에서 발표된 4대 강령(1894년)은 동학농민운동 시기의 중요한 사건이다.
① 이용태의 안핵사 파견(1894년 1월)은 동학농민운동이 본격적으로 시작되기 전의 일이다.
② 일본군의 경복궁 점령(1894년 6월)은 1차 동학농민운동이 끝난 후의 일이다.
③ 황토현 전투(1894년 4월)는 동학농민군이 정부군을 최초로 격파한 전투로, 4대 강령 발표 이후의 사건이다.
④ 남접과 북접의 논산 합류(1894년 10월)는 2차 동학농민운동 시기의 일이다.

09. ③ 13도창의군을 결성하여 서울진공작전을 감행하였다.
그림에서 묘사된 것은 정미의병(1907년) 과 관련이 있다. 대한제국의 해산 군인들이 많이 포함된 것을 통해 이를 알 수 있다.
① 단발령 반발(1895년)로 봉기한 것은 을미의병이다.
② 고종의 권고로 해산된 것은 을미의병이다.
③ 13도창의군(1908년) 은 정미의병의 연합 세력으로, 서울 진공 작전을 감행했으므로 정답이다.
④ 일본군의 지원을 받아 개화파가 집권한 사건은 1884년 갑신정변이다.

10. ① 외환위기를 극복하였다.
사료에서 언급된 'IMF 시대'와 '금 모으기 운동'은 1997년 말에 시작한 외환위기와 관련이 있다. 따라서 이 사료는 1998년 김대중 대통령 정부 출범과 연관이 있다.
① 외환위기 극복은 김대중 정부 시기의 주요 과제였다.
② 경제협력개발기구(OECD) 가입(1996년)은 김영삼 정부 시기의 일이다.
③ 석유파동(1973년, 1979년)은 박정희 정부 시기의 사건이다.
④ 최초의 이산가족 상봉(1985년)은 전두환 정부 시기의 일이다.

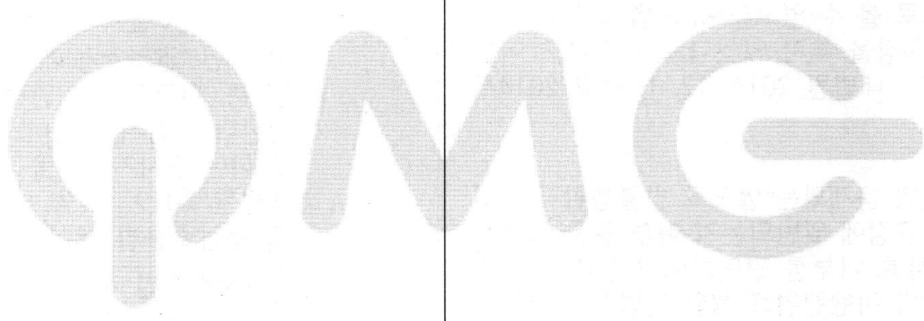

일일 모고 행정법 제3회
정답 및 해설

합격까지 박문각

광야에서 합격까지
행정법 강성빈

01. ① ① 헌법 제107조 제2항은 위헌 · 위법한 법규명령에 대한 사법심사방법으로 구체적 규범통제를 정하고 있는바, 재판 과정에서 대법원이 어떠한 법규명령에 대한 위헌 · 위법성을 확인하였다 하더라도, 구체적 규범통제의 성격상 그 법규명령은 당해 사건에 한하여 그 적용이 배제될 뿐 일반적으로 효력을 상실하게 되는 것은 아니다.
② 구체성의 요구의 정도는 규제 대상의 종류와 성격에 따라 달라진다고 할 것이므로 보건위생 등 급부행정 영역에서는 기본권 침해 영역보다는 구체성의 요구가 다소 약화되어도 무방하다고 해석된다. 대법원 1995. 12. 8. 자 95카기16 결정
③ 일반적으로 법률의 위임에 의하여 효력을 갖는 법규명령의 경우, 구법에 위임의 근거가 없어 무효였더라도 사후에 법개정으로 위임의 근거가 부여되면 그때부터는 유효한 법규명령이 된다. 대법원 1995. 6. 30. 선고 93추83 판결
④ 시행령의 내용이 모법의 입법 취지와 관련 조항 전체를 유기적 · 체계적으로 살펴보아 모법의 해석상 가능한 것을 명시한 것에 지나지 아니하거나 모법 조항의 취지에 근거하여 이를 구체화하기 위한 것인 때에는 모법의 규율 범위를 벗어난 것으로 볼 수 없으므로, 모법에 이에 관하여 직접 위임하는 규정을 두지 않았다고 하더라도 이를 무효라고 볼 수 없다. 대법원 2016. 12. 1. 선고 2014두8650 판결

02. ④ ④ 부담의 불가쟁력의 문제와는 별도로 법률행위가 사회질서 위반이나 강행규정에 위반되는지 여부 등을 따져보아 그 법률행위의 유효 여부를 판단하여야 한다(주 : 민사소송을 통해 부담의 이행행위로 행한 사법상 법률행위의 효력을 별도로 검토해야 한다는 의미). 대법원 2009. 6. 25. 선고 2006다18174 판결
① 행정기본법 제17조

행정기본법 제17조(부관)
② 행정청은 처분에 재량이 없는 경우에는 법률에 근거가 있는 경우에 부관을 붙일 수 있다.

② 예외적인 개발행위의 허가는 상대방에게 수익적인 것이 틀림이 없으므로 그 법률적 성질은 재량행위 내지 자유재량행위에 속하는 것이고, 이러한 재량행위에 있어서는 관계 법령에 명시적인 금지규정이 없는 한 행정목적을 달성하기 위하여 조건이나 기한, 부담 등의 부관을 붙일 수 있고, 그 부관의 내용이 이행 가능하고 비례의 원칙 및 평등의 원칙에 적합하며 행정처분의 본질적 효력을 저해하지 아니하는 이상 위법하다고 할 수 없다. 대법원 2004. 3. 25. 선고 2003두12837 판결
③ 행정처분과 부관 사이에 실제적 관련성이 있다고 볼 수 없는 경우 공무원이 위와 같은 공법상의 제한을 회피할 목적으로 행정처분의 상대방과 사이에 사법상 계약을 체결하는 형식을 취하였다면 이는 법치행정의 원리에 반하는 것으로서 위법하다. 대법원 2009. 12. 10. 선고 2007다63966 판결

03. ② ② 국가배상청구소송의 선결문제는 처분의 효력 유무가 아닌 처분의 '위법' 여부가 되므로, 수소법원인 민사법원은 영업허가취소처분에 취소사유에 해당하는 하자가 있는 경우, 즉 당해 처분이 위법한 경우 이를 이유로 배상청구를 인용할 수 있다.
① 불가변력은 당해 행정행위에만 인정되는 것이므로, 비록 동종의 행정행위라 하더라도 그 대상을 달리할 때에는 불가변력은 인정될 여지가 없다. 대법원 1974. 12. 10. 선고 73누129 판결
③ 일반적으로 행정처분이나 행정심판 재결이 불복기간의 경과로 확정될 경우 그 확정력은, 처분으로 법률상 이익을 침해받은 자가 당해 처분이나 재결의 효력을 더 이상 다툴 수 없다는 의미일 뿐, 더 나아가 판결과 같은 기판력이 인정되는 것은 아니어서 그 처분의 기초가 된 사실관계나 법률적 판단이 확정되고 당사자들이나 법원이 이에 기속되어 모순되는 주장이나 판단을 할 수 없게 되는 것은 아니다. 대법원 2008. 7. 24. 선고 2006두20808 판결
④ 불가쟁력은 행정행위의 상대방 또는 이해관계인에 대해서만 미치고 처분청을 구속하지는 않으므로, 처분청은 불가쟁력이 발생한 후에도 당해 행정행위를 직권으로 취소 또는 철회할 수 있다.

04. ③ ③ 행정소송법 제39조는, "당사자소송은 국가 · 공공단체 그 밖의 권리주체를 피고로 한다."라고 규정하고 있다. 이것은 당사자소송의 경우 항고소송과 달리 '행정청'이 아닌 '권리주체'에게 피고적격이 있음을 규정하는 것일 뿐, 피고적격이 인정되는 권리주체를 행정주체로 한정한다는 취지가 아니므로, 이 규정을 들어 사인을 피고로 하는 당사자소송을 제기할 수 없다고 볼 것은 아니다. 대법원 2019. 9. 9. 선고 2016다262550 판결
① 행정소송법 제13조

행정소송법 제13조(피고적격)
① 취소소송은 다른 법률에 특별한 규정이 없는 한 그 처분등을 행한 행정청을 피고로 한다. 다만, 처분등이 있은 뒤에 그 처분등에 관계되는 권한이 다른 행정청에 승계된 때에는 이를 승계한 행정청을 피고로 한다.

② 행정소송법 제39조

행정소송법 제39조(피고적격)
당사자소송은 국가 · 공공단체 그 밖의 권리주체를 피고로 한다.

④ 행정처분의 취소 또는 무효확인을 구하는 행정소송은 다른 법률에 특별한 규정이 없는 한 그 처분을 행한 행정청을 피고로 하여야 하며, 행정처분을 행할 적법한 권한 있는 상급행정청으로부터 내부위임을 받은 데 불과한 하급행정청이 권한 없이 행정처분을 한 경우에도 실제로 그 처분을 행한 하급행정청을 피고로 하여야 할 것이지 그 처분을 행할 적법한 권한 있는 상급행정청을 피고로 할 것은 아니다. 대법원 1994. 8. 12. 선고 94누2763 판결

05. ④ ④ 행정소송법 제30조 제2항에 의하면, 행정청의 거부처분을 취소하는 판결이 확정된 경우에는 그 처분을 행한 행정청은 판결의 취지에 따라 이전의 신청에 대하여 재처분할 의무가 있고, 이 경우 확정판결의 당사자인 처분 행정청은 그 행정소송의 사실심 변론종결 이후 발생한 새로운 사유를 내세워 다시 이전의 신청에 대하여 거부처분을 할 수 있으며, 그러한 처분도 이 조항에 규정된 재처분에 해당한다. 대법원 1999. 12. 28. 선고 98두1895 판결

① 행정소송규칙 제14조

행정소송규칙 제14조(사정판결)
법원이 법 제28조제1항에 따른 판결을 할 때 그 처분등을 취소하는 것이 현저히 공공복리에 적합하지 아니한지 여부는 사실심 변론을 종결할 때를 기준으로 판단한다.

② 행정소송규칙 제15조

행정소송규칙 제15조(조정권고)
① 재판장은 신속하고 공정한 분쟁 해결과 국민의 권익 구제를 위하여 필요하다고 인정하는 경우에는 소송계속 중인 사건에 대하여 직권으로 소의 취하, 처분등의 취소 또는 변경, 그 밖에 다툼을 적정하게 해결하기 위해 필요한 사항을 서면으로 권고할 수 있다.

③ 행정처분의 무효확인을 구하는 청구에는 특별한 사정이 없는 한 그 처분의 취소를 구하는 취지까지도 포함되어 있다고 볼 수는 있으나 위와 같은 경우에 취소청구를 인용하려면 먼저 취소를 구하는 항고소송으로서의 제소요건을 구비한 경우에 한한다. 대법원 1986. 9. 23. 선고 85누838 판결

06. ② ② 고지절차에 관한 규정은 행정처분의 상대방이 그 처분에 대한 행정심판의 절차를 밟는데 있어 편의를 제공하려는데 있으며 처분청이 위 규정에 따른 고지의무를 이행하지 아니하였다고 하더라도 경우에 따라서는 행정심판의 제기기간이 연장될 수 있는 것에 그치고 이로 인하여 심판의 대상이 되는 행정처분에 어떤 하자가 수반된다고 할 수 없다. 대법원 1987. 11. 24. 선고 87누529 판결

① 행정심판법 제3조

행정심판법 제3조(행정심판의 대상)
② 대통령의 처분 또는 부작위에 대하여는 다른 법률에서 행정심판을 청구할 수 있도록 정한 경우 외에는 행정심판을 청구할 수 없다.

③ 행정심판법 제27조

행정심판법 제27조(심판청구의 기간)
③ 행정심판은 처분이 있었던 날부터 180일이 지나면 청구하지 못한다. 다만, 정당한 사유가 있는 경우에는 그러하지 아니하다.
⑥ 행정청이 심판청구 기간을 알리지 아니한 경우에는 제3항에 규정된 기간에 심판청구를 할 수 있다.

④ 행정심판법 제25조

행정심판법 제25조(피청구인의 직권취소등)
① 제23조 제1항 · 제2항 또는 제26조 제1항에 따라 심판청구서를 받은 피청구인은 그 심판청구가 이유 있다고 인정하면 심판청구의 취지에 따라 직권으로 처분을 취소 · 변경하거나 확인을 하거나 신청에 따른 처분(이하 이 조에서 "직권취소등"이라 한다)을 할 수 있다. 이 경우 서면으로 청구인에게 알려야 한다.

07. ③ ③ 취득세 등이 면제되는 구 지방세법 제288조 제2항에 정한 '기술진흥단체'인지 여부에 관한 질의에 대하여 건설교통부장관과 내무부장관이 비과세 의견으로 회신한 경우, 공적인 견해표명에 해당한다. 대법원 2008. 6. 12. 선고 2008두1115 판결
① 헌법재판소의 위헌결정은 행정청이 개인에 대하여 신뢰의 대상이 되는 공적인 견해를 표명한 것이라고 할 수 없으므로 그 결정에 관련한 개인의 행위에 대하여는 신뢰보호의 원칙이 적용되지 아니한다. 대법원 2003. 6. 27. 선고 2002두6965 판결
② 개발이익환수에 관한 법률에 정한 개발사업을 시행하기 전에, 행정청이 민원예비심사에 대하여 관련부서 의견으로 '저촉사항 없음'이라고 기재하였다고 하더라도, 이후의 개발부담금부과처분에 관하여 신뢰보호의 원칙을 적용하기 위한 요건인, 신뢰의 대상이 되는 공적인 견해표명을 한 것이라고는 보기 어렵다. 대법원 2006. 6. 9. 선고 2004두46 판결
④ (갑 주식회사가 교육환경보호구역에 해당하는 사업부지에 콘도미니엄을 신축하기 위하여 교육환경평가승인 신청을 한 데 대하여, 관할 교육지원청 교육장이 갑 회사에 '관광진흥법 제3조 제1항 제2호 (나)목에 따른 휴양 콘도미니엄업이 교육환경 보호에 관한 법률에 따른 금지행위 및 시설로 규정되어 있지는 않으나 성매매 등에 대한 우려를 제기하는 민원에 대한 구체적인 예방대책을 제시하시기 바람'이라고 기재된 보완요청서를 보낸 후 교육감으로부터 '콘도미니엄업에 관하여 교육환경보호구역에서 금지되는 행위 및 시설에 관한 교육환경 보호에 관한 법률 제9조 제27호를 적용하라'는 취지의 행정지침을 통보받고 갑 회사에 교육환경평가승인신청을 반려하는 처분을 한 사안에서) 위 처분은 신뢰의 대상이 되는 교육장의 공적 견해표명이 있었다고 보기 어렵고, 교육장의 교육환경평가승인이 공익 또는 제3자의 정당한 이익을 현저히 해할 우려가 있는 경우에 해당하므로 신뢰보호원칙에 반하지 않는다고 한 사례. 대법원 2020. 4. 29. 선고 2019두52799 판결

08. ① ① 지방병무청장이 병역법 규정에 따라 산업기능요원에 대하여 한 산업기능요원 편입취소처분은, 행정처분을 할 경우 '처분의 사전통지'와 '의견제출 기회의 부여'를 규정한 행정절차법 제21조 제1항, 제22조 제3항에서 말하는 '당사자의 권익을 제한하는 처분'에 해당하는 한편, 행정절차법의 적용이 배제되는 사항인 행정절차법 제3조 제2항 제9호, 같은법 시행령 제2조 제1호에서 규정하는 '병역법에 의한 소집에 관한 사항'에는 해당하지 아니하므로, 행정절차법상의 '처분의 사전통지'와 '의견제출 기회의 부여'등의 절차를 거쳐야 한다. 대법원 2002. 9. 6. 선고 2002두554 판결
② 국가공무원법상 직위해제처분은 당해 행정작용의 성질상 행정절차를 거치기 곤란하거나 불필요하다고 인정되는 사항 또는 행정절차에 준하는 절차를 거친 사항에 해당하므로, 처분의 사전통지 및 의견청취 등에 관한 행정절차법의 규정이 별도로 적용되지 않는다. 대법원 2014. 5. 16. 선고 2012두26180 판결
③ 구 군인사법상 보직해임처분은 구 행정절차법 제3조 제2항 제9호, 같은 법 시행령 제2조 제3호에 의하여 당해 행정작용의 성질상 행정절차를 거치기 곤란하거나 불필요하다고 인정되는 사항 또는 행정절차에 준하는 절차를 거친 사항에 해당하므로, 처분의 근거와 이유 제시 등에 관한 구 행정절차법의 규정이 별도로 적용되지 아니한다고 봄이 상당하다. 대법원 2014. 10. 15. 선고 2012두5756 판결
④ 공무원 인사관계 법령에 의한 처분에 관한 사항이라 하더라도 전부에 대하여 행정절차법의 적용이 배제되는 것이 아니라, 성질상 행정절차를 거치기 곤란하거나 불필요하다고 인정되는 처분이나 행정절차에 준하는 절차를 거치도록 하고 있는 처분의 경우에만 행정절차법의 적용이 배제되는 것으로 보아야 하고, 이러한 법리는 '공무원 인사관계 법령에 의한 처분'에 해당하는 별정직 공무원에 대한 직권면직 처분의 경우에도 마찬가지로 적용된다(주: 별정직 공무원에 대한 직권면직처분에 대해서는 행정절차법이 적용된다는 의미). 대법원 2013. 1. 16. 선고 2011두30687 판결

09. ④ ④ 질서위반행위규제법 제24조

> **질서위반행위규제법 제24조(가산금 징수 및 체납처분 등)**
> ① 행정청은 당사자가 납부기한까지 과태료를 납부하지 아니한 때에는 납부기한을 경과한 날부터 체납된 과태료에 대하여 100분의 3에 상당하는 가산금을 징수한다.

① 질서위반행위규제법 제3조

> **질서위반행위규제법 제3조(법 적용의 시간적 범위)**
> ① 질서위반행위의 성립과 과태료 처분은 행위 시의 법률에 따른다.

② 질서위반행위규제법 제4조

> **질서위반행위규제법 제4조(법 적용의 장소적 범위)**
> ② 이 법은 대한민국 영역 밖에서 질서위반행위를 한 대한민국의 국민에게 적용한다.

③ 질서위반행위규제 제43조

> **질서위반행위규제 제43조(과태료 재판 집행의 위탁)**
> ① 검사는 과태료를 최초 부과한 행정청에 대하여 과태료 재판의 집행을 위탁할 수 있고, 위탁을 받은 행정청은 국세 또는 지방세 체납처분의 예에 따라 집행한다.

10. ② ②「개인정보 보호법」제39조 제1항은 정보주체가 개인정보처리자의 「개인정보 보호법」 위반행위로 입은 손해의 배상을 청구하는 경우에 개인정보처리자의 고의나 과실을 증명하는 것이 곤란한 점을 감안하여 그 증명책임을 개인정보처리자에게 전환하는 것일 뿐이고, 개인정보처리자가 「개인정보 보호법」을 위반한 행위를 하였다는 사실 자체는 정보주체가 주장·증명하여야 한다. 대법원 2024. 5. 17. 선고 2018다262103 판결

① 개인정보 보호법 제39조

> **개인정보 보호법 제39조(손해배상책임)**
> ③ 개인정보처리자의 고의 또는 중대한 과실로 인하여 개인정보가 분실·도난·유출·위조·변조 또는 훼손된 경우로서 정보주체에게 손해가 발생한 때에는 법원은 그 손해액의 5배를 넘지 아니하는 범위에서 손해배상액을 정할 수 있다. 다만, 개인정보처리자가 고의 또는 중대한 과실이 없음을 증명한 경우에는 그러하지 아니하다.

③ 개인정보 보호법 제39조

> **개인정보 보호법 제39조(손해배상책임)**
> ① 정보주체는 개인정보처리자가 이 법을 위반한 행위로 손해를 입으면 개인정보처리자에게 손해배상을 청구할 수 있다. 이 경우 그 개인정보처리자는 고의 또는 과실이 없음을 입증하지 아니하면 책임을 면할 수 없다.

④ 개인정보 보호법 제25조

> **개인정보 보호법 제25조(고정형 영상정보처리기기의 설치·운영 제한)**
> ⑤ 고정형 영상정보처리기기운영자는 고정형 영상정보처리기기의 설치 목적과 다른 목적으로 고정형 영상정보처리기기를 임의로 조작하거나 다른 곳을 비춰서는 아니 되며, 녹음기능은 사용할 수 없다.

일일 모고 행정학 제3회

정답 및 해설

01. ④ 살라몬(Salamon)은 NGO 실패 유형을 박애적 불충분성, 박애적 온정주의, 박애적 배타주의, 박애적 아마추어리즘로 제시하였다. 이 중 NGO의 전문성 · 책임성 부족 현상은 살라몬(Salamon)의 NGO 실패 유형 중 '박애적 아마추어리즘'에 해당한다.

<<핵심체크>> 살라몬(Salamon)은 NGO 실패이론

박애적 불충분성	인적 · 물적 자원의 부족 현상
박애적 배타주의	이념, 종교, 인종 등에 따른 대상 집단의 제한성
박애적 온정주의	후원자나 명망가의 영향력
박애적 아마추어리즘	국정운영에서의 전문성 부족

02. ③ 공공가치관리론은 공공가치를 추구하기 위해 반드시 큰 정부가 필요한 것은 아니다고 보았다. 이는 공공가치가 공공부문만이 아닌 시민들과 함께 집합적으로 생산되기 때문이다.

03. ④ 듀닉(Dubnick)과 롬젝(Romzek)은 통제의 정도와 통제의 원천이 기관내부인지 외부인지에 따라 네 가지로 유형화하였고, 행정통제의 중점이 법적 통제에서 직업적 통제로 변화되어 왔다고 주장하였다. 즉, 행정통제의 중점이 외부에서 내부로, 높은 통제에서 낮은 통제로 변화되어 왔다고 주장하였다.

<<핵심체크>> 듀닉(Dubnick)과 롬젝(Romzek)의 행정책임

구분		통제의 소재(기관통제의 원천)	
		외부	내부
통제의 강도	낮음	정치적 책임성	전문가적 책임성
	높음	법적 책임성	계층적(위계적) 책임성

책임성의 유형	추구가치	행태적 기대	통제
계층적 책임성	효율성	조직의 지침과 감독에 복종	조직 내 상명하복에 의한 통제
법적 책임성	합법성	외부로부터의 위임과 순응	국회가 제정한 법률에 의한 통제
전문가적 책임성	전문성	개인의 판단과 전문성 존중	전문직업적 규범에 의한 통제
정치적 책임성	반응성	외부의 시민에 대한 대응	고객 등의 요구에 의한 통제
최근경향	최근 행정통제의 중점이 외부통제에서 내부통제로, 강도가 높은 통제에서 강도가 낮은 통제로 변화(법적 책임성에서 전문가적 책임성으로)		

04. ③ 정책공동체는 이슈네트워크에 비해 폐쇄적이며 제한적 참여가 이루어지므로 참여자의 범위가 좁고 경계의 개방성이 낮다.

<<핵심체크>> 정책공동체와 이슈네트워크

구분	정책공동체	이슈네트워크
참여자의 범위	폐쇄적 · 제한적 참여 : 단순한 이해관계자 참여 배제	광범위 · 개방적인 참여 : 단순한 이해관계자 참여 인정
주요 참여자	정부관료, 학자, 국회의원 보좌관, 신문기자, 연구원 등 전문가	관련된 모든 이익집단, 전문가, 개인, 언론 등
참여자 간의 권한과 자원배분	모든 참여자가 상호교환할 수 있는 권한 및 자원 보유	참여자의 일부만 자원 및 권한을 보유하며, 상황에 따라 중요한 자원이 달라지고 주도적 행위자도 변함
참여자 간 권력	균등함	불균등함
기본가치/목표	공유감 강함	공유감 약함
참여자 간의 관계	비교적 지속적이고 안정적인 관계이며, 상호협력적 · 의존적 관계 형성	유동적이고 불안정한 관계이며, 상호 경쟁적 · 갈등적 관계 형성
게임의 유형	포지티브 섬 게임(positive sum game ; non zero-sum game)	네거티브 섬 게임(negative sum game ; zero-sum game)
상호작용	안정적이고 질서적이며, 상호작용이 빈번함	불안정적이고 무질서하며, 접촉의 빈도가 가변적임
이익의 유형	경제적 · 전문적 이익	모든 이익이 망라됨
정책산출	의도한 대로 정책산출이 가능하므로 예측이 용이하며, 정책산출과 집행의 결과가 유사함	결정과정에서 정책내용이 변동하므로 정책산출의 예측이 곤란하며, 정책산출과 집행의 결과가 상이함

05. ② 정책수단과 정책목표 간의 인과관계를 검증하기 위해서는 정책결과는 오직 해당 정책수단(원인변수)에 의해서만 설명되어야 하며, 제3의 변수는 배제되어야 한다는 경쟁적 가설 배제의 원칙(비허위성의 조건)이 준수되어야 한다. ③은 공동변화의 조건, ④는 시간적 선행의 원칙에 대한 것이다.

<<핵심체크>> 인과관계 검증을 위한 조건

시간적 선행의 조건	시차적으로 정책수단(독립변수)이 정책목표(종속변수)의 달성에 앞서 있어야 함
공동변화의 조건	정책수단(독립변수)의 집행에 따른 변화의 방향과 정도가 정책 결과의 변화의 방향과 정도와 일치해야 함(공변성, 연관성)
경쟁적 가설 배제의 조건	정책결과는 오직 해당 정책수단(독립변수)에 의해서만 설명되어야 하며, 다른 요인들(제3의 변수)은 배제되어야 함(비허위성)

06. ④ 르윈(Lewin), 리피트(Lippitt), 화이트(White)의 연구(①), 미시간대학의 연구(②), 블레이크와 무톤(Blake & Mouton)의 연구(③)는 모두 행태론적 연구이지만 허쉬와 블랑카드(Hersey & Blanchard)의 연구는 상황론적 연구이다.

07. ③ 매트릭스구조는 기능구조와 사업구조의 화학적 결합을 시도하는 조직구조로 대사관 조직, 대학교의 특수대학원 등에서 많이 나타난다.

① 매트릭스구조는 기능구조와 사업구조의 화학적 결합으로 매트릭스 구조 중 기능구조는 계층제적 구조를 띤다. 또한 매트릭스구조의 구성원은 기능구조와 사업구조의 양 조직에 이중으로 소속되므로 계선과 참모의 역할을 모두 수행하여 계선과 참모의 역할 구분도 불명확해진다.

② 수평적이고 평면적인 조직으로서 유연성과 탄력성을 지닌 조직은 매트릭스구조가 아니라 수평구조이다.

④ 매트릭스구조는 기능 간 조정이 용이하도록 설계된 조직구조이나 끊임없는 대화와 토론으로 결정의 지연 및 과다한 시간 소모를 야기하는 단점이 있다.

08. ④ 대표관료제는 관료들의 객관적 책임을 매우 비현실적이라고 주장하고 오히려 관료제의 인적구성을 다양화하여 관료들의 주관적 책임을 적정화함으로써 행정의 공정성을 확보하고자 한다.

09. ① 통합예산의 구비조건은 포괄성(②), 대출순계의 구분(③), 이중거래의 조정(예산순계로 작성), 보전재원의 명시이다.

<<핵심체크>> 통합예산(통합재정)

의의	일반회계, 특별회계, 기금 등을 내부거래와 보전거래를 제외하고 하나로 합쳐 정부 전체의 총재정규모를 정확하게 파악하고, 재정이 국민경제에 미치는 영향을 파악하고자 하는 예산제도
구비조건	• 포괄성 - 재정통계 범위의 확장 : 중앙정부와 지방정부를 포함하는 일반정부뿐만 아니라 그 보조기관, 정부기업, 정부관리기금 등 모든 정부의 활동을 포함하여 작성 • 이중거래의 조정 - 순계개념으로 작성 : 정부 간 거래나 정부 내 거래로 인한 이중적 계상을 방지하기 위해 예산총계개념이 아닌 예산순계개념으로 작성 • 대출순계(순융자)의 구분 : 융자지출과 융자회수를 일반 세입 · 세출과 구분하여 순계기준으로 별도로 작성 • 보전재원의 명시 : 재정적자시 이를 보전하기 위한 재정 자금 조달 내역(차입금, 차관수입, 국공채발행수입 등)을 세입 · 세출과 구분하여 별도로 명시

10. ① 지방의회는 재적의원 과반수의 출석과 출석의원 2/3이상의 찬성으로 지방자치단체장에게 주민투표실시를 청구할 수 있다. 그러나 이러한 주민투표의 대상, 발의자, 발의요건, 그 밖의 투표절차 등에 관한 사항 등은 「지방자치법」이 아니라 「주민투표법」에 규정되어 있다.

2025 공무원 시험대비 【6회차】

박문각 일일 모의고사

—제4회—

[정답 및 해설]

이 름 :

학습관 :

합격예측

답안 입력 및 성적 조회는 PC, 모바일에서 모두 가능합니다.

★ PC: pass.pmg.co.kr | ★ 모바일 앱: 박문각 합격관리

합격까지 박문각

일일 모고 국어 제4회
정답 및 해설

합격까지 박문각

赤功 국어
적중 혜선

01. ① 첫째 문장에서 용언의 활용형인 '보기'는 <동사 어간 '보-' +명사형 어미 '-기'>의 구성이다. 접사가 아니라 '어미'가 붙었으므로 품사가 달라지지 않아 '보기'는 그대로 '동사'이다. '나를 보다'처럼 서술성도 있기 때문이다. 둘째 문장에서 '떠먹어 보았다'의 '보았다'도 보조 동사이므로 둘 다 품사가 동사로 같다.
② 각각 관형사, 형용사이므로 품사가 다르다. 첫째 문장에서 '다른'은 '他'의 의미인 관형사이다. 둘째 문장에서 '다른'은 '산소와 성질이 다르다'처럼 서술성이 있으므로 형용사 '다르다'가 활용한 형태이다.
③ 각각 명사, 관형사이므로 품사가 다르다. 첫째 문장에서 '한국적'은 명사이다. 뒤에 서술격 조사 '이다'가 붙기 때문이다. 둘째 문장에서 '한국적'은 뒤의 명사 '정취'를 수식하는 기능을 하므로 관형사이다.
④ 각각 형용사, 동사이므로 품사가 다르다. 첫째 문장에서 '크고'는 '크기가 크다'의 의미이므로 성질과 상태를 나타내는 형용사이다. 둘째 문장에서 '크면서'는 '자라다, 성장하다'의 의미이므로 움직임과 시간의 변화가 있는 동사이다.

02. ③ 나머지는 관형사이다. 관형사는 불변어인데, '많은'은 '많-'에 현재 시제 관형사형 어미 '-은'이 결합된 것이다. 이처럼 '많은'은 가변어이므로 관형사가 아니라 형용사인 것이다.
① 다른: 뒤의 체언 '생각'을 수식하는 관형사이다.
② 모든: 뒤의 체언 '권세'를 수식하는 관형사이다.
④ 여러: 뒤의 체언 '나라'를 수식하는 관형사이다.

03. ① -굼치/-꿈치'는 '꿈치'로 적는다. 또한 '발뒤꿈치'는 합성어라고 볼 수 없으므로 사이시옷을 적을 수 없다.
② '휴게실(休憩室)'이 옳다.
③ 내딛었다 → 내디뎠다.
: '내딛다'는 '내디디다'의 준말이다. 준말 중에 '내딛다, 서둘다, 서툴다, 머물다, 갖다' 등은 모음 어미와는 결합하지 못하고 자음 어미와만 결합할 수 있다. 따라서 '내디디+었+다'로 '내디뎠다'로 표기해야 한다.
(단, 모든 준말이 모음 어미와 활용하지 못하는 것은 아니다. '외우다'의 준말인 '외다', '거두다'의 준말인 '걷다'는 각각 '외어', '걷어'와 같이 활용할 수 있다.)
④ 눌지 → 눋지 ('눋다'는 'ㄷ' 불규칙 용언)
: '누른빛이 나도록 조금 타다.'를 의미하는 어간 '눋-'에 자음 어미가 결합하는 경우에는 그대로 '눋지'가 된다. 'ㄷ'이 'ㄹ'로 교체되는 것은 '눋-' 뒤에 모음 어미가 왔을 때만이다. (눌어, 눌으니, 눌었다)

04. ④ 접미사 '-씩'을 썼기 때문에 중의성이 해소되었다. '사과와 귤'을 각각 두 개씩 주었다는 의미가 된다.
① 그의 걸음의 모양이 이상한 것인지, 그가 걸음을 걷는 자체가 이상한 것인지 불명확하므로 '그의 걸음의 모양이 이상하다'로 문장을 고치는 것은 옳다.
②'여건(與件 : 與 더불 여 件 물건 건)'은 '주어진 조건'을 의미하므로 앞의 수식어 '주어진'과 중복된다.
③ '대단원'이란 '어떤 일의 맨 마지막, 대미'를 나타내는 말이므로 '대단원의 막을 내리다'로 고치는 것은 옳다.

05. ② 헌법개론은 민법총칙의 필수 선수강 과목으로 명시되어 있다. 따라서 헌법개론을 수강하지 않은 학생은 민법총칙을 수강할 수 없다. 이 문장은 반드시 참이다.
① 헌법개론은 민법총칙의 필수 선수강 과목이지만, 민법총칙을 수강하려면 헌법개론에서 B학점 이상을 받아야 한다. 따라서 B학점 미만인 학생은 헌법개론을 수강했더라도 민법총칙을 수강하지 못할 수 있다.
③ <보기>에서는 민사소송법과 헌법개론 간의 직접적인 관계가 주어지지 않았다. 따라서 이 문장이 반드시 참이라고 보장할 수 없다.
④ <보기>에 따르면, "형법을 수강한 학생들은 모두 형사소송법 수업도 수강했다.""고 명시되어 있다. 즉 형사소송법을 수강하지 않은 학생은 형법을 수강할 수 없다. 이 문장은 거짓이다.

06. ① '학생 ∧ 똑똑함'이고 '학생 → 예의' 이므로 학생 중 똑똑한 사람이 존재하고 모든 학생은 예의가 바르므로 똑똑한 사람 중 예의 바른 사람이 있다는 결론을 내릴 수 있다.
② '학생 ∧ 똑똑함'이고 '학생 → 예의' 이므로 학생 중 똑똑한 사람이 존재하고 모든 학생은 예의가 바르므로 똑똑한 사람 중 예의 바른 사람이 있다는 결론을 내릴 수 있다. 하지만 이를 통해 모든 똑똑한 사람이 예의바르다는 결론을 도출하는 것은 불가능하다. 판단불가의 오류이다.
③ '학생 → 예의'이므로 무례하지 않은 학생은 존재하지 않는다. 이 선지는 두 번째 전제를 부정하는 반례이다. 판단불가의 오류이다.
④ '학생 ∧ 똑똑함'이지만 이를 통해 '학생 ∧ ~똑똑함'이라는 결론을 낼 수는 없다. 판단불가의 오류이다.

07. ④ ㉠의 '서다'는 '1「5」질서나 체계, 규율 따위가 올바르게 있게 되거나 짜이다.'를 의미한다. 이와 가장 유사한 의미의 '서다'는 ④이다.
①「1」사람이나 동물이 발을 땅에 대고 다리를 쭉 뻗으며 몸을 곧게 하다.
②「8」물품을 생산하는 기계 따위가 작동이 멈추다.
③「4」무딘 것이 날카롭게 되다.

08. ① '뾰족하다'는 '물체의 끝이 점차 가늘어져서 날카롭다.'를 의미한다. 따라서 '신기할 정도로 묘하다.'를 의미하는 '신통(神 귀신 신 通 통할 통)하다'는 ㉠과 바꿔 쓸 수 있는 유사한 표현으로 적절하지 않다. '날카롭고 뾰족하다.'를 의미하는 '첨예(尖 뾰족할 첨 銳 날카로울 예)하다'로 바꿔 쓸 수 있다.
② ㉡ '알리다'는 '사물이나 상황에 대한 정보나 지식을 알게 하다.'를 의미한다. 따라서 '억울하거나 딱한 사정을 남에게 간곡히 알리다.'를 의미하는 '호소(呼 부를 호 訴 호소할 소)하다'로 바꿔 쓸 수 있다.
③ ㉢ '거두어들이다'는 '여러 사람에게서 돈이나 물건 따위를 받아서 들여오다.'를 의미한다. 따라서 '나라, 공공단체, 지주 등이 돈, 곡식, 물품 따위를 거두어들이다.'를 의미하는 '징수(徵 부를 징 收 거둘 수)하다'로 바꿔 쓸 수 있다.
④ ㉣ '드러내다'는 '알려지지 않은 사실을 보이거나 밝히다.'를 의미한다. 따라서 '알려지지 않았거나 감춰져 있던 사실을 드러내다. 흔히 나쁜 일이나 음모 따위를 사람들에게 알리는 일을 이른다.'를 의미하는 '폭로(暴 사나울 폭 露 이슬 로(노))하다'로 바꿔 쓸 수 있다.

09. ③ 이 글은 책의 내용이 이해가 잘 되지 않을 때의 읽기 전략을 설명하고 있는데, 글을 읽기 전에 읽기 전략을 세우라는 내용은 없다.
① 첫 번째 문장 “책의 내용이 이해가 되든 안 되든~”에서 확인할 수 있다.
② 다섯 번째 문장 “두 번 혹은 세 번 읽은 후에~”에서 확인할 수 있다.
④ 두 번째 문장 “이해가 잘 되지 않는 부분을 만나면~”에서 확인할 수 있다.

10. ③ 제시문은 19세기에 회화의 모방 기능을 뛰어넘는 사진이 등장했다는 문장으로 시작한다. 선지는 ㄱ 또는 ㅁ으로 시작하는데, ㄱ으로 시작하는 ①, ②번 모두 ㄱ 뒤에 ㅁ이 놓였다. 그러나 ㅁ에서 ‘모델이나 풍경을 직접 보는 대신 사진을 사용하여 그림을 그리는’ 것은 역시 현실의 모습을 모방하는 것이므로 ㄱ의 내용과 이어지지 않는다. ㅁ으로 시작할 경우, 사진을 모방한 회화의 한계를 언급하는 ㄴ이 뒤에 이어지는 것이 자연스럽다. 이후에는 위기를 맞이한 회화가 새로운 길을 모색하게 되었다는 내용의 ㄱ이 오는데, 만약 ㄹ이 먼저 오게 될 경우, ㄱ에서 모색했던 ‘새로운 길’이 무엇인지 밝히지 않은 채 이를 ‘새로운 회화의 장이 열린 것’이라고 평가하는 것은 자연스럽지 않다. ㄷ이 ㄹ보다 먼저 올 경우, ㄷ의 ‘그 결과’는 이 ‘새로운 길을 모색하게 된 결과’를 지칭할 수 있다. 이후 추상 회화 등장의 의의를 말하고 있는 ㄹ이 오는 것이 글의 흐름으로 자연스럽다.

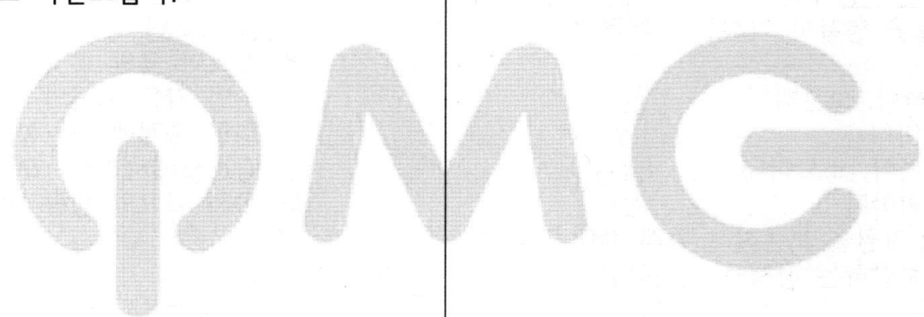

일일 모고 영어 제4회

정답 및 해설

합격까지 박문각

반드시 합격
진가영 영어

01. ② ★ acquire 습득하다
● lose 잃다
● avoid 피하다
● ignore 무시하다
[해석] 비즈니스 세계에서 성공하려면 변화와 도전에 효과적으로 적응할 수 있도록 필요한 기술과 지식을 습득해야 한다.

02. ① ★ international 국제적인, 세계적인
● sensitive 예민한, 민감한
● awkward 어색한, 불편한
● peculiar 특이한, 이상한
[해석] 그 회의는 전 세계에서 글로벌 문제를 논의하기 위해 많은 국제 조직의 대표들을 끌어들였다.

03. ① ★ coherence 일관성, 조리 있음
● inconsistency 불일치, 모순 (반의어)
● plight 역경, 고난
● misfit 적응하지 못하는 사람
[해석] 그 보고서는 일관성이 부족하여, 독자들이 논지를 따라가고 주요 내용을 명확히 이해하기 어려웠다.

04. ① ★ conserve 절약하다, 보존하다
● sniff 코를 훌쩍이다
● deplete 고갈시키다, 소모하다
● detest 몹시 싫어하다
[해석] 정부는 자연 자원을 보존하고 미래 세대가 이를 사용할 수 있도록 보장하는 정책을 시행하고 있다.

05. ③ ★ unprejudiced 편견 없는, 공정한
● biased 편향된, 편파적인
● irrelevant 관계 없는, 부적절한
● distracted 주의가 산만한
[해석] 공무원으로서, 편견 없는 사실에 근거하여 결정을 내리고 개인적인 선호가 판단에 영향을 미치지 않도록 하는 것이 중요하다.

06. ④ [해설]
'~할 수 밖에 없다'라는 표현은 'have no choice but to 부정사'로 쓴다. 또한 조동사 뒤에는 동사원형을 쓴다. 따라서 밑줄 친 부분에 가장 적절한 것은 ④이다.
[해석]
자금이 충분하지 않으면, 연구팀은 투자자들로부터 추가적인 재정 지원을 확보할 때까지 프로젝트를 중단할 수 밖에 없을 것이다.

07. ④ [해설]
'결국 ~하다'의 결과를 의미하는 뜻으로 쓰일 때는 only to부정사로 쓰이며 to부정사가 부사 역할을 한다. 따라서 밑줄 친 부분인 to realizing을 to realize로 고쳐야 한다.
[해석]
잠시 시간을 내어, 당신이 가지고 있지만 한 번도 사용하지 않은 물건들에 대해 생각해 보자. 아마도 그때는 좋은 구매라고 생각했지만, 아직도 옷장에 그대로 있는 신발 한 켤레일 수도 있다. 혹은 요리를 더 쉽게 해줄 거라고 생각했지만 선반에 방치된 주방 기기일 수도 있다. 많은 사람들이 충동적으로 물건을 구입한 후, 나중에 그것이 필요하지 않았다는 사실을 깨닫는다.

08. ④ [해석]
Tim: 안녕하세요, 의사를 만나고 싶어요. 몸이 좋지 않아요.
Jane: 안타깝네요. 증상을 말씀해 주실 수 있나요?
Tim: 지난 이틀 동안 두통과 목이 아팠어요.
Jane: 알겠습니다. 열이나 기침은 있나요?
Tim: 네, 가벼운 열이 나고 기침도 조금 했어요.
Jane: 감기나 독감일 수 있겠네요. 이 박사님과 예약을 잡아 드릴게요. 언제가 괜찮으신가요?
Tim: 오늘 오후에 괜찮아요.
① 다른 병원에 가야 할까요?
② 약은 어떤 것들을 먹었나요?
③ 지금 병원으로 오고 계시나요?
④ 증상을 말씀해 주실 수 있나요?

09. ② [해설]
이 글은 강원도 고성에서 열리는 청소년 캠핑 대회를 위해 경험 있는 자원봉사자를 모집하는 내용을 담고 있다. "강원 청소년 캠핑 축제에 자원봉사자로 참여하세요"라는 제목이 글의 목적과 내용을 가장 잘 반영한다.
① 이번 가을 고성의 아름다움을 탐험하세요
② 캠핑 축제에 자원봉사자로 참여하세요
③ 강원도에서 다음 모험을 찾아보세요
④ 올해 최고의 캠핑 행사에 참여하세요

10. ③ [해설]
"mentor"는 '지도하다' 또는 '가르치다'는 의미로, 자원봉사자들이 청소년들을 지도하고 지원하는 역할을 설명한다. 가장 가까운 의미는 'guide (안내하다, 지도하다)'이다.
① observe 관찰하다
② reward 보상[보답]하다
④ entertain 즐겁게 하다
[해석]

캠핑 축제에 자원봉사자로 참여하세요

야외 활동에 열정이 있고 청소년과 함께 일한 경험이 있으신가요? 고성에서 열리는 강원 청소년 캠핑 페스티벌에서는 이 흥미로운 행사 동안 청소년들을 안내하고 멘토링을 할 능숙한 자원봉사자를 찾고 있습니다!

자원봉사 세부 사항
• 기간: 10월 10일 - 10월 14일
• 시간: 오전 8시 - 오후 6시 (유연한 근무 시간이 제공됩니다)
• 장소: 강원도 고성 캠핑장

책임
• 하이킹, 카누 타기, 캠프파이어 프로그램과 같은 야외 활동을 이끕니다.
• 멘토링을 제공하고 참가자들의 안전을 확보합니다.
• 행사 준비, 조정 및 청소를 돕습니다.

자격 요건

- 자원봉사자는 최소 21세 이상이어야 합니다.
- 야외 활동이나 청소년 멘토링 경험이 선호됩니다.
- 긍정적인 태도와 강력한 의사소통 능력이 필수입니다.

지원하려면 9월 25일까지 www.gangwonyouthcamp.org/volunteer에서 신청하세요. 자세한 정보는 1-800-987-6543으로 전화하거나 volunteer@gangwonyouthcamp.org로 이메일을 보내주세요.

[어휘]
☐ passionate 열정적인
☐ mentorship 지도 및 조언
☐ coordination 조정

일일 모고 한국사 제4회
정답 및 해설

합격까지 **박문각**

가장 빠른 한국사
한국사 박기훈

01. ③ ㉠ 제주 고산리, 양양 오산리는 신석기시대의 유적이다.

02. ④ 사천 늑도 유적은 철기 시대의 대표적 유적으로 남해안에 위치하는 섬 유적으로 철기시대 일본과 중국과 낙랑 사이의 무역을 중계하며 크게 발전하였다. 오수전은 철기 시대의 유물로 당시 중국과의 교류사실을 알 수 있다.

03. ④ 관등제는 관리들의 등급을 정한 것으로, 종래의 족장적 성격을 띤 다양한 세력 집단이 왕 아래에 하나의 체계로 조직되어 상하 관계를 이룬 것이다. 고구려는 4세기경에 각 부의 관료 조직을 흡수하여 10여 관등을 두었고, 백제는 고이왕 때에 이미 6좌평제와 16관등제의 기본틀을 마련하였다. 신라도 법흥왕 때에 각 부의 하급 관료 조직을 흡수하여 17관등제를 완비하였다.

04. ② 관료전은 수조권만을 행사하였기 때문에 백성에 대한 노동력(용)을 징발할 수 없었다.

05. ② 신라 원성왕 4년(788)에 유교 경전의 이해 수준을 시험하여 관리를 재용하는 독서삼품과를 마련하였다. 독서삼품과의 설치 의도는 관리 선발뿐만 아니라, 신라 하대에 들어오면서 유명무실해진 국학의 기능을 강화하려는 측면도 있었다. 이 제도는 골품 제도 때문에 그 기능을 제대로 발휘하지 못하였지만, 학문과 유학을 널리 보급시키는 데 이바지하였다. 진골이 이러한 제도를 지지할 이유는 없고, 상대적으로 신분이 낮은 6두품 세력이 이를 지지할 가능성이 크다고하겠다.

06. ② (가)는 서경 땅이 좋다고 하는 점으로 보아 서경파의 주장이고, (나)는 서경이 좋지 않은 지역이라고 주장하는 점으로 보아 개경파의 입장이다. 개경파는 기존의 문벌 귀족 중심이었고, 서경파는 과거를 통하여 새로이 대두한 서경 출신인 왕의 측근 세력이었다. 또한 서경파는 풍수지리설을 바탕으로 금국 정벌, 황제 칭호 사용, 고구려 계승 등을 주장한 묘청, 정지상 등이 중심이었고, 개경파는 유교 사상을 바탕으로 금에 대한 사대, 신라 계승 의식을 내세운 김부식 등이 중심이었다.
① 개경파, ③, ④ 서경파에 해당하는 내용이다.

07. ③ 제시문에 나오는 ㉠은 김효원 중심의 동인, ㉡은 심의겸 중심의 서인이다. ㉠ 동인은 이황의 주리론을 계승하였다.
① 서인에 관한 설명이다. ② , ④ 동인에 관한 설명이다,

08. ② 조선민족혁명당에서 만든 중국 관내 최초의 한국인 군대는 1938년에 창설된 조선의용대이다.
① 북로군정서에 대한 설명이다.
② 조선의용대의 대부분은 조선의용대 화북지대가 되어 이동하였으나, 김원봉을 비롯한 일부는 1942년 한국광복군에 합류하였다.
③ 국민부는 1928년 형성되었다가 조선혁명당과 조선혁명군으로 변화하였다.
④ 쌍성보, 사도하자, 대전자령, 동경성 전투는 한국독립군이 중국 호로군과 한중연합작전으로 승리를 거둔 전투이다.

09. ③ 한미상호방위조약은 종전 후에 한국과 미국이 체결하였다..

10. ③ 제시된 신문 기사는 개성 공업 지구 건설 사업과 관련된 것이다. 개성 공업 지구 건설 사업은 2000년 남북 정상이 합의한 6·15 남북 공동 선언에 따라 추진되었는데, 북한에 의해 경제특구로 지정되었다. 한편, 개성 공업 지구 사업은 남한의 자본과 기술, 북한의 토지와 인력이 결합된 것이다.
③ 선 건설 후 통일의 원칙은 박정희 정부가 1960년대에 경제 개발에 주력하면서 내세운 논리이다.

일일 모고 행정법 제4회
정답 및 해설

합격까지 박문각

광야에서 합격까지
행정법 강성빈

01. ② ② 헌법 제38조, 제59조에서 채택하고 있는 조세법률주의의 원칙은 과세요건과 징수절차 등 조세권행사의 요건과 절차는 국민의 대표기관인 국회가 제정한 법률로써 규정하여야 한다는 것이나, 과세요건과 징수절차에 관한 사항을 명령 · 규칙 등 하위법령에 위임하여 규정하게 할 수 없는 것은 아니다. 대법원 1994. 9. 30.자 94부18 결정
① 행정기본법 제8조

> **행정기본법 제8조(법치행정의 원칙)**
> 행정작용은 법률에 위반되어서는 아니 되며, 국민의 권리를 제한하거나 의무를 부과하는 경우와 그 밖에 국민생활에 중요한 영향을 미치는 경우에는 법률에 근거하여야 한다.

③ 법률유보의 원칙이란 국민의 기본권에 영향을 미치는 중요한 사항에 대한 '행정작용'을 함에 있어서는 그 작용을 발동할 수 있는 근거가 국회에서 제정한 법률에 규정되어 있어야 함을 의미한다. 따라서 법률유보의 원칙에서 요구하는 법적 근거는 행정'작용'의 근거, 즉 작용법적 근거를 의미한다.
④ 오늘날 법률유보원칙은 단순히 행정작용이 법률에 근거를 두기만 하면 충분한 것이 아니라, 국가공동체와 그 구성원에게 기본적이고도 중요한 의미를 갖는 영역, 특히 국민의 기본권실현과 관련된 영역에 있어서는 국민의 대표자인 입법자가 그 본질적 사항에 대해서 스스로 결정하여야 한다는 요구까지 내포하고 있다(의회유보원칙). 헌법재판소 1999. 5. 27. 선고 98헌바70 결정

02. ③ ③ 상대방 있는 행정처분은 특별한 규정이 없는 한 의사표시에 관한 일반법리에 따라 상대방에게 고지되어야 효력이 발생하고, 상대방 있는 행정처분이 상대방에게 고지되지 아니한 경우에는 상대방이 인터넷 홈페이지 접속 등 다른 경로를 통해 행정처분의 내용을 알게 되었다고 하더라도 행정처분의 효력이 발생한다고 볼 수 없다. 대법원 2019. 8. 9. 선고 2019두38656 판결
① 전자문서법의 규정에 비추어 보면, 전자우편은 물론 휴대전화 문자메시지도 전자문서에 해당한다고 할 것이므로, 휴대전화 문자메시지가 전자문서법 제4조의2에서 정한 요건을 갖춘 이상 폐기물관리법 시행규칙 제68조의3 제1항에서 정한 서면의 범위에 포함된다고 할 것이다. 다만, 행정청이 폐기물관리법 제48조 제1항, 같은 법 시행규칙 제68조의3 제1항에서 정한 폐기물 조치명령을 전자문서로 하고자 할 때에는 구 행정절차법 제24조 제1항에 따라 당사자의 동의가 필요하다. 대법원 2024. 5. 9. 선고 2023도3914 판결
② 행정절차법 제14조

> **행정절차법 제14조(송달)**
> ③ 정보통신망을 이용한 송달은 송달받을 자가 동의하는 경우에만 한다. 이 경우 송달받을 자는 송달받을 전자우편주소 등을 지정하여야 한다.

④ 내용증명우편이나 등기우편과는 달리, 보통우편의 방법으로 발송되었다는 사실만으로는 그 우편물이 상당한 기간 내에 도달하였다고 추정할 수 없고, 송달의 효력을 주장하는 측에서 증거에 의하여 이를 입증하여야 한다. 대법원 2009. 12. 10. 선고 2007두20140 판결

03. ④ ④ 행정기본법 제24조

> **행정기본법 제24조(인허가의제의 기준)**
> ⑤ 제3항에 따라 협의를 요청받은 관련 인허가 행정청은 해당 법령을 위반하여 협의에 응해서는 아니 된다. 다만, 관련 인허가에 필요한 심의, 의견청취 등 절차에 관하여는 법률에 인허가의제 시에도 해당 절차를 거친다는 명시적인 규정이 있는 경우에만 이를 거친다.

① 행정기본법 제24조

> **행정기본법 제24조(인허가의제의 기준)**
> ② 인허가의제를 받으려면 주된 인허가를 신청할 때 관련 인허가에 필요한 서류를 함께 제출하여야 한다. 다만, 불가피한 사유로 함께 제출할 수 없는 경우에는 주된 인허가 행정청이 별도로 정하는 기한까지 제출할 수 있다.

② 행정기본법 제25조

> **행정기본법 제25조(인허가의제의 효과)**
> ② 인허가의제의 효과는 주된 인허가의 해당 법률에 규정된 관련 인허가에 한정된다.

③ 행정기본법 제25조

> **행정기본법 제25조(인허가의제의 효과)**
> ① 제24조제3항 · 제4항에 따라 협의가 된 사항에 대해서는 주된 인허가를 받았을 때 관련 인허가를 받은 것으로 본다.

04. ② ② 부작위위법확인소송의 이러한 보충적 성격에 비추어 동일한 신청에 대한 거부처분의 취소를 구하는 취소소송에는 특단의 사정이 없는 한 그 신청에 대한 부작위위법의 확인을 구하는 취지도 포함되어 있다고 볼 수 있다. 이러한 사정을 종합하여 보면, 당사자가 동일한 신청에 대하여 부작위위법확인의 소를 제기하였으나 그 후 소극적 처분이 있다고 보아 처분취소소송으로 소를 교환적으로 변경한 후 여기에 부작위위법확인의 소를 추가적으로 병합한 경우, 최초의 부작위위법확인의 소가 적법한 제소기간 내에 제기된 이상 그 후 처분취소소송으로의 교환적 변경과 처분취소소송에의 추가적 변경 등의 과정을 거쳤다고 하더라도 여전히 제소기간을 준수한 것으로 봄이 상당하다. 대법원 2009. 7. 23. 선고 2008두10560 판결
① 보충역편입처분취소처분의 효력을 다투는 소에 공익근무요원복무중단처분, 현역병입영대상편입처분 및 현역병입영통지처분의 취소를 구하는 청구를 추가적으로 병합한 경우, 공익근무요원복무중단처분, 현역병입영대상편입처분 및 현역병입영통지처분의 취소를 구하는 소의 소제기 기간의 준수 여부는 각 그 청구취지의 추가 · 변경신청이 있은 때를 기준으로 개별적으로 판단하여야 한다. 대법원 2004. 12. 10. 선고 2003두12257 판결
③ 처분이 있음을 안 날부터 90일 이내에 행정심판을 청구하지도 않고 취소소송을 제기하지도 않은 경우에는 그 후 제기된 취소소송은 제소기간을 경과한 것으로서 부적법하고, 처분이 있음을 안 날부터 90일을 넘겨 청구한 부적법한 행정심판청구에 대한 재결이 있은 후 재결서를 송달받은 날부터 90일 이내에 원래의 처분에 대하여 취소소송을 제기하였다고 하여 취소소송이 다시 제소기간을 준수한 것으로 되는 것은 아니다. 대법원 2011. 11.

24. 선고 2011두18786 판결
④ 행정소송법 제20조

행정소송법 제20조(제소기간)
① 취소소송은 처분등이 있음을 안 날부터 90일 이내에 제기하여야 한다. 다만, 제18조제1항 단서에 규정한 경우와 그 밖에 행정심판청구를 할 수 있는 경우 또는 행정청이 행정심판청구를 할 수 있다고 잘못 알린 경우에 행정심판청구가 있은 때의 기간은 재결서의 정본을 송달받은 날부터 기산한다.

05. ③ ③ 타인 사이의 항고소송에서 소송의 결과에 관하여 이해관계가 있다고 주장하면서 민사소송법 제71조에 의한 보조참가를 할 수 있는 제3자는 민사소송법상의 당사자능력 및 소송능력을 갖춘 자이어야 하므로 그러한 당사자능력 및 소송능력이 없는 행정청으로서는 민사소송법상의 보조참가를 할 수는 없고 다만 행정소송법 제17조 제1항에 의한 소송참가를 할 수 있을 뿐이다(주: 또한 당사자능력이 없는 행정청은 당사자소송의 원고가 될 수도 없다. 당사자소송의 원고는 행정청이 아닌 행정주체가 됨). 대법원 2002. 9. 24. 선고 99두1519 판결
① 근거 법령의 추가를 통하여 위 제외처분의 성질이 기속행위에서 재량행위로 변경되고, 그로 인하여 위법사유와 당사자들의 공격방어방법 내용, 법원의 사법심사방식 등이 달라지며, 특히 종래의 법 위반 사실뿐만 아니라 처분의 적정성을 확보하기 위한 양정사실까지 새로 고려되어야 하므로, 당초 처분사유와 소송 과정에서 시장이 추가한 처분사유는 기초가 되는 사회적 사실관계의 동일성이 인정되지 않는다. 대법원 2023. 11. 30. 선고 2019두38465 판결
② 행정소송법 제22조

행정소송법 제22조(처분변경으로 인한 소의 변경)
② 제1항의 규정에 의한 신청은 처분의 변경이 있음을 안 날로부터 60일 이내에 하여야 한다.

④ 행정소송법 제31조

행정소송법 제31조(제3자에 의한 재심청구)
② 제1항의 규정에 의한 청구는 확정판결이 있음을 안 날로부터 30일 이내, 판결이 확정된 날로부터 1년 이내에 제기하여야 한다.

06. ① ① 헌법 제34조 제1항이 보장하는 인간다운 생활을 할 권리는 사회권적 기본권의 일종으로서 인간의 존엄에 상응하는 최소한의 물질적인 생활의 유지에 필요한 급부를 요구할 수 있는 권리를 의미하는데, 이러한 권리는 국가가 재정형편 등 여러 가지 상황들을 종합적으로 고려하여 법률을 통하여 구체화함으로써 법률적 권리로 인정된다. 의료급여법에 의하여 인정되는 의료급여수급권도 이러한 법률적 권리에 해당하는데, 다만 그 보장수준이 헌법 제34조 제1항의 인간다운 생활을 할 권리를 침해하는 정도로 되어서는 아니되는 것이다. 헌법재판소 2020. 4. 23. 선고 2017헌마103 전원재판부 결정
② 석탄산업법시행령 제41조 제4항 제5호 소정의 재해위로금 청구권은 개인의 공권으로서 그 공익적 성격에 비추어 당사자의 합의에 의하여 이를 미리 포기할 수 없다. 대법원 1998. 12. 23. 선고 97누5046 판결
③ 구 예산회계법 제71조의 금전의 급부를 목적으로 하는 국가의 권리라 함은 금전의 급부를 목적으로 하는 권리인 이상 금전급부의 발생원인에 관하여는 아무런 제한이 없으므로 국가의 공권력의 발동으로 하는 행위는 물론 국가의 사법상의 행위에서 발생한 국가에 대한 금전채무도 포함하고 동법 제71조에서 타법률에 운운 규정은 타법률에 동법 제71조에 규정한 5년의 소멸시효 기간보다 짧은 기간의 한 본건 제2항은 예산회계법 제71조에서 말하는 타법률에 규정한 경우에 해당하지 아니한다. 대법원 1967. 7. 4. 선고 67다751 판결
④ 군인사법 제47조의2는 헌법이 대통령에게 부여한 군통수권을 실질적으로 존중한다는 차원에서 군인의 복무에 관한 사항을 규율할 권한을 대통령령에 위임한 것이라 할 수 있고, 대통령령으로 규정될 내용 및 범위에 관한 기본적인 사항을 다소 광범위하게 위임하였다 하더라도 포괄위임금지원칙에 위배된다고 볼 수 없다. 따라서 이 사건 군인복무규율 조항은 이와 같은 군인사법 조항의 위임에 의하여 제정된 정당한 위임의 범위 내의 규율이라 할 것이므로 법률유보원칙을 준수한 것이다. 헌법재판소 2010. 10. 28. 선고 2008헌마638 전원재판부

07. ④ ④ 행정청의 하명에 따라 부과된 의무의 불이행을 전제로 하는 실효성 확보수단인 직접강제와 달리 의무불이행을 전제로 하지 않는 즉시강제는 행정상 강제집행에 해당하지 않는다.
① 행정상 즉시강제란 급박한 행정상 장해를 제거할 필요가 있으나 미리 의무를 명할 시간적 여유가 없을 때 또는 그 성질상 의무를 명해서는 목적달성이 곤란한 경우에 직접 국민의 신체 또는 재산에 실력을 가하여 행정상 필요한 상태를 실현하는 행정작용을 말한다(즉시강제는 의무의 불이행을 전제로 하지 않음).
② 행정상 즉시강제는 침익적 행위로서 법률유보의 원칙에 따라 반드시 법적 근거가 필요하다.
③ 행정상 즉시강제는 상대방의 임의이행을 기다릴 시간적 여유가 없을 때 하명 없이 바로 실력을 행사하는 것으로서, 그 본질상 급박성을 요건으로 하고 있어 법관의 영장을 기다려서는 그 목적을 달성할 수 없다고 할 것이므로, 원칙적으로 영장주의가 적용되지 않는다고 보아야 할 것이다. 관계행정청이 등급분류를 받지 아니하거나 등급분류를 받은 게임물과 다른 내용의 게임물을 발견한 경우 관계공무원으로 하여금 이를 수거 · 폐기하게 할 수 있도록 한 구 음반 · 비디오물 및 게임물에 관한 법률 규정은 영장주의에 위반되거나 헌법에 위반되지 아니한다. 헌법재판소 2002. 10. 31. 선고 2000헌가12 결정

08. ① ① 구 주택건설촉진법 제52조의3 제1항 제6호는 "제32조 제2호의 규정을 위반하여 주택을 공급한 자"를 과태료에 처하도록 규정하고 있으나, 주택공급계약이 위 법 제32조, 위 규칙 제27조 제4항, 제3항에 위반하였다고 하더라도 그 사법적 효력까지 부인된다고 할 수는 없다. 대법원 2007. 8. 23. 선고 2005다59475 등 판결
② 통고처분을 할 것인지의 여부는 관세청장 또는 세관장의 재량에 맡겨져 있고, 따라서 관세청장 또는 세관장이 관세범에 대하여 통고처분을 하지 아니한 채 고발하였다는 것만으로는 그 고발 및 이에 기한 공소의 제기가 부적법하게 되는 것은 아니다. 대법원 2007. 5. 11. 선고 2006도1993 판결
③ 지방국세청장 또는 세무서장이 조세범 처벌절차법 제17조 제1항에 따라 통고처분을 거치지 아니하고 즉시 고발하였다면 이로써 조세범칙사건에 대한 조사 및 처분 절차는 종료되고 형사사건 절차로 이행되어 지방국세청장 또는 세무서장으로서는 동일한 조세범칙행위에 대하여 더 이상 통고처분을 할 권한이 없다. 대법원 2016. 9. 28. 선고 2014도10748 판결
④ 특별한 사정이 없는 이상 경찰서장은 범칙행위에 대한 형사소추를 위하여 이미 한 통고처분을 임의로 취소할 수 없다. 대법원 2021. 4. 1. 선고 2020도15194 판결

09. ③ ③ 차량이 통행하는 도로에서 유입되는 소음 때문에 인근 주택의 거주자에게 사회통념상 일반적으로 수인할 정도를 넘어서는 침해가 있는지 여부는, 주택법 등에서 제시

하는 주택건설기준보다는 환경정책기본법 등에서 설정하고 있는 환경기준을 우선적으로 고려하여 판단하여야 한다. 대법원 2008. 8. 21. 선고 2008다9358,9365 판결

① 국가배상법 제5조 소정의 공공의 영조물이란 공유나 사유임을 불문하고 행정주체에 의하여 특정공공의 목적에 공여된 유체물 또는 물적 설비를 의미하므로 사실상 군민의 통행에 제공되고 있던 도로 옆의 암벽으로부터 떨어진 낙석에 맞아 소외인이 사망하는 사고가 발생하였다고 하여도 동 사고지점 도로가 피고 군에 의하여 노선인정 기타 공용개시가 없었으면 이를 영조물이라 할 수 없다. 대법원 1981. 7. 7. 선고 80다2478 판결

② 국가배상법 제5조 제1항 소정의 '공공의 영조물'이라 함은 국가 또는 지방자치단체에 의하여 특정 공공의 목적에 공여된 유체물 내지 물적 설비를 말하며, 국가 또는 지방자치단체가 소유권, 임차권 그 밖의 권한에 기하여 관리하고 있는 경우뿐만 아니라 사실상의 관리를 하고 있는 경우도 포함된다. 대법원 1998. 10. 23. 선고 98다17381 판결

④ 국가배상법 제5조 제1항에 규정된 '영조물 설치 · 관리상의 하자'는 공공의 목적에 공여된 영조물이 그 용도에 따라 통상 갖추어야 할 안전성을 갖추지 못한 상태에 있음을 말한다. 그리고 위와 같은 안전성의 구비 여부는 영조물의 설치자 또는 관리자가 그 영조물의 위험성에 비례하여 사회통념상 일반적으로 요구되는 정도의 방호조치의무를 다하였는지를 기준으로 판단하여야 하고, 아울러 그 설치자 또는 관리자의 재정적 · 인적 · 물적 제약 등도 고려하여야 한다. 대법원 2022. 7. 28. 선고 2022다225910 판결

10. ④ ④ 하천법 제50조에 의한 하천수 사용권은 공익사업을 위한 토지 등의 취득 및 보상에 관한 법률 제76조 제1항이 손실보상의 대상으로 규정하고 있는 '물의 사용에 관한 권리'에 해당한다. 대법원 2018. 12. 27. 선고 2014두11601 판결

① 국립공원구역지정 후 토지를 종래의 목적으로도 사용할 수 없거나 토지를 사적으로 사용할 수 있는 방법이 없이 공원구역내 일부 토지소유자에 대하여 가혹한 부담을 부과하면서 아무런 보상규정을 두지 않은 경우에는 비례의 원칙에 위반되어 당해 토지소유자의 재산권을 과도하게 침해하는 것이라고 할 수 있다. 헌법재판소 2003. 4. 24. 선고 99헌바110, 2000헌바46(병합) 전원재판부

② 우리 헌법상 수용의 주체를 국가로 한정한 바 없으므로 민간기업도 수용의 주체가 될 수 있고, (중략) 민간기업에게 산업단지개발사업에 필요한 토지 등을 수용할 수 있도록 규정한 산업입지 및 개발에 관한 법률 제22조 제1항은 헌법에 위반된다고 할 수 없다. 헌법재판소 2009. 9. 24. 선고 2007헌바114 결정

③ 구 토지수용법 제51조가 규정하고 있는 '영업상의 손실'이란 수용의 대상이 된 토지 · 건물 등을 이용하여 영업을 하다가 그 토지 · 건물 등이 수용됨으로 인하여 영업을 할 수 없거나 제한을 받게 됨으로 인하여 생기는 직접적인 손실을 말하는 것이므로 위 규정은 영업을 하기 위하여 투자한 비용이나 그 영업을 통하여 얻을 것으로 기대되는 이익에 대한 손실보상의 근거규정이 될 수 없고, (중략) 이러한 손실은 그 보상의 대상이 된다고 할 수 없다. 대법원 2006. 1. 27. 선고 2003두13106 판결

일일 모고 행정학 제4회
정답 및 해설

합격까지 박문각

빠른 고득점 합격
행정학 이명훈

01. ④ 권력의 편재에 대한 대응방안으로는 민영화, 규제 완화 등이 있다. 정부 보조 삭감은 권력의 편재에 대한 대응방안이 아니다.

<<핵심체크>> 정부실패와 대응방식

유형	내용	대응방안
사적목표의 설정(내부성)	관료들이 공식적 목표인 공익보다는 비공식적 목표인 개인적 이익이나 소속기관의 이익을 우선함으로써 비공식적 목표가 공식적 목표를 대체하는 현상	• 민영화
파생적 외부효과	정부개입이 초래하는 의도하지 않은 부작용(예 : 주택가격안정화를 위한 정부개입이 오히려 주택가격상승을 가져온 경우)	• 정부보조 삭감 • 규제완화
권력의 편재	정부가 규제권한 등을 통해 특정 집단에게 특혜를 남용함으로써 발생하는 분배의 불형평	• 민영화 • 규제완화
X-비효율성(공급비용 체증)	독점으로 인해 경쟁메커니즘이 존재하지 않아 관료들의 잘못된 의식구조나 행태가 야기됨으로써 발생하는 관리적 · 기술적 · 행태적 비효율성	• 민영화 • 정부보조 삭감 • 규제완화
비용과 수익의 절연	시장의 '수익자부담주의'와 달리 정부는 편익집단과 비용 집단이 서로 단절되어 있어 공급자인 정부는 원가개념 없이 과잉생산하고, 소비자인 국민은 비용개념없이 과잉소비함으로써 정부실패 야기	

02. ④ 무어(Moore)의 공공가치창출론이 제시한 전략적 삼각형 모형(strategic triangle model)은 공적가치의 형성, 정당성과 지원의 확보, 운영 역량의 형성으로 구성되며, 이 구성요소들은 동등한 위치에서 상호 연결되어 있다고 보았다.

<<핵심체크>> 무어(Moore)의 공공가치창출론

의의	민간의 관리자들이 조직의 자산(기술, 인력, 예산)을 활용하여 주주가치를 창출하는 것처럼, 공공의 관리자들은 공공자산(국가 권위, 공적자금)을 활용하여 공공가치를 창출해야 한다고 보고 전략적 삼각형 모형과 공공가치회계제도를 제시함
방안	• 전략적 삼각형 모형 : ① 공적가치의 형성(해당 조직이 궁극적으로 구현해야 할 소명[비전과 미션, 전략목표] 확립), ② 정당성과 지원의 확보(시민의 지지 확보), ③ 운영 역량(인적 · 재정적 · 기술적 자원 동원)의 상호작용을 통한 공공가치 창출
	• 공공가치회계제도 : 지출에는 투입된 비용 및 의도하지 않은 부정적 결과 등을, 수입에는 미션 및 성과 달성, 긍정적 결과 등을 기록하여 공공가치의 평가틀로 활용

03. ② 국무조정실의 직무감찰은 정부관료제 내부 기관에 의한 통제이며, 통제권한이 법규화되어 있으므로 내부 · 공식적 통제에 해당한다.

<<핵심체크>> 행정통제의 유형

구분	공식통제	비공식통제
내부통제	• 행정수반 및 국무총리에 의한 통제 • 계층제(상관)에 의한 통제 • 독립통제기관(감사원, 국민권익위)에 의한 통제 • 교차기능조직에 의한 통제 • 정부업무평가에 의한 통제 • 행정심판에 의한 통제 • 근평제도에 의한 통제 • 감찰통제, 예산통제, 정원통제 등	• 행정윤리에 의한 통제 • 기능적 책임에 의한 통제 • 대표관료제에 의한 통제 • 공무원노조에 의한 통제 • 행정문화에 의한 통제 • 비공식집단에 의한 통제 • 공익에 의한 통제
외부통제	• 입법부에 의한 통제 • 사법부에 의한 통제 • 옴부즈만에 의한 통제	• 민중(NGO)통제 및 언론통제 • 이익집단(고객)에 의한 통제 • 정당에 의한 통제

04. ① 정책공동체모형은 구성원 간 권력이 균등하게 분포된다고 보고 있으나, 이슈네트워크는 권력이 불균등하게 분포된다고 주장한다.

05. ① 총괄평가는 정책의 최종적인 성과를 확인하기 위해 주로 외부자에 의해 수행되며, 정책의 지속 · 중단 · 확대 등에 대한 정책적 판단에 활용된다.

<<핵심체크>> 정책평가의 유형 - 목적에 따른 분류

총괄평가		개념	정책집행이 완료된 후에 정책이 원래 의도한 목적을 충분하고 적절하게 달성했는지를 평가하는 것(정책수단과 효과 간의 인과관계 추정)
		특징	정책의 최종적인 성과를 확인하기 위해 주로 외부평가자에 의해 수행되며, 평가결과는 정책의 지속 · 중단 · 확대 등에 대한 정책적 판단에 활용됨
과정평가	협의의 과정평가	개념	정책의 효과가 발생한 경우 어떠한 경로를 통해서 발생했는지 정책 효과발생의 인과관계를 밝히거나, 정책효과가 발생하지 않는 경우 어떤 경로에 문제가 있었는지를 밝히는 평가(인과관계의 경로평가)
		특징	정책집행이 완료된 후 정책효과 발생의 인과관계를 밝힘으로써 총괄평가(효과성 평가)를 보완하는 평가
	형성평가	개념	정책이 집행되는 도중에 정책이 의도한 대로 집행되고 있는지를 평가하여 집행상의 문제점을 파악하고 이를 극복할 수 있는 성공적인 집행전략을 수립하고자 하는 평가(도중평가, 진행평가, 집행분석)
		특징	정책에 대한 피드백을 위해 주로 내부평가자와 외부평가자의 자문에 의해 수행되며, 그 결과는 정책집행에 환류됨

06. ④ 아담스(Adams)의 공정성이론은 인간행동의 방향과 강도는 행위과정에 대한 공정성의 지각에 의해 결정된다고 보았다.

<<핵심체크>> 아담스(Adams)의 공정성이론

구분	내용
의의	사람들은 자신의 산출/투입과 준거인물의 산출/투입을 비교하고 자신에 대한 처우가 불공정하다고 지각하게 되면 공정성을 얻기 위해 동기가 유발된다고 보는 이론
공정성에 대한 반응	• 준거인물과 자신의 산출/투입이 일치한다고 지각 : 동기유발 없음 • 자신의 산출/투입이 작다고 지각(과소보상) : 편익 증대 요구, 투입 감소, 산출의 왜곡, 준거인물 변경, 본인의 지각 변경, 조직에서의 이탈 등 • 자신의 산출/투입이 크다고 지각(과다보상) : 편익 감소 요청, 투입 증대, 준거인물 변경, 본인의 지각 변경 등

07. ③ ㉡, ㉢은 옳고, ㉠, ㉣, ㉤은 옳지 않다. 엽관주의는 정치지도자의 지지세력을 확보하여 리더십이 강화됨으로써 공무원의 충성심을 확보하기는 용이하나, 정치적 권력변동에 따른 대량적인 공직경질로 행정의 안정성과 지속성을 확보하기 어렵다(㉡). 직업공무원제도는 일반적으로 공직의 최하위에서만 공직채용이 허용되는 폐쇄형 임용체계를 채택하고 있으며, 강력한 신분보장으로 공무원의 연대감을 높여준다(㉢).

㉠ 최근의 인사행정인 적극적 인사행정은 엽관주의와 실적주의의 조화를 추구하며, 현재 대부분의 나라에서는 양 제도를 혼합하여 운영하고 있다.

㉣ 직업공무원제도는 대체로 실적주의를 전제로 하나, 일반행정가주의를 지향하고 있다.

㉤ 대표관료제는 민중통제를 관료제 내부에 내재화함으로써 행정의 책임성을 높여주며, 관료들의 주관적 책임의 적정화로 행정의 공정성을 향상시킨다. 다만 공직임용에 있어서 능력과 자격을 부차적 기준으로 삼기 때문에 정부정책 집행의 효율성을 저해할 수 있다.

08. ③ 계획예산제도(PPBS)는 장기적 계획과 단기적 예산을 프로그램을 통해 연계한 예산으로 장기적 안목을 중시하며 비용편익분석 등 계량적인 분석기법의 사용을 강조한다.

① 계획예산제도(PPBS)는 집권적 · 하향식 예산제도로 최고관리층에게 예산편성 권한이 집중된다.

② 계획예산제도(PPBS)는 계획중심의 예산편성으로 인해 목표가 명확하다.

④ 계획예산제도(PPBS)는 체제적 접근을 선호하지만 정책결정단위가 정책결정패키지를 작성하는 예산제도가 아니다. 정책결정단위가 정책결정패키지를 작성함에 있어 신축성을 가지는 예산제도는 영기준예산(ZBB)이다.

09. ② 사고이월(事故移越)은 연도 내의 지출을 필할 것으로 예상되었으나 부득이한 사유에 의하여 지출을 필하지 못한 경비나, 연도 내에 지출원인행위를 하지 못한 부대경비를 다음 회계연도에 사용하는 것으로 다음 회계연도에 재차 이월이 불가능하다.

10. ② 지방자치단체장은 지방의회와 달리 열거주의에 의하지 않고 개괄주의에 의하기 때문에 그 권한이 매우 넓고 다양하다. 즉, 지방자치단체의 장은 지방의 사무에 대하여 포괄적이고 종합적인 관리권을 갖는다.

2025 공무원 시험대비 【6회차】

박문각 일일 모의고사

-제5회-

[정답 및 해설]

이　름 : ______________________

학습관 : ______________________

합격
예측

답안 입력 및 성적 조회는 PC, 모바일에서 모두 가능합니다.

★ PC: pass.pmg.co.kr | ★ 모바일 앱: 박문각 합격관리

일일 모고 국어 제5회
정답 및 해설

합격까지 박문각

赤功 국어
적중 혜선

01. ② 나머지는 모두 부사이다. 하지만 '갖은'은 불변어이면서 뒤의 명사 '고생'을 수식하므로 관형사이다.
① '바로'는 뒤의 체언 '이것'을 수식하는 부사이다. 부사는 이렇게 체언을 수식하는 경우가 있다.
③ '방글방글'이 뒤의 용언 '웃는다'를 수식하므로 부사이다.
④ '그리고'는 두 문장을 이어주는 문장 접속 부사이다.

02. ③ 나머지는 부사이다. 하지만 '얼굴도 볼 겸 '에서는 관형형인 '볼'이 뒤의 '겸'을 수식하고 있으므로 '겸'은 명사이다.
① 여기에서 '아니'는 '부사'이다. 하지만, '아니'가 묻는 말에 부정하여 대답하거나, 놀라거나 감탄스러울 때, 또는 의아스러울 때 쓰이면 '감탄사'이다.
② '비교적'은 뒤의 명사 '교통'이 아니라, '편리하다'를 꾸미므로 관형사가 아니라 부사이다.
④ '보다 나은'에서 '보다'가 용언 '나은'을 수식하므로 부사이다.

03. ① '선뵈였던'은 '선보+-이-(사동 접미사)+-이-(사동 접미사)+-었던'의 결합이므로 사동 접미사 '이'가 불필요하게 쓰인 것이다. 따라서 '이' 하나를 삭제하여 '선보였던 / 선뵈었던'으로 고쳐야 한다.
② 한글 맞춤법 35항에 '놓아'가 '놔'로 줄 적에는 줄여 쓸 수 있음을 밝히고 있다.
③ 한글 맞춤법 37항에 '쓰이다'를 '씌다'로 줄여 쓸 수 있음을 밝히고 있으므로 '쓰인, 씐' 모두 적절하다.
④ '치였던'은 '치-+-이-(피동 접미사)+-었던'이 줄어든 것이므로 '치였던'으로 쓰는 것이 적절하다.

04. ② '굳혀져'는 동사 어간 '굳-'에 사동 접사 '-히-'가 결합한 사동사 어간 '굳히-'에 피동 표현 '-어지-'가 결합한 표현이므로 '굳혀져'는 이중피동이 아니다. '굳어져'로 고치는 것은 옳지만 '굳혀져'가 이중 피동은 아니다. 고치는 이유가 잘못되었기 때문에 ②는 적절하지 않다.
① '싶은지'는 보조용언의 어간 '싶-'에 어미 '-(으)ㄴ지'가 결합한 것이므로 붙여 쓰는 것이 적절하다. 의존 명사 '지'는 '어떤 일이 있었던 때로부터 지금까지의 동안'을 나타내는 말로, '시간의 길이'와 관련된 문맥에서 쓰인다.
③ 앞 문장에서 언급한 통념과는 상반되는 내용이 이어지므로 역접의 연결어인 '하지만' 또는 '그러나'가 오는 것이 적절하다.
④ 동사 '찾다'가 필요로 하는 목적어가 생략되었으므로 '고려하여 직업을 찾는 것'으로 고친다.

05. ② 경제원론Ⅰ을 수강한 학생은 통계학개론을 반드시 선수강했으며, 경제원론Ⅰ을 수강한 학생 중 일부가 미시경제학을 수강했으므로, 통계학개론을 수강한 학생 중 일부는 미시경제학을 수강한 것이 된다.
① 통계학개론을 수강한 모든 학생이 미시경제학을 수강한 것은 아니다.
③ 경제사를 수강한 학생이 반드시 거시경제학을 수강한다고 단정할 수 없다.
④ 경제원론Ⅰ을 수강한 학생은 모두 통계학개론을 수강했으므로, 미시경제학을 수강하지 않은 학생 중 통계학개론을 수강한 사례는 존재하지 않는다.

06. ③ <보기1>
먼저 이 문장을 기호로 변환하면 다음과 같다.
•규칙적인 운동을 하면 건강해진다.(A→B)
•건강한 사람은 피곤하지 않다.(B→∼C)
•운동을 하지 않으면 규칙적인 생활을 하지 않는다.(∼A→∼D)
•규칙적인 생활을 하지 않으면 건강해질 수 없다.(∼D→∼B)
•규칙적인 생활을 하지 않는 사람은 피곤하다.(∼D→C)
이 문장을 논리적으로 연결하면 다음과 같다.
•A→B와 B→∼C를 연결하면 A→∼C 된다. 따라서 규칙적인 운동을 하면 피곤하지 않다는 사실을 확인할 수 있다.
•∼A→∼D는 규칙적인 운동과 규칙적인 생활 간의 관계를 보여준다..
•∼D→∼B는 규칙적인 생활과 건강의 관계를 보완한다.
•∼D→∼B와 B→∼C를 연결하면, ∼D→C가 도출된다.
따라서 ∼D→∼B라는 전제는 규칙적인 생활과 건강의 관계를 명확히 하여 ∼D→C라는 결론을 타당하게 만든다. <보기1>은 논리적으로 타당하다.
<보기2>
먼저 이 문장을 기호로 변환하면 다음과 같다.
•비가 오면 땅이 젖는다.(P → Q)
•바람이 강하면 비가 올 수도 있다.(R → P ∨ ∼P) (여기서 바람이 비를 확정적으로 유발한다고 보장되지 않는다.)
•땅이 젖지 않았다. (∼Q)
•결론: ∼Q → ∼R (땅이 젖지 않았으므로 바람이 강하지 않았다)
문장 1과 3을 연결하면 비가 오지 않았음을 추론할 수 있다(∼P). 그러나 바람이 강함(R)이 반드시 비(P)를 유발한다고 할 수는 없다. 따라서 바람이 강하지 않다는 결론(∼R)을 논리적으로 확정할 수 없다. <보기2>는 논리적으로 타당하지 않다.

07. ③ ㉠의 '밝다'는 '1「6」진리, 가치, 옳고 그름 따위를 판단하여 드러내 알리다.'를 의미한다. 이와 가장 유사한 의미의 '밝다'는 ③이다.
① 1「5」드러나게 좋아하다.
② 1「4」눈, 신경, 두뇌 따위의 작용을 날카롭게 하다.
④ 2 드러나지 않거나 알려지지 않은 사실, 내용, 생각 따위를 드러내 알리다.

08. ② '몰리다'는 '무엇이 한꺼번에 많이 밀리다.'를 의미한다. 따라서 '어떤 곳에 다다르다.'를 의미하는 '당도(當 마땅 당 到 이를 도)하다'는 ㉡과 바꿔 쓸 수 있는 유사한 표현으로 적절하지 않다. '어떤 일이 처리하기 힘들 정도로 한꺼번에 몰리다.'를 의미하는 '폭주(暴 사나울 폭 注 부을 주)하다'로 바꿔 쓸 수 있다.
① ㉠ '벌주다'는 '벌을 가하다.'를 의미한다. 따라서 '옳지 아니한 일을 하거나 죄를 지은 데 대하여 벌을 주다.'를 의미하는 '징벌(懲 징계할 징 罰 죄 벌)하다'로 바꿔 쓸 수 있다.
③ ㉢ '어울리다'는 '함께 사귀어 잘 지내거나 일정한 분위기에 끼어 들어 같이 휩싸이다.'를 의미한다. 따라서 '화목하게 어울리다.'를 의미하는 '화합(和 화할 화 合 합할 합)하다'로 바꿔 쓸 수 있다.
④ ㉣ '들추어내다'는 '결함이나 잘못 따위를 따져서 드러나게 하다.'를 의미한다. 따라서 '숨겨져 있는 일이나 드러나지 아니한 것을 들추어내다.'를 의미하는 '적발(摘 딸 적 發 필 발)하다'로 바꿔 쓸 수 있다.

09. ② 이 글은 운동화를 선택하기 위한 여러 조건을 제시하고 있다. 재질은 운동화 선택의 중요한 조건이기는 하나, 이미 여러 재질에 대해 소개했고 특히 좋은 재질에 대해서도 이야기했기 때문에 더 이상 상세하게 소개하지 않아도 된다.
① 운동화 선택을 할 때에 필요한 내용을 제시하는 것은 실제 운동화 선택에 관심이 있는 독자에게 도움이 될 것이다. 현재의 초고는 정보가 산발적으로 제시되어 있어 글의 내용과 표현을 다듬을 필요가 있다.
③ 글쓴이가 쓰려고 하는 글은 달리기를 하기에 좋은 운동화를 선택하기 위해 고려해야 할 사항이다. 그런데 그러한 주제문이 명확하게 제시되어 있지 않아 운동화에 대한 일반적인 사실을 나열하는 글이 되어 버렸다. 따라서 주제문을 설정한 후 이를 중심으로 글 전체를 재구성하는 것이 필요하다.
④ 좋은 운동화, 특히 달리기를 할 때에 좋은 운동화에 대해서 말하다가 갑자기 테니스화 이야기로 넘어가 글 전체의 통일성이 약화되었다. 이 부분을 삭제할 필요가 있다.

10. ② '고전주의는 뚜렷한 형식미와 조화를 그 특징으로 하는데 중국산 예술품의 이국적 향취는 서양 예술의 형식미와 반하는 비장미를 풍겼으며 이는 유럽인들의 심미안을 강렬히 자극했다.'에서 '형식을 벗어난 이국적 양식'이 시누아즈리를 나타내는 말임을 알 수 있다. 이들이 유럽인의 심미안을 자극하여 유행했고, 혁명의 영향에 따른 고딕양식의 유행으로 쇠퇴했음을 알 수 있다.
① 글의 주제는 시누아즈리이고 이는 상류 계층이 즐겼다고 했으므로 '거지부터 왕까지'라는 제목은 적절하지 않다.
③ 경제성으로 인해 고딕풍 양식의 건축이 유행했음은 알 수 있지만 이는 글의 끝부분에 짤막하게 제시되는 정보로 글 화제는 시누아즈리기 때문에 글의 제목으로 적절하지 못하다.
④ 동양권이 서양권에 비해 예술 사조 수용에 소극적이었음이 제시되지만 이는 글의 중심 화제가 아니며, 글의 제목으로 삼기에 적절하지 않다.

일일 모고 영어 제5회
정답 및 해설

합격까지 박문각

반드시 합격 진가영 영어

01. ④ ★ boaster 자랑하는 사람
● listener 듣는 사람, 경청자
● helper 도와주는 사람
● critic 비평가, 비난자
[해석] 그는 자랑하는 사람으로 알려져 있었으며, 자신의 성과를 항상 자랑하고 주변 사람들에게 성공을 과장하여 이야기했다.

02. ① ★ careful 신중한, 주의 깊은
● impulsive 충동적인
● random 무작위의
● careless 부주의한
[해석] 어려운 상황에서는 모든 가능한 결과를 고려하여 불필요한 위험을 피할 수 있도록 신중한 결정을 내리는 것이 중요하다.

03. ② ★ scornful 경멸적인, 비웃는
● respectful 존경하는, 공손한
● amused 재미있는, 즐거운
● generous 관대한, 너그러운
[해석] 매니저는 그 제안을 들었을 때 경멸적인 표정을 지으며 그 아이디어에 대한 불만을 분명히 나타냈다.

04. ③ ★ bankruptcy 파산, 지불 불능 상태
● triumph 승리
● progress 진보, 발전
● rookie 초보자, 신병
[해석] 그 회사는 변화하는 시장 환경에 적응하지 못한 끝에 파산에 이르렀고, 투자자들은 상당한 손실을 입었다.

05. ③ ★ exclusive 독점적인, 배타적인
● excited 흥분한, 들뜬
● general 일반적인, 보편적인
● shared 공유된, 공동의
[해석] 그 클럽은 특정 기준을 충족하는 선택된 사람들만 이용할 수 있는 독점적인 회원권을 제공한다.

06. ④ [해설]
사람 선행사를 꾸며 줄 경우 who나 whom으로 수식한다. '전치사 + 관계대명사'는 완전한 구조를 한다. 따라서 밑줄 친 부분에 가장 적절한 것은 ④이다.
[해석]
내 논문에 대해 논의했던 교수님께서는 내 연구를 개선할 수 있도록 통찰력 있는 피드백을 주셨다.

07. ④ [해설]
시간 부사절 접속사 while이 쓰인 시간 부사절에서는 미래시제가 아닌 현재시제로 써야 한다. 따라서 밑줄 친 부분인 will sleeping을 sleep로 고쳐야 한다.
[해석]
오늘 아침 일찍, 나는 문을 나서자마자 차가운 공기를 느꼈다. 땅은 젖어 있었고, 인도 곳곳에 물웅덩이가 생겨 있었다. 하늘을 올려다보니 아직도 어두운 구름이 남아 있어, 밤사이 비가 내렸다는 것을 암시하고 있었다. 나뭇잎들은 작은 물방울로 반짝였고, 상쾌한 빗물 냄새가 공기 중에 퍼져 있었다. 이는 자연이 우리가 자는 동안 조용히 변하면서, 변화의 흔적을 남긴다는 사실을 다시금 깨닫게 해주었다.

08. ① [해석]
A: 좋은 아침입니다! 제 청구서에 문제가 있는 것 같아요. 해결해 주실 수 있나요?
B: 물론이죠! 계좌 번호와 어떤 문제가 있는지 말씀해 주시겠어요?
A: 네, 제 계좌 번호는 123456이고, 같은 서비스에 대해 두 번 청구된 것 같습니다.
B: 알겠습니다. 제가 확인해볼게요. 네, 시스템에 오류가 있었던 것 같습니다. 요금을 수정하고 환불을 처리해 드리겠습니다.
A: 정말 감사합니다! 도와주셔서 감사합니다.
B: 천만에요! 환불은 몇 영업일 내에 계좌에 반영될 거예요.
① 같은 서비스에 대해 두 번 청구된 것 같습니다
② 제 계좌 번호를 잊어버린 것 같습니다
③ 청구서에 오류가 없다는 걸 확인했습니다
④ 제가 실수를 한 거 같습니다

09. ② [해설]
작은 세부사항의 중요성에 대한 글이다. 비즈니스에서는 작은 세부사항이 성공에 중요하며, 작은 실수가 큰 재앙으로 이어질 수 있음을 강조하고 있다. 본문에서는 작은 세부사항이 준비에 필수적이며, 작은 실수가 큰 문제로 이어질 수 있다고 설명하고 있기 때문에, '작은 일에 신경 쓰지 마세요.'라는 표현이 적절하다. 따라서 밑줄 친 부분에 들어갈 말로 가장 적절한 것은 ②이다.
[해석]
나는 종종 "작은 일에 신경 쓰지 마라"라는 말을 듣곤 했다. 그런 주제를 다룬 책들도 있다. 어느 정도 동의하지만, 이 말이 사업의 운영에는 적용되지 않는다고 생각한다. 내가 조수인 Tina가 한 회의를 준비할 때를 기억한다. 모든 것이 준비되고 제자리에 있는지 물었을 때, 그녀는 "사소한 일"을 제외하고는 모든 것이 준비되었다고 대답했다. 나는 웃으면서 그녀에게 사소한 일이 준비되지 않았다면 모든 것이 준비되지 않았다고 말했다. 완성되지 않은 작은 일이 큰 재앙을 초래할 수 있기 때문이다. 성공의 비결은 작은 일에 주의를 기울이는 것이다.
① 밀어야 할 문에 당기지 마세요.
② 작은 일에 신경 쓰지 마세요.
③ 시도해 보기 전에는 판단하지 마세요.
④ 표지만 보고 책을 판단하지 마세요.
[어휘]
□ functioning 기능
□ assistant 보조자
□ disaster 재난

10. ④ [해설]
과일의 건강 효능에 대한 글로, 과일은 비타민과 미네랄이 풍부하며 소화가 용이해 건강에 좋고, 최근 연구로 뇌 건강에도 긍정적인 영향을 미쳤음을 설명하고 있다. 주어진 제시문은 '과일의 뇌에 끼치는 긍정적인 영향'에 대한 진술로, ④번 문장에서 보충 설명을 하고 있다. 따라서 주어진 문장이 들어갈 위치로 가장 적절한 것은 ④이다.
[해석]
생과일과 건조된 과일 모두, 과일은 오랜 역사 속에서 인류에게 중요한 자연 식품으로 자리 잡아왔다. 미네랄, 비타민, 효소가 풍부한 과일은 훌륭한 음식일 뿐만 아니라, 질병 치료에 사용되는 약재로도 활용된다. (①) 과일은

소화가 용이하고, 배부르지 않으며, 속을 불편하게 하지 않기 때문에 건강에 좋은 간식으로 적합하다. (②) 또한, 쉽게 소화되므로 신체에 빠르게 에너지를 공급할 수 있다. (③) 과거에는 오메가-3 지방산이 많은 연어 같은 생선만이 두뇌에 유익하다고 여겨졌다. (④ <u>그러나 최근 과학자들은 과일도 두뇌에 긍정적인 영향을 미친다는 사실을 발견했다</u>.) 과일에 포함된 천연당은 기억력을 자극하고, 사람들이 정보를 더 쉽게 기억할 수 있도록 돕는 것으로 나타났다.

[어휘]

☐ minerals 광물
☐ digestible 소화 가능한
☐ discomfort 불편함

합격까지 **박문각**

일일 모고 한국사 제5회

정답 및 해설

가장 빠른 한국사
한국사 박기훈

01. ③ 신석기 혁명은 신석기 시대의 농경, 목축의 시작과 그로 말미암아 의식주 등 인류 생활에 일어난 근본적인 변화를 말한다. 이러한 변화는 더 나아가 인구의 증가, 부의 축적 등을 통해 사회 기구에까지도 변혁을 초래하여 역사 시대로의 발전(또는 문명 발생)의 기초를 마련하게 된다. 신석기 시대는 원래부터 평등사회였다.

02. ③ 제시된 내용은 고국천왕 때 재상 을파소의 건의로 실시된 진대법에 관한 내용이다. 진대법은 백성들의 생활 안정을 위해 실시된 제도이다. ㉡ 고국천왕 때 고구려의 부자 상속제가 확립되었다.
㉠ 고국천왕이다. ㉣ 백성들의 생활 안정을 위한 제도이다.

03. ④ 원의 내정 간섭을 받고 있는 내용으로 고려 시대임을 알 수 있다. 고려 시대에는 관습법을 중심으로 사회를 운영하였으며, 남녀가 균등 한 가족 제도를 이루고 있었다.
① 고려 왕실에서 일반에 이르기까지 근친혼과 동성혼이 유행하였다. ② 남녀 차별 없이 태어난 순서대로 호적에 기록되었다. ③ 아들이 없으면 딸이 제사를 지냈다.
④ 여성의 재혼을 금지하면서 수절을 강요한 것은 성리학적 윤리가 정착되는 조선 중기 이후에 나타나는 현상이다.

04. ② ②『삼국유사』는 원간섭기인 충렬왕 때 작성한 자주적 역사서이다. 야사체로서 신이, 기이한 이야기가 들어있고, 불교사, 설화적인 내용을 많이 다뤘다. 또한 단군의 건국이야기 등과 같은 단군왕검에 대한 내용을 최초로 다룬 글이다.
① 1215년에 삼국시대 이래의 고승의 전기를 모아 편찬한 것은 각훈의『해동고승전』이다.
③『삼국사기』는 기전체로서 유교적 합리주의 사관에 바탕하여 문벌귀족인 김부식이 인종 때 작성한 현존하는 우리나라 최고(最古)의 역사서이다. 정사류로서,『구삼국사』를 참조하여 편찬하였다. 또한 신라 계승의식이 강한 특징이 있다.
④『삼국사기』는 신라 계승 의식을 더 많이 반영하였다.

05. ① 제시된 자료는 조광조와 그 일파들의 개혁 정책이다. 조선 11대 중종(1506~1544)이 사림을 다시 등용하면서 조광조(1482~1519) 등 사림이 중용되었다. 조광조를 비롯한 이들 사림은 경연의 강화, 언론 활동의 활성화, 위훈삭제, 소격서의 폐지, "소학"의 보급, 방납의 폐단 시정 등을 주요 정책으로 삼았다.
② 갑자사화(1504, 연산군 10)로 사림파가 공격을 받았다.
③ 1543년(중종 38)에 풍기 군수 주세붕이 세운 최초의 서원인 백운동 서원을 설립하였다.
④ 신언패는 연산군 때 관리들에게 말을 삼가도록 하기 위해 차게 한 패로, 대간들의 직언을 금지시키려고 한 것이다.

06. ① 제시문은 최익현의 5불가소에 대한 글이다. 최익현은 위정척사사상을 바탕으로 일본의 침략을 경계했으며 구한말 외세의 침략으로 혼란한 상황에서 을미의병, 을사·병오의병에 참여해 직접 의병을 이끌기도 했으나 결국 일본에 의해 대마도에서 옥사 중 순국하였다.
② 1882년 임오군란에 대한 설명이다.
③ 위정척사파인 이만손에 대한 설명으로 그는「영남만인소」를 올려 조선책략을 비판하고 김홍집의 처벌을 요구했다.
④ 위정척사파인 이항로에 대한 설명이다.

07. ④ 제시된 네 가지의 강령은 동학농민운동 당시 발표된 4대 강령으로 동학농민운동에 관한 내용임을 알 수 있다. 따라서 동학농민군이 전주화약 당시 정부군과 체결한 폐정 개혁안 12조의 내용이 아닌 것을 고르는 문제이다.
④ 갑신정변 당시 발표된 혁신정강 14조 중 제 8조의 내용이다.

08. ① 1897년의 대한제국은 구본신참(舊本新參), 즉 옛 것을 근본으로 하고 서양문명을 절충하면서 일차적으로 황제권 강화를 통해 국가주권을 수호하고자 했다.
① 문명개화론은 일본의 급진적인 개화정책의 논리이다.

09. ① 제시된 글에서 "신정신을 불러 깨우쳐서 신단체를 조직한 후에 신국을 건설할 뿐이다"라는 내용을 바탕으로 ㉠ 단체는 신민회임을 알 수 있다.
① 일제의 토지 침탈을 막기 위하여 농광회사를 설립한 단체는 보안회이다.
② 교과서와 서적 출판 보급을 위해 평양에 태극서관을 설립하였다. ③ 민족자본육성을 위해 평양에 자기회사를 운영하였다. ④ 평안도 정주에 오산학교(초대교장 이승훈) 등을 세워 민족교육을 실시하였다.

10. ② 제시된 자료는 1948년 2월 김구가 발표한 '삼천만 동포에 읍고함'이란 글의 일부이다. 김구는 귀국 후 이승만과 함께 신탁 통치에 반대하는 운동을 전개하였고, 유엔 소총회의 결의로 남한만의 단독 정부 수립이 가시화되자 김규식과 함께 평양에 가서 남북 정치 지도자 회담을 개최하는 등 남북 협상에 나섰다.
㉡ 김구는 단독 정부 수립에 반대했기 때문에 5·10 총선거에 출마하지 않았다. ㉣ 김구는 좌우합작위원회에 가담하지 않았다.

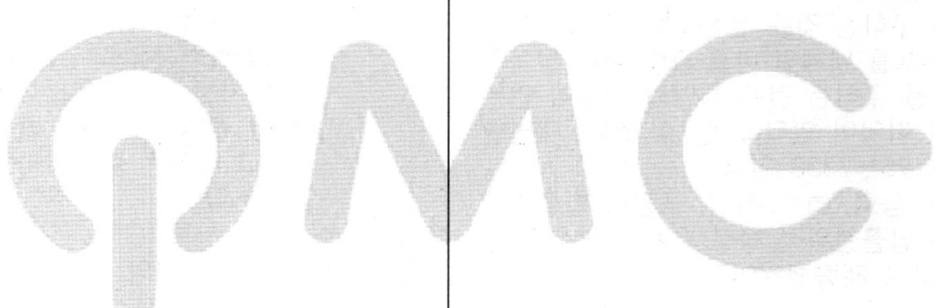

일일 모고 행정법 제5회

정답 및 해설

합격까지 박문각

광야에서 합격까지
행정법 강성빈

01. ③ ③ 사업양도 · 양수에 따른 허가관청의 지위승계신고의 수리는 적법한 사업의 양도 · 양수가 있었음을 전제로 하는 것이므로 그 수리대상인 사업양도 · 양수가 존재하지 아니하거나 무효인 때에는 수리를 하였다 하더라도 그 수리는 유효한 대상이 없는 것으로서 당연히 무효라 할 것이고, 사업의 양도행위가 무효라고 주장하는 양도자는 민사쟁송으로 양도 · 양수행위의 무효를 구함이 없이 막바로 허가관청을 상대로 하여 행정소송으로 위 신고수리처분의 무효확인을 구할 법률상 이익이 있다. 대법원 2005. 12. 23. 선고 2005두3554 판결

① 건축물대장의 용도는 건축물의 소유권을 제대로 행사하기 위한 전제요건으로서 건축물 소유자의 실체적 권리관계에 밀접하게 관련되어 있으므로, 건축물대장 소관청의 용도변경신청 거부행위는 국민의 권리관계에 영향을 미치는 것으로서 항고소송의 대상이 되는 행정처분에 해당한다. 대법원 2009. 1. 30. 선고 2007두7277 판결

② 강학상의 '인가'에 속하는 행정처분에 있어서 인가처분 자체에 하자가 있다고 다투는 것이 아니라 기본행위에 하자가 있다 하여 그 기본행위의 효력에 관하여 다투는 경우에는 민사쟁송으로서 따로 그 기본행위의 취소 또는 무효확인 등을 구하는 것은 별론으로 하고 기본행위의 불성립 또는 무효를 내세워 바로 그에 대한 감독청의 인가처분의 취소를 구하는 것은 특단의 사정이 없는 한 소구할 법률상의 이익이 있다고 할 수 없다. 대법원 1995. 12. 12. 선고 95누7338 판결

④ 상대방에게 권리, 능력, 법적 지위, 포괄적 법률관계를 설정하는 특허는 법률행위적 행정행위 중 형성적 행정행위로서 원칙적으로 재량행위이다.

02. ③ ③ 문화재보호구역 내에 있는 토지소유자 등으로서는 위 보호구역의 지정해제를 요구할 수 있는 법규상 또는 조리상의 신청권이 있다고 할 것이고, 이러한 신청에 대한 거부행위는 항고소송의 대상이 되는 행정처분에 해당한다. 대법원 2004. 4. 27. 선고 2003두8821 판결

① 행정주체는 구체적인 행정계획을 입안 · 결정함에 있어서 비교적 광범위한 형성의 자유를 가지는 것이지만, 행정주체가 가지는 이와 같은 형성의 자유는 무제한적인 것이 아니라 그 행정계획에 관련되는 자들의 이익을 공익과 사익 사이에서는 물론이고 공익 상호간과 사익 상호간에도 정당하게 비교교량하여야 한다는 제한이 있다. 대법원 2007. 4. 12. 선고 2005두1893 판결

② 행정주체가 구체적인 행정계획을 입안 · 결정할 때 가지는 형성의 자유의 한계에 관한 법리는 주민의 입안 제안 또는 변경신청을 받아들여 도시관리계획결정을 하거나 도시계획시설을 변경할 것인지를 결정할 때에도 동일하게 적용된다. 대법원 2012. 1. 12. 선고 2010두5806 판결

④ 장래 일정한 기간 내에 관계 법령이 규정하는 시설 등을 갖추어 일정한 행정처분을 구하는 신청을 할 수 있는 법률상 지위에 있는 자의 국토이용계획변경신청을 거부하는 것이 실질적으로 당해 행정처분 자체를 거부하는 결과가 되는 경우에는 예외적으로 그 신청인에게 국토이용계획변경을 신청할 권리가 인정된다고 봄이 상당하므로, 이러한 신청에 대한 거부행위는 항고소송의 대상이 되는 행정처분에 해당한다. 대법원 2003. 9. 23. 선고 2001두10936 판결

03. ① ① 다른 법률에 특별한 규정이 있는 경우이거나 또는 지방계약법의 개별 규정의 규율내용이 매매, 도급 등과 같은 특정한 유형 · 내용의 계약을 규율대상으로 하고 있는 경우가 아닌 한, 지방자치단체를 당사자로 하는 계약에 관하여는 그 계약의 성질이 공법상 계약인지 사법상 계약인지와 상관없이 원칙적으로 지방계약법의 규율이 적용된다고 보아야 한다. 대법원 2020. 12. 10. 선고 2019다234617 판결

② 행정기본법 제27조

> **행정기본법 제27조(공법상 계약의체결)**
> ① 행정청은 법령등을 위반하지 아니하는 범위에서 행정목적을 달성하기 위하여 필요한 경우에는 공법상 법률관계에 관한 계약(이하 "공법상 계약"이라 한다)을 체결할 수 있다. 이 경우 계약의 목적 및 내용을 명확하게 적은 계약서를 작성하여야 한다.

③ 공법상 계약은 당사자 간의 합의에 의해 성립되므로 법률의 근거가 필요 없다. 즉 법률유보의 원칙이 적용되지 않는다.

④ 행정작용 중 중대명백설에 따라 그 위법의 정도를 무효와 취소사유로 구분하는 것은 오직 공정력이 인정되는 행정처분 밖에 없다. 따라서 공정력이 인정되지 않는 공법상 계약의 내용이 법령을 위반하는 등의 하자가 있다면 그 계약은 중대명백성을 따질 것도 없이 무조건 무효로 된다.

04. ④ ④ 하천구역의 무단 점용을 이유로 부당이득금 부과처분과 가산금 징수처분을 받은 사람이 가산금 징수처분에 대하여 행정청이 안내한 전심절차를 밟지 않았다 하더라도 부당이득금 부과처분에 대하여 전심절차를 거친 이상 가산금 징수처분에 대하여도 부당이득금 부과처분과 함께 행정소송으로 다툴 수 있다. 대법원 2006. 9. 8. 선고 2004두947 판결

① 행정소송법 제18조

> **행정소송법 제18조(행정심판과의 관계)**
> ① 취소소송은 법령의 규정에 의하여 당해 처분에 대한 행정심판을 제기할 수 있는 경우에도 이를 거치지 아니하고 제기할 수 있다. 다만, 다른 법률에 당해 처분에 대한 행정심판의 재결을 거치지 아니하면 취소소송을 제기할 수 없다는 규정이 있는 때에는 그러하지 아니하다.

② 도로교통법 제142조

> **도로교통법 제142조(행정소송과의 관계)**
> 이 법에 따른 처분으로서 해당 처분에 대한 행정소송은 행정심판의 재결을 거치지 아니하면 제기할 수 없다(주: 도로교통법에 따른 처분에 대해서는 예외적 행정심판 전치주의가 적용됨).

③ 행정소송법 제18조

> **행정소송법 제18조(행정심판과의 관계)**
> ③ 제1항 단서의 경우에 다음 각 호의 1에 해당하는 사유가 있는 때에는 '행정심판을 제기함이 없이' 취소소송을 제기할 수 있다.
> 1. 동종사건에 관하여 이미 행정심판의 기각재결이 있은 때

05. ② ② 행정소송법 제8조 제2항에 의하여 행정소송에 준용되는 민사소송법 제216조, 제218조가 규정하고 있는 '기판력'이란 기판력 있는 전소 판결의 소송물과 동일한 후소를 허용하지 않음과 동시에, 후소의 소송물이 전소의 소송물과 동일하지는 않더라도 전소의 소송물에 관한 판단이 후소의 선결문제가 되거나 모순관계에 있을 때에는 후소에서 전소 판결의 판단과 다른 주장을 하는 것을 허용하지 않는 작용을 한다. 대법원 2016. 3. 24. 선고 2015두48235 판결
① 처분을 할 것인지 여부와 처분의 정도에 관하여 재량이 인정되는 과징금 납부명령에 대하여 그 명령이 재량권을 일탈하였을 경우, 법원으로서는 재량권의 일탈 여부만 판단할 수 있을 뿐이지 재량권의 범위 내에서 어느 정도가 적정한 것인지에 관하여는 판단할 수 없어 그 전부를 취소할 수밖에 없고, 법원이 적정하다고 인정하는 부분을 초과한 부분만 취소할 수는 없다. 대법원 2009. 6. 23. 선고 2007두18062 판결
③ 행정처분을 취소하는 확정판결이 제3자에 대하여도 효력이 있다고 하더라도 일반적으로 판결의 효력은 주문에 포함한 것에 한하여 미치는 것이니 그 취소판결 자체의 효력으로써 그 행정처분을 기초로 하여 새로 형성된 제3자의 권리까지 당연히 그 행정처분 전의 상태로 환원되는 것이라고는 할 수 없고, 단지 취소판결의 존재와 취소판결에 의하여 형성되는 법률관계를 소송당사자가 아니었던 제3자라 할지라도 이를 용인하지 않으면 아니된다는 것을 의미하는 것에 불과하다 할 것이다. 대법원 1986. 8. 19. 선고 83다카2022 판결
④ 과세처분취소 청구를 기각하는 판결이 확정되면 그 처분이 적법하다는 점에 관하여 기판력이 생기고 그 후 원고가 다시 이를 무효라 하여 그 무효확인을 소구할 수는 없는 것이어서, 과세처분의 취소소송에서 청구가 기각된 확정판결의 기판력은 그 과세처분의 무효확인을 구하는 소송에도 미친다. 대법원 1996. 6. 25. 선고 95누1880 판결

06. ④ ④ 조례안이 지방의회의 감사 또는 조사를 위하여 출석요구를 받은 증인이 5급 이상 공무원인지 여부, 기관(법인)의 대표나 임원인지 여부 등 증인의 사회적 신분에 따라 미리부터 과태료의 액수에 차등을 두고 있는 경우, 그와 같은 차별은 증인의 불출석이나 증언거부에 대하여 과태료를 부과하는 목적에 비추어 볼 때 그 합리성을 인정할 수 없고 지위의 높고 낮음만을 기준으로 한 부당한 차별대우라고 할 것이어서 헌법에 규정된 평등의 원칙에 위배되어 무효이다. 대법원 1997. 2. 25. 선고 96추213 판결
① 행정기본법 제12조

행정기본법 제12조(신뢰보호의 원칙)
② 행정청은 권한 행사의 기회가 있음에도 불구하고 장기간 권한을 행사하지 아니하여 국민이 그 권한이 행사되지 아니할 것으로 믿을 만한 정당한 사유가 있는 경우에는 그 권한을 행사해서는 아니 된다. 다만, 공익 또는 제3자의 이익을 현저히 해칠 우려가 있는 경우는 예외로 한다.

② 헌법상 평등원칙은 본질적으로 같은 것을 자의적으로 다르게 취급함을 금지하는 것으로서, 일체의 차별적 대우를 부정하는 절대적 평등을 뜻하는 것이 아니라 입법을 하고 법을 적용할 때에 합리적인 근거가 없는 차별을 하여서는 아니 된다는 상대적 평등을 뜻하므로, 합리적 근거가 있는 차별 또는 불평등은 평등의 원칙에 반하지 아니한다. 대법원 2018. 10. 25. 선고 2018두44302 판결
③ 행정청이 지구단위계획을 수립하면서 그 권장용도를 판매 · 위락 · 숙박시설로 결정하여 고시한 행위를 당해 지구 내에서는 공익과 무관하게 언제든지 숙박시설에 대한 건축허가가 가능하리라는 공적 견해를 표명한 것이라고 평가할 수는 없다. 대법원 2005. 11. 25. 선고 2004두6822 등 판결

07. ③ ③ 체육시설의 설치 · 이용에 관한 법률의 각 규정에 의하면, 체육시설업은 등록체육시설업과 신고체육시설업으로 나누어지고, 당구장업과 같은 신고체육시설업을 하고자 하는 자는 (중략) 적법한 요건을 갖춘 신고의 경우에는 행정청의 수리처분 등 별단의 조처를 기다릴 필요 없이 그 접수시에 신고로서의 효력이 발생하는 것이므로 그 수리가 거부되었다고 하여 무신고 영업이 되는 것은 아니다. 대법원 1998. 4. 24. 선고 97도3121 판결
① 착공신고 반려행위가 이루어진 단계에서 당사자로 하여금 반려행위의 적법성을 다투어 법적 불안을 해소한 다음 건축행위에 나아가도록 함으로써 장차 있을지도 모르는 위험에서 미리 벗어날 수 있도록 길을 열어주고, 위법한 건축물의 양산과 철거를 둘러싼 분쟁을 조기에 근본적으로 해결할 수 있게 하는 것이 법치행정의 원리에 부합한다. 그러므로 행정청의 착공신고 반려행위는 항고소송의 대상이 된다고 보는 것이 옳다. 대법원 2011. 6. 10. 선고 2010두7321 판결
② 수산업법 제44조 소정의 어업의 신고는 행정청의 수리에 의하여 비로소 그 효과가 발생하는 이른바 '수리를 요하는 신고'라고 할 것이다. 대법원 2000. 5. 26. 선고 99다37382 판결
④ 수리란 신고를 유효한 것으로 판단하고 법령에 의하여 처리할 의사로 이를 수령하는 수동적 행위이므로 수리행위에 신고필증 교부 등 행위가 꼭 필요한 것은 아니다. 대법원 2011. 9. 8. 선고 2009두6766 판결

08. ① ① 묘지공원과 화장장의 후보지를 선정하는 과정에서 서울특별시, 비영리법인, 일반 기업 등이 공동 발족한 협의체인 추모공원건립추진협의회가 후보지 주민들의 의견을 청취하기 위하여 그 명의로 개최한 공청회는 행정청이 도시계획시설결정을 하면서 개최한 공청회가 아니므로, 위 공청회의 개최에 관하여 행정절차법에서 정한 절차를 준수하여야 하는 것은 아니다. 대법원 2007. 4. 12. 선고 2005두1893 판결
② 신청에 따른 처분이 이루어지지 아니한 경우에는 아직 당사자에게 권익이 부과되지 아니하였으므로 특별한 사정이 없는 한 신청에 대한 거부처분이라고 하더라도 직접 당사자의 권익을 제한하는 것은 아니어서 신청에 대한 거부처분을 여기에서 말하는 '당사자의 권익을 제한하는 처분'에 해당한다고 할 수 없는 것이어서 처분의 사전통지대상이 된다고 할 수 없다. 대법원 2003. 11. 28. 선고 2003두674 판결
③ 행정청이 당사자와 사이에 도시계획사업의 시행과 관련한 협약을 체결하면서 관계 법령 및 행정절차법에 규정된 청문의 실시 등 의견청취절차를 배제하는 조항을 두었다고 하더라도, (중략) 이러한 협약이 체결되었다고 하여 청문의 실시에 관한 규정의 적용이 배제된다거나 청문을 실시하지 않아도 되는 예외적인 경우에 해당한다고 할 수 없다. 대법원 2004. 7. 8. 선고 2002두8350 판결
④ 행정절차법 제35조

행정절차법 제35조(청문의 종결)
② 청문 주재자는 당사자등의 전부 또는 일부가 정당한 사유 없이 청문기일에 출석하지 아니하거나 제31조 제3항에 따른 의견서를 제출하지 아니한 경우에는 이들에게 다시 의견진술 및 증거제출의 기회를 주지 아니하고 청문을 마칠 수 있다.

09. ④ ④ 구 정보공개법 제9조 제1항 제6호는 공공기관이 보유 · 관리하고 있는 개인정보의 공개 과정에서의 개인정보를 보호하기 위한 규정으로서 「개인정보 보호법」 제6조에서 말하는 '개인정보 보호에 관하여 다른 법률에 특

별한 규정이 있는 경우'에 해당한다. 따라서 공공기관이 보유 · 관리하고 있는 개인정보의 공개에 관하여는 구 정보공개법 제9조 제1항 제6호가 「개인정보 보호법」에 우선하여 적용된다. 대법원 2021. 11. 11. 선고 2015두53770 판결
① "알 권리", 즉 국민의 정부에 대한 일반적 정보공개를 구할 권리(청구권적 기본권)라고 할 것이며, 이러한 "알 권리"의 실현은 법률의 제정이 뒤따라 이를 구체화시키는 것이 충실하고도 바람직하지만, 그러한 법률이 제정되어 있지 않다고 하더라도 불가능한 것은 아니고 헌법 제21조에 의해 직접 보장될 수 있다고 하는 것이 헌법재판소의 확립된 판례인 것이다. 헌법재판소 1991. 5. 13. 선고 90헌마133 결정
② 청구인이 정보공개거부처분의 취소를 구하는 소송에서 공공기관이 청구정보를 증거 등으로 법원에 제출하여 법원을 통하여 그 사본을 청구인에게 교부 또는 송달되게 하여 결과적으로 청구인에게 정보를 공개하는 셈이 되었다고 하더라도, 이러한 우회적인 방법은 정보공개법이 예정하고 있지 아니한 방법으로서 정보공개법에 의한 공개라고 볼 수는 없으므로, 당해 정보의 비공개결정의 취소를 구할 소의 이익은 소멸되지 않는다. 대법원 2016. 12. 15. 선고 2012두11409 판결
③ 만일 공개청구자가 특정한 바와 같은 정보를 공공기관이 보유 · 관리하고 있지 않은 경우라면 특별한 사정이 없는 한 해당 정보에 대한 공개거부처분에 대하여는 취소를 구할 법률상 이익이 없다. 대법원 2013. 1. 24. 선고 2010두18918 판결

10. ② ② 국가배상법 제2조 제1항 단서 규정은 다른 법령에 보상제도가 규정되어 있고, 그 법령에 규정된 상이등급 또는 장애등급 등의 요건에 해당되어 그 권리가 발생한 이상, 실제로 그 권리를 행사하였는지 또는 그 권리를 행사하고 있는지 여부에 관계없이 적용된다고 보아야 하고, 그 각 법률에 의한 보상금청구권이 시효로 소멸되었다 하여 적용되지 않는다고 할 수는 없다. 대법원 2002. 5. 10. 선고 2000다39735 판결
① 군인 · 군무원 등 국가배상법 제2조 제1항에 열거된 자가 전투, 훈련 기타 직무집행과 관련하는 등으로 공상을 입은 경우라고 하더라도 군인연금법 또는 국가유공자예우등에관한법률에 의하여 재해보상금 · 유족연금 · 상이연금 등 별도의 보상을 받을 수 없는 경우에는 국가배상법 제2조 제1항 단서의 적용 대상에서 제외하여야 한다. 대법원 1997. 2. 14. 선고 96다28066 판결
③ 국가배상법 제2조 제1항 단서가 보훈보상자법 등에 의한 보상을 받을 수 있는 경우 국가배상법에 따른 손해배상청구를 하지 못한다는 것을 넘어 국가배상법상 손해배상금을 받은 경우 보훈보상자법상 보상금 등 보훈급여금의 지급을 금지하는 것으로 해석하기는 어려운 점 등에 비추어, 국가보훈처장은 국가배상법에 따라 손해배상을 받았다는 사정을 들어 보상금 등 보훈급여금의 지급을 거부할 수 없다. 대법원 2017. 2. 3. 선고 2015두60075 판결
④ 다른 법령에 따라 지급받은 급여와의 조정에 관한 조항을 두고 있지 아니한 보훈보상대상자 지원에 관한 법률과 달리, 군인연금법 제41조 제1항은 "다른 법령에 따라 국가나 지방자치단체의 부담으로 이 법에 따른 급여와 같은 종류의 급여를 받은 사람에게는 그 급여금에 상당하는 금액에 대하여는 이 법에 따른 급여를 지급하지 아니한다."라고 명시적으로 규정하고 있다. 나아가 군인연금법이 정하고 있는 급여 중 사망보상금(군인연금법 제31조)은 일실손해의 보전을 위한 것으로 불법행위로 인한 소극적 손해배상과 같은 종류의 급여라고 봄이 타당하다. 따라서 피고에게 군인연금법 제41조 제1항에 따라 원고가 받은 손해배상금 상당 금액에 대하여는 사망보상금을 지급할 의무가 존재하지 아니한다(군복무 중 사망한 망인의 유족이 국가배상을 받은 경우, 피고는 사망보상금에서 소극적 손해배상금 상당액을 공제할 수 있는 것으로 본 사례). 대법원 2018. 7. 20. 선고 2018두36691 판결

일일 모고 행정학 제5회
정답 및 해설

합격까지 박문각

빠른 고득점 합격
행정학 이명훈

01. ④ 정부실패의 원인으로는 권력으로 인한 분배적 불공정성(권력의 편재), 정부조직의 내부성, 파생적 외부효과, 비용과 수익의 절연, X-비효율성 등이 있다. 점증적 정책결정의 불확실성은 정부실패의 원인에 해당하지 아니한다.

02. ② 저통제모형은 관료제의 내부규제를 비판하고 제시한 모형으로 조직구조에 대한 제안을 제시하지 못한다.
<<핵심체크>> 피터스(G. Peters)의 모형

구분		전통적 정부모형	시장 모형	신축(유연조직)모형	참여 모형	탈규제(저통제) 모형
문제의 진단수준		전근대적 권위	독점	영속성	계층제	내부규제
조직	구조	계층제	분권화된 조직	가상조직	평면조직	없음
	관리	• 직업공무원제 • 절차적 통제	• 성과급, 인센티브 • 민간의 기법	일시적 인사관리	• TQM, MBO • 팀제	자율적 관리(관리재량권 확대)
	정책결정	정치·행정의 구분	• 내부시장 • 시장적 유인	실험	협의, 협상	기업가적 정부
공익의 기준		안정성, 평등	저비용	조정과 저비용	참여, 협의	창의성, 능동성

03. ④ 옴부즈만 제도는 신청조사가 원칙이나 시민의 민원제기가 없는 경우에도 신문기사 등을 토대로 직권으로 조사할 수 있으므로 국민의 불평제기 이전에도 적극적으로 조사를 할 수 있는 권한이 부여된다. 다만, 옴부즈만 제도는 행정작용을 직접 취소하거나 변경할 수 없으며, 하자 있는 행정작용의 취소 및 변경을 관계기관에 요청 또는 권고할 수 있을 뿐이다. 따라서 문제의 근본적인 원인에 대한 대책을 강구하는 것은 곤란하다.
<<핵심체크>> 옴부즈만제도

구분		내용
의의		국회를 통해 임명된 조사관이 공무원의 권력남용 등을 조사·감시하는 행정통제제도(호민관·민정관·행정감찰관제도)
배경		입법부 통제와 사법부 통제의 한계에 대한 보완책으로 대두
기원		스웨덴에서 기원하였으나 각 국가마다 의회소속형, 행정부소속형 등 다양한 형태를 지님
특징	구성	• 직무수행의 독립과 정치적 중립 : 의회 소속이지만 의회로부터 독립성과 자율성을 지닌 불편부당의 기관
	영역	• 고발영역의 다양성 : 불법행위뿐만 아니라 공직의 요구에서 일탈된 모든 행위에 대한 합법적·합목적적 통제
	통제	• 간접적 통제 : 행정작용을 직접 취소·변경할 수 없으며, 관계기관에 요청 또는 권고(문제의 근본적 대책 강구 곤란)
	절차	• 접근의 용이성과 비용의 저렴성 : 공식적 절차가 없고 융통성이 높아 접근이 용이하며, 융통성과 신속성이 높음
	권한	• 신청조사와 직권조사 : 신청조사가 주가 되나 직권조사도 가능
	위상	• 헌법상 독립기관 : 헌법에 근거를 둔 독립기관으로 조직의 안정성 높음
	성격	• 사회적·정치적 성격 : 옴부즈만 개인의 신망과 영향력에 의존한다는 점에서 법적이라기보다는 사회적·정치적 성격
	임기	• 긴 임기와 임기보장 : 임기는 대통령보다 길며, 강력한 임기보장을 받음

04. ① 동원형의 경우 정부 지도자들이 특정 사회문제를 정부의제화하고 대중들의 지지를 확보하기 위하여 행정PR(공공관계 캠페인)을 벌인다.
② 동원형에서는 정부가 행정PR(공공관계 캠페인)를 통해 정책확장이 국민 전체에게 이루어진다.
③ 허쉬만은 외부주도모형을 '강요된 정책문제(pressed policy)'라고 하였다. 반면, 허쉬만은 동원모형을 '채택된 정책문제(chosen policy)'라고 하였다.
④ 의도적이고 일방적으로 국민을 무시하는 정부에서 나타날 수 있는 모형은 동원모형이 아니라 내부주도형이다.

05. ③ 사바띠에(Sabatier)의 정책지지 연합모형은 상향적 접근방법의 분석단위를 채택하고, 여기에 영향을 미치는 요인으로 하향적 접근방법의 여러 가지 변수를 결합하였다.
<<핵심체크>> 사바띠에(Sabatier)의 정책지지연합모형

구분	내용
의의	다양한 집행 관련자들의 연합을 분석단위로 한 상향적 접근을 기본으로 하고, 사회경제적 조건과 법적 수단이 어떻게 참여자들의 행태를 제한하는지를 살피는 하향적 접근을 결합한 통합모형
통합모형	• 정책하위체제(상향적 접근) : 행위자들은 정책신념을 지니며, 유사한 정책핵심신념체제를 지닌 동맹을 찾아 지지연합을 형성하고 다른 정책핵심신념체계를 가진 지지연합과 경쟁·대립하며 이를 정책중재자가 조정하는 과정에서 정책변동이 발생 • 정책하위체제에 영향을 미치는 조건(하향적 접근) : 문제의 속성, 법적 구조 등의 안정적 변수와 사회경제적 조건의 변화, 여론의 변화, 정치체제의 지배적 연합의 변화 등 외부적 사건 등이 정책하위체제에 영향을 미침
함의	• 정책집행은 연속적이고 지속적인 정책변동의 과정(점진적 정책변동) • 정책변동을 이해하기 위한 가장 유효한 분석단위는 정책하위시스템 • 정책변동을 야기하는 요인 : 지지연합 간의 상호작용, 정책하위체제에 영향을 미치는 조건의 변화, 정책지향적 학습(정책변동의 가장 중요한 요소) • 정책중재자(국회의원, 관료, 시민단체 등)의 역할 중시 • 정책변동을 이해하기 위해서는 10년 이상 또는 20년 이상 장기간이 필요함

06. ② ㉠은 경쟁을, ㉡은 회피를, ㉢은 타협을, ㉣은 순응을 의미한다.
<<핵심체크>> 토머스(Thomas)의 갈등관리방안

구분	내용
회피	• 양 당사자들이 갈등문제를 무시·회피·연기하는 비단정적·비협력적 방식 • 갈등이 존재함에도 양 당사자들이 갈등 상황을 무시하고 소극적으로 대응하는 방식

경쟁	• 양 당사자 모두 논쟁 · 권위 · 위협 · 물리력 등을 통해 다른 당사자를 희생시키고 자신의 목표만을 달성하려는 단정적 · 비협력적 방식 • 신속하고 결단성 있는 행동이 요구되거나 구성원들에게 인기 없는 조치를 할 때 활용
순응	한 당사자가 자신의 목표를 포기하고 다른 당사자의 관심사를 만족시키는 비단정적 · 협력적 방식
타협	• 양 당사자 모두 어느 정도 양보하고, 어느 정도 양보를 얻는 단정적 · 협력적 방식 • 분명한 승자나 패자가 없는 방식
협동	양 당사자 모두 자신들의 목표 전부를 만족시키려는 단정적 · 협력적 방식(win-win방식)

07. ③ 조직군 생태학 이론은 조직을 외부 환경의 선택에 따라 좌우되는 피동적 존재로 보아, 조직의 존속 및 소멸의 원인을 환경에 대한 조직의 적합도에서 찾는 극단적인 환경결정론적 관점의 조직이론이다. 반면, 공동체 생태학 이론은 조직을 생태학적 공동체 속에서 상호의존적인 조직군들의 구성원으로 파악하고, 조직들 간 공동체적 호혜관계(공동전략)를 통한 능동적 환경적응과정을 강조한다. 따라서 공동체 생태학 이론은 환경에 능동적으로 대처하는 조직들의 공동적인 노력을 강조한다.

08. ③ 개방형 인사관리는 고위층의 정치적 리더십을 확장하여 조직장악력의 강화를 가져오는 장점이 있는 반면, 자의적 인사가 가능하여 정실인사를 야기할 수 있는 단점이 있다.

09. ④ 세계잉여금의 사용 또는 출연은 국무회의의 심의 및 대통령의 승인을 얻어야 한다. 그러나 국회의 사전동의는 불필요하다.

<<핵심체크>> 세계잉여금

개념	매 회계연도 세입세출의 결산상 생긴 잉여금으로, 결산시 세입액에서 세출액을 차감한 잔액
대상	• 일반회계와 특별회계을 대상으로 함 • 기금은 제외(기금은 계속 적립하여 운용되기 때문)
발생원인	• 세입에서는 초과액, 세출에서는 이월액과 불용액 • 우리나라는 세입추계가 과학적이지 못해 주로 세입초과에 기인함
특징	• 적자국채와 관계 : 적자국채(매년 예산안 편성시 예산의 세입부족을 보전하기 위해 발행한 국채)는 세입에 포함되므로 적자국채를 발행하면 세입이 증가하며, 적자 국채 발행 규모가 클수록 세계잉여금(세입 - 세출)은 증가(정[+]의 관계). • 재정건전성과의 관계 : 적자국채의 발행을 통해서도 세계잉여금이 증가할 수 있기 때문에 세계잉여금이 많다고 해서 국가의 재정 건전성이 향상되는 것은 아님
처리용도의 법정화	• 일반회계 예산의 세입 부족을 보전하기 위한 목적으로 해당 연도에 이미 발행한 국채의 금액 범위에서는 해당 연도에 예상되는 초과 조세수입을 이용하여 국채를 우선 상환 • 지방교부세 및 지방교육재정교부금의 정산 ⇨ 공적자금상환기금에 출연 ⇨ 기타 채무(국채 또는 차입금의 원리금, 확정된 국가배상금 등) 상환 ⇨ 추가경정예산편성안의 편성 순으로 사용가능 • 세계잉여금 중 사용하거나 출연한 금액을 공제한 잔액은 다음 연도의 세입에 이입
처리절차	국무회의의 심의를 거쳐 대통령의 승인을 얻어 사용 또는 출연
사용시기	대통령의 결산승인 이후 사용 가능

10. ② 우리나라는 의회의 자치단체장에 대한 불신임권이 인정되지 않는다. 다만, 지방의회의 의장이나 부의장이 법령을 위반하거나 정당한 사유 없이 직무를 수행하지 아니하면 지방의회는 불신임을 의결할 수 있다.

2025 공무원 시험대비 【6회차】

박문각 일일 모의고사

-제6회-

[정답 및 해설]

이 름 : ______________________

학습관 : ______________________

합격예측

답안 입력 및 성적 조회는 PC, 모바일에서 모두 가능합니다.

★ PC: pass.pmg.co.kr | ★ 모바일 앱: 박문각 합격관리

합격까지 박문각

일일 모고 국어 제6회
정답 및 해설

합격까지 박문각

赤功 국어
적중 혜선

01. ③ ㉠에서 '맑다'는 '잡스럽고 탁한 것이 섞이지 아니하다.'를 뜻하고, ㉡에서 '맑다'는 '정신이 흐리지 아니하고 또렷하다.'를 뜻한다. 두 문장에서 '맑다'는 상태를 나타내고 현재 시제 선어말 어미 '-는-/-ㄴ'과 결합할 수 없으므로 모두 형용사로 쓰였음을 알 수 있다. 따라서 품사 통용의 예로 적절하지 않다.
① ㉠에서 '잘못'은 부사격 조사 '으로'와 결합한 명사이고, ㉡에서 '잘못'은 뒤에 오는 용언 '들어서'를 꾸며 주는 부사이다. 두 문장에서 '잘못'은 각각 명사와 부사로 쓰였으므로 품사 통용의 예로 적절하다.
② ㉠의 '같이'는 뒤에 오는 용언 '갑시다'를 꾸며 주는 부사이고, ㉡의 '같이'는 명사 뒤에 붙어 '앞말이 보이는 전형적인 어떤 특징처럼'의 뜻을 나타내는 조사이다. 두 문장에서 '같이'는 각각 부사와 조사로 쓰였으므로 품사 통용의 예로 적절하다.
④ ㉠의 '크다'는 '사람이나 사물의 외형적 길이, 넓이, 높이, 부피 따위가 보통 정도를 넘다.'를 뜻하며 상태를 나타내고 현재 시제 선어말 어미 '-는-/-ㄴ'과 결합할 수 없으므로 형용사이고, ㉡의 '크다'는 '동식물이 몸의 길이가 자라다.'를 뜻하며 상태의 변화를 뜻하고 현재 시제 선어말 어미 '-는-/-ㄴ'과 결합할 수 있으므로 동사이다. 두 문장에서 '크다'는 각각 형용사와 동사로 쓰였으므로 품사 통용의 예로 적절하다.

02. ② ㉡ '물이'는 주격 조사 '이'가 결합된 주어이다. '얼음으로'는 부사격 조사 '으로'가 결합된 부사어이다. '되었다.'는 주어의 행위를 서술해주는 서술어이다.
㉢ 체언(옥순)에 호격 조사(아)가 결합된 '옥순아'는 독립어에 해당된다.
㉣ 부사어는 '아주 새 책'처럼 관형어 '새'를 수식하기도 하고 '아주 잘 먹었다'처럼 다른 부사어 '잘'을 수식하기도 한다.
㉠ 문장에서 주어, 목적어 모두 생략될 수 있다. 공유되는 상황이 있다면 생략 가능하다.
| 어제 너 밥 잘 먹었어? 응, 잘 먹었어 (주어 '너', 목적어 '밥' 생략됨.)
㉤ '부사어'는 주성분이 아니라 부속 성분에 속한다.
'주어, 서술어, 목적어, 보어'가 주성분에 속한다.
㉥ 주어의 성격에 따라 달라지는 것이 아니라 '서술어'의 성격에 따라 필요로 하는 문장 성분의 숫자가 다르다.

03. ③ 사동의 의미는 주로 '-게 만들다, -게 하다, -게 시키다'이므로 이를 넣었을 때 말이 되면 사동표현이 바르게 사용된 것이고 어색하면 틀리게 사용된 것이다. '화해시켰다.'는 '화해하게 만들었다'의 뜻으로 선생님이 우리를 화해하도록 만든 의미가 있으므로 자연스럽다.
① '부장님'과 밀접한 관련을 갖는다는 점에서 '따님'은 간접 높임의 대상이다. 하지만 '계시다'는 직접 높임의 어휘이므로 쓰면 안 된다. 따라서 간접 높임의 어휘인 '있으시다'로 고쳐야 한다. 또한 '집'도 높임의 어휘인 '댁'으로 고쳐야 한다.
② '만원' 같은 비용이라든지, '품절'은 높일 필요가 없는 대상이므로 과도하게 높여서는 안 된다. 소유자와 밀접한 관계가 있는 물건이라고 보기 어렵기 때문에 간접 높임이라고도 볼 수 없다. 따라서 '품절이십니다'로 고치면 안 된다.
④ '담+기(피동 접미사)+어지(피동 보조용언)+ㄴ'은 이중 피동이므로 옳지 않다.

04. ④

(가) 문제집 → 유익 ≡ ~유익 → ~문제집
(나) 문제집 ∧ 유익
(다) 문제집 → ~유익 ≡ 유익 → ~문제집
(라) 문제집 ∧ ~유익

(가)와 (다)는 각각 전칭 긍정, 전칭 부정 명제로 모든 문제집들이 동시에 유익하면서 유익하지 않은 것은 불가능하지만, 즉 동시에 참인 것은 불가능하지만 동시에 거짓인 것은 가능하다. 즉, 모든 문제집은 유익하지도, 유익하지 않지도 않은 상황이다. 이 두 명제의 관계를 대반대 관계라고 한다.
① (가)에 의하면 모든 문제집은 유익하므로 유익하지 않은 문제집은 존재하지 않는다. 따라서 유익하지 않은 문제집이 존재한다고 하는 (라)는 참이 될 수 없다. (라)는 (가)의 반례이다.
② (나)와 (라)는 문제집이라는 전체 집합 중 일부에 대해 '유익하다', '유익하지 않다'를 따지는 특칭 긍정, 특칭 부정 명제로 소반대 관계이다. 따라서 (나)와 (라)가 동시에 참이라고 단정 지을 수는 없지만 동시에 참일 수 없다고 단정 짓는 것도 불가능하다.
③ (가)와 (다)는 각각 전칭 긍정, 전칭 부정 명제로 모든 문제집들이 동시에 유익하면서 유익하지 않은 것은 불가능하다.

05. ④ 모든 고양이는 포유류이고, 포유류 중 일부는 육지에서만 살아간다. 또한 고양이 중 일부는 검은색 털을 가지고 있다는 조건에서, 검은색 털을 가진 고양이 중 일부는 육지에서만 살아가는 포유류에 포함될 가능성이 있다. 이 문장은 참으로 판단된다.
① 육지에서만 살아가는 동물은 물속에서 살지 못한다고 했지만, 검은색 털을 가진 모든 고양이가 육지에서만 살아가는지는 제시한 정보를 통해 알 수 없으므로, 이 문장은 참이 아니다.
② 포유류 중 일부는 육지에서만 살아가며, 모든 고양이는 포유류에 속하지만, 육지에서만 살아가는 모든 동물이 고양이인 것은 아니다. 고양이 외의 다른 동물이 포함될 수 있으므로, 이 문장은 참이 아니다.
③ 포유류 중 일부가 육지에서만 살아간다고 했으므로, 모든 포유류가 육지에서만 살아간다고 단정할 수 없다. 따라서 이 문장은 참이 아니다.

06. ③ '귀납의 문제'의 내용은 이 글의 러셀의 예를 통해 잘 알 수 있다. 러셀이 예로 든 닭은 '어제 먹이가 주어졌듯이, 오늘도 그럴 것이라고 예측한다.' 그러나 닭의 예측과는 달리 어느 날 닭은 머리가 잘리게 된다. 과거의 경험이 앞으로도 그러할 것이라는 것을 100% 보장해 주지 못하는 것이다. ③에서도 오늘 해가 떴다는 경험적 사실이 내일도 그러할 것이라는 것을 보장해 주지 못한다는 것을 나타내고 있다.

07. ② ㉠의 '내리다'는 '4「2」 판단, 결정을 하거나 결말을 짓다.'를 의미한다. 이와 가장 유사한 의미의 '내리다'는 ②이다.
① 5「2」 컴퓨터 통신망이나 인터넷 신문에 올린 파일이나 글, 기사 따위를 삭제하다.
③ 5「1」 위에 올려져 있는 물건을 아래로 옮기다.
④ 2「2」 비행기 따위가 지상에 도달하여 멈추다.

08. ③ '입다'는 '옷을 몸에 꿰거나 두르다.'를 의미한다. 따라서 '어떤 일이나 창작의 실마리가 되는 생각이나 구상 따위를 잡다.'를 의미하는 '착상(着 붙을 착 想 생각 상)하다'는 ⓒ과 바꿔 쓸 수 있는 유사한 표현으로 적절하지 않다. '의복, 모자, 신발, 액세서리 따위를 입거나 쓰거나 신거나 차거나 하다.'를 의미하는 '착용(着 붙을 착 用 쓸 용)하다'로 바꿔 쓸 수 있다.

① ㉠ '가지다'는 '직업, 자격증 따위를 소유하다.'를 의미한다. 따라서 '가지고 있다.'를 의미하는 '소유(所 바 소 有 있을 유)하다'로 바꿔 쓸 수 있다.

② ㉡ '버리다'는 '가지거나 지니고 있을 필요가 없는 물건을 내던지거나 쏟거나 하다.'를 의미한다. 따라서 '못 쓰게 된 것을 버리다.'를 의미하는 '폐기(廢 무너질 폐 棄 버릴 기)하다'로 바꿔 쓸 수 있다.

④ ㉣ '막다'는 '외부의 공격이나 침입 따위에 버티어 지키다.'를 의미한다. 따라서 '다른 것과의 관계나 접촉을 막거나 끊다.'를 의미하는 '차단(遮 막을 차 斷 끊을 단)하다'로 바꿔 쓸 수 있다.

09. ① 이 글의 핵심은 '외래문화를 우리 민족의 삶에 알맞게 수용.발전시켜 한국적인 것을 꽃 피웠다.'는 것이다. 그러므로 제시문의 앞부분에는 그러한 문화 수용의 자세를 구체적으로 보여 주는 사례가 들어가는 것이 적절하다. ①의 경우 중국에서 들어온 고증학을 조선의 실정에 맞게 발전시킨 실학에 대해 말하고 있으므로 그 사례로 적절하다.

② 훈민정음이 가진 과학성, 독창성에 대해 언급하고 있을 뿐 외래문화의 창조적 수용과는 관련이 없다.

③ 원효의 민중 불교는 기존의 불교를 개혁한 것이므로 외래문화의 창조적 수용과는 관련이 없다.

④ 율곡과 퇴계의 철학 사상은 우리 민족의 고유한 세계관을 바탕으로 한 것이므로 외래문화의 창조적 수용과는 관련이 없다.

10. ① 가설 검증 단계는 '현상 관측 - 가설 설정 - 결과 예측 - 실험 및 검증'의 단계를 거친다. '현상 관측'에 해당하는 것은 DNA에 대한 관측을 실시한 ㄷ, 이후 특정 가설을 설정하는 내용이 나오는 것은 ㄱ이다. 이를 검증하기 위한 실험 결과 예측에 해당하는 것은 ㄹ이고 실험을 통해 검증하는 과정이 담긴 것은 ㄴ이다.

일일 모고 영어 제6회
정답 및 해설

합격까지 박문각
반드시 합격 진가영 영어

01. ② ★ apprehensive 불안한, 걱정하는
● confident 자신감 있는, 확신하는
● public 공개적인, 대중의
● celebrated 유명한
[해석] 그녀는 새로운 동료들과 직장 환경에서 무엇을 기대해야 할지 몰라 불안한 마음을 느꼈다.

02. ④ ★ museum 박물관, 전시관
● toilet 화장실, 변기
● grocery 식료품, 마트
● hospital 병원, 요양소
[해석] 그는 고대 문명에 관한 최신 전시물을 보기 위해 박물관을 방문하는 것에 신이 났다.

03. ① ★ genuine 진짜의, 진정한
● fake 가짜의, 허위의
● superficial 피상적인, 표면적인
● uncertain 불확실한, 애매한
[해석] 자선 활동을 지원하는 데 대한 그의 진정한 열정은 동료들과 지역 사회로부터 인정과 존경을 받게 했다.

04. ② ★ gutless 용기 없는, 비겁한
● courageous 용감한, 대담한
● confident 자신감 있는, 확신하는
● assertive 자기주장이 강한, 단호한
[해석] 회의 중 그의 용기 없는 행동은 자신의 신념을 지키려 하지 않는다는 것을 분명히 보여주었다.

05. ④ ★ evaluate 평가하다, 분석하다
● equate 동일시하다, 비교하다
● suspect 용의자, 의심하다
● hover 맴돌다, 배회하다
[해석] 매니저는 다가오는 분기 회의에서 팀의 성과를 평가해 달라고 요청했다.

06. ③ [해설]
맥락상 '길고양이가 과속 차량에 치였다'라는 내용이 자연스러우므로 수동태 형태로 써야 한다. 따라서 밑줄 친 부분에 가장 적절한 것은 ③이다.
[해석]
길고양이가 과속 차량에 치였지만 다행히도 가벼운 부상만 입고 살아남았다.

07. ③ [해설]
whose는 뒤에 완전 구조가 와야 한다. 하지만 뒤에 주어가 없는 불완전 구조를 취하고 있으므로 사람의 선행사를 취하는 관계대명사인 who를 써야 한다. 따라서 밑줄 친 부분인 whose를 who로 고쳐야 한다.
[해석]
나는 마음을 짓누르는 후회를 떨칠 수 없었다. 어둠 속에서 혼자 앉아, 그 순간을 머릿속에서 계속 반복하며 어떻게 이렇게까지 잘못된 방향으로 가게 되었는지 생각했다. 나를 걱정해 준 사람들의 조언을 무시하고, 내가 더 잘 알고 있다고 착각했다. 하지만 이제 충동적인 결정의 결과를 마주하고 나니, 얼마나 어리석었는지 깨달을 수 있었다. 만약 시간을 되돌릴 수 있다면, 나는 분명히 다르게 행동했을 것이다.

08. ② [해석]
Tim: 안녕하세요, 오늘 어떻게 지내세요?
Jane: 잘 지내고 있어요, 물어봐 주셔서 감사합니다! 당신은요?
Tim: 저도 잘 지내요. 오늘 공원에서 산책하려고 했어요. 날씨가 정말 좋네요!
Jane: 네, 밖에서 시간을 보내기에 딱 좋은 날씨예요. 자주 오세요?
Tim: 네, 주말마다 공원에 와서 신선한 공기를 마시며 쉬려고 해요.
Jane: 좋네요. 저는 아침마다 여기 와서 조깅을 해요. 운동이 되니까요.
① 이 공원은 언제 개장하나요?
② 자주 오세요?
③ 이 공원에는 어떤 시설이 있나요?
④ 산책을 싫어하시죠?

09. ① [해설]
이 글은 도시 계획 부서가 환경 부서에 "그린 시티 프로젝트"를 위해 협조를 요청하는 내용을 담고 있다. 따라서 "그린 시티 프로젝트에 대한 협조를 요청하기 위해서"가 글의 목적으로 가장 적절하다.
① 그린 시티 프로젝트에 대한 협조를 요청하기 위해
② 환경 인식 세미나에 초대하기 위해
③ 도시 계획 정책을 업데이트 하기 위해
④ 대기 질 개선에 대한 피드백을 하기 위해

10. ④ [해설]
"collaboration"은 '협력' 또는 '협업'을 의미하며, 부서 간의 협조를 요청하는 맥락에서 사용되었다. 가장 가까운 의미는 'cooperation (협력)'이다.
① criticism 비판
② competition 경쟁
③ conflict 갈등
[해석]

수신인: 환경부
발신인: 도시계획부
날짜: 10월 5일
제목: 그린 시티 프로젝트 협력 요청

존경하는 동료들께,

지속 가능한 도시 환경을 만들기 위한 지속적인 노력의 일환으로, 도시계획부는 "그린 시티 프로젝트"를 시작합니다. 이 이니셔티브는 도시 전역의 녹지 공간을 늘리고, 공기 질을 개선하며, 친환경 인프라를 촉진하는 것을 목표로 하고 있습니다.

이 프로젝트의 성공을 보장하기 위해, 환경부의 협력을 부탁드립니다. 구체적으로, 다음 분야에서 귀하의 전문 지식을 부탁드립니다:
1. 현재의 공기 질과 오염 수준에 대한 데이터 제공
2. 도시 지역에 적합한 나무 종류와 녹색 기술 추천
3. 환경 보존에 대한 대중 인식 캠페인 개발 지원

귀 부서의 참여가 이 프로젝트의 효과를 크게 향상

시킬 것이라고 믿습니다. 다음 주에 미팅을 진행하여 자세한 사항을 논의할 수 있는 일정을 알려주시기 바랍니다.
협력에 감사드리며, 이 중요한 이니셔티브에서 함께 작업할 수 있기를 기대합니다.

진심으로,
John Kim

[어휘]
□ sustainable 지속 가능한
□ initiative 사업, 계획 (특정 목표를 달성하기 위해 새롭게 시작하는 공식적인 활동이나 프로그램을 의미함)
□ infrastructure 기반 시설

일일 모고 한국사 제6회
정답 및 해설

01. ④ 미송리식 토기와 민무늬 토기는 청동기 시대에 제작된 토기들이다.

02. ② 청동기 시대의 유물인 미송리식 토기와 비파형 동검이다. 이때부터 일부 저습지에서는 벼농사가 시작되었으며, 생산력의 증가에 따라 잉여 생산물이 발생하면서 생산물의 분배와 사유화 때문에 사람들 사이에 갈등이 생겨났다. 빈부의 격차와 계급의 분화가 촉진된 것이다. 이 시대의 무덤인 고인돌은 계급 사회의 발생을 보여 주는 대표적인 유적이다. ①은 철기 시대, ③은 구석기 시대이다. 청동기·철기 시대에는 이전부터 주요한 생산 도구로 사용되던 간석기가 매우 다양해지고 기능도 개선되었다(④).

03. ① ㉠ 백제 근초고왕(371년)-㉤ 고구려 소수림왕(372년)-㉢ 고구려 광개토대왕(400년)-㉣ 백제 동성왕과 신라 소지마립간의 결혼동맹(493년)-㉡ 신라 법흥왕(527년)

04. ② ② 시비법은 거름 주어 토지의 양분을 보충하는 방식으로 고려시대부터 발전되었다.

05. ③ 문벌귀족들은 무신들에 의하여 제거되었으나, 문신을 대신하여 무신들이 권력을 장악하여 왕권은 약화되었다.

06. ③ 조선 시대에는 향, 부곡, 소의 특수 부락을 일반 군현으로 승격시켰으며, 모든 군현에 수령이 파견되었다. 수령은 행정권·사법권·군사권을 행사하였으며, 향리는 6방에 소속되어 행정 실무를 담당하였다.
㉠ 고려 시대에는 수령이 파견되지 않은 속현이 많았고 향리의 세력이 강하였으나, 조선 시대에 향리는 수령을 보좌하는 위치로 지위가 낮아졌다. ㉣ 조선의 지방 통치는 중앙 집권이 강화되었으나 사림의 향촌 자치 요구에 따라 유향소를 설치하는 등 향촌 자치를 어느 정도 인정하였다.

07. ④ ④ 조선 후기 만상은 대중국 무역을 주도하였고, 대일본 무역을 주도하면서 활동한 것은 내상이다.
① 포구는 조선 초기 인근 포구, 장시와 연계하면서 상거래가 이루어졌고 조선 후기에는 선상들이 적극적으로 활동하면서 포구에서의 상거래는 장시보다 규모가 훨씬 컸다. 주로 포구에서는 선상과 객주, 여각, 포구 주인, 경강상인 등이 활동하였다.
② 객주와 여각은 조선 후기 지방 상업 발달에 크게 기여하였고 특히 포구를 중심으로 활동하였다. 이들은 위탁도매업, 숙박업과 창고업, 운송업과 금융업에도 관여하였다. 일부 자본을 모은 객주와 여각은 도고로 성장하기도 하였다.
③ 청나라와의 무역이 활발해지면서 공적으로 허용된 개시무역과 사상들이 전개한 밀무역인 후시가 이루어졌다. 특히 의주의 중강에서는 개시무역에서 인삼과 말을 금지하여 중강 후기가 열리기도 하였다.

08. ④ ④ 원산 총파업은 1920년대 노동 운동 중 가장 규모가 컸던 운동이었다.

09. ① ① 미군정은 1948년 9월 8일부터 시행되었다.
② 남북한 총선거 유엔 상정(1947.9)
③ 반탁운동 시작(모스크바 3상 회의 직후)
④ 제주도 4 · 3 사건(1948.4.3.)

10. ④ 제시된 글에서 압록강과 토문강을 경계로 정하는 비석을 세웠다는 내용으로 조선 1712년(숙종 38년)에 설립된 백두산정계비임을 알 수 있다. 이는 조선과 청 사이 국경지대에서 국경 침범 문제로 잦은 분쟁이 발생하자 청의 제안으로 청의 오라총관 목극등과 조선의 접반사 박권, 함경감사 이선부 등이 실측 답사후 정계비를 건립하였다. 19세기에 들어 토문강의 해석 문제로 갈등이 발생하였고 1909년 조선의 외교권을 수탈해간 일본이 청과 간도협약을 체결하여 청의 영토로 귀속되었다.

합격까지 **박문각**

일일 모고 행정법 제6회

정답 및 해설

광야에서 합격까지
행정법 강성빈

01. ② ② 전결과 같은 행정권한의 내부위임은 법령상 처분권자인 행정관청이 내부적인 사무처리의 편의를 도모하기 위하여 그의 보조기관 또는 하급 행정관청으로 하여금 그의 권한을 사실상 행사하게 하는 것으로서 법률이 위임을 허용하지 않는 경우에도 인정되는 것이므로, 설사 행정관청 내부의 사무처리규정에 불과한 전결규정에 위반하여 원래의 전결권자 아닌 보조기관 등이 처분권자인 행정관청의 이름으로 행정처분을 하였다고 하더라도 그 처분이 권한 없는 자에 의하여 행하여진 무효의 처분이라고는 할 수 없다. 대법원 1998. 2. 27. 선고 97누1105 판결
① 부작위위법확인소송의 대상이 될 수 있는 것은 구체적 권리의무에 관한 분쟁이어야 하고 추상적인 법령에 관하여 제정의 여부 등은 그 자체로서 국민의 구체적인 권리의무에 직접적 변동을 초래하는 것이 아니어서 그 소송의 대상이 될 수 없다. 대법원 1992. 5. 8. 선고 91누11261 판결
③ 삼권분립의 원칙, 법치행정의 원칙을 당연한 전제로 하고 있는 우리 헌법 하에서 행정권의 행정입법 등 법집행의무는 헌법적 의무라고 보아야 할 것이다. 그런데 이는 행정입법의 제정이 법률의 집행에 필수불가결한 경우로서 행정입법을 제정하지 아니하는 것이 곧 행정권에 의한 입법권 침해의 결과를 초래하는 경우를 말하는 것이므로, 만일 하위 행정입법의 제정 없이 상위 법령의 규정만으로도 집행이 이루어질 수 있는 경우라면 하위 행정입법을 하여야 할 헌법적 작위의무는 인정되지 아니한다. 헌법재판소 2005. 12. 22. 선고 2004헌마66 결정
④ 국토계획법 및 국토의 계획 및 이용에 관한 법률 시행령이 정한 이행강제금의 부과기준은 단지 상한을 정한 것에 불과한 것이 아니라, 위반행위 유형별로 계산된 특정 금액을 규정한 것이므로 행정청에 이와 다른 이행강제금액을 결정할 재량권이 없다고 보아야 한다. 대법원 2014. 11. 27. 선고 2013두8653 판결

02. ④ ④ 어업권면허에 선행하는 우선순위결정은 행정청이 우선권자로 결정된 자의 신청이 있으면 어업권면허처분을 하겠다는 것을 약속하는 행위로서 강학상 확약에 불과하고 행정처분은 아니므로, 우선순위결정에 공정력이나 불가쟁력과 같은 효력은 인정되지 않는다. 대법원 1995. 1. 20. 선고 94누6529 판결
① 구 도시계획법 제78조 제1항에 정한 처분이나 조치명령을 받은 자가 이에 위반한 경우 이로 인하여 같은 법 제92조에 정한 처벌을 하기 위하여는 그 처분이나 조치명령이 적법한 것이라야 하고, 그 처분이 당연무효가 아니라 하더라도 그것이 위법한 처분으로 인정되는 한 같은 법 제92조 위반죄가 성립될 수 없다(주: 형사법원은 조치명령의 위법성 여부를 심사하여 유무죄를 판단할 수 있다는 의미). 대법원 1992. 8. 18. 선고 90도1709 판결
② 물품세 과세대상이 아닌 것을 세무공무원이 직무상 과실로 과세대상으로 오인하여 과세처분을 행함으로 인하여 손해가 발생된 경우에는, 동 과세처분이 취소되지 아니하였다 하더라도, 국가는 이로 인한 손해를 배상할 책임이 있다. 대법원 1979. 4. 10. 선고 79다262 판결
③ 행정기본법 행정기본법 제15조

> **행정기본법 행정기본법 제15조(처분의 효력)**
> 처분은 권한이 있는 기관이 취소 또는 철회하거나 기간의 경과 등으로 소멸되기 전까지는 유효한 것으로 통용된다. 다만, 무효인 처분은 처음부터 그 효력이 발생하지 아니한다.

03. ② ② 공정거래위원회가 부당한 공동행위를 행한 사업자로서 구 독점규제 및 공정거래에 관한 법률제22조의2에서 정한 자진신고자나 조사협조자에 대하여 과징금 부과처분(선행처분)을 한 뒤, 동법 시행령 제35조 제3항에 따라 다시 자진신고자 등에 대한 사건을 분리하여 자진신고 등을 이유로 한 과징금 감면처분(후행처분)을 하였다면, 후행처분은 자진신고 감면까지 포함하여 처분 상대방이 실제로 납부하여야 할 최종적인 과징금액을 결정하는 종국적 처분이고, 선행처분은 이러한 종국적 처분을 예정하고 있는 일종의 잠정적 처분으로서 후행처분이 있을 경우 선행처분은 후행처분에 흡수되어 소멸한다. 따라서 위와 같은 경우에 선행처분의 취소를 구하는 소는 이미 효력을 잃은 처분의 취소를 구하는 것으로 부적법하다. 대법원 2015. 2. 12. 선고 2013두987 판결
① 원자로 및 관계 시설의 부지사전승인처분은 건설허가 전에 신청자의 편의를 위하여 미리 그 건설허가의 일부 요건을 심사하여 행하는 사전적 부분 건설허가처분의 성격을 갖고 있는 것이어서 나중에 건설허가처분이 있게 되면 그 건설허가처분에 흡수되어 독립된 존재가치를 상실함으로써 그 건설허가처분만이 쟁송의 대상이 되는 것이므로, 부지사전승인처분의 취소를 구하는 소는 소의 이익을 잃게 되고, 따라서 부지사전승인처분의 위법성은 나중에 내려진 건설허가처분의 취소를 구하는 소송에서 이를 다투면 된다. 대법원 1998. 9. 4. 선고 97누19588 판결
③ 행정기본법 제20조

> **행정기본법 제20조(자동적 처분)**
> 행정청은 법률로 정하는 바에 따라 완전히 자동화된 시스템(인공지능 기술을 적용한 시스템을 포함한다)으로 처분을 할 수 있다. 다만, 처분에 재량이 있는 경우는 그러하지 아니하다.

④ 교육인적자원부장관의 대학총장들에 대한 이 사건 학칙시정요구는 고등교육법 제6조 제2항, 동법시행령 제4조 제3항에 따른 것으로서 그 법적 성격은 대학총장의 임의적인 협력을 통하여 사실상의 효과를 발생시키는 행정지도의 일종이지만, 그에 따르지 않을 경우 일정한 불이익조치를 예정하고 있어 사실상 상대방에게 그에 따를 의무를 부과하는 것과 다를 바 없으므로 단순한 행정지도로서의 한계를 넘어 규제적 · 구속적 성격을 상당히 강하게 갖는 것으로서 헌법소원의 대상이 되는 공권력의 행사라고 볼 수 있다. 헌법재판소 2003. 6. 26. 선고 2002헌마337 결정

04. ④ ④ 원고가 고의 또는 중대한 과실 없이 행정소송으로 제기하여야 할 사건을 민사소송으로 잘못 제기한 경우, 수소법원으로서는 만약 그 행정소송에 대한 관할도 동시에 가지고 있다면 이를 행정소송으로 심리 · 판단하여야 하고, 그 행정소송에 대한 관할을 가지고 있지 아니하다면 관할법원에 이송하여야 한다. 다만 해당 소송이 이미 행정소송으로서의 전심절차 및 제소기간을 도과하였거나 행정소송의 대상이 되는 처분 등이 존재하지도 아니한 상태에 있는 등 행정소송으로서의 소송요건을 결하고 있음이 명백하여 행정소송으로 제기되었더라도 어차피 부적법하게 되는 경우에는 이송할 것이 아니라 각하하여야 한다. 대법원 2020. 10. 15. 선고 2020다222382 판결
① 민사소송인 이 사건 소가 서울행정법원에 제기되었는데도 피고는 제1심법원에서 관할위반이라고 항변하지 아니하고 본안에 대하여 변론을 한 사실을 알 수 있는바, 공법상의 당사자소송 사건인지 민사사건인지 여부는 이

를 구별하기가 어려운 경우가 많고 행정사건의 심리절차에 있어서는 행정소송의 특수성을 감안하여 행정소송법이 정하고 있는 특칙이 적용될 수 있는 점을 제외하면 심리절차 면에서 민사소송절차와 큰 차이가 없는 점 등에 비추어 보면, 행정소송법 제8조 제2항, 민사소송법 제30조에 의하여 제1심법원에 변론관할이 생겼다고 봄이 상당하다. 대법원 2013. 2. 28. 선고 2010두22368 판결
② 이 사건 소는 제1심 관할법원인 서울행정법원에 제기되었어야 할 것인데도 서울북부지방법원에 제기되어 심리되었으므로 확인의 이익 유무에 앞서 전속관할을 위반한 위법이 있는바, 이송 후 행정법원의 허가를 얻어 이 사건이 조합설립인가처분에 대한 항고소송으로 변경될 수 있음을 고려해 보면 이송하더라도 부적법하게 되어 각하될 것이 명백한 경우에 해당한다고 보기는 어려우므로, 이 사건은 관할 법원으로 이송함이 마땅하다. 대법원 2009. 9. 24. 선고 2008다60568 판결
③ 원고가 고의 또는 중대한 과실 없이 당사자소송으로 제기하여야 할 것을 항고소송으로 잘못 제기한 경우에, 당사자소송으로서의 소송요건을 결하고 있음이 명백하여 당사자소송으로 제기되었더라도 어차피 부적법하게 되는 경우가 아닌 이상, 법원으로서는 원고로 하여금 당사자소송으로 소 변경을 하도록 하여 심리 · 판단하여야 한다. 대법원 2016. 5. 24. 선고 2013두14863 판결

05. ① ① 행정소송법은 공법상 당사자소송을 민사소송으로 변경할 수 있는지에 관하여 명문의 규정을 두고 있지 않다. 그러나 공법상 당사자소송에서 민사소송으로의 소 변경이 금지된다고 볼 수 없다. (중략) 공법상 당사자소송에 대하여도 청구의 기초가 바뀌지 아니하는 한도 안에서 민사소송으로 소 변경이 가능하다고 해석하는 것이 타당하다. 대법원 2023. 6. 29. 선고 2022두44262 판결
② 행정소송법 제44조

행정소송법 제44조(준용규정)
② 제10조(관련청구소송의 이송 및 병합)의 규정은 당사자소송과 관련청구소송이 각각 다른 법원에 계속되고 있는 경우의 이송과 이들 소송의 병합의 경우에 준용한다.

③ 행정소송법 제8조 제2항에 의하면 행정소송에도 민사소송법의 규정이 일반적으로 준용되므로 법원으로서는 공법상 당사자소송에서 재산권의 청구를 인용하는 판결을 하는 경우 가집행선고를 할 수 있다. 대법원 2000. 11. 28. 선고 99두3416 판결
④ 당사자소송에 대하여는 행정소송법 제23조 제2항의 집행정지에 관한 규정이 준용되지 아니하므로, 이를 본안으로 하는 가처분에 대하여는 행정소송법 제8조 제2항에 따라 민사집행법상 가처분에 관한 규정이 준용되어야 한다. 대법원 2015. 8. 21.자 2015무26 결정

06. ③ ③ 행정심판법 제43조

행정심판법 제43조(재결의 구분)
③ 위원회는 취소심판의 청구가 이유가 있다고 인정하면 처분을 취소 또는 다른 처분으로 변경하거나 처분을 다른 처분으로 변경할 것을 피청구인에게 명한다.

① 행정심판법 제6조

행정심판법 제6조(행정심판위원회의 설치)
① 다음 각 호의 행정청 또는 그 소속 행정청의 처분 또는 부작위에 대한 행정심판의 청구에 대하여는 다음 각 호의 행정청에 두는 행정심판위원회에서 심리 · 재결한다.
1. 감사원, 국가정보원장, 그 밖에 대통령령으로 정하는 대통령 소속기관의 장

② 행정심판법 제8조

행정심판법 제8조(중앙행정심판위원회의 구성)
② 중앙행정심판위원회의 위원장은 국민권익위원회의 부위원장 중 1명이 되며, 위원장이 없거나 부득이한 사유로 직무를 수행할 수 없거나 위원장이 필요하다고 인정하는 경우에는 상임위원(상임으로 재직한 기간이 긴 위원 순서로, 재직기간이 같은 경우에는 연장자 순서로 한다)이 위원장의 직무를 대행한다.

④ 영업의 금지를 명한 영업허가취소처분 자체가 나중에 행정쟁송절차에 의하여 취소되었다면 그 영업허가취소처분은 그 처분시에 소급하여 효력을 잃게 되며, 그 영업허가취소처분에 복종할 의무가 원래부터 없었음이 확정되었다고 봄이 타당하고, 영업허가취소처분이 장래에 향하여서만 효력을 잃게 된다고 볼 것은 아니므로 그 영업허가취소처분 이후의 영업행위를 무허가영업이라고 볼 수는 없다. 대법원 1993. 6. 25. 선고 93도277 판결

07. ④ ④ 행정기본법 제14조

행정기본법 제14조(법 적용의 기준)
③ 법령등을 위반한 행위의 성립과 이에 대한 제재처분은 법령등에 특별한 규정이 있는 경우를 제외하고는 법령등을 위반한 행위 당시의 법령등에 따른다.

① 행정기본법 제14조

행정기본법 제14조(법 적용의 기준)
① 새로운 법령등은 법령등에 특별한 규정이 있는 경우를 제외하고는 그 법령등의 효력 발생 전에 완성되거나 종결된 사실관계 또는 법률관계에 대해서는 적용되지 아니한다.

② 기존의 법에 의하여 형성되어 이미 굳어진 개인의 법적 지위를 사후입법을 통하여 박탈하는 것 등을 내용으로 하는 진정소급입법은 개인의 신뢰보호와 법적안정성을 내용으로 하는 법치국가원리에 의하여 특단의 사정이 없는 한 헌법적으로 허용되지 아니하는 것이 원칙이며, 진정소급입법이 허용되는 예외적인 경우로는 일반적으로 국민이 소급입법을 예상할 수 있었거나 법적상태가 불확실하고 혼란스러웠거나 하여 보호할만한 신뢰의 이익이 적은 경우와 소급입법에 의한 당사자의 손실이 없거나 아주 경미한 경우, 그리고 신뢰보호의 요청에 우선하는 심히 중대한 공익상의 사유가 소급입법을 정당화하는 경우 등을 들 수 있다. 헌법재판소 1998. 9. 30. 선고 97헌바38 결정
③ 어떠한 법률조항에 대하여 헌법재판소가 헌법불합치결정을 하여 그 법률조항을 합헌적으로 개정 또는 폐지하는 임무를 입법자의 형성 재량에 맡긴 이상, 그 개선입법의 소급적용 여부와 소급적용의 범위는 원칙적으로 입법자의 재량에 달린 것이다. 대법원 2008. 1. 17. 선고 2007두21563 판결

08. ③ ③ 공정거래법상 기업결합 제한위반행위자에 대한 이행강제금이 부과되기 전에 시정조치를 이행하거나 부작위의무를 명하는 시정조치 불이행을 중단한 경우 과거의 시정조치 불이행기간에 대하여 이행강제금을 부과할 수 있다고 봄이 타당하다. 대법원 2019. 12. 12 선고 2018두63563 판결
① 상당한 의무이행기간을 부여하지 아니한 대집행계고처분이 있었다면, 설사 피고가 대집행영장으로써 대집행의 시기를 늦추었더라도 위 대집행계고처분은 상당한 이행기한을 정하여 한 것이 아니어서 대집행의 적법절차에 위배한 것으로 위법한 처분이라고 할 것이다. 대법원

1990. 9. 14. 선고 90누2048 판결
② 계고서라는 명칭의 1장의 문서로서 일정기간 내에 위법건축물의 자진철거를 명함과 동시에 그 소정기한 내에 자진철거를 하지 아니할 때에는 대집행할 뜻을 미리 계고한 경우라도 건축법에 의한 철거명령과 행정대집행법에 의한 계고처분은 독립하여 있는 것으로서 각 그 요건이 충족되었다고 볼 것이고, 이 경우 철거명령에서 주어진 일정기간이 자진철거에 필요한 상당한 기간이라면 그 기간 속에는 계고시에 필요한 '상당한 이행기간'도 포함되어 있다고 보아야 할 것이다. 대법원 1992. 6. 12. 선고 91누13564 판결
④ 사용자가 이행하여야 할 행정법상 의무의 내용을 초과하는 것을 '불이행 내용'으로 기재한 이행강제금 부과 예고서에 의하여 이행강제금 부과 예고를 한 다음 이를 이행하지 않았다는 이유로 이행강제금을 부과하였다면, 초과한 정도가 근소하다는 등의 특별한 사정이 없는 한 이행강제금 부과 예고는 이행강제금 제도의 취지에 반하는 것으로서 위법하고, 이에 터 잡은 이행강제금 부과처분 역시 위법하다. 대법원 2015. 6. 24. 선고 2011두2170 판결

09. ④ ④ 공무원이 고의 또는 과실로 그에게 부과된 직무상 의무를 위반하였을 경우라고 하더라도 국가는 그러한 직무상의 의무 위반과 피해자가 입은 손해 사이에 상당인과관계가 인정되는 범위 내에서만 배상책임을 지는 것이고, 이 경우 상당인과관계가 인정되기 위하여는 공무원에게 부과된 직무상 의무의 내용이 단순히 공공 일반의 이익을 위한 것이거나 행정기관 내부의 질서를 규율하기 위한 것이 아니고 전적으로 또는 부수적으로 사회구성원 개인의 안전과 이익을 보호하기 위하여 설정된 것이어야 한다. 대법원 2010. 9. 9. 선고 2008다77795 판결
① 인사업무담당 공무원이 다른 공무원의 공무원증 등을 위조한 행위에 대하여 실질적으로는 직무행위에 속하지 아니한다 할지라도 외관상으로 국가배상법 제2조 제1항의 직무집행관련성을 인정한 원심의 판단을 수긍한 사례. 대법원 2005. 1. 14. 선고 2004다26805 판결
② 행위가 실질적으로 공무집행행위가 아니라는 사정을 피해자가 알았다 하더라도 그것을 "직무를 행함에 당하여"라고 단정하는데 아무런 영향을 미치는 것이 아니다. 대법원 1966. 6. 28. 선고 66다781 판결
③ 헌법재판소 재판관의 위법한 직무집행의 결과 잘못된 각하결정을 함으로써 청구인으로 하여금 본안판단을 받을 기회를 상실하게 한 이상, 설령 본안판단을 하였더라도 어차피 청구가 기각되었을 것이라는 사정이 있다고 하더라도 잘못된 판단으로 인하여 헌법소원심판 청구인의 위와 같은 합리적인 기대를 침해한 것이고 이러한 기대는 인격적 이익으로서 보호할 가치가 있다고 할 것이므로 그 침해로 인한 정신상 고통에 대하여는 위자료를 지급할 의무가 있다. 대법원 2003. 7. 11. 선고 99다24218 판결

10. ① ① 토지수용위원회의 수용재결이 있은 후라고 하더라도 토지소유자 등과 사업시행자가 다시 협의하여 토지 등의 취득이나 사용 및 그에 대한 보상에 관하여 임의로 계약을 체결할 수 있다고 보아야 한다. 대법원 2017. 4. 13. 선고 2016두64241 판결
② 토지보상법에 의한 보상합의는 공공기관이 사경제주체로서 행하는 사법상 계약의 실질을 가지는 것으로서, 당사자 간의 합의로 같은 법 소정의 손실보상의 기준에 의하지 아니한 손실보상금을 정할 수 있으며, (중략) 손실보상금에 관한 합의 내용이 공익사업법에서 정하는 손실보상 기준에 맞지 않는다고 하더라도 합의가 적법하게 취소되는 등의 특별한 사정이 없는 한 추가로 공익사업법상 기준에 따른 손실보상금 청구를 할 수는 없다. 대법원 2013. 8. 22. 선고 2012다3517 판결
③ 공익사업으로 인하여 농업의 손실을 입게 된 자가 사업시행자로부터 구 공익사업법 제77조 제2항에 따라 농업손실에 대한 보상을 받기 위해서는 구 공익사업법 제34조, 제50조 등에 규정된 재결절차를 거친 다음 그 재결에 대하여 불복이 있는 때에 비로소 구 공익사업법 제83조 내지 제85조에 따라 권리구제를 받을 수 있다. 대법원 2011. 10. 13. 선고 2009다43461 판결
④ 토지보상법 제83조

토지보상법 제83조(이의의 신청)
① 중앙토지수용위원회의 제34조에 따른 재결에 이의가 있는 자는 중앙토지수용위원회에 이의를 신청할 수 있다.

일일 모고 행정학 제6회
정답 및 해설

합격까지 박문각

빠른 고득점 합격
행정학 이명훈

01. ④ 시장실패가 발생할 경우 이를 교정하기 위한 정부의 대응방식은 공적 공급, 보조금 등 금전적 수단을 통해 유인구조를 바꾸는 공적 유도, 그리고 법적 권위에 기초한 정부규제 등이 있다.

02. ② 신공공관리론은 대규모 통일적 행정조직을 탈피하여 공공조직을 산출물 단위로 분화시켜 상호경쟁체제를 확보하고자 하였다.
① 신공공관리론은 정책기능과 집행기능을 분리하고 집행기능을 독립기관화하여 책임행정체제를 확립하고자 하였다.
③ 신공공관리론은 법률이 아닌 개인들의 총이익을 공익으로 본다.
④ 신공공관리론은 법규와 규칙에 의한 내부통제를 완화하고 성과에 의해 통제하고자 하였다.

03. ② 우리나라의 옴부즈만 제도인 국민권익위원회는 「부패방지 및 국민권익위원회 설치와 운영에 관한 법률」에 근거를 둔 법률기관이다.
① 국민권익위원회는 국무총리 소속이므로 내부통제수단이며, 정부로부터 독립성이 약하다는 비판을 받는다.
③ 국민권익위원회의 결정은 법적 구속력이 없으며, 행정작용에 대한 취소 및 변경을 관계기관에 요청 또는 권고 할 수 있을 뿐이다.
④ 국민권익위원회는 행정부 내부에 설치되어 있어 행정부 내부의 통제기능만 수행한다.
<<핵심체크>> 스웨덴의 옴부즈만과 우리나라의 옴부즈만

차이점		공통점
스웨덴의 옴부즈만	우리나라 옴부즈만	
헌법상 독립기관	법률기관(직무상 독립)	• 합법적·합목적적 통제 • 간접적 통제 • 사후적 통제
입법부에 설치 - 의회형(공식통제·외부통제)	행정부 내부에 설치 - 행정부형(공식통제·내부통제)	
독임형	위원회형	
신청에 의한 조사와 직권에 의한 조사 모두 가능	신청에 의한 조사만 가능하며, 직권조사 불가 - 접수된 민원은 60일 내 처리	
행정부 외에 입법부·사법부에 대한 통제도 가능	행정부 내부의 통제만 가능(국회·법원·헌재·선관위·지방의회 통제 불가)	

04. ① 동형화모형은 모방적 동형화(특정 조직이 타조직의 성공사례를 모방 - 벤치마킹), 강압적 동형화(정부규제나 압력에 따른 순응 - 규제), 규범적 동형화(전문가 집단이 바람직하다고 규정한 기준을 수용 - 컨설팅 수용) 등을 통한 정부 간 정책전이로 특정 사회문제가 정책의제화된다고 본다.
② 제도의제는 정책담당자가 공식적으로 논의하기로 결정한 정책문제를 의미한다.
③ 동원형 정책의제설정은 주로 정부 내 최고 통치자나 고위정책결정자가 주도적으로 정부의제를 만드는 것을 의미한다.
④ 정부의 힘이 강하고 민간부분의 힘이 취약한 권위적인 계층주의 사회에서는 동원형 정책의제 설정이 나타나기 쉽다.

05. ① 프레스만과 윌다브스키(Pressman & Wildavsky)의 공동행위의 복잡성이론에 의하면 정책집행은 집행기간 동안 지속적인 결정이 이루어지는 과정이라고 보면서 집행과정에서 참여자 수가 너무 많아 이들이 거부점으로 행동하여 정책실패를 야기하였다고 보았다.
<<핵심체크>> 프레스만과 윌다브스키(Pressman & Wildavsky)의 공동행위의 복잡성이론

의의	• 오클랜드 사업(소수민족취업정책)의 집행 실패 연구 • '정책집행은 집행기간 동안 끊임없이 재설계되는 지속적인 결정과정'이라고 보고 정책실패 요인을 제시
실패 요인	• 집행과정에서 다수의 참여자 : 집행과정에서 참여자 수가 너무 많아 이들이 의사결정점(거부점)으로 행동 • 집행관료의 빈번한 교체 : 정책집행의 일관성 결여 • 타당한 인과모형 결여 : 적절하지 못한 집행수단 선택(수단과 목표 간 인과관계 결여, 집행수단이 간접적) • 부적절한 집행기관 : 집행기관이 정책의도를 왜곡

06. ④ 네트워크 구조는 각기 높은 독자성을 지닌 조직들 간에 협력적 연계를 통해 구성된 조직을 말한다. 네트워크 구조는 수평적·공개적 의사전달을 강조하며, 모든 계층이 함께 노력하고 조직 전체의 한 부분으로 기능하는 수평적·수직적·장소적 통합성을 지닌 조직이다.
<<핵심체크>> 네트워크 구조(network structure)

의의	• 각기 높은 독자성을 지닌 조직들 간에 협력적 연계를 통해 구성된 조직 • 핵심기능(기획, 결정 등)만 수행하는 조직을 중심에 놓고 다수의 독립된 조직들을 네트워크를 통해 협력 관계로 묶어 일을 수행하는 조직(전략적 제휴, 아웃소싱, 컨소시엄)
등장 배경	① 환경의 유동성, ② 정보통신기술의 발전, ③ 초경쟁사회의 도래에 따른 전략적 공생, ④ 조정비용 증가에 대한 대응
기본 원리	• 통합지향성(수직적·수평적·공간적 통합) : 수직적·수평적·공간적으로 공식적인 조직의 경계를 뛰어넘는 통합메커니즘을 지닌 조직 • 집권화와 분권화의 조화 : 각 구성단위 조직들에 대한 의사결정권의 위임수준이 높기 때문에 분권적이며, 공동목표 추구를 위해 의사전달과 정보의 통합관리를 추구하기 때문에 집권적 • 계층통합(수평적·유기적 구조) : 상하계층이 뚜렷하지 않으며 모든 계층은 함께 노력하고 조직 전체의 한 부분으로 기능하는 조직

07. ② 중요사건기록법은 평정자와 피평정자와의 상담을 촉진하여 피평정자의 태도와 직무수행을 개선하는데 유용하다는 장점이 있는 반면 평균적인 행동을 무시하고 이례적인 행동을 지나치게 강조하게 될 위험성이 있다.

08. ① 예산 단일의 원칙은 예산장부는 하나여야 한다는 원칙이며, 특정한 세입을 특정한 세출로 연계해서는 안 된다는 원칙은 예산 통일의 원칙이다.

09. ④ 품목별예산제도는 지출항목을 엄격히 분류하는 예산제도이나 사업의 목표나 성격을 알지 못해 사업의 성과와 정부생산성을 평가할 수 없다.

10. ③ 지방정부의 재정운용은 중앙정부에 비해 주민참여예산제도 등 주민자치의 실현으로 주민의 선호에 더욱 민감하게 작용한다.

① 지방재정은 주로 자원배분 기능을 중심적으로 수행하는 반면, 중앙재정은 자원배분 기능, 소득 재분배 기능, 경제안정화 기능 등 포괄적인 기능을 수행한다.

② 재원조달방식에 있어 지방정부는 중앙정부에 비해 조세 이외의 보다 다양한 세입원에 의존하고 있다.

④ 중앙재정은 지방재정과 비교할 때 자원배분의 효율성보다는 공평성을 상대적으로 더 중시한다.

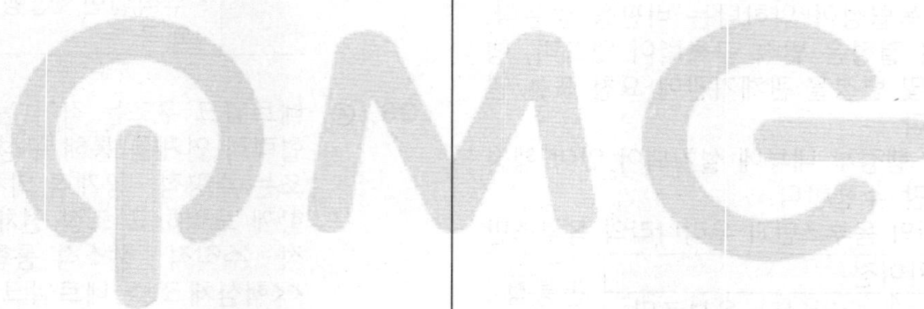

2025 공무원 시험대비 【6회차】

박문각 일일 모의고사

-제7회-

[정답 및 해설]

이 름 : ______________________

학습관 : ______________________

합격
예측

답안 입력 및 성적 조회는 PC, 모바일에서 모두 가능합니다.

★ PC: pass.pmg.co.kr | ★ 모바일 앱: 박문각 합격관리

합격까지 박문각

赤功 국어 적중 혜선

일일 모고 국어 제7회

정답 및 해설

01. ① '주다'는 '주어(민수는) - 필수 부사어(후배들에게) - 목적어(책을)'를 필수적으로 요구하는 세 자리 서술어이다.
② '아니다'는 '주어(그는), 보어(선생님이)'를 필수적으로 요구하는 두 자리 서술어이다.
③ '읽는다.'는 '주어(학생들이), 목적어(책을)'를 필수적으로 요구하는 두 자리 서술어이다.
④ '먹었다.'는 '주어(철수는), 목적어(라면을)'를 필수적으로 요구하는 두 자리 서술어이다.

02. ③ '아주'는 뒤의 관형사 '새'를 꾸미므로 부사어이다. 부사어는 용언을 꾸미는 것 외에도, 관형사, 부사, 체언을 수식하기도 한다.
나머지는 체언을 꾸미므로 문장 성분이 관형어이다.
① 용언의 관형사형 '예쁜'은 체언을 꾸미는 역할을 하므로 관형어이다.
② 뒤의 체언을 꾸미는 '바로'는 품사는 부사이지만 문장 성분은 관형어이다. '바로'가 체언인 '옆집'을 꾸미므로 문장 성분은 관형어이다. 이와 같은 부사이자 관형어인 단어는 '오직, 겨우, 고작, 다만. 단지, 유독, 무려, 제일, 가장' 등이 있다.
④ 관형격 조사 '의'가 붙었으므로 '할아버지의'는 관형어이다.

03. ① ① '피란'은 '난리를 피하여 옮겨 감'을 뜻하는 단어이다. '재난을 피하여 멀리 옮겨 감'을 뜻하는 단어인 '피난'과 뒤섞여 쓰이며, 이는 거의 같은 뜻으로 모두 맞는 말이다.
② 뒤 절이 나타내는 일과 상관이 있는 어떤 일의 실현 가능성에 대한 의문을 나타내는 연결 어미의 바른 표기는 '-ㄹ는지'이다. '-ㄹ런지'는 '-ㄹ는지'의 오기이다.
③ '부딪히다'는 '부딪다'의 피동사로, '무엇과 무엇이 힘 있게 마주 닿게 되거나 마주 대게 되다', '닿게 되거나 대게 되다.' 또는 '예상치 못한 일이나 상황 따위에 직면하게 되다.'의 의미가 있다. 그러나 주어진 문장에서 '그'는 의도적으로 나에게 몸을 닿게 한 것이므로, '(어떤 사물이 다른 사물에, 또는 둘 이상의 사물이) 매우 세차게 가 닿다.'라는 의미의 단어인 '부딪치다'를 사용하는 것이 적절하다.
④ '깨우치다'는 '깨달아 알게 하다'를 뜻하는 단어이다. 주어진 문장에는 '일의 이치 따위를 깨달아 알게 하다'라는 의미의 '깨치다'를 사용하는 것이 적절하다.

04. ③ ⓒ의 주어는 '디아스포라'이므로 주어와 호응하도록 '자연스럽게 융합하는 곳이다.'로 고쳐 써야 한다.
①, ②, ④는 모두 적절하게 고쳐 쓴 것이다.

05. ① ㄱ.: "모든 사람들이 정직하다면 사회에 범죄는 존재하지 않을 것이다."라는 논증은 "범죄가 존재한다."는 사실에서 "모든 사람이 정직하지 않다."는 결론을 도출한다. 그러나 실수나 불가항력적 상황으로 인한 범죄가 존재할 수도 있다. 범죄가 존재하는 이유가 정직하지 않은 사람 때문이 아닐 수도 있기 때문에 전제가 참이라고 해서 결론이 반드시 참이라고 할 수는 없다.
ㄴ.: "불이 났다면 연기가 나야 한다. 그런데 연기가 난다면 불이 난 것이 확실하다고 할 수 없다."라는 논증은 "불이 난다면 연기가 난다;"라는 전제를 기반으로, "연기가 난다 = 불이 난다."는 역방향을 부정하고 있다.
논리 구조:
전제 1: 불 → 연기 (필요조건)
전제 2: 연기 ↛ 불 (충분조건 아님)
결론: 연기 ↛ 불이 아니더라도 성립 가능.
따라서 이 논증은 전제와 결론 모두 타당하게 연결된다.
ㄷ.: "과일은 모두 씨를 가지고 있다. 사과는 과일이다. 따라서 사과는 씨를 가지고 있다."라는 논증은 삼단논법으로 구성되어 있다.
논리 구조:
전제 1: 과일 → 씨 있음
전제 2: 사과 → 과일
결론: 사과 → 씨 있음
따라서 이 논증은 전제들이 참이라면 결론도 반드시 참이다.

06. ④ '손잡이 ∧ ~오토바이'이다. (나)에 의해 손잡이가 있지만 교통수단이 아닌 것이 존재하고 (가)의 대우명제에 의해 교통수단이 아닌 것은 모두 오토바이가 아니므로 손잡이가 있지만 교통수단이 아닌 것은 오토바이가 아니다. 따라서 손잡이가 있으면서 오토바이가 아닌 것이 존재한다. 즉, '손잡이 ∧ ~오토바이'이다.
① (가)에서 모든 오토바이는 교통수단(오토바이 → 교통수단)이라고 하였으므로 오토바이이면서 교통수단이 아닌 것이 존재한다(오토바이 ∧ ~교통수단)는 것은 적절하지 않다.
② (나)에서 손잡이가 있다고 해서 반드시 교통수단은 아니라(손잡이 ∧ ~교통수단)고 했으므로 손잡이가 있는 것은 모두 교통수단이라는(손잡이 → 교통수단) 것은 적절하지 않다.
③ (다)에서 오토바이이면서 손잡이가 있는 것이 존재한다고(오토바이 ∧ 손잡이) 하였으므로 손잡이가 있는 것은 모두 오토바이가 아니라는(손잡이 → ~오토바이) 것은 적절하지 않다.

07. ① ㉠의 '놓다'는 '1「5」(('…을 놓고' 구성으로 쓰여)) 논의의 대상으로 삼다.'를 의미한다. 이와 가장 유사한 의미의 '놓다'는 ①이다.
② 1「2」 계속해 오던 일을 그만두고 하지 아니하다.
③ 1「3」 걱정이나 근심, 긴장 따위를 잊거나 풀어 없애다.
④ 2「10」 어떤 목적을 위하여 사람이나 짐승을 내보내다.

08. ① '맺다'는 '관계나 인연 따위를 이루거나 만들다.'를 의미한다. 따라서 '일정한 양을 기준으로 하여 같은 종류의 다른 양의 크기를 재다.'를 의미하는 '측정(測 헤아릴 측 定 정할 정)하다'는 ㉠과 바꿔 쓸 수 있는 유사한 표현으로 적절하지 않다. '계약이나 조약 따위를 공식적으로 맺다.'를 의미하는 '체결(締 맺을 체 結 맺을 결)하다'로 바꿔 쓸 수 있다.
② ㉡ '쪼개지다'는 '둘 이상으로 나누어지다.'를 의미한다. 따라서 '나뉘어 쪼개지다.'를 의미하는 '분할(分 나눌 분 割 벨 할)되다'로 바꿔 쓸 수 있다.
③ ㉢ '나타내다'는 '내면적인 심리 현상을 얼굴, 몸, 행동 따위로 드러내다.'를 의미한다. 따라서 '겉으로 나타내다.'를 의미하는 '표출(表 겉 표 出 날 출)하다'로 바꿔 쓸 수 있다.
④ ㉣ '이룩하다'는 '어떤 큰 현상이나 사업 따위를 이루다.'를 의미한다. 따라서 '새로운 성과나 업적, 가치 따위를 이룩하다.'를 의미하는 '창조(創 비롯할 창 造 지을 조)하다'로 바꿔 쓸 수 있다.

09. ② 양성 되먹임'은 에틸렌 합성이 과일을 성숙시키는 결과를 낳고, 그 결과가 다시 에틸렌을 합성하여 과일의 성숙을 촉진하는 것과 같은 순환 과정임을 알 수 있다. 따라서 타인의 헌혈을 통해 생명을 구한 사람들이 헌혈을 하여 더 많은 사람의 생명을 구하게 되는 ②와 같은 순환 과정이 '양성 되먹임'의 원리가 적용된 사례라고 할 수 있다.
① '근력 저하 ⇨ 체력 강화 훈련 ⇨ 근력 향상', ③ '청년 창업 자금 지원 ⇨ 일자리 창출 ⇨ 청년 실업률 하강', ④ '실내 온도 상승 ⇨ 냉방기 작동 ⇨ 실내 온도 하강'은 모두 원인에 따른 결과가 다시 원인을 촉진하는 것이 아니라 원인을 억제하는 경우에 해당한다.

10. ③ 본문에서 단어가 가진 핵심 의미 자질이 다른 단어와 어울리지 않는 경우를 '선택 제약'이라 하였다. 그 예로 '물'의 핵심 의미자질을 '액체, 무생물'로 제시하고 '죽이다'라는 서술어는 '생물의 목숨을 빼앗음'을 제시하였다. '염화나트륨'은 '소금'의 화학명으로 '짠맛, 흰색'등의 핵심 의미 자질이 일치하기에 '선택 제약'의 사례로 볼 수 없다.
① '까맣다''빛나다'는 [-빛][+빛]의 의미 자질이 충돌하는 선택 제약의 예이다.
② '풍랑이 몰아치다' '고요하다'는 [+격렬함][-격렬함]의 의미 자질이 충돌하는 선택 제약의 예이다.
④ '신입사원 맞이' '송별회'는 [-이별][+이별]의 의미 자질이 충동하는 선택 제약의 예이다.

일일 모고 영어 제7회
정답 및 해설

합격까지 박문각

반드시 합격
진가영 영어

01. ③ ★ enormous 엄청난, 거대한
● slight 약간의, 미세한
● minor 사소한, 작은
● manageable 관리 가능한, 다룰 수 있는
[해석] 회사는 국제 시장에 진출하려고 할 때 엄청난 도전에 직면했으며, 이는 상당한 자원과 신중한 계획을 요구했다.

02. ① ★ eloquent 설득력 있는, 유창한
● hesitant 주저하는, 망설이는
● disjointed 일관성 없는, 혼란스러운
● monotonous 단조로운, 변화 없는
[해석] 그 정치인은 많은 사람들이 행동을 취하고 그의 대의를 지원하도록 영감을 주는 설득력 있는 연설을 했다.

03. ① ★ adjust 조정하다, 맞추다
● overcome 극복하다, 이겨내다
● stimulate 자극하다, 촉진하다
● neglect 소홀히 하다, 무시하다
[해석] 매니저는 모든 기한이 지켜지도록 팀의 작업 일정을 조정하기로 결정했다.

04. ② ★ adequate 적절한, 충분한
● insufficient 불충분한, 부족한
● ethnic 민족의, 인종의
● limited 제한적인, 한정된
[해석] 팀은 적절한 양의 자원과 동료들의 지원을 받았기 때문에 프로젝트를 제시간에 완료할 수 있었다.

05. ③ ★ dissolve 녹다, 용해되다
● freeze 얼다, 동결되다
● solidify 고체화되다, 굳어지다
● evaporate 증발하다, 사라지다
[해석] 설탕은 뜨거운 물에서 녹아 완전히 용해되어 음료가 달고 부드러워진다.

06. ④ [해설]
'~할 수 밖에 없다'라는 표현은 'have no choice but to 부정사'로 쓴다. 또한 조동사 뒤에는 동사원형을 쓴다. 따라서 밑줄 친 부분에 가장 적절한 것은 ④이다.
[해석]
협상이 실패하면 회사는 분쟁에서 자신의 권리와 재정적 이익을 보호하기 위해 법적 조치를 취할 수밖에 없을 것이다.

07. ④ [해설]
'~하는 경향이 있다'의 뜻으로 쓰인 tend는 to부정사를 목적어로 취하는 3형식 타동사에 해당한다. 따라서 밑줄 친 부분인 triggering을 to trigger로 고쳐야 한다.
[해석]
사랑스러운 것들은 아름다움과 마찬가지로 우리의 관심을 끄는 특별한 힘을 가지고 있다. 대부분의 사람들은 보송보송한 새끼 고양이나 크고 둥근 눈을 가진 강아지를 그냥 지나치기 어렵다. 작은 코, 부드러운 털, 커다란 눈과 같은 특정한 특징들은 인간에게 강한 감정적 반응을 유발하는 경향이 있다.

08. ③ [해석]
A: 좋은 아침입니다, 오늘 무엇을 도와드릴까요?
B: 좋은 아침입니다, 분실된 지갑을 신고하려고 왔어요.
A: 그런 일이 있었군요. 지갑을 잃어버린 시간과 장소를 말씀해 주실 수 있나요?
B: 어제 오후에 쇼핑몰 근처에서 잃어버린 것 같아요. 커피숍에 있었는데 그곳에 두고 온 것 같아요.
A: 지갑 안에 어떤 물건들이 있었는지 기억하시나요?
B: 네, 신분증, 신용카드, 현금이 들어 있었어요. 특히 신분증이 가장 걱정돼요.
A: 알겠습니다. 신고서를 작성하고 분실물 보관소를 확인하겠습니다. 개인 정보를 적는 양식을 작성하셔야 합니다.
① 분실물 보관소는 어디에 있나요?
② 신분증은 언제 갱신했나요?
③ 지갑 안에 어떤 물건들이 있었는지 기억하시나요?
④ 이 지갑은 어떤 색이었나요?

09. ③ [해설]
사소한 문제에 대한 지나친 걱정에 대한 글로, 우리는 사소한 문제에 지나치게 집중하고 이를 왜곡시키는 경향이 있는데 우리 자신의 행복을 위해 동정심을 가지고 다른 사람들의 입장도 이해해 주는 것이 좋다는 내용이다. 따라서 글의 요지로 가장 적절한 것은 ③이다.
[해석]
우리는 때때로 깊이 들여다보면 그다지 중요한 일이 아닌 것에 지나치게 흥분할 때가 있다. 사소한 문제에 집착하고 그것을 과장해서 받아들이는 것이다. 예를 들어, 한 낯선 사람이 우리 앞에 끼어들었을 때, 그냥 지나치고 자신의 일에 집중할 수도 있지만, 우리는 오히려 화를 내는 것이 당연하다고 여기며 스스로를 설득한다. 더 나아가, 그 일에 대해 다른 사람들에게까지 이야기하며 감정을 키우기도 한다. 하지만 그 사람을 이해하려고 노력해 보자. 어쩌면 그는 급하게 서둘러야 하는 상황일 수도 있고, 그것이 얼마나 힘든 일인지 생각해 보면 화가 가라앉을 수도 있다. 이렇게 하면 우리는 스스로의 행복을 지키고, 다른 사람의 행동을 개인적인 문제로 받아들이는 일을 줄일 수 있다.
① 바쁠수록 서두르지 말자.
② 가난한 사람들에게 동정심을 가지자
③ 사소한 문제에 지나치게 신경 쓰지 말자.
④ 다른 사람들의 문제에 깊이 관여하지 말자.
[어휘]
□ significant 중요한
□ exaggerate 과장하다
□ justified 정당화된
□ frustration 좌절감

10. ④ [해설]
노인의 언어 인식 능력에 대한 글로, 연구에 따르면 노인은 언어 인식에서 젊은이와 동등한 성과를 내지만, 뇌의 활성화 방식이 다르다는 것을 보여주는 글이다. 네 번째 그리고 다섯 번째 문장에서 노인이 언어 인식에서 젊은이와 동등한 성과를 내면서도, 뇌의 활성화 방식이 다르게 나타났다고 설명하고 있다. 따라서 정답은 ④이다.
[해석]
Northwest 대학교의 신경학자들은 23세에서 78세까지

의 50명을 분석했다. 실험 참가자들은 MRI 기계에 누워 두 개의 인쇄된 단어 목록을 주시해야 했다. 그들은 의미나 철자가 유사한 단어 쌍을 찾아내라는 요청을 받았다. 나이든 참가자들은 젊은 참가자들만큼 시험을 잘 치렀지만, MRI 결과는 노인들의 두뇌에서 언어 인식과 이해를 담당하는 부분이 훨씬 덜 활동적임을 보여주었다. 그러나 연구자들은 노인들이 조심성을 담당하는 두뇌 영역에서는 더 활발히 활동하고 있다는 것을 발견했다. 이 연구를 이끈 Darren Glitman은 나이든 두뇌가 효율적이지만 다른 방법으로 문제를 해결한다고 결론지었다.

① 더 효과적으로 그러나 같은 방식으로
② 더 효과적으로 그리고 다른 방법으로
③ 효율적이면서 같은 방식으로
④ 효율적이지만 다른 방법으로

[어휘]
□ neuroscientists 신경과학자
□ participants 참가자
□ comprehension 이해
□ caution 주의

일일 모고 한국사 제7회
정답 및 해설

합격까지 박문각

가장 빠른 한국사
한국사 박기훈

01. ④ 반달돌칼은 청동기시대에 벼이삭을 잘랐던 석기농기구이다. 계급발생과 선민사상은 청동기의 시대적 특징이다.
① 초기 철기시대 한반도에서는 독자적 청동유물이 제작되었다.
② 원시수공업은 신석기 시대에 행해졌다.
③ 신석기 시대에 대한 설명이다.

02. ④ ① 부여에는 왕 아래에 가축의 이름을 딴 마가, 우가, 저가, 구가와 대사자, 사자 등의 관리가 있었다. 상가, 고추가 등은 고구려의 대가들이다.
② 단궁과 과하마는 동예의 특산물이다.
③ 삼한사람들이 초가지붕의 반움집이나 귀틀집에서 거주하였다.

03. ③ 자료의 사건은 신라에 왜와 백제가 침략하자 고구려 광개토대왕의 원조를 받아 물리치게 된 사건이다. 이 과정에서 광개토대왕의 고구려 군대가 신라의 영토 안에 머물면서 큰 영향력을 행사하였다.
③ 광개토대왕이 5만 기병을 보내 신라를 구원한 이후 신라에 영향력을 행사하였고 이를 호우명 그릇이 증명한다.
① 광개토대왕 시기에 백제를 공격하여 한강 이북을 차지하였다. 남한강 상류의 대표 도시는 충주고 그 지역을 정복하고 중원고구려비를 세운왕은 장수왕이다.
② 백제 성왕 시기의 일이다.
④ 신라의 법흥왕 시기에 대한 설명이다.

04. ② ① 원성왕(788년), ② 경덕왕(757년), ③ 흥덕왕(828년),
④ 780년 선덕왕 즉위부터 내물왕계 진골 귀족들에 의해 왕위가 계승되기 시작하였다.

05. ② ㉠ - 왕오천축국전은 혜초가 저술한 책이다. 1908년 프랑스의 동양학자 P.펠리오가 둔황 천불동 석불에서 발견하였고, 중국에서 출판되며 세상에 알려졌다. 현재는 파리 국립도서관에 소장되어 있다.
㉢ - 인도 및 서역 각국의 종교와 풍속, 문화 등에 관한 기록이 실려 있다.
㉡ - 현재 파리 국립도서관에 소장되어 있다.
㉣ - 인도의 유식 불교 전파는 원측이다.

06. ③ 신라장적은 민정문서의 다른 이름이다.
③ 민정문서의 토지기록을 통해 연수유답을 정전이라 추정한다.
① 민정문서는 서원경 지역의 사해점촌을 비롯한 4개 촌락의 문서이다.
② 민정문서는 지방관이 아니고 촌주가 작성하였다.
④ 인구는 연령에 따라 6등급, 호구는 인정의 다과에 따라 9등급으로 나뉘었다.

07. ② ㉡ 거란의 1차 침입에 대한 설명이다(910).
㉤ 윤관이 여진 정벌을 떠났다가 실패하고 여진을 상대하기 위해서는 기병이 필요하다고 판단을 하고, 기병인 신기군, 보병인 신보군, 승병인 항마군으로 된 별무반을 편성(1104)하였다.
㉠ 강동의 역에 대한 설명이다.(1219).
㉣ 몽골군이 2차 침입했을 때, 처인성 전투에서 김윤후가 이끄는 민병과 승병이 적장 살리타를 사살하였다(1232).
㉢ 황산대첩은 우왕 때인 1380년의 일이다.

08. ③ (가)는 공음전, (나)는 한인전에 대한 설명이다.
③ 매매, 상속, 기증, 임대 등이 가능한 토지는 일반 사유지인 민전에 해당한다.
① 관리에게 보수로 주던 과전과 달리 문벌 귀족의 세습적인 경제적 기반이 되었던 공음전은 음서제도와 함께 문벌 귀족으로서의 지위를 유지할 수 있는 중요 기반이 되었다.
② 한인전은 관인 신분의 세습을 위해 지급한 토지이다.
④ 경정전시과가 실시되면서 현직관료에게만 토지의 수조권이 지급되자 그에 따른 불만을 잠재우기 위해 문종 때 공음전이 지급되기 시작하였다.

09. ③ ③『삼국유사』는 승려인 일연이 불교사를 중심으로 고대의 민간설화나 전래 기록을 기사본말체의 방식으로 수록하여 고유 문화와 전통을 중시하였다. 그리고 단군을 우리 민족의 시조로 여겼으며 고조선 계승 의식을 엿 볼 수 있다.
① 신집은 7세기 영양왕, 서기는 4세기 근초고왕, 국사는 6세기 진흥왕때의 역사서이다.
② 고려실록이 거란의 침략으로 불타자 현종은 황주량에게 명해 7대실록을 편찬케 하였다.

10. ③ 장시는 15세기 후반부터 등장하여, 16세기 중엽에 이르러 전국적으로 확대되었다.
③ 상평통보는 효종과 숙종대에 걸쳐 널리 유통되었으나 전황문제가 발생하여 물가가 하락하였다.
①, ②, ④는 조선 전기에 대한 설명이다.

일일 모고 행정법 제7회
정답 및 해설

합격까지 박문각

광야에서 합격까지
행정법 강성빈

01. ② ② 재량행위에 대한 법원의 심사는 합법성 심사, 즉 재량권의 일탈 또는 남용이 있는지 여부만을 대상으로 할 뿐이고, 이와 달리 적법한 재량의 한계 내에서 한 행정청의 판단이 합목적성을 준수하였는지 여부, 이른바 합목적성 심사는 권력분립의 원칙상 법원의 심사 대상이 되지 아니한다.
① 구 주택건설촉진법 제33조에 의한 주택건설사업계획의 승인은 상대방에게 권리나 이익을 부여하는 효과를 수반하는 이른바 수익적 행정처분으로서 법령에 행정처분의 요건에 관하여 일의적으로 규정되어 있지 아니한 이상 행정청의 재량행위에 속한다. 대법원 2007. 5. 10. 선고 2005두13315 판결
③ 육아휴직 중인 여성 교육공무원이 출산휴가 요건을 갖추어 복직신청을 하는 경우는 물론 그 이전에 미리 출산을 이유로 복직신청을 하는 경우에도 임용권자는 출산휴가 개시 시점에 휴직사유가 없어졌다고 보아 복직명령과 동시에 출산휴가를 허가하여야 한다. 대법원 2014. 6. 12. 선고 2012두4852 판결
④ 행정행위를 기속행위와 재량행위로 구분하는 경우 양자에 대한 사법심사는, 기속행위의 경우 그 법규에 대한 원칙적인 기속성으로 인하여 법원이 사실인정과 관련 법규의 해석 · 적용을 통하여 일정한 결론을 도출한 후 그 결론에 비추어 행정청이 한 판단의 적법 여부를 독자의 입장에서 판정하는 방식에 의하게 된다. 대법원 2005. 7. 14. 선고 2004두6181 판결

02. ③ ③ 행정처분에 부담인 부관을 붙인 경우 부관의 무효화에 의하여 본체인 행정처분 자체의 효력에도 영향이 있게 될 수는 있지만, 그 처분을 받은 사람이 부담의 이행으로 사법상 매매 등의 법률행위를 한 경우에는 그 부관은 특별한 사정이 없는 한 법률행위를 하게 된 동기 내지 연유로 작용하였을 뿐이므로 이는 법률행위의 취소사유가 될 수 있음은 별론으로 하고 그 법률행위 자체를 당연히 무효화하는 것은 아니다. 대법원 2009. 6. 25. 선고 2006다18174 판결
① 도로점용허가의 점용기간은 행정행위의 본질적인 요소에 해당한다고 볼 것이어서 부관인 점용기간을 정함에 있어서 위법사유가 있다면 이로써 도로점용허가 처분 전부가 위법하게 된다. 대법원 1985. 7. 9. 선고 84누604 판결
② 행정청이 수익적 행정처분을 하면서 부가한 부담의 위법 여부는 처분 당시 법령을 기준으로 판단하여야 하고, 부담이 처분 당시 법령을 기준으로 적법하다면 처분 후 부담의 전제가 된 주된 행정처분의 근거 법령이 개정됨으로써 행정청이 더 이상 부관을 붙일 수 없게 되었다 하더라도 곧바로 위법하게 되거나 그 효력이 소멸하게 되는 것은 아니다. 대법원 2009. 2. 12. 선고 2005다65500 판결
④ 행정행위의 부관은 부담인 경우를 제외하고는 독립하여 행정소송의 대상이 될 수 없는바, 기부채납받은 행정재산에 대한 사용 · 수익허가에서 공유재산의 관리청이 정한 사용 · 수익허가의 기간은 그 허가의 효력을 제한하기 위한 행정행위의 부관으로서 이러한 사용 · 수익허가의 기간에 대해서는 독립하여 행정소송을 제기할 수 없으며, 결국 이 사건 청구는 부적법하여 각하를 면할 수 없다. 대법원 2001. 6. 15. 선고 99두509 판결

03. ④ ④ 행정기본법 제18조

> **행정기본법 제18조(위법 또는 부당한 처분의 취소)**
> ① 행정청은 위법 또는 부당한 처분의 전부나 일부를 소급하여 취소할 수 있다. 다만, 당사자의 신뢰를 보호할 가치가 있는 등 정당한 사유가 있는 경우에는 장래를 향하여 취소할 수 있다.

① 연금 지급결정을 취소하는 처분과 그 처분에 기초하여 잘못 지급된 급여액에 해당하는 금액을 환수하는 처분이 적법한지를 판단하는 경우 비교 · 교량할 각 사정이 동일하다고는 할 수 없으므로, 연금 지급결정을 취소하는 처분이 적법하다고 하여 환수처분도 반드시 적법하다고 판단하여야 하는 것은 아니다. 대법원 2017. 3. 30. 선고 2015두43971 판결
② 과세관청은 부과의 취소를 다시 취소함으로써 원부과처분을 소생시킬 수는 없고 납세의무자에게 종전의 과세대상에 대한 납부의무를 지우려면 다시 법률에서 정한 부과절차에 좇아 동일한 내용의 새로운 처분을 하는 수밖에 없다. 대법원 1995. 3. 10. 선고 94누7027 판결
③ 지방병무청장이 재신체검사 등을 거쳐 현역병입영대상편입처분을 보충역편입처분이나 제2국민역편입처분으로 변경하거나 보충역편입처분을 제2국민역편입처분으로 변경하는 경우, 그 후 새로운 병역처분의 성립에 하자가 있었음을 이유로 하여 이를 취소한다고 하더라도 종전의 병역처분의 효력이 되살아난다고 할 수 없다. 대법원 2002. 5. 28. 선고 2001두9653 판결

04. ② ② 대리권을 수여받은 데 불과하여 그 자신의 명의로는 행정처분을 할 권한이 없는 행정청의 경우 대리관계를 밝힘이 없이 그 자신의 명의로 행정처분을 하였다면 그에 대하여는 처분명의자인 당해 행정청이 항고소송의 피고가 되어야 하는 것이 원칙이지만, 비록 대리관계를 명시적으로 밝히지는 아니하였다 하더라도 처분명의자가 피대리 행정청 산하의 행정기관으로서 실제로 피대리 행정청으로부터 대리권한을 수여받아 피대리 행정청을 대리한다는 의사로 행정처분을 하였고 처분명의자는 물론 그 상대방도 그 행정처분이 피대리 행정청을 대리하여 한 것임을 알고서 이를 받아들인 예외적인 경우에는 피대리 행정청이 피고가 되어야 한다. 대법원 2006. 2. 23. 자 2005부4 결정
① (재단법인 한국연구재단이 대학교 총장에게 연구개발비의 부당집행을 이유로 '해양생물유래 고부가식품 · 향장 · 한약 기초소재 개발 인력양성사업에 대한 2단계 두뇌한국(BK)21 사업' 협약을 해지하고 연구팀장에 대한 대학자체 징계 요구 등을 통보한 사안에서), 사업협약 해지통보는 항고소송의 대상이 되는 행정처분에 해당하나, 연구팀장에 대한 대학자체 징계 요구는 항고소송의 대상이 되는 행정처분에 해당하지 않는다. 대법원 2014. 12. 11. 선고 2012두28704 판결
③ 공익근무요원 소집해제신청을 거부한 후에 원고가 계속하여 공익근무요원으로 복무함에 따라 복무기간 만료를 이유로 소집해제처분을 한 경우, 원고가 입게 되는 권리와 이익의 침해는 소집해제처분으로 해소되었으므로 위 거부처분의 취소를 구할 소의 이익이 없다. 대법원 2005. 5. 13. 선고 2004두4369 판결
④ 저작권 등록처분에 대한 무효확인소송에서 피고적격은 저작권 등록업무의 처분청인 '저작권심의조정위원회'가 가진다. 대법원 2009. 7. 9. 선고 2007두16608 판결

05. ④ ④ 행정소송법 제38조 제1항이 무효확인 판결에 관하여 취소판결에 관한 규정을 준용함에 있어서 같은 법 제30조 제2항을 준용한다고 규정하면서도 같은 법 제34조는 이를 준용한다는 규정을 두지 않고 있으므로, 행정처분에 대하여 무효확인 판결이 내려진 경우에는 그 행정처분이 거부처분인 경우에도 행정청에 판결의 취지에 따른 재처분의무가 인정될 뿐 그에 대하여 간접강제까지 허용되는 것은 아니라고 할 것이다. 대법원 1998. 12. 24.자 98무37 판결

① 행정소송규칙 제17조

> **행정소송규칙 제17조(부작위위법확인소송의 소송비용부담)**
> 법원은 부작위위법확인소송 계속 중 행정청이 당사자의 신청에 대하여 상당한 기간이 지난 후 처분등을 함에 따라 소를 각하하는 경우에는 소송비용의 전부 또는 일부다.

② 행정소송법 제14조 및 행정소송규칙 제6조

> **행정소송법 제14조(피고경정)**
> ① 원고가 피고를 잘못 지정한 때에는 법원은 원고의 신청에 의하여 결정으로써 피고의 경정을 허가할 수 있다.
> **행정소송규칙 제6조(피고경정)**
> 법 제14조제1항에 따른 피고경정은 사실심 변론을 종결할 때까지 할 수 있다.

③ 부작위위법확인의 소는 행정청이 국민의 법규상 또는 조리상의 권리에 기한 신청에 대하여 상당한 기간 내에 그 신청을 인용하는 적극적 처분 또는 각하하거나 기각하는 등의 소극적 처분을 하여야 할 법률상의 응답의무가 있음에도 불구하고 이를 하지 아니하는 경우, 판결(사실심의 구두변론 종결)시를 기준으로 그 부작위의 위법을 확인함으로써 행정청의 응답을 신속하게 하여 부작위 내지 무응답이라고 하는 소극적인 위법상태를 제거하는 것을 목적으로 하는 것이므로, 소제기의 전후를 통하여 판결시까지 행정청이 그 신청에 대하여 적극 또는 소극의 처분을 함으로써 부작위상태가 해소된 때에는 소의 이익을 상실하게 되어 당해 소는 각하를 면할 수가 없는 것이다. 대법원 1990. 9. 25. 선고 89누4758 판결

06. ③ ③ 예산회계법(현 국가를 당사자로 하는 계약에 관한 법률)에 따라 체결되는 계약은 사법상의 계약이라고 할 것이고 동법 제70조의5의 입찰보증금은 낙찰자의 계약체결의무이행의 확보를 목적으로 하여 그 불이행시에 이를 국고에 귀속시켜 국가의 손해를 전보하는 사법상의 손해배상 예정으로서의 성질을 갖는 것이라고 할 것이므로 입찰보증금의 국고귀속조치는 국가가 사법상의 재산권의 주체로서 행위하는 것이지 공권력을 행사하는 것이거나 공권력작용과 일체성을 가진 것이 아니라 할 것이므로 이에 관한 분쟁은 행정소송이 아닌 민사소송의 대상이 될 수밖에 없다. 대법원 1983. 12. 27. 선고 81누366 판결

① 국가나 지방자치단체에 근무하는 청원경찰은 국가공무원법이나 지방공무원법상의 공무원은 아니지만, 그 근무관계를 사법상의 고용계약관계로 보기는 어려우므로 그에 대한 징계처분의 시정을 구하는 소는 행정소송의 대상이지 민사소송의 대상이 아니다. 대법원 1993. 7. 13. 선고 92다47564 판결

② 농지개량조합과 그 직원과의 관계는 사법상의 근로계약관계가 아닌 공법상의 특별권력관계이고, 그 조합의 직원에 대한 징계처분의 취소를 구하는 소송은 행정소송사항에 속한다. 대법원 1995. 6. 9. 선고 94누10870 판결

④ 공공용지 특례법에 따른 토지 등의 협의취득은 공공사업에 필요한 토지 등을 그 소유자와의 협의에 의하여 취득하는 것으로서 공공기관이 사경제주체로서 행하는 사법상 매매 내지 사법상 계약의 실질을 가지는 것이지 행정청이 공권력의 주체로서 상대방의 의사 여하에 불구하고 일방적으로 행하는 행정처분이라 볼 수 없는 것이고, 위 협의취득에 기한 손실보상금의 환수통보 역시 사법상의 이행청구에 해당하는 것으로서 이를 항고소송의 대상이 되는 행정처분이라고 할 수 없다. 대법원 2010. 11. 11. 선고 2010두14367 판결

07. ① ① 행정기본법 제34조

> **행정기본법 제34조(수리 여부에 따른 신고의 효력)**
> 법령등으로 정하는 바에 따라 행정청에 일정한 사항을 통지하여야 하는 신고로서 법률에 신고의 수리가 필요하다고 명시되어 있는 경우(행정기관의 내부 업무 처리 절차로서 수리를 규정한 경우는 제외한다)에는 행정청이 수리하여야 효력이 발생한다.

② 정보통신매체를 이용하여 학습비를 받고 불특정 다수인에게 원격평생교육을 실시하기 위해 구 평생교육법 제22조 등에서 정한 형식적 요건을 모두 갖추어 신고한 경우, 행정청은 실체적 사유를 들어 신고 수리를 거부할 수 없다. 대법원 2011. 7. 28. 선고 2005두11784 판결

③ 식품위생법에 따른 식품접객업(일반음식점영업)의 영업신고의 요건을 갖춘 자라고 하더라도, 그 영업신고를 한 당해 건축물이 건축법 소정의 허가를 받지 아니한 무허가 건물이라면 적법한 신고를 할 수 없다. 대법원 2009. 4. 23. 선고 2008도6829 판결

④ 주민등록법의 입법 목적에 관한 제1조 및 주민등록 대상자에 관한 제6조의 규정을 고려해 보면, 전입신고를 받은 시장 · 군수 또는 구청장의 심사 대상은 전입신고자가 30일 이상 생활의 근거로 거주할 목적으로 거주지를 옮기는지 여부만으로 제한된다고 보아야 한다. 따라서 전입신고자가 거주의 목적 이외에 다른 이해관계에 관한 의도를 가지고 있는지 여부, 무허가 건축물의 관리, 전입신고를 수리함으로써 당해 지방자치단체에 미치는 영향 등과 같은 사유는 주민등록법이 아닌 다른 법률에 의하여 규율되어야 하고, 주민등록전입신고의 수리 여부를 심사하는 단계에서는 고려 대상이 될 수 없다. 대법원 2009. 6. 18. 선고 2008두10997 전원합의체 판결

08. ② ② 단순한 부작위의무의 위반, 즉 관계 법령에 정하고 있는 절대적 금지나 허가를 유보한 상대적 금지를 위반한 경우에는 당해 법령에서 그 위반자에 대하여 위반에 의하여 생긴 유형적 결과의 시정을 명하는 행정처분의 권한을 인정하는 규정을 두고 있지 아니한 이상, 법치주의의 원리에 비추어 볼 때 위와 같은 부작위의무로부터 그 의무를 위반함으로써 생긴 결과를 시정하기 위한 작위의무를 당연히 끌어낼 수는 없으며, 또 위 금지규정(특히 허가를 유보한 상대적 금지규정)으로부터 작위의무, 즉 위반결과의 시정을 명하는 권한이 당연히 추론되는 것도 아니다. 대법원 1996. 6. 28. 선고 96누4374 판결

① 관리권자인 보령시장이 행정대집행을 실시하지 아니하는 경우 국가에 대하여 이 사건 토지 사용청구권을 가지는 원고로서는 위 청구권을 보전하기 위하여 국가를 대위하여 피고들을 상대로 민사소송의 방법으로 이 사건 시설물의 철거를 구하는 이외에는 이를 실현할 수 있는 다른 절차와 방법이 없어 그 보전의 필요성이 인정되므로, 원고는 국가를 대위하여 피고들을 상대로 민사소송의 방법으로 이 사건 시설물의 철거를 구할 수 있다. 대법원 2009. 6. 11. 선고 2009다1122 판결

③ 무허가증축부분으로 인하여 건물의 미관이 나아지고 위 증축부분을 철거하는 데 비용이 많이 소요된다고 하더라도 위 무허가증축부분을 그대로 방치한다면 이를 단속하는 당국의 권능이 무력화되어 건축행정의 원활한 수

행이 위태롭게 되며 건축법 소정의 제한규정을 회피하는 것을 사전예방하고 또한 도시계획구역 안에서 토지의 경제적이고 효율적인 이용을 도모한다는 더 큰 공익을 심히 해할 우려가 있다고 보이므로 건물철거대집행계고처분을 할 요건에 해당된다. 대법원 1992. 3. 10. 선고 91누4140 판결

④ 시장이 무허가건물소유자인 원고들에게 일정기간까지 철거할 것을 명함과 아울러 불이행할 때에는 대집행한다는 내용의 철거대집행계고처분을 고지한 후 원고들이 불응하자 다시 2차 계고서를 발송하여 일정기간까지의 자진철거를 촉구하고 불이행하면 대집행을 한다는 뜻을 고지하였다면 원고들의 행정대집행법상의 건물철거의무는 제1차 철거명령 및 계고처분으로서 발생하였고 제2차의 계고처분은 원고들에게 새로운 철거의무를 부과하는 것이 아니고 다만 대집행기한의 연기통지에 불과하므로 행정처분이 아니다. 대법원 1991. 1. 25. 선고 90누5962 판결

09. ③ ③ 공정거래법상 부과되는 과징금은 행정법상의 의무를 위반한 자에 대하여 당해 위반행위로 얻게 된 경제적 이익을 박탈하기 위한 목적으로 부과하는 금전적인 제재로서, 같은 법이 규정한 범위 내에서 그 부과처분 당시까지 부과관청이 확인한 사실을 기초로 일의적으로 확정되어야 할 것이고, 그렇지 아니하고 부과관청이 과징금을 부과하면서 추후에 부과금 산정 기준이 되는 새로운 자료가 나올 경우에는 과징금액이 변경될 수도 있다고 유보한다든지, 실제로 추후에 새로운 자료가 나왔다고 하여 새로운 부과처분을 할 수는 없다. 대법원 1999. 5. 28. 선고 99두1571 판결

① 행정기본법 제29조

> **행정기본법 제29조(과징금의 납부기한 연기 및 분할 납부)**
> 과징금은 한꺼번에 납부하는 것을 원칙으로 한다. 다만, 행정청은 과징금을 부과받은 자가 다음 각 호의 어느 하나에 해당하는 사유로 과징금 전액을 한꺼번에 내기 어렵다고 인정될 때에는 그 납부기한을 연기하거나 분할 납부하게 할 수 있으며, 이 경우 필요하다고 인정하면 담보를 제공하게 할 수 있다.
> 3. 과징금을 한꺼번에 내면 자금 사정에 현저한 어려움이 예상되는 경우

② 행정기본법 제28조

> **행정기본법 제28조(과징금의 기준)**
> ② 과징금의 근거가 되는 법률에는 과징금에 관한 다음 각 호의 사항을 명확하게 규정하여야 한다.
> 1. 부과ㆍ징수 주체, 2. 부과 사유, 3. 상한액, 4. 가산금을 징수하려는 경우 그 사항, 5. 과징금 또는 가산금 체납 시 강제징수를 하려는 경우 그 사항

④ 과징금부과처분은 반드시 현실적인 행위자가 아니라도 법령상 책임자로 규정된 자에게 부과되고 원칙적으로 위반자의 고의ㆍ과실을 요하지 아니하나, 위반자의 의무 해태를 탓할 수 없는 정당한 사유가 있는 등의 특별한 사정이 있는 경우에는 이를 부과할 수 없다. 대법원 2014. 10. 15. 선고 2013두5005 판결

10. ① ① 행정절차법 제28조

> **행정절차법 제28조(청문 주재자)**
> ③ 행정청은 청문이 시작되는 날부터 7일 전까지 청문 주재자에게 청문과 관련한 필요한 자료를 미리 통지하여야 한다.

② 행정절차법 제38조

> **행정절차법 제38조(공청회 개최의 알림)**
> 행정청은 공청회를 개최하려는 경우에는 공청회 개최 14일 전까지 다음 각 호의 사항을 당사자등에게 통지하고 관보, 공보, 인터넷 홈페이지 또는 일간신문 등에 공고하는 등의 방법으로 널리 알려야 한다.

③ 행정절차법 제41조

> **행정절차법 제41조(행정상 입법예고)**
> ③ 법제처장은 입법예고를 하지 아니한 법령안의 심사 요청을 받은 경우에 입법예고를 하는 것이 적당하다고 판단할 때에는 해당 행정청에 입법예고를 권고하거나 직접 예고할 수 있다.

④ 행정절차법 제31조

> **행정절차법 제31조(청문의 진행)**
> ③ 당사자등이 의견서를 제출한 경우에는 그 내용을 출석하여 진술한 것으로 본다.

일일 모고 행정학 제7회
정답 및 해설

합격까지 박문각

빠른 고득점 합격
행정학 이명훈

01. ② 민간위탁은 시장실패의 원인이 아니라 오히려 정부실패의 대응방안으로 시장주의에 입각한 행정방식이다.

02. ③ 탈규제모형은 내부규제를 철폐하고 기업가적 정부를 구축하여 행정의 창의성과 능동성을 증진하고자 한다. 다만, 탈규제모형은 조직구조에 대한 대안을 제시하지 못한다. 준자치적 조직을 선호하는 모형은 시장모형이다.
<<핵심체크>> 피터스(G. Peters)의 정부모형

구분		전통적 정부모형	시장모형	신축(유연조직)모형	참여모형	탈규제(저통제)모형
문제의 진단수준		전근대적 권위	독점	영속성	계층제	내부규제
조직	구조	계층제	분권화된 조직	가상조직	평면조직	없음
	관리	• 직업공무원제 • 절차적 통제	• 성과급, 인센티브 • 민간의 기법	일시적 인사관리(임시직 공무원 활용)	• TQM, MBO • 팀제	자율적 관리(관리재량권 확대)
	정책결정	정치 · 행정의 구분	• 내부시장 • 시장적 유인	실험	협의, 협상	기업가적 정부
공익의 기준		안정성, 평등	저비용	조정과 저비용	참여, 협의	창의성, 능동성

03. ② 「국가공무원법」은 비밀준수 의무(①), 영리 · 겸직의 금지의무(③), 친절 · 공정의무(④) 등 공무원의 13대 의무를 규정하고 있다.
<<핵심체크>> 「국가공무원법」상의 의무

의무	내용
성실의무	모든 공무원은 법령을 준수하며 성실히 직무를 수행해야 함
선서의무	공무원은 취임할 때에 소속 기관장 앞에서 대통령령 등으로 정하는 바에 따라 선서해야 함
복종의무	공무원은 직무를 수행할 때 소속 상관의 직무상 명령에 복종해야 함
직장이탈 금지 의무	• 공무원은 소속 상관의 허가 또는 정당한 사유가 없으면 직장을 이탈하지 못함 • 수사기관이 공무원을 구속하려면 그 소속 기관의 장에게 미리 통보해야 함(다만, 현행범은 그러하지 아니함)
친절 · 공정의무	공무원은 국민 전체의 봉사자로서 친절하고 공정하게 직무를 수행해야 함
영리 · 겸직금지 의무	공무원은 공무 외에 영리를 목적으로 하는 업무에 종사하지 못하며, 소속 기관장의 허가 없이 다른 직무를 겸할 수 없음
종교중립 의무	공무원은 종교에 따른 차별 없이 직무를 수행해야 하며, 소속 상관이 이에 위배되는 직무상 명령을 한 경우에는 이에 따르지 아니할 수 있음
비밀엄수 의무	공무원은 재직 중은 물론 퇴직 후에도 직무상 알게 된 비밀을 엄수해야 함
청렴의무	• 공무원은 직무와 관련하여 직접적이든 간접적이든 사례 · 증여 · 향응을 주거나 받을 수 없음 • 공무원은 직무상의 관계가 있든 없든 그 소속 상관에게 증여하거나 소속 공무원으로부터 증여를 받아서는 아니됨
품위유지 의무	공무원은 직무의 내외를 불문하고 그 품위가 손상되는 행위를 해서는 아니됨
영예 등 제한	공무원이 외국 정부로부터 영예나 증여를 받을 경우에는 대통령의 허가를 받아야 함
정치적 중립 의무	공무원은 정당이나 그 밖의 정치단체의 결성에 관여하거나 이에 가입할 수 없으며, 선거에서 특정 정당 또는 특정인의 지지나 반대를 하기 위한 행위를 해서는 아니됨
집단활동 금지 의무	공무원은 노동운동이나 그 밖에 공무 외의 일을 위한 집단 행위를 하여서는 아니됨(다만, 사실상 노무에 종사하는 공무원은 예외로 함)

04. ③ ㉠, ㉡, ㉢는 옳고, ㉣는 옳지 않다. 달(Dahl)의 다원주의에 따르면 권력(엘리트)은 대중의 요구에 민감하게 반응한다(㉠). 다원주의에서 권력은 다수에게 분산되어 있으나 분산된 불평등의 형태를 지니고 있다(㉡). 다원주의에 의하면 이익집단들 간에는 정책에 미치는 영향력의 차이는 있지만 전체적으로 균형을 유지하고 있다(㉢).
㉣ 다원주의에 따르면 정부는 정책과정에서 다양한 이익집단의 요구를 수동적으로 받아들이는 소극적 역할을 수행한다.

05. ② 하향적 접근은 집행과정에 대한 기술이나 인과론적 설명보다는 바람직한 정책집행을 위한 규범적 처방을 정책결정자에게 제시하는 데 목적을 두고 있다.

06. ② 계선조직은 상하명령복종관계를 가진 수직적 · 계층적 구조를 형성하는 기관으로 장점으로는 권한과 책임의 한계가 명확한 점, 조직의 안정성 확보 등을 둘 수 있으나, 일반행정가 중심으로 구성되어 있어 전문성이 낮아 높은 전문성의 확보로 인한 업무수행의 능률성은 확보하기 곤란하다.

07. ④ 로크(Locke)의 목표설정이론은 동기부여의 과정이론이며, 허즈버그(Herzberg)의 동기 · 위생요인이론은 동기부여의 내용이론이다.
① 브룸(Vroom)의 기대이론과 아담스(Adams)의 형평성이론은 동기부여의 과정이론에 속한다.
② 매슬로우(Maslow)의 욕구계층이론과 맥그리거(McGregor)의 X · Y이론은 동기부여의 내용이론에 속한다.
③ 핵크만(Hackman)과 올드햄(Oldham)의 직무특성이론과 스키너(Skinner)의 학습이론은 동기부여의 과정이론에 속한다.

08. ④ 「공무원의 노동조합 설립 및 운영 등에 관한 법률」에 의하면 공무원은 임용권자의 동의를 받아 노동조합으로부터 급여를 지급받으면서 노동조합의 업무에만 종사할 수 있다. 노동조합의 업무에만 종사하는 자(전임자)에 대하여는 그 기간 중 휴직명령을 하여야 한다.

09. ③ 수입대체경비는 명확성의 원칙 예외가 아니라 완전성의 원칙과 통일성의 원칙 예외이다.

10. ② 지방자치단체의 장은 재정투자사업과 그에 직접적으로 수반되는 경비의 충당, 재해예방 및 복구사업, 천재지변으로 발생한 예측할 수 없었던 세입 결함의 보전, 지방채의 차환, 지방교육재정교부금 차액의 보전, 명예퇴직 비

용의 충당을 위한 자금 조달에 필요할 때에는 지방채를 발행할 수 있다.

<<핵심체크>> 지방채

구분	내용
개념	자치단체가 그 재정상의 필요에서 발행하는 공채로 과세권을 담보로 증서차입 또는 증권발행을 통하여 부족한 재원을 충당하는 채무부담행위
법적 근거	• 발행요건 : 단체장은 재정투자사업과 그에 직접적으로 수반되는 경비의 충당, 재해예방 및 복구사업, 천재지변으로 발생한 예측할 수 없었던 세입결함의 보전, 지방채의 차환, 지방교육재정교부금 차액의 보전 등을 위한 자금 조달에 필요할 때에는 지방채를 발행할 수 있음 • 발행절차 : 단체장은 지방채를 발행하려면 재정 상황 및 채무 규모 등을 고려하여 대통령령으로 정하는 지방채 발행 한도액의 범위에서 지방의회의 의결을 얻어야 함
기채 승인권 폐지와 예외	• 원칙 - 기채승인권 폐지 : 지방채 발행시 행안부 장관의 승인권 폐지 • 예외 ① 단체장은 지방채 발행 한도액 범위더라도 외채를 발행하는 경우에는 지방의회의 의결을 거치기 전에 행안부장관의 승인을 받아야 함 ② 자치단체조합의 장은 지방채를 발행할 수 있으며, 이 경우 행안부장관의 승인을 받은 범위에서 조합의 구성원인 각 자치단체 지방의회의 의결을 얻어야 함 ③ 단체장은 행안부장관과 협의한 경우에는 그 협의한 범위에서 지방의회의 의결을 얻어 지방채 발행 한도액의 범위를 초과하여 지방채를 발행할 수 있음(행안부장관의 승인권을 폐지하고 협의사항으로 변경)

2025 공무원 시험대비 【6회차】

박문각 일일 모의고사

-제8회-

[정답 및 해설]

이 름 : ____________________

학습관 : ____________________

합격예측

답안 입력 및 성적 조회는 PC, 모바일에서 모두 가능합니다.

★ PC: pass.pmg.co.kr | ★ 모바일 앱: 박문각 합격관리

일일 모고 국어 제8회

정답 및 해설

합격까지 박문각

亦功 국어 적중 혜선

01. ① <보기>에 제시된 사례들은 종결어미의 다양한 형태를 보여주는 경우이다. 이 사례들을 분석하면 종결어미가 다양한 문법적 요소를 담고 있으며 실제 발화 상황에서 이를 표현한다는 것을 알 수 있다. 그런데 ①은 적절한 진술로 보기 어렵다. 제시된 종결어미 중 문장의 과거 현재 미래와 같은 시제를 표시하고 있는 경우를 발견하기 어렵기 때문이다.
② '똑똑하다고'의 '-고', '가느냐가'의 '-가'는 문장 성분을 표시해 주는 조사로 종결어미 뒤에 사용되었다.
③ '그치겠다'의 '-다'는 진술, '그치겠니?'의 '-니?'는 의문, '그치겠구나!'의 '-구나!'는 감탄의 의도를 나타낸다.
④ '앉아라'의 '-아라'는 명령형 종결 어미로 '가다'와 '가다'로 끝나는 동사, '오다'와 '오다'로 끝나는 동사를 제외하고 끝 음절의 모음이 'ㅏ, ㅗ'인 동사 어간 뒤에 붙으며, '먹어라'의 '-어라' 역시 명령형 종결 어미로 끝 음절의 모음이 'ㅏ, ㅗ'가 아닌 동사 어간 뒤에 붙는다.

02. ① '읽고 싶다.'의 '-고'는 본용언과 보조용언을 연결하는 보조적 연결 어미이므로 '읽고 싶다'는 하나의 서술어이다. 주어 '나는'과 서술어 '읽고 싶다'가 각각 하나씩 있으므로 이 문장은 홑문장이다.
나머지는 모두 겹문장이다.
② 그는 [(가방이) 작은] 가방을 샀다.
→ 관형절을 안은 문장 (절 표지:관형사형 어미 '-ㄴ')
③ 나는 [마을버스가 떠났음]을 알았다.
→ 명사절을 안은 문장 (절 표지:명사형 어미 '-음')
④ 개구리는 [앞발이 짧다.]
→ 서술절을 안은 문장 (절 표지:없음)

03. ④ '사용'은 일정한 목적이나 기능에 맞게 쓴다는 뜻을 가진 어휘이고, '응용'은 어떤 이론이나 이미 얻은 지식을 구체적인 개개의 사례나 다른 분야의 일에 적용하여 이용한다는 뜻을 가진 어휘이다. 문맥으로 보아 ㉣에는 '사용'이 적절하므로 이를 '응용'으로 대체하는 것은 적절하지 않다.

04. ② 일반적으로 쓰이는 접속어(그러나, 그러므로, 그리고, 그런데 등) 뒤에는 쉼표(반점)를 쓰지 않는 것이 원칙이다.
① ㉠ 조사를 적절하게 사용한 표현이 이해하기 쉽고 자연스럽다.
③ ㉢ '연도(年度)'는 두음법칙에 따라 '년도'가 아닌 '연도'로 적어야 한다.
④ ㉣ 계획은 '이행'하는 것이고 목표는 '달성'하는 것이다.

05. ④

(가) 힙합 ∧ 감수성 (나) 감수성 → 예술

(가)에서 '힙합 ∧ 감수성'이고 (나)에서 '감수성 → 예술' 이므로 힙합을 자주 들으면서 감수성이 풍부한 사람이 존재하고 이 사람은 예술적인 사람이라는 결론을 내릴 수 있다. 즉, '힙합 ∧ 예술'이므로 예술적인 어떤 사람은 힙합을 자주 듣는다고 할 수 있다.
① '감수성 → 힙합'이다. (가)를 통해 '감수성 → 힙합'을 보장할 수 없으므로 적절하지 않다.
② '예술 → 감수성'이다. 이 명제는 (나)의 역명제이므로 참, 거짓을 판단하는 것이 불가능하다.
③은 '예술 → 힙합'이다. 이는 (나)의 역명제이므로 참, 거짓을 판단하는 것이 불가능하다.

06. ④ 정확한 답은 '아침 ∧ 그림'이지만 선지에 없다. 따라서 전제 1과 결합하여 결론을 만족하는 유일한 선지인 '아침 → 그림'이 답이다.
①은 '~아침 → 그림'이다. 전제 1인 '그림 → 이성적'과 결합하여 '~아침 → 이성적'을 도출하는 것은 가능하나 '이성적 ∧ 아침'을 도출하는 것은 불가능하다.
②은 '~아침 ∧ 그림'이다. 전제 1인 '그림 → 이성적'과 결합하여 '이성적 ∧ ~아침'을 도출하는 것은 가능하나 '이성적 ∧ 아침'을 도출하는 것은 불가능하다.
③ 은 '아침 ∧ ~그림'이다. 전제 1인 '그림 → 이성적'과 결합하여 '아침 ∧ 이성적'을 도출하는 것이 불가능하다.

07. ③ ㉠의 '찌르다'는 '3「1」 감정 따위를 세게 자극하다.'를 의미한다. 이와 가장 유사한 의미의 '찌르다'는 ③이다.
① 1「1」 끝이 뾰족하거나 날카로운 것으로 물체의 겉면이 뚫어지거나 쑥 들어가도록 세차게 들이밀다.
② 1「2」 틈이나 사이에 무엇을 꽂아 넣다.
④ 2 남의 잘못을 다른 사람에게 일러바치다.

08. ① '치르다'는 '주어야 할 돈을 내주다.'를 의미한다. 따라서 '일이 끝나기 전이나 물건을 받기 전에 미리 돈을 치르다.'를 의미하는 '선불(先 먼저 선 拂 떨칠 불)하다'는 ㉠과 바꿔쓸 수 있는 유사한 표현으로 적절하지 않다. '돈을 내어주다. 또는 값을 치르다.'를 의미하는 '지불(支 지탱할 지 拂 떨칠 불)하다'로 바꿔쓸 수 있다.
② ㉡ '끝마치다'는 '일을 끝내어 마치다.'를 의미한다. 따라서 '완전히 끝마치다.'를 의미하는 '완료(完 완전할 완 了 마칠 료(요))하다'로 바꿔쓸 수 있다.
③ ㉢ '끌다'는 '시간이나 일을 늦추거나 미루다.'를 의미한다. 따라서 '무슨 일을 더디게 끌어 시간을 늦추다.'를 의미하는 '지연(遲 더딜 지 延 늘일 연)하다'로 바꿔쓸 수 있다.
④ ㉣ '붙이다'는 '이름이 생기게 하다.'를 의미한다. 따라서 '사람, 사물, 사건 따위의 대상에 이름을 지어 붙이다.'를 의미하는 '명명(命 목숨 명 名 이름 명)하다'로 바꿔쓸 수 있다.

09. ③ 글쓴이는 한자어로 이루어진 공고한 학문 체계를 구출하고 있는 현실을 무시해서는 안 된다고 주장하고 있다. 이에 대한 반론으로 적절한 것은 ③으로, 학문 체계가 한자어로 이루어진 현실을 무시할 수 없다는 글쓴이의 견해에 서구의 언어나 한자어의 틀 속에서는 우리 사상이 깃들 수 없다고 반박할 수 있을 것이다.
① 이 글을 통해서는 '언어는 언중들의 합의에 의해서 바꿀 수 있다.'는 것에 대한 글쓴이의 견해가 어떠한지 알 수 없다.
② 글쓴이의 견해에 부합하는 내용이다.
④ 한자어를 옹호하는 진술에 해당하는 것으로, 이 글의 반론으로는 적절하지 않다.

10. ② 오트 퀴진은 '요리의 장식적 측면보다 값비싼 재료로 부를 과시하는 것을 중시'하였고, 요리의 장식적 측면을 중시한 것은 누벨퀴진이다. 따라서 오트 퀴진이 미적 아름다움을 중시한다는 서술은 적절하지 않다.
① 오트 퀴진이 향신료의 과도한 사용으로 맛이 무겁다고 평가받았으므로 향신료의 사용을 줄인 누벨퀴진은 그러한 비판을 받지 않을 것이다.

③ 러시아군 침공으로 '비스트로'가 프랑스 요리에 도입됐으므로 그 이전에 찾아볼 수 없었으리라 추론할 수 있다.
④ 이탈리아 메디치 가문의 음식을 발전시키고 러시아군의 영향을 받았다고 했으므로 적절하다.

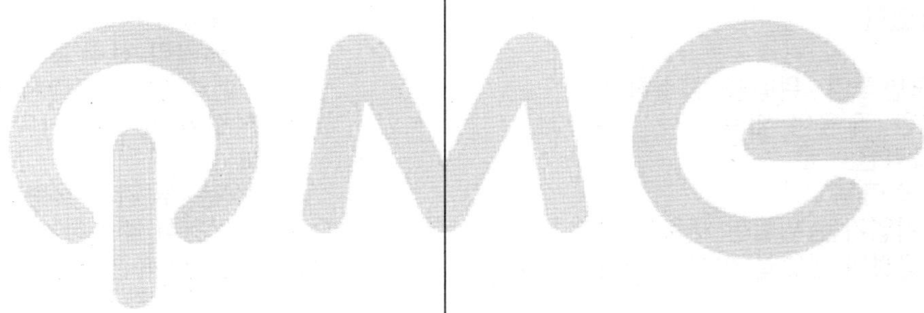

일일 모고 영어 제8회
정답 및 해설

합격까지 박문각

반드시 합격
진가영 영어

01. ④ ★ relocate 이전하다, 이동하다
● assess 평가하다, 분석하다
● oppose 반대하다, 저항하다
● delay 지연시키다, 미루다
[해석] 회사는 증가하는 직원들을 수용하기 위해 본사를 더 큰 사무실 공간으로 이전하기로 결정했다.

02. ① ★ substantially 실질적으로, 상당히
● occasionally 가끔씩, 드물게
● strangely 이상하게
● negatively 부정적으로, 불리하게
[해석] 그 회사는 프로젝트의 성공에 실질적으로 기여할 수 있는 후보자를 찾고 있다.

03. ② ★ oppress 억압하다, 압박하다
● substantiate 입증하다, 실체화하다
● support 지원하다, 지지하다
● encourage 격려하다, 장려하다
[해석] 권위주의 정부는 자유로운 발언을 제한하고, 언론을 검열하며, 정부에 반대하는 사람들을 처벌함으로써 국민들을 계속 억압했다.

04. ② ★ venturesome 모험적인, 위험을 감수하는
● helpless 무기력한, 도움이 없는
● timid 소심한, 겁먹은
● suspicious 의심스러운
[해석] 그 모험적인 기업가는 위험한 새로운 기술에 투자하기로 결심했으며, 그것이 산업을 혁신할 것이라고 믿었다.

05. ① ★ expulsion 퇴학, 추방, 축출
● suggestion 암시, 시사
● promotion 승진, 홍보
● approval 승인, 허가
[해석] 그 학생의 퇴학은 학교의 엄격한 행동 규정을 반복적으로 위반한 결과였다.

06. ② [해설]
조건 부사절 접속사 if가 들어간 조건 부사절에서는 미래 시제가 아닌 현재시제로 써야 한다. 따라서 밑줄 친 부분에 가장 적절한 것은 ②이다.
[해석]
협상이 실패하면 회사는 분쟁에서 자신의 권리와 재정적 이익을 보호하기 위해 법적 조치를 취할 수밖에 없을 것이다.

07. ③ [해설]
fascinate는 타동사로 뒤에 목적어가 없으므로 수동태 형태로 써야 한다. 'be fascinated by'는 수동태 표현으로 '~에 매료되다'의 뜻으로 잘 쓰인다. 따라서 밑줄 친 부분인 fascinate를 fascinated로 고쳐야 한다.
[해석]
어릴 때부터 나는 항상 새로운 것을 배우는 것을 좋아했다. 다양한 주제의 책을 읽으며 철학부터 현대 과학까지 탐구하는 것이 큰 즐거움이다. 책뿐만 아니라, 나는 예술과 음악에도 매료되어 있다. 다양한 예술적 스타일을 탐구하고 그 역사적 의미를 이해하는 것은 과거와 현재 세대의 창의성을 감상하는 데 도움을 준다.

08. ④ [해석]
Tim: 안녕하세요, 무엇을 도와드릴까요?
Jane: 안녕하세요, 절도 사건에 대해 신고하려고 왔습니다.
Tim: 그런 일이 있었군요. 무엇을 도난당했는지, 언제 일어난 일인지 말씀해 주시겠어요?
Jane: 어제 저녁에 제 자전거가 도난당했어요. 식료품점 밖에 자전거를 잠가 놓고 들어갔는데, 나올 때 보니 자전거가 없었어요.
Tim: 정말 안타깝네요.
① 어떤 종류의 자전거가 필요하신가요?
② 자전거를 어디에 두셨나요?
③ 얼마나 많은 사람들이 사건을 목격했나요?
④ 무엇을 도난당했는지, 언제 일어난 일인지 말씀해 주시겠어요?

09. ② [해설]
근육 섬유의 종류와 달리기와의 관계에 대한 글로, 근육 섬유는 지근 섬유와 속근 섬유로 구분하며, 마라톤 선수는 속근 섬유가 많아야 성공할 수 있음을 설명하고 있다. 주어진 문장은 '지근섬유'가 많은 경우로, 마라톤 선수가 될 가능성이 낮음을 설명하고 있으며, 이는 ②번 문장에서의 '단거리 선수'로서 두각을 나타낼 수 있다는 진술로 이어질 수 있다. 따라서 주어진 문장이 들어갈 위치로 가장 적절한 것은 ②이다.
[해석]
근섬유는 두 가지 유형으로 나눌 수 있다. 첫째, 지근 섬유는 천천히 수축하지만 오랜 시간 동안 힘을 지속할 수 있는 반면, 속근 섬유는 빠르게 수축하지만 금방 피로해진다. (①) 지근 섬유는 마라톤에서 성공하기 위해 필수적이다. (② 만약 어떤 사람이 속근 섬유를 많이 가지고 있다면, 세계적인 마라톤 선수가 될 가능성은 낮다.) 그러나 그들은 단거리 선수로서 두각을 나타낼 수 있다. (③) 마라톤 선수들은 근육 내 지근 섬유의 비율이 높아야 한다. (④) 이러한 특성은 주로 유전적이지만, 훈련이 이러한 섬유의 비율을 약간 변화시킬 수 있다는 일부 증거가 있다. 연구에 따르면 마라톤 선수들은 100m 이하의 단거리 훈련을 피해야 한다.
[어휘]
☐ predominance 우세
☐ fast-twitch fiber 지근 섬유
☐ slow-twitch fiber 속근 섬유
☐ sustain 유지하다
☐ exhausted 소진된

10. ③ [해설]
동물에 대한 인식의 변화에 대한 글로, 현대의 '하위 동물' 개념은 인간과 동물의 차이를 인식한 결과이고, 과거에는 동물이 인간과 동등하거나 더 지능적이라고 여겼다는 것을 설명하는 글이다. 따라서 이 글의 주제는 '하등 동물이 비교적 현대적 인식이다'. 따라서 글의 주제로 가장 적절한 것은 ③이다.
[해석]
"하등 동물"이라는 개념은 인간과 다른 생명체 사이의 본질적인 차이를 점차 인식하면서 생겨난 현대적 개념이다. 그러나 원시 시대의 인간들은 동물을 단순히 열등한 존재로 보지 않았다. 오히려 동물들이 특별한 능력을 가지고 있으며, 자신들만의 법칙을 따르는 존재로 여겼다.

때때로 인간보다 더 지적일 수도 있다고 생각하기도 했다. 우리가 익숙한 동화 속의 도움을 주는 동물, 말을 하는 새, 영리한 파충류들은 과거에 동물들이 인간과 동등하거나 신들의 사자로 여겨졌던 시대의 흔적이다. 따라서 오늘날에도 새나 동물과 관련된 미신 중 상당수는 그들의 열등함이 아니라, 지혜나 특별한 능력, 신비로운 힘을 가졌다는 믿음에서 비롯된 것임을 알 수 있다.

① 동화 속에서 지능이 낮은 동물들
② 인간과 동물의 차이
③ 동물에 대한 인식 차이
④ 우리 조상들이 동물을 다룬 방법

[어휘]
□ inferior 열등한
□ intelligence 지능
□ superstition 미신

일일 모고 한국사 제8회
정답 및 해설

합격까지 박문각

가장 빠른 한국사
한국사 박기훈

01. ③ ③ 시험을 통해 선발된 하급 지휘관은 갑사이다. 특수병은 공신이나 종친의 자제로 구성되었다.
④ 속오군은 양반으로부터 노비에 이르기까지 편제되었는데, 양반들이 기피함에 따라 상민들과 노비들만 남게 되었다. 농민들과 노비가 군공을 세워 신분 상승을 많이 하게 되었는데, 이는 조선 후기 신분제 동요의 한 요인이 되기도 하였다.

02. ① 자료의 '왕'은 정조이다. 정조는 화성 행차 시에 일반 백성들과의 접촉 기회를 확대하여 이들의 의견을 정치에 반영하였다. 또한 정조는 '만천명월주인옹'을 자처하며, 초월적 군주로 군림하고자 하였다.
① 영조의 업적이다.
② 정조는 능력 있는 신하들을 재교육시키고 시험을 통해 승진을 시키는 초계문신제를 시행하였다.
③ 노론인 박지원 등이 패관소품체를 구사해 글을 쓰자 문체를 정통 고문으로 바로잡으려 하면서 노론을 견제하려했던 정조의 노력이 문체반정이다.
④ 정조의 업적이 맞다.

03. ② ② 삼정이정청은 1862년 임술 농민 봉기를 계기로 처음 설치되었으나 크게 성과를 거두지는 못하였다.
① 홍경래의 난은 서북민에 대한 지역적 차별 때문에 발생하였다.
③ ④ 세도 정치기에 탐관오리의 부정과 탐학으로 인해 삼정의 문란이 극심해졌고 농민들은 비기와 도참, 미륵 신앙에 의지하였다.

04. ③ ③『과농소초』는 박지원의 저서이다.

05. ③ 제시된 자료는 1866년에 있었던 제너럴 셔먼호 사건이다. 미국은 이 사건을 구실로 1871년 로저스 제독이 이끄는 함대가 강화 해협을 침략하는 신미양요를 일으켰다. ①, ④는 병인양요, ②는 신미양요와 관련된다.

06. ② ② 미국과 수교에 대한 답례로 민영익을 1883년에 보빙사로 파견하였다. 조사시찰단은 1881년에 일본에 파견되었다.
① 영선사에 대한 설명으로 맞다.
③ 개화정책의 일환으로 1881년 신식군대인 별기군이 창설되었다.
④ 조사 시찰단(1881)을 일본의 정부 기관뿐만 아니라 각종 학교와 조선소 등의 근대 시설을 시찰하고 돌아왔다. 이들은 각기 담당하였던 분야에 관한 보고서를 제출하여 정부의 개화 정책 추진을 뒷받침하였으며, 조사 시찰단에 참여하였던 박정양 · 홍영식 · 어윤중 등은 정부의 개화 정책 추진에 중요한 역할을 담당하였다.

07. ① ① 대한제국 정부가 주장하는 토문강은 송화강으로 합류하는 하천으로 두만강과는 다른 하천으로 보았다.
② 일제가 1909년 간도협약을 청과 체결하면서 간도를 청의 영토로 인정하였다.
③ 일제는 통감부 산하 간도파출소를 운영하였다.
④ 간도 용정에 이상설의 서전서숙과 김약연의 명동학교가 만들어졌다.

08. ③ 제시된 자료는 양세봉이 중심이 된 조선 혁명군에 관한 내용이다. 조선 혁명군은 중국 의용군과 함께 연합작전을 전개하였다.
① 조선의용군, ② 한국광복군, ④ 조선의용대

09. ① ㉠ 민족주의 사학자 신채호는 고대사 연구에 치중하였다.
㉡ 백남운은 한국사의 보편성을 강조하면서 식민 사학의 정체성론을 반박했다.
㉢ 정인보는 '얼'을 강조하였다. '혼'이 담긴 민족사의 중요성을 강조한 이는 박은식이다.
㉣ 신민족주의 대표적인 역사학자는 안재홍이다.

10. ① ㉤ 남북 적십자 회담(1971)
㉣ 남북 이산가족 상봉(1885)
㉠ 금강산 관광 개시(1998)
㉡ 경의선 복구(2003)
㉢ 제2차 남북 정상회담의 결과 10.4 남북 정상 선언(2007)

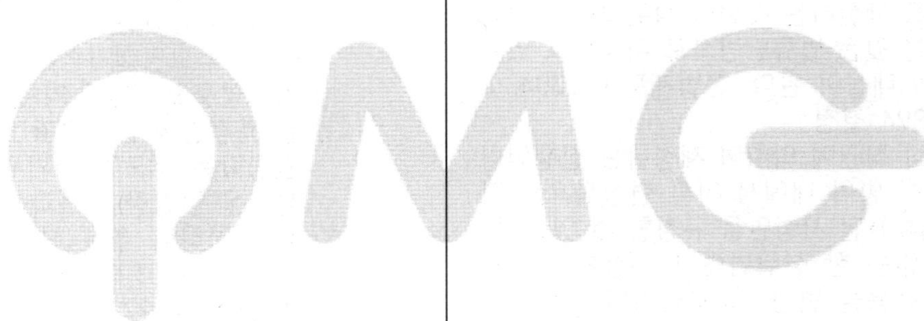

일일 모고 행정법 제8회
정답 및 해설

합격까지 박문각

광야에서 합격까지
행정법 강성빈

01. ④ ④ 행정소송법 제6조

> **행정소송법 제6조(명령 · 규칙의 위헌판결등 공고)**
> ① 행정소송에 대한 대법원판결에 의하여 명령 · 규칙이 헌법 또는 법률에 위반된다는 것이 확정된 경우에는 대법원은 지체없이 그 사유를 행정안전부장관에게 통보하여야 한다.

① 행정처분이 법규성이 없는 내부지침 등의 규정에 위배된다고 하더라도 그 이유만으로 처분이 위법하게 되는 것은 아니고, 또 내부지침 등에서 정한 요건에 부합한다고 하여 반드시 그 처분이 적법한 것이라고 할 수도 없다. 처분의 적법 여부는 그러한 내부지침 등에서 정한 요건에 합치하는지 여부가 아니라 일반 국민에 대하여 구속력을 가지는 법률 등 법규성이 있는 관계 법령의 규정을 기준으로 판단하여야 한다. 대법원 2018. 6. 15. 선고 2015두40248 판결
② '청소년유해매체물의 표시방법'에 관한 정보통신부고시는 청소년유해매체물을 제공하려는 자가 하여야 할 전자적 표시의 내용을 정하고 있는데, 이는 정보통신망이용촉진및정보보호등에관한법률 제42조 및 동법시행령 제21조 제2항, 제3항의 위임규정에 의하여 제정된 것으로서 국민의 기본권을 제한하는 것인바 상위법령과 결합하여 대외적 구속력을 갖는 법규명령으로 기능하고 있는 것이므로 헌법소원의 대상이 된다. 헌법재판소 2004. 1. 29. 선고 2001헌마894 결정
③ 행정관청이 일반적 직권에 의하여 제정하는 집행명령은 상위법령이 규정한 범위 내에서 이를 현실적으로 집행하는 데 필요한 세부적인 사항만을 규정할 수 있을 뿐, 상위법령의 위임이 없는 한 상위법령이 규정한 개인의 권리 · 의무에 관한 내용을 변경 · 보충하거나 상위법령에 규정되지 아니한 새로운 내용을 규정할 수는 없다. 대법원 2012. 7. 5. 선고 2010다72076 판결

02. ① ① 조세 부과의 근거가 되었던 법률규정이 위헌으로 선언된 경우, 비록 그에 기한 과세처분이 위헌결정 전에 이루어졌고, 과세처분에 대한 제소기간이 이미 경과하여 조세채권이 확정되었으며, 조세채권의 집행을 위한 체납처분의 근거규정 자체에 대하여는 따로 위헌결정이 내려진 바 없다고 하더라도, 위와 같은 위헌결정 이후에 조세채권의 집행을 위한 새로운 체납처분에 착수하거나 이를 속행하는 것은 더 이상 허용되지 않고, 나아가 이러한 위헌결정의 효력에 위배하여 이루어진 체납처분은 그 사유만으로 하자가 중대하고 객관적으로 명백하여 당연무효이다. 대법원 2012. 2. 16. 선고 2010두10907 판결
② 행정청이 어느 법률관계나 사실관계에 대하여 어느 법률의 규정을 적용하여 행정처분을 한 경우에 그 법률관계나 사실관계에 대하여는 그 법률의 규정을 적용할 수 없다는 법리가 명백히 밝혀져 그 해석에 다툼의 여지가 없음에도 행정청이 위 규정을 적용하여 처분을 한 때에는 그 하자가 중대하고도 명백하다고 할 것이나, 그 법률관계나 사실관계에 대하여 그 법률의 규정을 적용할 수 없다는 법리가 명백히 밝혀지지 아니하여 그 해석에 다툼의 여지가 있는 때에는 행정관청이 이를 잘못 해석하여 행정처분을 하였더라도 이는 그 처분 요건사실을 오인한 것에 불과하여 그 하자가 명백하다고 할 수 없다. 대법원 2009. 9. 24. 선고 2009두2825 판결
③ 구 환경영향평가법상 환경영향평가를 실시하여야 할 사업에 대하여 환경영향평가를 거치지 아니하였음에도 승인 등 처분을 한 경우, 그 처분의 하자가 행정처분의 당연무효사유에 해당한다. 대법원 2006. 6. 30. 선고 2005두14363 판결
④ 환경영향평가법령에서 정한 환경영향평가를 거쳐야 할 대상사업에 대하여 그러한 환경영향평가를 거치지 아니하였음에도 승인 등 처분을 하였다면 그 처분은 위법하다 할 것이나, 그러한 절차를 거쳤다면, 비록 그 환경영향평가의 내용이 다소 부실하다 하더라도, 그 부실의 정도가 환경영향평가제도를 둔 입법 취지를 달성할 수 없을 정도이어서 환경영향평가를 하지 아니한 것과 다를 바 없는 정도의 것이 아닌 이상(주: 이와 같은 경우에는 당연무효임), 그 부실은 당해 승인 등 처분에 재량권 일탈 · 남용의 위법이 있는지 여부를 판단하는 하나의 요소로 됨에 그칠 뿐, 그 부실로 인하여 당연히 당해 승인 등 처분이 위법하게 되는 것이 아니다. 대법원 2006. 3. 16. 선고 2006두330 전원합의체 판결

03. ① ① 행정지도가 강제성을 띠지 않은 비권력적 작용으로서 행정지도의 한계를 일탈하지 아니하였다면, 그로 인하여 상대방에게 어떤 손해가 발생하였다 하더라도 행정기관은 그에 대한 손해배상책임이 없다. 대법원 2008. 9. 25. 선고 2006다18228 판결
② 구 수도권대기환경특별법 제14조 제1항에서 정한 대기오염물질 총량관리사업장 설치의 허가 또는 변경허가는 특정인에게 인구가 밀집되고 대기오염이 심각하다고 인정되는 수도권 대기관리권역에서 총량관리대상 오염물질을 일정량을 초과하여 배출할 수 있는 특정한 권리를 설정하여 주는 행위로서 그 처분의 여부 및 내용의 결정은 행정청의 재량에 속한다. 대법원 2013. 5. 9. 선고 2012두22799 판결
③ 건축허가는 시장 · 군수 등의 행정관청이 건축행정상 목적을 수행하기 위하여 수허가자에게 일반적으로 행정관청의 허가 없이는 건축행위를 하여서는 안 된다는 상대적 금지를 관계 법규에 적합한 일정한 경우에 해제함으로써 일정한 건축행위를 하도록 회복시켜 주는 행정처분일 뿐, 허가받은 자에게 새로운 권리나 능력을 부여하는 것이 아니다. 그리고 건축허가서는 허가된 건물에 관한 실체적 권리의 득실변경의 공시방법이 아니며 그 추정력도 없으므로 건축허가서에 건축주로 기재된 자가 그 소유권을 취득하는 것은 아니며, 건축중인 건물의 소유자와 건축허가의 건축주가 반드시 일치하여야 하는 것도 아니다. 대법원 2009. 3. 12. 선고 2006다28454 판결
④ 광주광역시문화예술회관장의 단원 위촉은 광주광역시문화예술회관장이 행정청으로서 공권력을 행사하여 행하는 행정처분이 아니라 공법상의 근무관계의 설정을 목적으로 하여 광주광역시와 단원이 되고자 하는 자 사이에 대등한 지위에서 의사가 합치되어 성립하는 공법상 근로계약에 해당한다고 보아야 할 것이므로, 광주광역시립합창단원으로서 위촉기간이 만료되는 자들의 재위촉 신청에 대하여 광주광역시문화예술회관장이 실기와 근무성적에 대한 평정을 실시하여 재위촉을 하지 아니한 것을 항고소송의 대상이 되는 불합격처분이라고 할 수는 없다. 대법원 2001. 12. 11. 선고 2001두7794 판결

04. ③ ③ 민사책임과 형사책임은 지도이념과 증명책임, 증명의 정도 등에서 서로 다른 원리가 적용되므로, 징계사유인 성희롱 관련 형사재판에서 성희롱 행위가 있었다는 점을 합리적 의심을 배제할 정도로 확신하기 어렵다는 이유로 공소사실에 관하여 무죄가 선고되었다고 하여 그러한 사

정만으로 행정소송에서 징계사유의 존재를 부정할 것은 아니다. 대법원 2018. 4. 12. 선고 2017두74702 판결
① 필요적 행정심판전치주의가 적용되는 경우 전심절차를 거쳤는지 여부는 소송요건에 관한 사항으로서 법원의 직권조사사항이 된다.
② 결혼이민[F-6 (다)목] 체류자격을 신청한 외국인에 대하여 행정청이 그 요건을 충족하지 못하였다는 이유로 거부처분을 하는 경우에는 '그 요건을 갖추지 못하였다는 판단', 다시 말해 '혼인파탄의 주된 귀책사유가 국민인 배우자에게 있지 않다는 판단' 자체가 처분사유가 된다. 부부가 혼인파탄에 이르게 된 여러 사정들은 그와 같은 판단의 근거가 되는 기초 사실 내지 평가요소에 해당한다. (중략) 수소법원이 '혼인파탄의 주된 귀책사유가 국민인 배우자에게 있다'고 판단하게 되는 경우에는, 해당 결혼이민[F-6 (다)목] 체류자격 거부처분은 위법하여 취소되어야 하므로, 이러한 의미에서 결혼이민[F-6 (다)목] 체류자격 거부처분 취소소송에서도 그 처분사유에 관한 증명책임은 피고 행정청에 있다. 대법원 2019. 7. 4. 선고 2018두66869 판결
④ 행정소송법 제26조

> **행정소송법 제26조(직권심리)**
> 법원은 필요하다고 인정할 때에는 직권으로 증거조사를 할 수 있고, 당사자가 주장하지 아니한 사실에 대하여도 판단할 수 있다.

05. ② ② 행정처분에 있어 수개의 처분사유 중 일부가 적법하지 않다고 하더라도 다른 처분사유로써 그 처분의 정당성이 인정되는 경우에는 그 처분을 위법하다고 할 수 없을 것이므로, 법 제206조의11에 따라 과징금을 부과함에 있어 여러 개의 처분사유에 기하여 하나의 과징금 부과처분을 하였으나 그 처분사유들 중 일부에 위법이 있다고 하더라도 위법한 부분이 그 과징금 부과처분에 영향을 미치지 아니하였다면 그 부과처분을 위법하다고 볼 것은 아니다. 대법원 2010. 12. 9. 선고 2010두15674 판결
① 행정소송법 제32조

> **행정소송법 제32조(소송비용의 부담)**
> 취소청구가 제28조(주: 사정판결)의 규정에 의하여 기각되거나 행정청이 처분등을 취소 또는 변경함으로 인하여 청구가 각하 또는 기각된 경우에는 소송비용은 피고의 부담으로 한다.

③ 행정청이 여러 개의 위반행위에 대하여 하나의 제재처분을 하였으나, 위반행위별로 제재처분의 내용을 구분하는 것이 가능하고 여러 개의 위반행위 중 일부의 위반행위에 대한 제재처분 부분만이 위법하다면, 법원은 제재처분 중 위법성이 인정되는 부분만 취소하여야 하고 제재처분 전부를 취소하여서는 아니 된다. 대법원 2020. 5. 14. 선고 2019두63515 판결
④ 행정처분의 위법 여부는 행정처분이 행하여진 때의 법령과 사실을 기준으로 판단하므로, 확정판결의 당사자인 처분 행정청은 종전 처분 후에 발생한 새로운 사유를 내세워 다시 처분을 할 수 있고, 새로운 처분의 처분사유가 종전 처분의 처분사유와 기본적 사실관계에서 동일하지 않은 다른 사유에 해당하는 이상, 처분사유가 종전 처분 당시 이미 존재하고 있었고 당사자가 이를 알고 있었더라도 이를 내세워 새로이 처분을 하는 것은 확정판결의 기속력에 저촉되지 않는다. 대법원 2016. 3. 24. 선고 2015두48235 판결

06. ③ ③ 행정심판법 제10조

> **행정심판법 제10조(위원의 제척 · 기피 · 회피)**
> ⑧ 사건의 심리 · 의결에 관한 사무에 관여하는 위원 아닌 직원에게도 제1항부터 제7항까지의 규정(주: 제척 · 기피 · 회피 규정)을 준용한다.

① 행정심판법 제14조

> **행정심판법 제14조(법인이 아닌 사단 또는 재단의 청구인 능력)**
> 법인이 아닌 사단 또는 재단으로서 대표자나 관리인이 정하여져 있는 경우에는 그 사단이나 재단의 이름으로 심판청구를 할 수 있다.

② 행정심판법 제15조

> **행정심판법 제15조(선정대표자)**
> ① 여러 명의 청구인이 공동으로 심판청구를 할 때에는 청구인들 중에서 3명 이하의 선정대표자를 선정할 수 있다.

④ 행정심판법 제22조

> **행정심판법 제22조(참가인의 지위)**
> ① 참가인은 행정심판 절차에서 당사자가 할 수 있는 심판절차상의 행위를 할 수 있다.

07. ② ② 국가가 공무원임용결격사유가 있는 자에 대하여 결격사유가 있는 것을 알지 못하고 공무원으로 임용하였다가 사후에 결격사유가 있는 자임을 발견하고 공무원 임용행위를 취소하는 것은 당사자에게 원래의 임용행위가 당초부터 당연무효이었음을 통지하여 확인시켜 주는 행위에 지나지 아니하는 것이므로, 그러한 의미에서 당초의 임용처분을 취소함에 있어서는 신의칙 내지 신뢰의 원칙을 적용할 수 없고 또 그러한 의미의 취소권은 시효로 소멸하는 것도 아니다. 대법원 1987. 4. 14. 선고 86누459 판결
① 재량권 행사의 준칙인 규칙이 그 정한 바에 따라 되풀이 시행되어 행정관행이 이룩되게 되면 평등의 원칙이나 신뢰보호의 원칙에 따라 행정기관은 그 상대방에 대한 관계에서 그 규칙에 따라야 할 자기구속을 당하게 되는 경우에는 대외적인 구속력을 가지게 된다. 헌법재판소 1990. 9. 3. 선고 90헌마13 결정
③ 관할관청이 위법한 직업능력개발훈련과정 인정제한처분을 하여 사업주로 하여금 제때 훈련과정 인정신청을 할 수 없도록 하였음에도, 인정제한처분에 대한 취소판결 확정 후 사업주가 인정제한 기간 내에 실제로 실시하였던 훈련에 관하여 비용지원신청을 한 경우에, 관할관청은 단지 해당 훈련과정에 관하여 사전에 훈련과정 인정을 받지 않았다는 이유만을 들어 훈련비용 지원을 거부할 수는 없음이 원칙이다. 이러한 거부행위는 위법한 훈련과정 인정제한처분을 함으로써 사업주로 하여금 제때 훈련과정 인정신청을 할 수 없게 한 장애사유를 만든 행정청이 사업주에 대하여 사전에 훈련과정 인정신청을 하지 않았음을 탓하는 것과 다름없으므로 신의성실의 원칙에 반하여 허용될 수 없다. 대법원 2019. 1. 31. 선고 2016두52019 판결
④ 지방자치단체장이 사업자에게 주택사업계획승인을 하면서 그 주택사업과는 아무런 관련이 없는 토지를 기부채납하도록 하는 부관을 주택사업계획승인에 붙인 경우, 그 부관은 부당결부금지의 원칙에 위반되어 위법하지만, 그 하자가 중대하고 명백하여 당연무효라고는 볼 수 없다. 대법원 1997. 3. 11. 선고 96다49650 판결

08. ④ ④ 행정조사기본법 제3조

> **행정조사기본법 제3조(적용범위)**
> ② 다음 각 호의 어느 하나에 해당하는 사항에 대하여는 이 법을 적용하지 아니한다.
> 5. 조세 · 형사 · 행형 및 보안처분에 관한 사항
> ③ 제2항에도 불구하고 제4조(행정조사의 기본원칙), 제5조(행정조사의 근거) 및 제28조(정보통신수단을 통한 행정조사)는 제2항 각 호의 사항에 대하여 적용한다.

① 세무조사가 과세자료의 수집 또는 신고내용의 정확성 검증이라는 본연의 목적이 아니라 부정한 목적을 위하여 행하여진 것이라면 이는 세무조사에 중대한 위법사유가 있는 경우에 해당하고 이러한 세무조사에 의하여 수집된 과세자료를 기초로 한 과세처분 역시 위법하다. 대법원 2016. 12. 15. 선고 2016두47659 판결

② 세무조사결정이 있는 경우 납세의무자는 세무공무원의 과세자료 수집을 위한 질문에 대답하고 검사를 수인하여야 할 법적 의무를 부담하게 되므로, 세무조사결정은 납세의무자의 권리·의무에 직접 영향을 미치는 공권력의 행사에 따른 행정작용으로서 항고소송의 대상이 된다. 대법원 2011. 3. 10. 선고 2009두23617 판결

③ 행정조사기본법 제20조

> **행정조사기본법 제20조(자발적인 협조에 따라 실시하는 행정조사)**
> ② 제1항에 따른 행정조사에 대하여 조사대상자가 조사에 응할 것인지에 대한 응답을 하지 아니하는 경우에는 법령등에 특별한 규정이 없는 한 그 조사를 거부한 것으로 본다.

09. ④ ④ '진행 중인 재판에 관련된 정보'에 해당한다는 사유로 정보공개를 거부하기 위하여는 반드시 그 정보가 진행 중인 재판의 소송기록 자체에 포함된 내용일 필요는 없다. 그러나 재판에 관련된 일체의 정보가 그에 해당하는 것은 아니고 진행 중인 재판의 심리 또는 재판결과에 구체적으로 영향을 미칠 위험이 있는 정보에 한정된다고 보는 것이 타당하다. 대법원 2011. 11. 24. 선고 2009두19021 판결

① 국민의 정보공개청구권은 법률상 보호되는 구체적인 권리이므로, 공공기관에 대하여 정보의 공개를 청구하였다가 공개거부처분을 받은 청구인은 행정소송을 통하여 그 공개거부처분의 취소를 구할 법률상의 이익이 있고, 공개청구의 대상이 되는 정보가 이미 공개되어 있다거나 다른 방법으로 손쉽게 알 수 있다는 사정만으로 소의 이익이 없다거나 비공개결정이 정당화될 수 없다. 또한, 청구인이 공공기관에 대하여 정보공개를 청구하였다가 거부처분을 받은 이상, 그 자체로 공개거부처분의 취소를 구할 법률상 이익이 인정되고, 그 외에 추가로 어떤 법률상 이익이 있을 것을 요하지 않는다. 대법원 2022. 5. 26. 선고 2022두34562 판결

② 정보공개법 제8조의2

> **정보공개법 제8조의2(공개대상 정보의 원문공개)**
> 공공기관 중 중앙행정기관 및 대통령령으로 정하는 기관은 전자적 형태로 보유·관리하는 정보 중 공개대상으로 분류된 정보를 국민의 정보공개 청구가 없더라도 정보통신망을 활용한 정보공개시스템 등을 통하여 공개하여야 한다.

③ 수사기록 중의 의견서, 보고문서, 메모, 법률검토, 내사자료 등(이하 '의견서 등'이라고 한다)은 '수사에 관한 사항으로서 공개될 경우 그 직무수행을 현저히 곤란하게 한다고 인정할 만한 상당한 이유가 있는 정보'에 해당하나, 공개청구대상인 정보가 의견서 등에 해당한다고 하여 곧바로 정보공개법 제9조 제1항 제4호에 규정된 비공개대상정보라고 볼 것은 아니고, 의견서 등의 실질적인 내용을 구체적으로 살펴 수사의 방법 및 절차 등이 공개됨으로써 수사기관의 직무수행을 현저히 곤란하게 한다고 인정할 만한 상당한 이유가 있어야만 위 비공개대상정보에 해당한다. 대법원 2017. 9. 7. 선고 2017두44558 판결

10. ② ② 수용 대상 토지의 보상액을 산정함에 있어 해당 공익사업의 시행을 직접 목적으로 하는 계획의 승인, 고시로 인한 가격변동은 이를 고려함이 없이 재결 당시의 가격을 기준으로 하여 적정가격을 정하여야 하나, 해당 공익사업과는 관계없는 다른 사업의 시행으로 인한 개발이익은 이를 포함한 가격으로 평가하여야 하고, 개발이익이 해당 공익사업의 사업인정고시일 후에 발생한 경우에도 마찬가지이다. 대법원 2014. 2. 27. 선고 2013두21182 판결

① 같은 법 제8조 제1항이 사업시행자에게 이주대책의 수립·실시의무를 부과하고 있다고 하여 그 규정 자체만에 의하여 이주자에게 사업시행자가 수립한 이주대책상의 택지분양권이나 아파트 입주권 등을 받을 수 있는 구체적인 권리(수분양권)가 직접 발생하는 것이라고는 도저히 볼 수 없으며, 사업시행자가 이주대책에 관한 구체적인 계획을 수립하여 이를 해당자에게 통지 내지 공고한 후, 이주자가 수분양권을 취득하기를 희망하여 이주대책에 정한 절차에 따라 사업시행자에게 이주대책대상자 선정신청을 하고 사업시행자가 이를 받아들여 이주대책대상자로 확인·결정하여야만 비로소 구체적인 수분양권이 발생하게 된다. 대법원 1994. 5. 24. 선고 92다35783 판결

③ 공공사업의 시행으로 인하여 그러한 손실이 발생하리라는 것을 쉽게 예견할 수 있고 그 손실의 범위도 구체적으로 이를 특정할 수 있는 경우라면 그 손실의 보상에 관하여 공공용지의 취득 및 손실보상에 관한 특례법 시행규칙의 관련 규정 등을 유추적용할 수 있다고 해석함이 상당하다. 대법원 1999. 10. 8. 선고 99다27231 판결

④ 개발이익은 그 성질상 완전보상의 범위에 포함되는 피수용자의 손실이라고는 볼 수 없으므로, 개발이익을 배제하고 손실보상액을 산정한다 하여 헌법이 규정한 정당보상의 원리에 어긋나는 것이라고는 판단되지 않는다. 헌법재판소 1990. 6. 25. 선고 89헌마107 결정

일일 모고 행정학 제8회
정답 및 해설

합격까지 **박문각**

빠른 고득점 합격
행정학 이명훈

01. ② 공유재의 비극은 편익은 자신에게 집중시키고 비용은 공동체 구성원 다수에게 분산하려는 집단행동의 딜레마(무임승차) 현상에 의해 발생한다.

<<핵심체크>> 공유지의 비극

의의	개인의 합리적 선택(사익극대화)으로 인한 공유지의 과잉소비가 공유지를 황폐화하여 공동체 구성원 모두가 공멸하는 현상
원인	• 공유재의 성격 : 공유재는 비배제성과 경합성을 지녀 개인들의 과잉소비 야기 • 개인의 합리적 선택 : 개인적 비용보다 편익을 크게 하려는 개인의 합리적 선택 • 집단행동의 딜레마(무임승차) 현상 : 편익은 자신에게 집중시키고 비용은 다수에게 분산하려는 무임승차 현상에 기인 • 부정적 외부효과 : 개인의 합리적 선택이 다른 구성원에게 負의 외부효과를 야기
결론	개인의 합리적 선택(사익극대화)이 사회의 합리적 선택(공익극대화)을 보장하지 못하고 오히려 사회적 비효율성을 초래(시장실패 및 정부개입의 이론적 근거)

02. ② 탈신공공관리론은 신공공관리론의 지나친 탈관료제화를 비판하면서 조직개편의 기본방향으로 관료제와 탈관료제의 조화를 지향한다.

<<핵심체크>> 탈신공공관리론

의의	정치·행정체제의 통제와 조정을 개선하기 위해 통치역량을 강화하고, 재집권화·재규제·구조 통합 등을 주창하는 개혁의 흐름
배경	신공공관리론을 대체하기 위한 것이 아니라 조정 또는 보완을 목적으로 대두

비교 국면		신공공관리론	탈신공공관리론
정부기능	정부-시장 관계	시장지향주의 : 규제완화	정부의 정치·행정적 역량 강화 : 재규제 및 정치적 통제 강조
	행정의 가치	능률성, 경제적 가치 강조	민주성·형평성 등 전통적 행정가치 동시 고려
	정부규모와 기능	정부 규모와 기능의 감축 : 민간화(민영화·민간위탁 등)	민간화·민영화의 신중한 접근
	공공서비스의 제공방식	• 시민과 소비자 관점 강조 • 시장메커니즘의 활용	공공부문과 민간부문의 파트너십 강조
조직구조	기본모형	탈관료제 모형	관료제와 탈관료제의 조화
	조직구조의 특징	비항구적·유기적 구조(임시조직·네트워크 활용, 비계층적 구조, 권한이양과 분권화)	재집권화-분권화와 집권화의 조화
	조직개편의 방향	소규모의 준자율적 조직으로 분절화(책임운영기관 등)	• 분절화의 축소 및 총체적 정부·합체된 정부(통[通]정부) • 집권화, 역량 및 조정의 증대
관리기능	관리철학	경쟁과 자율을 강조하는 민간기법 도입	자율성과 책임성의 증대
	통제방식	결과·산출중심의 통제	-
	인사관리	경쟁적 인사관리	공공책임성 중시
기타		환경적·역사적·문화적 요소 불고려	환경적·역사적·문화적 요소 유의

03. ④ 백지신탁제도는 재산공개대상 공무원의 이해충돌을 방지하기 위해 보유한 직무관련성 있는 주식을 매각하거나 또는 수탁기관에 신탁하도록 하는 제도이다.

04. ④ 철의 삼각(Iron Triangle) 또는 하위정부모형이란 이익집단, 관료 그리고 의회상임위원회가 강철과 같은 장기적이고 안정적이며 우호적인 삼각관계의 역할을 형성하면서 정책결정을 지배하는 것으로 본다.

05. ④ ㉡, ㉢은 옳고, ㉠, ㉣, ㉤은 옳지 않다. 국무총리는 정부업무평가기본계획을 수립하고 최소한 3년마다 타당성을 검토하여 수정·보완하여야 한다(㉠). 행정안전부장관은 지방자치단체에 대한 합동평가를 효율적으로 추진하기 위하여 행정안전부장관 소속하에 지방자치단체합동평가위원회를 설치·운영 할 수 있다(㉣). 중앙행정기관의 장은 자체평가위원회를 구성·운영하여야 하며 이 경우 평가의 공정성과 객관성을 확보하기 위하여 자체평가위원의 2/3 이상을 민간위원으로 하여야 한다(㉤).

06. ④ 집약적 기술은 다양한 기술이 개별적인 고객의 성격과 상태에 따라 다르게 배합되는 다양한 기술의 복합체로서 종합병원과 같은 곳에서 사용한다.

<<핵심체크>> 톰슨(Thompson)의 기술 모형

기술 유형	연속적 기술	중개적 기술	집약적 기술
의의	표준화된 상품을 반복적으로 대량 생산할 때 사용되는 기술(길게 연결된 기술)	고객들을 연결하는 기술	다양한 기술이 개별적인 고객의 성격과 상태에 따라 다르게 배합되는 기술
상호 의존성	순차적(연속적)	집합적	교호적
갈등	중간	낮음	높음
조정 난이도	중간	가장 용이	가장 곤란
조정 방법	계획(일정표)	표준화(루틴화)	상호조정(쌍방향적 의사전달)
생산 비용	중간	낮음	높음
복잡성	중간	낮음	높음
공식성	중간	높음	낮음
예	대량생산 조립라인 등	은행, 직업소개소 등	종합병원, 연구실험실 등

07. ② 직위해제는 ㉠ 직무수행능력이 부족하거나 근무성적이 극히 나쁜 자, ㉡ 파면·해임·강등 또는 정직에 해당하

는 징계의결이 요구 중인 자, ㉢ 형사사건으로 기소된 자(약식기소된 자 제외), ㉣ 고위공무원단에 속하는 일반직 공무원으로 '수시적격심사'를 요구받은 자, ㉤ 금품비위, 성범죄 등으로 감사원 및 검찰 · 경찰 등 수사기관에서 조사나 수사 중인 자로서 비위의 정도가 중대하고 이로 인하여 정상적인 업무수행을 기대하기 현저히 어려운 자에 대하여 할 수 있다.

08. ③ 「국가공무원법」에 의하면 중앙인사관장기관은 헌법상 독립기관별로 설치되며, 국회는 국회사무총장, 법원은 법원행정처장, 헌법재판소는 헌법재판소사무처장, 선거관리위원회는 중앙선거관리위원회사무총장, 행정부는 인사혁신처장이 중앙인사관장기관이 된다.

09. ① 본예산은 정기국회의 심의를 거쳐 확정된 최초의 예산으로 당초예산이라고도 한다. 본예산은 입법부에 의해 의결된 시점에 성립한다.
② 추가경정예산은 예산이 국회를 통과한 이후 예산집행과정에서 다시 제출되는 예산이다.
③ 수정예산은 예산안이 제출된 이후 국회의결 이전에 기존안의 일부를 수정해 제출한 예산이다.
④ 가예산은 회계연도개시 전에 예산이 의결되지 못하는 경우를 대비해 의회가 미리 1개월분 예산만 의결해 정부로 하여금 집행할 수 있도록 하는 예산이다.

10. ③ 지방재정자립도 향상을 위해서는 자주재원이 확대되어야 한다. 따라서 사용료, 수수료와 같은 세외수입과 국세의 지방세로의 전환 등을 통한 지방세 수입 등이 확대되어야 한다.
① 국고보조금은 의존재원이므로 특정보조금방식이 아닌 포괄보조금방식으로 전환한다고 하더라도 지방재정자립도를 제고할 수 있는 것은 아니다.
② 지방교부세는 의존재원이므로 지방교부세의 법정교부율을 대폭 상향조정하면, 오히려 지방재정자립도가 저해된다.
④ 지방재정자립도를 향상시키기 위해서는 조세체계를 개편하여 내국세가 아닌 지방세의 비중을 높여야 한다. 내국세의 증대는 지방교부세의 확대를 가져와 오히려 지방재정자립도를 낮출 수 있다.

2025 공무원 시험대비 【6회차】

박문각 일일 모의고사

-제9회-

[정답 및 해설]

이 름 : ____________________

학습관 : ____________________

합격
예측

답안 입력 및 성적 조회는 PC, 모바일에서 모두 가능합니다.

★ PC: pass.pmg.co.kr | ★ 모바일 앱: 박문각 합격관리

일일 모고 국어 제9회

정답 및 해설

합격까지 박문각

赤功 국어
적중 혜선

01. ③ '밤말은 강아지가 듣고 낮말은 고양이가 듣는다.'로 문장의 앞뒤 순서를 바꾸어도 의미가 바뀌지 않으므로 대등하게 이어진 문장이다.
① → 배가 숲으로 가면 사공이 많다.
② → 사과 떨어지자 까치 난다.
④ → 가는 말이 고와야 오는 말이 곱다
위의 문장들은 문장의 앞뒤 순서를 바꾸면 의미가 바뀌므로 종속적으로 이어진 문장들에 해당한다.

02. ③ 나머지는 문장의 앞뒤를 바꿔도 의미 변화가 없는 대등적 연결어미들이 쓰였다. 하지만 '라디오를 틀고 뉴스를 들었다.'는 종속적으로 이어진 문장이다. '-고'는 앞뒤 절의 두 사실 간에 계기적인 관계가 있음을 나타내는 연결어미로서 종속적 연결 어미이다. 이 경우에는 앞뒤의 선후 관계가 존재하므로 문장의 앞뒤를 바꾸면 의미 변화가 있다.

03. ① (제끼고(×) → 제치고(×)) '제끼다'는 '제치다'의 비표준어이다. 하지만 '제치다'는 '거치적거리지 않게 처리하다.'를 의미하므로 이 자리에 '제치다'가 와도 의미가 어색하다. 따라서 이 자리에는 '뒤로 기울다.'라는 뜻을 가지는 '젖히고'가 와야 한다.
② 희안한(×) → 희한한(○):'희한(稀罕:稀 드물 희 罕 드물 한)하다'가 기본형이다.
③ 뗄레야(×) → 떼려야(○):'떼-'에 어미 '-(으)려야'가 결합된 것이므로 '떼려야 뗄 수 없다'와 같이 표현하는 것이 맞다. 어미 '-려'는 앞에 어미 'ㄹ'이 절대 오지 않는다.
④ 스무두째(×) → 스물두째(○):'스무 살, 스무 마리'에만 '스무'가 쓰인다. 따라서 '스물두 번째'를 의미하는 '스물두째'로 고쳐야 한다.

04. ① '우리부'는 한 단어가 아니므로 띄어 쓴다. '우리∨부'가 바른 표기이다.
② ㉡ 이 문장에서 '계획인바'는 '계획입니다.'로 마치고 '이에'로 잇는 것이 더 자연스럽다.
③ ㉢ '바'가 '방법, 일, 것, 사실, 처지, 형편' 등에 가까운 뜻일 때에는 앞말과 띄어 쓴다.
④ ㉣ 법률명은 띄어쓰기 기준에 따라 띄어 쓰고 작은따옴표(' ')나 홑낫표(「 」)로 묶는다.

05. ③ 마찰적 기술 실업은 새로운 직업에 대한 숙련도의 부족으로 실직 상태에 놓여있는 상황을 의미한다. 마찰적 기술 실업과 구조적 기술 실업이 동시에 발생하는 상황을 가정했을 때, 노동자들은 절대적인 일자리 개수의 부족과 해당 직종에 대한 숙련도 문제를 동시에 겪을 것이다. 만족도 문제와는 관련이 없다.
① 마찰적 기술 실업은 새로운 직업에 대한 숙련도 부족으로 발생하는 실업을 의미한다.
② 구조적 기술 실업은 절대적인 일자리 개수 부족 문제를 의미한다.
④ 마찰적 기술 실업과 구조적 기술 실업은 사회 전체의 실업 문제를 야기한다.

06. ①

전제 1: 프로그래밍 → 이성
전제 2: [ ]

결론: 이성 ∧ 미술(≡ 미술 ∧ 이성)

①은 '미술 ∧ 프로그래밍'이다. 이 명제에 의해 미술을 좋아하는 사람 중 프로그래밍을 잘 하는 사람이 적어도 하나 존재하고 전제 1에 의해 프로그래밍을 좋아하는 모든 사람은 이성적이므로 두 명제를 결합하면 미술을 좋아하는 사람 중 이성적인 사람이 존재한다는 결론, 즉 '이성 ∧ 미술'이 도출된다. 따라서 이 명제는 주어진 결론을 반드시 참이 되도록 하는 전제 2로서 적절하다.
②은 '~미술 → ~프로그래밍'이다. 이 명제를 '프로그래밍 → 이성'와 결합하여 결론 '이성 ∧ 미술'을 도출하는 것은 불가능하다.
③은 '미술 ∧ ~프로그래밍'이다. 이 명제를 '프로그래밍 → 이성'와 결합하여 결론 '이성 ∧ 미술'을 도출하는 것은 불가능하다.
④는 '~미술 ∧ ~프로그래밍'이다. 이 명제를 '프로그래밍 → 이성'와 결합하여 결론 '이성 ∧ 미술'을 도출하는 것은 불가능하다.

07. ④ ㉠의 '누르다'는 '1「2」 마음대로 행동하지 못하도록 힘이나 규제를 가하다.'를 의미한다. 이와 가장 유사한 의미의 '누르다'는 ④이다.
① 1「3」 자신의 감정이나 생각을 밖으로 드러내지 않고 참다.
② 1「4」 경기나 경선 따위에서, 상대를 제압하여 이기다.
③ 2 계속 머물다.

08. ① '맺다'는 '관계나 인연 따위를 이루거나 만들다.'를 의미한다. 따라서 '어떤 목적에 부합되는 결정을 하기 위하여 여럿이 서로 의논하다.'를 의미하는 '협상(協 화합할 협 商 헤아릴 상)하다'는 ㉠과 바꿔쓸 수 있는 유사한 표현으로 적절하지 않다. '계약이나 조약 따위를 공식적으로 맺다.'를 의미하는 '체결(締 맺을 체 結 맺을 결)하다'로 바꿔 쓸 수 있다.
② ㉡ '끝나다'는 '일이 다 이루어지다.'를 의미한다. 따라서 '어떤 행동이나 일 따위가 끝나다. 또는 행동이나 일 따위를 끝마치다.'를 의미하는 '종료(終 마칠 종 了 마칠 료(요))하다'로 바꿔쓸 수 있다.
③ ㉢ '나가다'는 '일정한 지역이나 공간에서 벗어나거나 집이나 직장 따위를 떠나다.'를 의미한다. 따라서 '집에 있지 아니하고 다른 곳에 나가다.'를 의미하는 '출타(出 날 출 他 다를 타)하다'로 바꿔쓸 수 있다.
④ ㉣ '이야기하다'는 '다른 사람과 말을 주고받다.'를 의미한다. 따라서 '서로 만나서 이야기하다.'를 의미하는 '면담(面 낯 면 談 말씀 담)하다'로 바꿔쓸 수 있다.

09. ② (나)는 보충 문단으로 설의법을 효과적으로 사용하여 (가)의 내용을 구체화하고 있다. 기본 관념만을 서술한다면 (나) 없이도 (다)에 연결될 수 있다.
① (가)는 도입 문단으로 광고 문안을 이용하여 독자들의 흥미를 끌고 있다.
③ (나)는(가)의보충 문단에 해당한다.
④ (다)는결말 문단으로 글의 내용을 마무리하여 주제를 요약하고 있다.

10. ① 르 코르뷔지에는 기능적 효율성을 중시하여 기존 건축물을 철거하고 새로운 도시를 건설할 것을 주장했다. 이를

파리 사람들은 문화재 파괴 행위로 인식했다고 했으므로 '문화적 가치를 고려하지 못했다'라는 서술은 적절하다.
② 아파트는 도시 계획의 5%에 지나지 않으므로 '도시 대부분의 면적을 아파트로 채운'다는 서술은 부적절하다.
③ 전통 건축물과 근대 건축물의 접점이 없었던 것은 동양으로, '전통 건축물과 근대 건축물의 접점이 없던 서양권'이라는 서술이 잘못됐음을 알 수 있다.
④ 녹지 건설, 정형화된 도시 계획이 도시의 심미성을 높이기 위한 수단이었다는 서술은 확인할 수 없으며, 기능과 효율을 높이기 위한 것임이 명시적으로 나타나 있다.

일일 모고 영어 제9회

정답 및 해설

합격까지 박문각

반드시 합격
진가영 영어

01. ③ ★ irreversible 되돌릴 수 없는
● reversible 되돌릴 수 있는
● avoidable 피할 수 있는
● temporary 일시적인, 순간의
[해석] 자연 재해로 인한 피해는 너무 심각하여 되돌릴 수 없는 것으로 간주되었고, 지역사회에는 회복의 희망이 없었다.

02. ④ ★ clone 복제하다, 복제본
★ destroy 파괴하다, 없애다
● modify 수정하다, 바꾸다
● discover 발견하다, 찾아내다
[해석] 그 과학자는 실험실에서 희귀 식물 종을 성공적으로 복제하여 원본과 똑같은 복제본을 만들었다.

03. ③ ★ grapple (힘겹게) 맞서 싸우다, 붙잡고 씨름하다
● ignore 무시하다, 외면하다
● abandon 버리다, 포기하다
● release 풀어주다, 방출하다
[해석] 그 소방관은 건물 붕괴 후 갇힌 피해자들을 구하기 위해 무거운 잔해와 씨름해야 했다.

04. ② ★ unveil 공개하다, 발표하다
● conceal 숨기다, 감추다
● domesticate 길들이다
● camouflage 위장, 위장하다, 숨기다
[해석] 그 회사는 다가오는 기술 박람회에서 최신 스마트폰 모델을 공개할 예정이다.

05. ② ★ voracious 왕성한, 열렬히 탐하는
● reluctant 꺼리는, 내키지 않는
● modest 겸손한, 자그마한
● slow 느린, 둔한
[해석] 그 젊은 운동선수의 왕성한 식욕은 그가 불과 몇 시간 만에 세 끼를 다 먹게 했고, 주변 사람들을 놀라게 했다.

06. ③ [해설]
'~하자마자 ~했다'의 뜻으로 쓰이는 시제 구문은 '주어 + had no sooner p.p. + than 주어 + 과거시제 동사'의 형태로 써야 한다. 따라서 밑줄 친 부분에 가장 적절한 것은 ③이다.
[해석]
내가 공항에 도착하자마자 비행기가 갑자기 결항되었다는 메시지를 받았다.

07. ③ [해설]
동사를 수식할 수 있는 것은 형용사가 아닌 부사이다. 따라서 밑줄 친 부분인 slight를 slightly로 고쳐야 한다.
[해석]
늦은 밤 집으로 걸어가던 중, 내 뒤에서 발소리가 울려 퍼지는 것을 들었다. 심장이 두근거려서 살짝 고개를 돌려보았지만, 후드를 쓴 사람이 내 속도에 맞춰 따라오고 있을 뿐이었다. 내가 발걸음을 서두르려는 순간, 거친 손이 내 어깨를 붙잡아 나를 멈춰 세웠다.

08. ① [해석]
A: 좋은 오후입니다! 오늘 무엇을 도와드릴까요?
B: 안녕하세요, 집에서의 화재 안전에 대해 더 알고 싶어요. 좋은 팁이 있을까요?
A: 물론이죠! 가장 중요한 것은 각 방에 연기 감지기를 설치하고 정기적으로 점검하는 것입니다.
B: 좋은 생각 같아요. 소화기는 어디에 배치해야 하나요?
A: 소화기는 주방과 화재가 발생할 가능성이 높은 곳에 두어야 합니다. 그리고 집에 있는 모든 사람이 소화기를 사용하는 방법을 알고 있어야 합니다.
B: 알겠습니다.
① 소화기는 어디에 배치해야 하나요?
② 소화기 대신 물을 사용해도 될까요?
③ 소화기를 언제 구매해야 하나요?
④ 소화기는 언제 교체를 해줘야 하나요?

09. ③ [해설]
이 글은 직원들에게 새로운 고객 충성도 프로그램을 소개하고, 프로그램의 성공을 위해 각 부서의 협력을 요청하는 내용을 담고 있다. 따라서 글의 목적은 "직원들에게 새로운 고객 충성도 프로그램을 소개하고 협력을 요청하려고"이다.

10. ② [해설]
"redeem"는 '바꾸다' 또는 '되찾다'는 의미로, 'can be redeemed'의 수동태의 표현을 통해, 고객이 적립한 포인트를 할인이나 제품으로 교환할 수 있다는 맥락에서 사용되었다. 가장 가까운 의미는 'exchange (교환하다)'이다.
① cancel 취소하다
③ ignore 무시하다
④ waste 낭비하다
[해석]

수신인: 전 직원
발신인: CEO 사무실
날짜: 11월 1일
제목: 새로운 고객 충성도 프로그램 출시

친애하는 팀 여러분,

우리는 11월 15일부터 시작되는 새로운 고객 충성도 프로그램의 출시를 기쁘게 발표합니다. 이 프로그램은 우리 브랜드와 함께하는 고객들에게 보상을 제공하고, 전반적인 고객 경험을 향상시키기 위해 설계되었습니다.

프로그램의 주요 특징:
1. 포인트 시스템: 고객은 모든 구매에 대해 포인트를 적립하고, 이를 할인이나 독점 제품으로 교환할 수 있습니다.
2. 등급별 혜택: 고객은 소비에 따라 실버, 골드, 플래티넘으로 등급이 나누어지며, 각 등급에는 고유한 혜택이 제공됩니다.
3. 맞춤형 혜택: 회원을 위한 맞춤형 프로모션과 세일에 조기 접근할 수 있는 기회.

이 프로그램의 성공을 위해 각 부서의 전폭적인 지원이 필요합니다. 구체적으로:

- 영업팀: 고객에게 프로그램을 홍보하고 그 혜택을 설명합니다.
- 마케팅팀: 프로그램 인지도를 높이고 신규 회원을 유치할 수 있는 캠페인을 개발합니다.
- IT팀: 시스템이 원활하게 운영되도록 하고, 기술적인 문제를 해결합니다.

다음 주에 자세한 가이드와 교육 자료가 제공될 예정입니다. 함께 힘을 모아 이 프로그램을 성공으로 이끌어갑시다!

여러분의 헌신과 노력에 감사드립니다.

감사합니다,
Sarah Lee

[어휘]

☐ loyalty 충성도
☐ tiered 단계적인, 계층적인, 층으로 된
☐ promotion 홍도

일일 모고 한국사 제9회
정답 및 해설

합격까지 박문각

가장 빠른 한국사
한국사 박기훈

01. ③ 돌괭이, 돌삽은 신석기 시대에 사용한 농경도구이고, 가락바퀴, 뼈바늘은 옷이나 그물을 제작할 때 사용하던 것으로써 신석기 시대에 원시 수공업이 행해졌음을 알려주는 유물이다. 빗살무늬 토기는 신석기 시대의 대표적인 토기로 전국의 강가나 바닷가에 분포한다.
③ 고인돌은 청동기 시대의 무덤이다.
① 신석기 시대에는 혈연을 바탕으로 한 씨족을 기본 구성단위로 하여 부족을 이루었다.
② 농경과 정착 생활을 하게 되면서 애니미즘, 샤머니즘, 토테미즘 등의 종교가 등장하였다.
④ 토기를 사용하여 음식물을 조리하거나 저장하기 시작하였다.

02. ② (가)는 부여, (나)는 고구려이다. 고구려와 백제의 건국 세력은 부여의 한 계통임을 자처하였고, 건국 신화도 같은 원형을 바탕으로 하였다. 백제의 왕족은 부여씨이며, 사비 천도 후 남부여로 국호를 고쳤다. 백제는 한강 유역의 토착 세력과 고구려 계통의 유이민 세력의 결합으로 성립되었다.
② 민며느리제도는 옥저의 혼인풍습이다.

03. ② (가)는 광개토대왕릉비 (나)는 장수왕의 업적과 관련이 있는 중원 고구려비에 대한 설명이다.
② 미천왕이 낙랑군을 축출하고 대동강 유역을 차지하였다.
① 광개토대왕은 영락이라는 독자적인 연호를 사용하였다.
③ 광개토대왕 시기에 대한 설명으로 맞다.
④ 장수왕 시기인 5세기에 백제의 비유왕과 신라의 눌지왕은 나제동맹을 체결하였다.

04. ① 제시된 글을 올린 사람은 최충헌이다.
① 몽고 2차 침략으로 소실된 초조 대장경을 대신하여 재조 대장경을 조판한 것은 최우 때이다.

05. ② 제시된 자료의 내용은 임진왜란 때 명과 함께 평양성을 탈환했던 내용이다.
② 임진왜란 당시 선조는 의주로 피난을 갔었다
① 매소성과 기벌포 싸움은 신라가 삼국을 통일하기 위하여 당과 싸운 전쟁이다.
③ 정봉수와 이립은 정묘호란 때 용골산성과 의주에서 활약한 의병장이다.
④ 군신 조건으로 강화를 체결한 것은 병자호란 때이다.

06. ① 자료의 향촌 사회 조직은 향약이다. 향약은 성리학적 교화와 상호부조를 통해 향촌 질서를 안정화시키는데 기여했으며, 도약정, 부약정, 직월 등의 간부를 두었다.
① 두레에 관한 설명이다.

07. ② 옳은 것은 ㉡, ㉢, ㉦ 이다.
㉠ 영업전을 정하여 영업전은 매매를 금하자는 한전론을 주장한 사람은 이익이다.
㉣ 관리, 선비, 종민 등 신분에 따라 차등 있게 토지를 재분배하자는 균전론 주장은 유형원이 한 것이다.
㉤ 정약용이 지방 행정의 개혁에 관하여 쓴 것은 『목민심서』이다.
㉥ 『양반전』, 『호질』, 『허생전』은 한문소설이다.

08. ① 제시된 역사서는 안정복의 『동사강목』이다. 고증사학의 토대를 마련하고, 독자적 정통론을 체계화 시켰지만 마한 정통론을 내세우며 기자를 존중하여 성리학적 사관을 탈피하지는 못한 것으로 본다.
② 한치윤의 『해동역사』
③ 이종휘의 『동사』
④ 유득공의 『발해고』

09. ② (가)는 유교 경전의 해석 능력에 따라 상, 중, 하품으로 나눈 것을 통해 원성왕 때 실시한 독서삼품과임을 알 수 있다.
(나)는 제술과와 명경과를 통해 고려의 과거제임을 알 수 있다.
② 쌍기의 건의를 수용하여 실시한 것은 고려의 과거제이다.

10. ④ ㉠ 중원경은 지금의 충청북도 충주이다.
㉡ 탐라총관부는 지금의 제주도이다.

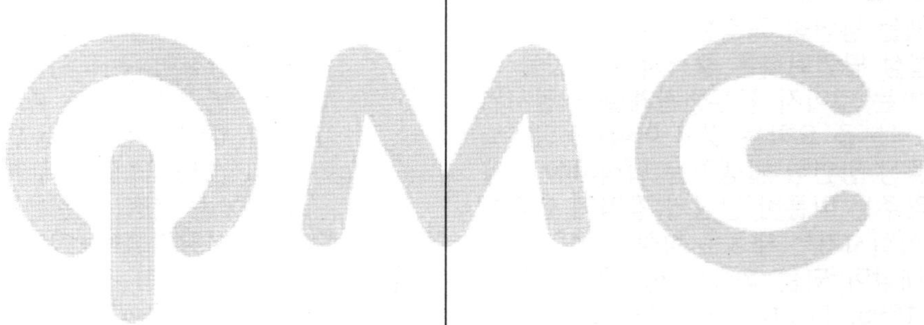

일일 모고 행정법 제9회
정답 및 해설

합격까지 박문각

광야에서 합격까지
행정법 강성빈

01. ③ ③ (지방공무원 복무조례개정안에 대한 의견을 표명하기 위하여 전국공무원노동조합 간부 10여 명과 함께 시장의 사택을 방문한 위 노동조합 시지부 사무국장에게 지방공무원법 제58조에 정한 집단행위 금지의무를 위반하였다는 등의 이유로 징계권자가 파면처분을 한 사안에서) 그 징계처분이 사회통념상 현저하게 타당성을 잃거나 객관적으로 명백하게 부당하여 징계권의 한계를 일탈하거나 재량권을 남용하였다고 볼 수 없다. 대법원 2009. 6. 23. 선고 2006두16786 판결
① 종전의 허가가 기한의 도래로 실효한 이상 원고가 종전 허가의 유효기간이 지나서 신청한 이 사건 기간연장 신청은 그에 대한 종전의 허가처분을 전제로 하여 단순히 그 유효기간을 연장하여 주는 행정처분을 구하는 것이라기보다는 종전의 허가처분과는 별도의 새로운 허가를 내용으로 하는 행정처분을 구하는 것이라고 보아야 할 것이어서, 이러한 경우 허가권자는 이를 새로운 허가신청으로 보아 법의 관계 규정에 의하여 허가요건의 적합 여부를 새로이 판단하여 그 허가 여부를 결정하여야 할 것이다. 대법원 1995. 11. 10. 선고 94누11866 판결
② 국가공무원법 제69조에 의하면 공무원이 제33조 각 호의 1에 해당할 때에는 당연히 퇴직한다고 규정하고 있으므로, 국가공무원법상 당연퇴직은 결격사유가 있을 때 법률상 당연히 퇴직하는 것이지 공무원관계를 소멸시키기 위한 별도의 행정처분을 요하는 것이 아니며, 당연퇴직의 인사발령은 법률상 당연히 발생하는 퇴직사유를 공적으로 확인하여 알려주는 이른바 관념의 통지에 불과하고 공무원의 신분을 상실시키는 새로운 형성적 행위가 아니므로 행정소송의 대상이 되는 독립한 행정처분이라고 할 수 없다. 대법원 1995. 11. 14. 선고 95누2036 판결
④ 여객자동차 운수사업법에 의한 개인택시운송사업의 면허는 특정인에게 권리나 이익을 부여하는 행정청의 재량행위이고, 위 법과 그 시행규칙의 범위 내에서 면허를 위하여 필요한 기준을 정하는 것 역시 행정청의 재량에 속하는 것이므로, 행정청이 개인택시운송사업의 면허를 하면서, 택시 운전경력이 버스 등 다른 차종의 운전경력보다 개인택시의 운전업무에 더 유용할 수 있다는 점 등을 고려하여 택시의 운전경력을 다소 우대하는 것이 객관적으로 합리적이 아니라거나 타당하지 않다고 볼 수 없다. 대법원 2004. 11. 12. 선고 2004두9463 판결

02. ① ① 행정청이 사전에 교통영향평가를 거치지 아니한 채 '건축허가 전까지 교통영향평가 심의필증을 교부받을 것'을 부관으로 붙여서 한 '실시계획변경 승인 및 공사시행변경 인가 처분'에 중대하고 명백한 흠이 있다고 할 수 없어 이를 무효로 보기 어렵다. 대법원 2010. 2. 25. 선고 2009두102 판결
② (주택재개발정비사업조합 설립추진위원회가 주택재개발정비사업조합 설립인가처분의 취소소송에 대한 1심 판결 이후 정비구역 내 토지 등 소유자의 4분의 3을 초과하는 조합설립동의서를 새로 받은 사안에서) 하자의 치유를 인정하였을 때 원고들을 비롯한 토지 등 소유자들에게 아무런 손해가 발생하지 않는다고 단정할 수 없으므로 위 설립인가처분의 하자가 치유된다고 볼 수 없다. 대법원 2010. 8. 26. 선고 2010두2579 판결
③ 행정청이 청문서 도달기간을 다소 어겼다 하더라도 영업자가 이에 대하여 이의하지 아니한 채 스스로 청문일에 출석하여 그 의견을 진술하고 변명하는 등 방어의 기회를 충분히 가졌다면 청문서 도달기간을 준수하지 아니한 하자는 치유되었다고 봄이 상당하다. 대법원 1992. 10. 23. 선고 92누2844 판결
④ 계고처분의 후속절차인 대집행에 위법이 있다고 하더라도, 그와 같은 후속절차에 위법성이 있다는 점을 들어 선행절차인 계고처분이 부적법하다는 사유로 삼을 수는 없다. 대법원 1997. 2. 14. 선고 96누15428 판결

03. ④ ④ 도시재개발법 제34조에 의한 행정청의 인가는 주택개량재개발조합의 관리처분계획에 대한 법률상의 효력을 완성시키는 보충행위로서 그 기본 되는 관리처분계획에 하자가 있을 때에는 그에 대한 인가가 있었다 하여도 기본행위인 관리처분계획이 유효한 것으로 될 수 없으며, 다만 그 기본행위가 적법 · 유효하고 보충행위인 인가처분 자체에만 하자가 있다면 그 인가처분의 무효나 취소를 주장할 수 있다고 할 것이지만, 인가처분에 하자가 없다면 기본행위에 하자가 있다 하더라도 따로 그 기본행위의 하자를 다투는 것은 별론으로 하고 기본행위의 무효를 내세워 바로 그에 대한 행정청의 인가처분의 취소 또는 무효확인을 소구할 법률상의 이익이 있다고 할 수 없다. 대법원 2001. 12. 11. 선고 2001두7541 판결
① 행정청이 구 도시정비법에 근거하여 행하는 사업시행계획 변경인가처분 중 '사업시행자를 조합 단독에서 조합과 주택공사등 공동으로 변경하는 결정 부분' 또는 '사업시행자를 조합과 주택공사등 공동에서 조합 단독으로 변경하는 결정 부분'은 주택공사등에 대하여 도시정비법상 도시환경정비사업을 시행할 수 있는 권한을 갖는 행정주체로서의 지위를 부여하거나 상실시키는 일종의 설권적 처분의 성격을 가진다. 대법원 2023. 12. 21. 선고 2023다275424 판결
② 도시환경정비사업을 직접 시행하려는 토지 등 소유자들은 시장 · 군수로부터 사업시행인가를 받기 전에는 행정주체로서의 지위를 가지지 못한다. 따라서 그가 작성한 사업시행계획은 인가처분의 요건 중 하나에 불과하고 항고소송의 대상이 되는 독립된 행정처분에 해당하지 아니한다고 할 것이다. 대법원 2013. 6. 13. 선고 2011두19994 판결
③ 조합설립추진위원회 구성승인은 조합의 설립을 위한 주체인 추진위원회의 구성행위를 보충하여 효력을 부여하는 처분이다. 대법원 2014. 2. 27. 선고 2011두2248 판결

04. ④ ④ 구 「산업집적활성화 및 공장설립에 관한 법률」에 따른 산업단지 입주계약의 해지통보는 단순히 대등한 당사자의 지위에서 형성된 공법상계약을 계약당사자의 지위에서 종료시키는 의사표시에 불과하다고 볼 것이 아니라 행정청인 관리권자로부터 관리업무를 위탁받은 한국산업단지공단이 우월적 지위에서 원고에게 일정한 법률상 효과를 발생하게 하는 것으로서 항고소송의 대상이 되는 행정처분에 해당한다고 보아야 할 것이다. 대법원 2011. 6. 30. 선고 2010두23859 판결
① 정부의 수도권 소재 공공기관의 지방이전시책을 추진하는 과정에서 도지사가 도 내 특정시를 공공기관이 이전할 혁신도시 최종입지로 선정한 행위는 항고소송의 대상이 되는 행정처분이 아니다. 대법원 2007. 11. 15. 선고 2007두10198 판결
② 갑 도지사가 도에서 설치 · 운영하는 을 지방의료원을

폐업하겠다는 결정을 발표하고 그에 따라 폐업을 위한 일련의 조치가 이루어진 후 을 지방의료원을 해산한다는 내용의 조례를 공포하고 을 지방의료원의 청산절차가 마쳐진 사안에서, 갑 도지사의 폐업결정은 행정청이 행하는 구체적 사실에 관한 법집행으로서의 공권력 행사로서 입원환자들과 소속 직원들의 권리 · 의무에 직접 영향을 미치는 것이므로 항고소송의 대상에 해당한다(주: 지방의료원을 폐업 전의 상태로 되돌리는 원상회복이 불가능하다는 이유로 소의 이익을 부정한 사례). 대법원 2016. 8. 30. 선고 2015두60617 판결

③ 교통안전공단이 그 사업목적에 필요한 재원으로 사용할 기금 조성을 위하여 같은 법 제13조에 정한 분담금 납부의무자에 대하여 한 분담금 납부통지는 그 납부의무자의 구체적인 분담금 납부의무를 확정시키는 효력을 갖는 행정처분이라고 보아야 할 것이고, 이는 그 분담금 체납자로부터 국세징수법에 의한 강제징수를 할 수 있음을 정한 규정이 없다고 하여도 마찬가지이다. 대법원 2000. 9. 8. 선고 2000다12716 판결

05. ③ ③ 석탄광업자가 석탄산업합리화사업단을 상대로 석탄산업법령 및 석탄가격안정지원금 지급요령에 의하여 지원금의 지급을 구하는 소송은 공법상의 법률관계에 관한 소송인 공법상의 당사자소송에 해당한다. 대법원 1997. 5. 30. 선고 95다28960 판결

① 행정소송법 제44조, 제10조에 의한 관련청구소송 병합은 본래의 당사자소송이 적법할 것을 요건으로 하는 것이어서 본래의 당사자소송이 부적법하여 각하되면 그에 병합된 관련청구소송도 소송요건을 흠결하여 부적합하므로 각하되어야 한다. 대법원 2011. 9. 29. 선고 2009두10963 판결

② 행정소송법 제39조

행정소송법 제39조(피고적격)
당사자소송은 국가 · 공공단체 그 밖의 권리주체를 피고로 한다.

④ 실질적으로는 행정청의 처분 등을 다투는 것이나 형식적으로는 처분 등의 효력을 다투지도 않고, 처분청을 피고로 하지도 않으며, 그 대신 처분 등으로 인해 형성된 법률관계를 다투기 위해 관련 법률관계의 일방 당사자를 피고로 하여 제기하는 소송을 형식적 당사자소송이라 하는데, 토지보상법에서 정하고 있는 보상금증감청구소송이 그 대표적인 예이다.

06. ① ① 남북정상회담의 개최과정에서 재정경제부장관에게 신고하지 아니하거나 통일부장관의 협력사업 승인을 얻지 아니한 채 북한측에 사업권의 대가 명목으로 송금한 행위 자체는 헌법상 법치국가의 원리와 법 앞에 평등원칙 등에 비추어 볼 때 사법심사의 대상이 된다. 대법원 2004. 3. 26. 선고 2003도7878 판결

② 비록 서훈취소가 대통령이 국가원수로서 행하는 행위라고 하더라도 법원이 사법심사를 자제하여야 할 고도의 정치성을 띤 행위라고 볼 수는 없다. 대법원 2015. 4. 23. 선고 2012두26920 판결

③ 개성공단 전면중단 조치가 고도의 정치적 결단을 요하는 문제이기는 하나, 조치 결과 개성공단 투자기업인 청구인들에게 기본권 제한이 발생하였고, 국민의 기본권 제한과 직접 관련된 공권력의 행사는 고도의 정치적 고려가 필요한 행위라도 헌법과 법률에 따라 결정하고 집행하도록 견제하는 것이 헌법재판소 본연의 임무이므로, 그 한도에서 헌법소원심판의 대상이 될 수 있다. 헌법재판소 2022. 1. 27. 선고 2016헌마364 전원재판부 결정

④ 외국에의 국군의 파견결정은 파견군인의 생명과 신체의 안전뿐만 아니라 국제사회에서의 우리나라의 지위와 역할, 동맹국과의 관계, 국가안보문제 등 궁극적으로 국민 내지 국익에 영향을 미치는 복잡하고도 중요한 문제로서 국내 및 국제정치관계 등 제반상황을 고려하여 미래를 예측하고 목표를 설정하는 등 고도의 정치적 결단이 요구되는 사안이므로 사법심사의 대상이 되지 아니한다. 헌법재판소 2004. 4. 29. 선고 2003헌마814 결정

07. ② ② 구 산림법령상 채석허가는 대물적 허가의 성질을 가지는 점 등을 감안하여 보면, 수허가자가 사망한 경우 특별한 사정이 없는 한 수허가자의 상속인이 수허가자로서의 지위를 승계한다고 봄이 상당하다. (중략) 산림을 무단형질변경한 자가 사망한 경우 당해 토지의 소유권 또는 점유권을 승계한 상속인은 그 복구의무를 부담한다고 봄이 상당하고, 따라서 관할 행정청은 그 상속인에 대하여 복구명령을 할 수 있다고 보아야 한다. 대법원 2005. 8. 19. 선고 2003두9817 판결

① 행정기본법 제6조

행정기본법 제6조(행정에 관한 기간의 계산)
① 행정에 관한 기간의 계산에 관하여는 이 법 또는 다른 법령등에 특별한 규정이 있는 경우를 제외하고는 「민법」을 준용한다.

③ 사인이 처리한 국가의 사무가 사인이 국가를 대신하여 처리할 수 있는 성질의 것으로서, 사무 처리의 긴급성 등 국가의 사무에 대한 사인의 개입이 정당화되는 경우에 한하여 사무관리가 성립하고, 사인은 그 범위 내에서 국가에 대하여 국가의 사무를 처리하면서 지출된 필요비 내지 유익비의 상환을 청구할 수 있다(甲 주식회사 소유의 유조선에서 원유가 유출되는 사고가 발생하자 乙 주식회사가 피해 방지를 위해 해양경찰의 직접적인 지휘를 받아 방제작업을 보조한 사안에서, 乙 회사는 사무관리에 근거하여 국가에 방제비용을 청구할 수 있다고 한 사례). 대법원 2014. 12. 11. 선고 2012다15602 판결

④ 지방재정법 제87조 제1항에 의한 변상금부과처분이 당연무효인 경우에 이 변상금부과처분에 의하여 납부자가 납부하거나 징수당한 오납금은 지방자치단체가 법률상 원인 없이 취득한 부당이득에 해당하고, 이러한 오납금에 대한 납부자의 부당이득반환청구권은 처음부터 법률상 원인이 없이 납부 또는 징수된 것이므로 납부 또는 징수시에 발생하여 확정되며, 그 때부터 소멸시효가 진행한다. 대법원 2005. 1. 27. 선고 2004다50143 판결

08. ② ② 이 사건 항만순찰 등 업무는 부산광역시장이 국가로부터 위임받은 기관위임사무에 해당한다고 봄이 상당하고, 이러한 경우에 지방자치단체인 피고인을 양벌규정에 의한 처벌대상이 되는 법인에 해당하는 것으로 보아 처벌할 수는 없으므로 피고인에게는 이 사건 자동차관리법 위반죄가 성립할 수 없다. 대법원 2009. 6. 11. 선고 2008도6530 판결

① 세법상 가산세는 과세권의 행사 및 조세채권의 실현을 용이하게 하기 위하여 납세자가 정당한 이유 없이 법에 규정된 신고 · 납세의무 등을 위반한 경우에 법이 정하는 바에 의하여 부과하는 행정상의 제재로서 납세자의 고의 · 과실은 고려되지 아니하는 것이며, 법령의 부지는 그 정당한 사유에 해당한다고 볼 수 없다. 대법원 1999. 12. 28. 선고 98두3532 판결

③ 체납자 등에 대한 공매통지는 국가의 강제력에 의하여 진행되는 공매절차에서 체납자 등의 권리 내지 재산상 이익을 보호하기 위하여 법률로 규정한 절차적 요건에 해당하지만, 그 통지를 하지 아니한 채 공매처분을 하였다 하여도 그 공매처분이 당연무효로 되는 것은 아니다. 대법원 2012. 7. 26. 선고 2010다50625 판결

④ 건축법상 이행강제금은 위법건축물의 원상회복을 궁극적인 목적으로 하고, 그 궁극적인 목적을 달성하기 위해서는 위법건축물이 존재하는 한 계속하여 부과할 수밖

에 없으며, 만약 통산부과횟수나 통산부과상한액의 제한을 두면 위법건축물의 소유자 등에게 위법건축물의 현상을 고착할 수 있는 길을 열어주게 됨으로써 이행강제금의 본래의 취지를 달성할 수 없게 될 수 있으므로, 건축법 제83조 제4항이 "허가권자는 최초의 시정명령이 있은 날을 기준으로 하여 1년에 2회의 범위 안에서 당해 시정명령이 이행될 때까지 반복하여 이행강제금을 부과 · 징수할 수 있다."고 규정하였다고 하여 과잉금지원칙에 반한다고 할 수도 없다. 대법원 2005. 8. 19.자 2005마30 결정

09. ② ② 교육부장관이 어떤 후보자를 총장 임용에 부적격하다고 판단하여 배제하고 다른 후보자를 임용제청하는 경우라면 배제한 후보자에게 연구윤리 위반, 선거부정, 그 밖의 비위행위 등과 같은 부적격사유가 있다는 점을 구체적으로 제시할 의무가 있다. 대법원 2018. 6. 15. 선고 2016두57564 판결

① 행정청이 행정절차법 제20조 제1항의 처분기준 사전공표 의무를 위반하여 미리 공표하지 아니한 기준을 적용하여 처분을 하였다고 하더라도, 그러한 사정만으로 곧바로 해당 처분에 취소사유에 이를 정도의 흠이 존재한다고 볼 수는 없다. 대법원 2020. 12. 24. 선고 2018두45633 판결

③ 처분이나 민원의 처리기간을 정하는 것은 신청에 따른 사무를 가능한 한 조속히 처리하도록 하기 위한 것이다. 처리기간에 관한 규정은 훈시규정에 불과할 뿐 강행규정이라고 볼 수 없다. 행정청이 처리기간이 지나 처분을 하였더라도 이를 처분을 취소할 절차상 하자로 볼 수 없다. 민원처리법 시행령 제23조에 따른 민원처리진행상황 통지도 민원인의 편의를 위한 부가적인 제도일 뿐, 그 통지를 하지 않았더라도 이를 처분을 취소할 절차상 하자로 볼 수 없다. 대법원 2019. 12. 13. 선고 2018두41907 판결

④ 행정청이 행정처분을 하면서 논리적으로 당연히 수반되어야 하는 의사표시를 명시적으로 하지 않았다고 하더라도, 그것이 행정청의 추단적 의사에도 부합하고 상대방도 이를 알 수 있는 경우에는 행정처분에 위와 같은 의사표시가 묵시적으로 포함되어 있다고 볼 수 있다. 대법원 2020. 10. 29 선고 2017다269152 판결

10. ④ ④ 하천의 관리청이 관계 규정에 따라 설정한 계획홍수위를 변경시켜야 할 사정이 생기는 등 특별한 사정이 없는 한, 이미 존재하는 하천의 제방이 계획홍수위를 넘고 있다면 그 하천은 용도에 따라 통상 갖추어야 할 안전성을 갖추고 있다고 보아야 하고, 그와 같은 하천이 그 후 새로운 하천시설을 설치할 때 기준으로 삼기 위하여 제정한 '하천시설기준'이 정한 여유고를 확보하지 못하고 있다는 사정만으로 바로 안전성이 결여된 하자가 있다고 볼 수는 없다. 대법원 2003. 10. 23. 선고 2001다48057 판결

① 헌법재판소 재판관의 위법한 직무집행의 결과 잘못된 각하결정을 함으로써 청구인으로 하여금 본안판단을 받을 기회를 상실하게 한 이상, 설령 본안판단을 하였더라도 어차피 청구가 기각되었을 것이라는 사정이 있다고 하더라도 잘못된 판단으로 인하여 헌법소원심판 청구인의 위와 같은 합리적인 기대를 침해한 것이고 이러한 기대는 인격적 이익으로서 보호할 가치가 있다고 할 것이므로 그 침해로 인한 정신상 고통에 대하여는 위자료를 지급할 의무가 있다. 대법원 2003. 7. 11. 선고 99다24218 판결

② 공법인이 국가로부터 위탁받은 공행정사무를 집행하는 과정에서 공법인의 임직원이나 피용인이 고의 또는 과실로 법령을 위반하여 타인에게 손해를 입힌 경우에는, 공법인은 위탁받은 공행정사무에 관한 행정주체의 지위에서 배상책임을 부담하여야 하지만, 공법인의 임직원이나 피용인은 실질적인 의미에서 공무를 수행한 사람으로서 국가배상법 제2조에서 정한 공무원에 해당하므로 고의 또는 중과실이 있는 경우에만 배상책임을 부담하고 경과실이 있는 경우에는 배상책임을 면한다. 대법원 2021. 1. 28. 선고 2019다260197 판결

③ 음주운전으로 적발된 주취운전자가 도로 밖으로 차량을 이동하겠다며 단속경찰관으로부터 보관중이던 차량열쇠를 반환받아 몰래 차량을 운전하여 가던 중 사고를 일으킨 경우, 국가배상책임을 인정한 사례. 대법원 1998. 5. 8. 선고 97다54482 판결

일일 모고 행정학 제9회
정답 및 해설

합격까지 박문각

빠른 고득점 합격
행정학 이명훈

01. ④ 하이에크(Hayek)는 신자유주의자로 '최소한의 정부가 최선의 정부'임을 강조하였으며, 큰 정부인 행정국가를 비판하고 작은 정부를 지향하였다.

02. ④ 덴하트(Denhardt)의 신공공서비스론은 관료에게 폭넓은 재량권을 부여하는 신공공관리론을 비판하고 관료에게 재량이 필요하지만 제약과 책임이 수반되어야 한다고 본다.
① 신공공관리론은 민간 및 비영리기구를 활용하여 정책목표를 달성할 기제와 유인체제를 창출하고자 한다.
② 신공공관리론은 예산지출 위주가 아닌 수입 확보 위주의 정부 운영 방식을 활성화하고자 한다.
③ 신공공관리론에서 기대되는 조직구조는 조직 내 주요 통제권이 유보된 분권화된 조직이다.

03. ④ 독과점 및 불공정거래 규제는 정부가 시장경쟁을 촉진하기 위한 규제로 규제완화의 초점이 되는 규제가 아니라 오히려 강화해야 할 규제이다. 규제완화의 우선적인 초점이 되는 규제는 경쟁을 제한하는 규제인 협의의 경제적 규제(가격규제, 진입규제 등)이다.
<<핵심체크>> 경제적 규제, 독과점 규제, 사회적 규제

구분	경제적 규제(광의)		사회적 규제
	경제적 규제(협의)	독과점 규제	
의의	기업의 본원적 활동에 대한 규제		기업의 사회적 책임 강조
규제대상	개별산업에 대한 차별적 규제	모든 산업에 대한 비차별적 규제	모든 산업에 대한 비차별적 규제
시장경쟁	경쟁 제한	경쟁 촉진	직접적 관련 없음
정치경제적 속성	포획과 지대추구 현상	포획 및 지대추구와 대립현상	포획 및 지대추구와 대립현상
규제개혁	규제 완화의 대상	유지 및 강화의 대상	유지 및 강화의 대상

04. ③ 노사정위원회는 조합주의에 입각한 정책조정방식이다. 조합주의란 다양한 이익집단을 기능적으로 대표성을 지닌 대규모의 조직체(조합)로 묶고 지배기구로 편입시켜 국가와 함께 상호협력을 통한 의사결정을 하는 체제이다.

05. ④ 사이버네틱스모형은 제한된 합리성을 전제로 하며, 표준운영절차(SOP)를 통한 불확실성의 통제를 강조한다(㉠). 회사모형에서는 하위부서들의 목표 간에 괴리가 있을 때 상위부서의 목표가 그 괴리를 조정할 수 있는 기준이 되지 못하고 하위부서 간 타협적 의사결정으로 갈등의 준해결이 야기됨을 설명한다(㉢). 쓰레기통 모형은 계층제적 위계질서가 없고 응집성이 약한 상황에서의 의사결정을 설명하는 모형이다(㉣).

06. ② 비일상적 기술은 과업의 다양성이 높고 성공적인 방법을 발견하는 탐색절차가 복잡하여 유기적인 조직구조가 필요하다.
<<핵심체크>> 페로우(Perrow)의 기술유형론

구분		과제 다양성: 낮음(소수의 예외)	과제 다양성: 높음(다수의 예외)
분석가능성	낮음	장인기술(기예적 기술) • 대체로 유기적 • 중간의 공식화 • 중간의 집권화 • 중간의 통솔범위	비일상적 기술 • 유기적 구조 • 낮은 공식화 • 낮은 집권화 • 적은 통솔범위
	높음	일상적 기술 • 기계적 구조 • 높은 공식화 • 높은 집권화 • 넓은 통솔 범위	공학기술 • 대체로 기계적 • 중간의 공식화 • 중간의 집권화 • 중간의 통솔범위

07. ① 해크먼(Hackman)과 올드햄(Oldham)의 직무특성 모델에 의하면 개인이 자신의 직무에 대해 개인적으로 느끼는 책임감의 정도를 자율성이라 한다. 한편 직무중요성이란 개인이 수행하는 직무가 조직 내 또는 조직 밖의 다른 사람들의 삶과 일에 영향을 미치는 정도를 말한다.
<<핵심체크>> 해크먼(Hackman)과 올드햄(Oldham)의 직무특성 모델

구분			내용
의의			직무가 조직화되는 방법(직무특성)에 따라 조직원의 노력(동기부여) 정도가 달라진다고 보는 이론
직무특성	경험적 의미성	기술 다양성	• 직무가 다양한 활동을 요구하는 정도 • 직무를 수행하는데 요구되는 기술의 종류와 수
		직무 정체성	• 특정직무가 다른 직무와 구별되는 독립적 단위로 형성된 수준 • 하나의 서비스를 완결되게 수행할 수 있는 정도
		직무 중요성	직무가 다른 사람의 인생이나 업무에 중요한 영향을 주는 정도
	경험적 책임감	자율성	• 직무를 계획하고 업무처리 절차를 결정할 때 자유와 독립성의 정도 • 개인이 자신의 직무에 대해 느끼는 책임감의 정도
	결과에 대한 지식	환류	업무활동 수행성과의 효과성에 대한 직접적이고 분명한 정보를 얻도록 해주는 정도
잠재적 동기지수			M(잠재적 동기지수) = (기술다양성 + 직무정체성 + 직무중요성)/3×자율성×환류
동기부여			• '경험적 의미성', '경험적 책임감', '결과에 대한 지식'에 대한 심리적 상태가 동기부여에 영향을 미침 • 기술다양성, 직무정체성, 직무중요성 등의 경험적 의미성보다는 자율성과 환류가 조직원의 동기부여에 더 큰 영향을 미침 • 성장욕구수준이 높을 경우 잠재적 동기지수를 높여 주고, 성장수준이 낮을 경우 잠재적 동기지수를 낮추어 줘야 동기부여(개인차 고려)

08. ① ㉠, ㉡은 옳고, ㉢, ㉣은 옳지 않다. 근무성적평정의 목적으로는 공무원의 능력발전 및 근무능률 향상, 시험의 타당성 측정, 상벌목적에 이용, 교육훈련 수요의 파악, 감독자와 부하 간의 이해 · 협조의 증진 등이 있다(㉠). 우리나라는 평정상의 오차나 편파적 평정을 시정하기 위하여 이중평정제(평정자와 확인자가 평정)를 실시한다(㉡).
㉢ 근무성적평정의 기준이 일정하지 않은 경우에 발생하는 오류를 총계적 오류라 한다.
㉣ 근무성적평정은 4급 이상 공무원의 평정과 5급 이하 공무원의 평정으로 구분된다.

09. ④ 성과주의예산(PBS)은 단위원가와 업무량에 의해 예산이 편성되기 때문에 사업원가의 도출이 중요하다.
<<핵심체크>> 성과주의예산(PBS)

개념	예산을 정부의 활동 · 사업을 중심으로 분류하여 편성하는 제도(관리지향적 예산)
발달	제1차 후버위원회의 권고로 트루만 대통령이 도입(1950년)
편성	① 업무단위의 개발(활동 또는 산출) ⇨ ② 예산액의 산정(단위원가[업무단위당 소요되는 비용]×업무량[전년도 실적×변동률] = 예산액)
특징	① 능률지향적 예산, ② 관리지향적 예산, ③ 상향적 · 미시적 예산결정, ④ 점증주의적 성격, ⑤ 단위사업 중심(실 · 국 단위의 세부사업 중심), ⑥ 예산의 추가투입액 파악 용이, ⑦ 입법통제 약화 · 내부통제 강화, ⑧ 관리책임의 집중화, ⑨ '어떻게 할 것인지(how to do)'에 관심
장점	① 국민의 이해 용이 및 예산심의 용이, ② 재정사업의 투명성 제고, ③ 자원배분의 합리화를 통한 능률적 행정관리, ④ 예산집행의 신축성 확보, ⑤ 예산 환류의 강화(예산집행의 실적을 차기 회계연도 예산에 반영), ⑥ 성과중심의 예산(산출중심), ⑦ 사업과 예산의 연계 강화, ⑧ 관리층에게 효과적인 관리수단 제공
단점	① 총괄계정에 부적합(실 · 국 단위의 세부사업 중심), ② 회계책임 확보 곤란(재정사용 파악 곤란), ③ 전략적 목표의식의 결여, ④ 점증주의적 성격, ⑤ 성과의 질적 측면 파악 곤란(산출 측면 강조), ⑥ 사업의 우선순위 파악 곤란, ⑦ 현금주의와 부조화(단위원가 계산시 발생주의 회계가 요구됨), ⑧ 업무측정단위의 선정과 단위원가 계산 곤란, ⑨ 적용영역의 제한성(성과를 명확하게 명시할 수 있는 영역에만 한정적으로 적용)

10. ① 기관위임사무란 직접적으로 지방적 이해관계가 없는 국가사무를 법령에 의해 지방자치단체의 장에게 위임한 사무이다. 따라서 기관위임사무의 경비부담은 전액 국가가 부담하며, 교부금(위탁금)으로 하는 것이 원칙이다.

2025 공무원 시험대비 【6회차】

박문각 일일 모의고사

-제10회-

[정답 및 해설]

이 름 :

학습관 :

합격
예측

답안 입력 및 성적 조회는 PC, 모바일에서 모두 가능합니다.

★ PC: pass.pmg.co.kr | ★ 모바일 앱: 박문각 합격관리

일일 모고 국어 제10회
정답 및 해설

합격까지 박문각
赤功 국어
적중 혜선

01. ④ ㉣에서 '영수가 변호사임'에서 '-ㅁ'은 명사형 어미이다. 따라서 이 문장은 '부사절'이 아니라 '명사절'을 안은 문장이므로 이 선지는 옳지 않다. 다만, 뒤에 부사격 조사 '에'가 붙었으므로 안긴문장이 부사어에 해당된다는 것은 옳다.
① '그 식물은'은 주어이고 이에 호응하는 서술어가 '짓밟혔다'이므로 주어와 서술어가 한 번씩만 나오는 홑문장이다.
② ㉡에서 안은문장의 주어는 '회장님께서'이고, '안긴문장'의 주어는 '넥타이가'이므로 다르다는 설명은 옳다.
③ 안긴문장의 목적어는 '밥을'이고, 안은문장의 목적어는 '제안을'이다. 따라서 안긴문장의 목적어는 안은문장의 목적어와 다르므로 생략되지 않았다. 이는 동격 관형절이기에 가능한 것이다.

02. ① '몸담고 있는'의 '-고'는 본용언과 보조용언을 연결하는 보조적 연결 어미이다.
나머지 '-고'는 대등적 연결 어미들이다.

03. ④ (라)는 문장이 잘못 연결된 것이 아니다. '-으나'는 앞뒤의 의미가 반대될 때 쓰이는 연결 어미인데, '협상-공방(공격과 방어)'은 '-으나'에 적절하다. '지연되고 있다'라는 서술어와 호응해야 하는 주어 '협상이'가 생략되었으므로 '협상이'를 추가해야 한다.
① (가):'대단원(大團圓)'이란 '어떤 일의 맨 마지막'을 나타내는 말이므로 문맥상 옳지 않으므로 삭제하는 것이 옳다.
② (나):'형성되다'는 피동사이므로 주어가 호응되어야 한다. 따라서 목적어 '분위기를'을 '분위기가'로 고치는 것은 적절하다.
③ (다):'자신이 원하는 취미'와 '좋은 영화나 뮤지컬'은 병렬 관계이지만, 뒤의 '관람하다'라는 서술어와 '자신이 원하는 취미'는 호응하지 않으므로 옳지 않다.

04. ② ㉡ '다양한 지식과 정보 제공을 위하여'는 자연스럽지 않으며 '하다'를 붙여 '제공하기 위하여'로 쓰는 것이 더 자연스럽다.
① ㉠ '안내'와 '알림'이 비슷한 뜻이므로 둘 중 하나만 쓴다.
③ ㉢ '숙지하신 후'와 '접수 후'가 연이어 나타나 부자연스러운 문장이다. 어순을 바꾸고 조사와 어미를 적절하게 사용하여 문장을 쉽게 쓴다.
④ ㉣ 명사가 지나치게 많이 나열되어 있어 이해하기 어려우므로 적절하게 조사나 동사를 넣어 자연스럽게 만든다.

05. ②

○ 김치 → 참치 ≡ ~참치 → ~김치 ○ ~참치 → 초밥 ≡ ~초밥 → 참치 ○ ~한우 → ~참치 ≡ 참치 → 한우

세 번째 조건에 의해 '~한우 → ~참치'이고, 첫 번째 조건의 대우명제에 의해 '~참치 → ~김치'이므로, 두 개의 명제를 연결하면 '~한우 → ~김치'가 도출된다. 따라서 한우를 좋아하지 않는 사람은 김치도 좋아하지 않는다.
① 첫 번째 조건의 대우명제에 의해 '~참치 → ~김치'이고, 두 번째 조건에 의해 '~참치 → 초밥'이긴 하지만, 두 명제의 결론을 각각 전건과 후건으로 하여 '~김치 → 초밥'을 도출하는 것은 불가능하다. 판단불가의 오류이다.
③ 세 번째 조건에 의해 '~한우 → ~참치'이고, 두 번째 조건에 의해 '~참치 → 초밥'이므로, 두 개의 명제를 연결하면 '~한우 → 초밥'이 도출된다. 따라서 한우를 좋아하지 않는 사람은 초밥을 좋아한다. 반대의 오류이다.
④ 이 명제는 두 번째 조건 '~참치 → 초밥'의 이명제이므로, 참과 거짓을 판단할 수 없다. 판단불가의 오류이다.

06. ② 조건에 따라 표를 그려가며 해결한다. 확실한 정보부터 표에 표시하면서 찾는다. 조건을 순서대로 따라가기보다는 확실한 정보를 주는 조건부터 시작해서 그 조건과 연계되는 조건을 따라가는 순서로 표에 표시하며 찾아간다.
○ A는 갑 또는 을에 진학한다.
: 네 명의 학생이 모두 다른 대학에 진학한다고 하였으므로 한 학생은 한 개의 대학에 진학한다. 따라서 (1) A가 갑에 진학하는 경우, (2) A가 을에 진학하는 경우로 두 가지 경우의 수가 발생한다.

(1)	A	B	C	D
갑	O	X	X	X
을	X			
병	X			
정	X			

(2)	A	B	C	D
갑	X			
을	O	X	X	X
병	X			
정	X			

○ B와 D는 갑에 진학하지 않는다.

(1)	A	B	C	D
갑	O	X	X	X
을	X			
병	X			
정	X			

(2)	A	B	C	D
갑	X	X	O	X
을	O	X	X	X
병	X		X	
정	X		X	

○ C와 D는 병 또는 정에 진학한다.
: (2)의 경우 C가 갑에 진학하므로 이 조건에 모순이다. 따라서 (1)만 가능하고, 여기서 (1)-1. C가 병에 진학하고 D가 정에 진학하는 경우와 (1)-2. C가 정에 진학하고 D가 병에 진학하는 경우로 2가지 경우의 수가 발생한다.

(1)-1	A	B	C	D
갑	O	X	X	X
을	X	O	X	X
병	X	X	O	X
정	X	X	X	O

(1)-2	A	B	C	D
갑	O	X	X	X
을	X	O	X	X
병	X	X	X	O
정	X	X	O	X

따라서 두 가지 경우의 수 모두 B가 진학할 대학은 을이다.

07. ① ㉠의 '생기다'는 '1 「1」 없던 것이 새로 있게 되다.'를 의미한다. 이와 가장 유사한 의미의 '생기다'는 ①이다.
② 1 「3」 어떤 일이 일어나다.
③ 2 사람이나 사물의 생김새가 어떠한 모양으로 되다.
④ 「보조 동사」 일의 상태가 부정적인 어떤 지경에 이르게 됨을 나타내는 말.

08. ② '찾다'는 '원상태를 회복하다.'를 의미한다. 따라서 '간절히 바라며 구하다.'를 의미하는 '갈구(渴 목마를 갈 求 구할 구)하다'는 ㉡과 바꿔쓸 수 있는 유사한 표현으로 적절하지 않다. '원래의 상태로 돌이키거나 원래의 상태를 되찾다.'를 의미하는 '회복(回 돌아올 회 復 회복할 복)하다'로 바꿔 쓸 수 있다.
① ㉠ '적다'는 '어떤 내용을 글로 쓰다.'를 의미한다. 따라서 '사건이나 생각 따위를 차례대로 말하거나 적다.'를 의미하는 '서술(敍 차례 서 述 펼 술)하다'로 바꿔쓸 수 있다.
③ ㉢ '어기다'는 '규칙, 명령, 약속, 시간 따위를 지키지 아니하고 거스르다.'를 의미한다. 따라서 '법률, 명령, 약속 따위를 지키지 않고 어기다.'를 의미하는 '위반(違 어긋날 위 反 돌이킬 반)하다'로 바꿔쓸 수 있다.
④ ㉣ '바르다'는 '사실과 어긋남이 없다.'를 의미한다. 따라서 '거짓이나 숨김이 없이 바르고 곧다.'를 의미하는 '솔직(率 거느릴 솔 直 곧을 직)하다'로 바꿔쓸 수 있다.

09. ① 문장의 논리적 흐름과 연결 관계를 분석하면 다음과 같다.
㉡ (도입): "순환 경제란 무엇인가?"라는 정의와 개념을 제시하며, 글의 시작을 설정한다. 이는 독자에게 주제를 소개하는 가장 자연스러운 도입이다.
㉣ (문제의식): 기존의 선형 경제 모델의 한계를 지적하며, 순환 경제의 필요성을 강조한다. 이는 도입부의 개념에 이어 구체적인 문제의식을 심화한다.
㉢ (구체적 사례): 순환 경제의 구체적 적용 사례로 재활용과 재사용 정책을 제시하여 ㉣의 주장에 설득력을 더한다.
㉠ (결론): 순환 경제의 긍정적 효과를 제시하며 글을 마무리한다. 환경과 경제의 균형을 유지하는 경제 시스템이라는 점에서 주제를 종합적으로 정리한다.
② ㉣이 도입부로 올 경우, 순환 경제의 개념 설명 없이 문제의식을 바로 제시하기 때문에 독자는 배경 지식을 충분히 이해하기 어렵다.
③ ㉢이 ㉡ 다음에 오면 순환 경제의 개념(㉡)에서 문제의식(㉣)으로 연결되지 않고, 사례로 곧바로 이어져 논리적 비약이 생긴다.
④ ㉣과 ㉢이 앞으로 오면 선형 경제의 한계를 언급한 후 순환 경제의 정의가 뒤따라오지 않아 설명의 흐름이 혼란스러워진다.

10. ② 중세국어 '펴디'가 근대국어 시기 강력한 구개음화가 일어나 '펴지'로 나타났으며, 현대에는 한 형태소 안에서 일어나는 구개음화가 끝나 형태소와 형태소 결합에서만 구개음화가 일어난다고 하였다. '잔디, 텬디, 펴디'의 형태 그대로 중세, 근대, 현대에 쓴다고 가정하면 중세에는 '잔디, 펴디', 근대에는 '잔지, 펴지',현대에는 '잔디, 펴지'로 나타날 것이다. 따라서 구개음화를 겪는 단어 수에 따라 배열하면 근대>현대>중세 순이 된다.

일일 모고 영어 제10회
정답 및 해설

합격까지 박문각

반드시 합격
진가영 영어

01. ③ ★ accommodate 수용하다, 맞추다
● enhance 향상시키다, 강화하다
● ratify 비준하다, 재가하다
● limit 제한하다
[해석] 새로운 호텔은 늘어나는 관광객을 수용하기 위해 넓은 객실과 현대적인 편의 시설로 설계되었다.

02. ② ★ identification 신분증, 식별
● recognition 인식, 인정
● alteration 변경, 수정
● direction 방향, 지시
[해석] 경찰관은 운전자가 차량이 올바르게 등록되었는지 확인하기 위해 진행을 허락하기 전에 신분증을 요청했다.

03. ④ ★ ingenious 기발한, 창의적인
● clumsy 서투른, 어색한
● ordinary 평범한, 보통의
● rigid 경직된, 딱딱한
[해석] 새로운 스마트폰의 기발한 디자인은 기능성과 미적 매력을 결합하여 기술 애호가들을 감동시켰다.

04. ③ ★ ineffective 효과 없는, 비효율적인
● diurnal 주행성의(낮 동안에 활동적인)
● loquacious 말이 많은, 수다스러운
● beneficial 유익한, 이로운
[해석] 새로운 정책은 주요 문제를 해결하지 못하고 지역 사회에 거의 영향을 미치지 못했기 때문에 비효율적이라고 여겨졌다.

05. ③ ★ gratification 만족, 기쁨
● frustration 좌절, 실망
● plot 줄거리, 음모, 음모하다
● divorce 이혼, 분리, 이혼하다
[해석] 팀은 새로운 제품을 성공적으로 출시한 후, 그들의 노력의 결실을 보며 만족감을 느꼈다.

06. ④ [해설]
enough는 어순이 특히 중요하다. '형용사/부사 enough to부정사'의 어순으로 써야 한다. 따라서 밑줄 친 부분에 가장 적절한 것은 ④이다.
[해석]
그녀는 바쁜 와중에도 노부인이 무거운 장바구니를 계단 위로 나르는 것을 도와줄 만큼 친절했다.

07. ① [해설]
등위접속사(and)를 기준으로 동사 navigate와 병치 구조를 이루어야 하므로 동사 원형의 형태로 써야 한다. 따라서 밑줄 친 부분인 learning을 learn으로 고쳐야 한다.
[해석]
아이들은 자신의 감정을 조절하고 다른 사람들과 어울리는 법을 배우는 과정에서 우리의 인내와 지도가 필요하다. 그들이 공원, 집, 또는 유치원에서 친구들과 놀 수 있을 만큼 자라기 시작하는 순간부터, 다양한 사회적 어려움을 겪게 된다. 올바른 것과 그렇지 않은 것을 가르쳐 주는 것이 중요하며, 이는 아이들이 튼튼한 도덕적 기반을 형성하는 데 도움이 된다.

08. ② [해석]
Tim: 실례합니다, 제가 여기서 제 휴대폰을 잃어버렸어요. 휴대폰 분실 신고가 접수되었나요?
Jane: 분실물 센터에서 확인해 보겠습니다. 휴대폰에 대해 설명해 주시겠어요?
Tim: 아이폰인데, 화면이 깨졌어요. 케이스는 파란색이고, 뒷면에 작은 스티커가 붙어 있어요.
Jane: 지금은 그런 휴대폰은 보이지 않네요. 하지만 연락처를 남기시면, 휴대폰이 발견되면 연락드리겠습니다.
Tim: 감사합니다.
① 휴대폰을 잃어버린 이유는 무엇인가요?
② 휴대폰 분실 신고가 접수되었나요?
③ 혹시 다른 사람이 휴대폰을 찾고 있나요?
④ 휴대폰에 어떤 앱을 설치하고 있나요?

09. ④ [해설]
미국의 빈부 격차 원인에 대한 글로, 미국은 자원이 풍부하지만 빈부 격차가 심각하며, 이는 관리의 어려움과 부유층의 기부 부족 때문일 수 있음을 설명하고 있다. 미국의 빈부 격차에 대한 언급한 제시문 다음에 (C)에서 미국의 관리가 쉬울 것이라는 언급 후, (A)에서 그 이유를 탐구하며, 마지막으로 (B)에서 부유층의 기부 부족 문제를 다루는 순서가 자연스럽다. 따라서 글의 순서로 가장 적절한 것은 ④이다.
[해석]
미국에서는 부자와 가난한 사람들 사이에 엄청난 격차가 존재한다. 미국은 50개 주로 구성된 큰 나라로, 풍부한 자원과 많은 재산을 보유하고 있다.
(C) 따라서 모든 미국인이 돌봄을 받는 것은 당연히 쉬워야 할 것 같다. 그럼에도 불구하고 여전히 수천 명의 미국인들은 집도 없고 돈도 없으며, 그날그날 먹을 것도 없다.
(A) 왜 이런 상황이 발생하는지 나는 정확히 알지 못한다. 한 가지 이유는 미국이 너무 큰 나라이기 때문에 모든 사람을 관리하기 어려운 것일 수 있다.
(B) 게다가, 많은 부자들은 가난한 사람들을 돕기 위해 자신의 돈의 일부를 내놓을 필요를 느끼지 않거나 원하지 않는다.
[어휘]
□ significant 중요한
□ abundant 풍부한
□ contributing 기여하는
□ manage 관리하다

10. ② [해설]
여름 방학 동안의 학습 손실 예방방법에 대한 글로, 여름 방학 동안 아이들은 학습한 내용을 잊어버리기 쉽기 때문에, 부모는 다양한 활동을 통해 아이들의 정신적 참여를 유지해야 함을 강조하고 있다. 아이들에게 계속해서 머리를 쓰게 하는 것이 학습의 연속성을 위해서 중요한 역할을 한다는 것이 글의 요지이다. 따라서 글의 요지로 가장 적절한 것은 ②이다.
[해석]
심리학자 해리스 쿠퍼는 약 30년간의 연구를 검토한 결과, 인종이나 성별과 상관없이 아이들은 여름방학 동안 지난 1년 동안 배운 내용 중 약 한 달 분량을 잊어버린다

는 사실을 발견했다. 특히 산수 계산과 철자법에서 그 영향이 크다. 방학 동안 학습 활동을 한 아이들과 그렇지 않은 아이들을 비교했을 때, 학습하지 않은 아이들은 개학 후 불리한 상황에 놓이게 된다. 이를 해결하기 위해 부모가 직접 수학 교사의 역할을 할 필요는 없다. 대신, 아이들이 지속적으로 사고할 수 있도록 도와주고, 온 가족이 함께할 수 있는 다양한 활동을 찾는 것이 중요하다. 부모가 먼저 계획을 세우는 것이 핵심이며, 아이들의 학습 의욕을 높이기 위해 대학, 박물관, 도서관에서 운영하는 여름 프로그램을 활용하는 것도 좋은 방법이다.

① 학습능력을 향상시키기 위해서 산수와 언어학습에 집중해야 한다.

② 방학에도 두뇌 활동이 지속되도록 다양한 활동이 이루어져야 한다.

③ 가족 단위의 활동이 효과적인 학습 태도 함양에 도움이 된다.

④ 청소년기에는 다양한 사회적 경험을 쌓는 것이 중요하다.

[어휘]

☐ psychologist 심리학자

☐ disadvantage 불리한 점

☐ engaged 참여하는, 관련된,

☐ motivated 동기 부여된

일일 모고 한국사 제10회
정답 및 해설

합격까지 박문각

가장 빠른 한국사
한국사 박기훈

01. ① ① 저화는 고려 말인 공양왕 때 발행되었다가 조선 초기에 다시금 정부가 저화, 조선통보 등을 만들어 유통시키려 하였으나 부진하였다.

02. ② (가)의 기구는 무신들의 최고 합좌기구인 중방이다.
① 군사 기밀과 왕명 출납을 담당한 기구는 중추원이다.
③ 도평의사사로 명칭이 바뀐 것은 도병마사이다.
④ 6부의 하나로 군사 관련 업무를 담당하는 곳은 병부이다.

03. ④ 월인천강지곡은 세종이 지은 악장이다. 세계기록유산에는 포함되지 않는다.
세계기록유산 : 팔만대장경, 직지심체요절, 훈민정음, 조선왕조실록, 난중일기, 승정원 일기, 동의보감, 일성록, 조선왕조의궤, 화성성역의궤, 5.18 민주화운동 기록물, 새마을 운동 기록물, 한국의 유교책판(2015 등재), KBS 특별생방송 '이산가족을 찾습니다' 기록물(2015 등재), 조선왕실의 어보와 어책, 국채보상운동기록물, 조선통신사기록물(2017년)

04. ③ 보기는 박정양이 중심이 되어 일본의 근대 산업을 시찰한 조사시찰단(1881)에 대한 설명이다.
① 1876년 1차 수신사에 대한 설명이다.
② 1880년 2차 수신사에서 김홍집이 『조선책략』을 유입하였다.
④ 1882년 3차 수신사에서 박영효가 태극기를 최초로 사용하였다.

05. ③ 서울 진공의 명령, 신협약 파기 등을 통해 정미의병(1907)에 관한 내용임을 알 수 있다. 정미의병은 고종의 강제 퇴위, 한일 신협약, 군대 해산 등을 계기로 조직된 구국항일 의병 단체로서 각국 영사관에 국제법상 교전단체로 인정할 것을 요구했다.
① 임오군란 ② 을미의병 ④ 을사의병

06. ④ ④ 대한매일신보는 황무지 개간권 반대 운동과 국채보상운동을 주도하였다.
① 최초의 상업광고를 실은 신문은 한성주보이다.
② 독립신문은 독립협회가 해산된 1898년에 폐간되었으므로 1907년에 시작된 신문지법에 의한 탄압은 받지 않는다.
③ 황성신문은 유림층을 대상으로 한 신문이다. 부녀자, 서민을 대상으로 한 신문은 제국신문이다.

07. ② (가) 단체는 신간회의 자매 단체로 1927년에 조직된 여성단체인 근우회이다.
① 근우회는 6.10 만세 운동 이후에 설립되었다.
③ 조선 여자 교육회는 1920년에 조직된 여성계몽교육단체이다.
④ 통감부는 1906년~ 1910년에 존재했다.

08. ② (가) 1920년 10월에 벌어진 청산리 전투이다. 청산리 전투는 백운평, 어랑촌, 고동하 등지에서 6일간 10여 차례의 전투를 벌인 끝에 일본군을 물리쳤다.
(나) 조선 총독부 경무국장 미쓰야와 만주 군벌 사이에 체결한 미쓰야 협정이다. (1925)
(다) 지청천의 한국 독립군과 중국의 호로군의 협정 (1931년 12월)이다. 1931년 9월의 만주사변 이후 한국과 중국은 한중 연합 작전을 펼쳤는데, 지청천의 한국 독립군과 중국의 호로군, 양세봉의 조선 혁명군과 중국 의용군이 각각 연계했다.
(라) 1921년 6월에 발생한 자유시 사변이다.

09. ③ 제시된 자료에서 임시정부가 주석제를 채택하고 있음을 알 수 있다. 이는 1940년의 4차 개헌의 내용이다.
③ 김구 중심의 한국 국민당은 1935년 11월에 창당하였다.

10. ④ 4.19 혁명(1960)으로 이승만의 장기 독재가 막을 내리고 대통령 윤보선, 국무총리 장면으로 구성된 새로운 정부가 출범하였다. 3차 개헌으로 양원제 개헌을 한 뒤 최초로 양원제를 실시하였다.
① 5.18 광주민주화운동(1980) 이후 신군부가 국가 보위 비상 대책 위원회를 설치하였다.
② 중국과의 국교 수립은 1992년 노태우 정부 때 되었다.
③ 경제개발 5개년 계획을 추진한 것은 1962년 박정희 군정 때이다. 장면 내각에서는 경제개발 5개년 계획을 수립만 하였다. 특히 제 3차 경제개발계획은 1972년에 시작되었다.

일일 모고 행정법 제10회
정답 및 해설

합격까지 박문각
광야에서 합격까지
행정법 강성빈

01. ② ② 사실상 영업이 양도·양수되었지만 아직 승계신고 및 그 수리처분이 있기 이전에는 여전히 종전의 영업자인 양도인이 영업허가자이고, 양수인은 영업허가자가 되지 못한다 할 것이어서 행정제재처분의 사유가 있는지 여부 및 그 사유가 있다고 하여 행하는 행정제재처분은 영업허가자인 양도인을 기준으로 판단하여 그 양도인에 대하여 행하여야 할 것이다. 대법원 1995. 2. 24. 선고 94누9146 판결
① 영업양도에 따른 지위승계신고를 수리하는 허가관청의 행위는, 단순히 양도·양수인 사이에 이미 발생한 사법상의 사업양도의 법률효과에 의하여 양수인이 그 영업을 승계하였다는 사실의 신고를 접수하는 행위에 그치는 것이 아니라, 실질에 있어서 양도자의 사업허가를 취소함과 아울러 양수자에게 적법히 사업을 할 수 있는 권리를 설정하여 주는 행위로서 사업허가자의 변경이라는 법률효과를 발생시키는 행위이다(주: 수리행위는 행정처분이라는 의미). 대법원 2001. 2. 9. 선고 2000도2050 판결
③ 만일 어떠한 공중위생영업에 대하여 그 영업을 정지할 위법사유가 있다면, 관할 행정청은 그 영업이 양도·양수되었다 하더라도 그 업소의 양수인에 대하여 영업정지처분을 할 수 있다고 봄이 상당하다. 대법원 2001. 6. 29. 선고 2001두1611 판결
④ 채석허가가 대물적 허가의 성질을 아울러 가지고 있고 수허가자의 지위가 사실상 양도·양수되는 점을 고려하여 수허가자의 지위를 사실상 양수한 양수인의 이익을 보호하고자 하는 데 있는 것으로 해석되므로, 수허가자의 지위를 양수받아 명의변경신고를 할 수 있는 양수인의 지위는 단순한 반사적 이익이나 사실상의 이익이 아니라 산림법령에 의하여 보호되는 직접적이고 구체적인 이익으로서 법률상 이익이라고 할 것이다. 대법원 2003. 7. 11. 선고 2001두6289 판결

02. ③ ③ 행정처분에 붙은 부담인 부관이 제소기간의 도과로 확정되어 이미 불가쟁력이 생겼다면 그 하자가 중대하고 명백하여 당연 무효로 보아야 할 경우 외에는 누구나 그 효력을 부인할 수 없을 것이지만, 부담의 이행으로서 하게 된 사법상 매매 등의 법률행위는 부담을 붙인 행정처분과는 어디까지나 별개의 법률행위이므로 그 부담의 불가쟁력의 문제와는 별도로 법률행위가 사회질서 위반이나 강행규정에 위반되는지 여부 등을 따져보아 그 법률행위의 유효 여부를 판단하여야 한다. 대법원 2009. 6. 25. 선고 2006다18174 판결
① 행정처분에 이미 부담이 부가되어 있는 상태에서 그 의무의 범위 또는 내용 등을 변경하는 부관의 사후변경은, 법률에 명문의 규정이 있거나 그 변경이 미리 유보되어 있는 경우 또는 상대방의 동의가 있는 경우에 한하여 허용되는 것이 원칙이지만, 사정변경으로 인하여 당초에 부담을 부가한 목적을 달성할 수 없게 된 경우에도 그 목적달성에 필요한 범위 내에서 예외적으로 허용된다. 대법원 1997. 5. 30. 선고 97누2627 판결
② 공무원이 인·허가 등 수익적 행정처분을 하면서 상대방에게 그 처분과 관련하여 이른바 부관으로서 부담을 붙일 수 있다 하더라도, 그러한 부담은 법치주의와 사유재산 존중, 조세법률주의 등 헌법의 기본원리에 비추어 비례의 원칙이나 부당결부의 원칙에 위반되지 않아야만 적법한 것인바, 행정처분과 부관 사이에 실제적 관련성이 있다고 볼 수 없는 경우 공무원이 위와 같은 공법상의 제한을 회피할 목적으로 행정처분의 상대방과 사이에 사법상 계약을 체결하는 형식을 취하였다면 이는 법치행정의 원리에 반하는 것으로서 위법하다. 대법원 2009. 12. 10. 선고 2007다63966 판결
④ 당초에 붙은 기한을 허가 자체의 존속기간이 아니라 허가조건의 존속기간으로 보더라도 그 후 당초의 기한이 상당 기간 연장되어 연장된 기간을 포함한 존속기간 전체를 기준으로 볼 경우 더 이상 허가된 사업의 성질상 부당하게 짧은 경우에 해당하지 않게 된 때에는 관계 법령의 규정에 따라 허가 여부의 재량권을 가진 행정청으로서는 그 때에도 허가조건의 개정만을 고려하여야 하는 것은 아니고 재량권의 행사로서 더 이상의 기간연장을 불허가할 수도 있는 것이며, 이로써 허가의 효력은 상실된다. 대법원 2004. 3. 25. 선고 2003두12837 판결

03. ① ① 행정관청이 토지거래계약신고에 관하여 공시된 기준지가를 기준으로 매매가격을 신고하도록 행정지도 하여 왔고 그 기준가격 이상으로 매매가격을 신고한 경우에는 거래신고서를 접수하지 않고 반려하는 것이 관행화되어 있다 하더라도 이는 법에 어긋나는 관행이라 할 것이므로 그와 같은 위법한 관행에 따라 허위신고행위에 이르렀다고 하여 그 범법행위가 사회상규에 위배되지 않는 정당한 행위라고는 볼 수 없다. 대법원 1992. 4. 24. 선고 91도1609 판결
② 행정청이 위법 건축물에 대한 시정명령을 하고 나서 위반자가 이를 이행하지 아니하여 전기·전화의 공급자에게 그 위법 건축물에 대한 전기·전화공급을 하지 말아 줄 것을 요청한 행위는 권고적 성격의 행위에 불과한 것으로서 전기·전화공급자나 특정인의 법률상 지위에 직접적인 변동을 가져오는 것은 아니므로 이를 항고소송의 대상이 되는 행정처분이라고 볼 수 없다. 대법원 1996. 3. 22. 선고 96누433 판결
③ 수형자의 영치품에 대한 사용신청 불허처분 후 수형자가 다른 교도소로 이송되었다 하더라도 수형자의 권리와 이익의 침해 등이 해소되지 않은 점 등에 비추어, 위 영치품 사용신청 불허처분의 취소를 구할 이익이 있다(주: 영치품 사용신청 불허행위가 취소소송의 대상이 되는 처분에 해당함을 전제로 소의 이익을 인정한 사례). 대법원 2008. 2. 14. 선고 2007두13203 판결
④ 행정절차법 제48조

행정절차법 제48조(행정지도의 원칙)
② 행정기관은 행정지도의 상대방이 행정지도에 따르지 아니하였다는 것을 이유로 불이익한 조치를 하여서는 아니 된다.

04. ④ ④ 소음·진동배출시설에 대한 설치허가가 취소된 후 그 배출시설이 어떠한 경위로든 철거되어 다시 복구 등을 통하여 배출시설을 가동할 수 없는 상태라면 이는 배출시설 설치허가의 대상이 되지 아니하므로 외형상 설치허가취소행위가 잔존하고 있다고 하여도 특단의 사정이 없는 한 이제 와서 굳이 위 처분의 취소를 구할 법률상의 이익이 없고, 설령 원고가 이 사건 처분이 위법하다는 점에 대한 판결을 받아 피고에 대한 손해배상청구소송에서 이를 원용할 수 있다거나 위 배출시설을 다른 지역으로 이전하는 경우 행정상의 편의를 제공받을 수 있는 이익이 있다 하더라도, 그러한 이익은 사실적·경제적 이익에 불과하여 이 사건 처분의 취소를 구할 법률상 이익에 해당하지 않는다. 대법원 2002. 1. 11. 선고 2000두2457 판결

① 인·허가 등의 수익적 행정처분을 신청한 수인이 서로 경쟁관계에 있어서 일방에 대한 허가 등의 처분이 타방에 대한 불허가 등으로 귀결될 수밖에 없는 때(이른바 경원관계에 있는 경우로서 동일대상지역에 대한 공유수면매립면허나 도로점용허가 혹은 일정지역에 있어서의 영업허가 등에 관하여 거리제한규정이나 업소개수제한규정 등이 있는 경우를 그 예로 들 수 있다) 허가 등의 처분을 받지 못한 자는 비록 경원자에 대하여 이루어진 허가 등 처분의 상대방이 아니라 하더라도 당해 처분의 취소를 구할 당사자적격이 있다. 대법원 1992. 5. 8. 선고 91누13274 판결

② 기존의 고속형 시외버스운송사업자에게 직행형 시외버스운송사업자에 대한 사업계획변경인가처분의 취소를 구할 법률상의 이익이 있다. 대법원 2010. 11. 11. 선고 2010두4179 판결

③ 건축허가를 받아 건축물을 완공하였더라도 건축허가가 취소되면 그 건축물은 철거 등 시정명령의 대상이 되고 이를 이행하지 않은 건축주 등은 건축법 제80조에 따른 이행강제금 부과처분이나 행정대집행법 제2조에 따른 행정대집행을 받게 되며, (중략) 따라서 건축허가취소처분을 받은 건축물 소유자는 그 건축물이 완공된 후에도 여전히 위 취소처분의 취소를 구할 법률상 이익을 가진다고 보아야 한다. 대법원 2015. 11. 12. 선고 2015두47195 판결

05. ④ ④ 행정처분의 근거 법률에 의하여 보호되는 직접적이고 구체적인 이익이 있는 경우에는 행정소송법 제35조에 규정된 '무효확인을 구할 법률상 이익'이 있다고 보아야 하고, 이와 별도로 무효확인소송의 보충성이 요구되는 것은 아니므로 행정처분의 무효를 전제로 한 이행소송 등과 같은 직접적인 구제수단이 있는지 여부를 따질 필요가 없다고 해석함이 상당하다. 대법원 2008. 3. 20. 선고 2007두6342 판결

① 위헌인 법률에 근거한 행정처분이 당연무효인지의 여부는 위헌결정의 소급효와는 별개의 문제로서, 위헌결정의 소급효가 인정된다고 하여 위헌인 법률에 근거한 행정처분이 당연무효가 된다고는 할 수 없고 오히려 이미 취소소송의 제기기간을 경과하여 확정력이 발생한 행정처분에는 위헌결정의 소급효가 미치지 않는다고 보아야 할 것이므로, 어느 행정처분에 대하여 그 행정처분의 근거가 된 법률이 위헌이라는 이유로 무효확인청구의 소가 제기된 경우에는 다른 특별한 사정이 없는 한 법원으로서는 그 법률이 위헌인지 여부에 대하여는 판단할 필요 없이 위 무효확인청구를 기각하여야 할 것이다. 대법원 1994. 10. 28. 선고 92누9463 판결

② 행정처분의 당연무효를 선언하는 의미에서 그 취소를 청구하는 행정소송을 제기하는 경우에도 소원의 전치와 제소기간의 준수 등 취소소송의 제소요건을 갖추어야 한다. 대법원 1984. 5. 29. 선고 84누175 판결

③ 행정처분의 당연무효를 구하는 소송에 있어서 그 무효를 구하는 사람에게 그 행정처분에 존재하는 하자가 중대하고 명백하다는 것을 주장 입증할 책임이 있다. 대법원 1984. 2. 28. 선고 82누154 판결

06. ② ② 개정 법령이 기존의 사실 또는 법률관계를 적용대상으로 하면서 국민의 재산권과 관련하여 종전보다 불리한 법률효과를 규정하고 있는 경우에도 그러한 사실 또는 법률관계가 개정법령이 시행되기 이전에 이미 완성 또는 종결된 것이 아니라면(주 : 부진정소급입법이라는 의미) 이를 헌법상 금지되는 소급입법에 의한 재산권 침해라고 할 수는 없으며, 그러한 개정 법령의 적용과 관련하여서는 개정 전 법령의 존속에 대한 국민의 신뢰가 개정 법령의 적용에 관한 공익상의 요구보다 더 보호가치가 있다고 인정되는 경우에 그러한 국민의 신뢰를 보호하기 위하여 그 적용이 제한될 수 있는 여지가 있을 따름이다. 대법원 2009. 9. 10. 선고 2008두9324 판결

① 새로운 입법으로 이미 종료된 사실관계에 작용케 하는 진정소급입법은 헌법적으로 허용되지 않는 것이 원칙이며 특단의 사정이 있는 경우에만 예외적으로 허용될 수 있는 반면, 현재 진행중인 사실관계에 작용케 하는 부진정소급입법은 원칙적으로 허용되지만 소급효를 요구하는 공익상의 사유와 신뢰보호의 요청 사이의 교량과정에서 신뢰보호의 관점이 입법자의 형성권에 제한을 가하게 된다. 헌법재판소 1998. 11. 26. 선고 97헌바58 전원재판부

③ 기존의 법에 의하여 형성되어 이미 굳어진 개인의 법적 지위를 사후입법을 통하여 박탈하는 것 등을 내용으로 하는 진정소급입법은 개인의 신뢰보호와 법적안정성을 내용으로 하는 법치국가원리에 의하여 특단의 사정이 없는 한 헌법적으로 허용되지 아니하는 것이 원칙이며, 진정소급입법이 허용되는 예외적인 경우로는 일반적으로 국민이 소급입법을 예상할 수 있었거나 법적상태가 불확실하고 혼란스러웠거나 하여 보호할만한 신뢰의 이익이 적은 경우와 소급입법에 의한 당사자의 손실이 없거나 아주 경미한 경우, 그리고 신뢰보호의 요청에 우선하는 심히 중대한 공익상의 사유가 소급입법을 정당화하는 경우 등을 들 수 있다. 헌법재판소 1998. 9. 30. 선고 97헌바38 결정

④ 행정기본법 제14조

> **행정기본법 제14조(법 적용의 기준)**
> ③ 법령등을 위반한 행위의 성립과 이에 대한 제재처분은 법령등에 특별한 규정이 있는 경우를 제외하고는 법령등을 위반한 행위 당시의 법령등에 따른다. 다만, 법령등을 위반한 행위 후 법령등의 변경에 의하여 그 행위가 법령등을 위반한 행위에 해당하지 아니하거나 제재처분 기준이 가벼워진 경우로서 해당 법령등에 특별한 규정이 없는 경우에는 변경된 법령등을 적용한다.

07. ④ ④ 지방국세청장 또는 세무서장이 조세범 처벌절차법 제17조 제1항에 따라 통고처분을 거치지 아니하고 즉시 고발하였다면 이로써 조세범칙사건에 대한 조사 및 처분 절차는 종료되고 형사사건 절차로 이행되어 지방국세청장 또는 세무서장으로서는 동일한 조세범칙행위에 대하여 더 이상 통고처분을 할 권한이 없다. 대법원 2016. 9. 28. 선고 2014도10748 판결

① 질서위반행위규제법 제3조

> **질서위반행위규제법 제3조(법 적용의 시간적 범위)**
> ③ 행정청의 과태료 처분이나 법원의 과태료 재판이 확정된 후 법률이 변경되어 그 행위가 질서위반행위에 해당하지 아니하게 된 때에는 변경된 법률에 특별한 규정이 없는 한 과태료의 징수 또는 집행을 면제한다.

② 도로교통법 제118조에서 규정하는 경찰서장의 통고처분은 행정소송의 대상이 되는 행정처분이 아니므로 그 처분의 취소를 구하는 소송은 부적법하고, 도로교통법상의 통고처분을 받은 자가 그 처분에 대하여 이의가 있는 경우에는 통고처분에 따른 범칙금의 납부를 이행하지 아니함으로써 경찰서장의 즉결심판청구에 의하여 법원의 심판을 받을 수 있게 될 뿐이다. 대법원 1995. 6. 29. 선고 95누4674 판결

③ 특별한 사정이 없는 이상 경찰서장은 범칙행위에 대한 형사소추를 위하여 이미 한 통고처분을 임의로 취소할 수 없다. 대법원 2021. 4. 1. 선고 2020도15194 판결

08. ③ ③ 행정기본법 제23조

행정기본법 제23조(제재처분의 제척기간)
③ 행정청은 제1항에도 불구하고 행정심판의 재결이나 법원의 판결에 따라 제재처분이 취소·철회된 경우에는 재결이나 판결이 확정된 날부터 1년(합의제행정기관은 2년)이 지나기 전까지는 그 취지에 따른 새로운 제재처분을 할 수 있다.

① 행정처분과 형벌은 각각 그 권력적 기초, 대상, 목적이 다르다. 일정한 법규 위반 사실이 행정처분의 전제사실이자 형사법규의 위반 사실이 되는 경우에 동일한 행위에 관하여 독립적으로 행정처분이나 형벌을 부과하거나 이를 병과할 수 있다. 법규가 예외적으로 형사소추 선행 원칙을 규정하고 있지 않은 이상 형사판결 확정에 앞서 일정한 위반사실을 들어 행정처분을 하였다고 하여 절차적 위반이 있다고 할 수 없다. 대법원 2017. 6. 19. 선고 2015두59808 판결

② 행정법규 위반에 대한 제재조치는 행정목적의 달성을 위하여 행정법규 위반이라는 객관적 사실에 착안하여 가하는 제재이므로, 반드시 현실적인 행위자가 아니라도 법령상 책임자로 규정된 자에게 부과되고, 특별한 사정이 없는 한 위반자에게 고의나 과실이 없더라도 부과할 수 있다. 대법원 2017. 5. 11. 선고 2014두8773 판

④ 효력기간이 정해져 있는 제재적 행정처분의 효력이 발생한 이후에도 행정청은 특별한 사정이 없는 한 상대방에 대한 별도의 처분으로써 효력기간의 시기와 종기를 다시 정할 수 있다. 이는 당초의 제재적 행정처분이 유효함을 전제로 그 구체적인 집행시기만을 변경하는 후속 변경처분이다. (중략) 이러한 후속 변경처분 권한은 특별한 사정이 없는 한 당초의 제재적 행정처분의 효력이 유지되는 동안에만 인정된다. 당초의 제재적 행정처분에서 정한 효력기간이 경과하면 그로써 처분의 집행은 종료되어 처분의 효력이 소멸하는 것이므로, 그 후 동일한 사유로 다시 제재적 행정처분을 하는 것은 위법한 이중처분에 해당한다. 대법원 2022. 2. 11. 선고 2021두40720 판결

09. ② ② 개인정보 보호법 제37조의2

개인정보 보호법 제37조의2(자동화된 결정에 대한 정보주체의 권리 등)
① 정보주체는 완전히 자동화된 시스템(인공지능 기술을 적용한 시스템을 포함한다)으로 개인정보를 처리하여 이루어지는 결정(「행정기본법」 제20조에 따른 행정청의 자동적 처분은 제외하며, 이하 이 조에서 "자동화된 결정"이라 한다)이 자신의 권리 또는 의무에 중대한 영향을 미치는 경우에는 해당 개인정보처리자에 대하여 해당 결정을 거부할 수 있는 권리를 가진다.

① 개인정보 보호법 제39조

개인정보 보호법 제39조(손해배상책임)
① 정보주체는 개인정보처리자가 이 법을 위반한 행위로 손해를 입으면 개인정보처리자에게 손해배상을 청구할 수 있다. 이 경우 그 개인정보처리자는 고의 또는 과실이 없음을 입증하지 아니하면 책임을 면할 수 없다.

③ 개인정보 보호법 제2조

개인정보 보호법 제2조(정의)
이 법에서 사용하는 용어의 뜻은 다음과 같다. 1. "개인정보"란 살아 있는 개인에 관한 정보로서 다음 각 목의 어느 하나에 해당하는 정보를 말한다.

④ 개인정보 보호법 제16조

개인정보 보호법 제16조(개인정보의 수집 제한)
③ 개인정보처리자는 정보주체가 필요한 최소한의 정보 외의 개인정보 수집에 동의하지 아니한다는 이유로 정보주체에게 재화 또는 서비스의 제공을 거부하여서는 아니 된다.

10. ① ① 토지보상법 제72조

토지보상법 제72조(사용하는 토지의 매수청구 등)
사업인정고시가 된 후 다음 각 호의 어느 하나에 해당할 때에는 해당 토지소유자는 사업시행자에게 해당 토지의 매수를 청구하거나 관할 토지수용위원회에 그 토지의 수용을 청구할 수 있다. 이 경우 관계인은 사업시행자나 관할 토지수용위원회에 그 권리의 존속을 청구할 수 있다. 2. 토지의 사용으로 인하여 토지의 형질이 변경되는 경우

② 도시계획시설의 지정으로 말미암아 당해 토지의 이용가능성이 배제되거나 또는 토지소유자가 토지를 종래 허용된 용도대로도 사용할 수 없기 때문에 이로 말미암아 현저한 재산적 손실이 발생하는 경우에는, 원칙적으로 사회적 제약의 범위를 넘는 수용적 효과를 인정하여 국가나 지방자치단체는 이에 대한 보상을 해야 한다. 헌법재판소 1999. 10. 21. 선고 97헌바26 전원재판부

③ 생업의 근거를 상실하게 된 자에 대하여 일정 규모의 상업용지 또는 상가분양권 등을 공급하는 생활대책은 헌법 제23조 제3항에 규정된 정당한 보상에 포함되는 것이라기보다는 생활보상의 일환으로서 국가의 정책적인 배려에 의하여 마련된 제도이므로, 그 실시 여부는 입법자의 입법정책적 재량의 영역에 속한다. 이 사건 법률조항이 공익사업의 시행으로 인하여 농업 등을 계속할 수 없게 되어 이주하는 농민 등에 대한 생활대책 수립의무를 규정하고 있지 않다는 것만으로 재산권을 침해한다고 볼 수 없다. 헌법재판소 2013. 7. 25. 선고 2012헌바71 결정

④ 헌법 제23조

헌법 제23조
③ 공공필요에 의한 재산권의 수용·사용 또는 제한 및 그에 대한 보상은 법률로써 하되, 정당한 보상을 지급하여야 한다.

일일 모고 행정학 제10회
정답 및 해설

합격까지 박문각

빠른 고득점 합격
행정학 이명훈

01. ① 행정과 경영의 관계는 이론적 측면에서 일원론 · 이원론 등으로 시대와 상황에 따라 상이하게 전개되어 왔으나, 오늘날 전세계적인 정부개혁인 신공공관리론으로 인해 최근 행정과 경영의 유사점이 더욱 강조되고 있다.

02. ② ㉠, ㉢은 옳고, ㉡, ㉣은 옳지 않다. 신공공관리론은 주인 – 대리인이론, 거래비용이론, 공공선택론 등 신제도주의 경제학을 이론적 기반으로 한다(㉠). 신공공관리론은 효율적인 감시와 통제를 위해 성과목표와 기준을 제시하고 이의 달성을 강조하는 성과관리(성과평가 및 성과유인)를 지향한다(㉢).
㉡ 신공공관리론은 정부가 직접적인 서비스 제공자 역할을 수행하기보다는 지방정부나 주민이 할 수 있도록 권한을 부여하는 것을 강조한다.
㉣ 신공공관리론은 정책기능과 집행기능을 분리한 책임행정체제 확립을 강조한다.

03. ① ㉠, ㉡은 옳고, ㉢, ㉣은 옳지 않다. 기업가 정치상황에서는 감지된 비용은 소수의 동질적 집단에 집중되어 그 크기가 상대적으로 큰 반면, 감지된 편익은 일반대중에게 분산되어 그 크기가 상대적으로 작은 상황이다(㉠). 기업가 정치상황은 사회적 규제와 관련되며, 환경오염규제, 자동차 안전규제, 위해물품 규제 등이 좋은 예이다(㉡).
㉢ 기업가 정치상황의 경우 감지된 편익은 일반대중에게 분산되어 그 크기가 상대적으로 작기 때문에 규제의 수혜자들이 조직화되지 못한다.
㉣ 기업가 정치상황에서는 감지된 비용은 소수의 동질적 집단에 집중되어 그 크기가 상대적으로 큰 반면, 감지된 편익은 일반대중에게 분산되어 그 크기가 상대적으로 작은 상황이기 때문에 편익을 기대할 수 있는 측은 집단행동의 딜레마에 빠진다.

04. ① 설문은 적합성에 대한 설명이다. 적합성이란 '행정이 우선적으로 해결해야 할 문제를 목표로 삼았는지'와 관련된 개념으로, 정책목표가 사회의 중요한 가치를 반영했다면 적합성 있는 목표라 할 수 있다. 반면 적정성은 '목표수준이 적정하게 설정되었는지'와 관련된 개념으로, 정책목표의 수준이 사회문제 해결에 기여할 수 있다면 적정성 있는 목표라 할 수 있다.

05. ④ ㉠, ㉣은 옳고, ㉡, ㉢은 옳지 않다. 점증모형은 기존 정책에 대한 가감식 의사결정으로 현 사회의 구체적 결함을 경감하는데 초점이 있으며, 상황이 복잡하여 정책대안의 결과가 극히 불확실할 때 점증모형이 추구하는 소폭적 변화는 잘못을 최소화함으로써 불확실성을 극복할 수 있는 훌륭한 전략이 될 수 있다(㉠). 만족모형이 제시한 행정인은 제한된 합리성을 추구하며, 문제를 간소화하여 자신과 관련된다고 느끼는 일부분만을 관심의 대상으로 삼는다(㉣).
㉡ 합리모형은 집권적 조직구조와 융합가능성이 높으나 정책결정자의 신념이나 가치에 따른 의사결정이 아닌 계량적인 분석에 입각한 의사결정을 지향한다.
㉢ 회사모형에서는 하위부서들의 목표 간에 괴리가 있을 때 상위부서의 목표가 그 괴리를 조정할 수 있는 기준이 되지 못하고 갈등의 준해결이 야기됨을 설명한다.

06. ① 계층제는 조직 내의 직무를 권한과 책임의 정도에 따라 등급화하고 상하 조직단위 간 지휘 · 명령 · 복종 관계를 확립하는 것을 말한다. 계층제는 통솔범위와 역관계를 가지며, 계층의 수가 많을수록 통솔범위가 좁아진다.

<<핵심체크>> 계층제

구분	내용
의의	조직 내의 직무를 권한과 책임의 정도에 따라 등급화하고 상하 조직단위 간 지휘 · 명령 · 복종 관계를 확립하는 것(직원 · 과장 · 국장 · 장관)
필요성	통솔범위의 한계
하위원리	① 일치의 원리, ② 명령통일의 원리, ③ 명령계통의 원리, ④ 구성원 동일체의 원리 등
특징	• 조직의 대규모화, 업무의 전문화와 다양화는 계층 수와 정비례 관계 • 계층제는 업무의 권한과 책임에 따른 수직적 분업 • 계층제와 통솔범위는 역관계(통솔범위가 넓을수록 저층구조화) • 계선은 계층제 형태를 띠나, 참모은 계층제 형태를 띠지 않음 • 계층수준이 높을수록 비정형적인 업무를, 낮을수록 정형적 업무를 담당

07. ③ 목표관리제 평정법에서 개인별 목표는 자율적으로 설정되므로 주관적 목표설정으로 인해 개인 간 비교가 곤란하며, 평정자와 피평정자의 참여를 바탕으로 평정하기에 제도의 개발과 운영에 비용과 시간이 많이 들 수 있다.

08. ③ 각 직위의 직무에 대한 책임도 · 난이도 · 곤란도 등을 기준으로 직무의 상대적 가치를 평가하여 등급을 결정하는 횡적 분류작업을 말한다(사실상 종적 분업과 유사). 직무평가의 결과로 등급과 직급이 결정된다. 직무평가방법으로는 서열법, 분류법, 점수법, 요소비교법이 있으며, 서열법과 분류법은 비계량적 직무평가 방법이지만, 점수법과 요소비교법은 계량적 직무평가방법이다.

<<핵심체크>> 직무평가

구분		내용
직무분석	의의	직무조사(직무기술서)를 토대로 직위를 직무의 종류 또는 성질에 따라 직군 · 직렬 · 직류를 형성하는 종적 분류작업(사실상 횡적 분업)
	활용	인력채용, 시험의 내용적 타당성, 교육훈련, 직무수행 평가 등에 활용
직무평가	의의	각 직위의 직무에 대한 책임도 · 난이도 · 곤란도 등을 기준으로 직무의 상대적 가치를 평가하여 등급 · 직급을 결정하는 횡적 분류작업(사실상 종적 분업)
	활용	보수의 차등화(직무급 확립), 고위공무원단의 직무등급 확립

09. ④ 각 중앙관서의 장 및 기금관리주체는 매년 예산 또는 기금이 투입되는 모든 재정사업을 사업별 체크리스트를 활용하여 성과평가한다(재정사업자율평가). 기획재정부장관은 재정사업자율평가 결과 추가적인 평가가 필요하다고 판단되는 사업 등에 대하여 성과평가할 수 있다(재정사업심층평가).

<<핵심체크>> 우리나라의 재정사업 성과관리

성과목표관리	의의	재정사업에 대한 성과목표, 성과지표 등의 설정 및 그 달성을 위한 집행과정 · 결과의 관리
	성과계획서 및 성과보고서 작성 · 제출	각 중앙관서의 장 등은 재정사업 성과목표관리를 위해 매년 예산 및 기금에 관한 성과목표 · 성과지표가 포함된 다음 연도 성과계획서 및 전년도 성과보고서를 작성해야 하며, 예산요구서나 기금운용계획안을 제출할 때 함께 기재부장관에게 제출해야 함
성과평가	의의	재정사업의 계획 수립, 집행과정 및 결과 등에 대한 점검 · 분석 · 평가
	재정사업 자율평가	각 중앙관서의 장 등은 매년 예산 또는 기금이 투입되는 모든 재정사업을 사업별 체크리스트를 활용하여 성과평가함
	재정사업 심층평가	기재부장관은 ① 재정사업자율평가 결과 추가적인 평가가 필요하다고 판단되는 사업, ② 부처 간 유사 · 중복 사업이나 비효율적인 사업추진으로 예산낭비의 소지가 있는 사업, ③ 향후 지속적 재정지출 급증이 예상되어 객관적 검증을 통해 지출 효율화가 필요한 사업, ④ 그 밖에 심층적인 분석 · 평가를 통해 사업추진 성과를 점검할 필요가 있는 사업 등에 대해 효과성과 운영의 적정성을 평가함
	국고보조금운용평가	기재부는 재정사업자율평가 대상사업 중 보조사업에 대하여 실효성 및 지원 필요성 등을 평가하고 그 존속 여부를 결정함

10. ④ 지방의회의 의장은 지방의회 사무직원을 지휘 · 감독하고 법령과 조례 · 의회규칙으로 정하는 바에 따라 그 임면 · 교육 · 훈련 · 복무 · 징계 등에 관한 사항을 처리한다(중요 개정사항).

2025 공무원 시험대비 【6회차】

박문각 일일 모의고사

-제11회-

[정답 및 해설]

이 름 : ______________________

학습관 : ______________________

합격
예측

답안 입력 및 성적 조회는 PC, 모바일에서 모두 가능합니다.

★ PC: pass.pmg.co.kr | ★ 모바일 앱: 박문각 합격관리

일일 모고 국어 제11회
정답 및 해설

합격까지 박문각

赤功 국어 적중 혜선

01. ③ '-는데'는 다음의 말을 끌어 내기 위해 그와 상반되는 사실을 미리 말할 때 쓰는 연결 어미이다. 연결 어미 '-는데'에 보조사 '도'가 결합한 것이므로 이어진 문장이다. 나머지는 안은문장이다.
① [재물을 보기]를 돌같이 하라.
→ 안긴문장:명사절 (절 표지:명사형 어미 '-기')
② [(겨울에) 잎이 떨어지는] 겨울이 되었다.
→ 안긴문장:관형절(관계) (절 표지:관형사형 어미 '-는')
④ [누나가 시험에 합격했음]을 알렸다.
→ 안긴문장:명사절 (절 표지:명사형 어미 '-음')

02. ③ ㄱ과 ㄴ은 각각 '내가 시험에 합격하기'와 '이곳이 교통사고 발생의 빈도가 잦음'의 명사절이 안겨 있다. 하지만 명사절(안긴문장) 속에 목적어가 있지는 않다.
(단, 명사절들 뒤에 목적격 조사 '을/를'이 결합된 것을 보면, 이 명사절들이 목적어 자체로 기능하고 있음을 알 수 있다.)
ㄱ. 우리 부모님께서는 [내가 시험에 합격하기]를 원하신다.
→ 명사형 어미 '-기'를 통해 명사절임을 알 수 있다.
ㄴ. 우리는 [이곳이 (교통사고 발생의 빈도가 잦음)]을 전혀 몰랐다.
→ 명사형 어미 '-음'을 통해 명사절임을 알 수 있다.
→ 표지가 존재하지 않지만 (교통사고 발생의 빈도가 잦음)이라는 서술절도 명사절 안에 안겨 있다.
② 'ㄱ. 내가 시험에 합격하기'에는 관형어가 없지만 '이곳이 교통사고 발생의 빈도가 잦음'에는 '발생의'라는 관형어가 존재한다. 관형격 조사 '의'를 통해 관형어임을 알 수 있다. 또한 '교통사고'는 명사이지만 뒤의 명사 '발생'을 꾸며주므로 관형어이다.
④ 'ㄴ. 이곳이 교통사고 발생의 빈도가 잦음'에는 부사어가 없지만 'ㄱ. 내가 시험에 합격하기'에는 '시험에'라는 부사어가 있다.

03. ① '~ 중 하나는 ~이다'는 어법에 맞는 구조이다.
② '두다'는 목적어를 필수적으로 요구하므로 '목표를'을 앞에 추가해야 한다. '~에 있어'는 일본어 투의 표현이므로 지양하는 것이 좋다.
③ '복종하다'는 필수적 부사어 '-에'를 요구하므로 '복종하기도' 앞에 '자연에'를 추가해야 한다.
④ '예측 + 되(피동 접미사) + 어지(피동 보조용언) + 었 + 다'에 이중 피동 표현이 나오므로 적절하지 않다. '예측되었다'로 고쳐야 한다.

04. ② '바야흐로'가 '이제 한창. 이제 막.'을 의미하므로 'AI의 시대이다'와 잘 연결된다.
① 대개 '반드시'는 '긍정'과 '절대로'는 '부정'과 호응하므로 '절대로 하지 않는다'로 고쳐야 한다.
③ '선물하였다'의 주어가 잘못 생략돼 있으므로 '옥순이가 책을 선물하였다."라 써야 한다.'로 고쳐야 한다. 그렇지 않으면 앞의 주어 '영호는'이 '선물하였다'와 호응하여 의미가 이상한 문장이 된다.
④ 대등(병렬)의 접속 조사 '과'에 의해 '신문을 시청해야 한다'과 되므로 옳지 않다. 따라서 '신문을 꼼꼼히 읽고 뉴스를 열심히 시청해야 한다'로 고쳐야 한다.

05. ① 무쇠를 두들기는 장정들은 피타고라스의 연구에서 '음의 높이만 낮은 동일한 소리'가 아니라 '현을 연주하는 것'에 대응한다. '음의 높이만 다른 같은 음'은 2:1의 무게 비율을 가지는 망치로 인한 것으로, 현의 길이가 절반인 서로 다른 두 현에 대응할 것이다.
② 두 현의 길이는 정수 비율을 보이므로 이 음은 조화로운 음일 것이다.
③ 피타고라스는 망치 무게 비율을 토대로 현의 길이를 조율하였다.
④ 조화롭지 않은 음이라면 현의 길이(망치의 무게)가 정수비를 이루지 않을 것이다.

06. ①

전제 1: '치타 → 날카로운 이빨'
전제 2: [ ]
결론: 날카로운 이빨 ∧ 나무 타기

①은 '나무 타기 → 치타'다. 전제 1인 '치타 → 날카로운 이빨'과 결합하여 '나무 타기 → 날카로운 이빨'을 도출할 수 있다. 즉, 나무를 타는 동물은 모두 날카로운 이빨을 가지고 있으므로 이를 통해 결론인 '날카로운 이빨 ∧ 나무 타기' 또한 도출할 수 있다.
②은 '~나무 타기 ∧ ~치타'다. 전제 1인 '치타 → 날카로운 이빨'과 결합하여 '날카로운 이빨 ∧ 나무 타기'를 도출하는 것은 불가능하다.
③은 '나무 타기 ∧ ~치타'다. 전제 1인 '치타 → 날카로운 이빨'과 결합하여 '날카로운 이빨 ∧ 나무 타기'를 도출하는 것이 불가능하다.
④은 '~나무 타기 → ~치타'고 이 대우명제는 '치타 → 나무 타기'다. 전제 1은 '치타 → 날카로운 이빨'이고 이 두 명제의 결론끼리 연결하여 '날카로운 이빨 ∧ 나무 타기'를 도출하는 것은 불가능하다.

07. ④ ㉠의 '질리다'는 '1 놀라거나 두려워서 기가 막히거나 풀이 꺾이거나 하다'를 의미한다. 이와 가장 유사한 의미의 '질리다'는 ④이다.
① 2「1」 어떤 일이나 음식 따위에 싫증이 나다.
② 2「3」 값이 얼마씩 치이다.
③ 3 몹시 놀라거나 무서워 얼굴빛이 변하다.

08. ② '내다'는 '돈이나 물건 따위를 주거나 바치다.'를 의미한다. 따라서 '내야 할 돈을 미리 또는 기한이 되기 전에 내다.'를 의미하는 '선납(先 먼저 선 納 들일 납)하다'는 ㉡과 바꿔쓸 수 있는 유사한 표현으로 적절하지 않다. '세금이나 공과금 따위를 관계 기관에 내다.'를 의미하는 '납부(納 들일 납 附 붙을 부)하다'로 바꿔 쓸 수 있다.
① ㉠ '버티다'는 '무게 따위를 견디다.'를 의미한다. 따라서 '오래 버티거나 배겨 내다.'를 의미하는 '지탱(支 지탱할 지 撑 버틸 탱)하다'로 바꿔쓸 수 있다.
③ ㉢ '뽑다'는 '여럿 가운데에서 골라내다.'를 의미한다. 따라서 '사람이나 작품, 물품 따위를 일정한 조건 아래 널리 알려 뽑아 모으다.'를 의미하는 '모집(募 모을 모 集 모을 집)하다'로 바꿔쓸 수 있다.
④ ㉣ '적다'는 '어떤 내용을 글로 쓰다.'를 의미한다. 따라서 '수첩이나 문서 따위에 적어 넣다.'를 의미하는 '기입(記 기록할 기 入 들 입)하다'로 바꿔쓸 수 있다.

09. ③ 법이 범죄 조직의 명령과 다른 점에 관한 해답의 단초는 실천이성의 요소에서 찾을 수 있다고 하였다. 실천이성

은 법이 타당한 근거가 무엇인가를 따지는 정신적 활동이다. 법의 근거를 따지다 보면 최종적인 근거 또는 원리에 도달할 수 있는데, 그것이 바로 '동등한 인간 존엄성의 원리'이다. '동등한 인간 존엄성의 원리'는 법을 타당하게 뒷받침하는 근본 원리로, 법과 범죄 집단의 명령의 차이점에 해당한다.
① [A]에는 구성원 간의 배분 및 협력의 관계 규율에 관한 내용을 찾아볼 수 없다.
② 범죄 집단의 명령도 구성원 누구에게나 공평하게 적용될 수 있다.
④ [A]에 따르면 법의 가치가 결정되는 것은 '동등한 인간 존엄성의 원리'를 얼마나 잘 실현하느냐에 달려 있다.

10. ② 선지는 ㄴ 또는 ㄷ으로 시작된다. ㄷ으로 시작할 경우 모두 ㅁ으로 이어지며, ㅁ의 '그러한 결과'가 ㄷ에 언급된 내용이므로 흐름이 자연스럽다. 그러나 그 뒤에 ㄱ이 오게 될 경우 앞서 이미 의료 분야의 이야기를 제시했으므로, '이러한 경향은 특히 의료 분야에서 두드러지는데'라고 글을 전개하는 것은 적절하지 않다. '이러한 경향'은 의료 분야보다 포괄적인 내용을 지칭해야 하는데 그런 내용이 오지 않았기 때문이다. 이는 'ㄷ-ㅁ-ㄹ-ㄱ'으로 전개되는 경우에도 마찬가지이다. 만약 글을 ㄴ으로 시작할 경우, 뒤에는 ㄱ과 ㄹ이 모두 자연스럽게 이어진다. 이 경우 1번의 전개 순서를 따라갈 경우, 의료 분야의 사례만 제시한 뒤 포괄적인 결론을 유도하는 것은 자연스럽지 않다. 따라서 2번 선지의 순서처럼 포괄적인 내용을 제시한 뒤 의료 분야의 구체적 사례로 글의 초점을 좁혀가며 전개하는 것이 글의 전개 순서로 자연스럽다.

일일 모고 영어 제11회

정답 및 해설

합격까지 박문각

반드시 합격
진가영 영어

01. ① ★ charm 매력, 매혹
● bitterness 쓰라림, 쓴맛
● irritation 짜증, 자극
● anger 분노, 화
[해석] 그녀의 타고난 매력과 친근한 성격은 동료들 사이에서 그녀를 매우 인기가 있게 만들었고, 그들은 그녀와 함께 일하는 것을 즐겼다.

02. ③ ★ innovative 혁신적인, 창의적인
● meticulous 세심한, 꼼꼼한
● electronic 전자의
● hasty 성급한, 조급한
[해석] 매니저의 혁신적인 문제 해결 접근법은 팀이 창의적으로 사고하고 혁신적인 해결책을 찾도록 영감을 주었다.

03. ② ★ engaging 매력적인, 흥미로운
● monotonous 단조로운, 지루한
● tedious 지루한, 싫증 나는
● dull 둔한, 흐릿한
[해석] 교수의 흥미로운 강의는 학생들을 매료시켜 복잡한 이론을 이해하기 쉽게 만들었다.

04. ③ ★ explicit 명백한, 분명한
● ambiguous 애매한, 모호한
● implicit 함축적인, 내포된
● vague 모호한, 불분명한
[해석] 계약서는 결제 조건을 명백하게 명시하여 오해의 여지가 없었다.

05. ① ★ resign 사임하다, 물러나다
● retain 유지하다, 보유하다
● promote 승진시키다, 홍보하다
● appoint 임명하다
[해석] 상원의원의 위원회 사임 결정은 개인적인 사유로 인해 이루어졌으며, 그의 후임자를 찾는 과정이 시작되었다.

06. ② [해설]
문장의 주어(documents)가 복수 형태이므로 복수 동사로 써야 하고, 맥락상 오래된 문서가 버리는 행동을 하는 것이 아닌 버려지는 것이기 때문에 수동태로 써야 한다. 따라서 밑줄 친 부분에 가장 적절한 것은 ②이다.
[해석]
사무실 보관실에서 새로운 파일을 위한 공간을 만들기 위해 여러 오래된 문서들이 폐기되었다.

07. ③ [해설]
'결정하다'의 뜻을 가진 decide는 to부정사를 목적어로 취하는 특정 3형식 타동사이다. 따라서 밑줄 친 부분인 stepping을 to step으로 고쳐야 한다.
[해석]
Liam은 소파에 누워 있다가 창밖에서 이상한 소리를 들었다. 그는 재빨리 일어나 밖을 내다보았지만, 어둠 속에서는 아무것도 보이지 않았다. 궁금해진 그는 확인해 보기 위해 밖으로 나가기로 했고, 그제야 그의 남동생이 덤불 뒤에 숨어 있는 것을 발견했다. "이렇게 늦은 시간에 여기서 뭐 하는 거야?" Liam이 놀라서 물었다.

08. ② [해석]
A: 좋은 아침입니다! 오늘 체크인 도와드릴까요?
B: 안녕하세요, 네, 저는 뉴욕행 비행기를 탑니다. 국제선 여행은 처음이에요.
A: 정말 신나겠네요! 여권과 티켓 준비되셨나요?
B: 네, 여기 있어요. 다른 거 보여줘야 할 게 있나요?
A: 탑승권만 있으면 됩니다. 만약 액체를 가지고 계시다면, 100ml 이하의 용기에 담아서 투명한 비닐봉지에 넣어주세요.
B: 알겠습니다! 비행기 탑승 전에 몇 분 정도 일찍 도착해야 하나요?
A: 비행기 출발 최소 30분 전에는 게이트에 도착하는 게 좋습니다.
① 비행기는 몇 시에 출발하나요?
② 비행기 탑승 전에 몇 분 정도 일찍 도착해야 하나요?
③ 여권은 언제 발급받으셨나요?
④ 비행기는 언제 출발했나요?

09. ④ [해설]
이 글은 전문가들을 위한 역량 개발 워크숍을 소개하고 있으며, 참가자들이 자신의 잠재력을 발휘하고 경력을 발전시킬 수 있도록 돕는 내용을 담고 있다. 따라서 "경영진 개발 워크숍으로 잠재력을 발휘하세요"라는 제목이 가장 적절하다.
① 저렴한 전문가 교육 프로그램
② 오늘 바로 글로벌 리더십 연구소에 합류하세요
③ 초보자를 위한 경력 발전 가이드
④ 개발 워크숍으로 잠재력을 발휘하세요

10. ① [해설]
"empower"는 '능력을 부여하다' 또는 '권한을 주다'는 의미로, 참가자들이 역량을 키우고 성공할 수 있도록 돕는 맥락에서 사용되었다. 가장 가까운 의미는 'enable (가능하게 하다)'이다.
② restrict 제한하다
③ discourage 낙담시키다
④ complicate 복잡하게 하다
[해석]

개발 워크숍으로 잠재력을 발휘하세요

직업 기술을 향상시키고 경력을 발전시킬 방법을 찾고 계신가요?

Global Leadership Institute는 오늘날 경쟁이 치열한 비즈니스 환경에서 성공할 수 있는 도구와 지식을 갖춘 전문가가 될 수 있도록 돕기 위해 설계된 임원 개발 워크숍 시리즈를 소개합니다. 이 워크숍은 참가자들이 리더십 역량을 키우고, 의사 결정을 개선하며, 혁신을 촉진할 수 있도록 맞춤형으로 구성되었습니다.

워크숍 세부 사항:
- 전략적 리더십: 팀을 효과적으로 이끌고 조직의 성공을 이끌어내는 방법을 배우세요.
- 데이터 기반 의사 결정: 데이터를 사용하여 비즈니스 결정을 내리는 기술을 익히세요.

• 혁신과 창의성: 조직 내에서 혁신 문화를 촉진하는 기법을 탐구하세요.

일정:
- 전략적 리더십: 월요일, 오후 6:00-8:00
- 데이터 기반 의사 결정: 수요일, 오후 6:00-8:00
- 혁신과 창의성: 금요일, 오후 6:00-8:00

모든 워크숍은 456 Business Avenue에 위치한 Global Leadership Institute에서 진행됩니다. 비용은 워크숍당 $200이며, 세 개의 워크숍에 대한 전체 접근은 $500입니다.

등록하려면 www.gliworkshops.com을 방문하거나 (555) 987-6543으로 전화하여 자세한 정보를 문의하십시오.

[어휘]
☐ enhance 향상시키다, 강화시키다
☐ empower 권한을 부여하다
☐ decision-making 의사 결정
☐ innovation 혁신

일일 모고 한국사 제11회

정답 및 해설

합격까지 박문각

가장 빠른 한국사
한국사 박기훈

01. ① 객관적 측면으로써 역사를 의미한다. ①은 주관적 의미(기록으로서의)의 역사이다.

02. ③ 비파형동검은 청동기 시대를 대표하는 유물이고, 세형동검은 철기 시대를 대표하는 유물이다. ③ 철기 시대에 이르러 철제 농기구의 사용으로 농업이 발달하여 경제 기반이 확대되었고 철제 무기와 철제 연모를 쓰게 됨에 따라 그때까지 사용해 오던 청동기는 의식용 도구로 변하였다.

03. ② 보기에서 제시된 사료는 "도둑질한 자는 12배로 갚게 하고 음란한 짓을 하거나 투기한 부인을 엄벌로 다스렸다"는 내용으로 볼 때 부여의 법조문이다.
부여는 5부족 연맹체(왕과 사출도)로 구성된 연맹 왕국으로, 권력자가 죽었을 때 사람을 같이 묻은 순장의 풍습이 있었고, 송화강 유역의 평야 지대를 중심으로 발전한 초기 국가이다. 또, 농경과 목축을 경제생활의 주로 삼았다. 제천 행사인 영고를 시행하는 동안 국가의 중요한 문제를 토의하고 죄인을 재판하여 풀어주었다. 또한 왕이 죽으면 순장을 하는데, 많을 때는 백여 명이나 되었다.
① 책화는 동예의 풍습이다. ③ 고구려의 풍습, ④ 서옥제(= 데릴사위제)는 고구려의 풍습이다.

04. ④ 제시된 시기는 6세기 중엽이며 신라의 율령이 반포된 이후 시기이다. ④ 6세기 중엽 진흥왕
① 5세기 전반 백제 비유왕과 신라 눌지왕, ② 4세기 후반 근초고왕, ③ 3세기 중엽 동천왕

05. ② 발해는 해로와 육로를 통해 당, 신라, 거란, 일본 등과 무역을 하였다. 한편, 당과 신라의 무역이 확대되면서 산둥반도 등지에 신라인의 거주지인 신라방, 신라촌, 관청인 신라소, 여관인 신라관, 사찰인 신라원이 생겨났다.
㉡ 통일 신라, ㉢ 발해에 대한 사실이다.

06. ② 고려 초기부터 불교는 국가의 지원을 받으며 발전했다. 태조는 불교를 적극 지원하는 한편, 유교이념과 전통문화도 함께 존중했다. 그는 개경에 여러 사원을 세웠고, 훈요 10조에서 불교를 숭상하고 연등회와 팔관회 등 불교행사를 성대하게 개최할 것을 당부해 불교에 대한 국가의 지침을 제시했다. 광종 때부터 승과제도를 실시해 합격한 자에게는 품계를 주고 승려의 지위를 보장했으며, 국사와 왕사제도를 두어 이들로 하여금 왕실의 고문역할을 맡도록 했다.
㉣ 백련사는 강진지방의 호족세력이 수선사에 맞서 순수한 법화신앙을 내세우기 위해 세운 천태종의 신앙단체로 절대 다수의 농민 천민을 대상으로 했기에 지방 및 민간사회에 급속히 확산되었다.

07. ① ㉢ 잡색군은 전직 관료, 서리, 향리, 교생, 노비 등 각계 각층의 장정들이 참여하여, 평상시에는 본업에 종사하며 유사시에 향토방위를 맡았다. ㉣ 양반도 원칙적으로는 군역을 담당하였으므로 현직관료와 학생만 군역을 면제받았을 뿐 종친과 외척, 공신이나 고급 관료의 자제들도 고급 특수군에 편입되어 군역을 부담하였다.

08. ① 제시된 ㉠은 일본의 황무지 개간권 요구를 저지하기 위한 시위를 전개하여 성공했다는 내용으로 1904년 보안회에 대한 설명임을 알 수 있다. ㉡은 국민의 통일연합으로 자유 문명국을 설립하자는 취지로 1907년 창립된 신민회임을 알 수 있다. ㉢은 윤효정, 장지연이 주도하고 국권 회복을 목표로 교육과 식산활동을 전개했다는 내용으로 1906년 창립된 대한자강회임을 알 수 있다.

09. ③ ㉣ 관동대지진(1923) - ㉠ 신민부 조직(1925) - ㉡ 신간회조직(1927) - ㉢ 원산총파업(1929)

10. ① 지문의 내용은 일제의 식민사관 중 정체성 이론에 관한 것이다. 사회 경제주의 사학은 일제의 정체성 이론에 대항하여 한국사의 역사 발전을 세계사적 보편적 발전법칙과 동일한 범주에서 파악하였다.
② 정인보와 안재홍, ③ 신채호, ④ 박은식

일일 모고 행정법 제11회

정답 및 해설

합격까지 **박문각**

광야에서 합격까지
행정법 강성빈

01. ① ① 사도개설허가에서 정해진 공사기간 내에 사도로 준공검사를 받지 못한 경우, 이 공사기간을 사도개설허가 자체의 존속기간(유효기간)으로 볼 수 없다는 이유로 사도개설허가가 당연히 실효되는 것은 아니라고 한 사례. 대법원 2004. 11. 25. 선고 2004두7023 판결

② 행정행위의 부관은 부담인 경우를 제외하고는 독립하여 행정소송의 대상이 될 수 없는바, 기부채납받은 행정재산에 대한 사용 · 수익허가에서 공유재산의 관리청이 정한 사용 · 수익허가의 기간은 그 허가의 효력을 제한하기 위한 행정행위의 부관으로서 이러한 사용 · 수익허가의 기간에 대해서는 독립하여 행정소송을 제기할 수 없으며, 결국 이 사건 청구는 부적법하여 각하를 면할 수 없다. 대법원 2001. 6. 15. 선고 99두509 판결

③ 도로점용허가의 점용기간은 행정행위의 본질적인 요소에 해당한다고 볼 것이어서 부관인 점용기간을 정함에 있어서 위법사유가 있다면 이로써 도로점용허가 처분 전부가 위법하게 된다. 대법원 1985. 7. 9. 선고 84누604 판결

④ 허가에 붙은 기한이 그 허가된 사업의 성질상 부당하게 짧은 경우에는 이를 그 허가 자체의 존속기간이 아니라 그 허가조건의 존속기간으로 보아 그 기한이 도래함으로써 그 조건의 개정을 고려한다는 뜻으로 해석할 수 있다. 대법원 2007. 10. 11. 선고 2005두12404 판결

02. ② ② 임용당시 공무원임용결격사유가 있었다면 비록 국가의 과실에 의하여 임용결격자임을 밝혀내지 못하였다 하더라도 그 임용행위는 당연무효로 보아야 한다. 대법원 1987. 4. 14. 선고 86누459 판결

① 적법한 건축물에 대한 철거명령은 그 하자가 중대하고 명백하여 당연무효라고 할 것이고, 그 후행행위인 건축물철거 대집행계고처분 역시 당연무효라고 할 것이다. 대법원 1999. 4. 27. 선고 97누6780 판결

③ 행정청이 구 학교보건법 소정의 학교환경위생정화구역 내에서 금지행위 및 시설의 해제 여부에 관한 행정처분을 하면서 절차상 학교환경위생정화위원회의 심의를 누락한 흠이 있다면 그와 같은 흠을 가리켜 위 행정처분의 효력에 아무런 영향을 주지 않는다거나 경미한 정도에 불과하다고 볼 수는 없으므로, 특별한 사정이 없는 한 이는 행정처분을 위법하게 하는 취소사유가 된다. 대법원 2007. 3. 15. 선고 2006두15806 판결

④ 선행처분인 업무정지처분은 일정 기간 중개업무를 하지 못하도록 하는 처분인 반면, 후행처분인 이 사건 처분은 위와 같은 업무정지처분에 따른 업무정지기간 중에 중개업무를 하였다는 별개의 처분사유를 근거로 중개사무소의 개설등록을 취소하는 처분이다. 비록 이 사건 처분이 업무정지처분을 전제로 하지만, 양 처분은 그 내용과 효과를 달리하는 독립된 행정처분으로서, 서로 결합하여 1개의 법률효과를 완성하는 때에 해당한다고 볼 수 없다. 대법원 2019. 1. 31. 선고 2017두40372 판결

03. ④ ④ 지방자치단체의 관할구역 내에 있는 각급 학교에서 학교회계직원으로 근무하는 것을 내용으로 하는 근로계약은 사법상 계약이다. 대법원 2018. 5. 11. 선고 2015다237748 판결

① 국가를 당사자로 하는 계약에 관한 법률에 따라 국가가 당사자가 되는 이른바 공공계약은 사경제 주체로서 상대방과 대등한 위치에서 체결하는 사법상 계약으로서 본질적인 내용은 사인 간의 계약과 다를 바가 없으므로, 그에 관한 법령에 특별한 정함이 있는 경우를 제외하고는 사적 자치와 계약자유의 원칙 등 사법의 원리가 그대로 적용된다. 대법원 2012. 9. 20.자 2012마1097 결정

② 공공용지 특례법에 따른 토지 등의 협의취득은 공공사업에 필요한 토지 등을 그 소유자와의 협의에 의하여 취득하는 것으로서 공공기관이 사경제주체로서 행하는 사법상 매매 내지 사법상 계약의 실질을 가지는 것이지 행정청이 공권력의 주체로서 상대방의 의사 여하에 불구하고 일방적으로 행하는 행정처분이라 볼 수 없는 것이고, 위 협의취득에 기한 손실보상금의 환수통보 역시 사법상의 이행청구에 해당하는 것으로서 이를 항고소송의 대상이 되는 행정처분이라고 할 수 없다. 대법원 2010. 11. 11. 선고 2010두14367 판결

③ 지방전문직공무원 채용계약에서 정한 채용기간이 만료한 경우 채용계약을 갱신하거나 채용기간을 연장할 것인지 여부는 지방자치단체장의 재량에 맡겨져 있는 것으로 보아야 할 것이다. 대법원 1993. 9. 14. 선고 92누4611 판결

04. ① ① 검찰총장이 사무검사 및 사건평정을 기초로 대검찰청 자체감사규정 등에 근거하여 검사에 대하여 하는 '경고조치'는 (중략) 검사의 권리 의무에 영향을 미치는 행위로서 항고소송의 대상이 되는 처분이라고 보아야 한다. 대법원 2021. 2. 10 선고 2020두47564 판결

② 진정에 대한 국가인권위원회의 각하 및 기각결정은 피해자인 진정인의 권리행사에 중대한 지장을 초래하는 것으로서 항고소송의 대상이 되는 행정처분에 해당한다. 헌법재판소 2015. 3. 26. 선고 2013헌마214 결정

③ 지방자치단체의 장이 공유재산법에 근거하여 기부채납 및 사용 · 수익허가 방식으로 민간투자사업을 추진하는 과정에서 사업시행자를 지정하기 위한 전 단계에서 공모제안을 받아 일정한 심사를 거쳐 우선협상대상자를 선정하는 행위와 이미 선정된 우선협상대상자를 그 지위에서 배제하는 행위는 민간투자사업의 세부내용에 관한 협상을 거쳐 공유재산법에 따른 공유재산의 사용 · 수익허가를 우선적으로 부여받을 수 있는 지위를 설정하거나 또는 이미 설정한 지위를 박탈하는 조치이므로 모두 항고소송의 대상이 되는 행정처분으로 보아야 한다. 대법원 2020. 4. 29. 선고 2017두31064 판결

④ 행정청이 한 행위가 단지 사인 간 법률관계의 존부를 공적으로 증명하는 공증행위에 불과하여 그 효력을 둘러싼 분쟁의 해결이 사법원리에 맡겨져 있거나 행위의 근거 법률에서 행정소송 이외의 다른 절차에 의하여 불복할 것을 예정하고 있는 경우에는 항고소송의 대상이 될 수 없다고 보는 것이 타당하다(법무법인의 공정증서 작성행위는 항고소송의 대상이 되는 행정처분이 아니라고 본 사례). 대법원 2012. 6. 14. 선고 2010두19720 판결

05. ③ ③ 행정처분의 집행정지는 행정처분집행 부정지의 원칙에 대한 예외로서 인정되는 일시적인 응급처분이라 할 것이므로 집행정지결정을 하려면 이에 대한 본안소송이 법원에 제기되어 계속 중임을 요건으로 하는 것이므로 집행정지결정을 한 후에라도 본안소송이 취하되어 소송이 계속하지 아니한 것으로 되면 집행정지결정은 당연히 그 효력이 소멸되는 것이고 별도의 취소조치를 필요로 하는 것이 아니다. 대법원 1975. 11. 11. 선고 75누97 결정

① 감사원의 변상판정처분에 대하여서는 행정소송을 제기할 수 없고, 재결에 해당하는 재심의 판정에 대하여서만 감사원을 피고로 하여 행정소송을 제기할 수 있다(감사원의 변상판정처분에 대해서는 원처분주의가 아닌 재결주의가 적용됨). 대법원 1984. 4. 10. 선고 84누91 판결
② 처분서가 처분상대방의 주소지에 송달되는 등 사회통념상 처분이 있음을 처분상대방이 알 수 있는 상태에 놓인 때에는 반증이 없는 한 처분상대방이 처분이 있음을 알았다고 추정할 수 있다. 대법원 2017. 3. 9. 선고 2016두60577 판결
④ 어느 하나의 처분사유에 의한 과징금 부과처분에 대하여 당해 처분사유가 아닌 다른 처분사유가 존재한다는 이유로 적법하다고 판단하는 것은 특별한 사정이 없는 한 행정소송법상 직권심사주의의 한계를 넘는 것으로서 허용될 수 없다. 대법원 2017. 5. 17. 선고 2016두53050 판결

06. ③ ③ 보완의 대상이 되는 흠은 보완이 가능한 경우이어야 함은 물론이고, 그 내용 또한 형식적 · 절차적인 요건이거나, 실질적인 요건에 관한 흠이 있는 경우라도 그것이 민원인의 단순한 착오나 일시적인 사정 등에 기한 경우 등이라야 한다. 대법원 2004. 10. 15. 선고 2003두6573 판결
① 행정청으로 하여금 신청에 대하여 거부처분을 하기 전에 반드시 신청인에게 신청의 내용이나 처분의 실체적 발급요건에 관한 사항까지 보완할 기회를 부여하여야 할 의무를 정한 것은 아니라고 보아야 한다. 대법원 2020. 7. 23 선고 2020두36007 판결
② 정신과의원을 개설하려는 자가 법령에 규정되어 있는 요건을 갖추어 개설신고를 한 때에, 행정청은 원칙적으로 이를 수리하여 신고필증을 교부하여야 하고, 법령에서 정한 요건 이외의 사유를 들어 의원급 의료기관 개설신고의 수리를 거부할 수는 없다. 대법원 2018. 10. 25. 선고 2018두44302 판결
④ 행정절차법 제17조

> **행정절차법 제17조(처분의 신청)**
> ⑦ 행정청은 신청인의 편의를 위하여 다른 행정청에 신청을 접수하게 할 수 있다. 이 경우 행정청은 다른 행정청에 접수할 수 있는 신청의 종류를 미리 정하여 공시하여야 한다.

07. ④ ④ 질서위반행위규제법 제45조

> **질서위반행위규제법 제45조(이의신청)**
> ① 당사자와 검사는 제44조에 따른 약식재판의 고지를 받은 날부터 7일 이내에 이의신청을 할 수 있다.

① 질서위반행위규제법 제12조

> **질서위반행위규제법 제12조(다수인의 질서위반행위 가담)**
> ② 신분에 의하여 성립하는 질서위반행위에 신분이 없는 자가 가담한 때에는 신분이 없는 자에 대하여도 질서위반행위가 성립한다.

② 질서위반행위규제법 제12조

> **질서위반행위규제법 제12조(다수인의 질서위반행위 가담)**
> ③ 신분에 의하여 과태료를 감경 또는 가중하거나 과태료를 부과하지 아니하는 때에는 그 신분의 효과는 신분이 없는 자에게는 미치지 아니한다.

③ 질서위반행위규제법 제15조

> **질서위반행위규제법 제15조(과태료의 시효)**
> ① 과태료는 행정청의 과태료 부과처분이나 법원의 과태료 재판이 확정된 후 5년간 징수하지 아니하거나 집행하지 아니하면 시효로 인하여 소멸한다.

08. ② ② 어떠한 처분에 법령상 근거가 있는지, 행정절차법에서 정한 처분절차를 준수하였는지는 본안에서 당해 처분이 적법한가를 판단하는 단계에서 고려할 요소이지, 소송요건 심사단계에서 고려할 요소가 아니다. 대법원 2020. 4. 9. 선고 2015다34444 판결
① 행정처분의 상대방에 대한 청문통지서가 반송되었다거나, 행정처분의 상대방이 청문일시에 불출석하였다는 이유로 청문을 실시하지 아니하고 한 침해적 행정처분은 위법하다. 대법원 2001. 4. 13. 선고 2000두3337 판결
③ 퇴직연금의 환수결정은 당사자에게 의무를 과하는 처분이기는 하나, 관련 법령에 따라 당연히 환수금액이 정하여지는 것이므로, 퇴직연금의 환수결정에 앞서 당사자에게 의견진술의 기회를 주지 아니하여도 행정절차법 제22조 제3항이나 신의칙에 어긋나지 아니한다. 대법원 2000. 11. 28. 선고 99두5443 판결
④ 묘지공원과 화장장의 후보지를 선정하는 과정에서 서울특별시, 비영리법인, 일반 기업 등이 공동 발족한 협의체인 추모공원건립추진협의회가 후보지 주민들의 의견을 청취하기 위하여 그 명의로 개최한 공청회는 행정청이 도시계획시설결정을 하면서 개최한 공청회가 아니므로, 위 공청회의 개최에 관하여 행정절차법에서 정한 절차를 준수하여야 하는 것은 아니다. 대법원 2007. 4. 12. 선고 2005두1893 판결

09. ② ② 정보공개법 제21조

> **정보공개법 제21조(제3자의 비공개 요청 등)**
> ① 제11조제3항에 따라 공개 청구된 사실을 통지받은 제3자는 그 통지를 받은 날부터 3일 이내에 해당 공공기관에 대하여 자신과 관련된 정보를 공개하지 아니할 것을 요청할 수 있다.

① 정보공개법 제17조

> **정보공개법 제17조(비용 부담)**
> ① 정보의 공개 및 우송 등에 드는 비용은 실비의 범위에서 청구인이 부담한다.

③ 학교폭력대책자치위원회의 회의록은 공공기관의 정보공개에 관한 법률 제9조 제1항 제1호의 '다른 법률 또는 법률이 위임한 명령에 의하여 비밀 또는 비공개 사항으로 규정된 정보'에 해당하고, 또한 같은 법 제9조 제1항 제5호의 '공개될 경우 업무의 공정한 수행에 현저한 지장을 초래한다고 인정할 만한 상당한 이유가 있는 정보'에도 해당한다. 대법원 2010. 6. 10. 선고 2010두2913 판결
④ 사면대상자들의 사면실시건의서와 그와 관련된 국무회의 안건자료에 관한 정보는 비공개대상에 해당하지 않는다. 대법원 2006. 12. 7. 선고 2005두241 판결

10. ④ ④ 국가 또는 지방자치단체의 산하 공무원이 그 직무를 집행함에 당하여 중대한 과실로 인하여 법령에 위반하여 타인에게 손해를 가함으로써 국가 또는 지방자치단체가 손해배상책임을 부담하고, 그 결과로 손해를 입게 된 경우에는 국가 등은 (중략) 신의칙상 상당하다고 인정되는 한도 내에서만 당해 공무원에 대하여 구상권을 행사할 수 있다고 봄이 상당하다. 대법원 1991. 5. 10. 선고 91다6764 판결
① 국가배상법 제5조

> **국가배상법 제5조(공공시설 등의 하자로 인한 책임)**
> ② 제1항을 적용할 때 손해의 원인에 대하여 책임을 질 자가 따로 있으면 국가나 지방자치단체는 그 자에게 구상할 수 있다.

② 국가배상법 제6조

> **국가배상법 제6조(비용부담자 등의 책임)**
> ② 제1항의 경우에 손해를 배상한 자는 내부관계에서 그 손해를 배상할 책임이 있는 자에게 구상할 수 있다.

③ 공무원이 직무수행 중 불법행위로 타인에게 손해를 입힌 경우에 국가 등이 국가배상책임을 부담하는 외에 공무원 개인도 고의 또는 중과실이 있는 경우에는 불법행위로 인한 손해배상책임을 지고, 공무원에게 경과실이 있을 뿐인 경우에는 공무원 개인은 손해배상책임을 부담하지 아니한다. 이처럼 경과실이 있는 공무원이 피해자에 대하여 손해배상책임을 부담하지 아니함에도 피해자에게 손해를 배상하였다면 그것은 채무자 아닌 사람이 타인의 채무를 변제한 경우에 해당하고, 이는 민법 제469조의 '제3자의 변제' 또는 민법 제744조의 '도의관념에 적합한 비채변제'에 해당하여 피해자는 공무원에 대하여 이를 반환할 의무가 없고, 그에 따라 피해자의 국가에 대한 손해배상청구권이 소멸하여 국가는 자신의 출연없이 채무를 면하게 되므로, 피해자에게 손해를 직접 배상한 경과실이 있는 공무원은 특별한 사정이 없는 한 국가에 대하여 국가의 피해자에 대한 손해배상책임의 범위 내에서 공무원이 변제한 금액에 관하여 구상권을 취득한다고 봄이 타당하다. 대법원 2014. 8. 20. 선고 2012다54478 판결

일일 모고 행정학 제11회
정답 및 해설

합격까지 **박문각**

빠른 고득점 합격
행정학 이명훈

01. ④ 정치행정이원론은 정치와 행정을 구분하고, 행정은 원리에 충실하면서 국가의사를 과학적 원칙과 원리(과학적관리론)에 따라서 (결정이 아닌) 집행해야 한다고 보았다.

<<핵심체크>> 정치행정이원론

의의	행정의 정치적 기능을 부인하고(행정의 탈정치화), '행정을 결정된 정책(법률)을 능률적으로 집행하기 위한 순수한 관리 · 기술적 현상'으로 인식하는 입장
성립배경	• 엽관주의 폐해 극복 및 실적주의의 확립 : 공무원제도 개혁(Pendleton법) • 행정국가화 현상 : 행정의 전문화 · 복잡화로 전문행정가에 의한 행정 필요성 대두 • 유럽 학문의 영향 : 영국의 대의제와 독일의 관료제의 영향 • 과학적 관리론의 영향 : 능률적 집행을 위한 사기업체의 관리기법 도입 • 진보주의 개혁운동의 영향 : 윌슨 등이 주도한 사회개혁운동의 일환 • 뉴욕시정조사연구소와 절약과 능률을 위한 위원회(Taft위원회)의 활동
특징	• 기술적 행정학 : 행정을 인적 · 물적 자원의 능률적 관리기술로 파악 • 기계적 능률성 중시 : 부패 극복을 위해 능률을 제1의 공리로 인식(Gulick) • 원리접근법 중시 : 공식적 구조에 대한 원리 중시 • 규범적 · 처방적 이론 : 능률적인 행정을 위한 방안 제시
관련이론	행정관리설(① 과학적 관리론, ② 관료제론, ③ 행정관리론[원리주의])
대표학자	윌슨(Wilson), 굿노우(Goodnow), 화이트(White), 윌러비(Willouhby), 귤릭과 어윅(Gulick & Urwick) 등

02. ② 현상학적 행정연구에 의하면 인간은 주어진 환경을 객관적으로 받아들이는 것이 아니라, 개인의 지각에 따라 개인이 부과하는 주관적 의미에 입각해 능동적으로 환경을 형성한다.

<<핵심체크>> 현상학적 접근

개념	사회현상은 자연현상과 달리 인간의 의식 · 동기 · 언어 등으로 구성되며 그들의 상호주관적 경험으로 이룩되므로, 행정현상을 이해하기 위해서는 외면화 · 표면화된 행태보다는 인간의 내면적인 의식이나 동기를 파악해야 한다고 보는 접근방법
전개	하몬(Harmon)의 '행위이론'에 의해 정립
특징	① 철학적 · 심리학적 접근(주관주의), ② 선험적 관념론, ③ 주지주의(主知主義)가 아닌 주의주의(主意主義), ④ 가치주의(가치중심 연구), ⑤ 미시적 접근
주요내용	① 사회현상과 자연현상의 구별, ② 능동적 · 사회적 자아(행정인의 적극적 책임 중시), ③ 상호주관성(간주관성), ④ 탈물상화, ⑤ 순수이성에 근거한 직관적 포착(괄호 안에 묶어두기, 현상학적 판단정지), ⑥ 행태(behavior)가 아닌 행위(action) 중시, ⑦ 조직을 인간들의 의도적(가치함축적) 행위의 집합물로 인식, ⑧ 환경형성론적 입장(외재적 결정론 배척), ⑨ 투표가 아닌 합의적 의사결정 중시
효용	• 미시적 접근(상호주관성 - 담론)을 통한 거시적 사회문제의 해결 • 인간에 대한 이해 증진(인간의 주관적 관념 · 의식 · 동기 파악)
한계	• 인간의 모든 행위를 의식과 주관의 산물로 본다는 점에서 인간의 무의식적 행위, 집단규범, 사회문화 등에 대한 인식 미흡 • 기술성(처방성)을 강조하나 구체적인 처방 및 연구방법 제시 미흡

03. ② 사회적 규제인 환경규제와 관련하여 시장유인적 규제방식이 명령지시적 규제방식보다 효과성과 정치적 수용성이 낮은 것으로 알려져 있다.

04. ② 주관적 예측은 주관적 판단에 의존한 질적 예측을 말하며 교차영향분석이 이에 해당한다. 회귀분석(①)과 경로분석(③)은 이론적 예측에 해당하며, 시계열분석(④)은 연장적 예측에 해당한다.

<<핵심체크>> 미래예측기법

접근방법	근거	기법	산출
투사(외삽법)에 의한 예측	역사적 경향 투사를 통한 귀납적 예측 - 추세적 연장	시계열분석(경향분석), 선형경향 추정(최소자승경향추정, 지수가중(평활)법, 흑선(검은줄)기법], 이동평균법, 비선형경향추정(자료전환법), 불연속추정(격변예측기법) 등	투사
이론(모형)에 의한 예측	이론적 가정에 의한 모형을 통한 연역적 예측 - 인과모형의 설정	회귀분석(인과분석, 선형분석, 투입 · 산출분석) 경로분석, 상관분석, 모의분석, 체제분석, 분산분석, 이론지도 작성(구조모형), 구조방정식, 구간(간격)추정, 계량적 시나리오 등	예견
주관적(직관적 · 판단적) 예측	주관적 판단에 의존한 질적 예측 - 전문가의 의견조사	전통적 델파이, 정책델파이, 브레인스토밍, 교차(상호)영향분석(교차영향행렬), 변증법적 토론, 명목집단기법, Q-방법론, 실현가능성분석, 역사적 유추, 패널토의, 비계량적 시나리오, 근거이론 등	추정

05. ① ㉠, ㉡은 옳고 ㉢, ㉣은 옳지 않다. 특정평가란 국정통합관리를 위하여 2이상의 중앙행정기관 관련 시책, 주요현안 시책, 혁신관리 및 대통령령이 정하는 대상 부분에 대하여 국무총리가 실시하는 평가를 말한다(㉠). 행정안전부장관은 지방자치단체에 대한 합동평가를 효율적으로 추진하기 위해 행정안전부장관 소속하에 지방자치단체합동평가위원회를 설치 · 운영할 수 있다(㉡).
㉢ 지방자치단체합동평가위원회는 위원의 3분의 2이상은 민간전문가로 구성하여야 하며, 위원장은 민간위원 중에서 행정안전부장관이 지명한다.
㉣ 공공기관에 대한 평가는 공공기관의 특수성 · 전문성을 고려하고 평가의 객관성 및 공정성을 확보하기 위하여 공공기관 외부의 기관에서 실시하여야 한다.

06. ② 교통 · 통신이 발달되면 효과적인 의사전달이 용이해져 상호 유기적인 연계가 강화되면서 집권화가 이루어진다.

07. ④ 목표관리제(MBO)는 개별부서 중심의 구체적 · 양적 · 가시적 · 단기적 목표를 중시하므로 장기적 목표보다 단기적 목표에 대한 조직 구성원들의 관심을 유도하는데 도움을 준다.

<<핵심체크>> 목표관리제(MBO)

의의	조직의 효과성을 제고하기 위해 상 · 하 조직원의 참여와 협의를 통해 목표를 설정하고, 이에 따라 업무를 수행한 다음 업무수행결과를 평가 · 환류하는 동태적 · 민주적 · 참여적 관리방식
특징	• 구체적 · 양적 · 가시적 · 단기적 목표 중시 • Y이론적 인간관에 입각한 분권적 관리 • 조직목표와 개인목표의 통합을 지향하는 통합적 관리 • 평가와 환류과정을 중시하는 결과(성과)지향적 관리 • 하급자와의 협력적 목표설정이 중시되는 상향식 관리(bottom-up관리) • 지속적인 환류과정을 통해 조직의 약점을 발견하고 보완하는 동태적 관리

08. ① 설문은 상동적 오차(선입견에 의한 오류)의 예이다. 상동적 오차란 평정의 요소와 관계가 없는 성별 · 출신학교 · 출신지역 · 종교 · 연령 등에 대해 평정자가 갖고 있는 편견이나 고정관념이 영향을 미쳐 나타나는 오류이다.

09. ① 각 중앙관서의 장은 매년 1월 31일까지 당해 회계연도부터 5회계연도 이상의 기간 동안의 계속사업에 대한 중기사업계획서를 기획재정부장관에게 보고해야 한다.

10. ② 단층제는 이중행정으로 인한 지연 및 낭비를 방지하여 업무수행의 신속성을 확보할 수 있다. 반면, 중층제는 이중행정으로 인해 업무수행의 신속성을 확보하기 곤란하다.

<<핵심체크>> 단층제와 중층제

구분	단층제	중층제(다층제)
의의	관할구역 안에 자치단체가 하나만 존재하는 구조	관할구역 안에 자치단체가 중첩되어 있는 구조
장점	• 이중행정으로 인한 지연 및 낭비를 방지하여 신속하고 능률적인 행정 수행 • 행정의 책임 소재 명확화 • 지역의 특수성 · 개별성 존중 • 중앙정부와 주민 간 의사소통 원활화(지역주민의 의사를 중앙정부에 신속하게 전달하고, 중앙정부의 정책을 주민에게 명확히 주지시키기 용이)	• 국가의 직접적 개입을 차단하여 민주주의의 원리 확산 • 기초와 광역 간의 분업적 업무수행을 통한 효율성 증진 • 중앙정부의 감독기능 실효성 확보(이중감독을 통한 효과적인 통솔) • 중앙정부의 과도한 확산 방지 • 자치단체 간 협력 증진 및 분쟁 조정 용이 • 광역자치단체가 기초자치단체의 능력을 보완하여 대규모 사업수행 용이

2025 공무원 시험대비 【6회차】

박문각 일일 모의고사

-제12회-

[정답 및 해설]

이　름 : ______________________

학습관 : ______________________

합격
예측

답안 입력 및 성적 조회는 PC, 모바일에서 모두 가능합니다.

★ PC: pass.pmg.co.kr | ★ 모바일 앱: 박문각 합격관리

일일 모고 국어 제12회

정답 및 해설

합격까지 박문각

赤功 국어
적중 혜선

01. ② 비격식체 상대 높임 표현인 '해요체'를 사용하여 대화 상대인 '어머니'를 적절하게 높였으며, 부사격 조사 '께'와 객체 높임 특수 어휘 '뵈다', '말씀드리다'를 사용하여 객체인 '할머니'를 적절하게 높였다.
① '수고하세요'라는 표현은 윗사람에게 쓰면 안 되는 표현이다. 따라서 '수고하세요'를 '노고가 많으십니다, 고맙습니다, 감사합니다.' 정도로 바꿔 쓰는 것이 적절하다.
③ 주어진 문장에서 높임의 대상은 대화 상대의 아버지이다. 주격 조사 '께서'와 선어말 어미 '-시-'를 사용한 것은 적절하지만, '선친(先親)'은 돌아가신 자기 아버지를 지칭하는 표현이다. 상대방의 돌아가시지 않은 아버지를 지칭하는 높임 표현은 '춘부장(春府丈)'이다.
④ '귀하'는 '편지에서, 상대방을 높여 상대방 이름 밑에 붙여 쓰는 말' 또는 '상대자를 높여 이름 대신 부르는 말'이다. 즉 특정인을 지칭할 때 쓰이므로 '많이' 참석하라는 것은 의미적으로 호응되지 않는다. 따라서 '많이'를 삭제해야 한다.

02. ② '모시다'는 객체 높임 특수 어휘이므로 이 문장에는 주체 높임이 실현되지 않았다.
① 가셨다(가 + 시 + 었 + 다):주체 높임 선어말어미 '-시-'로 주체 높임이 실현되었다.
③ 좋으셨다.(좋 + 으시 + 었 + 다):주체 높임 선어말어미 '-시-'로 주체 높임이 실현되었다.
④ 계신(계시 + ㄴ):'계시다'는 주체 높임 어휘이다.

03. ② 전체 문장의 주어인 '우리는'과 서술절 '책임이 있다'가 호응하는 문장이다. 관형절 '훌륭한 문화 유산을 후손에게 물려주어야 할'의 문장 성분들도 적절하게 호응하며, 부사어 '후손에게'의 조사도 적절하게 사용하였으므로 자연스러운 문장이다.
① 주어 '우리의 문제는'과 서술어 '낙관적이다'의 호응이 맞지 않는다. '우리의 문제는 구체적인 계획 없이 지나치게 낙관적이라는 것이다.'로 고쳐야 한다.
③ 접속 조사 '와'를 사용하여 '실적 평가 거부'와 '월급 인상'을 목적어로 묶었으나, 문맥상 '실적 평가 거부'를 요구했다는 것은 적절하지 않다. '그들은 실적 평가를 거부하고 월급 인상을 요구하였다.'로 쓰는 것이 적절하다.
④ 부사어 '결정에는'과 서술절 '우려가 컸다'가 호응하지 않는다. '부모님의 이사 결정에는 집값 하락에 대한 우려가 큰 영향을 미쳤다.' 또는 '부모님이 이사를 결정한 이유는 집값 하락에 대한 우려가 컸기 때문이다.'로 써야 한다.

04. ① '생각되어졌다.'는 이중 피동 표현이 맞지만, 그것을 '생각되었다'로 바꾸는 것은 옳게 바꾼 것이 아니다. 앞에 '홍수나 가뭄 같은 자연재해를'이라는 목적어가 있으므로 뒤의 서술어는 자동사인 피동사가 올 수 없다. 따라서 목적어를 갖는 타동사인 '생각하였다'로 고쳐야 한다.
② ㉡'그러므로'는 인과 관계로 이어지는 문장을 연결하는 접속 표현이다. 그러나 ㉡ 뒤에 이어지는 '황사, 폭염과 같은 재해를 더 위험한 재해로 인식하고 있다'는 내용은 '과거에는 홍수나 가뭄 같은 자연재해를' 위험한 재해로 인식했다는 내용과 대조되는 내용이다. 앞 문장의 내용과 다른 내용을 전개하고 있으므로 '그러나'를 사용하여 연결하는 것이 적절하다.
③ 이 글은 과거와 현재의 산업 구조가 변화함에 따라 위험하게 생각하는 자연재해의 종류도 달라졌다는 내용을 전달하고 있다. 자연재해의 빈도와 강도에 대한 문장을 넣는 것은 글의 흐름상 적절하지 않다.
④ 주어 '이는'은 사람들이 과거와 달리 황사, 폭염과 같은 재해를 더 위험한 재해로 인식하게 되었다는 것을 지칭한다. 이는 서술어 '알 수 있다'와 호응하지 않으므로 '이는 오늘날에는 산업 사회와 관련된 자연재해에 더 민감하게 반응하고 있음을 보여준다.' 또는 '이를 통해 오늘날에는 산업 사회와 관련된 자연재해에 더 민감하게 반응하고 있음을 알 수 있다.'로 고치는 것이 적절하다.

05. ③ 제시문에 의하면 현대 부모가 겪은 변화는 '대개 한두 명의 자녀를 두며, 자녀와 깊은 정서적 유대감을 형성할 수 있는 경험에 가치를 부여'한다는 것이다. 이는 여성이 직장에서 시간을 보내게 되면서 육아에 쓸 수 있는 시간이 줄었기 때문이다. 현대 부모의 자녀 수가 줄어든 것은 여러 자녀로부터 얻던 만족감을 한 명의 자녀로부터 얻을 수 있기 때문이 아니라, (특히 여성이)직장에서의 성취를 통해 자아 실현을 할 수 있게 되었기 때문이다. 즉, 현대의 자녀 한 명이 과거의 자녀 한 명보다 부모에게 더 큰 만족감을 준다는 추론은 적절하지 않다.
① '이에 부모는 대개 한두 명의 자녀를 두며, 자녀와 깊은 정서적 유대감을 형성할 수 있는 경험에 가치를 부여한다.'라는 구절을 통해 추론할 수 있다.
② '부모 모두 직장 생활을 하게 되었다는 것은 더 많은 사람이 육아와 직업상의 성취 사이에서 갈등을 겪게 되었다는 것'과 '현대 남성들에게는 육아 참여의 중요성이 점점 더 커지고 있다'는 통해 현대의 남성은 육아와 직업상의 성취 사이에서 점점 더 큰 갈등을 겪고 있다는 것을 추론할 수 있다.
④ 제시문에서는 여성이 직장 생활을 하는 것이 일반화되면서 '더 많은 사람이 직장 생활을 통해 자아를 성취할 수 있게 되었다'고 하였다. 이때 '더 많은 사람'은 특히 직장 생활에 동참하게 된 현대 여성을 가리키므로 적절한 선지이다.

06. ② 모든 진술을 기호로 나타내보면 다음과 같다.

○ 호랑이 → 망아지 ≡ ~망아지 → ~호랑이
○ ~호랑이 → 새 ≡ ~새 → 호랑이
○ 망아지 → ~하마 ≡ 하마 → ~망아지

세 번째 명제의 대우명제에 의해 '하마 → ~망아지'이고 첫 번째 명제의 대우명제에 의해 '~망아지 → ~호랑이'이므로 두 명제를 연결하면 '하마 → ~호랑이'가 도출된다. 따라서 하마를 좋아하는 사람은 호랑이를 좋아하지 않는다.
①은 '새 → ~호랑이'로 두 번째 명제 '~호랑이 → 새'의 역명제이다. 따라서 항상 참이라고 할 수 없다. 판단불가의 오류이다.
③은 '~망아지 → 하마'로 네 번째 명제 '망아지 → ~하마'의 이명제이다. 따라서 항상 참이라고 할 수 없다. 판단불가의 오류이다.
④은 첫 번째 명제의 대우명제에 의해 '~망아지 → ~호랑이'이고 두 번째 명제에 의해 '~호랑이 → 새'이므로 두 명제를 연결하면 '~망아지 → 새'가 도출된다. 따라서 망아지를 좋아하지 않는 사람은 새를 좋아한다. 반대의 오류이다.

07. ③ ㉠의 '잡다'는 '1「1」손으로 움키고 놓지 않다.'를 의미한다. 이와 가장 유사한 의미의 '잡다'는 ③이다.
① 1「2」붙들어 손에 넣다.
② 1「3」짐승을 죽이다.
④ 1「8」어떤 순간적인 장면이나 모습을 확인하거나 찍다.

08. ④ '들여오다'는 '물건을 사서 일정한 공간으로 가져오다.'를 의미한다. 따라서 '운반하여 내다.'를 의미하는 '반출(搬 옮길 반 出 날 출)하다'는 ㉣과 바꿔쓸 수 있는 유사한 표현으로 적절하지 않다. '운반하여 들여오다.'를 의미하는 '반입(搬 옮길 반 入 들 입)하다'로 바꿔쓸 수 있다.
① ㉠ '펴내다'는 '잡지나 서적 따위를 발행하다.'를 의미한다. 따라서 '출판물이나 인쇄물을 찍어서 세상에 펴내다.'를 의미하는 '발행(發 필 발 行 다닐 행)하다'로 바꿔쓸 수 있다.
② ㉡ '물러나다'는 '하던 일이나 지위를 내놓고 나오다.'를 의미한다. 따라서 '직임에서 물러나거나 사회 활동에서 손을 떼고 한가히 지내다.'를 의미하는 '은퇴(隱 숨을 은 退 물러날 퇴)하다'로 바꿔쓸 수 있다.
③ ㉢ '갚다'는 '남에게 빌리거나 꾼 것을 도로 돌려주다.'를 의미한다. 따라서 '남에게 진 빚 또는 받은 물건을 갚다.'를 의미하는 '보상(報 갚을 보 償 갚을 상)하다'로 바꿔쓸 수 있다.

09. ② 1문단을 보면 역사에서 관점은 거리나 각도의 문제이며, 그것은 대상을 어디에서 어떤 각도에서 보느냐와 관련된다. 이것은 대상을 크게 또는 작게, 한쪽 면만을 볼 수 있게 한다. 하지만 대상의 모습 자체를 왜곡하지는 않는다. 또한 3문단을 보면 조망적 관점은 대상을 부분적으로 보게 할 뿐 대상의 모습은 객관적으로 보게 한다는 것을 알 수 있다.. 밤에 손전등으로 사물을 비추는 것도 어디에서 어떻게 비추냐에 따라 비춰지는 사물의 모습은 다르다. 그리고 그 비춰진 모습은 사물의 일부이기는 하지만 사물의 모습을 객관적으로 비추고 있다고 볼 수 있다.
① 사물을 실제와 다르게 왜곡하는 경우에 해당한다.
③ 개인의 심리 상태는 대상을 보는 거리나 각도와는 관련이 없다.
④ '강조되는 것'과 '위치나 각도에 따라 다양하게 인식할 수 있는 것'은 다른 내용이다.

10. ④ '스윙바이'는 행성의 공전 속력을 우주선의 추진 속도로 이용하는 방법이다. 이를 위해 행성에 접근하는 ㄹ을 맨 처음 배치해야 한다. 공전 방향과 우주선 방향 일치로 속력이 증가하는 것을 설명하는 ㅁ을 배치하고 이 과정에서 중력이 미치는 속도 변화를 설명하는 ㄷ을 위치 시킨다. 이후 방향을 틀어 우주 공간으로 향하는 ㄱ과 우주 공간에서의 이동을 설명하는 ㄴ을 배열한다.

일일 모고 영어 제12회
정답 및 해설

합격까지 박문각

반드시 합격
진가영 영어

01. ② ★ bloom 꽃이 피다, 개화하다
● wither 시들다, 말라 죽다
● conceive 상상하다, 생각해 내다
● fade 희미해지다, 색이 바래다
[해석] 정원은 다양한 꽃들이 봄 햇살 속에서 피어나면서 생동감 있는 색으로 가득 찼다.

02. ① ★ apathy 무관심, 냉담
● empathy 공감, 감정 이입
● sympathy 동정, 공감
● symphony 교향곡, 심포니
[해석] 지역 사회 자원봉사 활동의 갑작스러운 증가는 많은 사람들을 무관심에서 적극적인 참여로 이끄는 반가운 변화였다.

03. ③ ★ remove 제거하다, 없애다
● entitle 자격을 주다, 권리를 부여하다
● aggregate 집합적인, 종합하다
● distill 증류하다, 정수로 만들다
[해석] 관리자는 시스템의 효율성을 개선하기 위해 오래된 파일들을 제거하기로 결정했다.

04. ④ ★ creek 시냇물, 개울
● crew 승무원, 팀, 무리
● chorus 합창, 합창하다
● cliff 절벽
[해석] 아이들은 더운 여름 오후에 시냇물 옆에서 놀며 시원한 물에 물보라를 일으켰다.

05. ① ★ hazard 위험, 위협
● garage 차고, 주차장
● fountain 분수
● asset 자산, 장점
[해석] 사고의 위험을 줄이기 위해 회사는 모든 공장에서 엄격한 안전 절차를 시행했다.

06. ④ [해설]
missing은 분사형 형용사로 '실종된, 사라진'의 뜻으로 쓰이며 명사(sailors)를 수식한다. 따라서 밑줄 친 부분에 가장 적절한 것은 ④이다.
[해석]
실종된 선원들의 가족들은 폭풍 속에서 배가 침몰한 후에도 그들이 무사히 발견되기를 바라며 간절히 소식을 기다리고 있다.

07. ② [해설]
소유격 관계대명사 whose는 뒤에 완전 구조가 나와야 한다. 뒤에 주어가 없는 불완전 구조를 취하고 있기 때문에 관계대명사 which가 와야 한다. 따라서 밑줄 친 부분인 whose 대신 which로 고쳐야 한다.
[해석]
적절하게 보관한다면, 브로콜리는 최대 4일 동안 신선하게 유지될 것이다. 신선한 송이들을 보관하는 가장 좋은 방법은 채소 칸에 개봉된 플라스틱 봉지에 넣어 냉장 보관하는 것이고 이렇게 하면 적절한 습도와 공기 균형을 유지할 수 있으며 비타민 C 함량을 보존하는 데 도움이 된다. 브로콜리를 보관하기 전에 씻지 마라. 왜냐하면 표면에 있는 수분은 곰팡이의 성장을 촉진시킬 수 있기 때문이다.

08. ③ [해석]
Tim: 실례합니다, 수하물 찾는 곳은 어디인가요?
Jane: 이 복도를 따라 오른쪽으로 가세요. "Baggage Claim" 표지판을 따라가시면 됩니다.
Tim: 감사합니다! 수하물을 찾으려면 티켓을 보여줘야 하나요?
Jane: 아니요, 수하물 찾는 티켓만 있으면 됩니다. 짐이 도착하면 화면에 컨베이어 벨트 번호가 표시될 거예요.
Tim: 알겠습니다. 짐이 도착하는 데 보통 얼마나 걸리나요?
Jane: 보통 15~20분 정도 걸려요. 비행기 착륙 후에요.
① 수하물은 어디에서 체크인 하나요?
② 수하물에 어떤 물건을 넣을 수 있나요?
③ 짐이 도착하는 데 보통 얼마나 걸리나요?
④ 혹시 짐이 나오지 않으면 어떻게 해야 하나요?

09. ④ [해설]
중독 행동과 충동의 관계에 대한 글로, 나쁜 습관을 변화시키려 할 때 사람들이 직면하는 가장 큰 도전은 중독적인 충동을 다루는 것으로, 이들은 일상 활동을 방해함을 경고하는 글이다. 본문에서는 사람들이 나쁜 행동을 변화시키려 할 때 충동이 생각을 지배하고 일상 활동을 방해한다고 설명하며, 이러한 충동을 다루는 것이 큰 도전이라고 다섯 번째 문장과 여섯 번째 문장에서 설명하고 있다. 따라서 밑줄 친 부분에 들어갈 말로 가장 적절한 것은 ④이다.
[해석]
습관과 충동은 밀접하게 연결되어 있다. 사실, 과식, 약물 남용, 알코올 중독 등 중독적인 행동으로 고통 받는 많은 사람들은 자신의 습관을 통해 즐거움을 느낄 수 없다고 주장한다. 즉, 이들은 중독적 행동에 연료를 공급하는 것이 무자비한 열망이라고 말한다. 일반적으로 사람들이 나쁜 행동을 바꾸려고 할 때 가장 힘든 부분은 가끔 밀려오는 끈질긴 충동에 대처하는 것이다. 충동이 사고를 지배하고 일상적인 활동을 방해하기 때문에 나쁜 습관을 바꾸려는 초기 단계가 어려울 수 있다. 많은 사람들은 변화하려는 노력을 포기하게 되는데, 이는 충동이 그들의 삶의 질을 너무 많이 방해하여 습관 없이도 정상적인 생활을 할 수 없다고 느끼기 때문이다.
① 충동이 제때 나타날 것을 예상하는
② 좋은 습관을 상기시키는
③ 처음에 좋은 습관을 형성하는
④ 가끔 밀려오는 끈질긴 충동에 대처하는
[어휘]
☐ impulse 충동
☐ addictive 중독성의
☐ relentless 끊임없는
☐ disrupt 방해하다

10. ② [해설]
과학과 기술의 한계에 대한 글로, 우리는 과학과 기술을 통해 문제를 해결하고자 하지만, 이들이 오히려 인구 문제와 환경오염을 악화시키고 있어 그 한계를 드러냄을 강조하고 있다. 따라서 글의 주제로 가장 적절한 것은 ②이다.

[해석]

오늘날 우리가 직면한 문제를 해결하기 위해 자연스럽게 우리가 가장 잘하는 것에 의존한다. 우리의 강점 중 하나는 과학과 기술이다. 우리는 인구 증가를 억제하기 위해 더 나은 피임법을 찾고, 기근을 방지하기 위해 새로운 작물과 더 효과적인 재배 방법을 개발하려 한다. 개선된 위생 및 의학은 질병을 억제할 것으로 기대되며, 새로운 폐기물 처리 방법은 환경오염을 줄이는 데 도움이 될 것으로 보인다. 그러나 이러한 노력에도 불구하고 상황은 계속 악화되고 있으며, 과학 자체가 부정적인 영향을 미칠 수 있다는 사실은 실망스럽다. 위생과 의학의 발전은 오히려 인구 문제를 심화시켰고, 핵무기의 등장으로 전쟁은 더욱 두려운 것이 되었으며, 행복을 추구하는 과정이 아이러니하게도 오염의 원인이 되고 있다.

① 인구 폭발을 통제하는 방법
② 과학과 기술의 한계
③ 세계 기근을 예방하는 효과적인 방법
④ 과학과 기술에 기반을 둔 행복

[어휘]

☐ strengths 강점
☐ cultivation 재배
☐ exacerbate 악화시키다
☐ adverse 부정적인, 반대의, 역의

일일 모고 한국사 제12회
정답 및 해설

합격까지 박문각

가장 빠른 한국사
한국사 박기훈

01. ④ 자료는 신석기 시대의 생활모습이다.
④ 신석기 시대에 대한 설명이다.
① 청동기 시대에 대한 설명이다.
② 황해도 봉산 지탑리에서는 탄화된 좁쌀이 발견되었다.
③ 청동기 시대에 대한 설명이다.

02. ④ 모두 맞다.

03. ② ② 김씨에 의한 세습이 이루어진 때는 내물마립간 때이다. 신라가 왕이라는 칭호를 사용한 것은 지증왕 때부터이다.
① 태조왕은 형제적 성격의 5부를 정비하였고, 고국천왕 때 부족적 성격의 5부가 행정적 성격의 5부로 개편되었다.
③ 백제는 한의 군현을 막아내면서 성장하여 3세기 중엽 고이왕 때 한강 유역을 완전히 장악하였다.
④ 가야는 해상 교통을 이용하여 낙랑과 왜의 규슈 지방을 연결하는 중계 무역이 발달하였다.

04. ① 원효는 요석공주와의 사이에서 설총을 낳게 되면서 불교의 계율을 어기게 되었다. 그리하여 원효는 속인의 옷을 입고 백성들 사이에 들어가 '나무아미타불'만 외치면 극락왕생할 수 있다는 아미타 신앙을 전도하였다. 이에 왕실과 귀족들의 전유물이던 불교가 일반 대중들도 쉽게 믿을 수 있는 종교가 되었다.
② 진평왕 때 원광은 화랑도의 계율로써 세속 5계를 지었는데, 나라에 대한 충성과 전쟁에서의 무퇴를 강조하였다.
③ 자장은 선덕여왕에게 황룡사 9층 목탑의 건립을 건의하였다.
④ 의상에 대한 내용이다.

05. ④ ④ 고구려의 고분 벽화는 초기에는 무덤 주인의 생활을 표현한 그림이 많았으나, 후기로 갈수록 사신도와 같은 상징적인 그림이 많이 그려졌다.
① 벽돌무덤인 무령왕릉에는 벽화가 없고, 벽돌에 연꽃무늬가 새겨져있다. 그러나 6호분 벽돌무덤에는 벽화가 그려져 있다.
② 정효공주묘는 벽돌무덤으로, 묘지가 발견되어 도교의 흔적을 엿볼 수 있다.
③ 통일 신라는 불교식 화장이 유행하였고 무덤주위에 둘레돌을 두르고 십이지신상을 세우기도 하였다.

06. ④ 자료는 발해가 신라와 국명의 선후를 놓고 대립하였음을 보여주는 것이다. 발해의 요청을 당이 거절한 것에 대해 신라에서 고마움을 표현하고 있다.
④ 발해 문왕 때부터 당과 친선 관계를 맺으면서 당의 3성 6부 제도를 받아들여 정치 제도를 정비하였다.
① 발해의 지배층은 왕족인 대씨와 귀족인 고씨 등 고구려계 사람이 대부분이었으며, 이들은 중요 관직을 차지하고 노비와 예속민을 거느렸다.
② 발해에서도 당에 유학생을 파견하였으며, 당에서 외국인을 대상으로 실시한 빈공과에 응시하고 때로는 신라인과 수석을 다투기도 하였다.
③ 일상 생활에서는 고구려나 말갈 사회의 전통적인 생활 모습을 오랫동안 유지하였다.

07. ② 최승로는 시무 28조에서 중국 문물의 맹목적인 수용을 비판하고, 중국 문화를 취사선택할 것을 주장하였다.
② 최승로는 광종 때 노비안검법으로 풀려난 노비들 중 일부를 다시 노비로 환천 시킬 것을 건의하였다.
① 최승로는 불교의 폐단을 지적 · 비판하며 연등회와 팔관회의 폐지를 주장하였다.
③ 경종 때 실시한 시정 전시과에 대한 설명이다.
④ 광종은 국왕을 황제로 칭하고, 광덕 · 준풍 등 독자적인 연호를 사용하였다.

08. ③ 고려 중기에 관학은 쇠퇴하고 사학 12도가 융성하였는데, 그 중 최충의 문헌공도가 유명하였다. 문헌공도는 학반을 아홉으로 나누고 수업을 하였으므로 9재 학당이라 부르기도 하였다.
③ 성종은 문신월과법을 시행하여 중앙의 문신들에게 매월 시 3편과 부 1편, 지방 관리들에게는 1년에 1회씩 글을 지어 바치게 하였다. 이로써 유학의 진흥과 관리의 질적 향상을 도모하였다.
① 고구려는 수도의 태학에서 유교 경전과 역사를 교육하였고, 지방의 경당에서 한학과 무술을 교육하였다.
② 신라 하대 원성왕 때 왕권 강화를 목적으로 독서삼품과를 실시하였다.
④ 국자감의 기술학부에서 교육하였다.

09. ④ ④ 노비도 민전 소유가 가능하였고, 재산을 소유할 수 있었다.
② 고려시대 향리는 지방 행정의 실무를 담당하였다. 조선시대 향리는 수령의 자문기구화 되었다.

10. ② 조선 초기에는 유교적 질서를 확립하기 위하여 윤리와 의례서에 관한 서적을 편찬하였다. 세종 때 편찬된 삼강행실도는 중국으로부터 우리나라에 이르기까지 고금의 서적에 실려 있는 것을 모두 찾고 열람하여 모범이 될 만한 충신 112명, 효자 110명, 열녀 94명을 뽑아서 선면에 그림을 그리고 후면에 사실을 기록하고 설명을 붙인 윤리서이다.
② 세종은 의정부서사제를 시행하였다.
① 태종에 대한 내용이다.
③ 성종 때 조선 사회의 통치 방향과 이념을 제시한 기본적 통치 규범인 『경국대전』이 완성되어 반포되었다.
④ 세종은 소리의 높낮이를 표현하는 정간보를 창안했고 스스로 여민락이라는 노래를 만들어 불렀다. <악학궤범>은 성종 때 편찬되었다.

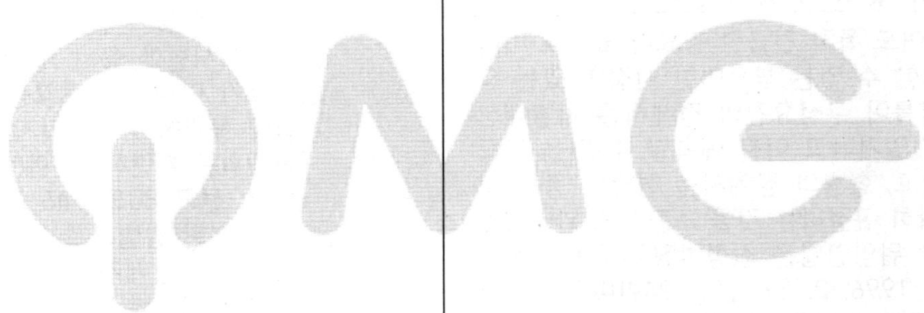

일일 모고 행정법 제12회
정답 및 해설

합격까지 박문각

광야에서 합격까지
행정법 강성빈

01. ④ ④ [전원합의체 판결의 소수의견] 행정관청은 행정법의 일반 법리에 따라 법률에 명시적 근거 규정이 없더라도 결격사유가 있는 노동조합에 대하여 설립신고의 수리를 사후적으로 취소 · 철회할 수 있고, 이를 주의적 · 확인적으로 규정한 노동조합법 시행령 제9조 제2항은 모법인 노동조합법의 구체적 위임이 없더라도 적법 · 유효하다고 보아야 한다. 대법원 2020. 9. 3. 선고 2016두32992 전원합의체 판결

① 행정기본법 제2조

> **행정기본법 제2조(정의) 이 법에서 사용하는 용어의 뜻은 다음과 같다.**
> 1. “법령등”이란 다음 각 목의 것을 말한다.
>   가. 법령: 다음의 어느 하나에 해당하는 것
>   1) 법률 및 대통령령 · 총리령 · 부령
>   2) 국회규칙 · 대법원규칙 · 헌법재판소규칙 · 중앙선거관리위원회규칙 및 감사원규칙
>   3) 1) 또는 2)의 위임을 받아 중앙행정기관(「정부조직법」 및 그 밖의 법률에 따라 설치된 중앙행정기관을 말한다. 이하 같다)의 장이 정한 훈령 · 예규 및 고시 등 행정규칙

② 형벌법규에 대하여도 특히 긴급한 필요가 있거나 미리 법률로서 자세히 정할 수 없는 부득이한 사정이 있는 경우에 한하여 수권법률이 구성요건의 점에서는 처벌대상인 행위가 어떠한 것일거라고 이를 예측할 수 있을 정도로 구체적으로 정하고, 형벌의 점에서는 형벌의 종류 및 그 상한과 폭을 명확히 규정하는 것을 조건으로 위임입법이 허용되며 이러한 위임입법은 죄형법정주의에 반하지 않는다. 헌법재판소 1996. 2. 29. 선고 94헌마213 결정

③ 조례에 대한 법률의 위임은 법규명령에 대한 법률의 위임과 같이 반드시 구체적으로 범위를 정하여 할 필요가 없다. 법률이 주민의 권리의무에 관한 사항에 관하여 구체적으로 범위를 정하지 않은 채 조례로 정하도록 포괄적으로 위임한 경우에도 지방자치단체는 법령에 위반되지 않는 범위 내에서 주민의 권리의무에 관한 사항을 조례로 제정할 수 있다. 대법원 2017. 12. 5. 선고 2016추5162 판결

02. ④ ④ 다만 그에 따른 양수인의 책임범위는 지위승계 후 발생한 유가보조금 부정수급액에 한정되고, 지위승계 전에 발생한 유가보조금 부정수급액에 대해서까지 양수인을 상대로 반환명령을 할 수는 없다. 유가보조금 반환명령은 ‘운송사업자등’이 유가보조금을 지급받을 요건을 충족하지 못함에도 유가보조금을 청구하여 부정수급하는 행위를 처분사유로 하는 ‘대인적 처분’으로서, ‘운송사업자’가 불법증차 차량이라는 물적 자산을 보유하고 있음을 이유로 한 운송사업 허가취소 등의 ‘대물적 제재처분’과는 구별되고, 양수인은 영업양도 · 양수 전에 벌어진 양도인의 불법증차 차량의 제공 및 유가보조금 부정수급이라는 결과 발생에 어떠한 책임이 있다고 볼 수 없기 때문이다. 대법원 2021. 7. 29. 선고 2018두55968 판결

① 행정기본법 제14조

> **행정기본법 제14조(법 적용의 기준)**
> ② 당사자의 신청에 따른 처분은 법령등에 특별한 규정이 있거나 처분 당시의 법령등을 적용하기 곤란한 특별한 사정이 있는 경우를 제외하고는 처분 당시의 법령등에 따른다.

② 재외동포에 대한 사증발급은 행정청의 재량행위에 속하는 것으로서, 재외동포가 사증발급을 신청한 경우에 출입국관리법 시행령 [별표 1의2]에서 정한 재외동포체류자격의 요건을 갖추었다고 해서 무조건 사증을 발급해야 하는 것은 아니다. 대법원 2019. 7. 11. 선고 2017두38874 판결

③ 건축허가는 대물적 성질을 갖는 것이어서 허가대상 건축물에 대한 권리변동에 수반하여 자유로이 양도할 수 있는 것이고, 그에 따라 건축허가의 효과는 허가대상 건축물에 대한 권리변동에 수반하여 이전되며 별도의 승인처분에 의하여 이전되는 것이 아니다. 대법원 2010. 5. 13. 선고 2010두2296 판결

03. ④ ④ 소방시설 설치유지 및 안전관리에 관한 법률 제9조에 의한 소방시설 등의 설치 또는 유지 · 관리에 대한 명령을 정당한 사유 없이 위반한 자는 같은 법 제48조의2 제1호에 의하여 행정형벌에 처해지는데, 위 명령이 행정처분으로서 하자가 있어 무효인 경우에는 명령에 따른 의무위반이 생기지 아니하므로 행정형벌을 부과할 수 없다. 대법원 2011. 11. 10. 선고 2011도11109 판결

① 연령미달의 결격자인 피고인이 소외인의 이름으로 운전면허시험에 응시, 합격하여 교부받은 운전면허는 당연무효가 아니고 도로교통법 제65조 제3호의 사유에 해당함에 불과하여 취소되지 않는 한 유효하므로 피고인의 운전행위는 무면허운전에 해당하지 아니한다. 대법원 1982. 6. 8. 선고 80도2646 판결

② 부정한 방법으로 외국환은행장의 수입승인을 얻어 가지고 세관장에게 수입신고를 할 때 이를 함께 제출하여 수입면허를 받았다고 하더라도, 물품을 수입하고자 하는 자가 일단 세관장에게 수입신고를 하여 그 면허를 받고 물품을 통관한 경우에는, 세관장의 수입면허가 중대하고도 명백한 하자가 있는 행정행위이어서 당연무효가 아닌 한 관세법 제181조 소정의 무면허수입죄가 성립될 수 없다. 대법원 1989. 3. 28. 선고 89도149 판결

③ 일반적으로 행정처분이나 행정심판 재결이 불복기간의 경과로 확정될 경우 그 확정력은, 처분으로 법률상 이익을 침해받은 자가 당해 처분이나 재결의 효력을 더 이상 다툴 수 없다는 의미일 뿐, 더 나아가 판결과 같은 기판력이 인정되는 것은 아니어서 그 처분의 기초가 된 사실관계나 법률적 판단이 확정되고 당사자들이나 법원이 이에 기속되어 모순되는 주장이나 판단을 할 수 없게 되는 것은 아니다. 대법원 2008. 7. 24. 선고 2006두20808 판결

04. ② ② 특정인에 대한 행정처분을 주소불명 등의 이유로 송달할 수 없어 관보 · 공보 · 게시판 · 일간신문 등에 공고한 경우에는, 공고가 효력을 발생하는 날에 상대방이 그 행정처분이 있음을 알았다고 볼 수는 없고, 상대방이 당해 처분이 있었다는 사실을 현실적으로 안 날에 그 처분이 있음을 알았다고 보아야 한다. 대법원 2006. 4. 28. 선고 2005두14851 판결

① 행정소송법 제20조 제2항 소정의 제소기간 기산점인 “처분이 있음을 안 날”이란 통지, 공고 기타의 방법에 의하여 당해 처분이 있었다는 사실을 현실적으로 안 날을 의미하고 구체적으로 그 행정처분의 위법 여부를 판단한 날을 가리키는 것은 아니다. 대법원 1991. 6. 28. 선고 90누6521 판결

③ 처분이 甲에게 고지되어 처분이 있다는 사실을 현실적으로 알았을 때 행정소송법 제20조 제1항에서 정한 제소기간이 진행한다고 보아야 함에도, 甲이 통보서를 송달받기 전에 자신의 의무기록에 관한 정보공개를 청구하여 위 처분을 하는 내용의 통보서를 비롯한 일체의 서류를 교부받은 날부터 제소기간을 기산하여 위 소는 90일이 지난 후 제기한 것으로서 부적법하다고 본 원심판결에는 법리를 오해한 위법이 있다. 대법원 2014. 9. 25. 선고 2014두8254 판결
④ 행정처분시나 그 이후 행정청으로부터 행정심판 제기기간에 관하여 법정 심판청구기간보다 긴 기간으로 잘못 통지받은 경우에 보호할 신뢰 이익은 그 통지받은 기간 내에 행정심판을 제기한 경우에 한하는 것이지 행정소송을 제기한 경우에까지 확대된다고 할 수 없으므로, 당사자가 행정처분시나 그 이후 행정청으로부터 행정심판 제기기간에 관하여 법정 심판청구기간보다 긴 기간으로 잘못 통지받아 행정소송법상 법정 제소기간을 도과하였다고 하더라도, 그것이 당사자가 책임질 수 없는 사유로 인한 것이라고 할 수는 없다. 대법원 2001. 5. 8. 선고 2000두6916 판결

05. ④ ④ 처분행정청은 재결에 기속되어 재결의 취지에 따른 처분의무를 부담하게 되므로 이에 불복하여 행정소송을 제기할 수 없다. 대법원 1998. 5. 8. 선고 97누15432 판결
① 양도소득세 및 방위세부과처분이 국세청장에 대한 불복심사청구에 의하여 그 불복사유가 이유있다고 인정되어 취소되었음에도 처분청이 동일한 사실에 관하여 부과처분을 되풀이 한 것이라면 설령 그 부과처분이 감사원의 시정요구에 의한 것이라 하더라도 위법하다. 대법원 1986. 5. 27. 선고 86누127 판결
② 행정심판법 제49조

행정심판법 제49조(재결의 기속력 등)
② 재결에 의하여 취소되거나 무효 또는 부존재로 확인되는 처분이 당사자의 신청을 거부하는 것을 내용으로 하는 경우에는 그 처분을 한 행정청은 재결의 취지에 따라 다시 이전의 신청에 대한 처분을 하여야 한다.

③ 당사자의 신청을 받아들이지 않은 거부처분이 재결에서 취소된 경우에 행정청은 종전 거부처분 또는 재결 후에 발생한 새로운 사유를 내세워 다시 거부처분을 할 수 있다. 그 재결의 취지에 따라 이전의 신청에 대하여 다시 어떠한 처분을 하여야 할지는 처분을 할 때의 법령과 사실을 기준으로 판단하여야 하기 때문이다. 대법원 2017. 10. 31. 선고 2015두45045 판결

06. ① ① 구 공익사업을 위한 토지 등의 취득 및 보상에 관한 법률 제91조에 규정된 환매권의 존부에 관한 확인을 구하는 소송 및 같은 조 제4항에 따라 환매금액의 증감을 구하는 소송은 민사소송에 해당한다. 대법원 2013. 2. 28. 선고 2010두22368 판결
② (재단법인 한국연구재단이 대학교 총장에게 연구개발비의 부당집행을 이유로 '해양생물유래 고부가식품 · 향장 · 한약 기초소재 개발 인력양성사업에 대한 2단계 두뇌한국(BK)21 사업' 협약을 해지하고 연구팀장에 대한 대학자체 징계 요구 등을 통보한 사안에서), 사업협약 해지통보는 항고소송의 대상이 되는 행정처분에 해당한다. 대법원 2014. 12. 11. 선고 2012두28704 판결
③ 행정청은 면허 발급 이후에도 운송사업자의 동의 하에 여객자동차운송사업의 질서 확립을 위하여 운송사업자가 준수할 의무를 정하고 이를 위반할 경우 감차명령을 할 수 있다는 내용의 면허조건을 붙일 수 있고, 운송사업자가 조건을 위반하였다면 여객자동차법에 따라 감차명령을 할 수 있으며, 감차명령은 행정소송법 제2조 제1항 제1호가 정한 처분으로서 항고소송의 대상이 된다. 대법원 2016. 11. 24. 선고 2016두45028 판결
④ 폐기물처리업의 허가를 받은 원고들이 피고의 시장으로부터 원고들이 진주시에서 발생하는 음식물류 폐기물의 수집 · 운반, 가로 청소, 재활용품의 수집 · 운반 업무를 대행할 것을 위탁받고, 각각 피고와 위 대행 업무에 관해 체결한 도급계약 및 위 계약체결 후 그 계약내용 중 일부를 변경하기로 한 변경계약을 사법상 계약으로 본 사례. 대법원 2018. 2. 13. 선고 2014두11328 판결

07. ③ ③ 효력기간이 정해져 있는 제재적 행정처분의 효력이 발생한 이후에도 행정청은 특별한 사정이 없는 한 상대방에 대한 별도의 처분으로써 효력기간의 시기와 종기를 다시 정할 수 있다. 이는 당초의 제재적 행정처분이 유효함을 전제로 그 구체적인 집행시기만을 변경하는 후속 변경처분이다. (중략) 이러한 후속 변경처분 권한은 특별한 사정이 없는 한 당초의 제재적 행정처분의 효력이 유지되는 동안에만 인정된다. 당초의 제재적 행정처분에서 정한 효력기간이 경과하면 그로써 처분의 집행은 종료되어 처분의 효력이 소멸하는 것이므로, 그 후 동일한 사유로 다시 제재적 행정처분을 하는 것은 위법한 이중처분에 해당한다. 대법원 2022. 2. 11. 선고 2021두40720 판결
① 병무청장이 병역법 제81조의2 제1항에 따라 병역의무 기피자의 인적사항 등을 인터넷 홈페이지에 게시하는 등의 방법으로 공개한 경우 병무청장의 공개결정을 항고소송의 대상이 되는 행정처분으로 보아야 한다. 대법원 2019. 6. 27. 선고 2018두49130 판결
② 관할 지방병무청장이 위원회의 심의를 거쳐 공개 대상자를 1차로 결정하기는 하지만, 병무청장에게 최종적으로 공개 여부를 결정할 권한이 있으므로, 관할 지방병무청장의 공개 대상자 결정은 병무청장의 최종적인 결정에 앞서 이루어지는 행정기관 내부의 중간적 결정에 불과하다. 가까운 시일 내에 최종적인 결정과 외부적인 표시가 예정된 상황에서, 외부에 표시되지 않은 행정기관 내부의 결정을 항고소송의 대상인 처분으로 보아야 할 필요성은 크지 않다. 관할 지방병무청장이 1차로 공개 대상자 결정을 하고, 그에 따라 병무청장이 같은 내용으로 최종적 공개결정을 하였다면, 공개 대상자는 병무청장의 최종적 공개결정만을 다투는 것으로 충분하고, 관할 지방병무청장의 공개 대상자 결정을 별도로 다툴 소의 이익은 없어진다. 대법원 2019. 6. 27. 선고 2018두49130 판결
④ 시정명령의 내용은 과거의 위반행위에 대한 중지는 물론 가까운 장래에 반복될 우려가 있는 동일한 유형의 행위의 반복금지까지 명할 수는 있는 것으로 해석함이 시정명령제도의 취지에 부합하다. 대법원 2009. 6. 11. 선고 2007두25138 판결

08. ② ② 행정절차법 제34조

행정절차법 제34조(청문조서)
② 당사자등은 청문조서의 내용을 열람 · 확인할 수 있으며, 이의가 있을 때에는 그 정정을 요구할 수 있다.

① 행정절차법 제28조

행정절차법 제28조(청문 주재자)
② 행정청은 다음 각 호의 어느 하나에 해당하는 처분을 하려는 경우에는 청문 주재자를 2명 이상으로 선정할 수 있다. 이 경우 선정된 청문 주재자 중 1명이 청문 주재자를 대표한다. 1. 다수 국민의 이해가 상충되는 처분

③ 행정절차법 제33조

> **행정절차법 제33조(증거조사)**
> ① 청문 주재자는 직권으로 또는 당사자의 신청에 따라 필요한 조사를 할 수 있으며, 당사자등이 주장하지 아니한 사실에 대하여도 조사할 수 있다.

④ 행정절차법 제30조

> **행정절차법 제30조(청문의 공개)**
> 청문은 당사자가 공개를 신청하거나 청문 주재자가 필요하다고 인정하는 경우 공개할 수 있다. 다만, 공익 또는 제3자의 정당한 이익을 현저히 해칠 우려가 있는 경우에는 공개하여서는 아니 된다.

09. ③ ③ 국가배상법 제9조

> **국가배상법 제9조(소송과 배상신청의 관계)**
> 이 법에 따른 손해배상의 소송은 배상심의회에 배상신청을 하지 아니하고도 제기할 수 있다.

① 통장이 전입신고서에 확인인을 찍는 행위는 공무를 위탁받아 실질적으로 공무를 수행하는 것이라고 보아야 하므로, 통장은 그 업무범위 내에서는 국가배상법 제2조 소정의 공무원에 해당한다. 대법원 1991. 7. 9. 선고 91다5570 판결

② (고등학교 3학년 학생이 교사의 단속을 피해 담배를 피우기 위하여 3층 건물 화장실 밖의 난간을 지나다가 실족하여 사망한 사안에서) 학교 관리자에게 그와 같은 이례적인 사고가 있을 것을 예상하여 복도나 화장실 창문에 난간으로의 출입을 막기 위하여 출입금지장치나 추락위험을 알리는 경고표지판을 설치할 의무가 있다고 볼 수는 없다는 이유로 학교시설의 설치 · 관리상의 하자가 없다. 대법원 1997. 5. 16. 선고 96다54102 판결

④ 국가배상법 제7조

> **국가배상법 제7조(외국인에 대한 책임)**
> 이 법은 외국인이 피해자인 경우에는 해당 국가와 상호 보증이 있을 때에만 적용한다.

10. ① ① 지장물인 건물은 그 건물이 적법한 건축허가를 받아 건축된 것인지 여부에 관계없이 토지수용법상의 사업인정의 고시 이전에 건축된 건물이기만 하면 손실보상의 대상이 됨이 명백하다. 대법원 2000. 3. 10. 선고 99두10896 판결

② 헌법 제23조 제3항은 보상청구권의 근거에 관하여서 뿐만 아니라 보상의 기준과 방법에 관하여서도 법률의 규정에 유보하고 있는 것으로 보아야 한다. 대법원 1993. 7. 13. 선고 93누2131 판결

③ 문화적, 학술적 가치는 특별한 사정이 없는 한 그 토지의 부동산으로서의 경제적, 재산적 가치를 높여 주는 것이 아니므로 토지수용법 제51조 소정의 손실보상의 대상이 될 수 없다. 대법원 1989. 9. 12. 선고 88누11216 판결

④ 사업인정이란 공익사업을 토지 등을 수용 또는 사용할 사업으로 결정하는 것으로서 공익사업의 시행자에게 그 후 일정한 절차를 거칠 것을 조건으로 일정한 내용의 수용권을 설정하여 주는 형성행위이다. 대법원 2011. 1. 27. 선고 2009두1051 판결

일일 모고 행정학 제12회
정답 및 해설

합격까지 박문각

빠른 고득점 합격
행정학 이명훈

01. ③ 행정의 3대 변수는 인간 · 구조 · 환경이며, 4대 변수는 3대 변수에 기능이 추가되고, 5대 변수는 4대 변수에 이념이 추가된다.

02. ④ ㉢, ㉣은 옳고, ㉠, ㉡은 옳지 않다. 포스트모더니즘을 행정학에 도입한 파머(Farmer)는 합리성 및 과학성에 기초한 모더니즘을 비판하고 상상, 해체, 타자성, 탈영역화 등의 개념을 제시하였다(㉢). '타자성'이란 나 아닌 다른 사람을 인식적 타인(epistemic other)이 아닌 도덕적 타인(moral other)으로 인정하고 개방적 태도를 가져야 함을 의미한다(㉣).
㉠ 포스트모더니티는 진리의 기준은 '맥락의존적'이라고 보고, 인간 이성 및 합리성의 성격과 역할을 부인한다.
㉡ 포스트모더니티 행정이론은 보편주의와 근본주의를 추구하는 것은 헛된 꿈이라고 비판하고 거시이론, 거시정치, 거대한 설화 등을 부인한다.

03. ② 국민권익위원회는 국무총리 소속이며, 위원장은 국무총리가 제청하고 대통령이 임명한다.
<<핵심체크>> 국민권익위원회

목적 및 소속	고충민원의 처리와 이에 관련된 불합리한 행정제도를 개선하고, 부패의 발생을 예방하며, 부패행위를 효율적으로 규제하도록 하기 위해 국무총리 소속으로 설치된 중앙행정기관
기능	① 고충처리기능, ② 부패방지기능, ③ 행정심판기능
구성	• 위원회는 위원장 1명을 포함한 15명의 위원(부위원장 3명, 상임위원 3명 포함)으로 구성하고, 부위원장은 각각 고충민원, 부패방지 업무 및 중앙행정심판위원회의 운영업무로 분장하여 위원장을 보좌하도록 함 • 위원장 및 부위원장은 국무총리의 제청으로 대통령이 임명하고, 상임위원은 위원장의 제청으로 대통령이 임명하며, 상임이 아닌 위원은 대통령이 임명 또는 위촉함 • 대한민국 국민이 아닌 자, 「국가공무원법」상 공무원 결격사유에 해당하는 자, 정당의 당원, 선거에 후보로 등록한 자는 위원이 될 수 없음
특이점	• 국민고충처리 : 조사권 있음(신청에 의한 조사 가능) • 부패신고처리 : 조사권 없음(신고접수된 부패혐의의 내용이 수사 및 공소제기가 필요한 경우 관할 수사기관에 고발하고, 검사가 불기소처분한 경우 고등법원에 재정신청할 수 있음)

04. ③ 정책 델파이의 참가자들은 예측의 초기 단계에서만 익명으로 응답하며, 대립되는 정책대안이나 결과가 표면화된 이후에는 공개적으로 화상회의 등을 통해 토론을 벌인다. 따라서 정책 델파이는 선택적 익명성을 특징으로 한다.
<<핵심체크>> 델파이와 정책델파이

구분	차이점		공통점
	델파이	정책델파이	
적용	일반문제에 대한 예측	정책문제에 대한 예측	• 다수 응답자의 선정 • 반복된 환류(환류과정을 3~5회 반복) • 컴퓨터에 의한 통계처리(통계처리된 요약정보를 참여자에게 제공)
응답자	특정정책과 관련된 전문가	식견 있는 다수의 창도 (이해관계자도 참여 가능)	
익명성	격리성과 익명성 보장	선택적 익명성(초기에만 익명성)	
통계처리	도수분포형태(중앙경향, 분산도 등)	의견차이나 갈등을 부각시키는 양극화된 통계처리	
합의	합의의 도출(유도된 합의)	구성된 갈등(유도된 의견대립)	
토론	토론 부재	컴퓨터를 통한 회의 및 토론	

05. ① 점증모형은 인간의 제한된 합리성을 전제로 하며, 정치적 상호작용에 의한 다원주의의 정치적 정당성을 강조한다.

② 합리 모형은 완전한 합리성을 전제로 하므로 인간의 제한된 분석 능력을 보완할 수 있는 기능을 제시하지 못한다.
③ 혼합주사모형에서 점증적 결정이란 숲(전체)보다는 나무(부분)를 포괄적(세부적)으로 파악하는 유형의 결정을 말한다.
④ 만족모형은 제한된 합리성을 전제로 하며, 개인의 주관적 합리성을 전제로 한 의사결정으로 집단적 의사결정에 적용하기 곤란하다.

06. ① 설문은 목표의 대치(전환) 현상에 대한 것이다. 목표의 대치(전환)이란 목표와 수단이 뒤바뀌는 현상, 종국적 가치와 수단적 가치의 우선순위가 바뀌는 현상, 조직의 원래 목표가 다른 목표로 뒤바뀌어 조직의 목표가 왜곡되는 현상을 의미한다.
<<핵심체크>> 목표의 대치

의의	• 종국적 목표가 다른 목표나 수단으로 뒤바뀌는 현상 • 종국적 가치와 수단적 가치의 우선순위가 뒤바뀌는 현상 • 행정의 궁극적 목표인 공익보다 수단인 법규를 중시하는 현상
학자	• 미첼스의 '과두제의 철칙'에서부터 시작 • 머튼과 골드너는 관료제의 병리현상으로 동조과잉 지적
원인	① 과두제의 철칙(소수간부의 권력과 지위 강화현상), ② 규칙과 절차에 대한 집착(동조과잉), ③ 목표의 무형성과 과다 측정(유형적 목표의 추구), ④ 조직의 내부성과 할거주의 등

07. ① ㉠은 타당도를, ㉡은 신뢰도를, ㉢은 난이도를, ㉣은 객관성을 의미한다. (타당도)는 시험이 측정하려고 하는 바를 실제로 측정할 수 있는 정도를 말하며, (신뢰도)는 시험시기나 도구, 형식, 순서 등에 따라 점수가 영향을 받지 않는 정도를 말하며 시기 등을 다르게 하여도 일정한 점수를 나타내면 (신뢰도)가 높다고 할 수 있다. (난이도)는 어려운 문제와 쉬운 문제의 배합의 적정성을 말하며, (객관성)은 어느 누가 채점을 하여도 동일한 결과를 나타내는 것을 말한다.

08. ② 고위공무원단에 속하는 일반직 공무원은 ㉠ 근무성적평정에서 최하위 등급의 평정을 총 2년 이상 받은 때, ㉡ 정당한 사유 없이 직위를 부여받지 못한 기간이 총 1년에 이른 때, ㉢ 근무성적평정에서 최하위 등급을 1년 이상 받은 사실이 있고 정당한 사유 없이 6개월 이상 직위를 부여받지 못한 사실이 있는 때, ㉣ 조건부 적격자가 교육훈련을 이수하지 아니하거나 연구과제를 수행하지 아니한 때 적격심사를 요구받으며, 해당자는 직위해제 후 심사를 거쳐 직권면직도 할 수 있다.

09. ④ 국고채무부담행위란 법률이나 세출예산, 계속비 외에 정부가 채무를 부담하는 행위를 의미한다.

<<핵심체크>> 국고채무부담행위

의의	국가가 법률에 따른 것과 세출예산금액 또는 계속비의 총액의 범위 안의 것 외에 채무를 부담하는 행위(외상공사 등 장래 국고부담이 예견되는 행위)
방식	국고채무부담행위는 사항마다 그 필요한 이유를 명백히 하고 그 행위를 할 연도 및 상환연도와 채무부담의 금액을 표시해야 함
통제	국고채무부담행위는 미리 예산으로서 국회의 의결을 얻어야 함
특징	국고채무부담행위에 대한 국회의 의결은 국회가 채무를 부담할 권한만 부여한 것이지, 지출할 수 있는 권한까지 부여한 것은 아니므로 지출을 하려면 다시 국회의 의결을 받아 예산으로 성립해야 함

10. ④ 지방자치단체는 법령의 범위 안에서 그 사무(자치사무, 단체위임사무)에 관하여 조례를 제정할 수 있다. 기관위임사무는 지방자치단체의 사무가 아니므로 원칙적으로 조례제정범위에서 제외된다[예외적으로 개별 법률에서 기관위임사무를 조례로 규정하도록 하는 경우 조례로 규정할 수 있음(위임조례)].

<<핵심체크>> 조례와 규칙

구분	조례	규칙
재정	지방의회	지방자치단체장
사무	자치사무 + 단체위임사무	자치사무 + 단체위임사무 + 기관위임사무
성격	법규의 성질 (대외적 구속력 있음)	행정규칙의 성질 (대외적 구속력 없음)
범위	법령의 범위 안에서 제정	법령 또는 조례의 범위에서 제정
벌칙	규정 가능	규정 못함

2025 공무원 시험대비 【6회차】

박문각 일일 모의고사

-제13회-

[정답 및 해설]

이 름 : ______________________

학습관 : ______________________

합격
예측

답안 입력 및 성적 조회는 PC, 모바일에서 모두 가능합니다.

★ PC: pass.pmg.co.kr | ★ 모바일 앱: 박문각 합격관리

합격까지 박문각

赤功 국어 적중 혜선

일일 모고 국어 제13회
정답 및 해설

01. ④ 강사님이라는 객체를 높이는 '께, 드리다'를 잘 사용하였고, 자신의 말을 낮추는 '말씀'도 잘 사용했다. 강사님이 주체가 되는 '수업하다'라는 행위에도 주체 높임의 '-시-'를 잘 사용하였다.
① 텔레비전에서 사회자가 개그맨을 소개할 때에 가장 높임의 대상인 시청자나 방청객을 고려해야 하므로 객체 높임 어휘 '모시다'를 쓰지 않아야 한다. 따라서 "○○○ 씨를 소개하겠습니다."로 고쳐야 한다.
② '나라'는 낮추면 안 되므로 '저희나라'가 아니라 '우리나라'로 고쳐야 한다.
③ 'ㄹ게'는 화자가 어떤 행동에 대한 약속이나 의지를 나타내는 종결 어미이므로 주어가 화자인 경우가 많다. 하지만 '[당신(고객님)이] 치마 입으러 가실게요.'는 주어가 화자가 아니라 청자이므로 'ㄹ게'가 쓰일 수 없다. 따라서 '가시길 바랍니다.'로 고쳐야 한다.

02. ③ 주체인 '교수님'이 높임의 대상이므로, 높임 주격 조사 '께서'가 적절하게 결합했으며, 3인칭 재귀대명사 '자기'를 높인 지칭인 '당신'과. '말'의 높임 표현인 '말씀'도 적절하게 사용되었다. 또, 선어말 어미 '-시-' 또한 적절하게 결합하여 주체 높임법을 바르게 실현한 문장이다.
① '오다'의 주체인 '옥순'은 상대 높임법을 고려했을 때, 높임의 대상이 아니며, '교수님'을 높여야 하므로 '오시래'를 '오라셔(오라고 하셔)'로 고쳐야 한다.
② '여쭈다'는 객체 높임 특수 어휘로, '저에게 여쭤보세요.'는 자신을 높이는 표현이 된다. 따라서 '저에게 물어보세요.'로 고쳐야 한다.
④ 간접 높임법에는 특수 용언을 사용해서는 안 된다. 선어말 어미 '-시-'를 사용하여 '계시겠습니다.'를 '있으시겠습니다.'로 고쳐야 한다.

03. ④ '무책임하다'는 '책임감이 없다.'는 뜻이고, '무신경하다'는 '감각이나 느낌 따위가 매우 둔하다.'는 뜻이다. ㉣의 '무관심하게'는 '무신경하게'로 바꿔 써야 문맥에 어울린다.
② 이 글의 주된 내용은 지하철은 운송 기능이 뛰어나지만, 빠른 운송만을 추구하다보니 빨리 벗어나고 싶은 공간이 되어버렸다는 내용이므로, ㉡은 이 글의 흐름과 맞지 않는다.

04. ② (나)에서 '유명한 명사'는 '이름이 널리 알려지다'라는 의미가 중복된 표현이므로 고쳐야 한다. 그러나 재원'은 '재주가 뛰어난 젊은 여자'를 의미하므로 '그의 형'을 '재원'이라고 하는 것 또한 잘못된 어휘를 사용한 것이다. 어떤 일을 할 수 있는 학식이나 능력을 갖춘 사람을 의미하는 단어인 '인재'로 고쳐 써야 한다.
① (가): 이어진 문장 중 후절은 주어인 '우리는'과 '제약을 받기도'만으로는 불완전한 문장이므로 '우리는 규칙에 의해 제약을 받기도 한다'라고 문장성분을 보충해 주어야 한다.
③ (다): 물건의 가격은 높이지 않아야 할 대상이다.
④ (라): '자랑스럽다'는 'ㅂ'불규칙 용언이므로 관형사형 어미인 '-(으)ㄴ'과 결합할 때는 어간의 받침 'ㅂ'이 'ㅜ'로 변하여 '자랑스러운'의 형태로 활용한다.

05. ③ 3문단에서 '레비나스는 타자에 대한 무조건적인 수용으로 그러한 한계를 극복할 수 있다고 말한다.'라는 언급처럼 레비나스는 타자에 대한 무조건적인 수용을 강조했다. 이는 문자 그대로의, 무조건적인 수용이다. 균형적 수용을 강조한 것이 아니다.
① 폭력적인 경험을 거치면서 주체 중심 철학에 대한 반성이 일어났다는 문장을 통해 확인할 수 있다.
② 2문단에서 '레비나스는 주체 중심의 철학을 비판하면서 전통적인 철학에서의 주체는 모든 것들을 자기와 동일한 것으로 끊임없이 환원하고자 하는 이기적 존재로 보았다.'를 통해 알 수 있다.
④ 진정한 삶으로 나아가는 것을 '초월'이라고 하며, 주체는 타자에 대한 수용을 통해 이를 이룩할 수 있다.

06. ④

전제 1: 화가 → 소재
전제 2: 음정 → ~리듬
전제 3: [ ]

결론: 소재 ∧ ~리듬

답은 '음정 ∧ 소재'이다. 좋은 소재를 선호하면서 높은 음정을 선호하는 사람이 존재하고 전제 2에 의해 높은 음정을 선호하는 모든 사람은 느린 리듬을 선호하지 않으므로 좋은 소재를 선호하면서 느린 리듬을 선호하지 않는 사람이 존재한다. 즉, '소재 ∧ ~리듬'으로 결론이 도출된다.
①은 '~음정 → ~화가'이다. 이 명제의 대우명제는 '화가 → 음정'으로, 이 명제에 의하면 모든 화가는 높은 음정을 선호하고 전제 1에 의해 모든 화가는 좋은 소재를 선호하므로 모든 화가는 높은 음정과 좋은 소재를 선호한다는 것을 알 수 있다. 하지만 이를 통해 '소재 ∧ ~리듬'을 도출하는 것은 불가능하다.
②은 '리듬 ∧ ~화가'이다. 이 전제를 추가하여 '소재 ∧ ~리듬'을 도출하는 것은 불가능하다.
③은 '화가 → 리듬'이다. 전제 1에 의해 '화가 → 소재'이므로 모든 화가는 느린 리듬을 선호하는 동시에 좋은 소재를 선호한다. 즉, 이를 통해 '소재 ∧ 리듬'을 도출하는 것은 가능하나 '소재 ∧ ~리듬'을 도출하는 것은 불가능하다.

07. ② ㉠의 '뻗다'는 '「3」 기운이나 사상 따위가 나타나거나 퍼지다.'를 의미한다. 이와 가장 유사한 의미의 '뻗다'는 ②이다.
①「1」 가지나 덩굴, 뿌리 따위가 길게 자라나다. 또는 그렇게 하다.
③「2」 길이나 강, 산맥 따위의 긴 물체가 어떤 방향으로 길게 이어져 가다.
④「5」 어떤 것에 미치게 길게 내밀다.

08. ② '물다'는 '남에게 입힌 손해를 돈으로 갚아 주거나 본래의 상태로 해 주다.'를 의미한다. 따라서 '남의 호의나 은혜를 갚다.'를 의미하는 '보답(報 갚을 보 答 대답 답)하다'는 ㉡과 바꿔쓸 수 있는 유사한 표현으로 적절하지 않다. '남의 권리를 침해한 사람이 그 손해를 물어 주다.'를 의미하는 '배상(賠 물어줄 배 償 갚을 상)하다'로 바꿔쓸 수 있다.
① ㉠ '부탁하다'는 '어떤 일을 해 달라고 청하거나 맡기다.'를 의미한다. 따라서 '남에게 부탁하다.'를 의미하는 '의뢰(依 의지할 의 賴 의뢰할 뢰(뇌))하다'로 바꿔쓸 수 있다.

③ ⓒ '가지다'는 '직업, 자격증 따위를 소유하다.'를 의미한다. 따라서 '가지고 있다.'를 의미하는 '소유(所 바 소 有 있을 유)하다'로 바꿔쓸 수 있다.
④ ⓔ '조심스럽다'는 '잘못이나 실수가 없도록 말이나 행동에 마음을 쓰는 태도가 있다.'를 의미한다. 따라서 '매우 조심스럽다.'를 의미하는 '신중(愼 삼갈 신 重 무거울 중)하다'로 바꿔쓸 수 있다.

09. ① 이 문제는 도시화의 진행과 녹색 도시의 필요성 및 방안을 중심으로 전개된다. 각 문장의 논리적 순서와 연결 관계는 다음과 같다.
1. ⓔ(도입):
'도시화'라는 주요 주제를 소개하며 글을 시작한다. 도시화가 인류의 생활 방식을 크게 바꿨다는 내용은 배경 설명으로 적합하며, 전체 글의 출발점이 된다.
2. ㉠(도시화의 효과와 문제점):
도시화의 긍정적 측면(경제 발전과 생활 환경 개선)과 부정적 측면(환경 문제)을 언급하며, 도시화의 양면성을 설명한다. 이는 ⓔ의 도시화 개념을 구체화한다.
3. ⓜ(환경 문제의 심화):
도시화로 인한 구체적인 환경 문제를 언급하며 글의 문제의식을 심화한다. 대기 오염, 물 부족, 폐기물 문제를 구체적으로 제시함으로써 문제의 심각성을 강조한다.
4. ⓛ(녹색 도시 개념 도입):
녹색 도시라는 새로운 개념이 등장하며, 환경 문제 해결을 위한 방향성을 제시한다. 이는 문제 제기(ⓜ)와 해결 방안(ⓛ)을 자연스럽게 연결한다.
5. ⓒ(구체적 사례):
녹색 도시를 구현하기 위한 실제 사례(대중교통 전환, 녹지 공간 확대)를 제시하며 해결 방안의 구체성을 더한다.
6. ⓑ(결론):
녹색 도시의 성공을 위해 필요한 협력의 중요성을 강조하며 글을 마무리한다. 환경과 경제의 조화를 이루는 새로운 모델 제시는 미래 지향적인 결론으로 적합하다.
② ⓜ이 ㉠ 앞에 오면 도시화의 긍정적 측면을 언급하기 전에 문제점만 강조하게 되어 논리적 흐름이 끊어진다.
③ ㉠을 도입으로 두면 도시화의 배경(ⓔ)을 언급하지 않고 문제점으로 바로 넘어가 독자가 배경 맥락을 충분히 이해하지 못한다.
④ ⓛ이 ⓜ 앞에 오면 환경 문제를 논의하기 전에 해결 방안을 제시하는 순서가 되어 논리적 순서가 뒤바뀐다.

10. ② 세계에 대한 자아의 승리로 끝나는 이야기는 고대의 이야기와 흥밋거리 위주의 이야기에 해당하는 설명이다. 흥밋거리 위주의 이야기는 자아와 세계의 합일 없이 자아의 승리만 이루어진다고 제시되어 있기에 적절하지 못함을 알 수 있다.
① 자연이 숭배의 대상이 아니며, 객관적 대상임을 깨달은 이들은 자아가 세계에 패배하는 이야기를 한다고 하였다.
③ 고대는 세계와 인간의 합일이 가능하다고 여겼다. '세계와 자아의 합일이 없는 자아의 승리는 고대와 달리 높은 수준의 정서적 고양감을 불러일으키지는 못했다'라고 했으므로 고대의 이야기가 높은 수준의 정서적 고양감을 주었으리라 추론할 수 있다.
④ 고대 이후 이야기 속 세계와 자아의 관계에 대한 사람들의 인식은 바뀌었으나 마지막 줄에서 이야기에 대한 관심이 꾸준히 유지되었음을 확인할 수 있다.

일일 모고 영어 제13회
정답 및 해설

합격까지 박문각

반드시 합격 진가영 영어

01. ② ★ assault 폭행, 공격
● merit 장점, 공로
● contract 계약, 계약서
● salary 급여, 월급
[해석] 용의자는 시위 중 경찰관을 공격한 후 폭행 혐의로 체포되었다.

02. ① ★ upgrade 향상시키다, 업그레이드하다
● analyze 분석하다, 조사하다
● eliminate 제거하다, 없애다
● install 설치하다, 도입하다
[해석] 관리자는 시스템의 전반적인 성능을 향상시키기 위해 오래된 소프트웨어를 업그레이드하기로 결정했다.

03. ④ ★ chase 쫓다, 추적하다
● apprehend 체포하다, 붙잡다
● investigate 조사하다, 수사하다
● detain 구금하다, 억제하다
[해석] 경찰관은 강도를 쫓아 사람들이 붐비는 거리에서 용의자를 추적하려 했다.

04. ② ★ complex 복잡한, 복합적인
● complete 완전한, 완벽한
● significant 중요한, 의미 있는
● urgent 긴급한, 시급한
[해석] 관리자는 상황이 추가 조사가 없이는 해결하기 너무 복잡하다고 설명했다.

05. ④ ★ deliberate 신중한, 고의적인
● random 무작위의, 임의의
● empty 비어 있는
● faint 희미한, 기절하다
[해석] 위원회는 모든 가능한 결과와 그들의 행동에 대한 결과를 고려한 후 신중한 결정을 내렸다.

06. ③ [해설]
과거에 대한 후회나 유감을 표현하는 조동사 관용 표현으로 문맥상 '~했어야 했다'의 뜻이 자연스러우므로 'should have p.p. 또는 ought to have p,p'의 형태로 쓸 수 있다. 따라서 밑줄 친 부분에 가장 적절한 것은 ③이다.
[해석]
시험 문제가 내가 예상했던 것보다 훨씬 어려웠기 때문에 나는 더 열심히 공부했어야 했다.

07. ④ [해설]
'명사의 수'의 뜻으로 쓰이는 the number of는 복수 명사와 단수 동사로 써야 한다. 따라서 밑줄 친 부분인 have를 has로 고쳐야 한다.
[해석]
영어가 세계적인 의사소통에서 가장 영향력 있는 언어라고 널리 믿어진다. 과거에는 그랬을지 모르지만, 특정 분야에서는 다른 언어들이 점점 더 우세해지고 있다. 온라인에서 영어가 아닌 콘텐츠의 비율이 증가하고 있다. 주요 이유 중 하나는 모국어가 영어가 아닌 인터넷 사용자 수가 빠르게 증가하고 있기 때문이다.

08. ③ [해석]
A: 실례합니다만, 제 여권을 갱신하려고 하는데, 절차에 대해 도와주실 수 있나요?
B: 물론입니다! 먼저 갱신 신청서를 작성하셔야 합니다. 그 다음, 기존 여권과 여권용 사진, 갱신 수수료를 가져오세요.
A: 새 여권을 받는 데 얼마나 걸리나요?
B: 보통 3~4주 정도 걸리지만, 급행 서비스를 추가로 지불하시면 더 빨리 처리할 수 있습니다.
A: 알겠습니다! 신청서를 작성하고 필요한 서류를 가져오겠습니다.
① 여권은 언제 갱신해야 하나요?
② 새 여권의 유효 기간은 얼마나 되나요?
③ 새 여권을 받는 데 얼마나 걸리나요?
④ 여권을 발급받으려면 어떤 사진을 준비해야 하나요?

09. ④ [해설]
항공기 사고의 원인인 윈드 시어 현상에 대한 글로, 윈드 시어는 강한 하강 기류로 인한 난기류 현상으로, 항공기가 착륙할 때 위험을 초래할 수 있음을 설명하고 있다. 제시문의 '윈드 시어'현상에 대한 언급 후, (C)에서 윈드 시어 현상의 발생 원인을 설명한 후, (B)에서 이 현상이 항공기에 미치는 영향을 구체적으로 언급하고, (A)에서 조종사의 대응 방식과 그 위험성을 설명하는 순서가 자연스럽다. 따라서 글의 순서로 가장 적절한 것은 ④이다.
[해석]
일부 비행기 추락 사고의 원인은 '윈드 시어(순간 돌풍)'라는 위험한 현상 때문으로 여겨진다.
(C) 이 현상은 일반적으로 폭풍우 속에서 강력하고 빠른 하강 기류가 발생할 때 나타나지만, 맑은 하늘에서도 대기 중의 수증기가 증발하면서 발생할 수 있다.
(B) 하강 기류가 땅에 부딪히면 바닥으로 퍼지면서 원형 패턴을 형성한다. 착륙을 시도하는 비행기가 이 원형 패턴에 들어가면 갑자기 상승하게 된다.
(A) 조종사는 균형을 맞추기 위해 속도를 줄이고 기수를 낮추지만, 하강 기류의 원형 패턴에 더 깊이 들어가면 바람이 빠르게 아래로 바뀌고, 이때 비행기가 지면 가까이에 있다면 쉽게 추락할 위험이 있다.
[어휘]
□ phenomenon 현상
□ nose 항공기의 앞머리, 기수
□ downdraft 하강 바람
□ turbulence 난기류
□ upward lift 상승력

10. ④ [해설]
협상에서 음료 제공의 효과에 대한 글로, 협상 중 음료를 제공하는 전략은 상대방의 반응을 평가하는 데 유용하며, 컵의 위치가 그들의 태도를 나타낼 수 있음을 보여주는 글이다. 본문에서는 음료의 위치가 상대방의 자신감이나 개방성을 나타내며, 이를 통해 그들의 반응을 평가할 수 있음을 두 번째 문장부터 설명하고 있다. 따라서 밑줄 친 부분에 들어갈 말로 가장 적절한 것은 ④이다.
[해석]
협상 중에 커피나 주스와 같은 가벼운 음료를 제공하는 것은 상대방이 당신의 제안에 어떻게 반응하는지를 평가하기 위한 좋은 전략이 될 수 있다. 인간의 무의식적 행

동을 연구한 일부 실험에 따르면, 사람들이 음료를 마신 후 놓아두는 컵의 위치는 그들이 당신이 말한 것에 대해 확신이나 개방성을 가지고 있는지를 나타내는 중요한 신호이다. 자신이 듣고 있는 것에 대해 주저하거나 불확실한 사람들은 팔 길이의 장벽을 형성하기 위해 자신의 몸 맞은편에 컵을 놓는다. 반면, 듣고 있는 내용에 수용적인 자세를 보일 때는 컵을 자신의 몸 쪽에 놓으며 개방적인 태도를 드러낸다.

① 당신의 제안이 매우 매력적임을 드러내기 위한
② 상대방이 당신이 말한 대로 하도록 설득하기 위한
③ 당신과 파트너가 직면할 침묵을 깨기 위한
④ 상대방이 당신의 제안에 어떻게 반응하는지를 평가하기 위한

[어휘]
☐ negotiation 협상
☐ strategy 전략
☐ indicator 지표
☐ hesitant 주저하는

일일 모고 한국사 제13회
정답 및 해설

합격까지 박문각

가장 빠른 한국사
한국사 박기훈

01. ① ① 호란의 영향으로 조선에서는 청에 대한 적개심이 증가하였고, 청을 정벌하여 문화가 높은 우리나라가 문화가 낮은 오랑캐에게 당한 수치를 씻고 명에 대한 의리를 지키자는 북벌론이 제기되었다. 열등감이 아니라 우월감에서 비롯된 북벌이다.
② 숙종 때 백두산정계비를 세우고 동쪽으로 토문강과 서쪽으로 압록강을 국경으로 삼았다.
④ 일본은 쇼군이 바뀔 때마다 조선에 통신사 파견을 요청하였고, 이에 조선은 1607년부터 1811년까지 12회에 걸쳐 사절을 파견하였다.

02. ③ 소윤인 윤원로 · 윤원형 형제가 대윤인 윤임 일파와 사림파를 제거한 을사사화에 대한 내용으로, 을사사화는 명종 때 발생하였다.
③ 임꺽정의 난은 16세기 중반 명종 대의 대표적인 난으로써, 이 시기 정치 혼란과 계속된 흉년으로 관리의 부패가 심해져 삶이 피폐해지자 불평분자들을 규합하여 황해도와 경기도 일대에서 발발하였다.
① 연산군 때 무오사화에 대한 내용이다.
② 중종 때의 일이다.
④ 선조 때 척신정치의 잔재 청산을 두고 동인과 서인으로 나누어졌다.

03. ① 군포 수납 과정에서 수령과 아전들의 농간으로 인징 · 족징 · 황구첨정 · 백골징포 등의 폐단이 발생하여 백성들이 피해를 입었다. 영조는 이를 개선하기 위하여 농민들의 군포를 2필에서 1년에 군포 1필로 경감하는 균역법을 시행하였다.
① 균역법의 시행으로 감소된 재정은 결작, 선무군관포, 잡세 등으로 보충하였다.
② 호포법의 내용이다.
③ 대동법의 내용이다.
④ 영정법의 내용이다.

04. ① (가) 비변사, (나) 의정부, (다) 6조
① 비변사는 삼포왜란을 계기로 설치되었고, 을묘왜변을 계기로 상설기구화 되었으며 임진왜란으로 최고 정무 기구가 되었다.
② 비변사의 기능이 강해지면서 의정부 및 6조의 기능이 약화되었고, 왕권도 약화되었다.

05. ③ ① 조선왕조실록은 왕이 열람할 수 없었다.
② 조선왕조 실록은 현재 남아있다.
④ 광해군 때의 일이다.

06. ② (가) 흥선대원군의 서원 철폐 반대
(다) 1870년대 개항 반대, 왜양일체론
(나) 을미의병 관련 상소
(라) 을사의병 관련 상소

07. ① 제시된 내용은 1897년 대한제국과 관련된 내용이다.
① 소학교와 사범학교는 1895년에 설립되었다.

08. ③ ㉠ 봉오동 전투(1920.6) – ㉢ 청산리 대첩(1920.10) – ㉡ 자유시 참변(1921)
㉤ 국민대표회의(1923) – ㉣ 3부 설립(1923~1925)

09. ④ (다) 제1차 조선교육령(1911) - (나) 제2차 조선교육령(1922) - (가) 제3차 조선교육령(1938)

10. ④ ④ 이승만은 토지제도 개혁안에 대해 신중한 모습을 보였으며, 신탁통치 수용을 반대하여 좌우합작위원회에 가세하지 않았다.

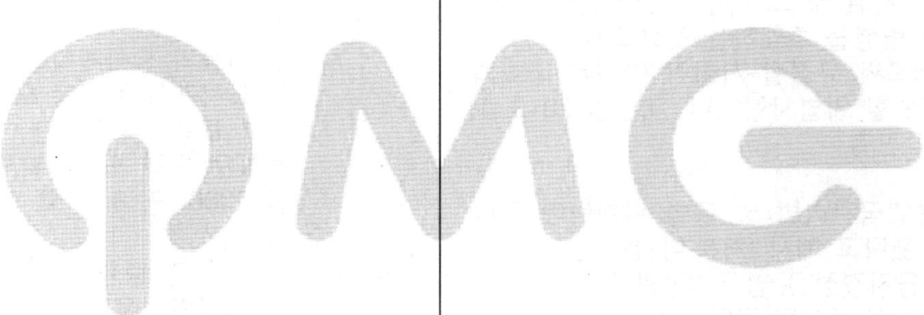

일일 모고 행정법 제13회
정답 및 해설

합격까지 박문각
광야에서 합격까지 행정법 강성빈

01. ② ② 국가공무원인 교원의 보수에 관한 구체적인 내용(보수 체계, 보수 내용, 지급 방법 등)까지 반드시 법률의 형식으로만 정해야 하는 '기본적인 사항'이라고 보기는 어렵고, 이를 행정부의 하위법령에 위임하는 것은 불가피하다. 대법원 2023. 10. 26. 선고 2020두50966 판결
① 행정기본법 제16조

> **행정기본법 제16조(결격사유)**
> ① 자격이나 신분 등을 취득 또는 부여할 수 없거나 인가, 허가, 지정, 승인, 영업등록, 신고 수리 등을 필요로 하는 영업 또는 사업 등을 할 수 없는 사유는 법률로 정한다.

③ 수신료 징수업무를 한국방송공사가 직접 수행할 것인지 제3자에게 위탁할 것인지, 위탁한다면 누구에게 위탁하도록 할 것인지, 위탁받은 자가 자신의 고유업무와 결합하여 징수업무를 할 수 있는지는 징수업무 처리의 효율성 등을 감안하여 결정할 수 있는 사항으로서 국민의 기본권제한에 관한 본질적인 사항이 아니라 할 것이다. 헌법재판소 2008. 2. 28. 선고 2006헌바70 결정
④ 지방의회의원에 대하여 유급보좌인력을 두는 것은 지방의회의원의 신분 · 지위 및 그 처우에 관한 현행 법령상의 제도에 중대한 변경을 초래하는 것으로서, 이는 개별 지방의회의 조례로써 규정할 사항이 아니라 국회의 법률로써 규정하여야 할 입법사항이다. 대법원 2013. 1. 16. 선고 2012추84 판결

02. ② ② 법무부장관이 출입국관리법 및 동법 시행령에 따라 위 입국금지결정을 했다고 해서 '처분'이 성립한다고 볼 수는 없고, 위 입국금지결정은 법무부장관의 의사가 공식적인 방법으로 외부에 표시된 것이 아니라 단지 그 정보를 내부전산망인 '출입국관리정보시스템'에 입력하여 관리한 것에 지나지 않으므로, 위 입국금지결정은 항고소송의 대상이 될 수 있는 '처분'에 해당하지 않는다. 대법원 2019. 7. 11. 선고 2017두38874 판결
① 납세고지서의 교부송달 및 우편송달에 있어서는 반드시 납세의무자 또는 그와 일정한 관계에 있는 사람의 현실적인 수령행위를 전제로 하고 있다고 보아야 하며, 납세자가 과세처분의 내용을 이미 알고 있는 경우에도 납세고지서의 송달이 불필요하다고 할 수는 없다. 대법원 2004. 4. 9. 선고 2003두13908 판결
③ 상대방 있는 행정처분은 특별한 규정이 없는 한 의사표시에 관한 일반법리에 따라 상대방에게 고지되어야 효력이 발생하고, 상대방 있는 행정처분이 상대방에게 고지되지 아니한 경우에는 상대방이 인터넷 홈페이지 접속 등 다른 경로를 통해 행정처분의 내용을 알게 되었다고 하더라도 행정처분의 효력이 발생한다고 볼 수 없다. 대법원 2019. 8. 9. 선고 2019두38656 판결
④ 행정절차법 제14조

> **행정절차법 제14조(송달)**
> ② 교부에 의한 송달은 수령확인서를 받고 문서를 교부함으로써 하며, 송달하는 장소에서 송달받을 자를 만나지 못한 경우에는 그 사무원 · 피용자 또는 동거인으로서 사리를 분별할 지능이 있는 사람(이하 이 조에서 "사무원등"이라 한다)에게 문서를 교부할 수 있다. 다만, 문서를 송달받을 자 또는 그 사무원등이 정당한 사유 없이 송달받기를 거부하는 때에는 그 사실을 수령확인서에 적고, 문서를 송달할 장소에 놓아둘 수 있다.

03. ③ ③ 구 국토이용관리법상 주민이 국토이용계획의 변경에 대하여 신청을 할 수 있다는 규정이 없을 뿐만 아니라, 국토건설종합계획의 효율적인 추진과 국토이용질서를 확립하기 위한 국토이용계획은 장기성, 종합성이 요구되는 행정계획이어서 원칙적으로는 그 계획이 일단 확정된 후에 어떤 사정의 변동이 있다고 하여 그러한 사유만으로는 지역주민이나 일반 이해관계인에게 일일이 그 계획의 변경을 신청할 권리를 인정하여 줄 수는 없는 것이다. 대법원 2003. 9. 23. 선고 2001두10936 판결
① 도시기본계획이라는 것은 도시의 장기적 개발방향과 미래상을 제시하는 도시계획 입안의 지침이 되는 장기적 · 종합적인 개발계획으로서 직접적인 구속력은 없는 것이므로, 도시계획시설결정 대상면적이 도시기본계획에서 예정했던 것보다 증가하였다 하여 그것이 도시기본계획의 범위를 벗어나 위법한 것은 아니다. 대법원 1998. 11. 27. 선고 96누13927 판결
② 구 하수도법 제5조의2에 의한 하수도정비기본계획은 항고소송의 대상이 되는 행정처분에 해당하지 아니한다. 대법원 2002. 5. 17. 선고 2001두10578 판결
④ 도시계획의 결정 · 변경 등에 관한 권한을 가진 행정청은 이미 도시계획이 결정 · 고시된 지역에 대하여도 다른 내용의 도시계획을 결정 · 고시할 수 있고, 이때에 후행 도시계획에 선행 도시계획과 서로 양립할 수 없는 내용이 포함되어 있다면, 특별한 사정이 없는 한 선행 도시계획은 후행 도시계획과 같은 내용으로 변경된다. 대법원 2000. 9. 8. 선고 99두11257 판결

04. ① ① 이 사건 증원배정 처분의 근거가 된 고등교육법령 및 「대학설립 · 운영 규정」(대통령령)은 의과대학의 학생정원 증원의 한계를 규정함으로써 의과대학에 재학 중인 학생들이 적절하게 교육받을 권리를 개별적 · 직접적 · 구체적으로 보호하고 있다고 볼 여지가 충분하다. 대법원 2024. 6. 19.자 2024무689 결정
② 항고소송의 대상이 되는 행정처분의 효력이나 집행 혹은 절차속행 등의 정지를 구하는 신청은 행정소송법상 집행정지신청의 방법으로서만 가능할 뿐 민사소송법상 가처분의 방법으로는 허용될 수 없다. 대법원 2009. 11. 2.자 2009마596 결정
③ 행정청에 대한 거부처분의 효력을 정지하더라도 거부처분이 없었던 것과 같은 상태, 즉 거부처분이 있기 전의 신청시의 상태로 되돌아가는 데에 불과하고 행정청에게 신청에 따른 처분을 하여야 할 의무가 생기는 것이 아니므로, 거부처분의 효력정지는 그 거부처분으로 인하여 신청인에게 생길 손해를 방지하는 데 아무런 보탬이 되지 아니하여 그 효력정지를 구할 이익이 없다. 대법원 1995. 6. 21.자 95두26 판결
④ 집행정지결정의 효력은 결정 주문에서 정한 기간까지 존속하다가 그 기간이 만료되면 장래에 향하여 소멸한다. (중략) 항고소송을 제기한 원고가 본안소송에서 패소확정판결을 받았더라도 집행정지결정의 효력이 소급하여 소멸하지 않는다. 대법원 2020. 9. 3 선고 2020두34070 판결

05. ③ ③ 간접강제결정에 기한 배상금은 확정판결의 취지에 따른 재처분의 지연에 대한 제재나 손해배상이 아니고, 재처분의 이행에 관한 심리적 강제수단에 불과한 것이므로, 특별한 사정이 없는 한 간접강제결정에서 정한 의무

이행기한이 경과한 후에라도 확정판결의 취지에 따른 재처분의 이행이 있으면 처분 상대방이 더 이상 배상금을 추심하는 것은 허용되지 않는다. 대법원 2004. 1. 15. 선고 2002두2444 판결
① 사정판결은 당사자의 명백한 주장이 없는 경우에도 기록에 나타난 여러 사정을 기초로 직권으로 할 수 있다. 대법원 2006. 9. 22. 선고 2005두2506 판결
② 과세처분 취소소송의 피고는 처분청이므로 행정청을 피고로 하는 취소소송에 있어서의 기판력은 당해 처분이 귀속하는 국가 또는 공공단체에 미친다. 대법원 1998. 7. 24. 선고 98다10854 판결
④ 거부처분에 대한 취소의 확정판결이 있음에도 행정청이 아무런 재처분을 하지 아니하거나, 재처분을 하였다 하더라도 그것이 종전 거부처분에 대한 취소의 확정판결의 기속력에 반하는 등으로 당연무효라면 이는 아무런 재처분을 하지 아니한 때와 마찬가지라 할 것이므로 이러한 경우에는 행정소송법 제30조 제2항, 제34조 제1항 등에 의한 간접강제신청에 필요한 요건을 갖춘 것으로 보아야 한다. 대법원 2002. 12. 11.자 2002무22 결정

06. ④ ④ 일반적으로 폐기물처리업 사업계획에 대한 적정통보에 당해 토지에 대한 형질변경허가신청을 허가하는 취지의 공적 견해표명이 있는 것으로는 볼 수 없다고 할 것이고, 더구나 토지의 지목변경 등을 조건으로 그 토지상의 폐기물처리업 사업계획에 대한 적정통보를 한 경우에는 위 조건부적정통보에 토지에 대한 형질변경허가의 공적 견해표명이 포함되어 있었다고 볼 수 없다. 대법원 1998. 9. 25. 선고 98두6494 판결
① 행정기본법 제12조

행정기본법 제12조(신뢰보호의 원칙)
① 행정청은 공익 또는 제3자의 이익을 현저히 해칠 우려가 있는 경우를 제외하고는 행정에 대한 국민의 정당하고 합리적인 신뢰를 보호하여야 한다.

② 과세관청의 공적 견해표명이 있었는지의 여부를 판단하는 데 있어 반드시 행정조직상의 형식적인 권한분장에 구애될 것은 아니고 담당자의 조직상의 지위와 임무, 당해 언동을 하게 된 구체적인 경위 및 그에 대한 납세자의 신뢰가능성에 비추어 실질에 의하여 판단하여야 한다. 대법원 1996. 1. 23. 선고 95누13746 판결
③ 종교법인이 도시계획구역 내 생산녹지로 답인 토지에 대하여 종교회관 건립을 이용목적으로 하는 토지거래계약의 허가를 받으면서 담당공무원이 관련 법규상 허용된다 하여 이를 신뢰하고 건축준비를 하였으나 그 후 당해 지방자치단체장이 다른 사유를 들어 토지형질변경허가신청을 불허가한 것은 신뢰보호원칙에 반한다. 대법원 1997. 9. 12. 선고 96누18380 판결

07. ④ ④ 구 건축법상 이행강제금을 부과받은 사람이 이행강제금사건의 제1심 결정 후 항고심결정이 있기 전에 사망한 경우, 항고심결정은 당연무효이고, 이미 사망한 사람의 이름으로 제기된 재항고는 보정할 수 없는 흠결이 있는 것으로서 부적법하다. 대법원 2006. 12. 8.자 2006마470 결정
① 건축법상의 이행강제금은 시정명령의 불이행이라는 과거의 위반행위에 대한 제재가 아니라, 의무자에게 시정명령을 받은 의무의 이행을 명하고 그 이행기간 안에 의무를 이행하지 않으면 이행강제금이 부과된다는 사실을 고지함으로써 의무자에게 심리적 압박을 주어 의무의 이행을 간접적으로 강제하는 행정상의 간접강제 수단에 해당한다. 이러한 이행강제금의 본질상 시정명령을 받은 의무자가 이행강제금이 부과되기 전에 그 의무를 이행한 경우에는 비록 시정명령에서 정한 기간을 지나서 이행한 경우라도 이행강제금을 부과할 수 없다. 대법원 2018. 1. 25. 선고 2015두35116 판결
② 건축법 제80조

건축법 제80조(이행강제금)
⑥ 허가권자는 제79조 제1항에 따라 시정명령을 받은 자가 이를 이행하면 새로운 이행강제금의 부과를 즉시 중지하되, 이미 부과된 이행강제금은 징수하여야 한다.

③ 시정명령을 받은 의무자가 그 시정명령의 취지에 부합하는 의무를 이행하기 위한 정당한 방법으로 행정청에 신청 또는 신고를 하였으나 행정청이 위법하게 이를 거부 또는 반려함으로써 결국 그 처분이 취소되기에 이르렀다면, 특별한 사정이 없는 한 그 시정명령의 불이행을 이유로 이행강제금을 부과할 수는 없다고 보는 것이 위와 같은 이행강제금 제도의 취지에 부합한다. 대법원 2018. 1. 25. 선고 2015두35116 판결

08. ② ② 참가압류처분에 앞서 독촉절차를 거치지 아니하였고 또 참가압류조서에 납부기한을 잘못 기재한 잘못이 있다고 하더라도 이러한 위법사유만으로는 참가압류처분을 무효로 할 만큼 중대하고도 명백한 하자라고 볼 수 없다. 대법원 1992. 3. 10. 선고 91누6030 판결
① 행정상의 단속을 주안으로 하는 법규라 하더라도 '명문규정이 있거나 해석상 과실범도 벌할 뜻이 명확한 경우'를 제외하고는 형법의 원칙에 따라 '고의'가 있어야 벌할 수 있다. 대법원 2010. 2. 11. 선고 2009도9807 판결
③ 양벌규정에 의한 영업주의 처벌은 금지위반행위자인 종업원의 처벌에 종속하는 것이 아니라 독립하여 그 자신의 종업원에 대한 선임감독상의 과실로 인하여 처벌되는 것이므로 종업원의 범죄성립이나 처벌이 영업주 처벌의 전제조건이 될 필요는 없다. 대법원 2006. 2. 24. 선고 2005도7673 판결
④ 영업정지처분에 갈음하는 과징금이 규정되어 있는 경우, 과징금을 부과할 것인지 아니면 영업정지처분을 내릴 것인지는 통상 행정청의 재량에 속한다.

09. ④ ④ 공공기관의 정보공개에 관한 법률은 국민을 정보공개청구권자로, 지방자치단체를 국민에 대응하는 정보공개의무자로 상정하고 있다고 할 것이므로, 지방자치단체는 공공기관의 정보공개에 관한 법률 제5조에서 정한 정보공개청구권자인 '국민'에 해당되지 아니한다. 서울행정법원 2005. 10. 12. 선고 2005구합10484 판결
① 국민으로부터 보유·관리하는 정보에 대한 공개를 요구받은 공공기관으로서는 같은 법 제7조 제1항 각 호에서 정하고 있는 비공개사유에 해당하지 않는 한 이를 공개하여야 할 것이고, 만일 이를 거부하는 경우라 할지라도 대상이 된 정보의 내용을 구체적으로 확인·검토하여 어느 부분이 어떠한 법익 또는 기본권과 충돌되어 같은 법 제7조 제1항 몇 호에서 정하고 있는 비공개사유에 해당하는지를 주장·입증하여야만 할 것이며, 그에 이르지 아니한 채 개괄적인 사유만을 들어 공개를 거부하는 것은 허용되지 아니한다. 대법원 2003. 12. 11. 선고 2001두8827 판결
② 공개청구의 대상이 되는 정보가 이미 다른 사람에게 공개하여 널리 알려져 있다거나 인터넷이나 관보 등을 통하여 공개하여 인터넷검색이나 도서관에서의 열람 등을 통하여 쉽게 알 수 있다는 사정만으로는 소의 이익이 없다거나 비공개결정이 정당화될 수는 없다. 대법원 2008. 11. 27. 선고 2005두15694 판결
③ 정보공개법 시행령 제3조

정보공개법 시행령 제3조(외국인의 정보공개 청구)
법 제5조제2항에 따라 정보공개를 청구할 수 있는 외국인은 다음 각 호의 어느 하나에 해당하는 자로 한다. 1. 국내에 일정한 주소를 두고 거주하거나 학술·연구를 위하여 일시적으로 체류하는 사람

10. ① ① 구 '공익사업을 위한 토지 등의 취득 및 보상에 관한 법률' 제74조 제1항에 규정되어 있는 잔여지 수용청구권은 손실보상의 일환으로 토지소유자에게 부여되는 권리로서 그 요건을 구비한 때에는 잔여지를 수용하는 토지수용위원회의 재결이 없더라도 그 청구에 의하여 수용의 효과가 발생하는 형성권적 성질을 가지므로, 잔여지 수용청구를 받아들이지 않은 토지수용위원회의 재결에 대하여 토지소유자가 불복하여 제기하는 소송은 위 법 제85조 제2항에 규정되어 있는 '보상금의 증감에 관한 소송'에 해당하여 사업시행자를 피고로 하여야 한다. 대법원 2010. 8. 19. 선고 2008두822 판결

② 이주대책의 실시 여부는 입법자의 입법정책적 재량의 영역에 속하므로 공익사업을 위한 토지 등의 취득 및 보상에 관한 법률 시행령 제40조 제3항 제3호가 이주대책의 대상자에서 세입자를 제외하고 있는 것이 세입자의 재산권을 침해하는 것이라 볼 수 없다. 헌법재판소 2006. 2. 23. 선고 2004헌마19 결정

③ 구 토지수용법 제51조가 규정하고 있는 '영업상의 손실'이란 수용의 대상이 된 토지·건물 등을 이용하여 영업을 하다가 그 토지·건물 등이 수용됨으로 인하여 영업을 할 수 없거나 제한을 받게 됨으로 인하여 생기는 직접적인 손실을 말하는 것이므로 위 규정은 영업을 하기 위하여 투자한 비용이나 그 영업을 통하여 얻을 것으로 기대되는 이익에 대한 손실보상의 근거규정이 될 수 없고, (중략) 이러한 손실은 그 보상의 대상이 된다고 할 수 없다. 대법원 2006. 1. 27. 선고 2003두13106 판결

④ 토지보상법 제70조

토지보상법 제70조(취득하는 토지의 보상)

② 토지에 대한 보상액은 가격시점에서의 현실적인 이용상황과 일반적인 이용방법에 의한 객관적 상황을 고려하여 산정하되, 일시적인 이용상황과 토지소유자나 관계인이 갖는 주관적 가치 및 특별한 용도에 사용할 것을 전제로 한 경우 등은 고려하지 아니한다.

일일 모고 행정학 제13회
정답 및 해설

합격까지 박문각

빠른 고득점 합격
행정학 이명훈

01. ① 신행정론은 행정을 사회문제 해결을 위한 정책형성 및 집행과정으로 보았다는 점에서 정치행정일원론에 해당하며, 사회적 형평성과 고객에의 대응성을 강조하였다.
② 발전행정론은 행정을 국가발전을 위한 정책형성 및 집행과정으로 보았다는 점에서 정치행정일원론에 해당하며, 정책의 효과성을 강조하였다.
③ 신공공관리론 정책결정과 정책집행을 구분하고 정책집행부문의 시장으로 이전 및 경영관리기법의 도입을 강조하였다는 점에서 정치행정이원론에 해당하며, 공공가치보다는 행정의 효율성을 강조하였다.
④ 행정행태론은 가치와 사실을 구분하고 정치는 가치판단을 행정은 사실판단을 수행한다고 보았다는 점에서 정치행정이원론에 해당하며, 행정의 가치적 요소를 고려하지 않았다.

02. ③ 과정설은 사익을 초월한 별도의 공익이란 존재할 수 없으며, 공익을 '사익의 총합이거나 사익 간의 타협 또는 집단 간 상호작용의 산물'로 보는 입장이다. 따라서 공익과정설에 의하면 공익결정은 다수에 의해 민주적으로 이루어지는 것으로 본다. 반면, 공익실체설은 엘리트주의적 공익관에 입각해 있다.

03. ④ 사회적 규제를 강화할 경우 규제를 일탈하고자 하는 기업들의 로비활동과 금전적 이득을 얻고자 하는 관료들의 이기적 행태로 부패가 확산된다.

04. ② 정책수단은 행정활동을 정부가 직접 하는지, 아니면 제3자 또는 민관이 공동으로 하는지에 따라 직접 수단과 간접 수단으로 구분된다. 보조금 지급은 정부가 직접 서비스를 지급하기 어려울 경우 서비스 생산자에게 지원금을 지원하는 간접 수단이다.
<<핵심체크>> 정책수단 - 직접성에 따른 분류

직접성의 의의	행정활동을 정부가 직접 하는지, 제3자 또는 민·관이 공동으로 하는지에 대한 기준
간접수단	사회적 규제, 대출보증, 보험, 계약, 보조금, 조세지출, 바우처, 손해책임법, 사용료·과징금
직접수단	경제적 규제, 직접대출, 공기업, 정부소비, 정보제공

05. ① 매몰비용이란 이미 지출되어 회수될 수 없는 비용을 말한다. 합리적 의사결정을 위해서는 매몰비용을 고려하지 않아야 한다.
<<핵심체크>> 합리적 의사결정을 저해하는 요인

결정자에 기인한 원인	• 가치관과 태도의 차이(결정자의 편견 등) • 미래예측의 곤란성(결정자의 인지능력상의 한계, 제한된 합리성 등) • 관료제의 병리(변동에의 저항, 형식주의, 무사안일 등 관료의 부정적 행태) • 권위주의적 사고방식, 이해 부족과 전문지식의 결여, 과거의 경력 등에 의한 선입관
결정구조에 기인한 요인	• 정보·자료·지식의 부족과 부정확성 • 권위적이고 독선적인 집권적 구조 • 정책참모기관의 약화 • 정책전담기구의 결여 • 부처할거주의 등 관료제의 역기능 • 행정선례와 표준운영절차의 존중 • 품의제에 입각한 정책결정
결정환경에 기인한 요인	• 사회문제와 목표의 다양성·무형성·유동성 • 이익집단 등 외부 준거집단의 영향력 • 매몰비용의 문제 및 비용의 과다 • 피동적인 사회문화적 관습의 영향 • 투입기능의 취약성(결정과정의 폐쇄성)

06. ③ 블라우(P. Blau)와 스코트(W. Scott)은 수혜자를 중심으로 조직을 호혜적 조직, 기업 조직, 봉사 조직, 공익 조직으로 구분하였다. 이 중 공익조직은 조직의 주요 수혜자가 국민일반인 조직으로 국민의 외재적 통제를 위한 민주적 장치를 발전시키는 것을 가장 중시한다. 경찰 조직을 비롯한 대부분의 행정조직이 이에 속한다.
<<핵심체크>> 블라우(P. Blau)와 스코트(W. Scott)의 모형

구분	주요 수혜자	내용	예
호혜조직 (상호조직)	조직 구성원	• 시간이 지날수록 집권화되는 조직(Michels의 과두제의 철칙) • 조직구성원의 참여와 통제를 위한 민주적 절차가 중시되는 조직	정당, 노동조합, 종교단체 등
기업조직	조직 소유자	경쟁상황에서 능률의 극대화를 중시하는 조직	사기업 등
봉사조직	고객 집단	• 고객에 대한 전문적 봉사를 강조하는 조직 • 고객의 요구와 행정적 절차 간 마찰이 심함	병원·학교·사회복지기관 등
공익조직	일반 국민	국민의 참여와 통제를 위한 민주적 절차기 중시되는 조직	행정기관·경찰·군대 등

07. ② 보수, 작업조건, 대인관계는 허츠버그(Herzberg)의 위생이론에 해당하며, 성취감, 책임감, 직무내용은 허츠버그(Herzberg)의 동기요인에 해당한다.
<<핵심체크>> 허즈버그(F. Herzberg)의 욕구충족이원론

의의	• 기술자들과 회계사를 대상으로 한 연구조사의 결과 인간은 불만(위생)요인과 만족(동기)요인의 이원적 욕구구조를 지니며 이들 요인은 서로 독립된 별개로 작용한다고 봄 • 만족의 반대는 불만족이 아니고 만족이 없는 상태이며, 불만족의 반대는 만족이 아니라 불만족이 없는 상태	
요인	위생요인(불만요인)	동기요인(만족요인)
개념	불만족을 느끼게 하는 요인	만족을 느끼게 하는 요인
성격	사람과 직무상황이나 환경과의 관계	사람과 사람이 하는 일 사이의 관계
역할	불만족만 제거(생산성은 높여주지 못함)	동기부여(생산성을 높여줌)
예	봉급, 감독방식과 내용, 작업조건, 대인관계(감독자와 부하와의 관계), 임금, 직위, 신분보장, 정책과 관리(조직의 방침과 관행) 등	성취감, 인정감, 책임감, 승진, 직무 그 자체, 직무에 대한 만족감, 보람있는 일, 능력신장 등

08. ② 직업공무원제도는 신규인력을 조직의 최하위계층에서만 채용하는 폐쇄적 임용제도와 밀접한 관련성이 있다.
① 직업공무원제는 계급제에 입각한 공직분류 구조가 필수적이다.
③ 직업공무원제는 순환보직을 전제로 하므로 일반행정가 양성에 유리하다.
④ 직업공무원제는 연령과 학력의 제한을 전제로 하므로 제한된 기회균등을 보장한다.

09. ② 자원배분기능(①), 경제성장촉진기능(③), 소득재분배기능(④)은 모두 예산의 경제적 기능에 해당한다. 다만, 예산은 다양한 이해관계의 조정과 타협으로 결정된다는 것(②)은 예산의 정치적 기능에 해당한다.
<<핵심체크>> 예산의 기능

법적 기능	예산은 국민의 대표기관인 국회가 심의 · 의결하여 확정한 범위 내에서만 지출하도록 통제되어야 함
정치적 기능 (A. Wildavsky)	예산은 입법부 · 행정부 · 정당 · 이익집단 등 다양한 이해관계세력들의 합의에 의한 조정과정을 통해 결정되어야 함
경제적 기능 (R. Musgrave)	• 경제안정기능(성장과 안정의 균형) : 환율 · 물가 · 실업율 등과 같은 거시경제 지표들을 안정적으로 관리하는 기능(케인즈의 총수요관리정책 등) • 자원배분기능(효율적인 자원배분) : 시장실패로 인해 시장에서 최적 규모로 공급되지 않는 공공서비스(공공재, 가치재)를 최적 생산 수준으로 생산하는 기능 • 소득재분배기능(형평성 있는 분배) : 사회적 정의 관점에서 소득분배 상태를 바람직한 방향으로 개선하기 위해 사회복지서비스를 제공하는 기능
행정적 기능 (A. Schick)	• 통제기능 : 행정부의 재정활동을 민주적으로 통제하는 기능(LIBS에서 강조) • 관리기능 : 행정부가 예산을 능률적으로 관리하는 기능(PBS에서 강조) • 계획기능 : 행정부가 효율적인 재정운영을 계획하는 기능(PPBS에서 강조) • 쉬크는 모든 예산제도가 이 세 가지 기능을 모두 내포하고 있으나, 각 예산제도마다 상대적으로 특정 기능을 강조하는 경향이 있다고 봄

10. ② 설문은 티부(Tiebout)가설에 대한 설명이다. 티부가설은 '공공재는 분권적인 배분체제가 효율적이지 못하기 때문에 국민의 선호와 관계없이 중앙집권적 · 일방적 과정을 통하여 공급될 수밖에 없다'는 사무엘슨(Samuelson)의 이론에 대한 반론이다. 티부(Tiebout)가설은 공공선택론적 접근에 해당하며, 발에 의한 투표가설이라고도 불린다.
<<핵심체크>> 티부(Tiebout)가설

의의	• 완전경쟁시장을 전제로 주민들이 자신의 선호에 따라 마음에 드는 재정프로그램을 제공하는 지방정부를 선택하여 자유롭게 이동하는 '발로 하는 투표(vote by foot)'가 이루어진다면 주민들을 유치하기 위한 지방정부 간 경쟁으로 지방정부의 경영이 효율화된다고 보는 이론 • 공공선택론적 접근을 통해 효율성 측면에서 지방자치의 당위성을 강조하는 재정논리
배경	• 사무엘슨 이론에 대한 반론 : '공공재는 중앙집권적 과정을 통해 공급되어야 한다'는 사무엘슨 이론에 대한 반론
기본 가정	• 완전경쟁시장의 가정 : ① 다수의 지방정부 존재, ② 완전한 정보, ③ 지역 간 자유로운 이동(완전한 이동), ④ 외부효과 부존재, ⑤ 최소한 한 개 이상의 고정적 생산요소 존재, ⑥ 국고보조금 부재, ⑦ 단위당 평균비용 동일(규모수익 불변의 원리), ⑧ 최적 규모 추구(최저평균비용으로 지방 공공재를 생산할 수 있는 인구규모 추구), ⑨ 재원은 재산세로 충당, ⑩ 배당수입에 의한 소득 등

2025 공무원 시험대비 【6회차】

박문각 일일 모의고사

−제14회−

[정답 및 해설]

이 름 : ____________________

학습관 : ____________________

합격
예측

답안 입력 및 성적 조회는 PC, 모바일에서 모두 가능합니다.

★ PC: pass.pmg.co.kr | ★ 모바일 앱: 박문각 합격관리

일일 모고 국어 제14회
정답 및 해설

합격까지 박문각

赤功 국어
적중 혜선

01. ③ [상대+], [주체+], [객체+]를 만족 시켜야 한다.
③은 이 모두를 만족 시킨다. 대화의 상대를 높이고 있다(-습니다). 서술어의 주체인 '아버지'도 높임의 주격 조사 '께서'와 높임 선어말 어미 '-시-'로 높이고 있다. 또 서술어의 객체인 '선생님'을 높이기 위해 높임의 부사격 조사 '께'와 객체 높임 특수 어휘 '드리다'가 쓰였다.
① [상대-], [주체+], [객체+]로 대화의 상대를 높이고 있지 않다. 서술어의 주체인 '어머니'를 높임의 주격 조사 '께서'와 높임 선어말 어미 '-시-'로 높이고 있다. 또 서술어의 객체인 '할머니'를 높이기 위해 객체 높임 특수 어휘 '여쭤보다'가 쓰였다. 대화의 상대를 높이고 있지 않아서 답이 아니다.
② [상대+], [주체-], [객체+]로 대화의 상대를 높이고 있다. 서술어의 주체인 '나'를 높이지 않고 있다. 또 서술어의 객체인 '선생님'을 높이기 위해 높임의 부사격 조사 '께', 객체 높임 특수 어휘 '뵙다'가 쓰였다. 해요체는 상대 높임이다.
④ [상대+], [주체+], [객체-]로 대화의 상대를 높이고 있다. '바랍니다'를 통해 [상대+]임을 알 수 있다. '께서' '-시-'를 통해 [주체+]임을 알 수 있다. 객체 높임은 쓰이지 않았다.

02. ② 동생은 어제 산 새 신발을 할아버지께 드렸다.
1) 관형사 '새'가 들어 있음. (체언 '신발'을 꾸밈.)
2) 필수적 부사어 '할아버지께'가 들어있음. ('께' 높임 부사격 조사)
3) 객체를 높이는 서술어 '드렸다'가 들어있음.
① 체언인 '추억'을 꾸미는 관형사 '옛'이 들어 있다. '함께하다'의 필수적 부사어인 '할아버지와'가 있다. 하지만 객체를 높이는 서술어는 보이지 않는다.
③ 체언 '말'을 꾸미는 관형사 '무슨'이 있다. 하지만 필수적 부사어와 객체를 높이는 서술어는 보이지 않는다.
④ 체언을 꾸미는 관형사가 보이지 않는다. '다녀오다'의 필수적 부사어인 '시장에'가 있다. '모시고'에 객체 높임 서술어가 들어 있다.

03. ① '이다'는 앞말과 붙여 쓴다. '문서입니다'로 고쳐야 한다.
② ㉡ 어려운 한자어보다는 이해하기 쉬운 '없애며'로 다듬어 쓴다.
③ ㉢ 문장을 장황하게 쓰지 않고 간결하게 쓴다.
④ ㉣ 어려운 한자어 대신 이해하기 쉬운 말로 표현한다.

04. ③ '모름지기 ~ 하여야 한다.'로 부사어와 서술어의 호응이 이루어져야 하므로 '모름지기 ~ 중요합니다.'는 문장 호응이 적절하지 않다. '모름지기 교통법규를 지켜야 합니다.'로 고쳐야 한다.
① '어떤 일이 있어도 반드시'를 의미하는 부사 '절대로'는 보통 부정적인 맥락에 쓰이므로 이 문장은 호응이 적절하다. '없어'라는 부정어가 있기 때문이다.
④ '그다지'는 '((뒤에 오는 '않다, 못하다' 따위의 부정어와 호응하여)) 그러한 정도로는 또는 그렇게까지는'을 의미하므로 쓰임이 적절하다. '않았습니다.'라는 부정어가 있기 때문이다.

05. ③

○ 동물 ∧ 고릴라
○ 고릴라 → 먹음 ≡ ~먹음 → ~고릴라

전제 1이 '동물 ∧ 고릴라'이고 '고릴라 → 먹음'이므로 '동물 ∧ 먹음'이다. 즉, 어떤 동물은 먹는다는 결론을 내릴 수 있다.

06. ③ <보기1>
먼저 이 문장을 기호로 변환하면 다음과 같다.
•모든 과학자는 호기심이 많다.(A → B)
•호기심이 많은 사람은 새로운 것을 배우고자 한다.(B → C)
•새로운 것을 배우고자 하는 사람은 독서를 좋아한다.(C → D)
•따라서 모든 과학자는 독서를 좋아한다.(A → D)
문장 1, 2, 3을 연속적으로 연결하면 결론(A → D)이 논리적으로 도출되므로, <보기1>은 논리적으로 타당하다.
<보기2>
먼저 이 문장을 기호로 변환하면 다음과 같다.
•어떤 사람이 행복하면 그는 스트레스를 받지 않는다.(P → ~Q)
•스트레스를 받는 사람은 규칙적인 운동을 하지 않는다.(Q → ~R)
•철수는 행복하지 않다.(~P)
•따라서 철수는 스트레스를 받고 있다.(~P → Q)
문장 3(~P)은 "행복하지 않음"이지만, 이는 "스트레스를 받는다(Q)"는 것을 의미하지 않다. "행복하지 않다(~P)"와 "스트레스를 받는다(Q)"는 독립적인 명제이다. 따라서 결론(~P → Q)은 성립하지 않는다. <보기2>는 전제와 결론 간에 논리적 연결이 부족하여 타당하지 않다.

07. ③ ㉠의 '흔들다'는 「3」 조용하던 곳이나 물체에 커다란 움직임이나 큰 충격이 일게 하다.'를 의미한다. 이와 가장 유사한 의미의 '흔들다'는 ③이다.
① 「2」 큰 소리나 충격이 물체를 울리게 하다.
② 「5」 사람이 권력 따위로 어떤 대상을 자기 마음대로 움직이게 하다.
④ 「4」 어떤 일이나 말이 사람의 마음을 동요하게 하거나 약한 상태가 되게 하다.

08. ③ '끝마치다'는 '일을 끝내어 마치다.'를 의미한다. 따라서 '어떤 일이 결정되도록 만들다.'를 의미하는 '결정(決 결단할 결 定 정할 정)짓다'는 ㉢과 바꿔쓸 수 있는 유사한 표현으로 적절하지 않다. '일을 끝마치다.'를 의미하는 '종결(終 끝 종 結 맺을 결)짓다'로 바꿔쓸 수 있다.
① ㉠ '견주다'는 '둘 이상의 사물을 질(質)이나 양(量) 따위에서 어떠한 차이가 있는지 알기 위하여 서로 대어 보다.'를 의미한다. 따라서 '둘 이상의 사물을 견주어 서로 간의 유사점, 차이점, 일반 법칙 따위를 고찰하다.'를 의미하는 '비교(比 견줄 비 較 견줄 교)하다'로 바꿔쓸 수 있다.
② ㉡ '겪다'는 '어렵거나 경험될 만한 일을 당하여 치르다.'를 의미한다. 따라서 '자기가 몸소 겪다.'를 의미하는 '체험(體 몸 체 驗 시험 험)하다'로 바꿔쓸 수 있다.
④ ㉣ '나가다'는 '일정한 직장이나 일터에 다니다.'를 의미한다. 따라서 '나가야 할 자리에 나가지 않다.'를 의미하는 '결석(缺 이지러질 결 席 자리 석)하다'로 바꿔쓸 수 있다.

09. ① 제시문의 첫 문단은 우리 사회가 이전까지는 불평등함을 참아왔으나, 오늘날에는 공정함에 대한 요구가 높아지고

있다는 내용을 전달하고 있다. 이후 '한편'이라는 접속 표현으로 시작하는 두 번째 문단의 첫 문장은 빈칸 ㉠ 뒤에 '주장도 있다'라는 서술절로 마무리된다. 보조사 '도'를 고려했을 때, 빈칸 ㉠에는 앞 내용과 다른 주장이 제시될 것이라고 예상할 수 있다. 이후 제시된 내용은 신분제(불평등) 사회에서는 오히려 차별에 대한 고민이 없었으나 신분제 철폐 후 작은 차이들에 대해서도 예민하게 반응하게 되었다는 토크빌의 주장이다. 토크빌의 주장의 핵심은 불평등이 심화되어 공정함을 요구한다는 것이 아니라, '평등이 크게 증가'하여 '평등'에 대한 소망이 더욱더 높아진다는 것이다. 이를 고려하면, 빈칸 ㉠에는 공정함을 요구하는 것이 우리 사회의 평등이 증가했기 때문이라는 내용이 오는 것이 적절하다. 즉, '우리 사회의 불평등이 낮아졌기 때문이라는'이 가장 적절하다.

10. ④ 서양의 개인주의 발달은 협력 없이도 개인의 생존이 가능한 자연환경 덕분이라고 하였다. 선지에서 제시한 '집단이 개인의 생존을 위협하는 상황'은 글에서 확인할 수 없다.

① 집단주의와 개인주의 사고는 집단 안에서 생존할 수 있는 자연환경과 홀로 생존할 수 있는 자연환경의 영향을 받아 만들어진 것임을 1문단에서 제시하고 있다.

② 1문단 끝에서 집단주의는 개인과 사회의 조화를 중시한다고 하였다. 2문단에서 '이런 이유로~중용을 중시했다'라고 했으므로 집단 존속을 위해 서로 다른 의견을 절충한다는 서술은 적절하다.

③ 대규모 농업이 가능한 상태였던 동양은 전체 맥락 파악에 능하다고 하였다. 따라서 서양인들도 자연 환경이 대규모 농업이 가능한 상태였다면 분석적 사고보다 전체 맥락 파악 능력이 발달했을 것이라고 추론할 수 있다.

일일 모고 영어 제14회
정답 및 해설

합격까지 박문각

반드시 합격 진가영 영어

01. ① ★ reinforce 강화하다, 보강하다
● diminish 감소시키다, 줄이다
● overlook 간과하다, 눈감아주다
● oppose 반대하다, 저항하다
[해석] 관리자는 업무 효율성을 높이고 전문적인 환경을 유지하기 위해 더 엄격한 규정을 시행하여 회사 정책을 강화하기로 결정했다.

02. ③ ★ remedy 해결하다, 치료하다
● exacerbate 악화시키다, 심화시키다
● divert 방향을 바꾸다, 관심을 돌리다
● detect 발견하다, 감지하다
[해석] 정부는 시장을 안정시키고 중소기업을 지원하기 위한 새로운 정책을 도입하여 경제 위기를 해결하려고 노력하고 있다.

03. ① ★ separate 분리하다, 구별하다
● distort 왜곡하다, 비틀다
● contaminate 오염시키다, 더럽히다
● enroll 등록하다, 입학시키다
[해석] 연구자는 실험실 실험에서 정확한 결과를 얻기 위해 화합물을 신중하게 분리해야 했다.

04. ③ ★ sentence 선고하다, 형을 내리다
● acquit 무죄를 선고하다, 석방하다
● pardon 사면하다, 용서하다
● interrogate 심문하다, 질문하다
[해석] 판사는 모든 증거와 증인 진술을 검토한 후 범죄자에게 10년의 징역형을 선고하기로 결정했다.

05. ① ★ shield 보호하다, 방어하다
● expose 드러내다, 노출시키다
● abandon 버리다, 포기하다
● weaken 약화시키다, 쇠약하게 하다
[해석] 강한 벽은 적의 공격으로부터 도시를 보호하기 위해 세워졌으며, 그곳 주민들의 안전을 보장했다.

06. ① [해설]
문맥상 '~해도 소용없다'의 뜻이 자연스러우므로 'It is no use ~ing'의 형태로 쓸 수 있다. 따라서 밑줄 친 부분에 가장 적절한 것은 ①이다.
[해석]
과거에 대해 불평해도 소용없다. 이미 벌어진 일은 바꿀 수 없으며, 미래에 집중하는 것이 더 낫기 때문이다.

07. ① [해설]
walk는 1형식 자동사로 명사 목적어를 취할 수 없다. 전치사를 수반할 때 뒤에 명사 목적어를 쓸 수 있다. 따라서 밑줄 친 부분인 walked를 walked into로 고쳐야 한다.
[해석]
밤새 기말고사를 공부한 후, 데이비드는 완전히 지친 모습으로 교실에 들어왔다. 그의 머리는 축 늘어졌고, 마치 감당할 수 없는 짐을 짊어진 듯 관자놀이를 문질렀다. 그는 며칠 동안 먹지도 자지도 않은 것처럼 피곤해 보였다. 그의 친구들은 걱정스러운 눈빛을 주고받으며, 그가 괜찮은지 궁금해했다.

08. ③ [해석]
Tim: 실례합니다, 담요 좀 받을 수 있을까요? 여기 조금 쌀쌀하네요.
Jane: 물론이죠, 바로 가져다 드리겠습니다.
Tim: 감사합니다! 그리고 기내 오락용 헤드폰도 있나요?
Jane: 네, 있습니다. 잠시만요, 헤드폰도 드릴게요.
Tim: 좋네요, 감사합니다! 착륙까지 얼마나 남았나요?
Jane: 약 2시간 남았습니다.
① 기내식은 언제 제공되나요?
② 이 비행기의 기장은 누구인가요?
③ 착륙까지 얼마나 남았나요?
④ 기내 오락 시스템은 어떻게 사용하나요?

09. ① [해설]
본문의 세 번째 문장에서 '투어는 화요일부터 토요일까지 오전 7시 30분부터 11시 30분까지 진행되며, 연방 공휴일을 제외한다'라고 언급하고 있다. 따라서 윗글의 내용과 일치하지 않는 것은 ①이다.
① 백악관 관광은 일요일에 이용 가능하다.
② 장애가 있는 방문객도 입장이 허용된다.
③ 큰 가방과 배낭은 관광 중 허용되지 않는다.
④ 관광은 공식 행사나 보안 문제로 취소될 수 있다.
[오답 해설]
② 본문의 일곱 번째 문장에서 언급하고 있으므로 일치한다.
③ 본문의 아홉 번째 문장에서 언급하고 있으므로 일치한다.
④ 본문의 열세 번째 문장에서 언급하고 있으므로 일치한다.

10. ② [해설]
"accessible"은 '접근 가능한' 또는 '이용 가능한'이라는 의미로, 백악관이 장애를 가진 방문객들에게도 이용 가능하다는 맥락에서 사용되었다. 가장 가까운 의미는 'available (이용 가능한)'이다.
[해석]

백악관 공개 투어 안내

백악관은 다가오는 시즌의 공개 투어 일정을 발표하게 되어 기쁩니다. 투어는 화요일부터 토요일까지 오전 7시 30분부터 11시 30분까지 진행되며, 연방 공휴일을 제외합니다. 모든 투어는 무료로 제공되지만, 티켓은 귀하의 국회의원을 통해 사전 요청해야 합니다.

투어 세부 사항:
- 시간: 투어는 오전 7시 30분에 시작하여 오전 11시 30분까지 진행됩니다.
- 접근성: 장애가 있는 방문객은 백악관에 입장할 수 있습니다. 티켓을 요청할 때 특별한 필요가 있는 경우 국회의원에게 알려주시기 바랍니다.
- 금지 품목: 큰 가방, 배낭, 음식 및 음료는 허용되지 않습니다. 카메라와 작은 지갑은 허용됩니다.

중요 사항:
- 18세 이상의 모든 방문객은 유효한 정부 발행 사진 ID를 제시해야 합니다.

- 투어는 공식 행사나 보안상의 이유로 취소될 수 있습니다.
- 자세한 정보는 www.whitehouse.gov/tours를 방문하거나 (202) 456-7041로 전화하십시오.

① restricted 제한된
③ prohibited 금지된
④ complicated 복잡한

[어휘]
☐ announcement 발표
☐ schedule 일정
☐ accessibility 접근성
☐ prohibited 금지된

일일 모고 한국사 제14회

정답 및 해설

합격까지 박문각

가장 빠른 한국사
한국사 박기훈

01. ② (가) 비파형 동검 (나) 세형 동검
② 청동기 시대에 정복활동이 활기를 띄었고 그로 인해 남녀의 직업분화와 가부장적 요소가 나타났다. 그러나 영역국가로 성장한 것은 중앙집권국가에 대한 설명이다.
① 청동기 시대에는 생산 경제가 그 전보다 발달함에 따라 사유 재산 제도와 계급이 나타났다.
③, ④ 철기 시대에 이르러 청동기 문화가 더욱 발달하여 한반도 내에서 독자적인 발전을 이룩하였는데, 비파형 동검은 세형동검으로, 거친무늬 거울은 잔무늬 거울로 형태가 변하였다.

02. ① 삼국지 위지 동이전 중 부여전에 대한 설명이다.
① 부여는 12월에 영고라는 제천행사가 열렸다.
② 고구려에 대한 설명이다.
③ 두레는 삼한의 특징이다.
④ 연맹왕국으로 성장하지 못한 나라는 옥저와 동예이다.

03. ② 제시문의 국왕은 진흥왕이다. 진흥왕은 국가 발전을 위한 인재를 양성하기 위하여 화랑도를 국가적인 조직으로 개편하고, 불교 교단을 정비하여 사상적 통합을 도모하였다.
① 서기는 백제의 역사서이고, 국사라고 해야 옳다.
③ 법흥왕의 업적이다.
④ 5세기 후반 소지마립간 때의 일이다.

04. ④ ④ 남조의 영향을 받은 백제의 벽돌무덤은 굴식돌방무덤의 형태와 같기에 도굴은 잘되는 구조이지만 특이하게 무령왕릉은 산사태의 여파로 가려져있어서도굴이 되지 않았다.
③ 천마총은 돌무지덧널무덤으로 천마도가 발견되었다. 천마도는 벽화가 아니다.
① 고구려 초기의 고분 양식인 돌무지무덤(대표적으로 장군총)과 같은 양식의 백제의 석촌동 고분을 통해 백제의 건국 세력의 고구려 계통임을 알 수 있다.
② 고구려 초기에는 주로 돌무지무덤 양식이었으나 점차 굴식 돌방무덤으로 바뀌어갔다. 굴식 돌방무덤은 돌로 널방을 짜고 그 위에 흙으로 덮어 봉분을 만든 것으로 널방의 벽과 천장에는 벽화를 그렸다.

05. ① 보기는 신문왕의 만파식적 설화이다.
① 신문왕 때에 대한 설명으로 맞다.
② 태종 무열왕은 왕권의 강화를 위해 명예직인 갈문왕 제도를 폐지하고 집사부 시중의 기능을 강화하였다.
③ 성덕왕에 대한 설명이다.
④ 성덕왕은 당의 요청으로 발해 공격을 시도하였으나 실패하였다.

06. ② (가)는 무왕, (나)는 문왕이다.
② 무왕에 대한 설명으로 맞다.
① 국호를 발해로 바꾼 왕은 대조영이다.
③ 문왕은 수도를 중경에서 상경으로 옮겼다. 동경에서 상경으로 옮긴 왕은 성왕이다.
④ 5경 15부 62주의 지방제도를 완성시킨 왕은 선왕이다.

07. ③ 고려 시대 귀족들은 개경에 거주하였는데, 그들 중 죄를 지은 자가 있으면 형벌로 귀향을 시키기도 하였다.
③ 고려 현종은 전국을 경기와 5도 양계로 나누었다.
① 지방 호족을 수도에 와서 머무르게 한 일종의 인질 제도인 상수리 제도는 통일신라 때 실시되었다.
② 발해는 중앙군으로 10위를 두고, 각 위마다 대장군과 장군을 두어 통솔하였다.
④ 조선 세종 때 최윤덕과 김종서가 4군 6진을 개척하였다.

08. ② ㉠ 고려에서는 작물로 거름을 만드는 녹비법과 동물의 똥오줌으로 거름을 만드는 퇴비법이 개발되어 통해 농지 전체에 거름을 주는 분전법(시비법)이 시행되었다.
㉡ 화폐를 강제적으로 유통시키려 하였으나 실패하였다.
㉢ 밭농사에서 2년 3작(윤작법)이 보급되기 시작하였다. 전국적으로 실시된 것은 조선 전기이다.
㉣ 조선 후기 대동법에 대한 내용이다.
㉤ 선대제 수공업은 조선 후기에 성행하였다. 우리나라에서는 공장제 수공업의 발전이 이루어지지 못하였다.
㉥ 의주의 만상은 조선 후기의 대청 무역상이다.

09. ④ ④ '요동에 별천지가 있으니 중국 왕조와 뚜렷이 구분된다'고 서술한 것은 이승휴의 『제왕운기』에 해당한다.

10. ③ ㉠ 『훈민정음 해례본』은 세종이 1446년 반포하였다.
㉡ 『고려사』는 문종 때 완성된 기전체 역사서이다.
㉣ 월인석보는 세조가 간경도감에서 월인천강지곡과 석보상절을 통합하여 만들었다.
㉢ 『이륜행실도』는 중종 때 만들어진 책이다.
㉥ 『훈민정음운해』는 영조 때 신경준이 지은 국어음운 연구서이다.
㉤ 『목민심서』는 정약용이 저술한 책이다.

일일 모고 행정법 제14회

정답 및 해설

합격까지 박문각

광야에서 합격까지
행정법 강성빈

01. ③ ③ 공익법인의 기본재산에 대한 감독관청의 처분허가는 그 성질상 특정 상대에 대한 처분행위의 허가가 아니고 처분의 상대가 누구이든 이에 대한 처분행위를 보충하여 유효하게 하는 행위라 할 것이므로 그 처분행위에 따른 권리의 양도가 있는 경우에도 처분이 완전히 끝날 때까지는 허가의 효력이 유효하게 존속한다. 또한 위 처분허가에 부관을 붙인 경우 그 처분허가의 법률적 성질이 형성적 행정행위로서의 인가에 해당한다고 하여 조건으로서의 부관의 부과가 허용되지 아니한다고 볼 수는 없고, 다만 구체적인 경우에 그것이 조건, 기한, 부담, 철회권의 유보 중 어느 종류의 부관에 해당하는지는 당해 부관의 내용, 경위 기타 제반 사정을 종합하여 판단하여야 할 것이다. 대법원 2005. 9. 28. 선고 2004다50044 판결

① 재단법인의 임원취임이 사법인인 재단법인의 정관에 근거한다 할지라도 이에 대한 행정청의 승인(인가)행위는 법인에 대한 주무관청의 감독권에 연유하는 이상 그 인가행위 또는 인가거부행위는 공법상의 행정처분으로서, 그 임원취임을 인가 또는 거부할 것인지 여부는 주무관청의 권한에 속하는 사항이라고 할 것이고, 재단법인의 임원취임승인 신청에 대하여 주무관청이 이에 기속되어 이를 당연히 승인(인가)하여야 하는 것은 아니다. 대법원 2000. 1. 28. 선고 98두16996 판결

② 인가권자인 국토해양부장관 또는 시 · 도지사는 조합 등의 설립인가 신청에 대하여 자동차관리사업의 건전한 발전과 질서 확립이라는 사업자단체 설립의 공익적 목적에 부합하는지 등을 함께 검토하여 설립인가 여부를 결정할 재량을 가진다. 대법원 2015. 5. 29. 선고 2013두635 판결

④ 구 국민건강보험법 등의 내용을 종합하면, 요양기관이 속임수나 그 밖의 부당한 방법으로 보험자에게 요양급여비용을 부담하게 한 때에 구 국민건강보험법 제85조 제1항 제1호에 의해 받게 되는 요양기관 업무정지처분은 의료인 개인의 자격에 대한 제재가 아니라 요양기관의 업무 자체에 대한 것으로서 대물적 처분의 성격을 갖는다. 따라서 속임수나 그 밖의 부당한 방법으로 보험자에게 요양급여비용을 부담하게 한 요양기관이 폐업한 때에는 그 요양기관은 업무를 할 수 없는 상태일 뿐만 아니라 그 처분대상도 없어졌으므로 그 요양기관 및 폐업 후 그 요양기관의 개설자가 새로 개설한 요양기관에 대하여 업무정지처분을 할 수는 없다. 대법원 2022. 1. 27. 선고 2020두39365 판결

02. ② ② 수소법원이 선결문제가 된 행정처분의 무효 여부를 심리 · 판단할 수 있다는 것은 무효임을 전제로 부당이득반환청구에 대하여 청구인용판결을 내릴 수 있다는 것을 의미할 뿐, 행정법원이 아닌 수소법원인 민사법원이 행정처분에 대하여 무효확인판결을 할 수 있는 것은 아니다.

① 위법한 행정대집행이 완료되면 그 처분의 무효확인 또는 취소를 구할 소의 이익은 없다 하더라도, 미리 그 행정처분의 취소판결이 있어야만, 그 행정처분의 위법임을 이유로 한 손해배상 청구를 할 수 있는 것은 아니다. 대법원 1972. 4. 28. 선고 72다337 판결

③ 조세의 과오납이 부당이득이 되기 위하여는 납세 또는 조세의 징수가 실체법적으로나 절차법적으로 전혀 법률상의 근거가 없거나 과세처분의 하자가 중대하고 명백하여 당연무효이어야 하고, 과세처분의 하자가 단지 취소할 수 있는 정도에 불과할 때에는 과세관청이 이를 스스로 취소하거나 항고소송절차에 의하여 취소되지 않는 한 그로 인한 조세의 납부가 부당이득이 된다고 할 수 없다. 대법원 1994. 11. 11. 선고 94다28000 판결

④ 구 도시계획법 제78조 제1항에 정한 처분이나 조치명령을 받은 자가 이에 위반한 경우 이로 인하여 같은 법 제92조에 정한 처벌을 하기 위하여는 그 처분이나 조치명령이 적법한 것이라야 하고, 그 처분이 당연무효가 아니라 하더라도 그것이 위법한 처분으로 인정되는 한 같은 법 제92조 위반죄가 성립될 수 없다(주: 형사법원은 조치명령의 위법성 여부를 심사하여 유무죄를 판단할 수 있다는 의미). 대법원 1992. 8. 18. 선고 90도1709 판결

03. ④ ④ 입찰참가자격제한 요청 결정이 있음을 알고 있는 사업자로 하여금 입찰참가자격제한처분에 대하여만 다툴 수 있도록 하는 것보다는 그에 앞서 직접 입찰참가자격제한 요청 결정의 적법성을 다툴 수 있도록 함으로써 분쟁을 조기에 근본적으로 해결하도록 하는 것이 법치행정의 원리에도 부합한다. 따라서 공정거래위원회의 입찰참가자격제한 요청 결정은 항고소송의 대상이 되는 처분에 해당한다고 보아야 한다. 대법원 2023. 2. 2. 선고 2020두48260 판결

① 관계 법령이나 행정청이 사전에 공표한 처분기준에 신청기간을 제한하는 특별한 규정이 없는 이상 재신청을 불허할 법적 근거가 없으며, 설령 신청기간을 제한하는 특별한 규정이 있더라도 재신청이 신청기간을 도과하였는지는 본안에서 재신청에 대한 거부처분이 적법한가를 판단하는 단계에서 고려할 요소이지, 소송요건 심사단계에서 고려할 요소가 아니다. 대법원 2021. 1. 14. 선고 2020두50324 판결

② 법인세과세표준결정은 조세부과처분에 앞선 결정으로서 그로 인하여 바로 과세처분의 효력이 발생하는 것이 아니고 또 후일에 이에 의한 법인세부과처분이 있을 때에 그 부과처분을 다툴 수 있는 방법이 없는 것도 아니어서 과세관청의 위 결정을 바로 항고소송의 대상이 되는 행정처분이라고 볼 수는 없다. 대법원 1986. 1. 21. 선고 82누236 판결

③ 공정거래위원회의 '표준약관 사용권장행위'는 그 통지를 받은 해당 사업자 등에게 표준약관과 다른 약관을 사용할 경우 표준약관과 다르게 정한 주요내용을 고객이 알기 쉽게 표시하여야 할 의무를 부과하고, 그 불이행에 대해서는 과태료에 처하도록 되어 있으므로, 이는 사업자 등의 권리 · 의무에 직접 영향을 미치는 행정처분으로서 항고소송의 대상이 된다. 대법원 2010. 10. 14. 선고 2008두23184 판결

04. ④ ④ 처분청이 거부처분에 대한 항고소송에서 기존의 처분사유와 기본적 사실관계가 동일하지 않은 사유를 처분사유로 추가 · 변경한 것에 대하여 처분상대방이 추가 · 변경된 처분사유의 실체적 당부에 관하여 해당 소송 과정에서 심리 · 판단하는 것에 명시적으로 동의하는 경우에는, 법원으로서는 그 처분사유가 기존의 처분사유와 기본적 사실관계가 동일한지와 무관하게 예외적으로 이를 허용할 수 있다. 대법원 2024. 11. 28. 선고 2023두61349 판결

① 거부처분의 처분성을 인정하기 위한 전제요건이 되는 신청권의 존부는 구체적 사건에서 신청인이 누구인가를 고려하지 않고 관계 법규의 해석에 의하여 일반 국민에게 그러한 신청권을 인정하고 있는가를 살펴 추상적으로 결정되는 것이고, 신청인이 그 신청에 따른 단순한 응답

을 받을 권리를 넘어서 신청의 인용이라는 만족적 결과를 얻을 권리를 의미하는 것은 아니다. 대법원 2009. 9. 10. 선고 2007두20638 판결
② 구 지방교육자치에관한법률 제14조 제5항, 제25조에 의하면 시 · 도의 교육 · 학예에 관한 사무의 집행기관은 시 · 도 교육감이고 시 · 도 교육감에게 지방교육에 관한 조례안의 공포권이 있다고 규정되어 있으므로, 교육에 관한 조례의 무효확인소송을 제기함에 있어서는 그 집행기관인 시 · 도 교육감을 피고로 하여야 한다. 대법원 1996. 9. 20. 선고 95누8003 판결
③ 처분청이 처분 당시 적시한 구체적 사실을 변경하지 아니하는 범위 내에서 단지 처분의 근거 법령만을 추가 · 변경하는 것은 새로운 처분사유의 추가라고 볼 수 없으므로 이와 같은 경우에는 처분청이 처분 당시 적시한 구체적 사실에 대하여 처분 후 추가 · 변경한 법령을 적용하여 처분의 적법 여부를 판단하여도 무방하다. 대법원 2011. 5. 26. 선고 2010두28106 판결

05. ③ ③ 행정심판법 제31조

> **행정심판법 제31조(임시처분)**
> ③ 제1항에 따른 임시처분은 제30조제2항에 따른 집행정지로 목적을 달성할 수 있는 경우에는 허용되지 아니한다.

① 행정심판법 제24조

> **행정심판법 제24조(피청구인의 심판청구서 등의 접수 · 처리)**
> ② 제1항에도 불구하고 심판청구가 그 내용이 특정되지 아니하는 등 명백히 부적법하다고 판단되는 경우에 피청구인은 답변서를 위원회에 보내지 아니할 수 있다. 이 경우 심판청구서를 접수하거나 송부받은 날부터 10일 이내에 그 사유를 위원회에 문서로 통보하여야 한다.

② 행정심판법 제47조

> **행정심판법 제47조(재결의 범위)**
> ① 위원회는 심판청구의 대상이 되는 처분 또는 부작위 외의 사항에 대하여는 재결하지 못한다.

④ 행정심판법 제40조

> **행정심판법 제40조(심리의 방식)**
> ① 행정심판의 심리는 구술심리나 서면심리로 한다. 다만, 당사자가 구술심리를 신청한 경우에는 서면심리만으로 결정할 수 있다고 인정되는 경우 외에는 구술심리를 하여야 한다.

06. ① ① WTO 협정은 국가와 국가 사이의 권리 · 의무관계를 설정하는 국제협정으로, 그 내용 및 성질에 비추어 이와 관련한 법적 분쟁은 위 WTO 분쟁해결기구에서 해결하는 것이 원칙이고, 사인에 대하여는 위 협정의 직접 효력이 미치지 아니한다고 보아야 할 것이므로, 위 협정에 따른 회원국 정부의 반덤핑부과처분이 WTO 협정위반이라는 이유만으로 사인이 직접 국내 법원에 회원국 정부를 상대로 그 처분의 취소를 구하는 소를 제기하거나 위 협정위반을 처분의 독립된 취소사유로 주장할 수는 없다. 대법원 2009. 1. 30. 선고 2008두17936 판결
② 국세기본법 제18조 제2항의 규정은 납세자의 권리보호와 과세관청에 대한 납세자의 신뢰보호에 그 목적이 있는 것이므로 이 사건 보세운송면허세의 부과근거이던 지방세법시행령이 1973.10.1 제정되어 1977.9.20에 폐지될때까지 4년 동안 그 면허세를 부과할 수 있는 정을 알면서도 피고가 수출확대라는 공익상 필요에서 한 건도 이를 부과한 일이 없었다면 납세자인 원고는 그것을 믿을 수 밖에 없고 그로써 비과세의 관행이 이루어졌다고 보아도 무방하다. 대법원 1980. 6. 10. 선고 80누6 전원합의체 판결
③ 행정기본법 제7조

> **행정기본법 제7조(법령등 시행일의 기간 계산)**
> 법령등(훈령 · 예규 · 고시 · 지침 등을 포함한다. 이하 이 조에서 같다)의 시행일을 정하거나 계산할 때에는 다음 각 호의 기준에 따른다.
> 2. 법령등을 공포한 날부터 일정 기간이 경과한 날부터 시행하는 경우 법령등을 공포한 날을 첫날에 산입하지 아니한다.

④ 지방자치단체가 제정한 조례가 '1994년 관세 및 무역에 관한 일반협정'(General Agreement on Tariffs and Trade 1994)이나 '정부조달에 관한 협정'(Agreement on Government Procurement)에 위반되는 경우, 그 조례는 무효이다. 대법원 2005. 9. 9. 선고 2004추10 판결

07. ② ② 행정조사기본법 제8조

> **행정조사기본법 제8조(조사대상의 선정)**
> ② 조사대상자는 조사대상 선정기준에 대한 열람을 행정기관의 장에게 신청할 수 있다.

① 우편물 통관검사절차에서 이루어지는 우편물의 개봉, 시료채취, 성분분석 등의 검사는 수출입물품에 대한 적정한 통관 등을 목적으로 한 행정조사의 성격을 가지는 것으로서 수사기관의 강제처분이라고 할 수 없으므로, 압수 · 수색영장 없이 우편물의 개봉, 시료채취, 성분분석 등 검사가 진행되었다 하더라도 특별한 사정이 없는 한 위법하다고 볼 수 없다. 대법원 2013. 9. 26. 선고 2013도7718 판결
③ 행정조사기본법 제22조

> **행정조사기본법 제22조(조사원 교체신청)**
> ① 조사대상자는 조사원에게 공정한 행정조사를 기대하기 어려운 사정이 있다고 판단되는 경우에는 행정기관의 장에게 당해 조사원의 교체를 신청할 수 있다.

④ 부과처분을 위한 과세관청의 질문조사권이 행해지는 세무조사결정이 있는 경우 납세의무자는 세무공무원의 과세자료 수집을 위한 질문에 대답하고 검사를 수인하여야 할 법적 의무를 부담하게 되는 점 등을 종합하면, 세무조사결정은 납세의무자의 권리 · 의무에 직접 영향을 미치는 공권력의 행사에 따른 행정작용으로서 항고소송의 대상이 된다. 대법원 2011. 3. 10. 선고 2009두23617 판결

08. ① ① 국유 일반재산의 대부료 등의 징수에 관하여는 국세징수법상 체납처분에 관한 규정을 준용한 간이하고 경제적인 특별구제절차가 마련되어 있으므로, 특별한 사정이 없는 한 민사소송의 방법으로 대부료 등의 지급을 구하는 것은 허용되지 아니한다. 대법원 2014. 9. 4. 선고 2014다203588 판결
② 관계 법령상 행정대집행의 절차가 인정되어 행정청이 행정대집행의 방법으로 건물의 철거 등 대체적 작위의무의 이행을 실현할 수 있는 경우에는 따로 민사소송의 방법으로 그 의무의 이행을 구할 수 없다. 대법원 2017. 4. 28. 선고 2016다213916 판결
③ 질서위반행위규제법 제13조

> **질서위반행위규제법 제13조(수개의 질서위반행위의 처리)**
> ① 하나의 행위가 2 이상의 질서위반행위에 해당하는 경우에는 각 질서위반행위에 대하여 정한 과태료 중 가장 중한 과태료를 부과한다.

④ 질서위반행위규제법 제25조

질서위반행위규제법 제25조(관할 법원)
과태료 사건은 다른 법령에 특별한 규정이 있는 경우를 제외하고는 당사자의 주소지의 지방법원 또는 그 지원의 관할로 한다.

09. ③ ③ 행정청에게 사전통지의무가 있는 경우, 상대방의 귀책여부는 불문하므로 상대방의 귀책사유로 야기된 처분의 하자를 이유로 수익적 행정행위를 취소하는 경우에도 특별한 규정이 없는 한 그 처분은 사전통지의 대상이 된다.
① 행정절차법 제21조

행정절차법 제21조(처분의 사전통지)
④ 다음 각 호의 어느 하나에 해당하는 경우에는 제1항에 따른 통지를 하지 아니할 수 있다. 2. 법령등에서 요구된 자격이 없거나 없어지게 되면 반드시 일정한 처분을 하여야 하는 경우에 그 자격이 없거나 없어지게 된 사실이 법원의 재판 등에 의하여 객관적으로 증명된 경우

② 불이익처분의 직접 상대방인 당사자 또는 행정청이 참여하게 한 이해관계인이 아닌 제3자에 대하여는 사전통지 및 의견제출에 관한 행정절차법 제21조, 제22조가 적용되지 않는다. 대법원 2009. 4. 23. 선고 2008두686 판결
④ 일반적으로 당사자가 근거규정 등을 명시하여 신청하는 인·허가 등을 거부하는 처분을 함에 있어 당사자가 그 근거를 알 수 있을 정도로 상당한 이유를 제시한 경우에는 당해 처분의 근거 및 이유를 구체적 조항 및 내용까지 명시하지 않았더라도 그로 말미암아 그 처분이 위법한 것이 된다고 할 수 없다. 대법원 2002. 5. 17. 선고 2000두8912 판결

10. ② ② 국가배상법 제2조 제1항 단서가 보훈보상자법 등에 의한 보상을 받을 수 있는 경우 국가배상법에 따른 손해배상청구를 하지 못한다는 것을 넘어 국가배상법상 손해배상금을 받은 경우 보훈보상자법상 보상금 등 보훈급여금의 지급을 금지하는 것으로 해석하기는 어려운 점 등에 비추어, 국가보훈처장은 국가배상법에 따라 손해배상을 받았다는 사정을 들어 보상금 등 보훈급여금의 지급을 거부할 수 없다. 대법원 2017. 2. 3. 선고 2015두60075 판결
① 구 군인연금법이 정하고 있는 급여 중 사망보상금은 일실손해의 보전을 위한 것으로 불법행위로 인한 소극적 손해배상과 같은 종류의 급여이므로(대법원 2018. 7. 20. 선고 2018두36691 판결 등 참조), 군복무 중 사망한 망인의 유족이 국가배상을 받은 경우 피고는 사망보상금에서 소극적 손해배상금 상당액을 공제할 수 있을 뿐, 이를 넘어 정신적 손해배상금 상당액까지 공제할 수는 없다. 대법원 2022. 3. 31. 선고 2019두36711 판결
③ 국가배상법 제2조 제1항 단서가 적용되는 공무원의 직무상 불법행위로 인하여 직무집행과 관련하여 피해를 입은 군인 등에 대하여 위 불법행위에 관련된 일반국민이 공동불법행위책임, 사용자책임, 자동차운행자책임 등에 의하여 그 손해를 자신의 귀책부분을 넘어서 배상한 경우에도, 국가 등은 피해 군인 등에 대한 국가배상책임을 면할 뿐만 아니라, 나아가 민간인에 대한 국가의 귀책비율에 따른 구상의무도 부담하지 않는다고 하여야 할 것이다. 위와 같은 경우에는 공동불법행위자 등이 부진정연대채무자로서 각자 피해자의 손해 전부를 배상할 의무를 부담하는 공동불법행위의 일반적인 경우와 달리 예외적으로 민간인은 피해 군인 등에 대하여 그 손해 중 국가 등이 민간인에 대한 구상의무를 부담한다면 그 내부적인 관계에서 부담하여야 할 부분을 제외한 나머지 자신의 부담부분에 한하여 손해배상의무를 부담하고, 한편 국가 등에 대하여는 그 귀책부분의 구상을 청구할 수 없다. 대법원 2001. 2. 15. 선고 96다42420 전원합의체 판결
④ 국가배상법 제4조

국가배상법 제4조(양도 등 금지)
생명·신체의 침해로 인한 국가배상을 받을 권리는 양도하거나 압류하지 못한다.

일일 모고 행정학 제14회
정답 및 해설

합격까지 박문각

빠른 고득점 합격
행정학 이명훈

01. ③ 체제이론은 체제의 부분적인 특성이나 구체적인 행태에 관심을 갖지 않으며, 체제를 부분의 합 이상으로 보고 체제와 환경과의 상호작용을 중시하는 거시적 접근방법을 사용한다.

02. ④ 신뢰 등 사회적 자본을 통한 불확실성 감소는 가외적 장치의 필요성을 약화시켜 사회적 효율성을 증진시킨다. 즉, 제도나 인간에 대한 불신이 클수록 불확실성이 증가하여 가외적 장치의 필요성이 커진다.

<<핵심체크>> 가외성(Redundancy)

구분		내용
개념		행정체제가 기본 구성요소 외에 잉여요소를 갖는 것
배경		1960년대 정보과학, 컴퓨터 기술, 사이버네틱스 이론 발달과 함께 논의되고, 란다우(Landau)에 의해 행정학에 도입
구성요소	중첩성	동일기능을 여러 기관이 협력적으로 수행하는 것(재난관리)
	반(중)복성	동일기능을 여러 기관이 독자적으로 수행하는 것(정보관리)
	동등잠재력	주된 조직단위의 기능이 작동하지 않을 때 보조적 단위기관이 이를 대신 수행토록 하는 것(등전위현상, 대통령 유고시 국무총리 권한대행)
가외성 장치		• 가외적 장치 : 권력분립, 양원제, 거부권 행사, 위원회제도, 순차적 결재(품의제도), 삼심제도, 계선과 막료, 복수목표 추구, 분권화, 연방제도, 삼독회 등 • 가외적 장치가 아닌 것 : 만장일치, 집권화, 계층제 등
정당화 조건		① 정책결정의 불확실성, ② 조직의 신경구조성, ③ 조직의 체제성, ④ 타협과 협상의 사회 등
기능		① 신뢰성과 안정성 증진, ② 정보의 정확성 증진, ③ 적응성과 대응성 증진, ④ 창조성과 다양성 증진, ⑤ 목표의 전환 방지, ⑥ 체제의 수용능력 확대
한계		① 능률성(감축관리)과 충돌가능성, ② 갈등 증폭 및 책임한계의 모호성, ③ 불확실성에 대한 소극적 대처 방안

03. ② 행정에 대한 정치적 통제의 강화는 행정의 안정성과 능률성이 아니라 행정의 대응성(민주성)을 제고할 수 있다.

04. ③ 정책네트워크의 유형에는 하위정부모형, 정책공동체, 정책문제망(이슈네트워크) 등이 있다. 이음매 없는 조직은 정책네트워크의 유형이 아니라 최근의 조직 유형이다.

05. ③ 인간의 제한된 합리성을 전제로 하는 만족모형에 의하면 인간은 주관적으로 만족스러운 목표를 설정하며, 모든 대안을 탐색하지 않고 무작위적이고 순차적으로 몇 개의 대안만을 탐색하고, 만족할만한 결과를 가져오는 대안이 나타나면 의사결정을 종료된다. 모든 대안과 모든 결과를 탐색하여 최선의 대안을 선택하는 모형은 만족모형이 아니라 합리모형이다.

<<핵심체크>> 만족모형

구분		내용
의의		인간은 인지능력 상의 한계로 제한된 합리성을 지녀 최선의 대안보다는 현실적으로 만족할 만한 대안을 선택하게 된다고 보는 현실적 · 실증적 · 귀납적 모형(인지모형)
특징	인간에 대한 가정	인지능력상의 한계를 지닌 행정인
	추구하는 합리성	제한된 합리성(주관적 합리성 : 주관적 만족감에 의한 대안 선택)
	정책결정 과정	의사결정자는 만족스러울만한 목표를 설정하고, 무작위적이고 순차적으로 몇 개의 대안만을 탐색하며, 만족할만한 결과를 가져오는 대안이 나타나면 그 대안을 선택하고 의사결정 종료
장점		• 실제의 의사결정을 설명할 수 있는 경험적 · 실증적 모형 • 만족모형의 제한된 합리성은 점증모형에 영향을 줌
단점		• 주관적 만족도를 중시하므로 대안선택의 객관적 기준 제시 곤란 • 개인 차원의 의사결정만 설명가능하며, 집단 차원의 의사결정 설명 곤란 • 만족할 만한 수준에서 대안탐색이 중단되므로 중요한 대안이 무시될 수 있음 • 만족화를 중시하므로 쇄신적 · 창조적 대안이나 최선의 대안 발굴 곤란(현상유지적 · 보수적)

06. ② 동조과잉이란 행정의 궁극적 목표인 공익보다 수단적 목표인 법규를 중시하는 현상을 말한다. 동조과잉(목표의 전환, 목표의 대치)의 원인으로는 과두제의 철칙, 규칙이나 절차의 엄수에 대한 강조, 목표의 무형성과 과다측정, 할거주의 등 조직의 내부성 등이 있다.

<<핵심체크>> 동조과잉

구분	내용
의의	• 종국적 목표가 다른 목표나 수단으로 뒤바뀌는 현상 • 종국적 가치와 수단적 가치의 우선순위가 뒤바뀌는 현상 • 행정의 궁극적 목표인 공익보다 수단인 법규를 중시하는 현상
학자	• 미첼스의 '과두제의 철칙'에서부터 시작 • 머튼과 골드너는 관료제의 병리현상으로 동조과잉 지적
원인	① 과두제의 철칙(소수간부의 권력과 지위 강화현상), ② 규칙과 절차에 대한 집착(동조과잉), ③ 목표의 무형성과 과다 측정(유형적 목표의 추구), ④ 조직의 내부성과 할거주의 등

07. ③ 실적제는 유능한 인재의 유치라는 적극적 측면보다는 부적격자의 제거라는 소극적 측면에 중점을 두는 인사제도이며, 신분보장을 전제로 하므로 내부공무원의 직업적 안정성 확보에 상대적으로 유리한 인사제도이다.

<<핵심체크>> 실적주의의 한계

구분	내용
개념	개인의 실적(업적 · 성과 등)과 능력(자격 · 기술 · 지식 등)을 공직임용의 기준으로 삼는 인사제도
단점	① 인사행정의 경직화 · 형식화, ② 인사행정의 소극화(부적격자의 제거에 관심), ③ 인사행정의 집권화, ④ 형식적 기회균등(형평성 · 대표성 저하), ⑤ 행정의 대응성 · 책임성 저해(신분보장으로 무사안일주의와 복지부동 야기), ⑥ 정치적 변동 대응 곤란, ⑦ 직무수행 능력 측정 곤란, ⑧ 기술성 · 수단성 위주의 행정 야기 등

08. ④ 설문은 경력개발제도(CDP)에 대한 것이다. 경력개발제도(CDP)는 조직원이 장기적인 경력목표를 설정하고 이를 달성하기 위해 필요한 경력계획을 수립하여 시행함으로써 자신의 역량을 개발해 나가는 활동을 말한다. 경력개발제도는 조직원이 자기 발전 욕구를 충족하는 과정에서 조직의 성과가 향상된다고 전제하고 개인과 조직의 발전에 대한 욕구를 전문성이라는 공통분모에서 접점을 찾아 결합한 인사관리제도이다.

<<핵심체크>> 경력개발제도(CDP)

구분	내용
의의	조직원이 장기적인 경력목표를 설정하고 이를 달성하기 위해 필요한 경력계획을 수립하여 시행함으로써 자신의 역량을 개발해 나가는 활동
목적	개인과 조직의 발전에 대한 욕구를 전문성이라는 공통분모에서 접점을 찾아 결합한 인사관리제도
기본 원칙	① 적재적소의 원칙, ② 자기주도의 원칙(자기주도적 경력목표 및 경력경로 설정), ③ 인재양성의 원칙(조직 내부의 인재양성), ④ 직무와 역량 중심의 원칙(직급이 아닌 직무와 역량 중심), ⑤ 승진경로의 원칙, ⑥ 경력개발 기회의 원칙(특정 부서나 직위에 국한되지 않도록 기회확장)
과정	• 직무설계단계 : 조직이 직무분석을 통해 직무를 전문분야별로 구분하는 단계 • 경력설계단계 : 조직원이 자기진단을 통해 경력목표와 경력경로를 설계하는 단계(일반직은 ㄱ자형, 기술직은 T자형) - 경력상담제도를 전제로 함 • 경력관리단계 : 조직이 구성원들의 경력경로에 따라 직위를 부여하는 단계 • 평가 및 보완단계 : 경력경로의 적정성을 확인하고 보완하는 단계

09. ② 미국의 행정학자인 스미스(Harold D. Smith)는 행정부의 재정활동에 재량과 신축성을 부여하기 위한 행정부 우위의 예산원칙으로 현대적 예산원칙을 제시하였다. 설문에서 현대적 예산원칙은 보고의 원칙(㉠), 책임의 원칙(㉢), 계획의 원칙(㉤), 재량의 원칙(㉥), 시기신축성의 원칙(㉦)이다.

10. ② 지방자치단체의 행정기구의 설치와 지방공무원의 정원은 인건비 등 대통령령으로 정하는 기준에 따라 그 자치단체의 조례로 정한다(「지방자치법」 제125조).

2025 공무원 시험대비 【6회차】

박문각 일일 모의고사

-제15회-

[정답 및 해설]

이 름 : ____________________

학습관 : ____________________

합격 예측

답안 입력 및 성적 조회는 PC, 모바일에서 모두 가능합니다.

★ PC: pass.pmg.co.kr | ★ 모바일 앱: 박문각 합격관리

합격까지 박문각

일일 모고 국어 제15회

정답 및 해설

합격까지 박문각

赤功 국어 적중 혜선

01. ③ '(고기 따위의 음식을) 양념하여 그릇에 차곡차곡 담아 두다'를 의미하는 '재다'는 옳게 사용되었다. '재다'는 '재우다'의 준말로 옳은 쓰임이다.
① '(흐리거나 궂은 날씨가) 맑아지다'를 뜻하는 것은 '개이다'가 아니라 '개다'이다. '개이다'는 불필요한 사동 접미사 '-이-'가 결합된 것이므로 옳지 않다.
② '담배에 불을 붙여 연기를 빨아 입이나 코로 내보내다'를 의미하는 것은 '피다'가 아니라 '피우다'이다. '피다'는 목적어가 없는 자동사이다.
④ '치다'가 아니라 피동사 '치이다'가 옳다. '무거운 물건에 부딪히거나 깔리다.'를 의미한다.

02. ① '께서'에 주체 높임의 주격 조사 '께서'가 있다. '밝으신'에 주체 높임 선어말 어미 '-시-'가 있다. ('귀가 매우 밝으신'은 간접 높임 표현이다.) 하지만 객체 높임법은 확인할 수 없다.
② 객체 높임의 부사격 조사 '께'와 객체 높임 어휘 '드리다'가 쓰였다.
③ 객체 높임 어휘 '뵙고'가 쓰였다.
④ 객체 높임 어휘 '모시고'가 쓰였다.

03. ② 주어 '일은'과 서술어 '좋겠다'가 호응하지 않는다. 따라서 서술어를 '잘됐으면 하는 것이다.'로 고친 것이다. 하지만 <보기>에서는 서술어 자릿수를 언급하며 서술어가 요구하는 문장 성분을 보충해야 한다는 내용이 나오므로 이 선택지와는 관련이 없다.
나머지는 모두 <보기>와 관련이 있다.
① '간주하다'는 '…을(목적어) …으로(부사어) 간주하다'로 쓰이는 세 자리 서술어이다. 하지만 수정 전 문장에서는 '…을(목적어)'이 누락되었다. 목적어 '그를'을 추가했으므로 옳은 문장이다.
③ '넣다'는 '…에(부사어) …을(목적어) 넣다'로 쓰이는 세 자리 서술어이다. 수정 전 문장에서 손을 넣은 곳을 나타내는 부사어가 누락되어 있으므로 부사어 '호주머니에'를 추가한 것은 옳다.
④ '지배하다'는 '…을(목적어) 지배하다'처럼 쓰이는 두 자리 서술어이다. 수정 전 문장에서는 목적어가 누락되었으므로 '날씨를'을 추가한 것은 옳다. ('복종하다'는 '…에/에게(부사어) 복종하다'로 쓰이는 두 자리 서술어이다. '복종하기도 하고'에 부사어 '날씨에'가 있으므로 옳다.)

04. ④ 주체인 '교수님'을 높이는 높임의 주격 조사 '께서'를 썼다. 오는 주체는 '너'이므로 높임이 없는 '오라고'로 쓰는 것은 옳다. '~고 하는' 주체는 교수님으로 높임의 대상이므로 주체 높임 선어말 어미 '-시-'를 사용한 것은 옳다.
① 생각되어지지(×) → 생각되지(◯): 이중 피동 형태를 사용한 경우이다. '생각되어지지'는 '생각+되(피동 접미사)+어지(피동 보조 용언)+지(연결어미)'로 분석되는 이중 피동 표현이다. 따라서 '생각되지'로 고쳐야 한다.
② 소개시켜(×) → 소개해(◯): 불필요하게 사동 표현인 '시키다'를 쓴 경우이다. 청자에게 직접 소개를 원하는 것이므로 '소개시키다'로 쓰면 안 된다. '소개시키다'는 '소개하게 하다'를 의미하므로 나에게 소개를 해주는 다른 '제3자'가 나와야 하기 때문이다.
③ 갔는(×) → 간(◯): 시제 표현에서 시간을 나타내는 형태소를 잘못 쓴 경우이다. '갔는'은 '가(어간)+았(과거 시제 선어말 어미)+는(현재 관형사형 어미)'로 분석할 수 있다. 이때 과거 시제 어미와 현재 관형사형 어미가 함께 오므로 'ㄴ(과거 관형사형 어미)'만 쓴 '간'으로 고쳐야 한다.

05. ② '모든', '어떤'과 같은 양화사(quantifier)에 주의하여 문장을 분석해야 한다. 또한 이 문제에서 주의해야 할 점은 '검다'와 '~희다', 그리고 '~검다'와 '희다'가 동치관계를 이루지 않는다는 것이다. (가)~(라)를 기호를 이용하여 나타내면 아래와 같다. 이때 $p \rightarrow q \equiv \sim p \vee q$ 라는 것을 이용한다.

(가) 고양이 → 검다 ≡ ~고양이 ∨ 검다
(나) 고양이 ∧ 검다
(다) 고양이 → 희다 ≡ ~고양이 ∨ 희다
(라) 고양이 ∧ 희다

(가)가 거짓이라면 검지 않은 고양이(반례)가 적어도 하나 존재한다는 말이다. 하지만 검지 않은 고양이가 존재한다고 해서 이 고양이를 '흰' 고양이로 단정 지을 수는 없다. 따라서 (가)가 거짓인 경우 (라)는 참이 될 수는 있지만 반드시 참이 되는 것은 아니다.
① (라)는 검지 않은 고양이가 존재한다는 것을 나타내는데, 이는 (가)의 반례가 된다. 따라서 (라)가 참이라면 (가)는 거짓이다.
③ 전체 고양이 중 일부는 검고, 일부는 흰 것은 가능하다. 물론 실제로 동시에 참인지 판단할 수는 없지만, 동시에 참일 수는 있다.
④ (가)가 참이면 검지 않은 고양이는 존재하지 않아야 하는데, (다)가 참이라면 검지 않은, 흰 고양이가 존재한다. 따라서 (가)와 (다)는 상충되며, 양립할 수 없는 명제이다.

06. ③ <보기>에서 "투자론을 수강한 학생들은 모두 재무관리 수업도 수강했다."고 명시되어 있으므로 반드시 참인 문장이다.
① 마케팅 원론은 경영 전략 수업의 필수 선수강 과목이지만, 경영 전략을 수강하려면 마케팅 원론에서 B학점 이상을 받아야 한다. 따라서 B학점 미만인 학생은 마케팅 원론을 들었더라도 경영 전략을 수강하지 못한다.
② <보기>에서는 "투자론을 수강한 학생들이 모두 재무관리를 수강했다."는 조건이 주어졌으나, 재무관리를 수강한 학생들이 투자론을 반드시 수강하는 것은 보장되지 않는다.
④ 경영 전략을 수강하려면 마케팅 원론을 필수로 들어야 하므로, 경영 전략을 수강하지 않은 학생 중 일부는 마케팅 원론을 듣지 않았을 가능성이 존재한다.

07. ④ ㉠의 '지키다'는 「5」 어떠한 상태나 태도 따위를 그대로 계속 유지하다.'를 의미한다. 이와 가장 유사한 의미의 '지키다'는 ④이다.
①「1」 재산, 이익, 안전 따위를 잃거나 침해당하지 아니하도록 보호하거나 감시하여 막다.
②「2」 길목이나 통과 지점 따위를 주의를 기울여 살피다.
③「3」 규정, 약속, 법, 예의 따위를 어기지 아니하고 그대로 실행하다.

08. ② '묶다'는 '법령 따위로 금지하거나 제한하다.'를 의미한다. 따라서 '몸이나 손 따위를 움직이지 못하도록 동이어 묶다.'를 의미하는 '결박(結 맺을 결 縛 묶을 박)하다'는 ㉡과 바꿔쓸 수 있는 유사한 표현으로 적절하지 않다. '일

정한 한도를 정하거나 그 한도를 넘지 못하게 막다.'를 의미하는 '제한(制 절제할 제 限 한할 한)하다'로 바꿔 쓸 수 있다.
① ㉠ '달라지다'는 '변하여 전과는 다르게 되다.'를 의미한다. 따라서 '바뀌어 달라지다.'를 의미하는 '변동(變 변할 변 動 움직일 동)하다'로 바꿔쓸 수 있다.
③ ㉢ '지우다'는 '쓴 글씨나 그린 그림, 흔적 따위를 지우개나 천 따위로 보이지 않게 없애다.'를 의미한다. 따라서 '깎아 없애거나 지워 버리다.'를 의미하는 '삭제(削 깎을 삭 除 덜 제)하다'로 바꿔쓸 수 있다.
④ ㉣ '옮겨심기하다'는 '식물 따위를 옮겨 심다.'를 의미한다. 따라서 '식물 따위를 옮겨 심다.'를 의미하는 '이식(移 옮길 이 植 심을 식)하다'로 바꿔쓸 수 있다.

09. ③ <보기>에서 한글이 서예가 가능한 이유는 표음 문자인 한글이 조형성을 지니는 근거를 찾으라는 것과 같은 의미이다. 한글은 초성, 중성, 종성이 결합하는 데서 조형성을 띤다고 하였다.
① 한글은 소리 문자로서 'ㅊ', 'ㅎ'등의 몇 개를 제외하면 조형성을 지니고 있는 자모가 없다.
② 디지털 시대로 접어들면서 가능한 일로 서예가 발달한 이유와는 거리가 멀다.
④ 자모 자체에 표의 문자의 속성을 지니고 있다는 말은 문자 자체에 조형성이 있다는 말인데, 한글은 모아 쓰기를 해야만 조형성이 드러난다고 하였다.

10. ③ ⓒ는 '두루두루 자세히 보다.'라는 의미로, 문맥상 '관찰해 보면' 정도로 바꾸어 쓰는 것이 타당하다. '규명'은 '어떤 사실을 자세히 따져서 바로 밝힘.'이라는 의미로 ⓒ와는 다르다.

일일 모고 영어 제15회

정답 및 해설

합격까지 박문각

반드시 합격 진가영 영어

01. ① ★ delegate 위임하다, 맡기다
● refuse 거절하다, 거부하다
● defy 반항하다, 거부하다
● dominate 지배하다, 우위를 차지하다
[해석] 관리자는 효율성을 높이기 위해 고객 불만 처리를 고객 서비스 팀에 위임하기로 결정했다.

02. ① ★ transport 운반하다, 수송하다
● discard 버리다, 처분하다
● swing 흔들다, 흔들리다
● trap 가두다, 함정에 빠뜨리다
[해석] 회사는 긴급한 배송 기한을 맞추고 빠른 도착을 보장하기 위해 상품을 항공으로 운반하기로 결정했다.

03. ③ ★ trigger 유발하다, 촉발하다
● calm 진정시키다, 안정시키다
● silence 침묵시키다, 조용하게 하다
● suspend 중단하다, 일시 정지하다
[해석] 건설 현장에서 나는 큰 소음은 보안 경보를 작동시킨 것 같았고, 건물의 대피를 초래했다.

04. ① ★ uniform 유니폼, 일관된
● custom 관습, 풍습, 습관
● twist 돌리기, 전환
● voucher 상품권, 할인권, 쿠폰
[해석] 회사는 모든 직원이 전문적인 외모를 유지하고 직장에서 평등감을 조성하기 위해 유니폼을 입도록 요구한다.

05. ④ ★ passionate 열정적인, 열렬한
● uninterested 관심이 없는, 무관심한
● tedious 지루한, 따분한
● careless 부주의한, 성의 없는
[해석] 그 교수는 학생들이 해당 과목에 더 깊은 관심을 가지도록 영감을 주는 열정적인 강의로 유명했다.

06. ① [해설]
주절에 'would have p.p.'가 나오면 가정법 과거완료인지 확인해야 한다. 문맥상 가정법 과거완료로 쓸 수 있으므로 if절에 'had p.p.'로 써야 한다. 따라서 밑줄 친 부분에 가장 적절한 것은 ①이다.
[해석]
그들이 발표를 제대로 준비했더라면 고객들에게 깊은 인상을 주고 계약을 성사시켰을 것이다.

07. ① [해설]
'나타나다'의 뜻인 appear는 1형식 자동사로 수동태 구조가 불가능하다. 따라서 밑줄 친 부분인 are appeard를 appeared로 고쳐야 한다.
[해석]
여러 차례의 면접을 진행한 후, 입학 심사위원회는 장학금 후보자 두 명을 최종 선발했다. 처음에는 유망해 보였지만, 학업 기록을 검토한 후, 위원회는 성취 내역에 불일치가 있음을 발견했다. 결과적으로, 그들은 안타까운 결론에 도달했다. 두 후보자 중 어느 누구도 장학금 자격이 없었다. 위원회는 신청 절차를 다시 열기로 결정했고, 그들의 기준을 충족하는 사람을 선발하기를 기대했다.

08. ③ [해석]
A: 여기서 동물들에게 먹이를 줄 수 있나요?
B: 일부 동물에게는 먹이를 줄 수 있지만, 지정된 구역에서만 가능합니다. 먹이를 줄 수 있는 동물은 표지판을 확인해주세요.
A: 추가로 따라야 할 규칙이 있나요?
B: 네, 제공된 먹이만 사용해주세요. 개인 먹이는 가져오지 말고, 항상 직원의 지시를 따르세요.
A: 알겠습니다! 규칙을 잘 따르겠습니다.
① 동물들은 어떤 음식을 좋아하나요?
② 동물들에게 먹이를 줄 수 있는 시간은 언제인가요?
③ 추가로 따라야 할 규칙이 있나요?
④ 이 동물원에 몇 마리의 동물이 있나요?

09. ③ [해설]
고콜레스테롤 식단과 돌봄 방식이 토끼의 심장 질환에 미치는 영향에 대한 글로, 과학자들은 동일한 식단을 준 토끼들에서 심장 질환 발생의 차이를 발견하고, 조수의 어루만짐이 건강에 미치는 영향을 연구했다는 내용이다. '콜레스테롤과 심장 질환 연구결과'를 언급한 제시문 다음에 (C)에서 연구 결과의 의문을 제기한 후, (A)에서 조수의 행동을 설명하고, (B)에서 그로 인한 심장병 발생의 차이를 언급하는 순서가 자연스럽다. 따라서 글의 순서로 가장 적절한 것은 ③이다.
[해석]
과학자들은 콜레스테롤이 많이 포함된 식사가 심장 질환에 미치는 영향을 연구하고 있었다. 그 효과를 측정하기 위해 유전적으로 유사한 토끼들에게 동일한 콜레스테롤이 많은 먹이를 주었다. 놀랍게도, 토끼의 절반은 심장병에 걸렸지만 나머지 절반은 건강했다.
(C) 이 결과는 이해하기 어려웠고, 그래서 그들은 새로운 토끼를 사서 연구를 계속했다. 2주 후, 그들은 같은 결과를 다시 얻었다. 연구 설계에 뭔가 문제가 있었지만 설명할 수 없는 변수를 찾지 못했다.
(A) 결국, 그들은 토끼를 돌보던 조수가 깔짚과 먹이를 바꿀 때 토끼를 껴안아주는 것을 알게 되었다. 하지만 그녀는 키가 작아 위 선반에 있는 토끼를 만질 수 없었기에, 그들은 손이 닿지 않아 껴안아지지 않고 먹이를 받았다.
(B) 결국 2주 후, 위쪽 선반의 토끼들은 모두 심장병에 걸린 반면, 아래쪽 선반의 토끼들은 건강했다. 환경과 먹이는 동일했지만 유일한 변수는 어루만짐을 통해 표현된 사랑이었다.
[어휘]
☐ genetically 유전적으로
☐ variable 변수
☐ perplexing 당황스러운

10. ④ [해설]
수분 부족이 간의 지방 대사에 미치는 영향에 대한 글로, 충분한 수분이 없으면 신장이 제 기능을 못하고, 간이 추가적인 필터링 작업을 수행하게 되어 지방 대사가 저하되고 지방이 축적됨을 설명하고 있다. 따라서 글의 요지로 가장 적절한 것은 ④이다.
[해석]
물을 충분히 마시지 않으면 체중이 증가할 수 있다. 그 이유를 알고 있는가? 신장은 혈액 속 독소를 여과하는

역할을 한다. 그러나 몸에 물이 부족하면 신장은 이 일을 제대로 할 수 없다. 이럴 경우, 신장은 일부 작업을 간에 넘기게 된다. 우리가 어떤 프로젝트를 진행 중일 때, 누군가가 그들의 반쯤 끝낸 작업을 쌓인 일 더미 위에 던지면 어떻게 될까? 우리의 프로젝트는 소홀히 다뤄지게 된다. 간도 마찬가지다. 간의 주요 기능은 지방을 대사하는 것이지만, 이제 간은 이 기능 외에도 신장이 맡아야 할 추가적인 여과 작업도 처리해야 한다. 결과적으로 간의 효율성이 떨어지고, 정상적으로 연소되었어야 할 많은 지방이 몸에 남게 된다.

① 물을 많이 마시면 신장 기능이 좋아지게 된다.
② 신장과 간은 기능상 긴밀하게 연관되어 있다.
③ 체내의 수분은 지방에 직접 작용하여 분해시킨다.
④ 수분 부족이 간 지방 대사 율을 낮춰 체지방이 쌓인다.

[어휘]
□ kidney 신장
□ filtering 여과
□ toxin 독소
□ metabolize (신진)대사하다

일일 모고 한국사 제15회

정답 및 해설

합격까지 박문각

가장 빠른 한국사
한국사 박기훈

01. ② 보기는 이황에 대한 설명이다.
① 조식에 대한 설명으로 조식의 제자인 북인에서 의병장이 많이 배출되었다.
③ 이이에 대한 설명이다. 이황은 이의 운동성을 인정하는 이기호발설을 주장하였다.
④ 이이에 대한 설명이다.

02. ② '이들'은 향리를 말한다. 조선은 원악형리처벌법과 부민고소금지법을 제정하여 향리를 견제하고 수령의 권한을 강화하였다.
② 조선의 향리는 고려와 달리 문과 응시에 실질적인 제한을 받았다. 법적으로는 문과 응시를 할 수 있었으나, 실제로는 합격이 어려웠고, 합격해도 출세하는 것이 거의 불가능했다. 향리는 군역의 의무를 지지는 않았지만 예비군인 잡색군에 편제되기도 하였다.
① 역관에 대한 설명이다.
③ 대동법이 실시되면서 등장한 공인은 관청에서 공가를 미리 받아 필요한 물품을 사서 납부하였다.
④ 관청의 실무를 담당하였으면 서리나 잡류이다.

03. ① ① 시전상인은 1898년 황국중앙총상회를 조직하여 상권수호운동을 전개하였다. 황국협회는 보부상이 만든 조직이다.
② 공인은 대동법이 실시되면서 나타난 어용상인이다.
③ 금난전권을 부여받은 시전상인은, 시전의 상업 활동과 이익을 침해하는 상행위를 규제할 수 있었으나, 이를 빙자하여 물가를 마음대로 조절하는 폐단을 유발하기도 하였다.
④ 군문의 군졸과 세가의 노비들도 상행위에 참여하였다. 국가 재정상 충분한 급료를 지급할 수 없었던 조선 후기 정부는 훈련도감 군인들의 이러한 상업 활동을 허용하지 않을 수 없었고, 이와 더불어 서울에 사는 도성민들도 상업 활동을 통해 생계를 유지하였는데, 각 관청의 관리, 노비 외에 도성민들도 적극 가담하였다.

04. ② 금난전권의 폐해가 심하고, 정부가 사상의 성장을 막을 수 없게 되면서 정조는 육의전을 제외한 시전의 금난전권을 철폐하는 신해통공을 실시하였다.
② 정조는 친위부대인 장용영을 설치하여 5군영의 무력화를 시도하였다.
①, ④ 영조의 업적이다.
③ 정조는 법전으로 『대전통편』을 편찬하였다. 『대전회통』은 흥선대원군이 편찬하였다.

05. ③ ③ 조세와 공물은 주로 배를 통해 전달되었다.
① 형벌에 대한 경국대전의 법 조항이 간략하여 주로 대명률을 적용하였다.
② 국가 재정의 문제로 명종 때 직전법을 폐지하였다. 이에 따라 수조권에 입각한 토지 지배가 소멸되면서 지주전호제가 확산되었다.

06. ① ㉠ 이만손의 영남만인소(1881)
㉡ 일본 군대의 서울 주둔이 허용 - 제물포 조약(1882)
㉢ 광혜원이 설립(1885)
㉣ 조 · 프통상조약(1886)
㉤ 방곡령 선포(1889)

07. ② ② 조청상민수륙무역장정을 통해 청의 상인들이 내륙시장 진출이 가능해졌고 조선이 청의 속방임을 명문화하였다.
① 갑신정변 이후 청과 일본 사이에 체결된 조약으로, 일본의 조선에 대한 파병권은 청 · 일 전쟁의 단초가 되었다.
③ 갑신정변의 결과로 조선과 일본 사이에 체결된 조약이다.
④ 청 · 일 전쟁의 결과 청과 일본이 체결된 조약으로 제1조에 조선은 자주국임을 명시하고 있어 조선에 대한 청의 종주권이 부인되었다.

08. ③ '이 정책'은 1932년 일제가 농민 회유책의 일환으로 진행한 농촌 진흥 운동이다. 표면적으로는 춘궁 퇴치 · 자력갱생을 내세웠으나 농민들의 반발을 무마함으로써 농촌 통제를 강화하기 위한 정책이었다.
③ 1930년대 농민, 노동운동에 대한 설명으로 맞다.
① 토지조사사업은 1912~1918년에 실시되었다.
② 최대의 민족유일당 운동 단체인 신간회는 1927년 창립되었다.
④ 조선어학회사건은 1942년에 일어났다.

09. ④ ① 여운형은 미군의 상륙 직전 조선인민공화국을 선포하고 주석에 이승만을 추대하였다.
② 미군정은 일제강점기에 공공사업기관에서 종사하던 사람들이 종래의 업무를 계속해서 수행하도록 하였다.
③ 이승만은 좌 · 우 합작운동에 조건부 찬성하였으나 공산당 측이 이를 반대한다는 이유로 단독 정부론을 계속해서 주장하였다.
④ 미국이 한반도 문제를 유엔소총회에 넘겨 남한 단독 선거가 결정되자 김구와 김규식 등은 북한의 김일성, 김두봉에게 남북지도자회의를 제안하였다.

10. ④ ㉡ 7 · 4 남북공동성명(1972)
㉠ 최초의 이산가족 상봉(1985)
㉣ 남북 기본 합의서(1991)
㉢ 6 · 15 남북공동선언(2000)

일일 모고 행정법 제15회
정답 및 해설

합격까지 박문각

광야에서 합격까지
행정법 강성빈

01. ④ ④ 법률조항의 위임에 따라 대통령령으로 규정한 내용이 헌법에 위반될 경우라도 그 대통령령의 규정이 위헌으로 되는 것은 별론으로 하고, 그로 인하여 정당하고 적법하게 입법권을 위임한 수권법률조항까지도 위헌으로 되는 것은 아니라고 할 것이다. 헌법재판소 2019. 2. 28. 선고 2017헌바245 전원재판부 결정

① 시행령의 내용이 모법의 입법 취지와 관련 조항 전체를 유기적 · 체계적으로 살펴보아 모법의 해석상 가능한 것을 명시한 것에 지나지 아니하거나 모법 조항의 취지에 근거하여 이를 구체화하기 위한 것인 때에는 모법의 규율 범위를 벗어난 것으로 볼 수 없으므로, 모법에 이에 관하여 직접 위임하는 규정을 두지 않았다고 하더라도 이를 무효라고 볼 수 없다. 대법원 2016. 12. 1. 선고 2014두8650 판결

② 법령의 위임관계는 반드시 하위법령의 개별조항에서 위임의 근거가 되는 상위법령의 해당 조항을 구체적으로 명시하고 있어야만 하는 것은 아니라고 할 것이다. 대법원 1999. 12. 24. 선고 99두5658 판결

③ 어느 시행령의 규정이 모법에 저촉되는지의 여부가 명백하지 아니하는 경우에는 모법과 시행령의 다른 규정들과 그 입법 취지, 연혁 등을 종합적으로 살펴 모법에 합치된다는 해석도 가능한 경우라면 그 규정을 모법위반으로 무효라고 선언하여서는 안 된다. 대법원 2001. 8. 24. 선고 2000두2716 판결

02. ③ ③ 어떤 행정처분이 실효의 법리를 위반하여 위법한 것이라고 하더라도, 이러한 하자의 존부는 개별 · 구체적인 사정을 심리한 후에야 판단할 수 있는 사항이어서 객관적으로 명백한 것이라고 할 수 없으므로, 이는 행정처분의 취소사유에 해당할 뿐 당연무효사유는 아니다. 대법원 2021. 12. 30. 선고 2018다241458 판결

① 헌법재판소법 제47조

헌법재판소법 제47조(위헌결정의 효력)
② 위헌으로 결정된 법률 또는 법률의 조항은 그 결정이 있는 날부터 효력을 상실한다.

② 위헌인 법률에 근거한 행정처분이 당연무효인지의 여부는 위헌결정의 소급효와는 별개의 문제로서, 위헌결정의 소급효가 인정된다고 하여 위헌인 법률에 근거한 행정처분이 당연무효가 된다고는 할 수 없고 오히려 이미 취소소송의 제기기간을 경과하여 확정력이 발생한 행정처분에는 위헌결정의 소급효가 미치지 않는다. 대법원 1994. 10. 28. 선고 92누9463 판결

④ 징계처분이 중대하고 명백한 흠 때문에 당연무효의 것이라면 징계처분을 받은 자가 이를 용인하였다 하여 그 흠이 치료되는 것은 아니다. 대법원 1989. 12. 12. 선고 88누8869 판결

03. ④ ④ 자동차운송사업양도양수계약에 기한 양도양수인가신청에 대하여 피고 시장이 내인가를 한 후 위 내인가에 기한 본인가신청이 있었으나 자동차운송사업 양도양수인가신청서가 합의에 의한 정당한 신청서라고 할 수 없다는 이유로 위 내인가를 취소한 경우, 위 내인가의 법적 성질이 행정행위의 일종으로 볼 수 있든 아니든 그것이 행정청의 상대방에 대한 의사표시임이 분명하고, 피고가 위 내인가를 취소함으로써 다시 본인가에 대하여 따로이 인가 여부의 처분을 한다는 사정이 보이지 않는다면 위 내인가취소를 인가신청을 거부하는 처분으로 보아야 할 것이다. 대법원 1991. 6. 28. 선고 90누4402 판결

① 공정거래위원회가 부당한 공동행위를 행한 사업자로서 구 독점규제 및 공정거래에 관한 법률제22조의2에서 정한 자진신고자나 조사협조자에 대하여 과징금 부과처분(선행처분)을 한 뒤, 동법 시행령 제35조 제3항에 따라 다시 자진신고자 등에 대한 사건을 분리하여 자진신고 등을 이유로 한 과징금 감면처분(후행처분)을 하였다면, 후행처분은 자진신고 감면까지 포함하여 처분 상대방이 실제로 납부하여야 할 최종적인 과징금액을 결정하는 종국적 처분이고, 선행처분은 이러한 종국적 처분을 예정하고 있는 일종의 잠정적 처분으로서 후행처분이 있을 경우 선행처분은 후행처분에 흡수되어 소멸한다. 따라서 위와 같은 경우에 선행처분의 취소를 구하는 소는 이미 효력을 잃은 처분의 취소를 구하는 것으로 부적법하다. 대법원 2015. 2. 12. 선고 2013두987 판결

② 폐기물관리법 관계 법령의 규정에 의하면 폐기물처리업의 허가를 받기 위하여는 먼저 사업계획서를 제출하여 허가권자로부터 사업계획에 대한 적정통보를 받아야 하고, 그 적정통보를 받은 자만이 일정기간 내에 시설, 장비, 기술능력, 자본금을 갖추어 허가신청을 할 수 있으므로, 결국 부적정통보는 허가신청 자체를 제한하는 등 개인의 권리 내지 법률상의 이익을 개별적이고 구체적으로 규제하고 있어 행정처분에 해당한다. 대법원 1998. 4. 28. 선고 97누21086 판결

③ 국가인권위원회의 성희롱결정과 이에 따른 시정조치의 권고는 성희롱 행위자로 결정된 자의 인격권에 영향을 미침과 동시에 공공기관의 장 또는 사용자에게 일정한 법률상의 의무를 부담시키는 것이므로 국가인권위원회의 성희롱결정 및 시정조치권고는 행정소송의 대상이 되는 행정처분에 해당한다고 보지 않을 수 없다. 대법원 2005. 7. 8. 선고 2005두487 판결

04. ③ ③ 조합설립추진위원회의 구성에 동의하지 아니한 정비구역 내의 토지 등 소유자도 조합설립추진위원회 설립승인처분에 대하여 같은 법에 의하여 보호되는 직접적이고 구체적인 이익을 향유하므로 그 설립승인처분의 취소소송을 제기할 원고적격이 있다. 대법원 2007. 1. 25. 선고 2006두12289 판결

① (국방부 민 · 군 복합형 관광미항(제주해군기지) 사업시행을 위한 해군본부의 요청에 따라 제주특별자치도지사가 절대보존지역이던 서귀포시 강정동 해안변지역에 관하여 절대보존지역을 변경(축소)하고 고시한 사안에서), 절대보존지역의 유지로 지역주민회와 주민들이 가지는 주거 및 생활환경상 이익은 지역의 경관 등이 보호됨으로써 반사적으로 누리는 것일 뿐 근거 법규 또는 관련 법규에 의하여 보호되는 개별적 · 직접적 · 구체적 이익이라고 할 수 없다. 대법원 2012. 7. 5. 선고 2011두13187 판결

② 보건복지부 고시인 약제급여 · 비급여목록 및 급여상한금액표로 인하여 자신이 제조 · 공급하는 약제의 상한금액이 인하됨에 따라 위와 같이 보호되는 법률상 이익이 침해당할 경우, 제약회사는 위 고시의 취소를 구할 원고적격이 있다. 대법원 2006. 9. 22. 선고 2005두2506 판결

④ (교육부장관이 사학분쟁조정위원회의 심의를 거쳐 갑 대학교를 설치 · 운영하는 을 학교법인의 이사 8인과 임시이사 1인을 선임한 데 대하여 갑 대학교 교수협의회와 총학생회 등이 이사선임처분의 취소를 구하는 소송을 제

기한 사안에서) 갑 대학교 교수협의회와 총학생회는 이사선임처분을 다툴 법률상 이익을 가지지만, 전국대학노동조합 갑 대학교지부는 법률상 이익이 없다. 대법원 2015. 7. 23. 선고 2012두19496,19502 판결

05. ① ① 교원소청심사위원회가 한 결정의 취소를 구하는 소송에서 그 결정의 적부는 결정이 이루어진 시점을 기준으로 판단하여야 하지만, 그렇다고 하여 소청심사 단계에서 이미 주장된 사유만을 행정소송의 판단대상으로 삼을 것은 아니다. 따라서 소청심사 결정 후에 생긴 사유가 아닌 이상 소청심사 단계에서 주장하지 아니한 사유도 행정소송에서 주장할 수 있고, 법원도 이에 대하여 심리 · 판단할 수 있다. 대법원 2018. 7. 12. 선고 2017두65821 판결
② 전심절차를 밟지 아니한 채 증여세부과처분취소소송을 제기하였다면 제소당시로 보면 전치요건을 구비하지 못한 위법이 있다 할 것이지만, 소송계속 중 심사청구 및 심판청구를 하여 각 기각결정을 받았다면 원심변론종결일 당시에는 위와 같은 전치요건흠결의 하자는 치유되었다고 볼 것이다. 대법원 1987. 4. 28. 선고 86누29 판결
③ 파면처분취소소송의 사실심변론종결전에 동원고가 허위공문서등작성 죄로 징역 8월에 2년간 집행유예의 형을 선고받아 확정되었다면 원고는 지방공무원법 제61조의 규정에 따라 위 판결이 확정된 날 당연퇴직되어 그 공무원의 신분을 상실하고, 당연퇴직이나 파면이 퇴직급여에 관한 불이익의 점에 있어 동일하다 하더라도 최소한도 이 사건 파면처분이 있은 때부터 위 법규정에 의한 당연퇴직일자까지의 기간에 있어서는 파면처분의 취소를 구하여 그로 인해 박탈당한 이익의 회복을 구할 소의 이익이 있다 할 것이다. 대법원 1985. 6. 25. 선고 85누39 판결
④ 행정소송에서 행정처분의 위법 여부는 행정처분이 행하여졌을 때의 법령과 사실 상태를 기준으로 하여 판단하여야 하고, 처분 후 법령의 개폐나 사실상태의 변동에 의하여 영향을 받지는 않는다. 대법원 2008. 7. 24. 선고 2007두3930 판결

06. ① ① 단순히 착오로 어떠한 처분을 계속한 경우는 행정관행이 성립한 경우에 해당되지 않는다 할 것이고, 따라서 처분청이 추후 오류를 발견하여 합리적인 방법으로 변경하는 것은 신뢰보호원칙에 위배되지 않는다. 대법원 1993. 6. 11. 선고 92누14021 판결
② 재량권 행사의 준칙인 행정규칙이 그 정한 바에 따라 되풀이 시행되어 행정관행이 이루어지게 되면 평등의 원칙이나 신뢰보호의 원칙에 따라 행정기관은 그 상대방에 대한 관계에서 그 규칙에 따라야 할 자기구속을 받게 되므로, 이러한 경우에는 특별한 사정이 없는 한 그를 위반하는 처분은 평등의 원칙이나 신뢰보호의 원칙에 위배되어 재량권을 일탈 · 남용한 위법한 처분이 된다(주: 재량준칙의 공표만으로는 신청인이 보호가치 있는 신뢰를 갖게 되었다고 볼 수 없음). 대법원 2009. 12. 24. 선고 2009두7967 판결
③ 같은 정도의 비위를 저지른 자들 사이에 있어서도 그 직무의 특성 등에 비추어, 개전의 정이 있는지 여부에 따라 징계의 종류의 선택과 양정에 있어서 차별적으로 취급하는 것은, 사안의 성질에 따른 합리적 차별로서 이를 자의적 취급이라고 할 수 없는 것이어서 평등원칙 내지 형평에 반하지 아니한다. 대법원 1999. 8. 20. 선고 99두2611 판결
④ 제1종 보통면허로 운전할 수 있는 승합자동차를 음주운전한 경우, 제1종 보통면허뿐만 아니라 제1종 대형면허까지 취소할 수 있다는 사례. 대법원 1997. 3. 11. 선고 96누15176 판결

07. ② ② 취득세와 같은 신고납부방식의 조세의 경우에는 원칙적으로 납세의무자가 스스로 과세표준과 세액을 정하여 신고하는 행위에 의하여 납세의무가 구체적으로 확정되고, 납부행위는 신고에 의하여 확정된 구체적 납세의무의 이행으로 하는 것이며, 지방자치단체는 그와 같이 확정된 조세채권에 기하여 납부된 세액을 보유한다. 따라서 납세의무자의 신고행위가 중대하고 명백한 하자로 인하여 당연무효로 되지 아니하는 한 그것이 바로 부당이득에 해당한다고 할 수 없다. 대법원 2014. 4. 10. 선고 2011다15476 판결
① 여기에서의 신청인의 행정청에 대한 신청의 의사표시는 명시적이고 확정적인 것이어야 한다고 할 것이므로 신청인이 신청에 앞서 행정청의 허가업무 담당자에게 신청서의 내용에 대한 검토를 요청한 것만으로는 다른 특별한 사정이 없는 한 명시적이고 확정적인 신청의 의사표시가 있었다고 하기 어렵다. 대법원 2004. 9. 24. 선고 2003두13236 판결
③ 행정절차법 제17조

행정절차법 제17조(처분의 신청)
① 행정청에 처분을 구하는 신청은 문서로 하여야 한다. 다만, 다른 법령등에 특별한 규정이 있는 경우와 행정청이 미리 다른 방법을 정하여 공시한 경우에는 그러하지 아니하다.

④ 유료노인복지주택의 설치신고를 받은 행정관청으로서는 그 유료노인복지주택의 시설 및 운영기준이 위 법령에 부합하는지와 아울러 그 유료노인복지주택이 적법한 입소대상자에게 분양되었는지와 설치신고 당시 부적격자들이 입소하고 있지는 않은지 여부까지 심사하여 그 신고의 수리 여부를 결정할 수 있다. 대법원 2007. 1. 11. 선고 2006두14537 전원합의체 판결

08. ② ② 구 토지수용법 제63조의 규정에 따라 피수용자 등이 기업자에 대하여 부담하는 수용대상 토지의 인도 또는 그 지장물의 명도의무 등이 비록 공법상의 법률관계라고 하더라도, 그 권리를 피보전권리로 하는 명도단행가처분은 그 권리에 끼칠 현저한 손해를 피하거나 급박한 위험을 방지하기 위하여 또는 그 밖의 필요한 이유가 있을 경우에는 허용될 수 있다. 대법원 2005. 8. 19. 선고 2004다2809 판결
① 피수용자 등이 기업자에 대하여 부담하는 수용대상 토지의 인도의무에 관한 구 토지수용법 제63조, 제64조, 제77조 규정에서의 '인도'에는 명도도 포함되는 것으로 보아야 하고, 이러한 명도의무는 그것을 강제적으로 실현하면서 직접적인 실력행사가 필요한 것이지 대체적 작위의무라고 볼 수 없으므로 특별한 사정이 없는 한 행정대집행법에 의한 대집행의 대상이 될 수 있는 것이 아니다. 대법원 2005. 8. 19. 선고 2004다2809 판결
③ 행정기본법 제32조

행정기본법 제32조(직접강제)
① 직접강제는 행정대집행이나 이행강제금 부과의 방법으로는 행정상 의무 이행을 확보할 수 없거나 그 실현이 불가능한 경우에 실시하여야 한다.

④ 행정상 즉시강제는 침익적 행위로서 법률유보의 원칙에 따라 반드시 법적 근거가 필요하다.

09. ② ② 불법행위에 따른 형사책임은 사회의 법질서를 위반한 행위에 대한 책임을 묻는 것으로서 행위자에 대한 공적인 제재(형벌)를 그 내용으로 함에 비하여, 민사책임은 타인의 법익을 침해한 데 대하여 행위자의 개인적 책임을 묻는 것으로서 피해자에게 발생한 손해의 전보를 그 내용으로 하는 것이고, 손해배상제도는 손해의 공평 · 타당한 부담을 그 지도원리로 하는 것이므로, 형사상 범죄를

구성하지 아니하는 침해행위라고 하더라도 그것이 민사상 불법행위를 구성하는지 여부는 형사책임과 별개의 관점에서 검토하여야 한다. 대법원 2008. 2. 1. 선고 2006다6713 판결

① 형벌에 관한 법령이 헌법재판소의 위헌결정으로 소급하여 효력을 상실하였거나 법원에서 위헌 · 무효로 선언된 경우, 그 법령이 위헌으로 선언되기 전에 그 법령에 기초하여 수사가 개시되어 공소가 제기되고 유죄판결이 선고되었더라도, 그러한 사정만으로 수사기관의 직무행위나 법관의 재판상 직무행위가 국가배상법 제2조 제1항에서 말하는 공무원의 고의 또는 과실에 의한 불법행위에 해당하여 국가의 손해배상책임이 발생한다고 볼 수는 없다. 대법원 2014. 10. 27. 선고 2013다217962 판결

③ 국민의 생명, 신체, 재산 등에 대하여 절박하고 중대한 위험상태가 발생하였거나 발생할 우려가 있어서 국민의 생명, 신체, 재산 등을 보호하는 것을 본래적 사명으로 하는 국가가 초법규적, 일차적으로 그 위험 배제에 나서지 아니하면 국민의 생명, 신체, 재산 등을 보호할 수 없는 경우에는 형식적 의미의 법령에 근거가 없더라도 국가나 관련 공무원에 대하여 그러한 위험을 배제할 작위의무를 인정할 수 있다. 그러나 그와 같은 절박하고 중대한 위험상태가 발생하였거나 발생할 상당한 우려가 있는 경우가 아닌 한, 원칙적으로 공무원이 관련 법령에서 정하여진 대로 직무를 수행하였다면 그와 같은 공무원의 부작위를 가지고 '고의 또는 과실로 법령을 위반'하였다고 할 수는 없다. 대법원 1998. 10. 13. 선고 98다18520 판결

④ 자동차손해배상보장법의 입법취지에 비추어 볼 때, 같은 법 제3조는 자동차의 운행이 사적인 용무를 위한 것이건 국가 등의 공무를 위한 것이건 구별하지 아니하고 민법이나 국가배상법에 우선하여 적용된다고 보아야 한다. 대법원 1996. 3. 8. 선고 94다23876 판결

10. ③ ③ 토지보상법 제66조

토지보상법 제66조(사업시행 이익과의 상계금지)
사업시행자는 동일한 소유자에게 속하는 일단의 토지의 일부를 취득하거나 사용하는 경우 해당 공익사업의 시행으로 인하여 잔여지의 가격이 증가하거나 그 밖의 이익이 발생한 경우에도 그 이익을 그 취득 또는 사용으로 인한 손실과 상계할 수 없다.

① 토지보상법 제65조

토지보상법 제65조(일괄보상)
사업시행자는 동일한 사업지역에 보상시기를 달리하는 동일인 소유의 토지등이 여러 개 있는 경우 토지소유자나 관계인이 요구할 때에는 한꺼번에 보상금을 지급하도록 하여야 한다.

② 수용재결에 불복하여 취소소송을 제기하는 때에는 이의신청을 거친 경우에도 수용재결을 한 중앙토지수용위원회 또는 지방토지수용위원회를 피고로 하여 수용재결의 취소를 구하여야 하고, 다만 이의신청에 대한 재결 자체에 고유한 위법이 있음을 이유로 하는 경우에는 그 이의재결을 한 중앙토지수용위원회를 피고로 하여 이의재결의 취소를 구할 수 있다고 보아야 한다. 대법원 2010. 1. 28. 선고 2008두1504 판결

④ 토지소유자가 수용 자체를 다투는 경우에는 수용재결을 한 토지수용위원회를 피고로 하여 그 수용재결에 대한 항고소송을 제기해야 하나, 이와 달리 손실보상금의 액수만을 다투는 경우에는 토지보상법 제85조 제2항에서 정한 바에 따라 보상금지급의무가 있는 사업시행자를 피고로 하여 그 보상금의 지급을 구하는 보상금증액소송(당사자소송)을 제기해야 한다.

일일 모고 행정학 제15회
정답 및 해설

합격까지 박문각

빠른 고득점 합격
행정학 이명훈

01. ③ 신공공관리론은 공사행정일원론의 시각으로 정부와 기업을 동일시함으로써 기업의 경영원리와 기법을 무비판적으로 정부에 도입하여 행정의 정체성의 위기를 초래하고 있다는 비판을 받는다.

<<오답정리>>

① 신공공관리론은 과정보다는 결과에 초점을 맞추고 있으나 조직 간 관계보다 조직 내 관계를 주로 다루고 있다.

② 신공공서비스론에 의하면 행정가가 책임져야 하는 것은 행정 업무 수행에서 효율성이 아니라 모든 사람에게 더 나은 생활을 보장하는 것이다.

④ 거버넌스론은 정부 주도의 공공서비스 전달 또는 공공문제 해결을 넘어 협력적 네트워크 구축 및 관리라는 대안을 제시한다.

02. ④ 행정의 대외적 민주성이란 행정이 시민과의 관계에서 시민의 의사를 존중하고 시민에게 책임을 지며 시민을 위한 행정을 수행하는 것을 의미한다. 행정의 대외적 민주성의 가장 중요한 구성요소는 참여, 공개, 책임과 통제이다. 파레토최적(Pareto's Optimum)이란 최적 자원배분상태를 의미하는 능률성 기준으로 민주성과 관련이 없다.

03. ② 외부지향적이고 통제의 강도가 높은 행정책임성은 법적 책임성이다.

<<핵심체크>> 행정통제와 행정책임

구분		통제의 소재(기관통제의 원천)	
		외부	내부
통제의 강도	낮음	정치적 책임성	전문가적 책임성
	높음	법적 책임성	계층적(위계적) 책임성

04. ① 정책네트워크란 특정정책과 관련된 공식적 · 비공식적 참여자들의 집합체를 말한다. 정책네트워크 중 정책공동체는 전문가들의 공식적 · 비공식적 접촉으로 형성된 공동체 등으로 자문위원회 등이 이에 속한다. 자문위원회 등 정책공동체는 참여자들의 상호작용을 규정하는 공식적인 규칙에 의해 운영된다.

<<핵심체크>> 정책네트워크

구분		내용
개념		• 특정 정책분야에 참여하는 공식적 · 비공식적 행위자들의 집합체 • 사회학과 문화인류학에서 발달한 네트워크 개념을 정책과정에 적용
전제		• 자원의존성을 토대로 한 행위자들의 교환관계 중시 • 행위자들의 관계를 밀도(density)와 중심성(centrality) 등을 통해 분석
대두 배경		공식적 참여자를 중심으로 하는 국가중심 접근(조합주의)과 비공식적 참여자를 중심으로 하는 사회중심 접근(다원주의)의 이분법적 논리를 극복하기 위해 대두
발전	미국	하위정부모형에서 이슈네트워크로 발전(헤클로[Heclo])
	영국	정당과 의회중심에서 정책공동체와 이슈네트워크로 발전(로즈[Rhodes])
연구 방향		• 미시적이고 동태적인 연구 • 비공식적 의사결정과정에 대한 연구 • 정책과정 전반을 포괄적으로 지배하는 거시적 틀로 작용
특징		• 전제 - 분권적이고 분산적인 다원주의적 정치체제 • 정책결정의 전문화와 부분화의 추세가 반영되어 정책문제별로 형성 • 참여자들 간 자원의 상호의존성을 토대로 수평적 교호작용을 통한 연계 • 참여자와 비참여자를 구분하는 경계 존재 • 공식적 · 비공식적인 규칙이나 제도의 총체 • 시간의 흐름에 따라 변동하는 동태적 현상

05. ④ 엘리슨(Allison)의 관료정치모형(Model Ⅲ)은 조직을 독립적인 개인적 행위자들의 집합체로 인식한다. 반면, 엘리슨(Allison)의 조직과정모형(Model Ⅱ)은 조직을 느슨하게 연결된 하위조직들의 연합체로 인식하며, 엘리슨(Allison)의 합리자모형(Model Ⅰ)은 조직을 조정과 통제가 잘된 유기체로 인식한다.

<<핵심체크>> 엘리슨(Allison)모형

구분	합리자 모형(Ⅰ)	조직과정 모형(Ⅱ)	(관료)정치 모형(Ⅲ)
의의	개인차원의 합리모형을 집단차원에 적용	회사모형의 논리개념을 이용하여 구성된 모형	개인차원의 점증모형을 집단차원에 적용
조직관	조정과 통제가 잘된 유기체	느슨하게 연결된 하위 조직들의 연합체	독립적인 개인적 행위자들의 집합체
권력의 소재	조직의 두뇌인 최고지도자가 보유	반독립적인 하위부서들이 분산 소유	개인적 행위자들의 정치적 자원에 의존
행위자의 목표	조직전체의 목표	조직전체의 목표 + 하위부서들의 목표	조직전체의 목표 + 하위부서들의 목표 + 개별 행위자들의 목표
응집성	매우 강함	약함	매우 약함
정책결정의 양태	합리적 정책결정	SOP에 의한 의사결정, 갈등의 준해결	정치적 표결이 아닌 정치적 게임의 규칙에 따른 타협, 갈등, 흥정
합리성	완전한 합리성	제한된 합리성	정치적 합리성
정책결정의 일관성	매우 강함(항상 일관성 유지)	약함(자주 바뀜)	매우 약함(거의 일치하지 않음)
적용계층	모든 계층에서 나타남	주로 하위계층에 나타남	주로 상위계층에 나타남
적용	3가지 모형이 정 · 반 · 합의 관계가 아니라 하나의 정책이나 조직에 동시에 적용 가능		

06. ① 방어적 전략은 내부지향적이고 안정성 위주의 전략으로 기계적 구조(공식화의 정도는 높고 분권화의 정도는 낮은 조직구조)가 적합하며, 공격적 전략은 외부지향적이고 모험을 취하는 전략으로 유기적 구조(공식화의 정도는 낮고 분권화의 정도는 높은 조직구조)가 적합하다.

07. ① 허쉬와 블랜차드(Hersey & Blanchard)는 부하의 성숙도를 상황변수로 보아 부하의 성숙도가 높아짐에 따라 리더십의 유형이 지시형 → 설득형 → 참여형 → 위임형으로 나아가야 조직의 효율성이 제고된다고 보았다.
<<핵심체크>> 허쉬(P. Hersey)와 블랜차드(K. Blanchard)의 성장순기론

의의	리더의 행동을 과업지향적 행동과 관계지향적 행동으로 구분하고, 상황변수로 부하의 성숙도를 채택해 3차원적 리더십 모형 제시
결론	부하의 성숙도가 높아짐에 따라 리더십의 유형이 지시형 ⇨ 설득형 ⇨ 참여형 ⇨ 위임형으로 나아가야 조직의 효과성이 제고됨

08. ④ 대표관료제를 반영한 우리나라의 인사제도로는 양성평등채용목표제, 장애인의무고용제, 지방인재할당제, 과학기술인재할당제, 저소득층임용할당제 등이 있다.
① 대표관료제는 개인의 능력과 자질을 부차적인 기준으로 삼기 때문에 실적주의를 훼손하고 행정의 효율성과 효과성을 저해할 수 있다.
② 대표관료제는 관료들이 전체적 이익과 무관하게 출신집단의 이익에 봉사할 것이라는 가정에 기반하고 있다.
③ 대표관료제는 엄정한 능력보다는 사회소외계층의 우대에 따른 채용을 통해 관료를 선발한다.

09. ③ 우리나라는 회계연도 개시일 전까지 예산이 의결되지 않을 경우 준예산을 사용한다.
<<핵심체크>> 예산불성립시 예산제도

종류	의의	기간	국회의결	지출항목	채택국가
준예산	새로운 회계연도가 개시될 때까지 예산이 국회에서 의결되지 못한 때에 의회의 승인 없이 전년도 예산에 준하여 경비를 지출할 수 있는 예산	제한없음	불필요	한정적	한국, 독일
잠정예산	새로운 회계연도가 개시될 때까지 예산이 국회에서 의결되지 못한 때에 국회의 의결로 일정기간 동안 예산의 국고지출을 잠정적으로 허용하는 예산	제한없음	필요	전반적	영국, 미국, 일본, 캐나다
가예산	새로운 회계연도가 개시될 때까지 예산이 국회에서 의결되지 못한 때에 최초 1개월분을 국회에서 심의·의결하여 집행하는 예산	최초 1개월	필요	전반적	프랑스, 한국의 제1공화국

10. ③ 자치구의 자치권의 범위는 법령으로 정하는 바에 따라 시·군과 다르게 할 수 있다. 즉, 자치구는 법령에 의하여 자치권을 제한할 수 있어 시·군에 비하여 자치권의 범위가 협소하고 지방세목의 수도 적다.

2025 공무원 시험대비 【6회차】

박문각 일일 모의고사

-제16회-

[정답 및 해설]

이 름 :

학습관 :

합격
예측

답안 입력 및 성적 조회는 PC, 모바일에서 모두 가능합니다.

★ PC: pass.pmg.co.kr | ★ 모바일 앱: 박문각 합격관리

일일 모고 국어 제16회

정답 및 해설

합격까지 박문각

赤功 국어
적중 혜선

01. ④ [상대+], [주체+], [객체+]를 만족시켜야 한다.
④은 이 모두를 만족시킨다. 대화의 상대를 높이고 있다(-습니다). 서술어의 주체인 '어머니'도 높임의 주격 조사 '께서'와 높임 선어말 어미 '-시-'로 높이고 있다. 또 서술어의 객체인 '아주머니'를 높이기 위해 높임의 부사격 조사 '께'와 객체 높임 특수 어휘 '드리다'가 쓰였다.
① [상대+], [주체-], [객체+]로 대화의 상대를 높이고 있다. 서술어의 주체인 '나'를 높이지 않고 있다. 또 서술어의 객체인 '선생님'를 높이기 위해 높임의 부사격 조사 '께', 객체 높임 특수 어휘 '드리다'가 쓰였다. 대화의 상대를 높이고 있지 않아서 답이 아니다.
② [상대-], [주체+], [객체+]로 대화의 상대를 높이고 있지 않다. 서술어의 주체인 '아버지'를 높임의 주격 조사 '께서'와 높임 선어말 어미 '-시-'로 높이고 있다. 또 서술어의 객체인 '할머니'를 높이기 위해 객체 높임 특수 어휘 '모시다, 댁'이 쓰였다. 대화의 상대를 높이고 있지 않아서 답이 아니다.
③ [상대+], [주체+], [객체-]로 대화의 상대를 높이고 있다. '바랍니다'를 통해 [상대+]임을 알 수 있다. '께서' '-시-'를 통해 [주체+]임을 알 수 있다. 객체 높임은 쓰이지 않았다.

02. ① 사동의 의미는 주로 '-게 만들다, -게 하다'이므로 이를 넣었을 때 말이 되면 사동표현이 바르게 사용된 것이고 어색하면 틀리게 사용된 것이다. '승진시켰다'는 '승진하게 만들었다'의 뜻으로 김대위를 승진하도록 군 당국이 만들었다는 의미가 되어 자연스럽다.
②, ③, ④에는 '-게 만들다'를 넣으면 의미가 어색해진다. '주차하다'는 '차를 일정한 곳에 서게 하다', '해임하다'는 '임무를 그만두게 하다', '단축하다'는 '시간이나 거리 따위를 짧게 줄게 하다'를 의미한다. 즉 이미 단어 안에 사동의 의미를 갖고 있다. 따라서 '-시키다'를 삭제하고 '-하다'를 사용하여 각각 '주차하였다', '해임할', '단축할'로 고쳐야 한다.

03. ④ ㄷ 뒤에 간접인용격 조사 "고"를 통해 이 문장은 아버지의 말을 간접 인용문으로 바꾼 것임을 알 수 있다. 간접 인용에는 큰따옴표가 쓰이지 않으므로 큰따옴표를 삭제해야 한다. (참고로 이 문장에 나오는 큰따옴표는 말을 직접 인용할 때 쓰이므로 이 경우에는 직접 인용격 조사 "라고"를 사용해야 한다.)
① 주어 역할을 하는 '비'와 서술어 '분다'가 호응하지 않는 것으로 부사어와 서술어의 호응이 이루어지지 않았다는 서술이 적절하지 않다.
② '알리다'는 '~을 알리다' 형태로 쓰이는 사동문이기 때문에 피동문이 아니다. 따라서 여기에 '-어지다'가 붙은 '알려지다' 역시 이중 피동으로 볼 수 없다. ㄴ은 틀린 것이 없는 문장이다.
③ '서로 나뉘어 떨어짐'을 의미하는 '분리'의 쓰임은 옳다. '재활용 쓰레기를 분리해야 한다.'로 쓰인다. '구별'은 '성질이나 종류에 따라 나타나는 차이. 또는 그것을 갈라놓음.'을 의미하는 것으로 주로 '공과 사의 구별, 진짜와 가짜의 구별, 선악의 구별'로 쓰인다.
이 문장에서 틀린 표현은 '수거하다'이다. '수거(收去)'는 '거두어 감'을 의미하므로 옳지 않다. '안에서 밖으로 밀어 내보냄.'을 의미하는 '배출(排出)'이 옳다.

04. ③ '성과란 것을 ~으로 따진다는 것도'에서도 '~도 문제가 없지는 않다.'에서도 자연스러운 호응을 보인다.
① '시키다'의 남용이다. 실력 있는 강사진이 직접 교육을 하는 것이지 누군가를 교육하게 하는 것이 아니므로 '교육시켜'를 '교육해'로 고쳐야 한다.
② '~점은 ~것이다(점이다)'의 호응을 보여야 하므로 '바람직하지 않다는 점이다'로 고쳐야 한다.
④ 궁금한 점이 잘 안 되는 것이 아니므로 '궁금한 점'에 호응하는 서술어를 추가해야 한다. '궁금한 점이 있거나'로 고쳐야 한다.

05. ④ 공산주의에 찬양하지 않는 포로들의 사상과 담배를 얻기 위해 공산주의를 찬양하는 행동 사이의 모순을 통해 포로들의 내면 갈등을 불러 일으켰다.
① 1문단에서 '담배 끊는 스트레스'를 '해악'보다 크게 느끼는 이들은 금연에 실패하는 모습을 보임을 확인할 수 있다.
② 3문단에 '페스팅거의 연구와 관계없이 이를 활용한 예'로 공산주의자들이 제시되고 있으므로 적절하지 않다.
③ 포로들은 자신의 심리적 불편함과 수치심을 극복한 것이 아니라 이기지 못하고 자신의 행동을 합리화하기 위해 공산 진영에 투항한 것이다.

06. ①

(가) 운동 ∧ 성적 (나) 성적 → 시험

(가)에서 '운동 ∧ 성적'이고 (나)에서 '성적 → 시험'이므로 운동을 잘하면서 성적이 우수한 사람이 존재하고 이 사람은 시험을 잘 보는 사람이라는 결론을 내릴 수 있다. 즉, '운동 ∧ 시험'이므로 시험을 잘 보는 어떤 수강생은 운동을 열심히 한다고 할 수 있다.
② ①에서와 같이 '운동 ∧ 시험'을 도출하는 것은 가능하나 이를 통해 '운동 → 시험'을 도출하는 것은 불가능하다.
③은 '시험 → 성적'이다. 이 명제는 (나)의 역명제이므로 참, 거짓을 판단하는 것이 불가능하다.
④은 '성적 → 운동'이다. (가)에서 '운동 ∧ 성적'이긴 하지만 이를 통해 '성적 → 운동'를 도출하는 것은 불가능하다.

07. ② ㉠의 '좋다'는 '1 「3」 말씨나 태도 따위가 상대의 기분을 언짢게 하지 아니할 만큼 부드럽다.'를 의미한다. 이와 가장 유사한 의미의 '좋다'는 ②이다.
① 「1」 대상의 성질이나 내용 따위가 보통 이상의 수준이어서 만족할 만하다.
③ 「4」 신체적 조건이나 건강 상태가 보통 이상의 수준이다.
④ 「5」 (('염치', '비위', '넉살' 따위를 주어로 하여)) 사람이 체면을 가리지 않거나 염치가 없다.

08. ④ '생각하다'는 '어떤 사람이나 일 따위에 대하여 기억하다.'를 의미한다. 따라서 '잘못을 뉘우치고 고치다.'를 의미하는 '회개(悔 뉘우칠 회 改 고칠 개)하다'는 ㉣과 바꿔쓸 수 있는 유사한 표현으로 적절하지 않다. '지난 일을 돌이켜 생각하여 내다.'를 의미하는 '상기(想 생각 상 起 일어날 기)하다'로 바꿔쓸 수 있다.
① ㉠ '만나다'는 '누군가 가거나 와서 둘이 서로 마주 보다.'를 의미한다. 따라서 '일반인의 출입이 제한되는 어떤 기관이나 집단생활을 하는 곳에 찾아가서 사람을 만나 보다.'를 의미하는 '면회(面 낯 면 會 모일 회)하다'로 바

꿔쓸 수 있다.
② ㉡ '쓰다'는 '어떤 일을 하는 데에 재료나 도구, 수단을 이용하다.'를 의미한다. 따라서 '대상을 필요에 따라 이롭게 쓰다.'를 의미하는 '이용(利 날카로울 리(이) 用 쓸 용)하다'로 바꿔쓸 수 있다.
③ ㉢ '옮기다'는 '어떤 곳에서 다른 곳으로 자리를 바꾸게 하다.'를 의미한다. 따라서 '사람이나 물건을 기차나 자동차, 배, 항공기 따위에 실어 다른 곳으로 옮기다.'를 의미하는 '수송(輸 보낼 수 送 보낼 송)하다'로 바꿔쓸 수 있다.

09. ④ 2문단에서는 고지 의무의 '중요한 사항'은 보험사가 보험 가입자의 청약에 대한 승낙을 결정하는 근거가 된다고 서술하였다. 그러므로 보험사는 보험에 가입하고자 하는 사람이 알린 '중요한 사항'을 근거로 보험 가입을 거절할 수 있다는 것을 추론할 수 있다.
① 2문단에서 보험 계약은 보험 가입자의 청약과 보험사의 승낙으로 성립된다고 하였다.
② 2문단에서 고지 의무의 '중요한 사항'은 차등적인 보험료를 책정하는 근거가 된다고 하였으므로 적절하지 않다.
③ 1문단에서 보험은 보험 사고가 발생하면 보험금을 지급받는 제도라고 설명하였다. 그러므로 보험금은 사고가 발생해야 지급 받는 것이라고 할 수 있다.

10. ② 지도는 우리들이 살아가는 세계의 형상을 눈으로 보여주는 것이지만 그와 동시에 눈으로는 볼 수 없는 전체 공간을 가시화한다. 국토의 전체적인 모습은 인간의 눈으로는 확인할 수 없는 부분이다. 이런 전체적인 측면을 공간적인 모양으로 가시화하는 것에는 지도적인 상상력이 개입된다. 눈으로는 확인할 수 없는 지리적 공간을 전체로 그려 내는 과정은 ㉡에 해당한다.

일일 모고 영어 제16회
정답 및 해설

합격까지 박문각

반드시 합격 진가영 영어

01. ④ ★ overwhelmed 압도된, 감당할 수 없는
● satisfied 만족한, 기쁜
● relaxed 여유로운, 긴장이 풀린
● relieved 만족한, 기쁜
[해석] 직원들은 짧은 시간 안에 처리해야 할 많은 수의 지원서에 압도당한 느낌을 받았다.

02. ② ★ swallow 삼키다
● thrill 열광시키다, 신나게 만들다
● torture 고문하다
● crush 부수다
[해석] 환자는 약이 제대로 흡수되도록 충분한 양의 물과 함께 약을 삼키라는 지시를 받았다.

03. ③ ★ potential 잠재력, 가능성
● capacity 용량, 능력
● value 가치, 값
● drawback 단점, 문제점
[해석] 회사는 재생 가능한 에너지 자원의 잠재력을 활용하고 탄소 발자국을 줄이기 위해 새로운 기술에 투자하고 있다.

04. ① ★ principal 주요한, 주된
● secondary 부수적인, 이차적인
● incidental 우연한, 부수적인
● minor 사소한, 작은
[해석] 새로운 정책의 주요 목표는 대기 오염을 줄이고 청정 에너지를 촉진하여 공공 건강을 개선하는 것이다.

05. ① ★ privilege 특권, 혜택
● obstacle 장애물, 방해물
● disadvantage 불리한 점, 약점
● setback 좌절, 실패
[해석] 그 직원은 그렇게 재능 있고 헌신적인 팀과 함께 일하는 것을 특권으로 여겼는데 이는 귀중한 학습 기회를 제공했기 때문이다.

06. ④ [해설]
빈칸은 부사절을 이끄는 표현이 들어가야 하는 자리로, 문맥상 결과를 의미하는 'only to부정사'가 쓰여 '결국 ~하다'의 뜻이 들어가야 자연스럽다. 따라서 밑줄 친 부분에 가장 적절한 것은 ④이다.
[해석]
그는 어린 시절 친구를 만나기 위해 수천 마일을 여행했지만, 그 친구가 이미 몇 년 전에 다른 나라로 이사 갔다는 사실을 알게 되었다.

07. ④ [해설]
문장의 주어(a few sentences)가 복수 형태이므로 복수 동사로 써야 한다. 따라서 밑줄 친 부분인 is를 are로 고쳐야 한다.
[해석]
매일 일기를 쓰는 것은 좋은 습관이 될 수 있다. 그것은 생각을 정리하고 과거의 경험을 돌아보는 데 도움이 된다. 어떤 사람들은 하루 동안 있었던 일을 쓰는 것을 즐기고, 반면에 다른 사람들은 미래의 목표를 기록하는 것을 선호한다. 정기적으로 일기를 쓰는 것은 꾸준함이 필요하지만, 글쓰기 실력과 자기 인식을 모두 향상시킬 수 있다. 하루에 몇 문장만 써도 시간이 지나면서 큰 변화를 만들기에 충분하다.

08. ④ [해석]
Tim: 실례합니다만, 도와주실 수 있나요? 제가 잘못된 기차에 탄 것 같아요.
Jane: 물론이죠! 어디로 가시나요?
Tim: 저는 스프링필드로 가야 하는데, 이 기차가 거기로 가는지 잘 모르겠어요.
Jane: 맞는 기차에 타셨어요. 다음 정거장에서 내리셔서 스프링필드행 기차로 환승하시면 됩니다.
Tim: 도와주셔서 정말 감사합니다!
Jane: 별말씀을요. 안전한 여행 되세요!
① 기차표를 어디서 구매하셨나요?
② 기차가 가는 도시는 어디인가요?
③ 환불해드릴까요?
④ 어디로 가시나요?

09. ③ [해설]
이 글은 기후 변화가 공중보건에 미치는 심각한 영향을 강조하며, 감염병 확산, 식량 및 물 부족, 호흡기 질환 등 다양한 건강 위협을 설명하고 있다. 또한, 이러한 문제를 해결하기 위해 정부와 기관들이 협력하여 대응 전략을 마련하고 있음을 언급하고 있다. 따라서 글의 요지는 "기후 변화가 공중보건에 심각한 위협을 가하며, 이를 해결하기 위해 긴급한 조치가 필요하다"는 것이다. 따라서 글의 요지로 가장 적절한 것은 ③이다.
① 기후 변화는 주로 환경 문제이며, 공중 보건에 미치는 영향은 미미하다.
② 정부는 기후 관련 건강 위험을 해결하기보다 경제 성장에 집중하고 있다.
③ 기후 변화는 공중 보건에 심각한 위협을 가하므로, 긴급한 조치가 필요하다.
④ 기후 변화에 대응하는 것은 전적으로 공중 보건 기관의 책임이다.

10. ② [해설]
"mitigate"는 '완화하다' 또는 '경감시키다'는 의미로, 기후 변화로 인한 건강 영향을 줄이기 위한 노력을 설명하는 맥락에서 사용되었다. 가장 가까운 의미는 'alleviate(완화하다)'이다.
① worsen 악화시키다
③ ignore 무시하다
④ complicate 복잡하게 하다
[해석]

기후 변화와 공공 건강
기후 변화가 공공 건강에 미치는 영향은 전 세계 정부와 보건 기관들에게 중요한 문제로 떠오르고 있다. 지구 온난화, 극단적인 기상 현상, 생태계 변화는 전염병의 확산, 식량 및 물 부족, 호흡기 질환의 증가에 기여하고 있다.

식량, 물 및 호흡기 건강
기후 변화는 모기와 같은 질병 매개체들이 번식할 수 있는 조건을 만들어 전염병의 확산에 기여하고

있으며, 말라리아, 뎅기열, 지카 바이러스와 같은 질병들이 확산되고 있다. 또한, 농업 생산성이 감소하면서 식량 부족과 영양 실조가 발생하고, 해수면 상승과 극단적인 날씨로 인해 담수 오염이 증가하면서 수인성 질병도 늘어나고 있다. 더불어, 기온 상승과 길어진 산불 시즌은 공기 질을 악화시켜, 특히 취약한 계층에서 천식과 COPD와 같은 호흡기 질환을 악화시키고 있다.

기후 관련 건강 위험 해결
이 문제를 해결하기 위해 정부와 기관들은 조기 경고 시스템, 공공 건강 캠페인, 인프라 개선을 시행하고 있다. 기후 변화의 건강 영향을 완화하고 위험에 처한 지역 사회를 보호하기 위해서는 협력적인 노력이 중요하다.

[어휘]
☐ infectious 전염성의
☐ respiratory conditions 호흡기 질환
☐ alleviate 완화시키다

일일 모고 한국사 제16회
정답 및 해설

합격까지 박문각

가장 빠른 한국사
한국사 박기훈

01. ③ ㉣ 슴베찌르개는 구석기 후기에 창의 역할을 하였다 나머지 내용들도 구석기 시대에 대한 설명이다.
㉡ 농경이 시작되고 애니미즘 등의 종교가 만들어진 것은 신석기시대이다.
㉢ 돌로 만든 농기구인 반달돌칼로 벼이삭을 잘랐던 시기는 청동기 시대이다
㉠ 춘추전국시대의 화폐가 발견되어 중국과의 교류했음을 알 수 있는 시기는 철기 시대이다.

02. ④ 보기는 진흥왕이 건립한 황초령 순수비(568)의 주요 내용이다.
④ 진흥왕은 황룡사를 건립하였고, 고구려 승려 혜량을 국통으로 삼고 불교교단을 정비하였다.
① 울진봉평비는 법흥왕이 만들었다. 울진봉평비를 통해 신라가 동해안 북동쪽으로 진출했음을 증명한다. 울진봉평비에의 노인법을 통해 율령반포를 엿볼 수 있고 왕의 소속부 명칭도 드러났다.
② 장수왕때의 설명으로 5세기이다. 진흥왕은 6세기 왕이니 시기가 틀렸다.
③ 6세기 초반의 지증왕에 대한 설명이다

03. ③ ③ 대가야는 신라의 진흥왕에게 멸망당했다.
① 금관가야는 풍부한 철의 생산과 해상 교통을 이용하여 낙랑과 규슈 지방을 연결하는 중계 무역이 발달하였다.
② 가야의 토기가 일본에 영향을 미쳤다.
④ 금관가야는 3세기에 낙랑과 왜 사이의 중계무역으로 번영하였다.

04. ① ① 귀족들은 관료전보다 인신지배권이 있는 녹읍을 좋아하였다.
② 통일 신라 말기 중앙의 지방통제가 어려워지자 농민봉기를 배경으로 각처에서 반독립적인 세력으로 성장한 이들이 호족이다.
③ 통일신라 말기 선종 계 승려인 도선에 의해 풍수지리사상이 수용되어 신라 중앙 정부의 권위가 약화되었다.
④ 신라 하대에 6두품은 학문과 종교 분야에서 두각을 나타냈고 유교 정치 이념과 과거 제도를 제시하였다. 또한 6두품은 선종 세력이나 지방의 호족 세력과 연계하여 사회 개혁을 추구하였다.다.

05. ① ① 원측은 유식불교를 전파하였다. 진표는 김제 금산사에서 미륵 신앙을 전파하였다.
② 의상의 원융사상은 모든 주민의 일체감을 높이는 데 효과적이었기 때문에 통일 직후의 신라 사회를 통합하는데 기여하여 전제왕권 강화에 기여하였다.
③ 원효는 가난한 자가 서방정토 극락에 가는데 장애가 없다는 무애사상과 누구나 아미타불만 찾으면 구원받을 수 있다는 아미타신앙을 통해 불교를 대중화시켰다.
④ 혜초는 당에서 밀교를 연구하다가 스승의 권유로 인도 기행에 나서게 되었다. 당에서 바닷길로 인도에 들어가 각지를 순례한 후, 인도와 중앙아시아 여러 나라의 풍물을 생생하게 기록한 '왕오천축국전' 3권을 남겼다. '왕오천축국전'은 불교사에서도 중요한 자료이지만, 그 당시의 인도와 중앙 아시아의 역사를 연구하는데도 중요한 자료가 되고 있다.

06. ③ 『삼국유사』는 왕의 칭호에 따라 상고(고유 왕명) · 중고(불교식 왕명) · 하고(중국식 시호)로 신라의 시대를 구분하였고, 『삼국사기』는 왕의 핏줄에 따라 상대(성골) · 중대(무열계 진골) · 하대(내물계 진골)로 구분하였다. (가)는 상고, (나)는 중고, (다)는 중대, (라)는 하대이다.
③ 신라 중대에는 집사부의 장관인 시중의 권한이 강화되었고 상대등의 권한은 약화되었다. 그리고 6두품은 학문적 식견을 바탕으로 국왕의 정치적 조언자인 집사부 시랑 등 행정 실무 담당자로 활약하였으나 신분적 제약으로 중앙 관청의 수상이나 지방의 장관직에는 진출할 수 없었다.
① (가)시기에는 신라의 고유왕명이 사용되었다.
② (나)시기에는 불교식 왕명이 사용되었다.
③ (라)시기에는 김헌창의 난 등 내물왕계 진골귀족의 왕위쟁탈전이 치열하게 전개되었다.

07. ② ② 현종은 기존의 12목을 군사적 성격의 4도호부와 행정적 성격의 8목으로 나누었다
① 안찰사는 지방관(외직)이 아니라 임기 6개월의 중앙관직으로 5도의 행정을 책임지는 것이 아니라 순시와 감찰을 위해 파견된 임시직이었다.
③ 향리는 속현과 향 · 소 · 부곡의 실질적 지배자 역할을 하였다.
④ 고려는 전국의 모든 곳에 지방관을 보내지 못했다.

08. ③ ㉤ 성종 때 서희가 거란과의 외교담판으로 고려가 고구려를 계승한 국가임을 인정받았다.10세기
㉠ 금이 군신 관계를 요구하자 이자겸과 김부식이 사대하였다. 12세기.
㉣ 몽고 2차 침략 당시 초조대장경을 불태운 살리타를 김윤후가 죽였다. 13세기
㉡ 왜구는 우왕때, 홍건적은 공민왕때 쳐들어왔다. 14세기
㉢ 우왕때 요동정벌이 단행되었으나 이성계가 위화도 회군을 단행하였다. 14세기

09. ① ① <동명왕편>고구려 건국 영웅인 동명왕의 업적을 이규보가 5언시로 칭송한 영웅 서사시이다.
② <제왕운기>는 단군조선에서부터 역사를 서술하면서 우리 역사를 중국사와 대등하게 파악하였다. 또한 발해를 고구려의 계승자로 보고 우리 역사로 부각시켰다.
③ 무신집권기에 교종 승려인 각훈이 <해동고승전>은 불교사를 강조하면서 삼국 승려 30여 명의 전기를 수록하였다.
④ 이제현은 <사략>은 성리학의 정통 의식과 대의명분을 강조한 역사서이다.

10. ② 자료에서 설명하는 정치 세력은 사림파인 조광조에 대한 설명이다
② 사림의 대표였던 조광조는 이조와 병조의 전랑에게 인사권 처리와 자천권(후임자 천거권)을 가지게 하였다. 이조전랑의 자천제 혁파는 영조 대에 이루어진 일이다.
① 조광조는 경연의 강화를 주장하였으며, 이러한 언론 활동의 활성화를 통한 왕도 정치를 강조하였다.
③ 조광조는 소학과 주자가례를 장려하였다.
④ 조광조는 불교와 도교 행사를 금지하고 승과제도 및 소격서 폐지를 주장하였다.

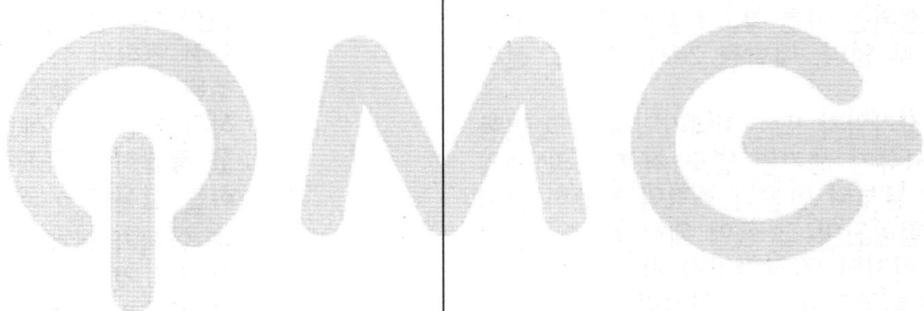

일일 모고 행정법 제16회
정답 및 해설

합격까지 박문각

광야에서 합격까지
행정법 강성빈

01. ② ② 지목은 토지소유권을 제대로 행사하기 위한 전제요건으로서 토지소유자의 실체적 권리관계에 밀접하게 관련되어 있으므로 지적공부 소관청의 지목변경신청 반려행위는 국민의 권리관계에 영향을 미치는 것으로서 항고소송의 대상이 되는 행정처분에 해당한다. 대법원 2004. 4. 22. 선고 2003두9015 판결

① 건설업면허증 및 건설업면허수첩의 재교부는 (중략) 이는 건설업의 면허를 받았다고 하는 특정사실에 대하여 형식적으로 그것을 증명하고 공적인 증거력을 부여하는 행정행위(강학상의 공증행위)이다. 대법원 1994. 10. 25. 선고 93누21231 판결

③ 토지대장에 기재된 일정한 사항을 변경하는 행위는, 그것이 지목의 변경이나 정정 등과 같이 토지소유권 행사의 전제요건으로서 토지소유자의 실체적 권리관계에 영향을 미치는 사항에 관한 것이 아닌 한 행정사무집행의 편의와 사실증명의 자료로 삼기 위한 것일 뿐이어서, 그 소유자 명의가 변경된다고 하여도 이로 인하여 당해 토지에 대한 실체상의 권리관계에 변동을 가져올 수 없고 토지 소유권이 지적공부의 기재만에 의하여 증명되는 것도 아니다. 따라서 소관청이 토지대장상의 소유자명의 변경신청을 거부한 행위는 이를 항고소송의 대상이 되는 행정처분이라고 할 수 없다. 대법원 2012. 1. 12. 선고 2010두12354 판결

④ 국민건강보험 직장가입자 또는 지역가입자 자격 변동은 법령이 정하는 사유가 생기면 별도 처분 등의 개입 없이 사유가 발생한 날부터 변동의 효력이 당연히 발생하므로, 국민건강보험공단이 갑 등에 대하여 가입자 자격이 변동되었다는 취지의 '직장가입자 자격상실 및 자격변동 안내' 통보를 하였거나, 그로 인하여 사업장이 국민건강보험법상의 적용대상사업장에서 제외되었다는 취지의 '사업장 직권탈퇴에 따른 가입자 자격상실 안내' 통보를 하였더라도, 이는 갑 등의 가입자 자격의 변동 여부 및 시기를 확인하는 의미에서 한 사실상 통지행위에 불과할 뿐, (중략) 위 각 통보의 처분성이 인정되지 않는다. 대법원 2019. 2. 14. 선고 2016두41729 판결

02. ② ② 행정처분이 취소되면 그 소급효에 의하여 처음부터 그 처분이 없었던 것과 같은 효과를 발생하게 되는바, 행정청이 의료법인의 이사에 대한 이사취임승인취소처분(제1처분)을 직권으로 취소(제2처분)한 경우에는 그로 인하여 이사가 소급하여 이사로서의 지위를 회복하게 되고, 그 결과 위 제1처분과 제2처분 사이에 법원에 의하여 선임결정된 임시이사들의 지위는 법원의 해임결정이 없더라도 당연히 소멸된다. 대법원 1997. 1. 21. 선고 96누3401 판결

① 행정기본법 제18조

> **행정기본법 제18조(위법 또는 부당한 처분의 취소)**
> ② 행정청은 제1항에 따라 당사자에게 권리나 이익을 부여하는 처분을 취소하려는 경우에는 취소로 인하여 당사자가 입게 될 불이익을 취소로 달성되는 공익과 비교·형량하여야 한다. 다만, 다음 각 호의 어느 하나에 해당하는 경우에는 그러하지 아니하다.
> 1. 거짓이나 그 밖의 부정한 방법으로 처분을 받은 경우

③ 변상금 부과처분에 대한 취소소송이 진행 중이라도 그 부과권자로서는 위법한 처분을 스스로 취소하고 그 하자를 보완하여 다시 적법한 부과처분을 할 수도 있다. 대법원 2006. 2. 10. 선고 2003두5686 판결

④ 수익적 행정처분에 대한 취소권 등의 행사는 기득권의 침해를 정당화할 만한 중대한 공익상의 필요 또는 제3자의 이익보호의 필요가 있는 때에 한하여 허용될 수 있다는 법리는, 처분청이 수익적 행정처분을 직권으로 취소·철회하는 경우에 적용되는 법리일 뿐 쟁송취소의 경우에는 적용되지 않는다. 대법원 2019. 10. 17 선고 2018두104 판결

03. ② ② 행정기본법 제24조

> **행정기본법 제24조(인허가의제의 기준)**
> ① 이 절에서 "인허가의제"란 하나의 인허가를 받으면 법률로 정하는 바에 따라 그와 관련된 여러 인허가를 받은 것으로 보는 것을 말한다(주: 인·허가의제는 행정기관의 권한에 변경을 가져오므로 법률에 명시적인 근거가 있어야 함).

① 행정절차법 제20조

> **행정절차법 제20조(처분기준의 설정·공표)**
> ②「행정기본법」제24조에 따른 인허가의제의 경우 관련 인허가 행정청은 관련 인허가의 처분기준을 주된 인허가 행정청에 제출하여야 하고, 주된 인허가 행정청은 제출받은 관련 인허가의 처분기준을 통합하여 공표하여야 한다. 처분기준을 변경하는 경우에도 또한 같다.

③ 관련 인허가 의제 제도는 사업시행자의 이익을 위하여 만들어진 것이므로, 사업시행자가 반드시 관련 인허가 의제 처리를 신청할 의무가 있는 것은 아니다. 대법원 2020. 7. 23. 선고 2019두31839 판결

④ 건축주의 건축계획이 건축법상 건축허가기준을 충족하더라도 국토계획법상 개발행위 허가기준을 충족하지 못한 경우에는 해당 건축물의 건축은 법질서상 허용되지 않는 것이므로, 건축행정청은 건축법상 건축허가를 발급하면서 국토계획법상 개발행위(건축물의 건축) 허가가 의제되지 않은 것으로 처리하여서는 안 되고, 건축법상 건축허가의 발급을 거부하여야 한다. 대법원 2020. 7. 23. 선고 2019두31839 판결

04. ④ ④ 공법인인 총포·화약안전기술협회가 자신의 공행정활동에 필요한 재원을 마련하기 위하여 회비납부의무자에 대하여 한 '회비납부통지'는 납부의무자의 구체적인 부담금액을 산정·고지하는 '부담금 부과처분'으로서 항고소송의 대상이 된다고 보아야 한다. 대법원 2021. 12. 30. 선고 2018다241458 판결

① 교육공무원법상 승진후보자 명부에 의한 승진심사 방식으로 행해지는 승진임용에서 승진후보자 명부에 포함되어 있던 후보자를 승진임용인사발령에서 제외하는 행위는 불이익처분으로서 항고소송의 대상인 처분에 해당한다. 대법원 2018. 3. 27. 선고 2015두47492 판결

② 시험승진후보자명부에 등재되어 있던 자가 그 명부에서 삭제됨으로써 승진임용의 대상에서 제외되었다 하더라도, 그와 같은 시험승진후보자명부에서의 삭제행위는 결국 그 명부에 등재된 자에 대한 승진 여부를 결정하기 위한 행정청 내부의 준비과정에 불과하고, 그 자체가 어떠한 권리나 의무를 설정하거나 법률상 이익에 직접적인 변동을 초래하는 별도의 행정처분이 된다고 할 수 없다. 대법원 1997. 11. 14. 선고 97누7325 판결

③ 과세관청이 사업자등록을 관리하는 과정에서 위장사업자의 사업자명의를 직권으로 실사업자의 명의로 정정하는 행위는 당해 사업사실 중 주체에 관한 정정기재일 뿐 그에 의하여 사업자로서의 지위에 변동을 가져오는 것이 아니므로 항고소송의 대상이 되는 행정처분으로 볼 수 없다. 대법원 2011. 1. 27. 선고 2008두2200 판결

05. ④ ④ 행정소송법 제26조는 법원이 필요하다고 인정할 때에는 직권으로 증거조사를 할 수 있고 당사자가 주장하지 아니한 사실에 대하여 판단할 수 있다고 규정하고 있으나, 이는 행정소송에 있어서 원고의 청구범위를 초월하여 그 이상의 청구를 인용할 수 있다는 뜻이 아니라 원고의 청구범위를 유지하면서 그 범위 내에서 필요에 따라 주장 외의 사실에 관하여 판단할 수 있다는 뜻이고 또 법원의 석명권은 당사자의 진술에 모순, 흠결이 있거나 애매하여 그 진술의 취지를 알 수 없을 때 이를 보완하여 명료하게 하거나 입증책임 있는 당사자에게 입증을 촉구하기 위하여 행사하는 것이지 그 정도를 넘어 당사자에게 새로운 청구를 할 것을 권유하는 것은 석명권의 한계를 넘어서는 것이다. 대법원 1992. 3. 10. 선고 91누6030 판결
① 현행 행정소송법상 행정청으로 하여금 일정한 행정처분을 하도록 명하는 이행판결을 구하는 소송이나 법원으로 하여금 행정청이 일정한 행정처분을 행한 것과 같은 효과가 있는 행정처분을 직접 행하도록 하는 형성판결을 구하는 소송은 허용되지 아니한다. 대법원 1997. 9. 30. 선고 97누3200 판결
② 행정소송법 제8조

> **행정소송법 제8조(법적용예)**
> ② 행정소송에 관하여 이 법에 특별한 규정이 없는 사항에 대하여는 법원조직법과 민사소송법 및 민사집행법의 규정을 준용한다.

③ 어떠한 처분에 법령상 근거가 있는지, 행정절차법에서 정한 처분절차를 준수하였는지는 본안에서 당해 처분이 적법한가를 판단하는 단계에서 고려할 요소이지, 소송요건 심사단계에서 고려할 요소가 아니다. 대법원 2020. 1. 16. 선고 2019다264700 판결

06. ① ① 국유재산 등의 관리청이 하는 행정재산의 사용 · 수익에 대한 허가는 순전히 사경제주체로서 행하는 사법상의 행위가 아니라 관리청이 공권력을 가진 우월적 지위에서 행하는 행정처분으로서 특정인에게 행정재산을 사용할 수 있는 권리를 설정하여 주는 강학상 특허에 해당한다. (중략) 국립의료원 부설 주차장에 관한 위탁관리용역운영계약의 실질은 행정재산에 대한 국유재산법 제24조 제1항의 사용 · 수익 허가이므로, 위 계약에 따른 가산금 지급채무의 부존재를 주장하여 구제를 받으려면, 적절한 행정쟁송절차를 통하여 권리관계를 다투어야 할 것이지, 이 사건과 같이 피고에 대하여 민사소송으로 위 지급의무의 부존재확인을 구할 수는 없는 것이다. 대법원 2006. 3. 9. 선고 2004다31074 판결
② 국유재산의 관리청이 행정재산의 사용 · 수익을 허가한 다음 그 사용 · 수익하는 자에 대하여 하는 사용료 부과는 순전히 사경제주체로서 행하는 사법상의 이행청구라 할 수 없고, 이는 관리청이 공권력을 가진 우월적 지위에서 행한 것으로서 항고소송의 대상이 되는 행정처분이라 할 것이다. 대법원 1996. 2. 13. 선고 95누11023 판결
③ 서울특별시지하철공사의 임원과 직원의 근무관계의 성질은 사법관계에 속하므로, 위 지하철공사의 사장이 그 이사회의 결의를 거쳐 제정된 인사규정에 의거하여 소속직원에 대한 징계처분을 한 경우 이에 대한 불복절차는 민사소송에 의할 것이지 행정소송에 의할 수는 없다. 대법원 1989. 9. 12. 선고 89누2103 판결
④ 국유림의 경영 및 관리에 관한 법률에 따른 임산물매각계약은 사법상 계약이다. 대법원 2020. 5. 14. 선고 2018다298409 판결

07. ④ ④ 원고가 (행정서사업)허가를 받은 때로부터 20년이 다 되어 피고가 그 허가를 취소한 것이기는 하나 피고가 취소사유를 알고서도 그렇게 장기간 취소권을 행사하지 않은 것이 아니고 1985. 9. 중순에 비로소 위에서 본 취소사유를 알고 그에 관한 법적 처리방안에 관하여 다각도로 연구검토가 행해졌고 그러한 사정은 원고도 알고 있었음이 기록상 명백하여 이로써 본다면 상대방인 원고에게 취소권을 행사하지 않을 것이란 신뢰를 심어준 것으로 여겨지지 않으니 피고의 처분이 실권의 법리에 저촉된 것이라고 볼 수 있는 것도 아니다. 대법원 1988. 4. 27. 선고 87누915 판결
① 재건축조합에서 일단 내부 규범이 정립되면 조합원들은 특별한 사정이 없는 한 그것이 존속하리라는 신뢰를 가지게 되므로, 내부 규범 변경을 통해 달성하려는 이익이 종전 내부 규범의 존속을 신뢰한 조합원들의 이익보다 우월해야 한다. 대법원 2020. 6. 25. 선고 2018두34732 판결
② 행정청이 앞서 표명한 공적인 견해에 반하는 행정처분을 함으로써 달성하려는 공익이 행정청의 공적 견해표명을 신뢰한 개인이 그 행정처분으로 인하여 입게 되는 이익의 침해를 정당화할 수 있을 정도로 강한 경우에는 신뢰보호의 원칙을 들어 그 행정처분이 위법하다고는 할 수 없다. 대법원 2005. 11. 25. 선고 2004두6822 등 판결
③ 행정기본법 제12조

> **행정기본법 제12조(신뢰보호의 원칙)**
> ② 행정청은 권한 행사의 기회가 있음에도 불구하고 장기간 권한을 행사하지 아니하여 국민이 그 권한이 행사되지 아니할 것으로 믿을 만한 정당한 사유가 있는 경우에는 그 권한을 행사해서는 아니 된다. 다만, 공익 또는 제3자의 이익을 현저히 해칠 우려가 있는 경우는 예외로 한다.

08. ③ ③ 건물의 점유자가 철거의무자일 때에는 건물철거의무에 퇴거의무도 포함되어 있는 것이어서 별도로 퇴거를 명하는 집행권원이 필요하지 않으므로, 행정청이 행정대집행의 방법으로 건물철거의무의 이행을 실현할 수 있는 경우에는 건물철거 대집행 과정에서 부수적으로 건물의 점유자들에 대한 퇴거 조치를 할 수 있다. 대법원 2017. 4. 28. 선고 2016다213916 판결
① 퇴거의무는 그것을 강제적으로 실현함에 있어 직접적인 실력행사가 필요한 것이지 대체적 작위의무에 해당하는 것은 아니어서 직접강제의 방법에 의하는 것은 별론으로 하고 행정대집행법에 의한 대집행의 대상이 되는 것은 아니다. 대법원 1998. 10. 23. 선고 97누157 판결
② 관계 법령에 위반하여 장례식장 영업을 하고 있는 자의 장례식장 사용중지의무는 비대체적 부작위 의무이므로 행정대집행법 제2조의 규정에 의한 대집행의 대상이 아니다. 대법원 2005. 9. 28. 선고 2005두7464 판결
④ 건축법에 위반하여 건축한 것이어서 철거의무가 있는 건물이라 하더라도 그 철거의무를 대집행하기 위한 계고처분을 하려면 다른 방법으로는 이행의 확보가 어렵고 불이행을 방치함이 심히 공익을 해하는 것으로 인정될 때에 한하여 허용되고 이러한 요건의 주장 · 입증책임은 처분 행정청에 있다. 대법원 1993. 9. 14. 선고 92누16690 판결

09. ③ ③ 과태료는 행정상의 질서유지를 위한 행정질서벌에 해당할 뿐 형벌이라고 할 수 없어 죄형법정주의의 규율대

상에 해당하지 아니한다. 헌법재판소 1998. 5. 28. 선고 96헌바83 결정

① 질서위반행위규제법 제7조

> **질서위반행위규제법 제7조(고의 또는 과실)**
> 고의 또는 과실이 없는 질서위반행위는 과태료를 부과하지 아니한다.

② 어떤 행정법규위반의 행위에 대하여 이를 단지 간접적으로 행정상의 질서에 장애를 줄 위험성이 있음에 불과한 경우로 보아 행정질서벌인 과태료를 과할 것인지 아니면 직접적으로 행정목적과 공익을 침해한 행위로 보아 행정형벌을 과할 것인지는 기본적으로 입법권자가 제반사정을 고려하여 결정할 입법재량에 속하는 문제이다. 헌법재판소 1998. 5. 28. 선고 96헌바83 결정

④ 질서위반행위규제법 제8조

> **질서위반행위규제법 제8조(위법성의 착오)**
> 자신의 행위가 위법하지 아니한 것으로 오인하고 행한 질서위반행위는 그 오인에 정당한 이유가 있는 때에 한하여 과태료를 부과하지 아니한다.

10. ① ① 원고가 이 사건 정보공개를 청구한 목적이 이 사건 손해배상소송에 제출할 증거자료를 획득하기 위한 것이었고 위 소송이 이미 종결되었다고 하더라도, 원고가 오로지 피고를 괴롭힐 목적으로 정보공개를 구하고 있다는 등의 특별한 사정이 없는 한, 위와 같은 사정만으로는 원고가 이 사건 소송을 계속하고 있는 것이 권리남용에 해당한다고 볼 수 없다. 대법원 2004. 9. 23. 선고 2003두1370 판결

② 군사법원법 제309조의3은 군검사가 공소제기된 사건과 관련하여 보관하고 있는 서류 또는 물건의 공개 여부나 공개 범위, 불복절차 등에 관하여 정보공개법과 달리 규정하고 있는 것으로 볼 수 있다. 결국 정보공개법 제4조 제1항에서 정한 '정보의 공개에 관하여 다른 법률에 특별한 규정이 있는 경우'에 해당한다. 따라서 군검사가 공소제기된 사건과 관련하여 보관하고 있는 서류 또는 물건에 관하여는 피고인이나 변호인의 정보공개법에 의한 정보공개청구가 허용되지 아니한다. 대법원 2024. 5. 30. 선고 2022두65559 판결

③ 공공기관의 정보공개에 관한 법률상 공개청구의 대상이 되는 정보란 공공기관이 직무상 작성 또는 취득하여 현재 보유·관리하고 있는 문서에 한정되는 것이기는 하나, 그 문서가 반드시 원본일 필요는 없다. 대법원 2006. 5. 25. 선고 2006두3049 판결

④ 정보공개법 제4조

> **정보공개법 제4조(적용 범위)**
> ② 지방자치단체는 그 소관 사무에 관하여 법령의 범위에서 정보공개에 관한 조례를 정할 수 있다.

일일 모고 행정학 제16회

정답 및 해설

합격까지 박문각

빠른 고득점 합격
행정학 이명훈

01. ② 오스본과 게블러는 지역사회가 주도하는 정부를 주창하면서 정부가 관료제적 통제와 직접 서비스를 제공하는 공급자 위주의 행정에서 벗어나 주민들에게 권한을 부여해 지역공동체를 형성함으로써 지역주민과 지역공동체를 서비스 공급주체의 일원으로 참여시켜주어야 한다고 주장하였다(서비스 제공보다 권한부여).

<<핵심체크>> 오스본(D. Osborne)와 게블러(T. Gaebler)의 기업가적 정부

정부형태	관료제(행정 : government)	기업가적 정부(NPM : governance)
촉매적 정부	노젓기 : 추진(rowing)	방향잡기 : 방향설정(steering)
지역사회 소유의 정부	명령과 통제 : 직접 서비스 제공(service)	권한 부여 : 할 수 있도록 해줌(empowerment)
경쟁적 정부	독점(monopoly)	경쟁(competition)
임무지향적 정부	규칙위주 : 역할에 의한 추진	임무위주 : 사명감에 의한 추진
결과지향적 정부	과정지향 : 예산투입	결과지향 : 자금산출
고객지향적 정부	관료제의 편의 중시 : 관료지향	고객의 편의 중시 : 고객지향
기업가적 정부	지출에 초점 : 소비중시	수익에 초점 : 수입중시
예방적 정부	단기적 · 반응적 : 사후치료	예견적 · 예방적 : 사전예방
분권적 정부	집권화 : 계층제	분권화 : 참여, 팀워크
시장지향적 정부	행정메커니즘 : 조직 중심	시장메커니즘 : 시장 중심

02. ③ 기계적 효율성은 행정관리론자인 귤릭(Gulick)이 강조한 개념이다. 통치기능설론자인 디목(Dimock)은 사회적 효율성을 제시하였다.

<<핵심체크>> 기계적 능률성과 사회적 능률성

구분	기계적 능률	사회적 능률
개념	투입 대 산출의 비율로 표현되는 계량적 능률	행정의 사회목적 실현과 다원적인 이익 간 통합 · 조정 및 행정조직 내부에서 구성원의 인간적 가치 실현을 중시하는 능률
관련 이론	과학적 관리론	인간관계론, 통치기능설
대두 요인	행정의 비능률과 무능력을 극복하기 위한 수단으로 등장	과학적 관리론의 한계 및 인간의 기계화에 대한 반대 논리로 등장
유사 개념	수치적 · 금전적 · 객관적 · 물리적 · 양적 · 단기적 · 몰가치적 · 사실적 능률	인간적 · 민주적 · 상대적 · 장기적 · 발전적 · 가치적 · 질적 · 합목적적 능률
평가	"무엇을 위한 능률인가?"에 대한 답을 줄 수 없는 목적의식과 방향감각이 결여된 능률	민주성과 능률성의 조화를 추구했지만, 오히려 능률의 개념을 모호하게 함
대표 학자	• 귤릭(Gulick) : 행정의 제1의 공리는 능률 • 사이먼(Simon) : 대차대조표적 능률	• 디목(Dimock) : 사회적 능률 개념 제시

03. ① 옴부즈만 제도는 입법부를 통해 임명된 조사관이 행정을 조사 · 감시하는 행정통제제도이다. 따라서 옴부즈만은 입법부가 행정부를 통제하기 위한 수단이다.

04. ② 정책의제란 정책적 해결 필요성을 지닌 사회문제를 정부가 공식적으로 다루기로 결정한 정책문제를 말한다. 어떤 사회문제가 사회적으로 이슈화되어 정부의 정책적 고려의 대상이 되어야 할 단계에 이른 문제는 정책의제가 아니라 체제의제(공중의제)이다.

05. ④ 딜레마 이론이란 상황의 특성, 대안의 성격, 결과가치의 비교평가, 행위자의 특성 등으로 인하여 선택이 곤란한 딜레마 상황에서 대안의 선택 방법을 규명하는 행정이론이다. ①은 시차이론을, ②는 신공공서비스론을, ③은 사회적자본론을 의미한다.

06. ① 상황적응이론은 개별조직을 연구대상으로 하는 반면, 개체군(조직군)생태학이론은 조직군을 연구대상으로 한다. 따라서 상황적응이론은 개체군생태학이론보다 미시적이다.

07. ③ 직무평가 방법에는 사전에 작성된 등급기준표에 의하여 직무의 책임과 곤란도 등을 파악하는 방법으로서 정부부문에서 많이 사용하나 등급 정의 작업이 곤란한 (분류법), 가장 늦게 고안된 직무평가 방법으로서 평가요소의 비중결정과 단계구분에 따른 점수부여의 임의성을 극복하고자 개발된 (요소비교법), 직위의 직무구성요소를 정의하고 요소별로 평가한 점수를 총합하는 방식으로 고도의 기술과 많은 시간 · 노력이 요구되는 (점수법) 등이 있다.

<<핵심체크>> 직무평가방법

구분		특징	비고
비계량적 방법	서열법	• 직무를 전체적 · 종합적으로 평가하여 상대적 중요도에 의해 서열을 부여하는 자의적 평가 방법 • 간편하고 시간과 비용이 절감되나 분류가 자의적임	직무와 직무의 비교(상대평가)
비계량적 방법	분류법(등급법)	• 직위의 등급수와 분류 기준을 작성한 등급기준표에 따라 직무의 책임도와 곤란도를 평가하는 방법 • 정부기관에서 가장 많이 사용되는 방법	직무와 기준표의 비교(절대평가)
계량적 방법	점수법	• 평가요소별 점수를 부여한 직무평가기준표에 근거하여 직위를 평가요소별로 평가하여 각 직위의 등급을 결정하는 방법 • 기업체에서 가장 많이 사용되는 방법	직무와 기준표의 비교(절대평가)
계량적 방법	요소비교법	• 기준(대표)직위를 먼저 선정한 다음 직무요소별로 기준직위와 평가할 직위를 비교해 가면서 점수를 부여하여 보수액을 산정하고 제시하는 방법 • 가장 늦게 개발된 객관적이고 정확한 방법	직무와 직무의 비교(상대평가)

08. ① 설문은 연쇄효과의 예이다. 연쇄효과란 한 평정 요소에 대한 평정자의 판단이 다른 평정 요소에도 영향을 주게 되어 나타나는 오류를 말한다.

09. ① 기능별 분류는 예산담당부서가 표시되지 않기 때문에 기관별 예산흐름을 파악하는 것이 곤란하다. 기관별 예산흐름 파악이 용이한 예산분류는 조직별 분류이다.

<<핵심체크>> 예산의 기능별 분류

기준	정부가 '무슨 일'을 하는 데 얼마를 쓰느냐(우리나라의 '장', '관')
특징	• 세출예산에만 적용 가능 • 기능별 분류의 대항목은 여러 부처로 분산되어 있음 • 시민이 예산을 잘 이해하도록 한다는 점에서 시민을 위한 분류 • 사업별 · 활동별 분류와 연계되므로 성과주의 예산에 가장 적합 • 예산의 전체 윤곽을 밝히는 데 유용하여, 미국과 우리나라의 예산개요(나라살림)의 작성에 활용
장점	① 국민의 정부활동에 대한 이해 용이(시민을 위한 분류), ② 의회의 예산심의 용이, ③ 행정수반의 예산정책 수립 용이, ④ 정부활동의 우선순위 파악 용이, ⑤ 장기간에 걸친 정부활동 분석 용이, ⑥ 총괄계정에 적합 등
단점	① 회계책임 확보 곤란(입법통제 곤란), ② 기관별 예산의 흐름(정부예산의 유통과정) 파악 곤란, ③ 예산의 국민경제적 효과 파악 곤란, ④ 특정사업이 두 개 이상의 기능에 속하는 경우 분류 곤란

10. ② 기관분립형은 대통령제와 유사하며, 의회와 집행기관 간 견제와 균형을 통하여 민주성을 확보할 수 있다.

<<핵심체크>> 기관통합형과 기관대립형

비교	기관통합형 (의원내각제형)	기관대립형 (대통령중심제형)
장점	• 지방의회에 권한과 책임이 집중되어 책임행정 구현 용이 • 의결기관과 집행기관 간 갈등과 대립이 적어 지방행정의 안정성 및 신속성 · 능률성 제고 • 의결기관과 집행기관의 단일화로 결정과 집행의 유기성 확보 • 다수의 의원에 의한 의사결정으로 신중성과 공정성 확보 • 주민이 선출한 의원들이 행정을 담당하므로 지방행정에 주민의 의사 반영 용이 • 소규모 기초자치단체에 적합	• 견제와 균형을 통한 권력남용 방지 및 민주정치가능성 제고 • 전문적인 행정기구를 통한 행정의 전문성 향상 • 집행기관에 단일 지도자가 존재하여 행정책임 소재 명확 • 행정부서 간 분파주의 극복을 통한 행정의 종합성 제고 • 집행기관 직선형의 경우 주민통제가 용이하고, 강력한 정책 추진이 가능하며, 국민의 대응성 증진
「지방자치법」 제4조	• 지방의회와 집행기관에 관한 이 법의 규정에도 불구하고 따로 법률로 정하는 바에 따라 단체장의 선임방법을 포함한 자치단체의 기관구성 형태를 달리 할 수 있다. • 지방의회와 집행기관의 구성을 달리하려는 경우에는 주민투표를 거쳐야 한다.	

2025 공무원 시험대비 【6회차】

박문각 일일 모의고사

-제17회-

[정답 및 해설]

이 름 : ______________________

학습관 : ______________________

합격
예측

답안 입력 및 성적 조회는 PC, 모바일에서 모두 가능합니다.

★ PC: pass.pmg.co.kr | ★ 모바일 앱: 박문각 합격관리

일일 모고 국어 제17회
정답 및 해설

합격까지 박문각

赤功 국어
적중 혜선

01. ④ '㉢ 운동장이 넓다.'의 '넓다'는 형용사이지만 '㉣ 넓히다'로 사동화 되었다. 따라서 동사만 사동화 될 수 있다는 것은 적절치 않다.
① ㉡의 주동문의 '아이가'라는 주어는 사동문에서 '아이에게'라는 부사어로 바뀌어 나타났다. 또한 ㉣의 주동문의 '운동장이'라는 주어는 사동문에서 '운동장을'이라는 목적어로 바뀌어 나타났다. 이는 다른 문장 성분으로 나타날 수 있음을 보여준다.
② ㉡은 용언 어간에 '게 하다'가 붙은 장형(=통사적) 사동문이다. ㉣은 용언 어간에 사동 접미사가 붙은 단형(=파생적) 사동문이다. 따라서 사동문에는 두 가지 유형이 있다고 볼 수 있다.
③ 주동문 ㉠이 사동문 ㉡이 되자 서술어의 자릿수가 두 자리에서 세 자리로 변했다. 또한 주동문 ㉢이 사동문 ㉣이 되자 서술어의 자릿수가 한 자리에서 두 자리로 변했다.

02. ④ 과정화의 의미인지는 '-게 되다'로 고쳐서 자연스러운 문장을 찾으면 된다. '그 가게에 잘 가지지 않아요.'를 "그 가게에 잘 가게 되지 않아요."로 바꾸면 자연스럽다.
① '읽혀진다'는 '읽+히(피동접미사)+어지(피동 보조용언)+ㄴ+다'로 이중 피동이므로 어법에 어긋난다. '읽어진다, 읽힌다'로 고쳐야 한다. 하지만 비문인 것이 답의 결정적인 근거가 되는 것은 아니다. '과정화'의 의미가 없기 때문에 답이 될 수 없는 것이다.
②, ③의 '방에 콜라가 쏟게 되었다'와 '이 펜은 글씨가 잘 쓰게 되다'는 어색하므로 답이 될 수 없다. '쏟아졌다'와 '써진다'에는 피동의 의미가 더 강하게 느껴진다.

03. ④ '~을 먹이다'는 '가축 따위를 기르다.'를 의미하므로 옳다.
① '구워진 빵, 나에 의해서 골라졌다.'는 과도한 피동 표현이므로 옳지 않다. '나는 새롭게 구운 빵을 골랐다'로 고쳐야 한다.
② '새로'와 '신입생'의 '新(새로울 신)'이 중복되므로 옳지 않다.
③ 대등 병렬의 어미 '-고' 앞뒤의 문법 구조가 다르므로 옳지 않다. '관심을 갖고'는 문장이지만 '토론'은 명사이므로 '토론하는 계기가 되었으면 합니다.'로 고쳐야 한다.

04. ① '15분 정도 있다가'는 '15분 정도 머물다가'라는 의미이므로 '있다'의 활용형으로 쓰는 것은 옳다.
② 병렬 구문의 중의성. 나와 그녀가 영수를 만나는 것인지, 내가 혼자서 그녀와 영수를 만나러 가는 것인지 불명확한 표현이다.
③ '잃어버리다'는 '가졌던 물건이 없어지다.'를 의미하므로 문맥상 옳지 않다. '기억하지 못하거나 깨닫지 못하다.'를 의미하는 '잊어버리다'로 고쳐야 한다.
④ 웃는게 상철인지 학생들인지 불명확하다.

05. ①

전제 1: 변호사 → 친절
전제 2: [　　　　　]
결론: 친절 ∧ 변호

'변호사 ∧ 변호'이다. 이 조건에 의해 변호사 중 변호를 잘하는 사람이 존재하고 첫 번째 전제 '변호사 → 친절'에 의해 변호사들은 모두 친절하므로 이를 통해 변호를 잘하는 사람 중 친절한 사람이 존재한다는 결론을 내릴 수 있다. 따라서 친절한 사람 중 어떤 사람은 변호를 잘한다.
②은 '~변호 ∧ ~변호사'이다. 이 전제를 '변호사 → 친절'과 연결지어 '친절 ∧ 변호'를 도출하는 것은 불가능하다.
③은 '변호사 → ~변호'이다. 이 전제를 '변호사 → 친절'과 연결하여 '친절 ∧ 변호'를 도출하는 것은 불가능하다. 두 명제의 전건이 같다고 해서 후건끼리 연결하여 교집합을 도출할 수는 없기 때문이다.
④은 '~변호 ∧ ~친절'이다. 이 전제를 '변호사 → 친절'과 연결지어 '친절 ∧ 변호'를 도출하는 것은 불가능하다.

06. ①

(가) 여행 ∧ 운동 (나) ~런닝 → ~여행 ≡ 여행 → 런닝 (다) 런닝 → ~수영 ≡ 수영 → ~런닝

① (가)에서 '여행 ∧ 운동'이고 (나)의 대우명제에서 '여행 → 런닝'이므로 여행과 운동에 동시에 관심이 있는 사람이 존재하고 이 사람은 반드시 런닝에도 관심이 있어야 한다. 따라서 '운동 ∧ 런닝'을 도출할 수 있다. 그리고 (다)에서 '런닝 → ~수영'이므로 마찬가지 논리로 '운동 ∧ ~수영'을 도출할 수 있다. 따라서 운동에 관심이 있는 어떤 사람은 수영에 관심이 없다.
② (다)의 대우명제에 의해 '수영 → ~런닝'이고, (나)에 의해 '~런닝 → ~여행'이므로 두 명제를 연결하면 '수영 → ~여행'을 도출하는 것이 가능하다. 즉, 수영에 관심이 있는 모든 사람은 여행에 관심이 없다. 반대의 오류이다.
③ (가)에서 '여행 ∧ 운동'이므로 여행에 관심이 있는 모든 사람이 운동에도 관심이 있다고 할 수는 없다. 즉, '여행 ∧ ~운동'이 거짓이라고 할 수는 없지만 반드시 참이라고 할 수도 없다. 따라서 여행에 관심이 있고 운동에 관심이 없는 사람이 존재한다고 단정적으로 진술하는 것은 옳다고 할 수 없다. 판단불가의 오류이다.
④ (다)의 역명제이다. 따라서 참 거짓을 판단할 수 없다. 판단불가의 오류이다.

07. ③ ㉠의 '올리다'는 '1「4」 위쪽으로 높게 하거나 세우다.'를 의미한다. 이와 가장 유사한 의미의 '올리다'는 ③이다.
① 1「1」 값이나 수치, 온도, 성적 따위를 이전보다 많아지게 하거나 높이다.
② 2「4」 기록하게 하다.
④ 1「5」 의식이나 예식을 거행하다.

08. ② '찾다'는 '잃거나 빼앗기거나 맡기거나 빌려주었던 것을 돌려받아 가지게 되다.'를 의미한다. 따라서 '샅샅이 뒤져서 찾아내다.'를 의미하는 '색출(索 찾을 색 出 날 출)하다'는 ㉡과 바꿔쓸 수 있는 유사한 표현으로 적절하지 않다. '예금 따위를 찾다.'를 의미하는 '인출(引 끌 인 出 날 출)하다'로 바꿔쓸 수 있다.
① ㉠ '내놓다'는 '생각이나 의견을 제시하다.'를 의미한다. 따라서 '토의할 안건을 회의 석상에 내어놓다.'를 의미하는 '상정(上 윗 상 程 한도 정)하다'로 바꿔쓸 수 있다.
③ ㉢ '줄이다'는 '수나 분량을 본디보다 적게 하거나 무게를 덜 나가게 하다.'를 의미한다. 따라서 '덜어서 줄이다.'를 의미하는 '감축(減 덜 감 縮 줄일 축)하다'로 바꿔쓸 수 있다.
④ ㉣ '탈바꿈하다'는 '원래의 모양이나 형태를 바꾸다.'를 의미한다. 따라서 '자금, 경력 따위를 필요에 따라 정당한 것처럼 탈바꿈하다.'를 의미하는 '세탁(洗 씻을 세 濯 씻을 탁)하다'로 바꿔쓸 수 있다.

09. ② 이 글의 글쓴이는 책을 읽는 과정은 스스로를 통제해야 하는 어려움이 있으므로 이를 극복했을 때 희열을 느낀다고 말하고 있다.

10. ③ '책을 읽는 일은 스스로 생각하고, 스스로 행동하는 일이며, 우리가 우리 삶의 주인공임을 스스로 깨닫는 일이다.' 에서 볼 때 국민들이 '스스로' 무엇인가를 하는 것을 막기 위해서이다.

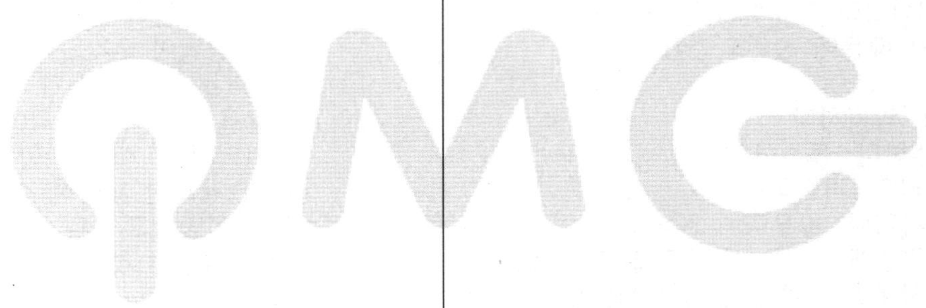

일일 모고 영어 제17회
정답 및 해설

합격까지 박문각

반드시 합격
진가영 영어

01. ④ ★ strain 부담을 주다, 긴장시키다
● improve 개선하다, 향상시키다
● refresh 상쾌하게 하다, 기운을 나게 하다
● benefit 혜택을 주다, 이익을 얻다
[해석] 직장에서의 지속적인 압박은 직원의 건강에 부담을 주기 시작했으며, 그로 인해 스트레스와 피로가 증가했다.

02. ④ ★ tense 긴장된, 불안한
● material 물질의, 중요한
● composed 침착한, 차분한
● enthusiastic 열광적인, 열정적인
[해석] 선생님은 학생들은 기말 시험 전에 긴장을 느끼고 있음을 알아차렸는데, 이는 그들이 자신의 성적에 대해 걱정하고 있었기 때문이었다.

03. ③ ★ majority 대다수, 대부분
● fraction 일부, 소량
● minority 소수, 소수 집단
● exception 예외, 제외
[해석] 그 제안은 위원회의 대다수 구성원이 새로운 정책에 찬성표를 던졌기 때문에 승인되었다.

04. ① ★ lease 임대하다, 임차하다
● confiscate 압수하다, 몰수하다
● demolish 철거하다, 파괴하다
● evacuate 대피시키다, 비우다
[해석] 정부는 공무원들에게 더 나은 근무 환경을 제공하기 위해 추가적인 사무용 건물을 임대하기로 결정했다.

05. ② ★ literature 문학, 문헌
● guideline 지침, 안내
● equation 방정식, 등식
● schedule 일정, 시간표
[해석] 많은 사람들은 고전 문학을 읽는 것을 즐기는데, 이는 인간의 본성과 역사에 대한 귀중한 통찰을 제공하기 때문이다.

06. ① [해설]
to부정사의 의미상의 주어가 문장의 주어나 목적어와 일치하지 않을 때 to부정사의 의미상 주어는 to부정사 앞에 'for 목적격'으로 표시해야 하지만, 인성 형용사(sensible)를 포함한 구문에서는 'of 목적격'으로 표시해야 한다. 따라서 밑줄 친 부분에 가장 적절한 것은 ①이다.
[해석]
오후에 갑작스러운 폭우가 올 것이라는 일기예보가 있었기 때문에 우산을 가져온 것은 그녀의 매우 현명한 판단이었다.

07. ② [해설]
조동사 can 뒤에 본동사는 수 일치 하지 않고 동사원형으로 써야 한다. 따라서 밑줄 친 부분인 remembers를 remember로 고쳐야 한다.
[해석]
이 박사는 사람들이 인간 백과사전이라고 부르는 사람이다. 그는 방대한 지식을 가지고 있으며 다양한 주제에 대한 작은 세부 사항까지도 기억할 수 있다. 고대 역사, 고급 수학, 고전 문학이든 상관없이, 그는 항상 완벽한 설명을 준비하고 있다. 그의 학생들은 그의 지혜를 존경하며 복잡한 개념을 쉽게 이해할 수 있도록 설명하는 능력을 높이 평가한다.

08. ① [해석]
A: 실례합니다만, 운전 면허증을 갱신하려고 하는데 어떻게 해야 하나요?
B: 네, 서비스 카운터에서 갱신 신청서를 작성한 후, 결제 창구로 가시면 됩니다.
A: 어떤 서류를 가져가야 하나요?
B: 네, 현재 운전 면허증, 최근 사진, 그리고 주소 증명서를 가져가셔야 합니다.
A: 정보 감사합니다! 모든 서류를 챙기겠습니다.
① 어떤 서류를 가져가야 하나요?
② 면허증 갱신 수수료는 얼마인가요?
③ 운전 면허 시험은 언제 있나요?
④ 갱신을 하지 못하면 어떤 처벌을 받나요?

09. ③ [해설]
과거의 경험이 현재에 미치는 영향에 대한 글로, 작은 부정적 경험이 우리의 삶에 지속적인 영향을 미칠 수 있으며, 이는 긍정적인 기억으로 극복하지 않는 한 사라지지 않음을 강조하고 있다. 본문에서는 주인공이 고등학교에서의 작은 실수로 인해 노래를 포기하게 된 이야기를 통해, 사소한 부정적 경험이 어떻게 삶에 영향을 미치는지를 설명하고 있다. 따라서 밑줄 친 부분에 들어갈 말로 가장 적절한 것은 ③이다.
[해석]
우리 중 많은 이들이 사소한 부정적인 경험으로 인해 전 인생이 영향을 받는다. 나는 탁월한 바리톤 목소리를 가진 한 사람을 알고 있다. 그는 교회 성가대에서 노래하려 하지 않고, 지역 4중창단의 제안도 거절했다. 그 이유는 고등학교 2학년 때 학급 오페레타의 주역 중 한 명으로 노래를 부르던 중 목소리가 약간 떨렸기 때문이다. 청중은 거의 알아차리지 못했지만, 그는 그 순간을 기억하고 있다. 그 경험에 너무 실망한 나머지 그는 다시는 노래하지 않겠다고 결심했다. "그저 노래하고 싶지 않아요."라는 것이 주위의 압력을 받을 때 그가 내세우는 변명이다. 그는 과거의 사소한 실수 하나로 인해 풍요롭고 발전할 수 있는 경험을 잃어버린 것이다. 우리의 마음속에 자리 잡은 이러한 교활한 작은 씨앗들은 긍정적인 기억으로 씻어내지 않는 한 사라지지 않는다.
① 작은 과거의 성취
② 우리가 잃어버린 기회
③ 사소한 부정적인 경험
④ 우리의 실현되지 않은 잠재력
[어휘]
□ disappointment 실망
□ fulfilling 보람 있는
□ positive 긍정적인

10. ③ [해설]
학습 방법의 다양성과 개인적 선호에 대한 글로, 사람들은 학습하는 방식이 다르며, 각자의 선호에 따라 시각적, 청각적, 독서 방식 중 하나를 선택함을 설명하고 있다. '학습 방법의 다양성'을 언급한 제시문 다음에 '다양한 학습 방법'을 언급하는 (B)로 이어져야 하며, (C)에서 실제 상황을 상상하게 하여 학습 방법을 구체적으로 제시하고, 마지막으로 (A)에서 각 개인의 선호에 대해 설명하는 순서가 자연스럽다. 따라서 글의 순서로 가장 적절한 것은 ③이다.

[해석]

당신은 어떤 방법으로 배우는 것을 선호하는가? 어떤 사람들은 듣는 것보다 그림을 보는 것이 더 이해하기 쉽다고 생각한다.

(B) 또 어떤 이들은 듣는 것이 더 쉽다고 느낀다. 하지만, 다른 사람들은 글로 읽는 것을 더 선호한다. 여러분 자신이 선호하는 학습 방법에 대해 생각해보라.

(C) 이제 집을 나서서 전에 한 번도 가보지 않은 장소에 가야 한다고 상상해 보자. 그곳에 가는 가장 쉬운 방법은 무엇일까?

(A) 어떤 사람들은 지도를 보고 싶어 하고, 어떤 사람들은 지시를 듣고 싶어 하며, 또 어떤 사람들은 읽는 것을 더 선호할 수 있다. 이는 당신이 어떤 유형의 사람인지에 달려 있다.

[어휘]

☐ preferred 선호하는

☐ instruction 지침

일일 모고 한국사 제17회
정답 및 해설

합격까지 박문각

가장 빠른 한국사
한국사 박기훈

01. ① ① 세조 때 보법의 시행으로 군역대상자는 증가하였다. 보법(保法)은 군사 복무를 위해 교대로 근무하여야 하는 정군(正軍)과 정군이 복무하는 데에 드는 비용(매년 포 2필)을 보조하는 보인(保人)이 있다.
② 16세 이상의 정남에게는 군역과 요역의 의무가 있었다. 양반, 서리, 향리 등은 관청에서 일하기 때문에 군역에 복무하지 않았다.
③ 성종 때 경작하는 토지 8결을 기준으로 한 사람씩 동원하고 1년 중에 동원할 수 있는 날도 6일 이내로 제한하도록 규정을 바꾸었으나, 임의로 징발하는 경우도 많았다.
④ 군역의 요역화 현상으로 인해 군역의 의무를 져야할 정군이 자기 대신 다른 사람을 군대에 보내는 대립제가 성행하였다.

02. ④ (가)는 사헌부, (나)는 사간원, (다)는 홍문관이다. 3사는 간쟁권을 가진 언관이었다. 3사를 둔 것은 견제와 비판을 통하여 올바른 정치를 하기 위해서였다. 사헌부와 사간원은 양사 또는 대간이라 불렸는데, 서경권을 가지고 있어 관리 임명에 신분, 경력 등을 조사하여 그 승인에 간여하였다. 고려 시대에는 어사대의 관원과 중서문하성의 낭사가 대간으로 불리며 이러한 기능을 수행하였다.
① 신문고는 임금의 직속인 의금부당직청(義禁府當直廳)에서 이를 주관, 북이 울리는 소리를 임금이 직접 듣고 북을 친자의 억울한 사연을 접수 처리하도록 하였다.
② 사간원은 태종이 독립시켜 대신을 견제하게 하였다.
③ 홍문관은 3사의 일원으로 왕권을 견제하였다. 왕권 강화와 유지를 위한 핵심 기구는 승정원과 의금부에 해당한다.

03. ① 『경제야언』은 정조 때 우정규의 저서이다. 따라서 자료의 '이 시기'는 조선 후기이다.
① 조선전기에 이앙법이 남부지방으로 확산되었고, 조선 후기에는 전국 확산되었다.
② 신해통공(1791)으로 장인의 등록제가 폐지되어, 장인은 장인세만 부담하면 납포장으로서 자유롭게 생산을 할 수 있었다.
③ 민간수공업자들은 작업장과 규모가 소규모라 원료의 구입과 제품의 처분에서 자본력을 갖춘 상업 자본의 지배를 받았는데, 이를 물주 지배 방식이라 한다. 이렇게 민간수공업자들은 대부분 공인이나 상인에게 주문과 함께 자금과 원료를 미리 받아서 제품을 생산하였다.
④ 17세기에는 광산 개발이 촉진되었는데, 특히 청과의 무역으로 은광의 개발이 활기를 띠었다. 광산 개발은 이득이 많기 때문에 몰래 채굴하는 잠채도 성행하는 등 광산 개발이 더욱 발달하였고, 18세기 이후에는 상업자본이 광산경영에 참여하게 되었다. 그리하여 광산 개발에서는 분업에 토대를 둔 협업이 이루어지기도 하였다.

04. ④ ㉠ 조선 시대에는 언론 기능을 담당하는 삼사(사간원, 사헌부, 홍문관) 가 존재했다. 이들은 권력의 독점을 방지하고 왕과 신료들 사이에서 공론(公論)을 형성하는 역할을 했다. 성종~연산군 초기 에 삼사의 역할이 특히 강조되었으며, 이후 붕당정치가 본격화되면서 각 붕당이 삼사를 장악하려는 경향이 강해졌다.
㉡ 동인은 정여립 모반 사건(1589년)을 계기로 강경파인 북인 과 온건파인 남인 으로 분열되었다.
선조 후반 : 남인이 정국을 주도했으나,
임진왜란 이후 : 북인이 정권을 차지하면서 광해군 즉위 후까지 권력을 장악했다.
광해군 집권기 : 북인이 정권을 독점했으며, 강경 개혁 정치를 추진했다.
㉢ 광해군(1608~1623년) 집권 후 북인이 정권을 장악했으며, 특히 강경파인 대북 이 주도권을 쥐었다.
광해군은 중립 외교(명-후금 사이에서 균형 유지) 를 추진했다.
인목대비 폐위(1618년) 를 계기로 강경 개혁을 추진하면서 서인과 남인을 배제했다.
하지만 1623년 인조반정 으로 광해군과 북인은 실각하게 된다.
㉣ 1623년 인조반정 : 서인이 주도하여 광해군을 폐위하고 남인과 연합해 정권을 운영했다.
인조~현종(17세기 중반) : 서인이 정국을 주도했지만, 남인과 공존하는 체제를 유지했다.
㉤ 예송(禮訟)은 효종 사망 후 자의 대비(인조의 비)의 상복 기간을 두고 벌어진 정치적 논쟁이다.
기해예송(1659년, 효종 사망 후) :
서인: 자의 대비는 1년 상복 (왕은 신하의 아들이므로 1년).
남인: 3년 상복 (장자가 왕이 된 경우는 3년).
결과: 서인 승리.
갑인예송(1674년, 효종비 사망 후) :
서인: 9개월 상복.
남인: 1년 상복.
결과: 남인 승리, 서인 축출.
㉥ 숙종(1674~1720년) 때는 붕당 간의 권력 다툼이 극심해지면서 왕이 붕당을 교체하는 환국(換局) 정치 가 나타났다.
경신환국(1680) : 서인이 남인을 몰아내고 집권.
기사환국(1689) : 남인이 다시 집권.
갑술환국(1694) : 서인이 다시 정권을 잡음.
이처럼 조선 후기에 이르러 붕당정치는 초기의 공존 체제에서 벗어나 특정 붕당이 정권을 독점하는 방향으로 변화하였다.

05. ② 자료의 조약은 1882년에 맺은 조 · 미 수호 통상 조약이다.
② 보빙사는 조 · 미 수호 통상 조약에 대한 답례로 1883년에 민영익을 파견한 것이며, 이때 홍영식, 유길준도 함께 파견되었다.
① <조선책략>에는 러시아의 남하 정책에 대응하여 조선은 미국에 연합해야 한다는 내용이 담겨 있다. 그리하여 러시아와 일본의 세력을 견제하고, 조선에 대한 종주권을 국제적으로 승인받을 수 있는 기회를 노리던 청의 알선으로 조 · 미 수호 통상 조약이 체결되었다.
③ 조 · 미 수호 통상 조약은 비록 불평등 조약이었으나, 미국의 수출입 상품에 대하여 낮은 비율의 관세를 부과하는 권한이 최초로 명시된 조약이었다.
④ 강화도조약의 불평등 내용은 치외법권, 해안측량권이고 조미수호통상조약의 불평등내용은 치외법권과 최혜국대우임을 알아야 한다.

06. ③ 자료는 한국광복군의 대일선전포고문(1941)이다.
③ 중국 팔로군과 화북 지방에서 연합하여 호가장 전투에서 승리한 군대는 조선의용대 화북지대이다.
①, ②, ④는 한국광복군에 대한 설명으로 맞다.

07. ② 자료는 김원봉의 요청을 받아들여 신채호가 의열단의 강령으로 작성한 조선혁명선언(1923)이다.
㉠ 1935년에 의열단과 한국독립당, 조선혁명당, 신한독립당, 대한독립당의 5개 단체가 참여하여 민족혁명당이 중국 난징에서 결성되었다.
㉡ 의열단은 민중의 직접적인 폭력혁명을 추구하였다.
㉢ 중국 국민당 정부의 지원을 받고 조선민족혁명당의 산하부대로 조선의용대가 1938년에 창설되었다. 이는 중국관내에서 만들어진 최초의 무장투쟁단체이다.
㉣ 임시정부 산하 한인애국단에 대한 설명이다.

08. ② 자료의 <한국통사>를 서술한 이는 박은식이다.
② 유교계가 친일화되면서 공자교가 만들어지자 박은식은 대동사상을 천명하고 양명학에 기반한 대동교를 만들어 유교계의 친일에 저항하였다.
① 박은식은 애국계몽사학의 일환으로 1910년 조선광문회에서 우리나라의 고전을 총정리하였다.
③ 박은식은 <한국통사>(1915)는 흥선대원군부터 105인 사건까지를 서술하였으며, 여기에서 전통적인 혼백론을 원용하여 국혼론을 전개하였다.
④ 박은식은 <한국독립운동지혈사>(1920)에서 개항 이후 항일 투쟁사를 서술하여 일제의 불법적인 침략을 규탄하였다.

09. ② ② 농지개혁은 농지만을 분배 대상으로 하여 임야와 삼림 등 비농지는 제외하였다.
①, ③ 3정보 이상의 농지를 가진 부재지주의 농지를 국가에서 유상으로 매입하고, 영세농에게 유상 분배하였다. 토지를 분배받은 농민들은 수확량의 30%씩 5년간 총 150%를 국가에 상환하면 토지 소유권을 인정받았다.
④ 농지개혁의 결과 지주는 소멸하고 자영농은 소멸하게 되었다. 그러나 지주들은 농지개혁 전에 미리 토지를 처분하게 되면서 토지 자본을 산업 자본화하려던 계획은 실패하게 되었다.

10. ② ㉡, ㉢, ㉣ 박정희 정부(제3공화국, 1963~1972), (제4공화국, 1972~1979).
㉡ 6 · 23 평화통일 선언(1973) : 정부는 남 · 북한의 유엔 동시 가입과 호혜 평등의 원칙하에 모든 국가에 대한 문호 개방을 내용으로 하는 6 · 23 평화통일 선언을 발표하였다.
㉢, ㉣,7 · 4 남북공동성명(1972): 자주 · 평화 · 민족 대단결의 3대 원칙과 통일 문제를 협의하기 위한 남북 조절 위원회의 설치에 합의하였다. 또한 기존의 호칭이었던 '괴뢰'를 '북한'으로 개칭하고, 남북 회담을 위한 직통전화 가설에 합의하였다.
㉠ 1985년 전두환 정부 때의 일이다.
㉤ 1991년 노태우 정부 때의 남북기본합의서에 대한 설명이다.

일일 모고 행정법 제17회

정답 및 해설

합격까지 박문각

광야에서 합격까지
행정법 강성빈

01. ③ ③ 구 여객자동차 운수사업법 시행규칙 제31조 제2항 제1호, 제2호, 제6호는 구 여객자동차 운수사업법 제11조 제4항의 위임에 따라 시외버스운송사업의 사업계획변경에 관한 절차, 인가기준 등을 구체적으로 규정한 것으로서, 대외적인 구속력이 있는 법규명령이라고 할 것이고, 그것을 행정청 내부의 사무처리준칙을 규정한 행정규칙에 불과하다고 할 수는 없다(주: 시행규칙의 내용이 제재적 처분기준을 정하고 있는 것이 아니라 수익적인 인허가의 기준을 정하고 있는 경우, 그 기준은 법규명령으로 봄). 대법원 2006. 6. 27. 선고 2003두4355 판결

① 상위법령에서 세부사항 등을 시행규칙으로 정하도록 위임하였음에도 이를 고시 등 행정규칙으로 정하였다면 그 역시 대외적 구속력을 가지는 법규명령으로서 효력이 인정될 수 없다. 대법원 2012. 7. 5. 선고 2010다72076 판결

② 구 식품위생법시행규칙 제53조에서 [별표 15]로 식품위생법 제58조에 따른 행정처분의 기준을 정하였다고 하더라도 이는 형식만 부령으로 되어 있을 뿐, 그 성질은 행정기관 내부의 사무처리준칙을 정한 것으로서 행정명령의 성질을 가지는 것이다. 대법원 1995. 3. 28. 선고 94누6925 판결

④ 위와 같은 작성요령은 법률의 위임을 받은 것이기는 하나 법인세의 부과징수라는 행정적 편의를 도모하기 위한 절차적 규정으로서 단순히 행정규칙의 성질을 가지는 데 불과하여 과세관청이나 일반국민을 기속하는 것이 아니다. 대법원 2003. 9. 5. 선고 2001두403 판결

02. ③ ③ 행정처분에 부담인 부관을 붙인 경우 부관의 무효화에 의하여 본체인 행정처분 자체의 효력에도 영향이 있게 될 수는 있지만, 그 처분을 받은 사람이 부담의 이행으로 사법상 매매 등의 법률행위를 한 경우에는 그 부관은 특별한 사정이 없는 한 법률행위를 하게 된 동기 내지 연유로 작용하였을 뿐이므로 이는 법률행위의 취소사유가 될 수 있음은 별론으로 하고 그 법률행위 자체를 당연히 무효화하는 것은 아니다. 대법원 2009. 6. 25. 선고 2006다18174 판결

① 위 고시에 정한 허가기준에 따라 보존음료수 제조업 허가에 붙여진 전량수출 또는 주한 외국인에 대한 판매에 한한다는 내용의 조건은 이른바 법정부관으로서 행정청의 의사에 기하여 붙여지는 본래의 의미에서의 행정행위의 부관은 아니다. 따라서 이와 같은 법정부관에 대하여는 행정행위에 부관을 붙일 수 있는 한계에 관한 일반적인 원칙이 적용되지는 않지만, 위 고시가 헌법상 보장된 기본권을 침해하는 것으로서 헌법에 위반될 때에는 그 효력이 없는 것으로 볼 수밖에 없다. 대법원 1995. 11. 14. 선고 92도496 판결

② 행정청은 임시이사의 임기를 분명히 하기 위하여 임시이사를 선임하면서 임기를 예를 들어 1년 또는 2년과 같이 확정기한으로 정할 수 있다. 그러나 임시이사를 선임하면서 임기를 '후임 정식이사가 선임될 때까지'로 기재한 것은 근거 법률의 해석상 당연히 도출되는 사항을 주의적 · 확인적으로 기재한 이른바 '법정부관'일 뿐, 행정청의 의사에 따라 붙이는 본래 의미의 행정처분 부관이라고 볼 수 없다. 대법원 2020. 10. 29. 선고 2017다269152 판결

④ 일반적으로 기속행위나 기속적 재량행위에는 부관을 붙일 수 없고 가사 부관을 붙였다 하더라도 무효이다. 대법원 1995. 6. 13. 선고 94다56883 판결

03. ① ① 계약직공무원에 관한 현행 법령의 규정에 비추어 볼 때, 계약직공무원 채용계약해지의 의사표시는 일반공무원에 대한 징계처분과는 달라서 항고소송의 대상이 되는 처분 등의 성격을 가진 것으로 인정되지 아니하고, 일정한 사유가 있을 때에 국가 또는 지방자치단체가 채용계약 관계의 한쪽 당사자로서 대등한 지위에서 행하는 의사표시로 취급되는 것으로 이해되므로, 이를 징계해고 등에서와 같이 그 징계사유에 한하여 효력 유무를 판단하여야 하거나, 행정처분과 같이 행정절차법에 의하여 근거와 이유를 제시하여야 하는 것은 아니다. 대법원 2002. 11. 26. 선고 2002두5948 판결

② 전문직공무원인 공중보건의사의 채용계약 해지의 의사표시는 일반공무원에 대한 징계처분과는 달라서 항고소송의 대상이 되는 처분 등의 성격을 가진 것으로 인정되지 아니하고, 일정한 사유가 있을 때에 관할 도지사가 채용계약 관계의 한쪽 당사자로서 대등한 지위에서 행하는 의사표시로 취급하고 있는 것으로 이해되므로, 공중보건의사 채용계약 해지의 의사표시에 대하여는 대등한 당사자간의 소송형식인 공법상의 당사자소송으로 그 의사표시의 무효확인을 청구할 수 있는 것이다. 대법원 1996. 5. 31. 선고 95누10617 판결

③ 행정청이 자신과 상대방 사이의 법률관계를 일방적인 의사표시로 종료시켰다고 하더라도 곧바로 의사표시가 행정청으로서 공권력을 행사하여 행하는 행정처분이라고 단정할 수는 없고, 관계 법령이 상대방의 법률관계에 관하여 구체적으로 어떻게 규정하고 있는지에 따라 의사표시가 항고소송의 대상이 되는 행정처분에 해당하는지 아니면 공법상 계약관계의 일방 당사자로서 대등한 지위에서 행하는 의사표시인지를 개별적으로 판단하여야 한다. 대법원 2015. 8. 27. 선고 2015두41449 판결

④ 행정기본법 제27조

> **행정기본법 제27조(공법상 계약의체결)**
> ① 행정청은 법령등을 위반하지 아니하는 범위에서 행정목적을 달성하기 위하여 필요한 경우에는 공법상 법률관계에 관한 계약(이하 "공법상 계약"이라 한다)을 체결할 수 있다. 이 경우 계약의 목적 및 내용을 명확하게 적은 계약서를 작성하여야 한다.

04. ④ ④ 행정소송법 제18조

> **행정소송법 제18조(행정심판과의 관계)**
> ② 제1항 단서의 경우에도 다음 각호의 1에 해당하는 사유가 있는 때에는 '행정심판의 재결을 거치지 아니하고' 취소소송을 제기할 수 있다.
> 2. 처분의 집행 또는 절차의 속행으로 생길 중대한 손해를 예방하여야 할 긴급한 필요가 있는 때

① 원고가 행정소송법상 항고소송으로 제기해야 할 사건을 민사소송으로 잘못 제기한 경우에 수소법원이 그 항고소송에 대한 관할을 가지고 있지 아니하여 관할법원에 이송하는 결정을 하였고, 그 이송결정이 확정된 후 원고가 항고소송으로 소 변경을 하였다면, 그 항고소송에 대한 제소기간의 준수 여부는 원칙적으로 처음에 소를 제기한 때를 기준으로 판단하여야 한다. 대법원 2022. 11. 17. 선고 2021두44425 판결

② 행정사건의 심리절차는 행정소송의 특수성을 감안하여 행정소송법이 정하고 있는 특칙이 적용될 수 있는 점

을 제외하면 심리절차 면에서 민사소송 절차와 큰 차이가 없으므로, 특별한 사정이 없는 한 민사사건을 행정소송 절차로 진행한 것 자체가 위법하다고 볼 수 없다. 대법원 2018. 2. 13. 선고 2014두11328 판결
③ 원고가 피고를 잘못 지정하였다면 법원으로서는 당연히 석명권을 행사하여 원고로 하여금 피고를 경정하게 하여 소송을 진행케 하였어야 할 것임에도 불구하고 이러한 조치를 취하지 아니한 채 피고의 지정이 잘못되었다는 이유로 소를 각하한 것이 위법하다. 대법원 2004. 7. 8. 선고 2002두7852 판결

05. ② ② 행정처분의 위법 여부는 행정처분이 행하여진 때의 법령과 사실을 기준으로 판단하므로, 확정판결의 당사자인 처분 행정청은 종전 처분 후에 발생한 새로운 사유를 내세워 다시 처분을 할 수 있고, 새로운 처분의 처분사유가 종전 처분의 처분사유와 기본적 사실관계에서 동일하지 않은 다른 사유에 해당하는 이상, 처분사유가 종전 처분 당시 이미 존재하고 있었고 당사자가 이를 알고 있었더라도 이를 내세워 새로이 처분을 하는 것은 확정판결의 기속력에 저촉되지 않는다. 대법원 2016. 3. 24. 선고 2015두48235 판결
① 행정소송법 제29조

> **행정소송법 제29조(취소판결등의 효력)**
> ① 처분등을 취소하는 확정판결은 제3자에 대하여도 효력이 있다.

③ 행정처분을 취소하는 확정판결이 제3자에 대하여도 효력이 있다고 하더라도 일반적으로 판결의 효력은 주문에 포함한 것에 한하여 미치는 것이니 그 취소판결 자체의 효력으로써 그 행정처분을 기초로 하여 새로 형성된 제3자의 권리까지 당연히 그 행정처분 전의 상태로 환원되는 것이라고는 할 수 없고, 단지 취소판결의 존재와 취소판결에 의하여 형성되는 법률관계를 소송당사자가 아니었던 제3자라 할지라도 이를 용인하지 않으면 아니된다는 것을 의미하는 것에 불과하다 할 것이다. 대법원 1986. 8. 19. 선고 83다카2022 판결
④ 조세의 부과처분을 취소하는 행정소송판결이 확정된 경우 그 조세부과처분의 효력은 처분시에 소급하여 효력을 잃게 되고 따라서 그 부과처분을 받은 사람은 그 처분에 따른 납부의무가 없다고 할 것이므로 위 확정된 행정판결은 조세포탈에 대한 무죄 내지 원판결이 인정한 죄보다 경한 죄를 인정할 명백한 증거라 할 것이다. 대법원 1985. 10. 22. 선고 83도2933 판결

06. ④ ④ 행정기본법 제6조

> **행정기본법 제6조(행정에 관한 기간의 계산)**
> ② 법령등 또는 처분에서 국민의 권익을 제한하거나 의무를 부과하는 경우 권익이 제한되거나 의무가 지속되는 기간의 계산은 다음 각 호의 기준에 따른다. 다만, 다음 각 호의 기준에 따르는 것이 국민에게 불리한 경우에는 그러하지 아니하다.
> 2. 기간의 말일이 토요일 또는 공휴일인 경우에도 기간은 그 날로 만료한다.

① 행정기본법 제7조

> **행정기본법 제7조(법령등 시행일의 기간 계산)**
> 법령등(훈령 · 예규 · 고시 · 지침 등을 포함한다. 이하 이 조에서 같다)의 시행일을 정하거나 계산할 때에는 다음 각 호의 기준에 따른다.
> 2. 법령등을 공포한 날부터 일정 기간이 경과한 날부터 시행하는 경우 법령등을 공포한 날을 첫날에 산입하지 아니한다.

② 행정기본법 제7조

> **행정기본법 제7조(법령등 시행일의 기간 계산)**
> 법령등(훈령 · 예규 · 고시 · 지침 등을 포함한다. 이하 이 조에서 같다)의 시행일을 정하거나 계산할 때에는 다음 각 호의 기준에 따른다.
> 3. 법령등을 공포한 날부터 일정 기간이 경과한 날부터 시행하는 경우 그 기간의 말일이 토요일 또는 공휴일인 때에는 그 말일로 기간이 만료한다.

③ 행정기본법 제6조

> **행정기본법 제6조(행정에 관한 기간의 계산)**
> ② 법령등 또는 처분에서 국민의 권익을 제한하거나 의무를 부과하는 경우 권익이 제한되거나 의무가 지속되는 기간의 계산은 다음 각 호의 기준에 따른다. 다만, 다음 각 호의 기준에 따르는 것이 국민에게 불리한 경우에는 그러하지 아니하다.
> 1. 기간을 일, 주, 월 또는 연으로 정한 경우에는 기간의 첫날을 산입한다.

07. ① ① 질서위반행위규제법 제38조

> **질서위반행위규제법 제38조(항고)**
> ① 당사자와 검사는 과태료 재판에 대하여 즉시항고를 할 수 있다. 이 경우 항고는 집행정지의 효력이 있다.

② 질서위반행위규제법 제16조

> **질서위반행위규제법 제16조(사전통지 및 의견 제출 등)**
> ① 행정청이 질서위반행위에 대하여 과태료를 부과하고자 하는 때에는 미리 당사자(제11조 제2항에 따른 고용주등을 포함한다. 이하 같다)에게 대통령령으로 정하는 사항을 통지하고, 10일 이상의 기간을 정하여 의견을 제출할 기회를 주어야 한다.

③ 질서위반행위규제법 제20조

> **질서위반행위규제법 제20조(이의제기)**
> ① 행정청의 과태료 부과에 불복하는 당사자는 제17조 제1항에 따른 과태료 부과 통지를 받은 날부터 60일 이내에 해당 행정청에 서면으로 이의제기를 할 수 있다.

④ 법원이 비송사건절차법에 따라서 하는 과태료 재판은 관할 관청이 부과한 과태료처분에 대한 당부를 심판하는 행정소송절차가 아니라 법원이 직권으로 개시 · 결정하는 것이므로, 원칙적으로 과태료 재판에서는 행정소송에서와 같은 신뢰보호의 원칙 위반 여부가 문제로 되지 아니하고, (생략) (주: 법원이 비송사건절차법에 따라서 하는 과태료 재판에 있어서는 행정소송에서와 같은 신뢰보호의 원칙이 적용되지 않음). 대법원 2006. 4. 28.자 2003마715 결정

08. ② ② 처분의 이유제시의무 이른바 '공통의 처분절차'로서 침익적 · 수익적 행정처분을 불문하고 모든 처분에 대하여 인정되는 절차이다.
① 부적격사유가 없는 후보자들 사이에서 어떤 후보자를 상대적으로 더욱 적합하다고 판단하여 임용제청하는 경우라면, 이는 후보자의 경력, 인격, 능력, 대학운영계획 등 여러 요소를 종합적으로 고려하여 총장 임용의 적격성을 정성적으로 평가하는 것으로 그 판단 결과를 수치화하거나 이유제시를 하기 어려울 수 있다. 이 경우에는 교육부장관이 어떤 후보자를 총장으로 임용제청하는 행위 자체에 그가 총장으로 더욱 적합하다는 정성적 평가 결과가 당연히 포함되어 있는 것으로, 이로써 행정절차법상 이유제시의무를 다한 것이라고 보아야 한다. 여기

에서 나아가 교육부장관에게 개별 심사항목이나 고려요소에 대한 평가 결과를 더 자세히 밝힐 의무까지는 없다. 대법원 2018. 6. 15. 선고 2016두57564 판결

③ 행정절차법 제22조

행정절차법 제22조(의견청취)
① 행정청이 처분을 할 때 다음 각 호의 어느 하나에 해당하는 경우에는 청문을 한다. 3. 다음 각 목의 처분을 하는 경우 나. 신분 · 자격의 박탈

④ 행정절차법 제20조

행정절차법 제20조(처분기준의 설정 · 공표)
③ 제1항에 따른 처분기준을 공표하는 것이 해당 처분의 성질상 현저히 곤란하거나 공공의 안전 또는 복리를 현저히 해치는 것으로 인정될 만한 상당한 이유가 있는 경우에는 처분기준을 공표하지 아니할 수 있다.

09. ③ ③ 갑이 외교부장관에게 '2015. 12. 28. 일본군위안부 피해자 합의와 관련하여 한일 외교장관 공동 발표문의 문안을 도출하기 위하여 진행한 협의 협상에서 일본군과 관헌에 의한 위안부 강제연행의 존부 및 사실인정 문제에 대해 협의한 협상 관련 외교부장관 생산 문서'에 대한 공개를 청구하였으나, 외교부장관이 갑에게 '공개 청구 정보가 공공기관의 정보공개에 관한 법률 제9조 제1항 제2호에 해당한다.'는 이유로 비공개 결정을 한 사안에서, (중략) 위 합의를 위한 협상 과정에서 일본군과 관헌에 의한 위안부 '강제연행'의 존부 및 사실인정 문제에 대해 협의한 정보를 공개하지 않은 처분이 적법하다고 본 원심판단이 정당하다고 한 사례. 대법원 2023. 6. 1. 선고 2019두41324 판결

① 정보공개법 제5조

정보공개법 제5조(정보공개 청구권자)
① 모든 국민은 정보의 공개를 청구할 권리를 가진다.

② 교육기관정보공개법은 공공기관이 직무상 작성 또는 취득하여 관리하고 있는 정보 가운데 교육관련기관이 학교교육과 관련하여 직무상 작성 또는 취득하여 관리하고 있는 정보의 공개에 관하여 특별히 규율하는 법률이므로, 학교에 대하여 교육기관정보공개법이 적용된다고 하여 더 이상 정보공개법을 적용할 수 없게 되는 것은 아니라고 할 것이다. 대법원 2013. 11. 28. 선고 2011두5049 판결

④ 학교환경위생구역 내 금지행위(숙박시설) 해제결정에 관한 학교환경위생정화위원회의 회의록에 기재된 발언내용에 대한 해당 발언자의 인적사항 부분에 관한 정보는 공공기관의 정보공개에 관한 법률 제9조 제1항 제5호 소정의 비공개대상에 해당한다. 대법원 2003. 8. 22. 선고 2002두12946 판결

10. ③ ③ 국가배상법 제5조 제1항에 규정된 '영조물 설치 · 관리상의 하자'는 공공의 목적에 공여된 영조물이 그 용도에 따라 통상 갖추어야 할 안전성을 갖추지 못한 상태에 있음을 말한다. 그리고 위와 같은 안전성의 구비 여부는 영조물의 설치자 또는 관리자가 그 영조물의 위험성에 비례하여 사회통념상 일반적으로 요구되는 정도의 방호조치의무를 다하였는지를 기준으로 판단하여야 하고, 아울러 그 설치자 또는 관리자의 재정적 · 인적 · 물적 제약 등도 고려하여야 한다. 대법원 2022. 7. 28. 선고 2022다225910 판결

① 국가의 철도운행사업은 국가가 공권력의 행사로서 하는 것이 아니고 사경제적 작용이라 할 것이므로, 이로 인한 사고에 공무원이 간여하였다고 하더라도 국가배상법을 적용할 것이 아니고 일반 민법의 규정에 따라야 하므로, 국가배상법상의 배상전치절차를 거칠 필요가 없으나, 공공의 영조물인 철도시설물의 설치 또는 관리의 하자로 인한 불법행위를 원인으로 하여 국가에 대하여 손해배상청구를 하는 경우에는 국가배상법이 적용되므로 배상전치절차를 거쳐야 한다. 대법원 1999. 6. 22. 선고 99다7008 판결

② 안전성을 갖추지 못한 상태, 즉 타인에게 위해를 끼칠 위험성이 있는 상태라 함은 당해 영조물을 구성하는 물적 시설 그 자체에 있는 물리적 · 외형적 흠결이나 불비로 인하여 그 이용자에게 위해를 끼칠 위험성이 있는 경우뿐만 아니라, 그 영조물이 공공의 목적에 이용됨에 있어 그 이용상태 및 정도가 일정한 한도를 초과하여 제3자에게 사회통념상 수인할 것이 기대되는 한도를 넘는 피해를 입히는 경우까지 포함된다고 보아야 한다. 대법원 2005. 1. 27. 선고 2003다49566 판결

④ 가변차로에 설치된 두 개의 신호등에서 서로 모순되는 신호가 들어오는 오작동이 발생하였고 그 고장이 현재의 기술 수준상 부득이한 것이라고 가정하더라도 그와 같은 사정만으로 손해발생의 예견가능성이나 회피가능성이 없어 영조물의 하자를 인정할 수 없는 경우라고 단정할 수 없다. 대법원 2001. 7. 27. 선고 2000다56822 판결

일일 모고 행정학 제17회
정답 및 해설

합격까지 박문각
빠른 고득점 합격
행정학 이명훈

01. ④ 신공공관리적 개혁은 경제적 효율성을 제고하지만 정부의 기능을 시장에 이전함으로써 정부의 민주주의 책임성을 저해할 위험성이 있다.

<<핵심체크>> 신공공관리론의 한계

이념 측면	• 공익과 충돌 : 사익(경영)관리기법의 무분별한 도입 • 사회적 형평성과 충돌 : 민영화, 민간위탁으로 인한 수익자민주주의 • 민주성 · 합법성과 충돌 : 정당한 절차 및 법치주의 불고려
작은 정부 구축 측면	• 결정과 집행의 구분이 어려워 기능분담의 적정성 확보 곤란 • 분절화현상으로 거래비용(감시 · 통제비용) 증가 및 책임성 저하 • 기타 : 역대리인의 문제(역선택과 도덕적 해이), 공동화 국가 초래
성과 체제 구축 측면	• 규칙과 법규의 철폐로 인한 관료의 공공책임성 저하 및 부패 조장 • 성과지표 개발 곤란으로 질적 · 무형적 요소 불고려 • 관료의 성과지표에 대한 집착으로 창의성 저해 및 목표의 전환 야기 • 고객지향적 행정으로 시민의 수동적 존재화 • X이론적 관리(제재와 보상에 따른 관리)

02. ③ 사회자본은 지속적인 교환관계를 통해 유지되고 재생산되는 자본이지만, 사용한 만큼 동등한 가치를 지불해야 하는 등가적 교환이나 시간적으로 동시적 교환이 이루어져야 하는 것은 아니다.

<<핵심체크>> 시회자본

개념	• 사회적 효율성을 높일 수 있는 상호신뢰(믿음), 호혜성의 규범(친사회적 규범), 시민들 간의 수평적 네트워크 등과 같은 사회조직의 속성(Putnam) - 참여자들이 공동목적을 위해 효율적으로 일할 수 있도록 만드는 조건 • 이탈리아의 사례를 분석한 푸트남(Putnam)은 사회적 자본이 지방정부의 제도적 성과 차이를 잘 설명한다고 주장함 • 후쿠야마(Fukuyama)는 독일, 일본, 미국을 고신뢰사회로, 한국, 중국, 이탈리아를 저신뢰사회로 보고 불신이 사회적 비효율성의 원인이라고 지적함
이론적 기초	공동체주의와 뉴거버넌스론
성질	• 사회적 관계 : 인적 · 물적 자본과 대비되며, 사회적 관계 속에서 형성되는 자본 • 경제적 가치 : 국가경쟁력의 원천이 되는 자본 • 공공재적 성격 : 한 개인이 배타적으로 소유할 수 없는 자본 • 장기간에 걸친 형성과 자기강화성 : 사용할수록 증가하는 자본 • 비(非)등가적 · 비(非)동시적 교환관계 : 지속적인 교환과정을 통해 유지 · 재생산되나 등가적 교환이나 동시적 교환이 이루어지지 않은 자본 • 상향적 형성 : 시민사회에 의해 자발적 · 상향적으로 형성되는 자본

03. ④ 명령적 · 하향적 개혁보다는 참여적 · 상향적 개혁이, 전방위적 · 급진적 개혁보다는 부분적 · 점진적 개혁이, 외부주도형 개혁보다는 내부주도형 개혁이 성공가능성이 높다.

04. ② 내부접근형은 정부의 힘이 강하고 민간부문의 힘이 취약한 후진국에서 많이 나타나며, 의도적이고 일방적으로 국민을 무시하는 정부에서 나타날 수 있는 유형이다.

05. ③ 지시적 위임가형은 정책결정자가 정책목표를 구체적으로 설정하지만, 정책집행자는 행정적, 기술적, 협상적 권한을 보유한다. 따라서 정책집행자도 상당한 재량을 행사할 수 있다.
① 협상가형은 정책결정자가 정책을 결정하지만 독단적으로 채택하는 것이 아니라, 정책목표와 정책수단에 대해서 정책결정자와 정책집행자 간에 타협과 흥정을 한다.
② 재량적 실험가형은 정책결정자는 추상적인 정책목표를 지지하며, 이러한 정책목표를 구체화하고 정책수단을 채택하도록 광범위한 재량권을 정책집행자에게 위임한다.
④ 고전적 기술가형은 정책결정과 정책집행은 엄격하게 분리되며, 정책집행자는 정책결정자가 결정한 정책내용을 충실하게 집행한다.

06. ① 설문은 총체적품질관리(TQM)에 대한 설명이다. TQM은 고객만족을 추구하기 위해 조직원의 참여를 통해 절차나 과정뿐만 아니라 조직의 문화까지를 지속적으로 개선하고자 하는 총체적 생산성 향상 전략이다.

<<핵심체크>> 총체적품질관리(TQM)

의의	서비스의 품질향상을 통해 고객의 요구에 부응하기 위해 조직원의 광범위한 참여를 통하여 절차나 과정뿐만 아니라 문화까지를 개선하고자 하는 경영철학
배경	미국 통계학자인 데밍(Deming)이 고안 ⇨ 일본기업 도입 ⇨ 미국기업으로 전파
목표	고객만족 : 품질은 고객에 의해 정의되며, 고객만족을 추구
전략	사전적 · 예방적 통제 : 프로세스의 개선을 통해 오류를 사전에 방지
속도	업무과정의 지속적 · 장기적 · 점증적 개선
방식	과정과 절차의 표준화 : 서비스의 가변성 방지
대상	과정 · 절차 · 문화 : 고객만족을 추구하기 위해 조직의 총체주의적인 헌신 강조
활동	팀활동 : 팀활동 및 팀워크 강조(관료제의 근본을 부정하거나 철폐를 주장하지는 않음)
과정	참여지향 : 고객(외부고객) 및 구성원(내부고객)의 참여 강조
기법	다양한 혁신기법과 결합 : ISO 9000, 6시그마[σ], 무결점운동 등
정부에 적용	• 공공서비스의 무형성 및 고객개념의 모호성으로 인한 적용 곤란 • 투입과 절차 중심의 개혁으로 결과중심의 신공공관리론과 충돌 가능성

07. ② 변혁적 리더십에서 중시하는 지적 자극은 공공부문의 리더가 부하로 하여금 형식적 관례와 사고를 타파하고 새로운 관념을 촉발시키도록 하는 것을 의미한다. 반면, 영감적 리더십은 구성원들이 비전을 실현하는데 헌신하도

록 동기유발시키는 리더십으로 구성원들을 격려함으로써 구성원들로 하여금 도전적 목표와 임무, 미래에 대한 비전을 열정적으로 받아들이고 계속 추구하도록 만든다.
<<핵심체크>> 변혁적 리더십의 구성요소

카리스마적 리더십 (이상적 영향력)	• 구성원들에게 미래에 대한 비전과 사명감을 제시하고 이것을 효과적으로 전달하는 리더의 행동이나 능력 • 난관을 극복하고 현상에 대한 각성을 표명함으로써 구성원에게 자긍심과 신념을 심어주며, 리더와 구성원의 강력한 감정의 결속을 통해 구성원들이 강한 충성과 존경을 가지고 리더의 비전을 수행케 하는 리더십
영감적 리더십	• 구성원들이 비전을 실현하는데 헌신하도록 동기유발시키는 리더의 행동이나 능력(카리스마와 유사) • 구성원들을 격려함으로써 구성원들로 하여금 도전적 목표와 임무, 미래에 대한 비전을 열정적으로 받아들이고 계속 추구하도록하는 리더십
지적 자극 (촉매적 리더십)	• 구성원들에게 기존의 형식적 관례와 사고에 대해 의문을 제기하고 다시 생각하게 함으로써 새로운 관념을 촉발시키고 창의적 사고를 유도하는 리더의 행동이나 능력 • 리더 자신, 구성원, 조직의 신념과 가치를 새롭게 바꾸려고 노력하는 리더십
개별적 고려	• 구성원들의 개인적 욕구에 세심한 관심을 보이고 후원적인 업무환경을 조성하려는 리더의 행동이나 능력 • 부하에게 특별한 관심을 보이고 각 부하들의 특정한 요구를 이해해 줌으로써 부하들에 대해 개인적으로 존중한다는 것을 전달하는 리더십 • 구성원 개개인의 욕구와 능력의 차이를 인정하고 이들이 성장할 수 있도록 멘토로서의 역할을 수행하며, 권한위임(권한부여)을 활용하는 리더십

08. ① 고위공무원단제는 미국의 카터 정부가 최초로 도입하였으며, 영국, 호주, 네덜란드로 확산되었다. 우리나라도 노무현 정부에서 2006년부터 채택하고 있다.
② 고위공무원단은 적격심사 등으로 인하여 직업공무원제가 완화되나 정년이 보장된다.
③ 현재 시행하고 있는 고위공무원단제도는 일반직, 특정직, 별정직 공무원 중 외무 공무원을 대상으로 하고 있다.
④ 고위공무원단에 속하는 모든 일반직 공무원의 신규채용 임용권은 대통령이 가진다.

09. ③ 루이스(V. B. Lewis)는 총체주의적 예산결정을 중시한 학자로 기회비용에 입각한 상대적 가치(①), 상이한 목표간 비교평가를 위한 증분분석(②), 공동 목표에 대한 상대적 효과성(④)에 따른 예산배분을 주장하였다.

10. ② 총선거 후 최초로 집회되는 임시회는 지방자치단체장이 아니라 지방의회 사무처장 · 사무국장 · 사무과장이 지방의회의원 임기개시일부터 25일 이내에 소집한다.

2025 공무원 시험대비 【6회차】

박문각 일일 모의고사

-제18회-

[정답 및 해설]

이 름 :

학습관 :

합격 예측

답안 입력 및 성적 조회는 PC, 모바일에서 모두 가능합니다.

★ PC: pass.pmg.co.kr | ★ 모바일 앱: 박문각 합격관리

일일 모고 국어 제18회
정답 및 해설

합격까지 박문각

赤功 국어 적중 혜선

01. ① '세로'의 'ㅅ'과 'ㄹ'은 치조음이므로 [+치조음], [-후음]으로 표시하는 것은 옳다.
② '기도'의 'ㄱ'은 연구개음이고, 'ㄷ'은 치조음이므로 [-경구개음], [-양순음]으로 표시해야 한다.
③ '마차'의 'ㅁ'은 양순음이고, 'ㅊ'은 경구개음이므로 [+양순음], [-치조음]으로 표시해야 한다.
④ '화려'의 'ㅎ'은 후음이고, 'ㄹ'은 치조음이므로 [+후음], [-연구개음]으로 표시해야 한다.

02. ④ ㉢ 'ㄹ'은 유음이면서 치조음이다.
㉣ 치조음은 파열음(ㄷ, ㄸ, ㅌ)과 마찰음(ㅅ, ㅆ), 비음(ㄴ)과 유음(ㄹ)이 골고루 발달되어 있다.
㉠, ㉡ 치조음은 혀끝이 윗잇몸에 닿아서 나는 소리로, 'ㄷ, ㄸ, ㅌ/ㅅ, ㅆ/ㄴ/ㄹ' 등이 있다.

03. ③ ㉢ '어느'와 '선'은 띄어야 하고 '까지'는 조사이므로 앞말과 붙여 써야 한다. 따라서 '어느∨선까지이며'가 바르다.
① ㉠ 한 문장이 지나치게 길다. 문장을 끊고 접속하는 말로 다음 문장을 시작하는 것이 적절하다.
② ㉡ '및'이라는 말이 세 번씩 반복되어 부자연스러우므로, '및' 두 개를 '와'와 '그리고'로 바꾼다.
④ ㉣ 문장의 서술어를 갖추어 써야 의미가 분명해진다.

04. ① '얽히고설키다'는 사전에 등재된 하나의 단어로서 옳은 표기이다. 따라서 어법에 맞는 문장은 '일이 얽히고설켜서 풀기가 어렵다.'이다.
② 웬간해서는(×) → 웬만해서는(◯): '웬간하다'라는 말은 세상에 존재하지 않는 말로 표준어가 아니다. 문맥상 이 문장에서 의도한 것은 「2」 허용되는 범위에서 크게 벗어나지 아니한 상태에 있다.'를 의미하는 '웬만하다' 일 것이다.
③ 개통될지(×) → 도로가 개통될지(◯): '개통되다'의 주어가 누락되어 있으므로 주어 '도로가'를 추가해야 한다.
④ 빠지고(×) → 빼고(◯): '불필요한 기능은 빠지다+필요한 기능만 살렸다'가 연결 어미 '-고'를 통해 대등하게 이어져 있다. 대등하게 이어져 있는 문장은 두 문장의 구조 또한 동일해야 한다. '빠지다'는 '…이 빠지다'의 형식을 가진 '주어-서술어'의 관계이지만 '살리다'는 '…을 살리다'의 형식을 가지므로 '목적어-서술어'의 관계이다. 호응을 같게 해야 하므로 '불필요한 기능은 빼고 필요한 기능만 살렸다' 정도로 고쳐야 한다.

05. ④

○ 새 ∧ 부리
○ 새 → 동물

'새 ∧ 부리'이고 '새 → 동물'이므로 새 중에서 부리가 있는 것이 존재하고 모든 새는 동물이므로 부리가 있는 것 중 동물인 것이 존재한다. 따라서 이 전제들을 통해 어떤 부리가 있는 것은 동물이라는 결론을 내릴 수 있다. 즉, '부리 ∧ 동물'이다.
'동물 ∧ 부리'이므로 두 전제를 이용하여 도출한 결론으로 적절하다.
① 전제 1 '새 ∧ 부리'를 통해 '새 ∧ ~부리'를 도출하는 것은 불가능하다. 반드시 거짓이라고 할 수는 없지만 반드시 참이라고 할 수도 없다.
② 두 전제를 통해 '동물 → 부리'를 도출하는 것은 불가능하다.
③ 전제 1 '새 ∧ 부리'를 통해 '부리 → 새'를 도출하는 것은 불가능하다.

06. ①

전제 1: 브라질 ∧ 태국
전제 2: 홍콩 → 브라질(≡ ~브라질 → ~홍콩)
전제 3: [   ]

결론: 홍콩 → ~영국

브라질 여행을 다녀온 어떤 사람이 태국 여행도 다녀왔다는 진술은 브라질 여행과 태국 여행을 모두 다녀온 사람이 존재한다는 뜻이다. 또한 두 번째 문장은 홍콩 여행을 다녀온 사람과 브라질 여행을 다녀온 사람이 같은 집단임을 의미한다. 마지막 문장의 결론을 이끌어 내기 위해서는 '브라질 여행을 다녀온 모든 사람이 영국 여행을 다녀오지 않았다'는 표현이 필요하므로, '브라질 여행을 다녀온 모든 사람은 영국 여행을 다녀오지 않았다.'라는 진술이 추가되는 것이 타당하다.

07. ④ ㉠의 '가다듬다'는 '「1」 정신, 생각, 마음 따위를 바로 차리거나 다잡다.'를 의미한다. 이와 가장 유사한 의미의 '가다듬다'는 ④이다.
① 「5」 흐트러진 조직이나 대열을 바로 다스리고 꾸리다.
② 「3」 목청을 고르다.
③ 「2」 태도나 매무새 따위를 바르게 하다.

08. ① '단단하다'는 '어떤 힘을 받아도 쉽게 그 모양이 변하거나 부서지지 아니하는 상태에 있다.'를 의미한다. 따라서 '태도나 상황 따위가 튼튼하고 굳다.'를 의미하는 '확고(確 굳을 확 固 굳을 고)하다'는 ㉠과 바꿔쓸 수 있는 유사한 표현으로 적절하지 않다. '굳고 단단하다.'를 의미하는 '견고(堅 굳을 견 固 굳을 고)하다'로 바꿔쓸 수 있다.
② ㉡ '일깨우다'는 '일러 주거나 가르쳐서 깨닫게 하다.'를 의미한다. 따라서 '슬기나 재능, 사상 따위를 일깨워 주다.'를 의미하는 '계발(啓 열 계 發 필 발)하다'로 바꿔쓸 수 있다.
③ ㉢ '같다'는 '서로 다르지 않고 하나이다.'를 의미한다. 따라서 '비교되는 대상들이 서로 어긋나지 아니하고 같거나 들어맞다.'를 의미하는 '일치(一 한 일 致 이를 치)하다'로 바꿔쓸 수 있다.
④ ㉣ '이루어지다'는 '어떤 대상에 의하여 일정한 상태나 결과가 생기거나 만들어지다.'를 의미한다. 따라서 '일이나 관계 따위가 제대로 이루어지다.'를 의미하는 '성립(成 이룰 성 立 설 립(입))하다'로 바꿔쓸 수 있다.

09. ① <보기>에는 검증되지 않은 인터넷 정보들을 학생들이 보고서 작성에 이용하는 상황의 문제점을 제기하는 내용이 제시되어 있다. ①의 경우는 <보기>에 제시된 내용을 '정보의 상업적 이용'과 연결시키기 어렵다. '상업적 이용'이란 금전적 이익을 목적으로 정보를 이용하는 경우이기 때문에 보고서 작성과 직접적으로 연결되지 않는다.
② 인터넷 이외의 정보 습득 방법의 필요성에 관한 내용으로 이어질 수 있다.
③ 검증되지 않은 정보를 보고서 작성에 이용하는 태도의 문제점을 제기하는 내용으로 이어질 수 있다.
④ 인터넷을 통해 얻은 정보를 검증 과정을 거치지 않고 사용하는 태도의 문제점으로 이어질 수 있다.

10. ③ 제시된 글의 핵심 내용은 '법 규범을 만드는 이유'와 '법질서 확립의 조건'이다. 세부적으로는 '자유 민주주의 사

회에서는 반사회적 행위를 방지하기 위해 공권력을 발동한다.', '공권력에 의한 질서 유지 장치인 법제가 있다.', '공정한 입법과 법의 일반적 준수가 자유 민주주의 국가의 성패를 좌우한다.'라는 것 등이다. 이러한 내용 요소 간의 의미가 자연스럽게 연결된 문장은 ③이다.

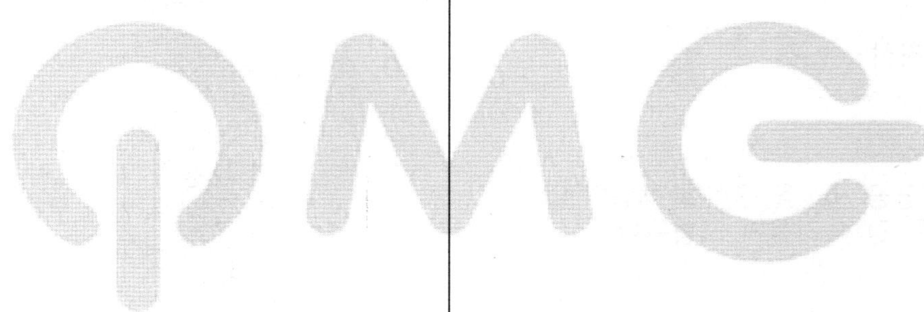

일일 모고 영어 제18회
정답 및 해설

합격까지 박문각

반드시 합격
진가영 영어

01. ③ ★ monument 기념비, 기념물
● blueprint 청사진, 설계도
● manuscript 원고, 필사본
● certificate 증명서, 자격증
[해석] 그 도시는 창립 지도자들의 공헌을 기리기 위해 중앙 광장에 기념비를 세웠다.

02. ① ★ panic 공포에 질려 허둥대다, 당황하다
● inquire 문의하다, 조사하다
● negotiate 협상하다, 교섭하다
● inspect 점검하다, 검사하다
[해석] 갑작스러운 폭발로 인해 쇼핑몰에 있던 사람들이 공포에 질려 출구로 달려갔다.

03. ② ★ privacy 개인 정보, 사생활
● creativity 창의력
● availability 이용 가능성
● reliability 신뢰성
[해석] 선생님은 복잡한 문제를 해결하고 새로운 아이디어를 떠올리는 데 있어 창의력의 중요성을 강조했다.

04. ① ★ property 재산, 자산
● service 서비스
● budget 예산
● staff 직원
[해석] 정부 기관은 공공 재산을 관리할 책임이 있으며, 여기에는 공원, 도로, 정부 건물이 포함된다.

05. ③ ★ greeting 인사
● reception 접수, 환영
● invitation 초대
● departure 출발
[해석] 호텔 직원은 우리가 도착했을 때 따뜻한 인사를 해주었고, 짐을 도와주며 객실 키를 제공했다.

06. ② [해설]
need 뒤의 능동형 동명사 목적어는 수동의 의미를 나타낸다. 문맥상 에어컨이 수리가 되어지는 수동의 의미이므로 'to be p.p. 또는 ~ing'의 형태로 쓸 수 있다. 따라서 밑줄 친 부분에 가장 적절한 것은 ②이다.
[해석]
여름이 오기 전에 에어컨을 수리해야 한다. 그렇지 않으면 가장 더운 날에 제대로 작동하지 않을 것이다.

07. ④ [해설]
what 뒤에는 불완전 구조를 취한다. 하지만 뒤에 완전 구조를 취하고 있으므로 명사절 접속사 that으로 써야 한다. 따라서 밑줄 친 부분인 what을 that으로 고쳐야 한다.
[해석]
지역 도서관은 새로운 디지털 자료 센터와 추가 좌석 공간을 포함한 시설 업그레이드 계획을 발표했다. 이러한 개선이 방문객들에게 더 나은 환경을 제공하기 위한 것이었지만, 진행 중인 공사는 예상치 못한 혼란을 초래했다. 기계 소리와 공사 작업의 소음 때문에 사람들이 책을 읽고 집중하기 어려웠다. 많은 방문객이 예전처럼 조용한 분위기를 즐길 수 없다고 불평했다.

08. ③ [해석]
Tim: 실례합니다만, 이 버스가 시내 중심가로 가나요?
Jane: 네, 갑니다. 바로 그곳으로 데려다 줄 거예요.
Tim: 몇 정거장 남았나요?
Jane: 여기서 약 5정거장입니다. 시내 중심가에 가까워지면 안내 방송이 나올 거예요.
Tim: 알겠어요. 도와주셔서 감사합니다!
Jane: 별말씀을요. 좋은 하루 되세요!
① 버스의 요금은 얼마인가요?
② 버스에서 내리는 방법은 무엇인가요?
③ 몇 정거장 남았나요?
④ 이 버스의 마지막 정거장은 어디인가요?

09. ② [해설]
본문에서는 그린 밸리 숲이 불법 벌목으로 인해 심각한 위협을 받고 있다는 내용을 강조하고 있다. 따라서 윗글의 제목으로 가장 적절한 것은 ②이다.
① 그린 밸리 숲: 야생동물의 안식처
② 불법 벌목이 그린 밸리 숲을 위협하고 있다
③ 기후 변화에서 숲의 역할
④ 숲 보호를 위한 지역 사회의 노력

10. ③ [해설]
본문의 아홉 번째 문장에서 '우천 시에는 그린 밸리 고등학교 강당에서 열린다'라고 언급하고 있다. 따라서 안내문의 내용과 일치하지 않는 것은 ③이다.
① 본문의 두 번째 문장에서 언급하고 있으므로 일치한다.
② 본문의 다섯 번째 문장에서 언급하고 있으므로 일치한다.
④ 본문의 열두 번째 문장에서 언급하고 있으므로 일치한다.
[해석]

불법 벌목이 그린 밸리 숲을 위협하고 있다

그린 밸리 숲은 불법 벌목 활동으로 인해 심각한 위협에 직면해 있습니다. 이러한 활동은 수많은 종들의 자연 서식지를 파괴할 뿐만 아니라 숲의 이산화탄소 흡수 능력을 감소시켜 기후 변화에 기여하고 있습니다.

한 환경 운동가 그룹이 이 문제를 해결하기 위한 전략을 논의하기 위해 지역 사회 회의를 조직하고 있습니다. 그들은 인식을 높이고 지역 사회를 참여시키는 것이 숲을 보호하는 데 있어 중요한 단계라고 믿고 있습니다.

회의에는 전문가들의 발표, 불법 벌목의 영향에 대한 논의, 그리고 주민들이 숲 보호 활동에 어떻게 기여할 수 있는지에 대한 워크숍이 포함될 예정입니다.

그린 밸리 환경 보호국 주최

• 장소: 그린 밸리 커뮤니티 센터
(우천 시: 그린 밸리 고등학교 강당)
• 날짜: 2025년 8월 10일 토요일
• 시간: 오후 3시

회의에 관한 더 많은 정보는 저희 웹사이트 www.greenvalleyepa.org을 방문하시거나 사무실 (555) 123-4567로 연락해 주시기 바랍니다.

[어휘]
☐ illegal logging 불법 벌목
☐ habitat 서식지
☐ conservation 보존
☐ awareness 인식

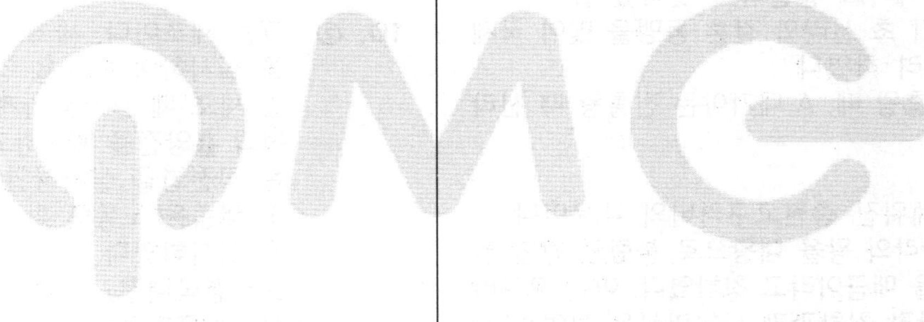

일일 모고 한국사 제18회
정답 및 해설

합격까지 박문각

가장 빠른 한국사
한국사 박기훈

01. ② ② 민무늬토기 등은 청동기 시대의 토기이다.
① 신석기 시대 사람들은 수렵과 채집에 의존하던 생활에서 벗어나 농경과 목축을 시작하였다.
③ 구석기인들은 동굴이나 막집을 짓고 살았다.
④ 신석기 시대의 종교에 대한 설명으로 맞다.

02. ② 함경도 및 강원도 북부의 동해안에 위치한 옥저와 동예에 대한 설명이다.
② 옥저에는 가족의 시체를 가매장하였다가 나중에 그 뼈를 추려 장례를 치른 후 가족공동묘인 커다란 목곽에 안치하는 장례 풍습이 있었다.
①, ③ 삼한에 대한 설명이다.
④ 부여는 고대 국가로 발전하지 못하고 연맹왕국의 단계에서 멸망하였다.

03. ① A는 고령의 대가야, B는 김해의 금관가야이다.
① 광개토대왕의 고구려군이 낙동강 유역까지 진출함에 따라 금관가야를 맹주로 하는 전기 가야 연맹이 약화되었다. 이후 고령의 대가야를 중심으로 하여 5세기 후반 후기 가야 연맹이 형성되었다.
② 가야는 중앙집권국가로 발전하지 못하였다.
③ A 대가야는 6세기 초 신라와 결혼 동맹을 맺어 국제적 고립에서 벗어나려 하였다.
④ B 금관가야는 법흥왕 때, A 대가야는 진흥왕 때 신라에 복속되었다.

04. ④ 고구려 장수왕 때 세워진 중원고구려비의 내용이다.
④ 고구려는 자기 나라의 왕을 대왕으로 불렀던 반면 신라를 동이로 신라왕을 매금이라고 칭하였다. 이는 고구려의 자국 중심의 독자적 천하관과 문화의식을 보여준다.
① 신라 진흥왕은 새로 개척된 영토에 순수비를 건립하고 민심을 수렴하였다.
② 신라 법흥왕 때의 울진봉평비에 대한 내용이다.
③ 고구려 광개토대왕릉비의 내용이다.

05. ④ ④ 정효공주묘는 당의 영향을 받은 벽돌무덤으로 벽화가 있고, 출토된 묘지에서 불로장생 사상을 엿볼 수 있다. 정혜공주묘는 굴식 돌방무덤으로 모줄임 천장구조가 고구려 고분과 유사하다.
① 석촌동 고분은 고구려의 영향을 받은 계단식 돌무지무덤이다.
② 강서대묘에는 청룡, 백호, 주작, 현무의 사신도가 그려져 있는데 이는 도교의 방위신으로 죽은 자의 사후 세계를 지켜주리라는 믿음을 표현한 것이다.
③ 무령왕릉은 중국 남조의 영향을 받은 벽돌무덤으로, 벽화는 없고 벽돌에 연꽃무늬가 새겨져있다.

06. ③ (가) 거란의 1차 침입(성종, 993)
(나) 이자겸 금의 요구 수용(인종)
③ 묘청의 난(1135) 이후 서경의 분사제도가 폐지되었다.
① 거란의 2, 3차 침입이 있었던 현종 때 초조대장경을 제작하기 시작하였다.
② 숙종은 의천의 건의를 받아들여 주전도감을 설치하고 해동통보 · 해동중보 · 삼한통보 · 삼한중보 등의 화폐를 발행하였다.
④ 천리장성은 덕종 때 축조를 시작하여 정종 때 완성되었다.

07. ② ② 고려 전기에는 관청수공업과 소 수공업이 중심이었으나, 후기에는 사원수공업과 민간수공업이 발달하였다. 선대제 수공업은 조선 후기에 발전하였다.
① 농민은 조상이 밀려준 민전을 경작하거나 국 · 공유지나 다른 사람의 소유지를 경작하였다.
④ 밭농사는 2년 3작 윤작법이 점차 보급되었고, 논농사도 고려 말에는 이앙법이 남부 지방 일부에 보급되었다.

08. ① ② 인종 때 무학재를 폐지하고 경사6학을 정비하였다.
③ 예종은 최충의 9재학당을 모방하여 국자감에 7재라는 전문 강좌를 설치하였다.
④ 충렬왕은 양현고의 부실을 보충하기 위한 교육 재단으로 섬학전을 설치하였다.

09. ③ 보기는 세종 때 일본과 맺은 계해약조의 내용이다.
③ 세종은 4군 6진을 개척하여 오늘날과 같은 국경선을 완성하였다.
①, ④ 태종의 업적이다.
② 정종은 도평의사사를 완전히 폐지하여 재상권을 약화시켰다.

10. ② 그는 세조이다. 세조는 태종 때 실시하였던 6조 직계제를 실시하여 왕권을 강화하였다.
② 세조 때 관리들에게 지급할 과전이 부족해지자 수신전과 휼양전을 폐지하고 현직 관료에게만 토지를 지급하는 직전법을 실시하였다.
① 태종은 노동력 확보와 유민 방지를 목적으로 호패법을 실시하였다.
③『경국대전』은 세조 때 편찬이 시작되어 성종 때 완성 · 반포되었다.
④ 세종 때의 일이다.

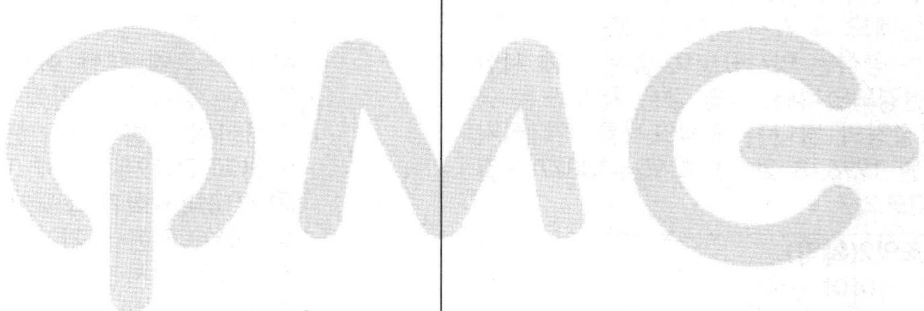

일일 모고 행정법 제18회

정답 및 해설

합격까지 박문각

광야에서 합격까지
행정법 강성빈

01. ② ② 한의사 면허는 경찰금지를 해제하는 명령적 행위(강학상 허가)에 해당하고, 한약조제시험을 통하여 약사에게 한약조제권을 인정함으로써 한의사들의 영업상 이익이 감소되었다고 하더라도 이러한 이익은 사실상의 이익에 불과하고 약사법이나 의료법 등의 법률에 의하여 보호되는 이익이라고는 볼 수 없다. 대법원 1998. 3. 10. 선고 97누4289 판결
① 허가가 있으면 당해 허가의 대상이 된 행위에 대한 금지가 해제될 뿐 다른 법률에 의한 금지까지 해제되는 것은 아니다.
③ 법률행위적 행정행위는 준법률행위적 행정행위와 달리 행정청의 의사표시를 그 요소로 하며, 하명, 면제, 허가는 모두 명령적 행위에 해당한다.
④ 특정의 사실 또는 법률관계의 존재를 공적으로 확인하는 확인적 행정행위는 행정청의 의사표시를 요소로 하지 않는 준법률행위적 행정행위에 해당하고, 당선인결정, 장애등급결정, 행정심판의 재결은 모두 확인적 행정행위에 속한다.

02. ④ ④ 행정청이 상대방에게 장차 어떤 처분을 하겠다고 확약 또는 공적인 의사표명을 하였다고 하더라도, 그 자체에서 상대방으로 하여금 언제까지 처분의 발령을 신청을 하도록 유효기간을 두었는데도 그 기간 내에 상대방의 신청이 없었다거나 확약 또는 공적인 의사표명이 있은 후에 사실적·법률적 상태가 변경되었다면, 그와 같은 확약 또는 공적인 의사표명은 행정청의 별다른 의사표시를 기다리지 않고 실효된다. 대법원 1996. 8. 20. 선고 95누10877 판결
① 행정절차법 제40조의2

> **행정절차법 제40조의2(확약)**
> ② 확약은 문서로 하여야 한다.

② 행정절차법 제40조의2

> **행정절차법 제40조의2(확약)**
> ④ 행정청은 다음 각 호의 어느 하나에 해당하는 경우에는 확약에 기속되지 아니한다.
> 2. 확약이 위법한 경우

③ 확약은 처분권에 속하는 예비적인 권한 행사로서 본처분권에 당연히 포함되므로 본처분권이 있으면 별도의 법적 근거 없이도 확약을 할 수 있다.

03. ① ① 행정청은 사전심사결과 불가능하다고 통보하였더라도 사전심사결과에 구애되지 않고 민원사항을 처리할 수 있으므로 불가능하다는 통보가 민원인의 권리의무에 직접적 영향을 미친다고 볼 수 없고, 통보로 인하여 민원인에게 어떠한 법적 불이익이 발생할 가능성도 없는 점 등 여러 사정을 종합해 보면, 구 민원사무처리법이 규정하는 사전심사결과 통보는 항고소송의 대상이 되는 행정처분에 해당하지 아니한다. 대법원 2014. 4. 24. 선고 2013두7834 판결
② 행정절차법은 행정계획에 대하여 형량명령(행정절차법 제40조의4)과 행정예고(행정절차법 제46조)에 관한 규정만을 두고 있을 뿐, 행정계획의 수립·확정절차에 관한 규정은 두고 있지 않다.
③ 행정기본법 제20조

> **행정기본법 제20조(자동적 처분)**
> 행정청은 법률로 정하는 바에 따라 완전히 자동화된 시스템(인공지능 기술을 적용한 시스템을 포함한다)으로 처분을 할 수 있다. 다만, 처분에 재량이 있는 경우는 그러하지 아니하다.

④ 행정지도가 강제성을 띠지 않은 비권력적 작용으로서 행정지도의 한계를 일탈하지 아니하였다면, 그로 인하여 상대방에게 어떤 손해가 발생하였다 하더라도 행정기관은 그에 대한 손해배상책임이 없다. 대법원 2008. 9. 25. 선고 2006다18228 판결

04. ③ ③ 행정소송의 대상이 되는 행정처분은, 행정청 또는 그 소속기관이나 법령에 의하여 행정권한의 위임 또는 위탁을 받은 공공기관이 국민의 권리의무에 관계되는 사항에 관하여 공권력을 발동하여 행하는 공법상의 행위를 말하며, 그것이 상대방의 권리를 제한하는 행위라 하더라도 행정청 또는 그 소속기관이나 권한을 위임받은 공공기관의 행위가 아닌 한 이를 행정처분이라고 할 수 없다. 대법원 2008. 1. 31. 선고 2005두8269 판결
① 어떠한 처분의 근거가 행정규칙에 규정되어 있다고 하더라도, 그 처분이 상대방에게 권리의 설정 또는 의무의 부담을 명하거나 기타 법적인 효과를 발생하게 하는 등으로 그 상대방의 권리의무에 직접 영향을 미치는 행위라면, 이 경우에도 항고소송의 대상이 되는 행정처분에 해당한다. 대법원 2012. 9. 27. 선고 2010두3541 판결
② 행정청의 행위가 '처분'에 해당하는지가 불분명한 경우에는 그에 대한 불복방법 선택에 중대한 이해관계를 가지는 상대방의 인식가능성과 예측가능성을 중요하게 고려하여 규범적으로 판단하여야 한다. 대법원 2020. 4. 9 선고 2019두61137 판결
④ 한국마사회가 조교사 또는 기수의 면허를 부여하거나 취소하는 것은 국가 기타 행정기관으로부터 위탁받은 행정권한의 행사가 아니라 일반 사법상의 법률관계에서 이루어지는 단체 내부에서의 징계 내지 제재처분이다. 대법원 2008. 1. 31. 선고 2005두8269 판결

05. ③ ③ 구 공무원연금법상 급여는 급여를 받을 권리를 가진 자가 당해 공무원이 소속하였던 기관장의 확인을 얻어 신청하는 바에 따라 공무원연금관리공단이 그 지급결정을 함으로써 그 구체적인 권리가 발생하는 것이므로, 공무원연금관리공단의 급여에 관한 결정은 국민의 권리에 직접 영향을 미치는 것이어서 행정처분에 해당하고, 공무원연금관리공단의 퇴직급여결정에 불복하는 자는 공무원연금급여재심위원회의 심사결정을 거쳐 공무원연금관리공단의 급여결정을 대상으로 행정소송(주: 항고소송을 의미함)을 제기하여야 한다. 대법원 1996. 12. 6. 선고 96누6417 판결
① 행정소송법 제41조

> **행정소송법 제41조(제소기간)**
> 당사자소송에 관하여 법령에 제소기간이 정하여져 있는 때에는 그 기간은 불변기간으로 한다.

② 취소소송 등을 제기한 당사자가 당해 처분 등에 관계되는 사무가 귀속되는 국가 또는 공공단체에 대한 당사자소송을 행정소송법 제10조 제2항에 의하여 관련 청구로서 병합한 경우 위 취소소송 등이 부적법하다면 당사자는 위 당사자소송의 병합청구로서 같은 법 제21조 제1항에 의한 소변경을 할 의사를 아울러 가지고 있었다고 봄이 상당하고, 이러한 경우 법원은 청구의 기초에 변경이 없는 한 당초의 청구가 부적법하다는 이유로 병합된 청구까지 각하할 것이 아니라 병합청구 당시 유효한 소변경청구가 있었던 것으로 받아들여 이를 허가함이 타당하다. 대법원 1992. 12. 24. 선고 92누3335 판결

④ 광주민주화운동 관련자 보상 등에 관한 법률 제15조 본문의 규정에서 말하는 광주민주화운동 관련자 보상심의위원회의 결정을 거치는 것은 보상금 지급에 관한 소송을 제기하기 위한 전치요건에 불과하다고 할 것이므로 위 보상심의위원회의 결정은 취소소송의 대상이 되는 행정처분이라고 할 수 없다. (중략) 그에 관한 소송은 행정소송법 제3조 제2호 소정의 당사자소송에 의하여야 할 것이며 보상금 등의 지급에 관한 법률관계의 주체는 대한민국이다. 대법원 1992. 12. 24. 선고 92누3335 판결

06. ③ ③ 남북정상회담의 개최는 고도의 정치적 성격을 지니고 있는 행위라 할 것이므로 특별한 사정이 없는 한 그 당부를 심판하는 것은 사법권의 내재적 · 본질적 한계를 넘어서는 것이 되어 적절하지 못하다. 대법원 2004. 3. 26. 선고 2003도7878 판결
① 법치주의의 원칙상 통치행위라 하더라도 헌법과 법률에 근거하여야 하고 그에 위배되어서는 아니된다. 더욱이 유신헌법 제53조에 근거한 긴급조치 제1호는 국민의 기본권에 대한 제한과 관련된 조치로서 형벌법규와 국가형벌권의 행사에 관한 규정을 포함하고 있다. 그러므로 기본권 보장의 최후 보루인 법원으로서는 마땅히 긴급조치 제1호에 규정된 형벌법규에 대하여 사법심사권을 행사함으로써, 대통령의 긴급조치권 행사로 인하여 국민의 기본권이 침해되고 나아가 우리나라 헌법의 근본이념인 자유민주적 기본질서가 부정되는 사태가 발생하지 않도록 그 책무를 다하여야 할 것이다. 대법원 2010. 12. 16. 선고 2010도5986 판결
② 고도의 정치성을 띤 국가행위에 대하여는 이른바 통치행위라 하여 법원 스스로 사법심사권의 행사를 억제하여 그 심사대상에서 제외하는 영역이 있으나, 이와 같이 통치행위의 개념을 인정한다고 하더라도 과도한 사법심사의 자제가 기본권을 보장하고 법치주의 이념을 구현하여야 할 법원의 책무를 태만히 하거나 포기하는 것이 되지 않도록 그 인정을 지극히 신중하게 하여야 하며, 그 판단은 오로지 사법부만에 의하여 이루어져야 한다. 대법원 2004. 3. 26. 선고 2003도7878 판결
④ 비상계엄의 선포나 확대가 국헌문란의 목적을 달성하기 위하여 행하여진 경우에는 법원은 그 자체가 범죄행위에 해당하는지의 여부에 관하여 심사할 수 있다. 대법원 1997. 4. 17. 선고 96도3376 판결

07. ① ① 이행강제금은 일정한 기한까지 의무를 이행하지 않을 때에는 일정한 금전적 부담을 과할 뜻을 미리 계고함으로써 의무자에게 심리적 압박을 주어 장래에 그 의무를 이행하게 하려는 행정상 간접적인 강제집행 수단의 하나이다. 헌법재판소 2011. 10. 25. 선고 2009헌바140 결정
② 이행강제금은 (중략) 과거의 일정한 법률위반 행위에 대한 제재로서의 형벌이 아니라 장래의 의무이행의 확보를 위한 강제수단일 뿐이어서 범죄에 대하여 국가가 형벌권을 실행한다고 하는 과벌에 해당하지 아니하므로 헌법 제13조 제1항이 금지하는 이중처벌금지의 원칙이 적용될 여지가 없다. 헌법재판소 2011. 10. 25. 선고 2009헌바140 결정
③ 이행강제금은 대체적 작위의무의 위반에 대하여도 부과될 수 있다. 또한 행정청은 개별사건에 있어서 위반내용, 위반자의 시정의지 등을 감안하여 대집행과 이행강제금을 선택적으로 활용할 수 있으며, 이처럼 그 합리적인 재량에 의해 선택하여 활용하는 이상 중첩적인 제재에 해당한다고 볼 수 없다. 헌법재판소 2004. 2. 26. 선고 2001헌바80 결정
④ 건축법상 이행강제금 납부의무는 상속인 기타의 사람에게 승계될 수 없는 일신전속적인 성질의 것이므로 이미 사망한 사람에게 이행강제금을 부과하는 내용의 처분이나 결정은 당연무효이고, 이행강제금을 부과받은 사람의 이의에 의하여 비송사건절차법에 의한 재판절차가 개시된 후에 그 이의한 사람이 사망한 때에는 사건 자체가 목적을 잃고 절차가 종료한다. 대법원 2006. 12. 8.자 2006마470 판결

08. ④ ④ 개인정보 보호법 제25조

> **개인정보 보호법 제25조(고정형 영상정보처리기기의 설치 · 운영 제한)**
> ⑤ 고정형 영상정보처리기기운영자는 고정형 영상정보처리기기의 설치 목적과 다른 목적으로 고정형 영상정보처리기기를 임의로 조작하거나 다른 곳을 비춰서는 아니 되며, 녹음기능은 사용할 수 없다. <개정 2023. 3. 14.>

① 개인정보 보호법 제26조

> **개인정보 보호법 제26조(업무위탁에 따른 개인정보의 처리 제한)**
> ⑥ 수탁자는 위탁받은 개인정보의 처리 업무를 제3자에게 다시 위탁하려는 경우에는 위탁자의 동의를 받아야 한다. <신설 2023. 3. 14.>

② 개인정보 보호법 제21조

> **개인정보 보호법 제21조(개인정보의 파기)**
> ① 개인정보처리자는 보유기간의 경과, 개인정보의 처리 목적 달성, 가명정보의 처리 기간 경과 등 그 개인정보가 불필요하게 되었을 때에는 지체 없이 그 개인정보를 파기하여야 한다. 다만, 다른 법령에 따라 보존하여야 하는 경우에는 그러하지 아니하다.

③ 개인정보 보호법 제25조의2

> **개인정보 보호법 제25조의2(이동형 영상정보처리기기의 운영 제한)**
> ① 업무를 목적으로 이동형 영상정보처리기기를 운영하려는 자는 다음 각 호의 경우를 제외하고는 공개된 장소에서 이동형 영상정보처리기기로 사람 또는 그 사람과 관련된 사물의 영상(개인정보에 해당하는 경우로 한정한다. 이하 같다)을 촬영하여서는 아니 된다. [본조신설 2023. 3. 14.]
> 2. 촬영 사실을 명확히 표시하여 정보주체가 촬영 사실을 알 수 있도록 하였음에도 불구하고 촬영 거부 의사를 밝히지 아니한 경우. 이 경우 정보주체의 권리를 부당하게 침해할 우려가 없고 합리적인 범위를 초과하지 아니하는 경우로 한정한다.

09. ② ② 상호보증은 외국의 법령, 판례 및 관례 등에 의하여 승인요건을 비교하여 인정되면 충분하고 반드시 당사국과 조약이 체결되어 있을 필요는 없으며, 해당 외국에서 구체적으로 우리나라의 같은 종류의 판결을 승인한 사례가 없다고 하더라도 실제로 승인할 것이라고 기대할 수 있을 정도이면 충분하다. 대법원 2017. 5. 30. 선고 2012다23832 판결
① 공익근무요원은 국가배상법 제2조 제1항 단서의 규정에 의하여 국가배상법상 손해배상청구가 제한되는 군인 · 군무원 · 경찰공무원 또는 향토예비군대원에 해당한다고 할 수 없다. 대법원 1997. 3. 28. 선고 97다4036 판결
③ 공무원에 대한 전보인사가 법령이 정한 기준과 원칙에 위배되거나 인사권을 다소 부적절하게 행사한 것으로 볼 여지가 있다 하더라도 그러한 사유만으로 그 전보인사가 당연히 불법행위를 구성한다고 볼 수는 없고, 인사권자가 당해 공무원에 대한 보복감정 등 다른 의도를 가지고 인사재량권을 일탈 · 남용하여 객관적 정당성을 상실하였음

이 명백한 경우 등 전보인사가 우리의 건전한 사회통념이나 사회상규상 도저히 용인될 수 없음이 분명한 경우에, 그 전보인사는 위법하게 상대방에게 정신적 고통을 가하는 것이 되어 당해 공무원에 대한 관계에서 불법행위를 구성한다. 대법원 2009. 5. 28. 선고 2006다16215 판결
④ '법령을 위반하여'라고 함은 엄격하게 형식적 의미의 법령에 명시적으로 공무원의 행위의무가 정하여져 있음에도 이를 위반하는 경우만을 의미하는 것은 아니고, 인권존중 · 권력남용금지 · 신의성실과 같이 공무원으로서 마땅히 지켜야 할 준칙이나 규범을 지키지 아니하고 위반한 경우를 비롯하여 널리 그 행위가 객관적인 정당성을 결여하고 있는 경우도 포함한다. 대법원 2015. 8. 27. 선고 2012다204587 판결

10. ② ② 일반 공중의 이용에 제공되는 공공용물에 대하여 특허 또는 허가를 받지 않고 하는 일반사용은 다른 개인의 자유이용과 국가 또는 지방자치단체 등의 공공목적을 위한 개발 또는 관리 · 보존행위를 방해하지 않는 범위 내에서만 허용된다 할 것이므로, 공공용물에 관하여 적법한 개발행위 등이 이루어짐으로 말미암아 이에 대한 일정범위의 사람들의 일반사용이 종전에 비하여 제한받게 되었다 하더라도 특별한 사정이 없는 한 그로 인한 불이익은 손실보상의 대상이 되는 특별한 손실에 해당한다고 할 수 없다. 대법원 2002. 2. 26. 선고 99다35300 판결
① 도시계획법 제21조에 규정된 개발제한구역제도 그 자체는 원칙적으로 합헌적인 규정인데, 다만 개발제한구역의 지정으로 말미암아 일부 토지소유자에게 사회적 제약의 범위를 넘는 가혹한 부담이 발생하는 예외적인 경우에 대하여 보상규정을 두지 않은 것에 위헌성이 있는 것이다. (중략) 보상의 구체적 기준과 방법은 헌법재판소가 결정할 성질의 것이 아니라 광범위한 입법형성권을 가진 입법자가 입법정책적으로 정할 사항이므로, 입법자가 보상입법을 마련함으로써 위헌적인 상태를 제거할 때까지 위 조항을 형식적으로 존속케 하기 위하여 헌법불합치결정을 하는 것이다. 헌법재판소 1998. 12. 24. 선고 89헌마214 결정

③ 사업시행자가 사업인정을 받은 후 그 사업이 공용수용을 할 만한 공익성을 상실하거나 사업인정에 관련된 자들의 이익이 현저히 비례의 원칙에 어긋나게 된 경우 또는 사업시행자가 해당 공익사업을 수행할 의사나 능력을 상실하였음에도 여전히 그 사업인정에 기하여 수용권을 행사하는 것은 수용권의 공익 목적에 반하는 수용권의 남용에 해당하여 허용되지 않는다. 대법원 2011. 1. 27. 선고 2009두1051 판결
④ 사업인정고시는 수용재결절차로 나아가 강제적인 방식으로 토지소유자나 관계인의 권리를 취득 · 보상하기 위한 절차적 요건에 지나지 않고 영업손실보상의 요건이 아니다. 따라서 피고가 시행하는 사업이 토지보상법상 공익사업에 해당하고 원고들의 영업이 해당 공익사업으로 폐업하거나 휴업하게 된 것이어서 토지보상법령에서 정한 영업손실 보상대상에 해당하면, 사업인정고시가 없더라도 피고는 원고들에게 영업손실을 보상할 의무가 있다. 대법원 2021. 11. 11. 선고 2018다204022 판결

일일 모고 행정학 제18회
정답 및 해설

합격까지 박문각

빠른 고득점 합격
행정학 이명훈

01. ② 뉴거버넌스는 정부와 민간 조직 간의 협력체제를 강조하므로 조직 간 관계에 초점이 있다.

02. ④ 공공재는 생산과 소비가 동시에 이루어지기 때문에 비축적성을 띤다. 또한 공공재는 눈에 보이지 않는 무형성을 띤다(예: 치안서비스[범죄억지력], 국방서비스[전쟁억지력] 등).

<<핵심체크>> 공공재의 특성

① 집합생산 · 집합소비(공동생산 · 공동소비) ② 비분리성, ③ 등량소비성, ④ 선호표출 메커니즘의 결여(무임승차) ⑤ 비시장성, ⑥ 무형성, ⑦ 비축적성, ⑧ 외부성 등

03. ④ 공무원의 부정부패 척결 등 부정적 행위를 통제하는 측면은 행정윤리의 소극적 측면이며, 공무원이 바람직한 가치를 실현하도록 하는 측면은 행정윤리의 적극적 측면이다.

<<핵심체크>> 행정윤리의 두 측면

소극적 측면	• 부정부패 등 부정적 행위를 하지 않아야 한다는 측면 : 「국가공무원법」, 「부패방지법」, 「부정청탁 및 금품 등 수수의 금지에 관한 법률」 등
적극적 측면	• 긍정적 가치(공익성 · 책임성 등)에 입각한 행정을 수행해야 한다는 측면 : 「공무원헌장」 등

04. ② 정책문제를 잘못 인지하고 채택하여 정책문제가 여전히 해결되지 않은 상태로 남아 있는 현상을 3종 오류라 한다.

<<핵심체크>> 정책분석의 오류

제1종 오류 (알파[α]오류)	제2종 오류 (베타[β]오류)	제3종 오류 (메타오류)
정책대안이 효과가 없음에도 있다고 잘못 평가한 오류	정책대안이 효과가 있음에도 없다고 잘못 평가한 오류	정책문제의 잘못된 인지로 인하여 대안을 잘못 선택하는 오류(근본적인 오류)
잘못된 대안을 채택하는 오류	올바른 대안을 기각하는 오류	
옳은 귀무가설(영가설)을 기각하는 오류	틀린 귀무가설(영가설)을 채택하는 오류	
틀린 대립가설을 채택하는 오류	옳은 대립가설을 기각하는 오류	

05. ① 정책결정과정에서 집단 간에 요구가 모두 수용되지 않고 타협하는 수준에서 대안을 찾는다는 갈등의 준해결은 쓰레기통 모형의 전제조건이 아니라 회사모형에서 의사결정의 특징이다.

<<핵심체크>> 쓰레기통 모형

의의		계층제적 위계질서가 없고, 구성원들의 응집성이 아주 약하며, 여유재원이 부족한 조직화된 무정부 상태(불확실성과 혼란이 심한 상태)에서의 비합리적 의사결정을 설명하는 귀납적 모형
적용		대학조직의 결정, 다당제로 구성된 의회의 결정, 입법부 · 사법부 · 행정부가 모두 관련되는 결정, 행정부 내의 여러 부처가 관련되는 정책결정 등
전제	문제성 있는 선호	참여자들은 선호하는 것이 무엇인지도 모른 채 의사결정에 참여하며, 참여자들 간 무엇을 선택해야 하는지에 합의가 없음
	불명확한 기술(불명확한 인과관계)	목표와 수단 사이에 존재하는 인과관계가 명확하지 않아 조직은 시행착오를 거침으로써 이를 파악
	수시적 참여자(유동적 참여)	의사결정 참여자의 범위와 그들이 투입하는 에너지가 유동적
의사결정	구성요소	① 문제, ② 해결책, ③ 선택기회, ④ 참여자
	의사결정	구성요소들은 독자적 · 개별적으로 떠다니다가 점화장치가 있으면 우연히 결합되어 의사결정이 이루어짐
	의사결정 방식	진빼기 결정(미뤄두기 : by flight), 날치기 통과(끼워넣기 : by oversight)

06. ③ 생산적 갈등이란 조직의 팀워크와 단결을 촉진하여 조직성과나 조직혁신에 도움을 주는 건설적 갈등으로 조장의 대상이 되며, 소비적 갈등이란 조직의 팀워크나 단결을 깨고 생산성을 저해하는 역기능적 갈등으로 제거 또는 통제의 대상이 된다.

07. ① 시험의 '타당도'란 시험이 측정하려고 하는 바를 실제로 측정할 수 있는 정도를 말하는 것으로 동시적 타당성 검증과 예측적 타당성 검증은 '기준타당성'을 검증하는 수단이다.

<<핵심체크>> 시험의 타당도

기준 타당도	의의		• 시험이 직무수행능력을 얼마나 정확하게 측정하는가에 관한 기준 • 시험성적과 근무성적 간의 상관관계가 높을수록 기준 타당성이 높음
	검증 방법	예측적 타당성 검증	시험에 합격한 사람을 일정기간 근무케 한 다음 시험성적과 업무실적을 비교하여 양자의 상관관계를 확인하는 방법
		현재적 타당성 검증	입안한 시험을 재직 중에 있는 사람에게 실시한 다음 업무실적과 시험성적을 비교하여 그 상관관계를 확인하는 방법
내용 타당도	의의		시험이 특정 직위에 필요한 능력이나 실적과 직결되는 실질적인 능력요소를 포괄적으로 측정하였는가에 관한 기준
	검증 방법		• 직무분석을 통해 선행적으로 실질적 능력요소를 파악 • 직무수행에 필요한(요구되는) 능력요소와 시험내용의 비교 • 직무에 정통한 전문가집단에 의한 평가(관련 전문가들이 패널 구성 등)

<table>
<tr><td rowspan="5">구성 타당도</td><td>의의</td><td colspan="2">시험이 이론적(추상적) 능력요소를 정확하게 측정하는가에 관한 기준</td></tr>
<tr><td>요건</td><td colspan="2">추상성을 측정할 지표개발과 고도의 계량분석기법 및 행태과학적 조사</td></tr>
<tr><td rowspan="2">검증 방법</td><td>수렴적 타당성</td><td>동일한 개념을 측정하는 지표들 간의 상관관계의 정도 - 상관관계가 높을수록 타당성 높음</td></tr>
<tr><td>차별적 타당성</td><td>서로 상이한 개념을 측정하는 지표들 간의 상관관계의 정도 - 상관관계가 낮을수록 타당성 높음</td></tr>
<tr><td>평가</td><td colspan="2">직무내용의 능력요소를 구체적으로 포착하기 어려운 고위직에 유용하지만, 고도의 관념적 추론과정을 거치므로 오류 가능성이 큼</td></tr>
</table>

08. ③ 비용편익분석, 선형계획법 등 계량적 모형을 이용하여 예산을 배정하는 것이 사업목표를 효과적으로 달성할 수 있다고 보는 시각은 합리주의 모형이다.

09. ③ 납세자 소송제도는 민중소송 및 공익소송의 일종이며, 우리나라에서는 지방정부를 대상으로 한 주민소송제를 도입 · 시행중이다. 그러나 중앙정부차원에서는 도입되어 있지 않다.

10. ③ 단체위임사무란 전국적 이해와 지방적 이해를 동시에 가지는 사무로서 개개의 법령에 의하여 지방자치단체에 위임된 사무이다. 단체위임사무는 법령에 근거한 국가보조(부담금)로 지원되는 사무이다.

<<핵심체크>> 지방자치단체의 사무

<table>
<tr><th>구분</th><th>고유사무</th><th>단체위임사무</th><th>기관위임사무</th></tr>
<tr><td>개념</td><td>자치단체가 자치권에 근거하여 자기의 의사와 책임 하에 자주적으로 처리하는 자치단체의 존립 목적에 속하는 본래적 사무</td><td>전국적 이해와 지방적 이해를 동시에 가지는 사무로서 개개의 법령에 의하여 자치단체에 위임된 사무(결정은 의회, 집행은 단체장)</td><td>직접적으로 지방적 이해관계가 없는 국가사무를 법령에 의해 단체장에게 위임한 사무(결정은 중앙정부, 집행은 지방정부)</td></tr>
<tr><td>특징</td><td>자주성이 강함</td><td>중앙의 통제 약함</td><td>중앙의 통제 강함</td></tr>
<tr><td>재정</td><td>• 자주재원과 지방교부세
• 국고보조금은 장려적 보조금</td><td>• 국가가 사업비 일부 보조
• 국고보조금은 부담금</td><td>• 국가가 전액 부담
• 국고보조금은 「지방재정법」상 교부금 또는 강학상 위탁금</td></tr>
<tr><td>의회 관여</td><td colspan="2">지방의회의 통제대상</td><td>원칙적 배제</td></tr>
<tr><td>국가 관여</td><td>합법적 · 사후적 감독(사전적, 합목적적 통제 불가)</td><td>사후적 · 합법적 · 합목적적 감독(사전적 통제 불가)</td><td>사전적 · 사후적 통제, 합법적 · 합목적적 통제 가능</td></tr>
</table>

2025 공무원 시험대비 【6회차】

박문각 일일 모의고사

-제19회-

[정답 및 해설]

이 름 : ____________________

학습관 : ____________________

합격
예측

답안 입력 및 성적 조회는 PC, 모바일에서 모두 가능합니다.

★ PC: pass.pmg.co.kr | ★ 모바일 앱: 박문각 합격관리

일일 모고 국어 제19회

정답 및 해설

합격까지 박문각

赤功 국어 적중 혜선

01. ① [알약 → (ㄴ 첨가) → 알냑 → (유음화) → 알략]이므로 'ㄴ 첨가'와 '유음화'가 일어났음을 알 수 있다. 'ㄴ 첨가'와 '유음화'는 각각 첨가와 교체에 해당하므로 2가지 유형의 음운 변동이 나타난다.

② [각막염 → (ㄴ 첨가) → 각막념 → (비음화) → 강망념]이므로 'ㄴ 첨가'와 '비음화'가 일어났음을 알 수 있다. '비음화'는 음운 변동 이름에서 나오듯이 '조음 위치'가 아니라 '조음 방법'이 달라지는 현상이다.

③ [놓치다 → (음절의 끝소리 규칙) → 녿치다]이므로 교체 현상만 일어났기 때문에 음운 변동 전의 음운 개수와 음운 변동 후의 음운 개수가 서로 같다.

④ [흙하고 → (자음군 단순화) → 흑하고 → (자음 축약) → 흐카고]:자음군 단순화 1번, 자음 축약이 1번 일어났으므로 음운의 개수가 2개 준 것이다.

02. ④ '잃＋지'는 '잃'의 종성 'ㅎ'과 '지'의 종성 'ㅈ'이 만나 거센소리 'ㅊ'으로 줄어드는 자음 축약에 의해 [일치]가 된 것이다. 이와 달리 ㉣ '긁＋고'는 '긁'의 겹자음 'ㄺ' 중 'ㄱ'이 탈락하는 자음군 단순화와, 'ㄹ' 뒤에 연결되는 'ㄱ'이 'ㄲ'으로 교체되는 된소리되기에 의해 [글꼬]가 된 것이다. 따라서 ㉣에는 자음이 축약된 음운 변동이 없다.

① '입＋니'는 받침 'ㅂ'이 인접 자음 'ㄴ'과 조음 방법이 같은 비음 'ㅁ'으로 교체되는 비음화에 의해 [임니]가 된 것이다. ㉠ '맑＋네(⇨ [막네])'도 받침 'ㄱ'이 인접 자음 'ㄴ'과 조음 방법이 같은 비음 'ㅇ'으로 교체되는 비음화에 의해 [망네]가 된 것이고, ㉢ '꽃＋말(⇨ [꼳말])'도 받침 'ㄷ'이 인접 자음 'ㅁ'과 조음 방법이 같은 비음 'ㄴ'으로 교체되는 비음화에 의해 [꼰말]이 된 것이다. 따라서 ㉠과 ㉢에는 인접하는 자음과 조음 방법이 같아진 음운 변동이 있다.

② '물＋약'은 '약의 모음 'ㅑ'의 영향으로 'ㄴ' 소리가 첨가되어 [물냑]이 되었다가(표준 발음법 제29항), 비음 'ㄴ'이 유음 'ㄹ'로 교체되는 유음화에 의해 [물략]이 된 것이다. ㉡ '낮＋일'도 '낮'의 끝소리 'ㅈ'이 대표음 'ㄷ'으로 교체되는 음절의 끝소리 규칙과 '일'의 모음 'ㅣ'의 영향으로 'ㄴ' 소리가 덧나는 'ㄴ' 첨가에 의해 [낟닐]이 되었다가, 비음 'ㄴ'의 앞에 있는 받침 'ㄷ'이 'ㄴ'으로 교체되는 비음화에 의해 [난닐]이 된 것이다. 따라서 ㉡에는 자음이 교체된 음운 변동이 있다.

③ '팥＋죽'은 음절 끝에 올 수 있는 자음이 'ㄱ, ㄴ, ㄷ, ㄹ, ㅁ, ㅂ, ㅇ'의 7개로 제한되는 음절의 끝소리 규칙에 의해 [팓죽]이 되었다가, 받침 'ㄷ' 뒤에 연결되는 'ㅈ'이 'ㅉ'으로 교체되는 된소리되기에 의해 [팓쭉]이 된 것이다. ㉡ '낮＋일'도 음절의 끝소리 규칙과 'ㄴ' 첨가, 비음화에 의해 [난닐]이 된 것이고, ㉢ '꽃＋말'도 음절의 끝소리 규칙과 비음화에 의해 [꼰말]이 된 것이다. 따라서 ㉡과 ㉢에는 음절 끝에 올 수 있는 자음이 제한되어 있기 때문에 일어난 음운 변동이 있다.

03. ① 여기에서의 '말씀'은 화자의 말을 낮추는 표현이므로 옳다. 들어 봐 주는 주체는 선생님이므로 주체 높임 선어말 어미를 잘 사용하였다.

② '소개해 줘'로 고쳐야 한다. '소개하다'는 '양편이 알고 지내게 하다'를 의미하므로 이미 사동의 의미가 있다. 따라서 사동의 접미사 '-시키-'를 쓰는 것은 불필요한 것이다.

③ '훈장이 수여됐으니'로 고쳐야 한다. '추서(追敍)'는 '죽은 사람'에게 주는 것이므로 옳지 않다.

④ '여간하다(如干--)'는 '(('아니다', '않다' 따위의 부정어 앞에 쓰여)) 이만저만하거나 어지간하다.'이므로 부정어와 호응하도록 고쳐야 한다. '여간한 성의라고밖에 할 수 없네요.'는 '여간한 성의다'라는 의미가 되므로 옳지 않다. 따라서 '여간한 성의가 아니네요'로 고쳐야 한다.

04. ③ '~할 것으로 예상된다'는 주어가 사람이 아니므로 어법에 맞는 표현이다. 주어 '날씨가'가 생략된 것으로, '날씨가 ~할 것으로 예상된다'는 피동 표현을 사용하는 것이 적절하다. 이 선택지가 틀린 학생들은 아마 '예상되어진다'와 같이 잘못된 이중 피동 표현과 헷갈렸을 수 있지만, 여기에서는 이중 피동이 아니라 하나의 피동만 쓰였으므로 틀린 표현이 아니다.

① '불안한 수비와 문전 처리가 미숙하여'를 보면 접속조사 '와'로 연결되어 있기 때문에 '불안한 수비가 미숙하고 문전 처리가 미숙하고'가 되어야 한다. 그런데 '불안한 수비가 미숙하고'는 굉장히 어색하다. 주어와 서술어의 호응이 맞지 않기 때문에 '수비가 불안하고 문전처리가 미숙하여'로 고쳐야 한다.

② '휴대'는 '손에 들거나 몸에 지니고 다님'을 의미한다. 하지만 '트럭이 방송장비를 휴대한다'는 것은 매우 어색하다. 따라서 문맥상 '탑재(搭 탈 탑, 載 실을 재, 떠받들 대)'로 고쳐야 한다 '탑재'란.'배, 비행기,차 따위에 물건을 실음'을 의미한다.

④ 여기에서 '소개하다'는 '양편이 알고 지내게 하다'를 의미하므로 이미 사동의 의미가 있다. 따라서 사동의 접미사 '-시키-'를 쓰는 것은 불필요한 것이다.

05. ③

전제 1: 홍차 → 녹차
전제 2: [ ]

결론: 녹차 ∧ 빵

③와 '홍차 → 녹차'를 연결하면, 홍차를 좋아하면서 빵을 좋아하는 사람이 존재하고 홍차를 좋아하는 모든 사람은 녹차를 좋아하므로 빵을 좋아하면서 녹차를 좋아하는 사람이 존재한다는 결론, 즉 '녹차 ∧ 빵'이 도출된다. 따라서 이 전제는 위와 같은 결론을 이끌어 내기 위에 필요한 전제이다.

① '~빵 ∧ ~홍차'이다. 이 전제와 '홍차 → 녹차'를 연결하면, 홍차를 좋아하면서 빵을 좋아하지 않는 사람이 존재하고 홍차를 좋아하는 모든 사람은 녹차를 좋아하므로 빵을 좋아하지 않으면서 녹차를 좋아하는 사람이 존재한다는 결론, 즉 '~빵 ∧ 녹차'가 도출된다. 이를 통해 '녹차 ∧ 빵'을 도출하는 것은 불가능하다.

② '빵 ∧ ~홍차'이다. 이 전제를 '홍차 → 녹차'와 연결지어 '녹차 ∧ 빵'을 도출하는 것은 불가능하다.

④ '홍차 → ~빵'이다. 이 전제를 '홍차 → 녹차'와 연결지어 '녹차 ∧ 빵'을 도출하는 것은 불가능하다.

06. ①

○ A → ~B ≡ B → ~A
○ ~C → ~D ≡ D → C
○ (C ∨ D) → B ≡ ~B → (~C ∧ ~D)

첫 번째 조건에 의해 'A → ~B'이고 세 번째 조건의 대우명제에 의해 '~B → (~C ∧ ~D)'이므로 A가 소풍을 가면 B가 소풍을 가지 않고, B가 소풍을 가지 않으면 C와 D가 모두 소풍을 가지 않는다. 따라서 A가 소풍을 가면

B, C, D가 모두 소풍을 가지 않는다.
② 첫 번째 조건의 대우명제에 의해 'B → ~A'이므로 B가 소풍을 가면 A는 소풍을 가지 않는다.
③ 세 번째 조건에 의해 '(C ∨ D) → B'이고 첫 번째 조건의 대우명제에 의해 'B → ~A'이므로 C가 소풍을 가면 B도 소풍을 가고, B가 소풍을 가면 A는 소풍을 가지 않는다. 따라서 C가 소풍을 가면 A는 소풍을 가지 않는다.
④ 세 번째 조건의 대우명제에 의해 '~B → (~C ∧ ~D)'이므로 B가 소풍을 가지 않으면 C와 D가 모두 소풍을 가지 않는다. 따라서 B가 소풍을 가지 않을 때 C가 소풍을 갈 수는 없다.

07. ② ㉠의 '물다'는 '2 입속에 넣어 두다.'를 의미한다. 이와 가장 유사한 의미의 '물다'는 ②이다.
① 「2」 윗니와 아랫니 사이에 끼운 상태로 상처가 날 만큼 세게 누르다.
③ 「3」 이, 빈대, 모기 따위의 벌레가 주둥이 끝으로 살을 찌르다.
④ 「4」 (속되게) 이익이 되는 어떤 것이나 사람을 차지하다.

08. ③ '받아들이다'는 '다른 사람의 요구, 성의, 말 따위를 들어주다.'를 의미한다. 따라서 '옳다고 인정하다.'를 의미하는 '수긍(首 머리 수 肯 즐길 긍)하다'는 ㉢과 바꿔쓸 수 있는 유사한 표현으로 적절하지 않다. '요구를 받아들이다.'를 의미하는 '수락(受 받을 수 諾 허락할 낙)하다'로 바꿔쓸 수 있다.
① ㉠ '거두다'는 '흩어져 있는 물건 따위를 한데 모으다.'를 의미한다. 따라서 '버리거나 내놓은 물건 따위를 거두어 가다.'를 의미하는 '수거(收 거둘 수 去 갈 거)하다'로 바꿔쓸 수 있다.
② ㉡ '그만두다'는 '하던 일을 그치고 안 하다.'를 의미한다. 따라서 '어떤 지위나 맡은 임무를 그만두게 하다.'를 의미하는 '해임(解 풀 해 任 맡길 임)하다'로 바꿔쓸 수 있다.

④ ㉣ '나누다'는 '즐거움이나 고통, 고생 따위를 함께하다.'를 의미한다. 따라서 '정보나 의견, 감정 따위를 나누다.'를 의미하는 '공유(共 함께 공 有 있을 유)하다'로 바꿔쓸 수 있다.

09. ③ ㉠과 ㉡은 모두 작품을 시각적으로 일깨우기 위해 설치의 방법을 사용하고, 그 속에서 관람자의 감상을 유도하며 관람자가 삶과 예술을 더욱 긴밀하게 이해하도록 한다고 볼 수 있다.
① ㉠과 ㉡은 모두 공간 전체를 조형화한 전시의 방법이다.
② ㉠과 ㉡은 모두 미술 작품이 특정 장소에 귀속되는 장소 특수성과, 특정 시간에 귀속되는 시간 특수성을 지닌다.
④ ㉠과 ㉡은 모두 실제 생활 공간에 놓인 조형물이 아니라 전시실에 꾸며진 것이다.

10. ② 개요의 논리적 흐름을 고려할 때, Ⅱ-2와 Ⅲ-2는 적절하게 연결된 것이다. 따라서 ②처럼 '관광객 유치를 위한 과다 홍보'라는 항목으로 ㉡을 수정했을 경우에는 개요의 논리적 흐름을 훼손하게 된다.

일일 모고 영어 제19회
정답 및 해설

합격까지 박문각
반드시 합격 진가영 영어

01. ① ★ revenge 복수
● support 지원,지지
● sympathy 동정, 연민
● recognition 인정, 인식
[해석] 논쟁 후 그녀는 복수를 하기로 결심하지 않고, 대신 친구를 용서하며 지나가기로 했다.

02. ④ ★ sensation 감각, 느낌
● sector 부문, 영역
● regret 후회, 유감
● territory 영토, 영역
[해석] 긴 운동 후, 그녀는 휴식을 취하면서 자신의 루틴을 끝낸 것을 알고 안도감을 느꼈다.

03. ① ★ vacuum 진공 청소기, 진공
● troop 병력, 군대, 부대
● union 조합, 협회
● tribe 부족, 집단
[해석] 그녀는 아무도 알아차리기 전에 부엌 바닥에 흘린 부스러기를 빨아들이기 위해 진공 청소기를 급히 잡았다.

04. ④ ★ transition 전환, 이전, 전이
● weapon 무기
● abstract 추상, 요약(추록)
● arrest 체포, 체포하다
[해석] 그 회사는 새로운 관리팀으로의 원활한 전환을 준비하고 있으며, 일상 업무에 미치는 영향을 최소화하려고 한다.

05. ④ ★ balance 균형, 잔고, 잔액
● blow 강타, 충격
● border 가장자리, 국경
● bother 성가심
[해석] 오늘날의 빠른 속도의 세상에서 스트레스를 줄이고 전반적인 웰빙을 향상시키기 위해 건강한 일과 삶의 균형을 유지하는 것이 필수적이다.

06. ④ [해설]
if가 생략 후 도치된 가정법으로, 주절에 '(plaese) 명령문'을 쓸 수 있는 것은 'Should+주어+동사원형~'의 형태뿐이다. 따라서 밑줄 친 부분에 가장 적절한 것은 ④이다.
[해석]
만약 마음을 바꾸시면, 가능한 빨리 알려주세요. 그래야 우리가 계획을 그에 맞게 조정할 수 있습니다.

07. ④ [해설]
'A뿐만 아니라 B도'의 뜻인 'not only A also B'의 구조에서는 also는 생략할 수 있어도 but은 반드시 있어야 한다. 따라서 밑줄 친 부분인 also를 but also로 고쳐야 한다.
[해석]
무언가를 할 권리를 가지는 것과 실제로 그것을 할 수 있는 능력을 가지는 것의 차이를 인식하는 것이 중요하다. 모든 사람이 우주로 여행하는 것을 허용하는 정책이 도입될 수도 있다. 그러나 그러한 허가가 존재한다고 해도, 대부분의 사람들은 경제적·신체적 능력이 부족하여 실제로 실행할 수 없다. 진정한 자유는 단순히 법적으로 가능하다는 것만이 아니라 실제로 성취할 수 있는지 여부에 달려 있다.

08. ② [해석]
A: 안녕하세요, 내일 회의에 대해 질문이 있는데 미리 준비할 것이 있나요?
B: 네, 지난 분기 매출 보고서를 가져오세요. 우리는 성과를 논의하고 다음 분기를 위한 목표를 설정할 예정입니다.
A: 알겠습니다. 개선 방안도 준비해야 할까요?
B: 그럼요! 아이디어를 듣고 싶습니다.
A: 미리 알려줘서 감사합니다. 모든 준비를 마칠게요.
① 회의는 어디에서 열리나요?
② 개선 방안도 준비해야 할까요?
③ 회의 참석자는 누구인가요?
④ 회의에서 사용할 자료는 무엇인가요?

09. ④ [해설]
정치적 태도와 생리적 반응의 상관관계에 대한 글로, 연구에 따르면, 정치적 신념은 위협적인 자극에 대한 생리적 반응과 관련이 있으며, 이는 개인이 위협을 경험하고 처리하는 방식을 반영함을 설명하고 있다. 따라서 글의 주제로 가장 적절한 것은 ④이다.
[해석]
최근 한 연구에서 강한 정치적 견해를 가진 실험 참가자들이 자신의 정치적 믿음에 대한 설문지를 작성하도록 요구받았다. 이후, 그들에게 생체 현상 측정 장치를 부착하고 33개의 그림 중 세 개의 위협적인 그림(예를 들어, 겁에 질린 사람의 얼굴 위에 놓인 큰 거미)을 보여주었다. 연구 결과, 위협적인 그림에 대해 낮은 신체적 반응을 보인 사람들은 해외 원조, 자유로운 이민 정책, 무기 통제를 지지하는 경향이 더 많았다. 반면, 같은 그림에 높은 생리적 반응을 보인 사람들은 방위비 지출, 사형, 애국심에 대해 찬성하는 경향이 더 강했다. 연구자들은 정치적 견해가 주변의 위협을 경험하고 처리하는 다양한 방식과 관련된 생리적 특성에 따라 달라진다는 결론을 내렸다.
① 정치적 평등을 달성하기 위한 민주적 정치 제도의 중요성
② 질문의 표현 방식과 형식이 정치적 태도의 일관성에 미치는 영향
③ 젊은 세대의 정치적 신념과 태도의 특성
④ 정치적 태도와 자극에 대한 반응성 간의 상관관계
[어휘]
□ physiological 생리학적인
□ response 반응
□ foreign aid 외국 원조
□ defense spending 국방 지출

10. ④ [해설]
청소년의 사회적 연결과 공감 능력에 대한 글로, 청소년이 자원봉사를 통해 어려운 이웃에 대한 공감을 배울 수 있음을 설명하고 있다. "Habitat for Humanity 운동에 참여하거나 양로원에서 봉사하는 청소년들은 저소득 가정이나 고립된 노인들의 어려움을 이해하게 된다"고 언급하며, 이를 통해 청소년들이 공감 능력을 키울 수 있음을 강조하고 있다. 따라서 밑줄 친 부분에 들어갈 말로

가장 적절한 것은 ④이다.

[해석]

많은 십대 청소년들은 이전 세대보다 훨씬 쉽게 거의 모든 물질적인 것을 얻을 수 있다. 그러나 이렇게 원하는 것들을 쉽게 얻는 데 익숙한 청소년들이 운이 좋지 않은 사람들과 사회적 관계를 맺고 살아갈 수 있을까? 이러한 특권을 누리는 아이들이 불행한 이들에 대해 공감하기는 쉽지 않을 것이다. 하지만 자원봉사 활동에 참여하는 십대들은 삶의 어려움을 겪는 사람들에게 동정심을 느낄 수 있게 된다. 예를 들어, 사랑의 집짓기 운동에 참여하는 청소년들은 저소득 가정이 겪는 어려움에 대해 더 깊이 이해하게 될 것이다. 또한, 요양원에서 말동무로 자원봉사하는 어린이들은 많은 노인이 겪는 외로움과 고독감을 알게 될 것이다.

① 큰 재산을 소유하다
② 자신의 이익을 추구하다
③ 좋은 의사소통 능력을 갖추다
④ 자원봉사 활동에 참여하다

[어휘]

☐ empathize 공감하다
☐ compassion 연민
☐ privilege 특권
☐ volunteering 자원봉사

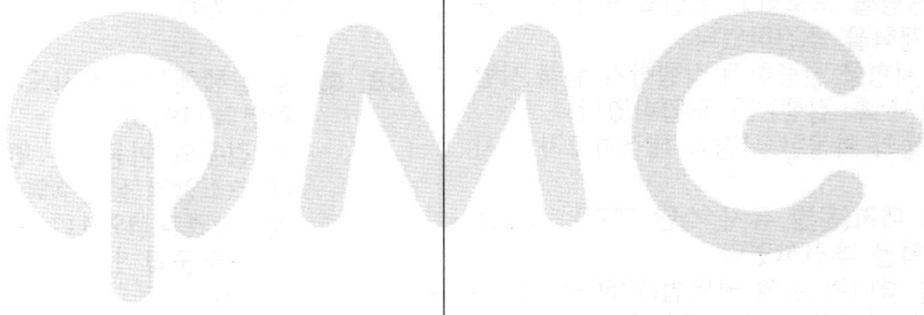

일일 모고 한국사 제19회
정답 및 해설

합격까지 박문각

가장 빠른 한국사
한국사 박기훈

01. ③ ㉠ 성균관에서는 기술 교육을 실시하지 않았다.
㉢ 향교에 대한 설명이다.
㉣ 둘은 계통적으로 연결되지 않고 각각 독립된 교육 기관이었다.

02. ④ ④ 신권을 강화하려는 서인과 왕권을 강화하려는 남인의 정치적 입장과 연결되었다.
① 이조 전랑 문제로 사림은 김효원을 중심으로 한 동인과 심의겸을 중심으로 한 서인으로 나누어졌다.
② 정여립 모반 사건과 세자 건저 문제로 동인이 북인과 남인으로 분열하였다.
③ 북인 정권의 권력 독점으로 서인이 주도하고 남인이 참여한 인조반정이 일어났다.

03. ④ ㉠ 영조(1724~1776년)는 붕당 간의 대립을 완화하기 위해 탕평책을 시행하였다.
완론탕평 : 특정 붕당을 배척하기보다 온건한 인물을 중용하는 방식으로, 탕평파(탕평에 동조하는 신하들) 를 육성하였다. 그러나 붕당 간의 대립을 근본적으로 해결하지 못했고, 왕권 강화를 위한 수단으로 작용하였다.
㉡ 영조는 백성의 생명을 보호하고 형벌을 공정하게 운영하기 위해 법제 개혁을 추진하였다.
가혹한 형벌 폐지 : 사형을 신중하게 집행하기 위해 사형수 삼심제(세 번 심사 후 집행) 를 도입하였다.
신문고 부활 : 백성들의 억울한 사정을 해결하고자 다시 운영하였다.
형벌 완화 : 청금록 폐지(문벌 유지 수단 제거), 서얼의 제한적 등용 등 개혁을 추진하였다.
㉢ 백성들의 부담을 줄이기 위해 균역법(1750년) 을 시행하였다. 기존의 1년에 2필씩 내던 군포를 1필로 감축하였다. 줄어든 재정을 보완하기 위해 어염세(소금세), 선무군관포(양반들에게 부과한 군포), 결작(농민이 토지세와 별도로 부담한 세금) 등을 신설하였다.
㉣ 영조는 문물 정비와 국가의 정책을 체계화하기 위해 다양한 편찬 사업을 추진하였다.
《동국문헌비고》(1770년) : 한국 최초의 백과사전식 국가문헌 으로, 국가 제도와 문화를 체계적으로 정리하였다.
기타 편찬 사업 :
속대전 (법전 편찬)
속오례의 (국가 의례 정리)
국조보감 (왕조 역사 기록) 등
㉤ 노비종모법(1731년 시행) : 국가의 노동력 확보 및 양인의 증가를 유도하는 정책이었다.

04. ③ ③ 유득공, 이덕무, 박제가 등은 서얼이다. 서얼은 철종 때 신해허통으로 청요직 진출이 허용되었다.
① 중인은 넓은 의미로는 양반과 상민의 중간 신분 계층, 좁은 의미로는 기술관만을 의미하였으나, 조선 후기에 이르러 하나의 독립된 신분층을 이루었다.
② 조선 후기 중인층의 시인들은 시사를 조직하여 문학 활동을 전개하였다.
④ 통청운동은 실패하였으나 전문직으로서의 역할을 부각시켰다.

05. ② 윤휴는 주자를 비판하면서 유교 경전에 대해 독자적인 해석을 하였다.
② 윤휴는 사문난적이라 지탄을 받았고, 경신환국으로 유배령을 받았다가 사사되었다.
① 정제두는 일반민을 도덕의 실천 주체로 인정하였으며 양반 신분제 폐지를 주장하였다.
③ 박세당에 대한 설명이다.
④ 이황은『전습록변』을 저술하여 양명학을 비판하였다.

06. ① 민씨 정권의 개화 정책에 대한 반발과, 구식 군대의 차별 대우로 임오군란이 발발하였다(1882).
㉠ 제물포조약에서 일본은 서울 공사관 보호 명목으로 일본군이 조선에 주둔하도록 하였다.
㉡ 청은 묄렌도르프를 외교 고문으로, 마젠창을 정치 고문으로 파견하여 내정 간섭을 강화하였다.
㉢ 갑신정변의 결과이다.
㉣ 1876년 강화도 조약의 내용이다.

07. ① ㉠ 함경도와 황해도에서 방곡령을 선포하였다.(1889)
㉡ 서울 시전상인들은 황국 중앙 총상회를 조직하였다.(1898)
㉢ 일본의 황무지 개간권 요구를 철회하게 하였다.(1904, 보안회)
㉣ 일본에서 빌려온 차관을 갚자는 운동이 전개되었다.(1907)

08. ② ㉣ 상해에서 민족지도자들의 모여 국민대표회의를 개최하였다.(1923)
㉢ 김구와 이동녕은 한국국민당을 조직하였다.(1935)
㉠ 조소앙의 삼균주의를 바탕으로 대한민국 건국강령을 제정하였다.(1941)
㉡ 영국군과 인도, 미얀마에서 연합작전을 수행하였다.(1943)

09. ③ (가)는 1910년대 무단 통치기, (나)는 1920년대 문화 통치기, (다)는 1930~1940년대 민족 말살 통치 시기이다.
③ 김원봉의 조선의용대를 이끌고 한국광복군에 합류하였던 시기는 맞다. 조선의용군은 옌안의 화북조선독립동맹의 산하부대이다.
① 1910년대는 헌병경찰제도가 시행되었다.
② 1922년 제정된 2차 조선교육령의 내용이다.
④ 중 · 일 전쟁이 발발하자 소련은 1937년에 연해주의 한인들을 중앙아시아로 강제 이주시켰다.

10. ④ ① 조선건국동맹은 해방 전 1944년에 조직되었다.
② 우익은 처음에는 신탁통치를 반대하였다.
③ 이승만은 남북협상운동에 참여하지 않았다.

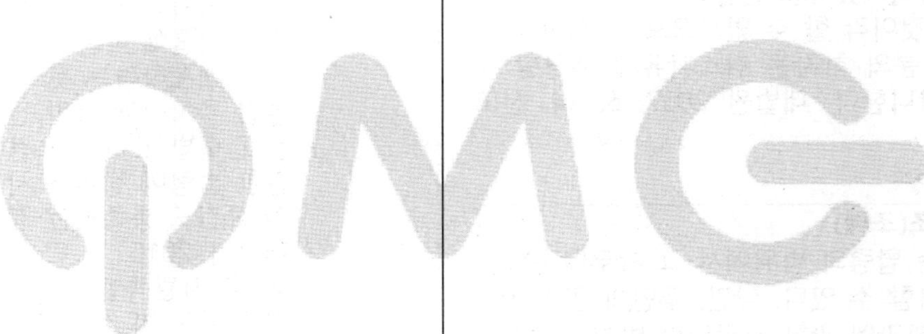

일일 모고 행정법 제19회
정답 및 해설

01. ② ② 대한민국 헌법 제89조.

> **대한민국 헌법 제89조.**
> 다음 사항은 국무회의의 심의를 거쳐야 한다.
> 3. 헌법개정안 · 국민투표안 · 조약안 · 법률안 및 대통령령안

① 법률의 시행령은 모법인 법률의 위임 없이 법률이 규정한 개인의 권리 · 의무에 관한 내용을 변경 · 보충하거나 법률에서 규정하지 아니한 새로운 내용을 규정할 수 없고, 특히 법률의 시행령이 형사처벌에 관한 사항을 규정하면서 법률의 명시적인 위임 범위를 벗어나 그 처벌의 대상을 확장하는 것은 죄형법정주의의 원칙에도 어긋나므로, 그러한 시행령은 위임입법의 한계를 벗어난 것으로서 무효이다. 대법원 2017. 2. 21. 선고 2015도14966 판결

③ 일반적으로 시행령이 헌법이나 법률에 위반된다는 사정은 그 시행령의 규정을 위헌 또는 위법하여 무효라고 선언한 대법원의 판결이 선고되지 아니한 상태에서는 그 시행령 규정의 위헌 내지 위법 여부가 해석상 다툼의 여지가 없을 정도로 명백하였다고 인정되지 아니하는 이상 객관적으로 명백한 것이라 할 수 없으므로, 이러한 시행령에 근거한 행정처분의 하자는 취소사유에 해당할 뿐 무효사유가 되지 아니한다. 대법원 2007. 6. 14. 선고 2004두619 판결

④ 지방자치법 제28조

> **지방자치법 제28조(조례)**
> ① 지방자치단체는 법령의 범위에서 그 사무에 관하여 조례를 제정할 수 있다. 다만, 주민의 권리 제한 또는 의무 부과에 관한 사항이나 벌칙을 정할 때에는 법률의 위임이 있어야 한다.

02. ④ ④ 행정행위의 취소라 함은 일단 유효하게 성립한 행정처분이 위법 또는 부당함을 이유로 소급하여 그 효력을 소멸시키는 별도의 행정처분을 말하고, 행정청은 종전 처분과 양립할 수 없는 처분을 함으로써 묵시적으로 종전 처분을 취소할 수도 있다. 대법원 1999. 12. 28. 선고 98두1895 판결

① 권한 없는 행정기관이 한 당연무효인 행정처분을 취소할 수 있는 권한은 당해 행정처분을 한 처분청에게 속하고, 당해 행정처분을 할 수 있는 적법한 권한을 가지는 행정청에게 그 취소권이 귀속되는 것이 아니다. 대법원 1984. 10. 10. 선고 84누463 판결

② 수익적 행정처분을 취소 또는 철회하는 경우에는 이미 부여된 그 국민의 기득권을 침해하는 것이 되므로, 비록 취소 등의 사유가 있다고 하더라도 그 취소권 등의 행사는 기득권의 침해를 정당화할 만한 중대한 공익상의 필요 또는 제3자의 이익보호의 필요가 있는 때에 한하여 상대방이 받는 불이익과 비교 · 교량하여 결정하여야 하고, 그 처분으로 인하여 공익상의 필요보다 상대방이 받게 되는 불이익 등이 막대한 경우에는 재량권의 한계를 일탈한 것으로서 그 자체가 위법하다. 대법원 2004. 11. 26. 선고 2003두10251 판결

③ 수익적 행정처분에 존재하는 하자나 취소해야 할 필요성에 관한 증명책임은 기존 이익과 권리를 침해하는 처분을 한 행정청에 있다. 대법원 2014. 11. 27. 선고 2014두9226 판결

03. ① ① 행정기본법 제24조

> **행정기본법 제24조(인허가의제의 기준)**
> ④ 관련 인허가 행정청은 제3항에 따른 협의를 요청받으면 그 요청을 받은 날부터 20일 이내에 의견을 제출하여야 한다. 이 경우 전단에서 정한 기간 내에 협의 여부에 관하여 의견을 제출하지 아니하면 협의가 된 것으로 본다.

② 인허가 의제 규정의 입법 취지를 고려하면, 주택건설사업계획 승인권자가 구 주택법 제17조 제3항에 따라 도시 · 군관리계획 결정권자와 협의를 거쳐 관계 주택건설사업계획을 승인하면 같은 조 제1항 제5호에 따라 도시 · 군관리계획결정이 이루어진 것으로 의제되고, 이러한 협의 절차와 별도로 국토의 계획 및 이용에 관한 법률 제28조 등에서 정한 도시 · 군관리계획 입안을 위한 주민 의견청취 절차를 거칠 필요는 없다. 대법원 2018. 11. 29. 선고 2016두38792 판결

③ 건축법에서 인허가의제 제도를 둔 취지는, 인허가의제사항과 관련하여 건축허가의 관할 행정청으로 창구를 단일화하고 절차를 간소화하며 비용과 시간을 절감함으로써 국민의 권익을 보호하려는 것이지, 인허가의제사항 관련 법률에 따른 각각의 인허가 요건에 관한 일체의 심사를 배제하려는 것으로 보기는 어려우므로, 도시계획시설인 주차장에 대한 건축허가신청을 받은 행정청으로서는 건축법상 허가 요건뿐 아니라 국토의 계획 및 이용에 관한 법령이 정한 도시계획시설사업에 관한 실시계획인가 요건도 충족하는 경우에 한하여 이를 허가해야 한다. 대법원 2015. 7. 9. 선고 2015두39590 판결

④ 구 지원특별법 제11조에 의한 사업시행승인을 하는 경우 같은 법 제29조 제1항에 규정된 사업 관련 모든 인허가의제 사항에 관하여 관계 행정기관의 장과 일괄하여 사전 협의를 거칠 것을 요건으로 하는 것은 아니고, 사업시행승인 후 인허가의제 사항에 관하여 관계 행정기관의 장과 협의를 거치면 그때 해당 인허가가 의제된다고 보는 것이 타당하다. 대법원 2012. 2. 9. 선고 2009두16305 판결

04. ③ ③ 건축계획심의신청에 대한 반려처분은 항고소송의 대상이 되는 행정처분에 해당한다. 대법원 2007. 10. 11. 선고 2007두1316 판결

① 의료기관의 명칭표시판에 진료과목을 함께 표시하는 경우 글자 크기를 제한하고 있는 구 의료법 시행규칙 제31조는 그 자체로서 국민의 구체적인 권리의무나 법률관계에 직접적인 변동을 초래하지 아니하므로 항고소송의 대상이 되는 행정처분이라고 할 수 없다. 대법원 2007. 4. 12. 선고 2005두15168 판결

② 공정거래위원회의 고발조치는 사직 당국에 대하여 형벌권 행사를 요구하는 행정기관 상호간의 행위에 불과하여 항고소송의 대상이 되는 행정처분이라 할 수 없으며, 더욱이 공정거래위원회의 고발 의결은 행정청 내부의 의사결정에 불과할 뿐 최종적인 처분은 아닌 것이므로 이 역시 항고소송의 대상이 되는 행정처분이 되지 못한다. 대법원 1995. 5. 12. 선고 94누13794 판결

④ 검사가 공소를 제기한 사건은 기본적으로 법원의 심리대상이 되고 피의자 및 피고인은 수사의 적법성 및 공소사실에 대하여 형사소송절차를 통하여 불복할 수 있는 절차와 방법이 따로 마련되어 있으므로 검사의 공소에 대하여는 형사소송절차에 의하여서만 이를 다툴 수 있고 행정소송의 방법으로 공소의 취소를 구할 수는 없다. 대법원 2000. 3. 28. 선고 99두11264 판결

05. ② ② 행정심판위원회의 기각재결에는 인용재결의 경우와 달리 행정청에 대한 기속력이 인정되지 않는다. 따라서 행정청은 행정심판위원회의 기각재결이 있은 후에도 원처분을 직권으로 취소할 수 있다.
① 행정심판법 제49조

> **행정심판법 제49조(재결의 기속력 등)**
> ③ 당사자의 신청을 거부하거나 부작위로 방치한 처분의 이행을 명하는 재결이 있으면 행정청은 지체 없이 이전의 신청에 대하여 재결의 취지에 따라 처분을 하여야 한다.

③ 행정심판법 제50조

> **행정심판법 제50조(위원회의 직접 처분)**
> ① 위원회는 피청구인이 제49조 제3항(주: 처분명령재결)에도 불구하고 처분을 하지 아니하는 경우에는 당사자가 신청하면 기간을 정하여 서면으로 시정을 명하고 그 기간에 이행하지 아니하면 직접 처분을 할 수 있다. 다만, 그 처분의 성질이나 그 밖의 불가피한 사유로 위원회가 직접 처분을 할 수 없는 경우에는 그러하지 아니하다.

④ 행정심판법 제50조의2

> **행정심판법 제50조의2(위원회의 간접강제)**
> ② 위원회는 사정의 변경이 있는 경우에는 당사자의 신청에 의하여 제1항에 따른 결정의 내용을 변경할 수 있다.

06. ① ① 사직원 제출자의 내심의 의사가 사직할 뜻이 아니었다 하더라도 그 의사가 외부에 객관적으로 표시된 이상 그 의사는 표시된 대로 효력을 발하는 것이며, 민법 제107조 제1항 단서의 비진의 의사표시의 무효에 관한 규정은 그 성질상 사인의 공법행위에 적용되지 아니하므로 원고의 사직원을 받아들여 의원면직처분한 것을 당연무효라고 할 수 없다. 대법원 2001. 8. 24. 선고 99두9971 판결
② 공무원이 한 사직 의사표시의 철회나 취소는 그에 터잡은 의원면직처분이 있을 때까지 할 수 있는 것이고, 일단 면직처분이 있고 난 이후에는 철회나 취소할 여지가 없다. 대법원 2001. 8. 24. 선고 99두9971 판결
③ 행정절차법은 제40조에서 자기완결적 신고에 관한 규정을 두고 있다.
④ 식품위생법에 따른 식품접객업(일반음식점영업)의 영업신고의 요건을 갖춘 자라고 하더라도, 그 영업신고를 한 당해 건축물이 건축법 소정의 허가를 받지 아니한 무허가 건물이라면 적법한 신고를 할 수 없다. 대법원 2009. 4. 23. 선고 2008도6829 판결

07. ④ ④ 행정상 즉시강제는 상대방의 임의이행을 기다릴 시간적 여유가 없을 때 하명 없이 바로 실력을 행사하는 것으로서, 그 본질상 급박성을 요건으로 하고 있어 법관의 영장을 기다려서는 그 목적을 달성할 수 없다고 할 것이므로, 원칙적으로 영장주의가 적용되지 않는다고 보아야 할 것이다. 관계행정청이 등급분류를 받지 아니하거나 등급분류를 받은 게임물과 다른 내용의 게임물을 발견한 경우 관계공무원으로 하여금 이를 수거 · 폐기하게 할 수 있도록 한 구 음반 · 비디오물 및 게임물에 관한 법률 규정은 영장주의에 위반되거나 헌법에 위반되지 아니한다. 헌법재판소 2002. 10. 31. 선고 2000헌가12 결정
① 행정기본법 제30조

> **행정기본법 제30조(행정상 강제)**
> ① 행정청은 행정목적을 달성하기 위하여 필요한 경우에는 법률로 정하는 바에 따라 필요한 최소한의 범위에서 다음 각 호의 어느 하나에 해당하는 조치를 할 수 있다.
> 3. 직접강제: (생략)

② 행정기본법 제30조

> **행정기본법 제30조(행정상 강제)**
> ③ 형사, 행형 및 보안처분 관계 법령에 따라 행하는 사항이나 외국인의 출입국 · 난민인정 · 귀화 · 국적회복에 관한 사항에 관하여는 이 절을 적용하지 아니한다.

③ 통고처분을 할 것인지의 여부는 관세청장 또는 세관장의 재량에 맡겨져 있고, 따라서 관세청장 또는 세관장이 관세범에 대하여 통고처분을 하지 아니한 채 고발하였다는 것만으로는 그 고발 및 이에 기한 공소의 제기가 부적법하게 되는 것은 아니다. 대법원 2007. 5. 11. 선고 2006도1993 판결

08. ④ ④ 구 국적법 제5조 각호와 같이 귀화는 요건이 항목별로 구분되어 구체적으로 규정되어 있다. 그리고 성질상 행정절차를 거치기 곤란하거나 거칠 필요가 없다고 인정되어 처분의 이유제시 등을 규정한 행정절차법이 적용되지 않는다. 대법원 2018. 12. 13. 선고 2016두31616 판결
① 원고가 수사과정 및 징계과정에서 자신의 비위행위에 대한 해명기회를 가졌다는 사정만으로 이 사건 처분이 행정절차법에 따라 원고에게 사전통지를 하지 않거나 의견제출의 기회를 주지 아니하여도 되는 예외적인 경우에 해당한다고 할 수 없으므로, 군인사법령에 의하여 진급예정자명단에 포함된 자에 대하여 의견제출의 기회를 부여하지 아니한 채 진급선발을 취소하는 처분을 한 것은 절차상 하자가 있어 위법하다. 대법원 2007. 9. 21. 선고 2006두20631 판결
② 구 군인사법상 보직해임처분은 구 행정절차법 제3조 제2항 제9호, 같은 법 시행령 제2조 제3호에 의하여 당해 행정작용의 성질상 행정절차를 거치기 곤란하거나 불필요하다고 인정되는 사항 또는 행정절차에 준하는 절차를 거친 사항에 해당하므로, 처분의 근거와 이유 제시 등에 관한 구 행정절차법의 규정이 별도로 적용되지 아니한다고 봄이 상당하다. 대법원 2014. 10. 15. 선고 2012두5756 판결
③ 지방병무청장이 병역법 규정에 따라 산업기능요원에 대하여 한 산업기능요원 편입취소처분은, 행정처분을 할 경우 '처분의 사전통지'와 '의견제출 기회의 부여'를 규정한 행정절차법 제21조 제1항, 제22조 제3항에서 말하는 '당사자의 권익을 제한하는 처분'에 해당하는 한편, 행정절차법의 적용이 배제되는 사항인 행정절차법 제3조 제2항 제9호, 같은법 시행령 제2조 제1호에서 규정하는 '병역법에 의한 소집에 관한 사항'에는 해당하지 아니하므로, 행정절차법상의 '처분의 사전통지'와 '의견제출 기회의 부여'등의 절차를 거쳐야 한다. 대법원 2002. 9. 6. 선고 2002두554 판결

09. ③ ③ 견책의 징계처분을 받은 갑이 사단장에게 징계위원회에 참여한 징계위원의 성명과 직위에 대한 정보공개청구를 하였으나 위 정보가 공공기관의 정보공개에 관한 법률 제9조 제1항 제1호, 제2호, 제5호, 제6호에 해당한다는 이유로 공개를 거부한 사안에서, 비록 징계처분 취소사건에서 갑의 청구를 기각하는 판결이 확정되었더라도 이러한 사정만으로 위 처분의 취소를 구할 이익이 없어지지 않고, 사단장이 갑의 정보공개청구를 거부한 이상 갑으로서는 여전히 정보공개거부처분의 취소를 구할 법률상 이익이 있으므로, 이와 달리 본 원심판결에 법리오해의 잘못이 있다고 한 사례. 대법원 2022. 5. 26. 선고 2022두33439 판결
① 정보의 부분 공개가 허용되는 경우란 그 정보의 공개방법 및 절차에 비추어 당해 정보에서 비공개대상정보에 관련된 기술 등을 제외 혹은 삭제하고 나머지 정보만을 공개하는 것이 가능하고 나머지 부분의 정보만으로도 공

개의 가치가 있는 경우를 의미한다. 대법원 2009. 12. 10. 선고 2009두12785 판결
② 제3자의 비공개요청이 있다는 사유만으로 정보공개법상 정보의 비공개사유에 해당한다고 볼 수 없다. 대법원 2008. 9. 25. 선고 2008두8680 판결
④ 정보공개법 제19조

정보공개법 제19조(행정심판)
② 청구인은 제18조에 따른 이의신청 절차를 거치지 아니하고 행정심판을 청구할 수 있다.

10. ③ ③ 어떤 보상항목이 공익사업을 위한 토지 등의 취득 및 보상에 관한 법령상 손실보상대상에 해당함에도 관할 토지수용위원회가 사실을 오인하거나 법리를 오해함으로써 손실보상대상에 해당하지 않는다고 잘못된 내용의 재결을 한 경우에는, 피보상자는 관할 토지수용위원회를 상대로 그 재결에 대한 취소소송을 제기할 것이 아니라, 사업시행자를 상대로 구 공익사업을 위한 토지 등의 취득 및 보상에 관한 법률 제85조 제2항에 따른 보상금증감소송을 제기하여야 한다. 대법원 2018. 7. 20. 선고 2015두4044 판결
① 공익사업의 시행자는 해당 공익사업을 위한 공사에 착수하기 이전에 토지소유자와 관계인에게 보상액 전액을 지급하여야 한다. 공익사업의 시행자가 토지소유자와 관계인에게 보상액을 지급하지 않고 승낙도 받지 않은 채 공사에 착수함으로써 토지소유자와 관계인이 손해를 입은 경우, 토지소유자와 관계인에 대하여 불법행위가 성립할 수 있고, 사업시행자는 그로 인한 손해를 배상할 책임을 진다. 대법원 2021. 11. 11. 선고 2018다204022 판결

② 토지보상법에 의한 보상합의는 공공기관이 사경제주체로서 행하는 사법상 계약의 실질을 가지는 것으로서, 당사자 간의 합의로 같은 법 소정의 손실보상의 기준에 의하지 아니한 손실보상금을 정할 수 있으며, (중략) 손실보상금에 관한 합의 내용이 공익사업법에서 정하는 손실보상 기준에 맞지 않는다고 하더라도 합의가 적법하게 취소되는 등의 특별한 사정이 없는 한 추가로 공익사업법상 기준에 따른 손실보상금 청구를 할 수는 없다. 대법원 2013. 8. 22. 선고 2012다3517 판결
④ 공익사업을 위한 토지 등의 취득 및 보상에 관한 법률 제30조 제1항은 재결신청을 청구할 수 있는 경우를 사업시행자와 토지소유자 및 관계인 사이에 '협의가 성립하지 아니한 때'로 정하고 있을 뿐 (중략) '협의가 성립되지 아니한 때'에는 사업시행자가 토지소유자 등과 공익사업법 제26조에서 정한 협의절차를 거쳤으나 보상액 등에 관하여 협의가 성립하지 아니한 경우는 물론 토지소유자 등이 손실보상대상에 해당한다고 주장하며 보상을 요구하는데도 사업시행자가 손실보상대상에 해당하지 아니한다며 보상대상에서 이를 제외한 채 협의를 하지 않아 결국 협의가 성립하지 않은 경우도 포함된다. 대법원 2011. 7. 14. 선고 2011두2309 판결

일일 모고 행정학 제19회
정답 및 해설

01. ④ 신공공서비스론은 민주행정의 규범적 가치에 관한 이론을 제시하고 있지만, 이러한 가치들을 구현하는 데 필요한 구체적 처방을 제시하지 못하고 있다는 비판을 받는다.
<<핵심체크>> 신공공서비스론

개념	행정에서 중요한 것은 '행정업무 수행에서의 효율성'이 아니라 '시민들에게 보다 나은 삶을 보장'하는 것이라고 보고, 행정이 소유주인 시민을 위해 봉사하도록 시민중심의 공직제도를 구축하고자 하는 행정개혁운동
배경	전통적 행정(관료제)과 신공공관리론에 대한 비판
이론적 기초	① 민주적 시민주의, ② 사회공동체주의, ③ 담론이론(포스트모더니즘, 신행정학), ④ 조직인본주의 등
내용	• 행정의 주요가치 : 공유된 가치와 공익 • 행정의 역할 : 방향잡기가 아닌 봉사 • 행정의 대상 : 고객이 아닌 시민 • 행정의 활동방식 : 전략적 사고와 민주적인 행동 • 행정의 책임 : 책임의 다원화(복잡화) • 관료에 대한 시각 : 통제에서 공유된 리더십 • 가치에 대한 시각 : 기업가 정신이 아닌 시민주의(citizenship) • 인간에 대한 시각 : 생산성보다는 사람 존중
평가	• 긍정적 측면 : 민주행정의 규범적 모델 제시 • 부정적 측면 : 구체적인 대안 제시 미흡

02. ② 외부효과란 가격기구를 통하지 않고 발생하는 재화 또는 서비스 제공의 부수효과를 말한다. 특정인의 경제활동으로 인해 의도하지 않게 대가나 비용의 교환 없이 다른 주체에게 이익을 주는 긍정적 외부효과를 지닌 재화의 경우 개인의 이기심으로 인하여 시장에서 과소생산된다.

03. ② 영예 등의 제한은 「공직자윤리법」이 아니라 「국가공무원법」에 규정되어 있다. 「공직자윤리법」에는 재산등록 및 공개의무, 퇴직공무원의 취업제한, 외국정부로부터의 선물신고, 직무관련성 있는 주식의 매각 또는 신탁, 이해충돌방지의무가 규정되어 있다.

04. ④ 무의사결정은 지배 엘리트(기득권 세력)들의 특권이나 이익, 가치관이나 신념에 대한 잠재적 또는 현재적 도전을 좌절시키기 위해 엘리트의 가치나 이익에 반하는 사회문제는 정책의제로 채택되지 못하도록 의도적으로 방해 · 억압하는 결정을 말한다. 무의사결정은 엘리트들에게 유리한 편익과 특권의 불공정한 배분을 영속화하기 위한 것으로 가치(편익과 특권)의 재분배를 추구하는 사람들에게는 불리하게 작용한다.

05. ④ 하향적 접근방법은 결정자의 관점에서 집행현상을 설명하는 정책 중심적 접근방법이다. 이 접근방법은 정책집행을 결정자에 의해 부여된 정책목표를 달성하기 위한 수단적 행위로 파악하고, 정책목표를 달성하는데 영향을 주는 집행요인들을 밝히는 것에 초점을 둔다.
① 상향식 접근법은 실제 행위자 중심의 연구로서 미시적 접근이며, 집행현장에서 발생하는 구체적인 현상들의 고찰로부터 시작하므로 귀납적 접근이다.
② 하향적 접근법은 규범적 처방을 정책결정자에게 제시하는데 그 목적이 있다.
③ 하향식 접근법은 정치행정이원론과 합리모형을 배경으로 하고 있으며 엘모어(Elmore)의 전향적 접근과 맥을 같이 한다.

06. ② 우리나라의 「공공기관의 운영에 관한 법률」에 따르면 자체수입액이 총수입액의 50%이상인 기관을 공기업으로 지정하며, 이 중 자산규모가 2조원 이상이며, 총수입액 중 자체수입액이 차지하는 비중이 85% 이상인 공기업을 시장형 공기업으로, 그 외의 공기업을 준시장형 공기업으로 지정한다.

07. ② 행정PR은 일방적으로 활동을 홍보하는 선전과 달리 정부와 국민이 대등한 관계에서 상호 이해와 협력을 증진하기 위한 수평적 과정이며, 정부의 정책을 알리고 그 반응을 들어 이를 정책에 반영하고 다시 알리는 쌍방향적인 의사교류 과정이다.

08. ② 개방형 직위는 소속 장관별로 고위공무원단 직위 총수의 20%의 범위에서와 과장급 직위 총수의 20%의 범위에서 지정한다.
<<핵심체크>> 개방형 직위와 공모 직위

구분	개방형 직위	공모직위
선발범위	공직 내 · 외	부처 내 · 외
채용사유	전문성이 요구되거나 효율적인 정책수립이 요구되는 경우	효율적인 정책수립 또는 관리가 필요한 직위
채용직위	• 각 부처 고위공무원단 직위 총수의 20%의 범위 • 과장급 직위 총수의 20%의 범위	• 경력직 공무원으로 보할 수 있는 고위공무원단 직위 총수의 30%의 범위 • 과장급 직위 총수의 20%의 범위 • 4 · 5급 경력직 공무원으로 임명할 수 있는 직위[담당급 직위]도 지정
채용절차	선발시험위원회(인사혁신처장 소속)의 추천을 받아 소속 장관이 임용	선발심사위원회(소속 장관 소속)의 추천을 받아 소속 장관이 임용
임용방법	시험(서류전형, 면접시험)	시험(서류전형, 면접시험)
채용기간	2년 이상 5년 이내	기간 제한 없음(2년 이상)
직종	임기제공무원을 원칙으로 하되, 임기제가 아닌 경력직으로도 임용할 수 있음	임기제 공무원이 아닌 경력직 공무원
특이사항	소속장관은 개방형 직위 중 공직외부에서만 적격자를 선발하는 경력개방형직위를 지정할 수 있음	국가직 공모직위에 지방직 공무원도 응모가능하며, 자치단체의 공모직위에 국가직 또는 타 자치단체의 공무원도 응모 가능
보직관리	경력직 공무원이 개방형 직위나 공모직위를 통해 임용된 경우, 임용기간 만료 후 원 소속기관으로 복귀 가능	
자치단체	도입	도입

09. ① 성과주의 예산제도(PBS)는 관리자에게 산출물 기준으로 관련 사업에서 무엇이 기대되는지 알려준다는 점에서 운영관리를 위한 지침으로 효과적인 예산이다.

<<핵심체크>> 성과주의 예산제도

개념	예산을 정부의 활동 · 사업을 중심으로 분류하여 편성하는 제도(관리지향적 예산)
발달	제1차 후버위원회의 권고로 트루만 대통령이 도입(1950년)
편성	① 업무단위의 개발(활동 또는 산출) ⇨ ② 예산액의 산정(단위원가[업무단위당 소요되는 비용]×업무량[전년도 실적×변동률] = 예산액)
특징	① 능률지향적 예산, ② 관리지향적 예산, ③ 상향적 · 미시적 예산결정, ④ 점증주의적 성격, ⑤ 단위사업 중심(실 · 국 단위의 세부사업 중심), ⑥ 예산의 추가투입액 파악 용이, ⑦ 입법통제 약화 · 내부통제 강화, ⑧ 관리책임의 집중화, ⑨ '어떻게 할 것인지(how to do)'에 관심
장점	① 국민의 이해 용이 및 예산심의 용이, ② 재정사업의 투명성 제고, ③ 자원배분의 합리화를 통한 능률적 행정관리, ④ 예산집행의 신축성 확보, ⑤ 예산 환류의 강화(예산집행의 실적을 차기 회계연도 예산에 반영), ⑥ 성과중심의 예산(산출중심), ⑦ 사업과 예산의 연계 강화, ⑧ 관리층에게 효과적인 관리수단 제공
단점	① 총괄계정에 부적합(실 · 국 단위의 세부사업 중심), ② 회계책임 확보 곤란(재정사용 파악 곤란), ③ 전략적 목표의식의 결여, ④ 점증주의적 성격, ⑤ 성과의 질적 측면 파악 곤란(산출 측면 강조), ⑥ 사업의 우선순위 파악 곤란, ⑦ 현금주의와 부조화(단위원가 계산시 발생주의 회계가 요구됨), ⑧ 업무측정단위의 선정과 단위원가 계산 곤란, ⑨ 적용영역의 제한성(성과를 명확하게 명시할 수 있는 영역에만 한정적으로 적용)

10. ④ 대집행권은 직무이행명령의 실효성을 확보하기 위한 중앙통제수단이다.

<<핵심체크>> 지방의회와 단체장의 권한

의회의 권한	지방자치단체장의 권한
조례 제정권	조례 공포권
예산의 심의 · 확정 및 결산의 승인권	예산안 및 결산안 편성 · 제출권
의결권, 재의결권, 선결처분승인권	재의요구권 및 제소권, 선결처분권
단체장의 출석답변 요구권	단체장 및 공무원의 출석답변권
행정사무 감사 및 조사권	임시회 소집 요구권, 위원회 개최 요구권
단체장에 대한 불신임의결권 없음	단체장의 의회해산권 없음

2025 공무원 시험대비 【6회차】

박문각 일일 모의고사

-제20회-

[정답 및 해설]

이 름 : ____________________

학습관 : ____________________

합격 예측

답안 입력 및 성적 조회는 PC, 모바일에서 모두 가능합니다.

★ PC: pass.pmg.co.kr | ★ 모바일 앱: 박문각 합격관리

일일 모고 국어 제20회

정답 및 해설

합격까지 **박문각**

赤功 국어
적중 혜선

01. ④ 무성 자음은 유성음 사이에서 유성 자음으로 변하는데, 유성음에는 'ㄴ' 'ㄹ' 'ㅁ' 'ㅇ'과 모음이 있고, 'ㄴ' 'ㄹ' 'ㅁ' 'ㅇ'을 제외한 나머지 자음은 무성 자음이 된다. 따라서 '밥물'에서 모음 'ㅏ'와 유성 자음 'ㅁ' 사이의 무성 자음 'ㅂ'이 유성 자음 'ㅁ'으로 변한 ④가 무성 평자음이 두 유성음 사이에서 유성 자음으로 변한다는 규칙의 예로 가장 적절하다.
① 유성 자음 'ㄴ'이 뒤에 오는 'ㄹ'의 영향을 받아 'ㄹ'로 변한 것이다.
② 'ㅎ'이 모음 사이에서 발음이 되지 않는 음운 탈락 현상이다.
③ 'ㅇ'과 'ㄹ'은 모두 유성 자음이기 때문에 무성 자음이 유성 자음으로 동화된 예가 아니다.

02. ② 싫어도[시러도]:'ㅎ'이 뒤의 모음 어미 앞에서 탈락하는 ㅎ 탈락 현상이다. '탈락'에 포함된다.
① 끊더라[끈터라]:'끊더라'에서 'ㅎ'과 'ㄷ'이 만나면 거센소리되기가 일어나 'ㅌ'으로 발음된다. 거센소리되기 현상은 축약에 포함된다.
③ 배꼽(<빗복):'복'이 '곱'으로 바뀐 것은 통시적인 음운 현상으로 '도치'에 해당한다. 도치란 한 단어 안에서 음운이 서로 뒤바뀌는 현상이다.
④ 뒷일[뒨:닐]:[뒫일 → (음절의 끝소리 규칙, ㄴ첨가) → 뒫닐 → (비음화) → 뒨:닐]
→ 음절의 끝소리 규칙, 비음화는 대치(=교체)에 포함된다. ㄴ 첨가는 첨가에 포함된다.

03. ① 제시된 문장의 '남은 여생'의 '여생(餘生)'에 '餘(남을 여)'라는 의미가 포함되므로 단어의 의미가 중복된다는 문제가 나타나고 있다. 이와 마찬가지로 '낭설(浪說)'은 터무니없는 헛소문이라는 뜻으로, '浪(터무니없을 랑)'이 '근거 없는'과 의미가 중복된다는 점에서 같은 문제가 나타난다. 이는 '여당 후보자에 대한 근거 없는 소문이 떠돌고 있다.' 또는 '여당 후보자에 대한 낭설이 떠돌고 있다.'로 고쳐야 한다.
② 그가 시장에서 산 것이 사과 한 개와 배 한 개인지, 사과 한 개와 배 두 개인지 의미가 모호한 문장이다.
③ '탓'은 부정적인 현상이 나타난 원인을 가리킬 때 쓰는 말로, 어휘를 잘못 사용한 문장이다. 성공한 것은 긍정적인 일이므로 '내가 성공한 것은 모두 어머니 덕분이다.'로 고쳐야 한다.
④ '인식의 변화'와 '높아지고 있다'와 호응하지 않으므로 '1인 가구에 대한 인식이 변화하고 관심이 높아지고 있다'라고 고쳐야 한다.

04. ③ '유기동물 관리 예산 증가'는 Ⅱ. '반려동물 유기 문제의 해결 방안'에 해당하는 내용이 아니다. 이는 반려 동물 유기로 발생하는 문제 중 하나이므로 상위 항목과의 연관성을 고려하여 Ⅰ로 위치를 옮기는 것이 적절하다. 'Ⅱ. 2'은 'Ⅱ. 반려동물 유기 문제의 해결 방안'의 '2. 개인 차원'이므로 옳지 않다.
① 반려동물 양육 가구의 수와 유기동물의 수가 비례하여 증가하고 있음을 그래프를 활용하여 제시하면 현황을 한눈에 볼 수 있다. 따라서 ㉠에서 활용하기에 적절한 자료이다.
② ㉡은 반려동물 유기로 인해 발생한 문제가 아니라 특정 유기 동물 센터의 운영상 도덕성 문제이므로 글의 흐름과 관련이 없는 내용이다.
④ '반려견 양육에 대한 올바른 이해'는 너무 일반적이어서 논지가 잘 드러나지 않는다. 따라서 더 구체적으로 '반려동물 유기 문제를 해결하기 위한 국가와 개인의 공동 노력 강조'를 넣는 것이 옳다.

05. ②

○ ~불어 → ~국사 ≡ 국사 → 불어 ○ 수학 → (불어 ∧ 과학) (또는 '수학 → 불어'와 '수학 → 과학'으로 나누어서 표시해도 된다.) ○ ~국어 → ~수학 ≡ 수학 → 국어 ○ 국어 → 국사 ≡ ~국사 → ~국어

두 번째 조건('수학 → 불어'와 '수학 → 과학')과 세 번째 조건(수학 → 국어)에 의하여 수학을 잘하는 사람은 3과목(불어, 과학, 국어)을 잘한다는 것을 알 수 있다. 또한 세 번째 조건의 대우명제에 의해 '수학 → 국어'이고 네 번째 조건에 의해 '국어 → 국사'이므로 두 명제를 연결하면 '수학 → 국사'가 도출된다. 따라서 수학을 잘하는 사람은 국사도 잘하므로 수학을 잘하는 사람은 총 4과목을 잘함을 알 수 있다.
① 두 번째 조건에 의해 '수학 → (불어 ∧ 과학)'이고 세 번째 조건의 대우명제에 의해 '수학 → 국어'이긴 하나 두 명제의 결론을 각각 전제와 결론으로 하여 '(불어 ∧ 과학) → 국어'를 도출하는 것은 불가능하다. 판단불가의 오류이다.
③ 세 번째 조건의 대우명제에 의해 '수학 → 국어'이고 네 번째 조건에 의해 '국어 → 국사'이므로 두 명제를 연결하면 '수학 → 국사'가 도출된다. 따라서 수학을 잘하는 사람은 국사도 잘한다. 반대의 오류이다.
④ 첫 번째 조건에 의해 '~불어 → ~국사'이고 네 번째 조건의 대우명제에 의해 '~국사 → ~국어'이므로 두 명제를 연결하면 '~불어 → ~국어'가 도출된다. 따라서 불어를 잘하지 못하는 사람은 국어도 잘하지 못한다. 반대의 오류이다.

06. ④ '모든', '일부'와 같은 양화사(quantifier)에 주의하여 문장을 분석해야 한다. 첫 번째 문장은 '~(~귀여움 ∧ 강아지) ≡ 귀여움 ∨ ~강아지 ≡ 강아지 → 귀여움'으로 표현할 수 있고, 두 번째 문장은 '동물 ∧ 귀여움'으로 표현할 수 있으며, 결론은 '동물 ∧ 강아지'로 표현할 수 있다. 첫 번째 문장, 두 번째 문장 및 추가된 전제를 이용하여 결론을 도출할 수 있어야 한다.
따라서 '귀여움 → 강아지'이다. 두 번째 전제에 의해 동물 중 귀여운 것이 존재하고, 추가된 전제에 의해 귀여운 모든 것은 강아지므로 '동물 중 귀여운 것'도 강아지이다. 따라서 동물 중 강아지가 존재한다는 결론, 즉 '어떤 동물은 강아지다.'는 결론을 내릴 수 있다.
① '강아지 ∧ 귀여움'이다. 이는 첫 번째 전제 '강아지 → 귀여움'으로부터 도출할 수 있는 결론이므로 추가해야 할 전제로 적절하지 않다.
② '동물 ∧ ~귀여움'이다. 이 명제를 '강아지 → 귀여움', '동물 ∧ 귀여움'과 연결 지어 결론인 '동물 ∧ 강아지'를 도출하는 것은 불가능하다.
③ '귀여움 ∧ 동물'이다. 이는 두 번째 전제와 완전히 동치인 명제이므로 추가해야 할 전제로 적절하지 않다.

07. ① ㉠의 '돌다'는 '2「4」그가 아직도 살아 있다는 소문이 온 동네에 돌았다..'를 의미한다. 이와 가장 유사한 의미의 '돌다'는 ①이다.
② 2「3」술이나 약의 기운이 몸속에 퍼지다.
③ 2「2」눈물이나 침 따위가 생기다.
④ 2「1」어떤 기운이나 빛이 겉으로 나타나다.

08. ① '고치다'는 '고장이 나거나 못 쓰게 된 물건을 손질하여 제대로 되게 하다.'를 의미한다. 따라서 '잘못된 것이나 부족한 것, 나쁜 것 따위를 고쳐 더 좋게 만들다.'를 의미하는 '개선(改 고칠 개 善 착할 선)하다'는 ㉠과 바꿔쓸 수 있는 유사한 표현으로 적절하지 않다. '고장 나거나 허름한 데를 손보아 고치다.'를 의미하는 '수리(修 닦을 수 理 다스릴 리(이))하다'로 바꿔쓸 수 있다.
② ㉡ '함께하다'는 '어떤 뜻이나 행동 또는 때 따위를 서로 동일하게 취하다.'를 의미한다. 따라서 '일을 하거나 길을 가는 따위의 행동을 할 때 함께 짝을 하다.'를 의미하는 '동반(同 한가지 동 伴 짝 반)하다'로 바꿔쓸 수 있다.
③ ㉢ '알리다'는 '어떠한 사실이나 현상을 나타내거나 표시하다.'를 의미한다. 따라서 '넌지시 알리다.'를 의미하는 '암시(暗 어두울 암 示 보일 시)하다'로 바꿔쓸 수 있다.
④ ㉣ '날카롭다'는 '모양이나 형세가 매섭다.'를 의미한다. 따라서 '사물의 분석이나 비평 따위가 매우 날카롭고 예리하다.'를 의미하는 '신랄(辛 매울 신 辣 매울 랄(날))하다'로 바꿔쓸 수 있다.

09. ③ 이 글에서 책 읽기는 누군가가 써 놓은 지식을 함께 하는 것이기 때문에 그 사람과 대화하여 친구가 되는 것으로 설명하고 있다.

10. ④ 밑줄 친 부분은 주변에 자신을 알아 줄 사람이 없거나 이에 준하는 상황에서 사람들에게 자신의 삶을 남겨 사람들이 자신의 삶을 알아주기를 바라는 예이다. ④는 소통이 불가능한 상황이 아니고, 순수하게 기록을 위해 남긴 글의 예이다.

일일 모고 영어 제20회
정답 및 해설

합격까지 박문각
반드시 합격 진가영 영어

01. ③ ★ acute 급성의, 예리한, 날카로운
● aesthetic 미학적인, 심미적인
● mild 가벼운, 온화한
● stable 안정적인
[해석] 의사는 그가 심각한 합병증을 막기 위해 즉각적인 치료가 필요한 급성 질환을 앓고 있다고 진단했다.

02. ② ★ minimal 최소의, 아주 적은
● excessive 과도한
● substantial 상당한
● unpredictable 예측할 수 없는
[해석] 새로운 정책은 업무 생산성을 향상시키면서 직원들의 일상 업무에 최소한의 방해만을 주도록 하는 것을 목표로 한다.

03. ④ ★ awful 끔찍한, 지독한, 형편없는
● moderate 적당한
● comfortable 편안한
● aware 알고 있는, 의식하고 있는
[해석] 어제 날씨가 너무 끔찍해서 야외 계획을 취소하고 하루 종일 실내에 머물러야 했다.

04. ① ★ dairy 유제품의, 낙농(업)의, 낙농장
● organic 유기농의
● frozen 냉동된
● processed 가공된
[해석] 유당 불내증이 있는 사람들은 소화 불편을 피하기 위해 우유와 치즈 같은 유제품을 섭취하지 않는 것이 좋다.

05. ① ★ entire 전체의, 완전한
● partial 부분적인
● limited 제한된
● divided 분리된
[해석] 정전으로 인해 건물 전체가 어둠에 잠겼고, 내부의 모든 직원들은 일을 멈추고 일찍 떠나야 했다.

06. ① [해설]
비교 구문 뒤에 비교 대상이 사물일 경우에는 소유대명사인지 확인해야 한다. 선택지 중에 소유대명사는 mine이 유일하다. 따라서 밑줄 친 부분에 가장 적절한 것은 ①이다.
[해석]
그녀의 설명은 내 설명보다 훨씬 더 자세했으며, 그것이 모두가 그 개념을 더 명확하게 이해하는 데 도움이 되었다.

07. ② [해설]
so that은 '~하기 위해서'의 뜻을 지닌 목적을 나타내는 접속사이고, so는 '그래서'의 뜻을 지닌 결과 접속사에 해당한다. 문맥상 인과 관계를 나타내며 결과를 나타내는 접속사가 자연스럽다. 따라서 밑줄 친 부분인 so that을 so로 고쳐야 한다.
[해석]
그녀는 젊은 기업가들이 서로 연결되고 성장할 수 있도록 돕는 네트워킹 그룹에 대해 읽고, 그들의 행사에 참석하기로 했다. 도착했을 때, 회원들이 환영해 주었고 여러 사업가들을 소개받았다. 그 그룹은 다양한 산업 분야의 전문가들로 구성되어 있었으며, 그들은 자신의 경험과 조언을 공유했다.

08. ③ [해석]
Tim: 실례합니다, 동물원 티켓은 어디서 구매하나요?
Jane: 티켓 부스는 입구 근처에 있어요, 오른쪽으로 가시면 됩니다.
Tim: 좋네요! 어린이 할인은 있나요?
Jane: 네, 12세 이하 어린이는 티켓이 50% 할인됩니다.
Tim: 멋지네요! 정보 감사합니다.
① 이 동물원은 몇 시에 개장하나요?
② 티켓 가격은 얼마인가요?
③ 어린이 할인은 있나요?
④ 동물원 입장하는 데 나이 제한이 있나요?

09. ③ [해설]
생명체와 무생물의 정의에 대한 글로, 생명체를 정의하는 것은 과학적으로 어렵고, 죽은 유기체는 생명력이 없지만 과거에는 생명이 있었기에 생물학자들은 '살아 있는 생물', '죽은 생물', '무생물'의 세 가지 범주로 물질을 분류함을 설명하고 있다. 주어진 제시문은 '죽은 생물'에 대한 진술로, ②번의 진술을 논박하고 있다. 따라서 주어진 문장이 들어갈 위치로 가장 적절한 것은 ③이다.
[해석]
생물이 무엇인지 정의하는 것은 쉬운 것처럼 보이지만, 과학적으로 정확하게 설명하는 것은 매우 어렵다. 우리가 말할 수 있는 것은 생물체가 공통적으로 몇 가지 특징을 가지고 있으며, 이러한 특징이 생명이라는 현상을 가능하게 한다는 것이다. (①) 반면, 유리 조각이나 금속 덩어리와 같은 일반적인 물체는 생명이 없기 때문에 무생물로 분류된다. (②) 죽은 식물이나 동물도 생각해 보면 무생물에 포함될 수 있을 것 같다. (③ 그러나 실제로 죽은 생물은 무생물로 간주되지 않는다 - 무생물은 생명이 없고, 더 중요한 것은 생명을 한 번도 가져본 적이 없다는 점이다.) 반면, 죽은 생물은 한때 생명을 가지고 있었지만 현재는 더 이상 생명이 없다. (④) 따라서 생물학자들은 살아 있는 생물, 죽은 생물, 무생물의 세 가지 범주로 물질을 분류한다.
[어휘]
☐ organism 유기체
☐ inanimate 생명 없는, 죽은
☐ characteristic 특성
☐ biologist 생물학자

10. ④ [해설]
직업을 찾는데 목표설정의 중요성에 대한 글로, 이력서를 많이 배포하는 것이 중요하지만, 목표를 설정하고 적합한 직무를 선택하여 성공 확률을 높이는 것이 필요함을 강조하고 있다. 따라서 글의 요지로 가장 적절한 것은 ④이다.
[해석]
가능한 한 많은 사람에게 이력서를 배포해야 한다. 하지만 이력서의 양과 행동의 질을 혼동해서는 안 된다. 그렇다, 이력서를 더 적극적으로 배포할수록 유리하다. 그러나 '복권 증후군'과 관련된 잘못된 희망은 품지 말아야 한다. '복권 증후군'에 시달리는 사람들은 자신이 보낸 이력서의 수가 성공 가능성을 높여줄 것이라고 믿는다. 하지만 복권을 백만 장 사더라도 당첨될 확률은 여전히 낮다. 대신, 당신은 집중하여 자신에게 적합한 직업을 찾을 확률을 극대화하기 위해 목표를 설정하고, 신중하게

지원할 직업을 선택해야 한다.
① 한 번의 큰 행운에 기대기보다는 꾸준히 노력하라.
② 이력서를 발송하기 전에 꼼꼼히 내용을 확인하라.
③ 각 회사가 바라는 인재상에 맞게 이력서를 작성하라.
④ 목표를 확실하게 정해서 자신에게 맞는 직업을 구하라.
[어휘]
☐ distribute 배포하다
☐ quantity 수량
☐ quality 질
☐ probability 확률

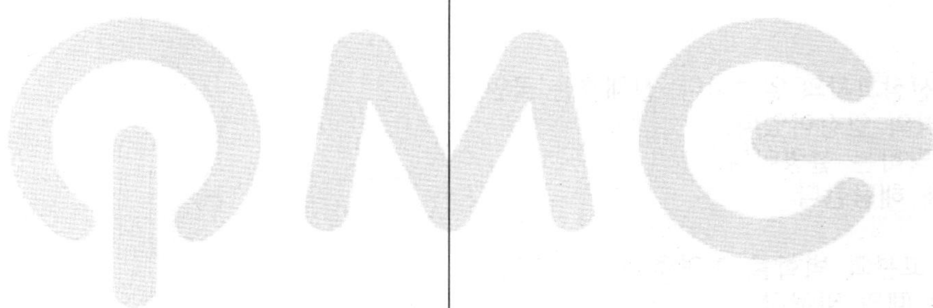

일일 모고 한국사 제20회
정답 및 해설

합격까지 박문각
가장 빠른 한국사
한국사 박기훈

01. ① 경기도 연천 전곡리 유적은 한반도에서 처음으로 주먹도끼가 출토된 곳이다.

02. ② 사진은 사각형 형태의 움집터이다. 사각형의 움집터를 조성한 시기는 청동기시대부터이다. 청동기시대부터 전쟁이 잦아지게 되었고, 환호와 목책같은 방어시설을 만들게 되었다.
① 구석기시대이다.
③ 신석기시대이다.
④ 청동기시대에 일부 지역에서 벼농사가 시작되었다.

03. ③ 평양에 대한 설명이다.
① 물산정려운동은 조만식을 중심으로 평양에서 시작되었다.
② 안창호는 평양에 대성학교 건립하였다.
③ 유리왕이 천도한 곳은 국내성이다.
④ 근초고왕의 공격으로 고국원왕이 전사하였다.

04. ① 사료는 선덕여왕과 관련한 내용이다. 황룡사는 진흥왕 때 창건되었고, 황룡사 9층 목탑이 선덕여왕 때 건립되었다.

05. ② 사료는 신채호의 조선상고사의 일부이다. 신채호는 국민대표회의에서 창조파의 입장이었다.
①, ③ 백남운에 해당하는 설명이다.
④ 이병도, 손진태에 해당한다.

06. ① 고구려의 대표적인 고분과 벽화를 보여주는 사진이다.
① 고구려 소수림왕 때의 일이다.
② 신라 문무왕에 대한 설명이다.
③ 백제 근초고왕 때의 일이다.
④ 발해의 최전성기인 선왕 때의 일이다.

07. ④ 사료의 저자는 국왕과 신하의 권력이 조화를 이루어야 한다는 유교적 관점의 정치관을 주장하고 있다. 유교 정치는 신권의 존중을 통한 왕권과 신권의 조화를 추구하는 것이 일반적이다.
①, ②, ③은 국왕 중심의 정치를 추구하는 정책들이다.

08. ② 사료의 (가)는 고려 후기 무신집권자 최우에 해당한다. 정방을 설치했다는 부분에서 초우를 추론 할 수 있다.
② 재조대장경은 최우 때 조판이 시작되었으나, 그의 아들인 최항 때 완성되었다.

09. ④ 사료의 최우 집권기는 무신들이 정국을 주도하며, 기존의 문벌귀족사회가 해체되고 무인들과 함께 이규보 등의 신진 문사가 성장하는 시기였다.
① 추사체는 19세기에 김정희가 창안하였다.
② 백자의 제작은 16세기 이후에 성행하였다.
③ 무신집권기에는 상감청자가 유행하였다.

10. ④ 고려는 토지의 비옥도에 따라 3등급으로 구분하여 전세를 수취하였다. 고려의 전세는 수확량의 10%정도이다. 지대는 전세가 아니라 전호가 지주에게 납부하는 소작료로 공전(국유지)은 1/4, 민전(사유지)는 1/2의를 수취하였다.
④ 전시과는 양계를 제외한 전국에 분급되었다.

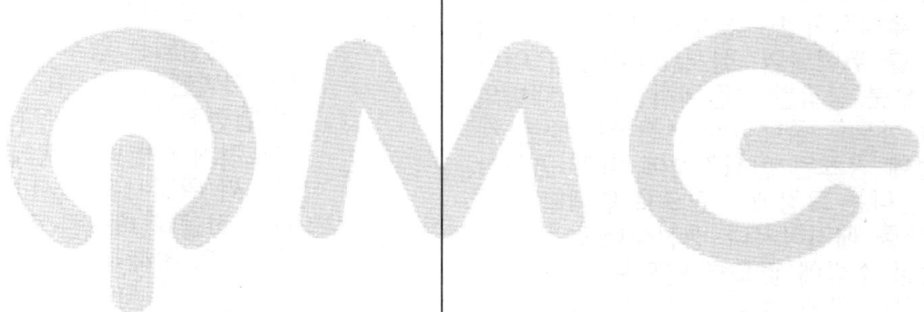

일일 모고 행정법 제20회
정답 및 해설

합격까지 박문각

광야에서 합격까지
행정법 강성빈

01. ④ ④ 허가 등의 행정처분은 원칙적으로 처분시의 법령과 허가기준에 의하여 처리되어야 하고 허가신청 당시의 기준에 따라야 하는 것은 아니며, 비록 허가신청 후 허가기준이 변경되었다 하더라도 그 허가관청이 허가신청을 수리하고도 정당한 이유 없이 그 처리를 늦추어 그 사이에 허가기준이 변경된 것이 아닌 이상 변경된 허가기준에 따라서 처분을 하여야 한다. 대법원 2006. 8. 25. 선고 2004두2974 판결
① 건축허가는 대물적 성질을 갖는 것이어서 행정청으로서는 허가를 할 때에 건축주 또는 토지 소유자가 누구인지 등 인적 요소에 관하여는 형식적 심사만 한다. 대법원 2017. 3. 15. 선고 2014두41190 판결
② 국토의 계획 및 이용에 관한 법률에 따른 토지의 형질변경허가는 그 금지요건이 불확정개념으로 규정되어 있어 그 금지요건에 해당하는지 여부를 판단함에 있어서 행정청에 재량권이 부여되어 있다고 할 것이므로, 국토계획법에 따른 토지의 형질변경행위를 수반하는 건축허가는 재량행위에 속한다. 대법원 2013. 10. 31. 선고 2013두9625 판결
③ 사전에 공표한 심사기준 중 경미한 사항을 변경하거나 다소 불명확하고 추상적이었던 부분을 명확하게 하거나 구체화하는 정도를 뛰어넘어, 심사대상기간이 이미 경과하였거나 상당 부분 경과한 시점에서 처분상대방의 갱신 여부를 좌우할 정도로 중대하게 변경하는 것은 갱신제의 본질과 사전에 공표된 심사기준에 따라 공정한 심사가 이루어져야 한다는 요청에 정면으로 위배되는 것이므로, 갱신제 자체를 폐지하거나 갱신상대방의 수를 종전보다 대폭 감축할 수밖에 없도록 만드는 중대한 공익상 필요가 인정되거나 관계 법령이 제·개정되었다는 등의 특별한 사정이 없는 한, 허용되지 않는다. 대법원 2020. 12. 24 선고 2018두45633 판결

02. ① ① 자동차 운전면허 취소처분을 받은 사람이 자동차를 운전하였으나 운전면허 취소처분의 원인이 된 교통사고 또는 법규 위반에 대하여 범죄사실의 증명이 없는 때에 해당한다는 이유로 무죄판결이 확정된 경우에는 그 취소처분이 취소되지 않았더라도 도로교통법에 규정된 무면허운전의 죄로 처벌할 수는 없다고 보아야 한다. 대법원 2021. 9. 16. 선고 2019도11826 판결
② 부정한 방법으로 외국환은행장의 수입승인을 얻어 가지고 세관장에게 수입신고를 할 때 이를 함께 제출하여 수입면허를 받았다고 하더라도, 물품을 수입하고자 하는 자가 일단 세관장에게 수입신고를 하여 그 면허를 받고 물품을 통관한 경우에는, 세관장의 수입면허가 중대하고도 명백한 하자가 있는 행정행위이어서 당연무효가 아닌 한 관세법 제181조 소정의 무면허수입죄가 성립될 수 없다. 대법원 1989. 3. 28. 선고 89도149 판결
③ 불가쟁력은 행정행위의 상대방 또는 이해관계인에 대해서만 미치고 처분청을 구속하지는 않으므로, 처분청은 불가쟁력이 발생한 후에도 당해 행정행위를 직권으로 취소 또는 철회할 수 있다.
④ 행정기본법 제37조

> **행정기본법 제37조(처분의 재심사)**
> ① 당사자는 처분(제재처분 및 행정상 강제는 제외한다. 이하 이 조에서 같다)이 행정심판, 행정소송 및 그 밖의 쟁송을 통하여 다툴 수 없게 된 경우(법원의 확정판결이 있는 경우는 제외한다)라도 다음 각 호의 어느 하나에 해당하는 경우에는 해당 처분을 한 행정청에 처분을 취소·철회하거나 변경하여 줄 것을 신청할 수 있다.
> 1. 처분의 근거가 된 사실관계 또는 법률관계가 추후에 당사자에게 유리하게 바뀐 경우

03. ③ ③ 행정청이 사전에 교통영향평가를 거치지 아니한 채 '건축허가 전까지 교통영향평가 심의필증을 교부받을 것'을 부관으로 붙여서 한 '실시계획변경 승인 및 공사시행변경 인가 처분'에 중대하고 명백한 흠이 있다고 할 수 없어 이를 무효로 보기 어렵다. 대법원 2010. 2. 25. 선고 2009두102 판결
① 법 위반행위 자체가 존재하지 않아 위반행위에 대한 시정조치에 대하여 취소판결이 확정된 경우에 위반 횟수 가중을 위한 횟수 산정에서 제외하더라도, 그 사유가 과징금 부과처분에 영향을 미치지 아니하여 처분의 정당성이 인정되는 경우에는 그 처분을 위법하다고 할 수 없다. 대법원 2019. 7. 25. 선고 2017두55077 판결
② 행정처분에 있어 수개의 처분사유 중 일부가 적법하지 않다고 하더라도 다른 처분사유로써 그 처분의 정당성이 인정되는 경우에는 그 처분을 위법하다고 할 수 없다. 대법원 2013. 10. 24. 선고 2013두963 판결
④ 행정절차법상 청문제도는 행정처분의 사유에 대하여 당사자에게 변명과 유리한 자료를 제출할 기회를 부여함으로써 위법사유의 시정가능성을 고려하고 처분의 신중과 적정을 기하려는 데 그 취지가 있음에 비추어 볼 때, 행정청이 침해적 행정처분을 함에 즈음하여 청문을 실시하지 않아도 되는 예외적인 경우에 해당하지 않는 한 반드시 청문을 실시하여야 하고, 그 절차를 결여한 처분은 위법한 처분으로서 취소사유에 해당한다. 대법원 2004. 7. 8. 선고 2002두8350 판결

04. ④ ④ 임차인들에게는 분양계약을 체결한 이후 분양대금이 강행규정인 임대주택법령에서 정한 산정기준에 의한 분양전환가격을 초과하였음을 이유로 부당이득반환을 구하는 민사소송을 제기하는 것과 별개로, 분양계약을 체결하기 전 또는 체결한 이후라도 항고소송을 통하여 분양전환승인의 효력을 다툴 법률상 이익(원고적격)이 있다고 보아야 한다. 대법원 2020. 7. 23. 선고 2015두48129 판결
① 헌법 제35조 제1항에서 정하고 있는 환경권에 관한 규정만으로는 그 권리의 주체·대상·내용·행사방법 등이 구체적으로 정립되어 있다고 볼 수 없고, 환경정책기본법 제6조도 그 규정 내용 등에 비추어 국민에게 구체적인 권리를 부여한 것으로 볼 수 없다는 이유로, 환경영향평가 대상지역 밖에 거주하는 주민에게 헌법상의 환경권 또는 환경정책기본법에 근거하여 공유수면매립면허처분과 농지개량사업 시행인가처분의 무효확인을 구할 원고적격이 없다. 대법원 2006. 3. 16. 선고 2006두330 판결
② (재단법인 甲 수녀원이, 매립목적을 택지조성에서 조선시설용지로 변경하는 내용의 공유수면매립목적 변경 승인처분으로 인하여 법률상 보호되는 환경상 이익을 침해받았다면서 행정청을 상대로 처분의 무효 확인을 구하는 소송을 제기한 사안에서), 공유수면매립목적 변경 승인처분으로 甲 수녀원에 소속된 수녀 등이 쾌적한 환경에서 생활할 수 있는 환경상 이익을 침해받는다고 하더

라도 이를 가리켜 곧바로 甲 수녀원의 법률상 이익이 침해된다고 볼 수 없고, 자연인이 아닌 甲 수녀원은 쾌적한 환경에서 생활할 수 있는 이익을 향수할 수 있는 주체가 아니므로 위 처분으로 위와 같은 생활상의 이익이 직접적으로 침해되는 관계에 있다고 볼 수도 없으며, (중략) 甲 수녀원에는 처분의 무효확인을 구할 원고적격이 없다. 대법원 2012. 6. 28. 선고 2010두2005 판결
③ 개발제한구역 중 일부 취락을 개발제한구역에서 해제하는 내용의 도시관리계획변경결정에 대하여, 개발제한구역 해제대상에서 누락된 토지의 소유자는 위 결정의 취소를 구할 법률상 이익이 없다. 대법원 2008. 7. 10. 선고 2007두10242 판결

05. ③ ③ 처분 당시에는 취소소송의 제기가 법제상 허용되지 않아 소송을 제기할 수 없다가 위헌결정으로 인하여 비로소 취소소송을 제기할 수 있게 된 경우, 객관적으로는 '위헌결정이 있은 날', 주관적으로는 '위헌결정이 있음을 안 날' 비로소 취소소송을 제기할 수 있게 되어 이때를 제소기간의 기산점으로 삼아야 한다. 대법원 2008. 2. 1. 선고 2007두20997 판결
① 처분이 있음을 안 날부터 90일 이내에 행정심판을 청구하지도 않고 취소소송을 제기하지도 않은 경우에는 그 후 제기된 취소소송은 제소기간을 경과한 것으로서 부적법하고, 처분이 있음을 안 날부터 90일을 넘겨 청구한 부적법한 행정심판청구에 대한 재결이 있은 후 재결서를 송달받은 날부터 90일 이내에 원래의 처분에 대하여 취소소송을 제기하였다고 하여 취소소송이 다시 제소기간을 준수한 것으로 되는 것은 아니다. 대법원 2011. 11. 24. 선고 2011두18786 판결
② 이미 제소기간이 지남으로써 불가쟁력이 발생하여 불복청구를 할 수 없었던 경우라면 그 이후에 행정청이 행정심판청구를 할 수 있다고 잘못 알렸다고 하더라도 그 때문에 처분 상대방이 적법한 제소기간 내에 취소소송을 제기할 수 있는 기회를 상실하게 된 것은 아니므로 이러한 경우에 잘못된 안내에 따라 청구된 행정심판 재결서 정본을 송달받은 날부터 다시 취소소송의 제소기간이 기산되는 것은 아니다. 불가쟁력이 발생하여 더 이상 불복청구를 할 수 없는 처분에 대하여 행정청의 잘못된 안내가 있었다고 하여 처분 상대방의 불복청구 권리가 새로이 생겨나거나 부활한다고 볼 수는 없기 때문이다. 대법원 2012. 9. 27. 선고 2011두27247 판결
④ 부작위위법확인소송의 이러한 보충적 성격에 비추어 동일한 신청에 대한 거부처분의 취소를 구하는 취소소송에는 특단의 사정이 없는 한 그 신청에 대한 부작위위법의 확인을 구하는 취지도 포함되어 있다고 볼 수 있다. 이러한 사정을 종합하여 보면, 당사자가 동일한 신청에 대하여 부작위위법확인의 소를 제기하였으나 그 후 소극적 처분이 있다고 보아 처분취소소송으로 소를 교환적으로 변경한 후 여기에 부작위위법확인의 소를 추가적으로 병합한 경우, 최초의 부작위위법확인의 소가 적법한 제소기간 내에 제기된 이상 그 후 처분취소소송으로의 교환적 변경과 처분취소소송에의 추가적 변경 등의 과정을 거쳤다고 하더라도 여전히 제소기간을 준수한 것으로 봄이 상당하다. 대법원 2009. 7. 23. 선고 2008두10560 판결

06. ④ ④ 조세에 관한 소멸시효가 완성되면 국가의 조세부과권과 납세의무자의 납세의무는 당연히 소멸한다 할 것이므로 소멸시효완성 후에 부과된 부과처분은 납세의무 없는 자에 대하여 부과처분을 한 것으로서 그와 같은 하자는 중대하고 명백하여 그 처분의 효력은 당연무효이다. 대법원 1985. 5. 14. 선고 83누655 판결
① 우리나라의 수도가 서울이라는 점에 대한 관습헌법을 폐지하기 위해서는 헌법이 정한 절차에 따른 헌법개정이 이루어져야 한다. 이 경우 성문의 조항과 다른 것은 성문의 수도조항이 존재한다면 이를 삭제하는 내용의 개정이 필요하겠지만 관습헌법은 이에 반하는 내용의 새로운 수도설정조항을 헌법에 넣는 것만으로 그 폐지가 이루어지는 점에 있다. 헌법재판소 2004. 10. 21. 선고 2004헌마554 · 566(병합) 전원재판부
② 검사의 임용 여부는 임용권자의 자유재량에 속하는 사항이나, (중략) 법령상 검사임용 신청 및 그 처리의 제도에 관한 명문 규정이 없다고 하여도 조리상 임용권자는 임용신청자들에게 전형의 결과인 임용 여부의 응답을 해줄 의무가 있다고 할 것이며, 응답할 것인지 여부조차도 임용권자의 편의재량사항이라고는 할 수 없다. 대법원 1991. 2. 12. 선고 90누5825 판결
③ 국유재산법 제7조

> **국유재산법 제7조(국유재산의 보호)**
> ② 행정재산은 「민법」 제245조에도 불구하고 시효취득의 대상이 되지 아니한다.

07. ① ① 행정기본법 제23조

> **행정기본법 제23조(제재처분의 제척기간)**
> ① 행정청은 법령등의 위반행위가 종료된 날부터 5년이 지나면 해당 위반행위에 대하여 제재처분(인허가의 정지 · 취소 · 철회, 등록 말소, 영업소 폐쇄와 정지를 갈음하는 과징금 부과를 말한다. 이하 이 조에서 같다)을 할 수 없다.
> ② 다음 각 호의 어느 하나에 해당하는 경우에는 제1항을 적용하지 아니한다.
> 2. 당사자가 인허가나 신고의 위법성을 알고 있었거나 중대한 과실로 알지 못한 경우

② '위반행위의 횟수에 따른 가중처분기준'이 적용되려면 실제 선행 위반행위가 있고 그에 대하여 유효한 제재처분이 이루어졌음에도 그 제재처분일로부터 1년 이내에 다시 같은 내용의 위반행위가 적발된 경우이면 족하다고 보아야 한다. 선행 위반행위에 대한 선행 제재처분이 반드시 구 시행령 [별표 1] 제재처분기준 제2호에 명시된 처분내용대로 이루어진 경우이어야 할 필요는 없으며, 선행 제재처분에 처분의 종류를 잘못 선택하거나 처분양정(량정)에서 재량권을 일탈 · 남용한 하자가 있었던 경우라고 해서 달리 볼 것은 아니다. 대법원 2020. 5. 28. 선고 2017두73693 판결
③④ 행정법규 위반에 대한 제재조치는 행정목적의 달성을 위하여 행정법규 위반이라는 객관적 사실에 착안하여 가하는 제재이므로, 반드시 현실적인 행위자가 아니라도 법령상 책임자로 규정된 자에게 부과되고, 특별한 사정이 없는 한 위반자에게 고의나 과실이 없더라도 부과할 수 있다. 대법원 2017. 5. 11. 선고 2014두8773 판결

08. ② ② 공정거래법상 부과되는 과징금은 행정법상의 의무를 위반한 자에 대하여 당해 위반행위로 얻게 된 경제적 이익을 박탈하기 위한 목적으로 부과하는 금전적인 제재로서, 같은 법이 규정한 범위 내에서 그 부과처분 당시까지 부과관청이 확인한 사실을 기초로 일의적으로 확정되어야 할 것이고, 그렇지 아니하고 부과관청이 과징금을 부과하면서 추후에 부과금 산정 기준이 되는 새로운 자료가 나올 경우에는 과징금액이 변경될 수도 있다고 유보한다든지, 실제로 추후에 새로운 자료가 나왔다고 하여 새로운 부과처분을 할 수는 없다. 대법원 1999. 5. 28. 선고 99두1571 판결
① 구 독점규제 및 공정거래에 관한 법률 제24조의2에 의한 부당내부거래에 대한 과징금은 행정상의 제재금으로서의 기본적 성격에 부당이득환수적 요소도 부가되어 있는 것이라 할 것이고, 이를 두고 헌법 제13조 제1항에서 금지하는 국가형벌권 행사로서의 '처벌'에 해당한다

고는 할 수 없으므로, 공정거래법에서 형사처벌과 아울러 과징금의 병과를 예정하고 있더라도 이중처벌금지원칙에 위반된다고 볼 수 없다. 헌법재판소 2003. 7. 24. 선고 2001헌가25 결정
③ 부동산 실권리자명의 등기에 관한 법률 제5조에 의하여 부과된 과징금 채무는 대체적 급부가 가능한 의무이므로 위 과징금을 부과받은 자가 사망한 경우 그 상속인에게 포괄승계된다. 대법원 1999. 5. 14. 선고 99두35 판결
④ 관할 행정청이 여객자동차운송사업자의 여러 가지 위반행위를 인지하였다면 전부에 대하여 일괄하여 5,000만 원의 최고한도 내에서 하나의 과징금 부과처분을 하는 것이 원칙이고, 인지한 여러 가지 위반행위 중 일부에 대해서만 우선 과징금 부과처분을 하고 나머지에 대해서는 차후에 별도의 과징금 부과처분을 하는 것은 다른 특별한 사정이 없는 한 허용되지 않는다. 대법원 2021. 2. 4. 선고 2020두48390 판결

09. ② ② 독립유공자서훈 공적심사위원회의 심의 · 의결 과정 및 그 내용을 기재한 회의록은 비공개대상에 해당한다. 대법원 2014. 7. 24. 선고 2013두20301 판결
① 문제은행 출제방식을 채택하고 있는 치과의사 국가시험의 문제지와 정답지는 비공개대상에 해당한다. 대법원 2007. 6. 15. 선고 2006두15936 판결
③ 불기소처분 기록 중 피의자신문조서 등에 기재된 피의자 등의 인적사항 이외의 진술내용 역시 개인의 사생활의 비밀 또는 자유를 침해할 우려가 인정되는 경우 정보공개법 제9조 제1항 제6호 본문 소정의 비공개대상에 해당한다. 대법원 2012. 6. 18. 선고 2011두2361 전원합의체 판결
④ 사면대상자들의 사면실시건의서와 그와 관련된 국무회의 안건자료에 관한 정보는 비공개대상에 해당하지 않는다. 대법원 2006. 12. 7. 선고 2005두241 판결

10. ② ② 공무원이 고의 또는 과실로 그에게 부과된 직무상 의무를 위반하였을 경우라고 하더라도 국가는 그러한 직무상의 의무 위반과 피해자가 입은 손해 사이에 상당인과관계가 인정되는 범위 내에서만 배상책임을 지는 것이고, 이 경우 상당인과관계가 인정되기 위하여는 공무원에게 부과된 직무상 의무의 내용이 단순히 공공 일반의 이익을 위한 것이거나 행정기관 내부의 질서를 규율하기 위한 것이 아니고 전적으로 또는 부수적으로 사회구성원 개인의 안전과 이익을 보호하기 위하여 설정된 것이어야 한다. 대법원 2010. 9. 9. 선고 2008다77795 판결
① 자동차손해배상보장법의 입법취지에 비추어 볼 때, 같은 법 제3조는 자동차의 운행이 사적인 용무를 위한 것이건 국가 등의 공무를 위한 것이건 구별하지 아니하고 민법이나 국가배상법에 우선하여 적용된다고 보아야 한다. 대법원 1996. 3. 8. 선고 94다23876 판결
③ 국가 등에게 일정한 기준에 따라 상수원수의 수질을 유지하여야 할 의무를 부과하고 있는 법령의 규정은 국민에게 양질의 수돗물이 공급되게 함으로써 국민 일반의 건강을 보호하여 공공 일반의 전체적인 이익을 도모하기 위한 것이지, 국민 개개인의 안전과 이익을 직접적으로 보호하기 위한 규정이 아니므로, 국가 또는 지방자치단체가 법령이 정하는 상수원수 수질기준 유지의무를 다하지 못하고, 법령이 정하는 고도의 정수처리방법이 아닌 일반적 정수처리방법으로 수돗물을 생산 · 공급하였다는 사유만으로 그 수돗물을 마신 개인에 대하여 손해배상책임을 부담하지는 않는다. 대법원 2001. 10. 23. 선고 99다36280 판결
④ 하자 유무는 객관적 견지에서 본 안전성의 문제이고 그 설치자의 재정사정이나 영조물의 사용목적에 의한 사정은 안전성을 요구하는데 대한 정도 문제로서 참작사유에는 해당할지언정 안전성을 결정지을 절대적 요건에는 해당하지 아니한다 할 것이다. 대법원 1967. 2. 21. 선고 66다1723 판결

일일 모고 행정학 제20회
정답 및 해설

합격까지 박문각

빠른 고득점 합격
행정학 이명훈

01. ③ 대리인이론에서 대리손실은 주인의 대리인에 대한 정보 부족으로 발생하며, 이에는 도덕적 해이와 역선택 현상이 있다.

<<핵심체크>> 대리인이론

의의	한 사람(주인)이 다른 사람(대리인)으로 하여금 자신의 이익과 관련된 행위를 그의 재량으로 해줄 것을 내용으로 하는 계약이 있을 때 이들 간의 관계를 분석하는 이론	
가정	• 인간 : 자기이익을 추구하는 합리적 경제인 • 정보 : 비대칭적 정보(불완전한 정보, 정보의 편재) • 관계 : 대리인의 기회주의적 행태로 주인과 대리인 간의 이해 상충	
대리손실	• 역선택 : 대리인의 감추어진 특성으로 인해 주인의 잘못된 선택이 발생하는 상황 • 도덕적 해이 : 대리인의 감추어진 행동으로 주인의 손실이 발생하는 상황	
대리손실 해소 방안	정보 불균형 해소	정보공개법 및 행정절차법의 내실화, 내부고발자보호제도, 행정 및 재정정보공표제도, 정책실명제, 전자정부의 구현, 공청회 · 청문회 등
	유인설계장치의 마련	성과급제, 신성과주의 예산, 직무성과계약제 등을 통한 성과관리
	효과적인 외부 통제장치 마련	주민소환제, 주민소송제, 국민(주민)감사청구제, 불법재정지출에 대한 국민(주민)감시제 등 외부통제장치 마련
한계	• 비경제적 요인에 대한 불고려 • 청지기 이론에 의한 비판 : 이기적 인간모형에 대한 비판	

02. ② 전자정부는 통합전산환경 구축 등을 통한 정보의 통합관리가 이루어지지만 정보의 공유를 통한 신속하고 분권적인 정책결정을 가져온다.

03. ④ 「부패방지 및 국민권익위원회 설치 · 운영법」에 의하면 부패혐의에 대하여 국민권익위원회가 검찰에 고발한 경우 위원회가 검사로부터 불기소처분을 통보받았을 경우 위원회는 고등법원에 재정신청할 수 있다.

① 「부패방지 및 국민권익위원회 설치 · 운영법」에 의하면 공공기관의 사무처리가 법령위반 또는 부패행위로 인해 공익을 해하는 경우 일정 수 이상의 국민의 연서로 감사원에 감사를 청구할 수 있다.

② 「부정청탁 및 금품등 수수의 금지에 관한 법률」에 의하면 공직자등은 직무와 관련하여 대가성 여부를 불문하고 제1항에서 정한 금액 이하의 금품등(동일인으로부터 1회에 100만원 또는 매 회계연도에 300만원을 초과하는 금품등)을 받거나 요구 또는 약속해서는 아니 된다.

③ 「부정청탁 및 금품등 수수의 금지에 관한 법률」에 의하면 공개적으로 공직자등에게 특정한 행위를 요구하는 행위는 부정청탁에 해당하지 않는다.

04. ② 바흐라흐(P. Bachrach)와 바라츠(M. Baratz)는 권력의 밝은 측면만을 강조하는 다알(R. Dahl)의 다원론을 비판하고 신엘리트론(neo-elitism) 관점에서 정치권력의 두 개의 얼굴 중 하나인 무의사결정을 주장하였다.

05. ④ 립스키(M. Lipsky)의 일선관료제 이론에 의하면 일선관료는 일선관료는 비정형적 업무상황과 시민과의 대면과정에서 얻어진 전문지식의 독점으로 폭넓은 재량권을 보유하나, 고객의 요구와 필요에 전혀 민감하지 않은 경향을 보임으로써 업무가 지연된다.

<<핵심체크>> 일선관료제

의의	• 일선관료 : 업무수행과정에서 시민과 직접 접촉하는 공무원(교사, 경찰, 복지요원 등) • 일선관료제 : 구성원의 상당부분이 일선관료로 구성되는 공공서비스 기관
직무 특징	• 비정형적 업무상황 : 대면적 업무처리, 집행현장의 다양성과 복잡성 • 폭넓은 재량권 : 시민과 대면과정에 얻어진 전문지식 독점으로 재량권 보유
업무 환경	• 불충분한 자원 : 인적 · 물적 · 시간적 · 기술적 자원의 만성적 부족으로 부분적 · 간헐적 법집행 또는 즉흥적 · 피상적 법집행 • 권위에 대한 위협 : 위협이 커질수록 권위를 과시하여 권위를 유지하려는 행동경향 • 모호하고 대립적인 기대 : 업무의 분할과 경계의 불분명성, 부서목표의 애매성과 이율배반성으로 객관적인 성과평가가 곤란하여 역할기대나 고객집단에 대한 재정의를 통해 모호하거나 모순되는 역할기대 회피
업무 방식	• 고정관념에 따른 고객의 범주화 : 편견 · 선입견 등 고정관념을 통해 고객을 재량적으로 범주화 · 분류화하여 선별 • 업무수행의 단순화 · 정형화 : 복잡하고 불확실한 상황을 단순화 · 정형화하여 문제를 해결함으로써 고객의 요구와 필요에 민감하지 않은 반응을 보임

06. ③ 학습조직은 구성원 각자의 개인적 학습이 아닌 구성원들이 함께 사고하고 조직의 의미를 자연스럽게 체화하도록 하는 팀학습을 강조한다.

<<핵심체크>> 학습조직

의의		조직 자체의 성장과 발전 또는 문제해결능력을 개선하기 위해 개방체제와 자아실현적 인간관을 바탕으로 구성원이 새로운 지식을 창출하고 이를 조직 전체에 보급하여 지속적인 학습활동을 전개하는 조직
센지(Senge)의 제5수련		① 시스템적(체제적) 사고, ② 전문적 소양(자기완성 · 자기숙련), ③ 사고의 틀(기존의 사고방식을 깨는 과정), ④ 공동의 비전, ⑤ 팀학습
특징	구조상 특징	• 문제해결능력 향상을 위한 실험적 조직 • 수평적이고 유연한 조직구조(네트워크 구조, 팀제, 가상조직 등) • 사려 깊은 리더의 학습형 리더십 중시 • 정보인프라 구축을 통한 정보공유 활성화
	운영상 특징	• 구성원의 권한 강화를 통한 자율적 학습 강조 • 관계지향성과 집합적 행동 등 응집성이 강한 조직문화 형성 • 시행착오적 학습(실패를 용인하는 문화 - 성과급이나 신상필벌 거부) • 변화와 발전을 지속적으로 추구하는 장기적이고 유동적 과정

07. ② 계급제는 인적자원 활용의 수평적 융통성이 높고 부서 간 · 부처 간 교류와 협조에 용이한 반면, 직위분류제는 인적자원 활용의 수직적 융통성이 높지만 부서 간 · 부처 간 교류와 협조가 곤란하다.
① 직위분류제는 전문행정가주의를 지향하므로 행정의 전문화 향상에는 기여하나, 조직의 횡적 의사소통은 곤란하다.
③ 직위분류제는 사회적 출신배경에 관계없이 담당 직무의 수행능력과 지식 · 기술을 중시한다.
④ 직위분류제는 지나친 직무 구조의 편협성과 비탄력적인 분류체계 때문에 환경변화에 대한 탄력성이 낮고 교육훈련 내용으로 전문 지식이 강조된다.

08. ④ 비용 · 편익 내지 비용 · 효과분석의 대상에 있어서 신규사업만을 대상으로 하는 점증적 예산제도와는 달리 영기준 예산제도는 신규사업은 물론 계속사업도 대상으로 한다.

09. ① 우리나라 예산은 예산총칙-세입세출예산-계속비-명시이월비-국고채무부담행위 순으로 구성되어 있다.

10. ② 시 · 군 및 자치구가 독자적으로 처리하기에 곤란한 사무를 시 · 도가 담당한다.

<<핵심체크>> 지방자치단체별 사무배분기준

<table>
<tr><td>시 · 도</td><td>• 행정처리 결과가 2개 이상의 시 · 군 및 자치구에 미치는 광역적 사무
• 시 · 도 단위로 동일한 기준에 따라 처리되어야 할 성질의 사무
• 지역적 특성을 살리면서 시 · 도 단위로 통일성을 유지할 필요가 있는 사무
• 국가와 시 · 군 및 자치구 사이의 연락 · 조정 등의 사무
• 시 · 군 및 자치구가 독자적으로 처리하기 어려운 사무
• 2개 이상의 시 · 군 및 자치구가 공동으로 설치하는 것이 적당하다고 인정되는 규모의 시설을 설치하고 관리하는 사무</td></tr>
<tr><td>시 · 군 · 자치구</td><td>시 · 도가 처리하는 것으로 되어 있는 사무를 제외한 사무 담당(다만, 인구 50만 이상의 시는 도가 처리하는 사무 일부를 직접 처리하게 할 수 있음)</td></tr>
<tr><td colspan="2">시 · 도와 시 · 군 및 자치구는 사무를 처리할 때 서로 겹치지 아니하도록 하여야 하며, 사무가 서로 겹치면 시 · 군 및 자치구에서 먼저 처리함</td></tr>
</table>

2025 공무원 시험대비 【6회차】

박문각 일일 모의고사

-제21회-

[정답 및 해설]

이 름 : ______________________

학습관 : ______________________

합격
예측

답안 입력 및 성적 조회는 PC, 모바일에서 모두 가능합니다.

★ PC: pass.pmg.co.kr | ★ 모바일 앱: 박문각 합격관리

일일 모고 국어 제21회

정답 및 해설

합격까지 박문각

赤功 국어
적중 혜선

01. ② '흙하고'는 자음군 단순화에 의해 'ㄹ'이 탈락하여 [흑하고]로 바뀐 후, 다시 거센소리되기에 의해 'ㄱ'과 'ㅎ'이 축약되어 [흐카고]로 발음된다. '흙하고'의 음운 수는 'ㅎ/ㅡ/ㄹ/ㄱ/ㅎ/ㅏ/ㄱ/ㅗ'로 8개이고, [흐카고]의 음운 수는 'ㅎ/ㅡ/ㅋ/ㅏ/ㄱ/ㅗ'로 6개이므로 음운의 개수가 두 개 줄어든다. 따라서 '흙하고'는 탈락과 축약이 일어나며 음운의 개수가 두 개 줄어든다.
① '저녁연기'는 'ㄴ' 첨가에 의해 [저녁년기]로 바뀐 후, 다시 비음화에 의해 'ㄱ'이 'ㅇ'으로 교체되어 [저녕년기]로 발음된다. '저녁연기'의 음운 수는 'ㅈ/ㅓ/ㄴ/ㅕ/ㄱ/ㅕ/ㄴ/ㄱ/ㅣ'로 9개이고, [저녕년기]의 음운 수는 'ㅈ/ㅓ/ㄴ/ㅕ/ㅇ/ㄴ/ㅕ/ㄴ/ㄱ/ㅣ'로 10개이므로 음운의 개수가 한 개 늘어난다. 따라서 '저녁연기'는 첨가 및 교체가 일어나며 음운의 개수가 한 개 늘어난다.
③ '부엌문'은 음절의 끝소리 규칙에 의해 'ㅋ'이 'ㄱ'으로 교체되어 [부억문]으로 바뀐 후, 다시 비음화에 의해 'ㄱ'이 'ㅇ'으로 교체되어 [부엉문]으로 발음된다. '부엌문'의 음운 수는 'ㅂ/ㅜ/ㅓ/ㅋ/ㅁ/ㅜ/ㄴ'으로 7개이고, [부엉문]의 음운 수는 'ㅂ/ㅜ/ㅓ/ㅇ/ㅁ/ㅜ/ㄴ'으로 7개이므로 음운의 개수가 변하지 않는다. 따라서 '부엌문'은 교체가 두 번 일어나며 음운의 개수는 변하지 않는다.
④ '묽고'는 자음군 단순화에 의해 'ㄱ'이 탈락하여 [물고]로 바뀐 후, 다시 된소리되기에 의해 'ㄱ'이 'ㄲ'으로 교체되어 [물꼬]로 발음된다. '묽고'의 음운 수는 'ㅁ/ㅜ/ㄹ/ㄱ/ㄱ/ㅗ'로 6개이고, [물꼬]의 음운 수는 'ㅁ/ㅜ/ㄹ/ㄲ/ㅗ'로 5개이므로 음운의 개수가 한 개 줄어든다. 따라서 '묽고'는 탈락 및 교체가 일어나며 음운의 개수가 한 개 줄어든다.

02. ④ 잡히다[자피다]:'ㅎ'과 'ㅂ'이 만나면 거센소리 'ㅍ'으로 발음된다. 거센소리되기 현상은 축약에 속한다.
① 있지[읻찌]:[있지 → (음절의 끝소리 규칙, 된소리되기) → 읻찌]
→ 음절의 끝소리 규칙과 경음화 현상(된소리되기)은 모두 대치에 포함된다.
② 굳이[구지]:[굳이 → (연음:연음은 음운변동 아님) → 구디 → (구개음화) → 구지]
→ 대치(교체)에 의한 음운 현상. 'ㄷ'이 모음 'ㅣ'를 만나 'ㅈ'으로 교체된 것이다. 따라서 구개음화 현상은 동화이다.
③ 무릎[무릅]:'무릎'은 'ㅍ'받침이 'ㅂ'으로 발음되는 음절의 끝소리 규칙이 적용되어 [무릅]으로 발음된다. 음절의 끝소리 규칙은 대치(=교체)에 포함된다.

03. ③ '설레이는'은 옳지 않은 표기이다. '설레이다'라는 말은 이 세상에 없기 때문이다. 대신 '설레다'가 있다. 따라서 '설레는'으로 고쳐야 한다. '설레는, 설레고, 설렘' 등으로 활용한다.
① 돋우다:'돋다(입맛이 당기다.)'의 사동사이므로 옳다.
② 알음:'사람끼리 서로 아는 일'을 의미하므로 문맥에 적절하다.
④ 바투:'시간이나 길이가 아주 짧게'를 의미하므로 문맥에 적절하다.

04. ③ 고친 부분에도 중의성이 있으므로 적절하지 않다. '마음씨가 좋은'이 여전히 '할머니'를 꾸밀 수도, 할머니의 '손자'를 꾸밀 수도 있어 중의성이 여전히 있게 된다.
① 병렬 관계가 옳지 않다. '창작 활동을 열었다'는 목적어와 서술어의 호응이 옳지 않으므로 '창작 활동'에 호응하는 적절한 서술어를 잘 넣어야 하므로 고친 문장은 옳다.
② '불려졌다'는 '불리(피동사)+어지다(통사적 피동)'의 이중피동 표현이므로 '불렸다, 불러졌다'로 고치는 것은 옳다.
④ '에게'는 유정 명사(사람, 동물) 앞에 오고 '에'는 무정 명사(사람, 동물을 제외한 존재) 앞에 온다. 이때 '꽃'은 무정 명사이므로 '에'로 교체하는 것은 옳다.

05. ③

○ B → A ≡ ~A → ~B ○ C → D ≡ ~D → ~C ○ D → ~B ≡ B → ~D

두 번째 조건에 의해 'C → D'이고 세 번째 조건에 의해 'D → ~B'이므로 두 명제를 연결하면 'C → ~B'이 도출된다. 이 명제의 대우명제는 'B → ~C'이므로 B가 특강에 참여하면 C는 특강에 참여하지 않는다는 결론이 도출된다.
① 첫 번째 조건에 의해 'B → A'이고 세 번째 조건의 대우명제에 의해 'B → ~D'이긴 하지만 두 명제의 결론을 각각 전제와 결론으로 연결하여 'A → ~D'을 도출하는 것은 불가능하다. 판단불가의 오류이다.
② ③에서와 같은 논증과정을 거쳐 'C → ~B'가 도출된다. 하지만 이 역명제 '~B → C'의 참 거짓을 판단할 수는 없다. 판단불가의 오류이다.
④이 명제는 두 번째 조건 'C → D'의 이명제이다. 따라서 이 명제의 참 거짓을 판단할 수는 없다. 판단불가의 오류이다.

06. ③

㉠ 소주 → 해로움 ≡ ~해로움 → ~소주 ㉡ 알코올 ∧ ~소주 ㉢ ~해로움 ∧ 알코올 ㉣ 소주 ∧ 알코올 ㉤ ~알코올 ∧ 해로움

가. ㉣에 의해 알코올 중 소주인 것이 존재하고 ㉠에 의해 모든 소주는 해로우므로 알코올 중 소주인 것도 해롭다는 결론을 내릴 수 있다. 즉, 알코올 중 해로운 것이 존재하므로 '해로움 ∧ 알코올'이라고 할 수 있다.
다. ㉢에 의해 알코올 중 해롭지 않은 것이 존재하고 ㉠의 대우명제에 의해 해롭지 않은 것은 모두 소주가 아니므로 알코올 중 해롭지 않은 것은 소주가 아니라는 결론을 내릴 수 있다. 즉, 알코올 중 소주가 아닌 것이 존재하므로 '알코올 ∧ ~소주'이라고 할 수 있다.
나. 가.와 같은 논증에 의해 해로운 것 중 알코올이 존재한다는 결론, 즉 '해로움 ∧ 알코올'이라는 결론을 도출하는 것은 가능하나 이를 통해 '해로움 → 알코올'을 도출하는 것은 불가능하다.

07. ③ ㉠의 '모르다'는 '1 「1」 사람이나 사물 따위를 알거나 이해하지 못하다.'를 의미한다. 이와 가장 유사한 의미의 '모르다'는 ③이다.
① 1 「5」 (('…밖에' 뒤에 쓰여)) 어떤 것 외에 다른 것을 소중하게 여기지 않다.
② 2 「1」 ((의문사 없이 쓰여)) 불확실한 사실에 대한 짐작이나 의문의 뜻을 나타낸다.
④ 2 「2」 (('얼마나, 어찌' 따위와 함께 쓰여)) 감탄적으로 강조하여 '매우 그러하다' 또는 '매우 그리하다'의 뜻을 나타낸다.

08. ① '쓰다'는 '사람에게 어떤 일을 하게 하다.'를 의미한다. 따라서 '삯을 주고 사람을 부리다.'를 의미하는 '고용(雇 품팔 고 用 쓸 용)하다'는 ㉠과 바꿔쓸 수 있는 유사한 표현으로 적절하지 않다. '인재를 높은 자리에 올려 쓰다.'를 의미하는 '기용(起 일어날 기 用 쓸 용)하다'로 바꿔쓸 수 있다.

② ㉡ '그르치다'는 '잘못하여 일을 그릇되게 하다.'를 의미한다. 따라서 '일을 잘못하여 뜻한 대로 되지 아니하거나 그르치다.'를 의미하는 '실패(失 잃을 실 敗 패할 패)하다'로 바꿔쓸 수 있다.

③ ㉢ '부풀리다'는 '어떤 일을 실제보다 과장되게 하다.'를 의미한다. 따라서 '사실보다 지나치게 불려서 나타내다.'를 의미하는 '과장(誇 자랑할 과 張 베풀 장)하다'로 바꿔쓸 수 있다.

④ ㉣ '돌보다'는 '관심을 가지고 보살피다.'를 의미한다. 따라서 '앓는 사람이나 다친 사람을 곁에서 돌보고 시중을 들다.'를 의미하는 '간병(看 볼 간 病 병 병)하다'로 바꿔쓸 수 있다.

09. ① ㉠ 산업화 이후의 '인류의 활동'이 생태계 균형을 위협하고 있다는 지문의 맥락에 가장 적합하다.

㉡ "국제 사회는 여러 협정을 통해"라는 문장을 토대로 하여 ㉡에 '국제 협력'이 들어가는 것이 적절함을 알 수 있다. 이는 한계점을 설명하는 맥락과도 연결된다.

㉢ "개발도상국은 딜레마에 놓여 있다."라는 문장을 통해 딜레마가 경제 성장과 환경 보전 사이의 갈등을 나타냄을 알 수 있다.

㉣ "기술 혁신과 정책적 지원"이라는 문맥은 제도적 개선을 요구하는 내용과 일치한다.

㉤ 근본적 인식 전환을 강조하는 부분은 '가치관'에 대한 논의와 연결된다.

② ㉠에서 '무분별한 개발'은 부분적으로는 적합할 수 있으나, 이후 지문과의 흐름을 고려했을 때 더 포괄적인 의미의 '인류의 활동'이 적절함을 알 수 있다.

③ "국제 사회는 여러 협정을 통해"라는 문장을 토대로 하였을 때, ㉡에 '기술적 대응'이 들어가면, 문맥의 요구사항을 충족시키지 못한다.

④ ㉣의 '공정한 분배'는 '제도적 개선'보다 덜 적합하며, 국제적 협력과 기술적 지원의 필요성을 충분히 반영하지 못한다.

10. ④ 글쓴이는 스팸 메일과 가입을 강요하는 인터넷 사이트 등을 근거로 들어 인터넷을 사용하면서 발생하는 폐해에 대해 말하고 있다. 따라서 독자들은 이 글을 통해 인터넷을 사용하면서 발생할 수 있는 개인의 사생활 침해라든가 개인 정보 유출과 도용 등에 대한 경각심을 가질 수 있을 것이다.

① 인터넷 사용에 따른 폐해를 말하고 있는 것이지 인터넷 남용의 심각성에 대해 말하고 있지는 않다.

② 스팸 메일의 문제점에 대해 언급하고 있을 뿐, 장점에 대한 설명은 제시되어 있지 않다.

③ 개인의 사생활 침해나 개인 정보 유출과 도용 등 인터넷 사용에 따른 폐해에 대해 설명하고 있을 뿐, 그 해결 방안에 대해서는 언급하고 있지 않다.

일일 모고 영어 제21회
정답 및 해설

합격까지 박문각

반드시 합격
진가영 영어

01. ③ ★ extinct 멸종한, 사라진, 소멸된
● familiar 친숙한, 익숙한, 잘 알려진, 알고 있는
● diverse 다양한
● eager 열렬한, 간절히 바라는, 열심인
[해석] 서식지 파괴와 기후 변화로 인해 많은 동물 종이 멸종되었으며, 그로 인해 보존 노력은 그 어느 때보다 중요해졌다.

02. ① ★ fortunate 운이 좋은, 행운의
● unlucky 불운한
● fierce 치열한
● hopeless 희망 없는
[해석] 그는 몇 시간 동안 찾은 후에도 현금과 카드가 그대로 들어 있는 잃어버린 지갑을 발견하게 되어 매우 운이 좋다고 느꼈다.

03. ② ★ explode 폭발하다, 급증하다
● expand 확장하다
● exhibit 전시하다, 나타내다
● explore 탐험하다, 탐구하다
[해석] 공공 서비스에 대한 갑작스러운 수요 증가로 인해 시스템이 폭발적으로 늘어나 지연과 비효율성이 발생할 수 있다.

04. ① ★ dwell 집착하다, 얽매이다, 거주하다, 살다
● donate 기부[기증]하다, 증여하다
● succeed 성공하다
● employ 고용하다, 사용하다
[해석] 회사는 직원들에게 과거의 실수에 집착하지 말고, 현재의 문제 해결에 집중하라고 조언했다.

05. ③ ★ fasten 고정하다, 채우다, 묶다
● remove 제거하다
● loosen 느슨하게 하다
● secure 확보하다
[해석] 아이들은 자전거를 타기 전에 보호를 위해 헬멧을 꼭 고정하도록 상기시켰다.

06. ② [해설]
부정부사 seldom이 문장 처음에 나오면 '조동사+주어'의 도치 구조인 'do/does/did+주어+동사원형'의 형태로 써야 한다. 따라서 밑줄 친 부분에 가장 적절한 것은 ②이다.
[해석]
그녀는 회의에 늦게 도착하는 일이 드물다. 항상 시간을 엄수하고 준비를 중요하게 여기기 때문이다.

07. ① [해설]
동사를 수식할 수 있는 것은 형용사가 아닌 부사이다. 따라서 밑줄 친 부분인 recent를 recently로 고쳐야 한다.
[해석]
그 박물관은 최근 고대 유물을 전시하는 새로운 전시회를 열어 많은 방문객들의 관심을 끌었다. 수천 년 전으로 거슬러 올라가는 일부 유물들은 외딴 지역에서 발견되었으며, 이전에 한 번도 전시된 적이 없었다. 전시회 내부에서는 사진 촬영이 금지되어 있어 사람들은 대신 메모를 했다. 이 행사가 매우 인기가 많아 박물관 측은 전시 기간을 한 달 더 연장하기로 결정했다.

08. ② [해석]
A: 안녕하세요, 새 저축 계좌를 개설하고 싶은데 절차를 도와주실 수 있나요?
B: 물론이죠! 귀하의 전체 이름, 주소, 신분증 등을 알려주셔야 합니다.
A: 여기 제 신분증과 주소 증명서입니다. 초기 입금을 해야 하나요?
B: 네, 저축 계좌의 최소 입금액은 100달러입니다. 지금 그 금액을 입금하시겠어요?
A: 네, 100달러를 입금할게요. 도와주셔서 감사합니다!
① 저축 계좌의 이자율은 얼마인가요?
② 초기 입금을 해야 하나요?
③ 계좌 개설은 얼마나 시간이 걸리나요?
④ 저축 계좌를 온라인으로 개설할 수 있나요?

09. ③ [해설]
본문에서는 스카이워크 어드벤처가 숲의 캐노피를 경험하는 스릴 넘치는 방법으로 시작되었으며, 서스펜션 브리지 기술의 발전 덕분에 최고의 에코투어 명소로 성장했다는 내용을 강조하고 있다. 따라서 윗글의 제목으로 가장 적절한 것은 ③이다.
① 에코 투어에서 숲의 역할
② 서스펜션 브리지 기술의 진화
③ 스카이워크 어드벤처: 스릴 넘치는 숲 체험
④ 숲 보호를 위한 지역 사회의 노력

10. ③ [해설]
본문의 아홉 번째 문장에서 '노인 우대 혜택으로 30% 할인이 있다'라고 언급하고 있다. 따라서 안내문의 내용과 일치하지 않는 것은 ③이다.
① 프로그램이 기술의 발전으로 개선되었다.
② 방문객들은 숲 생태계를 독특한 시각에서 관찰할 수 있다.
③ 특정 유형의 할인 혜택은 제공하지 않는다.
④ 스카이워크 체험에는 연령 제한이 있다.
[오답해설]
① 본문의 두 번째 문장에서 언급하고 있으므로 일치한다.
② 본문의 세 번째 문장에서 언급하고 있으므로 일치한다.
④ 본문의 열한 번째 문장에서 언급하고 있으므로 일치한다.
[해석]

스카이워크 어드벤처: 스릴 넘치는 숲 체험

스카이워크 어드벤처는 원래 숲의 캐노피를 경험하는 스릴 넘치는 방법으로 시작되었으나, 서스펜션 브리지 기술의 발전 덕분에 최고의 에코투어 명소로 성장했습니다. 이 프로그램은 이제 방문객들에게 조감도에서 숲 생태계를 탐험할 수 있는 독특한 기회를 제공합니다.

숲에서 하루 종일 즐기고, 나무 꼭대기를 가로지르는 독점적인 스카이워크 투어에 참여해 보세요. 우리 팀이 숲 서식지를 어떻게 보존하는지 목격하고, 완전히 새로운 시각에서 숨 막히는 경치를 즐겨보세요.

■ 비용
• 성인 (16세 이상): $90
• 어린이 (4-15세): $75
• 노인 우대 혜택(동반자 2명 포함): 30% 할인

■ 중요 사항
• 0-3세 어린이는 스카이워크에 참여할 수 없습니다.
• 스카이워크 투어는 오전 9시부터 오후 5시까지 매 시간 시작합니다.
• 예약된 시작 시간 최소 30분 전에 도착해 주세요.

더 많은 정보는 웹사이트를 방문하거나 (555) 987-6543로 전화해 주세요.

[어휘]
☐ eco-tourism 생태 관광
☐ suspension bridge 현수교
☐ explore 탐험하다
☐ habitat 서식지

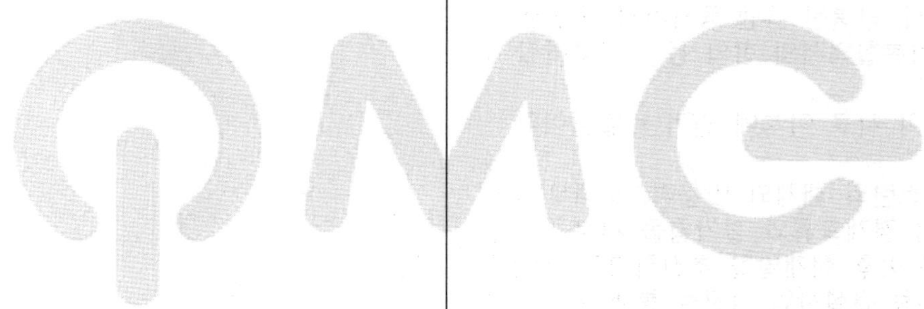

일일 모고 한국사 제21회
정답 및 해설

합격까지 **박문각**

가장 빠른 한국사
한국사 박기훈

01. ④ 그림은 기둥에 공포가 하나씩만 배치되어 있는 주심포 양식의 건축양식이다. 대표적인 주심포 양식의 사원 건축으로는 고려의 봉정사 극락전, 부석사 무량수전, 수덕사 대웅전과 조선 초의 무위사 극락전 등이 있다.
①, ②, ③ 다포양식의 사원 건축이다.

02. ② 사료는 이성계가 최영의 요동정벌을 반대했을 때의 주장인 '4불가론'이다. 이성계는 공민왕 때 요동을 공략한 적이 있었으며, 최영과 힘을 합쳐 권문세족 이인임을 숙청하였다.
② 진포대첩을 이끈 장군은 최무선이다.

03. ④ 송상은 국내 전역에 지점인 송방을 설치하였으며, 동래의 내상과 의주의 만상 사이에서 활발한 중계무역을 전개하였다. 또한, 세계 최초로 복식부기법을 활용하였다.
① 만상에 대한 설명이다.
② 종삼회사는 송상이 개항 이후에 만든 회사이다.

04. ③ 사료는 노태우 대통령 집권기에 있었던 남북한 유엔 동시가입과 관련한 내용이다. 이 시기에 미국과 소련의 냉전체제가 종식되면서, 남북한 유엔 동시가입, 공산권 국가와의 수교, 남북기본합의서의 합의 등이 이루어질 수 있었다.
①, ②, ④는 모두 이 사료 이후에 일어난 일들이다.

05. ③ 남북기본합의서는 소련의 해체와 맞물려, 노태우 정권 시기 남한과 북한이 경제교류와 불가침을 서로 약속한 합의서이다. 북한은 이후 핵개발을 추진하였고, 김영삼 정권은 북한의 경수로 건설사업 지원을 통해 이를 막으려고 하였다. 1994년 김일성이 사망한 이후 북한은 3년여에 걸쳐 이른바 '고난의 행군'을 겪었으며, 김정일은 금강산 관광 등의 남북교류 협력사업을 통하여 경제위기를 극복하려 하였다.

06. ① 1937년에 자행된 연해주 동포의 시베리아 강제이주와 관련된 내용을 보여주는 사료이다. 대한광복군정부는 1914년 연해주 블라디보스토크에서 이상설, 이동휘 등이 건설한 조직이다.
② 신한청년당은 상하이에 있었다.
③ 조선의용대는 우한(한커우)에서 결성되었다.
④ 한국독립군과 조선혁명군은 만주에서 활동하였다.

07. ④ 그래프는 1920년대 후반부터 1930년 대 초반 노동운동의 상황을 보여주고 있다. 암태도 소작쟁의는 1923년에 일어난 농민운동이다.
① 원산총파업은 1929년에 일어났다.
② 신간회는 1927년부터 1931년에 활동한 단체이다.
③ 노동운동과 농민운동은 사회주의의 영향을 많이 받았다.

08. ③ (가)는 1919년에 일어난 3.1운동, (나)는 1929년에 일어난 광주학생항일운동과 관련한 사료이다.
① 신민회는 1907년 ~ 1911년에 활동한 비밀결사이다.
② 신사참배거부운동은 민족말살통치기에 일어났다.
③ 1926년에 일어난 6.10만세운동에 대한 설명이다.
④ 브나로드 운동은 1931년 ~ 1935년에 있었다.

09. ① 헤이그 특사파견을 빌미로 1907년 고종황제는 강제 퇴위 당하였으며, 이후에 이루어진 정미7조약과 그 부속조약으로 대한제국의 군대는 해산당하였다.
ⓒ, ⓓ은 을사늑약(1905)과 이로 인해 일어난 을사(병오) 의병과 관련한 사실들이다.

10. ③ 사료는 민족말살통치시기 일제가 우리 민족에게 강요한 황국신민서사이다.
① 무정은 무단통치시기에 출간되었다.
② 무단통치시기의 일이다.
③ 일제는 중 · 일전쟁 이후 산미증식계획을 재개하였다.
④ 일제는 민족말살통치 시기에 이른바 '내선일체'등을 주장하며 조선인의 민족성을 말살하고 일본인으로 동화시키려 하였다.

일일 모고 행정법 제21회
정답 및 해설

합격까지 박문각

광야에서 합격까지
행정법 강성빈

01. ① ① 텔레비전방송수신료는 대다수 국민의 재산권 보장의 측면이나 한국방송공사에게 보장된 방송자유의 측면에서 국민의 기본권실현에 관련된 영역에 속하고, 수신료금액의 결정은 납부의무자의 범위 등과 함께 수신료에 관한 본질적인 중요한 사항이므로 국회가 스스로 행하여야 하는 사항에 속하는 것임에도 불구하고 한국방송공사법 제36조 제1항에서 국회의 결정이나 관여를 배제한 채 한국방송공사로 하여금 수신료금액을 결정해서 문화관광부장관의 승인을 얻도록 한 것은 법률유보원칙에 위반된다. 헌법재판소 1999. 5. 27. 선고 98헌바70 결정
② 토초세법상의 기준시가는 국민의 납세의무의 성부 및 범위와 직접적인 관계를 가지고 있는 중요한 사항이므로 이를 하위법규에 백지위임하지 아니하고 그 대강이라도 토초세법 자체에서 직접 규정해 두어야만 함에도 불구하고, 토초세법 제11조 제2항이 그 기준시가를 전적으로 대통령령에 맡겨 두고 있는 것은 헌법상의 조세법률주의 혹은 위임입법의 범위를 구체적으로 정하도록 한 헌법 제75조의 취지에 위반된다. 헌법재판소 1994. 7. 29. 선고 92헌바49,52 결정
③ 전기요금의 산정이나 부과에 필요한 세부적인 기준을 정하는 것은 전문적이고 정책적인 판단을 요할 뿐 아니라 기술의 발전이나 환경의 변화에 즉각적으로 대응할 필요가 있다. 전기요금의 결정에 관한 내용을 반드시 입법자가 스스로 규율해야 하는 부분이라고 보기 어려우므로, 심판대상조항은 의회유보원칙에 위반되지 아니한다. 헌법재판소 2021. 4. 29. 선고 2017헌가25 전원재판부
④ 법외노조 통보는 적법하게 설립된 노동조합의 법적 지위를 박탈하는 중대한 침익적 처분으로서 원칙적으로 국민의 대표자인 입법자가 스스로 형식적 법률로써 규정하여야 할 사항이고, 행정입법으로 이를 규정하기 위하여는 반드시 법률의 명시적이고 구체적인 위임이 있어야 한다. 그런데 노동조합 및 노동관계조정법 시행령 제9조 제2항은 법률의 위임 없이 법률이 정하지 아니한 법외노조 통보에 관하여 규정함으로써 헌법상 노동3권을 본질적으로 제한하고 있으므로 그 자체로 무효이다. 대법원 2020. 9. 3. 선고 2016두32992 전원합의체 판결

02. ③ ③ 지방자치단체장이 도매시장법인의 대표이사에 대하여 위 지방자치단체장이 개설한 농수산물도매시장의 도매시장법인으로 다시 지정함에 있어서 그 지정조건으로 '지정기간 중이라도 개설자가 농수산물 유통정책의 방침에 따라 도매시장법인 이전 및 지정취소 또는 폐쇄 지시에도 일체 소송이나 손실보상을 청구할 수 없다.'라는 부관을 붙였으나, 그 중 부제소특약에 관한 부분은 당사자가 임의로 처분할 수 없는 공법상의 권리관계를 대상으로 하여 사인의 국가에 대한 공권인 소권을 당사자의 합의로 포기하는 것으로서 허용될 수 없다. 대법원 1998. 8. 21. 선고 98두8919 판결
① 부담부 행정처분에 있어서 처분의 상대방이 부담(의무)을 이행하지 아니한 경우에 처분행정청으로서는 이를 들어 당해 처분을 취소(철회)할 수 있다. 대법원 1989. 10. 24. 선고 89누2431 판결
② 부담 이외의 부관의 경우 부관의 하자를 다투기 위해서는 부관부 행정행위 전체를 대상으로 쟁송을 제기하거나 또는 먼저 부관부 행정행위의 변경을 청구하고 행정청이 이를 거부한 경우 그 거부처분의 취소를 구하는 쟁송을 제기할 수 있다.
④ 행정청이 객관적으로 처분상대방이 이행할 가능성이 없는 조건을 붙여 행정처분을 하는 것은 법치행정의 원칙상 허용될 수 없으므로, 건축행정청은 신청인의 건축계획상 하나의 대지로 삼으려고 하는 '하나 이상의 필지의 일부'가 관계 법령상 토지분할이 가능한 경우인지를 심사하여 토지분할이 관계 법령상 제한에 해당되어 명백히 불가능하다고 판단되는 경우에는 토지분할 조건부 건축허가를 거부하여야 한다. 대법원 2018. 6. 28. 선고 2015두47737 판결

03. ① ① 과세예고 통지 후 과세전적부심사 청구나 그에 대한 결정이 있기도 전에 과세처분을 하는 것은 원칙적으로 과세전적부심사 이후에 이루어져야 하는 과세처분을 그보다 앞서 함으로써 과세전적부심사 제도 자체를 형해화시킬 뿐만 아니라 과세전적부심사 결정과 과세처분 사이의 관계 및 불복절차를 불분명하게 할 우려가 있으므로, 그와 같은 과세처분은 납세자의 절차적 권리를 침해하는 것으로서 절차상 하자가 중대하고도 명백하여 무효이다. 대법원 2016. 12. 27. 선고 2016두49228 판결
② 5급 이상의 국가정보원직원에 대한 의원면직처분이 임면권자인 대통령이 아닌 국가정보원장에 의해 행해진 것으로 위법하고, 나아가 국가정보원직원의 명예퇴직원 내지 사직서 제출이 직위해제 후 1년여에 걸친 국가정보원장 측의 종용에 의한 것이었다는 사정을 감안한다 하더라도 그러한 하자가 중대한 것이라고 볼 수는 없으므로, 대통령의 내부결재가 있었는지에 관계없이 당연무효는 아니다. 대법원 2007. 7. 26. 선고 2005두15748 판결
③ 세관출장소장에게 관세부과처분을 할 권한이 있다고 객관적으로 오인할 여지가 다분하다고 인정되므로 결국 적법한 권한 위임 없이 세관출장소장에 의하여 행하여진 관세부과처분이 그 하자가 중대하기는 하지만 객관적으로 명백하다고 할 수 없어 당연무효는 아니다. 대법원 2004. 11. 26. 선고 2003두2403 판결
④ 같은 법 제3조에서 건설부장관이 택지개발예정지구를 지정함에 있어 미리 관계중앙행정기관의 장과 협의를 하라고 규정한 의미는 그의 자문을 구하라는 것이지 그 의견을 따라 처분을 하라는 의미는 아니라 할 것이므로 이러한 협의를 거치지 아니하였다고 하더라도 이는 위 지정처분을 취소할 수 있는 원인이 되는 하자 정도에 불과하고 위 지정처분이 당연무효가 되는 하자에 해당하는 것은 아니다. 대법원 2000. 10. 13. 선고 99두653 판결

04. ② ② 행정처분의 취소 또는 무효확인을 구하는 행정소송은 다른 법률에 특별한 규정이 없는 한 소송의 대상인 행정처분 등을 외부적으로 그의 명의로 행한 행정청을 피고로 하여야 하는 것으로서 그 행정처분을 하게 된 연유가 상급행정청이나 타행정청의 지시나 통보에 의한 것이라 하여 다르지 않다. 대법원 1995. 12. 22. 선고 95누14688 판결
① 행정소송법 제13조

행정소송법 제13조(피고적격)
① 취소소송은 다른 법률에 특별한 규정이 없는 한 그 처분등을 행한 행정청을 피고로 한다.

③ 헌법재판소법 제17조

헌법재판소법 제17조(사무처)
⑤ 헌법재판소장이 한 처분에 대한 행정소송의 피고는 헌법재판소 사무처장으로 한다.

④ (국무회의에서 건국훈장 독립장이 수여된 망인에 대한 서훈취소를 의결하고 대통령이 결재함으로써 서훈취소가 결정된 후 국가보훈처장이 망인의 유족 甲에게 '독립유공자 서훈취소결정 통보'를 하자 甲이 국가보훈처장을 상대로 서훈취소결정의 무효 확인 등의 소를 제기한 사안에서) 甲이 서훈취소 처분을 행한 행정청(대통령)이 아니라 국가보훈처장을 상대로 제기한 위 소는 피고를 잘못 지정한 경우에 해당한다. 대법원 2014. 9. 26. 선고 2013두2518 판결

05. ① ① '처분 등이나 그 집행 또는 절차의 속행으로 인한 손해발생의 우려' 등 적극적 요건에 관한 주장 · 소명 책임은 원칙적으로 신청인 측에 있으며, 이러한 요건을 결여하였다는 이유로 효력정지 신청을 기각한 결정에 대하여 행정처분 자체의 적법 여부를 가지고 불복사유로 삼을 수 없다. 대법원 2011. 4. 21.자 2010무111 전원합의체 결정

② 행정소송법 제23조

행정소송법 제23조(집행정지)
② (중략) 다만, 처분의 효력정지는 처분등의 집행 또는 절차의 속행을 정지함으로써 목적을 달성할 수 있는 경우에는 허용되지 아니한다.

③ 행정처분의 효력정지나 집행정지를 구하는 신청사건에 있어서는 행정처분 자체의 적법 여부는 원칙적으로는 판단할 것이 아니고 그 행정처분의 효력이나 집행을 정지할 것인가에 대한 행정소송법 제23조 제2항 소정의 요건의 존부만이 판단의 대상이 되나 본안소송에서의 처분의 취소가능성이 없음에도 불구하고 처분의 효력정지나 집행정지를 인정한다는 것은 제도의 취지에 반하므로 집행정지사건 자체에 의하여도 신청인의 본안청구가 이유없음이 명백할 때에는 행정처분의 효력정지나 집행정지를 명할 수 없다. 대법원 1992. 8. 7.자 92두30 결정

④ 행정소송법 제23조 제2항에 정하고 있는 행정처분 등의 집행정지 요건인 '회복하기 어려운 손해'라 함은 특별한 사정이 없는 한 금전으로 보상할 수 없는 손해로서 이는 금전보상이 불능인 경우 내지는 금전보상으로는 사회관념상 행정처분을 받은 당사자가 참고 견딜 수 없거나 또는 참고 견디기가 현저히 곤란한 경우의 유형, 무형의 손해를 일컫는다. 대법원 2003. 10. 9.자 2003무23 결정

06. ④ ④ 행정소송법 제8조 제2항에 의하여 행정소송에 준용되는 민사소송법 제216조, 제218조가 규정하고 있는 '기판력'이란 기판력 있는 전소 판결의 소송물과 동일한 후소를 허용하지 않음과 동시에, 후소의 소송물이 전소의 소송물과 동일하지는 않더라도 전소의 소송물에 관한 판단이 후소의 선결문제가 되거나 모순관계에 있을 때에는 후소에서 전소 판결의 판단과 다른 주장을 하는 것을 허용하지 않는 작용을 한다. 대법원 2016. 3. 24. 선고 2015두48235 판결

① 행정소송법 제28조

행정소송법 제28조(사정판결)
③ 원고는 피고인 행정청이 속하는 국가 또는 공공단체를 상대로 손해배상, 제해시설의 설치 그 밖에 적당한 구제방법의 청구를 당해 취소소송등이 계속된 법원에 병합하여 제기할 수 있다.

② 사정판결에 있어서도 처분 등의 위법성은 처분시를 기준으로 판단하고, 사정판결의 필요성이 있는지 여부는 제도의 취지에 비추어 처분시가 아닌 판결시(변론종결시)를 기준으로 판단한다.

③ 행정청이 관련 법령에 근거하여 행한 공사중지명령의 상대방이 명령의 취소를 구한 소송에서 패소함으로써 그 명령이 적법한 것으로 이미 확정되었다면, 이후 이러한 공사중지명령의 상대방은 그 명령의 해제신청을 거부한 처분의 취소를 구하는 소송에서 그 명령의 적법성을 다툴 수 없다. 그와 같은 공사중지명령에 대하여 그 명령의 상대방이 해제를 구하기 위해서는 명령의 내용 자체로 또는 성질상으로 명령 이후에 원인사유가 해소되었음이 인정되어야 한다. 대법원 2014. 11. 27. 선고 2014두37665 판결

07. ③ ③ 비록 건축주 등이 장기간 시정명령을 이행하지 아니하였더라도, 그 기간 중에는 시정명령의 이행 기회가 제공되지 아니하였다가 뒤늦게 시정명령의 이행 기회가 제공된 경우라면, 시정명령의 이행 기회 제공을 전제로 한 1회분의 이행강제금만을 부과할 수 있고, 시정명령의 이행 기회가 제공되지 아니한 과거의 기간에 대한 이행강제금까지 한꺼번에 부과할 수는 없고, 이를 위반하여 이루어진 이행강제금 부과처분은 법규의 중요한 부분을 위반한 것으로서, 그러한 하자는 중대할 뿐만 아니라 객관적으로도 명백하다. 대법원 2016. 7. 14. 선고 2015두46598 판결

① 구 공공용지의 취득 및 손실보상에 관한 특례법에 따른 토지 등의 협의취득은 공공사업에 필요한 토지 등을 그 소유자와의 협의에 의하여 취득하는 것으로서 공공기관이 사경제주체로서 행하는 사법상 매매 내지 사법상 계약의 실질을 가지는 것이므로, 그 협의취득시 건물소유자가 매매대상 건물에 대한 철거의무를 부담하겠다는 취지의 약정을 하였다고 하더라도 이러한 철거의무는 공법상의 의무가 될 수 없고, 이 경우에도 행정대집행법을 준용하여 대집행을 허용하는 별도의 규정이 없는 한 위와 같은 철거의무는 행정대집행법에 의한 대집행의 대상이 되지 않는다. 대법원 2006. 10. 13. 선고 2006두7096 판결

② 건물을 철거하여 이 사건 공유수면을 원상회복하여야 할 의무는 대체적 작위의무에 해당하므로 행정대집행의 대상이 된다. 대법원 2017. 4. 28. 선고 2016다213916 판결

④ 한국자산공사가 당해 부동산을 인터넷을 통하여 재공매(입찰)하기로 한 결정 자체는 내부적인 의사결정에 불과하여 항고소송의 대상이 되는 행정처분이라고 볼 수 없다. 대법원 2007. 7. 27. 선고 2006두8464 판결

08. ④ ④ 행정절차법 시행령 제2조 제6호에 의하면 공정거래위원회의 의결 · 결정을 거쳐 행하는 사항에는 행정절차법의 적용이 제외되게 되어 있으므로, 설사 공정거래위원회의 시정조치 및 과징금납부명령에 행정절차법 소정의 의견청취절차 생략사유가 존재한다고 하더라도, 공정거래위원회는 행정절차법을 적용하여 의견청취절차를 생략할 수는 없다. 대법원 2001. 5. 8. 선고 2000두10212 판결

① 행정청이 문서로 처분을 한 경우 원칙적으로 처분서의 문언에 따라 어떤 처분을 하였는지 확정하여야 한다. 그러나 처분서의 문언만으로는 행정청이 어떤 처분을 하였는지 불분명한 경우에는 처분 경위와 목적, 처분 이후 상대방의 태도 등 여러 사정을 고려하여 처분서의 문언과 달리 처분의 내용을 해석할 수 있다. 대법원 2020. 10. 29 선고 2017다269152 판결

② 신청에 따른 처분이 이루어지지 아니한 경우에는 아직 당사자에게 권익이 부과되지 아니하였으므로 특별한 사정이 없는 한 신청에 대한 거부처분이라고 하더라도 직접 당사자의 권익을 제한하는 것은 아니어서 신청에 대한 거부처분을 여기에서 말하는 '당사자의 권익을 제한하는 처분'에 해당한다고 할 수 없는 것이어서 처분의 사전통지대상이 된다고 할 수 없다. 대법원 2003. 11. 28. 선고 2003두674 판결

③ 공무원 인사 관계 법령에 의한 처분에 관한 사항 전부에 대하여 행정절차법의 적용이 배제되는 것이 아니라

성질상 행정절차를 거치기 곤란하거나 불필요하다고 인정되는 처분이나 행정절차에 준하는 절차를 거치도록 하고 있는 처분의 경우에만 행정절차법의 적용이 배제된다. 대법원 2007. 9. 21. 선고 2006두20631 판결

09. ② ② 국가배상법 제2조 제1항 본문 전단 규정에 따른 배상책임을 묻는 사건에 대하여는 동법 제8조의 규정에 의하여 민법 제766조 소정의 단기소멸시효제도가 적용되는 것인 바, 여기서 가해자를 안다는 것은 피해자가 가해 공무원이 국가 또는 지방자치단체와의 간에 공법상 근무관계가 있다는 사실을 알고, 또한 일반인이 당해 공무원의 불법행위가 국가 또는 지방자치단체의 직무를 집행함에 있어서 행해진 것이라고 판단하기에 족한 사실까지도 인식하는 것을 의미한다. 대법원 1989. 11. 14. 선고 88다카32500 판결

① 국가나 지방자치단체가 행정절차를 진행하는 과정에서 주민들의 의견제출 등 절차적 권리를 보장하지 않은 위법이 있다고 하더라도 그 후 이를 시정하여 절차를 다시 진행한 경우, 종국적으로 행정처분 단계까지 이르지 않거나 처분을 직권으로 취소하거나 철회한 경우, 행정소송을 통하여 처분이 취소되거나 처분의 무효를 확인하는 판결이 확정된 경우 등에는 주민들이 절차적 권리의 행사를 통하여 환경권이나 재산권 등 사적 이익을 보호하려던 목적이 실질적으로 달성된 것이므로 특별한 사정이 없는 한 절차적 권리 침해로 인한 정신적 고통에 대한 배상은 인정되지 않는다. 대법원 2021. 7. 29 선고 2015다221668 판결

③ 국가배상법은 배상청구권의 소멸시효에 대한 명문의 규정을 두고 있지 않다. 따라서 민법에 따라 피해자나 그 법정대리인이 손해 및 가해자를 안 날로부터 3년간 또는 국가재정법에 따라 불법행위가 있은 날부터 5년간 이를 행사하지 않으면 배상청구권은 시효로 인하여 소멸된다.

④ 인감증명사무를 처리하는 공무원으로서는 그것이 타인과의 권리의무에 관계되는 일에 사용되어 지는 것을 예상하여 그 발급된 인감으로 인한 부정행위의 발생을 방지할 직무상의 의무가 있다. 대법원 2004. 3. 26. 선고 2003다54490 판결

10. ② ② 공법상의 제한을 받는 토지의 수용보상액을 산정함에 있어서는 그 공법상의 제한이 당해 공공사업의 시행을 직접 목적으로 하여 가하여진 경우에는 그 제한을 받지 아니하는 상태대로 평가하여야 할 것이지만, 공법상 제한이 당해 공공사업의 시행을 직접 목적으로 하여 가하여진 경우가 아니라면 그러한 제한을 받는 상태 그대로 평가하여야 하고, 그와 같은 제한이 당해 공공사업의 시행 이후에 가하여진 경우라고 하여 달리 볼 것은 아니다. 대법원 2005. 2. 18. 선고 2003두14222 판결

① 토지보상법 제67조

토지보상법 제67조(보상액의 가격시점 등)
② 보상액을 산정할 경우에 해당 공익사업으로 인하여 토지등의 가격이 변동되었을 때에는 이를 고려하지 아니한다.

③ 수용 대상 토지의 보상액을 산정함에 있어 해당 공익사업의 시행을 직접 목적으로 하는 계획의 승인, 고시로 인한 가격변동은 이를 고려함이 없이 재결 당시의 가격을 기준으로 하여 적정가격을 정하여야 하나, 해당 공익사업과는 관계없는 다른 사업의 시행으로 인한 개발이익은 이를 포함한 가격으로 평가하여야 하고, 개발이익이 해당 공익사업의 사업인정고시일 후에 발생한 경우에도 마찬가지이다. 대법원 2014. 2. 27. 선고 2013두21182 판결

④ 개발이익은 그 성질상 완전보상의 범위에 포함되는 피수용자의 손실이라고는 볼 수 없으므로, 개발이익을 배제하고 손실보상액을 산정한다 하여 헌법이 규정한 정당보상의 원리에 어긋나는 것이라고는 판단되지 않는다. 헌법재판소 1990. 6. 25. 선고 89헌마107 결정

일일 모고 행정학 제21회
정답 및 해설

합격까지 박문각

빠른 고득점 합격
행정학 이명훈

01. ④ 제도적 동형화, 사회적 정당성, 배태성, 적절성의 논리 등을 통해 제도의 형성과 재생산을 설명하는 이론은 역사적 신제도주의가 아니라 사회학적 신제도주의이다.

<<핵심체크>> 역사적 신제도주의

의의	제도가 형성되는 역사적 과정 및 제도의 지속성을 중시하고, 이를 통해 국가 간 제도의 상이성과 한 국가 내의 제도의 지속성을 설명하는 접근방법
제도의 형성	• 비합리적 제도 형성 : 역사적 우연성(역사적 사건) · 제도적 배열(제도적 맥락) 등의 우연한 결합에 의해 비합리적인 제도 형성 • 형성된 제도의 특수성 : 제도는 각 국마다 다르게 형성된 제도적 배열에 영향을 받기 때문에 동일한 제도라도 각 국가별로 제도의 형태나 결과가 다르게 나타남
제도의 변화	• 제도의 경로의존성 : 이미 형성된 제도는 자기강화성에 입각한 지속성을 지님 • 제도의 변화 - 결절된 균형 : 중요한 분기점에서 간헐적 · 단절적으로 급격한 변화
주요내용	• 제도 : 공식적 제도 중시 • 선호 - 내생적 선호 • 정부와 정책 - 권력관계의 불균형이 반영된 제도 형성, 제도적 배열과 제도적 맥락 중시
연구방법	• 분석수준 : 거시주의(전체주의) • 분석대상 : 중범위 이론 • 연구방법 : 역사적 접근 및 비교분석적 방법(종단면적 분석, 귀납적 접근)
유용성	• 국가 간 제도의 상이성 설명(제도의 특수성 강조) • 제도의 의도하지 않는 결과(제도의 이상과 실제의 괴리) 설명 • 제도의 동태적 변화 과정 설명

02. ③ 사이먼(Simon)의 절차적 합리성이란 인지능력상의 한계를 지닌 인간이 의식적인 사유과정(절차)을 통해 보다 나은 수단을 찾아나가는 것을 의미한다. 즉, 절차적 합리성은 행동대안을 선택하기 위하여 사용된 절차가 인간의 인지능력과 여러 가지 한계에 비추어 보았을 때 얼마만큼 효과적이었는가의 정도를 의미한다.

① 내용적 합리성은 행위자의 목표와 행위선택의 우선순위가 분명한 것을 말한다.

② 절차적 합리성은 객관적 합리성이 아닌 주관적 합리성이라고도 하는데 주어진 여건 속에서 가능한 최선의 대안을 선택하는 합리성을 말한다.

④ 내용적 합리성은 결정이 생성되는 과정보다 선택의 결과에 더 관심을 갖는다.

03. ④ 고객정치상황은 규제의 비용은 불특정 다수에게 분산되어 개인으로 보면 그 크기는 작은 반면, 편익은 특정소수에게 집중되어 개인으로 보면 그 크기가 큰 상황으로 대부분의 경제적 규제가 이에 속한다. 독과점 규제는 규제의 비용과 편익이 모두 이질적인 불특정 다수에게 미치지만, 각각의 개인으로 보면 그 크기는 작은 상황인 대중정치상황에 속한다.

04. ④ 비용 · 편익분석은 능률성이나 경제성 분석은 가능하나, 화폐가치로 환산할 수 없는 형평성이나 대응성은 고려하지 못한다는 한계가 있다.

05. ① 정책의 창이론은 문제의 흐름, 정치의 흐름, 정책의 흐름들이 상호 독립적인 경로를 따라 진행되다가 어떤 특정한 시점인 정책의 창에 이르러 그들의 경로가 서로 교차될 때 정책형성이 이루어진다고 본다.

<<핵심체크>> 정책의 창이론

의의		• 문제의 흐름, 정치의 흐름, 정책의 흐름들이 상호 독립적인 경로를 따라 진행되다가 어떤 특정한 시점인 정책의 창에 이르러 그들의 경로가 서로 교차될 때 정책형성이 이루어진다고 보는 모형 • 쓰레기통 모형이 가정하는 조직화된 무정부상태를 받아들이고, 쓰레기통 모형을 발전시켜 정책의제설정 과정에 반영한 모형
구성요소	문제의 흐름	정책결정자의 공중문제에 대한 인지
	정책의 흐름	여러 가지 정책 대안이나 해결책
	정치의 흐름	정권교체, 국회의 정당의석분포 변화, 국민의 여론 변화 등
정책형성		국회의 예산주기, 정기회기 개회 등의 규칙적인 경우나 우연한 사건에 의해 구성요소가 교차하게 되면 정책의 창이 열리고 정책이 형성됨
정책의 창		• 정책의 창이란 정책주창자들이 그들의 관심대상인 정책문제에 주의를 집중시키고 그들이 선호하는 대안을 관철시키기 위해 열려진 기회 • 정책의 창은 극적 사건보다는 정치적 사건에 의해 보다 많은 영향을 받음 • 정책의 창은 일시적으로 열리며, 열린 정책의 창을 최대한 활용하지 못한다면 정책의 주창자들은 다음번 창이 열릴 때까지 많은 시간 동안 기다려야 함
평가		본래 정책의제설정과정의 비합리성을 설명하는 모형이나, 현재는 정책변동 · 정책형성 · 정책집행 · 정책평가 등 전 과정에 활용됨

06. ③ 기능구조는 공동기능별 부서화로 유사 업무를 수행하는 조직 구성원 간에 분업을 통해 전문기술을 발전시킬 수 있다.

<<핵심체크>> 기능구조

의의	조직의 업무를 공동기능별로 부서화한 조직구조
특징	기능 간 수평적 조정 필요성이 낮을 때, 안정적인 환경에서 통제를 통한 효율성을 지향할 때 효과적인 조직구조
장점	• 부서가 동일기능의 전문가로 구성되어 있어 전문지식과 기술의 높이를 제고하기 용이 • 각 기능부서 내의 구성원 간 응집성이 강하고 부서 내의 조정과 의사소통 용이 • 같은 기능 내에서 시설과 자원을 공유할 수 있어 중복과 낭비를 막아 규모의 경제 실현 • 각 기능부서의 관리자가 구성원에 대하여 감독하기 용이

단점	• 부서별로 상이한 기능을 수행하므로 부서 간 조정과 협력 확보 곤란 • 의사결정권한의 상위집중화로 최고관리자의 업무 과부하 초래 • 전체업무의 성과에 대한 책임 소재 규명 곤란 • 기능 전문화에 따라 조직원들에게 반복적 업무를 요구하게 되어 동기부여 곤란 • 전체적인 균형을 갖춘 관리자(일반 행정가) 육성 곤란

07. ① 맥클랜드(McClelland)는 개인의 욕구는 학습되는 것이므로 개인마다 그 욕구의 계층에 차이가 있다고 주장했다.

08. ② 설문은 점수법에 대한 설명이다. 점수법은 평가요소별 점수를 부여한 직무평가기준표에 근거하여 직위를 평가요소별로 평가하여 각 직위의 등급을 결정하는 방법이다.
<<핵심체크>> 직무평가기법 - 점수법

의의	평가요소별 점수를 부여한 직무평가기준표에 근거하여 직위를 평가요소별로 평가하여 각 직위의 등급을 결정하는 방법
특징	• 기업체에서 가장 많이 사용되는 방법 • 평가결과의 타당성과 신뢰성이 확보되나, 평가절차가 복잡하여 시간과 비용의 과다소모 야기
비교	직무와 직무평가 기준표의 비교(절대평가)
평가	직무의 구성요소를 선정하여 평가

09. ② 목표관리 예산은 조직구성원들의 참여를 통하여 목표를 설정하고 설정된 목표에 따라 자원을 배분하는 예산제도로 단기목표를 강조한다.
① 계획예산은 합리모형에 해당하지만, 품목별예산과 성과주의예산은 점증모형에 해당한다.
③ 계획예산은 목표 중심적이며, 계획 지향적인 예산이다.
④ 영기준예산은 전년도 예산을 고려하지 않고 영기준에서 계속사업 · 신규사업을 모두 분석한다.

10. ③ 지방자치는 자치단체 간 자치역량의 차이로 인하여 지역 간 형평성이 저해될 수 있다.
<<핵심체크>> 지방자치의 한계

• 규모의 경제 실현 저해 • 지역이기주의 초래(NIMBY, PIMFY 현상 등) 및 국론의 통합 저해 • 광역행정에 대한 대응 곤란 및 균형적 발전 저해 • 행정서비스의 균질화(형평성)에 대한 요구 저해

2025 공무원 시험대비 【6회차】

박문각 일일 모의고사

-제22회-

[정답 및 해설]

이 름 :

학습관 :

합격
예측

답안 입력 및 성적 조회는 PC, 모바일에서 모두 가능합니다.

★ PC: pass.pmg.co.kr | ★ 모바일 앱: 박문각 합격관리

일일 모고 국어 제22회
정답 및 해설

01. ② ㉠ '흙일'은 자음군 단순화로 인해 [흑일]이 되고, 'ㄴ' 첨가가 일어나 [흑닐]이 된 후, 다시 비음화로 인해 [흥닐]로 발음된다.
㉡ '닳는'은 자음군 단순화로 인해 [달는]이 된 후, 유음화가 일어나 [달른]으로 발음된다.
㉢ '발야구'는 'ㄴ' 첨가가 일어나 [발냐구]가 된 후, 유음화로 인해 [발랴구]로 발음된다.
② 자음군 단순화는 '탈락', 'ㄴ' 첨가는 '첨가', 비음화와 유음화는 '교체'에 해당한다. 따라서 '첨가'는 ㉠과 ㉢에만 나타나며, ㉠~㉢에 공통적으로 일어난 음운 변동은 '교체'임을 알 수 있다.
① ㉠은 자음군 단순화, 'ㄴ' 첨가, 비음화 등 3회의 음운 변동이, ㉡은 자음군 단순화, 유음화 등 2회의 음운 변동이, ㉢은 'ㄴ' 첨가, 유음화 등 2회의 음운 변동이 일어났다. 따라서 ㉠~㉢은 각각 2회 이상의 음운 변동이 일어났다.
③ ㉠ '흙일'의 음운 수는 6개(ㅎ/ㅡ/ㄹ/ㄱ/ㅣ/ㄹ)이고, [흥닐]의 음운 수도 6개(ㅎ/ㅡ/ㅇ/ㄴ/ㅣ/ㄹ)이므로 음운 변동의 결과 음운의 개수에 변화가 없다. ㉡ '닳는'의 음운 수는 7개(ㄷ/ㅏ/ㄹ/ㅎ/ㄴ/ㅡ/ㄴ)이고, [달른]의 음운 수는 6개(ㄷ/ㅏ/ㄹ/ㄹ/ㅡ/ㄴ)이므로 음운 변동의 결과 음운의 개수가 1개 줄었다. ㉢ '발야구'의 음운 수는 6개(ㅂ/ㅏ/ㄹ/ㅑ/ㄱ/ㅜ)이고, [발랴구]의 음운 수는 7개(ㅂ/ㅏ/ㄹ/ㄹ/ㅑ/ㄱ/ㅜ)이므로 음운 변동의 결과 음운의 개수가 1개 늘었다. 따라서 음운 변동의 결과 음운의 개수에 변화가 없는 것은 ㉠이다.
④ ㉡은 자음군 단순화, 유음화 등 2회의 음운 변동이, ㉢도 'ㄴ' 첨가, 유음화 등 2회의 음운 변동이 일어났다. 따라서 ㉡과 ㉢에서 일어난 음운 변동의 횟수는 같다.

02. ④ '가+아서'에서 동음 'ㅏ'가 탈락된 것이다. 동음 탈락이므로 축약이라고 볼 수 없다.
'축약(縮約)'이란 두 음운이 제3의 음운으로 합쳐진 것을 의미한다. 따라서 축약은 음운의 개수가 하나가 준다. 따라서 '① 두었다 → 뒀다 , ② 되어 → 돼, ③ 쓰이어 → 씌어, 쓰여'는 모두 축약에 해당한다.

03. ③ '숫쥐'는 옳기 때문에 '수쥐'로 고치면 안 된다. '숫'이 붙는 단어는 '숫양, 숫염소, 숫쥐'가 있다. 양념치킨처럼, 각 동물의 앞의 말을 따서 '(숫)양, (숫)념, (숫)쥐'로 외우면 아주 쉽다.
① 시간과 방향을 나타내는 접미사는 '녘'이므로 옳다.
② '위층'이 옳다. 사이시옷은 뒤의 말이 거센소리거나 된소리인 경우에는 올 수 없기 때문이다.
④ '스무두째'가 아니라 '스물두째'이다. '스무 살, 스무 마리'처럼 관형사의 경우에는 '스무'로 쓰이지만, '스물두째'는 서수사로 '스물두 번째'를 의미하므로 '스물두째'로 고치는 것이 옳다.
☞ '스물둘째'는 '스물두개째'를 뜻한다. 다만, '열두째', '열둘째', '스물두째', '스물둘째' 외에는 '두째'와 '둘째'를 구분하지 않고 '둘째'만 표준어로 삼는다.

04. ① 1) 대화명을 규정에 맞게 변경하지 않는 사람은(◯): 어법에 문제가 없다.
2) 관리자가 (대화명을 규정에 맞게 변경하지 않는 사람의) 카페 이용을(◯): 문맥적으로 생략된 성분을 알 수 있으므로 문장 성분의 호응이 자연스러운 문장임을 알 수 있다.
3) 제한해야 한다.(◯): 제한하다는 '일정한 한도를 정하거나 그 한도를 넘지 못하게 막다.'를 의미하므로 잘 쓰였다.
② 아마(×) → 과연(◯): 부사어 '아마'와 서술어 '되었을까.'의 호응이 어색하다. '아마'는 뒤에 오는 추측의 표현과 호응하여 단정할 수는 없지만 미루어 짐작하거나 생각하여 볼 때 그럴 가능성이 크다는 뜻을 나타내는 부사이다. 따라서 '아마' 뒤에는 '~하였을 것이다'처럼 추측의 표현이 와야 한다. 그런데 뒤에 '되었을까'라는 의문형이 쓰인 것을 미루어 볼 때, 박수를 보내는 사람이 얼마 되지 않을 것이라는 의미를 담고 있음을 알 수 있다. 따라서 '아닌 게 아니라 정말로.'의 의미를 갖는 부사 '과연'을 쓰는 것이 더 적절하다.
③ 국민 대통합과 국가 경쟁력을 제고해야 한다.(×) → 국민의 대통합을 이루고 국가 경쟁력을 제고해야 한다.(◯): 접속조사 '과'로 인해 서술어 '제고해야 한다'를 공통으로 가져야 하므로 '국민 대통합을 제고하고 국가 경쟁력을 제고해야 한다.'가 되어야 한다. 하지만 목적어 '국민 대통합을'과 서술어 '제고하고'의 호응이 매우 어색하다. 따라서 목적어 '국민 대통합을'과 어울리는 '이루다'와 같은 서술어를 활용하는 것이 좋다. 혹은 '국민을 통합하고'로 고칠 수도 있다.
④ 필요하다는 것이다.(×) → 필요하다(◯): '자질의 연마, 인격, 원만한 인간관계 등이'가 주어이므로 주어 '~것은'을 요구하는 서술어 '~다는 것이다'와의 호응이 어색하다. 따라서 '필요하다'로 고쳐야 한다.

05. ③

진술 1) 90점 → 합격 진술 2) 경찰 → 사건

참인 진술의 대우는 항상 참이다. 따라서 진술 2의 대우 '~경찰 → ~사건 현장에 나타남'을 표현한 ②번이 적절한 선지이다.
①은 '사건 → 경찰'으로 표현할 수 있는데 이는 진술 2의 역의 명제에 해당하므로 반드시 참이라고 보기는 어렵다.
②은 '합격 → 90점'으로 표현할 수 있는데 이는 진술 1의 역의 명제에 해당하므로 반드시 참이라고 보기는 어렵다.
④은 '~90 → ~합격'으로 표현할 수 있는데 이는 진술 1의 이의 명제에 해당하므로 반드시 참이라고 보기는 어렵다.

06. ④ 데이터구조를 수강한 학생 중 일부는 알고리즘 수업을 수강했다는 내용이 <보기>에서 주어졌으므로, 데이터구조를 수강했지만 알고리즘을 수강하지 않은 학생이 존재할 수 있다. 따라서 ④는 반드시 참이다.
① 데이터구조를 수강한 모든 학생이 알고리즘 수업을 수강하지는 않았다. 알고리즘은 데이터구조에서 C학점 이상을 받아야만 수강할 수 있기 때문에, C학점 미만인 학생은 데이터구조를 들었더라도 알고리즘을 수강하지 못한다.
② 데이터구조 수업은 프로그래밍기초의 필수 선수강 과목이지만, 프로그래밍기초를 수강한 모든 학생이 반드시 데이터구조를 수강한 것은 아니다.
③ 네트워크 기초를 수강한 학생들이 모두 운영체제를 수강한 것은 아니다. 반대로 운영체제를 수강한 학생들이 네트워크 기초를 모두 수강한 것으로 주어졌으므로, 이 방향의 논리는 성립하지 않는다.

07. ④ ㉠의 '쓰다'는 '3「1」 몸의 일부분을 제대로 놀리거나 움직이다.'를 의미한다. 이와 가장 유사한 의미의 '쓰다'는 ④이다.
① 1「2」【…을 …으로】 사람에게 어떤 일을 하게 하다.
② 2「1」((흔히, '한턱', '턱' 따위와 함께 쓰여)) 다른 사람에게 베풀거나 내다.
③ 2「4」【…을 …으로】 어떤 일을 하는 데 시간이나 돈을 들이다.

08. ③ '넘겨주다'는 '물건, 권리, 책임, 일 따위를 남에게 주거나 맡기다.'를 의미한다. 따라서 '여러 사람을 이끌고 가다.'를 의미하는 '인솔(引 끌 인 率 거느릴 솔)하다'는 ㉢과 바꿔쓸 수 있는 유사한 표현으로 적절하지 않다. '사물이나 권리 따위를 넘겨주다.'를 의미하는 '인도(引 끌 인 渡 건널 도)하다'로 바꿔쓸 수 있다.
① ㉠ '아끼다'는 '물건이나 돈, 시간 따위를 함부로 쓰지 아니하다.'를 의미한다. 따라서 '함부로 쓰지 아니하고 꼭 필요한 데에만 써서 아끼다.'를 의미하는 '절약(節 마디 절 約 맺을 약)하다'로 바꿔쓸 수 있다.
② ㉡ '갖추다'는 '있어야 할 것을 가지거나 차리다.'를 의미한다. 따라서 '있어야 할 것을 빠짐없이 다 갖추다.'를 의미하는 '구비(具 갖출 구 備 갖출 비)하다'로 바꿔쓸 수 있다.
④ ㉣ '사들이다'는 '물건 따위를 사서 들여오다.'를 의미한다. 따라서 '다른 나라로부터 상품이나 기술 따위를 국내로 사들이다.'를 의미하는 '수입(輸 보낼 수 入 들 입)하다'로 바꿔쓸 수 있다.

09. ① 발표자는 자신의 인생을 롤러코스터에 비유하였다. 20년째 타고 있다고 말하여 자신의 인생에 굴곡이 많았다는 것을 드러내고 있다.

10. ③ 글쓰기를 통해 인간의 생존을 위협하는 존재로부터 벗어날 수 있다는 내용은 윗글에서 확인할 수 없다.
① 1문단에서 글쓰기가 '나'의 정체성을 확립하고 '나'의 삶을 스스로 개척하는 일과 직결된다고 한 부분에서 알 수 있다.
② 2문단에서 글쓰기는 '진정한 나'로 성장하는 의미 있는 여행이 된다고 하였다.
④ 3문단의 글쓰기가 나와 세상을 연결하는 통로가 되는 예가 수없이 많다는 부분에서 확인할 수 있다.

일일 모고 영어 제22회
정답 및 해설

합격까지 박문각

반드시 합격 진가영 영어

01. ④ ★ facilitate 촉진하다, 용이하게 하다
● confine 한정하다, 제한하다
● imprison 투옥하다, 감금하다
● condemn 비난하다, 선고를 내리다
[해석] 새로운 소프트웨어는 다양한 부서 간의 커뮤니케이션을 원활하게 하도록 설계되어, 정보를 공유하는 것이 더 쉬워졌다.

02. ① ★ inflict 가하다, 입히다
● relieve 덜어주다
● mitigate 완화하다
● forgive 용서하다
[해석] 새로운 정책은 환경 규정을 위반하는 사람들에게 엄격한 처벌을 가하여 더 강력한 시행을 보장할 것이다.

03. ① ★ discharge 퇴원시키다, 방출하다, 면제하다, 해고하다
● hire 고용하다
● deplete 고갈시키다, 비우다
● assign 할당하다
[해석] 병원은 의사들이 그가 완전히 회복되어 집에 갈 수 있다고 확인하면 환자를 퇴원시킬 것이다.

04. ③ ★ discriminate 구별하다, 차별하다
● combine 결합하다
● eliminate 제거하다
● monitor 감시하다
[해석] 새로운 소프트웨어는 진짜 거래와 사기 거래를 정확하게 구별하도록 설계되어 보안을 향상시킨다.

05. ① ★ breach 위반, 침해
● conclusion 결론
● agreement 동의, 계약
● negotiation 협상
[해석] 회사는 계약 위반으로 법적 결과에 직면했으며, 그로 인해 사업 파트너로부터 소송을 당했다.

06. ② [해설]
비교 표현(비교급 than) 뒤에 that과 those는 비교 대상과 수 일치 확인한다. 비교 표현 뒤에 that과 those가 나오면 앞에 나온 비교 대상의 수에 따라 단수 명사면 that을 쓰고, 복수 명사면 those를 쓴다. 따라서 밑줄 친 부분에 가장 적절한 것은 ②이다.
[해석]
이 식당의 서비스는 길 건너편 식당의 서비스보다 훨씬 더 좋다. 왜냐하면, 그들은 더 다양한 메뉴와 빠른 서비스, 그리고 더 친근한 분위기를 제공하기 때문이다.

07. ② [해설]
문장의 주어(specifications)가 복수 형태이므로 복수 동사로 써야 한다. 따라서 밑줄 친 부분인 is를 are로 고쳐야 한다.
[해석]
대부분의 경쟁 스포츠에는 공이 사용된다. 공의 크기, 무게, 재질 등은 경기의 공정성을 유지하기 위해 엄격하게 규제된다. 스포츠마다 각기 다른 유형의 공이 필요하며, 이는 경기의 특성에 맞게 설계된다. 예를 들어, 축구공은 쉽게 찰 수 있을 만큼 가벼워야 하지만 강한 슛을 견딜 만큼 튼튼해야 한다.

08. ④ [해석]
Tim: 실례합니다, 오늘 오후 회의실을 사용할 수 있을까요?
Jane: 네, 가능합니다. 그 방은 오후 3시부터 5시까지 예약되어 있습니다.
Tim: 완벽해요! 미리 준비하려고 하는데 혹시 오후 2시부터 사용할 수 있을까요?
Jane: 죄송하지만 그 시간에는 다른 팀이 사용할 예정입니다. 오후 2시 30분은 괜찮으신가요?
Tim: 네, 그 시간 괜찮습니다. 감사합니다!
① 회의실에 몇 명까지 들어갈 수 있나요?
② 회의실 예약은 어떻게 취소하나요?
③ 회의실에서 음식을 먹을 수 있나요?
④ 오후 2시 30분은 괜찮으신가요?

09. ② [해설]
경쟁 사회에서의 가치 균형의 중요성을 강조하는 글로, 현대 사회는 이익을 우선시하지만, 인문학과 예술 교육도 중요하며, 이는 비판적 사고와 공감 능력을 포함한 글로벌 시민의 자질을 키움을 강조하고 있다. 주어진 문장은 '중요한 가치들의 상실의 위기'를 강조하는 글의 주제문이다. 이는 '인문학과 예술 관련 능력들'을 강조하는 ②번 문장 앞에 위치해야 한다. 따라서 주어진 문장이 들어갈 위치로 가장 적절한 것은 ②이다.
[해석]
우리는 오늘날 이윤 동기에 지배되는 세상에 살고 있다. 이는 과학과 기술 교육이 한 국가의 미래 성공에 결정적으로 중요하다는 것을 의미한다. (①) 나는 훌륭한 과학과 기술 교육에 반대하지 않으며, 국가가 이를 향상시키기 위해 노력해야 한다고 주장한다. (② 그러나 경쟁의 소용돌이 속에서 똑같이 중요한 다른 가치들이 잃어버릴 위험에 처해 있다고 걱정된다.) 인문학과 예술 관련 능력들도 개발된 국가의 건전성과 바람직한 세계 문화 창조에 매우 중요하다. (③) 이러한 능력들은 비판적으로 사고하고 지역에 대한 애향심을 넘어서서 '세계 시민'으로서 국제 문제에 접근하는 데 필요한 것이다. (④) 그리고 아마도 가장 중요한 것은 다른 사람의 어려움에 공감할 수 있는 능력이다.
[어휘]
□ competition 경쟁
□ the humanities 인문학 (pl.)
□ empathize 감정이입하다, 공감하다

10. ② [해설]
이 글은 잘못 배송된 휴대폰에 대한 불만을 표현하고, 정확한 제품을 재배송하거나 환불을 요청하는 내용을 담고 있다. 따라서 글의 목적으로 가장 적절한 것은 ②이다.
[해석]

수신인: 고객 서비스팀
발신인: James Lee
날짜: 9월 20일
제목: 스마트폰 배송 오류

고객 서비스팀께,

저는 9월 15일 귀사의 온라인 매장을 통해 새로운 스마트폰 (모델: XYZ Pro)을 주문했습니다. 그러나

오늘 패키지를 받은 후, 잘못된 모델 (모델: XYZ Lite)이 배송된 것을 확인했습니다.

저는 XYZ Pro의 고급 기능을 필요로 해서 주문한 것이기 때문에 매우 불편합니다. 가능한 한 빨리 올바른 모델을 보내주시거나 전액 환불을 처리해 주시면 감사하겠습니다. 주문 확인서와 배송된 제품의 사진을 참고용으로 첨부하였습니다.

이 문제는 빠르게 해결해 주시기 바랍니다. 저는 작업을 위해 정확한 장치가 필요합니다.

이 문제에 신속하게 대응해 주셔서 감사합니다.

진심으로,
James Lee

[어휘]
☐ incorrect delivery 잘못된 배송
☐ smartphone 스마트폰
☐ advanced features 고급 기능
☐ refund 환불

일일 모고 한국사 제22회
정답 및 해설

합격까지 **박문각**

가장 빠른 한국사
한국사 박기훈

01. ③ ③ 위나라 관구검의 침공으로 국왕이 옥저로 피신한 것은 3세기 동천왕대의 일이다.
① 4세기 근초고왕
② 4세기 미천왕
④ 4세기 내물마립간

02. ② ② 사진은 신라의 수도 경주에서 발견된 호우명 그릇이다. 호우명 그릇을 통해 5세기 초반 신라가 고구려의 정치적 영향력 하에 있었다는 것을 추론 할 수 있다.

03. ② ② 통일 신라의 신문왕은 9주 5소경의 지방제도를 정비하였다.
① 3성 6부이다.
③ 불국사이다. 황룡사는 진흥왕이 건설하였다.
④ 도선이다. 지눌은 고려 무신정권기의 승려이다.

04. ③ 제시문은 고려 성종에 대한 내용이다.
③ 성종은 최승로의 시무 28조를 수용하여 유교정치를 구현하였으며, 향리제도를 실시하여 호족을 견제하였다.
① 정종
② 광종
④ 예종

05. ① 무령왕릉은 공주 송산리 고분군에 있는 중국 남조식 벽돌무덤이다.
① 공주에 대한 설명이다.
② 전주에 대한 설명이다.
③ 영주에 대한 설명이다.
④ 평양에 대한 설명이다.

06. ③ (가)는 궁예이고, (나)는 왕건이다.
③ 왕건은 친 신라 정책을 추구하여, 신라의 정통성을 자연스레 계승하였다.
① 고려 광종대의 일이다.
② 견훤이 추진한 일이다.
④ 강동 6주의 확보는 고려 성종대에 이루어졌다.

07. ② 사료는 최충헌이 권력을 잡은 후 국왕에게 올린 '봉사 10조'이다.
① 삼별초는 최우가 만들었다.
③ 쌍성총관부는 공민왕이 수복하였다.
④ 시무 10조를 진성여왕에게 제출한 사람은 최치원이다.

08. ② 사진은 세종대에 만들어진 앙부일구와 자격루이다.
② <향약집성방>은 <의방유취>와 함께 세종대에 편찬된 대표적인 의서이다.
① 문종대에 편찬되었다.
③ 정조대에 편찬되었다.
④ 영조대에 편찬되었다.

09. ③ 남인은 퇴계 이황의 학통을 계승한 붕당이다. 그들은 예송논쟁에서 국왕의 예는 사대부의 예와 다르다고 주장하여 군주권의 강화를 추구하였다. 18세기에 이르러 정약용 등의 경기 남인 일부는 천주교를 수용하기도 하였다.
③ 서인에 대한 설명이다. 기사환국으로 서인의 영수 송시열이 사망하였다.

10. ② 성균관에 입학하려면 원칙적으로 소과를 합격해야했다. 향리와 같은 중인들은 법적으로는 문과를 포함한 모든 과거를 응시 할 수 있었으나, 실제로는 주로 잡과를 응시하였다. 문신 관리들은 관직에서 물러난 이후로 고향의 서원에서 후학을 양성하기도 하였다.
② 문과(대과)와 무과에 합격한 사람에게는 홍패를, 잡과와 소과를 합격한 사람에게는 백패를 지급하였다.

일일 모고 행정법 제22회
정답 및 해설

합격까지 박문각

광야에서 합격까지
행정법 강성빈

01. ③ ③ 국가를 당사자로 하는 계약에 관한 법률 및 그 시행령상의 입찰절차나 낙찰자 결정기준에 관한 규정은 국가가 사인과의 사이의 계약관계를 공정하고 합리적 · 효율적으로 처리할 수 있도록 관계 공무원이 지켜야 할 계약사무처리에 관한 필요한 사항을 규정한 것으로, 국가의 내부규정에 불과하다 할 것이다. 대법원 2001. 12. 11. 선고 2001다33604 판결
① 어떠한 고시가 일반적 · 추상적 성격을 가질 때에는 법규명령 또는 행정규칙에 해당할 것이지만, 다른 집행행위의 매개 없이 그 자체로서 직접 국민의 구체적인 권리의무나 법률관계를 규율하는 성격을 가질 때에는 행정처분에 해당한다. 대법원 2006. 9. 22. 선고 2005두2506 판결
② 한국수력원자력 주식회사가 조달하는 기자재, 용역 및 정비공사, 기기수리의 공급자에 대한 관리업무 절차를 규정함을 목적으로 제정 · 운용하고 있는 '공급자관리지침' 중 등록취소 및 그에 따른 일정 기간의 거래제한조치에 관한 규정들은 공공기관으로서 행정청에 해당하는 한국수력원자력 주식회사가 상위법령의 구체적 위임 없이 정한 것이어서 대외적 구속력이 없는 행정규칙이다. 대법원 2020. 5. 28. 선고 2017두66541 판결
④ 한국철도시설공단이 원고에 대하여 한 공사낙찰적격심사 감점처분의 근거로 내세운 규정은 한국철도시설공단의 공사낙찰적격심사세부기준 제4조 제2항인 사실, 이 사건 세부기준은 공공기관의 운영에 관한 법률 제39조 제1항, 제3항, 구 공기업 · 준정부기관 계약사무규칙 제12조에 근거하고 있으나, 이러한 규정은 공공기관이 사인과 사이의 계약관계를 공정하고 합리적 · 효율적으로 처리할 수 있도록 관계 공무원이 지켜야 할 계약사무처리에 관한 필요한 사항을 규정한 것으로서 공공기관의 내부규정에 불과하여 대외적 구속력이 없는 것임을 알 수 있다. 대법원 2014. 12. 24. 선고 2010두6700 판결

02. ① ① 구 출입국관리법 제2조 제3호, 제76조의2 제1항, 제3항, 제4항, 구 출입국관리법 시행령 제88조의2, 난민의 지위에 관한 협약 제1조, 난민의 지위에 관한 의정서 제1조의 문언, 체계와 입법 취지를 종합하면, 난민 인정에 관한 신청을 받은 행정청은 원칙적으로 법령이 정한 난민 요건에 해당하는지를 심사하여 난민 인정 여부를 결정할 수 있을 뿐이고, 이와 무관한 다른 사유만을 들어 난민 인정을 거부할 수는 없다. 대법원 2017. 12. 5. 선고 2016두42913 판결
② 귀화신청인이 구 국적법 제5조 각호에서 정한 귀화요건을 갖추지 못한 경우 법무부장관은 귀화 허부에 관한 재량권을 행사할 여지없이 귀화불허처분을 하여야 한다. 대법원 2018. 12. 13. 선고 2016두31616 판결
③ 구 학교용지 확보 등에 관한 특례법 제5조 제1항은 "시 · 도지사는 개발사업지역에서 단독주택을 건축하기 위한 토지를 개발하여 분양하거나 공동주택을 분양하는 자에게 부담금을 부과 · 징수할 수 있다."라고 규정하고 있어, 문언상 위 규정에 따른 학교용지부담금 부과는 재량행위로 해석된다. 대법원 2022. 12. 29 선고 2020두49041 판결
④ 건설기술 진흥법 제53조 제1항에서 규정한 벌점부과처분은 부과 여부에 관한 한 행정청의 재량이 인정되지 않는 기속행위이다. 대법원 2024. 4. 25. 선고 2023두54242 판결

03. ④ ④ 행정기본법 행정기본법 제15조

행정기본법 행정기본법 제15조(처분의 효력) 처분은 권한이 있는 기관이 취소 또는 철회하거나 기간의 경과 등으로 소멸되기 전까지는 유효한 것으로 통용된다. 다만, 무효인 처분은 처음부터 그 효력이 발생하지 아니한다.

① 행정처분의 외부적 성립은 행정의사가 외부에 표시되어 행정청이 자유롭게 취소 · 철회할 수 없는 구속을 받게 되는 시점을 확정하는 의미를 가지므로, 어떠한 처분의 외부적 성립 여부는 행정청에 의해 행정의사가 공식적인 방법으로 외부에 표시되었는지를 기준으로 판단하여야 한다. 대법원 2017. 7. 11. 선고 2016두35120 판결
② 상대방 있는 행정처분은 특별한 규정이 없는 한 의사표시에 관한 일반법리에 따라 상대방에게 고지되어야 효력이 발생하고, 상대방 있는 행정처분이 상대방에게 고지되지 아니한 경우에는 상대방이 인터넷 홈페이지 접속 등 다른 경로를 통해 행정처분의 내용을 알게 되었다고 하더라도 행정처분의 효력이 발생한다고 볼 수 없다. 대법원 2019. 8. 9. 선고 2019두38656 판결
③ 구 도시계획법 제78조 제1항에 정한 처분이나 조치명령을 받은 자가 이에 위반한 경우 이로 인하여 같은 법 제92조에 정한 처벌을 하기 위하여는 그 처분이나 조치명령이 적법한 것이라야 하고, 그 처분이 당연무효가 아니라 하더라도 그것이 위법한 처분으로 인정되는 한 같은 법 제92조 위반죄가 성립될 수 없다(주: 형사법원은 조치명령의 위법성 여부를 심사하여 유무죄를 판단할 수 있다는 의미). 대법원 1992. 8. 18. 선고 90도1709 판결

04. ④ ④ 행정처분시나 그 이후 행정청으로부터 행정심판 제기기간에 관하여 법정 심판청구기간보다 긴 기간으로 잘못 통지받은 경우에 보호할 신뢰 이익은 그 통지받은 기간 내에 행정심판을 제기한 경우에 한하는 것이지 행정소송을 제기한 경우에까지 확대된다고 할 수 없으므로, 당사자가 행정처분시나 그 이후 행정청으로부터 행정심판 제기기간에 관하여 법정 심판청구기간보다 긴 기간으로 잘못 통지받아 행정소송법상 법정 제소기간을 도과하였다고 하더라도, 그것이 당사자가 책임질 수 없는 사유로 인한 것이라고 할 수는 없다. 대법원 2001. 5. 8. 선고 2000두6916 판결
① 지방자치단체장이 국유 잡종재산을 대부하여 달라는 신청을 거부한 것은 항고소송의 대상이 되는 행정처분이 아니므로 행정소송으로 그 취소를 구할 수 없다. 대법원 1998. 9. 22. 선고 98두7602 판결
② 구 임대주택법 규정의 내용과 입법 경위 및 취지 등에 비추어 보면, 임차인대표회의도 당해 주택에 거주하는 임차인과 마찬가지로 임대주택의 분양전환과 관련하여 그 승인의 근거 법률인 구 임대주택법에 의하여 보호되는 구체적이고 직접적인 이익이 있다고 봄이 상당하다. 따라서 임차인대표회의는 행정청의 분양전환승인처분이 승인의 요건을 갖추지 못하였음을 주장하여 그 취소소송을 제기할 원고적격이 있다고 보아야 한다. 대법원 2010. 5. 13. 선고 2009두19168 판결
③ (국무회의에서 건국훈장 독립장이 수여된 망인에 대한 서훈취소를 의결하고 대통령이 결재함으로써 서훈취소가 결정된 후 국가보훈처장이 망인의 유족 甲에게 '독립유공자 서훈취소결정 통보'를 하자 甲이 국가보훈처장을 상대로 서훈취소결정의 무효 확인 등의 소를 제기한

사안에서) 甲이 서훈취소 처분을 행한 행정청(대통령)이 아니라 국가보훈처장을 상대로 제기한 위 소는 피고를 잘못 지정한 경우에 해당한다. 대법원 2014. 9. 26. 선고 2013두2518 판결

05. ④ ④ 행정처분의 효력정지나 집행정지를 구하는 신청사건에 있어서는 행정처분 자체의 적법 여부는 원칙적으로는 판단할 것이 아니고 그 행정처분의 효력이나 집행을 정지할 것인가에 대한 행정소송법 제23조 제2항 소정의 요건의 존부만이 판단의 대상이 되나 본안소송에서의 처분의 취소가능성이 없음에도 불구하고 처분의 효력정지나 집행정지를 인정한다는 것은 제도의 취지에 반하므로 집행정지사건 자체에 의하여도 신청인의 본안청구가 이유 없음이 명백할 때에는 행정처분의 효력정지나 집행정지를 명할 수 없다. 대법원 1992. 8. 7.자 92두30 결정
① 행정처분의 당연무효를 구하는 소송에 있어서 그 무효를 구하는 사람에게 그 행정처분에 존재하는 하자가 중대하고 명백하다는 것을 주장 입증할 책임이 있다. 대법원 1984. 2. 28. 선고 82누154 판결
② 부당노동행위구제신청에 관한 중앙노동위원회의 명령 또는 결정의 취소를 구하는 소송에 있어서 그 명령 또는 결정의 적부는 그것이 이루어진 시점을 기준으로 판단하여야 할 것이지만 노동위원회에서 이미 주장된 사유만에 한정된다고 볼 근거는 없으므로, 중앙노동위원회의 명령 또는 결정 후에 생긴 사유가 아닌 이상 노동위원회에서 주장하지 아니한 사유도 행정소송에서 주장할 수 있다고 보아야 할 것이다. 대법원 1990. 8. 10. 선고 89누8217 판결
③ 항고소송의 대상이 되는 행정처분의 효력이나 집행 혹은 절차속행 등의 정지를 구하는 신청은 행정소송법상 집행정지신청의 방법으로서만 가능할 뿐 민사소송법상 가처분의 방법으로는 허용될 수 없다. 대법원 2009. 11. 2.자 2009마596 결정

06. ② ② 행정심판법 제57조

행정심판법 제57조(서류의 송달)
이 법에 따른 서류의 송달에 관하여는 「민사소송법」 중 송달에 관한 규정을 준용한다.

① 행정심판법 제18조의2

행정심판법 제18조의2(국선대리인)
① 청구인이 경제적 능력으로 인해 대리인을 선임할 수 없는 경우에는 위원회에 국선대리인을 선임하여 줄 것을 신청할 수 있다.

③ 행정심판법 제17조

행정심판법 제17조(피청구인의 적격 및 경정)
② 청구인이 피청구인을 잘못 지정한 경우에는 위원회는 직권으로 또는 당사자의 신청에 의하여 결정으로써 피청구인을 경정할 수 있다.

④ 행정심판법 제6조

행정심판법 제6조(행정심판위원회의 설치)
③ 다음 각 호의 행정청의 처분 또는 부작위에 대한 심판청구에 대하여는 시·도지사 소속으로 두는 행정심판위원회에서 심리·재결한다. 3. 시·도의 관할구역에 있는 둘 이상의 지방자치단체(시·군·자치구를 말한다)·공공법인 등이 공동으로 설립한 행정청

07. ③ ③ 과세관청이 납세의무자에게 면세사업자등록증을 교부하고 수년간 면세사업자로서 한 부가가치세 예정신고 및 확정신고를 받은 행위만으로는 과세관청이 납세의무자에게 그가 영위하는 사업에 관하여 부가가치세를 과세하지 아니함을 시사하는 언동이나 공적인 견해를 표명한 것이라 할 수 없다. 대법원 2002. 9. 4. 선고 2001두9370 판결
① 국립대학교 법학전문대학원에 입학원서를 제출한 제칠일안식일예수재림교 신자 갑이 1단계 서류전형 평가 합격 통지와 함께 토요일 오전반으로 면접고사 일정이 지정되자, 토요일 일몰 전에 세속적 행위를 금지하는 안식일에 관한 종교적 신념을 지키기 위해 면접 일정을 토요일 오후 마지막 순번으로 변경해 달라는 취지의 이의신청서를 제출했으나, 총장이 이를 거부하고 면접평가에 응시하지 않은 갑에게 불합격 통지를 한 사안에서, 갑의 면접일시 변경을 거부함으로써 갑이 종교적 신념을 이유로 받게 된 중대한 불이익을 방치한 총장의 행위는 헌법상 평등원칙을 위반한 것으로 위법하고, 위법하게 지정된 면접일정에 응시하지 않았음을 이유로 한 불합격처분은 취소되어야 한다고 한 사례. 대법원 2024. 4. 4. 선고 2022두56661 판결
② 주민등록번호와 주민등록증은 외부에 공시되어 대내외적으로 행정행위의 적법한 존재를 추단하는 중요한 근거가 되는 점에 비추어 볼 때 행정청이 원고들에게 공신력이 있는 주민등록번호와 이에 따른 주민등록증을 부여한 행위는 원고들에게 대한민국 국적을 취득하였다는 공적인 견해를 표명한 것이라고 보아야 한다. 대법원 2024. 3. 12. 선고 2022두60011 판결
④ 교통사고가 일어난지 1년 10개월이 지난 뒤 그 교통사고를 일으킨 택시에 대하여 운송사업면허를 취소하였더라도 택시운송사업자로서는 자동차운수사업법의 내용을 잘 알고 있어 교통사고를 낸 택시에 대하여 운송사업면허가 취소될 가능성을 예상할 수도 있었을 터이니, 자신이 별다른 행정조치가 없을 것으로 믿고 있었다 하여 바로 신뢰의 이익을 주장할 수는 없다. 대법원 1989. 6. 27. 선고 88누6283 판결

08. ① ① 부작위의무 위반행위에 대하여 대체적 작위의무로 전환하는 규정을 두고 있지 아니하므로 위 금지규정으로부터 그 위반결과의 시정을 명하는 원상복구명령을 할 수 있는 권한이 도출되는 것은 아니다. 결국 행정청의 원고에 대한 원상복구명령은 권한 없는 자의 처분으로 무효라고 할 것이고, 위 원상복구명령이 당연무효인 이상 후행처분인 계고처분의 효력에 당연히 영향을 미쳐 그 계고처분 역시 무효로 된다. 대법원 1996. 6. 28. 선고 96누4374 판결
② 참가압류처분에 앞서 독촉절차를 거치지 아니하였고 또 참가압류조서에 납부기한을 잘못 기재한 잘못이 있다고 하더라도 이러한 위법사유만으로는 참가압류처분을 무효로 할 만큼 중대하고도 명백한 하자라고 볼 수 없다. 대법원 1992. 3. 10. 선고 91누6030 판결
③ 건축법상의 이행강제금은 시정명령의 불이행이라는 과거의 위반행위에 대한 제재가 아니라, 의무자에게 시정명령을 받은 의무의 이행을 명하고 그 이행기간 안에 의무를 이행하지 않으면 이행강제금이 부과된다는 사실을 고지함으로써 의무자에게 심리적 압박을 주어 의무의 이행을 간접적으로 강제하는 행정상의 간접강제 수단에 해당한다. 이러한 이행강제금의 본질상 시정명령을 받은 의무자가 이행강제금이 부과되기 전에 그 의무를 이행한 경우에는 비록 시정명령에서 정한 기간을 지나서 이행한 경우라도 이행강제금을 부과할 수 없다. 대법원 2018. 1. 25. 선고 2015두35116 판결
④ 이행강제금은 일정한 기한까지 의무를 이행하지 않을 때에는 일정한 금전적 부담을 과할 뜻을 미리 계고함으로써 의무자에게 심리적 압박을 주어 장래에 그 의무를 이행하게 하려는 행정상 간접적인 강제집행 수단의 하나로서 과거의 일정한 법률위반 행위에 대한 제재로서의 형벌이 아니라 장래의 의무이행의 확보를 위한 강제수단

일 뿐이어서 범죄에 대하여 국가가 형벌권을 실행한다고 하는 과벌에 해당하지 아니하므로 헌법 제13조 제1항이 금지하는 이중처벌금지의 원칙이 적용될 여지가 없다. 헌법재판소 2011. 10. 25. 선고 2009헌바140 결정

09. ③ ③ 질서위반행위규제법 제7조

> **질서위반행위규제법 제7조(고의 또는 과실)**
> 고의 또는 과실이 없는 질서위반행위는 과태료를 부과하지 아니한다.

① 질서위반행위규제법 제3조

> **질서위반행위규제법 제3조(법 적용의 시간적 범위)**
> ② 질서위반행위 후 법률이 변경되어 그 행위가 질서위반행위에 해당하지 아니하게 되거나 과태료가 변경되기 전의 법률보다 가볍게 된 때에는 법률에 특별한 규정이 없는 한 변경된 법률을 적용한다.

② 과태료는 행정상의 질서유지를 위한 행정질서벌에 해당할 뿐 형벌이라고 할 수 없어 죄형법정주의의 규율대상에 해당하지 아니한다. 헌법재판소 1998. 5. 28. 선고 96헌바83 결정
④ 질서위반행위규제법 제24조

> **질서위반행위규제법 제24조(가산금 징수 및 체납처분 등)**
> ① 행정청은 당사자가 납부기한까지 과태료를 납부하지 아니한 때에는 납부기한을 경과한 날부터 체납된 과태료에 대하여 100분의 3에 상당하는 가산금을 징수한다.

10. ② ② 대통령기록물법 제17조 제4항은 보호기간이 정해진 대통령지정기록물의 경우 그 보호기간 동안 다른 법률에 따른 자료제출의 요구 대상에 포함되지 아니한다고 규정하고 있다. 그러나 대통령이 특정 정보를 대통령지정기록물로 지정하여 보호기간을 정한 행위에 대한 사법심사 과정에서 그 적법성을 의심할 만한 상당한 이유가 있음에도 행정청이 법원에 대하여 그 정보의 제출을 거부할 수 있다고 한다면, 보호기간 설정행위의 적법성에 관한 실질적인 재판이 이루어질 수 없어 헌법 제27조 제1항이 보장한 국민의 재판청구권이 침해될 수 있다. (중략) 정보공개 거부처분을 다투는 항고소송에서, 해당 정보를 대통령지정기록물로 지정하고 보호기간을 정한 행위의 적법성을 심사하기 위해 정보공개법 제20조 제2항에 따라 비공개 열람 · 심사가 이루어지는 경우에는 행정청이 대통령기록물법 제17조 제4항을 근거로 그 자료제출을 거부할 수 없다고 해석하는 것이 헌법을 최고법규로 하는 통일적인 법질서의 형성을 위한 합헌적 법률해석의 원칙에 부합한다. 대법원 2025. 1. 9. 선고 2019두35763 판결
① 공공기관의 정보공개에 관한 법률상 공개청구의 대상이 되는 정보란 공공기관이 직무상 작성 또는 취득하여 현재 보유 · 관리하고 있는 문서에 한정되는 것이기는 하나, 그 문서가 반드시 원본일 필요는 없다. 대법원 2006. 5. 25. 선고 2006두3049 판결
③ 정보공개법 제8조의2

> **정보공개법 제8조의2(공개대상 정보의 원문공개)**
> 공공기관 중 중앙행정기관 및 대통령령으로 정하는 기관은 전자적 형태로 보유 · 관리하는 정보 중 공개대상으로 분류된 정보를 국민의 정보공개 청구가 없더라도 정보통신망을 활용한 정보공개시스템 등을 통하여 공개하여야 한다.

④ 정보공개법 제19조

> **정보공개법 제19조(행정심판)**
> ② 청구인은 제18조에 따른 이의신청 절차를 거치지 아니하고 행정심판을 청구할 수 있다.

일일 모고 행정학 제22회
정답 및 해설

합격까지 **박문각**

빠른 고득점 합격
행정학 이명훈

01. ③ 포스트모더니즘은 이성, 합리성, 과학 등에 기초한 모더니즘의 거시이론, 거대한 설화, 거시정치를 부인하고 거시적인 사회구조의 지시와 제약으로부터 인간해방을 지향하는 미시이론, 미시정치 등을 통해 행정현상을 설명하고자 한다.

<<핵심체크>> 포스트모더니즘

의의		산업사회(모더니즘) 이후 사회의 조건을 설명하고 처방하는 하나의 관점
배경		합리주의에 입각한 산업사회에 대한 비판
포스트모더니티 행정이론	의의	진리의 기준은 맥락의존적이라고 보며, 이성(합리성)의 성격과 역할, 거시이론, 거시정치, 거대한 설화를 부인하고 미시이론, 미시정치 중시
	특징	① 해방주의(인본주의), ② 구성주의(주관주의), ③ 다원주의(상대주의)
파머(Farmer)의 탈근대적 행정학	상상	부정적으로는 규칙에 얽매이지 않는 행정을, 긍정적으로는 문제의 특수성을 인정해야 함
	해체	확실성 하에 전개된 이야기, 메타설화, 언어, 이론 등의 텍스트의 근거를 파헤쳐 새롭게 해석해야 함('행정은 능률적이어야 한다', '행정학은 객관적으로 연구될 수 있다' 등의 설화를 당연한 것으로 인정하지 않음)
	탈영역화	모든 지식의 고유영역이 해체되어 경계가 사라져야 함
	타자성	타인을 인식적 타인이 아닌 도덕적 타인으로 인정하고 타자에 대해 개방성을 지녀야 함(행정 측면에서는 반권위적 행정수행, 공무원 측면에서는 시민참여 촉진 및 담론적 행정수행)

02. ④ 공익과정설에서 공익은 여러 이익집단들의 정치적 상호작용의 결과로 형성되므로, 공익결정에 있어서 정부의 역할은 소극적이다. 공익과정설에서 정부는 이익집단들간의 갈등적 이익을 조정하는 중립적 조정자에 불과하다. 반면, 공익실체설은 공익을 도출하는 과정에서 정부의 독자적 · 적극적 역할을 강조한다.

03. ④ 구조적 접근방법이란 조직구조의 합리적 설계를 통해 행정개혁의 목표를 달성하려는 접근방법이다. 리엔지리어링(BPR)은 행정이 수행되는 절차나 과정 · 기술과 장비의 개혁 및 조직 내의 운영과정과 일의 흐름 개선을 통해 행정성과의 향상을 도모하려는 관리 · 기술적 접근방법에 속한다.

<<핵심체크>> 행정개혁의 접근방법

구조적 접근	의의	조직구조의 합리적 설계를 통해 행정개혁의 목표를 달성하려는 접근방법
	방법	① 기구 · 직제의 간소화와 기능중복의 제거(공무원 수의 감축), ② 책임의 재규정, ③ 조정 및 통제절차의 개선, ④ 표준적 절차의 간소화, ⑤ 의사소통체제의 개선, ⑥ 통솔범위의 수정 등 조직의 제 원리(명령통일 · 계층제 · 조정의 원리)와 리스트럭처링(restructuring), ⑦ 분권화 전략 등
관리 · 기술적 접근	의의	행정이 수행되는 절차나 과정 · 기술과 장비의 개혁 및 조직 내의 운영과정과 일의 흐름 개선을 통해 행정성과의 향상을 도모하려는 접근방법
	방법	① 관리과학(OR) · 체제분석(B/C분석) 등 새로운 분석기법의 도입, ② 컴퓨터의 활용(EDPS, PMIS) · 사무자동화(OA) 등 새로운 기술의 도입, ③ BPR(리엔지니어링) · TQM(총체적 품질관리) · BSC(균형성과표) 등을 통한 행정조직 내의 운영과정 및 일의 흐름 개선 등
인간관계적 접근	의의	인간행태의 변화를 통해 행정인의 가치관과 행태를 의도적으로 변화시켜 행정체제의 변화를 유도하려는 접근방법
	방법	감수성훈련, 태도조사, 집단토론 등 조직발전(OD)전략 및 목표에 의한 관리 등의 민주적 · 분권적 · 상향적 · 참여적 접근
종합적 접근		개혁대상의 구성요소(구조, 인간, 과정, 환경)들을 포괄적으로 관찰하고 여러 가지 접근방법을 통합해 해결방안을 탐색하고자 하는 접근방법

04. ④ 제1종 오류와 제2종 오류는 주로 대안 선정 및 제시의 단계에서 나타나지만, 제3종 오류는 대안의 선정 및 제시 단계가 아니라 문제의 정의 단계에서 나타난다.

<<핵심체크>> 제3종 오류

의의	정책문제의 잘못된 인지로 인하여 대안을 잘못 선택하는 오류(근본적인 오류)
원인	정책분석가의 잘못된 이념이나 세계관 또는 편견 등에 의해 발생
극복방안	가치중립적인 기획관(수단주의적 기획관)은 제3종 오류를 극복하기 불가능하며, 규범적 기획관의 확립을 통해 극복 가능

05. ④ 점증주의 모형은 보수주의적 성격이 강하여 환경변화에 대한 적응력이 취약하며, 혁신이 저해될 가능성이 있다.

<<핵심체크>> 점증주의 모형

의의	산출측면	종래 결정된 정책의 소폭적 변화(단순 점증주의)
	과정측면	• 다양한 이해관계세력들의 정치적 상호작용(분절[할]적 점증주의) • 연속적 · 제한적 비교분석(전략적 점증주의)
	성격	현실적 · 실증적 · 귀납적 정책결정모형
특징	인간에 대한 가정	인지능력상의 한계를 지닌 제한된 합리성을 지닌 존재
	추구하는 합리성	정치적 합리성
	목표수단분석	목표수단분석 불인정(목표와 수단의 상호 연쇄구조 인정)
	부분적 최적화	부분적 · 단편적 결정 중시
	소폭적 · 점증적 변화	제한된 대안들의 연속적 비교를 통해 한계적 변화 추구
	정책과정	비합리적 · 비포괄적 · 무계획적인 이전투구의 과정

장점	• 인간에 대한 현실적 가정 및 상황변화에 대한 고려로 실제의 의사결정 설명 용이 • 정치적 합리성을 고려하므로 민주적 의사결정의 이론적 토대 제공 • 정책대안의 결과가 불확실할 때 소폭적 변화를 통해 불확실성에 대처 • 상황에 따른 목표와 수단의 탄력적 조정 • 정치적 갈등을 줄이고 실현 가능성을 확보하여, 정책결정과 집행을 용이하게 함
단점	• 정치적으로 실현가능한 단기정책에만 관심을 가져 근본적 정책결정에 적용 곤란 • 근본적 변화를 추구하지 않는다는 점에서 혁신 저해(보수성) • 기존정책에 대한 가감적 의사결정으로 잘못된 정책의 악순환 현상 초래 • 눈덩이 굴리기식 결정으로 정책의 축소 · 종결 곤란 • 환경변화에 대한 적응력이 취약하기 때문에 불안정한 상황에 적용 곤란 • 조직화되지 못한 일반이익 및 약자의 이익을 고려하지 못해 불평등한 사회 초래 • 과정에만 초점이 있어 정책내용에 대한 평가기준 결여 • 엘리트의 역할이 큰 개발도상국의 정책결정에 적용 곤란 • 과학적 이론이라기보다는 현실의 정책과정을 서술한 하나의 축적된 사실에 불과

06. ② 거래비용이론은 조직을 분석단위로 하고, 이들 간에 재화와 서비스를 교환하는 과정에서 발생하는 거래비용을 최소화하기 위한 효율적인 메커니즘을 찾는 이론이다. 거래비용이론은 시장기구를 활용할 때 발생하는 비용인 거래비용이 높아지면 기업 내 위계조직 설립이 증가한다고 설명한다.

07. ① 인사행정의 3대 구성요소는 임용(유능한 인재채용), 능력발전, 사기앙양이다.

08. ② 지출통제 예산제도는 예산편성단계에서 중앙예산기관이 구체적인 지출항목 없이 예산의 총액만 정해주고 예산집행단계에서 구체적 항목별 지출은 각 개별부서가 총액범위 내에서 재량적으로 행하는 성과지향적 예산을 말한다.

<<핵심체크>> 지출통제예산

의의	예산편성단계에서 중앙예산기관이 구체적인 지출항목 없이 예산의 총액만 정해주고 예산집행단계에서 구체적 항목별 지출은 각 개별부서가 총액범위 내에서 재량적으로 행하는 성과지향적 예산(총괄예산, 실링예산)
특징	• 개별 항목에 대한 사정과정이 없어 예산결정과정이 단순화되고 의사결정비용 감소 • 집행단계에 지출의 자율성을 부여하여 예산의 신축적 운용 가능 • 성과평가와 연계하여 활용함으로써 자율과 책임의 조화 추구 • 지출의 자율성을 부여한 대신 각 부처가 예산절약을 추구하도록 효율성배당제도와 연계하여 활용
우리나라	• 총액계상예산(「국가재정법」 제37조) : 기재부장관은 대통령령으로 정하는 사업(도로보수사업 등)으로서 세부내용을 미리 확정하기 곤란한 경우에는 이를 총액으로 예산에 계상할 수 있다.
관련 제도	• 효율성배당제도(Efficiency Dividend) : 각 행정부서에 예산운영의 자율성을 부여하고, 효율적인 관리의 결과 예산절약이 이루어지면 일정 부분만 정부가 회수하고 나머지는 효율적 관리를 행한 부서에서 소유토록 하는 제도

09. ④ 정부는 헌법상 독립기관(국회, 대법원, 헌법재판소, 중앙선거관리위원회) 및 감사원의 예산을 편성함에 있어 당해 기관의 장의 의견을 최대한 존중하여야 하며, 국가재정상황 등에 따라 조정이 필요한 때에는 당해 기관의 장과 미리 협의하여야 한다(「국가재정법」 제40조 및 제41조).

10. ④ 조정교부금은 상급자치단체(시 · 도)가 하급자치단체(시 · 군 · 구)에게 행하는 지방재정조정제도인 반면, 보통교부세, 소방안전교부세, 특별교부세는 중앙정부가 지방자치단체에게 지방재정조정제도이다.